地球の歩き方 E03 ● 2013〜2014年版

イスタンブールとトルコの大地
Turkey

地球の歩き方 編集室

TURKEY CONTENTS

Pick Up! 今、トルコで話題の注目スポット

16 特集1
世界遺産パムッカレを眼下に
空中散歩

18 特集2
何日あっても遊びきれない!?
世界遺産 アランヤ（候補）

20 特集3
カシュ発！ 笑顔行き
ずぶぬれツアー

22 特集4
世界に誇るモザイク博物館
ゼウグマ・モザイク博物館

23 特集5
2012年に新登録
世界遺産チャタル・ホユック

57 HOW TO
よくわかる
トルコ旅行のガイダンス

どこで、何が楽しめるの？		58
エリア別見どころ案内		
旅のベストシーズン		60
旅の基本形 モデルルート		62
トルコをひとりで旅する キーワード		64
移動する／食べる／泊まる／買う／話す		
トルコの長距離交通		69
航空路線 航空会社別時刻表		70
鉄道路線 主要列車時刻表		74
バス路線 バス時刻表索引		76
バス路線 イスタンブール～主要都市間バス時刻表		78
バス路線 アンカラ～主要都市間バス時刻表		80
トルコの食事情 どこで何が食べられるの？		83
初めてのイスタンブール		
2泊3日おいしい旅のシミュレーション		84
トルコ料理大全111		85

166 ミニ特集
ボスポラス海峡も旧市街の世界遺産ビューも！
イスタンブールの絶景レストラン

176 ミニ特集
イスタンブールでviva!
ナイトライフ！

183 ミニ特集
トルコ風エステは
ハマムにあり

254 ミニ特集
エーゲ海・地中海には
楽しいリゾートがいっぱい

基本情報	歩き方の使い方	6
	ジェネラル インフォメーション	10

トルコ全図	トルコ西北部	24
	トルコ西南部	26
	トルコ中部、南部	28
	トルコ中北部	29
	トルコ東部	30

イスタンブール市内地図	スルタンアフメット周辺	32
	エミノニュ～カラキョイ周辺	34
	イスティクラール通り周辺	36
	ニシャンタシュ周辺	38
	ベシクタシュ周辺	40
	アクサライ周辺	42
	メジディエキョイ～オルタキョイ周辺	44
	レヴェント周辺	46
	イスティニエ～エミルギャン周辺	48
	トプカプ～アクサライ周辺	50
	金角湾～エユップ	52
	スルタンアフメット地区のホテル街拡大図／オルタキョイ	53
	アジア側	54
	カドゥキョイ	55

95 ヨーロッパとアジアの架け橋
イスタンブール

イスタンブールはこうなっている
ヨーロッパとアジアにまたがる
イスタンブール ……………………… 96

観光ルート研究
地域ごとに回るイスタンブールの歩き方 97

イスタンブールの歩き方 ……………… 98
　市内交通 …………………………… 103

イスタンブールの見どころ ………… 112
　スルタンアフメット地区 ………… 114
　ベヤズット地区 …………………… 127
　スィルケジ周辺 …………………… 132
　新市街 ……………………………… 134
　金角湾周辺 ………………………… 138
　テオドシウスの城壁周辺 ………… 140
　アジア側 …………………………… 142
　ボスポラス海峡周辺 ……………… 144

イスタンブールのホテル
ホテルエリアと選び方ガイド ……… 148
　スルタンアフメット地区 ………… 150
　スィルケジ地区 …………………… 158
　旧市街その他
　（オトガル内、ベヤズット、アクサライ地区） 160
　新市街 ……………………………… 161
　イスタンブールの大型ホテル …… 164

イスタンブールのレストラン ……… 168
　スルタンアフメット地区 ………… 168
　スィルケジ駅周辺 ………………… 170
　ベヤズット、アクサライ地区 …… 171
　新市街 ……………………………… 172
　カドゥキョイ（アジア側） ……… 175
　ナイトスポット …………………… 177

おすすめショッピングスポット …… 179
大型ショッピングセンター ………… 180
イスタンブールのショップ ………… 181

185 都会を離れてショートトリップ
イスタンブール近郊

- バス会社別時刻表 …… 186
- **エディルネ** …… 188
- **イズニック** …… 194
- **ブルサ** …… 198
  - ジュマルクズック

207 遺跡と海と太陽がいっぱい
エーゲ海、地中海沿岸

- バス会社別時刻表 …… 208
- **チャナッカレ** …… 212
  - ゲリボル半島国立歴史公園／
  - ギョクチェ島／ボズジャ島
- **トロイ** …… 217
- **ベルガマ** …… 219
- **イズミル** …… 223
  - フォチャ／チェシメ
- **エフェス** …… 233
  - シリンジェ／クシャダス／プリエネ／
  - ミレト／ディディム
- **アフロディスィアス** …… 249
- **湖水地方** …… 251
  - アクブナル／コワダ湖国立公園
- **パムッカレ** …… 256
- **ボドルム** …… 265
  - カラ島
- **マルマリス** …… 270
- **フェティエ** …… 274
- **クサントス** …… 278
  - レトゥーン遺跡／パタラ遺跡
- **カシュ** …… 281
  - ケコワ島
- **アンタルヤ** …… 284
  - ペルゲ／アスペンドス／スィデ／アランヤ
- **スィリフケ** …… 295
  - クズカレスィ／ウズンジャブルチュ
- **北キプロス** …… 297
  - レフコーシャ／ギルネ／ガズィマウサ
- **メルスィン** …… 305
  - タルスス
- **アダナ** …… 307
- **アンタクヤ** …… 310
  - サマンダーとハルビエ

315 高原地帯に歴史と自然を訪ねて
中部アナトリア

- バス会社別時刻表 …… 316
- **カッパドキア** …… 320
  - ウチヒサル／オルタヒサル／
  - ムスタファパシャ／アヴァノス
- **カイセリ** …… 347
- **コンヤ** …… 352
  - チャタル・ホユック
- **アンカラ** …… 359
- **ボアズカレ** …… 368
  - ヤズルカヤ／アラジャホユック
- **スィワス** …… 374
- **ディヴリイ** …… 377

379 秘境に、人々の笑顔を求めて
南東部、東部アナトリア

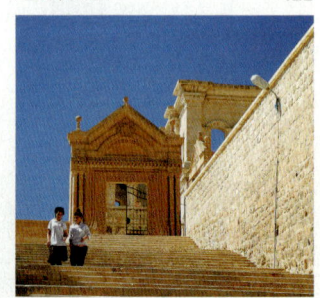

- バス会社別時刻表 …… 380
- **ネムルトダーウ** …… 384
- **シャンルウルファ** …… 391
  - ハラン／ギョベックリ・テペ
- **ガズィアンテップ** …… 395
- **ディヤルバクル** …… 398
- **マルディン** …… 403
- **ミディヤット** …… 406
  - ハサンケイフ
- **ワン** …… 408
- **タトワン** …… 413
  - アフラット／ビトリス
- **ドウバヤズット** …… 415
- **カルス** …… 419
  - アニ
- **エルズルム** …… 422

425 緑濃いチャイのふるさと
黒海沿岸

- バス会社別時刻表 …………… 426
- **サフランボル** …………… 429
  - ヨリュク
- **カスタモヌ** …………… 437
- **スィノップ** …………… 439
- **アマスヤ** …………… 442
- **トラブゾン** …………… 444
- **ウズンギョル** …………… 450
- **アイデル** …………… 452
- **ユスフェリ** …………… 454

457 安全快適、楽しい旅のヒント
旅の準備とテクニック

- トルコの歴史早わかり …………… 458
- トルコの世界遺産 …………… 462
- 出国と入国の手続き …………… 466
- 通貨と両替 …………… 473
- 旅の予算 …………… 474
- 通信事情 …………… 475
- 暦と祝祭日 …………… 476
- 生活習慣 …………… 477
- 国内交通 …………… 478
- 賢いホテル利用術 …………… 486
- 旅のトラブル …………… 488
- 情報を集める …………… 491
- 旅のトルコ語 …………… 493
- トルコの病気と受診情報 …………… 504
- 病院で見せるチェックシート …………… 505
- 索引 …………… 506
- 『地球の歩き方』シリーズ年度一覧 …………… 509

コラム Information

- 初日に現れるイスタンブールの客引き …… 102
- イスタンブールの歴史 …………… 115
- 聖母マリアの手形 …………… 121
- スィルケジのホジャパシャ文化センターで
  メヴラーナのセマー（旋舞）を見る …… 126
- ホテルが紹介する旅行会社 …………… 150
- 逆さチューリップ …………… 190
- トルコ相撲、ギュレシ …………… 191
- 影絵芝居、カラギョズを観る …………… 204
- ウル山へピクニックに行こう …………… 206
- トロイ戦争とシュリーマン …………… 218
- 世界的に名を知られた湖水地方のバラ …… 252
- 今後の発掘調査が期待されるリキヤ文化遺産 …… 280
- 気球に乗ってカッパドキアを見下ろす …… 329
- カッパドキアでセマー（旋舞）を見る …… 333
- メヴラーナの旋舞「セマー」 …………… 357
- 伝説のミダス王とゴルディオン …………… 365
- 古代オリエントに大帝国を築いたヒッタイト …… 373
- ノール（アララット）山に登る …………… 417
- サフランボルの民家 …………… 432
- 東ローマ帝国の末裔、トレビゾント帝国 …… 439
- チャイの産地、リゼ …………… 449
- 国内航空路線の価格競争 …………… 478
- トルコ語の交通系サイトを読みこなす
  キーワード …………… 483
- パスポート紛失時の手続き …………… 489
- 簡単なクルド語を覚えよう …………… 503

出発前に必ずお読みください！　旅のトラブルと安全情報…P.13、102、488

歩き方の使い方

本書で用いられる記号・略号

紹介している地区の場所を示します。

掲載地域の市外局番、人口、標高

目的地への行き方

主要交通機関の時刻表はP.70〜82、バスについては各地方の最初のページにも記載しています。

✈ **飛行機**
航空会社別時刻表
→P.70〜73

🚆 **列車**
主要路線時刻表
→P.74〜75

🚌 **バス、ドルムシュ**
バス時刻表索引
→P.76〜77

地方別バス会社時刻表
イスタンブール
→P.78〜79
アンカラ
→P.80〜82
イスタンブール近郊
→P.186〜187
エーゲ海、地中海沿岸
→P.208〜211
中部アナトリア
→P.316〜319
南東部、東部アナトリア
→P.380〜383
黒海沿岸
→P.426〜428

🚖 **タクシー**

⛴ **フェリー**

はみ出し情報

📝 編集室

📣 読者投稿

Information
お役立ち
インフォメーション

from Readers
読者からの投稿

イスタンブール
エルズルム
アンカラ

標高1853mの高地に位置する東部最大の都市
エルズルム Erzurum
市外局番 0442 人口34万8156人 標高1950m

■時刻表一覧
✈P.70〜73
🚆P.74〜75
🚌P.380〜383
バス時刻表索引→P.76〜77

■エルズルムの🅘
Map P.423A
PTTから噴水がある広場、ハウズバシュ Havuzbaşıを越えて西に行った先。
✉Cemal Gürsel Cad. No.9/A
☎(0442) 235 0925
📠(0442) 233 0771
🌐www.erzurumkulturturizm.gov.tr (トルコ語)
⏰8:00〜12:00 13:00〜17:00
📅無休

縄目文様のヤクティエ神学校のミナレ

リュステムパシャ・チャルシュスでは近隣で産出する菜石を使ったジュエリーショップが多い

空港と市内を結ぶバス

冬はウインタースポーツが楽しめる

東部アナトリア最大の都市エルズルムは、町のトルコ東北部や黒海地方へ抜けるバスの乗り換え地点としても重要な位置にあるが、市内にはセルジューク朝の建築物などの見どころも多い。また、標高1853mという高地にあるため、冬は雪が多く、零下40℃にもなることがある厳寒の地だ。

■歩き方
エルズルムは市内バスも走る大きな町だが、見どころを回るだけなら徒歩で充分。歴史的な建築物は町のメインストリート、**ジュムフリエット通り**Cumhuriyet Cad.沿いにある。**メンデレス通り**Menderes Cad.との交差点には、典型的なオスマン朝様式のララ・ムスタファ・パシャ・ジャーミィがある。このジャーミィを北に曲がって坂を下った右側の地下には銀製品や数珠のバザールがある。ジュムフリエット通りを東にさらに進むとチフテ・ミナーレに着く。大通りの向かい側の道は小高い丘へと延び、頂上には城塞跡があるが、チフテ・ミナーレの交差点を南に行くと、セルジューク朝時代の地方政権サルトゥク朝のアミールの墓であるユチュ・キュンベットレル（3つの塔墓）が建つ。

●**空港** エルズルム空港は町の中心から11kmほど北西にある。市内へは発着に合わせて市バスが鉄道駅まで運行している。空港からは離陸1時間30分前に駅から出発。3TL。

●**オトガル** オトガルは町の北西1.5kmの所にある。市内のオフィスは、ジュムフリエット通りに点在しており、チケットを買えばセルヴィスの利用が可能。オトガルと市内を結ぶのはG2のバスだ。オトガルを出て左側にあるバス停の前からも乗車する。運

リュステムパシャ・チャルシュスでは数珠などを作る工房が並んでいる。近郊で産出するオトゥル・タシュ Oltu Taşという黒い石を材料に用いている。（編集室）

頻出するイスラーム関係の用語

● イスラーム＝アッラーを唯一神とする宗教
● クルアーン＝イスラーム教の啓典
● ジャーミィ Cami＝イスラーム寺院
● メスジト Mescit＝イスラーム寺院
● ミンベル Minber＝イスラーム寺院の説教壇
● ミフラーブ Mihrap＝イスラーム寺院にあるメッカの方向を示すくぼみ
● ミナーレ Minare＝イスラーム寺院にある尖塔（光塔）
● メドレセ Medrese＝イスラーム神学校
● テュルベ Türbe＝廟、王侯貴族の墓
● キュルリイェ Külliye＝ジャーミィやメドレセ、廟が集まった複合建築（コンプレックス）
● エザン Ezan＝礼拝の時間を告げる呼びかけ
● ラマザン Ramazan＝イスラームの暦の第9月に行われる断食

賃は1.25TL。町の中心、ジュムフリエット通りまで運行している。イスタスヨン通りとジュムリエット通り周辺へはタクシーで7TLほど。
●鉄道駅　駅前のイスタスヨン通りIstasyon Cadの坂を上っていくと、ギュルジュ・カプGürcü Kapıという大きな交差点があり、周辺にホテルが集まっている。

|||見どころ|||

青い模様のミナーレが美しい
ヤクティエ神学校　　　　　　　　Map P.423B
Yakutiye Medresesi ヤクティエ・メドレセスィ

イル・ハーン朝時代の1310年に、将軍ホジャ・ジェマレッティン・ヤクートによって建てられた、エルズルムで最も有名な歴史的建造物。カイクバート2世の娘ホダーバンドゥ・ハンデ・ハトゥン、もしくはイル・ハーン朝の君主ガハートゥーの妻ハンド・バーディシャーによって建てられた神学校で、ハトゥニェ・メドレセスィと呼ばれる。青とレンガの細かい縄目文様が彫り込まれたミナーレが、日の光を受けてきらきら輝くさまはとても美しい。もともとミナーレは各コーナーにあったのだが、今では1本しか残っていない。館内はイスラーム民俗博物館になっている。

そびえ立つ2本の塔に圧倒される
チフテ・ミナーレ　　　　　　　　Map P.423B
Cifte Minare チフテ・ミナーレ

正面の入口に堂々とそびえる2本のミナーレが見事なルーム・セルジューク朝時代の建物。カイクバート2世の娘ホダーバンド・ハンデ・ハトゥン、もしくはイル・ハーン朝の君主ガハートゥーの妻ハンド・バーディシャーによって建てられた神学校で、ハトゥニェ・メドレセスィと称された。しかし、1829年にロシアに占領されたとき、内部を飾っていた美しいレリーフや碑文などは、サンクトペテルブルグに持っていかれてしまった。

▶ヤクティエ神学校
✉Cumhuriyet Cad.
☎(0442)235 1964
開8:00～17:00（夏期～19:00）
休月　料3TL

ヤクティエ神学校のレリーフ

神学校内の民俗学展示

チフテ・ミナーレ（修復中
2012年9月現在修復中）
▶チフテ・ミナーレ

エルズルム

ジャー・ケバブの名店、ゲルギョルはエルズルム市内にいくつも支店があるが、よく似た名前の類似店もあるので注意しよう。（編集室）

423

右側の凡例:

✉住所
☎電話番号
FAX ファクス番号
email Eメールアドレス
URL ホームページアドレス
（http://は省略。日本語で読めるサイトには末尾に🇯と記しています。）

開 開館時間
休 休業日
料 入場料

見どころの地図位置
※折込イスタンブール広域図と表記されている地図は本書巻頭に折り込まれた地図を指します。
※折込カッパドキア広域図、折込カッパドキア中心図と表記されている地図はP320-321の間に折り込まれた地図を指します。

見どころのトルコ語名と読み

地　図

- 観光案内所
- ホテル
- レストラン
- 商店、旅行会社など
- Ptt 郵便電信電話局
- トイレ
- THY トルコ航空オフィス、代理店
- バス停
- バスターミナル
- 国鉄駅（TCDD）
- 国際空港
- 地方空港
- フェリー乗り場、埠頭
- M1 メトロ駅　数字は路線番号
- T1 路面電車の停留所　数字は路線番号
- F1 ロープウエイ、地下ケーブル等　数字は路線番号
- 歩行者天国（車両通行禁止道路）

略　号

~Bul.=Bulvarı（大通り） ブルヴァル
Cad.=Caddesi（通り） ジャッデスィ
~Sok.=Sokağı（通り） ソカウ
~Çık.=Çıkmazı（袋小路） チュクマズ
~Yok.=Yokuşu（坂） ヨクシュ
~Mah.=Mahallesi（地区） マハッレスィ
AVM=Alışveriş Merkezi（ショッピングセンター） アルシュヴェリシュ メルケズィ
~Üniv.=Üniversitesi（大学） ユニヴェルスィテスィ

7

歩き方の使い方

- ✉ 住所
- TEL 電話番号
- 📞 無料日本国内で利用できる無料電話
- FAX ファクス番号
- email Eメールアドレス
- URL ホームページアドレス
  （http://は省略。日本語で読めるサイトには末尾に🇯🇵と記しています。）
- 開 営業時間
- 休 休業日

- 💵 現金
- T/C トラベラーズチェック
- TL トルコリラ
- US$ 米ドル
- € ユーロ
- JPY 日本円
- C/C クレジットカード
  - A アメリカン・エキスプレス
  - D ダイナースカード
  - J JCBカード
  - M マスターカード
  - V ビザカード

●本書で頻出するトルコ語

- オトガル Otogar ＝長距離バスターミナル（町によってはテルミナル Terminalともいう）
- ビレット Bilet ＝切符
- ドルムシュ Dolmuş ＝乗合タクシー、乗合のミニバス
- セルヴィス Servis ＝市内とオトガルや空港を結ぶ無料送迎バス
- ハマム Hamam ＝トルコ式共同浴場
- オテル Otel ＝ホテル
- パンスヨン Pansyon ＝ペンション
- ロカンタ Lokanta ＝レストラン
- パスターネ Pastane ＝菓子店

RESTAURANT レストラン

ハムディ Hamdi Restaurant

✉ Tahmis Cad. Kalçin Sok. No.15
TEL (0212) 528 0390
FAX (0212) 528 4991
URL www.hamdirestorant.com.tr
開 11:00～24:00 休 無休
💳 US$ € TL
C/C M V

トルコ料理 中級 🍷　Map P.34A4

エジプシャンバザールのすぐ近くだが、場所はわかりづらい。地元では味に定評のあるレストラン。客席は4階席が人気で、海を望む前面は冬はガラス張り、夏はガラスをはずしたオープンエアとなり、景色がすばらしい。料理はケバブなど肉料理が中心。

酒類を提供する飲食店には🍷マークを表示しています。ただし、ラマザン中などは酒類の提供を休止している飲食店も多くあります。

SHOP ショップ

ロビンソン・クルーソー Robinson Crusoe

✉ İstiklâl Cad. No.195A
TEL (0212) 293 6968
FAX (0212) 251 1735
URL www.rob389.com
開 9:00～21:30
日 10:00～21:30 休 無休
💳 US$ € TL
C/C M V

書店　Map P.36A4

トルコ語のほか英語など外国語の本も置いてあり、ガイドブックや写真集、建築誌、歴史などに強い。探すものがあれば、検索などの手伝いもしてくれる。ガラタサライ高校裏のジェザーイル通り近くに系列のマンガ専門店がある。

HOTEL ホテル

セブンヒルズ Seven Hills Hotel

✉ Tekvifhane Sok. No.8/A
TEL (0212) 516 9497
FAX (0212) 517 1085
URL www.hotelsevenhills.com
S AC 🛁🚿🚽📺 145€
W AC 🛁🚿🚽📺 165€
💳 US$ € JPY TL
T/C US$ €
C/C A M V

高級　Map P.53上A1

全14室の高級プチホテル。客室はフローリングで調度品もアンティーク調で落ち着いた感じ。アメニティグッズも充実しており、バスローブも備わる。テラスからの眺めはこのあたりでは最高。上階部分はシーフードレストランになっている。T/C払いは手数料別途。
📶 全館無料。

無線LANでインターネットが利用可能なホテルには📶マークが表示されています。

部屋の種類・設備

- D ドミトリー／相部屋
- S シングルルーム
- W ダブルorツインルーム（料金は1部屋あたり）

※個人旅行者向けの宿泊料金の公式レートを公表していない所は取材時の実勢料金を掲載。

- 扇風機付きの部屋
- AC エアコン付きの部屋
- 部屋にシャワー付き
- 共同シャワー
- 部屋にバスタブ付きのシャワールームあり
- 部屋のシャワールームにバスタブはない
- 部屋にトイレ付き
- 共同トイレ
- 宿泊料金に朝食が込み
- 宿泊料金に朝食は含まれない

8

■本書の特徴

本書は、トルコを旅行される方を対象に、個人旅行者が現地でいろいろな旅行を楽しめるように、各都市のアクセス、ホテルやレストランなどの情報を掲載しています。もちろんツアーで旅行される際にも充分活用できるようになっています。

■掲載情報のご利用にあたって

編集部では、できるだけ最新で正確な情報を掲載するよう努めていますが、現地の規則や手続きなどがしばしば変更されたり、またその解釈に見解の相違が生じることもあります。このような理由に基づく場合、または弊社に重大な過失がない場合は、本書を利用して生じた損失や不都合について、弊社は責任を負いかねますのでご了承ください。また、本書をお使いいただく際は、掲載されている情報やアドバイスがご自身の状況や立場に適しているか、すべてご自身の責任でご判断のうえでご利用ください。

■現地取材および調査時期

本書では、おもにエーゲ海や地中海など南部海岸地方を2012年7～8月に、その他の地域を2012年9～12月に取材しました。しかしながら、時間の経過とともにデータに変更が生じることがあります。特にホテルやレストランなどの料金は、旅行時点では変更されていることも多くあります。したがって、本書のデータはひとつの目安としてお考えいただき、現地では観光案内所などでできるだけ新しい情報を入手してご旅行ください。また、バイラム（祭り）やラマザン（断食月）によるイスラームの宗教行事のための休日や営業時間の変更は記載しておりませんので、現地でお確かめください。

■発行後の情報の更新と訂正について

本書に掲載している情報で、発行後に変更されたものや、訂正箇所が明らかになったものについては『地球の歩き方』ホームページの「ガイドブック更新・訂正情報」で可能な限り最新のデータに更新しています(ホテル、レストラン料金の変更などは除く)。出発前に、ぜひ最新情報をご確認ください。

URL support.arukikata.co.jp

■投稿記事について

from Readers などの囲み記事、はみ出し情報、ホテル情報、観光ポイントなど、☺☹マークがあり文章の終わりに(　)で氏名があるものは、すべて読者の体験談です。個人の感性やそのときどきの体験が、次の旅行者への指針となるとの観点から、文章はできるだけ原文に忠実に掲載しています。

なお、☺はよかった体験、☹はがっかりした体験を表します。同一ホテルなどに多数情報が寄せられた場合は、好意的な投稿と否定的な体験をマークの数で表記しています。

例えば「他投稿＝☺☺☺☹」は、掲載の投稿のほかに、よかった体験が3通、よくなかったという意見が1通寄せられたことを意味します。また、投稿年のあとの春は2～5月、夏は6～9月、秋は10～11月、12月と1月についてはその旨明記してあります。

■トルコの通貨

トルコの通貨はトルコリラ（テュルク・リラスTürk Lirası)で本書ではTL（テー・レーと発音）と表記しました。

また、ホテル料金についてはUS$（アメリカドル)、€（ユーロ）での回答があった場合は、その通貨単位で表記しています。バスや船の国際便など、外国通貨で支払うことが要求されている料金は、そのまま指定された通貨で表記してあります。

■博物館の展示

博物館では、展示物をほかの施設に貸し出したり、補修などのために非公開となることもあります。記載されている展示物は変更になることもあります。

ジェネラル インフォメーション

トルコの基本情報

▶旅のトルコ語
→P.493

国 旗
赤地に白の星と月の星月旗。トルコ語でアル・バイラックAl Bayrak。通称アイ・ユルドゥズAy Yıldızともいう。

正式国名
トルコ共和国
Türkiye Cumhuriyeti
（テュルキエ・ジュムフリエティ）

国 歌
独立行進曲
İstiklâl Marşı
（イスティクラール・マルシュ）

面 積
約81万4758km² （日本の2倍強）

人 口
約7472万4269人（2011年）

首 都
アンカラAnkara。人口489万893人（2011年）

元 首
アブドゥッラー・ギュル大統領
Abdullah Gül

政 体
共和制

民族構成
トルコ人、クルド人など

宗 教
イスラーム99%

言 語
トルコ語が公用語。南東部ではクルド語も広く日常的に話される。シリア国境近くではアラビア語も話される。

通貨と為替レート

▶通貨と両替
→P.473

▶旅の予算
→P.474

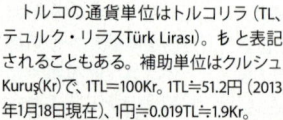

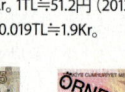

トルコの通貨単位はトルコリラ（TL、テュルク・リラスTürk Lirası）。₺と表記されることもある。補助単位はクルシュKuruş(Kr)で、1TL＝100Kr。1TL≒51.2円（2013年1月18日現在）、1円≒0.019TL≒1.9Kr。

流通している紙幣は200TL、100TL、50TL、20TL、10TL、5TL。硬貨は1TL、50Kr、25Kr、10Kr、5Kr、1Kr（1Kr、5Krはほとんど流通していない）。

5リラ　10リラ　20リラ
50リラ　100リラ　200リラ
1クルシュ　5クルシュ　10クルシュ　25クルシュ　50クルシュ　1リラ

電話のかけ方

▶通信事情
→P.475

日本からトルコへかける場合

国際電話会社の番号
001（KDDI）※1
0033（NTTコミュニケーションズ）※1
0061（ソフトバンクテレコム）※1
005345（au携帯）※2
009130（NTTドコモ携帯）※3
0046（ソフトバンク携帯）※4

例 イスタンブールの（0212）123-4567へかける場合

国際電話識別番号	トルコの国番号	市外局番（頭の0は取る）	相手先の電話番号
010	90	212	123-4567

※1 「マイライン」の国際区分に登録している場合は、不要。詳細は、http://www.myline.org/
※2 auは、010は不要。
※3 NTTドコモは、事前登録が必要。009130をダイヤルしなくてもかけられる。
※4 ソフトバンクは、0046をダイヤルしなくてもかけられる。

General Information

入出国

ビザ　観光目的の旅であれば、通常は90日以内の滞在はビザ不要。

パスポート　パスポートの有効残存期間は滞在日数+3ヵ月以上あること。見開き2ページ以上の未使用査証欄が必要。

▶持ち込み制限品
→P.468

日本からのフライト時間

日本からイスタンブールまでは約12時間。現在トルコ航空の直行便と全日空（トルコ航空とのコードシェア便）が運航している。成田空港からイスタンブールへは週6便。関西空港から週5便。

▶出国と入国の手続き
→P.466

気候

国土が広いため、地方によって気候や降水量の差が激しい。一般的に夏は雨が少なく、乾燥しており。海岸部では蒸し暑い。冬期は曇りが多く、よく雨が降る。東部の高原地帯では積雪もあり、路面が凍結することも。内陸部は日中と夜の気温差が大きい。

▶旅のベストシーズン
→P.60

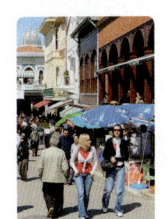

イスタンブールと東京の気温と降水量

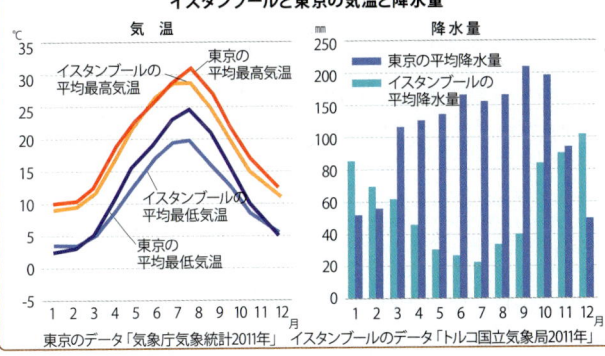

気温 / 降水量
- イスタンブールの平均最高気温
- 東京の平均最高気温
- イスタンブールの平均最低気温
- 東京の平均最低気温
- 東京の平均降水量
- イスタンブールの平均降水量

東京のデータ「気象庁気象統計2011年」　イスタンブールのデータ「トルコ国立気象局2011年」

時差とサマータイム

トルコと日本の時差は7時間。日本の8:00トルコでは深夜1:00となる。サマータイム実施中の時差は6時間。サマータイム実施期間は、通常は3月の最終日曜深夜1:00から10月の最終日曜の深夜1:00。

▶暦と祝祭日
→P.476

ビジネスアワー

以下は一般的な営業時間の目安。ラマザン期間が冬の場合は日没で閉めることが多い。

銀行　平日8:30〜12:00　13:30〜17:00。休日は土・日曜、祝日。

デパートやショップ　9:30〜19:00頃。
レストラン　9:00〜23:00頃。ラマザン中は閉店するところもある。
博物館　平日8:30〜17:00。月曜閉館。

トルコから日本へかける場合　（例）(03)1234-5678 または (090)1234-5678へかける場合

国際電話識別番号	+	日本の国番号	+	市外局番と携帯電話の最初の0を除いた番号	+	相手先の電話番号
00		81		3 または 90		1234-5678

▶トルコ国内通話
▶公衆電話のかけ方

市内へかける場合は市外局番は不要。市外へかける場合は市外局番からダイヤルする
①受話器を持ち上げる
②テレホンカードを、カードに示された矢印の方向に入れる
③相手先の電話番号を押す
④テレホンカードの残りが画面に表示される。通話が終わったら、受話器を置き、カードを取る

11

祝祭日
（おもな祝祭日）

▶暦と祝祭日
→P.476

▶生活習慣
→P.477

西暦で祝う固定祝祭日と、イスラーム暦で祝う移動祝祭日（※印）がある。ラマザン（断食月）明けのシェケル・バイラム（ラマザン・バイラム）やクルバン・バイラム（犠牲祭）は最低3日間の祝日が続く。

1月	1/1		新年 Yılbaşı（ユルバシュ）
4月	4/23		独立記念日、子どもの日 Ulusal Egemenlik ve Çocuk Bayramı （ウルサル・エゲメンリッキ・ヴェ・チョジュック・バイラム）
5月	5/19		アタテュルク記念日、青少年とスポーツの日 Atatürk'u Anma, Gençlik ve Spor Bayramı （アタテュルク・アンマ・ゲンチリッキ・ヴェ・スポル・バイラム）
8月	8/8～10 ('13) 7/28～30 ('14)	※	シェケル・バイラム Şeker Bayramı （ラマザン・バイラム Ramazan Bayramı）
	8/30		勝利の日 Zafer Bayramı（ザフェル・バイラム）
10月	10/29		共和国の日 Cumhuriyet Bayramı （ジュムフリエット・バイラム）
11月	10/15～18 ('13) 10/4～7 ('14)	※	クルバン・バイラム（犠牲祭） Kurban Bayramı

電圧とプラグ

電圧は220Vで周波数50Hz、プラグは2本足のCタイプがメインでB、B3、SEタイプもある。日本国内の電化製品はそのままでは使えないので、変圧器が必要。

ビデオ方式

トルコのテレビ・ビデオ方式（PAL）は、日本（NTSC）と異なるので、一般的な日本国内用ビデオデッキでは再生できない。

DVDソフトは地域コード Region Codeが日本と同じ「2」と表示されていれば、DVD内蔵パソコンでは通常PAL出力対応なので再生できるが、一般的なDVDプレーヤーでは再生できない（PAL対応機種なら可）。

チップ

トルコでは伝統的にチップの習慣はなく、必ずしもチップは必要ではない。また、レストランやホテルなどの料金にはサービス料が含まれていることがある。しかし、快いサービスを受けたときには、以下の相場を参考にして、スマートにチップを渡してみたい。高級ホテルのスタッフやツアーガイドへの心付けは諸外国同様一般的に行われる。大型ホテルでは、サービス料、KDV（付加価値税）が別というケースが多い。

タクシー
おつりの小銭をチップとする。

レストラン
庶民的な店では必要ないが、少し高級なところなら10％ぐらいを置いていく。

ホテル
ベルボーイやルームサービスに対しては1～5TL。

トイレ
町なかの公衆トイレやジャーミィのトイレ、バスターミナルやドライブインなどのトイレは有料のことが多い。料金はたいてい入口に書かれており、1TL前後。

ハマム
アカすりやマッサージをしてくれた人に対し、1～2TL。

飲料水

水道水は大都市での飲用は不可。どの町でも入手しやすいので、旅行者はミネラルウオーターを飲むのが無難。500mℓで0.50TLほどで、スーパーマーケットならもっと安く、観光地は高い。スルタンSultan、ハヤトHayat、プナルPınarなど多くの銘柄があるのでいろいろ試してみよう。

郵便

郵便局はトルコ語でPTT（ペー・テー・テー）と呼ばれる。営業時間は月〜金曜8:30〜12:30、13:30〜17:30。土・日曜は休み。大都市の中央郵便局は24:00（郵便局によっては19:00または21:00）まで営業している場合もある。

郵便料金
　日本へのエアメールは2.30TL、封書は20gまで2.30TL、小包は1kgまで36.75TL、2kgまで57.75TL。

▶通信事情 →P.475

税金

　トルコでは物品に8〜18％のKDV（付加価値税）がかかっている。
　免税対象となる最低購入金額は、付加価値税が8％課税される商品（衣服や革製品など）の場合は108TL。貴金属、時計、電化製品など18％課税される商品の場合は118TL。規定の額以上を購入したときに書類を作成してもらい、イスタンブールのアタテュルク空港など出国地の税関で申請すれば、払い戻しが受けられる。
　還付率は金額、購入点数により異なる。なお、ホテルや飲食など現地で受けたサービスについては還付されない。詳細はURL www.global-blue.com

安全とトラブル

　2012年10月現在、シリアとイラクの国境付近に「渡航の延期をお勧めします」が出されている。また、イラク国境付近を除くハッキャリ県とシュルナク県に「渡航の是非を検討してください」が出されている。

外務省 海外安全ホームページ
URL www.anzen.mofa.go.jp

空港
　観光案内所のスタッフを装い、巧みな日本語や英語で観光客をだまし、スルタンアフメット地区の悪徳旅行会社や絨毯屋、それらと関係の深いホテルに連れていき、巧妙にお金をだまし取る。

空港バス
　バスの車内で声をかけ、知り合いのホテルや旅行会社に連れていく、もしくは連れていった先から手数料を取る。

絨毯屋等の客引き
　観光客に日本語で親しげに話しかけ、自らが関係する絨毯屋などへと連れて行き、高額な商品を買わせる。女性の場合は、人気のないところへ閉じこめ、強引にわいせつ行為に及んだりする例も報告されている。

睡眠薬強盗
　外国人旅行者を装い、仲よくなってから飲食物に睡眠薬を入れ、身ぐるみはがす。

偽警官
　言葉巧みに観光客に近づき、身体検査などと称して金品を奪う。

アンカラの日本大使館
Japonya Büyükelçiliği
Map P.361A3
✉ Reşit Galip Cad. No.81
Gazi Osmanpaşa,
TEL(0312) 446 0500　FAX(0312) 437 1812
URL www.tr.emb-japan.go.jp

イスタンブールの日本総領事館
Japonya Başkonsolosluğu
Map P.46A2
✉ Tekfen Tower 10th floor,
Büyükdere Cad. No.209, 4. Levent
TEL(0212) 317 4600　FAX(0212) 317 4604
URL www.istanbul.tr.emb-japan.go.jp
カイセリには日本国名誉総領事館がある（→P.347）

警察 **155**
消防 **112**　救急 **112**

▶旅のトラブル →P.488〜490

年齢制限

　トルコでは18歳未満の酒類とタバコの購入は不可。

度量衡

　メートル法を採用している。％の表示の場合、％の記号は前に来て、ユズデ〜と読む。％30はユズデオトゥズとなる。

その他

禁煙　公共施設の屋内、レストラン、ホテルのロビーなどの屋内空間や公共交通機関では禁煙。ホテルは喫煙可能な客室でのみ可。違反した場合の罰金は85TL。

日本の国際貢献活動　Japan's international contribution activities

トルコと日本の絆 〈海峡横断地下鉄建設と橋の耐震強化〉

イスタンブールは、海峡を挟んでヨーロッパとアジアにまたがっています。2大陸を結ぶ地下鉄建設と橋の耐震強化を日本が支援。2つのプロジェクトにより、両国の絆はさらに強く結ばれつつあります。

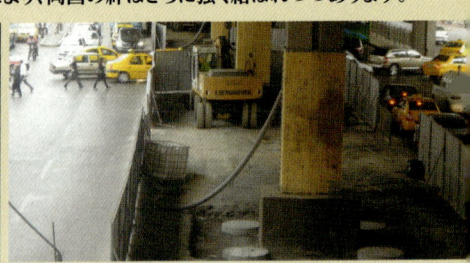

2大陸を海底トンネルで結ぶ 初の地下鉄建設を日本が支援

ボスポラス海峡を挟んでヨーロッパ側とアジア側に分かれる歴史都市イスタンブール。2本の橋が両大陸をつないでいますが、近年、交通量の増大によって慢性的な渋滞が発生。また、排気ガスによる環境汚染も問題になっています。

そのような中、ヨーロッパとアジアとを海底で結ぶ初めての地下鉄の建設が日本の支援で進められています。地下鉄は運行距離13.6km、内海峡部分の1.38kmは沈埋トンネル工法を用いています。また、トンネルはマグニチュード7.5の地震にも耐えうる強度設計がなされています。

現在、2013年度中の開業を目指して設備工事、軌道の敷設や駅舎建築などの工事が急ピッチで進行中。この地下鉄が開通することで旅客輸送が強化され、トルコの発展に大きく寄与することが期待されています。

地震国・日本の技術を活用し 長大橋の耐震強化をサポート

トルコでは、1999年8月と11月に大地震が相次いで発生し、大きな被害をもたらしました。また、イスタンブール沖のマルマラ海に活断層の存在が確認され、近い将来、大地震が発生する可能性の高いことが指摘されています。トルコと日本は共に地震国。日本が過去の震災で得た防災技術をトルコと共有し、将来の被害を防ぎたいという願いのもと、イスタンブール長大橋耐震強化事業が実施されました。第1ボスポラス橋、第2ボスポラス橋、新・旧ゴールデンホーン橋とこれらの長大橋に付随する高架橋に日本で活用されている耐震補強技術を導入しています。

2010年11月、本事業の完工式典で挨拶をしたトルコ運輸省フラト次官補は「日本という重要なパートナーと本事業を完工できたのはすばらしいことだ」と述べ、トルコと日本の友好関係を強調しました。2大陸をつなぐボスポラス海峡の架け橋は、両国の絆の象徴でもあるのです。(第2ボスポラス橋、新ゴールデンホーン橋は日本の円借款と支援で建設されたもの)

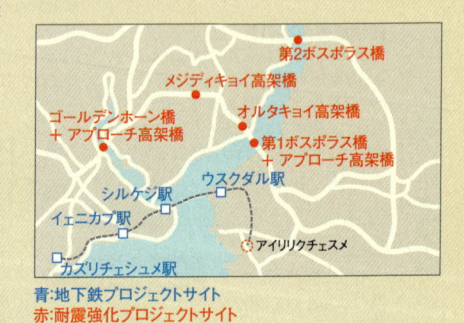

青:地下鉄プロジェクトサイト
赤:耐震強化プロジェクトサイト

独立行政法人　国際協力機構
〒102-8012　東京都千代田区二番町5-25
二番町センタービル
TEL.03-5226-6660から6663（代表）
JICA　検索　http://www.jica.go.jp

JICAはODA（政府開発援助）の実施機関です。ODAとは、開発途上国の経済・社会の発展や福祉の向上に役立てるために政府が行う資金・技術提供による協力のことです。

JICAボランティア　｜　募集は4月・10月の年2回。派遣期間は原則2年ですが、1か月からの短期ボランティア制度もあります。

Pick Up!

今、トルコで話題の **注目** スポット

1 アランヤのクルーズ船→P.18 **2** 有明海のムツゴロウ(?)→P.20 **3** カシュの海→P.20 **4** パムッカレの夕日→P.16 **5** ツアーでのおやつはスイカ→P.20

1 白い石灰に埋まる遺跡　**2** 泥を塗るのは美容法　**3** 水面はコバルトブルーに輝く

世界遺産パムッカレを眼下に
空中散歩

Pick Up!

➡ パムッカレP.256

パムッカレの石灰棚やヒエラポリスを望む丘から
パラグライダーで飛び立つアクティビティが登場した。
世界遺産を上空から鳥の目で眺める、贅沢なひとときをぜひ！

パラグライダーはインストラクターとのタンデムだから、天候による中止がなければ初心者でも体験OK。ふわりと浮く体、風を読んで右へ左へ旋回する機体、この浮遊感覚はなかなか味わえないもの。まして石灰棚を眺める特等席へ連れて行ってくれるのだから、感動もひとしおだ。

パラグライダーははるか上空、石灰棚が足元に

4 夕日に照らされる石灰棚 **5** 白く塗られた顔がおちゃめ **6** ヒエラポリスの北大浴場

上空からはこんなふうに見える。意外に近くて驚くかも

ツアーを催行するパムッカレ・ハイジャッカーズ（→P.258）のスタッフ

滑走する丘の上で装備を付けてもらい、簡単な指示を受ける

風を読むスタッフの合図で走り出す。とにかく走る　ひたすら走る

ふわりと浮かび上がる瞬間。すぐに上昇し、地面がはるか下へ

何日あっても遊びきれない!?
世界遺産 アランヤ

Pick Up!

候補 ➡ アランヤP.291

トルコの南海岸地方は古くからリゾートとして知られている。小さな町ながらユニークな魅力のあるアランヤを紹介しよう。

テルサーネ(造船所跡)の海側出入口

　アランヤは、背後にそびえる崖の上に建つ城壁やどっしりとした多角形のクズル・クレKızıl Kuleなど、ルーム・セルジューク朝時代の建造物が多く残る町。テルサーネTersaneという造船所跡もその時代のもので、入江に直接船が出入りできるように造られていた。近年、これらが世界遺産候補となり注目を集めている。
　また、洞窟や鍾乳洞が多い地形も観光客に人気。いろいろな楽しみがある町なのだ。

❶テルサーネの中はいくつかのブースに分かれている ❷ノミやツチが展示されている ❸当時の船を再現 ❹満潮になると船の出入りがしやすくなる ❺当時の作業風景を再現した展示

1 クズル・クレと海岸　**2** ダムラタシュ鍾乳洞　**3** カレ（城塞）から眺めたアランヤのビーチ　**4** ボートツアーでは船からドボンで海水浴！　**5** クルーズの船長　**6** どこまでも澄んだ海！

Pick Up!

カシュ発！ 笑顔行き
ずぶぬれツアー

➡ サクルケント渓谷P.276

参加者の誰もが「楽しかった！」というサクルケント渓谷の「ずぶぬれツアー」を実況しよう！

子どももお母さんも笑顔！な渡渉シーン

TIME TABLE

10:00	ホテルにピックアップ
11:00	パタラ・ビーチでフリータイム
12:00	世界遺産のクサントス遺跡（→P.279）を見学
13:30	クサントス発、なぜか水鉄砲が……。移動中2台の車で水鉄砲合戦！
14:00	サクルケント着、昼食
15:15	渓谷入口ゲート出発
15:30	川渡り
15:55	滝で水を頭からかぶる
16:45	希望者は川からゲートまでボディラフティング
17:00	サクルケント発
17:25	泥んこ体験
18:30	カプタシュ・ビーチへ移動、スイカのおやつ
20:00	1時間ビーチで過ごしホテル帰着

ラフティングやキャニオニングがさかんなサクルケント渓谷を楽しむ4WDツアー。山もビーチも、マッドスパも楽しめる、爆笑ずぶぬれツアーだ。同様のツアーがフェティエ（→P.274）などからもある。

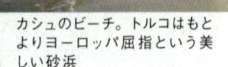

この平穏のあと、ずぶぬれ体験になるとは…

カシュのビーチ。トルコはもとよりヨーロッパ屈指という美しい砂浜

世界遺産のクサントス遺跡

この水鉄砲は？ まさか！

ギャー！
ずぶぬれの練習!?

それ〜！

おなかすいた〜
ランチはキョフテでした

いよいよ渓谷入口

手をつないで渡渉する

楽しい仕掛けを
考えてるよ

滝しぶきに
ずぶぬれ！

やめて〜　たすけて〜

最後のずぶぬれ！
いくぞ〜！

21

世界に誇るモザイク博物館
ゼウグマ・モザイク博物館

Pick Up!

トルコ南東部の都市、ガズィアンテップ（→P.395）に2011年にオープンしたモザイク博物館は、ゼウグマ遺跡出土の色鮮やかなモザイクを展示する。モザイク美術に関するなかでは世界トップクラスの博物館だ。

ユーフラテスの河畔の住民から「モザイクを見つけた」という通報があり、その周辺を掘ってみたら、見事な女性のモザイクが出てきた。「ジプシー・ガール」と名付けられたそのモザイクは、瞬く間にガズィアンテップの「顔」になった。

1995年から始まったゼウグマ遺跡の本格的な発掘調査では、ほぼ無傷の状態のモザイクが次々と見つかった。それまでの博物館ではとても収まりきれず、ゼウグマの発掘物だけを展示する博物館が2011年に新設された。

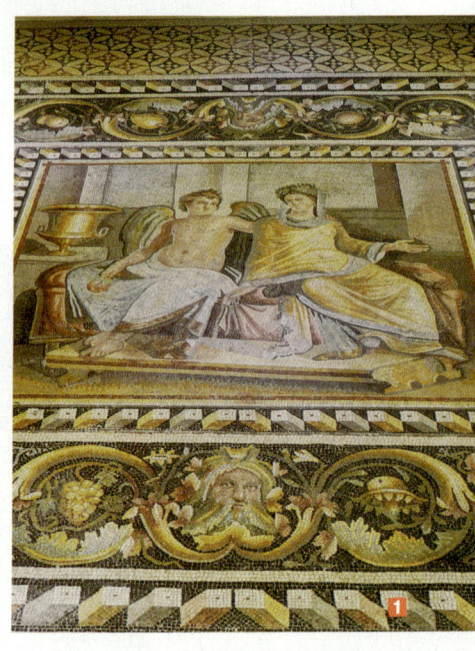

1「エロスとプシケー」はすばらしい保存状態 **2**「ジプシー・ガール」は上階の特別室に保存されている **3** ユーフラテス川の語源ともなった神、エウフラテスを描いたモザイク **4**「ペルセウスによるアンドロメダの救出」はギリシア神話での有名なエピソード

Pick Up!
2012年に新登録
世界遺産チャタル・ホユック

2011年のエディルネ・セリミエ・ジャーミィに続き、2年連続してトルコからの新規登録となったチャタル・ホユック。中部アナトリア、コンヤの近郊にある新石器時代の遺跡を紹介しよう。　➡チャタル・ホユック P.356

チャタル・ホユック遺跡は、1958年にイギリス人考古学者ジェイムス・メラートによって発見された新石器時代の集落跡。1961年から発掘が始まり、現在でもイギリスやアメリカの大学チームによって発掘が続けられている。遺跡は東西ふたつの丘から成り立ち、敷地内には小さな博物館と復元住居の展示がある。

紀元前7000年にまでさかのぼるこの遺跡は、推定人口が3000〜8000人。身分や階層を示す物が見つかっておらず、共同のゴミ捨て場や広場などもある、独自の共同体を形作っていたとされる。住居は屋根の部分に入口があり、壁は漆喰でていねいに塗られていた。

また、地母神像など主要な出土品の多くは、アンカラにあるアナトリア文明博物館でも見ることができる。

1 西側の丘は8000年前頃から使われ始めた **2** 復元された住居。死者は家の地下に埋葬された **3** 東側の丘からは地母神像や壁画などが出土している

発掘が続く注目の遺跡
ギョベックリ・テペ ➡P.393

シャンルウルファ(→P.391)の近郊にある、紀元前7000〜8000年頃の遺跡。世界最古の宗教建造物とされており、ストーンサークルのように並ぶ巨石群は神殿跡と考えられており、石柱の一部には動物のレリーフが施されている。農耕牧畜へ移行する前の狩猟採集民が宗教建造物を建てたという発見は、人類学史上で革命的な発見とされている。遺跡は1995年より発掘が続いているが、まだまだ全容の解明には年月がかかりそうだ。

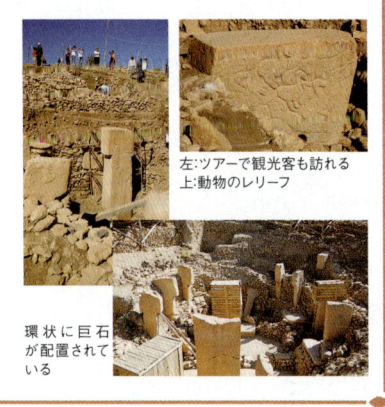

左:ツアーで観光客も訪れる
上:動物のレリーフ

環状に巨石が配置されている

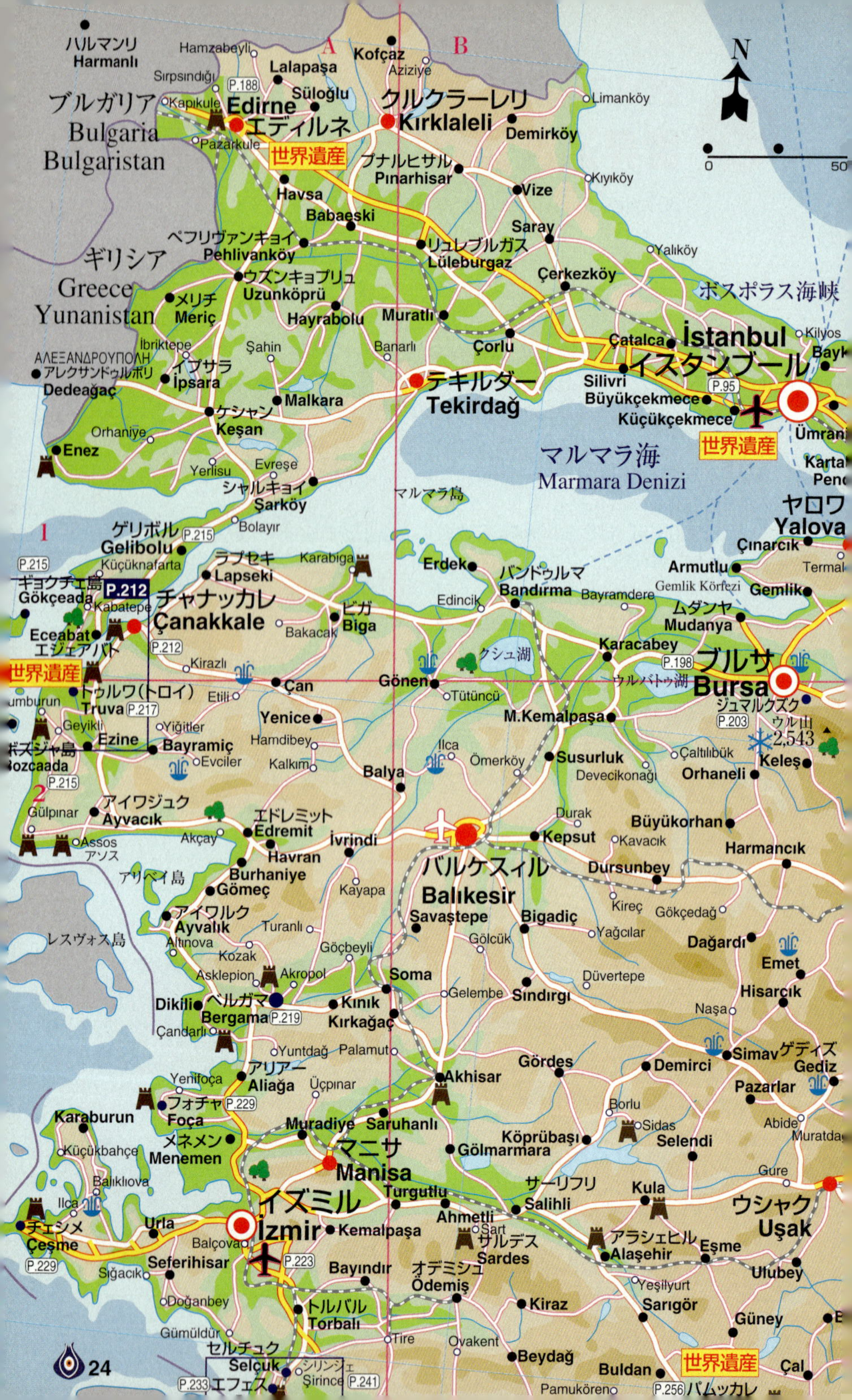

ハルマンリ
Harmanlı
Hamzabeyli
Sırpsındığı
A
B
Kofçaz
Aziziye
Lalapaşa
P.188
Süloğlu
ブルガリア
Bulgaria
Bulgaristan
Kapıkule
Edirne
エディルネ
Pazarkule
世界遺産
クルクラーレリ
Kırklareli
Demirköy
Limanköy
N
0
50
ブナルヒサル
Pınarhisar
Kıyıköy
Vize
Havsa
Babaeski
Saray
ペフリヴァンキョイ
Pehlivanköy
リュレブルガス
Lüleburgaz
Yalıköy
ギリシア
Greece
Yunanistan
ウズンキョプリュ
Uzunköprü
Çerkezköy
ボスポラス海峡
メリチ
Meriç
Hayrabolu
Muratlı
Kilyos
İbriktepe
Şahin
Banarlı
Çorlu
Çatalca
İstanbul
イスタンブール
ΑΛΕΞΑΝΔΡΟΥΠΟΛΗ
アレクサンドゥルポリ
Dedeağaç
イプサラ
İpsara
Malkara
テキルダー
Tekirdağ
Silivri
Büyükçekmece
P.95
Küçükçekmece
Ümraniye
世界遺産
ケシャン
Keşan
Orhaniye
マルマラ海
Marmara Denizi
Enez
Yerlisu
Evreşe
シャルキョイ
Şarköy
マルマラ島
ヤロワ
Yalova
1
ゲリボル
P.215
Gelibolu
Bolayır
Çınarcık
P.215
Küçüknafarta
ラプセキ
Lapseki
Karabiga
Erdek
バンドゥルマ
Bandırma
Armutlu
Termal
Gemlik Körfezi
Gemlik
ギョクチェ島
Gökçeada
P.212
Kabatepe
チャナッカレ
Çanakkale
Bakacak
ビガ
Biga
Edincik
Bayramdere
ムダンヤ
Mudanya
Eceabat
エジェアバト
P.212
Karacabey
クシュ湖
世界遺産
トゥルワ(トロイ)
Truva
P.217
Kirazlı
Çan
Gönen
Tütüncü
P.198
ウルバトゥ湖
ブルサ
Bursa
ジュマルクズク
Etili
Yiğitler
Geyikli
Yenice
M.Kemalpaşa
P.203
ウル山
2,543
ボズジャ島
Bozcaada
Ezine
Bayramiç
Hamdibey
Evciler
Kalkım
Ilıca
Ömerköy
Susurluk
Devecikonağı
Çaltılıbük
Orhaneli
Keleş
P.215
Balya
2
アイワジュク
Ayvacık
Gülpınar
エドレミット
Edremit
Akçay
Assos
アソス
İvrindi
Havran
Durak
Kepsut
Kavacık
Büyükorhan
Harmancık
アリベイ島
Burhaniye
Gömeç
Kayapa
バルケスィル
Balıkesir
Dursunbey
Kireç
Gökçedağ
アイワルク
Ayvalık
Altınova
Turanlı
Savaştepe
Bigadiç
Yağcılar
Gölcük
Dağardı
Emet
レスヴォス島
Kozak
Göçbeyli
Asklepion
Akropol
Soma
Düvertepe
Hisarcık
Dikili
ベルガマ
Bergama
P.219
Kınık
Kırkağaç
Gelembe
Sındırgı
Naşa
Çandarlı
Yuntdağ
Palamut
Gördes
Simav
ゲディズ
Gediz
Demirci
Yenifoça
アリアー
Aliağa
Üçpınar
Akhisar
Pazarlar
フォチャ
Foça
P.229
Borlu
Sidas
Abide
Muratdağı
Karaburun
Muradiye
Saruhanlı
Köprübaşı
Selendi
Küçükbahçe
メネメン
Menemen
マニサ
Manisa
Gölmarmara
Balıklıova
Turgutlu
サーリフリ
Salihli
Gure
Kula
Ilıca
イズミル
İzmir
Ahmetli
ウシャク
Uşak
チェシメ
Çeşme
Urla
Kemalpaşa
Sart
サルデス
Sardes
アラシェヒル
Alaşehir
Eşme
P.229
Balçova
Seferihisar
P.223
Bayındır
オデミシュ
Ödemiş
Ulubey
Sığacık
Yeşilyurt
Doğanbey
トルバル
Torbalı
Kiraz
Sarıgöl
Güney
Gümüldür
セルチュク
Selçuk
Tire
Ovakent
Beydağ
Buldan
世界遺産
Çal
シリンジェ
Şirince
P.241
P.233
エフェス
Pamukören
P.256
パムッカレ

トルコ西北部

標高 (m): 4000 / 3000 / 2000 / 1500 / 1000 / 500 / 200 / 0 / -200

凡例
- 国境
- 幹線道路
- 道路
- 鉄道
- 航路
- 河川
- 湖
- 湿地
- 塩湿地
- 国際空港
- 空港
- 首都
- 遺跡・旧跡
- スキー場
- 国立公園
- 温泉
- P.000 掲載ページ
- 県庁所在地
- 掲載都市、主要都市
- その他の市町村

主要都市・地名

- Kuru / アマスラ Amasra
- ゾングルダク Zonguldak / Hisarönü / Kozlu
- バルトゥン Bartın / Gökçebey
- エレウリ Ereğli / Alaplı / Devrek / イェニジェ Yenice
- カラビュック Karabük
- シレ Şile / Ağva / Kerpe / Kefken / Kandıra / Kaynarca / Karasu / Ferizli / Kocaali / アクチャコジャ Akçakoca / Konuralp / Yığılca / Eyerci / Mengen
- ゲブゼ Gebze / Hereke / イズミット İzmit / Körfez / Karamürsel / Gölcük / Pamukova / アダパザル Adapazarı / Söğütlü / Cumaova / デュズジェ Düzce / ボル Bolu / Yeniçağa / ゲレデ Gerede
- イズニック İznik / Osmaneli / Akyazı / Karapürcek / Dukurcun / Çavuşdere / Abant Gölü / Seben / Dörtdivan / Çamlıdere / Kızıl
- enişehir / Taraklı / Göynük / Mudurnu / Kabaca / Kıbrıscık / Karaşar / Çeltikci
- ビレジック Bilecik / İnegöl / Kuyubaşı / Gölpazarı / Himmetoğlu / Yenipazarı / Nallıhan / Uruso / Güdül
- Oylat / Pazaryeri / Söğüt / İnhisar / Sarıcakaya / Baraj Tesisleri / Beypazarı
- Domaniç / Dodurga / ソユト / Mihargazi / Sakar / Kırbaşı / Yenikent
- Bozüyük / エスキシェヒル Eskişehir / Alpu / Mihardıcık / Ayaş / スィンジャン Sincan
- İnönü / Ilıca / Hamidiye / Yukarıdeağacı / P.365 / ゴルディオン Gordion / Temelli / ギョ Göl
- ンçbilek / uşantı / avşanlı / Sabuncu / セイトガーズィー Seyitgazi / Kaymaz / Beylikova / Yunusemre
- Ahi / ポラットル Polatlı / Haymana
- キュタフヤ Kütahya / Alayurt / Kırka / こゞス・ニュメント / Mahmudiye / Han / Çifteler / Sivrihisar / Yenimehmetli
- Çavdarhisar / Aslanapa / Aslankaya / Yazılıkaya / Kümbet / Umraniye / Günyüzü / Balıhisar / Yenice / Ba
- Altıntaş / Aslantaş / Doğa / Ayazin / Gömü / Kelhasan / Koz
- Dumlupınar / Çal / İhsaniye / Bayat / Emirdağ / Çeltik
- Sincanlı / Gazlıgöl / İscehisar / Çobanlar / Davulga / Yunak / Sülüklü / Yenic
- Banaz / Hocalar / アフヨン Afyon / Bolvadin / Koçyaması
- Sivaslı / Kaplıca / Şuhut / Çay / Sultandağı / Turgut / Cih
- arahallı / Çivril / Sandıklı / ヤルワチ Yalvaç / Tuzlukçu
- Kızılören / Haydarlı / Dombayova / アクシェヒル湖 / Argıthanı / Ilgın / Sarayönü
- Evciler / Dinar / Senirkent / P.251 / 湖水地方 / アクシェヒル Akşehir / Reis / Kadınhanı

トルコ西南部
Assos
アソス
Akçay
Havran
Ivrindi
Balıkesir
バルケスィル
Kepsut
Kavacık
Harmancık
Dursunbey
アリベイ島
Burhaniye
Gömeç
Kayapa
Kireç
Gökçedağ
アイワルク
Ayvalık
Turanlı
Savaştepe
Bigadiç
Yağcılar
Dağardı
レスヴォス島
Altınova
Göçbeyli
Gölcük
Emet
Kozak
Asklepion
Akropol
Soma
Düvertepe
ベルガマ
Bergama
P.219
Dikili
Kınık
Kırkağaç
Gelembe
Sındırgı
Hisarcık
Naşa
Çandarlı
Yuntdağ
Palamut
Simav
アリアー
Aliağa
Gördes
Demirci
Yenifoça
Üçpınar
Akhisar
Pazarlar
フォチャ
Foça
P.229
Borlu
Karaburun
Sidas
Abide
メネメン
Menemen
Muradiye
Saruhanlı
マニサ
Manisa
Köprübaşı
Gölmarmara
Selendi
Küçükbahçe
Balıklıova
サーリフリ
Salihli
Kula
Gure
Ilıca
Turgutlu
イズミル
İzmir
Ahmetli
ウシャク
Uşak
チェシメ
Çeşme
Urla
Kemalpaşa
Sart
サルデス
Sardes
アラシェヒル
Alaşehir
Eşme
Balçova
P.229
Seferihisar
P.223
Bayındır
オデミシュ
Ödemiş
Sığacık
Yeşilyurt
Ulubey
Doğanbey
トルバル
Torbalı
Kiraz
Sarıgöl
Güney
Gümüldür
Tire
Ovakent
Beydağ
セルチュク
Selçuk
シリンジェ
Şirince
P.241
世界遺産
Buldan
P.233
エフェス
Efes
Pamukören
P.256
パムッカレ
Pamukkale
Buharkent
サモス島
クシャダス
Kuşadası
P.242
Germencik
ナーズィルリ
Nazilli
Kuyucak
Sarayköy
ソケ
Söke
İncirliova
アイドゥン
Aydın
カラジャス
Karacasu
Babadağ
デニズリ
Denizli
P.261
カクルック
Kaklık
P.243
プリエネ
Priene
Koçarlı
P.243
ミレト
Milet
アフロディスィアス
Afrodisias
(Geyre)
P.249
Çine
Karpuzlu
Çamlık
Tavas
ディディム
Didim
P.244
P.243
Göktepe
Serinhisar
Kıyıkışlacık
Turgut
Kavaklıdere
Kale
Acıpayam
ミラス
Milas
Yatağan
ムーラ
Muğla
Beyağaç
Yalıkavak
Gümüşlük
P.265
ボドルム
Bodrum
Ören
Ula
Gölhisar
P.270
キョイジェイズ
Köyceğiz
Çameli
P.271
マルマリス
Marmaris
コス島
Körmen
カウノス
Kaunos
ダルヤン
Dalyan
P.271
ダッチャ
Datça
クニドス
Knidos
Hisarönü
オルタジャ
Ortaca
P.272
Söğüt
ダラマン
Dalaman
Üzümlü
Kemer
P.274
フェティエ
Fethiye
P.276
Yakaköy
サクルケント
Saklıkent
P.276
オリュデニズ
Ölüdeniz
P.279
Letoon
レトゥーン
クサントス
Xanthos
Kınık
世界遺産
P.278
P.280
パタラ
Patara
カルカン
Kalkan
P.278
ロドス島
P.24~25
P.29
P.30~31
P.26~27
P.28
N
0
50Km
1
2
A
B

Dodurga
İnönü
Eskişehir
Alpu
Minarçççık
Sincan
Tunçbilek
タウシャンル
Tavşanlı
Ilıca
Köprüören
Sabuncu
Hamidiye
Yukarıdeağacı
Yunusemre
P.365
ゴルディオン
Gordion
Temelli
Beylikova
Kaymaz
セイトガーズィー
Seyitgazi
Alayurt
キュタフヤ
Kütahya
Mahmudiye
Sivrihisar
ポラットル
Polatlı
Han
Çifteler
Yenimehmetli
Hayma
Örencik
チャヴダルヒサル
Çavdarhisar
Aslanapa
Kırka
ミダスモニュメント
Yazılıkaya
Günyüzü
Balıhisar
Umraniye
Kümbet
アイザノイ
Aizanoi
Altıntaş
Aslankaya
Aslantaş
Döğer
Ayazin
Gömü
Dumlupınar
Çal
İhsaniye
Gazlıgöl
Bayat
Emirdağ
Davulga
Çeltik
Kelhasan
İscehisar
Sülüklü
Sincanlı
Yunak
Banaz
Çobanlar
Bolvadin
Koçyazı
Hocalar
アフヨン
Afyon
Sivaslı
Şuhut
Çay
Turgut
Kaplıca
Sandıklı
アクシェヒル湖
Karahallı
Çivril
Sultandağı
Tuzlukçu
ヤルワチ
Yalvaç
Kızılören
ekilli
Haydarlı
Dombayova
Argıthanı
アクシェヒル
Sarayönü
P.251
Evciler
Dinar
Senirkent
Akşehir
Reis
Ilgın
Kadınhanı
湖水地方
Baklan
Uluborlu
Gelendost
Şarkîkaraağaç
Dazkırı
Keçiborlu
Gönen
Atabey
エイルディル湖
Aş
Hüyük
Derbent
Çardak
エイルディル
Başmakçı
Eğirdir
P.252
アクプナル
Akpınar
Aksu
Eflatunpınarı
Bozkurt
ブルドゥル
ウスパルタ
Gökyaka
ベイシェヒル湖
Konya
Burdur
Isparta
Yenişarbademli
Beyşehir Gölü
Doğanbey
コンヤ
世界遺産
Kurucuova
ベイシェヒル
Ağlasun
P.252
コワダ湖国立公園
Beyşehir
P.352
Yeşilova
Kovada Gölü Millî Parkı
Fasıllar
P.356
チャタル・ホユック
Çatal Höyük
Çeltikci
Kasımlar
Yeşildağ
Üzümlü
Hatunsaray
ハトゥンサライ
Karamanlı
Kesmeköy
Çumra
Bucak
Sütçüler
Kemer
Yeşilbağ
Tefenni
Kızılkaya
Altınkaya
Derebucak
Seyidişehir
Akören
Kocaaliler
Bozova
Dinek
Çavdır
Dağ
Yalıhüyük
Ahırlı
Cevizli
Korkuteli
Beşkonak
Altınyayla
P.289
Gebiz
Güneys
カライン
Karain
Aydınkent
Bozkır
Belören
P.290
ペルゲ
Perge
アスペンドス
Aspendos
Söğüt
テルメッソス
Termessos
Üçpınar
Akseki
Silyon
Geriş
Seleucia
Seki
Gölova
Hadım
サクルケント
Saklıkent
Lara
Serik
Bucaksıhlar
アンタルヤ
Güzelsu
Elmalı
Antalya
P.284
マナウガット
Taşkent
Kumköy
Manavgat
Gundoğmuş
Akçay
ケメル
スィデ
Başyayla
Altınkaya
Güzelbağ
Kemer
P.290
Side
Alarahan
Köprülü
ファセリス
Phaselis
アリカンダ
Arykanda
Sarıveliler
オリンポス
Olympos
アランヤ
Göktepe
Alanya
Kasaba
P.291
Kumluca
Kazancı
P.281
Kale
Demirtaş
Finike
カシュ
Myra
Kaş
ミュラ
P.282
ケコワ島
P.282
Gazipaşa
Anamur
アナムール
C
D

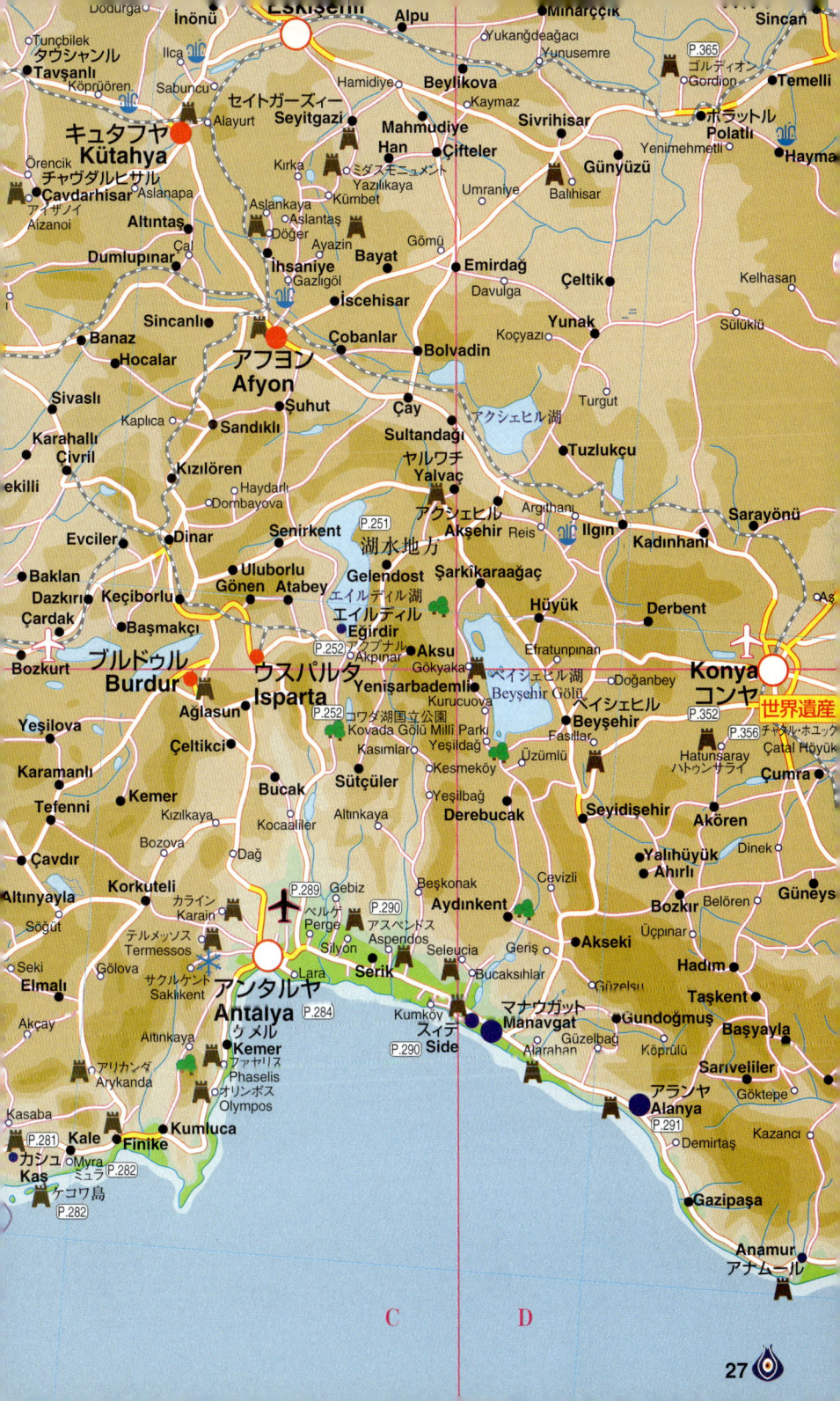

トルコ中部、南部

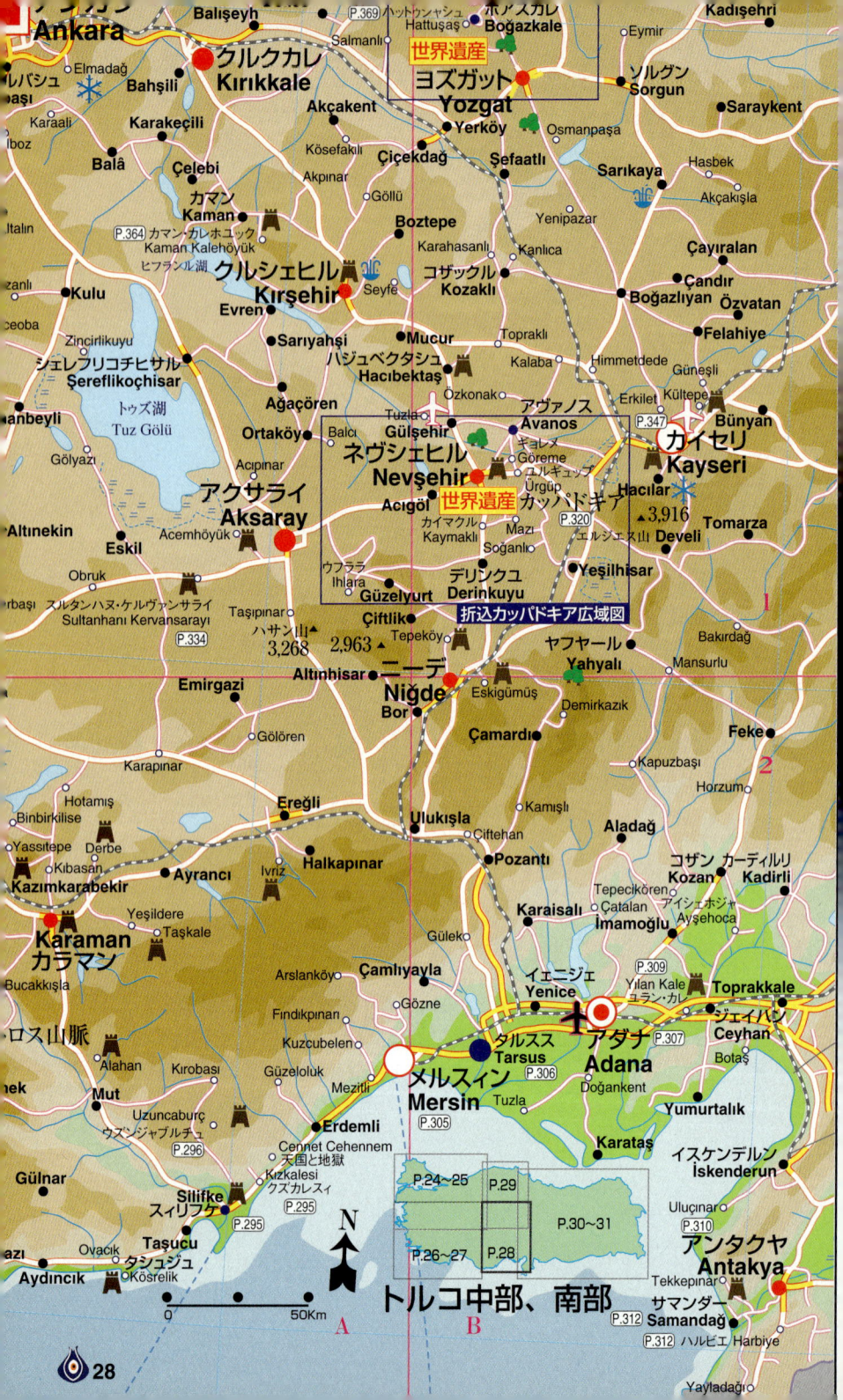

トルコ中北部

黒　海
サムスン
Samsun
オルドゥ
Ordu
ギレスン
Giresun
トラブゾン
Trabzon
アマスヤ
Amasya
Tokat
トカット
ギュミュシュハーネ
Gümüşhane
バイブルト
Bayburt
スィワス
Sivas
エルズィンジャン
Erzincan
ディヴリイ
Divriği
世界遺産
トゥンジェリ
Tunceli
ビンギョル
Bingöl
カイセリ
Kayseri
マラテヤ
Malatya
エラズー
Elazığ
カフラマンマラシュ
Kahraman Maraş
アドゥヤマン
Adıyaman
ディヤルバクル
Diyarbakır
オスマニエ
Osmaniye
ガズィアンテップ
Gazi Antep
シャンルウルファ
Şanlı Urfa
キリス
Kilis
アンタクヤ
Antakya
シリア
Syria
Suriye
ハラン
Harran
ギョベックリ・テペ
Göbekli Tepe
スメラ僧院
Sümera
ウズンギョル
Uzungöl
バルクル・カプルジャ
Balıklı Kapıcla
カンガル
Kangal
ネムルト山 2,150
ネムルトダーゥ
キャフタ
Kâhta
アタテュルクダム
ケバンダム
スィヴェレッキ
Siverek
ヴィランシェヒル
Viranşehir
イスケンデルン
İskenderun
ダレンデ
Darende
アフシン
Afşin
エルビスタン
Elbistan
バッタルガーズィ
Battalgazi
ニクサル
Niksar
Tel Abyad
Bab Al-Hawa
Azaz
P.444
P.442
P.446
P.450
P.374
P.377
P.347
P.384
P.398
P.391
P.393
P.395
P.310
A
B

トルコ東部
P.24~25
P.29
P.30~31
P.26~27
P.28
グルジア
Gerogia
Gürcüstan
アルメニア
Armenia
Ermenistan
イラン
Iran
İran
イラク
Iraq
Irak
Nakhitchevan
ナヒチェヴァン
アゼルバイジャン領
C
D
1
2
Akhaltsikhe
Sarpi
ホパ
Hopa
Arhavi
Fındıklı
Posof
Camili
Borçka
Ardanuç
Şavşat
Hanak
アルトヴィン
Artvin
アルダハン
Ardahan
Çıldır
Doğruyol
Çamlıhemşin
Öğdem
Olur
Susuz
Arpaçay
アイデル
Ayder
P.454
ユスフェリ
Yusufeli
İşhan
Kömürlü
Göle
P.419
Akyaka
P.452
Çamlıyamaç
カルス
Kars
アニ
Ani
P.420
Kılıçkaya
Bağbaşı
Oltu
Uzundere
Şenkaya
Selim
İspir
Şenyurt
サルカムシュ
Sarıkamış
Digor
Pazaryolu
Narman
Tortum
Karakurt
Kötek
Gaziler
Pasinler
Köprüköy
ホラサン
Horasan
Kağızman
Ilıca
Kandilli
エルズルム
Erzurum
Cumaçayı
Tuzluca
ウードゥル
Iğdır
Aralık
パランドケン山脈
P.422
アール
Ağrı
Karayazı
Bubidağ
ドゥバヤズット
Doğubayazıt
アール（アララット）山
▲5,137
Diluçu
Çat
Tekman
Göksu
Tutak
P.415
ディヤディン
Diyadin
ギュルブラック
Gürbulak
Gökoğlan
Hınıs
Aktuzla
Ortadirek
P.416
Maku
Karaçoban
Nurettin
Karlıova
Varto
Halilçavuş
パトノス
Patnos
Çaldıran
Kalaköy
Bulanık
Malazgirt
Deliçay
ムラディエの滝
P.411
Muradiye Şelalesi
Göynük
エルジシュ
Erciş
Solhan
Mercimekkale
Sarısu
ムラディエ
Muradiye
Erentepe
Karahasan
スュプハン山
▲4,058
Dorutay
ムシュ
Muş
Korkut
Ovakışla
Timar
Göldüzü
Yenisu
Ahlat
Adilcevaz
Özalp
Saray
Hasköy
2,935▲ネムルト山
ネムルト湖
P.413
Kulp
Güroymak
Erçek
Hamzalı
Kavakbaşı
タトワン
Tatvan
ワン湖
ワン
Van
Güzelsu（Hoşap）
Geyikpınar
P.408
Sason
ビトリス
Bitlis
Reşadiye
Kozluk
Silvan
Tuzlagözü
Cevizlik
Hizan
Aksar
Gevaş
P.411
Catakköprü
Baykan
Şirvan
Bahçesaray
Albayrak
Başkale
バトマン
Batman
Beşiri
Kurtalan
Aydınlar
Çatak
Oğuz
Raman
スィイルト
Siirt
Doğanca
Pervari
Narlı
Yalınca
Tepe
ハサンケイフ
Hasankeyf
Dargeçit
Sero
Savur
Gercüş
シュルナク
Şırnak
Beytüşşebap
Uludere
ハッキャリ
Hakkari
Esendere
Ömerli
ミディヤット
Midyat
Yüksekova
ユクセコワ
İdil
ジズレ
Cizre
Ortabağ
Çığlı
P.406
Dağlıca
Şemdinli
マルディン
Mardin
P.403
Oyalı
ヌサイビン
Nusaybin
Silopi
Çıkırca
Girmeli
Zakhu
Qamishli
N
0
100Km

A
B
1
2
3
4
スュレイマニエ・ハマム P.184
Süleymaniye Hamamı
エジプシャンバザール
Mısır Çarşısı
P.133
P.34
Hacı Bekir
Hafız Mustafa P.171
Legacy Ottoman P.164
Göksel Bijuteri
Dösim
Tat
Has-Er
Akarsu P.182
イスメティエ通り
İsmetiye Sok.
マンガルジュ通り
Mangalcı Sok.
アティク・イブラヒムパシャ・ジャーミィ
Atik İbrahimpaşa Camii
Havancı Sok.
ハワンジュ通り
Nasuhiye Sok.
ナスヒエ通り
Nargileci Sok.
サマニ・ヴィラーニ・ジャーミィ
Samani Virani Camii
ホビヤル・ジャーミィ
Hobyar Camii
Ptt
PTT KARGO
小包専用受付
Aşir Efendi Cad.
P.170 Şehzade Cağ Kebabı
ホジャ・カスム・ギュナニ・ジャーミィ
Hoca Kasım Günani Camii
Hocapaşa Pidecisi P.170
リュステム・パシャ神学校
Rüstem Paşa Medresesi
キュルックチュ・ハン
Kürükçü Han
Semaver Sok.
Çöklek Sok.
Mercan Cad. メルジャン通り
Fuat Paşa Cad.
P.128-129
マフムート・パシャ・ハマム
Mahmut Paşa Hamamı
Şeker Ahmetpaşa Cad.
Çadırcılar Cad.
Yorgancılar Sok.
グランドバザール
Kapalı Çarşı
(カパル・チャルシュ)
P.127
古本街
Sahaflar Çarşısı
P.127
Kalpakçılar Başı Sok.
Subaşı
ヌルオスマニイェ・ジャーミィ
Nuruosmaniye Camii
Nuruosmaniye Cad.
ヌルオスマニエ通り
Kahve Dünyası
スターバックス
イスタンブール高校
İstanbul Erkek Lisesi
イラン総領事館
İran Başkonsolosluğu
P.472
マフムート・パシャ・ジャーミィ
Mahmut Paşa Camii
Ferdi Gökçay Sok.
フェルディ・ギョクチャイ通り
Bezciler Sok.
ベズジレル通り
Şeref Efendi Sok.
シェレフ・エフェンディ通り
市内バスターミナル
ジャーロウル・アナドル高校
Cağaloğlu Anadolu Lisesi
Erenler Nargile ve Çay Bahçesi
昼間交通規制
T1
ベヤズット・カパルチャルシュ駅
Beyazıt Kapalı Çarşı
Makarna Sarayı P.168
チェンベルリタシュ・ハマム
Çemberlitaş Hamamı P.184
チェンベルリタシュ
Çemberlitaş
P.130
ミマール・ハイレッディン・ジャーミィ
Mimar Hayreddin Camii
チェンベルリタシュ駅
Çemberlitaş
Derviş 2
Gözde P.168
Cordial House P.151
Köprülü Mehmet Paşa Medresesi
El Torito
Pirrre Loti
Camille
Cozy Pub & Balık
Karadeniz
Çiğdem
Esma Inn P.151
P.164
President
P.43
チェンベルリタシュ女子高
Çemberlitaş Kız Lisesi
Gedik Paşa Camii Sok.
Emin Sinan Hamamı Sok.
ゲディック・パシャ・ハマム
Gedik Paşa Hamamı
Piyer Loti Cad.
Golden Horn Delux P.155
裁判所
Adliye
Legend
Paris
Altuntaş Kilim
Arcadia P.164
トルコ・イスラーム美術博物館
Türk İslam Eserleri Müzesi
P.123
ディズダリエ・ジャーミィ
Dizdariye Camii
Grand Yavuz
P.155 İbrahim Paşa
蛇の柱
Yılanlı Sütun
中国長城飯店
Fehmibey
Alzer P.156
カドゥルガ・ハマム
Kadırga Hamamı
Ottoman Park
Kadırga Limanı Cad.
Daphne P.154
Ferman Sultan P.154
P.126 ソクルル・メフメット・パシャ・ジャーミィ
Sokullu M.Paşa Camii
Dara
Arena P.155
切石積みのオベリスク
Örme Dikilitaş
Nakkaş
Doy Doy
Sarnıç Premier
P.153 Sarnıç
ボスタン・アリ・ジャーミィ
Bostan Ali Camii
カドゥルガ文化センター
Kadırga Kültür Merkezi
ベフラーム・チャウシュ・ジャーミィ
Behram Çavuş Camii
カドゥルガ初等学校
Kadırga İ.Ö.O.
カドゥルガ工業高校
Kadırga Endüstri Meslek Lisesi
アルメニア教会
Ermen Kilisesi
シャフスヴァルベイ・ジャーミィ
Şahsuvarbey Camii
Saruhan
Sinbad
Eresin Crown P.158
昼間交通規制
P.42-43
キュチュック・アヤソフィア通り
キュチュック・アヤソフィア・ジャーミィ
Küçük Ayasofya Camii
P.123
Küçük Ayasofya Cad.
Aksakal Sok.

スルタンアフメット周辺

A
B
1
2
3
4
Pera Palace
Marmara Pera P.164
Art Suites P.162
Robinson Cruesoe
P.163
P.166 Mikla
P.161 Arya
P.174
P.162 Pera Rose
Cremeria Milano
P.172 Canım Ciğerim
P.162 Birol
Alaska Kürk Evi
By Retro P.181
P.181
Eller Art Gallery
Refik
ライブハウス Babylon
ロシア総領事館
Rusya Başkonsolosluğu
P.162 Pera Tulip
Ansen Suites P.163
Pera Thai P.174
Sofyalı 9
ABA
Leb-i Derya
P.36-37
シシハーネ駅 Şişhane
カスムパシャ高校 Kasımpaşa Lisesi
Dr. Tevfik Sağlam İ.Ö.Ö.
Ayşe Ege Anadolu Kız Meslek Lisesi
アイニ・アリババ・テッケ・ジャーミィ Ayni Alibaba Tekke Camii
ベドレッティン・ジャーミィ Bedrettin Camii
シシハーネ駅 Şişhane
テュネル駅 Tünel
Karınca P.182
ベイオウル区役所 Beyoğlu Belediyesi
ベイオウル税務署 Beyoğlu Vergi Dailesi
ガラタ・メヴラーナ博物館 Galata Mevlana Müzesi
P.135
ドイツ人高校 Özel Alman Lisesi
P.166 Galata Konak
Home Spa P.182
P.161 World House
ネヴァ・シャローム・シナゴーグ Neva Shalom Sinagogu
ポルトガル総領事館 Portekiz Başkonsolosluğu
オクチュ・ムーサ・ジャーミィ Okçu Musa Camii
Pitti Teras
P.162 Anemon
P.135
ガラタ塔 Galata Kulesi
P.182 Hammam
P.181 La Mariquita
ベイオウル眼科病院 Beyoğlu Göz Hastanesi
サン・ピエール教会 San Pierre Kilisesi
Galata Evi
アラブ・ジャーミィ Arap Camii
ザンクト・ゲオルク オーストリア女子高校 Skt. George Avusturya Kız Lisesi
カモンドの階段 Kamondo Merdivenleri
オスマンル銀行博物館 Osmanlı Bankası Müzesi
ユダヤ博物館 Musevi Müzesi
ベレケット・ザーデ・ジャーミィ Bereketzade Camii
カラキョイ駅 Karaköy
Târihî Karaköy Balıkçısı
イェルアルトゥ・ジャーミィ Yeraltı Camii
マクブル・イブラヒムパシャ・ジャーミィ Makbul İbrahimpaşa Camii
P.42-43
カラキョイ駅 Karaköy
魚市場
トゥルヨル埠頭 TURYOL İskelesi
アタテュルク橋 Atatürk Köprüsü
P.43
ガラタ橋 Galata Köprüsü P.132
ハリッチ・ハットゥ桟橋 Haliç Hattı İskelesi (金角湾路線)
イスタンブール商科大 İstanbul Ticaret Üniv.
トゥルヨル埠頭 TURYOL İskelesi
市内バスターミナル
ボスポラス海峡行き埠頭（ボスポラスクルーズ） Bosphorus Cruises Pier
ヘザルフェン・アフメット・チェレビー埠頭（ユスキュダルへ） Hezarfen Ahmet Çelebi İskelesi
エヴリヤ・チェレビー埠頭（カドゥキョイへ） Evliya Çelebi İskelesi
リュステム・パシャ・ジャーミィ Rüstem Paşa Camii P.133
P.32
Pandeli
イェニ・ジャーミィ Yeni Cami P.132
エミノニュ駅 Eminönü
キャーティプ・チェレビー埠頭（閉鎖中） Kâtip Çelebi İskelesi
P.170 Hamdi
Mehmet Efendi
エジプシャンバザール Mısır Çarşısı P.133
Refik Saydam Cad.
Evliya Çelebi Cad.
Şişhane Cad.
Büyük Hendek Cad.
Galipdede Cad.
Tersane Cad.
Kemeraltı Cad.
Ragıp Gümüşpara Cad.
Yemeniciler Cad.
Makaracılar Cad.
Kürekçiler Cad.
Fermanciler Sok.
Karaköy Cad.
Rıhtım Cad.

エミノニュ～カラキョイ周辺

A
B
1
2
3
4
48-49
46-47
52
44-45
38-39
36-37
40-41
34-35
50-51
32-33
42-43
54
Tırmık Sok.
Kuyucu Kerim Sok.
Alağlar Cad.
アルデーラル通り
Marsık Cad.
マルスク通り
Kasap Hurşit Sok.
Yenişehir Dereboyu Cad.
Küçük Bayırı Sok.
Akkarga Sok.
Üftade Sok.
Yeni Nalbant
Elmadağ Cad.
エルマダー通り
Yedi Kuyular Cad.
イェディ・クユラル通り
レイラソフ通り
Leylesof Sok.
Mirmiran Sok.
ミルミラン通り
Çavdar Sok.
チャヴダル通り
Güllüce Sok.
Hacı Bey Sok.
ハジュ・ベイ通り
Yaman Ali Sok.
Fütil Sok.
フティル通り
カトメルリ通り
Katmerli Sok.
ギュルレジ通り
Irmak Cad.
Küçük Şişhane Sok.
キュチュック・シシャーネ通り
Küçük Mumhane Sok.
キュチュック・ムムハーネ通り
タウシャン通り
Tavşan Sok.
Madırga Sok.
マドゥルガ通り
チャルク通り
Çarık Sok.
クズクラウ通り
Kuzukulağı Sok.
Nazmiye Cad.
ナズミエ通り
P.164 Titanic City
Feronya
Kervansaray
Avrupa
トプチュ通り
Lares Park
クレステジ通り
Kerestecı Sok.
Yeni Bostan Sok.
Can Eriği Sok.
Büyük Şişhane Sok.
Çalgıcı Sok.
チャルグジュ通り
Uygur Sok.
Yeni Kafa Sok.
イェニ・カッファ通り
Çavlak Sok.
チャウラク通り
Duvarcı Adem Sok.
Ferdiye Cad.
Dolapdere Taksim Cad.
ドラプデレ・タクスィム通り
フェルディエ通り
Abdülhak Hamit Cad.
アブドゥルハックハーミト通り
カヴンジュ通り
Kavuncu Sok.
セルダル・オメル・パシャ通り
Serdar Ömer Paşa Cad.
Kırburnu Sok.
Çarık Sok.
カルプズ通り
Karpuz Sok.
カスカヴァル通り
Kaşkaval Sok.
ギョルバシュ通り
Görbaşı Sok.
Şehit İlyas Sok.
Cambazoğlu Sok.
ジャンバズオウル通り
Taksim Çeşmesi Sok.
Turan Cad.
トゥラン通り
Küçük Ordulu Sok.
Yeşilkıpırsu Sok.
Şirket Sok.
チャヴァルグ・テヴフィク通り
Tevfik Efendi Sok.
Dibus Sok.
アダム・ミツキイェヴィッチ博物館
Adam Mickiewicz Müzesi
Solak Sok.
Talı Badem Sok.
Kadıcık Sok.
Feza Sok.
Dereotu Sok.
Leman Sok.
Vişneci Sok.
Zabıta Sok.
カパンジャ通り
Kapanca Sok.
Aşıklar Sok.
Farabi Sok.
Çorbacı Sok.
Çamdalı Sok.
Taksim Cad.
タクスィム通り
Atıf Yılmaz Cad.
Mermer Sok.
Kurtuldu Sok.
クルトゥルドゥ通り
Hava Hoş Sok.
Granit Sok.
グラニト通り
Akis Sok.
Büyük Kırlangıç Sok.
Paşa Bakkal Sok.
Karaca Sok.
カラジャ通り
Hüseyin Ağa Kireçhanesi Sok.
Doğramacı Sok.
Taksim Fırın Sok.
タクスィム・フルン通り
Yoğurtçu Faik Sok.
フェスレーン通り
Fesleğen Sok.
デューン通り
Düğün Sok.
Kamer Bostan Sok.
ギリシア教会
Rum Kilisesi
Kalyoncu Çık.
Kurdela Sok.
クルデラ通り
Zerdali Sok.
Karakurum Sok.
カラクルム通り
Karanlık Bakkal Sok.
Hacı Bekir Sok.
Tavla Sok.
タウラ通り
Eski Çeşmesi Sok.
Taksim Yağanesi Sok.
アルトゥン・バッカル通り
Altın Bakkal Sok.
タルラバシュ大通り
P.173
Lale İşkembeci
日本文化情報センター
Ana Çeşmesi Sok.
Ömer Hayyam Cad.
オメル・ハイヤム通り
Kırman Sok.
Ak Kiraz Sok.
Genis Yokuşu Sok.
Tek Kuyulu Sok.
Kalyoncu Kulluğu Cad.
カルヨンジュ・クルウ通り
Demirci Başı Sok.
聖母マリア教会
Meryamana Kilisesi
Eski Çeşme Sok.
エスキ・チェシメ通り
スイミッチ通り
Simitçi Sok.
Narçıl Sok.
Peşkirci Sok.
Fıçıcı Abdi Sok.
フィチジ・アブディ通り
Toprak Lüle Sok.
Tarlabaşı Bul.
アクバンク文化芸術センター
Akbank Kültür ve sanat Merkezi
フランス総領事館
Fransız Başkonsolosluğu
Kurabiye Sok.
クラビエ通り
Süslü Saksı Sok.
ススリュ・サクス通り
İmam Adnan Sok.
イマーム・アドナン通り
Mis Sok.
Bekar Sok.
Zambak Sok.
Kömürcü Zeynel Sok.
キョムリュジュ・ゼイネル通り
Tarlabaşı Bul.
Yonca
P.161
Nane Sok.
ナーネ通り
P.134
P.172
Hacı Baba
Özsüt
Koton
Centro
イスティクラール通り
P.162
Triada
Ögüt Sok.
オユト通り
P.181
T-Box
マクドナルド
Musa Usta
Meşelik Sok.
Balık Sok.
バルック通り
Dıçarak Sok.
トプチェケンレル通り
Topçekenler Sok.
ハリャース通り
Halas Sok.
Büyük Bayram Sok.
P.172
Polo Garage
Hacı Abdullah
ヒュセイン・アー・ジャーミィ
Hüseyn Ağa Camii
L'Adresse des Parfums
P.182
P.172
B. Parmakkapı Sok.
K. Parmakkapı Sok.
İpek Sok.
イペッキ通り
アブドゥッラー通り
Abdullah Sok.
東京
P.174
Hamalbaşı Cad.
ハマルバシュ通り
P.178
Ghetto
P.178
Pano
ライブハウス
Jolly Joker Balans
Yeşilçam Sok.
イェシルチャム通り
Balo Sok.
バロ通り
Demirören İstiklal
P.180
Nizam
Vera
P.178
Nevizade Sok.
ネヴィザーデ通り
Kamiye Sok.
Saray
P.175
Munzur
P.178
Hasnun Galip Sok.
ハスヌン・ガーリップ通り
Sadri Alışık Sok.
Suat Usta 33
P.173
Anadolu Sok.
Tel Sok.
テル通り
英国総領事館
İngiltere Başkonsolosluğu
チチェッキ・パサジュ
Çiçek Pasajı
Otantik
P.178
Solakzade Sok.
İnci
MADO
P.174
Hava Sok.
ハヴァ通り
Gazeteci Erol Dernek Sok.
Koca Ağa Sok.
Billurcu Sok.
ビルルジュ通り
Hoca Zade Sok.
ホジャ・ザーデ通り
Maç Sok.
マチ通り
メシュルティエット通り
Meşrutiyet Cad.
Meyvemix
P.175
魚市場
Balık Çarşısı
P.134
Coquet
P.182
Çin Büfe
Kartal Sok.
カルタル通り
Turnacıbaşı Cad.
トゥルナジュバシュ通り
Ayhan Işık Sok.
アイハン・ウシュク通り
Kapriss Kafe
Sirkeci Mescit Sok.
アズナヴル・パサジュ
Aznavur Pasajı
P.181 İpek
Ptt
Ara Cafe
Acar Sok.
Turnacıbaşı Cad.
アー・ハマム
Ağa Hamamı
タクスィム救急病院
Taksim İlk Yardım Hastanesi
リヴァ通り
Liva Sok.
テレテ
TRT
カッラヴィ通り
Kallavi Çık.
360 İstanbul
P.174
Yeni Çarşı Cad.
ガラタサライ・ハマム
Galatasaray Hamamı
イタリア人高校
Özel İtalyan Lisesi
Ağa Kullah Sok.
ガラタサライ高校
Galatasaray Lisesi
Sakasalim Çık.
Meşrutiyet Cad.
İstiklal Cad.
ペラ博物館
Pera Müzesi
P.135
Eski Çiçekci Sok.
エスキ・チチェッキチ通り
Altıpatlar Sok.
Çapanoğlu Sok.
ファーイク・パシャ通り
Faik Paşa Sok.
ハイリエ通り
Hayriye Cad.
チュクルジュマ・ジャーミィ
Çukurcuma Camii
チュクルジュマ・ハマム
Çukurcuma Hmamı
Tataki Yok.
Ağa Hamamı Sok.
アーハマム通り
スラセルヴィレル通り
Bakraç Sok.
オダクレ
Odakule
Nuri Ziya Sok.
ヌーリ・ズィヤー通り
イェニ・チャルシュ通り
Cezayir Sok.
P.134
Deva Çık.
Korsan Çık.
İstanbul Kitapçısı
Limonlu Bahçe
Kedi Kafe
フィールズアー・ジャーミィ
Firuz Ağa Camii
Kadirler Yok.
マタラ・ヨクシュ通り
Matara Yokuşu Sok.
Yeni Yuva Sok.
P.162
Art Suites
Paşabahçe
P.181
フランス宮殿
Fransız Sarayı
Gül Baba Sok.
Bostanbaşı Cad.
Çukurcuma Sok.
チュクルジュマ通り
Cukur Cami Sok.
Antre Gourmet
Robinson Cruesoe
P.182
P.161
Arya
Balyoz Sok.
バルヨズ通り
Perenmeci Sok.
Ptt
オランダ総領事館
Hollanda Başkonsolosluğu
Baba Ocağı Sok.
Defterdar Yok.
アカルス通り
Akarsu Yok.
P.174
Alaska Kürk Evi
P.181
Cremeria Milano
Eller Art Gallery
トムトム・カプタン・ジャーミィ
Tomtom Kaptan Camii
Tomtom Suites
Tomtom Kaptan Sok.
フィールズアーハマム
Firuzağa Hmamı
Dalgıç Sok.
アナフタル通り
Anahtar Sok.
Cafe Smyrna
By Retro
P.181
Postacılar Sok.
ポスタジュラル通り
Sungu Sok.
Gönül Sok.
Asmalımescit Cad.
アスマルメスジット通り
Markis Cafe
ロシア総領事館
Rusya Başkonsolosluğu
スペイン総領事館
İspanya Başkonsolosluğu
ガーディルレル・テッケ・ジャーミィ
Kadirler Tekke Camii
ジョシュクン通り
Coşkun Sok.
P.34
イタリア総領事館
İtalya Başkonsolosluğu
Tombaz Sok.
トムバズ通り
Türkgücü Cad.
Altın Bilezik Sok.
デフテルダール坂
ポスタニチ・ジャーミィ
Bostaniçi Camii
Poyraz Sok.
ポイラズ通り
Batarya Sok.
バタルヤ通り
Leb-i Derya

P.34

イスティクラール通り周辺
アエロフロート
タシュクシュラ駅
Taşkışla Dur.
（ロープウエイ）
G-Mall
マチカ公園
Maçka Parkı
P.38
P.38-39
Sultana's
P.177
Nispet Sok.
P.162 Konak
Üftâde Sok.
ユフターデ通り
Turna Sok.
ジュムフリイェット通り
エルマダー通り
スルプ・アゴップ・アルメニア病院
Surp Agop Ermeni
Hastanesi
Divan P.163
円味（まろみ）
P.174
P.165
Grand Hyatt
イスタンブール
工科大建築学部
İstanbul Teknik Üniv.
Mimarlık Fak.
Taşkışla Cad.
Kuyular Cad.
イェディ・クユラル通り
Hakkı Hamit Cad.
Point
Asker Ocağı Cad.
アスケル・オジャウ通り
優醤也
Nippon
Topçu Cad.
Recep Paşa Cad.
Grand
Öztanık
P.164
タクスィム駅
カタール航空
Ceylan İntercontinental
P.165
Cafe Italiano
P.174
ハワタシュバス停
（工事のため移転中）
DHL
2012年12月現在
道路工事のため
車両通行止め
トルコ航空
Simit
Sarayı
Ptt
工事のため閉鎖中
タクスィム公園
Taksim Gezi Parkı
Mete Cad.
メテ通り
The Ritz Carlton
P.165
Dolmabahçe Gazhanesi Cad.
Gazhane Bostanı Cad.
ガズハーネ・ボスタヌ通り
ギュムシュスユ
陸軍病院
Gümüşsuyu
Asker Hastannesi
イスタンブール
工科大ギュムシュスユ・キャンパス
İstanbul Teknik Üniv.
Gümüşsuyu Kampüsü
Miralay Şefikbey Sok.
ミーラライ・シェフィックベイ通り
タクスィム駅
Taksim
タクスィム広場
Taksim Meydanı
空港行き
ハワタシュバス停
The Marmara
İstanbul
P.164
タクスィム駅
Taksim
アタテュルク文化センター
Atatürk Kültür Merkezi
İnönü Cad.
Dümen Sok.
デュメン通り
Prof. Dr. Tarık Zafer Tunaya Sok.
Hacı Lezzet Paşa Sok.
Beytül Malcı Sok.
ベイトゥル・マルジュ通り
ユスキュダル、
プリンスィズ諸島
方面埠頭
（デントゥル社）
Dentur İskelesi
Taxim
Hill
P.164
P.178
Me Gusta
Taksim
Square
Innpera
Taksim
Metro Park
P.164
香港大酒楼
Osmanlı Sok.
オスマンル通り
Dünya Sağlık Sok.
イノニュ通り
地下ケーブル
Fniküler
Sulak Çeşme Sok.
スラク・チェシメ通り
Çifte Vav Sok.
チフテ・ヴァーヴ通り
Sıraselviler Cad.
Taksim
Sütiş
Kazancıbaşı Camii Sok.
ベシクタシュ行きドルムシュ
ドイツ領事館
Almanya Başkonsolosluğu
カバタシュ駅
Kabataş
アヤ・トリアダ教会
Aya Triada Kilisesi
エルジュメンド・カルムク博物館
Ercümend Kalmık Müzesi
オメル・アヴニ・ジャーミィ
Ömer Avni Camii
Taksim Star
Lush P.163
Vardar Palace
P.161
Kazancı Yokuşu Sok.
Sağıroğlu Sok.
サウルオウル通り
Ülker Sok.
Kolçak Sok.
セリメ・ハトゥン・ジャーミィ
Selime Hatun Camii
スュリヤーニー・カトリック教会
Katolik Süryani Kilisesi
カバタシュ埠頭
Kabataş İskelesi
Saray Arkası Sok.
Namık Paşa Sok.
Muhtar Layla Sok.
İnebolu Sok.
Meclis-i Mebusan Cad.
Rızabey Sok.
Başkurt Sok.
Purtelaş Sok.
Cihangir
Somuncu Sok.
Akyol Sok.
Kutlu Sok.
Timsah Sok.
Selime Hatun Camii Sok.
ドイツ病院 P.490
Alman Hastanesi
ナムク・ケマル初等学校
Namık Kemal İ.Ö.O.
Karun Sok.
フンドゥクル公園
Fındıklı Parkı
5. Kat
P.167
Alçakdam Yok.
ノルウェー領事館
Norveç Başkonsolosluğu
デンマーク領事館
Danimarka Başkonsolosluğu
Hardal Sok.
フンドゥクル・モッラー
チェレビー・ジャーミィ
Fındıklı Molla
Çelebi Camii
フンドゥクル駅
Fındıklı
ジハンギル公園
Cihangir Parkı
Cihangir Cad.
Lenger Sok.
レンゲル通り
Emanetçi Sok.
İsmail Dümbüllü Sok.
Tekke Yok.
テッケ坂
Özoğlu Sok.
P.34-35
Kumrulu Yok.
Susam Sok.
Cihangir Yok.
ジハンギル坂
ジハンギル・ジャーミィ
Cihangir Camii
ミマール・スィナン大学美術アカデミー
Mimar Sinan Univ.
Güzel Sanatlar Akademisi
チェレビー・イルヤス・
エフェンディ・ジャーミィ
Çelebi İlyas Efendi Camii
P.35
Sakı Pazarı Sok.
N
0
100m

アタテュルク博物館
Atatürk Müzesi
オスマンベイ駅
Osmanbey
Zencefil
Yargıcı Accessorie
İpek Yolu
Peros
フランス人墓地
Fransız Mezarlığı
Eren Tuhafiye
Özlü Tekstil
Migros
オスマンベイ駅
Osmanbey
Ramada Plaza
英国文化協会
İngiliz Kültür Derneği
ハミディエ・ジャーミ
Hamidiye Camii
Sevil
Zeytin Ağaç Cafe
バーガーキング
マクドナルド
Kantin
Muji
Backhaus
STEFANEL
Yargıcı
スターバックス
Mango
mavi
MUDO
City's
Konak
Sushico
Paşabahçe
Topshop
Burberry
The Sofa
P.163
Marks & Spencer
Desa
Sanitas Spa
Benge
Bentley
ベシクタシュ方面ドルムシュ
博物館入口
Beymen
Louis Vitton
Hünkâr
Tod's
Park Şamdan
Vakko
Sütte
Adidas
KAV
Şarap Butiği
Zazie
フランス病院
Fransız Hastanesi
軍事博物館
Askeri Müzesi
P.136
ジェマル・レシット・レイ・コンサートホール
Cemal Reşit Rey Konser Salonu
レアスュランス市場
Reasürans Çarışısı
リュトフィ・クルダル国際会議展示場
Lütfi Kırdar Uluslararası Kongre ve Sergi Sarayı
チェコ共和国総領事館
Çek Cumhuriyeti Başkonsolosluğu
ハルビエ・ムフスィン・エルトゥールル劇場
Harbiye Muhsin Ertuğrul Sahnesi
ジェミル・トプズル野外劇場
Cemil Topuzlu Açık Hava Tiyatrosu
HIS
Lluvia
ノートルダム・ド・シオン フランス人高校
Notredam de Sion Fransız Lisesi
TRTラジオ局
TRT Radyosu
ロープウェイ
Teleferik
P.165
Hilton
タシュクシュラ駅
Taşkışla
トルコ航空
Kervansaray P.177
アエロフロート
P.37
P.36-37
マチカ公園
Maçka Parkı
G-Mall
Sultana's P.177
Konak P.162

ニシャンタシュ周辺

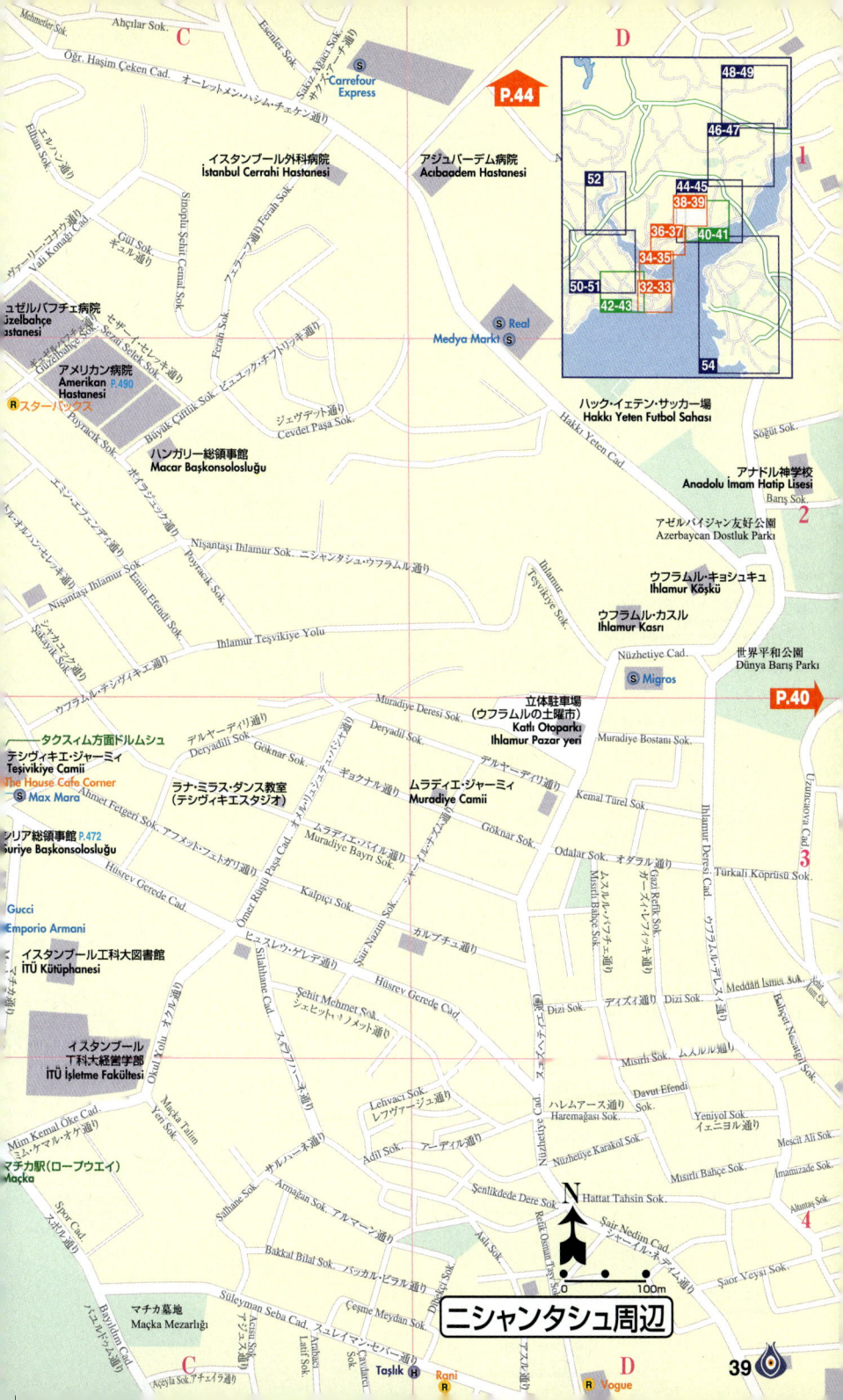

A
B
1
2
3
4
Öğretmen Haşim Çeken Cad.
Esenler Sok.
Sakız Ağacı Sok.
Prof. Dr. Bülent Tarcan Sok.
Tohum Sok.
Aynalı Sok.
エミルハン通り
Akkirman Sok.
Elhan Sok.
Aşık Kerem Sok.
Emirhan Cad.
Setüstü Sok.
Ferah Sok.
イスタンブール外科病院
İstanbul Cerrahi
Hastanesi
Real
Medya Markt
Vali Konağı Cad.
Gül Sok.
ヴァーリー・コナウ通り
ギュゼルバフチェ病院
Güzelbahçe
Hastanesi
Sezai Selek Sok.
Ferah Sok.
Dikilitaş Sok.
アナドル高校
Anadolu
Lisesi
アメリカン病院
Amerikan
Hastanesi
P.490
Güzelbahçe Sok.
ギュゼルバフチェ通り
スターバックス
Büyük Çiftlik Sok.
Hakkı Yeten Cad.
Söğüt Sok.
ソユト通り
Emin Efendi Sok.
ハック・イェテン通り
エミン・エフェンディ通り
ドクトル・オルハン・セレッキ通り
Dr. Orhan Serek Sok.
ボイラジュック通り
ウフラムル・デレスィ通り
バルシュ通り
Barış Sok.
ニシャンタシュ・ウフラムル通り
Nişantaşı Ihlamur Sok.
Fulya Deresi Sok.
Şakayık Sok.
Nişantaşı Ihlamur Sok.
Emin Efendi Sok.
Poyracık Sok.
Ihlamur Teşvikiye Sok.
ウフラムル・カスル
Ihlamur Kasrı
Akkavak Sok.
Teşvikiye Bostancı Sok.
シャカユック通り
Şakayık Sok.
Ihlamur Teşvikiye Yolu
Nüzhetiye Cad.
ベシクタシュ結婚式場
Beşiktaş Evlendirme Dairesi
Migros
ウフラムル土曜市(立体駐車場)
Ihlamur Cumartesi Pazarı
Ihlamur Yıldız Cad.
Ahmet Fetgeri Sok.
テシヴィキエ・ジャーミィ
Teşvikiye Camii
Deryadil Sok.
デルヤディル通り
Muradiye Deresi Sok.
Deryadil Sok.
デルヤディル通り
Muradiye Bostanı Sok.
Bostan Üstü Sok.
Ayvaz Kahya Sok.
Kalkan Sok.
Göknar Sok.
The House Cafe Corner
タクスィム方面ドルムシュ
Sütte
シリア総領事館
Suriye Başkonsolosluğu
P.472
Zazie
Muradiye Bayırı Sok.
アフメット・フェトゲリ通り
Ahmet Fetgeri Sok.
Ömer Rüştü Paşa Cad.
オメル・リュシュテュ・パシャ通り
Göknar Sok.
ギョクナル通り
ムラディエ・バユル通り
ケマル・テュレル通り
Kemal Türel Sok.
Uzuncaova Cad.
ウズンジャオヴァ通り
レアスュランス市場
Reasürans Çarşısı
Hüsrev Gerede Cad.
ヒュスレヴ・ゲレデ通り
Odalar Sok.
オダラル通り
Mısırlı Bahçe Sok.
ムスルル・バフチェ通り
Gazi Refik Sok.
ガーズィ・レフィッキ通り
Ihlamur Deresi Cad.
ウフラムル・デレスィ通り
Saraflı Sok.
Gazino Sok.
Rebap Sok.
Kasap Kamil Sok.
Kamil Sok.
Maçka Cad.
マチカ通り
Kalpıçı Sok.
カルプチュ通り
ヌズヘティエ通り
イスタンブール工科大図書館
İTÜ Kütüphanesi
Şehit Mehmet Sok.
Hüsrev Gerede Cad.
Dizi Sok.
ディズィ通り
Dizi Sok.
Meddah İsmet Sok.
Bahçet Necatigil Sok.
Şehit Asım Cad.
Muhtar Molla Sok.
Türk Çeşme Sok.
Okul Yolu
Silahhane Cad.
スィラフハーネ通り
イスタンブール工科大経営学部
İTÜ İşletme Fakültesi
Mısırlı Sok.
レフヴァージュ通り
Lehvacı Sok.
Yeniyol Sok.
オクル通り
Maçka Talim
Yeri Sok.
Nüzhetiye Cad.
Haremağası Sok.
マチカ駅(ロープウエイ)
Maçka
サルハーネ通り
Salhane Sok.
アーディル通り
Adil Sok.
Nüzhetiye Karakol Sok.
Mescit Ali Sok.
İmamizade Sok.
Mısırlı Bahçe Sok.
Spor Cad.
アルマーン通り
Armağan Sok.
Kasambaşı Sok.
Şenlikdede Dere Sok.
Hattat Tahsin Sok.
Ortabahçe Cad.
Altuntaş Sok.
Yenilik Sok.
ロープウェイ
Teleferik
スポル通り
Bakkal Bilal Sok.
Aslı Sok.
Şair Nedim Cad.
Hacı Halit Bey Sok.
Şair Veysi Sok.
Posta Kutusu Sok.
Alaybey Sok.
魚市場
Balık Pazarı
スュレイマン・セバー通り
Refik Osman Taş Sok.
Arsa Sok.
Afacan Sok.
Çelebioğlu Sok.
Köyiçi Cad.
P.36-37
G-Mall
マチカ墓地
Maçka Mezarlığı
Çekirdek Sok.
Yedi Sekiz
Hasanpaşa Fırını
Bayıldım Cad.
Aralıkçı Latif Sok.
Çardakçı Sok.
Süleyman Seba Cad.
Enis Akyegen Sok.
シャーイル・ネディム通り
Sinan Paşa Köprüsü Sok.
ベシクタシュ市
Beşiktaş Ça
Açeyla Sok.
Vogue
Rani
P.38-39
Ortabahçe Cad.
オルタバフチェ通り
P.37
イノニュ公園
İnönü Parkı
Vişnezade Tekne Sok.
スュレイマン・セバー通り
Kabata
Kitabev
Park SA Hilton
バユルドゥム通り
Vişnezade Tekne Sok.
ヴィシュネザーデ・ジャーミィ
Vişnecade Camii
海事博物館
Deniz Müzesi
Acısu Sok.
Kadırgalar Cad.
Baba Efendi Sok.
ミマール・スィナン大学
付属彫刻・絵画館
Mimar Sinan Univ.
Resim ve Heykeli Müzesi
Swissotel
The Bosphorus
P.165
Dolmabahçe Cad.
ドルマバフチェ通り
ミマール・スィナン
大学国立音楽院
Mimar Sinan Univ.
Devlet Konservatuarı
カドゥルガラル通り
ドルマバフチェ宮殿
Dolmabahçe Sarayı
P.137
イノニュ・スタジアム
İnönü Stadı
Dolmabahçe Cad.
国立宮廷文書館
Milli Saraylar
İhtisas Kütüphanesi

ベシクタシュ周辺

P.45
D100 Bağrantı Yolu
Palanga Cad.
パランガ通り
ユルドゥズ宮殿 P.136
Yıldız Sarayı
チト・カスル
Çit Kasrı
カスカット・キョシュキュ
Kaskat Köşkü
マルタ・キョシュキュ
Malta Köşkü
サクップ・サバンジュ・アナドル高校
Sakıp Sabancı Anadolu Lisesi
Yıldız Cad.
ユルドゥズ通り
ユルドゥズ・ハミディエ・ジャーミィ
Yıldız Hamidiye Camii
ヤフヤー・ケマル・ベイアルトゥ公園
Yahya Kemal Beyaltı Parkı
M.T.I. Travel
イスタンブール支店
P.110
P.164 Conrad
ユルドゥズ公園
Yıldız Parkı
P.136
アタテュルク・アナドル高校
Atatürk Anadolu Lisesi
チャドゥル・キョシュキュ
Çadır Köşkü
アッバスアー公園
Abbasağa Parkı
ヤフヤー・エフェンディ・ジャーミィ
Yahya Efendi Camii
ユルドゥズ公園入口
公安警察ベシクタシュ分署
Beşiktaş İlçe Emniyet Müdürlüğü
エルトゥールルル・テッケ・ジャーミィ
Ertuğrul Tekke Camii
製薬工場
İlaç Fablikası
アサリエ・ジャーミィ
Asariye Camii
Tuğla
Kempinski Çırağan Palace
P.165
アッバスアー・ジャーミィ
Abbasağa Camii
Ahtapot
ベシクタシュ区役所
Beşiktaş Belediye Binası
ベシクタシュ高校
Beşiktaş Lisesi
ギリシア正教会
Rum Ortodoks Kilisesi
ベシクタシュ女子高
Beşiktaş Kız Lisesi
Çırağan Cad.
スィナンパシャ・ジャーミィ
Sinanpaşa Camii
裁判所
Mahkeme
Dürümce
P.173
Four Seasons Istanbul At The Bosphorus
バルバロス・ハイレッティン・パシャ廟
Barbaros Hayrettin Paşa Türbesi
İskele Cad. イスケレ通り
ベシクタシュ埠頭
Beşiktaş İskelesi
Barbaros Bul.
Serencebey Yokuşu
Mehmet Ali Bey Sok.
Müvezzi Cad.
Asariye Cad.
N
0
200m
48-49
46-47
52
44-45
38-39
36-37
40-41
34-35
50-51
32-33
42-43
54

アクサライ周辺

アクサライ周辺

0　　　200m

| C | D | I |

ゼイレク・シェブセファ・ハトゥン・ジャーミィ
Zeyrek Şebsefa Hatun Camii

ハジュクドゥン・フズルベイ・ジャーミィ
Hacıkadın Hızırbey Camii

パナイア・ギリシア正教会
Panaia Rum Kilisesi

ハリッチ・ハットゥ桟橋（金角湾路線）
Haliç Hattı İskelesi

イスタンブール商科大
İstanbul Ticaret Üniv.

アヒー・チェレビー・ジャーミィ
Ahi Çelebi Camii

カンタルジュラル・ジャーミィ
Kantarcılar Camii

トゥルヨル桟橋
TURYOL İskelesi

P.34

ヴェファ・テュルベスィ
Vefa Türbesi

イェヒ・エユル・ヴェファ・ジャーミィ
yh Ebül Vefa Camii

ホジャ・ハムザ神学校
Hoca Hamza Medresesi

トルコ・イスラーム博物館
Türk İslam Müzesi

ミマール・スィナン神学校
Mimar Sinan Medresesi

リュステム・パシャ・ジャーミィ
Rüstem Paşa Camii P.133

Hamdi P.170

ナムル・パストゥルマジュ
Namlı Pastırmacı P.171

エジプシャン
バザール
Mısır Çarşısı P.133

ダーリュッズィヤーフェ
Darüzziyafe P.171

スュレイマニエ・ジャーミィ
Süleymaniye Camii P.131

P.34-35

スュレイマニエ・ハマム
Süleymaniye Hamamı P.184

Ezgit

Biju Set

イスタンブール大学外国語学部
İstanbul Üniv. Yabancı Dil Fak.

スュレイマニエ文書館
Süleymaniye Kütüphanesi

P.32-33

Biju Land

アティク・イブラヒムパシャジャーミィ
Atik İbrahimpaşa Camii

Has-Er

イスタンブール大学本部
İstanbul Üniversitesi Merkez Kampüsü

サマニ・ヴィラーニ・ジャーミィ
Samani Virani Camii

Akarsu P.182

キュルクチュ・ハン
Kürükçü Han

エンデルハーネ・ジャーミィ
enderhane Camii

バヤズィット塔
Bayezid Kulesi

マフムトパシャ・ハマム
Mahmutpaşa Hamamı

アジェムオウル・ハマム
Acemoğlu Hamamı

イスタンブール大学正門
İstanbul Üniversitesi Ana Kapısı

図書館
Kütüphane

グランドバザール
Kapalı Çarşı
（カパル・チャルシュ）
P.127

P.32

ベヤズット警察署
Beyazıt Polis Merkezi

バヤズィド・ジャーミィ
Bayezid Camii

古本街
Sahaflar Çarşısı P.127

ヌルオスマニイェ・ジャーミィ
Nuruosmaniye Camii

Subaşı

書道博物館
Hat Sanatları Müzesi

T1 ラレリ・ユニヴェルスィテ駅
Laleli Üniversite

Doubletree by Hilton Old City

Kent H

R.161 Balin

ベヤズット・カパルチャルシュ駅
Beyazıt Kapalı Çarşı

チョルル・アリ・パシャ・メドレセスィ
Çorlu Ali Paşa Medresesi

P.130

チェンベルリタシュ駅
Çemberlitaş T1
Çemberlitaş

クズル・ハマム
Kuzulu Hamamı

Niles P.160

President P.164

Orient House P.177

シリア教会
Süryani Kilisesi

ゲディクパシャ・ハマム
Gedikpaşa Hamamı

エミン・スィナン・ジャーミィ
Emin Sinan Camii

ニシャンジャメフメットパシャジャーミィ
Nişanca Mehmetpaşa Camii

イェレム・サワシ診療所
Yerem Savaşı Dispanseri

ニシャンジャ・ハマム
Nişanca Hamamı

アルメニア教会
Ermeni Kilisesi

アルメニア司教区
Ermeni Patrikhanesi

聖母マリア・アルメニア教会
Meryem Ana Ermeni Kilisesi

ギリシア正教会
Rum Kilisesi

クムカプ警察署
Kumkapı Polis Merkezi

ボスタン・アリ・ジャーミィ
Bostan Ali Camii

ベフラム・ジャーミィ
Behram Camii

Kör Agop R

カドゥルガ初等学校
Kadırga İ.Ö.O

カドゥルガ工業高校
Kadırga Endüstri Meslek Lisesi

バルクハーネ・ジャーミィ
Balıkhane Camii

クムカプ駅
Kumkapı

43

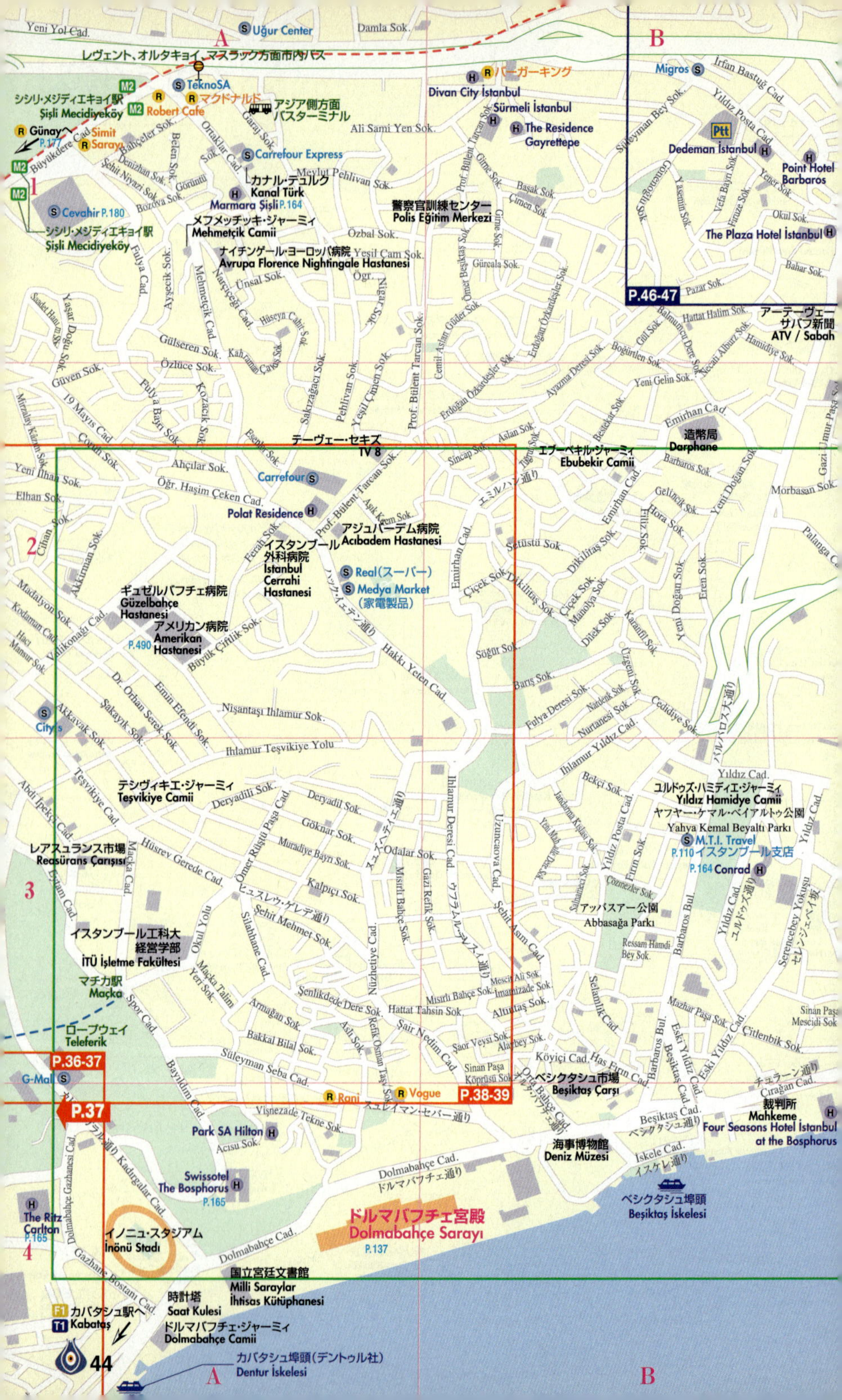

A
B
1
2
3
4
Yeni Yol Cad.
Uğur Center
Damla Sok.
レヴェント、オルタキョイ、マスラック方面市内バス
バーガーキング
Migros
İrfan Bastuğ Cad.
TeknoSA
マクドナルド
Robert Cafe
アジア側方面
バスターミナル
シシリ・メジディエキョイ駅
Şişli Mecidiyeköy
Günayへ
P.177
Simit Sarayı
Divan City İstanbul
Sürmeli İstanbul
The Residence
Gayrettepe
Ali Sami Yen Sok.
Yıldız Posta Cad.
Dedeman İstanbul
Point Hotel
Barbaros
Carrefour Express
カナル・デュルク
Kanal Türk
Marmara Şişli P.164
Cevahir P.180
シシリ・メジディエキョイ駅
Şişli Mecidiyeköy
メフメッチッキ・ジャーミィ
Mehmetçik Camii
警察官訓練センター
Polis Eğitim Merkezi
ナイチンゲール・ヨーロッパ病院
Avrupa Florence Nightingale Hastanesi
The Plaza Hotel İstanbul
P.46-47
Pazar Sok.
アーテーヴェー
サバフ新聞
ATV / Sabah
Büyükdere Cad.
Fulya Cad.
Gülseren Sok.
Özlüce Sok.
Güven Sok.
19 Mayıs Cad.
Prof. Bülent Tarcan Sok.
Erdoğan Özkardeşler Sok.
Ayazma Deresi Sok.
Emirhan Cad.
造幣局
Darphane
テーヴェー・セキズ
TV 8
エブーベキル・ジャーミィ
Ebubekir Camii
Carrefour
Polat Residence
Ahçılar Sok.
Öğr. Haşim Çeken Cad.
アジュバーデム病院
Acıbadem Hastanesi
イスタンブール
外科病院
İstanbul
Cerrahi
Hastanesi
Real(スーパー)
Medya Market
(家電製品)
ギュゼルバフチェ病院
Güzelbahçe
Hastanesi
アメリカン病院
Amerikan
Hastanesi
P.490
Büyük Çiftlik Sok.
Hakkı Yeten Cad.
Valikonağı Cad.
Nişantaşı Ihlamur Sok.
Ihlamur Teşvikiye Yolu
City's
Dr. Orhan Serek Sok.
Emin Efendi Sok.
Akkavak Sok.
Şakayık Sok.
Teşvikiye Cad.
テシヴィキエ・ジャーミィ
Teşvikiye Camii
Deryadili Sok.
Ihlamur Deresi Cad.
Uzuncaova Cad.
Yeni Doğan Sok.
Fulya Deresi Sok.
Nurtanesi Sok.
Ihlamur Yıldız Cad.
Cedidiye Sok.
パルバロス大通り
Yıldız Cad.
ユルドゥズ・ハミディエ・ジャーミィ
Yıldız Hamidye Camii
ヤフヤー・ケマル・ベイアルトゥ公園
Yahya Kemal Beyaltı Parkı
M.T.I. Travel
P.110 イスタンブール支店
P.164 Conrad
レアスュランス市場
Reasürans Çarşısı
Maçka Cad.
Hüsrev Gerede Cad.
Ömer Rüştü Paşa Cad.
Göknar Sok.
Muradiye Bayırı Sok.
Odalar Sok.
Kalpıçı Sok.
ヒュスレヴ・ゲレデ通り
Şehit Mehmet Sok.
Şehit Asım Cad.
アッバスアー公園
Abbasağa Parkı
Barbaros Bul.
Serencebey Yokuşu
セレンジェベイ坂
イスタンブール工科大
経営学部
İTÜ İşletme Fakültesi
マチカ駅
Maçka
Spor Cad.
ロープウェイ
Teleferik
Şenlikdede Dere Sok.
Hattat Tahsin Sok.
Mısırlı Bahçe Sok.
Akmaz Sok.
Bakkal Bilal Sok.
Süleyman Seba Cad.
Şair Nedim Cad.
Sinan Paşa Köprüsü Sok.
Köyiçi Cad.
Has Fırın Cad.
ベシクタシュ市場
Beşiktaş Çarşısı
Mazhar Paşa Sok.
Eski Yıldız Cad.
Çıtlenbik Sok.
Sinan Paşa Mescidi Sok.
チュラーン通り
Çırağan Cad.
裁判所
Mahkeme
Four Seasons Hotel İstanbul at the Bosphorus
P.36-37
G-Mall
Bayıldım Cad.
Rani
Vogue
P.38-39
スュレイマン・セバー通り
P.37
Vişnezade Tekne Sok.
Park SA Hilton
Acısu Sok.
Beşiktaş Cad.
ベシクタシュ通り
海事博物館
Deniz Müzesi
İskele Cad.
イスケレ通り
Dolmabahçe Cad.
ドルマバフチェ通り
Swissotel
The Bosphorus
P.165
Kadırgalar Cad.
ベシクタシュ埠頭
Beşiktaş İskelesi
The Ritz Carlton
P.165
Dolmabahçe Gazhanesi Cad.
イノニュ・スタジアム
İnönü Stadı
ドルマバフチェ宮殿
Dolmabahçe Sarayı
P.137
Gazhane Bostanı Cad.
国立宮廷文書館
Milli Saraylar
İhtisas Kütüphanesi
時計塔
Saat Kulesi
カバタシュ駅へ
Kabataş
ドルマバフチェ・ジャーミィ
Dolmabahçe Camii
カバタシュ埠頭(デントゥル社)
Dentur İskelesi

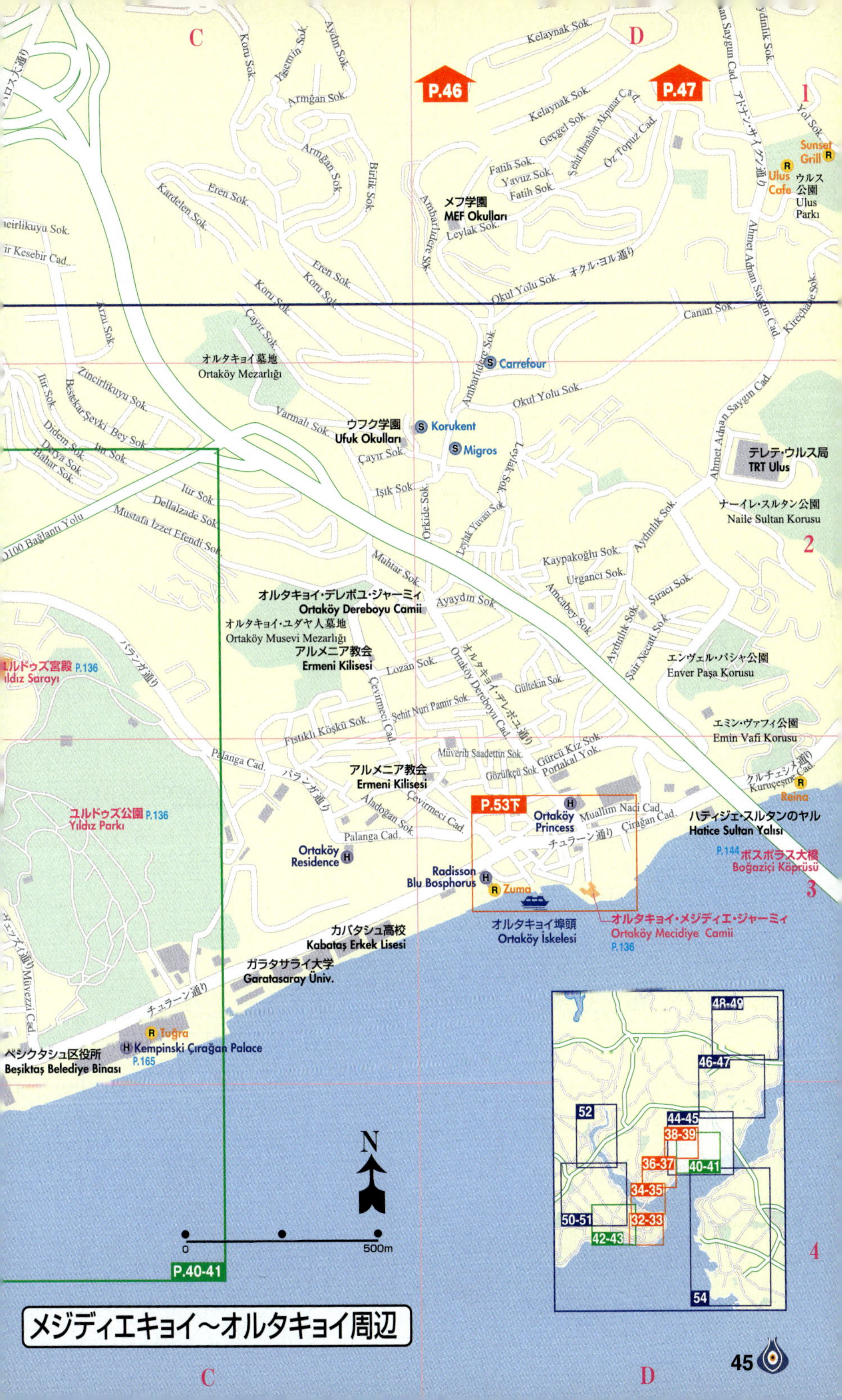

メジディエキョイ～オルタキョイ周辺

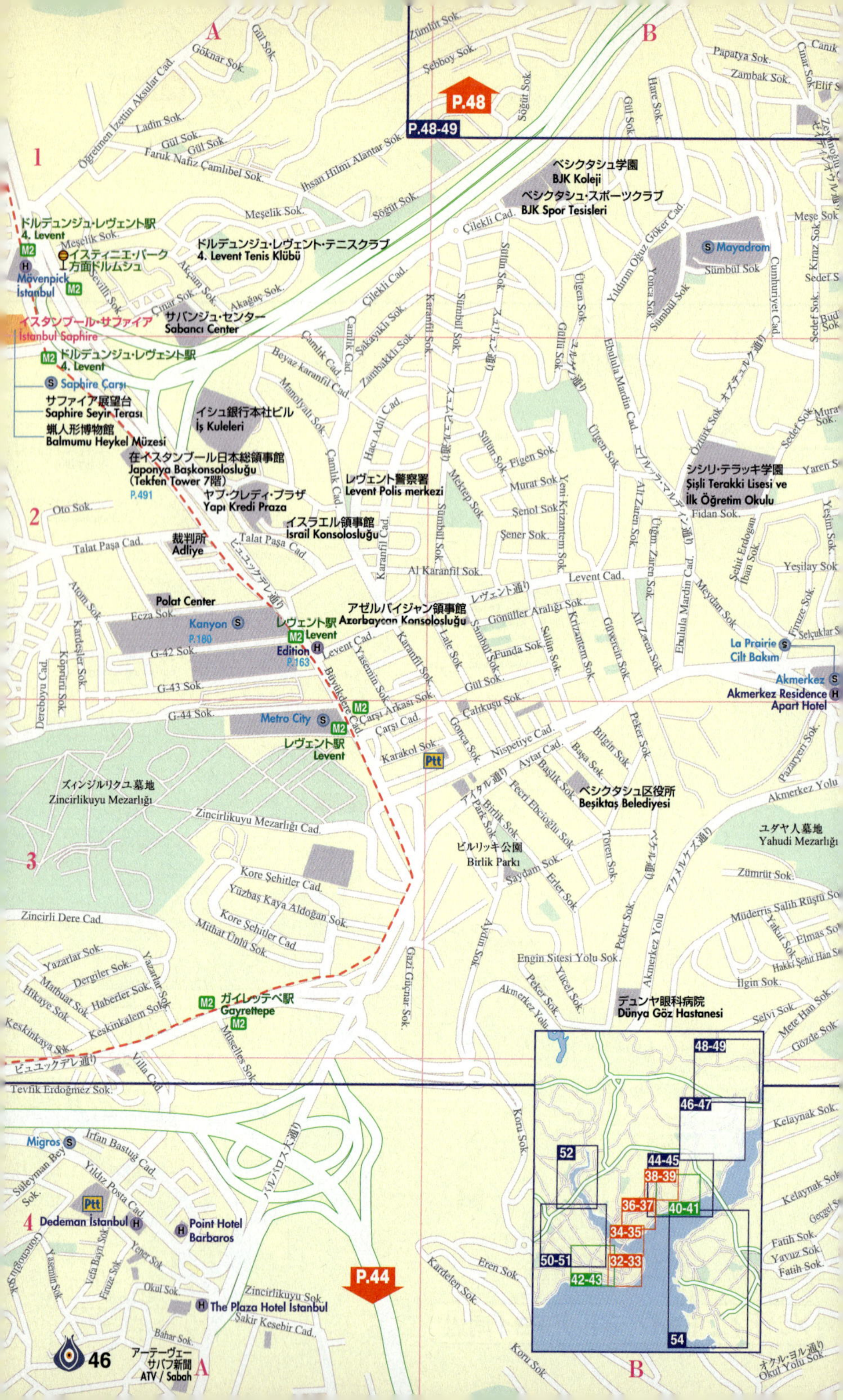
P.48
P.48-49
P.44
A
B
1
2
3
4
ベシクタシュ学園
BJK Koleji
ベシクタシュ・スポーツクラブ
BJK Spor Tesisleri
Mayadrom
ドルデュンジュ・レヴェント駅
4. Levent
M2
イスティニエ・パーク方面ドルムシュ
Mövenpick İstanbul
ドルデュンジュ・レヴェント・テニスクラブ
4. Levent Tenis Klübü
サバンジュ・センター
Sabancı Center
イスタンブール・サファイア
İstanbul Saphire
ドルデュンジュ・レヴェント駅
4. Levent
Saphire Çarşı
サファイア展望台
Saphire Seyir Terası
蝋人形博物館
Balmumu Heykel Müzesi
イシュ銀行本社ビル
İş Kuleleri
在イスタンブール日本総領事館
Japonya Başkonsolosluğu
(Tekfen Tower 7階)
P.491
ヤプ・クレディ・プラザ
Yapı Kredi Praza
レヴェント警察署
Levent Polis merkezi
イスラエル領事館
İsrail Konsolosluğu
裁判所
Adliye
シシリ・テラッキ学園
Şişli Terakki Lisesi ve
İlk Öğretim Okulu
Polat Center
Kanyon
P.180
レヴェント駅
Levent
Edition
P.163
アゼルバイジャン領事館
Azerbaycan Konsolosluğu
La Prairie
Cilt Bakım
Akmerkez
Akmerkez Residence
Apart Hotel
Metro City
レヴェント駅
Levent
Ptt
ズィンジルリクユ墓地
Zincirlikuyu Mezarlığı
ベシクタシュ区役所
Beşiktaş Belediyesi
ビルリッキ公園
Birlik Parkı
ユダヤ人墓地
Yahudi Mezarlığı
デュンヤ眼科病院
Dünya Göz Hastanesi
ガイレッテペ駅
Gayrettepe
Migros
Ptt
Dedeman İstanbul
Point Hotel
Barbaros
The Plaza Hotel İstanbul
アーテーヴェー・サバフ新聞
ATV / Sabah
ビュユックデレ通り
レヴェント通り
Levent Cad.
Talat Paşa Cad.
Büyükdere Cad.
Nispetiye Cad.
Zincirlikuyu Mezarlığı Cad.
Ebulula Mardin Cad.
Akmerkez Yolu
Çilekli Cad.
Çamlık Cad.
Ecza Sok.
G-42 Sok.
G-43 Sok.
G-44 Sok.
Oto Sok.
Zincirli Dere Cad.
Kore Şehitler Cad.
Yüzbaş Kaya Aldoğan Sok.
Mithat Ünlü Sok.
Tevfik Erdoğmez Sok.
İrfan Baştuğ Cad.
Yıldız Posta Cad.
Süleyman Bey Sok.
Zincirlikuyu Sok.
Şakir Kesebir Cad.
Okul Sok.
Bahar Sok.
Eren Sok.
Kardelen Sok.
Koru Sok.
48-49
46-47
52
44-45
38-39
36-37
40-41
34-35
50-51
32-33
42-43
54

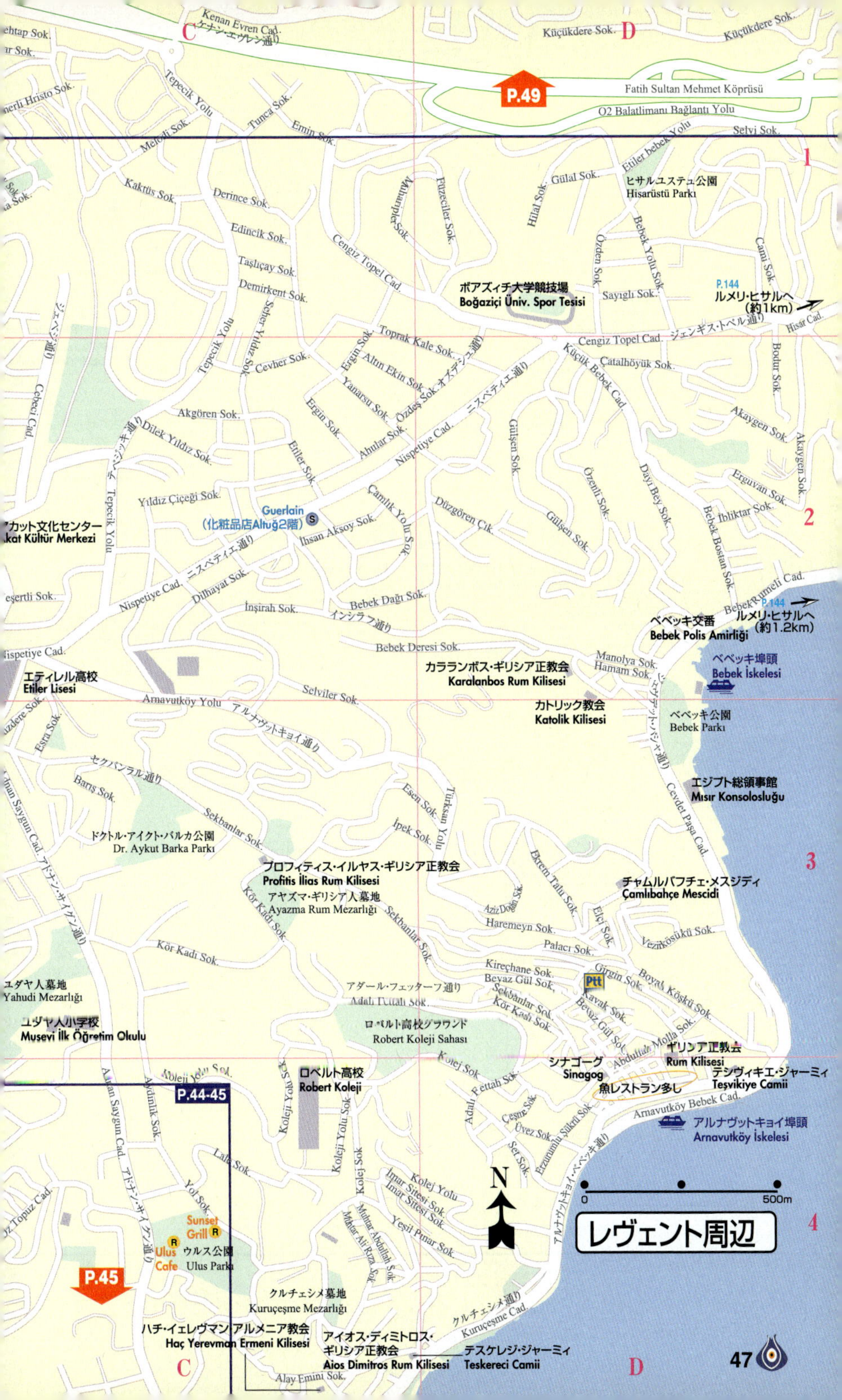

レヴェント周辺
P.49
P.44-45
P.45
ボアズィチ大学競技場
Boğaziçi Üniv. Spor Tesisi
ヒサルユステュ公園
Hisarüstü Parkı
P.144
ルメリ・ヒサルへ
(約1km)
ルメリ・ヒサルへ
(約1.2km)
Guerlain
(化粧品店Altuğ2階)
アカット文化センター
Akat Kültür Merkezi
ベベッキ交番
Bebek Polis Amirliği
ベベッキ埠頭
Bebek İskelesi
カラランボス・ギリシア正教会
Karalanbos Rum Kilisesi
エティレル高校
Etiler Lisesi
カトリック教会
Katolik Kilisesi
ベベッキ公園
Bebek Parkı
エジプト総領事館
Mısır Konsolosluğu
ドクトル・アイクト・バルカ公園
Dr. Aykut Barka Parkı
プロフィティス・イルヤス・ギリシア正教会
Profitis İlias Rum Kilisesi
アヤズマ・ギリシア人墓地
Ayazma Rum Mezarlığı
チャムルバフチェ・メスジディ
Çamlıbahçe Mescidi
ユダヤ人墓地
Yahudi Mezarlığı
ユダヤ人小学校
Musevi İlk Öğretim Okulu
ロベルト高校グラウンド
Robert Koleji Sahası
ギリシア正教会
Rum Kilisesi
シナゴーグ
Sinagog
テシヴィキエ・ジャーミィ
Teşvikiye Camii
魚レストラン多し
ロベルト高校
Robert Koleji
アルナヴットキョイ埠頭
Arnavutköy İskelesi
Sunset Grill
Ulus Cafe
ウルス公園
Ulus Parkı
クルチェシメ墓地
Kuruçeşme Mezarlığı
ハチ・イェレヴマン・アルメニア教会
Haç Yerevman Ermeni Kilisesi
アイオス・ディミトロス・ギリシア正教会
Aios Dimitros Rum Kilisesi
テスケレジ・ジャーミィ
Teskereci Camii
Fatih Sultan Mehmet Köprüsü
O2 Balatlimanı Bağlantı Yolu
Kenan Evren Cad.
ケナン・エヴレン通り
Cengiz Topel Cad.
ジェンギス・トペル通り
Nispetiye Cad.
ニスペティエ通り
Arnavutköy Yolu
アルナヴットキョイ通り
Sekbanlar Sok.
セクバンラル通り
Cevdet Paşa Cad.
ジェヴデット・パシャ通り
Adnan Saygun Cad.
アドナン・サイグン通り
Bebek Rumeli Cad.
Arnavutköy Bebek Cad.
アルナヴットキョイ・ベベッキ通り
Kuruçeşme Cad.
クルチェシメ通り
İnşirah Sok.
インシラフ通り
Adalı Fettah Sok.
アダール・フェッターフ通り
Özdeş Sok.
オズデシュ通り
Cebeci Cad.
ジェベジ通り
Tepecik Yolu
テペジッキ通り
Küçük Bebek Cad.
Bebek Yolu Sok.
Etiler bebek Yolu
Hisar Cad.
Koleji Yolu
0
500m
N

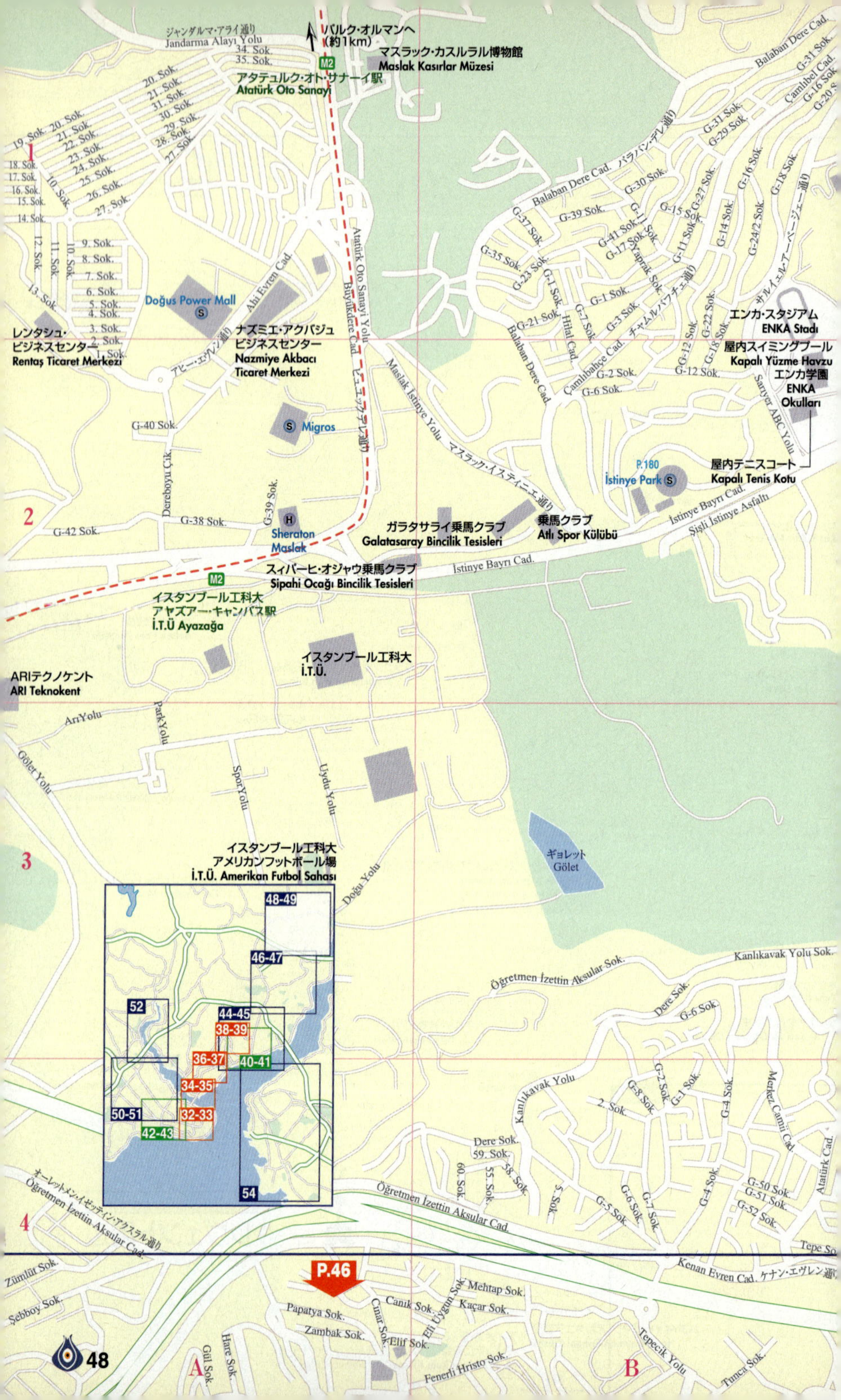
ジャンダルマ・アライ通り
Jandarma Alayı Yolu
バルク・オルマンへ
(約1km)
マスラック・カスルラル博物館
Maslak Kasırlar Müzesi
アタテュルク・オト・サナーイ駅
Atatürk Oto Sanayi
M2
Doğuş Power Mall
レンタシュ・ビジネスセンター
Rentaş Ticaret Merkezi
ナズミエ・アクバジュ
ビジネスセンター
Nazmiye Akbacı
Ticaret Merkezi
Ahi Evren Cad.
アヒー・エヴレン通り
Atatürk Oto Sanayi Yolu
Büyükdere Cad.
ビュユックデレ通り
Migros
G-40 Sok.
Dereboyu Çık.
G-39 Sok.
G-38 Sok.
G-42 Sok.
Sheraton
Maslak
Maslak İstinye Yolu
マスラック・イスティニエ通り
Balaban Dere Cad.
バラバンデレ通り
Çamlıbahçe Cad.
チャムルバフチェ通り
Hilal Cad.
Yaprak Sok.
サルイェル・アーベージェー通り
Sarıyer ABC Yolu
エンカ・スタジアム
ENKA Stadı
屋内スイミングプール
Kapalı Yüzme Havzu
エンカ学園
ENKA
Okulları
屋内テニスコート
Kapalı Tenis Kotu
P.180
İstinye Park
İstinye Bayrı Cad.
Şişli İstinye Asfaltı
ガラタサライ乗馬クラブ
Galatasaray Bincilik Tesisleri
乗馬クラブ
Atlı Spor Külübü
スィパーヒ・オジャウ乗馬クラブ
Sipahi Ocağı Bincilik Tesisleri
イスタンブール工科大
アヤズアー・キャンパス駅
İ.T.Ü Ayazağa
イスタンブール工科大
İ.T.Ü.
ARIテクノケント
ARI Teknokent
Arı Yolu
Park Yolu
Gölet Yolu
Spor Yolu
Uydu Yolu
Doğu Yolu
イスタンブール工科大
アメリカンフットボール場
İ.T.Ü. Amerikan Futbol Sahası
ギョレット
Gölet
48-49
46-47
52
44-45
38-39
36-37
40-41
34-35
50-51
32-33
42-43
54
Kanlıkavak Yolu Sok.
Öğretmen İzettin Aksular Sok.
Kanlıkavak Yolu
Merkez Camii Cad.
Atatürk Cad.
オーレットメン・イゼッティン・アクスラル通り
Öğretmen İzettin Aksular Cad.
Kenan Evren Cad.
ケナン・エヴレン通り
Tepe Sok.
P.46
Zümlüt Sok.
Şebboy Sok.
Papatya Sok.
Zambak Sok.
Çınar Sok.
Canik Sok.
Elif Sok.
Eli Uygun Sok.
Mehtap Sok.
Kaçar Sok.
Fenerli Hristo Sok.
Tepecik Yolu
Tunca Sok.
Gül Sok.
Hare Sok.
A
B
1
2
3
4

イスティニエ～エミルギャン周辺
米国総領事館
ABD Konsolosluğu
Carrefour
Migros
イスティニエ墓地
İstinye Mezarlığı
イェニキョイ墓地
Yeniköy Mezarlığı
スタンブール・テニス・クラブ
anbul Tenis Kulübü
ポリゴン公園
Poligon Parkı
アフメット・チャウシュ・ジャーミィ
Ahmet Çavuş Camii
イスティニエ消防署
İstinye İtfaiyesi
Ptt
サルイェル公安警察
Sarıyer İlçe Emniyet Müdürlüğü
イスタンブール証券取引市場
İstanbul Menkul Kıymetler Borsası
ペンベ・キョシュク
Pembe Köşk
ベヤズ・キョシュク
Beyaz Köşk
サル・キョシュク
Sarı Köşk
エミルギャン公園
Emirgân Korusu
サクップ・サバンジュ博物館
Sakıp Sabancı Müzesi
レシットパシャ墓地
Reşitpaşa Mezarlığı
ギリシア人墓地
Rum Mezarlığı
エミルギャン・ジャーミィ
Emirgân Camii
シェリフ・アブドゥッラーのヤル
Şerif Abdullah Yalısı
エミルギャン・ギリシア正教会
Emirgân RumOrtadoks Kilisesi
警察規律研修センター
Polis Moral Eğitim Merkezi
セラハッティン・スュレイマンアー・ジャーミィ
Selahattin Süleymanağa Camii
ヒサル教育財団
ロベルト・コレジ
自然保護公園
Hisarı Eğitim Vakfı
Robert Koleji
Doğayı Koruma Parkı
キュチュックアルムトル・ジャーミィ
Küçükarmutlu Camii
ファーティフ・スルタン・メフメット大橋
P.144 Fatih Sultan Mehmet Köprüsü
ルメリ・ヒサルへ(約800m)
アルメニア人墓地
Ermeni Mezarlığı
Fatih Sultan Mehmet Köprüsü
O2 Balatlimanı Bağlantı Yolu
P.47
P.46-47
N
0
500m
1
2
3
4
C
D
Kabiller Sok.
Camialtı Sok.
Güvercin Cad.
Zafer Cad.
Aydınlar Cad.
Dere Sok.
Poligon Cad.
Gül Sok.
Mis Sok.
Sarıyer ABC Yolu
サルイェル・アー・ベー・ジェー通り
Balaban Dere Sok.
Havuzlu Bostan Cad.
ハヴズル・ボスタン通り
G-2 Sok.
G-1 Sok.
İstinye Değirmen Sok.
Komik Nasit Sok.
Havuzlu Bostan Sok.
Şehit Halil İbrahim Cad.
シェヒット・ハリル・イブラヒム通り
Eşenepe Sok.
Bağlar Cad.
Kapılcalar Çık.
İşbilir Sok.
イシビリル通り
Lale Sok.
Tepe Üstü Sok.
Akıncılar Sok.
Toprak Sok.
Sezgin Sok.
Eser Sok.
Erden Sok.
Sevim Sok.
Girne Cad.
ポリゴン通り
İstinye Çayırı Sok.
İstinye Cad.
İstinye Değirmen Sok.
Koru Cad.
Bostan Üstü Sok.
İstinye・バユル通り
イスティニエ・バユル通り
Şehit Ali kerem Mergen Cad.
Boğaziçi Cad.
ボアズィチ通り
Çamlı Sok.
Koru Cad.
İstinye Bayırı Cad.
Yiğit Sok.
Tuncay Artun Cad.
ドアン通り
Yapıt Sok.
Aykan Sok.
Barlas Cad.
Osman Barlas Cad.
Emirgân Koru Sok.
Cengiz Topel Cad.
Doğan Cad.
Kubilay Cad.
Çam Sok.
Çiçek Sok.
Palmiye Sok.
Papatya Sok.
Bayram Sok.
Bahar Sok.
Bostan Sok.
Hakim Tahsin Sok.
Emirgan Çeşmesi Sok.
Emirgân Korusu Cad.
Doğru Muvakkithane Sok.
Emirgân Mektebi Sok.
Yunus Ağa Sok.
Hacı Sok.
Kutu Sok.
ジェンギズ・トペル通り
Gül Sok.
2. Doğan Cad.
Gülsel Sok.
Kıbrıs Cad.
Mareşal Cad.
Kumoğlu Cad.
クムオウル通り
Salihbey Sok.
Tuncay Artun Cad.
Sezai Bey Sok.
Şirin Sok.
Posta Yolu Cad.
Zergerden Sok.
Ataman Sok.
Hekim Ata Cad.
Safsaf Sok.
Boyacıköy Emirgan Cad.
Muhtar Sok.
ムフタル通り
Aslan Sok.
Yıldırım Sok.
Adem Yavuz Sok.
Reşitpaşa Sok.
Şirin Sok.
シーリン通り
Tan Sok.
タン通り
Fıstıklıbağlar Sok.
フストゥックバーラル通り
Çam Fıstığı Sok.
Sezai Bey Cad.
Tedbil Eskisi Sok.
Cengiz Topel Cad.
Posta Yolu Cad.
Karanfil Sok.
Kanlıkavakderesi Sok.
Akasya Sok.
Kanlıkavak Yolu
Doğansar Sok.
Okul Sok.
Boyacıköy Fırın Sok.
Çam Sok.
Akasya Sok.
Bostan Sok.
Kanlıkavak Yolu Sok.
G-36 Sok.
G-37 Sok.
G-37 Sok.
G-38 Sok.
G-35 Sok.
G-25 Sok
Kanlıkavak Cad.
カルンカワック通り
Okul Sok.
G-24 Sok.
G-44 Sok.
Şehit Yılmaz Öner Sok.
Şehit Hasan Uzun Sok.
G-32 Sok.
G-27 Sok.
G-28 Sok.
G-29 Sok.
Kenan Evren Sok.
G-21 Sok.
G-20 Sok.
Şehit Sırrı Kareli Sok.
Küçük Camii Sok.
Ferhat Sok.
Kenan Evren Cad.
Balatlimanı Hisarüstü Cad.
Rumeli Hisarı Balatlimanı Cad.
ルメリ・ヒサル・バラットリマヌ通り
Kabil Çık.
Karaca Çık.
Küçükdere Sok.
Küçükdere Sok.
Leylak Sok.

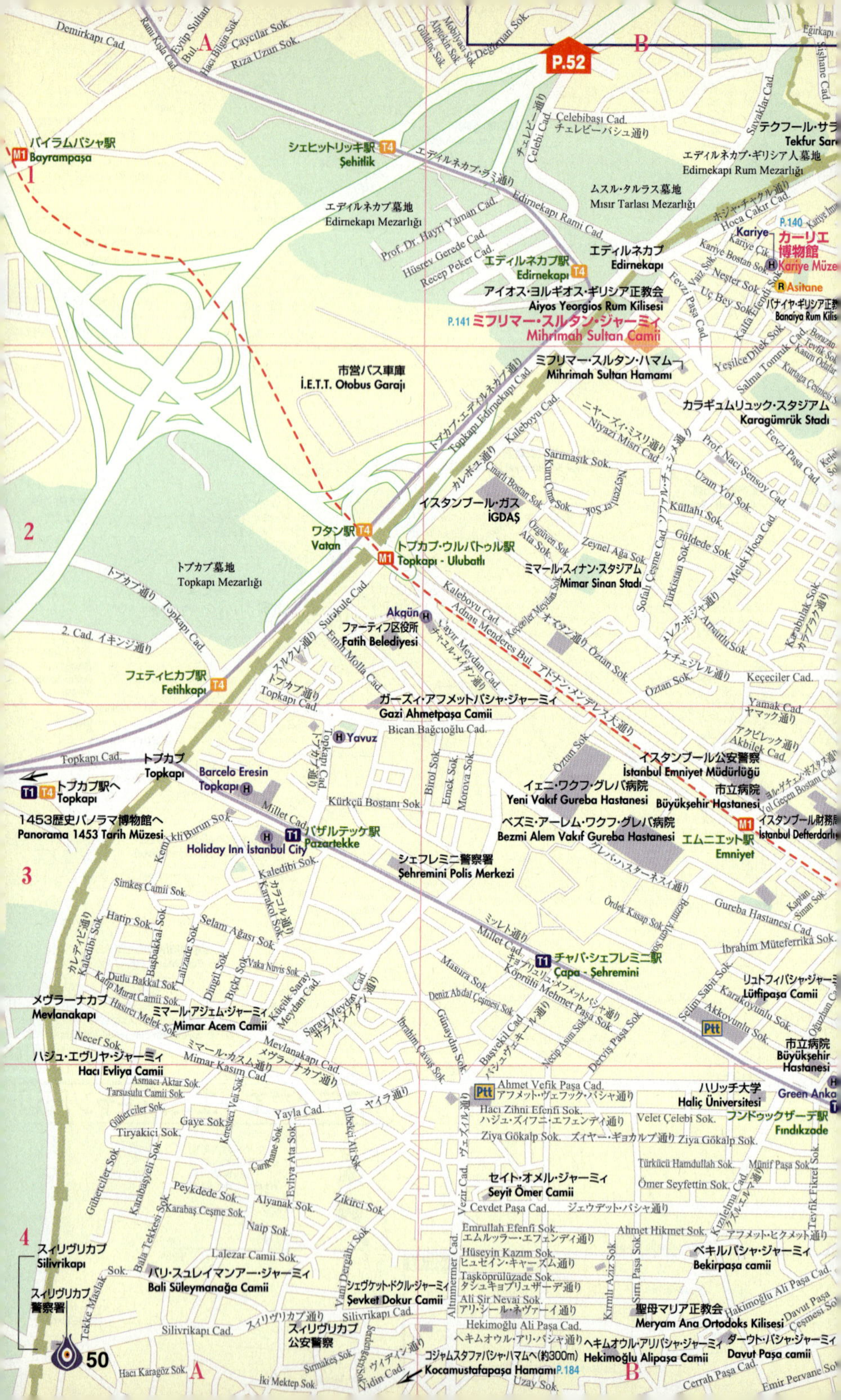

P.52
A
B
1
2
3
4
バイラムパシャ駅
M1 Bayrampaşa
シェヒットリッキ駅 T4
Şehitlik
エディルネカプ墓地
Edirnekapı Mezarlığı
エディルネカプ駅 T4
Edirnekapı
エディルネカプ
Edirnekapı
アイオス・ヨルギオス・ギリシア正教会
Aiyos Yeorgios Rum Kilisesi
P.141 ミフリマー・スルタン・ジャーミィ
Mihrimah Sultan Camii
ミフリマー・スルタン・ハマム
Mihrimah Sultan Hamamı
市営バス車庫
İ.E.T.T. Otobus Garajı
テクフール・サラ
Tekfur Sara
エディルネカプ・ギリシア人墓地
Edirnekapı Rum Mezarlığı
ムスル・タルラス墓地
Mısır Tarlası Mezarlığı
Kariye
P.140 カーリエ博物館
Kariye Müze
R Asitane
パナイヤ・ギリシア正教
Banaiya Rum Kilis
カラギュムリュック・スタジアム
Karagümrük Stadı
イスタンブール・ガス
İGDAŞ
ワタン駅 T4
Vatan
トプカプ・ウルバトゥル駅
M1 Topkapı - Ulubatlı
ミマール・スィナン・スタジアム
Mimar Sinan Stadı
トプカプ墓地
Topkapı Mezarlığı
Akgün
ファーティフ区役所
Fatih Belediyesi
フェティヒカプ駅 T4
Fetihkapı
ガーズィ・アフメットパシャ・ジャーミィ
Gazi Ahmetpaşa Camii
Yavuz
トプカプ
Topkapı
T1 T4 トプカプ駅へ
Topkapı
Barcelo Eresin Topkapı
1453歴史パノラマ博物館へ
Panorama 1453 Tarih Müzesi
Holiday Inn İstanbul City
T1 パザルテッケ駅
Pazartekke
イスタンブール公安警察
İstanbul Emniyet Müdürlüğü
イェニ・ワクフ・グレバ病院
Yeni Vakıf Gureba Hastanesi
市立病院
Büyükşehir Hastanesi
ベズミ・アーレム・ワクフ・グレバ病院
Bezmi Alem Vakıf Gureba Hastanesi
M1 エムニエット駅
Emniyet
イスタンブール財務局
İstanbul Defterdarlı
シェフレミニ警察署
Şehremini Polis Merkezi
T1 チャパ・シェフレミニ駅
Çapa - Şehremini
リュトフィパシャ・ジャーミ
Lütfipaşa Camii
メヴラーナカプ
Mevlanakapı
ミマール・アジェム・ジャーミィ
Mimar Acem Camii
ハジュ・エヴリヤ・ジャーミィ
Hacı Evliya Camii
市立病院
Büyükşehir Hastanesi
Ptt
ハリッチ大学
Haliç Üniversitesi
Green Anka
フンドゥックザーデ駅
Fındıkzade
セイト・オメル・ジャーミィ
Seyit Ömer Camii
ベキルパシャ・ジャーミィ
Bekirpaşa camii
スィリヴリカプ
Silivrikapı
スィリヴリカプ警察署
バリ・スュレイマンアー・ジャーミィ
Bali Süleymanağa Camii
シェヴケット・ドクル・ジャーミィ
Şevket Dokur Camii
スィリヴリカプ公安警察
聖母マリア正教会
Meryam Ana Ortodoks Kilisesi
ヘキムオウル・アリパシャ・ジャーミィ
Hekimoğlu Alipaşa Camii
ダーウト・パシャ・ジャーミィ
Davut Paşa camii
コジャムスタファパシャ・ハマムへ(約300m)
Kocamustafapaşa Hamamı P.184
Demirkapı Cad.
Çayırlar Sok.
Rıza Uzun Sok.
Edirnekapı Rami Cad.
Çelebibaşı Cad.
チェレビーバシュ通り
Fevzi Paşa Cad.
Topkapı Edirnekapı Cad.
Adnan Menderes Bul.
アドナン・メンデレス大通り
Topkapı Cad.
Millet Cad.
ミッレト通り
Kaleboyu Cad.
Kürkçü Bostanı Sok.
Bican Bağcıoğlu Cad.
Keçeciler Cad.
Gureba Hastanesi Cad.
Mevlanakapı Cad.
メヴラーナカプ通り
Mimar Kasım Cad.
Yayla Cad.
ヤイラ通り
Ahmet Vefik Paşa Cad.
アフメット・ヴェフィック・パシャ通り
Hacı Zihni Efendi Sok.
ハジュ・ズィフニ・エフェンディ通り
Ziya Gökalp Sok.
ズィヤー・ギョカルプ通り
Cevdet Paşa Cad.
ジェヴデット・パシャ通り
Emrullah Efendi Sok.
エムルッラー・エフェンディ通り
Hüseyin Kazım Sok.
ヒュセイン・キャーズム通り
Taşköprülüzade Sok.
タシュキョプリュザーデ通り
Ali Şir Nevai Sok.
アリ・シール・ネヴァーイ通り
Hekimoğlu Ali Paşa Cad.
ヘキムオウル・アリ・パシャ通り
Silivrikapı Cad.
スィリヴリカプ通り
Vatan Cad.
Ahmet Hikmet Sok.
アフメット・ヒクメット通り

トプカプ～アクサライ周辺

金角湾～エユップ

地図上の地名・施設

- サントラル・イスタンブール / Santral Istanbul
- Otto Santral (R)
- Tamirane (R)
- デルネ公園 / Derne Parkı
- エユップ・スュトリュジェ公園 / Eyüp Sütlüce Parkı
- 公園管理局 / Park ve Bahçeler Müd.
- ミニアトゥルク / Miniaturk P.139
- Turquhouse
- Aziyade (H) (R)
- ピエール・ロティのチャイハーネ / Pierre Loti Kahvesi P.138
- シャー・スルタン・ジャーミィ / Şah Sultan Camii
- エユップ・スルタン墓地 / Eyüp Sultan Mezarlığı
- エユップ高校 / Eyüp Lisesi
- ロープウエイ / Teleferik
- バーデムリッキ墓地 / Bademlik Mezarlığı
- アルメニア人墓地 / Ermeni Mezarlığı
- ユダヤ人墓地 / Musevi Mezarlığı
- エユップ・スルタン・ジャーミィ / Eyüp Sultan Camii
- カプタンパシャ・ジャーミィ / Kaptanpaşa Camii
- スュトリュジェ文化センター / Sütlüce Kültür Merkezi
- スュトリュジェ埠頭 / Sütlüce İskelesi
- エユップ埠頭 / Eyüp İskelesi
- セキズ・マユス公園 / Sekiz Mayıs Parkı
- クムバルハーネ・ジャーミィ / Kumbarhane Camii
- メトロビュス
- アブデュッセラーム・ジャーミィ / Abdülselam Camii
- トゥルシュジュ・ヒュセイン・ジャーミィ / Turşucu Hüseyn Camii
- フェスハーネ / Feshane
- ハリッチ橋 / Haliç Köprüsü
- 金角湾 / Haliç
- ピーリーパシャ公園 / Piripaşa Parkı
- コチ博物館 / Koç Müzesi
- Cafe du Levant (R)
- Halat (R)
- エブ・スード・ジャーミィ / Ebu Suud Camii
- アイヴァンサライ埠頭 / Ayvansaray İskelesi
- ハスキョイ埠頭 / Hasköy İskelesi
- ハリッチ公園 / Haliç Parkı
- ジャービル・ジャーミィ / Hz. Cabir Camii
- バラット病院 / Balat Hastanesi
- ヴァーリデ・スルタン橋 / Valide Sultan Köprüsü
- ダーウトアー墓地 / Davutağa Mezarlığı

0 — 500m

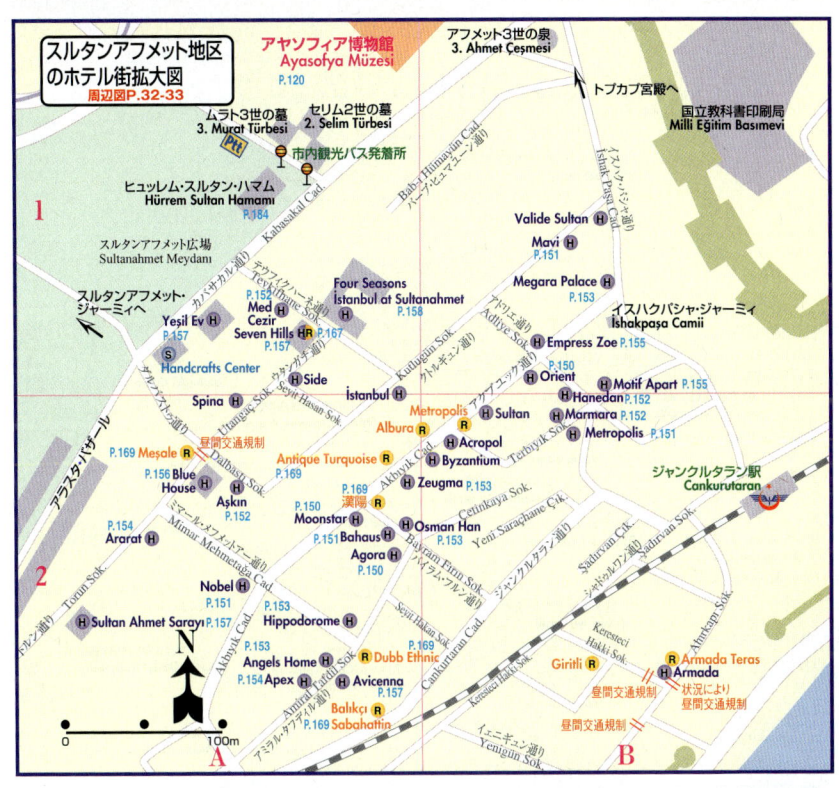

スルタンアフメット地区のホテル街拡大図
周辺図 P.32-33

- アヤソフィア博物館 Ayasofya Müzesi P.120
- アフメト3世の泉 3. Ahmet Çeşmesi
- ムラト3世の墓 3. Murat Türbesi
- セリム2世の墓 2. Selim Türbesi
- トプカプ宮殿へ
- 国立教科書印刷局 Milli Eğitim Basımevi
- 市内観光バス発着所
- ヒュッレム・スルタン・ハマム Hürrem Sultan Hamamı P.184
- スルタンアフメット広場 Sultanahmet Meydanı
- スルタンアフメット・ジャーミィへ
- Valide Sultan
- Mavi P.151
- Megara Palace P.153
- イスハクパシャ・ジャーミィ Ishakpaşa Camii
- Yeşil Ev P.157
- Four Seasons Istanbul at Sultanahmet P.158
- Med Cezir
- Seven Hills P.167
- Empress Zoe P.155
- Handcrafts Center
- Side
- Orient P.150
- Motif Apart P.155
- Spina
- İstanbul
- Hanedan P.152
- Metropolis
- Sultan
- Marmara P.152
- Albura
- Acropol
- Metropolis P.151
- Meşale P.169
- Antique Turquoise P.169
- Byzantium
- Blue House P.156 / P.152
- Aşkın
- Zeugma P.153
- ジャンクルタラン駅 Cankurutaran
- Ararat P.154
- Moonstar P.150
- Bahaus P.151
- Osman Han P.153
- Agora P.150
- Nobel P.151
- Hippodorome P.153
- Sultan Ahmet Sarayı P.157
- Angels Home P.153
- Dubb Ethnic P.169
- Apex P.154
- Avicenna P.157
- Giritli R
- Armada Teras / Armada P.169
- Balıkçı Sabahattin P.169
- 昼間交通規制

オルタキョイ
周辺図 P.44-45

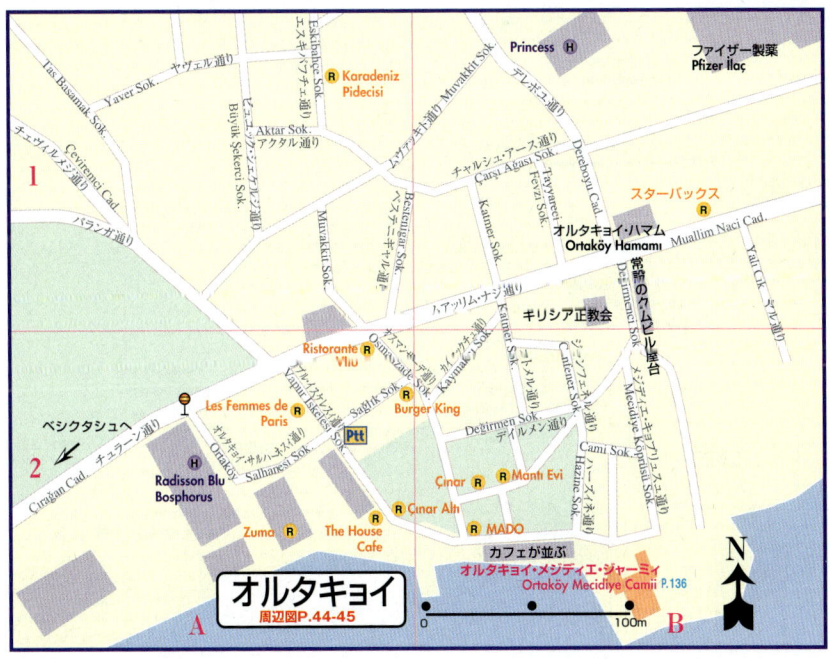

- Princess
- ファイザー製薬 Pfizer Ilaç
- Karadeniz Pidecisi
- スターバックス
- オルタキョイ・ハマム Ortaköy Hamamı
- ギリシア正教会
- 常駐のケバブ屋台
- Ristorante Vlıu
- Les Femmes de Paris
- Burger King
- ベシクタシュへ
- Radisson Blu Bosphorus
- Zuma
- The House Cafe
- Çınar
- Çınar Altı
- Mantı Evi
- MADO
- カフェが並ぶ
- オルタキョイ・メジディエ・ジャーミィ Ortaköy Mecidiye Camii P.136

ボスボラス大橋
Boğaziçi Köprüsü
P.144
ベイレルベイ宮殿
Beylerbeyi Sarayı
P.143
İskele Cad.
Beybostan Cad.
料金所
Gişeler
Kuzguncuk Çarşı Cad.
クズグンジュック埠頭
Kuzguncuk İskelesi
拡大図左上
クズグンジュック
Kuzguncuk
P.142
Icadiye Cad.
クズグンジュック・ジャーミィ
Kuzguncuk Camii
スルプ・クリコル・アルメニア教会
Surp Krikor Kilisesi
İsmet Baba
シナゴーグ
Sinagog
アヤ・ヨルギ教会
Aya Yorgi Kilisesi
Tekstil Sanatları Derneği
Ceramystic
Ekmek Teknesi
Cafe Sitare
Kosinitza
Tahtalı Bostan Sok.
İcadiye Cad.
イジャディエ通り
İnci Çayırı Sok.
Pita
ギリシア人墓地
1
遊覧船乗り場
Üsküdar Gezi Motor İskelesi
フェトヒー・パシャ公園
Fethi Paşa Korusu
イジャディエ
İcadiye
ユダヤ人墓地
Musevi Mezarlığı
アルメニア人墓地
Ermeni Mezarlığı
メジットベイ・キョシュキ
Mecit Bey Köşkü
Bağlarbaşı Gümüş Suyu Cad.
ミフリマー・スルタン・ジャーミィ
Mihrimah Sultan Camii
Servilik Cad.
セラーミ・アリ・ジャーミィ
Selami Ali Camii
Çamlıca Cad.
Kısıkbakış Cad.
ブルハニエ
Burhaiye
ユスキュダル埠頭
Üsküdar İskelesi
Paşalimanı Cad.
パシャリマヌ通り
Kanaat Lokantası
Selman-ı Pak Cad.
スルプ・ハチ・アルメニア教会
Surp Haç Ermeni Kilisesi
Cumhuriyet Cad.
Selamlıkiler Sok.
ヴァーリデ・スルタン・ジャーミィ
Vâlide Sultan Camii
アメリカ人学校
Amerikan Lisesi
Gazi Cad.
Kısıklı Cad.
Üsküdar Harem Sahil Yolu
Şemsi Paşa Cad.
Uncular Cad.
Hakimiyet-i Milliye Cad.
Selamsız Cad.
ユスキュダル区役所
Üsküdar Belediyesi
Kuşoğlu Sok.
Selamsız Cad.
ユスキュダル
Üsküdar
P.142
チニリ・ハマム
Çinili Hamamı
チニリ・ジャーミィ
Çinili Camii
ギリシア人墓地
Rum Mezarlığı
Bağlarbaşı Tophanelioğlu Cad.
Capitol
2
シェムスィ・パシャ・ジャーミィ
Şemsi Paşa Camii
サラジャック埠頭
Salacak İskelesi
(乙女の塔行き)
乙女の塔
Kız Kulesi
P.144
Halk Cad.
ハルク通り
Dr. Fahri Atabey Cad.
Çavuşdere Cad.
Allame Cad.
ヴァーリデ・アティク・ジャーミィ
Valide Atik Camii
Eski Toptaş Cad.
イムラホル・サラジャック
İmrahor Salacak
イスラヒーエ・ジャーミィ
İslahiye Camii
Kartal Baba Cad.
カルタル・ババ通り
Nuh Kuyusu Cad.
Sırmaperde Cad.
エブリスタン
Ebristan
Paşalimanı Cad.
パシャリマヌ通り
Gündoğumu Cad.
Balcılar Yok.
Divitçiler Cad.
Zeynep Kâmil Kadın ve Çocuk Hastanesi
Müeyyelli Çeşmesi Sok.
国立ユスキュダル病院
Üsküdar Devlet Hastanesi
バルバロス
Barbaros
Kısıklı Cad.
Kosuyolu Tophanelioğlu Cad.
アルトゥニザーデ
Altunizade
イフサニエ
İhsaniye
Tunusbağı Cad.
Salı Cad.
Nuh Kuyusu Cad.
ヌフ・クユス通り
Tıbbiye Cad.
ハレム埠頭
Harem İskelesi
Harem İskele Cad.
ブルハン・フェレック体育館
Burhan Felek Spor Salonu
(女子バレーボールリーグの主要試合会場)
バルバロス・ジャーミィ
Barbaros Camii
Atıf Bey Sok.
ハレム・ガラジュ
Harem Garajı
Selimiye İskele Cad.
セリミエ・イスケレ通り
カヴァク・イスケレ通り
Kavak İskele Cad.
Tıbbiye Cad.
Dr. Eyüp Aksoy Cad.
ドクトル・エユップ・アクソイ通り
İbni Sina Cad.
C. Şahabettin Cad.
Kosuyolu Cad.
Ali Dede Cad.
Atölyeler Cad.
カラジャアフメット墓地
Karacaahmet Mezarlığı
セリミエ兵営
Selimiye Kışlası
Muhittin Üstündağ Cad.
Emin Bey Cad.
Burhan Felek Cad.
拡大図P.55
Ankara İstanbul Devlet Yolu E5
Dr. Eyüp Aksoy Cad.
アジュバーデム駅
Acıbadem
Acıbadem Cad.
M4
N
3
マルマラ大学ハイダルパシャ校舎
Marmara Üniv. Haydarpaşa Kampusü
ティッビエ通り
Tıbbiye Cad.
Behiç Bey Cad.
Dinlence Sok.
Onur Sok.
Çiftlik Sok.
Bağ Sok.
Köftüncü Sok.
Beyaz Karanfil Sok.
0
500m
イギリス人墓地
İngiliz Mezarlığı
アイルルックチェシメ駅
Ayrılıkçeşme
M4
Carrefour
Umut Sok.
アジュバーデム
Acıbadem
Pomak Sok.
Bal Sok.
Tur Sok.
アジア側
ハイダルパシャ埠頭
Haydarpaşa İskelesi
Rıhtım Cad.
ルフトゥム通り
Öğr. Sahap Gürer Cad.
Sarayardı Cad.
Taşköprü Cad.
アジュバーデム通り
Acıbadem Cad.
サライアルドゥ通り
48-49
ハイダルパシャ駅
Haydarpaşa Garı
İskele Sok.
Uzun Hafız Sok.
ミニバスターミナル
46-47
カドゥキョイ埠頭
Kadıköy İskelesi
市内バスターミナル
カドゥキョイ区役所
Kadıköy Belediyesi
カドゥキョイ駅
Kadıköy
ソユトリュチェシメ駅
Söğütlüçeşme
Halitağa Cad.
52
44-45
T3
Söğütlüçeşme Cad.
交通博物館
İ.E.T.T. Müzesi
カドゥキョイ区立結婚式場
Kadıköy Evlendirme Dairesi
38-39
トゥルクバロン
P.143 Turkbalon
M4
Serasker Cad.
Hilmibey Sok.
Hakkı Manço Sok.
Fahrettin Kerim Gökay Cad.
36-37
40-41
カドゥキョイ公園
Kadıköy Parkı
Mühürdar Cad.
カドゥキョイ
Kadıköy
P.142
シュクリュ・サラチョウル・スタジアム
Şükrü Saraçoğlu Stadı
34-35
4
フェネルヨル
Feneryolu
50-51
32-33
Moda Cad.
クズルトプラック駅
Kızıltoprak
42-43
Dr. Esat Işık Cad.
Itri Dede Cad.
Bağdat Cad.
バーダット通り
Feneryolu Sok.
A
B
54
モダ
Moda
Moda Cad.
カラムシュ公園
Kalamış Parkı
B

カドゥキョイ

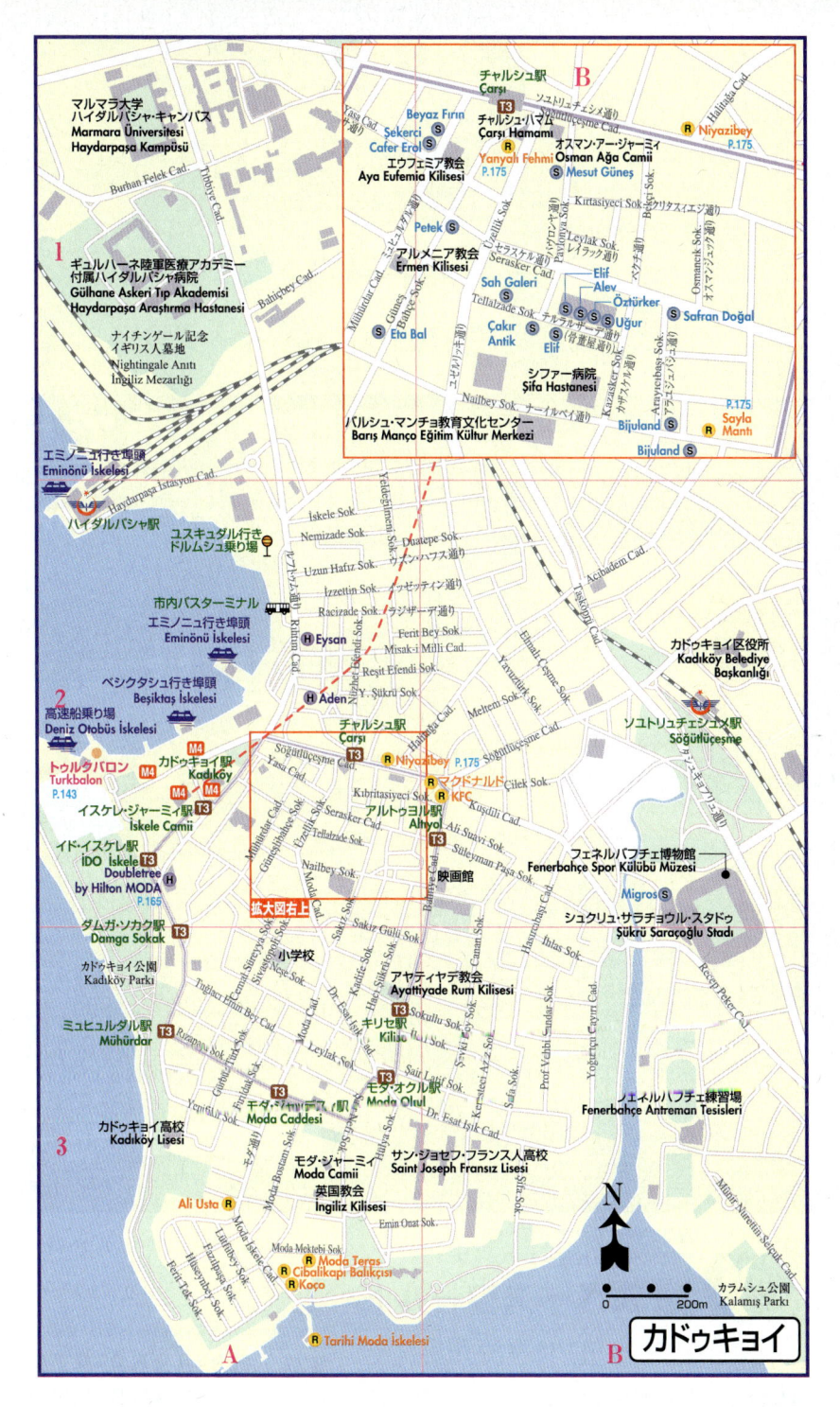

トルコへのツアーは専門店で！
エキゾチックな国トルコ全80コース
現地に精通したベテランスタッフがご案内

東京・大阪発着オススメコース

トルコ上質な旅 　洞窟ホテルと5ツ星ホテルに泊まるデラックス　6日間

ゆったりトルコ 　カッパドキア＆イスタンブール2都市　8日間

トルコ満足周遊 　イスタンブール・カッパドキア・パムッカレ・エフェス8日間

一味違うトルコ 　サフランボル・トロイ　大周遊の　10日間・12日間

1名様～2名様より催行可能。少人数制で、個人旅行感覚にてツアーをお楽しみいただけます。
日本語ガイド、専用車手配、その他各種アレンジも可能です。

詳細はホームページをご覧ください。

海外こだわりツアー　検索

Space World
海外こだわりツアー専門店
ワクワクする旅をプロデュース
株式会社スペースワールド

おかげさまで2012年6月で22年目を迎えました。

http://www.spaceworld.jp

〒160-0004 東京都新宿区四谷4-34-2 YSビル5F
E-mail：turkey@spaceworld.jp
＜営業時間＞ 平日 9:30～18:30　土 9:30～17:00
＜休み＞ 日祝日
東京都知事事業登録旅行業第3-4198号　全国旅行業協会正会員

電話：03-3353-8782
FAX：03-3353-5728

トルコ旅行の ガイダンス

よくわかる

トルコの旅を楽しむために必要なことを予習しよう！
まずはプランニングに役立つ旅のヒント、
詳細地図と交通機関の時刻表を見比べて…
コミュニケーションに必要な簡単会話も覚えたい。
そしておいしいトルコ料理…。
さあ、もう旅は始まっている！

どこで、何が楽しめるの？

トルコ各地に点在する、美しく壮麗な遺跡や建築物に悠久の歴史を感じ、
母なる大地、アナトリアの胸に抱かれるトルコの旅。
まずは広大なトルコをエリアごとに紹介しよう

世界遺産 P.95

イスタンブールの旧市街は見どころ満載

○エディルネ
◎イスタンブール P.95～184 ○サフランボル
マルマラ海
イスタンブール近郊 P.185～206
アンカラ □
中部アナトリア P.315～378
○エフェス
カッパドキア ○
○パムッカレ
エーゲ海、地中海沿岸 P.207～313
エーゲ海
○アンタルヤ
地中海

イスタンブールと周辺
İstanbul ve Çevreleri

イスタンブール ➡P.95 は国内最大の都市。世界遺産「イスタンブール歴史地区」にはスルタンアフメット・ジャーミィやトプカプ宮殿など見どころが目白押し。

近郊には、2011年に世界遺産セリミエ・ジャーミィで有名な**エディルネ** ➡P.188 のほか、温泉地として有名な古都**ブルサ** ➡P.198、湖のほとりの**イズニック** ➡P.194 など、魅力ある町がたくさん。

おすすめアクティビティ
ボスポラスクルーズ
→P.146

P.233

紺碧の海と空でリゾート客を魅了するエーゲ海。
沿岸の遺跡、エフェスも見逃せない

エーゲ海、地中海沿岸
Ege Denizi ve Akdeniz

エーゲ海、地中海はヨーロッパ中からバカンス客が押し寄せるリゾート地。**ボドルム** ➡P.265 や**マルマリス** ➡P.270、**フェティエ** ➡P.274、では豊富なマリンアクティビティが楽しめる。

エフェス ➡P.233 や**アフロディスィアス** ➡P.249 などの古代遺跡、世界遺産の**トロイ遺跡** ➡P.217 や**パムッカレ** ➡P.256 など見どころも豊富。

おすすめアクティビティ
パムッカレの遺跡温泉プール
→P.258

58

世界遺産 P.429

伝統家屋が建ち並ぶサフランボルの旧市街

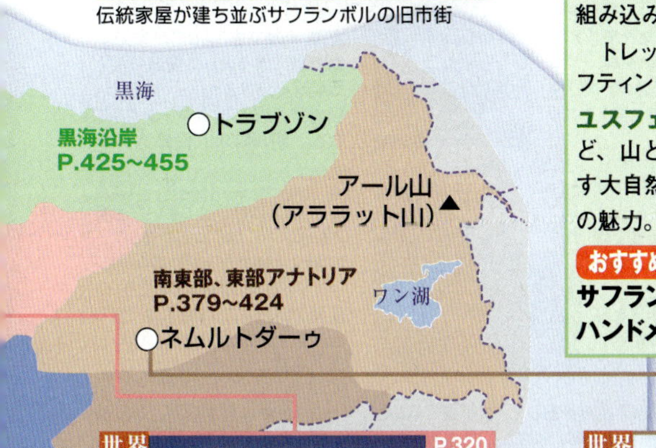

黒海沿岸
Karadeniz

比較的雨が多い黒海沿岸地方は茶葉やタバコの栽培がさかんな緑多い地域。一番人気は**サフランボル**➡P.429で、ここならアンカラ〜イスタンブール間にあり、旅程に組み込みやすい。

トレッキング基地の**アイデル**➡P.452、ラフティングが楽しめる**ユスフェリ**➡P.454など、山と川が織りなす大自然もこの地方の魅力。

おすすめショッピング
サフランボルのハンドメイドグッズ

黒海

黒海沿岸
P.425〜455

○トラブゾン

アール山
（アララット山）▲

南東部、東部アナトリア
P.379〜424

ワン湖

○ネムルトダーゥ

世界遺産 P.320

大自然が生み出す奇岩と、初期キリスト教の足跡が残るトルコを代表する観光スポット

世界遺産 P.384

世界遺産ネムルトダーゥの山頂には王や神の頭像がゴロゴロと転がっている

中部アナトリア
İç Anadolu

内陸部に位置する中部アナトリアは乾燥した気候の高原地帯。観光のハイライトは世界遺産の**カッパドキア**➡P.320。気球に乗って奇岩風景を見下ろしたり、地下都市を探検したり、ウフララ渓谷の散策、アヴァノスで陶芸を体験したりとさまざまな楽しみ方ができる。首都**アンカラ**➡P.359のほか、セルジューク朝の古都**コンヤ**➡P.352、ヒッタイトの故地**ボアズカレ**➡P.368などがおもな見どころ。

おすすめアコモデーション
カッパドキアの洞窟ホテル

南東部、東部アナトリア
Güneydoğu ve Doğu Anadolu

複雑な歴史をたどってきたアナトリア南東部には、中世の雰囲気を残す**マルディン**➡P.403、預言者アブラハムゆかりの**シャンルウルファ**➡P.391、城塞都市**ディヤルバクル**➡P.398など、さまざまな時代の歴史建造物が残る。ラフマジュンやパチャ、ジャー・ケバブなど、その土地ならではの郷土料理の食べ歩きもこの地方の楽しみのひとつ。

おすすめグルメ
ジャー・ケバブ
（エルズルム）
→P.424

よくわかるトルコの旅行のガイダンス ● エリア別見どころ紹介

旅のガイダンス 旅のベストシーズン

月 / 地域	12	1	2	3	4	5
イスタンブールと近郊	**気候**：雨が多く曇りがち。0℃以下になることはないが寒い。1・2月は雪が降ることもある。**服装**：防水加工のコートが欲しい。道も悪いので、滑りにくく水たまりでも平気な靴を用意しよう。ニットキャップや手袋も助かる。**観光アドバイス**：ウル山（ブルサ近郊）でスキーが楽しめる。街頭で売られる焼き栗（ケスターネ・ケバブ）も風物詩。			**気候**：4月はまだ肌寒い日もあるが、5月になると夏の雰囲気になってくる。**服装**：半袖でもOKな日が増える。脱ぎ着できるように調節の利く服装を心がけよう。**観光アドバイス**：サマータイムになる。切り替わりに注意。	
エーゲ海、地中海	**気候**：イスタンブールに比べれば寒くはないが、雨はさらに多い。海も荒れる。**服装**：雨が多いので防水加工の上着と雨具が必要。フリースジャケットなども忘れずに。**観光アドバイス**：有名観光地や大きな町以外の沿岸のリゾート地のホテルやペンションは閉鎖していることもある。			**気候**：4月はまだ少し寒い日もあるが、5月になると、暑い日も多くなる。**服装**：長袖のシャツや薄手のジャケットを1枚用意しておこう。**観光アドバイス**：5月下旬になると、シーズンが始まり、クルーズや遺跡ツアーなどが始まる。	
中部アナトリア	**気候**：冷え込みが厳しく、雪が積もることも。平均気温は1〜2℃。**服装**：コートや手袋など防寒具の用意は万全に。カッパドキアツアーに参加する人は滑りにくい靴の用意を。**観光アドバイス**：暖房のない洞窟部屋はとても寒いのでホテル選びには注意を。レンタルバイクは雪道、凍結に注意。			**気候**：日中は暖かいが、日没後は寒くなる。平均気温は10〜15℃ぐらい。**服装**：日中は半袖でもOKだが、朝晩は寒いので上着の用意を。**観光アドバイス**：カッパドキアの気球ツアーが始まるが、寒いので防寒対策を忘れずに。	
東部アナトリア、南東部	**気候**：東部の高原地帯はマイナスになり積雪もある。南部ではそれほど寒くはならない。**服装**：東部の高原地帯では完全防備が必須。南部でもコートの用意はしたい。**観光アドバイス**：ネムルトダーゥのツアーはやっていない。			**気候**：南東部では、夏のように暑くなる日もあるが、東部では肌寒い日もある。**服装**：南東部は日中は暑くなる日もあるが、東部の高原地帯ではジャケットが必要な日もある。**観光アドバイス**：ネムルトダーゥの山開きは4月中旬ぐらい。	
黒海	**気候**：寒くはないが雨が多い。平均気温は8〜10℃。山間部では積雪もある。**服装**：イスタンブールなどと同じ装備と考えてよい。**観光アドバイス**：スュメラ僧院は積雪で閉まっていることもある。			**気候**：雨もそれほど多くなく、気温は10〜15℃ぐらい。**服装**：5月は半袖でOKの日もあるが、長袖のシャツと薄手のジャケットを用意しておこう。**観光アドバイス**：黒海での海水浴にはまだ早い。新緑が美しく、ピクニックのシーズンが始まる。	

航空運賃（最低料金の目安）

お正月休み / 春の卒業旅行シーズン / ゴールデンウイーク

月	12	1	2	3	4	5
日出	7:22	7:27	7:01	6:17	6:26	5:47
日没	16:36	17:00	17:37	18:10	19:43	20:15

よくわかる トルコの旅行のガイダンス ●ベストシーズン

東西に長く、標高差もあるトルコは、地方により気候もさまざま。
旅の目的に合わせて旅行時期を選ぶか、時期に合わせて目的地を考えるか……
ここでは地域別に、旅のベストシーズンを考えてみよう。

	6	7	8	9	10	11
	気候：夏は30℃以上になることもあり、イスタンブールなど沿岸部は蒸し暑い。 服装：半袖またはノースリーブ（ジャーミィなどの宗教施設内では不可）などリゾートウエアでOK。ただしバスの車内などは寒い。 観光アドバイス：エディルネのオイルレスリングは6月下旬～7月上旬に開催。イスタンブールでF1が開催される年は開催時期の前後にホテルが値上がりする。				気候：そろそろ肌寒くなり、雨天の日も増えてくる。日本の秋よりもやや寒い。 服装：長袖のシャツやフリース、薄手のジャケットなどを準備しよう。 観光アドバイス：クルバン・バイラム（2013年10月15～18日）前後は交通機関が混雑する。	
	気候：6月になると30℃を超え、8月は40℃を超える日もある。沿岸部は蒸し暑い。 服装：リゾートウエアや水着を忘れずに。 観光アドバイス：ツアーやクルーズ、ナイトライフにコンサートとありとあらゆる楽しみにあふれる。				気候：海風が冷たくなり、雨の日が増え始める。気温は日本と変わらない。 服装：長袖のシャツか、薄手のジャケット、雨具の用意も必要だ。 観光アドバイス：リゾート地域のホテルは閉めていることもある。オフシーズンなので料金は安い。	
	気候：日中は暑いが、日没後は涼しくて快適。乾燥が激しい。 服装：半袖でOKだが、長袖のシャツを1枚用意。カッパドキアツアーに参加する人は歩きやすい靴で。 観光アドバイス：ハイシーズンのカッパドキアでも一部の人気の宿を除き、ホテルには余裕がある。				気候：日中は暖かいこともあるが、基本的に肌寒い。積雪はまだない。 服装：フリースジャケットやコートの用意をしておこう。 観光アドバイス：観光地を除いてラマザン中の日中は閉鎖されるレストランが多い。	
	気候：南東部では40℃を超える猛暑が続く、トルコで最も暑い土地。東部高原地帯では涼しく過ごしやすい。 服装：南東部ではTシャツでOK。東部では日没後に涼しくなるので長袖を1枚用意しよう。 観光アドバイス：ラマザン中は日中食堂が閉まっていることもある。				気候：南東部は過ごしやすい。東部では寒くなり、11月には積雪も。 服装：南東部は長袖シャツに薄手のジャケット、東部ではコートなどの用意を。 観光アドバイス：ネムルトダーゥのツアーは11月中旬までは行われるが、雪が降ると行われない。	
	気候：気温はそれほど高くはならないが、沿岸部ではかなり蒸し暑い。雨もたまに降る。 服装：半袖でOK。山間部へトレッキングに行く人は長袖の用意を。 観光アドバイス：蒸し暑いのが苦手な人はエアコン付きのホテルに泊まろう。				気候：1年を通して最も雨が多い時期。気温は15℃前後。 服装：長袖のシャツと薄手のジャケットの用意を。雨具の用意も忘れずに。 観光アドバイス：ウゾンギョルなど山間部は紅葉がきれいなシーズン。ひと味違う風景が楽しめる。	

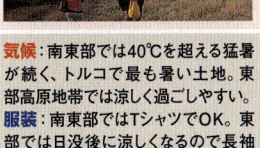

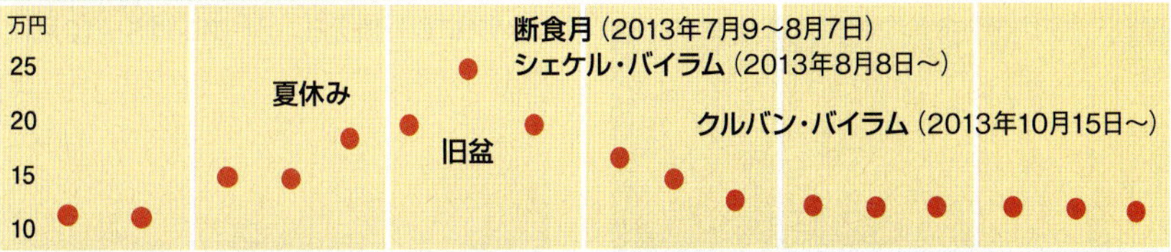

万円
25 ── 断食月（2013年7月9～8月7日）
20 ── 夏休み　シェケル・バイラム（2013年8月8日～）
15 ── 旧盆　クルバン・バイラム（2013年10月15日～）
10

	6	7	8	9	10	11
	5:31	5:44	6:13	6:44	7:15	6:51
	20:38	20:36	20:03	19:14	18:24	16:46

61

旅の基本形 モデルルート

さまざまな魅力にあふれるトルコの大地を、限られた時間で巡るのには、やっぱりプランニングが大事。おおまかに代表的なルートを紹介したので、これを土台にアレンジし、自分だけのトルコ旅行を作ってみよう。バス移動などが多ければ予備日を組み込むのもおすすめ

1 スタンダード・トルコ周遊8日間

日本から出発するツアーに多いコース。イスタンブールからの出発は航空機、ほかはバスを利用。逆回りのツアーもある。

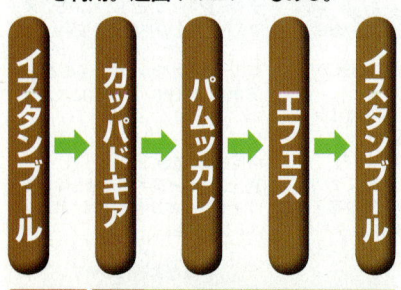

イスタンブール → カッパドキア → パムッカレ → エフェス → イスタンブール

プラスワンの旅 1 サフランボル

イスタンブールからカッパドキアまでの間に寄るならサフランボル。世界遺産の町並みが残る村。

小さな路地に昔ながらの生活がかいま見える。伝統的古民家を改装したホテルもあり、観光客に人気だ

古道具が展示されたカイマカムラル・エヴィの土間

プラスワンの旅 2 コンヤ

カッパドキアからパムッカレの間に寄るならコンヤ。セルジューク朝期の建造物が多く残るアナトリアきっての古都。

とんがり屋根が印象的なコンヤのメヴラーナ博物館

プラスワンの旅 3 ベルガマ

エフェスの遺跡で古代遺跡に興味を覚えたら、ベルガマにもぜひ寄りたい。世界遺産にこだわるならチャナッカレを起点にトロイに行ってもいいだろう。

プラスワンの旅 4 ネムルトダーウ

カッパドキアから距離は遠く、バスの乗り換えも多いが、神秘的で見ごたえ充分の古代遺跡。カイセリからマラテヤに行き、ミニバスに乗り換える。シーズンは5〜10月。

山頂には地震で落ちた石像の頭部が立っている

② エーゲ海 リゾート＆古代遺跡 10日間コース

スタートはアンタルヤ。どこもリゾート地の近くに古代遺跡があるので、リゾート滞在と遺跡見学を組み合わせた観光が主となる。ひとつの町に、できれば数日間滞在して、クルーズや島巡りといったツアーにもチャレンジしよう。イズミルではショッピングを楽しめる。チェシメへはイズミルから日帰りで。夏向きのプラン

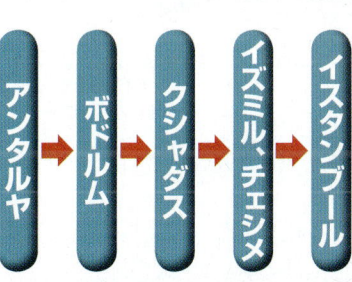

アンタルヤ → ボドルム → クシャダス → イズミル、チェシメ → イスタンブール

青い海にクルーザーが並ぶ。トルコ独特の赤い屋根がよく似合う港町

ディディム遺跡のメドゥーサの首

プラスワンの旅 1 マルマリス
ボドルムから南に4時間。美しい入江の港町。ギリシアのロドス島への起点。

プラスワンの旅 2 北キプロス
アランヤやタシュジュから船。遺跡や建造物など、見どころは多い。

③ 文明の十字路 アナトリア紀行 18日間

アナトリアを東西に横断。最後は黒海のトラブゾンまで行く壮大なコース。サフランボルやカッパドキア、ネムルトダーゥの世界遺産など、バラエティあふれる見どころに加え、各地のおいしい地方料理も楽しめる。

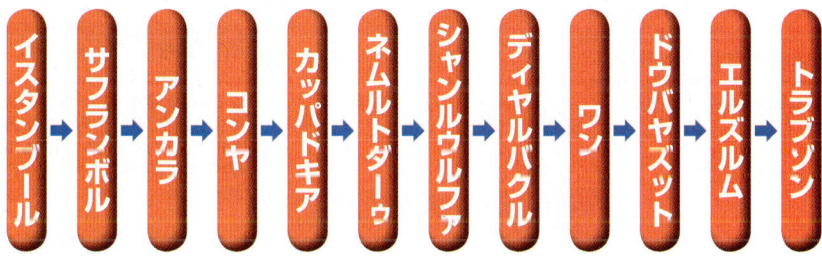

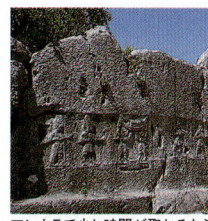

イスタンブール → サフランボル → アンカラ → コンヤ → カッパドキア → ネムルトダーゥ → シャンルウルファ → ディヤルバクル → ワン → ドウバヤズット → エルズルム → トラブゾン

アンカラで少し時間が取れるならボアズカレやヤズルカヤの遺跡へ足を延ばそう

カッパドキア、ギョレメ近郊にあるローズバレー

ネムルトダーゥにあるカラクシュの石柱

トラブゾンのボズテペの丘から黒海を望む

よくわかる トルコの旅行のガイダンス ● モデルルート

トルコをひとりで旅する キーワード

トルコ旅行の基本中の基本を、「移動する」、「食べる」、「泊まる」、「買う」、「話す」の5つのキーワードに分けて紹介。これさえ知っていれば、着いた瞬間からちょっぴりトルコ通。

移動する

オトガル Otogar
長距離バスが発着するバスターミナルのこと。大都市のオトガルはバス会社のカウンター（ヤズハーネYazıhane）が無数に並んでいるが、バス会社のおじさんに自分の目的地を言えば、適切な場所へ連れていってくれるから大丈夫！

ビレット Bilet
トルコ語でチケットのこと。出発時間やプラットホーム番号、座席の番号が書かれている。どのバスに乗ったらいいかわからなかったらこのビレットを見せよう。

オトビュス Otobüs
広大なトルコを、縦横無尽に無数の路線網でカバーするのは何といってもバス。新型車両で乗り心地は最高、サービスも満点！

ドルムシュ Dolmuş
満席（トルコ語でドルムシュ）にならないと発車しないミニバス。市内交通や、近郊の町への交通手段として大活躍。乗り場は長距離オトガルに隣接した所と市内の要所にある。

セルヴィス Servis
オトガルと町の中心にあるバスオフィスを結ぶ無料送迎バス。町のバスオフィスでチケットを買えば、オトガルまでこのセルヴィスに乗ることができる。

シェヒル・メルケズィ Şehir Merkezi
町の中心。町により「チャルシュ（市場）」、「セントゥルム」などということもある。町の中心への行き方→P.480

タクスィ Taksi
広場やメインストリート、オトガルの近くなど、乗り場は決まっている。観光地なら1日チャーターして回ることもできる。

食べる

ロカンタ Lokanta
ロカンタとは大衆食堂のこと。この単語さえ覚えておけば食いっぱぐれることはない。ショーケースに並んでいる料理を指させばOK。本書の料理特集（→P.85〜94）のメニュー例の写真を指さしてもOK。

パケット Paket
トルコ語で包装の意味。ロカンタで「パケット」と言えば、持ち帰り用のプラスチックやアルミの容器に詰めてくれる。ホテルの部屋で食べたいときや、お弁当代わりに持っていくときなど、どんどん活用しよう。プラスチックのスプーンとフォークも付けてくれることが多い。

ヤルム Yarım
ハーフサイズのこと。左のてのひらを上にして、右手で手刀を切るジェスチャーをしながら言うと通じる。

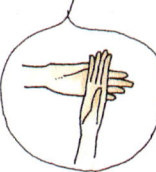

サバサンド Balık Ekmek
日本人に人気のエミノニュ名物。塩サバとパンのミスマッチがなぜかくせになる。

チャイ Çay
1日に何杯も飲む紅茶。専門店があり、いつでもどこでも出前を頼むことができる。砂糖は好みで入れる。

ドネル・ケバプ Döner Kebap
薄切り肉の巨大な回転焼き。削ぎ落としてサンドイッチにして食べる。どこに行ってもあるファストフードの定番。薄焼きパンのユフカでくるんだものはデュリュムDürümと呼ばれる。

スィミット Simit
軽食にぴったりのゴマ付きリングパン。

ス Su
水。ロカンタで出るボトルウオーターは開けた分だけお金を払う。

エキメッキ Ekmek
世界一おいしい、といわれるトルコのパンはバゲットタイプが主流。ほかにも丸い形のピデエキメッキや、クレープぐらいの薄さのユフカなどさまざま。ロカンタなどではテーブルに積まれており、普通は無料で食べ放題。

よくわかる トルコの旅行のガイダンス ● 旅のキーワード（トルコ語）

泊まる

オダ Oda
トルコ語で部屋のこと。シングルルームはテッキシリッキ・オダTek Kişilik Oda、ダブルまたはツインルームはイキキシリッキ・オダİki Kişilik Oda、もしくはチフキシリッキ・オダÇift Kişilik Odaという。

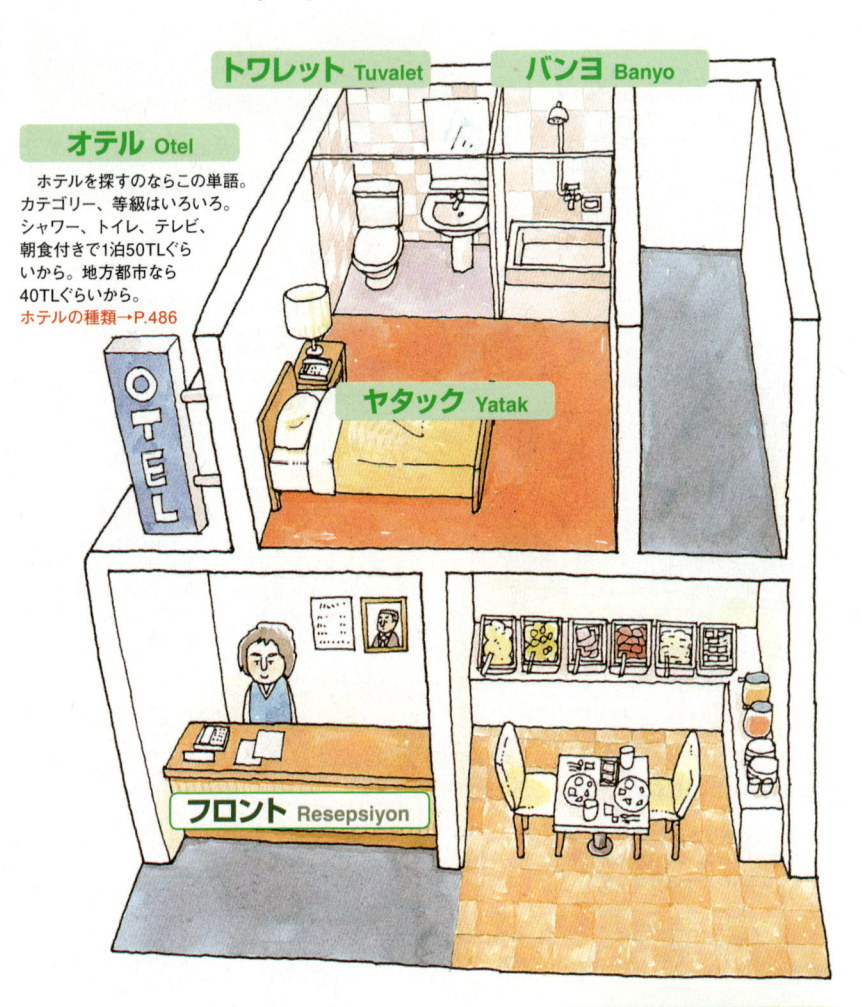

トワレット Tuvalet

バンヨ Banyo

オテル Otel
ホテルを探すのならこの単語。カテゴリー、等級はいろいろ。シャワー、トイレ、テレビ、朝食付きで1泊50TLぐらいから。地方都市なら40TLぐらいから。
ホテルの種類→P.486

ヤタック Yatak

フロント Resepsiyon

アナフタル Anahtar
外出するときはレセプションにカギを預ける。経済的～中級ホテルではカギが開けにくいこともある。ドアノブを引っ張りながら回すと開くことがある。高級ホテルはカードキーを採用していることも多い。

カフヴァルトゥ Kahvaltı
朝食のこと。パンとジャムやバター、チーズにオリーブ、トマトやキュウリなどの野菜がひと皿に盛られた形で出てくることが多い。ゆで卵が付くこともある。中級以上のホテルになると通常はビュッフェ形式で出される。リゾートホテルでは中庭やプールサイドで朝食を出すことも多い。

買う

通貨と両替 ➡ P.473　　レート ➡ P.10

観光地では日本円の両替が可能
イスタンブールのほか、カッパドキアやパムッカレなど有名観光地なら日本円の現金の両替が可能。

地方都市ではユーロか米ドル
有名観光地以外の地方都市も訪れる予定のある人はユーロか米ドルの現金も持って行こう。レートは悪くなるが、そのまま支払えることも多いので、小額紙幣をたくさん用意しておくと便利。

クレジットカード C/C
クレジットカードや国際キャッシュカードを持っている人は、ぜひトルコに持っていこう。ATMは全国ほとんどの町にあるし、24時間稼働しているので、いざというときにとても便利。またクレジットカードで支払い可能な店も日本以上に多い。これは大変心強い。

トラベラーズチェック T/C
両替できる場所は格段に少なくなるが、観光地ならなんとか両替が可能。ただし手数料の問題などで、けっこう損をしてしまうこともある。米ドル建てかユーロ建てを持っていこう。

よくわかる トルコの旅行のガイダンス

● 旅のキーワード（トルコ語）

Buyurun（ブユルン）
いらっしゃい！

Bu ne kadar?（ブ ネ カダル）
これ いくら？

トルコ語の数を覚えよう

1	ビル bir	11	オンビル onbir	30	オトゥズ otuz
2	イキ iki	12	オニキ oniki	40	クルク kırık
3	ユチ üç	13	オヌチ onüç	50	エッリ elli
4	ドルト dört	14	オンドルト ondört	60	アルトゥムシュ altmış
5	ベシュ beş	15	オンベシ onbeş	70	イェトゥミシ yetmiş
6	アルトゥ altı	16	オナルトゥ onaltı	80	セクセン seksen
7	イェディ yedi	17	オンイェディ onyedi	90	ドクサン doksan
8	セキズ sekiz	18	オンセキズ onsekiz	100	ユズ yüz
9	ドクズ dokuz	19	オンドクズ ondokuz	1000	ビン bin
10	オン on	20	イルミ yirmi	100万	ビル ミルヨン bir milyon

話す

トルコでは、観光地を除いて英語はあまり通じない。しかしトルコ語は、日本語と文法も近く発音も簡単。基本のあいさつや言い回しを覚えるだけで、旅がぐっと楽しくなること間違いなし。人なつっこくておしゃべり大好きなトルコの人とコミュニケーションをとってみよう。

Japonya'dan geldim. (ジャポンヤダン ゲルディム)
日本から来ました

Nerelisiniz? (ネレリスィニズ)
どちらのご出身？

メルハバ
こんにちは（1日中使える）

ギュナイドゥン
おはよう

ギョルシュリュズ
また会おうね、という意味の別れのあいさつ

イイ アクシャムラル
夕方〜夜のあいさつ。別れるときにも使う

イイ ゲジェレル
おやすみのあいさつ

テシェッキュル エデリム
ありがとう（テシェッキュルだけでも感謝の意は伝わる）

サオルン
ありがとう（くだけた感じの言い方）

ビシェイ ディール
どういたしまして

タマム
オーケー

ネレデ
どこ？

〜イスティヨルム
（私は）〜が欲しい

カチパラ
いくら？（ものを指さしながら）

リュトフェン
おねがい（ものを指さしながら）

ボディランゲージ

客人をもてなすことが大好きなトルコの人は、相手がトルコ語を知っていようといまいと、どんどん話しかけてくる。そんなときはこちらも臆せず、身振り手振りで応戦だ。ここでは代表的なトルコの手振りを紹介しよう。

Bitti ビッティ
おしまい（土を払うように手を上下する）

Beraber ベラーベル
友達、一緒に（前後に人差し指をこする）

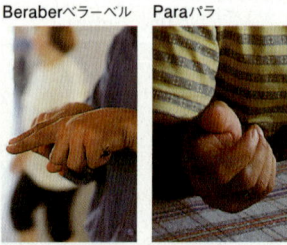

Para パラ
お金！（親指と人差し指をこする）

Güzel ギュゼル
よい、かわいい！（手をすぼめる）

トルコの長距離交通

トルコの面積は日本の約2倍、東西約1550km、南北約670km。広大なトルコの大地をスムーズに移動するため、主要な交通機関の特徴をつかんでおこう。
トルコの国内交通の主役は国土をくまなくカバーするバスだが、近年は格安系の航空会社の路線も充実し、便数も大幅に増えてきた。バスと飛行機をうまく組み合わせれば、国内移動がぐっとラクになる。

飛行機 Uçak ウチャック

国内最大の路線網をもつのはトルコ航空。近年は多くの格安系の航空会社が路線を拡充させ、熾烈な価格競争を行っている。イスタンブール、アンカラ、イズミル、アンタルヤが起点で、それ以外の地方都市間のフライトに乏しいのが弱点。

時刻表&チケット

トルコ航空など大手の会社ではオンラインでフライト検索や予約が可能。それ以外の中小の会社はトルコ在住者でないとできないことも。もちろん市内の旅行代理店でも予約可能。

空港

空港までの公共交通機関は町によって違う。大手航空会社の場合はフライトに合わせて市内からセルヴィスを走らせているが、ない場合は自力で行くことになる。イスタンブールの場合、ヨーロッパ側のアタテュルク空港とアジア側のサビハ・ギョクチェン空港があるので、予約時によく確認しよう。

航空各社ウエブサイト

トルコ航空 Türk Hava Yolları	www.turkishairlines.com
アナドルジェット AnadoluJet	www.anadolujet.com
オヌル航空 Onur Air	www.onurair.com.tr
サン・エクスプレス SunExpress	www.sunexpress.com
アトラスジェット atlasjet	www.atlasjet.com
ペガサス航空 Pegasus Airlines	www.flypgs.com
ボラジェット Borajet	www.borajet.com.tr

列車 Tren トレン

在来線は便数も少なく、バスよりも時間がかかり、運行時間の正確性も今ひとつ。ただし、高速列車YHTの部分開通により、近年利便性が向上した。横になって移動できる寝台列車も長距離移動にはラク。鉄道ならではの旅の情緒があって、ゆっくりと旅を楽しめる人向き。

時刻表

トルコ国鉄の公式サイト（www.tcdd.gov.tr）に時刻表関連のコンテンツがあるがブラウザによっては見られないことも。駅に行けばおもな時刻表が貼りだされているが古いこともあるので駅員に確認するのが確実。イスタンブール～アンカラ間は高速新線工事のため運休する路線が多いので注意しよう。

チケット

トルコ国鉄の公式サイトからのオンライン購入はトルコ居住者以外では難しい。鉄道駅のほか、主要都市の大きな郵便局（PTT）でも扱っている。

バス Otobüs オトビュス

トルコは世界屈指のバス大国。小さな町から村まで、トルコの国土を隅々にわたってカバーする、長距離移動の主役。星の数ほどのバス会社があり、大都市のオトガル（バスターミナル）はまるで空港並みの設備と規模だ。車体も新型が多く、無線LANが使える長距離バスも増えてきている。

時刻表

本書の時刻表のほか、バス会社のウエブサイトでも時刻が確認できる。Seferler(imiz)、Tarifeler、Güzelgahlar(ımız)、Saatlerなどの言葉を見つけてクリックすれば時刻表が表示されることが多い。

チケット

トルコ語が読みこなせないとオンラインでの購入は難しい。チケットのオフィスやオトガルに行って直接買うのが無難だろう。

よくわかる トルコの旅行のガイダンス ● トルコの長距離交通

航空会社別時刻表 (日本発着路線→P.467)

- **TK**=トルコ航空=Turk Hava Yollari=**TK**
- **AN**=アナドルジェット=AnadoluJet=**TK**(トルコ航空と同じコードを使用)
- **ON**=オヌル航空=Onur Air=**8Q**
- **AT**=アトラスジェット=Atlasjet=**KK**
- **SE**=サン・エクスプレス=Sun Express=**XQ**
- **PG**=ペガサス航空=Pegasus=**PC**
- **BO**=ボラジェット=Borajet=**BJ**

黒字は本欄で使用している略称、赤字は便名に使われる2レターコード

イスタンブール(アタテュルク空港)⇔アンカラ (TK)

	イスタンブール→アンカラ			アンカラ→イスタンブール	
毎日	6:00発	7:05着	毎日	4:15発	5:20着
毎日	7:00発	8:05着	毎日	5:25発	6:30着
毎日	8:00発	9:05着	毎日	6:15発	7:20着
毎日	9:00発	10:05着	毎日	7:00発	8:05着
毎日	10:00発	11:05着	毎日	8:00発	9:05着
毎日	11:00発	12:05着	毎日	9:00発	10:05着
毎日	12:00発	13:05着	毎日	10:00発	11:05着
毎日	13:00発	14:05着	毎日	11:00発	12:05着
毎日	14:00発	15:05着	毎日	11:50発	12:55着
毎日	15:00発	16:05着	毎日	13:00発	14:05着
毎日	16:00発	17:05着	毎日	14:00発	15:05着
毎日	17:00発	18:05着	毎日	15:00発	16:05着
毎日	18:00発	19:05着	毎日	16:00発	17:05着
毎日	19:00発	20:05着	毎日	17:00発	18:05着
毎日	20:00発	21:05着	毎日	18:00発	19:05着
毎日	21:00発	22:05着	毎日	19:00発	20:05着
毎日	22:00発	23:05着	毎日	20:00発	21:05着
毎日	23:00発	翌0:05着	毎日	21:00発	22:05着
毎日	1:30発	2:35着	毎日	23:00発	翌0:05着
			毎日	1:00発	2:10着

イスタンブール(サビハ・ギョクチェン空港)⇔アンカラ

会社	イスタンブール→アンカラ			アンカラ→イスタンブール(サビハ・ギョクチェン空港)	
TK	毎日 9:05発	10:10着	毎日	13:40発	14:40着
	毎日 20:10発	21:10着	月火水金土日	21:15発	22:15着
AN	毎日 7:00発	8:00着	毎日	7:30発	8:30着
	月火水木金土 8:00発	9:00着	月火水木金土	9:00発	10:00着
	毎日 11:40発	12:40着	毎日	17:30発	18:30着
	月火水木土 17:00発	18:00着	毎日	19:15発	20:15着
	金 19:15発	20:15着	木	21:30発	22:30着
	毎日 21:00発	22:00着			
PG	毎日 7:45発	8:45着	金	7:00発	7:55着
	月火水木日 10:45発	11:40着	月火水木土日	8:10発	9:05着
	月火水木金土 12:50発	13:45着	毎日	9:20発	10:15着
	月火水木金土 15:45発	16:40着	月火水木金	12:05発	13:00着
	毎日 17:30発	18:30着	月火水木金	14:10発	15:05着
	毎日 18:30発	19:25着	日	18:55発	19:50着
	土 18:55発	19:55着	月火水木金日	19:50発	20:45着
	毎日 19:55発	20:50着	毎日	21:15発	22:10着
	月木土 21:50発	22:50着			
	毎日 23:30発	翌0:30着			

イスタンブール(アタテュルク空港)⇔イズミル (TK)

	イスタンブール→イズミル			イズミル→イスタンブール(アタテュルク空港)	
毎日	7:00発	8:05着	毎日	4:20発	5:25着
毎日	8:00発	9:05着	毎日	6:00発	7:10着
毎日	9:00発	10:05着	毎日	7:00発	8:05着
毎日	11:00発	12:05着	毎日	7:45発	8:50着
毎日	13:00発	14:05着	毎日	9:00発	10:05着
毎日	15:00発	16:05着	毎日	10:00発	11:05着
毎日	16:00発	17:05着	毎日	11:00発	12:05着
毎日	17:00発	18:05着	毎日	12:50発	13:55着
毎日	18:00発	19:05着	毎日	15:00発	16:05着
毎日	19:00発	20:05着	毎日	17:00発	18:05着
毎日	20:00発	21:05着	毎日	19:10発	20:15着
毎日	21:00発	22:05着	毎日	20:00発	21:05着
毎日	22:00発	23:05着	毎日	21:00発	22:05着
毎日	23:15発	翌0:20着	毎日	22:30発	23:40着
毎日	1:30発	2:35着			

イスタンブール⇔イズミル (ON / AT)

会社	イスタンブール→イズミル			イズミル→イスタンブール	
ON	月火水木金土 7:45発	8:45着	月火水木金	7:15発	8:15着
	土 12:25発	13:25着	毎日	10:10発	11:10着
	毎日 16:30発	17:30着	土	14:15発	15:15着
	月火水木金日 20:45発	21:45着	毎日	18:45発	19:45着
	日 22:35発	23:35着	土	22:30発	23:25着
AT	毎日 7:00発	7:55着	毎日	7:10発	8:05着
	毎日 9:30発	10:25着	毎日	8:45発	9:40着
	毎日 11:30発	12:25着	毎日	11:30発	12:30着
	毎日 13:20発	14:15着	毎日	14:00発	14:55着
AT		16:20発	17:15着	毎日	15:00発	16:25着
	毎日 19:50発	20:45着	毎日	18:00発	18:55着
	毎日 21:50発	22:45着	毎日	21:30発	22:25着
PG	毎日 9:10発	10:10着	日	7:00発	8:05着
	毎日 13:00発	14:05着	月火水木金土	7:15発	8:15着
	毎日 17:40発	19:40着	毎日	11:20発	12:30着
	土 19:50発	20:55着	土	14:50発	16:00着
	月火水木金日 20:00発	21:00着	月火水木金日	14:55発	16:00着
			月火水木金日	18:05発	19:05着
			月火水木金日	18:15発	19:15着
			月	21:40発	22:40着
			火水木金日	22:40発	23:40着
			日	22:00発	23:00着

イスタンブール(サビハ・ギョクチェン空港)⇔イズミル

会社	イスタンブール→イズミル			イズミル→イスタンブール(サビハ・ギョクチェン空港)	
TK	毎日 6:50発	7:50着	毎日	8:35発	9:40着
	毎日 10:30発	11:30着	毎日	12:15発	13:20着
	月水金日 14:10発	15:10着	毎日	15:55発	17:00着
	毎日 18:20発	19:20着	毎日	20:05発	21:10着
SE	毎日 8:40発	9:45着	毎日	8:35発	9:35着
	毎日 17:30発	18:35着	毎日	17:30発	18:30着
	毎日 19:00発	20:05着	毎日	19:10発	20:10着
	毎日 21:30発	22:35着	毎日	21:25発	22:25着
	毎日 8:15発	9:15着	毎日	6:45発	7:45着
	毎日 9:55発	10:55着	毎日	8:10発	9:10着
PG	毎日 13:40発	14:45着	毎日	11:20発	12:20着
	毎日 16:40発	17:45着	毎日	16:10発	17:10着
	毎日 18:30発	19:30着	毎日	18:10発	19:10着
	毎日 19:55発	21:00着	毎日	19:55発	20:55着
	毎日 21:30発	22:35着	毎日	21:25発	22:25着
	毎日 23:45発	翌0:50着	毎日	23:00発	翌0:00着

イスタンブール(サビハ・ギョクチェン空港)⇔チャナッカレ (BO)

	イスタンブール→チャナッカレ			チャナッカレ→イスタンブール(サビハ・ギョクチェン空港)	
水金	23:45発	翌0:45着	月木	7:15発	8:15着

イスタンブール(アタテュルク空港)⇔デニズリ (TK)

	イスタンブール→デニズリ			デニズリ→イスタンブール(アタテュルク空港)	
毎日	6:30発	7:40着	毎日	8:25発	9:20着
毎日	17:10発	18:20着	毎日	19:05発	20:15着

イスタンブール(アタテュルク空港)⇔ボドルム

会社	イスタンブール→ボドルム			ボドルム→イスタンブール(アタテュルク空港)	
TK	毎日 9:40発	10:50着	毎日	11:35発	12:45着
	毎日 18:25発	19:35着	毎日	22:50発	翌0:05着
AT	毎日 7:00発	8:05着	毎日	9:00発	10:05着
	毎日 11:15発	12:20着	毎日	13:20発	14:25着
	毎日 18:00発	19:05着	毎日	20:00発	21:00着

イスタンブール(サビハ・ギョクチェン空港)⇔ボドルム (PG)

	イスタンブール→ボドルム			ボドルム→イスタンブール(サビハ・ギョクチェン空港)	
毎日	6:35発	7:45着	毎日	8:10発	9:20着
月土	8:05発	9:15着	毎日	9:40発	10:50着
土	11:20発	12:30着	土	12:50発	14:00着
月火水木金	12:00発	13:10着	月火水木金	13:30発	14:40着
毎日	18:35発	19:45着	毎日	20:10発	21:20着
毎日	20:00発	21:10着	毎日	21:35発	22:45着

イスタンブール(アタテュルク空港)⇔ダラマン (TK)

	イスタンブール→ダラマン			ダラマン→イスタンブール(アタテュルク空港)	
毎日	9:25発	10:45着	毎日	11:30発	12:50着
毎日	17:30発	18:50着	毎日	19:35発	21:00着
			毎日	19:30発	20:35着

イスタンブール(サビハ・ギョクチェン空港)⇔ダラマン (PG)

	イスタンブール→ダラマン			ダラマン→イスタンブール(サビハ・ギョクチェン空港)	
毎日	6:30発	7:45着	毎日	8:10発	9:20着
毎日	9:15発	10:30着	毎日	10:55発	12:05着
月水	15:50発	17:05着	月水	17:30発	18:45着
毎日	20:30発	21:45着	毎日	21:30発	22:55着

イスタンブール(アタテュルク空港)⇔アンタルヤ (TK)

	イスタンブール→アンタルヤ			アンタルヤ→イスタンブール(アタテュルク空港)	
月火水土	6:30発	7:45着	毎日	4:00発	5:15着
毎日	9:00発	10:15着	毎日	6:45発	8:00着

※上記の時刻表は2012年11月の冬期スケジュールの一部です。発着時刻、便数は旅行時期により大きく変動します。事前にご確認ください。

よくわかる トルコの旅行のガイダンス

航空会社別時刻表

イスタンブール(アタテュルク空港) ⇔ アンタクヤ(ハタイ)

	イスタンブール(アタテュルク空港)→アンタクヤ(ハタイ)		アンタクヤ(ハタイ)→イスタンブール(アタテュルク空港)	
TK	毎日 10:50発	12:05着	毎日 8:30発	9:45着
	毎日 11:30発	12:30着	毎日 11:10発	12:30着
	毎日 13:30発	14:45着	毎日 12:50発	14:05着
	毎日 15:00発	16:15着	毎日 15:35発	16:50着
	毎日 17:00発	18:15着	毎日 17:00発	18:15着
	毎日 18:15発	19:30着	月水金土 19:00発	20:15着
	毎日 21:20発	22:35着	毎日 20:15発	21:30着
	毎日 23:00発	翌0:15着	毎日 23:20発	翌0:35着
	毎日 1:40発	2:55着		
ON	毎日 8:15発	9:20着	月水木金土 7:00発	8:05着
	金 14:50発	15:55着	毎日 10:25発	11:30着
	毎日 16:40発	17:45着	金 16:45発	17:50着
	月水木金日 20:40発	21:45着	毎日 18:40発	19:45着
AT	毎日 7:30発	8:45着	毎日 7:15発	8:30着
	毎日 11:00発	12:05着	毎日 9:30発	10:35着
	毎日 15:00発	16:05着	毎日 13:00発	14:05着
	毎日 19:00発	20:05着	毎日 17:00発	18:05着
	月水木土日 21:30発	22:35着	毎日 21:00発	22:10着

イスタンブール(サビハ・ギョクチェン空港) ⇔ アンタルヤ

	イスタンブール(サビハ・ギョクチェン空港)→アンタルヤ		アンタルヤ→イスタンブール(サビハ・ギョクチェン空港)	
TK	毎日 10:30発	11:40着	毎日 12:25発	13:35着
	毎日 14:25発	15:35着	毎日 16:20発	17:30着
SE	毎日 10:05発	11:15着	毎日 7:00発	8:10着
	毎日 20:35発	21:45着	毎日 15:50発	17:00着
	毎日 22:55発	翌0:05着	毎日 19:50発	21:00着
PG	毎日 8:00発	9:10着	毎日 8:05発	9:15着
	毎日 12:15発	13:25着	毎日 9:35発	10:45着
	毎日 15:30発	16:40着	毎日 13:50発	15:00着
	毎日 17:05発	18:15着	毎日 17:40発	18:50着
	毎日 20:05発	21:15着	毎日 18:40発	19:50着
	毎日 23:35発	翌0:45着	毎日 21:40発	22:50着

イスタンブール(アタテュルク空港) ⇔ レフコーシャ

	イスタンブール(アタテュルク空港)→レフコーシャ		レフコーシャ→イスタンブール(アタテュルク空港)	
TK	毎日 7:15発	8:50着	毎日 4:30発	6:05着
	毎日 18:10発	19:45着	毎日 9:40発	11:15着
	毎日 23:30発	翌1:05着	毎日 20:30発	22:05着
ON	毎日 8:55発	10:25着	毎日 11:30発	13:00着
	毎日 19:05発	20:35着	毎日 21:30発	23:00着
AT	毎日 9:30発	11:05着	毎日 7:45発	9:15着
	毎日 16:00発	17:30着	毎日 19:00発	20:30着
	毎日 20:50発	22:20着	毎日 22:55発	翌0:25着

イスタンブール(サビハ・ギョクチェン空港) ⇔ レフコーシャ

	イスタンブール(サビハ・ギョクチェン空港)→レフコーシャ		レフコーシャ→イスタンブール(サビハ・ギョクチェン空港)	
PG	毎日 5:50発	7:15着	毎日 7:10発	8:35着
	月水木 9:05発	10:30着	毎日 8:10発	9:40着
	月水木 13:05発	14:35着	月水木 11:05発	12:35着
	毎日 19:30発	20:55着	毎日 19:00発	20:25着
			毎日 19:35発	21:00着

イスタンブール(アタテュルク空港) ⇔ アダナ

	イスタンブール(アタテュルク空港)→アダナ		アダナ→イスタンブール(アタテュルク空港)	
TK	毎日 6:30発	8:00着	毎日 3:35発	5:15着
	毎日 8:50発	10:20着	毎日 6:45発	8:25着
	毎日 10:25発	11:55着	毎日 8:45発	10:25着
	毎日 14:15発	15:45着	毎日 11:05発	12:45着
	毎日 16:00発	17:30着	毎日 12:40発	14:15着
	毎日 17:00発	18:30着	毎日 16:45発	18:25着
	毎日 18:55発	20:25着	毎日 18:15発	19:55着
	毎日 20:40発	22:10着	毎日 19:15発	20:55着
	毎日 22:00発	23:30着	毎日 21:30発	23:10着
	毎日 1:20発	2:50着	毎日 22:55発	翌0:20着
	月火水木土 0:40発	8:10着	月火水木土 9:00発	10:30着
ON	日 11:35発	13:05着	日 13:55発	15:25着
	月火木金 14:20発	15:50着	月火木金 16:40発	18:10着
	月水木金土 19:20発	20:50着	月水木金土 21:40発	23:10着
	土 19:30発	21:00着	土 22:00発	23:40着

イスタンブール(サビハ・ギョクチェン空港) ⇔ アダナ

	イスタンブール(サビハ・ギョクチェン空港)→アダナ		アダナ→イスタンブール(サビハ・ギョクチェン空港)	
AN	毎日 19:15発	20:40着	毎日 21:15発	22:45着
SE	毎日 7:00発	8:30着	毎日 9:00発	10:35着
	毎日 6:05発	7:25着	毎日 7:50発	9:15着
PG	毎日 8:05発	9:30着	毎日 9:50発	11:15着
	毎日 16:10発	17:35着	毎日 17:55発	19:20着
	毎日 20:35発	21:55着	毎日 22:20発	23:45着

イスタンブール(アタテュルク空港) ⇔ アンタクヤ(ハタイ)

	イスタンブール(アタテュルク空港)→アンタクヤ(ハタイ)		アンタクヤ(ハタイ)→イスタンブール(アタテュルク空港)	
TK	毎日 15:30発	17:15着	毎日 5:00発	6:50着
	毎日 23:50発	翌1:40着	毎日 18:00発	19:45着
PG	月水木金 5:40発	7:15着	月水木金 7:40発	9:15着

イスタンブール(アタテュルク空港) ⇔ ネヴシェヒル(カッパドキア)

	イスタンブール(アタテュルク空港)→ネヴシェヒル(カッパドキア)		ネヴシェヒル(カッパドキア)→イスタンブール(アタテュルク空港)	
TK	毎日 9:50発	11:10着	毎日 12:00発	13:20着
	毎日 19:55発	21:20着	毎日 22:05発	23:30着

イスタンブール(アタテュルク空港) ⇔ カイセリ

	イスタンブール(アタテュルク空港)→カイセリ		カイセリ→イスタンブール(アタテュルク空港)	
	毎日 6:45発	8:05着	毎日 4:00発	5:25着
	毎日 13:00発	14:20着	毎日 6:55発	8:25着
	毎日 17:25発	18:45着	毎日 8:50発	10:20着
	毎日 20:55発	22:15着	毎日 15:05発	16:35着
	毎日 22:25発	23:45着	毎日 19:30発	21:00着
			毎日 22:55発	翌0:30着

イスタンブール(サビハ・ギョクチェン空港) ⇔ カイセリ

	イスタンブール(サビハ・ギョクチェン空港)→カイセリ		カイセリ→イスタンブール(サビハ・ギョクチェン空港)	
AN	水 15:20発	16:35着	水 17:10発	18:30着
	金 16:15発	17:30着	金 18:00発	19:20着
PG	月火水金日 6:20発	7:35着	月火水日 8:00発	9:15着
	毎日 8:40発	10:00着	毎日 10:25発	11:45着
	月水木 18:45発	20:00着	月水木 20:20発	21:35着
	毎日 20:10発	21:25着	毎日 21:50発	23:05着

イスタンブール(アタテュルク空港) ⇔ コンヤ

	イスタンブール(アタテュルク空港)→コンヤ		コンヤ→イスタンブール(アタテュルク空港)	
TK	毎日 6:55発	8:10着	毎日 7:00発	8:20着
	毎日 13:45発	15:00着	毎日 8:55発	10:15着
	毎日 17:50発	19:05着	毎日 15:45発	17:05着
	毎日 22:30発	23:45着	毎日 19:50発	21:15着

イスタンブール(サビハ・ギョクチェン空港) ⇔ コンヤ

	イスタンブール(サビハ・ギョクチェン空港)→コンヤ		コンヤ→イスタンブール(サビハ・ギョクチェン空港)	
PG	毎日 6:35発	7:45着	毎日 8:10発	9:20着
	月木土 8:10発	9:20着	月土 9:40発	10:50着
	月水木金土 20:10発	21:20着	月水木金土 21:40発	22:50着

イスタンブール(アタテュルク空港) ⇔ スィワス

	イスタンブール(アタテュルク空港)→スィワス		スィワス→イスタンブール(アタテュルク空港)	
TK	毎日 9:50発	11:25着	毎日 12:05発	13:00着

イスタンブール(サビハ・ギョクチェン空港) ⇔ スィワス

	イスタンブール(サビハ・ギョクチェン空港)→スィワス		スィワス→イスタンブール(サビハ・ギョクチェン空港)	
AN	月木金 15:20発	16:40着	月 17:15発	18:40着
PG	月水金日 6:05発	7:30着	月水金日 7:55発	9:20着
	火木土 20:00発	21:25着	火木土 21:50発	23:15着

イスタンブール(アタテュルク空港) ⇔ アドゥヤマン

	イスタンブール(アタテュルク空港)→アドゥヤマン		アドゥヤマン→イスタンブール(アタテュルク空港)	
TK	毎日 6:10発	7:50着	毎日 8:55発	11:00着

イスタンブール(アタテュルク空港) ⇔ マラテヤ

	イスタンブール(アタテュルク空港)→マラテヤ		マラテヤ→イスタンブール(アタテュルク空港)	
TK	毎日 6:45発	8:25着	毎日 9:25発	11:10着
ON	毎日 20:10発	21:50着	毎日 22:35発	翌0:20着
	毎日 9:20発	10:55着	毎日 11:16発	13:25着

イスタンブール(サビハ・ギョクチェン空港) ⇔ マラテヤ

	イスタンブール(サビハ・ギョクチェン空港)→マラテヤ		マラテヤ→イスタンブール(サビハ・ギョクチェン空港)	
PG	月水木金日 5:45発	7:20着	月水 7:40発	9:15着
	火 6:55発	8:30着	木金日 7:45発	9:20着
	水 18:25発	20:00着	水 8:55発	10:30着
	月土 20:20発	21:50着	月土 20:25発	22:00着
			火 22:20発	23:55着

イスタンブール(アタテュルク空港) ⇔ シャンルウルファ

	イスタンブール(アタテュルク空港)→シャンルウルファ		シャンルウルファ→イスタンブール(アタテュルク空港)	
TK	毎日 9:30発	11:15着	毎日 12:00発	14:00着
	毎日 16:55発	18:40着	毎日 19:25発	21:25着

イスタンブール(アタテュルク空港) ⇔ ガズィアンテプ

	イスタンブール(アタテュルク空港)→ガズィアンテプ		ガズィアンテプ→イスタンブール(アタテュルク空港)	
TK	毎日 6:20発	7:55着	毎日 3:50発	5:35着
	毎日 13:10発	14:45着	毎日 8:50発	10:35着
	毎日 17:15発	18:55着	毎日 15:45発	17:30着
	毎日 20:15発	21:50発	毎日 19:45発	21:30着
	毎日 1:20発	2:55着	毎日 22:40発	翌0:25着
ON	毎日 14:00発	15:40着	毎日 16:50発	18:30着

※上記の時刻表は2012年11月の冬期スケジュールの一部です。発着時刻、便数は旅行時期により大きく変動します。事前にご確認ください。

航空	路線	曜日	発	着	曜日	発	着
PG	イスタンブール(サビハ・ギョクチェン空港)→ガズィアンテップ	毎日	5:45発	7:20着	毎日	7:45発	9:20着
	ガズィアンテップ→イスタンブール(サビハ・ギョクチェン空港)	月水金土	8:00発	9:35着	月水金土	9:55発	11:30着
		毎日	18:00発	19:35着	毎日	19:35発	21:30着
		毎日	20:15発	21:50着	毎日	22:10発	23:45着
TK	イスタンブール(アタテュルク空港)→ディヤルバクル / ディヤルバクル→イスタンブール(アタテュルク空港)	毎日	7:15発	9:05着	毎日	7:15発	9:15着
		毎日	18:45発	20:35着	毎日	9:50発	11:55着
ON		毎日	1:30発	3:25着	毎日	21:40発	23:45着
		毎日	6:45発	8:35着	毎日	9:25発	11:15着
		月火木金土	13:30発	15:20着	月火木金土	16:20発	18:00着
		土	15:00発	16:50着	土	17:50発	19:30着
		毎日	18:45発	20:35着	毎日	21:25発	23:15着
SE	イスタンブール(サビハ・ギョクチェン空港)→ディヤルバクル / ディヤルバクル→イスタンブール(サビハ・ギョクチェン空港)	毎日	8:30発	10:15着	毎日	10:45発	12:40着
PG		毎日	19:00発	20:45着	毎日	21:15発	23:10着
		火木	14:20発	16:05着	火木	14:45発	16:35着
TK	イスタンブール(アタテュルク空港)→マルディン / マルディン→イスタンブール(アタテュルク空港)	毎日	7:05発	9:00着	毎日	10:30発	12:40着
SE	イスタンブール(サビハ・ギョクチェン空港)→マルディン / マルディン→イスタンブール(サビハ・ギョクチェン空港)	月土	14:00発	15:50着	月土	16:20発	18:20着
TK	イスタンブール(アタテュルク空港)→ワン / ワン→イスタンブール(アタテュルク空港)	火木土	9:10発	11:15着	毎日	12:00発	14:25着
		毎日	12:30発	14:35着	毎日	15:15発	17:35着
SE	イスタンブール(サビハ・ギョクチェン空港)→ワン / ワン→イスタンブール(サビハ・ギョクチェン空港)	毎日	10:30発	12:30着	毎日	13:10発	15:10着
PG		毎日	10:00発	12:05着	毎日	12:35発	14:50着
		火木	15:20発	17:25着	火木	17:50発	20:05着
TK	イスタンブール(アタテュルク空港)→カルス / カルス→イスタンブール(アタテュルク空港)	毎日	11:10発	13:15着	毎日	14:00発	16:15着
SE	イスタンブール(サビハ・ギョクチェン空港)→カルス / カルス→イスタンブール(サビハ・ギョクチェン空港)	毎日	10:00発	12:05着	毎日	12:35発	14:50着
		月火木金土	10:30発	12:35着	月火木金土	13:10発	14:50着
TK	イスタンブール(アタテュルク空港)→エルズルム / エルズルム→イスタンブール(アタテュルク空港)	毎日	6:55発	9:00着	毎日	10:50発	12:50着
ON		毎日	19:55発	22:00着	毎日	22:50発	翌0:50着
		毎日	12:30発	14:20着	毎日	15:15発	17:10着
AN	イスタンブール(サビハ・ギョクチェン空港)→エルズルム / エルズルム→イスタンブール(サビハ・ギョクチェン空港)	月火木金土	19:20発	21:00着	月火木金土	21:30発	23:20着
		金日	19:55発	21:35着	金日	22:10発	23:55着
SE		毎日	6:50発	8:40着	毎日	9:10発	11:05着
TK	イスタンブール(アタテュルク空港)→スィノップ / スィノップ→イスタンブール(アタテュルク空港)	月水金日	9:35発	10:50着	月水金日	11:35発	12:50着
		火木土	14:30発	15:45着	火木土	16:30発	17:45着
TK	イスタンブール(アタテュルク空港)→トラブゾン / トラブゾン→イスタンブール(アタテュルク空港)	毎日	6:50発	8:35着	毎日	7:00発	8:50着
		毎日	10:50発	12:35着	毎日	9:45発	11:40着
		毎日	17:00発	18:45着	毎日	13:30発	15:20着
		毎日	20:20発	22:05着	毎日	19:35発	21:25着
ON		毎日	0:35発	2:20着	毎日	3:00発	翌4:50着
		毎日	6:35発	8:15着	毎日	9:05発	10:45着
		毎日	18:55発	20:35着	毎日	21:25発	23:05着
AN	イスタンブール(サビハ・ギョクチェン空港)→トラブゾン / トラブゾン→イスタンブール(サビハ・ギョクチェン空港)	毎日	7:00発	8:40着	毎日	9:15発	11:00着
SE		月水木金土	19:00発	20:40着	月水木金土	21:10発	23:00着
		土	19:30発	21:10着	土	21:40発	23:30着
		毎日	8:20発	10:00着	毎日	6:00発	7:45着
		毎日	12:35発	14:15着	毎日	10:25発	12:10着

航空	路線	曜日	発	着	曜日	発	着
PG		毎日	15:40発	17:20着	毎日	14:40発	16:25着
		毎日	20:25発	22:05着	毎日	17:45発	19:35着
		毎日	22:45発	翌0:25着	毎日	22:30発	翌0:15着
AN	アンカラ→イズミル / イズミル→アンカラ	月水金土	7:45発	9:00着	毎日	7:00発	8:15着
		毎日	9:20発	10:40着	月水金土	9:35発	10:50着
		毎日	13:40発	15:00着	毎日	11:15発	12:30着
		木金土	17:45発	19:05着	毎日	16:15発	17:30着
		毎日	18:45発	20:05着	毎日	19:40発	20:55着
		毎日	22:45発	翌0:05着	木金日	20:40発	21:55着
PG		月火木金日	8:35発	9:50着	月火木金土	7:00発	8:10着
		日	16:05発	17:20着	日	14:30発	15:40着
		月水木金	16:30発	17:45着	月水木金	14:55発	16:05着
		火	16:45発	18:00着	火	15:10発	16:20着
		土	17:00発	18:15着	土	15:25発	16:35着
		日	22:45発	23:55着	日	17:55発	19:05着
		月水土	22:55発	翌0:10着	月木	18:10発	19:20着
		金	23:05発	翌0:20着	金	18:40発	19:50着
					火	21:20発	22:30着
BO	アンカラ→ブルサ / ブルサ→アンカラ	毎日	9:00発	10:15着	毎日	10:45発	12:00着
		毎日	18:30発	19:45着	月水木金土日	20:15発	21:30着
BO	アンカラ→チャナッカレ / チャナッカレ→アンカラ	毎日	23:00発	翌0:30着	毎日	7:00発	8:30着
PG	アンカラ→ボドルム / ボドルム→アンカラ	月	19:30発	20:45着	月	21:10発	22:20着
		月水木	19:45発	21:00着	月水	21:30発	22:30着
		金	19:55発	21:10着	金	21:30発	22:40着
		火	20:15発	21:30着	火	21:50発	23:00着
BO	アンカラ→ダラマン / ダラマン→アンカラ	毎日	18:20発	20:00着	毎日	20:30発	22:10着
AN	アンカラ→アンタルヤ / アンタルヤ→アンカラ	毎日	9:10発	10:50着	月水金土日	7:00発	8:05着
		金	11:00発	12:10着	毎日	11:30発	12:35着
		毎日	13:45発	14:55着	毎日	14:30発	14:05着
		毎日	17:45発	18:55着	金日	16:30発	17:35着
		毎日	19:00発	20:10着	毎日	19:30発	20:35着
		毎日	22:45発	23:55着	毎日	20:45発	21:50着
AN	アンカラ→レフコーシャ / レフコーシャ→アンカラ	月火金土	9:10発	10:20着	月火金土	10:55発	12:00着
		月火金土	11:00発	12:10着	月水木金土	16:00発	17:05着
		月火金土	14:15発	15:25着	月水木金土日	20:30発	21:35着
		月火金土	18:40発	19:50着			
PG		毎日	9:25発	10:40着	毎日	7:50発	9:00着
		毎日	17:55発	19:10着	毎日	16:20発	17:30着
AN	アンカラ→アダナ / アダナ→アンカラ	毎日	9:15発	10:15着	毎日	7:15発	8:20着
		木金土	14:45発	15:45着	木金土	10:50発	11:55着
		毎日	18:50発	19:50着	毎日	16:30発	17:35着
		水木金土日	22:55発	23:55着	月水木金土日	19:30発	21:35着
PG		毎日	9:25発	10:40着	毎日	7:50発	9:00着
		毎日	17:55発	19:10着	毎日	16:20発	17:30着
AN	アンカラ→アンタクヤ(ハタイ) / アンタクヤ(ハタイ)→アンカラ	月水金日	9:00発	10:15着	月水金日	7:15発	8:30着
BO	アンカラ→アドゥヤマン / アドゥヤマン→アンカラ	毎日	9:45発	11:00着	毎日	11:20発	13:00着
AN	アンカラ→マラテヤ / マラテヤ→アンカラ	毎日	22:40発	23:50着	毎日	7:00発	8:15着
AN	アンカラ→シャンルウルファ / シャンルウルファ→アンカラ	月日	9:35発	10:50着	月土	11:30発	12:50着
		毎日	18:40発	19:55着	毎日	20:30発	21:50着
AN	アンカラ→ガズィアンテップ / ガズィアンテップ→アンカラ	金日	14:15発	15:20着	毎日	8:10発	9:15着
		毎日	22:55発	翌0:05着	毎日	16:00発	17:10着
BO	アンカラ→カフラマンマラシュ / カフラマンマラシュ→アンカラ	毎日	9:30発	10:50着	毎日	6:30発	7:55着
AN	アンカラ→ディヤルバクル / ディヤルバクル→アンカラ	毎日	14:00発	15:20着	毎日	11:30発	12:55着
		毎日	18:35発	19:55着	毎日	16:00発	17:25着
		毎日	23:00発	翌0:20着	毎日	20:30発	22:00着

TK=トルコ航空=Turk Hava Yollari=TK　**AN**=アナドルジェット=AnadoluJet=TK(トルコ航空と同じコードを使用)
ON=オヌル航空=Onur Air=8Q　**AT**=アトラスジェット=Atlasjet=KK　**SE**=サン・エクスプレス=Sun Express=XQ
PG=ペガスス航空=Pegasus=PC　**BO**=ボラジェット=Borajet=BJ

黒字は本欄で使用している略称、赤字は便名に使われる2レターコード

よくわかるトルコの旅行のガイダンス

航空会社別時刻表

	アンカラ→マルディン		マルディン→アンカラ	
AN	毎日 13:50発	15:25着	毎日 16:00発	17:35着

	アンカラ→ワン		ワン→アンカラ	
AN	毎日 9:00発	10:35着	毎日 11:15発	13:00着
	毎日 11:30発	13:05着	毎日 14:00発	15:45着
	毎日 13:15発	14:50着	毎日 16:00発	17:45着

	アンカラ→カルス		カルス→アンカラ	
AN	毎日 9:05発	10:40着	毎日 11:30発	13:00着

	アンカラ→エルズルム		エルズルム→アンカラ	
AN	毎日 9:05発	10:30着	月火金土 6:45発	8:10着
	毎日 18:30発	19:55着	毎日 11:05発	12:35着
	月木金日 23:00発	翌0:25着	毎日 20:30発	22:00着

	アンカラ→トラブゾン		トラブゾン→アンカラ	
AN	毎日 9:15発	10:55着	火水木金土 7:00発	8:15着
	火木金土 14:00発	15:20着	毎日 11:10発	12:30着
	毎日 18:50発	20:10着	水木金日 16:10発	17:30着
	火水木金日 22:45発	翌0:05着	毎日 20:45発	22:05着

	イズミル→アンタルヤ		アンタルヤ→イズミル	
AT	毎日 8:45発	12:05着	毎日 9:30発	12:25着
	毎日 18:00発	22:35着	毎日 13:00発	17:15着
			毎日 17:00発	20:45着
SE	毎日 10:15発	11:15着	毎日 7:00発	7:50着
	毎日 23:05発	翌0:00着		

	イズミル→レフコーシャ		レフコーシャ→イズミル	
AT	毎日 17:00発	18:15着	毎日 15:00発	16:15着
PG	木 9:55発	11:20着	木 11:45発	13:15着
	月 19:20発	20:45着	月 21:10発	22:35着
	金 21:50発	23:15着	金 23:40発	翌1:15着

	イズミル→アダナ		アダナ→イズミル	
SE	毎日 6:45発	8:10着	毎日 8:40発	10:15着
	毎日 20:15発	21:40着	毎日 22:15発	23:50着
	土 6:55発	8:20着	土 8:45発	10:15着
PG	土 17:55発	19:20着	土 19:45発	21:15着
	金 18:05発	19:30着	金 19:55発	21:25着
	火水水日 19:50発	21:15着	火水水日 21:40発	23:10着

	イズミル→アンタクヤ (ハタイ)		アンタクヤ (ハタイ)→イズミル	
	日 10:35発	12:10着	日 12:30発	14:15着
PG	木 13:55発	15:30着	木 15:50発	17:35着
	火 14:30発	16:05着	火 16:25発	18:10着

	イズミル→カイセリ		カイセリ→イズミル	
SE	月金 7:00発	8:25着	月金 8:55発	10:30着
	水日 20:15発	21:40着	水日 22:15発	23:45着
PG	火 6:55発	8:20着	火 8:45発	10:15着
	日 14:45発	16:10着	日 16:35発	18:05着

	イズミル→マラテヤ		マラテヤ→イズミル	
SE	火 6:00発	7:45着	火 8:20発	10:10着
	木土 20:15発	22:00着	木土 22:30発	翌0:20着

	イズミル→ガズィアンテップ		ガズィアンテップ→イズミル	
SE	火木土 6:30発	8:10着	火木土 8:40発	10:20着
	月水金日 20:10発	21:50着	月水金日 22:20発	翌0:10着
PG	火木 10:40発	12:15着	火木 12:35発	14:25着
	日 15:30発	17:05着	日 17:25発	19:15着

	イズミル→ディヤルバクル		ディヤルバクル→イズミル	
ON	月火金土 9:00発	11:05着	月火金土 12:50発	14:50着
SE	毎日 6:00発	7:55発	毎日 8:30発	10:30着
	毎日 20:10発	22:05着	毎日 22:35発	翌0:40着

	イズミル→マルディン		マルディン→イズミル	
PG	月水金 9:55発	11:50着	月水金 12:10発	14:15着

	イズミル→ワン		ワン→イズミル	
SE	毎日 13:25発	15:30着	毎日 16:00発	18:25着

	イズミル→カルス		カルス→イズミル	
SE	月金 8:30発	10:40着	月金 11:10発	13:35着

	イズミル→エルズルム		エルズルム→イズミル	
SE	水 5:45発	7:45着	水 8:15発	10:30着
	月火金 20:10発	22:10着	月火金 22:40発	翌0:50着

	イズミル→トラブゾン		トラブゾン→イズミル	
ON	毎日 16:00発	18:00着	毎日 18:50発	20:50着
SE	毎日 5:55発	7:50着	毎日 8:20発	10:30着
	毎日 20:10発	22:05着	毎日 22:35発	翌0:50着
PG	日 9:40発	11:30着	日 11:55発	13:50着
	月 10:15発	12:10着	月 12:35発	14:35着
	水 15:05発	17:00着	水 17:25発	19:25着

	ダラマン→レフコーシャ		レフコーシャ→ダラマン	
	水 19:20発	20:25着	水 7:40発	8:45着
	金 19:45発	20:40着	金 21:20発	22:25着

	アンタルヤ→アンタクヤ (ハタイ)		アンタクヤ (ハタイ)→アンタルヤ	
	金 14:00発	15:15着	金 15:35発	16:55着

	アンタルヤ→アダナ		アダナ→アンタルヤ	
SE	土 5:55発	6:55着	土 7:35発	8:40着
	月火水木金日 7:15発	8:15着	月火水木金日 8:45発	9:50着
	毎日 20:50発	21:50着	毎日 22:20発	23:25着
PG	土 8:35発	9:35着	土 7:10発	8:10着
	毎日 11:15発	12:15着	毎日 9:50発	10:50着

	アンタルヤ→カイセリ		カイセリ→アンタルヤ	
SE	火 23:00発	翌0:10着	火 6:55発	7:55着

	アンタルヤ→ガズィアンテップ		ガズィアンテップ→アンタルヤ	
SE	土 15:30発	21:35着	土 17:35発	18:35着

	アンタルヤ→ディヤルバクル		ディヤルバクル→アンタルヤ	
SE	水 23:00発	翌1:05着	水日 1:00発	2:40着
	毎日 20:00発	21:35着	毎日 22:05発	23:45着

	アンタルヤ→ワン		ワン→アンタルヤ	
	土 6:20発	8:10着	土 8:40発	10:55着
	月水木金日 10:20発	12:10着	月水木金日 12:40発	14:55着

	アンタルヤ→トラブゾン		トラブゾン→アンタルヤ	
SE	火木日 15:30発	17:10着	火木日 17:40発	19:30着
PG	土 12:00発	13:45着	土 14:10発	15:60着

	アダナ→ボドルム		ボドルム→アダナ	
SE	木 6:20発	7:45着	木 8:05発	9:20着
	月金日 22:00発	23:25着	月木金日 23:50発	翌1:05着

	アダナ→レフコーシャ		レフコーシャ→アダナ	
AT	毎日 13:30発	14:15着	毎日 11:20発	12:45着
	毎日 20:15発	21:00着	毎日 18:30発	19:15着
	毎日 12:05発	12:50着	毎日 10:55発	11:40着
	毎日 19:35発	20:20着	毎日 20:45発	21:35着

	アダナ→ワン		ワン→アダナ	
PG	火木 12:40発	14:15着	火木 14:35発	16:10着

	アダナ→トラブゾン		トラブゾン→アダナ	
	月 10:00発	11:20着	月 11:45発	13:10着
	水木日 12:55発	14:20発	水木日 14:40発	16:10着

	アンタクヤ (ハタイ)→レフコーシャ		レフコーシャ→アンタクヤ (ハタイ)	
AN		12:45発 13:45着	木 10:55発	11:55着
	日 14.20発	15:20着	日 12:45発	13:45着

トルコ国内の主要空港

空港名	コード	ウエブサイト	町の中心からの距離、アクセス
アダナ・シャーキルパシャ空港	ADA	www.adanahavaalani.com	西に約3km。タクシーで10TL。ミニバス運行
アンカラ・エセンボア空港	ESB	www.esenbogaairport.com	北に約25km。市内バス、ハワタシュ運行
アンタルヤ空港	AYT	www.aytport.com	東に約5km。タクシーで40TL。ハワタシュ運行
イスタンブール・アタテュルク空港	IST	www.ataturkairport.com	旧市街から西に約20km。ハワタシュ、メトロ運行
イスタンブール・サビハ・ギョクチェン空港	SAW	www.sgairport.com	カドゥキョイ埠頭から東に約38km。ハワタシュ運行
イズミル・アドナン・メンデレス空港	ADB	www.adnanmenderesairport.com	南に約16km。ハワタシュ、市内バス、近郊列車運行
カイセリ・エルキレット空港	ASR	www.kayseri.dhmi.gov.tr	北に約5km。タクシーでオトガルまで45TL〜 (夜間65TL)。市内バス運行。
コンヤ空港	KYA	www.konya.dhmi.gov.tr	北に約15km。タクシーで35TL。ハワタシュ運行
デニズリ・チャルダック空港	DNZ	www.cardak.dhmi.gov.tr	東に約60km。シャトルバス運行
トラブゾン空港	TZX	www.trabzon.dhmi.gov.tr	東に約5km。タクシーで30TL。ドルムシュ運行
ネヴシェヒル・カッパドキア空港	NAV	www.kapadokya.dhmi.gov.tr	北西に約27km。カッパドキア各地へ送迎バス運行

※上記の時刻表は2012年11月の冬期スケジュールの一部です。発着時刻、便数は旅行時期により大きく変動します。事前にご確認ください。

主要列車時刻表

🍴食堂車　🛏寝台車・クシェット

列車名	設備	おもな停車駅								運賃
ボアズィチ・エクスプレスィ Boğaziçi Ekspresi	🍴	ハイダルパシャ Haydarpaşa 運休中 運休中	イズミット İzmit 運休中 運休中	アリフィエ Arifiye 毎日12:10→ 毎日14:45着	ビレジック Bilecik 毎日13:59→ 毎日12:47←	エスキシェヒル Eskişehir 毎日15:17→ 毎日11:39←	ポラットル Polatlı 毎日17:29→ 毎日09:14←	スィンジャン Sincan 毎日18:17→ 毎日8:25←	アンカラ Ankara 毎日18:37着 毎日8:05←	エスキシェヒル 〜アンカラ 15.75TL
イチ・アナドル・マーヴィ・トレニ İçi Anadolu Mavi Treni	🛏	ハイダルパシャ Haydarpaşa 毎日07:06← 運休中	アリフィエ Arifiye 毎日14:00→ 毎日03:06←	キュタヤ Kütahya 毎日18:30→ 毎日01:07←	アフヨン Afyon 毎日20:25→ 毎日23:18←	アクシェヒル Akşehir 毎日21:43→ 毎日21:50←	コンヤ Konya 毎日00:22→ 毎日20:44←	カラマン Karaman 毎日1:48→ 毎日19:05←	アダナ Adana 毎日6:35着 毎日14:50←	キュタフヤ 〜アダナ 30.25TL
ギュネイ・クルタラン・エクスプレスィ Güney / Kurtalan Ekspresi	🛏	ハイダルパシャ Haydarpaşa 月水金1:33→ 月水木11:45着	アンカラ Ankara 月水金9:14→ 月水金3:37←	カイセリ Kayseri 月水金13:07→ 月水金23:42←	スィワス Sivas 月水金14:48→ 月水金21:52←	カンガル Kangal 月水金18:48→ 月水金17:52←	マラティヤ Malatya 月水金11:43←	ディヤルバクル Diyarbakır 月水土1:13→ ←	クルタラン Kurtalan 月水土15:06着 月水金7:40←	アンカラ〜 ディヤルバクル 26.50TL
ワンギョリュ・エクスプレスィ Vangölü Ekspresi	🛏	ハイダルパシャ Haydarpaşa 運休中 運休中	アンカラ Ankara 火日1:33→ 火金11:45着	カイセリ Kayseri 火日9:14→ 水金3:37←	スィワス Sivas 火日13:07→ 火金23:42←	カンガル Kangal 火日14:48→ ←	マラティヤ Malatya 火日18:48→ 火水15:00←	エラズィ Elazığ 火日21:26着 ←	タトヴァン Tatvan 運休中 運休中	アンカラ〜 マラティヤ 20.75TL
ドウ・エクスプレス Doğu Ekspres	🍴🛏	ハイダルパシャ Haydarpaşa 運休中 毎日4:11着	アンカラ Ankara 毎日18:30→ 毎日20:33←	カイセリ Kayseri 毎日2:05→ 毎日16:57←	スィワス Sivas 毎日5:56→ 毎日13:03←	ディヴリギ Divriği 毎日9:27→ 毎日9:55←	エルズィンジャン Erzincan 毎日12:28→ 毎日6:59←	エルズルム Erzurum 毎日16:59→ 毎日5:31←	カルス Kars 毎日22:15着 毎日23:55←	アンカラ 〜カルス 35.50TL
カレスィ・エクスプレスィ Karesi Ekspresi	🍴🛏	アンカラ Ankara 毎日17:50→ 毎日8:35着	スィンジャン Sincan 毎日18:13→ 毎日8:09←	ポラットル Polatlı 毎日19:11→ 毎日7:40←	エスキシェヒル Eskişehir 毎日21:43→ 毎日4:54←	キュタフヤ Kütahya 毎日23:08→ 毎日3:21←	バルケスィル Balıkesir 毎日3:52→ 毎日2:29←	マニサ Manisa 毎日6:50→ 毎日19:09←	イズミル İzmir 毎日8:02着 毎日17:50←	アンカラ〜 イズミル 30TL
イズミル・マーヴィ・トレニ İzmir Mavi Treni	🛏	毎日19:50→ 毎日9:32着	毎日20:11→ 毎日9:10←	毎日20:57→ 毎日8:23←	毎日23:00→ 毎日6:24←	毎日0:21→ 毎日4:54←	毎日4:55→ 毎日0:18←	毎日7:48→ 毎日21:04←	毎日9:05着 毎日19:40←	アンカラ〜 イズミル 30TL

列車名	設備	おもな停車駅			運賃	列車名	設備	おもな停車駅			運賃
チュクロヴァ・マーヴィ・トレニ Çukurova Mavi Treni	🍴	アンカラ Ankara 毎日20:05→ 毎日7:35着	カイセリ Kayseri 毎日1:45→ 毎日0:30←	アダナ Adana 毎日6:30着 毎日19:30←	アンカラ 〜アダナ 24TL	エルジエス・エクスプレスィ Erciyes Ekspresi		カイセリ Kayseri 毎日7:40→ 毎日22:33着	ニーデ Niğde 毎日9:36→ 毎日20:41←	アダナ Adana 毎日13:14着 毎日16:45←	カイセリ 〜アダナ 17TL
ドルト・エイリュル・マーヴィ・トレニ 4 Eylül Mavi Treni	🛏	アンカラ Ankara 毎日15:10→ 毎日9:25着	カイセリ Kayseri 毎日22:05→ 毎日2:30←	マラテヤ Malatya 毎日7:30着 毎日17:30←	アンカラ 〜マラテヤ 26TL	フラト・エクスプレスィ Fırat Ekspresi		アダナ Adana 毎日7:40→ 毎日18:23←	マラテヤ Malatya 毎日16:38→ 毎日10:16←	エラズー Elazığ 毎日19:04着 毎日7:35←	アダナ〜 マラテヤ 16.50TL
アルトゥ・エイリュル・エクスプレスィ 6 Eylül Ekspresi		イズミル İzmir 火曜火0:01→ 火曜火16:15着	バルケスィル Balıkesir 火曜火12:44→ 火曜火10:15←	バンドゥルマ Bandırma 火曜火14:23着 火曜火10:15←	イズミル〜 バンドゥルマ 20TL	オンイェディ・エイリュル・エクスプレスィ 17 Eylül Ekspresi		イズミル İzmir 毎日14:15→ 毎日17:43←	バルケスィル Balıkesir 毎日18:25→ 毎日15:55←	バンドゥルマ Bandırma 毎日20:02着 ←	イズミル〜 バンドゥルマ 20TL
エゲ・エクスプレスィ Ege Ekspresi		イズミル İzmir 毎日6:50→ 毎日18:35着	マニサ Manisa 毎日8:25→ 毎日17:21←	バルケスィル Balıkesir 毎日12:20着 毎日14:00←	イズミル〜 バルケスィル 9.75TL	エスキシェヒル・アフヨン・エクスプレスィ Eskişehir Afyon Ekspresi		エスキシェヒル Eskişehir 毎日17:45→ 毎日10:50着	キュタフヤ Kütahya 毎日19:16→ 毎日9:21←	アフヨン Afyon 毎日20:59着 毎日7:20←	エスキシェヒル 〜アフヨン 10TL

寝台料金

	1人用寝台	2人用寝台	4人用クシェット	6人用クシェット
イズミル・マーヴィ	60TL	76TL		
イチ・アナドル・マーヴィ、チュクロヴァ・マーヴィ	55TL	70TL	12TL	
ドウ	47TL	70TL	12TL	
ギュネイ・クルタラン、ワンギョリュ	47TL	70TL	12TL	6TL
カレスィ			12TL	

TCDD(国鉄)路線

在来線　　YHT(高速列車)　　YHT(建設中)

高速列車YHT（毎日運行）

列車番号	停車駅 エスキシェヒル Eskişehir	ポラットル Polatlı	スィンジャン Sincan	アンカラ Ankara	列車番号	停車駅 アンカラ Ankara	スィンジャン Sincan	ポラットル Polatlı	エスキシェヒル Eskişehir
91002	6:45→	通過	7:54→	8:15着	91001	6:45→	7:06→	通過	8:15着
91004	8:00→	8:49→	9:10→	9:30着	91003	8:00→	8:21→	8:38→	9:30着
91006	9:00→	通過	通過	10:30着	91005	9:00→	通過	通過	10:30着
91008	11:15→	12:04→	12:25→	12:45着	91007	11:00→	11:21→	11:38→	12:30着
91010	12:40→	通過	13:50→	14:10着	91009	12:30→	12:51→	通過	14:00着
91014	15:00→	15:49→	16:10→	16:30着	91013	15:00→	15:21→	15:39→	16:30着
91016	16:00→	16:52→	17:13→	17:33着	91015	16:00→	16:20→	通過	17:31着
91018	18:00→	通過	通過	19:30着	91017	18:00→	18:21→	通過	19:30着
91020	19:00→	19:49→	20:10→	20:30着	91019	19:00→	19:21→	19:39→	20:30着
91022	22:00→	通過	23:10→	23:30着	91021	21:00→	21:21→	通過	22:30着

列車番号	停車駅 コンヤ Konya	ポラットル Polatlı	スィンジャン Sincan	アンカラ Ankara	列車番号	停車駅 アンカラ Ankara	スィンジャン Sincan	ポラットル Polatlı	コンヤ Konya
91202	7:00→	8:06→	8:27→	8:51着	91201	7:00→	7:24→	7:44→	8:55着
91204	10:00→	11:08→	11:27→	11:51着	91203	10:00→	10:24→	10:44→	11:55着
91208	14:30→	通過	15:53→	16:17着	91207	14:30→	14:54→	通過	16:22着
91212	18:30→	19:36→	19:57→	20:21着	91211	18:30→	18:54→	19:14→	20:25着
91214	21:00→	通過	22:23→	22:47着	91213	21:15→	21:39→	通過	23:07着

運賃（エコノミー／ビジネス）

	アンカラ	スィンジャン	ポラットル	エスキシェヒル/コンヤ
アンカラ		往復16TL/32TL	往復16TL/32TL	往復40TL/56TL
スィンジャン	片道16TL/32TL		往復16TL/32TL	往復40TL/56TL
ポラットル	片道10TL/20TL	片道10TL/20TL		往復32TL/48TL
エスキシェヒル/コンヤ	片道25TL/35TL	片道25TL/35TL	片道20TL/30TL	

※エスキシェヒル～イスタンブール間の工事区間は2013年10月29日に営業運転開始予定。イスタンブール～アンカラ間約3時間で結ばれる。
※アンカラ～ブルサ間はキャーミルコチ社の連絡バスが1日7便運行されており、チケットも通しで買える。
URL www.kamilkoc.com.tr（トルコ語）

イズミル（バスマーネ駅）～デニズリ線（毎日運行）

おもな停車駅 バスマーネ Basmane	A.メンデレス空港 A.Menderes	セルチュク Selçuk	ナーズィリリ Nazilli	デニズリ Denizli	おもな停車駅 デニズリ Denizli	ナーズィリリ Nazilli	セルチュク Selçuk	A.メンデレス空港 A.Menderes	バスマーネ Basmane
8:09→	8:30→	9:27→	11:04→	12:22着	ソケSöke始5:55→	6:49→	7:58→	8:22着
10:22→	10:43→	11:35→	13:13着			5:45→	7:27→	8:22→	8:45着
14:20→	14:43→	15:42→	17:20→	18:43着	5:45→	7:01→	8:54→	9:58→	10:21着
15:30→	15:54→	16:57→	18:43→	20:01着	8:35→	9:51→	11:35→	12:23→	12:45着
17:35→	17:57→	18:53→	20:30着			13:25→	15:10→	16:09→	16:33着
19:10→	19:30→	20:39→	ソケSöke止り21:28		16:10→	17:26→	19:18→	20:10→	20:33着

運賃：バスマーネ～セルチュク4～5.50TL、デニズリ～セルチュク13.50TL、バスマーネ～デニズリ18.75TL

アダナ～メルスィン線（毎日運行）

おもな停車駅 アダナ Adana	イェニジェ Yenice	タルスス Tarsus	メルスィン Mersin	おもな停車駅 メルスィン Mersin	タルスス Tarsus	イェニジェ Yenice	アダナ Adana
6:00→	6:17→	6:28→	6:45着	6:00→	6:18→	6:29→	6:45着
6:30→	6:56→	7:09→	7:36着	6:37→	7:07→	7:22→	7:46着
6:46→	7:13→	7:27→	7:56着	6:55→	7:24→	7:39→	8:03着
7:38→	7:55→	8:06→	8:25着	7:30→	7:48→	7:59→	8:15着
8:05→	8:28→	8:42→	9:04着	8:00→	8:23→	8:36→	8:56着
8:20→	8:44→	8:58→	9:24着	9:00→	9:18→	9:29→	9:45着
9:01→	9:18→	9:29→	9:46着	9:30→	9:53→	10:06→	10:26着
9:32→	9:57→	10:11→	10:40着	10:30→	10:48→	10:59→	11:15着
10:03→	10:30→	10:44→	11:13着	11:00→	11:29→	11:43→	12:06着
11:00→	11:17→	11:28→	11:45着	12:00→	12:18→	12:29→	12:45着
11:15→	11:40→	11:50→	12:20着	12:30→	12:54→	13:08→	13:28着
12:00→	12:17→	12:28→	12:45着	13:30→	13:48→	13:59→	14:16着
12:20→	12:42→	12:55→	13:16着	14:20→	14:49→	15:02→	15:26着
13:30→	13:47→	13:58→	14:15着	15:00→	15:18→	15:29→	15:45着
14:20→	14:45→	14:58→	15:25着	15:10→	15:41→	15:55→	16:18着
15:10→	15:27→	15:38→	15:55着	16:10→	16:28→	16:39→	16:55着
16:00→	16:18→	16:29→	16:46着	16:30→	16:59→	17:12→	17:34着
16:30→	16:56→	17:09→	17:36着	17:05→	17:23→	17:34→	17:50着
17:10→	17:28→	17:39→	17:58着	17:30→	17:49→	18:04→	18:29着
17:36→	18:03→	18:18→	18:48着	17:50→	18:19→	18:34→	18:57着
18:13→	18:39→	18:52→	19:19着	18:30→	18:58→	19:09→	19:16着
18:45→	19:10→	19:21→	19:38着	18:40→	18:58→	19:09→	19:25着
19:10→	19:36→	19:50→	20:19着	19:10→	19:39→	19:55→	20:18着
20:15→	20:32→	20:43→	21:00着	20:05→	20:23→	20:35→	20:51着
21:15→	21:37→	21:51→	22:11着	20:50→	21:13→	21:27→	21:46着
22:15→	22:39→	22:53→	23:19着	21:33→	21:59→	22:13→	22:36着
23:15→	23:40→	23:53→	0:20着	22:30→	23:00→	23:14→	23:36着

運賃：アダナ～タルスス4.25TL、タルスス～メルスィン2.75TL、アダナ～メルスィン5.50TL

よくわかる トルコの旅行のガイダンス

● 主要列車時刻表

バス時刻表索引

アール
→エルズルム	P.383
→ドウバヤズット	P.383

アイデル
→リゼ	P.427

アクサライ
→カイセリ	P.317
→ギョレメ（カッパドキア）	P.316
→コンヤ	P.318

アダナ
→アドゥヤマン（ネムルトダー）	P.381
→アンカラ	P.80
→アンタクヤ	P.211
→イスタンブール	P.78
→カイセリ	P.318
→ガズィアンテップ	P.211
→キャフタ（ネムルトダー）	P.381
→コンヤ	P.319
→ディヤルバクル	P.382
→ネヴシェヒル（カッパドキア）	P.317
→メルスィン	P.211

アフロディスィアス
→イズミル	P.209

アマスヤ
→アンカラ	P.82
→サムスン	P.427
→スィワス	P.427
→チョルム（ボアズカレ）	P.427
→トラブゾン	P.427

アマスラ
→サフランボル	P.426

アランヤ
→アンタルヤ	P.211

アルトヴィン
→エルズルム	P.383
→カルス	P.383
→トラブゾン	P.428
→ホパ	P.427
→ユスフェリ	P.427

アンカラ
→アダナ	P.80
→アドゥヤマン（ネムルトダー）	P.81
→アマスヤ	P.82
→アンタクヤ	P.80
→アンタルヤ	P.80
→イスタンブール	P.79
→イズミル	P.80
→エルズルム	P.82
→カイセリ	P.81
→カシュ	P.80
→ガズィアンテップ	P.82
→カスタモヌ	P.82
→コンヤ	P.81
→サフランボル	P.82
→シャンルウルファ	P.81
→スィワス	P.81
→スングルル（ボアズカレ）	P.81
→セルチュク（エフェス）	P.80
→チョルム（ボアズカレ）	P.81
→ディヤルバクル	P.82
→デニズリ	P.80
→トラブゾン	P.82
→ネヴシェヒル（カッパドキア）	P.81
→フェティエ	P.80
→ブルサ	P.187
→マラテヤ（ネムルトダー）	P.81
→ワン	P.82

アンタクヤ
→アダナ	P.211
→アンカラ	P.80
→イスタンブール	P.79
→ガズィアンテップ	P.211

カフラマンマラシュ
→コンヤ	P.319
→シャンルウルファ	P.211
→メルスィン	P.211

アンタルヤ
→アランヤ	P.211
→アンカラ	P.80
→イスタンブール	P.78
→イズミル	P.209
→エイルディル（湖水地方）	P.211
→カシュ	P.211
→コンヤ	P.318
→スィリフケ	P.211
→セルチュク（エフェス）	P.209
→デニズリ（パムッカレ）	P.210
→ネヴシェヒル（カッパドキア）	P.317
→フェティエ	P.210
→ボドルム	P.210

イスタンブール
→アダナ	P.78
→アンカラ	P.79
→アンタクヤ	P.79
→アンタルヤ	P.78
→イズミル	P.78
→エディルネ	P.186
→カイセリ	P.79
→カシュ	P.78
→コンヤ	P.79
→サフランボル	P.79
→スィワス	P.79
→セルチュク（エフェス）	P.78
→チャナッカレ	P.78
→デニズリ（パムッカレ）	P.78
→ネヴシェヒル（カッパドキア）	P.79
→ブルサ	P.187
→ボドルム	P.78
→マルマリス	P.78

イズニック
→ブルサ	P.186
→ヤロワ	P.186

イズミル
→アフロディスィアス	P.209
→アンカラ	P.80
→アンタルヤ	P.209
→イスタンブール	P.78
→エイルディル（湖水地方）	P.209
→クシャダス（エフェス）	P.208
→サフランボル	P.426
→セルチュク（エフェス）	P.208
→ソケ（エフェス）	P.208
→チャナッカレ	P.208
→デニズリ（パムッカレ）	P.209
→フェティエ	P.209
→ブルサ	P.187
→ベルガマ	P.208
→ボドルム	P.208
→マルマリス	P.209

ウードゥル
→カルス	P.383
→ドウバヤズット	P.383

ウズンギョル
→トラブゾン	P.428

エスキシェヒル
→ブルサ	P.187

エディルネ
→イスタンブール	P.186
→ゲリボル（チャナッカレ）	P.186
→チャナッカレ	P.186

エフェス
クシャダス→イズミル	P.208
セルチュク→アンカラ	P.80
セルチュク→アンタルヤ	P.209

セルチュク
セルチュク→イスタンブール	P.78
セルチュク→イズミル	P.208
セルチュク→デニズリ（パムッカレ）	P.209
セルチュク→ネヴシェヒル（カッパドキア）	P.317
セルチュク→ボドルム	P.209
ソケ→イズミル	P.208
ソケ→ボドルム	P.210

エルズルム
→アール	P.383
→アルトヴィン	P.383
→アンカラ	P.82
→カルス	P.383
→スィワス	P.319
→ドウバヤズット	P.383
→トラブゾン	P.428
→ユスフェリ	P.427
→ワン	P.383

カイセリ
→アクサライ	P.317
→アダナ	P.318
→アンカラ	P.81
→イスタンブール	P.79
→コンヤ	P.317
→スィワス	P.317
→チョルム（ボアズカレ）	P.317
→トラブゾン	P.428
→ネヴシェヒル（カッパドキア）	P.316
→マラテヤ	P.317
→メルスィン	P.318
→ユルギュップ（カッパドキア）	P.316
→ヨズガット（ボアズカレ）	P.317

カシュ
→アンカラ	P.80
→アンタルヤ	P.211
→イスタンブール	P.78
→フェティエ	P.210

ガズィアンテップ
→アダナ	P.211
→アドゥヤマン（ネムルトダー）	P.381
→アンカラ	P.82
→アンタクヤ	P.211
→コンヤ	P.319
→シャンルウルファ	P.381

カスタモヌ
→アンカラ	P.82
→サフランボル	P.426
→スィノップ	P.426

カッパドキア
ギョレメ→コンヤ	P.316
ネヴシェヒル→アダナ	P.317
ネヴシェヒル→アンカラ	P.81
ネヴシェヒル→アンタルヤ	P.317
ネヴシェヒル→イスタンブール	P.79
ネヴシェヒル→カイセリ	P.316
ネヴシェヒル→コンヤ	P.316
ネヴシェヒル→セルチュク	P.317
ネヴシェヒル→デニズリ（パムッカレ）	P.316
ネヴシェヒル→トラブゾン	P.428
ユルギュップ→カイセリ	P.316

カフラマンマラシュ
→アンタクヤ	P.211

カルス
→アルトヴィン	P.383
→ウードゥル	P.383
→エルズルム	P.383

カンガル
→スィワス	P.319
→マラテヤ（ネムルトダー）	P.380

キュタフヤ
→ブルサ	P.187

ゲリボル
→エディルネ	P.186

76

よくわかる トルコの旅行のガイダンス ●バス時刻表索引

湖水地方	
エイルディル→アンタルヤ	P.211
エイルディル→イズミル	P.209
エイルディル→コンヤ	P.318
エイルディル→デニズリ	P.210

コンヤ	
→アクサライ	P.318
→アダナ	P.319
→アンカラ	P.81
→アンタクヤ	P.319
→アンタルヤ	P.318
→イスタンブール	P.79
→エイルディル(湖水地方)	P.318
→カイセリ	P.317
→ガズィアンテプ	P.319
→ギョレメ(カッパドキア)	P.316
→スィフリケ	P.318
→スィワス	P.319
→デニズリ(パムッカレ)	P.318
→ネヴシェヒル(カッパドキア)	P.316
→メルスィン	P.318

サフランボル	
→アマスヤ	P.426
→アンカラ	P.82
→イスタンブール	P.79
→イズミル	P.426
→カスタモヌ	P.426
→トラブゾン	P.426
カラビュック→トラブゾン	P.428

サムスン	
→アマスヤ	P.427
→スィワス	P.426
→チョルム(ボアズカレ)	P.319
→トラブゾン	P.428

シャンルウルファ	
→アドゥヤマン(ネムルトダーゥ)	P.381
→アンカラ	P.81
→アンタクヤ	P.211
→ガズィアンテプ	P.381
→キャフタ(ネムルトダーゥ)	P.381
→ディヤルバクル	P.381
→ハラン	P.382
→マルディン	P.381
→ワン	P.382

スィノップ	
→カスタモヌ	P.426
→サムスン	P.426

スィリフケ	
→アンタルヤ	P.211
→コンヤ	P.318
→メルスィン	P.211

スィワス	
→アマスヤ	P.427
→アンカラ	P.81
→イスタンブール	P.79
→エルズルム	P.310
→カイセリ	P.317
→カンガル	P.319
→コンヤ	P.319
→ディヴリイ	P.319
→マラテヤ(ネムルトダーゥ)	P.319

タトワン	
→マラテヤ(ネムルトダーゥ)	P.380
→ワン	P.382

チャナッカレ	
→イスタンブール	P.78
→イズミル	P.208
→エディルネ	P.186
→ブルサ	P.187
→ベルガマ	P.208

ディヴリイ	
→スィワス	P.319

ディヤルバクル	
→アダナ	P.382
→アンカラ	P.82

ドゥバヤズット	
→シャンルウルファ	P.381
→バトマン	P.382
→マラテヤ(ネムルトダーゥ)	P.380
→マルディン	P.382
→ワン	P.382

ドウバヤズット	
→アール	P.383
→ウードゥル	P.383
→エルズルム	P.383
→ワン	P.383

トラブゾン	
→アマスヤ	P.427
→アルトヴィン	P.428
→アンカラ	P.82
→ウズンギョル	P.428
→エルズルム	P.428
→カイセリ	P.428
→カラビュック	P.428
→サフランボル	P.426
→サムスン	P.427
→ネヴシェヒル(カッパドキア)	P.428
→ホパ	P.428
・リゼ	P.428

ネムルトダーゥ	
アドゥヤマン→アダナ	P.381
アドゥヤマン→アンカラ	P.81
アドゥヤマン→ガズィアンテプ	P.381
アドゥヤマン→キャフタ	P.381
アドゥヤマン→シャンルウルファ	P.381
アドゥヤマン→マラテヤ	P.380
キャフタ→アダナ	P.381
キャフタ→アドゥヤマン	P.381
キャフタ→シャンルウルファ	P.381
マラテヤ→アドゥヤマン	P.380
マラテヤ→アンカラ	P.81
マラテヤ→カイセリ	P.317
マラテヤ→カンガル	P.380
マラテヤ→スィワス	P.319
マラテヤ→タトワン	P.380
マラテヤ→ディヤルバクル	P.380
マラテヤ→ワン	P.380

バトマン	
→ディヤルバクル	P.382

パムッカレ	
デニズリ→アンカラ	P.80
デニズリ→アンタルヤ	P.210
デニズリ→イスタンブール	P.78
デニズリ→イズミル	P.209
デニズリ→エイルディル	P.210
デニズリ→コンヤ	P.318
デニズリ→セルチュク	P.209
デニズリ→ネヴシェヒル	P.316
デニズリ→フェティエ	P.210
デニズリ→ボドルム	P.210
デニズリ→マルマリス	P.210

ハラン	
→シャンルウルファ	P.382

フェティエ	
→アンカラ	P.80
→アンタルヤ	P.210
→イズミル	P.209
→カシュ	P.210
→デニズリ	P.210
→ボドルム	P.210
→マルマリス	P.210

ブルサ	
→アンカラ	P.187
→イスタンブール	P.187
→イズニック	P.186
→イズミル	P.187
→エスキシェヒル	P.187
→キュタフヤ	P.187
→チャナッカレ	P.187

ベルガマ	
→イズミル	P.208

ボアズカレ	
スングルル→アンカラ	P.81
スングルル→チョルム	P.319
チョルム→アマスヤ	P.427
チョルム→アンカラ	P.81
チョルム→カイセリ	P.317
チョルム→サムスン	P.319
チョルム→スングルル	P.319

ボドルム	
→アンタルヤ	P.210
→イスタンブール	P.78
→イズミル	P.209
→セルチュク	P.209
→ソケ	P.210
→デニズリ(パムッカレ)	P.210
→フェティエ	P.210
→マルマリス	P.210

ホパ	
→アルトヴィン	P.427
→トラブゾン	P.428
→リゼ	P.427

マルディン	
→シャンルウルファ	P.381
→ディヤルバクル	P.382
→ミディヤット	P.382

マルマリス	
→イスタンブール	P.78
→イズミル	P.209
→デニズリ(パムッカレ)	P.210
→フェティエ	P.210
→ボドルム	P.210

ミディヤット	
→マルディン	P.382
→ハサンケイフ	P.407

メルスィン	
→アダナ	P.211
→アンタクヤ	P.211
→カイセリ	P.318
→コンヤ	P.318
→スィリフケ	P.211

ヤロワ	
→イズニック	P.186

ユスフェリ	
→アルトヴィン	P.427
→エルズルム	P.427

リゼ	
→アイデル	P.427
→トラブゾン	P.428
→ホパ	P.427

ワン	
→アンカラ	P.82
→エルズルム	P.383
→シャンルウルファ	P.382
→タトワン	P.382
→ディヤルバクル	P.382
→ドゥバヤズット	P.383
→マラテヤ(ネムルトダーゥ)	P.380

77

イスタンブール～主要都市間バス時刻表

●イスタンブール（オトガル発）～チャナッカレ　運賃50TL　所要：約6時間

チャナッカレ・トゥルワ Çanakkale Turva	イスタンブール発　5:30～翌1:00の1～2時間毎 チャナッカレ発　7:00～19:00の1～2時間毎、23:00, 1:00, 3:00, 5:00
メトロ Metro	イスタンブール発　7:30～23:00の1時間に1便程度 チャナッカレ発　7:00～19:00の1時間毎、23:00, 1:00

●イスタンブール～イズミル　運賃50～58TL　所要：約9時間（ブルサ経由）

ニリュフェル Nilüfer	イスタンブール発　5:00～翌3:00の1時間に1便程度 イズミル発　7:00～翌2:00の1時間に1便程度
メトロ Metro	イスタンブール発　8:00～翌1:00の1時間に1便程度 イズミル発　7:00～翌3:15の1時間に1便程度
キャーミル・コチ Kâmil Koç	イスタンブール発　5:00～翌3:00の1時間に1便程度 イズミル発　6:00～翌4:00の1時間に1便程度

●イスタンブール～セルチュク　運賃50～55TL　所要：約10時間

メトロ Metro	イスタンブール発　22:30, 23:30, 0:30, 2:00 セルチュク発　11:30, 17:30, 22:00, 22:30, 23:45
パムッカレ Pamukkale Turizm	イスタンブール発　9:00, 15:00, 22:00 セルチュク発　8:45, 11:00, 13:15, 18:45, 22:00, 23:30, 0:15
キャーミル・コチ Kâmil Koç	イスタンブール発　8:00, 9:00, 19:45, 21:45, 23:30, 0:15 セルチュク発　11:00, 13:00, 14:15, 21:15, 22:15, 23:30, 0:15

●イスタンブール～デニズリ　運賃58～68TL　所要：約10時間

パムッカレ Pamukkale Turizm	イスタンブール発　10:00, 12:00, 19:00, 20:30～翌0:30の30分～1時間に1便 デニズリ発　6:30～翌0:30の1～3時間に1便
キャーミル・コチ Kâmil Koç	イスタンブール発　6:00, 10:30, 11:00, 20:00, 22:00, 23:00, 23:45, 0:15, 2:00 デニズリ発　9:00, 11:00, 12:00, 15:00, 20:00, 21:00, 22:00, 23:00

●イスタンブール～ボドルム　運賃75～85TL　所要：約13時間

パムッカレ Pamukkale Turizm	イスタンブール発　8:00, 17:00, 21:00 ボドルム発　12:00, 17:30, 19:30, 21:00, 22:30
キャーミル・コチ Kâmil Koç	イスタンブール発　7:00, 17:00, 21:00, 23:15 ボドルム発　11:00, 18:00, 21:00, 23:59

●イスタンブール～マルマリス　運賃75～80TL　所要：約13時間

パムッカレ Pamukkale Turizm	イスタンブール発　8:00, 18:00, 22:00 マルマリス発　9:00, 13:00, 17:00, 19:00, 21:00, 23:00	キャーミル・コチ Kâmil Koç	イスタンブール発　8:00, 16:00, 19:00, 21:30, 23:00 マルマリス発　9:30, 12:30, 18:00, 20:00, 21:00, 23:30

●イスタンブール～カシュ　運賃80～85TL　所要：約16時間

ウルソイ Ulusoy	イスタンブール発　なし カシュ発　17:30, 18:30	キャーミル・コチ Kâmil Koç	イスタンブール発　22:00 カシュ発　18:30

●イスタンブール～アンタルヤ　運賃60～65TL　所要：約12時間

パムッカレ Pamukkale Turizm	イスタンブール発　19:00～翌1:00の1～2時間毎 アンタルヤ発　9:30, 17:30, 19:30, 21:00, 22:00, 23:00
メトロ Metro	イスタンブール発　10:00, 13:00, 17:00～翌2:00の1時間に1便程度 アンタルヤ発　10:30, 16:00, 18:00, 19:00, 21:00, 22:00, 23:00, 23:30, 24:00
キャーミル・コチ Kâmil Koç	イスタンブール発　8:00, 9:30, 12:30, 16:00, 19:00～翌1:00の1時間毎 アンタルヤ発　5:30, 7:30, 9:30, 13:00, 16:00, 19:00, 21:00～24:00の毎正時

●イスタンブール～アダナ　運賃60～70TL　所要：約15時間

リデル・アダナ Lider Adana	イスタンブール発　18:00, 20:00, 22:00, 23:30, 1:00 アダナ発　17:00, 19:00, 21:00, 23:00	イェニ・アダナ Yeni Adana	イスタンブール発　17:45, 19:45, 21:45, 23:45 アダナ発　17:00, 19:00, 21:00, 23:00
メトロ Metro	イスタンブール発　10:30, 15:30, 18:00～24:00の1時間に1便程度 アダナ発　9:00～24:00の1時間に1便程度		

※発車時刻および運賃は2012年の調査時のものであり、しばしば変更されます。
所要時間については巻頭の折込地図（1枚目裏側）もご参照ください。

よくわかる トルコの旅行のガイダンス

●イスタンブール～主要都市間バス時刻表

●イスタンブール～アンタクヤ　運賃60～80TL　所要:約16時間

ハス Has Turizm	イスタンブール発　18:30, 20:30, 22:30, 0:30 アンタクヤ発　11:00, 13:00, 16:00, 18:00, 19:30, 20:45	ジェット Jet Turizm	イスタンブール発　11:00, 16:30, 19:00, 21:30, 23:00 アンタクヤ発　12:00, 15:30, 18:00, 20:00
ハタイ・ヌル Hatay Nur	イスタンブール発　15:00, 23:00 アンタクヤ発　14:30, 19:30	メトロ Metro	イスタンブール発　12:00, 16:00, 19:00 アンタクヤ発　9:30, 14:30, 17:30, 19:30

●イスタンブール～ネヴシェヒル　運賃60～65TL　所要:約12時間

ネヴシェヒル Nevşehir Seyahat	イスタンブール発　20:30, 21:00（エセンレル）　21:30, 22:00（ハレム） ネヴシェヒル発　20:00, 21:00
ギョレメ Göreme Turizm	イスタンブール発　20:30, 21:30（エセンレル）　21:30（ハレム） ネヴシェヒル発　20:00
スュハ Süha	イスタンブール発　20:30, 21:00（エセンレル）　21:30（ハレム） ネヴシェヒル発　20:00
メトロ Metro	イスタンブール発　8:00, 21:00, 22:00（エセンレル）　9:00, 23:00（ハレム） ネヴシェヒル発　9:30, 20:00, 20:30, 21:00

●イスタンブール～カイセリ　運賃55～65TL　所要:約11時間

スュハ Süha	イスタンブール発　10:00, 12:30, 14:00, 18:30～翌1:00の1時間に1便程度 カイセリ発　9:00, 11:00, 13:00, 15:00, 17:00, 18:00, 19:00, 20:00, 21:00, 22:00, 23:00
ケント Kent	イスタンブール発　12:00, 18:30, 20:30, 22:00, 24:00 カイセリ発　9:00, 13:00, 19:00, 21:00, 23:00
インジ İnci	イスタンブール発　11:00, 13:00, 18:30, 20:00, 22:00 カイセリ発　9:00, 13:00, 17:00, 19:00, 21:00, 22:00, 23:00
メトロ Metro	イスタンブール発　9:00, 12:00, 20:00～翌0:30の1時間に1便程度 カイセリ発　11:00, 21:00, 22:00, 23:00

●イスタンブール～コンヤ　運賃60～65TL　所要:9～10時間

コントゥル Kontur	イスタンブール発　10:45, 12:45, 19:45, 20:45, 21:45, 22:45 コンヤ発　9:00, 11:00, 19:00, 20:00, 21:00, 22:00, 23:00, 24:00
キャーミル・コチ Kâmil Koç	イスタンブール発　7:30, 9:00, 10:30, 12:00, 20:00, 22:00, 23:00, 24:00, 2:00 コンヤ発　8:00, 9:00, 10:00, 11:00, 12:30, 18:30, 20:30, 21:30, 23:00, 24:00
メトロ Metro	イスタンブール発　8:00, 10:00, 13:00, 21:00, 1:30 コンヤ発　8:00, 11:00, 14:00, 21:00～24:30の1時間に1便程度

●イスタンブール～アンカラ　運賃43～55TL　所要:約6時間

キャーミル・コチ Kâmil Koç	イスタンブール発　6:30～翌3:00の30分～1時間に1便, 5:00 アンカラ発　7:00～翌2:00の30分に1便程度, 5:30
メトロ Metro	イスタンブール発　6:00～翌2:00の1時間に1便程度 アンカラ発　7:00～翌2:15の30分～1時間に1便
ウルソイ Ulusoy	イスタンブール発　5:30～24:00の30分～1時間30分に1便 アンカラ発　5:15～19:00, 23:00～翌2:45の1時間に1便程度

●イスタンブール～スィワス　運賃75～80TL　所要:約13時間

オズ・スィワス Öz Sivas	イスタンブール発　18:30 スィワス発　17:00, 19:30
オズ・フズル Öz Huzur	イスタンブール発　18:30, 20:30, 22:30 スィワス発　17:30, 19:30, 21:30
スィワス・トゥル Sivas Tur	イスタンブール発　17:00, 18:30, 20:30, 22:30 スィワス発　17:00, 19:30, 21:30
メトロ Metro	イスタンブール発　18:00, 20:00, 22:00 スィワス発　9:30, 17:00, 19:30, 21:30

●イスタンブール～サフランボル　運賃40～42TL　所要:約7時間

サフラン Safran	イスタンブール発　9:00, 11:30, 17:00, 24:00 サフランボル発　7:45, 10:45, 15:45, 23:15
メトロ Metro	イスタンブール発　10:30, 12:00, 14:00, 18:00～0:30の1時間に1便程度 サフランボル発　7:15, 8:45, 10:30, 12:15, 13:15, 15:15, 17:30, 22:45, 23:15
ウルソイ Ulusoy	イスタンブール発　10:00, 14:00, 1:00 サフランボル発　12:15, 23:15

※掲載している便は主要会社の一部の路線です。ほかにも同一路線で複数の会社が運行している場合があります。
※イスタンブールは特に記述のない限りハレム・ガラジュ発の時刻です。

アンカラ～主要都市間バス時刻表

●アンカラ～イズミル　運賃45～55TL　所要:約8時間

キャーミル・コチ Kâmil Koç	アンカラ発	8:30, 9:30, 11:30, 13:00, 14:30, 18:30, 21:00～翌1:00の毎正時
	イズミル発	9:00, 10:00, 11:00, 14:30, 21:00, 22:00, 23:00, 24:00
パムッカレ Pamukkale Turizm	アンカラ発	9:00, 11:00, 13:00, 15:00, 16:30 18:00, 22:00, 23:00
	イズミル発	9:00, 10:00, 12:00, 14:00, 22:00, 23:00, 24:00, 0:30, 1:00
メトロ Metro	アンカラ発	10:00, 12:00, 14:00, 22:00, 23:00, 24:00
	イズミル発	9:00, 11:00, 12:00, 22:00, 23:00, 24:00

●アンカラ～セルチュク　運賃55TL　所要:約12時間

キャーミル・コチ Kâmil Koç	アンカラ発	21:00	アイドゥン Aydın Turizm	アンカラ発	なし(アイドゥン乗り換え)
	セルチュク発	9:45, 12:15, 21:30, 23:30		セルチュク発	11:00, 22:30

●アンカラ～デニズリ　運賃40～45TL　所要:約8時間

パムッカレ Pamukkale Turizm	アンカラ発	6:00～翌1:00の1時間に1便程度
	デニズリ発	6:00～翌1:00の30分～2時間に1便
キャーミル・コチ Kâmil Koç	アンカラ発	9:00, 12:30, 16:00, 18:00, 20:30, 21:30, 22:00, 23:30
	デニズリ発	10:30, 13:00, 13:30, 14:00, 15:00, 15:30, 16:00, 23:00
ワラン Varan	アンカラ発	20:00
	デニズリ発	23:30, 24:00
ウルソイ Ulusoy	アンカラ発	20:00
	デニズリ発	23:30, 24:00

●アンカラ～フェティエ　運賃60TL　所要:約10時間

キャーミル・コチ Kâmil Koç	アンカラ発	22:00	パムッカレ Pamukkale Turizm	アンカラ発	22:00
	フェティエ発	11:00, 22:00, 23:00		フェティエ発	22:00, 23:00
ウルソイ Ulusoy	アンカラ発	22:00	メトロ Metro	アンカラ発	21:30
	フェティエ発	22:00, 23:00		フェティエ発	22:00

●アンカラ～カシュ　運賃75TL　所要:約13時間

キャーミル・コチ Kâmil Koç	アンカラ発	なし(フェティエまたはアンタルヤ乗り換え)
	カシュ発	20:30

●アンカラ～アンタルヤ　運賃45～50TL　所要:約8時間

キャーミル・コチ Kâmil Koç	アンカラ発	8:00, 10:00, 11:00, 12:00, 14:00, 15:30, 17:00, 20:00, 22:00, 22:30, 23:00, 23:30, 0:00, 0:30
	アンタルヤ発	7:00, 9:00～12:00の毎正時, 13:30, 15:00, 17:00, 21:00～24:00の毎正時
パムッカレ Pamukkale Turizm	アンカラ発	10:30, 12:00, 14:30, 17:30, 19:00, 23:00, 23:30, 24:00, 0:30
	アンタルヤ発	7:30, 9:00, 11:30, 14:30, 16:30, 22:00, 23:00, 24:00, 0:30
メトロ Metro	アンカラ発	9:30, 11:30, 22:00, 23:00, 24:00
	アンタルヤ発	9:00, 10:00, 12:00, 13:30, 16:00, 18:00, 22:00, 23:00, 23:30, 24:00

●アンカラ～アダナ　運賃40TL　所要:約10時間

リデル・アダナ Lider Adana Seyahat	アンカラ発	8:00, 9:30, 11:00, 13:00, 15:30, 17:00, 22:00, 23:00, 24:00
	アダナ発	9:00, 11:00, 13:00, 15:30, 22:00, 23:00, 24:00
イェニ・アダナ Yeni Adana Seyahat	アンカラ発	9:00, 11:00, 13:00, 15:00, 17:00, 22:00, 23:00, 24:00
	アダナ発	9:00, 11:00, 13:00, 15:00, 23:30, 24:00, 0:15, 0:30
ハス Has Turizm	アンカラ発	10:00, 12:00, 13:30, 16:30, 20:00, 23:00, 23:30
	アダナ発	12:00, 14:30, 16:30, 23:30, 0:30

●アンカラ～アンタクヤ　運賃45TL　所要:約10時間

ハス Has Turizm	アンカラ発	10:00, 12:00, 13:30, 16:30, 20:00, 21:30, 22:30, 23:30, 23:30
	アンタクヤ発	7:00, 8:30, 20:00, 21:30, 22:00, 23:00
ジェット Jet Turizm	アンカラ発	10:00, 13:00, 17:30, 20:00, 22:30, 23:00, 24:00
	アンタクヤ発	8:30, 12:00, 15:30, 17:30, 21:00, 22:00, 22:30
メトロ Metro	アンカラ発	14:30, 22:30, 23:00, 23:30
	アンタクヤ発	9:30, 20:00

※発車時刻および運賃は2012年の調査時のものであり、しばしば変更されます。
所要時間については巻頭の折込地図（1枚目裏側）もご参照ください。

●アンカラ〜ネヴシェヒル　運賃35TL　所要:5〜6時間

ネヴシェヒル Nevşehir Seyahat	アンカラ発　7:30, 11:00, 13:00, 16:30, 18:30, 1:30 ネヴシェヒル発　8:00, 11:00, 13:00, 13:15, 18:30, 1:00	
ギョレメ Göreme Turizm	アンカラ発　なし ネヴシェヒル発　16:00, 20:00	
スュハ Süha	アンカラ発　9:00, 15:00 ネヴシェヒル発　9:00, 15:00	メトロ Metro	アンカラ発　15:00 ネヴシェヒル発　9:30, 13:00, 18:00

●アンカラ〜カイセリ　運賃25〜30TL　所要:約4時間

インジ İnci	アンカラ発　7:00〜翌1:00の1時間に1便程度 カイセリ発　7:00〜翌2:30の1時間に1便程度
ケント Kent	アンカラ発　7:00, 8:00, 10:00, 12:00〜19:00の毎正時, 24:00, 1:00, 2:30, 3:00 カイセリ発　7:00, 9:00〜15:00の毎正時, 19:00, 21:00, 1:00
スュハ Süha	アンカラ発　8:00〜19:00の1時間に1便 カイセリ発　7:00〜18:00の1時間に1便, 24:00, 1:00, 2:00, 2:30
メトロ Metro	アンカラ発　13:00, 15:00, 18:30, 22:30, 2:00 カイセリ発　11:00, 21:00, 22:00, 23:00

●アンカラ〜コンヤ　運賃22〜25TL　所要:約3時間30分

オズカイマック Özkaymak	アンカラ発　8:00〜24:00の1時間に1便程度 コンヤ発　24時間運行, 毎正時
コントゥル Kontur	アンカラ発　7:00〜22:00の1時間に1便程度 コンヤ発　24時間運行, 毎正時
キャーミル・コチ Kâmil Koç	アンカラ発　5:00, 7:30, 10:30, 13:30, 16:30, 18:00, 21:30 コンヤ発　9:00, 11:00, 12:30, 17:30, 18:30, 20:30, 24:00
メトロ Metro	アンカラ発　6:00〜20:000の1時間に1便程度 コンヤ発　5:00〜20:00の毎正時

●アンカラ〜スングルル、チョルム　運賃25TL　スングルル所要:約3時間／チョルム所要:約4時間

リデル Lider	アンカラ発　6:00〜21:30の1時間に1便程度 チョルム発　3:00〜16:00の毎正時, 16:30
ハットゥシャシュ Hattuşaş	アンカラ発　6:00〜21:30の1時間に1便程度 チョルム発　3:00〜16:00の毎正時, 16:30

●アンカラ〜スィワス　運賃40 TL　所要:約7時間

フズル Huzur	アンカラ発　12:30, 16:30, 24:00 スィワス発　8:30, 13:00, 24:00	メトロ Metro	アンカラ発　12:00, 15:30, 24:00 スィワス発　12:00, 24:00
スィワス・トゥル Sivas Tur	アンカラ発　8:30, 12:30, 16:30, 24:00 スィワス発　7:45, 13:00, 24:00, 24:30		

●アンカラ〜マラテヤ　運賃40〜50TL　所要:約10時間

ザフェル Zafer	アンカラ発　8:00, 21:00, 21:30, 23:00 マラテヤ発　9:30, 21:00, 21:30	ベイダー Beydağ	アンカラ発　8:00, 21:00, 21:30, 23:00 マラテヤ発　9:30, 21:00, 21:30
カユス・ケント Kayıs Kent	アンカラ発　なし マラテヤ発　13:00, 20:30	VIP マラテヤルラル VIP Malatyalılar	アンカラ発　なし マラテヤ発　20:30

●アンカラ〜アドゥヤマン　運賃60TL　所要:8〜9時間

アドゥヤマン・ユナル Adıyaman Ünal	アンカラ発　17:30, 18:30, 21:30 アドゥヤマン発　12:00, 19:00, 19:30	キャフタ・ペトロル Kâhta Petrol	アンカラ発　18:30 アドゥヤマン発　13:00, 15:30, 17:00

●アンカラ〜シャンルウルファ　運賃70TL　所要:約13時間

アストル Astor	アンカラ発　12:30, 18:30, 20:30, 21:00, 22:30, 24:30 シャンルウルファ発　10:00, 13:00, 15:30, 18:30, 20:30, 21:00, 22:00
ウルファ・ジェスール Urfa Cesur	アンカラ発　7:00, 18:30, 20:30, 22:30, 24:00 シャンルウルファ発　10:00, 13:00, 15:00, 16:00, 18:30, 22:30
タトゥルセス Tatlıses Turizm	アンカラ発　16:00, 19:00, 20:30, 22:00 シャンルウルファ発　11:00, 13:00, 15:00, 16:00, 18:30, 20:30

※掲載している便は主要会社の一部の路線です。ほかにも同一路線で複数の会社が運行している場合があります。

よくわかる トルコの旅行のガイダンス　アンカラ〜主要都市間バス時刻表

●アンカラ～ガズィアンテプ　運賃55TL　所要:約9時間30分

セチ Seç	アンカラ発　9:00, 11:00, 13:00, 21:00, 23:00, 23:30 ガズィアンテプ発　7:30, 11:00, 21:00, 22:30
ベン Ben Turizm	アンカラ発　12:30, 15:00, 20:30, 22:30 ガズィアンテプ発　22:00, 22:30
チャイルアース Çayrıağası	アンカラ発　12:30, 20:30, 22:00, 24:00 ガズィアンテプ発　22:00, 22:30

●アンカラ～ディヤルバクル　運賃70～80TL　所要:約17時間

イェニ・ディヤルバクル Yeni Diyarbakır	アンカラ発　17:30, 20:30 ディヤルバクル発　20:00	オズ・ディヤルバクル Öz Diyarbakır	アンカラ発　18:00, 21:00, 22:30 ディヤルバクル発　11:30, 14:30, 15:30, 18:30, 20:30
スター・ディヤルバクル Star Diyarbakır	アンカラ発　18:00, 20:30, 21:30, 24:00 ディヤルバクル発　18:30	オズレム・ディヤルバクル Özlem Diyarbakır	アンカラ発　18:00, 20:30, 21:30, 22:30 ディヤルバクル発　14:30, 17:00, 18:30, 20:00

●アンカラ～ワン　運賃90TL　所要:約18時間

ベスト・ワン Best Van Tur	アンカラ発　13:00, 18:00 ワン発　12:00, 15:00	ワン・ギョリュ Van Gölü	アンカラ発　10:00, 13:00, 17:30, 19:30 ワン発　14:30, 17:00
イェニ・ワン Yeni Van Seyahat	アンカラ発　13:00, 17:30 ワン発　16:30	メトロ Metro	アンカラ発　13:00, 18:30, 22:30 ワン発　10:00, 16:30
ワン・エルジシュ Van Erciş İtimat	アンカラ発　18:30 ワン発　11:00	ワン・エルジシュ・セマー Van Erciş Sema	アンカラ発　11:00 ワン発　9:00, 10:00, 11:00, 13:00, 15:00, 16:30

●アンカラ～エルズルム　運賃70TL　所要:約18時間

エサダシュ Esadaş	アンカラ発　16:30, 19:00, 20:30, 21:00, 22:00, 22:30, 24:00 エルズルム発　7:30, 18:00, 19:00, 20:30
ダダシュ Dadaş	アンカラ発　17:00, 19:00, 20:00, 22:00 エルズルム発　7:00, 19:00, 20:30

●アンカラ～サフランボル　運賃25TL　所要:約3時間

サフラン Safran	アンカラ発　8:30, 11:00, 13:30, 15:30, 17:00, 18:30, 21:00 サフランボル発　4:15, 4:45, 7:45, 9:30, 10:45, 13:45, 15:45, 17:15
メトロ Metro	アンカラ発　6:00, 7:00, 9:30, 12:00, 13:15, 14:30, 16:15, 17:30, 19:00 サフランボル発　4:30, 7:00, 9:00, 10:30, 12:30, 15:00, 18:00, 18:30, 23:30

●アンカラ～カスタモヌ　運賃30TL　所要:約4時間

メトロ Metro	アンカラ発　7:30, 9:30, 11:30, 13:30, 14:30, 17:00, 18:30, 22:00, 23:30 カスタモヌ発　5:00, 8:00, 10:30, 12:00, 14:00, 16:00, 17:30, 22:15
ウルソイ Ulusoy	アンカラ発　11:30, 17:30 カスタモヌ発　8:00, 10:00, 12:00, 14:00, 17:30, 24:00, 2:00

●アンカラ～アマスヤ　運賃25～35TL　所要:約5時間

ミス・アマスヤ Mis Amasya	アンカラ発　8:30, 10:30, 14:30, 18:00, 24:00 アマスヤ発　7:00, 10:00, 13:00, 17:00, 18:00, 24:00
トカト・セヤハット Tokat Seyahat	アンカラ発　10:00, 13:00, 15:00, 16:00, 17:00, 18:00, 19:30 アマスヤ発　10:00, 13:00, 15:00, 16:00, 17:00, 19:30, 24:00
エリフ・メルトゥル Elif Mertur	アンカラ発　10:30, 14:30, 18:00, 21:30, 24:00 アマスヤ発　10:00, 24:00

●アンカラ～トラブゾン　運賃50～60TL　所要:約13時間

リュクス・カラデニズ Lüks Karadeniz	アンカラ発　9:00, 17:00, 18:00, 19:00, 21:00, 23:00 トラブゾン発　18:30		
メトロ Metro	アンカラ発　7:30, 9:00, 16:30, 19:00, 20:30, 21:45, 23:00 トラブゾン発　7:30, 17:00, 18:30, 20:00		
ウルソイ Ulusoy	アンカラ発　7:45, 15:30, 17:30, 19:30, 22:30, 22:30, 0:05, 1:30, 2:30 トラブゾン発　7:30, 10:00, 11:00, 12:00, 13:30, 16:00, 16:30, 17:30, 18:30, 20:00		
カンベルオウル Kanberoğlu	アンカラ発　19:00, 20:30 トラブゾン発　19:00, 20:00	ドウ・カラデニズ Doğu Karadeniz	アンカラ発　16:00, 19:00, 21:30 トラブゾン発　12:00, 19:00

※発車時刻および運賃は2012年の調査時のものであり、しばしば変更されます。
所要時間については巻頭の折込地図（1枚目裏側）もご参照ください。

グルメ天国 食べる トルコの食事情

トルコ料理は世界三大料理に数えられるだけあって、トルコは中東諸国のなかでは抜きんでて外食産業が発達している。どこでどんな料理が食べられるのかをさらっと見てみよう

どこで Nerede 何が neleri 食べられるの？ yenilir?

ロカンタ Lokanta

安い うまい

ロカンタは町の大衆食堂。○○Lokantası（ロカンタス）と看板に書かれている。煮込み料理（スル・イェメッキレリSulu Yemekleri）専門店とケバブを専門に出す店、両方を出す店の3種類に分かれ、ケバブ専門店の場合は○○Kebapçısı（ケバップチュス）と看板に書かれる。店先や店内のショーケースを見ればその店の得意分野がわかる。ピデ用の窯がある店もある。

メイハーネ Meyhane

酒とつまみ 料理豊富

居酒屋のような店。メゼ（前菜）の種類が多く、料理のバラエティも豊富。ただし、○○Meyhaneと名乗る店はほとんどない。イスタンブールなら旧市街のクムカプ（Map P.43C4）やイスティクラール通り周辺のネヴィザーデ通り（Map P.36A3）、アスマル・メスジット通り（Map P.34B1）などが居酒屋が多いエリア。流しの楽団もやってきたりして、夜は盛り上がる。

パスターネ Pastane

パンとケーキ

スイーツの専門店。バクラワやクッキーといった焼き菓子から、ポアチャなどの総菜パンや菓子パンも売られている。カフェスペースがあって店内で軽食を出す店も多い。夏は店頭でドンドゥルマ（アイスクリーム）を売ることも。

屋台 Seyyar Tezgâh

手軽 安い

ゴマ付きパンのスィミットをはじめ、ミディエ・ドルマス（ムール貝のピラフ詰め）、夏はゆでたトウモロコシ、冬は焼き栗など人の集まるところに屋台あり。エミノニュの埠頭などターミナルの広場なら屋台の種類も豊富。週末のオルタキョイやギュルハーネ公園も屋台が多い。

	観光地のレストラン	ロカンタ	メイハーネ	パスターネ
ドネル・ケバブ	× ない店が多い	▲ 店頭にドネル台が置かれていることも	× ない店が多い	▲ イスタンブールの大型店ならあることも
シシ・ケバブ	◎ おもなケバブ料理はたいてい出す	◎ ケバブ専門店ならさらに種類多し	▲ 手羽先やラムチョップがお酒に合う	▲ イスタンブールの大型店ならあることも
煮込み料理	▲ 種類は少ないが代表的なものはある	◎ ショーケースに並んでいる	× ない店が多い	× ない店が多い
メゼ（前菜）	▲ 前菜の盛り合わせなどがあることも。種類は多くない	▲ サラダなどはある	◎ 大きなプレートから選ばせてくれるほど種類が豊富な店も	× ない店が多い
酒	▲ 町にもよるが出す店のほうが多い	× 原則として酒は置けない	◎ ワイン、ビール、ラクゥなど国産の酒がたいてい揃う	▲ ない店が多い。コーヒーやチャイならいろいろある
デザート	▲ 種類は多くない。欧風なデザートを出す店も	◎ 1〜2種類は確実にある	▲ ラクゥに合うフルーツならある	◎ トルコ菓子のほかに欧風ケーキやパンを扱う店も

83

グルメ天国 初めてのイスタンブール
おいしい旅のシミュレーション

2泊3日

時間はないけど観光も楽しみたいし イスタンブールの名物や定番トルコ料理も食べてみたい。 そんな人のための厳選グルメ&グルメスポットを紹介。

1日目

朝

初日の朝はホテルの朝食ルームで。定番は白チーズ、ハチミツ、トマト、キュウリ、オリーブなど。

▼ 旧市街散策

昼

エミノニュ名物のサバサンドを。おなかがすいたら夏はトウモロコシ、冬は焼き栗などを屋台で調達。

▼ 旧市街散策

夕

旧市街のライトアップを楽しみつつ、スルタンアフメットの名物キョフテ（→P.168）をぜひ。

2日目

朝

ホテルの朝食をパスして、ロカンタへ出かけよう。トルコ式の「スープとパン」にチャレンジ。

▼ カーリエ博物館 など郊外へ

昼

オジャックバシュ（炉端焼き）でケバブを堪能。炭火焼きなのでカリカリ&ジューシー！

▼ グランドバザール 散策

夕

雰囲気のあるジャーミィ付属のレストランで宮廷料理を楽しむ。酒は御法度なので、食事が終わってから帰りにメイハーネでラクゥを。

3日目

朝

早朝からやっているスィミットのチェーン店で、地元の人に混じってスィミットP.89 47 かポアチャ P.89 46 とチャイの朝食を。

▼ 新市街散策

昼

ドネル・ケバブ・サンドで軽く済ます。おなかがすいたら、ミディエやクンピルを食べよう。

▼ ボスポラス 海峡クルーズ

夕

最終日はベリーダンスショーを見に行こう。

トルコ料理大全 111

いつでも、どこでもおいしいものが指させば食べられるのがトルコの旅の楽しいところ。
ここでは、滞在中にぜひ食べたい基本の料理を紹介しよう。

よくわかるトルコの旅行のガイダンス ▶トルコ料理

1. Mercimek Çorbası　メルジメッキ・チョルバス　【定番】
定番中の定番。レンズ豆のスープ。朝ご飯にもぴったり

2. Ezogelin Çorbası　エゾゲリン・チョルバス　【定番】
花嫁のスープという意味。トマトの味がプラスされたメルジメッキ

3. İşkembe Çorbası　イシュケンベ・チョルバス　【クセあり／専門店】
ヒツジの胃袋のスープ。飲んだあとのシメはこれ。こってり風味。ニンニクはお好みで

4. Domates Çorbası　ドマテス・チョルバス
トマトペーストを使ったスープ。酸味が効いた濃厚な味

5. Tavuk Suyu　タウク・スユ
鶏のダシが効いたチキンスープ。米状のパスタが底に沈んでいることも

6. Kelle Paça　ケッレ・パチャ　【クセあり／専門店】
ヒツジの足を煮込んだ濃厚スープ。南東部、東部の料理

7. Yayla Çorbası　ヤイラ・チョルバス
ミント風味のヨーグルトのスープ。お米が入っていることが多い

8. Tarhana Çorbası　タルハナ・チョルバス
タルハナはトマト、香辛料、ヨーグルトを発酵させて乾燥させたもの

9. Ispanak Çorbası　ウスパナック・チョルバス
ホウレンソウがたっぷり入ったクリーミーなスープ

スープ

チョルバ　チョルバとはトルコ語でスープのこと。注文した肉料理を待つ間に食べるのが普通。パンに浸すと食が進む。歩き疲れて、おなかペコペコの胃や二日酔いの朝にも胃に優しい。寒い日などは体を芯から温めてくれる。

チョルバの食べ方　チョルバはテーブルにある香辛料や調味料で自分好みの味付けができる。トルコ人の真似をしてどばっと入れると大変なことになるので、慣れないうちは少しずつ。イシュケンベ・チョルバスは臭い消しのためにニンニクの搾り汁が付くこともある。これも入れすぎるとニンニクの味しかしなくなるので注意。

朝食　朝から営業しているロカンタでは朝食にスープとパンを出している。

Ekmek ⑩ 定番
エキメッキ

トルコのバゲットパンは世界一。外はカリっと中はモチモチ！

Pide Ekmek ⑪
ピデ・エキメッキ

丸いエキメッキ。中部や東部では丸いパンもよく食べられる

Yufka ⑫
ユフカ

小麦粉で作った薄い生地。ケバブを巻けばデュリュムDürümのできあがり

Sade Pilav ⑬ 定番
サーデ・ピラウ

オーソドックスなピラウ。バター風味で松の実が入っているのが特徴

Fasulyeli Pilav ⑭
ファスリエリ・ピラウ

別料金で、ピラウの上に豆の煮込みをのせてもらう

Bulgur Pilavı ⑮
ブルグル・ピラウ

挽き割り小麦のピラウ。ケチャップライスのような味で、ケバブの付け合わせの定番

Çoban Salatası ⑯ 定番
チョバン・サラタス

定番の角切り野菜のサラダ。お好みで唐辛子の粉末をかけて

Rus Salatası ⑰
ルス・サラタス

マヨネーズたっぷりのポテトサラダ。グリーンピースとニンジン入り

Ezme Salatası ⑱
エズメ・サラタス

トマト、タマネギを潰してペースト状にしたピリ辛サラダ

Bostana Salatası ⑲
ボスタナ・サラタス

細かく潰したトマト、ピーマン、タマネギが入ったスープのようなサラダ

Piyaz ⑳
ピヤズ

ゆで卵やオリーブが入ったインゲン豆のサラダ。語源はペルシア語の「タマネギ」

Yoğurtlu Semizotu ㉑
ヨウルトル・セミズオトゥ

ひょう（スベリヒユ）をヨーグルトで和えたサラダ

パン、サラダ、米

エキメッキ　おいしいパンがいつでもどこでも食べられるのがトルコ。エキメッキといえばバゲットタイプのパンのこと。丸いパンはピデ・エキメッキPide Ekmekという。

ピラウ　トルコのピラフ（トルコ語でピラウ）は松の実の入ったシンプルなバターライス。米のピラウと、ブルグル（挽き割り小麦）がある。トルコ人にとって主食はパンであり、ピラウはあくまでもサイドディッシュ。ケバブの付け合わせで出てくることも多い。

サラダ　トルコの野菜は大きくて味が濃い。だからサラダもおいしい。レモンと塩で好みに味付けして食べる。メインを頼むと付いてくることもある。

よくわかるトルコの旅行のガイダンス ● トルコ料理

22 Yaprak Dolması
ヤプラック・ドルマス
ブドウの葉で具を巻いたドルマの王様。ヤプラック・サルマスとも呼ばれる

23 Lahana Dolması
ラハナ・ドルマス
キャベツで米や具を包んだロールキャベツの元祖。キャベツの甘みが出ている

24 Domates Dolması
ドマテス・ドルマス
トマトをくり抜いて具を詰めたドルマ。ふたつ食べればメインディッシュ

25 Biber Dolması 【定番】
ビベル・ドルマス
ピーマンに米や肉など具を詰めたもの。トマトソース味も一般的

26 Patlıcan Dolması
パトゥルジャン・ドルマス
輪切りタイプのほかにタテ切りにしたナスに具を詰めたタイプもある

27 Midye Dolması 【屋台】
ミディエ・ドルマス
ムール貝にピラウを詰めたドルマ。レモンをかけてさっぱりといただく

28 Acılı Ezme
アジュル・エズメ
ピリッと辛い唐辛子のペースト。パンとの相性は抜群！

29 Patlıcan Ezme
パトゥルジャン・エズメ
ナスを炭火で焼いてからニンニクなどと和えた前菜。あっさり風味で日本人好み

30 Humus
フムス
ヒヨコ豆のペースト。パンに付けて食べるとおいしい

31 Karşık Meze 【おすすめ】
カルシュック・メゼ
数種の前菜が一度に楽しめてお得。ふたり分ぐらいの量が出る

32 Fasulye Pilaki
ファスリエ・ピラキ
インゲン豆のトマトソース味の冷菜。トマトの酸味と豆の甘みが感じられる

33 Çiğ Köfte
チー・キョフテ
挽き割り小麦と生の羊肉のペースト。レタスに巻いて食べる。辛いので注意

前菜（メゼ）

ドルマ 前菜のなかでもトルコ料理を代表するのがドルマ**Dolma**。ドルマとはトルコ語の動詞のドルマック**Dolmak**「詰まる、いっぱいになる」からきており、野菜に米、肉などの具材を詰めた料理。中近東、東地中海地方一帯でとてもポピュラーな料理だ。ボリュームもあり、メインとしても食べられる。

注文の仕方 サラダやアジュル・エズメ、ドルマ類なら庶民的なロカンタでも出すが、ちょっと高級なレストランのほうが、豊富な種類を取り揃えている。数種類欲しいときは、ひとつのお皿にメゼを少しずつ盛ってくれるカルシュック・メゼ**Karşık Meze**（前菜盛り合わせ）を注文する方法もある。

İzmir Köfte 34 おすすめ
イズミル・キョフテ
キョフテとジャガイモの煮込み。煮込み料理の人気ナンバーワン

Musakka 35 定番
ムサカ
ナスの煮込み。肉入りと野菜のみがある。ギリシアが有名だが、トルコも本家

Taze Fasulye 36 定番
ターゼ・ファスリエ
インゲン豆のトマト煮込み。家庭料理の定番で、おふくろの味。店でもよく出る

Kuru Fasulye 37 定番
クル・ファスリエ
白インゲン豆の煮込み。ピラウの上にのせてもおいしい

Mantar Sote 38
マンタル・ソテ
マッシュルームのトマト煮込み。鶏肉が入ることも多い

Tavuk Sote 39
タウック・ソテ
鶏肉とトマトの煮込み。大きめの具と柔らかい鶏肉がよく合う

İmam Bayıldı 40 おすすめ
イマーム・バユルドゥ
ナスの煮込み料理。イマーム（導師）も卒倒するおいしさという意味

Karnıyarık 41
カルヌヤルク
ナスに挽肉を詰めてオーブンで焼いた料理。ドルマに近い

İslim Kebabı 42
イスリム・ケバブ
ナスで羊肉などの具材をきれいに包み、オーブンで焼いたあとにスープで煮込む

Orman Kebabı 43 おすすめ
オルマン・ケバブ
羊肉とジャガイモ、グリーンピースが入った煮込み

Tas Kebabı 44
タス・ケバブ
オルマン・ケバブに似ているが羊肉とジャガイモのみで具が大きい

Salçalı Köfte 45
サルチャル・キョフテ
キョフテのサルチャ（トマトペースト）煮込み。野菜のダシで肉の旨味が増す

煮込み

安い、早い、うまい 煮込み料理はトルコ語でスル・イェメッキSulu Yemekという。大衆的なロカンタではショーケースにたくさんの料理を並べて客を待っている。ケバブよりも安くて、すぐに出てくるので安い、早い、うまいの3拍子が揃っている。

注文の仕方 メニューの名前がわからなくても、食べたい料理を指させばOK。一般的にトマトベースのシチュー系のものが多い。肉入り（エトリEtli）の料理は少し値段が高い。「アズ・オルスン」と言えば盛りを控えめにしてくれ値段も安くなる。

裏技で丼にする ピラウの上に煮込みをのせたり、鶏肉をのせたりしてもらう（別料金）と丼飯のように食べられて便利。

よくわかる トルコの旅行のガイダンス

● トルコ料理

46 Poğaça ポアチャ
チーズ入りなどもある調理パン。朝ご飯やおやつによく食べる
〔屋台〕

47 Simit スィミット
道端でよく見るゴマ付きドーナツパン。焼きたてはモチモチでおいしい
〔定番／屋台〕

48 Börek ボレキ
ユフカを重ねて焼いたトルコ風パイ。中の具はホウレンソウや挽肉などいろいろ

49 Mantı マントゥ
ヨーグルトソースのトルコ風ラビオリ。ミントとニンニクをお好みで
〔クセあり／専門店〕

50 Gözleme ギョズレメ
チーズや挽肉などが入ったクレープ。観光地ではおばさんがよく焼いている

51 Sigara Böreği スィガラ・ボレイ
スィガラ（タバコ）のように細長いボレキ。中身は白チーズ。家庭でよく作る

52 Kıymalı Yumurtalı Pide クイマル・ユムルタル・ピデ
挽肉と卵がのったピデ。黒海風に舟形の生地。アツアツでどうぞ

53 Kıymalı Peynirli Pide クイマル・ペイニルリ・ピデ
挽肉とチーズはピデの具の基本。ピデ屋さんの一番人気のメニュー
〔定番〕

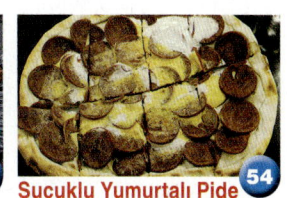

54 Sucuklu Yumurtalı Pide スジュクル・ユムルタル・ピデ
サラミと卵がのったピデ。どの具のピデでも卵は別料金でトッピングしてもらえる

55 Kuşbaşılı Pide クシュバシュル・ピデ
羊肉のサイコロステーキがのったピデ。肉はちょっと固い

56 Etli Ekmek エトリ・エキメッキ
薄い生地のピデ。コンヤ風の薄い生地でサクサク

57 Lahmacun ラフマジュン
レモンを搾って野菜を中央に置き、ふた折りにして食べる
〔おすすめ／専門店〕

小麦粉から作る料理

調理パン ポアチャやスィミットはおやつ代わりの調理パン。

シルクロードの料理 マントゥの語源は中国の饅頭だが実態は餃子やラビオリに近い。ヨーグルトとミントで食べる。

サクサクの薄焼き ラフマジュンは南東部が本場の薄いクリスピーな生地のピザ。レモンを搾り、野菜を巻いて豪快に食べる。

ピデ ピデとはトルコ風のピザ。イスタンブールのピデは生地が厚く舟形のものが多い。コンヤのピデは端に折り返しがなく、生地が薄くラフマジュンに近い。アンカラは両者の折衷型。黒海沿岸地方のカラデニズピデは、上がふさがったタイプのものが人気。

58 Döner Kebap
ドネル・ケバブ
欧米でも定番になった回転焼肉。一般的には牛肉を用いる

定番 **屋台**

59 Şiş Kebabı
シシ・ケバブ
ご存知！　串刺しのケバブの王様。串からはずして出されることも多い

定番

60 Tavuk Şiş
タウク・シシ
これも定番。チキンのケバブ。トルコの鶏肉はレベルが高い

定番

61 Patlıcanlı Kebap
パトゥルジャンル・ケバブ
相性抜群のナスと挽肉を交互に串に刺した挟み焼き

62 Domatesli Kebap
ドマテスリ・ケバブ
トマトと肉の相性がピカイチ！　トマトの旨味がジューシーな肉に閉じこめられた

63 Izgara Köfte
ウズガラ・キョフテ
小さなハンバーグ（ミートボール）。形は地方や店によっていろいろ

定番

64 Adana Kebabı
アダナ・ケバブ
唐辛子が効いたピリ辛のケバブ。トルコ人はさらに唐辛子粉末をかける

65 Urfa Kebabı
ウルファ・ケバブ
挽肉を串に刺して焼いたケバブ。こちらは辛くない

66 İskender Kebabı
イスケンデル・ケバブ
ヨーグルトソースで食べるドネル・ケバブ。パンが下に隠れている

おすすめ **クセあり**

67 Pirzola
ピルゾラ
ラムチョップ。肉がジューシーでビールが進む一品

68 Çöp Şiş
チョップ・シシ
薄焼きパンで肉を挟んでそのまま串を引き抜いて食べる

専門店

69 Karşık Izgara
カルシュック・ウズガラ
ピルゾラとシシ・ケバブ、タウク・シシが一度に楽しめる、お得なミックスグリル

おすすめ

肉料理　ケバブ

主役を飾るケバブ　種類や調理法は多岐にわたり、地方ごとにケバブがある。肉は羊肉か鶏肉が多いが牛肉もある。

質の高い肉　トルコの肉はとても品質が高く、臭みが少なく柔らかい。きちんと下味も付けられている。羊肉が苦手という人もぜひ一度お試しあれ。

炭火焼き　シシŞişとは串を意味し、ウズガラIzgaraはグリルを意味する。炭火焼き（キョムルデ・ウズガラKömürde Izgara）は、香り高くてジューシーな焼き上がり。店名にオジャックバシュOcakbaşıという名前が付いている店は、炉端焼き屋。

キレミット（鉄板）　アツアツの鉄板に載って出てくるキレミットも試してみたい。

よくわかるトルコの旅行のガイダンス ▶トルコ料理

Saç Tava ⑦⓪
サチ・タワ
サイコロ状に切った羊肉とシシトウ、トマトの鉄板焼き

İçli Köfte ⑦①
イチリ・キョフテ
米と挽肉を揚げたスパイシーなトルコ風メンチカツ。前菜としても食べる

Yaprak Ciğeri ⑦②
ヤプラック・ジエリ
レバーのフライ。メイハーネ（居酒屋）でよく出される

Kiremit Kebabı ⑦③
キレミット・ケバブ
トマトやシシトウなど野菜のダシが出て、肉の旨味が引き立つ

Kiremit Köfte ⑦④
キレミット・キョフテ
キレミット皿で焼いたキョフテ。チーズのトッピングがよく合う

Güveç ⑦⑤
ギュヴェチ
壺焼き料理。具はいろいろ。注文してから焼き上げるので時間がかかることが多い

Alabalık Tava ⑦⑥
アラバルク・タワ
マスのフライは内陸部でもよく食べられる魚料理の代表

Hamsi Tava ⑦⑦
ハムスィ・タワ
ハムスィは黒海沿岸でよく獲れるカタクチイワシ。秋〜冬の風物詩

Balık Ekmek ⑦⑧ 屋台
バルック・エキメッキ
ガラタ橋のたもとに復活したイスタンブール名物、サバサンド

Kalamar Tava ⑦⑨ おすすめ
カラマル・タワ
イカのフライ。リング状のほかゲソも出てくる。タルタルソースでいただく

İstavrit Tava ⑧⓪
イスタヴリット・タワ
ニシマアジの唐揚げ。ボスポラス海峡やマルマラ海でよく獲れる

Balık Şiş ⑧①
バルック・シシ
白身魚の切り身とトマトなどの野菜をシシ・ケバブ風に串焼きにした料理

魚介類

実は魚嫌い？ トルコの人は元来海とは無縁の遊牧民であったからか、魚はあまり身近な存在ではなかった。ミディエ（ムール貝）、カラマル（イカ）、カリデス（エビ）、アフタポッド（タコ）など魚介類の名前の多くはギリシア語からの借用ということからもそれがうかがえる。

素材と調理法 ポピュラーな素材としては、マス（アラバルク）やイワシ（ハムスィ）など。焼く（ウズガラ**Izgara**）と、揚げる（タワ**Tava**）が一般的な調理法。

注文の仕方 魚料理専門レストランではショーケースの魚を選び、好きな調理法を選択できる。値段はkg単位で表示されていることが多い。肉に比べると値段は高め。

Baklava ⑧②
バクラワ　定番
パイのハチミツ漬け。甘さがヤミツキる。トルコ人は kg 単位で買っていく

Tel Kadayıf ⑧③
テル・カダイフ
極細の麺状の生地を焼き上げてシロップをかけたお菓子

Burma Kadayıf ⑧④
ブルマ・カダイフ
テル・カダイフの中心にナッツを入れて筒状に捲いたもの

Tulumba ⑧⑤
トゥルンバ
小さな揚げドーナツにシロップを浸したような菓子

Künefe ⑧⑥
キュネフェ
チーズ入りのカダイフ。上にドンドゥルマをのせると相性ぴったり

Dondurma ⑧⑦ おすすめ
ドンドゥルマ
トルコ名物、伸び〜るアイス。パフォーマンスも職人芸の域

Fırın Sütlaç ⑧⑧ おすすめ
フルン・スュトラッチ
フルン（オーブン）で焼いたライスプディング。焼いていないものもある

Kazandibi ⑧⑨
カザンディビ
モチモチとした食感の牛乳の焼き菓子。「鍋の淵」という意味

Aşure ⑨⓪
アシュレ
ドライフルーツが入っている。ノアの方舟にゆかりがある、ありがたいお菓子

İrmik Helvası ⑨①
イルミック・ヘルワス
セモリナ粉を使ったシンプルなスイーツ。それほど甘くないので食べやすい

Profiterol ⑨②
プロフィテロル
フランス生まれのお菓子。ケーキにチョコレートがかかっている

Güllaç ⑨③
ギュルラッチ
牛乳とバラ水で作ったお菓子。ラマザンの風物詩

トルコ菓子

お菓子屋さんはパスターネ　レストランやロカンタなどでもスイーツを置いている店はあるが、お菓子の専門店はパスターネ Pastane と呼ばれる。

牛乳系とシロップ系　スイーツは大きく牛乳系のものとシロップ系のものに分けられる。初心者はまず牛乳系から挑戦すべし。シロップ系は最初は甘すぎるかもしれないが、いずれやみつきになる人もいるだろう。

伸び〜るアイス、ドンドゥルマ　日本でもたびたび紹介されて話題になったドンドゥルマ。こんなに伸びる秘密はランの根を使ったサーレップの粉。ドンドゥルマ売りのおじさんの職人芸的パフォーマンスも必見だ。

よくわかるトルコの旅行のガイダンス

Çay 94 定番
チャイ
これがないと始まらない。1日10杯以上飲む人もいる

Elma Çayı 95
エルマ・チャユ
温かいリンゴジュース。本来は乾燥させた果実を使う。粉末はおみやげにも人気

Türk Kahvesi 96
テュルク・カフヴェスィ
粉ごと煮出した上澄みを飲む。飲んだカップでコーヒー占いをしてもらうことも

Ayran 97
アイラン
甘くない飲むヨーグルト。肉料理に合う。好みで塩を入れる

Yoğurt 98
ヨウルト
ヨーグルトも実はトルコが起源。濃厚だがさっぱりしている

Boza 99 クセあり 屋台
ボザ
キビを発酵させた甘酸っぱい冬の飲み物。屋台でよく見かける

Salep 100
サーレップ
ランの球根から採った粉の飲み物。冬によく飲まれている

Rakı 101 クセあり
ラクゥ
水で割ると白く濁る。果物や豆と合う

Beyaz Şarap 102
ベヤズ・シャラップ
白ワイン。銘柄も増えてきた

Kılmız Şarap 103
クルムズ・シャラップ
赤ワイン。肉料理に合わせたい

Efes Pilsen 104
エフェス・ピルゼン
定番のビール。ビールはビラという

Efes Dark 105
エフェス・ダルク
エフェス・ピルゼンの黒ビール

● トルコ料理

飲み物

生活に欠かせないチャイ トルコの飲み物といえばトルココーヒーも有名だが、チャイのほうが圧倒的によく飲まれている。町のビルの中や町のあちこちにチャイ屋（チャイジュ）がいて、みんなにチャイを運んでくれる。絨毯屋でもロカンタでも、このチャイジュからチャイが運ばれてくるのだ。

アルコール類 トルコはイスラームの国だが、お酒はどこでも簡単に手に入り、しかも安い。トルコの地酒ラクゥは別名ライオンのミルクといわれ、水で割ると白く濁る。アニスの香りがきついが、甘みもあってノンベエにはくせになる味だ。また、トルコでも、近年のワインブームで各地方の銘柄も豊富になり、ヴィンテージ物まで出てきており、ワイン専門店も見かけるようになった。

Kestane Kebabı
ケスターネ・ケバブ
粒は小さいが、甘みがあっておいしい。冬の風物詩
106

Mısır
ムスル
焼きトウモロコシとゆでたトウモロコシがある。屋台フードの定番
107

Fıstık
フストゥック
ヒマワリの種、カボチャの種などカラフル。食べるにはコツがいる
108

Meyve Suyu
メイヴェ・スユ
フレッシュジュースの屋台ではオレンジのほか季節のフルーツジュースが飲める
109

Kumpir
クンピル
ボリューム満点のベイクドポテト。上に載せるトッピングは自由に選べる
110

Kokoreç
ココレッチ
スパイスが効いたトルコのホルモン焼き。サンドイッチにして食べる
111

屋台で気軽に！

庶民の味方 トルコの屋台は町の広場やオトガルなど人が集まる場所でよく見かける。季節によってさまざまな屋台が店を出しており、夏期はドンドゥルマの屋台も出現する。ラマザン期間中の夕方や、バイラム（祭日）は特に多くの屋台が出る。

Karanfil トルコ雑貨のお店 カランフィル

ナザールボンジュウやトルコ陶器、チャイグラスにトルコのお菓子。もちろんキリムに絨毯も。ご出発前に、帰国後に、買い忘れたお土産がきっと見つかります。

* トルコ雑貨店『カランフィル』（3階）
* キリム専門店『アラトゥルカ』（2階）

🇹🇷 イスタンブールにもお店があります。
詳しくはお問い合わせ下さい。

カランフィル（3階）
アラトゥルカ（2階）

インターネットでもお求め頂けます。
オンラインショップ - トプカプ -
http://www.topkapi-kilim.jp/

大阪市中央区天満橋京町1-1
京阪シティモール3階 / 2階
地下鉄谷町線・京阪本線・市バス 天満橋駅下車すぐ
[営業時間] 10:00～20:00
休館日は京阪シティモールの休館日に準じます
06-6945-8085 info@alaturka.co.jp

Alaturka キリム専門店 アラトゥルカ

ドルマバフチェ宮殿のハーズィネ門

ヨーロッパとアジアの架け橋
イスタンブール
İstanbul

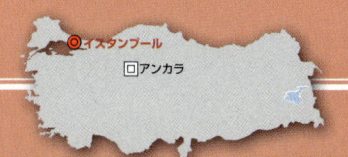

イスタンブールはこうなっている

ヨーロッパとアジアにまたがる イスタンブール

「ヨーロッパとアジアの架け橋」。このキャッチフレーズは、地球上でただひとつイスタンブールだけに許された言葉である。東西文明の接点イスタンブールは、ボスポラス海峡（Boğaziçi ボアズィチ）によってヨーロッパ側とアジア側に分かれている。

1 ボスポラス海峡で分かれている

イスタンブールは長さ約30kmのボスポラス海峡で、ヨーロッパとアジアに分かれている。海峡の幅は最小で700m。ルメリ・ヒサルに上れば、ここがいかに軍事的に重要だったかがわかるだろう。

2 旧市街と新市街

ヨーロッパ側にある、金角湾とマルマラ海、テオドシウスの城壁で囲まれた地域が旧市街。金角湾を挟んだ対岸が新市街。ふたつの地区をガラタ橋、アタテュルク橋などが結んでいる。

観光客にとって、旧市街はトプカプ宮殿やアヤソフィアなど歴史的建造物が並ぶ重要な地域。世界各国からの観光客であふれ、若者向けの安いホテルなども多い。

一方、ビジネスの中心地の新市街には外国資本の高級ホテルがあり、おしゃれなショッピングタウンとしても人気がある。

3 郊外に広がるイスタンブール

イスタンブールはトルコで最も大きい街。空港やオトガル（イスタンブールで最も大きな長距離バスターミナル）はヨーロッパ側の郊外にある。

人口の増加にともない住宅地が広がっており、郊外型のショッピングセンターなどもどんどんできてきている。

スルタンアフメット地区の南側はマルマラ海

ボスポラス海峡を横断するイスタンブールマラソンは、フルマラソンのほか、15km、8km、8kmウォーキングのコースもある。2013年は11月17日開催予定。www.istanbulmarathon.org

観光ルート研究 地域ごとに回る
イスタンブールの歩き方

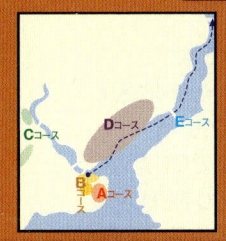

イスタンブールは見どころがとても多いので、できれば1週間以上滞在してほしいが、なかなか難しいもの。効率よく観光するためには街をブロックに分けて集中的に回るといい。滞在時間の長さに合わせてこれらのブロックを組み合わせてみよう。

旧市街 Aコース

アヤソフィア ➡ トプカプ宮殿 ➡ スルタンアフメット・ジャーミィ ➡ 地下宮殿

旧市街には、ビザンツ1000年、オスマン朝500年の首都であったイスタンブールの代表的な建造物が集中している。ギリシア正教の総本山だったアヤソフィアをはじめ、オスマン朝歴代スルタンの居城だったトプカプ宮殿、ブルーモスクの名で親しまれるスルタンアフメット・ジャーミィなどは同じ地区にある。

じっくり見るならこれだけで1日がかりだが、1日しか時間が取れない人は午後からは右記 OP のバザールへ。

トプカプ宮殿の入口

OP 旧市街 Bコース

スュレイマニエ・ジャーミィ ➡ グランドバザール（➡エミノニュ）

観光客の多いスルタンアフメット・ジャーミィを敬遠して、スュレイマニエ・ジャーミィに行っても見ごたえがある。迷路のようなグランドバザールをエミノニュ方向に出て、散策しながら桟橋まで歩こう。エジプシャンバザールまでずっと露店の続く楽しい通りだ。見て歩くだけなら半日コースだが、買い物をするつもりならじっくりと時間をかけよう。相場のわからない初日と気が焦る最終日は買い物には適さない。

スュレイマニエ・ジャーミィ

新市街 Dコース

ドルマバフチェ宮殿 ➡ イスティクラール通り

新市街で一番の見どころはドルマバフチェ宮殿。入場制限があるので朝早めに行動し、昼過ぎからは新市街の散策をしよう。宮殿から北のオルタキョイやニシャンタシュ、タクスィム広場から南西に延びるイスティクラール通りがお買い物ゾーン。軍事博物館は午後のコンサートに間に合うように行きたい。ガラタ塔へは、イスティクラール通りを散策するついでに訪れてもよいし、夕暮れ時に塔の上からのパノラマを楽しむのもよいだろう。

イスティクラール通りのトラムヴァイ

OP 金角湾 Cコース

カーリエ博物館 ➡ エユップ

カーリエ博物館は、旧市街の西、テオドシウスの城壁の近くにある。さらに金角湾の奥に行くとエユップという地区に出る。ここには金角湾を眺められるナイハーネ、ピエール・ロティのチャイハーネがある。このあたりはタクシーで住復するのが無難。3時間ほどでのんびり回れる。エユップ・スルタン・ジャーミィ周辺の門前町を散策してみるのもよいだろう。テーマパークのミニアトゥルクは対岸にある。

貴重なモザイク画が数多く残るカーリエ博物館

ボスポラスクルーズ Eコース

海上から眺めるイスタンブールも旅のよい思い出になるだろう。定期船ならエミノニュから黒海の入口、アナドル・カヴァウまでの船があり、往復で半日の行程。ほかにも1時間～1時間30分のミニクルーズもたくさん出ているので時間がない人にもぴったりだ。

船上からルメリ・ヒサル界隈を眺める

😊 イスタンブールでは街中のたくさんのネコにびっくり！　大事に扱われていて日本の猫に比べ鳴かないし、のんびり優雅に生活しています。（山梨県　佐藤聖美　'12夏）

イスタンブールの歩き方

イスタンブールでは、旧市街のスルタンアフメット地区に見どころが集中している。ここだけ回るなら徒歩でOKだがこの街のいろいろな魅力を探しに、トラムヴァイやバスを積極的に使ってみよう。

市外局番
0212（ヨーロッパ側）
0216（アジア側）
人口1362万4240人

■時刻表一覧
- ✈→P.70～73
  日本発着便は→P.467
- 🚌→P.74～75
- 🚆→P.78～79
  バス時刻索引→P.76～77

空港ターミナルに隣接したエアポートホテル。夜遅い到着や、翌朝早い出発のときに便利

■アタテュルク空港
折込イスタンブール広域図 A3～4
TEL(0212) 463 3000
FAX(0212) 465 5050
URL www.ataturkairport.com

😊**紙幣のごまかしに注意して**
入国手続きをして最初にある両替所で、紙幣の枚数をごまかされました。仲間数人で両替しましたが、全員ごまかされていました。目の前でこちらが渡す札を声に出して数えたり、ほかの場所で小口で両替するのが得策です。
（千葉県　よしき　'11年12月）

アタテュルク空港出発階中央にあるPHOTO SERVICEのショップでは市内交通IC乗車券のイスタンブールカード（→P.103）を販売している

◆イスタンブールの空港

イスタンブールにある空港は、市の南西にある**アタテュルク空港 (IST)** Atatürk Havaalanıとアジア側にある**サビハ・ギョクチェン空港 (SAW)** Sabiha Gökçen Havaalanıのふたつ。

日本やヨーロッパからの便をはじめほとんどの国際線は**アタテュルク空港**に着く。アタテュルク空港のターミナルは国内線（イチ・ハットラル İç Hatlar）と国際線（ドゥシュ・ハットラル Dış Hatlar）に分かれており、連絡通路でつながっている。

国際線のターミナルは、グランドフロア（地上階）が到着階、上階が出発階となっている。到着階には、税関を出た所に両替のための銀行やATMなどがある。

出発ロビーには各航空会社のカウンターがある。さらにパスポートコントロールを受けて進むと免税店が並ぶショップエリアとフードコートがある。

アタテュルク空港の到着ロビーにある観光案内所

空港で両替しておきたい金額の目安

●アタテュルク空港から市内への交通費	
メトロ&トラムヴァイ　ゼイティンブルヌ、あるいは終点のアクサライで乗り換え。	6TL (3+3TL)
ハワタシュ　アクサライ、タクスィムで下車可能	10TL
タクシー　空港→スルタンアフメット地区 　　　　空港→タクスィム広場方面	25～50TL 35～45TL

●1泊分の宿泊費	
ドミトリーのある安いホテル	25～35TL
手頃なホテルのシングルルーム	120～250TL
中級クラスのシングルルーム 　クレジットカードで決済可能	180～360TL

●1食分の食費	
ファストフード店のセットメニュー	10～15TL
セルフサービスの食堂で煮込み料理とサラダ	12～20TL
一般的なレストランでケバブとスープ	25～40TL

😊アタテュルク空港にはスーパーマーケットがあります。なかなか品揃えがよくておすすめです。市内のスーパーで見かけなかったお菓子もありました。（山口県　詩乃　'12春）

◆空港から市の中心部へ

●**空港での両替** 24時間営業の銀行や両替所があり、深夜着でも両替が可能。ATMも24時間稼働している。市内までの交通費とその日の食費分ぐらいの現金は用意しておきたい。

●**深夜の空港**
乗り継ぎ便の関係で深夜に空港に到着する便も多い。空港は24時間稼働しており、閉め出されることはないので、地下鉄の始発まで夜を明かす旅行者も少なからずいる。

●**空港ホテル** 翌朝の国内線でトルコ国内の便に乗り継ぐ場合は、空港横のTAVエアポートホテル(→P.165)を予約しておこう。数時間単位の利用もできる。空港周辺のホテルはチェーン系の大型ホテルが多く、手頃な宿はほとんどない。

●**長距離バスターミナルへ** アタテュルク空港と、イスタンブールのメインバスターミナルのオトガルまでメトロM1線で直通。タクシーなら40～50TL。オトガル内にはホテル(→P.160)があり、翌朝早いバスに乗るときに便利。

●**市内から空港へ行くときの注意** タクスィム広場のハワタシュ乗り場にはアタテュルク空港(IST)行きとサビハ・ギョクチェン空港(SAW)行きのバスが停まっており、間違えやすいので、乗車時によく確認しよう。

空港内のPTTは両替も可能

■**スルタンアフメットから空港へ行く場合**
各ホテルなどで予約できるエアポート・トランスファーサービスを使うのが便利。**Power Tour**など、多くの旅行会社が催行している。ホテルの前まで迎えに来てくれるので、重い荷物を持っている人には便利。所要約40分～1時間、運賃は5€程度。

●**Power Tour**
3:00～21:00に便利。料金は人数によって変動し、ひとり5€～。サビハ・ギョクチェン空港へは10€～。
TEL(0212) 518 0354
TEL 0530 580 2805 (携帯)
URL www.istanbulairport shuttle.com

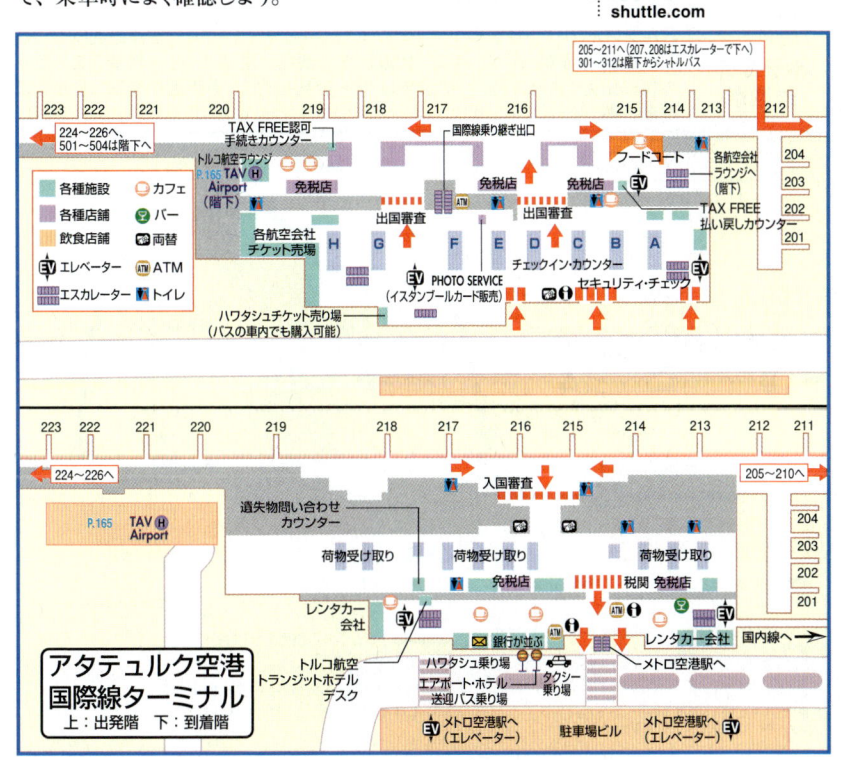

○カドゥキョイからサビハ・ギョクチェン空港までシャトルバスで行きました。約40分で空港に着きました。快適でした。(愛媛県 mika@ '11秋)

99

安い メトロM1線 & トラムT1線	**旧市街（スルタンアフメットへ行くなら）** 空港の地下鉄駅からM1線に乗り、乗換駅の**ゼイティンブルヌ**Zeytinburnu駅まで約10分、ジェトン3TL。路面電車（トラムヴァイ）T1線に乗り換える。スルタンアフメットまで約45分。M1、T1それぞれ別料金。回数券、ジェトン、イスタンブールカードで支払う（→P.103）。	ゼイティンブルヌ駅はトラムヴァイT1線とメトロM1線の乗り換え駅
楽ちん ハワタシュ （シャトルバス）	**新市街（タクスィム広場方面へ行くなら）** **ハワタシュ** Havataşというシャトルバス（4:00〜翌1:00にほぼ30分おきに運行。運賃10TL。チケットは空港の売り場（Map P.99）か車内で買う。タクスィム広場までアクサライ（降車可）を経由して約40分。 夕方はかなり渋滞し、場合によっては2時間30分かかることもありうる。96Tの市内バスでもタクスィム広場へ行ける。回数券（2回分必要）かイスタンブールカードで支払う（→P.103）。	空港に停車中のハワタシュ
楽ちん タクシー	**荷物が多いときや深夜着** 空港出口には黄色いタクシーが常に待機している。タクスィムまでは昼間で30〜40TLぐらい（所要約40〜45分）。夕方はかなり渋滞する。スルタンアフメット地区は昼間は交通規制があり、ホテルの前まで行けないことも多く、道も遠回りになるので50TL以上かかることも。	深夜到着でもタクシーは24時間待機している
安心 ホテルの 送迎車	**予約したホテルに直行** スルタンアフメット地区のホテルでは有料（料金はまちまち）で空港送迎を行うところもある。事前にEメールで、到着時間、便名、送迎サービス希望の旨をホテル側に伝えておけばよい。送迎車は旅行会社を通じても手配できる。支払いは現金のみ。	

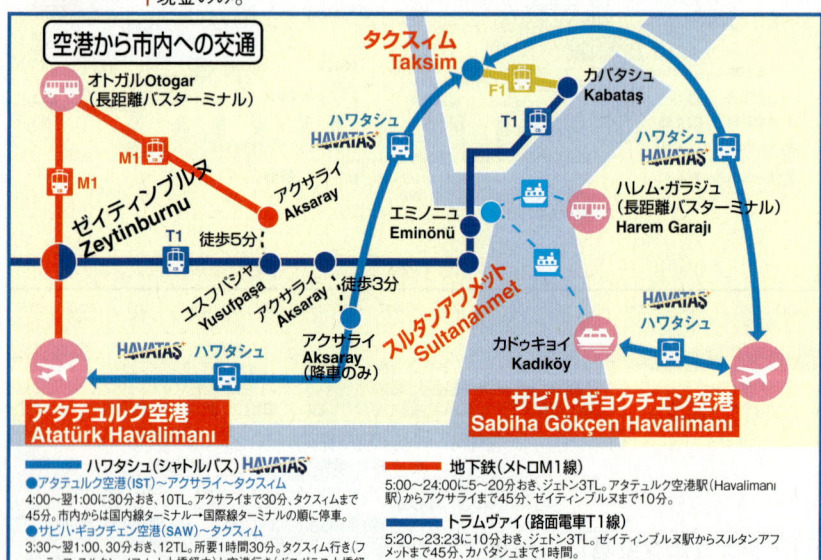

空港から市内への交通

ハワタシュ（シャトルバス） HAVATAŞ
● アタテュルク空港(IST)〜アクサライ〜タクスィム
4:00〜翌1:00、30分おき、10TL、アクサライまで30分、タクスィムまで45分。市内からは国内線ターミナル→国際線ターミナルの順に停車。
● サビハ・ギョクチェン空港(SAW)〜タクスィム
3:30〜翌1:00、30分おき、12TL、所要1時間30分。タクスィム行き（ファーティフ・スルタン・メフメット大橋経由）と空港行き（ボスポラス大橋経由）で通行ルートが異なる。
● サビハ・ギョクチェン空港(SAW)〜カドゥキョイ
4:00〜翌1:00、30分おき、8TL、所要約1時間

地下鉄（メトロM1線）
5:00〜24:00に5〜20分おき、ジェトン3TL。アタテュルク空港駅(Havalimanı)からアクサライまで45分、ゼイティンブルヌまで10分。

トラムヴァイ（路面電車T1線）
5:20〜23:23に10分おき、ジェトン3TL。ゼイティンブルヌ駅からスルタンアフメットまで45分、カバタシュまで1時間。

フニキュレル（地下ケーブルカーF1線）
5:00〜23:47に5〜7分おき、ジェトン3TL。タクスィムまで5分。

※運行状況により、所要時間は変わります。

◉ アタテュルク空港ターミナル内にある店舗の値段表示はすべてユーロです。トルコリラではないのでご注意を。(埼玉県　トルコの青い空　'11秋)

◆サビハ・ギョクチェン空港から市の中心部へ

アジア側のペンディッキPendik地区にある新しい空港。国内線の一部や、ヨーロッパからの便などが発着している。ターミナルは国内線と国際線のふたつがあり、隣り合っている。便の到着に合わせて**ハワタシュ**のシャトルバスが運行されており、カドゥキョイ、タクスィム、コズヤタウKozyatağı、隣県のイズミットIzmitへの便がある。

市内バスならアジア側の交通の中心カドゥキョイへは**E10**で約1時間30分。ほぼ24時間運行している。カドゥキョイの埠頭から**フェリー**に乗ればヨーロッパ側のエミノニュ Eminönüやベシクタシュ Beşiktaşに着く。市内バスの**E3**はヨーロッパ側のメトロのドルデュンジュ・レヴェント4. Levent駅へ行く。

◆オトガルから市の中心部へ

●**オトガルはふたつある**　メインのオトガル（長距離バスターミナル）はヨーロッパ側のエセンレルEsenlerにある**オトガル**Otogar。アジア側にも小さいが**ハレム・ガラジュ** Harem Garajıがある。

●**オトガルから旧市街へ**　オトガルはメトロM1線のオトガル駅と直結しており、終点のアクサライ駅まで約25分。メトロはバス会社の窓口の並ぶホールの中心に改札がある。

●**ハレム・ガラジュから旧市街へ**　ハレム・ガラジュに到着したら、すぐ前から出ているスィルケジ行きの連絡船に乗ると、20分ほどで国鉄スィルケジ駅近く

オトガル構内図

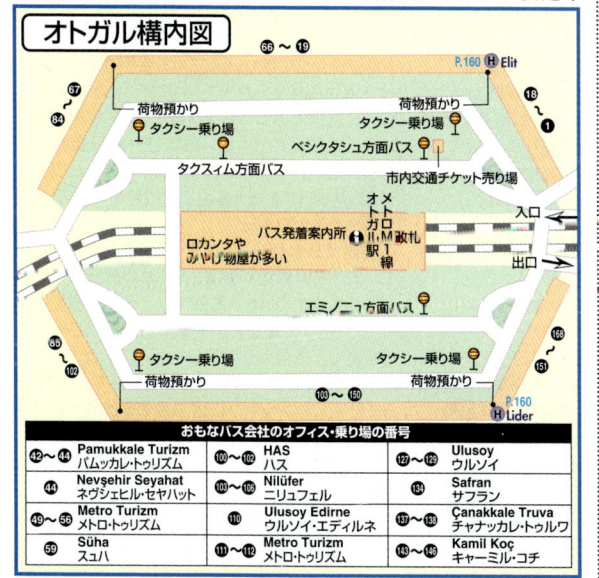

おもなバス会社のオフィス・乗り場の番号

番号	会社	番号	会社	番号	会社
42〜44	Pamukkale Turizm パムッカレ・トゥリズム	109〜102	HAS ハス	127〜129	Ulusoy ウルソイ
44	Nevşehir Seyahat ネヴシェヒル・セヤハット	105〜108	Nilüfer ニリュフェル	134	Safran サフラン
49〜56	Metro Turizm メトロ・トゥリズム	110	Ulusoy Edirne ウルソイ・エディルネ	137〜140	Çanakkale Truva チャナッカレ・トゥルヴァ
59	Süha スュハ	111〜112	Metro Turizm メトロ・トゥリズム	143〜145	Kamil Koç カミル・コチ

■サビハ・ギョクチェン空港
折込イスタンブール広域図D4外
TEL(0216) 585 5000
FAX(0216) 585 5114
URL www.sgairport.com

空港内のチェックイン・カウンター

■市内バスE3（サビハ・ギョクチェン空港〜ドルデュンジュ・レヴェント駅）
運行：平日6:00〜22:40、土6:30〜23:00、日7:00〜24:00に1〜2時間おき
料金：チケット2枚分（または2回券）、TEM高速道路経由の便は3枚分
所要：約1時間55分

■エセンレルのオトガル
折込イスタンブール広域図B3
URL www.otogaristanbul.com
（トルコ語）

■ハレム・ガラジュ
折込イスタンブール広域図C3

■オトガルとハレム・ガラジュ
アジア側の各都市とイスタンブールを結ぶバス路線のなかには、ハレム・ガラジュとエセンレルのオトガルと両方に停まるものがある。バスはボスポラス大橋を通るために時間帯によっては渋滞にはまり、このターミナル間の移動に2時間以上かかることも。旧市街やタクスィムなどヨーロッパ側の町を基点にするなら、ハレムで乗降しフェリーでヨーロッパ側に渡ると時間の節約になる。ただし大きな荷物を持っている場合は移動が大変なので非現実的。なお、近年の傾向ではハレム・ガラジュを使うバス会社は少なくなってきている。ハレムに停まるかどうかはあらかじめ確かめておこう。

オトガルには国内各地や周辺諸国からのバスが発着する

タクスィム広場でバスを乗り間違えてしまい、サビハ・ギョクチェン空港へ行ってしまいました。時間に余裕があったので助かりましたが、乗車前に運転手や周囲の人によく確認しましょう。（愛知県　MOTTIVS　'12夏）

エミノニュにあるハレム・ガラジュ行きの埠頭は円形の建物

■スィルケジ駅
Map P.33C1

ハイダルパシャ駅は役目を終え、ホテルやショッピングセンターに改装するプロジェクトがある

■クルーズ船の寄港地
ヨーロッパからの大型クルーズ船は、ガラタ橋のたもとのカラキョイKaraköy（Map P.35C3）の港に寄港する。

の桟橋に到着する。
　バス会社によってはエセンレルのオトガルから**タクスィム**や**ベシクタシュ**にあるバス会社のオフィスまで、ハレム・ガラジュから**ユスキュダル**Üsküdarや**カドゥキョイ**Kadıköyまで無料の送迎バス（セルヴィス）を運行している。
　また、大手バス会社のなかにはアジア側のアタシェヒルAtaşehirやヨーロッパ側のアリベイキョイAlibeyköyなどにある専用ターミナルに発着する場合もある。

アナトリア各地へはハレム・ガラジュからも便がある

◆鉄道駅から市の中心部へ
　ヨーロッパからの鉄道は、ヨーロッパ側にある旧市街のガラタ橋に近い**スィルケジ**Sirkeci駅に着く（2012年10月現在、工事のため代替バスによる運行）。アジア側のトルコ各地からは、かつて**ハイダルパシャ**Haydarpaşa駅に到着していたが、高速新線や海峡横断鉄道（マルマライ）建設計画により、近郊線を除き、現在は使用されていない。また、アジア側からの中・長距離列車はイスタンブールまでは乗り入れていない。

◆港から市の中心部へ
　ヤロワやブルサ、バンドゥルマからの高速船の場合、**イェニカプ**Yenikapıかアジア側の**ボスタンジュ** Bostancıに着く。イェニカプからアクサライまでは歩いて15分。TCDDの国鉄駅も近い。荷物が多いときはタクシーを使おう。

Information　初日に現れるイスタンブールの客引き

●空港内で偽iのスタッフによる被害多発！
　空港内で、旅行会社のスタッフが、iのスタッフのバッジを付けたりして公共機関の職員を装い、自分の関係する旅行商品を売りつけるという事例が多発している。なかには日本語が堪能な人もいるので注意しよう。
　彼らの手口は、「あなたが泊まろうとしているホテルは満室。同じ系列のよいホテルに連れていこう」とか、「無料の送迎サービスがある」という嘘を並べ、スルタンアフメットの旅行会社に連れていき、相場以上の高額でツアーを売りつけるのが一般的。ホテル関係者も、予約していた客を彼らに連れ去られ、ホテルに来ないという被害に遭っている。特に深夜に空港に到着し、遠方に暮れている旅行者は格好のカモ。
　対策は、ホテルの送迎サービスを利用したり、公共交通機関を使うなど自力でホテルに行くようにすること。また、多少割高でもタクシーを使ってホテルに行くことをおすすめする。

●ハワタシュに乗り込んでくる客引き
　空港から市内へのバス、ハワタシュの車内で、ほかに空席があるにもかかわらず、あなたの横に座ってくる人の多くは、絨毯屋や旅行会社の客引きだ。アクサライのバス降り場にもハワタシュのスタッフを装う客引きや絨毯屋の客引きが待ちかまえている。
　英語や日本語でフレンドリーに話しかけてきて、まだ物価感覚や事情を知らない旅行者を自分の店に連れていき、高額でツアーや絨毯を売りつけるという商法だ。最近は数日かけて一緒に行動し、信用させる場合も多い。「トルコ人のホスピタリティだから僕の家に泊まってよ」と言って自宅のマンションに宿泊させるという手口もあった。
　安易に誘いに乗ったり、好意に甘えたり、隙を見せてはダメ。買う気がない人ははっきり「ノー・サンキュー！　いらないよ！」と何語でもいいので強く主張することが大切だ。

偽iスタッフのほとんどは、アタテュルク空港の到着ロビーをうろついている。ロビーでスタッフらしき人物に声をかけられたら偽iスタッフだと考えてもいいだろう。（編集室）

市内交通 Şehir Ulaşım

■イスタンブール市交通局
URL www.iett.gov.tr (トルコ語)
URL www.istanbul-ulasim.com.tr (トルコ語)

●**回数券** ほとんどの交通機関で使用可能。カード型でチャージのできない切符。1枚4TLで、バスなどは区間によって2枚以上必要な路線もある。2回券7TL、3回券10TL、5回券15TL、10回券28TLもある。

●**ジェトン** コイン型チケットで、メトロやトラム、ワプル（連絡船）などに利用できる。ひとつ3TL。**ジェトン・マティック**Jeton Matikという自動券売機が各駅に設置されている。交通機関によってジェトンの大きさが異なるので注意しよう。

ジェトンの自販機

●**イスタンブールカード** ほとんどの公共交通機関に使えるプリペイド式のチケット。割引料金となり、チケットを買う手間がないのでイスタンブールに長期滞在する場合は重宝する。

メトロの改札。オレンジ色の部分はカード式チケットの読み取り部。ジェトンは緑色の矢印の投入口へ入れて改札をくぐる。下の写真はカード残額が出る新型の改札

市内交通のチケット

	回数券 Sınırlı Kullanımlı Bilet スヌルル・クッラヌムル・ビレット	ジェトン Jeton ジェトン	イスタンブールカード İstanbulkart イスタンブールカルトゥ
料金	1回券4TL　2回券7TL 3回券10TL　5回券15TL 10回券28TL	3TL	カード発行時デポジット6TL 乗車料金は基本1.95TL
入手場所	バス停のブースや売店。自販機はない。空港では購入できない。	各駅に設置されたジェトンマティックJetonmatikという自販機か駅近くの売店。	バス停のブースや売店。自販機はない。空港では出発階中央のPhoto Servis Shopで販売している。
利用可能交通機関	メトロ　　近郊列車 トラム　　バス テュネル　メトロビュス フニキュレル　ワプル（大型船）	メトロ　　ワプル（大型船） トラム フニキュレル 近郊列車	メトロ　　近郊列車 トラム　　バス テュネル　メトロビュス フニキュレル　ワプル（大型船）
使い方	改札のカード読み取り端末にカードをあてる	改札にジェトンを入れてゲートをくぐる	改札のカード読み取り端末にカードをあてる

イスタンブールカードの充填方法

主要なバスターミナルやメトロ駅に設置されている専用の端末で充填可能。英語表示もできる。使える紙幣は基本的に5、10、20TL札のみ。旧式のボタン電池型チケットAkbil（アクビル）もイスタンブールカードと併用して利用、充填が可能だ。ただし新規の販売はされていない。

充填端末は主要ターミナルにある  → 左端のオレンジ色部分がカードの読み取り部分  → 残額が表示されるので紙幣を挿入する  → 投入した金額を確認する。この場合は5TL  → レシートを出したい場合は「Evet」を押す

☺チェンベルリタシュ駅でイスタンブールカードを購入しました。売店正面ではなくて、横の出入り口から声をかけて買いました。ケース付きで便利でした。（愛媛県　朋子　'11秋）

メトロ Metro（地下鉄）

●路線
　空港とアクサライを結ぶM1線（ハフィフ・メトロHafif Metroともいう）は旧市街を走る。
　新市街のシシハーネとハジュオスマンを結ぶ路線がM2線。始発から終点への直通はなく、タクスィムで乗り換えが必要。M3はオトガルとキラーズルを結ぶ。アジア側ではカドゥキョイとカイナルジャKaynarcaを結ぶM4が運行。

●こんなときに便利
空港↔旧市街への移動（M1線ゼイティンブルヌでT1線に乗り換え）
オトガルへの移動（M1線オトガルOtogar駅下車）
タクスィム→ニシャンタシュ（M2線オスマンベイOsmanbey駅下車）

新市街を走るM2線
空港行きのM1線

トラムヴァイ Tramvay（路面電車）

●路線　旧市街のバージュラルと新市街のカバタシュを結ぶT1線は観光にも大活躍する路線。トプカプから北に行くT4線があるが、観光客はあまり利用しないだろう。
●乗り方　プラットホームの入口にある改札機を通って電車に乗る。駅の入口はギリシGiriş、出口はチュクシュÇıkışと表示されている。電車の方向を間違えないように気を付けよう。
●こんなときに便利
空港↔旧市街への移動（T1線ゼイティンブルヌでM1線に乗り換え）
旧市街↔新市街の移動

観光にも大活躍のトラムヴァイ
ガラタ橋を渡るトラムヴァイ

ノスタルジック・トラムヴァイ Nostaljik Tramvayı

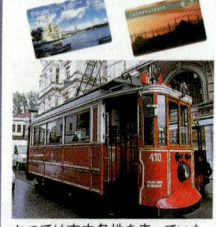

●路線　新市街のイスティクラール通りを通っているものはアンティークの路面電車（T5）。2両、もしくはたった1両編成でタクスィム広場とガラタ塔近くのテュネルTünel地区を結んでいる。アジア側のカドゥキョイを走るT3線もある。
●こんなときに便利　イスティクラール通り↔タクスィム広場

かつては市内各地を走っていた

テュネル Tünel

●路線　1875年に造られたという、ヨーロッパで最も古い地下鉄のひとつ。ガラタ橋近くのカラキョイから、路面電車の終点テュネルまでわずか3分ほどという短さで、あっという間に着く。7:00〜21:00の運行。
●こんなときに便利　イスティクラール通り↔ガラタ橋

パリの地下鉄の試作版ともいわれる

😊空港から旧市街、旧市街での移動にはメトロとトラムが一番便利です。乗車時にジェトンを改札機に入れます。下車時にも改札はありますが、自由に通れます。(京都府　kt　'12春)

フニキュレル Funiküler（地下ケーブル）

●路線　新市街のフェリーターミナルがあるカバタシュとタクスィム広場を約1分で結ぶ地下ケーブル。5〜10分間隔で運転している。タクスィム駅ではメトロに乗り換えることができる。カバタシュの地下ケーブル乗り場はトラムヴァイの駅の西側出口（最後尾の車両）の階段を下り、改札を出ると「TÜNEL」と看板が出ており、切符売り場と乗り場がある。

地下ケーブルのカバタシュ駅

バンリヨ・トレニ Banliyö Treni（近郊列車）

●路線　スィルケジ駅から西へ向かう路線と、アジア側のハイダルパシャ駅から東へ向かう路線がある。
●こんなときに便利
スィルケジ駅→イェディクレ（イェディクレ駅Yedikule下車）
スィルケジ駅→イスタンブール水族館（フロルヤ駅Frolya下車）
ハイダルパシャ駅→バーダット通り（スアディエ駅Suadiyeまたはボスタンジュ駅Bostancı下車）

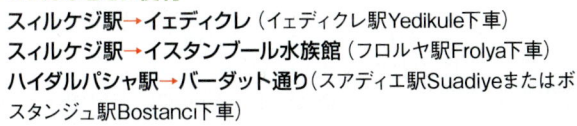

新型車両も登場した

市内バス Otobüs

●運行会社　İETT（市交通局）とÖzel Halk Otobüsü（民営バス）の2社が運行している。新市街ではタクスィムTaksim、旧市街ではエミノニュ Eminönüなどが主要なターミナル。
●乗り方　前から乗り、料金を支払う。降りるときは降車ボタンを押し、中央か後ろのドアから降りる。車内での現金払いはできないので注意。
●こんなときに便利
カバタシュ→オルタキョイ（路線多数、オルタキョイ下車）
エミノニュ→カーリエ博物館（37E、86番でエディルネカプEdirnekapı下車）

İETTのバス

民営バスの車体

メトロビュス Metrobüs

●路線　バスと似た車体で、道路に専用レーンがあり、専用軌道を走る。おもに環状道路Çevre Yoluを走る。アジア側のカドゥキョイ近くのソユトリュチェシメSöğütlüçeşmeが始発で、ボスポラス大橋を渡り、新市街のズィンジルリクユZincirlikuyu、金角湾やゼイティンブルヌを経て空港の先にあるベイリッキデュズュまでを約45分で結ぶ。
●料金　1回券4TL、イスタンブールカード1.60〜2.95TL（乗車時に2.95TL引かれるが払い戻し機に当てると戻る）

メトロビュスのゼイティンブルヌ停留所

☺メトロビュスでボスポラス大橋を通ることができます。ボスポラス大橋からの海峡の眺めは最高です。(東京都　竹下充　'11夏)

タクシー Taksi

タクシーは黄色い車体

バックミラー内蔵型のタクシーメーター

車体に書かれたタクシー番号

●料金
タクシーは初乗りが2.70TLと日本に比べたらずっと安い。2～3人なら公共交通機関より安上がりな場合も。かなり小刻みにメーターは上がる。運転手がおつり用に小額のお金を持っていることは稀なので、小銭を用意しておこう。支払いは現金のみ。

●注意したいトラブル
慣れない旅行者相手だと、なかにはメーターを倒さずに前の人の料金に上乗せしたり、遠回りをしたり、チップを要求したりする悪い運転手もいる。遠回りされてもわからないのは仕方がないが、メーターの確認だけは必ずすること。観光地で客待ちをしているようなタクシーは要注意だ。

●ミラー型の新型メーター
バックミラーの中に料金が表示されるタイプのメーターを使用する車が増えている。ニセのメーターというわけではないので覚えておこう。

●こんなときに便利
深夜に空港に着いたとき
金角湾や城壁周辺の見どころを回るとき

乗り換えガイド

	アタテュルク空港まで	スルタンアフメットまで	グランドバザールまで
アタテュルク空港から	アタテュルク空港の最寄駅 Havalimanı (メトロM1)	Havalimanı駅からメトロでZeytinburnu駅まで10分。トラムに乗り換えて45分	Havalimanı駅からメトロでZeytinburnu駅まで10分。トラムに乗り換えて42分
スルタンアフメットから	Sultanahmet駅からZeytinburnu駅までトラムで45分。メトロに乗り換えHavalimanı駅まで10分。	スルタンアフメットの最寄駅 Sultanahmet (トラムT1)	Sultanahmet駅からBeyazıt-Kapalıçarşı駅までトラムで3分。徒歩の場合、約15分
グランドバザールから	Beyazıt-Kapalıçarşı駅からZeytinburnu駅までトラムで42分。メトロに乗り換えHavalimanı駅まで10分。	Beyazıt-Kapalıçarşı駅からSultanahmet駅までトラムで3分。徒歩の場合、約15分	グランド・バザールの最寄駅 Beyazıt-Kapalıçarşı (トラムT1)
エミノニュから	Eminönü駅からZeytinburnu駅までトラムで51分。メトロに乗り換えHavalimanı駅まで10分。	Eminönü駅からSultanahmet駅までトラムで6分。徒歩の場合約20分	Eminönü駅からBeyazıt-Kapalıçarşı駅までトラムで9分。徒歩の場合約35分
タクスィム広場から	ハワタシュ（シャトルバス）で45分。96Tの市内バス（回数券2枚分）で約1時間。	Taksim駅からKabataş駅までフニキュレルで1分。トラムに乗り換えSultanahmet駅まで16分	Taksim駅からKabataş駅までフニキュレルで1分。トラムに乗り換えBeyazıt-Kapalıçarşı駅まで19分
オルタキョイから	OrtaköyからKabataşまで22、25Eのバスで11分。フニキュレルでTaksim場まで1分。タクスィム広場から空港までハワタシュで45分。	22、25EのバスでKabataşまで11分。トラムに乗り換えてSultanahmet駅まで16分	22、25EのバスでKabataşまで11分。トラムに乗り換えてBeyazıt-Kapalıçarşı駅まで19分
カドゥキョイから	110のバス（回数券2枚分）でタクスィム場まで約1時間。ハワタシュに乗り換えて45分。	フェリーでEminönüまで20分。トラムに乗り換えてSultanahmet駅まで6分	フェリーでEminönüまで20分。トラムに乗り換えてBeyazıt-Kapalıçarşı駅まで9分

所要時間は正常運行した場合の目安です。渋滞等の理由で大幅に遅れることがあります。

イスタンブールカードのデポジット料金の返金はトラムヴァイ駅の係員ではできず、結局エミノニュのバスターミナルまで行って返してもらった。(大阪府　F.T.　'12夏)

ドルムシュ、ミニバス Dolmuş, Minibüs

●**ドルムシュとは**
ワンボックスカーを改造した、行き先と路線の決まった乗合自動車のこと。ドアはほとんどが自動開閉式。

●**路線** 路線はいろいろあるが、アクサライやタクスィムに発着する路線は便利。これらはいずれも黄色の車体だ。アジア側にも多くの路線があり、水色などさまざまな車体のドルムシュが活躍している。また、トプカプはミニビュス・ガラジュ(ミニバスのターミナル)になっており、郊外へ行くミニバスがたくさん出ている。

●**乗り方** 路線上なら停車禁止の場所を除いて、好きな場所で降りることができる。ただし、乗客が満員にならないと出発しない。行き先(起終点)の表示はフロントガラスに書かれていることが多い。

●**料金** ルート上の料金は決まっており、車内に貼り出されていることも多い。乗ってから運転手に現金で支払う。

●**こんなときに便利**
ベシクタシュ～タクスィム広場路線
エミノニュ～ニシャンタシュ路線

アジア側や住宅地などではドルムシュが市民の足

ユスキュダルとハレム・ガラジュを結ぶドルムシュ

エミノニュまで	タクスィム広場まで	オルタキョイまで	カドゥキョイまで
Havalimanı駅からメトロでZeytinburnu駅までトラムで10分。トラムに乗り換えて51分	ハワタシュ(シャトルバス)で45分。96Tの市内バス(回数券2枚分)で約1時間	ハワタシュでタクスィム広場まで45分。DT1のバスでKabataş Lisesiまで15分。	ハワタシュでタクスィム広場まで45分。110のバス(回数券2枚分)で約1時間。
Sultanahmet駅からEminönü駅までトラムで6分。徒歩の場合約20分	Sultanahmet駅からKabataş駅までトラムで16分。フニキュレルに乗り換えてTaksim駅まで1分	Sultanahmet駅からKabataş駅までトラムで16分。22、25Eのバスに乗り換えてOrtaköyまで11分	Sultanahmet駅からEminönü駅までトラムで6分。フェリーに乗り換えてKadıköyまで20分
Beyazıt-Kapalıçarşı駅からEminönü駅までトラムで9分。徒歩の場合約35分	Beyazıt-Kapalıçarşı駅からKabataş駅までトラムで19分。フニキュレルに乗り換えてTaksim駅まで1分	Beyazıt-Kapalıçarşı駅からKabataş駅までトラムで19分。22、25Eのバスに乗り換えてOrtaköyまで11分	Beyazıt-Kapalıçarşı駅からEminönü駅までトラムで9分。フェリーに乗り換えてKadıköyまで20分
エミノニュの最寄駅 **Eminönü** (トラムT1)	Eminönü駅からKabataş駅までトラムで10分。フニキュレルに乗り換えてTaksim駅まで1分	Eminönü駅からKabataş駅までトラムで10分。22、25Eのバスに乗り換えてOrtaköyまで11分	フェリーでKadıköyまで20分
Taksim駅からKabataş駅までフニキュレルで1分。トラムに乗り換えEminönü駅まで10分。46Çのバスもある。	**タクスィム広場の最寄駅** **Taksim** (フニキュレルT1、メトロM2)	DT1のバスでKabataş Lisesiまで15分	Kabataş駅までフニキュレルで1分。フェリーに乗り換えてKadıköyまで30分
22、25EのバスでKabataşまで11分。トラムに乗り換えてEminönü駅まで10分	22、25EのバスでKabataşまで11分。フニキュレルに乗り換えてTaksim駅まで1分	**オルタキョイの最寄りバス停** **Kabataş Lisesi** (市内バスDT1)	OrtaköyからBeşiktaşまで22、25E、40番のバスで6分。フェリーに乗り換えてKadıköyまで15分
フェリーでEminönüまで20分	フェリーでBeşiktaşまで15分。DT1などのバスやドルムシュで10分	フェリーでBeşiktaşまで15分。22、25E、40番のバスでOrtaköyまで6分	**カドゥキョイの最寄り桟橋** **Kadıköy**(フェリー)

所要時間は正常運行した場合の目安です。渋滞等の理由で大幅に遅れることがあります。

エミノニュとタクスィム広場を結ぶ46Çのバス(ÇAĞLAYAN - EMİNÖNÜ)は7:00～23:15(日曜7:40～22:45)の約20分毎。渋滞があるとかなり時間がかかる。(編集室)

ワプル Vapur（大型連絡船）

- **おもな埠頭** 旧市街側のエミノニュ Eminönü をはじめ、新市街側のベシクタシュ Beşiktaş、カバタシュ Kabataş、アジア側のユスキュダル Üsküdar、カドゥキョイ Kadıköy など
- **料金** 回数券、ジェトン、イスタンブールカードで支払い可能
- **運航会社** シェヒル・ハットラル Şehir Hatlar
  URL www.sehirhatlari.com.tr
  イスタンブール高速船 İstanbul Deniz Otobüs (İDO)
  URL www.ido.com.tr
- **こんなときに便利** ボスポラス海峡クルーズ
  アジア側〜ヨーロッパ側の行き来

エミノニュの埠頭

カドゥキョイの埠頭

エミノニュ周辺の交通機関案内図

ワプル
シェヒル・ハットラル（市内フェリー）
Şehir Hatları

デニズ・オトビュス
イスタンブール高速船（イド İDO）
İstanbul Deniz Otobüsü

モトル
トゥルヨル Turyol
デントゥル Dentur

地図上の地名

- カラキョイ駅（テュネル）Karaköy
- Târihi Karaköy Balıkçısı
- カラキョイ駅 Karaköy
- Namlı Gurme
- トルコ海運 Türkiye Denizcilik İşletmesi
- トゥルヨル桟橋 Turyol İskelesi（ユスキュダル、ハイダルパシャ、カドゥキョイ行き）
- ガラタ橋 Galata Köprüsü
- 金角湾 Haliç
- ハリッチ・ハットゥ桟橋（エユップ・スュトゥルジェ方面）Haliç Hattı İskelesi
- トゥルヨル桟橋 Turyol İskelesi（ユスキュダル、ハイダルパシャ、カドゥキョイ行き、ボスポラスクルーズ）
- サバサンド屋台群 Balık Ekmek Tekneleri
- 市内バスターミナル
- ボスポラス海峡行き桟橋（ボスポラスクルーズ）Bosphorus Cruises Pier
- ヘザルフェン・アフメット・チェレビー桟橋（ユスキュダルへ）Hezarfen Ahmet Çelebi İskelesi
- エヴリヤ・チェレビー桟橋（カドゥキョイへ）Evliya Çelebi İskelesi
- キャーティプ・チェレビー桟橋（閉鎖中）Kâtip Çelebi İskelesi
- リュステム・パシャ・ジャーミィ Rüstem Paşa Camii
- Pandeli
- Hamdi
- エミノニュ駅 Eminönü
- サバサンド屋台 Balık Ekmek
- ニシャンタシュ行きドルムシュ
- イド・ハレム桟橋 İDO Harem İskelesi（ハレム・ガラジュへ）
- イェニ・ジャーミィ広場 Yeni Cami Meydanı
- イェニ・ジャーミィ Yeni Cami
- エジプシャンバザール Mısır Çarşısı
- Legacy Ottoman
- Hacı Bekir
- グランドバザールへ
- Göksel Bijuteri
- スィルケジ駅 Sirkeci
- Orient Express
- 国鉄スィルケジ駅 TCDD Sirkeci Garı

昼間のフェリーも楽しいですが、夜もロマンティックです。スルタンアフメット・ジャーミィやトプカプ宮殿、ガラタ橋のライトアップがまるでおとぎの国のようでした。（徳島県 中島明子 '11春）

デニズ・オトビュス Deniz Otobüsü（高速船）

- **おもな埠頭** シーバスや海上バスの類で、料金は高いが、短い時間で各地を結ぶ。旧市街南岸のイェニカプ Yenikapıやカバタシュやバクルキョイ Bakırköyなど。詳細は→P.186。
- **料金** 現金、クレジットカードでの支払いが可能。
- **運航会社**
  イスタンブール高速船 İstanbul Deniz Otobüs (İDO)
  URL www.ido.com.tr
- **こんなときに便利**
  イズニックへ日帰りで行くとき（イェニカプ発）

İDOの埠頭

モトル Motor（乗合水上バス）

- **おもな埠頭** エミノニュやカラキョイなど。トゥルヨル Turyol、デントゥル Denturなどの会社が運航している。ワプルよりも早い。
- **おもな路線** エミノニュ～カラキョイ～ユスキュダル、エミノニュ～カドゥキョイ（3TL）など。ボスポラス海峡クルーズ（12～15TL）を催行する会社もある。
- **料金** 現金での支払いのみ。
- **運航会社**
  トゥルヨル Turyol URL www.turyol.com
  デントゥル Dentur URL www.denturavrasya.com

トゥルヨル社の船

イスタンブールのおもな航路

エミノニュ～ユスキュダル
- 運航 月～土6:10～22:30に15～30分毎
  日・祝6:30～22:30に15～30分毎
- 所要 15分　　運賃 3TL

ヘザルフェン・アフメット・チェレビー埠頭発。朝夕は通勤客で混雑する。

エミノニュ～エユップ（金角湾線）
- 運航 月～土7:00～19:45に1時間に1便程度
  日7:00～20:45に1時間に1便程度
- 所要 33分　　運賃 3TL

ガラタ橋の西側にあるハリッチ・ハットゥ桟橋から出航。金角湾をエユップ Eyüpまで 数ヶ所に寄りながら行く。ミニアトゥルクに行くときにはスュトリュジェ Sütlüce（所要30分）下船が便利。エミノニュからエユップまで33分。

ベシクタシュ～カドゥキョイ
- 運航 7:15～21:15に1時間に2便程度
- 所要 20分　　運賃 3TL

ベシクタシュ～ユスキュダル
- 運航 月～土7:00～20:30に10～20分毎
  日・祝7:30～20:30に30分毎
- 所要 20分　　運賃 3TL

エミノニュ～カドゥキョイ
- 運航 7:30～20:35に15～20分毎
- 所要 30分　　運賃 3TL

エヴリヤ・チェレビー桟橋発。朝夕は込み合う。

スィルケジ～ハレム
- 運航 月～金7:00～22:30に最大20分おき
  土7:00～21:30に最大30分おき
  日8:00～21:30に最大1時間おき（スィルケジ発）
  日7:30～21:30に最大1時間おき（ハレム発）
- 所要 20分　　運賃 3TL

イド・ハレム桟橋発。車も乗船可能。下船すると目の前がハレムの長距離バスターミナル。

カバタシュ～プリンスィズ諸島
- 運航 6:50～翌0:35に18便
- 所要 1時間30分　　運賃 5TL

トラムヴァイのカバタシュ駅前の埠頭からマルマラ海に浮かぶ島々まで行く船が出る。クナル島 Kınalada、ブルガズ島 Burgaz Adası、ヘイベリ島 Heybeliada、ビュユック島 Büyükadaの順に寄港するが、便によっては寄らない島も。クナル島まで約1時間、ビュユック島までは1時間30分。なお、ボスタンジュ Bostancıからも高速船がある。

※イェニカプ発ヤロワ行き、ブルサ行きなどの高速船→P.186、ボスポラス海峡クルーズ→P.146

ボスポラス海峡路線で立ち寄るイェニキョイの桟橋には1949年創業のレストランが併設されており、沈み行く夕日を眺めながらのディナーは人気。（編集室）

■日本円の両替
日本円の現金の両替は、イスタンブール市内ならほとんどの銀行や両替所で可能。ただし、銀行の場合、日本円の紙幣に不慣れな人がいると確認に時間がかかることもある。

■スルタンアフメットの❶
Map P.33C3
✉Sultanahmet Meydanı
TEL(0212)518 8754
FAX(0212)518 1802
圏9:00～17:30 休無休

■スィルケジ駅の❶
Map P.33C1
✉Sirkeci Garı
TEL(0212)511 5888
圏9:00～17:00 休無休

■カラキョイの❶
Map P.35C3
✉Karaköy Yolcu Salonu
TEL(0212)249 5776
圏9:00～17:00 休日

■タクスィム広場近くの❶
Map P.37C2
✉Mete Cad. Seyran Apt.
TEL(0212)233 0592
圏9:00～17:00 休土・日

■M.T.I. Travel
Map P.41C2
✉Barbaros Bul. Dörtyüzlü Sok. Güneş Apt. D-2
TEL(0212)327 2393
（日本語対応可能）
FAX(0212)327 2387
URLwww.mtitour.com🇯🇵
URLwww.cappadociatourmarket.com🇯🇵
カッパドキアのユルギュップに本社をもち、さまざまなツアーを用意している。

◆両替・郵便・電話
●両替　スルタンアフメットやグランドバザール、スィルケジ駅周辺、イスティクラール通りなどには私設の両替商がある。レートはグランドバザールの中にある両替商が最もよい。銀行に比べ手数料を取らないし、作業も早く、手軽に利用できる。ほとんどの銀行や両替商は現金（日本円もOK）しか扱わないが、トラベラーズチェックを受け取るところも出てきている。ただし、手続きに時間がかかることがある。

アタテュルク空港にある銀行

●郵便　PTTと書かれた看板が目印。イスタンブールの中央郵便局はスィルケジにある。24時間営業しているが、平日の8:00～12:00、12:30～16:00以外の時間帯は、業務がかなり限られてくるので、なるべくこの時間帯を利用するようにしよう。小包の発送は中央郵便局を背にして右に進んだところにある**PTT KARGO**（Map P.32B1）で受付ている。また、タクスィム広場北やイスティクラール通りのガラタサライ高校横、ヒッポドローム横にあるスルタンアフメットの裁判所の地下などにも郵便局はある。アヤソフィア前の広場にも小さなブースが出ている。

旅行者の利用も多いスィルケジの中央郵便局の内部

●電話　PTTは電話業務も兼ねており、テレホンカードを販売している。通話料金の安いプリペイド式国際電話カードがおすすめ。最近は公衆電話は減っているが、もちろんすべての公衆電話から国際電話をかけることが可能だ。

◆旅の情報収集
●観光案内所　スルタンアフメットやスィルケジ駅、カラキョイには❶があり、ひととおりの情報は揃う。市内地図をはじめ、トルコ各地のパンフレットなども置いている。ホテルの紹介は印刷物の配布のみ。予約や仲介といった業務は行っていない。

---

from Readers　ブラシを落とす悪徳靴磨き

😊路上でわざと靴磨きのブラシを落とし、それを拾ってあげるとうれしそうにお礼のように靴を磨いてくれるのですが、そのかわり18TL請求されました。わざとブラシを落とすシーンを度々見かけたので注意してください。（富山県　T.Y. '10秋）

😞ガラタ塔、ガラタ橋付近は悪徳靴磨きの稼ぎ場所になっているようです。くれぐれもわざと落とした靴ブラシは拾わないでください。（千葉県　桑の実　'10夏）

😊タクスィム広場近くのジュムフリエット通りを歩いて買い物に行く途中、靴磨きのおじさんがブラシを落とし、呼びかけてあげると大変感謝され、お礼に磨くと言って来ましたが、疲れていたので断りました。同じような手口で気の良い日本人に声をかけて靴磨きをしてお金を請求しているようだった。同じツアーの人のなかには、靴を磨いてもらってトラブルになっている人もいた。（大阪府　みつこ　'12春）

😊PTTでIPCと書かれた国際電話専用カードを10TLで買いました。PINコードを入力した後、カードを挿入して00から始まる国際電話のかけ方を続けると通じます。（千葉県　Ahe '12夏）

◆イスタンブール発のツアー

●**天井知らずのツアー料金** イスタンブールは、トルコに来る外国人がたいてい初めて訪れる場所、ということで「相場を知らないうちに高い値段で売ってしまおう」という商売が成り立つところ。他の店で相場を調べることができないようにずっとつきまとったり店から出られないようにしたりすることも。特にこのような悪徳店や客引きはスルタンアフメット付近によく出没し「英語もろくに話せないあなたが自分の足で歩けるはずはない。バスは満席、ホテルも満室。ツアーでなければ行くことはできない」などと言葉巧みに不安を煽ってくるだろう。しかし断言しよう。**絶対にそんなことはない**。交通網が発達しているトルコでは、オトガルに行ってバス会社の人に目的地を言えば、どこにだって行くことができる。ツアーに参加するメリットは、時間を効率よく使えること。時間がもったいないのでツアーに参加するのだったらわかるが、自信がないからというのでは、旅の意味がない。

例えば、見どころが散らばっているカッパドキアにしても、なにもイスタンブールからツアーに参加しなくても、ギョレメ、ユルギュップから確実に毎日ツアーがある。イスタンブールからのツアーにはカッパドキアまでのバスやホテルがプラスされるわけだが、これが質も料金も千差万別でトラブルの元。

●**自分で手配した場合の目安** カッパドキアツアーの内容の目安は、バス代は約22€（20:00前にエセンレルのオトガルに行けば通常は予約なしで乗れる）、宿泊費はギョレメのペンションで20～30€、ガイド付き1日グループツアーは25～30€といったところなので、自分で手配すれば100€前後でも可能。

ツアーに参加することに決めたなら、**何軒か回って情報を集め、充分に比較検討したうえで決めることだ**。この労力を絶対に惜しんではならない。大きなお金が動くのだから、細心の注意が必要なのだ。

☹**ずさんな手配のツアー**
カッパドキアとネムルトダーウを効率よく回るためスルタンアフメット地区の某M Travelという旅行代理店で現地ツアー、航空券、気球ツアー、ホテルを手配しましたが、手配がずさんでひどい目にあいました。
例えば、カッパドキアで手配したホテルが洞窟ホテルではなかった。気球ツアーのピックアップの時間が旅行会社の伝達ミスで間違っていて参加できなかった。ネムルトダーウではシングルルームを確約していたのに他人と同部屋にされた。クレームの電話を入れたが逆切れされ、悔しくて悲しくて泣きました。
（愛知県　ひろまろ　'11夏）

☹**組織的で巧妙な手口**
「カッパドキアは現地ツアーを使わないと回れないし、交通手段にも困る。知り合いの旅行代理店を紹介しよう」と日本語が堪能な絨毯屋のすすめで、スルタンアフメット地区のSペンション隣の某A Travelで現地ツアーとホテルを不当に高い料金で売りつけられました。別の旅行会社で聞くと不当な値段だったことがわかり、キャンセルしようにもキャンセル料40％を請求したり、クレジットカードとバウチャーを要求しても拒否され、返金手続きをしたクレジットカード会社には改ざんした日程表を提出するなど手口は巧妙かつ組織的でした。
（大阪府　H.Y.　'11夏）

イスタンブール市内観光バス

シティ・サイトシーイング City Sightseeing
TEL(0212)234 7777　TEL 0536 590 4385（携帯）　FAX(0212)230 2272　URL www.plantours.com
出発：4～10月アヤソフィア前から10:00～18:00の1時間毎、
11～3月アヤソフィア前から10:00～16:00の1時間毎　📷 20€
アヤソフィア周辺→ガラタ橋→ドルマバフチェ宮殿→タクスィム広場→アタテュルク橋→テオドシウスの城壁→イェニクレの順に回る。日本語や英語などの音声ガイド付きで乗り降り自由。アヤソフィア前の広場やタクスィム広場などで乗車可能。テオドシウスの城壁など公共交通機関では行きにくい所へも行ける。

シティ・ウィンドウズ City Windows
TEL(0212)283 1396　FAX(0212)283 1354　URL www.citywindows.com.tr
出発：アヤソフィア前から10:00～16:00　📷 20€（24時間有効）
ブルーライン、グリーンライン、パープルライン（夜のみ）の3本のルートがあり、同じチケットで乗車可能。英語や日本語などの音声ガイド付き。
ブルーライン（45分毎に出発）は旧市街→ガラタ橋→ドルマバフチェ宮殿→ボスポラス大橋→アジア側→タクスィム広場→旧市街と回る。グリーンライン（2時間毎に出発）は旧市街と金角湾沿いを走るルート。パープルラインは18:15～19:00頃出発の1便のみ。アジア側のチャムルジャの丘まで行き、海峡の夜景を楽しむ。

☹スルタンアフメット地区では日本語で親しげに話しかけてくる人が多いですが、そのほとんどが絨毯屋のようです。わかってはいたものの2回もひっかかってしまい時間をロスしました。（神奈川県　おーちゃん　'10秋）

イスタンブールの見どころ

1600年にわたって首都として栄えたイスタンブールには多くの人を惹きつける歴史的見どころがたくさんある。本書では回りやすいように地区別に掲載した。合わせて見学時間の目安も記したので参考にしてほしい。

ピエール・ロティのチャイハーネ

金角湾周辺
P.138〜139

金角湾の両岸から旧市街の西にある城壁までのエリア。交通の便があまりよくないので、タクシーでの移動をすすめる。

テオドシウスの城壁周辺
P.140〜141

城壁の南端、マルマラ海へといたる付近。マルマラ海の沿岸は公園になっており、老舗のショッピングセンターやレストランも多い。アタテュルク空港にも近い。

金角湾とテオドシウスの城壁周辺

金角湾

旧市街

スィ

ベヤズット

ベヤズット地区
P.127〜131

ベヤズットは、スルタンアフメットの西に隣接する地区。トラムヴァイで1〜3駅の範囲だから、スルタンアフメットから徒歩でも回れる。この地区では何といってもグランドバザールが見逃せない。

スィルケジ周辺
P.132〜133

スィルケジは国鉄駅のある所。新市街と旧市街を結ぶガラタ橋があり、エミノニュ桟橋も近いため大変にぎやか。スルタンアフメットの北に位置し、トラムヴァイで行けるが徒歩圏内でもある。

ジャッキー・チェン主演の映画『アクシデンタル・スパイ』は地下宮殿やグランドバザールなどイスタンブールの観光名所がたくさん出てきます。(東京都　鈴木葵　'11年12月)

イスタンブール●見どころ

新市街
P.134～137

　新市街は、ガラタ橋以北の広い範囲を掲載している。メトロやトラムヴァイのほかバスやドルムシュも活用して効率よく回ろう。タクスィム広場を起点に、イスティクラール通りの散策やショッピングも楽しい。

ボスポラス海峡周辺
P.144～146

　ボスポラス海峡沿岸の見どころと、マルマラ海のプリンスィズ諸島を掲載した。観光ルートにもなっている海峡路線のフェリーに乗って、黒海入口のアナドル・カヴァウまで行ってみよう。

新市街
ボスポラス海峡
ジ周辺
ルタンアフメット
アジア側

アジア側
P.142～143

　アジア側にも興味深い見どころがある。フェリーやドルムシュで行ってみよう。ユスキュダルは昔ながらの住宅地。カドゥキョイはイスタンブール有数の繁華街。レストランやショップも数多い先端エリア。

カドゥキョイの埠頭近く

スルタンアフメット地区
P.114～126

　スルタンアフメットは、旧市街の歴史地区の中心。スルタンアフメット・ジャーミィ、アヤソフィア、トプカプ宮殿、地下宮殿など見どころはめじろ押し。この地区だけで最低でも丸1日はほしい。

スルタンアフメット・ジャーミィ

😊スルタンアフメット広場では、日本人女性は確実に声をかけられます。写真を撮って宿のスタッフに見せたら有名な詐欺師だったみたいです。要注意です。(千葉県　理系女子　'12春)

■ミュージアムパス
URL www.muze.gov.tr/museum_pass
[料]72TL(72時間有効)
トプカプ宮殿（ハレム含む）、アヤソフィア、カーリエ博物館、国立考古学博物館、モザイク博物館に入場可能（それぞれ1回のみ）なチケット。最初の入場から72時間有効。上記の博物館で購入可能。乙女の塔、市内観光バスなど割引特典あり。

■トプカプ宮殿
[TEL](0212) 512 0480
URL www.topkapisarayi.gov.tr
[開]9:30～17:00
（ハレムのみ～15:30）　[休]火
[料]25TL　ハレム15TL
音声ガイドは各15TL(最初にふたつ同時に借りると20TL)。借りる時にパスポートなどのIDを預ける
※ハレムのチケットは宮殿内部で購入する。

宮殿入口のチケット売り場

日本語対応の音声ガイドも有料で貸し出している

第1庭園にあるアヤ・イリニ教会

宮殿最初の門、皇帝の門

スルタンアフメット地区
見学時間の目安 **3時間**

3大陸を制したスルタンの栄華を今に伝える　Map P.33D1～D2

トプカプ宮殿
Topkapı Sarayı　トプカプ・サラユ

トプカプ宮殿は、オスマン朝の支配者の居城として400年もの間、政治や文化の中心であった。その秘宝は膨大だ。

　トプカプ宮殿は、マルマラ海を眼前に、ボスポラス海峡をも望む小高い丘に建てられている。15世紀の半ばから20世紀初頭にかけて、強大な権力をもっていた**オスマン朝の支配者の居城**として建設された。金角湾を隔てた新市街側から眺めると、トプカプ宮殿が重要な位置に建てられていることが手に取るようにわかる。

　3方を海に囲まれた丘の端、東西交易の接点であるボスポラス海峡をにらむように宮殿は建つ。そしてかつてここに大砲が設置されていたことからトプ（大砲）カプ（門）サライ（宮殿）と呼ばれるようになったという逸話がある。

　1453年にイスタンブールを陥落させた**メフメット2世**は、1460年代に現在の位置にトプカプ宮殿を着工。その後、さまざまなスルタンが当時の建築様式に従って増築を重ね、現在のようなスタイルとなった。70万㎡という広大な敷地をもつ宮殿は、それ自体ひとつの町となっており、1856年に**ドルマバフチェ宮殿**ができるまで、ここはウィーン付近から黒海、アラビア半島、果ては北アフリカまでを支配した**オスマン朝の中心地**として栄えていた。敷地内には議会やスルタンの居室はもとより、側室の女性たちの部屋も備えた**ハレム**もある。

皇帝の門と中庭
Map P.33D2～D3

Bâb-ı Hümâyûn / Avlular　バーブ・ヒュマユーン／アウルラル

　入口はアヤソフィア裏側に1478年に建てられた**皇帝の門**。かつては2階建てでかなりの大きさを誇っていたという。この門をくぐった所が**第1庭園**となっている。第1庭園にはビザンツ時代に最初の建物が建立された**アヤ・イリニ教会**もある。さらに庭園を真っすぐ進み、右側にあるチケット売り場で入場券を買っ

威風堂々とした風格がある送迎の門

トプカプ宮殿の公式サイト(URL www.topkapisarayi.gov.tr)では、ハレムやスルタンの部屋のバーチャル見学ができるので、見学前に見ておこう。（編集室）

荷物検査を終えた所に模型があり、宮殿全体を把握できる

たら、いよいよ送迎門をくぐる。8角形の塔を左右に置いた独特の形をしたこの門には、クルアーンの一節が刻まれている。

第2庭園は芝生と花壇が手入れされて、周りを取り囲むように建物がある。入口を背に左奥に**ハレム**、右側に陶磁器コレクションで有名なかつての**厨房**（2012年10月現在、修復作業のため見学不可）が並ぶ。

ハレム
Harem ハレム

Map P.116

アラビア語のハラム（＝聖域）やハラーム（＝禁じられた）を語源とするハレムは、トプカプ宮殿の最大の見どころのひとつであり、別の博物館として扱われている。

入口を入るとまず宦官の部屋。宦官の多くはエジプトから差し出された黒人のヌビア出身者で、彼らの任務はおもにハレム（女性の部屋）の警備だった。宦官長はスルタンの好みの女性を買ってきたりもしたらしい。とはいってもイスラームの掟により、女たちと顔を会わすことはほとんどなかった。食事も2重のドア越しに運ばれ、片方から差し出された食事は、もう片方のドアから取り出す仕組み。こうした2重ドアの部屋が今でも残っている。

女たちの部屋は、スルタンの母（ヴァーリデ・スルタンValide Sultan）が住む所、1番目から4番目の妻（最初に男の子供を産

皇帝門の前にあるのが1728年建造のアフメト3世の泉

■ **ハレム**
チケットを買えば自由に見学できるようになったが、夏のシーズンなどはチケット売り場に行列ができることもある。できれば開館と同時か、午前中に行くのが理想的。

😊**個人ガイドで団体見学**
開館30分前から長い行列だったので、客集めをしていた日本語が話せる個人ガイドに45TL払って、10人ほどの団体で見学しました。約3時間丁寧に説明してくれて質問にも答えてくれ有意義な時間を過ごせました。
（滋賀県　豊村信良　'12春）

ハレム入口の近くには武器庫がある

Information　イスタンブールの歴史

イスタンブールは、ローマ、ビザンツ帝国にオスマン朝、合わせて122人の最高権力者が手にした街。その間ざっと1600年。日本では弥生時代から大正時代にあたる。

紀元330年5月11日、ローマ帝国のコンスタンティヌス大帝は都をローマからビザンティオンに移し、ここを「新ローマ」と名付け、帝国の東半分の首都とした。後世の歴史家たちはこの東のローマ帝国を、古都の名にちなんで「ビザンツ帝国」と呼ぶようになった。

コンスタンティノープルは、最盛期には長安やバグダードと並んで、世界最大の都市のひとつであった。コンスタンティノープルはキリスト教の中心地として、シルクロードの終着駅として、繁栄の極みに達した。

繁栄している都は誰からも羨望のまなざしで見られる。あらゆる方面からの攻撃に遭った都は、1204年4月6日、第4回十字軍の前に陥落する。ビザンツ側は約60年後に奪還するが、帝国の弱体化は否めず、1453年5月29日、オスマン朝スルタン、メフメット2世の軍勢がコンスタンティノープルになだれ込んだ。

コンスタンティノープルを首都としたオスマン朝は、街に繁栄を取り戻した。再び世界最大級の都市となったこの街の繁栄ぶりは、トプカプ宮殿を見るだけでもわかる。

だが、さしものオスマン朝も、ビザンツ帝国と同じように後退に次ぐ後退を迫られる日がやってくる。第1次世界大戦とともに登場した英雄、ムスタファ・ケマルを中心とする大国民議会は、1923年10月13日、アンカラを首都とする憲法改正案を採択、ここにイスタンブールが首都である時代は終わった。できごとが起こった日付まではっきりと記録されているこの街は、歴史の主役であり続けたということを示しているといえるだろう。

😊月曜はアヤソフィアが休館、火曜はトプカプ宮殿が休館なので、月曜にトプカプ宮殿、火曜にアヤソフィアに行くとゆっくり見ることができると思います。（大阪府　レモマ　'12春）

トプカプ宮殿

ハレムの入口

考古学博物館／城壁／金角湾／愛妾のテラス／バーダット・キョシュキュ／ハレム／母后のための中庭／正義の塔（修復中）／宦官の部屋／ハレム入口／議事堂／時計／武器庫／スルタンの肖像画／スルタンの私室／チューリップ庭／第2庭園／幸福の門／謁見の間（修復中）／図書館／第3庭園／第4庭園／キョシュキュ／ミュージアムショップ／送迎門／入場券売り場／厨房（修復中）／スルタンの衣装／宝物館／カフェ、レストラン／スプーン屋のダイヤなどの財宝

市街を俯瞰できた正義の塔

行列が絶えないスルタンの私室

アフメット3世の食堂として使われた部屋。果物をモチーフにした装飾がすばらしい

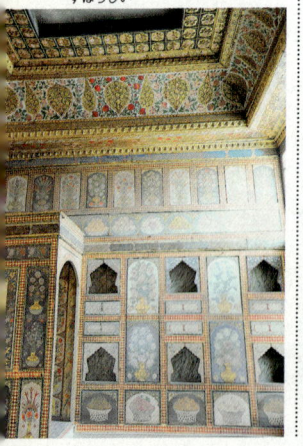

んだ順）が住む所、その他大勢の住む所に分かれている。4人の妻たちは自分の住まいと召使いをもち、生活も保障されていたという。

ハレムには中国陶器なども置かれた大広間**皇帝の間**や、鮮やかなイズニックタイル装飾の美しさでは随一ともいえる**ムラト3世の間**、花と果実の絵を施した壁画がすばらしい果物の間として知られる**アフメット3世の食堂**などもある。

またハレムの前にある四角柱の建物は、**正義の塔**（2012年10月現在閉鎖中）と呼ばれるもの。市街の監視や外敵を発見するために使われていた。

スルタンの私室

Map P.116

Has Oda ハス・オダ

第3庭園の北側にある。全4室からなり、壁は最高級のイズニックタイルで覆われている。ここではセリム1世がイスラームの聖地メッカ、メディナ（現サウジアラビア）を保護下に置いた1517年から、19世紀末にかけて段階的に集められた**イスラーム関連の宝物**が展示されている。

おもな展示品は、預言者ムハンマドのヒゲや剣といった聖遺物、メッカのカーバ神殿の鍵や、黒石を保護するための金属製の覆いなど。オスマン朝のスルタンは、イスラームの最高権威者カリフを兼ねていただけあり、貴重な品が並ぶ。

ハレム内にある皇帝の間

アヤ・イリニ教会は6世紀、ユスティニアヌス帝の時代に建てられ、オスマン朝時代はジャーミィや武器庫として使われた。内部の一般公開はされていない。（編集室）

謁見の間
Arz Odası アルズ・オダス　　Map P.116

　第3庭園のハレムの出口を出た所にある、幸福の門を入ってすぐ目の前の建物。当初ここには週に4日、スルタンと高官、将軍などが集まっていた。ただし、スルタンが出席していたのはごく初期の頃だけ、日を追って**王の眼**と呼ばれた小窓から中をのぞくだけとなった。2012年10月現在修復中。

宝物館
Hâzine Odası ハーズィネ・オダス　　Map P.116

　第3庭園の南側に財宝や衣装などを集めた**宝物館**がある。2001年に改装され、4つの部屋にテーマごとに展示品数を190点に絞って展示している。展示される宝物は第4の部屋の著名なものを除いて入れ替えられる。イスタンブールはオスマン朝時代になってから一度も侵略を受けていないので膨大な秘宝が略奪されることなく残った。

　第4の部屋にある世界有数の大きさといわれる**スプーン屋のダイヤモンド**は、86カラットの大きなダイヤを49個のダイヤで取り囲み、ティアドロップ型に仕上げたまばゆい宝石。このダイヤモンドには数々の伝説が伝わるが、漁師がダイヤの原石をひろい、市場で3本のスプーンと交換したため、この名が付いたともいわれている。

　第4の部屋にある3つの大きなエメラルドと時計が付いた**トプカプの短剣**は、映画『トプカピ』の中でメリナ・メルクーリ演じる泥棒が盗み出すという設定にも使われた。また重さ3kgという**世界最大のエメラルド**は、深いグリーンが大層美しい。エメラルドはイスラーム世界で大切な宝石で、スルタンが競って集めたものだといわれている。

バーダット・キョシュキュ
Bağdat Köşkü バーダット・キョシュキュ　　Map P.116

　第3庭園を抜けた、宮殿の奥にある**バーダット・キョシュキュ**は、内部のイズニックタイルが見事。また、テラスにある金色屋根の建物は**イフタリエ**といわれ、ラマザン月に1日の断食を終えて、夕刻の食事をする所である。ここから眺める金角湾やその向こうに見える新市街の様子は絶景だ。

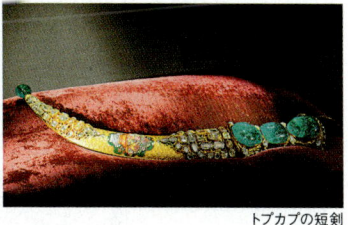

謁見の間の建物

謁見の間は現在は絨毯の展示室となっている

宝物館の展示室は第3庭園に面して4部屋並んでいる

宮殿内にあるレストラン、コンヤル。マルマラ海を眺めながら伝統的トルコ料理が楽しめる。メインは30～45TLと値段は高め。

眺めのよいバーダット・キョシュキュ

スプーン屋のダイヤモンド

トプカプの短剣

ターバン飾り

宝物館で展示されるものはかなり頻繁に変わり、トプカプの短剣など展示の目玉ともいうべき著名な展示物も入れ替わることがある。(編集室)

ライトアップされたスルタンアフメットジャーミィ

■スルタンアフメット・ジャーミィ
TEL 05455771899（携帯）
随時（1日5回の祈りの時間の入場は控えること）見学時間が張り出されていることもあるが、礼拝時間は1年を通じて少しずつ変わるので目安と思ったほうがよい。観光客は8:00～9:00頃から見学できる場合が多い。
無休　寄付歓迎

■音と光のショー
夏期の夜のみ開催。2013年の詳細は未定。

中央に泉亭がある中庭

ミンベルと呼ばれる説教壇には細かい彫刻が施されている。段の最も高い所はムハンマドの場所とされ、説教をする人は階段の中ほどまでしか上らない

スルタンアフメット地区

見学時間の目安 **30分**

ブルーモスクの名で親しまれている
スルタンアフメット・ジャーミィ

Map P.33C3～C4

Sultanahmet Camii　スルタンアフメット・ジャーミィ

大きなドームと鉛筆型のミナーレをもつ、トルコを代表するイスラーム寺院。もちろん今も現役、信者が集う神聖な場だ。

　スルタンアフメット・ジャーミィは、このあたりの地域名にもなっているとおり、旧市街の観光の中心。壮大なその姿はイスタンブールの象徴でもある。
　トルコのジャーミィは丸天井のドームと尖塔（ミナーレ）に特徴がある。スルタンアフメット・ジャーミィも例外ではなく、6本のミナーレと高さ43m、直径27.5mの大ドーム、4つの副ドーム、30の小ドームをもっている。6本ものミナーレをもつイスラーム寺院は世界でも珍しい。
　このジャーミィは、スルタンアフメット1世の命を受け、ミマール・スィナンの弟子のメフメット・アー Mehmet Ağaの設計により1616年に建造された。言い伝えによると6本のミナーレはスルタンから「黄金（＝アルトゥンAltun）」と所望されたメフメット・アーが「6（＝アルトゥ Altı）」と勘違いしたため、このような類を見ないものができあがったという。重厚なその姿は、オスマン朝

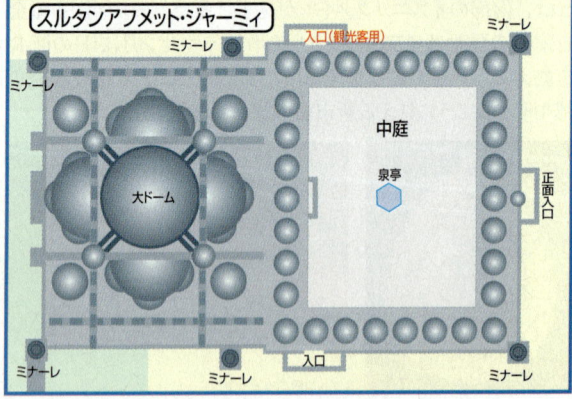

ドームに施された装飾は首が痛くなるほど見続けてしまう美しさ

スルタンアフメット・ジャーミィ

（見取り図：入口（観光客用）、ミナーレ×6、中庭、大ドーム、泉亭、正面入口、入口）

アルカディア・ホテル（Map P.32B3）の7階から階段で上がったところにあるレストランからはライトアップされたジャーミィがとてもきれいに見えます。（愛媛県 朋子 '11秋）

イスタンブール●見どころ

4つの副ドームの上に大ドームが載っている

ブルーモスクの由来となった青いタイルで埋め尽くされている

😊 寄付してみた
スルタンアフメット・ジャーミィで寄付を5TLしました。ジャーミィ管理運営団体や寄付の使用目的、金額などがトルコ語でこと細かに書かれた受領証をもらいました。
（奈良県　行悦子　'10夏）

建築の傑作のひとつとして高い評価を得ている。
　ガランとした広いフロアの上を見上げると、高い丸天井が独特の雰囲気を作り出している。またドームには260にものぼる小窓があり、ステンドグラスに差し込む光が館内を淡く照らす。
　内壁を飾る、2万枚以上のイズニックタイルは青を主体とした非常に美しいもので、さまざまな文様を組み合わせているにもかかわらず、建物全体としてみると連続した美しさがある。そのため、このジャーミィはブルーモスクの愛称で広く親しまれている。敷き詰められた絨毯も見事。イスラームの聖なる色である「緑」の絨毯はエチオピアから贈られたものだ。
　ジャーミィの前には広い庭があり、手入れの行き届いた花壇にはいつも草花があり、記念撮影する観光客や市民の憩いの場となっている。

見学にやってきた小学生

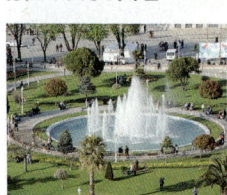

スルタンアフメット・ジャーミィ前の公園には噴水がある

スルタンアフメット地区
スルタンアフメット1世廟
見学時間の目安 **10分**　Map P.33C3

1. Sultanahmet Türbesi ビリンジ・スルタンアフメット・テュルベスィ
　スルタンアフメット・ジャーミィの北側の建物は、スルタンアフメット1世が眠る墓所となっており、淡い彩りのステンドグラスで飾られた廟では、ジャーミィ完成の翌年に亡くなったスルタンを中心に、家族らの墓が並んでいる。

スルタンアフメット1世廟

■スルタンアフメット1世廟
圏9:30～16:30
困無休
圏無料（出るときに下足預かり代として寄付）

✏ スルタンアフメット1世廟の向かいにあるドイツの泉Alman Çeşmesiは、ドイツ皇帝ヴィルヘルム2世の2度目のイスタンブール訪問を記念して1901年に完成した。（編集室）

119

4本のミナーレは、別々のスルタンによって建立されたためデザインが異なる

■アヤソフィア博物館
TEL(0212) 522 1750
URL www.ayasofyamuzesi.gov.tr
⏰9:00～17:00
　（最終入場16:00)
休月
料25TL
クレジットカード払いも可

ヨアンネス2世と皇后イレーネがマリアとイエスに捧げ物をする聖画

スルタンアフメット地区　見学時間の目安 **1.5時間**
時代に翻弄されて幾たびもその姿を変えた　Map P.33C3～D3
アヤソフィア博物館
Ayasofya Müzesi　アヤソフヤ・ミュゼスィ

ギリシア正教の大本山として君臨しながらも、後にイスラーム寺院に姿を変えた、イスタンブールを象徴する建物。

　スルタンアフメット・ジャーミィとトプカプ宮殿の間に建つアヤソフィアは、**ビザンツ建築の最高傑作**とも評され、長い歴史のなか、さまざまな宗教に利用されながらも、トルコの歴史を体現してきた建築物だ。

　西暦325年、**コンスタンティヌス1世**によりアヤソフィアのもととなる教会の建築が始まり、360年、コンスタンティヌス2世の時代になって完成した。その後、幾たびかの焼失を経て、537年、時の皇帝ユスティニアヌスの命を受け、6年近くの歳月をかけてビザンツ様式の大聖堂が完成。この後、ビザンツ帝国の時代が終わりを告げるまで、ギリシア正教の大本山としてあがめられていた。ギリシア語では**ハギア・ソフィア**という。

　中庭に置かれたギリシア様式の円柱は、ユスティニアヌス帝が、アテネやエフェソスから運ばせたもの。直径31mの**大ドーム**の円屋根は、ロドス島で造られた軽いレンガでできている。皇帝は威信をかけて当時の最高技術を駆使し、その時代の最

円盤は右上からアリー（第4代カリフ）、フセイン（シーア派第3代イマーム）、ハサン（シーア派第2代イマーム）、ウスマーン（第3代カリフ）

120　フランスのミッテラン元大統領やアメリカのブッシュ元大統領（父親）などイスタンブールを訪れた各国要人も聖母マリアの手形に手を入れている。(編集室)

大級の建物を造ったのだ。内部には、多数の**モザイク画**が残り、ビザンツ文化を象徴している。

1453年にコンスタンティノープルが陥落すると、当時のスルタン、メフメット2世により、聖堂は**ジャーミィ**に変えられ、メッカの方向を示す**ミフラープ**などが加えられた。その後、1700年代には残されていたモザイクも漆喰で塗りつぶされ、20世紀に発見されるまで、日の目を見ることはなかった。

1931年、アメリカ人の調査隊により、壁の中のモザイク画が発見され、アヤソフィアはビザンツ時代の遺跡として再び脚光を浴び始める。機を見るに敏な初代大統領アタテュルクは翌年、ここを博物館として一般公開することを決定した。

聖堂内のモザイクは、損傷の激しいものも多い。比較的よい状態のものは、入口左側の傾斜した通路を上っていく上の階の回廊に多く残っている。南回廊に有名な聖母マリア、ヨハネとともに描かれたキリストのモザイクなどがある。また、2009年からはスルタンたちの廟も公開されている。

Information
聖母マリアの手形

アヤソフィア内部には「マリアの手形」といわれている柱がある。別名すすり泣く柱。柱のくぼみに指を入れたとき、水で濡れれば視力がよくなる、子宝に恵まれる、願い事がかなうなどといわれている。くぼみに親指を入れて、あとの4本指の指先で、柱から離すことなくぐるりと円を描けたら願いがかなうともいわれている。柱を保護するために付けた銅板もかなり擦り減っているから驚きだ。

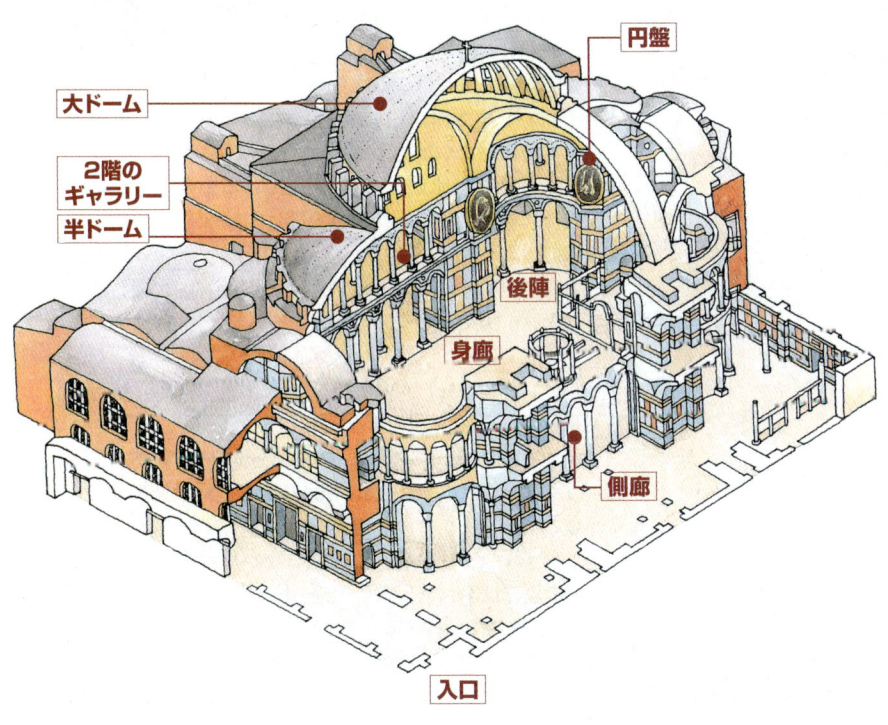

みんな手を入れるのです

洗礼者ヨハネと聖母マリアに囲まれたイエス（部分）

イスタンブール●見どころ

- 大ドーム
- 2階のギャラリー
- 半ドーム
- 円盤
- 後陣
- 身廊
- 側廊
- 入口

😟アヤソフィアの中で客引きに会いました。博物館の中でも気をつけてください。
（埼玉県　アンタッチャブル　'12春）

121

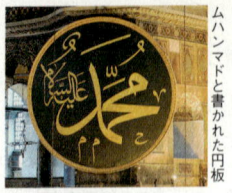

ムハンマドと書かれた円盤

■**地下宮殿**
✉Yerebatan Cad. No.13
☎(0212) 522 1259
FAX(0212) 512 1570
URLwww.yerebatan.com
（トルコ語）
⊕9:00～18:30
休無休 10TL

カフェテリアもある

テオドシウス1世のオベリスク

青銅製でぽっきりと折れている蛇の柱

コンスタンティヌス7世のオベリスク

大ドームの中に掲げられている黒に金のカリグラフィーの円盤には、アッラーやムハンマドと4人のカリフなどの名が、またドームの内輪にはクルアーンの一節が見える。

スルタンアフメット地区　　見学時間の目安 **30分**
地下宮殿　Map P.33C3
Yerebatan Sarnıcı　イェレバタン・サルヌジュ

イスタンブールの旧市街では、地下の貯水池が数ヵ所発見されている。なかでもこの貯水池は、4世紀から6世紀、コンスタンティヌス帝からユスティニアヌス帝の時代に造られたものだといわれている。イェレYereとは「地に」、バタンbatanは「沈んだ」という意味のトルコ語だが、ここはまさに地下の大貯水池。ビザンツからオスマン朝時代にかけ、ここは周辺地域の主要な水がめとなっていた。水はアタテュルク大通りAtatürk Bul.にかかるヴァレンス水道橋からここへ引かれ、後にトプカプ宮殿のスルタンたちののどを潤したという。全体は縦140m、横70m、高さ8mほどで、内部はコリント様式の柱で支えられている。当初はこの柱も28本の円柱が12列、合計336本あったが、南西側が19世紀末に型として塗りつぶされた際に、90本の柱がなくなっている。

今でも地面には水がたまる。発見されるまで、人々は地下宮殿の上に家を建て、床下に穴を開けては水を汲んだり、魚を釣っていたそうだ。宮殿の一番奥にはメドゥーサの顔が2体横たわる。巨大なメドゥーサの首も、1984年の大改修で底に残された2mに及ぶ泥が取り除かれ、初めて発見されたものだ。

アーチが続く神秘的な空間

メドゥーサの首は2体ある

スルタンアフメット地区　　見学時間の目安 **30分**
ヒッポドローム　Map P.32B4～33C3
At Meydanı　アトゥ・メイダヌ

スルタンアフメット・ジャーミィの西にある**ローマの大競技場跡**。かつてはここに縦500m、横117mのU字型競技場があり、戦車競技が行われていた。現在では「アトゥ・メイダヌ（馬の広場）」と呼ばれており、祝祭日には催し物が行われる。

この広場には3本の柱が建つ。一番北側にある高さ25.6mのレリーフを施された石柱は、テオドシウス1世のオベリスクと呼ばれ、はるかエジプトのカルナック神殿からローマ皇帝により運ばれたもの。もとは、古代エジプトのファラオ、トトメス3世

122

☺地下宮殿入り口付近では民族衣装を着て写真が撮れるコーナーがあります。衣装も何種類かあり、コスプレ体験できます。女性やファミリーにおすすめ。（東京都　鈴木葵　'11年12月）

がルクソールにあるカルナック神殿に建立したもののひとつだ。柱にはヒエログリフなどが刻まれている。

　真ん中に位置しているのが、途中から折れた高さ8mの青銅製の**蛇の柱**。これは、コンスタンティヌス1世の時代にギリシアのデルフォイのアポロン神殿に建てられていたものを持ってきたものだ。もとは紀元前5世紀にギリシア都市国家がペルシア戦争の戦勝記念に建てたものである。一番南側の**切石積みのオベリスク**はコンスタンティヌス7世によって造られたものとされる。また近くにある八角形の建造物は**ドイツの泉**といわれ、ドイツのヴィルヘルム2世から寄贈されたものだ。

ドイツの泉

■トルコ・イスラーム
　美術博物館
✉İbrahim Paşa Sarayı,
At Meydanı 44-46
☎(0212) 518 1805
⏰9:00～17:00
　最終入場は16:30
休月　料10TL
改装工事のため、2013年12月29日まで休館予定

トルコ・イスラーム美術博物館
スルタンアフメット地区　見学時間の目安 **1時間**　Map P.32B3
Türk İslam Eserleri Müzesi テュルク・イスラーム・エセルレリ・ミュゼスィ

19世紀までのトルコおよびイスラーム圏の伝統的な美術工芸品が集められている。スルタンのお触れ書（フェルマーンFerman）やミニアチュール、クルアーンの写本、絨毯など、その文化水準の高さがわかる。1階には遊牧民の生活も再現され、生活についてのより身近な紹介もなされている。また、内庭のテラスからはスルタンアフメット・ジャーミィが正面に見える。2013年12月29日まで休館予定。

人形を使った展示

中央はクルアーンを入れる化粧箱、壁には大きな絨毯が多数並ぶ

モザイク博物館
スルタンアフメット地区　見学時間の目安 **30分**　Map P.33C4
Mozaik Müzesi モザイク・ミュゼスィ

スルタンアフメット・ジャーミィの南にある。ビザンツ帝国の大宮殿にあったモザイクを復元して展示している。展示品のなかには緑や黄色など色鮮やかなタイルを使ったものが多く、動物や木々などのさまざまな物語が描かれている。

色鮮やかなモザイクが並ぶ

■モザイク博物館
☎(0212) 518 1205
⏰9:30～17:00
休月　料8TL

キュチュック・アヤソフィア・ジャーミィ
スルタンアフメット地区　見学時間の目安 **30分**　Map P.32B4
Küçük Ayasofya Camii キュチュック・アヤソフィア・ジャーミィ

6世紀にユスティニアヌス帝によって建てられた聖**セルジウス**＆聖**バッカス**教会が元になっている。コンスタンティノープル陥落後の16世紀にヒュセインアーによりジャーミィへと改装された。イスタンブールで現存する最古のビザンツ建築でもある。併設されるメドレセは手工芸センターとなっており、螺鈿細工やタイルの絵付けなどを見ることができる。見学も可能。

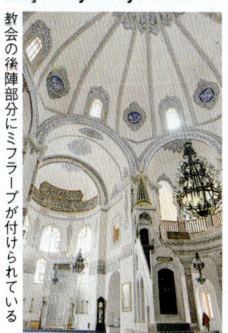

教会の後陣部分にミフラーブが付けられている

■キュチュック・アヤソフィア・
　ジャーミィ
⏰随時
休無休　料無料

規模は小さいが赤い外観がアヤソフィアと似ている

💡トルコ・イスラーム美術博物館の内庭で淹れたてのトルココーヒーが飲めます。見学後に疲れた時、内庭に出たテーブルで一服するのもいいものです。(滋賀県　豊村信良　'12春)

スルタンアフメット地区

国立考古学博物館

Arkeoloji Müzesi　アルケオロジ・ミュゼスィ

見学時間の目安 **2〜3時間**

Map P.33D2

美しいファサードをもつ国立考古学博物館

■国立考古学博物館
✉ Osman Hamdi Bey Yokuşu
☎(0212) 520 7740
URL www.istanbularkeoloji.gov.tr
⏰ 9:00〜17:00
　　最終入館は16:00
休 月　¥ 10TL
古代東方博物館、装飾タイル博物館も同じチケットで入場可能。オーディオガイドあり(パスポートを預ける)

　トプカプ宮殿の第1庭園の北側、石畳を下った所にある。トルコの遺跡は、オスマン朝時代に英・仏により発掘調査が盛んに行われ、発掘品の大半は持ち去られて両国の博物館に収められているが、1881年以降の出土品はすべてイスタンブールに集められている。アレキサンダー大王の石棺をはじめとした、ギリシア・ローマ時代のコレクションは世界的にも評価が高い。館内は旧館(2012年10月現在一部改修中)と新館に分かれており、主要な展示物は旧館に多い。新館の地階にはビザンツ時代の彫刻とイスタンブール周辺都市の出土品や彫刻、2階にはイスタンブールで発見された彫刻が展示されている。3階にはトロイ出土品と旧石器〜フリギュア時代の出土品、4階にはキプロス、シリア、レバノンの土器や石像がある。

リキアの石棺
Likya Lahiti　リキヤ・ラヒティ

紀元前5世紀末に制作されたとされるリキア時代の石棺。全体的に大胆な構成でデザインされている。やや丸みがかった屋根にはスフィンクスが彫られており、その下にはケンタウロスの姿が見られる。

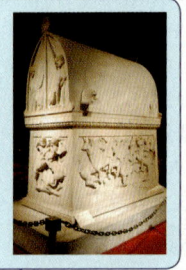

シドン、キプロスで発見された彫刻
Heykeller　ヘイケルレル

3階の中央部には、シドンで発見された紀元前1世紀からローマ時代のものとされる彫像や、キプロスで発見された彫像が並ぶ。

アレキサンダー大王の石棺
İskender Lahiti　イスケンデル・ラヒティ

1887年、レバノンのシドンで発見された古代フェニキア王室墓地の石棺のひとつで紀元前305年頃に制作されたものと考えられている。アレキサンダーの石棺と断定されていないにもかかわらずこの名が付いたのはその彫刻の題材ゆえ。

嘆き悲しむ女たちの石棺
Ağlayan Kadınlar Lahiti　アーラヤン・カドゥンラル・ラヒティ

シドンの王室墓地で発見された石棺のひとつ。紀元前3世紀のものと考えられており、18人の女性の像が側面に彫られている。その彫刻の女性の表情は一人ひとりさまざまで美しい。屋根の上には男と馬が彫られている。

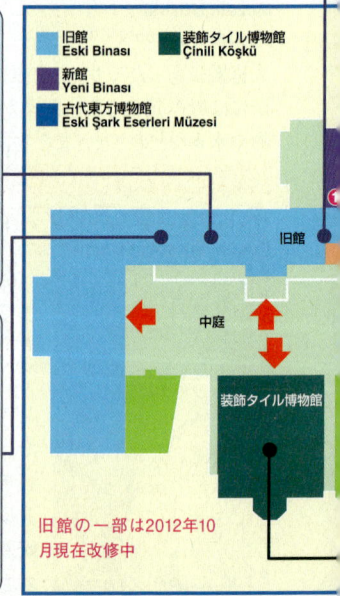

旧館　Eski Binası
装飾タイル博物館　Çinili Köşkü
新館　Yeni Binası
古代東方博物館　Eski Şark Eserleri Müzesi

中庭
旧館
装飾タイル博物館

旧館の一部は2012年10月現在改修中

新館入口の周辺は子供博物館(チョジュック・ミュゼスィ Çocuk Müzesi)になっており、歴史上の「初めて」を模型やパネルで紹介している。(編集室)

ライオン像 改修中のため新館の①で展示中
Aslan Heykeli アスラン・ヘイケリ

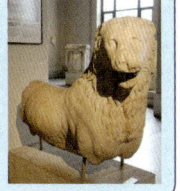

紀元前400年頃に栄えた古代カリア王国の首都ハリカルナッソス（現ボドルムの古名）から出土した多数の遺物のひとつ。当時のアナトリアはペルシア帝国の支配下にあり、彫刻にも東方文化の影響が見られる。

アレキサンダー大王の立像
Büyük İskender Heykeli ビュユック・イスケンデル・ヘイケリ

紀元前3世紀のもので、現在のマニサ（イズミル近郊の町）で碑文とともに発見された。数あるアレキサンダー大王像のなかでも保存状態がよい彫像のひとつである。周辺には大王の像が多く並ぶ。

改修中のため2012年10月現在非公開

オケアヌス像
Okyanus Heykeli オクヤヌス・ヘイケリ

オケアヌスはギリシア神話の「海の神」。紀元前2世紀のローマ時代のものとされ、セルチュク近郊のエフェスで発見された。ローマの中でもエフェスは一大芸術都市として発展した。

改修中のため新館の②で展示中

ティケ像
Tykhe Heykeli ティケ・ヘイケリ

紀元前2世紀のもので、ティケは「幸福の神」としてローマ時代にあがめられた。この像は幸運を擬人化したものだと考えられている。頭部や子供が持つバスケットにはかすかに色彩が残る。

改修中のため2012年10月現在非公開

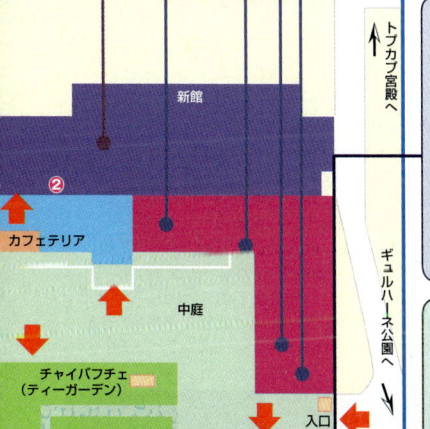

古代東方博物館
Eski Şark Eserleri Müzesi エスキ・シャルク・エセルレリ・ミュゼスィ

南側にある別館。トルコはもちろん、中近東各地からの出土品や遺物が約2万点展示されている。バビロンのイシュタール門の彩色レリーフ、ライオン像と牡牛の像はよく知られており、ハットゥシャシュのスフィンクスのレリーフなどもある。ヒッタイトとエジプト間で結ばれた世界最古の平和条約（カデシュの条約）も見逃せない。

装飾タイル博物館
Çinili Köşkü チニリ・キョシュキュ

1472年にメフメット2世により建てられた。この敷地はもともとトプカプ宮殿の第1庭園で、ポロ競技が行われていた。このキョシュキュは競技の見物のために建てられ、オスマン朝期の非宗教の建物のなかでは現存する最古のもの。正面の壁タイルが美しい。内部壁のタイル装飾もすばらしいが、イズニックやチャナッカレなどの陶器も一見の価値あり。

☺ヒッポドロームにある蛇の柱の頭頂部のひとつは国立考古学博物館で見ることができます。3つあるうちのひとつだそうです。(東京都 鈴木葵 '11年12月)

■ソクルル・メフメットパシャ・ジャーミィ
✉ Kadırga Mah. Su terazisi Sok.
☎(0212)621 6453
⏰10:00頃〜日没
　礼拝時は入場禁止
休無休　料無料
内部撮影禁止。扉が閉まっているときは併設のクルアーン学校に連絡すると開けてもらえる

■ジャフェルアー神学校
✉ Caferiye Sok.
Soğukkuyu Çıkmazı No.1
☎(0212)513 3601
☎(0212)528 0089
⏰9:00〜19:00
URL www.tkhv.org（トルコ語）
email caferagamedrese@tkhv.org
休月　料無料
ワークショップの参加料金は50TLから（メールにて問い合わせのうえ、要予約）

神学校の僧坊がアトリエになっている

スルタンアフメット地区
ソクルル・メフメットパシャ・ジャーミィ
見学時間の目安 **15分**　Map P.32B4

Sokullu Mehmetpaşa Camii ソクルル・メフメットパシャ・ジャーミィ

　1571年に、ビザンツ時代にアヤアナスタシア教会があった坂に建てられたモスク。ミマール・スィナンの作品のなかでも評価は高い。ソクルル・メフメットパシャはスュレイマン大帝から続けて3代のスルタンに仕え、オスマン朝の屋台骨を支えた名宰相。道を挟んで向かい側にある神学校は現在クルアーン学校として使われている。

ミマール・スィナンの代表作

スルタンアフメット地区
ジャフェルアー神学校
見学時間の目安 **30分**　Map P.33C2

Caferağa Medresesi ジャフェルアー・メドレセスィ

　1559年にミマール・スィナンによって建てられた神学校。1989年に国の基金によってトルコ伝統手工芸の生産、販売、教育機関として活動を開始。エブル（マーブリング）やハット（イスラーム書道）、ネイやウードといった楽器の演奏などの教室が開かれている。教室によってはワークショップという形で一日体験コースを受けることが可能なものがある。中庭はカフェになっており、静かに休憩したい人にはおすすめ。ここで教室を開いている作家の作品は、近くののジャフェリーエ・テッケスィ Caferiye Tekkesiにあるギャラリーで販売されている。

Information
スィルケジのホジャパシャ文化センターでメヴラーナのセマー（旋舞）を見る

　スィルケジ地区にあるホジャパシャ文化センター Hodjapasha Culture Centerで公演している。15世紀に建てられたホジャパシャ・ハマムを改装して会場にしており、ハマムは1988年まで現役で使用されていた。
　ハマムのドームの真下に舞台があり、それを囲むように客席がある。公演は1時間ほど。最初の30分は古典音楽の演奏が続き、その後にセマーゼンによる旋舞が始まる。公演は1時間ほど。火・木・土曜はトルコ各地の民俗舞踊やベリーダンスを現代風にアレンジしたターキッシュ・ダンス・ナイトが上演される。
　チケットは直接会場へ行っても購入は可能だが、夏のシーズン中や週末になると開演30分前に行っても席がないこともあるので時間には余裕をもって出かけよう。事前に旅行会社や各ホテルのフロントでも申し込むことも可能だ。

■ホジャパシャ文化センター　Map P.33C1
✉ Hocapaşahamamı Sok. No.3-B
☎(0212)511 4626　FAX(0212)511 4686
URL www.turkishdancenight.com
⏰月・水・金・土・日19:30〜（セマー）
火・木20:00〜、土・日21:00〜（ダンスショー）
料セマー:50TL　12歳以下30TL(1ドリンク付き)
ダンスショー:60TL　12歳以下40TL(1ドリンク付き)
日時は変更されることもある。電話で予約して当日支払ってもOK。ウエブサイトからオンラインチケット予約も可能。

ホジャパシャ文化センター 　　セマーの公演

ソクルル・メフメットパシャ・ジャーミィの近くにはタイルが美しいメデレセがあって、小中学生がクルアーンを学んでいました。(埼玉県　小林和明　'10秋)

ベヤズット地区

東から西から物資が集まる屋根付きの市場
グランドバザール

見学時間の目安 **2時間**
Map P.32A2

Kapalı Çarşı　カパル・チャルシュ

小さなお店が無数に集まる、中近東ならではの市場風景。今や観光地と化しているが、独特の熱気は健在だ！

みやげ物なら何でも揃う

グランドバザールは、トルコ語でカパル・チャルシュ Kapalı Çarşıといい、屋根付き市場という意味をもつ。ここの屋内市場は中東最大ともいわれる大規模なもの。買い物をする所というよりは、存在そのものが見どころになっている。

とにかく広大だから、ひとたび入り込んだら、なかなか同じ出入口からは出られない。1軒1軒の店は、間口、奥行きとも狭く、それだけに無数の店がある。その数は約4400軒ともいわれるほど。とはいえ、同じ品物を売る店は、ある程度固まっているので、買いたいものが決まっている場合は、比較的買い物は楽だ。宝石屋が並ぶ大きな通り、**クユムジュラル通り**Kuyumcular Cad.の位置を常に頭に入れておくとそんなに迷わない。また、バザールにある21の門にはすべて番号が振り分けられているので、道に迷ったら位置確認の参考にしよう。

もともとは、15世紀半ばにメフメット2世により建設された**イチ・ベデステン**İç Bedesten、**サンダル・ベデステニ**Sandal Bedesteniというふたつの市場が中心となっている。古くからイチ・ベデステンには金・銀・宝石を扱う貴金属店が集まっており、その伝統は今でも続いている。現在では時計やアクセサリーなどアンティークを売る店も多い。

またサンダル・ベデステニでは、おもに絹などの商品を扱っていた。その後バザールは増殖を続け、現在のような巨大市場へ成長していった。

バザールを歩いていると、日本語でさまざまな客引きの呼び声がかかる。時代を反映し、迅速に日本の情報を取り入れたりしているので、思わず笑みがこぼれることもあるだろう。

ベヤズット地区

見学時間の目安 **30分**
古本街
Map P.32A2

Sahaflar Çarşısı　サハフラル・チャルシュス

グランドバザールの西、イスタンブール大学との間にある、本屋＆古本屋が集まっている一角。トルコやイスラーム関係の美術書、写真のきれいなガイドブックから学術書、トルコ語・日本語ポケット辞書なども売られている。大学側出口を出た所では**蚤の市**も行われている。

■グランドバザール
圏8:30〜19:00
囲日・祝　料入場無料

バザール東側のヌルオスマニエ門

主要な通りを覚えておけば安心

バザール内にある最古のカフェ、シャルク・カフヴェスィ

😨 ロクムから虫!?
バザール内の店でロクムを買いましたが、娘が「アリが付いていたよ」と言うので買った後に見てみると羽つきアリと白い幼虫がいました。量り売りは外に出ているので虫が付くのでしょうか。
（愛知県　ルーシー　'12春）

■古本街
圏9:00〜18:00　囲日
蚤の市は毎日やっている。

いろいろな本が売られている

イスタンブール ● 見どころ

グランドバザールでは日本のテレビ番組の取材で来た芸能人の写真を見せて「うちで買った」と客引きする手口が流行っていて、5店舗ぐらいで言われました。（千葉県　理系女子　'12春）

ジェベジ・ハンには金属加工の工房がある

グランドバザールの屋根の上。映画のロケで使用されたこともある

グランドバザール

オリュチュレル門 **14**
Örücüler Kapısı

キュチュック・サフラン・ハン
Küçük Safran Hanı

ヨルゲチェン・ハン
Yolgeçen Hanı

アスタルジュ・ハン
Astarcı Hanı

サフラン・ハン
Safran Hanı

サルヌチュル・ハン
Sarnıçlı Hanı

チュクル・ハン
Çukur Hanı

メルジャン・ハン
Mercan Hanı

タ
Tacir

イチ・ジェベジ・ハン
İç Cebeci Han

ジェベジ・ハン門 **13**
Cebeci Han Kapısı

ベルダフチュ・ハン
Perdahçı Hanı

ジェベジ・ハン
Cebeci Han

ウール＆キリム雑貨

Ⓢ Harun

Perdahçılar Sok.
パルチャジュラル通り
Parçacılar Sok.

アア・ハン
Ağa Hanı

サッラーフ・ハン
Sarraf Hanı

テルリッキチレル通り（草履屋通り）

ハーティプ・エミン・ハン
Hatip Emin Hanı

Yorgancılar Cad.

カヴァフラル通り（普段履き屋通り）

リュトフッラー・エフェンディ通り
Lütfullah Efendi Sok.

リュトフッラー門 **12**
Lütfullah Kapısı

リュトフッラー・エフェンディ通り
Lütfullah Efendi Sok.

エヴリヤ・ハン
Evliya Hanı

Yüncü Hasan Sok.
ユンジュ・ハサン通り

ハジュメミシュ通り
Hacı Memiş Sok.

イェシルディレッキ通り
Yeşilderek Sok.

ハジュ・ハサン通り
Hacı Hasan Sok.

ハルジュラル通り（絨毯屋通り）

Parçacılar Sok.
パルチャジュラル通り

ヨルガンジュラル門 **11**
Yorgancılar Kapısı

Havuzlu Ⓡ

ヨルガンジュラル通り
Yorgancılar Cad.

ガニ・チェレビ通り
Gani Celebi Sok.

シェルベッチレル通り
Şerbetçiler Sok.

Ptt

スカーフ
Evingülü Ⓢ

老舗カフェ
Şark Kahvesi

Orta Kazazlar Sok.

ヨルガンジュラル通り
Yorgancılar Cad.

Ressam Basmacılar Sok.

Ⓢ Amara

ベリーダンス衣装

アリ・パシャ・ハン
Ali Paşa Hanı

ヤルム・タシュ・ハン通り
Yarım Taş Hanı Sok.

アレムシャー通り
Alemşah Sok.

Kazazlar Sok.

アンティークランプ
Ottoman Lamps

エミルシャー通り
Emirşah Sok.

ハズル・エルビセジレル通り
Hazır Elbiseciler Sok.

Sıpahi Sok.

Ⓔ

ボドルム・ハン
Bodrum Han

ボドルム・ハン門 **10**
Bodrum Han Kapısı

ピュスキュレル通り
Püskülcüler Sok.

トゥーグジュネーネ通り
Tuğcubaşı Sok.

Kahvehane Sok.

Orient İznik
タイル＆陶器

サハフラル・チャルチュス
（古本街）
Sahaflar Çarşısı

Kazazlar Sok. カザズラル通り

ソルグチュル
Soruçulu

フェスチレル通り
Fesçiler Sok.

フェスチレル門 **9**
Fesçiler Kapısı

ハジュ・ヒュスニュ門 **8**
Hacı Hüsnü Kapısı

ハジュ・ヒュスニュ通り
Hacı Hüsnü Sok.

セルプスチュラル通り
Serpuşçular Sok.

カフヴェハーネ通り
Kahvehane Sok.

ソルグチュルハン門 **4**
Sorguçluhan Kapısı

ベヤズット門 **7**
Beyazıt Kapısı

カルパックチュラル通り（毛皮帽屋通り）
Kalpakçılar Cad.

チャルシュ門 **5**
Çarşı Kapısı

ヨルゲチェン・ハン
Yolgeçen Hanı

トラムヴァイの駅へ

ヨルゲチェンハン門 **6**
Yolgeçenhan Kapısı

セペッチ・ハン
Sepetçi Hanı

128

☺友人へ配るおみやげを探していたのですが、グランドバザールは値札の表示もなく、怖くて買えませんでした。(埼玉県　トルコの青い空　'11秋)

イスタンブール ●見どころ

	貴金属屋多し		布地製品屋多し
	絨毯屋多し		
	イチ・ベデステン（オールド・バザール）	❶〜㉑	バザールの門番号
	トイレ（有料）		

傾いたキオスクの中はジュエリーショップ

スパシュ・ロカンタスはバザールで働く人御用達の食堂

- ハン Hanı
- タージルレル門 Tacirler Kapısı ⑮
- クズラル・アアス・ハン Kızlar Ağası Hanı
- イマーメリ・ハン İmameli Hanı
- ズィンジルリ・ハン Zincirli Han
- カルジュラル・ハン Kalcılar Han
- メルジャン門 Mercan Kapısı ⑯
- スラオダラル門 Sıraodalar Kapısı ⑰
- スィルケジ方面へ
- マフムートパシャ門 Mahmutpaşa Kapısı ⑱
- 傾いたキオスク
- ヴァルダックチュ・ハン Vardakcı Han
- チュハジュ・ハン門 Cuhacı Hanı Kapısı ⑲
- 雑貨 Derviş Ⓢ
- Cocoon Ⓢ フェルト
- Fes Cafe Ⓡ
- Abdulla パスグッズ
- Bodestan Cafe Ⓡ
- イチ・ベデステン（オールドバザール）İç Bedesten
- クルッチュラル門 Kılıççılar Kapısı ⑳
- Subaşı Lokantası Ⓡ
- シルバー Gündüz Ⓢ
- キリム Ethnicon Ⓢ
- Nick's カリグラフィ Ⓢ
- サンダル・ベデステニ Sandal Bedesteni
- サンダル・ベデステニ門 Sandal Bedesteni Kapısı ㉑
- Turan 貴金属 Ⓢ
- Tombak 雑貨 Ⓢ
- znik 陶器 Ⓢ
- Kalecik 貴金属 Ⓢ
- ヌルオスマニエ門 Nurosmaniye Kapısı ❶
- スルタンアフメット方面へ
- チュル・ハン oruçulu Han
- バルヤジュ・ハン Balyacı Han
- ケバブチュ・ハン Kebabcı Han
- メルディヴェンリ門 Merdivenli Kapısı ❸
- ラビア・ハン Rabia Hanı
- ヤージュ・ハン Yağcı Hanı
- キュルクチュレル門 Kürkçüler Kapısı ❷
- Al Hamam パスグッズ Ⓢ
- ❹ イスケンデル・ボアズ通り İskender Boğaz Sok.

😊店の数が多い分、客の呼び込みも激しいが、親日的な人が多く、話し込むと素直に仲良くなれることができた。トルコの文化や習慣など色々教えてくれた。（滋賀県 ハッチー '12春）

長年にわたる修復を終え、かつての姿を取り戻した

ベヤズット地区
チェンベルリタシュ
Çemberlitaş　チェンベルリタシュ

見学時間の目安 **10分**
Map P.32B3

　この塔はコンスタンティヌス1世が、コンスタンティノープルに都をおいたことを記念し建てたものだ。**イスタンブール最古のモニュメント**で、当初は高さが57mもあったが、火災や腐食による破損のため、今は34mの高さを残すのみである。

■ゼイレック・ジャーミィ
ゼイレック地下道Zeyrek Yeraltı Geçidi横の坂を上りZeyrekhaneの看板を右折。通常は礼拝後に管理人に頼んで内部を見学させてもらう。午後なら比較的開いている。内部撮影不可。
🕐14:30～日没
🚫無休　💰寄付歓迎

ベヤズット地区
ゼイレック・ジャーミィ
Zeyrek Camii　ゼイレック・ジャーミィ

見学時間の目安 **1時間**
Map P.42B1

　アタテュルク大通り西側の丘の上にある。12世紀前半に建立された聖パンクトラトール修道院として知られ、ビザンツ時代の修道院では現存する最古のもの。世界遺産にも登録されている。聖母マリアと大天使ミカエルなど3つの教会から成り立っており、一時は700人以上の修道僧がいたという。

中庭のレストランは眺めが抜群

　コンスタンティノープル陥落後は神学校として使われた。ジャーミィの名前は初代学長だったモッラー・ゼイレック・エフェンディ Molla Zeyrek Efendiから来ている。18世紀の地震と火事により大きな損害を受け、内部は大部分は荒れ果てている。1960年代から修復が続いており、床からは美しいモザイクが発見されている。

　かつての僧坊は改装されておしゃれなレストランになっており、中庭も開放的なカフェテリアがあり眺めがよい。

中庭から見たゼイレック・ジャーミィ

中庭に石柱が建っている

ベヤズット地区
ヴァレンス水道橋
Valens Su Kemerleri　ヴァレンス・スー・ケメルレリ

見学時間の目安 **30分**
Map P.42B2

　ローマ帝国のコンスタンティヌス大帝の時代に建設が始まり、ヴァレンス帝時代の378年に完成した水道橋。

過去と現代を対比させるように交通量が非常に多い所にあるヴァレンス水道橋

　建設当時は約1kmあったが、現存する長さは約800m。まさしく旧市街のアタテュルク大通りをまたぐように、建っている。水は市街地の北に広がるベオグラードの森から地下宮殿へと注がれていたといわれている。オスマン朝時代にもメフメット2世が修復して使用されていた。今では水道としては使われず、橋の上に上るのも禁止されている。

💡 ヴァレンス水道橋から北へ向かうアタテュルク大通りはカーテン、壁紙、ソファーに使う布地などの卸屋が集まっています。もちろん値段も地元向け。（愛知県　まこ　'12年1月）

ベヤズット地区
スュレイマニエ・ジャーミィ

Süleymaniye Camii スュレイマニエ・ジャーミィ

見学時間の目安 **1時間**　Map P.43C2

■スュレイマニエ・ジャーミィ
圏6:00～20:00　困無休
料寄付歓迎

丘の上にあるのでどこからでもよく見える

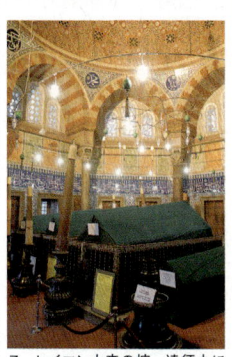

オスマン帝国が最も繁栄した時代の君主スュレイマン大帝が造らせた寺院。金角湾を見下ろす高台に建ち、1557年に完成した。建築家はトルコ最高といわれる大建築家ミマール・スィナン。彼は当時の最高技術を駆使し59m×58mの床面に直径26.5mの円形屋根を載せ、高さ53mの大ドームを仕上げた。均整のとれたその大きさもさることながら、内部の装飾も極めて美しい。特に光が差し込む**ステンドグラス**は、16世紀に造られた彩色ガラスを用いたこまやかなもの。ミフラーブの側はステンドグラス職人イブラヒムによって造られたもので、絨毯模様のようなモチーフが使われている。また、館内に見られるカリグラフィーもクルアーンの一節を書道の大家、アフメット・カラヒサルが書き上げた。そびえ立つ4本のミナーレは大帝がイスタンブール遷都後の4代目のスルタンであることを表しているという。

また敷地内のジャーミィ裏には、こちらもスィナン設計のスュレイマンとその妻の**霊廟**がある。すぐ近くにはその生涯で400にも及ぶ建築物を手がけた**スィナン自身の霊廟**もひっそりと建つ。すぐ近くに付属のハマムもある。

ドーム装飾とシャンデリアの明かりが美しい内部

スュレイマン大帝の棺。遠征中に亡くなったため、息子のセリム2世によって建てられた。スュレイマン大帝の家族のほか、スュレイマン2世、アフメド2世などの棺もある

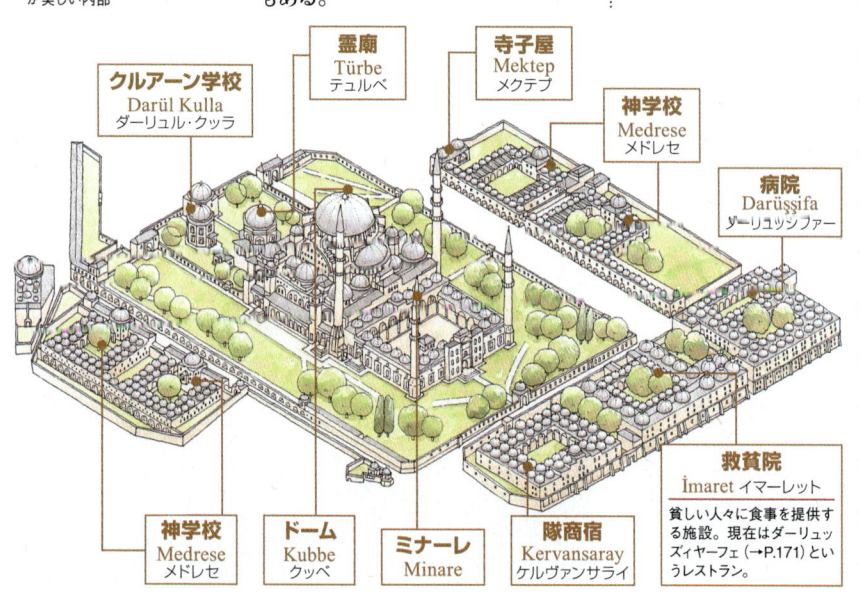

- クルアーン学校　Darül Kulla　ダーリュル・クッラ
- 霊廟　Türbe　テュルベ
- 寺子屋　Mektep　メクテプ
- 神学校　Medrese　メドレセ
- 病院　Darüşşifa　ダーリュッシファー
- 神学校　Medrese　メドレセ
- ドーム　Kubbe　クッベ
- ミナーレ　Minare
- 隊商宿　Kervansaray　ケルヴァンサライ
- 救貧院　İmaret　イマーレット
　貧しい人々に食事を提供する施設。現在はダーリュッズィヤーフェ（→P.171）というレストラン。

スュレイマニエ・ジャーミィ周辺には金物屋が集まっています。銅やニッケル製品のトルコらしいものはグランドバザールより安くて種類が豊富。(愛知県　まこ　'12年1月)

ガラタ橋の釣り人もイスタンブール名物

名物のサバサンドを売る屋台船はガラタ橋のエミニュ側近く

カラキョイ側の橋近くは魚市場がある

■イェニ・ジャーミィ
圏8:00〜18:00
休無休
料寄付歓迎

スィルケジ周辺
見学時間の目安 **30分**
ガラタ橋
Map P.34B4

Galata Köprüsü ガラタ・キョプリュスュ

　エミニュ桟橋とカラキョイ桟橋を結ぶ、金角湾にかかる橋。1845年に木製の橋がかかったのが初代。1912年に建造された2代目ガラタ橋は、2階建ての跳ね橋としてその美しさを誇っていた。1992年に老朽化と火災による損傷のため、その役割を終えたが、イスタンブールのシンボルとして、長い間親しまれてきた。現在は隣に道幅も広い立派な橋がかかったが、日がな釣り糸を垂らすおじさんや、サンドイッチ売りの少年などそのにぎわいは以前のまま。橋からのジャーミィの眺め、行き交うフェリーや桟橋に横付けされる真っ白い船など美しい風景を堪能できる。

橋の下はレストラン街

スィルケジ周辺
見学時間の目安 **30分**
イェニ・ジャーミィ
Map P.34B4

Yeni Cami イェニ・ジャーミィ

　ガラタ橋のたもとにある。もともとはユダヤ人が多く住んでいた地域に、1598年にムラト3世の妻、サーフィエ・スルタンによって建造が開始された。工事中断や、火災などによる苦難を乗り越え、1663年、メフメット4世の時代に完成した。設計は建築家ダウード・アーによる。大きなドームとそれを取り囲む小さなドームのバランスが非常に美しい。

　新市街から眺めると、このジャーミィやスュレイマニエ・ジャーミィなどのシルエットが絶妙なコントラストで浮かび上がり、イスタンブールの美しい風景を作り上げている。

イェニ・ジャーミィ

バス、フェリー、トラムなど交通の要になっているエミニュ界隈

😊エジプシャンバザールにはお店に番号が付いていてわかりやすい。トルコの名産品も色々揃っていてグランドバザールよりおすすめです。(福岡県　ブンさん　'11夏)

スィルケジ周辺
リュステム・パシャ・ジャーミィ
Rüstem Paşa Camii リュステム・パシャ・ジャーミィ

見学時間の目安 **30分**　Map P.34A4

エジプシャンバザールから北西に200mほど進んだ所にある。周囲はバザールから続く問屋街になっており、非常にわかりにくいが、ジャーミィは小さな入口を入り、階段(2ヵ所ある)を上った所にある。ジャーミィの内部は周囲の喧噪が嘘のように静まりかえっている。

このジャーミィは宰相リュステム・パシャのため、ミマール・スィナンが1561年に設計したもの。内装、外装ともに、すばらしいイズニックタイルをふんだんに使っているにもかかわらず、訪れる観光客は少ない。

全面にタイルを張りめぐらせた内部は、息をのむ美しさだ。タイルの赤色は、1500年代の後半にだけ使われたという珍しいイズニックタイル。現在の技術をもってしてもこの色は出せないという逸品だそうだ。なかでもチューリップをモチーフにしたタイルは傑作といわれている。

ジャーミィの内部を埋め尽くすイズニックタイル

ドームから差し込む光とシャンデリアの明かりが心地よい空間を演出する

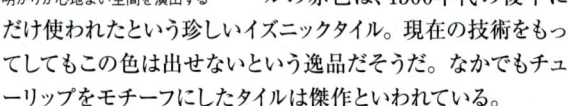

■リュステム・パシャ・ジャーミィ
営 8:00～18:00
休 無休
料 寄付歓迎

周囲の雑踏に埋もれ、外観はあまり目立たない

ジャーミィの入口付近は商店街になっている

スィルケジ周辺
エジプシャンバザール
Mısır Çarşısı ムスル・チャルシュス

見学時間の目安 **1時間**　Map P.32B1/Map P.34A4

ガラタ橋近くにあるイェニ・ジャーミィの裏に広がっている市場。イェニ・ジャーミィを運営するためのワクフ(財団のようなもの)の事業の一環として建造された。その昔、この市場がエジプトからの貢ぎ物を集め、設営されたことにちなんで、エジプシャンバザール(トルコ語でムスル・チャルシュスMısır Çarşısı)と呼ばれている。かつては90軒近く香辛料の店が並んでいたことから、別名、香辛料市(スパイスバザール)ともいう。現在はかなり減少したが、それでも色鮮やかな数々の香辛料が軒先に並ぶさまが楽しめ、みやげ物を扱う店も多い。カラスミなどの乾物やハチミツも売られている。

市場の周辺にも食料品や日用品を売る店が並び、買い物が楽しめる。

色とりどりのスパイス

エジプシャンバザールのエミノニュ桟橋側の入口

■エジプシャンバザール
営 8:30～19:00
休 バイラムなど一部祝(年によって変動あり)
料 入場無料

バザール内はいつもにぎやか。日本語で声をかけられることも多い

😊エジプシャンバザールは色々なものが売られていて楽しいですが、紅茶やドライフルーツの量り売りに気をつけて。ちょっと袋に入れたら120TLと言われました。(東京都 笹川香織 '12春)

イスタンブール●見どころ

人込みの中を路面電車が行き交う

イスタンブールを代表する目抜き通り

イスティクラール通りの裏路地にはカフェやロカンタが多い

新市街
見学時間の目安 **1時間**
イスティクラール通り
Map P.34B1〜37C2

İstiklâl Caddesi イスティクラール・ジャッデスィ

　新市街の高台にあるタクスィム広場Taksim Meydanıから南へ下る道のひとつがイスティクラール通りだ。このあたりは**ベイオウル**Beyoğluとも呼ばれるエリアで、イスタンブールでもハイセンスな地区として名高く、アンティークのトラムヴァイが走っている。タクスィム広場からブティックなどをひやかしながらテュネル（地下鉄）の入口まで行けば、坂道を下ることになってラク。歩き疲れたらカフェでひと休みするのもいい。このあたりは歩行者天国となっており、人間観察にはもってこいだ。

■魚市場
圏 早朝〜夕方
休 無休
料 入場無料

新市街
見学時間の目安 **30分**
魚市場
Map P.36A3

Balık Çarşısı バルック・チャルシュス

　イスティクラール通りにあるPTTの北側を西に入った通りには、魚を中心に、野菜、荒物、肉、乾物、香辛料やお菓子などを売る店が並ぶ。カラスミやキャビアなど、珍しい食材も揃う。イスティクラール通り側の入口の右隣にはシーフードが豊富なレストランが並ぶアーケード、チチェッキ・パサジュ Çiçek Pasajıがあり、多くの人でにぎわう。

チチェッキ・パサジュ

魚市場内にはムール貝の串揚げの屋台もある

新市街
見学時間の目安 **10分**
ジェザーイル通り
Map P.36A4

Cezayir Sokağı ジェザーイル・ソカウ

　ガラタサライ高校の裏側にある路地。ジェザーイルとはアルジェリアを意味するが、以前はフランス通り（フランスズ・ソカウ Fransız Sokağı）と呼ばれた。階段になった通りの両側にはカフェやビストロが軒を連ね、華やかな雰囲気を作り出している。

夜になるとロマンティックな感じ

☺新市街のイスティクラール通りは歩行者天国なのですが、脇道から車が横切ることがあるので気を付けて散策してください。(長野県　小市民Y　'11春)

新市街
ガラタ塔
Galata Kulesi　ガラタ・クレスィ

見学時間の目安 **30分**
Map P.34B2

新市街のランドマークとなっている高さ67mの塔。6世紀初めに灯台として利用されていたものを、14世紀に周辺に居住していたジェノヴァ人が、ビザンツ帝国への監視塔に改造したと考えられている。その後牢獄や、天文台などとして使用された。

オスマン朝時代の1632年、ヘザルフェン・アフメット・チェレビーが、グライダーのような翼を持って塔から飛び立ち、アジア側のユスキュダルまで飛んだという。この逸話は近年映画化もされている。

現在の塔は14世紀以降のもので、一度火事で焼失し、再建された。てっぺんのトンガリ帽子は近年付け加えられたものだ。エレベーターで最上階まで行き、さらにらせん階段を上ると地上53mのテラスから街を360度見渡すことができる。塔そのものが丘の上に建っているので、実際の高さ以上に眺めがいい。

また、最上階にはレストランやナイトクラブがあり、夜になるとベリーダンスなどのショーが行われている。

雑踏のなかにひときわ目立つとんがり帽子のガラタ塔

塔の上部は展望台になっている

■ガラタ塔
TEL(0212) 293 8180
URL www.galatatower.net
開 9:00～20:00　休 無休
料 11TL
食事は20:00からで、夜のショーは21:00開始(ダンスは21:30ぐらいに始まる)で24:00ぐらいまで。料金はひとり80€(税別)で食事と飲み物付き。ドリンクのみなら65€(税別)。

新市街
ガラタ・メヴラーナ博物館
Galata Mevlana Müzesi　ガラタ・メヴラーナ・ミュゼスィ

見学時間の目安 **30分**
Map P.34B1

1491年に創立されたメヴレヴィー教団の修行場のひとつ。中央に旋回舞踏のためのステージがあり、笛(ネイ)や太鼓(クデュム)などの楽器や衣装などが展示されている。月に1回程度、メヴレヴィー教団の旋舞の公演が催される。

■ガラタ・メヴラーナ博物館
2012年10月現在不定期ながらセマーの公演が行われている
TEL(0212) 245 4141

新市街
ペラ博物館
Pera Müzesi　ペラ・ミュゼスィ

見学時間の目安 **1時間**
Map P.36A4

ペラ・パラス・ホテルの近くにある美術館。ホテルを改装して誕生した美術館で5階建て。トルコを題材とした国内外の画家の作品のほか、アナトリアの古美術品やキュタフヤの陶器などが展示されている。目玉はトルコを代表する画家オスマン・ハミトの作品群。特に『亀使い』は有名だ。

博物館の外観

■ペラ博物館
Meşrutiyet Cad. No.65
TEL(0212) 334 9900
FAX(0212) 245 9511
URL www.peramuzesi.org.tr
開 10:00～19:00
　(日12:00～18:00)
休 月・一部祝
料 10TL　学生と60歳以上 5TL
12歳以下無料

> ガラタ塔は夕暮れから夜にかけて行くのがおすすめ。夜景がきれいでロマンチック。カップルにはおすすめ。(東京都　鈴木葵　'11年12月)

■イスタンブール現代美術館
✉ Meclis-i Mebusan Cad.
Liman İşletmeleri Sahası
Antrepo No.4
☎(0212)334 7300
FAX(0212)243 4319
URL www.istanbulmodern.org
開10:00～18:00
　（木10:00～20:00）
困月　料15TL　65歳以上8TL
木曜入場無料

■軍事博物館
☎(0212)233 2720
開9:00～17:00　困月・火
料4TL
カメラ持ち込み8TL
ビデオカメラ持ち込み16TL
軍楽隊のコンサートは15:00～16:00。
毎日開催予定だが、行われない日もあり、月によってはほとんど公演がない月もあるので電話で確認したほうがよい。

「ハイディ、ヤッラー」のかけ声とともに演奏が始まる

■ユルドゥズ宮殿
☎(0212)258 3080
開9:30～16:00
困火　料10TL

■ユルドゥズ公園
🚌ベシクタシュの次のチューラーンÇırağanで下車。交差点の奥に公園入口の門がある。

ユルドゥズ宮殿横にあるイスタンブール市博物館

■オルタキョイ・メジディエ・ジャーミィ
🚌タクスィムから40系統、DT系統、エミノニュから22、25など、ベベッキ方面のバスで行く。

新市街
イスタンブール現代美術館
見学時間の目安 **1時間**　Map P.35D2

İstanbul Modern Sanat Müzesi　イスタンブル・モデルン・サナート・ミュゼスィ

　トルコ唯一といってもいい、**モダンアート**の美術館。貨物船発着所近くの元倉庫を改装した広大な敷地に建てられた真っ白でシンプルな外観。トルコの今を語る近代または前衛美術作品がゆったりと展示されている。海外からの作品も多い。内部のカフェは23:00まで営業し、本格的な食事も取れる。

新市街
軍事博物館
見学時間の目安 **2時間**　Map P.38A3

Askeri Müzesi　アスケリ・ミュゼスィ

　世界有数の規模を誇る軍事博物館。約5万点にのぼるといわれる収蔵品のうち約9000点が22の部屋に展示されている。弓矢、剣、軍装などの部屋に分かれているが、珍しいものとしては、入口近くにある**オルハン・ガーズィー**の兜などがある。
　また、毎日15:00から16:00の間に2回、陸軍所属の**軍楽隊**の演奏が奥のホール（夏期は庭のキャノンホール）で行われている。今見られる軍楽はオスマン朝の時代に発展したもので、軍楽隊により士気が上がる姿を見て、その効果に驚いた各国が軍楽隊の制度を取り入れたともいわれている。1回の演奏は15～20分。演奏の間には15分休憩があり、2回とも曲目が違う。

新市街
ユルドゥズ宮殿とユルドゥズ公園
見学時間の目安 **1時間**　Map P.41D2

Yıldız Sarayı ve Yıldız Parkı　ユルドゥズ・サラユ・ヴェ・ユルドゥズ・パルク

　ユルドゥズ宮殿は元々スルタン専用の狩猟場だったところに1850年に当時のスルタン、**アブデュルハミト2世**が建て、33年間をここで暮らした。小宮殿にハレムや図書館が増設されている。内部を見学できるのは**宮殿博物館**Sarayı Müzesiと隣接するイスタンブール市博物館Şehir Müzesiのふたつ。
　ユルドゥズ宮殿の南東には広大なユルドゥズ公園がある。公園内にあるキョシュキュ（東屋）はレストランになっている。

新市街
オルタキョイ・メジディエ・ジャーミィ
見学時間の目安 **1～1.5時間**　Map P.45D3

Ortaköy Mecidiye Camii　オルタキョイ・メジディエ・ジャーミィ

　海峡に面して建ち、バロック様式の優美な姿が印象的だ。大きなステンドグラスは、ボスポラス海峡側から採光ができるように設計されている。元来この場所には1721年に建てられたジャーミィがあった。19世紀半ばに当時のスルタン、アブデュルメジドが荒れ果てたジャーミィを目にし、建て直させたのが今に見るものだ。

海峡沿いでもよく目立つ建物

😊ドルマバフチェ宮殿はツアーの料金も高く、内装もヨーロッパ的でトルコらしさに欠けるので、時間がない人はほかを優先してもよいかも。（愛知県　M.M.　'12夏）

136

新市街
ドルマバフチェ宮殿
Dolmabahçe Sarayı ドルマバフチェ・サラユ

見学時間の目安 **1～1.5時間**
Map P.40B4

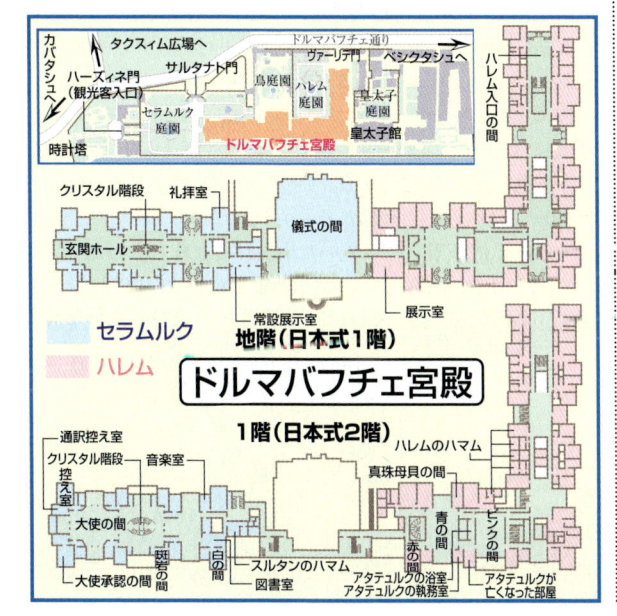

■ドルマバフチェ宮殿
🚊トラムヴァイ終点のカバタシュから徒歩5～10分。
☎(0212) 236 9000
☎(0212) 327 2626（予約）
URL www.dolmabahce.gov.tr
⏰9:00～16:00（冬期～15:00）
自由行動不可。見学は個人団体を問わず原則予約制。上記の予約電話窓口(9:00～18:00)で1日以上前に受け付け。予約なしでも個人なら並べば入れるが、予約客優先なのでかなり待たされることも。1日3000人の入場制限あり。
英語・トルコ語のガイドツアー
休月・木　1/1、バイラム初日
料30TL（セラムルク45分）
　　20TL（ハレム45分）
　　40TL（セラムルク45分＋ハレム45分）

1843年から10年以上の歳月をかけ、スルタン、**アブデュルメジド**が建てたバロック様式とオスマン様式を折衷させた壮麗な宮殿。

宮殿の内部を彩る調度品には、ヨーロッパからの献上品も多く、室内は豪奢な印象を受ける。宮殿の総面積は約1万5000㎡。部屋は285室、広間も43室あり、それぞれ趣の異なった内装。宮殿内は、男のみ入れる**セラムルク**Selamlıkと男子禁制の**ハレム**Haremのふたつの部分に分かれている。

見学は1階入口から始まり、中心となるのは重厚ならせん階段を上った2階から。ここには**スルタンの寝室**や側室たちの居室、**浴室**などその生活ぶりを見られる部屋や、**アタテュルクの執務室**がある。なかでも圧巻なのが、見学の最後に訪れる吹き抜けの**儀式の間**。その大きさもさることながら、高さ36mの天井からつるされたシャンデリアはイギリスから購入したもので、750のキャンドルが灯された特注の**バカラ**製、重さは4.5トンにものぼる。

「豪華絢爛」という言葉がまさにふさわしい儀式の間

ツアー形式の見学はセラムルクの入口からスタート

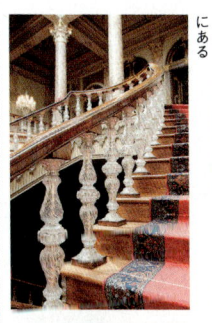

クリスタルの豪華な階段はセラムルクの中央にある

アタテュルクが亡くなった部屋にはトルコ国旗の大きなベッドが置かれている。ベッド横の時計は亡くなった9時5分を示している

😊セラムルク＋ハレムのツアーは待ち時間込みで2時間30分で、案内板通りでした。昼前にはすでに込んでいたので、朝いちで行くのがおすすめです。（神奈川県　ヨーダ　'12春）

■エユップ・スルタン・ジャーミィ
🚌エミノニュ（金角湾側の乗り場）から99系統などのバスでエユップ下車。
⛴エミノニュ（金角湾側の乗り場）からハリチHaliç行きの船に乗ってエユップEyüp下船。
圏9:00～18:00
休無休
料寄付歓迎

門の前は広場になっている

クルアーンの一節やありがたい言葉が書かれたパネル

■ピエール・ロティのチャイハーネ
エユップからテレフェリッキ（ロープウェイ）で行くのが便利。
TEL(0212)581 2696
圏8:00～24:00（冬期は時間短縮）
休無休

ロープウエイでチャイハーネへ

金角湾周辺　見学時間の目安 **30分**
エユップ・スルタン・ジャーミィ
Map P.52A3

Eyüp Sultan Camii　エユップ・スルタン・ジャーミィ

　新しいスルタンが即位するときに、ここで聖剣の授与が行われたという由緒あるジャーミィ。ここには674～678年の聖戦で殉死した、預言者ムハンマドの弟子アイユーブ・アル・アンサーリー（トルコ語訛りでエユップ）が祀られている。エユップの墓は、彼の死後8世紀も経って、コンスタンティノープルを陥落させたメフメット2世の時代に発見されたとされている。ジャーミィはメフメット2世により1459年に建てられた。また、このジャーミィの周辺にはオスマン朝時代の著名な宰相たちの墓が多い。この地はムスリムにとって重要な聖地となっている。門前の商店街は、数珠やクルアーンなどイスラーム関連のおみやげが豊富に揃う。

ドームの装飾も美しい

金角湾周辺　見学時間の目安 **30分**
ピエール・ロティのチャイハーネ
Map P.52A2

Pierre Loti Kahvesi　ピエール・ロティ・カフヴェスィ

　19世紀末に活躍したフランス人の作家ピエール・ロティ（1850～1923）は、日本を含め各地を回ったが、なかでもイスタンブールをこよなく愛した。本名をルイ・マリー・ジュリアン・ヴィオーといい、ピエール・ロティはタヒチ滞在中に付けられた名前。
　彼は「ラビア・カドゥン・カフヴェスィ Rabia Kadın Kahvesi」と呼ばれたこのチャイハーネに通っては、すばらしい景色を見ながら小説を書いていたという。いつしかこの店は「ピエール・ロティのチャイハーネ」と呼ばれるようになった。
　ちなみに彼が当時書いていた小説は処女作となった『アジヤデ』で、日本語訳も出ている（工藤庸子訳、新書館）。

近くのレストランでは食事もできる　金角湾を見下ろす屋外席

チャイハーネの近くにはレストランのアズィヤーデAziyadeやトゥルクハウスTurquhouseというプチホテルがある。日曜のブランチは家族連れにも人気。（編集室）

138

金角湾周辺
コンスタンティノープル世界総主教座
見学時間の目安 **10分**　Map P.51C1〜D1
Rum Patrikhane　ルム・パトリックハーネ

　ギリシア正教会の総主教座は、オスマン朝がこの街を奪取した1453年以降、アヤソフィアにおかれていたが、その後移転を重ね、1601年からこの地に落ち着いた。以前はすぐそばのフェネル・ギリシア人高校の建物を使っていたが、現在の総司教座は1941年に建てられた建物。アヤソフィアやカーリエの古いイコンを見てからここを訪れると、昔と今の画法の違いを比べることができておもしろい。

金角湾周辺
コチ博物館
見学時間の目安 **1時間**　Map P.52B4
Koç Müzesi　コチ・ミュゼスィ

　金角湾沿いにある、コチ財閥が運営している博物館。交通、産業、通信をテーマにしており、1866年にスルタンが乗車した御用列車や蒸気自動車、初期の潜水艦などが展示されている。併設のレストランも有名で、金角湾を眺めながらフレンチ風の食事を取ることができる。

クラシックカーの展示

金角湾周辺
ミニアトゥルク
見学時間の目安 **1時間**　Map P.52B2
Miniaturk　ミニアトゥルク

　ミニアトゥルクは2003年4月にオープンしたレジャー施設。イスタンブールのガラタ塔、カッパドキアのキノコ岩からドウバヤズットのイサク・パシャ宮殿まで、トルコ各地の見どころや歴史的な建築物のミニチュアがあり、人気のスポットとなっている。エルサレムの岩のドームといった近隣諸国のもののミニチュアもある。チケットをかざすと音声ガイダンスが出るものもある。

アヤソフィアもある

■コンスタンティノープル
　世界総主教座
エミノニュ（金角湾側の乗り場）から99系統などのバスでフェネルFener下車。バス停から通りを渡って左側に入り、きれいな石畳の道を入る。
随時　無休

主教座に併設された高校。かつてはここに総主教座がおかれていた

■コチ博物館
エミノニュから47番、タクスィム広場から54番
Hasköy Cad. No.5
TEL(0212) 369 6600
URL www.rmk-museum.org.tr
10:00〜17:00
夏期の土・日・祝10:00〜20:00
冬期の土・日・祝10:00〜18:00
月、一部祝
12.50TL

■ミニアトゥルク
シシリから54HS、タクスィムから54HT、エミノニュ47系統のバス
TEL(0212) 222 2882
FAX(0212) 222 2923
URL www.miniaturk.com.tr
9:00〜19:00
無休
10TL

エルサレムの岩のドーム　　南東部の町、マルディンもリアルに再現　　スュメラ僧院

ミニアトゥルクにはサッカースタジアムのミニチュアがあり、お金を入れるとガラタサライやフェネルバフチェの応援歌が流れるが、故障していることも多い。（編集室）

■テオドシウスの城壁
トプカプのほか、カーリエ博物館近くのエディルネカブ周辺も保存状態がよい。ただしこのあたりは治安がよくないので複数人で昼間のうちに訪れること。

エディルネカブ、イェディクレと並んで、城壁の美しい部分が残っているトプカプ

■カーリエ博物館
🚋T4エディルネカブ駅下車
🚌タクスィム発87番、エミニュ発37E、86番、ベヤズット発86Eなどで、エディルネカブ行きに乗る。トプカプのミニバスターミナルからも37番などが頻発している。
✉Kariye Sok. No.26
☎(0212)631 9241
🔗www.choramuseum.com
🕘9:00～17:00
　（最終入場16:00）
💧水　💰15TL

ジャーミィだったときの名残がミナレット

テオドシウスの城壁周辺
テオドシウスの城壁
見学時間の目安 **30分**
折込イスタンブール広域図B3

Theodosius Surları テオドシウス・スルラル

　テオドシウスの城壁は、イスタンブール旧市街の西側をすっぽり覆うように造られた城壁。ローマ・ビザンツ時代には鉄壁の防御を誇った。メフメット2世がこの街を陥落させたときも、結局この城壁は完全には崩しきれず、ビザンツ側の鍵の閉め忘れによって街に入ることができたという。ところどころ寸断されているが、かつてロマヌス門と呼ばれたトプカプのミニバスターミナルのあたり（トプカプ宮殿ではない）は、比較的よく修復されている。

テオドシウスの城壁周辺 北エリア
カーリエ博物館
見学時間の目安 **30分**
Map P.50B1

Kariye Müzesi カーリエ・ミュゼスィ

　カーリエ博物館はもともと5世紀の初めにコーラ修道院として建てられ、その後オスマン朝時代にはイスラーム寺院として使われていた。13～14世紀に描かれた見事なモザイク画は漆喰で塗りつぶされていたが、20世紀中頃のアメリカ・ビザンツ研究所による調査で発見され、補修後の現在は再びすばらしい輝きがよみがえっている。

アダムとイヴの救済が描かれている

　館内には聖母マリアとキリスト像、キリストの誕生など、ところどころ欠けてはいるが、50点以上の美しく彩色されたモザイク画があり、キリストの生涯や聖母最後の眠りなどが天井や壁面に描かれている。また、入口右にある礼拝堂にはフレスコ画が描かれており、一番奥にはアダムとイヴを救済しようとふたりの手を取るキリストの姿がある。これはビザンツ芸術のなかでも評価の高い作品だ。

イエスを中心に24人の使徒が描かれている

繊細に描かれたイエスの表情はモザイク美術の傑作のひとつ

💬エディルネカブの北側の城壁は登って上を歩くことができます。ここから見える景色はよかったです。（東京都　竹下充　'11夏）

140

テオドシウスの城壁周辺
ミフリマー・スルタン・ジャーミィ
見学時間の目安 **10分** Map P.50B1

Mihrimah Sultan Camii ミフリマー・スルタン・ジャーミィ

1565年にミマール・スィナンの設計により完成したジャーミィ。ミフリマー・スルタンとはスュレイマン大帝とヒュッレム・スルタン妃の間に生まれた娘。スュレイマン大帝は戦場に一緒に連れて行くほどのかわいがった愛娘。設計者であるミマール・スィナンが密かに慕っていたミフリマー・スルタンに捧げるために造ったという言い伝えもある。

11年に及ぶ修復を経て公開された

■ミフリマー・スルタン・ジャーミィ
◉10:00頃～日没
礼拝時は入場不可。
◉無休
◉寄付歓迎

テオドシウスの城壁周辺
イェディクレ
見学時間の目安 **30分** 折込イスタンブール広域図B3

Yedikule イェディクレ

イェディクレとは7つの塔という意味をもつ要塞。テオドシウスの城壁の南側にある。テオドシウス帝の時代に造られた凱旋門の「黄金門」に端を発し、その後テオドシウス2世の時代に城壁の一部として要塞化された。

旧市街西側にあり、オスマン朝時代は捕虜の収容所として利用されていた。当時の捕虜の残した落書きなどが残っている。17世紀に起こったイェニチェリの反乱の際は、スルタンのオスマン2世（在位1617～22）がここで命を落としている。現在は史蹟公園として整備され、塔から眺める景色はすばらしい。

■イェディクレ
◉スィルケジ駅から近郊電車で5つ目のイェディクレYedikule駅下車。駅から城壁の方向へ徒歩5分ほど。
◉TEL(0212) 249 5776
◉夏期9:00～18:30
（冬期未定）
◉無休 ◉5TL

難攻不落の城壁の要だった要塞

テオドシウスの城壁周辺
イスタンブール水族館
見学時間の目安 **2時間** 折込イスタンブール広域図A4

İstanbul Akvaryum イスタンブル・アクワリュム

アタテュルク空港にほど近いフロルヤ地区に2011年4月にオープンした国内初となる本格的水族館。黒海、エーゲ海などトルコ周辺や中東の海域と、太平洋や大西洋など世界の海洋の合わせて16のテーマごとに約1500種類もの世界中の海洋生物を見ることができる。吹き抜け構造の回遊式巨大水槽や、海底の沈没船などユニークな展示がある。

■イスタンブール水族館
◉TCDD近郊線フロルヤFlorya駅下車、徒歩約800m
◉トプカプ宮殿正門前より無料送迎バスが9:30 10:45 12:30 14:15 16:15発。所要30～45分。タクスィム広場からは10:00 12:00 14:15 16:45発。所要約1時間
◉www.istanbulakvaryum.com
◉10:00～20:00 ◉無休
◉29TL

パナマ運河の水槽 　紅海の水槽にはかわいいクマノミが 　ボスポラス海峡を再現した水槽

トプカプの西側にある1453パノラマ博物館に行ってみました。なかなか見応えのある展示でした。スィルケジ駅近くに大きな横断幕がありました。(埼玉県 野嵜修二 '11年12月)

■ユスキュダル
🚢エミノニュ、ベシクタシュやカバタシュ、カラキョイなど多くの埠頭から船便がある。

ユスキュダルのバスターミナル

■クズグンジュック
🚌ユスキュダルからバス15、15S、15C、15Y、15M など15系統がクズグンジュックを通る。

埠頭近くの街並み

■カドゥキョイ
🚢エミノニュなど多くの埠頭から船便がある。

港近くにある灯台

アジア側
ユスキュダル
Üsküdar ユスキュダル

見学時間の目安 **30分**
Map P.54A2

　ユスキュダルはアジア側の中心。古代ギリシアの植民都市クリソポリスが起源で、ビザンツ時代にはスクタリと呼ばれていた。
　桟橋には多くの船が発着し、活気がみなぎる。一歩裏の路地に入るとオスマン朝時代のトルコ式木造家屋が残っている。板塀の外壁、張り出しの2階窓が特徴で、ひなびた風情を醸し出している。このあたりは道が入り組んでおり、必ずしも治安がよくないので明るいうちに訪れること。

2階部分が張り出しているのがトルコ式民家の特徴だ

アジア側
クズグンジュック
Kuzguncuk クズグンジュック

見学時間の目安 **30分**
Map P.54B1

　「ボスポラス海峡の真珠」とも称されるクズグンジュックは、公園の豊かな緑に囲まれ、古い家屋や教会、ジャーミィなどが残り、カフェやレストランも多く散策が楽しい。
　ビザンツ時代にコスィニツァと呼ばれたクズグンジュックは現在はトルコ人が大半を占めているが、かつてはイスタンブールを代表するユダヤ人コミュニティがあったところ。アルメニア教会とユダヤ教のシナゴーグ、ジャーミィが肩を寄せ合うように建っており、古きよきイスタンブールの縮図のようなところだ。

アジア側
カドゥキョイ
Kadıköy カドゥキョイ

見学時間の目安 **1時間**
Map P.54A4～B4

　カドゥキョイはイスタンブールよりも長い歴史をもっている地区。かつてはカルケドンと呼ばれたこの町では、ビザンツ時代の451年には、キリスト教の単性論を異端としたカルケドン公会議が行われた。現在でも教会が点在し、海岸周辺はショッピングエリアとなっている。また、埠頭前のバスターミナルはアジア側の交通の起点となっており、各所へ行く市内バスが並んでいる。レストランやショップが軒を連ねる表通りから一歩中に入ると、骨董品店が軒を連ねるテルラルザーデ通りや伝統家屋が残る古い町並みも残っている。

骨董品店が軒を連ねるテルラルザーデ通り

💡カドゥキョイは観光地ではありませんが、客引きはいませんし、ぶらりと街歩きを楽しむにはちょうどよい広さでおすすめです。(大阪府　レモマ　'12春)

アジア側	見学時間の目安 **30分**

トゥルクバロン（気球）
Turkbalon トゥルクバロン

Map P.55A2

ワイヤーでつながれた気球に乗って、イスタンブールを見下ろすことができるアトラクション。ボスポラス海峡や旧市街など360度のパノラマを一望の下にできる。気球は6〜8人乗りだが、天候によって乗船できる人数が変わる。

フェリーからもよく見えるトゥルクバロン

■**トゥルクバロン**
カドゥキョイ埠頭に隣接。飛行時間は約15分。
TEL(0216) 347 6703
料20TL

アジア側	見学時間の目安 **30分**

チャムルジャ
Çamlıca チャムルジャ

折込イスタンブール広域図D3

ボスポラス大橋に近い眺望絶景の丘。ここはイスタンブールで最も標高が高いため、テレビ塔が建てられている。頂上は公園となっており、カフェレストランやティーガーデンがあって、憩いの場になっている。チャムルジャは、結婚式を挙げたあとの記念撮影に来るカップルが多いことでも知られており、公園からはヨーロッパ側やボスポラス大橋などのパノラマが広がる。

チャムルジャ頂上の公園

■**チャムルジャ**
ユスキュダルからミニバスかバス11番などで20分、下車徒歩15分。

■**ベイレルベイ宮殿**
ユスキュダルからバス15番か、ドルムシュで10分。ボスポラス大橋のたもとにある。館内の見学はガイド付きツアーのみ。所要約30分。
TEL(0216) 321 9320
開9:00〜17:00
　(10〜2月〜16:00)
休月・木　料20TL
内部撮影禁止

アジア側	見学時間の目安 **1時間**

ベイレルベイ宮殿
Beylerbeyi Sarayı ベイレルベイ・サラユ

Map P.54B1

ボスポラス大橋のたもとにあるスルタンの夏の離宮。スルタンのアブデュルアズィズによりアルメニア人建築家バルヤンの設計で1865年に完成した。ドルマバフチェ宮殿と同様、バロック様式とオスマン朝様式を合わせた折衷様式。見どころは1階（日本の2階）の男性用玄関にあるシャンデリアや女性の居住空間ハレム、1階のスルタン執務室や浴室など。広間にある装飾時計も、ドルマバフチェ宮殿同様、アタテュルクの亡くなった9:05を指している。

天井の細かな装飾に注目

9時5分を指したままの時計

ボスポラス海峡からみた宮殿

豪華絢爛な2階のサロン

カドゥキョイのトゥルクバロンは風が強いと運休するそうです。私が行った時は1週間ずっと運休中でした。(東京都　竹下充　'11夏)

■乙女の塔
TEL(0216) 342 4747
URL www.kizkulesi.com.tr
開9:00～18:45(カフェテリア)、夜はレストラン、バーの営業
ユスキュダル南のサラジャックSalacakから小型船(5TL)で行くのが便利。カバタシュからの送迎は9:00～18:45の1時間に1便(7TL)。カバタシュへの帰りは9:45～18:45の毎時45分発。夜はレストランかバーに予約すると送迎無料。カバタシュ発20:00、20:45、21:30。クズ塔発からの帰りは23:00、23:45、0:30。スケジュールの変更予定あり。ウエブサイトを参照のこと。

灯りがともった乙女の塔

■ファーティフ・スルタン・メフメット大橋
折込イスタンブール広域図D2

オルタキョイ・メジディエ・ジャーミィの背後にかかるボスポラス大橋

上空から見たファーティフ・スルタン・メフメット大橋

■ルメリ・ヒサル
カバタシュからサルイェル行き(海岸沿いコース)に乗り、ルメリ・ヒサル下車。
TEL(0212) 263 5305
開9:00～16:30 休水
料5TL

ボスポラス海峡周辺
見学時間の目安 **1時間**
Map P.54A2

乙女の塔
Kız Kulesi クズ・クレスィ

ボスポラス海峡入口のアジア側にある小島に建つ城塞。かつては灯台として使われていた。

乙女と名前がついたのは悲しい伝説による。昔々、王様のもとを訪ねてきた占い師が「お前の愛娘は18歳の誕生日に蛇に噛まれて命を落とすだろう」と言った。これを信じた王は慌てふためき、愛娘をこの塔に閉じこめて育てた。娘が18歳の誕生日、王は果物を一杯にした籠を手に塔に出かけた。ところが、その籠のなかに毒蛇が隠れており、娘は予言通り死んでしまった。そんな言い伝えがある塔は1999年末に改装を済ませ、以来レストランとして利用されており、平日のブランチでも人気のスポットになっている。

ユスキュダルの埠頭から眺めた乙女の塔

ボスポラス海峡周辺
見学時間の目安 **10分**
Map P.45D3

ボスポラス大橋
Boğaziçi Köprüsü ボアズィチ・キョプリュスュ

イスタンブールを貫く海の流れは、黒海からボスポラス海峡を経てマルマラ海へ注ぐ。マルマラ海からダーダネルス海峡を通り、水はエーゲ海へといたるのだ。ボスポラス海峡の長さは30km、幅は最も狭い所で約700m。ボスポラス大橋とファーティフ・スルタン・メフメット大橋がかかっている。

ボスポラス海峡周辺
見学時間の目安 **1時間**
折込イスタンブール広域図D2

ルメリ・ヒサル
Rumeli Hisarı ルメリ・ヒサル

ルメリ・ヒサルは、メフメット2世が建造した要塞で1452年に建てられた。南北の長さは約250m。1453年のコンスタンティノ

巨大な塔が海峡を行き来する船ににらみをきかせていた

☺ユスキュダルは埠頭近くにジャーミィがふたつあり、イスラームについて話しかけられた。下町で観光客は少ないが、衣料品の店が多い。(埼玉県 小林和明 '10秋)

144

ープル戦に備えて、わずか4ヵ月で造り上げたといわれている。現在はきれいに整備され、心地よい散歩道となっている。夜はライトアップされて美しい。

アナドル・ヒサル
ボスポラス海峡周辺 　見学時間の目安 **1時間**
折込イスタンブール広域図D2

Anadolu Hisarı　アナドル・ヒサル

　ヨーロッパ側のルメリ・ヒサルのアジア側の対岸にある、オスマン朝の砦。1390年頃、バイェズィド1世により建てられた。現在は塔がひとつと城壁が残っており、公園になっている。このあたりの海峡幅は最短の約700mとなっている。

ヤルと呼ばれる瀟洒な別荘が海峡沿いに建つ

城壁が少し残るのみ

キルヨス
ボスポラス海峡周辺 　見学時間の目安 **1時間**
折込イスタンブール広域図D1外　Map P.146-1

Kilyos　キルヨス

　サルイェルからボスポラス海峡を北上することバスで約1時間、黒海沿岸のビーチ、キルヨスに到着する。キルヨスは、イスタンブール近郊のビーチのなかでも最も海がきれいな場所として知られている。ジェットスキーやバナナボート各種マリンスポーツなどの設備も整えたソラル・ビーチSolar Beachは、夏の野外コンサートでも有名で、国内外の大物アーティストがライブを行うことも多い。

■ キルヨス
🚌 サルイェルからキルヨス行きのバスに乗り、所要約1時間。タクスィムからも便がある。

■ ソラル・ビーチ
🚌 シーズン中はタクスィム、4レヴェントなどから送迎あり
TEL(0216)201 2086
URLwww.solarbeach.org（トルコ語）

キルヨスのビーチ

プリンスィズ諸島
ボスポラス海峡周辺 　見学時間の目安 **半日**
Map P.146-3

Kızıl Adalar　クズル・アダラル

　プリンスィズ諸島（アダラルAdalarとも呼ばれる）は全部で9つの島からなるが、そのうち連絡船の便があるのはクナル島、ブルガズ島、ヘイベリ島、ビュユック島の4つ。ビザンツ時代以来、島流しの憂き目に遭った王子がいた場所だったのでこの名で呼ばれている。クナル島にはアルメニア人、ブルガズ島にはギリシア人、ビュユック島にはユダヤ人のコミュニティがあることでも知られ、島内にはシナゴーグや教会がある。夏には美しいビーチを求めて多くの人が休暇に訪れる。島内では車の利用が原則的に禁止されているので、のんびりした滞在が楽しめる。

■ プリンスィズ諸島
🚢 エミノニュから船。詳細は→P.109。

大きなビュユック島は埠頭付近もにぎやか

クナル島は埠頭の横がすぐにビーチになっている

島伝いに行く連絡船

😊 町を歩いていると野良犬を見かけます。耳にタグのついた犬は市が狂犬病の注射などを行っているそうですが、むやみに近づかない方がよいです。（三重県　MR. GLOBE　'11年12月）

実録！ボスポラスクルーズ

イスタンブールの1日を、海で過ごしてみよう。手頃に海を楽しむには、ボスポラス海峡を北上して黒海近くの町アナドル・カヴァウまで行く定期観光船に乗るといい。

4　11:10　ルメリ・ヒサル

ルメリ・ヒサルが近づくにつれ、海峡の幅が狭くなってくる。この砦の戦略的重要性が実感される瞬間だ。

3　11:00　ボスポラス大橋

オルタキョイ・ジャーミィとその頭の上をゆくボスポラス大橋。

2　10:45　ドルマバフチェ宮殿

出航してすぐ、右側に見えるのがトプカプ宮殿。左側にドルマバフチェ宮殿が見えてくる。

6　12:15　GOAL!　アナドル・カヴァウ

お昼時に船が終点に着いた。ほとんどの人は歩いて砦を目指す。桟橋近くにはレストランも並ぶのでランチもとれる。

5　11:30　カンルジャ

カンルジャの埠頭で荷物を積み込む。何かと思ったらヨーグルト売り。カンルジャはオスマン朝の時代からヨーグルトの名産地。袋入りの粉砂糖を混ぜていただく。

1　10:35　START!　出航

ボスポラスクルーズ（地図）

- キルヨス Kilyos P.145
- ルメリ・カヴァウ Rumeli Kavağı
- アナドル・カヴァウ Anadolu Kavağı
- サルイェル Sarıyer
- イェニキョイ Yeniköy
- エミルギャン公園 Emirgan Parkı
- カンルジャ Kanlıca
- ファーティフ・スルタン・メフメット大橋 Fatih Sultan Mehmet Köprüsü
- ルメリ・ヒサル Rumeli Hisarı P.144
- アナドル・ヒサル Anadolu Hisarı P.145
- ベイレルベイ宮殿 Beylerbeyi Sarayı P.143
- ドルマバフチェ宮殿 Dolmabahçe Sarayı
- ボスポラス大橋 Boğaziçi Köprüsü P.144
- チャムルジャ Çamlıca P.143
- 乙女の塔 Kız Kulesi P.144
- エミノニュ Eminönü
- マルマラ海
- ボスタンジュ Bostancı
- クナル島 Kınalıada
- プリンスィズ諸島 P.145
- ブルガズ島 Burgaz Adası
- ヘイベリ島 Heybeliada
- ビュユック島 Büyükada
- 黒海

ボスポラス海峡クルーズ

ロングクルーズ Uzun Boğaz Turu

- 運航：エミノニュ発・通年10:35、夏期のみ13:35
- アナドル・カヴァウ発・通年15:00、夏期のみ17:00
- 所要：片道1時間45分　運賃：25TL（片道15）
- 途中の船着場で降りることは可能だが、路線は1日1往復のみなので、帰りはバスなどを使おう。

ショートクルーズ Kısa Boğaz Turu

- 運航：エミノニュ14:30発、オルタキョイ14:40発
- 所要：2時間　運賃：12TL
- 夏期は毎日、シーズンオフは週末のみ運航。

トゥルヨル社のクルーズ船

- 運航：10:00～21:00に1時間毎
- アナドル・カヴァウ発・通年15:00、夏期のみ17:00
- 所要：1時間30分　運賃：12TL
- エミノニュ側のトゥルヨル埠頭（Map P.108）から出発。途中下船不可。

デントゥル社のクルーズ船

- 運航：カバタシュ10:30、14:45
- ベシクタシュ発13:00、15:00 17:00
- 運賃：カバタシュ発12.50TL、ベシクタシュ発8.50TL

地球の歩き方 あなたのイスタンブールとトルコの大地旅行を「旅スケ」がおたすけ！

「地球の歩き方 旅スケ」で…
Altın Kedi さんが作成された旅スケジュール

世界三大料理？食べ歩き、満腹イスタンブール【旅行済】
イスタンブールは観光だけじゃない！世界三大料理のトルコ料理も魅力♪

この旅スケのURL	http://tabisuke.arukikata.co.jp/schedule/46394/
旅行時期	2011/07
旅行先	【トルコ】イスタンブール
旅行期間	8日間
旅行目的	寺院・宮殿・城・史跡 / 食べ物・食文化
コピーされた数	2　拍手数　8　※2012年12月3日時点でのデータによる

この旅スケジュールの予算（2人分）

移動	304,000円	観光	8,600円
宿泊	80,000円	ツアー代	0円
食事	15,000円	その他	22,400円
		合計	430,000円

Pick Up Travel Photo

3日目　7月16日(土)

06:00 アタテュルク国際空港
やっと、やっと17時間遅れでトルコへ到着(´？;)
　移動(車)
　日本語の話せるドライバーさんのお迎え

07:00 キベレ
今回お世話になるホテル。オットマンランプがとても素敵。
日本人女性にも人気？
　移動(徒歩)

08:00 シミットサライ
シミットの専門店♪1年越しのシミット？ここのは絶品
　移動(徒歩)

09:45 ハリッチハットゥ桟橋
ここの乗り場はかなり分かりにくい、みんなに聞きながら
やっと到着(´ー`)ノ
　ワブル(連絡船)
　金角湾を上がって行きます♪プチクルーズ

10:15 スュトリュジェ埠頭
地球の歩き方だとストリジェが終点だけど、実際は
エユップが終点みたい
　移動(バス)
　徒歩では行けないってオジサンが教えてくれた。
　急遽ミニバスに乗車♪みんな親切

10:30 ミニアトゥルク
ここも結構マニアックな観光地。日本人まったくいない。
すごく綺麗な場所
　タクシー
　ケーブルカー
　大きな墓地地帯を上がっていきます。そんなの聞いてな～い

12:10 ピエール・ロティのチャイハーネ
景色は綺麗、雰囲気はとってもかわいいチャイハネ
(´艸`)♪オシャレ～
　ケーブルカー

13:00 エユップ・スルタン・ジャーミィ
ここは宗教色の濃いジャーミー、周りの商店街も
コーランやイスラムの衣装屋さんが多い
　タクシー

13:40 カーリエ博物館
アヤソフィアのようなトルコの歴史を象徴する場所。
モザイク・フレスコ画が美しい

14:20 テオドシウスの城壁
すごく高い。階段もかなり急です。気をつけて
　移動(徒歩)

15:00 ユルデュズ サライ(イチリキョフテ)
通りがかりのお店。イチリキョフテ発見！
おやつにぴったり？

続きは旅スケで

http://tabisuke.arukikata.co.jp/　旅スケ　検索

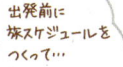

イスタンブールのホテル
ホテルエリアと選び方ガイド

イスタンブールにはホテルが多く集まるエリアがいくつもある。観光に便利なのはスルタンアフメット地区だが、旅のスタイルによってはほかのエリアもおすすめだ。
ホテルの種類は→P.148～149

地図上の地名：
- ハリッチ橋
- ヴァーリデ・スルタン橋
- 金角湾 Haliç
- アタテュルク橋
- アクサライ
- トプカプ
- ゼイティンブルヌ
- アタテュルク空港
- バクルキョイ
- アタキョイ

	旧市街の観光に便利 交通規制と悪路に注意 →P.150～158 **スルタンアフメット**	アクセス重視の アクティブ派 →P.158～160 **スィルケジ**
ホテルの数・種類	★★★★ 安宿から高級ホテルまで宿の選択肢は広い。ただし、昼間は交通規制でタクシーが入れない上、石畳など道も悪いので、自分で歩いて荷物を運べる人向き。	★★★★ 1週間程度余裕があり、いろいろ回ってみたい人にはおすすめのエリア。3～4つ星クラスの中級ホテルが多数を占め、手頃なホテルも多い。
観光&交通	★★★★ 旧市街の中心なので、徒歩での観光に最適。グランドバザールやエジプシャンバザールも徒歩圏内。	★★★★★ 歴史地区へも徒歩圏内。さまざまな交通機関が集中していて移動に便利。フェリー埠頭も近く、エミノニュ発着のバス路線も充実。
レストラン	★★★★ 観光客が多いので相場は高め。カフェ風の小洒落た店では西洋料理も出すが、メニューはどこも似た感じ。	★★★ 庶民的な食堂が多く、食費を安くあげられる。老舗レストランも多い。ファストフード店は多いが、外国系料理のレストランは少ない。
空港アクセス	★★ トラムとメトロを乗り継いで空港までは約1時間。昼間は交通規制で一方通行が多く、道も悪いので荷物が重いときつい。	★★ 海岸通りまで近いのでタクシーの利用が便利。トラムとメトロを乗り継ぐと1時間以上かかる。
治安	★★★★ スリや盗難といった被害は少なく、治安は良好。ただし、しつこい客引きや絨毯屋がらみのトラブルに注意。	★★★ 以前は治安が悪いエリアとして知られていたが、最近はそうでもない。人気の少ない所を夜にひとりで歩くのは避けたい。

☺ホテルや交通の予約メールはプリントして持参必須。ホテルに到着して、相手の手違いで予約が入っていないと言われることはよくあるので、証明用に。(埼玉県 ころころ '12夏)

イスタンブール●ホテル

そのほかのホテルエリア

ボスポラス海峡周辺
オルタキョイ周辺や、ボスポラス大橋近辺など、オスマン朝時代の高官の別荘や宮殿を改装した豪華ホテルが点在。観光地へのアクセスはあまりよいとはいえないが、洗練されたレストランやスパ施設を完備するホテルもあり、セレブなバカンスを過ごせる。

新市街北部
メトロM2線のシシリ・メジディエキョイ駅周辺はビジネス客向けの大型ホテルが多い。ショッピングに便利で、ニシャンタシュへも徒歩圏内。メトロやバスの便もいいので、観光目的でも使える。

フンドゥクザーデ〜トプカプ
トラムヴァイT1線フンドゥクザーデ駅からトプカプ駅にかけて、メトロとトラムに挟まれたエリアに3〜4つ星の大型ホテルが点在している。メトロM1線とトラムT1線の2路線が使えるので各地へのアクセスも便利。

カドゥキョイ（アジア側）
カドゥキョイの埠頭近くに中級クラスのホテルが集中している。レストランの種類も豊富でアジア側最大のショッピングストリート、バーダット通りへも近い。

地図ラベル: 新市街、ボスポラス大橋、タクスィム広場、ガラタ橋、旧市街、ハレム・ガラジュ、アジア側

グルメ&ショッピング 都市型滞在派 →P.161〜163 **タクスィム広場周辺**	ホテルは多いが 治安に注意 →P.160 **アクサライ**	早朝・深夜着や 乗り換えのときに →P.165 **空港周辺（沿岸部）**
★★★	★★★	★
ブティックホテルや長期滞在者向けのアパートホテルが増えつつある。外資系のチェーンホテルは広場の北側に集中。	3〜4つ星クラスのホテルが多いが、おしゃれなプチホテル系の宿は少ない。	大型ホテルがほとんどで、手頃な料金で泊まれるホテルは少ない。内陸部のハルカルやゼイティンブルヌにもホテルはある。
★★	★★★★	★
旧市街へはフニキュレル（地下ケーブル）とトラムを乗り継いで30〜40分ほど。	メトロM1線とトラムヴァイT1線が両方使え、旧市街や新市街への移動に便利。	旧市街へはメトロやトラムヴァイを乗り継いで1時間ほど。
★★★★★	★★	★★
眺めのよいレストランから和洋各国料理、名物居酒屋まで選択の幅は広い。	庶民的な食堂やファストフード店が多い。魚料理や居酒屋ならクムカプが近い。	大型ホテルが多いので併設のレストランがメイン。ショッピングセンターのフードコートも使える。
★★★	★★★★	★★★★★
シャトルバスのハワタシュがタクスィム広場からほぼ24時間発着。深夜着や早朝の出発でも安心。	ハワタシュ（空港行きは乗車不可）のバスで1本。アクサライは空港行きのメトロの始発駅。	空港まで専用のシャトルバスを運行するホテルも多く、タクシーで行っても安くつく。
★★★	★	★★★
市内随一の繁華街だが治安は悪くない。深夜の裏路地や怪しげなエリアには近づかないように。	ナイトクラブや街娼も多く、有数の危険エリア。ホテルでの盗難も報告されている。	沿岸のイェシルキョイやフロルヤ周辺は高級住宅街。ほかの空港周辺地域は一般的な市街地。

☺ほとんどのホテルで無線LANが使えました。親機が通常は1階に設置されているので、遠くの部屋や上階では電波が届かないことがあります。（千葉県　大陸浪人　'10秋）

149

スルタンアフメット地区

日本からホテルへの電話　国際電話会社の番号 + 010 + 国番号 90 + 212（市外局番の最初の 0 は不要）+ 掲載の電話番号

ドミトリーのあるホテル

オリエントY.H. Orient Youth Hostel
経済的　Map P.53上B1

✉ Yeni Akbıyık Cad. No.9
TEL(0212) 517 9493
FAX(0212) 518 3894
URL www.orienthostel.com
D 10〜15€
S 30€
W 40€
W/AC 55〜70€
US$ € TL 不可 V

アクブユック通りにある老舗の人気ホステル。ドミトリーのベッド数は1部屋6、8、30の3種あり料金設定が異なる。最上階テラスレストランは広く、海が見える。インターネット1日1時間無料、ユースホステルカード提示で10%の割引あり。同経営の旅行会社もある。全館無料

アゴラ Agora Guesthouse & Hostel
経済的　Map P.53上A2

✉ Cankurtaran Mah. Akbıyık Cad. Amiral Tafdil Sok. No.6
TEL(0212) 458 5547
FAX(0212) 458 5548
URL www.agoraguesthouse.com
D/AC 13〜21€
S/AC 45〜60€
W/AC 60〜80€
US$ € JPY TL
TC US$ DJMV

ドミトリーは4〜12人部屋だが空間にも余裕があり、ベッドの下に大きなロッカーが付いているので荷物の収納に便利。シャワー（共同）もきれいで、小さな脱衣所がある。朝食も充実のオープンビュッフェ。台所の使用も可能。テレビはDVDプレーヤー付き。宿泊客が利用できるPCもある。海の見える広い部屋は90€。全館無料

チアーズ Hostel Cheers İstanbul
経済的　Map P.33C2

✉ Zeynep Sultan Camii Sok No.21
TEL(0212) 526 0200
FAX(0212) 526 0201
URL www.cheershostel.com
D/AC 15€
W/AC 60〜100€
US$ € TL
TC 不可
MV

ホステル人気ランキングで常に1、2位を争う人気の宿。最上階には屋根裏風の客室があり、簡易キッチン付きのテラスからはアヤソフィアが眼前に見える。女性用ドミトリーは室内にシャワーあり。朝食はロビーでオープンビュッフェ。ホテルで飼っている犬は宿泊客にもかわいがられている。全館無料

ムーンスター Moonstar Hostel
経済的　Map P.53上A2

✉ Akbıyık Cad. No.29
TEL(0212) 458 7471
FAX(0212) 516 5440
URL www.moonstarhostel.com
D/AC 7〜15€
US$ € TL
TC 不可 MV

客室はドミトリーのみで、各部屋はデジタル式でコードを入力して開閉するシステム。客室内にシャワーやドライヤー、鍵のかかるロッカーも完備。最上階のテラスからは海は見え、水タバコ（3泊以上で無料サービス）も楽しめる。全館無料

Information　ホテルが紹介する旅行会社

イスタンブール、特にスルタンアフメット地区では不慣れな旅行者をカモにする旅行会社があとを絶ちません。その多くはカッパドキアなどへのツアーを不当に高い料金で売り付けるというもの。相場を知られないように到着後すぐに売り込みをかけることも多いようです。また、問題になると店名を変えることも多く、実態をつかむことすら困難な状況です。

このような悪徳旅行会社はホテルと同族経営、または関連会社のこともままあります。ホテルのスタッフにツアーを紹介されたとしても、旅行会社の選択には充分ご注意ください。（編集室）

早朝に空港に行かなければいけない場合は、スルタンアフメットやスィルケジの各ホテルに寄るエアポート・トランスファー・サービスを前日までに予約しておくと便利。（編集室）

ノベル Nobel Hostel

✉ Mimar Mehmetağa Sok. No.16
TEL (0212) 516 3177
FAX (0212) 516 3133
URL www.nobelhostel.com
D 🏠🛏️🚿 12〜15€
W A/C 🛏️🚿 40〜60€
💳 US $ € JPY TL
🅲🅲 不可

経済的　　　**Map P.53上A2**

全12室の小さな宿で、ホステル予約サイトのHostel Worldの受賞歴がある。朝食は見晴らしのいいテラスで出る。ドミトリーは4人部屋と8人部屋。テラスはビニールカーテンで覆われているので冬でも眺めを楽しめる。難点はエレベーターがなく、階段が狭いこと。　　🛜 全館無料

エスマ・イン Esma Inn Hostel

✉ Divanyolu Cad. No.19
TEL & **FAX** (0212) 516 0607
URL www.oldcityesmahostel.com
D A/C 🛏️🚿 15〜22€
S A/C 🛏️🚿 30〜45€
W A/C 🛏️🚿 40〜60€
💳 US $ € JPY TL
🅲🅲 不可　🅲🅲 不可

経済的　　　**Map P.32B3**

2011年オープンのホステル。トラムヴァイの駅からも近い便利な立地。Simit Sarayıの2階にある。共同シャワーは各階にふたつあり、とてもきれい。共同キッチンは調理はできないが、飲み物を用意したり、冷蔵庫は利用可能。スタッフも親切。
🛜 全館無料

バハウス Bahaus

✉ Bayramfırın Sok. No.7
TEL (0212) 638 6534
FAX (0212) 517 6697
URL bahausistanbul.com
D 🛏️🚿 15〜19€
S 🛏️🚿 30〜50€
W 🛏️🚿 50€
💳 US $ € TL 🅲🅲 不可 Ⓐ Ⓜ Ⓥ

経済的　　　**Map P.53上A2**

アクブユック通りの南にある。ドミトリーのシャワーなど、共有スペースがきれいでドライヤーもある。最上階には床に座ってくつろげるスペースがある。インターネットはロビー横のPCルームが使用でき、プリントアウトも無料。　🛜 全館無料

マーヴィ Mavi Guesthouse

✉ Kutluğun Sok. No.3
TEL (0212) 517 7287
FAX (0212) 516 5878
URL www.maviguesthouse.com
D 🛏️🚿 8〜15€
S 🛏️🚿 20〜30€
W 🛏️🚿 28〜40€
💳 US $ € TL 🅲🅲 不可 🅲🅲 不可

経済的　　　**Map P.53上B1**

クトゥルギュン通りの端にある。全9室で、ドミトリーは4〜6人部屋で男女別、混合がある。夏はテラスでも泊まれる（5〜10€、朝食込み）。チェックアウト後のシャワーは2€で使える。インターネットは1時間1€。荷物は1ヵ月間、預かってもらうことができる。　🛜 全館無料

メトロポリス Metropolis Hostel

✉ Terbıyık Sok. No.24
TEL & **FAX** (0212) 518 1822
URL www.metropolishostel.com
D 🛏️🚿 14〜18€
S 🛏️🚿 33〜44€
W 🛏️🚿 40〜48€
W 🛏️🚿 50〜70€
💳 US $ € TL 🅲🅲 不可 Ⓐ Ⓜ Ⓥ

経済的　　　**Map P.53上B2**

アクブユック通りにある同名のレストランも同じ経営で、冬期の朝食はそちらのレストランで出る。夏期の朝食は屋上テラス。インターネットは無料で利用可。ユースホステルカードの提示でレストランの食事が10％割引になる。屋上のバーは眺めがよい。　🛜 全館無料

コーディアル・ハウス Cordial House Hostel

✉ Peykane Sok. No.19
TEL (0212) 518 0576
FAX (0212) 516 4108
URL www.cordialhouse.com
D 🛏️🚿 8〜12€
S 🛏️🚿 20〜35€
W 🛏️🚿 30〜40€
💳 US $ € TL 🅲🅲 不可
🅲🅲 Ⓜ Ⓥ、Ⓐ（手数料3％）

経済的　　　**Map P.32B3**

チェンベルリタシュ駅の近く。ドミトリーは男女別と混合がある。シャワー付きはシングル30〜50€、ダブル40〜60€。朝食は別料金で3€。地下の朝食ルームや共同キッチン、カフェも新しく北欧テイストのモダンなデザイン。ユースホステルカード提示で10％割引。本誌提示でセーフティボックス（1TL）が無料。　🛜 ロビー周辺のみ

😊 清潔で安くて観光地も近くて立地がよい。近くのスーパーも品揃えがよく、パンが安かった。　（徳島県　中島明子　'11春）

✏️ コーディアル・ハウスは無線LANが使えるのはロビー周辺のみだが、これはロビーを宿泊客皆のふれあいの場にしてほしいという願いも込めてのことだそうだ。（編集室）

経済的〜中級ホテル

マルマラ Marmara Guesthouse

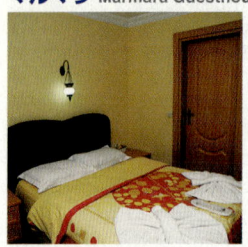

✉ Akbıyık Cad. Terbıyık Sok. No.15
TEL (0212) 638 3638
FAX (0212) 638 3639
URL www.marmaraguesthouse.com
S A/C 🚿 35〜65€
W A/C 🚿 40〜70€
US$ € JPY TL
T/C 不可 M V

経済的　Map P.53上B2

コンヤ・ペンションを経営していた母娘が営む宿で、当時からのリピーターも多い。あたたかい家庭的なもてなしは以前から定評があり、娘のエリフさんは日本語も話せる。部屋はフローリングで、内装もかわいらしい。セーフティボックスあり。朝食をとる最上階からはマルマラ海が見える。手作りジャムも評判がいい。情報ノートもあり、日本語使用可能なPCは無料。📶全館無料

少し離れているが、同経営のサルハン・ホテルSaruhan Hotel (Map P.32A4)もある(URL www.saruhanhotel.com)。

😊日本語が堪能なエリフさんが細かいことまで相談に乗ってくれます。1ヵ月多くの宿に泊まりましたが、毎日部屋を掃除してくれたのはここだけでした。トイレ、シャワールームともに清潔でした。(群馬県　メロンパン高橋　'11年12月)

メッド・ジェズィール Med Cezir Guest house & Hotel

✉ Tevkifhane Sok. No.6
TEL (0212) 517 5935
FAX (0212) 638 9669
URL www.hotelmedcezir.net
S 🚿 35〜40€
W 🚿 43〜55€
🚿 65〜85€
US$ € JPY TL
T/C 不可 C M V

経済的　Map P.53上A1

アヤソフィアとブルーモスクの中間にあり、観光に便利な立地。全9室と小さなホテルだが、かわいらしくまとまっている。オーナーは数ヵ国語に堪能で画家という人物。共同バスの部屋がほとんどだが、設備も新しく清潔。入口のレストランは朝食サロンを兼ねており、快適に過ごすことができる。📶全館無料

ジョシュクン・ハウス Coşkun House

✉ Soğukçeşme Sok. No.40
TEL (0212) 526 9854
FAX (0212) 526 1311
URL www.coskunpension.com
S 🚿 35€
W 🚿 45€
US$ € JPY TL
T/C 不可
C M 不可

経済的　Map P.33C2

ギュルハーネ駅からも近い、坂の途中にある。家庭的なもてなしの全6室の宿。1階は同じ家族が経営するみやげ物店。オーナーのメティンさんは少し日本語も話せる。手作り風の内装で、数室には小さいながらもバスタブがある。最上階のサロンも居心地がよい。空港送迎は片道20€。予約のEメールは英語で。📶全館無料

ハネダン Hanedan Hotel

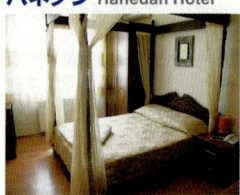

✉ Akbıyık Cad. Adliye Sok. No.3
TEL (0212) 516 4869
FAX (0212) 458 2248
URL www.hanedanhotel.com
S A/C 🚿 30〜50€
W A/C 🚿 45〜65€
US$ € TL T/C 不可 C M V

経済的　Map P.53上B1〜B2

10室のみだが、全室にエアコンもあり、インターネット用のノートPCも借りることができる。部屋はセーフティボックス付きで、シングルルームでも天蓋付きの大きなベッドが付いている。屋上のきれいなキッチンも使用可。ファミリールームは65〜90€。📶全館無料

アシュクン Aşkın Hotel

✉ Cankurtaran Mah. Dalbastı Sok. No.16
TEL (0212) 638 8674
FAX (0212) 638 8676
URL www.askinhotel.com
S A/C 🚿 30〜80€
W A/C 🚿 40〜110€
US$ € TL
T/C 不可 M V

経済的　Map P.53上A2

オスマン朝時代末期にアルメニア人建築家の設計で建てられた建造物を改装したホテル。クラシックなイメージで統一されたインテリアが当時を偲ばせるが、ジャクージ付きの部屋があったり、エレベーターがあったりと快適に過ごせるように設備は整っている。📶全館無料

3泊以上でアタテュルク空港への迎えが無料という宿が多いが、これはホテルの公式ウェブサイトを通して予約した場合のみ適用される。旅行会社を通した場合は適用外。(編集室)

ヒッポドロム Hotel Hippodrome

✉ Mehmet Ağa Cad. No. 38
TEL(0212) 517 6889
FAX(0212) 516 0268
URL www.hippodromehotel.com
S A/C 🚿 50~180€
W A/C 🚿 60~200€
💳 US$ € TL
T/C 不可　CC M V

中級　Map P.53上A2

全28室。スタンダードルームでも最上階はテラス付きでマルマラ海が見える。半数の部屋はバスタブ付き。シャワーのみでも豪華な造り。電気ポットやティーセットも完備。朝食は近くの系列ホテルAzadeで出す。3泊以上でアタテュルク送迎片道無料。📶全館無料

☺朝食ビュッフェの品揃えが最高。スルタンアフメット・ジャーミィにも近く、値段の割にかなりおすすめです。（東京都　笹川香織　'12春）

オスマン・ハン Osman Han Hotel

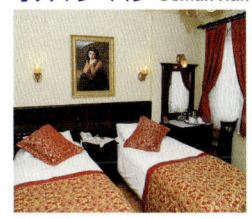

✉ Akbıyık Cad. Çetinkaya Sok No.1
TEL(0212) 458 7702
FAX(0212) 458 7684
URL www.osmanhanhotel.com
S A/C 🚿 45~75€
W A/C 🚿 65~110€
💳 US$ € JPY TL
T/C US$　CC D J M V

中級　Map P.53上A2

ホテルの口コミウエブサイトでも高評価を受けている。シャワーブースなどもとても清潔に保たれている。マルマラ海が見える屋上テラスでの朝食も自慢だ。現金払いで5%の割引がある。静かで落ち着いたホテルだ。ノートPC無料貸し出しあり。キッチンも利用可能。📶全館無料

メガラ・パレス Megara Palace

✉ İshakpaşa No.8
TEL(0212) 518 3656
FAX(0212) 518 3658
URL www.megarahotel.com
S A/C 🚿 50~75€
W A/C 🚿 70~110€
💳 US$ € TL
T/C 不可　CC M V

中級　Map P.53上B1

イスハク・パシャ通りにある。落ち着いた内装のホテルで、サービスにも定評がある。スイート（4室）にはバスタブも付きで、90～140€と手頃。スタッフも長く勤めている人が多い。📶全館無料

エンジェルズ・ホーム Angels Home

✉ Amiral Tafdil sok. No.26
TEL(0212) 638 1996
FAX(0212) 638 1998
URL www.angelshomehotel.com
S W A/C 🚿 39~199€
💳 US$ € TL
T/C 不可
CC M V

中級　Map P.53上A2

全20室中8室にバスタブ付き。スタンダードの部屋でもティーセットやスリッパを完備している。3泊以上の宿泊でアタテュルク空港への迎えが無料。5泊以上で往復送迎無料。📶全館無料

☺電気ポットやドライヤーなど室内の設備も整っていてスタッフも親切です。（東京都　せいろく　'11春）

サルヌチュ Sarnıç Hotel

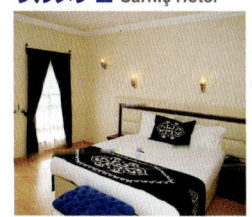

✉ Küçük Ayasofya Cad. No.26
TEL(0212) 518 2323
FAX(0212) 518 2414
URL www.sarnichotel.com
S A/C 🚿 55~102€
W A/C 🚿 65~180€
💳 US$ € JPY TL
T/C 不可　CC A M V

中級　Map P.33C4

オスマン朝時代の建造物を改装したブティックホテル。1室のみバスタブ付きの部屋もある。客室のアメニティもロクム、英字新聞、情報誌、シャンプー、シャワージェル、オーガニックソープと充実。隣に2011年にできた新館サルヌチュ・プレミアはシングル60～180€、ダブル70～190€。📶全館無料

ゼウグマ Hotel Zeugma

✉ Akbıyık Cad. No.35
TEL(0212) 517 4040
FAX(0212) 516 2323
URL www.zeugmahotel.com
S W A/C 🚿 75~90€
💳 US$ € TL　T/C 不可
CC M V

中級　Map P.53上A2

モザイクの描かれた外壁がよく目立つ。シャワーのみの8室とバスタブ付きのデラックスルーム2部屋の合計10部屋。全室テレビ、ドライヤー付き。ロビーのPCは無料で使用可。📶全館無料

☺サルヌチュ・ホテルではトルコ料理教室をやることでも有名。4名以上で随時受け付けており、欧米の観光客に人気が高いそうだ。（編集室）

タシュコナック Tash Konak Hotel

✉ Küçük Ayasofya Cad. Tomurcuk Sok. No.5
TEL (0212) 518 2882
FAX (0212) 638 8491
URL www.hoteltashkonak.com
[S] [A/C] [🛁] [📞] [🍴] 50～100€
[W] [A/C] [🛁] [📞] [🍴] 60～120€
[$] US$ € TL [T/C] 不可 [C/C] A M V

中級　　　Map P.33C4

室内はフローリングで木製家具が配され、落ち着いた感じ。スリッパやセーフティボックスも完備。朝食は眺めのよいテラスでビュッフェ形式。3泊以上予約でアタテュルク空港への片道、6泊以上で往復が無料。現金払いで8％割引。
📶 全館無料

アペックス Apex Hotel

✉ Mimar Mehmet Ağa Cad. Amiral Tafdil Sok. No.28
TEL (0212) 458 0190
FAX (0212) 458 0189
URL www.istanbulapexhotel.com
[S] [A/C] [🛁] [📞] [🍴] 50～75€
[W] [A/C] [🛁] [📞] [🍴] 70～95€
[$] US$ € TL [T/C] 不可 [C/C] A M V

中級　　　Map P.53上A2

全10室の小さなホテルだが客室にはバスローブ、セーフティボックス、ティーセット付き。ロビーにもプリンタやファクス、飲み物などが用意されている。朝食は常時60種類のオープンビュッフェで屋上のテラスで出す。
📶 全館無料

アララット Ararat Hotel

✉ Torun Sok. No.3
TEL (0212) 516 0411
FAX (0212) 518 5241
URL www.ararathotel.com
[S] [W] [A/C] [🛁] [📞] [🍴] 40～140€
[$] US$ € TL
[T/C] 不可
[C/C] M V

中級　　　Map P.53上A2

アラスタバザールの近くにある、人気のアート系デザイナーズホテル。眺めや部屋の広さで値段が異なる。最上階のテラスからはアヤソフィアやマルマラ海がよく見える。アタテュルク空港への送迎は片道40€、往復70€。部屋代は現金払いで10％割引。
📶 全館無料

ノマド Hotel Nomade

✉ Divanyolu Cad. Ticarethane Sok. No.15
TEL (0212) 511 1296
FAX (0212) 513 2404
[S] [A/C] [🛁] [📞] [🍴] 85～100€
[W] [A/C] [🛁] [📞] [🍴] 90～120€
[$] US$ € TL
[T/C] 不可
[C/C] A D M V

中級　　　Map P.33C3

全16室の老舗ブティックホテル。部屋ごとにテーマカラーを変えており、手狭な感はあるが、モダンな感じ。シャワールームはタイル張り。テラスはおしゃれなカフェになっている。インターネットの使用は無料。現金払いは8％割引。
📶 全館無料

フェルマン・スルタン Ferman Sultan Hotel

✉ Su Terazisi Sok. No.10
TEL (0212) 518 9505
FAX (0212) 518 9507
URL www.fermansultanhotel.com
[S] [A/C] [🛁] [📞] [🍴] 75～90€
[W] [A/C] [🛁] [📞] [🍴] 95～115€
[$] US$ € TL
[T/C] 不可 [C/C] A D J M V

中級　　　Map P.32B4

2011年オープン。ロビーや廊下は狭いが、部屋はそれほど狭くはない。バスルームの形は部屋によって異なる。各部屋に湯沸かしポットとティーセット付き。スタッフは明るく、応対もいい。ロビーにあるノートPCは無料で使用できる。
📶 全館無料

ダフネ Hotel Daphne

✉ Binbirdirek Mah. Su Terazisi Sok. No.14
TEL (0212) 638 7060
FAX (0212) 638 7064
URL www.hoteldaphne.com
[S] [A/C] [🛁] [📞] [🍴] 85～110€
[W] [A/C] [🛁] [📞] [🍴] 105～130€
[$] US$ € TL [T/C] 不可 [C/C] A M V

中級　　　Map P.32B4

全20室のホテル。ブティックホテルのなかでも人気がある宿。全室バスタブ付きで、バスルームはとてもシック。朝食サロンからは、マルマラ海やソクルル・メフメットパシャ・ジャーミィを眼下に見下ろせる。朝食はオープンビュッフェ。
📶 全館無料

アララット・ホテルの内装を手がけたギリシア人デザイナーは、エンプレス・ゾエやメリ・カフェのインテリアもプロデュースしている。（編集室）

エミネ・スルタン Emine Sultan Hotel

中級　Map P.33C4

✉ Kapıağası Sok. No.6
TEL (0212) 458 4666
FAX (0212) 458 4668
URL www.eminesultanhotel.com
S A/C 80€
W A/C 115€
US$ € TL
T/C 不可　C/C M V

家庭的なもてなしがモットーのブティックホテル。全10室中3室にバスタブあり。屋上のテラスではコーヒーや紅茶が無料。到着日にウエルカムフルーツをサービス。現金払いで4％割引。6泊以上の宿泊で空港送迎の片道無料。
全館無料

モティフ・アパート Motif Apart Hotel

中級　Map P.53上B1

✉ Yeni Saraçhane Sok. No.10
TEL (0212) 458 7702
FAX (0212) 458 7684
URL www.motifapart.com
S W A/C 50～130€
US$ € TL
T/C 不可
C/C M V

大きなダブルベッドのほかに折りたたみベッドもあるので3～4人は宿泊可能。料金は1部屋あたりなので割安にできる。自炊可能なキッチン付きで簡単な調味料、食器類も揃う。防犯カメラやセーフティボックスも完備している。
全館無料

アレナ Arena Hotel

中級　Map P.32B4

✉ Şehit Mehmet Paşa Yokuşu Üçler Hamam Sok. No.13-15
TEL (0212) 458 0364
FAX (0212) 458 0366
URL www.arenahotel.com
S A/C 54～109€
W A/C 64～149€
US$ € JPY TL
T/C 不可　C/C A M V

27室のうち10室はバスタブ付き。客室には電気ポットが備えてある。スタンダードルームでも海が見える部屋がある。マッサージサービス (60€) やハマム (25€) もある。朝食はオープンビュッフェ。3泊以上で片道分の空港送迎がある。
全館無料

エンプレス・ゾエ Hotel Empress Zoe

中級　Map P.53上B1

✉ Akbıyık Cad. Adliye Sok. No.10
TEL (0212) 518 2504
FAX (0212) 518 5699
URL www.emzoe.com
S A/C 90€
W A/C 130€
US$ € TL　T/C 不可　C/C M V

イコンが描かれていたり、古代とオリエンタルな要素をミックスさせたデザイナーズホテル。全25室。インテリアにも非凡なセンスが光る。バーには暖炉があり、隠れ家的な中庭も開放的だ。朝食もこだわりの素材を使っている。現金払いは10％引き。朝食サロンでインターネット利用可。

ゴールデン・ホーン・デラックス Golden Horn Delux

中級　Map P.32B3

✉ Binbirdirek Meydanı Sok. No.1
TEL (0212) 518 1717
FAX (0212) 518 9406
URL www.goldenhornhotel.com
S A/C 98～140€
W A/C 108～160€
US$ € TL

公園の隣にあり、少し奥まった高台にあるので静か。2011年に内装済みで客室もきれい。全61室のうち、30室はバスタブ付き。全室ミニバー、テレビ、ドライヤー付き。屋上はテラスになっており、景色が見渡せて開放的。朝食もここで出す。
全館無料

イブラヒム・パシャ ibrahim Paşa Oteli

中級　Map P.32B3

✉ Terzihane Sok. No.5-7 Adliye Yanı
TEL (0212) 518 0394
FAX (0212) 518 4457
URL www.ibrahimpasha.com
S W A/C 89～195€
US$ € TL
T/C 不可　C/C A M V

19世紀のオスマン朝の建物を修復した全24室のホテル。欧米のガイドブック各誌でも高い評価を得ている。デラックスルームは12室あり、129～300€。モダンとアンティークを組み合わせたインテリアが、洗練された空間を演出している。現金払いで10％割引。　全館無料

イスタンブールは意外と降水量が多く、特に冬から春先にかけてはかなりの確率で雨に違い ます。傘の準備を。(長野県　小市民Y　'11春)

アルゼル Alzer Hotel

✉ At Meydanı No.20
TEL (0212) 516 6262
FAX (0212) 516 0000
URL www.alzerhotel.com
[S] A/C 🚿 📺 59〜129€
[W] A/C 🚿 📺 69〜139€
💰 US$ € TL
T/C 不可
C/C A M V

中級　　　　　　　Map P.32B3

ヒッポドロームに面したプチホテル。建物自体も150年の歴史がある。1階と最上階がレストランになっており、朝食は最上階で出している。室内にはオスマン朝期の肖像画などが飾られており、シャワーも使いやすい造り。ロビーのPCも利用可能。3泊以上の予約で空港への迎えが無料。
📶全館無料

ブルーハウス Blue House

✉ Dalbastı Sok. No.14
TEL (0212) 638 9010
FAX (0212) 638 9017
URL www.bluehouse.com.tr
[S] A/C 🚿 📺 70〜140€
[W] A/C 🚿 📺 90〜180€
💰 US$ € JPY TL
T/C US$ €
C/C A M V

中級　　　　　　Map P.53上A2

アラスタバザール入口前にある。トルコ語ならMavi Evマーヴィ・エヴともいう。その名のとおりブルーの外観が鮮やかだ。テラスからの眺めが自慢で、スルタンアフメット・ジャーミィがそびえ建ち、背後にはマルマラ海が迫る。エレベーター完備。バスタブ付きの部屋は2室。現金払いで10％引き。
📶全館無料

オットマン Ottoman Hotel İmperial

✉ Caferiye Sok. No.6/1
TEL (0212) 513 6150
FAX (0212) 512 7628
URL www.ottomanhotelimperial.com
[S] A/C 🚿 📺 99〜250€
[W] A/C 🚿 📺 129〜400€
💰 US$ € TL
T/C US$ € C/C A M V

中級　　　　　　　Map P.33C2

かつてはユースホステルだった建物を改装した全49室のホテル。アヤソフィアと隣接しており、窓からの風景も歴史地区の真っただ中という気分にさせてくれる。客室はオスマン朝風の内装で統一されているが、電子ロックのセーフティボックスやティーポットと紅茶なども完備。
📶全館無料

キベレ Kybele Hotel

✉ Yerebatan Cad. No. 23
TEL (0212) 511 7766
FAX (0212) 513 4393
URL www.kybelehotel.com
[S] A/C 🚿 📺 100〜120€
[W] A/C 🚿 📺 130〜170€
💰 US$ € JPY TL
T/C US$ € JPY
C/C A D J M V

中級　　　　　　　Map P.33C2

イェレバタン通りにある全16室のプチホテル。全館で約4000個のランプが天井からつり下げられているのが一番の自慢。館内や室内にもアンティークの調度品が多く、まるでアンティークショップのよう。部屋のセンスもよい。日本人にも人気が高く、リピーターも多い。空港への迎えは30€で送りは20€(夜間25€)。インターネットの使用は無料。
📶全館無料

😊ランプがとても幻想的で雰囲気が非常によかった。朝食はビュッフェ形式でホテルの立地もよく大満足でした。
（大阪府　まーしー　'11年12月）

デルサアデット Dersaadet Hotel

✉ Küçük Ayasofya Cad. Kapıağası Sok. No.4
TEL (0212) 458 0760
FAX (0212) 518 4918
URL www.hotelsersaadet.com
[S] A/C 🚿 📺 70〜95€
[W] A/C 🚿 📺 80〜115€
💰 US$ € JPY TL
T/C 不可
C/C M V

中級　　　　　　　Map P.33C4

人気の老舗ホテルで、ハネムーンで利用する客が多い。4泊以上予約でアタテュルク空港への迎えが無料。調度品、小さな小物にいたるまで、インテリアへのこだわりには感心するものがある。眺めのよいテラスカフェもあり、バスタブは全17室中8室にある。現金払いは10％割引。マルマラ海が見渡せる部屋は15€プラス。人気のスイートは140〜220€。📶全館無料

キベレ・ホテルはランプのホテルとして有名だが、その総数は年々増え続けている。2001年の段階では約2000個だったので、10年で2000個は増えたことになる。（編集室）

高級ホテル

アヴィセンナ Hotel Avicenna

高級　Map P.53上A2

Amiral Tafdil Sok. No.31-33
TEL(0212) 517 0550
FAX(0212) 516 6555
URL www.avicennahotel.com
S A/C 180€
W A/C 240€
US$ € TL
T/C 不可
A M V

白を基調とした外観がきれいな老舗のプチホテル。全48室と、プチホテルにしては部屋数が多く、内装もかわいらしい感じ。24室はバスタブ付き、洗面台も大きく、セーフティボックス付き。室内も白を基調にしており爽快感がある。テラスバーも眺めがよい。
全館無料

イェシル・エヴ Yeşil Ev

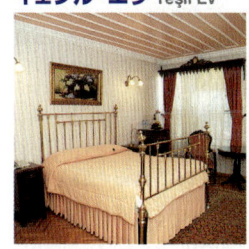

高級　Map P.53上A1

Kabasakal Cad. No.5
TEL(0212) 517 6785
FAX(0212) 517 6780
URL www.yesilev.com.tr
S A/C 110～150€
W A/C 140～200€
US$ € JPY TL
T/C 不可
A M V

格式ある老舗のプチホテル。イェシル・エヴとは「緑の家」という意味。モスグリーンの外観と木漏れ日の差す中庭はその名にふさわしい。部屋はアンティーク家具が配され、部屋ごとにインテリアの趣向を変えている。中庭にあるレストランも人気で、夏のひとときを木漏れ日の中で過ごすのは最高の贅沢だ。
全館無料

スルタン・アフメット・サラユ Sultan Ahmet Sarayı Hotel

高級　Map P.53上A2

Torun Sok. No.19
TEL(0212) 458 0460
FAX(0212) 518 6224
URL www.sultanahmetpalace.com
S A/C 130€
W A/C 150€
US$ € JPY TL
US$ €
A M V

アラスタバザールの近くにある。前庭も後方のテラスも広いので、喧噪を感じさせない。敷地は広いが部屋数は45と少なく、そのうち9室がデラックスルーム。全室大理石造りのミニハマムが備え付けられており、冬はその大理石がちゃんと温まる仕組みになっている。また、バスタブ付きの部屋もある。
全館無料

セブン・ヒルズ Seven Hills Hotel

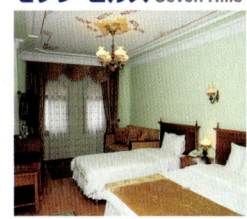

高級　Map P.53上A1

Tevkifhane Sok. No.8/A
TEL(0212) 516 9497
FAX(0212) 517 1085
URL www.hotelsevenhills.com
S A/C 100€～
W A/C 115€～
U$ € JPY TL
T/C 不可
A M V

全14室のプチホテル。客室はフローリングで調度品もアンティーク調で落ち着いた感じ。アメニティグッズも充実しており、バスローブも備わる。2室のみバスタブなしの部屋がある。テラスからの眺めはこのあたりでは最高。上階はシーフードレストランになっており、宿泊客以外の利用も多い。
全館無料

> レストランは宿泊客でなくても利用できます。最上階のシーフードレストランは360°のパノラマで、スルタンアフメット・ジャーミィ、アヤソフィア、マルマラ海などが見渡せます。最高の景色です。　　（東京都　鈴木葵　'11年12月）

アヤソフヤ・コナックラル Ayasofya Konakları

高級　Map P.33C2

Soğukçeşme Sok.
TEL(0212) 513 3660
FAX(0212) 513 3669
URL www.ayasofyakonaklari.com
S 85～140€
W 110～200€
US$ € TL
T/C 不可
A M V

ソウクチェシメ通りにあるプチホテル。別館のコヌク・エヴィ Konuk Eviも同じ料金で、本館と別館合わせて64室。室内はアンティークな感じを出しつつも明るめな感じの内装。夏期の朝食はコヌク・エヴィの中庭、冬期は本館のカフェテリアでとる。城壁に面した部屋なら S 70～120€、W 90～170€。カフェテリアのみ

> アヤソフヤ・コナックラルは1960年代に改装された老舗のプチホテル。2000年にはスペインのソフィア王妃も滞在したことがある。（編集室）

ジェラール・スルタン Celal Sultan Hotel

✉ Yerebatan Cad. Salkımsöğüt Sok. No.16
TEL (0212) 520 9323
FAX (0212) 522 9724
URL www.celalsultan.com
⑤ A/C 🛁 📶 🍴 139€
Ⓦ A/C 🛁 📶 🍴 159€
💴 US $ € JPY TL
🛏 US $ € JPY 💳 A M V

高級　　Map P.33C2

全55室のホテルで、新館と旧館がある。新館はバスタブ付き。アンティークな雰囲気の旧館に対し、新館は白を基調にした明るめの内装。テラスからはアヤソフィアを正面に見ることができる。エレベータ一付きなので荷物が重くても安心。併設のレストランも定評がある。
📶全館無料

エレスィン・クラウン Eresin Crown Hotel

✉ Küçük Ayasofya Cad.No.40
TEL (0212) 638 4428
FAX (0212) 638 0933
URL www.eresincrown.com.tr
⑤ A/C 🛁 📶 🍴 200〜300€
Ⓦ A/C 🛁 📶 🍴 250〜300€
💴 US $ € JPY TL
🛏 US $ € 💳 A M V

最高級　　Map P.32B4

白亜の外観のホテルで全59室。ビザンツ時代の大宮殿の跡地に建ったため、ミュージアムホテルの異名をもっている。レセプションの横には貯水池跡が、レストランの床にはモザイクが残っている。マルマラ海を望むテラスレストランも雰囲気がよい。
📶有料。ロビーのみ無料

フォーシーズンズ Four Seasons İstanbul at Sultanahmet

✉ Tevkifhane Sok. No.1
TEL (0212) 402 3000
FAX (0212) 402 3010
日本の予約先:無料 0120-024-754
URL www.fourseasons.com
⑤ A/C 🛁 📶 🍴 310€〜
Ⓦ A/C 🛁 📶 🍴 340€〜
付加価値税8%別途
💴 US $ € JPY TL
🛏 US $ € JPY
💳 A D J M V

最高級　　Map P.53上A1

20世紀初頭に建てられ、1970年まで刑務所として使用されてきた建物を利用したホテル。中庭を囲むように建つ監視塔がかつての刑務所時代を思い起こさせる。客室のほとんどがスイートルームという贅沢な造り。バスルームはシャワー、化粧台、トイレ、バスタブがそれぞれ独立している。部屋も広々としている。朝食はアラカルト式で30€前後。
📶有料。ケーブル接続も有料

スィルケジ地区

日本からホテルへの電話　国際電話会社の番号 ＋ 010 ＋ 国番90 ＋ 212（市外局番の最初の0は不要）＋ 掲載の電話番号

トゥルワン Hotel Turvan

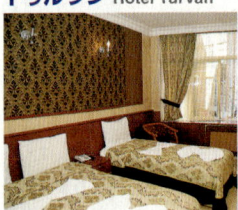

✉ Hocapaşa Sok. No.36
TEL (0212) 520 1996
FAX (0212) 527 8311
URL www.turvan.com
⑤ A/C 🛁 📶 🍴 29〜35€
Ⓦ A/C 🛁 📶 🍴 42〜49€
💴 US $ € TL
🛏 不可
💳 M V

経済的　　Map P.33C1

スィルケジ駅方面から行くと、ガル・パブ Gar Pubの先を右折した所にある。テレビ、ミニ冷蔵庫、スリッパ付き。40室中30室にバスタブあり。朝食は地下のサロンでオープンビュッフェ。地下にハマム（本書提示で入場料半額）とサウナがあり、25TLで利用することができる。3泊以上でレストランのメニューが半額になる。　📶全館無料

😊4連泊しました。ビュッフェの朝食は豪華でした。しかも毎日少しずつ変化があり工夫がされていました。ハマムもすすめられて試しましたがよかったです。　　　（滋賀県　mickey3　'12夏）

アクチュナル Hotel Akçınar

✉ Nöbethane Cad. Serdar Sok. No.12/14
TEL (0212) 513 3273
FAX (0212) 527 9188
URL www.hotelakcinar.com
⑤ A/C 🛁 📶 🍴 35〜50€
Ⓦ A/C 🛁 📶 🍴 55〜75€
💴 US $ € TL
🛏 不可
💳 M V

経済的　　Map P.33C1

2011年に改装して客室がきれいになった。部屋によって見える景色にはかなりの差があるので、いくつか部屋を見せてもらおう。できればスィルケジ駅とマルマラ海が見える方向がベスト。値段のわりに設備も揃っていてよい。部屋は狭いがエアコン、テレビとミニ冷蔵庫が全室に付いている。
📶全館無料

ドルマバフチェ宮殿の近くにもフォーシーズンズホテル（Four Seasons Hotel Istanbul at the Bosphorus）がある。19世紀に建てられたアティクパシャの邸宅を改装したホテルだ。（編集部）

スィルケジ・パルク Sirkeci Park Hotel

経済的   Map P.33C1

✉ Ebusuud Cad. No.24
TEL (0212) 514 2930
FAX (0212) 514 2920
URL www.sirkeciparkhotel.com
S A/C 🛏 🚿 40～60€
W A/C 🛏 🚿 55～80€
💴 US$ € TL
不可 CC M V

2009年オープン。部屋はフローリングで若干狭いがきれい。バスタブはないがシャワーブースはモダンなタイル貼り。セーフティボックス完備、各部屋に電気ポットとティーセット付き。最上階には海峡が見える部屋もある。
📶 全館無料

キュー・イン Q Inn

中級   Map P.33C1

✉ Dervişler Sok. No.7
TEL (0212) 514 1200
FAX (0212) 514 2920
URL www.qinnhoteloldcity.com
S A/C 🛏 🚿 50～100€
W A/C 🛏 🚿 60～130€
💴 US$ € TL 不可 CC M V

トラブゾン・ロカンタスの隣にある。客室は20m²ほどとコンパクト。欧米のホテル口コミサイトで高い評価を受けており、客層も欧米人の中年層に人気が高い。ラーレリ地区に系列ホテルがある。
📶 全館無料

エセン Hotel Esen

中級   Map P.33C1

✉ Ortaniye Cad. No.40-42
TEL (0212) 527 8949
FAX (0212) 527 8945
URL www.esenhotel.com
S A/C 🛏 🚿 60～80TL
W A/C 🛏 🚿 90～130TL
💴 US$ € TL 不可
CC A M V

部屋は狭いがシャワースペースやトイレも新しく、とても清潔。向かい側のビルもホテルとして改築し、さらに客室数が増えた。朝食はビュッフェ。最上階の部屋からはガラタ塔とボスポラス大橋まで見渡せる展望がある。
📶 全館無料

😊 スタッフは感じの良い人たちだったが、朝食スペースの掃除が行き届いていなかった。 （埼玉県　ころころ　'12夏）

スーデ・コナック Sude Konak Hotel

中級   Map P.33C2

✉ Ebusuud Cad. No.16
TEL (0212) 513 2100
FAX (0212) 513 2003
URL www.sudekonak.com
S A/C 🛏 🚿 80～90€
W A/C 🛏 🚿 90～100€
💴 US$ € TL
不可 CC A D M V

比較的新しいブティックホテル。それほど凝ったインテリアではないが、モダンでカジュアルなテイスト。大きめのバスタブがあるのもうれしい。屋上のテラスは眺めもよくバーもある。4泊以上の予約でアタテュルク空港への迎えが無料。レストランやバーも併設されている。 📶 全館無料

エルボイ Hotel Erboy

中級   Map P.33C1

✉ Ebusuud Cad. No.32
TEL (0212) 513 3750
FAX (0212) 513 3759
URL www.erboyhotel.com
S A/C 🛏 🚿 40～69€
W A/C 🛏 🚿 44～74€
💴 US$ € JPY TL
不可
CC A M V

全85室の3つ星ホテル。4・5階は禁煙フロア。バスタブ付きの部屋は40室。眺めのよいテラスも自慢。電気ポット付きで、ミネラルウォーターは1日1本サービス。地下には伝統家屋をモチーフにしたレストランがある。ウェブサイトから予約すると3泊以上で空港への迎えが無料。5泊以上でさらに1泊目の夕食付き。 📶 全館無料

オリエント・エクスプレス Hotel Orient Express

中級   Map P.33C1

✉ Hüdavendigar Cad. No.24
TEL (0212) 520 7161
FAX (0212) 526 8446
URL www.orientexpresshotel.com
S A/C 🛏 🚿 89€～
W A/C 🛏 🚿 145€～
💴 US$ € JPY TL
不可 CC A D M V

同系列のホテルがいくつかあるが一番新しくてきれい。1・2階のみ喫煙フロア。宿泊者無料のプールもある。小さいがバスタブは半数以上の部屋に付いている。屋上テラスはガラス張りで通年オープン。3泊以上でアタテュルク空港から片道の送迎無料になる。 📶 全館無料

📝 スィルケジ駅のホーム北側には鉄道博物館がある。小さい博物館だが、オリエント・エクスプレスで使用されていた食器など、興味深いものも展示されている。（編集室）

アミソス Amisos Hotel

中級　Map P.33C2

✉ Ebusuud Cad. No.2
TEL (0212) 512 7050
FAX (0212) 519 0503
S/A/C 🚿 120～140€
W/A/C 🚿 180～200€
US$ € TL
T/C 不可　A M V

ギュルハーネ駅のすぐ近く。客室はプチホテル系の内装で、ピンク、黒、緑と部屋によってテーマカラーが異なり、バスルームのタイルまでカラーが統一されているほどのこだわりぶり。全室、ミニバー、テレビ付き。最上階にテラスレストランがある。
🛜 全館無料

ヤシュマック・スルタン Hotel Yaşmak Sultan

高級　Map P.33C2

✉ Ebusuud Cad. No.18-20
TEL (0212) 528 1343
FAX (0212) 528 1348
URL www.hotelyasmaksultan.com
S/A/C 🚿 60～90€
W/A/C 🚿 80～120€
US$ € JPY TL
US$ € C/C A D M V

1965年創業の老舗。2012年に全面改装し、オスマン朝風のモチーフも取り入れたモダンな内装。バスローブやスリッパなどアメニティも充実。ハマムやサウナも完備（有料）。スイミングプールやフィットネスは無料。朝食をとるテラスはガラス張りで眺めがよい。
🛜 全館無料

旧市街その他（オトガル内、ベヤズット、アクサライ地区）

日本からホテルへの電話　国際電話会社の番号 + 010 + 国番号 90 + 212（市外局番の最初の0は不要）+ 掲載の電話番号

リデル Lider Otel（エセンレル・オトガル内のホテル）

経済的　Map P.101

✉ Otogar A4 Kule Üstü
TEL (0212) 658 2781
FAX (0212) 658 2793
S/A/C 🚿 90TL
W/A/C 🚿 130TL
US$ € TL T/C 不可 C/C M V

オトガルの南西角の4階にある。飛行機やバスのトランジットホテルとして便利。宿泊費の高いイスタンブールではコストパフォーマンスも高い。部屋の設備は標準的だが、広々としている。
🛜 全館無料

エリト Elit（エセンレル・オトガル内のホテル）

経済的　Map P.101

✉ Otogar A1 Kule Üstü
TEL (0212) 658 3780
FAX (0212) 658 3790
S/A/C 🚿 80TL
W/A/C 🚿 130TL
US$ € TL T/C 不可 C/C M V

オトガルの南東角の4階にある。乗り継ぎに便利。フロントの横ではなぜかビリヤードもできる。部屋数が多いので、夜でも意外に空室があることが多い。
🛜 無料（ロビー周辺のみ利用可）

エブル Ebru Hotel

中級　Map P.42B3

✉ Mustafa Kemal Cad. No.29
TEL (0212) 530 7330
FAX (0212) 530 7331
URL www.hotelebru.com
S/A/C 🚿 50€
W/A/C 🚿 60€
US$ € JPY TL
T/C 不可 C/C A D J M V

アクサライでハワタシュを降りるとすぐ向かいにあるホテル。夜遅い到着のときにも便利。値段のわりに部屋はかわいらしい造りでバスルームも比較的新しい。通りに面した部屋は騒音が気になるかも。2階にはバーカウンターがあり、座ってくつろげるスペースもある。
🛜 全館無料

ニレス Hotel Niles

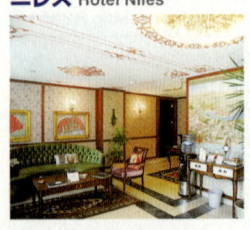

中級　Map P.43C3

✉ Ordu Cad.
Dibekli Cami Sok. No.13
TEL (0212) 517 3239
FAX (0212) 516 0732
URL www.hotelniles.com
S/A/C 🚿 50～75€
W/A/C 🚿 60～80€
US$ € JPY TL
T/C 不可 C/C M V

全29室のホテルで、再オープンして以来、欧米の人気ホテルランキングでも高い評価を得ている。客室はさわやかな色使いでセンスよくまとまっており、屋上テラスは天井までガラス張りの明るいスペース。新築されたスイートは専用ハマム付きで110～150€と良心的な値段設定。
🛜 全館無料

💧 オトガル内にあるふたつのホテルでは、少し高くてもリデルの方が断然良い。エリトは部屋のトイレが古くて臭かった。朝食会場も掃除が行き届いていない。(埼玉県　ころころ　'12夏)

バリン Balin Hotel

Dibelki Camii Sok. No.10 Beyazıt
TEL (0212) 638 2021
FAX (0212) 638 2022
URL www.balinhotel.com
S A/C 🛁 🛏 50〜110€
W A/C 🛁 🛏 70〜130€
US$ € TL T/C 不可 C/C A M V

中級 Map P.43C3

2011年8月にオープンしたばかり。宮殿のような外観が特徴的。全28室（うちスイート5室）のブティックホテルで内装は有名デザイナーの手による。最上階の屋根裏風の部屋が人気。スリッパやティーセットなども完備。ハマムも近々完成予定。
🛜 全館無料

新市街

日本からホテルへの電話　国際電話会社の番号 + 010 + 国番号 90 + 212 (市外局番の最初の 0 は不要) + 掲載の電話番号

ワールド・ハウス World House Hostel

Galipdede Cad. No.85
TEL (0212) 293 5520　FAX なし
URL www.worldhouseistanbul.com
D 🛏 12〜17€
S W 🛁 🛏 50€〜
US$ € TL T/C 不可
C/C D J M V

経済的 Map P.34B2

ガラタ塔近くにあるホステル。新市街では数少ないバックパッカー向けの宿。設備はまだ新しく、スタッフもフレンドリー。ドミトリーは男女混合で、ベッド数は4〜14。ツアーやバスチケットも販売。
🛜 無料（ロビー周辺のみ利用可）

ヨンジャ Hotel Yonca

Toprakluüle Sok. No.5
TEL (0212) 293 9391
FAX (0212) 249 7677
URL www.hotelyonca.com（トルコ語）
S A/C 🛁 🛏 30€
W A/C 🛁 🛏 50€
US$ € TL T/C 不可
C/C A D M V

経済的 Map P.36B3

イスティクラール通り周辺では、かなり安い部類に属する。値段相応の広さで手狭な感はあるが、全室エアコン付きで、衛星放送が映る薄型テレビも備えている。1階の朝食ルームの横にはテレビサロンがあり、水槽では熱帯魚が飼われている。
🛜 全館無料

アウルパ Hotel Avrupa

Topçu Cad. No.14
TEL (0212) 250 9420
FAX (0212) 250 7399
URL www.hotelavrupa.com
S 🛁 🛏 40€〜
S A/C 🛁 🛏 60€〜
W 🛁 🛏 45€〜
W A/C 🛁 🛏 60€〜
US$ € TL T/C 不可 C/C M V

中級 Map P.36B1〜B2

団体客向けの大型ホテルが多いこのエリアでは手頃な料金のホテル。センスよくまとめられた内装で、清潔さも文句なし。英米のB&Bのような感じ。各階にある共同バス（バスタブ付き）も清潔で広々としている。各階の部屋数が少ないため、占有できることも多い。スイートは65€。
🛜 全館無料

アルヤ Arya Hotel

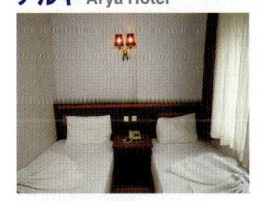

İstiklâl Cad. Balyoz Sok. No.5
TEL (0212) 251 9422
FAX (0212) 251 9342
URL www.aryaotel.com
S A/C 🛁 🛏 45€
W A/C 🛁 🛏 65€
US$ € TL
T/C 不可　C/C A M V

中級 Map P.34B1

メトロのシシハーネ駅（北寄り出口）から徒歩5分、全25室の中級ホテル。7階建てのビルで、エレベーターも完備。階によって喫煙、禁煙に分かれている。客室はミニバー、ドライヤーが完備されている。屋上は展望テラスになっており、朝食はここでとる。🛜 全館無料

ヴァルダル・パレス Hotel Vardar Palace

Sıraselviler Cad. No.16
TEL (0212) 252 2888
FAX (0212) 252 1527
URL www.vardarhotel.com
S A/C 🛁 🛏 75〜100€
W A/C 🛁 🛏 90〜125€
US$ € TL T/C 不可 C/C A M V

中級 Map P.37C3

スラセルヴィレル通りを下った右側にある重厚な建物。看板は小さいので見落とさないように。1901年に建てられた古い建物をホテルとして修復した。内部は近代的でビジネスホテルのようだ。
🛜 全館無料

😊 高級ホテルのトイレットペーパーより、日本のポケットティッシュのほうが柔らかくて肌触りがよいので重宝します。(埼玉県　トルコの青い空　'11秋)

ビロル Hotel Birol

✉ Asmalımescit Sok. No.18
TEL (0212) 252 5803
FAX (0212) 293 8768
URL www.hotelbirol.com
[S][A/C][🚿][✈] 70TL
[W][A/C][🚿][✈] 100TL
💳 US $ € TL T/C 不可 C/C M V

中級　　　Map P.34B1

アスマルメスジット通りやその周辺には中級ホテルが点在しているが、そのなかでも最も安い部類に入る。部屋は簡素な造りで、やや狭めだが、全室衛星放送が映るテレビやエアコン付き。
📶 全館無料

ペラ・チューリップ Pera Tulip

✉ Meşrutiyet Cad. No.103
TEL (0212) 243 8500
FAX (0212) 243 8502
URL www.peratulip.com
[S][W][A/C][🚿][✈] 90〜105€
[S][W][A/C][🚿][✈] 95〜200€
💳 US $ € TL T/C 不可 C/C M V

中級　　　Map P.34B1

大人の隠れ家といった趣がある4つ星ホテル。無料で使えるプールやサウナ、ハマムもある。トイレとバスルームが別々の部屋も多く、海の見えるジャクージ付きスイートは129€〜。エグゼクティブルームはバスタブ付き。
📶 全館無料

アート・スイーツ Art Suites Hotel

✉ İstiklâl Cad. Balyoz Sok. No.14
TEL (0212) 245 8205
FAX (0212) 245 8203
URL www.artsuiteshotel.com
[S][W][A/C][🚿][✈] 90€
💳 US $ € TL T/C 不可 C/C M V

中級　　　Map P.34B1

全12室。電子レンジを備えたミニキッチンがあり自炊できるので、長期滞在やイスタンブールで住むように旅行したい人にぴったり。客室にPCあり。1週間600€など、長期滞在割り引きあり。
📶 全館無料

ペラ・ローズ Pera Rose

✉ Meşrutiyet Cad. No.87
TEL (0212) 243 1500
FAX (0212) 243 1501
URL www.perarose.com
[S][W][A/C][🚿][✈] 100€
💳 US $ € TL
T/C 不可 C/C M V

中級　　　Map P.34B1

かわいいファブリックで統一された内装のブティックホテル。人数に関係なく、ひと部屋単位で設定されており、宿泊者はハマムを無料で利用可能。1階には料理も出すバーがあり、ロビーにはレストランがある。左記は取材時の実勢料金。
📶 全館無料

コナック Hotel Konak

✉ Cumhuriyet Cad. No.75
TEL (0212) 225 8250
FAX (0212) 232 4252
URL www.hotelkonak.com
[S][A/C][🚿][✈] 110€〜
[W][A/C][🚿][✈] 120€〜
💳 US $ € TL T/C 不可 C/C M V

中級　　　Map P.37C1

設備の整った全114室の4つ星ホテル。ドライヤーやお茶用の湯沸かし器なども完備。全面改装中で新しい部屋はシャワーのみ。ジュムフリエット通りに面したキッチン付きのアパート（170€〜）は3室あり、1室40m²と広々。
📶 全館無料

トリアダ・レシデンス Triada Residence

✉ İstiklal Cad. Meşelik Sok. No.4
TEL (0212) 251 0101
FAX (0212) 292 6363
URL www.triada.com.tr
[S][W][A/C][🚿][✈] 120〜140€
[S][W][A/C][🚿][✈] 130〜160€
💳 US $ € TL T/C 不可 C/C M V

中級　　　Map P.36B3

アパートメント形式のホテル。2011年に全面改装し、バルコニーやジャクージ付きの部屋もある。全11室の部屋にはキッチンがあり、ベッドルームとは仕切られているので落ち着ける。ジャクージ付きの部屋は5室ある。
📶 全館無料

アネモン Anemon Hotel

✉ Büyük Hendek Cad. No.5
TEL (0212) 293 2343
FAX (0212) 292 2304
URL www.anemonhotels.com
[S][🚿][✈] 175US$
[W][🚿][✈] 195US$
💳 US $ € TL
T/C 不可 C/C A D M V

高級　　　Map P.34B2

ガラタ塔のすぐ横にある。19世紀末のヨーロッパをイメージさせるエレガントな内装と外観が特徴。最上階にあるレストラン、ピッティ・テラスPitti Terasはガラタ塔を目の前に食事が楽しめ、宿泊客以外の利用も多い。朝食は€20。
📶 全館無料

アネモン・ホテルの地下はワインバーになっており、約440種のワインが揃えられているほかチーズも豊富に取り揃えている。（編集室）

ペラ・パラス　Pera Palace Hotel Jumeirah

高級　Map P.34B1

✉ Mesrutiyet Cad. No.52
TEL (0212) 377 4000
FAX (0212) 377 4077
URL www.perapalace.com
S W A/C 🍴 🛁 185€～
付加価値税8%別途
💳 US$ € TL
T/C 不可
💳 A M V

1892年開業。オリエント急行の乗客が泊まった由緒あるホテル。老朽化のため長らく改修していたが、2010年にリニューアルオープンした。往事の面影を残すクラシックな雰囲気はそのままに、壁を彩る繊細な装飾も細心の注意のもとに美しく蘇った。サウナやジム、ハマムなどのスパ設備も完備している。🛜 全館無料

ラッシュ・ヒップ　Lush Hip Hotel

高級　Map P.37C3

✉ Sıraselviler Cad. No.12
TEL (0212) 243 9595
FAX (0212) 292 1566
URL www.lushhotel.com
S A/C 🍴 🛁 120€
W A/C 🍴 🛁 130€
💳 US$ € TL
T/C 不可
💳 A D J M V

2006年末にオープンしたブティックホテル。タクシム広場からスラセルヴィレル通りに入って約200mという立地は夜遊びにも最適。部屋は4つのカテゴリーに分かれていて、全22部屋すべてデザインが違う。ホテルに入ると朝食サロンを兼ねたブラッスリーがあり、モダンでおしゃれな雰囲気。🛜 全館無料

アンセン・スイーツ　Ansen Suites

高級　Map P.34B1

✉ Meşrutiyet Cad. No.70
TEL (0212) 245 8808
FAX (0212) 245 7179
URL www.ansensuites.com
S A/C 🍴 🛁 109～139€
W A/C 🍴 🛁 119～159€
💳 US$ € TL
T/C 不可　💳 A M V

10室すべてがスイートというブティックホテル。1室の広さが50㎡を下回ることはない。1フロアに2部屋ずつの5階建てで、エレベーターもある。朝食付きだが、キッチンもあり、食器洗い機まで付いている。1ヵ月レンタルする場合は2500～3000€。🛜 全館無料

ソファ　The Sofa Hotel

最高級　Map P.38B2

✉ Teşvikiye Cad. No.41/41A Nisantaşı
TEL (0212) 368 1818
FAX (0212) 291 9117
URL www.thesofahotel.com
S A/C 🍴 🛁 180€～
W A/C 🍴 🛁 245€～
付加価値税18%別途
💳 US$ € JPY TL
T/C 不可　💳 A D J M V

ショッピング街のニシャンタシュにあるブティックホテル。利便性とサービスでトップクラスの人気を呼んでいる。全82室が40㎡以上で、ミニキッチン付きのレジデンスもあり、長期滞在のビジネスマンが多い。朝食は別途22€(税別)。スイートルームは400€。インターネットは1日25€。🛜 (ロビー周辺のみ無料で利用可。有線接続は24時間21€)

エディション　Edition Hotel

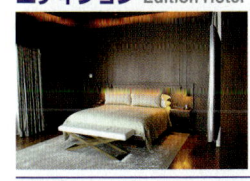

最高級　Map P.46A2

✉ Büyükdere Cad. No.136 Levent
TEL (0212) 317 7700
FAX (0212) 317 7710
URL www.editionhotels.com
S W A/C 🍴 🛁 250€～
💳 US$ € TL
T/C 不可　💳 A M V

メトロM2レヴェント駅前にある。元銀行のビルを改装したホテル。シャワーとバス、トイレが独立した広いバスルームやBang & Olufsenのテレビ、iPodドックなどを完備。イギリスのスパESPAやイタリア料理のCiprianiなども入っている。🛜 全館無料

ディワーン　Divan Hotel

最高級　Map P.37C1

✉ Asker Ocağı Cad. 34367 No.1
TEL (0212) 315 5500
FAX (0212) 315 5515
URL www.divan.com.tr
S A/C 🍴 🛁 250€～
W A/C 🍴 🛁 270€～
💳 US$ € TL
T/C 不可　💳 A M V

長い改装を終えて2011年9月にリニューアルオープンした。大変モダンなホテルに生まれ変わった。バスタブはないが、最新式のシャワーブース付き。日本食レストランのほかDivan Pub、パスターネなど飲食店も充実している。🛜 有料(ビジネスパックに込みの場合も)

ペラ・パラスはUAE資本のジュメイラの傘下になったが、これを期にレストラン、アガサのメニューも一新。オスマン朝宮廷料理をアレンジした料理が人気を呼んでいる。(編集室)

イスタンブールの大型ホテル

クラウンプラザ・オールドシティ
Crowne Plaza Old City
Map P.42B3
- Ordu Cad. No.226
- TEL(0212) 444 9333
- FAX(0212) 511 9333
- URL www.crowneplaza.com
- S 155.70€〜
- W 171.20€〜
- ●かつての高級マンションを全面改装した5つ星ホテルで、室内設備も充実。
- 全館無料

旧市街

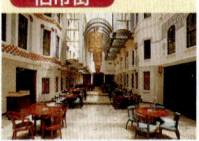

プレジデント
Best Western President Hotel
Map P.43D3
- Tiyatro Cad. No.25
- TEL(0212) 516 6980
- FAX(0212) 516 6999
- URL www.thepresidenthotel.com
- S 130€ W 170€
- ●テラスレストランや海側の部屋からはマルマラ海が一望でき、眺めは最高。
- 全館無料

旧市街

アルカディア
Hotel Arcadia
Map P.32B3
- Dr. İmran Öktekin Cad.
- TEL(0212) 516 9696
- FAX(0212) 516 6118
- URL www.hotelarcadiaistanbul.com
- S 75〜100€
- W 90〜100€
- ●よく目立つ高層建築で、テラスレストランからの眺めがよい。
- 全館無料

旧市街

レガシー・オットマン
Legacy Ottoman
Map P.32B1
- Hamidiye Cad. No.64
- TEL(0212) 527 6767
- FAX(0212) 519 8763
- URL www.legacyottomanhotel.com
- S 100€〜 W 115€〜
- ●スィルケジ駅近く。ミマール・ケマレッティン設計で、1911年完成のワクフ・ハンを改装したホテル。
- 全館無料

旧市街

グランド・オズタヌク
Grand Öztanık Hotel
Map P.37C1
- Topçu Cad. No.9-11
- TEL(0212) 361 6090
- FAX(0212) 361 6078
- URL www.grandoztanik.com
- S 109€〜 W 129€〜
- ●落ち着いた色調のホテル。ハマムなど館内設備が充実。客室はケーブルのネット接続。
- 無料（ロビー周辺のみ）

新市街

マルマラ・ペラ
Marmara Pera
Map P.34B1
- Meşrutiyet Cad.
- TEL(0212) 330 0300
- FAX(0212) 249 8033
- URL www.themarmarahotels.com
- S 125〜278€
- ●紫と白を基調としたモダンなインテリア。客室ではADSLのネットに接続可能（有料）。
- 無料（ロビー周辺のみ）

新市街

タクスィム・ヒル
Taxim Hill Hotel
Map P.37C2
- Sıraselviler Cad. No.5
- TEL(0212) 334 8500
- FAX(0212) 334 8598
- URL www.taximhill.com
- S 149€ W 174€
- ●120年前の建物をモダンに改装した4つ星。タクスィム広場に面した絶好のロケーション。
- 全館無料

新市街

タクスィム・メトロ・パーク
Taksim Metro Park Hotel
Map P.37C3
- Osman Sok. No.4
- TEL(0212) 292 6200
- FAX(0212) 292 5111
- URL www.taksimmetropark.com
- S 90€〜 W 100€〜
- ●タクスィム広場に大変近くて便利。全室バスタブ付きで、海が見える部屋も多い。
- 全館無料

新市街

マルマラ・シシリ
Marmara Şişli
Map P.44A1
- Ortaklar Cad. No.30
- TEL(0212) 370 9400
- FAX(0212) 315 5515
- URL www.themarmarahotels.com
- S 107€〜 W 112€〜
- ●メトロのシシリ駅に近くて便利。部屋はコンパクトだが、良心的な値段。
- 全館無料

新市街

タイタニック・シティ
Titanic City
Map P.36B1
- Lamartin Cad. No.47
- TEL(0212) 238 9090
- FAX(0212) 235 4747
- URL www.titanic.com.tr
- S 169€〜
- ●客室の約半分がバスタブ付き。ハマムやスパなど設備も整う。
- 無料（ロビー周辺のみ）

新市街

ザ・マルマラ・イスタンブール
The Marmara İstanbul
Map P.37C2
- Taksim Meydanı
- TEL(0212) 251 4696
- FAX(0212) 244 0509
- URL www.themarmarahotels.com
- S 169€〜
- ●タクスィム広場に面して建つランドマーク。最上階のバーからはボスポラス海峡が見渡せる。
- 全館無料

新市街

コンラッド
Conrad International İstanbul
Map P.41C2
- Yıldız Cad. Beşiktaş
- TEL(0212) 227 3000
- FAX(0212) 259 6667
- URL www.conradhotels.com
- S 190€〜 W 210€〜
- ●ボスポラス海峡を見下ろす高台に位置しているので、最上階のレストランからの眺めは抜群。
- 有料

新市街

高級ホテルでは時期によって、キャンペーン料金を実施するところが多い。場合によってはかなり割安な料金で泊まれることがある。ウエブサイトをチェックしてみよう。（編集室）

HOTEL

イスタンブール●ホテル

チュラーン・パレス
Kempinski Çırağan Palace
Map P.41D3
✉ Çırağan Cad. No.84
☎ (0212) 326 4646
FAX (0212) 259 6686
URL www.kempinski-istanbul.com
S 392€〜 W 476€〜
●ボスポラス海峡に接したホテル。1867年建造の宮殿を、荘厳華麗な雰囲気をそのままに改築。
全館無料

新市街

リッツ・カールトン
The Ritz Carlton İstanbul
Map P.37D1〜D2
✉ Asker Ocağı Cad. No.15
☎ (0212) 334 4444
FAX (0212) 334 4455
URL www.ritzcarlton.com
S W 550€〜
●一般客室でもバスタブとシャワーが独立している。海を望むサロンではハイティーが楽しめる。

新市街

ヒルトン・イスタンブール
Hilton Hotel İstanbul
Map P.38A4〜B4
✉ Cumhuriyet Cad.
☎ (0212) 315 6000
FAX (0212) 240 4165
URL www.hilton.com
S W 200€〜
●日本語によるモーニングコール、寝間着やスリッパの常備など日本人向けサービスが充実。
有料

新市街

ジェイラン・インターコンチネンタル
Ceylan Intercontinental Hotel
Map P.37C2
✉ Asker Ocağı Cad. No.1
☎ (0212) 368 4444
FAX (0212) 368 4449
URL istanbul.intercontinental.com.tr
S W 350€〜
●眺めのよい屋上のバーがあり、レストランもムードたっぷり。ハマムも完備。
有料

新市街

グランド・ハイアット
Grand Hyatt İstanbul
Map P.37C1
✉ Taşkışla Cad. No.1
☎ (0212) 368 1234
FAX (0212) 368 1000
URL istanbul.grand.hyatt.com
S 250€〜 W 280€〜
●ピンク色の低層階の建物。客室の並びにプールやバーを配するなど凝った造り。
有料

新市街

スイソテル・ザ・ボスフォラス
Swissotel İstanbul The Bosphorus
Map P.40A4
✉ Bayıldım Cad. No.2
☎ (0212) 326 1100
FAX (0212) 326 1122
URL www.swissotel.com
S 140€〜 W 167€〜
●ドルマバフチェ宮殿のある小高い丘に建ち、海の眺めがよい。日本食レストランも併設。

新市街

マリオット・アジア
Marriott Asia
折込イスタンブール広域図D4
✉ Kayışdağı Cad. No.1/1 Ataşehir
☎ (0212) 570 0000
FAX (0212) 469 9999
URL www.marriott.com
S W 199€〜
●2005年オープン。地中海料理を出すレストランも評判が高い。
全館無料（ケーブル接続有料）

アジア側

ダブルツリー・ヒルトン・モダ
Doubletree by Hilton MODA
Map P.55A2
✉ Alibey Faik Sözdemir Cad. No.31 Moda Kadıköy
☎ (0212) 542 4344
FAX (0212) 542 4300
URL www.hilton.com
S W 129€〜
●2011年オープン。海が見える部屋も多く港へも近くアクセス至便。
全館無料

アジア側

タヴ・エアポート（空港内）
TAV Airport Hotel
Map P.99上
✉ Atatürk Havalimanı Dış Hat
☎ (0212) 465 4030
FAX (0212) 465 4730
URL www.airporthotelistanbul.com
S 3時間91.8€〜
W 3時間102.6€〜
●出国審査を出て左の突きあたり。若干狭いが、空港外の同じホテルと設備は同等。

空港周辺

タヴ・エアポート（空港外）
TAV Airport Hotel
Map P.99下
✉ Atatürk Havalimanı Dış Hat
☎ (0212) 465 4030
FAX (0212) 465 4730
URL www.airporthotelistanbul.com
S 140€〜 W 167€〜
●空港ターミナル横にある。徒歩でも行けるがシャトルバス（24時間運行）が出ている。

空港周辺

ポラット・ルネサンス
Polat Renaissance Hotel
折込イスタンブール広域図A4
✉ Sahilyolu Cad. No.2, Yeşilköy
☎ (0212) 414 1800
FAX (0212) 414 1970
URL www.polatrenaissance.com
S W 144€〜
●ビジネス客の利用が多い、空港からもほど近い5つ星ホテル。プールやフィットネスの設備も充実。
有料

空港周辺

コートヤード・マリオット
Courtyard Marriott
折込イスタンブール広域図A3
✉ Basın Ekspress Yolu, Fatih Cad. Dereboyu Sok. No.2 Halkalı
☎ (0212) 692 0000
FAX (0212) 692 0001
URL www.marriott.com
S W 74€〜
●アタテュルク空港北5kmの所にある。客室も広く余裕のある造り。
無料（ロビー周辺のみ）

空港周辺

リッツ・カールトンはイノニュ・スタドゥの上にあるので、客室によってはスタジアムで行われるサッカーの試合を部屋から眺めることができる。(編集室)

ボスポラス海峡 　マルマラ海

ボスポラス海峡も旧市街の世界遺産ビューも！
イスタンブールの 絶景レストラン

ボスポラス海峡、旧市街
ミクラ Mikla

ガラタ橋から新市街のタクスィム広場に向かうエリアは急坂が続く。その途中の眺望レストランのなかでも、旧市街側にテラスがあって抜群に眺めがいいのがここ。こだわりの岩塩やオリーブオイルを使った洗練された料理もおすすめ。

Map P.34B1
✉ The Marmara Pera, Meşrutiyet Cad. No.15, Beyoğlu
TEL (0212) 293 5656
URL www.miklarestaurant.com
営 18:00～23:30　休 日
US $ € TL A M V

ボスポラス海峡、旧市街
ガラタ・コナック Galata Konak

屋上テラスから海峡や旧市街がよく見える人気カフェ。トルコではまだまだ少ない「甘さ控えめの洋菓子」も人気の秘密。冬なら暖炉が赤々と燃えるシックな室内も雰囲気がいい。

Map P.34B2
✉ Bereketzade Mah. Hacı Ali Sok. No.2, Kuledibi
TEL (0212) 252 5346
URL www.galatakonakcafe.com
営 9:00～24:00　休 無休
US $ € TL M V

アヤ・ソフィア　　スルタンアフメット・ジャーミィ　　ガラタ塔　　金角湾

海峡の青い海がキラキラ輝くランチタイム、
町のライトアップがロマンティックなディナーのひととき。
「七つの丘の町」イスタンブールでは
さまざまな角度から、世界遺産を間近にできる。
絶景と美食、さあ今日はどこに行きましょうか?

ボスポラス海峡
ベシンジ・カット
5. Kat

ボスポラス海峡が大橋のほうまで一望できるレストラン。真っ白な船が行き交うロマンティックな風景は異国情緒満点。アジアンテイストのフュージョン料理はイスタンブールの文化人に評判だ。

Map P.37C3-C4
✉ Soğancı Sok. No.7, 5. Kat, Cihangir
TEL(0212)293 3774　FAX(0212)249 6608
URL www.5kat.com　営10:30～翌1:00
休無休　CC US $ € TL ADJMV

旧市街
セブン・ヒルズ
Seven Hills

旧市街のプチホテル。アヤ・ソフィアの雄姿が正面に見えるレストランは迫力満点。屋上テラスのカフェはいつも外国人観光客でにぎわっている。ここで世界遺産を背景に楽しむ朝食は、宿泊者の特権だ。

Map P.53上A1
✉ Tevkifhane Sok. No.8, Sultanahmet
TEL(0212)516 9497　FAX(0212)517 1085
URL www.sevenhills.com
営11:00～23:00　休無休
CC US $ € JPY TL ADJMV

スルタンアフメット地区

Restaurant

トラムヴァイの線路沿いやスルタンアフメット駅の北側のエリアはレストランが多いが、国際的観光地だけあって、やや値段が高め。一見庶民的で安そうな感じの店でもそれなりの値段がすることが多い。ホテル街のあるアクビユック通り周辺には、カフェ風の洒落た店が多いが、メニューがどこも似たような感じ。安く庶民的なトルコの味を試したい人は、スィルケジ方面まで行けば大衆的なロカンタが軒を連ねている。

セリム・ウスタ Tarihi Sultanahmet Köftecisi Selim Usta
✉ Divanyolu Cad. No.12
TEL(0212) 513 6468
FAX(0212) 513 7454
URL www.sultanahmetkoftesi.com
⏰ 11:00～23:00
休 無休
US $ € TL　C/C 不可

キョフテ屋　庶民的　Map P.33C3

有名なキョフテ専門店。1920年創業の老舗。外観や内装を小ぎれいに改装したが、地元の人たちに愛され続ける名店の味に変わりはない。キョフテは1人前11TL、サラダは5TL。ランチタイムは本当に忙しくにぎわっている。サービス料10%別途。

😊 キョフテがおいしくてリピートしました。現地の人もたくさん利用している人気ぶりでした。　　　　　　　　　　　　　　　　　　　　　（長野県　yunyun　'12夏）

タマラ Tamara Restaurant
✉ Küçük Ayasofya Cad. No.14
TEL(0212) 518 4666
FAX(0212) 518 4000
URL www.tamararestaurant.com
⏰ 9:00～24:00（冬期～23:00）
休 無休
US $ € TL　C/C M V

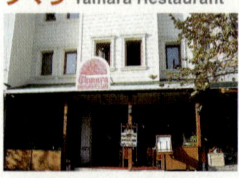

トルコ料理　庶民的　Map P.33C4

アラスタバザールの出口の近くにあるレストラン。フルン・ベイティ Fırın Beyti (18TL)などメインの肉料理は9～25TL。名物のワン（ワン湖のほとりの町）朝食（ワン・カフヴァルトゥ Van Kahvaltı)1日）20TL。ワンの郷土料理は冬期のみで1日1種類出す。

サルヌチュ Sarnıç
✉ Soğukçeşme Sok.
TEL(0212) 512 4291
FAX(0212) 514 5230
URL www.sarnicrestaurant.com
⏰ 19:00～22:30　休 無休
US $ € TL　C/C A M V

トルコ料理　高級♀　Map P.33C2

建築中に発見された地下貯水池の遺跡を活かした造り。天井が高く雰囲気は抜群。スープ12～18TL、メゼ18～28TL、メイン30TL～といった値段設定。アヒルのオレンジソース（52TL）がシェフのおすすめ。

シャー Şah Restaurant
✉ İncili Çavuş Çıkmaz Sok. No.9
TEL(0212) 519 5807　FAX なし
URL www.sahrestaurant.com
⏰ 12:00～24:00
（バー部門～翌3:00）　休 無休
US $ € TL　C/C M V

トルコ料理　高級♀　Map P.33C3

創作宮廷料理を出すテラスレストランとバー、ガーデンの3つの部分に分かれており、テラスからの夜景が美しい。冬は暖炉のある一画が人気。人気メニューのAnadolu Yakası（羊肉のトマト煮込み）は36TL。

ギョズデ Gözde Karadeniz Pide
✉ Peykhane Sok. No.7/B
TEL(0212) 516 8701　FAX なし
⏰ 10:00～22:00
休 無休
US $ € TL
C/C M V

ピデ　庶民的　Map P.32B3

黒海風ピデの専門店。種類は豊富で、各種7～10TL。ラフマジュン2TL、チキンドネルサンド3TL～。ケバブや日替わりの煮込み料理も出す。デザートのキュネフェも人気。

マカルナ・サラユ Makarna Sarayı
✉ Vezirhan Cad. No.18
TEL(0212) 528 2938
FAX(0212) 526 2106
URL www.makarnasarayi.com.tr（トルコ語）
⏰ 8:00～20:00　休 無休
US $ € TL　C/C M V

トルコ料理　庶民的　Map P.32B3

トラムのチェンベルリタシュ駅近く。店名にもなっているマカルナ（トルコ風パスタ）が3種盛り合わせで4TLという驚異的な安さとボリュームが自慢。ドネル・ケバブや煮込み料理、生ジュースも出す。

😊 新市街側のガラタ橋のたもとで売られているミディエ・ドルマスはとてもおいしいです。大粒なものと小粒なもので値段が違います。（東京都　旅子　'11春）

メシャーレ　Cafe Meşale

- Arasta Bazaar No.45
- TEL (0212) 518 9562
- FAX なし
- 営 24時間
- 休 無休
- US$ € TL　C/C M V

トルコ料理　中級　Map P.53上A2

アラスタバザールの近くにある。毎晩、無料でメヴラーナのセマーのショーが行われる。ギョズレメ (10TL) からケバブまでメニュー豊富。水タバコは15TL。19:00～24:00に生演奏あり。

バルックチュ・サバハッティン　Balıkçı Sabahattin

- Cankurtaran Seyithasan Kuyu Sok. No.1
- URL balikcisabahattin.com
- TEL (0212) 458 1824　FAX なし
- 営 12:00～翌2:00
- 休 無休
- US$ € TL　C/C A M V

魚料理　高級　Map P.53上A2

国鉄のジャンクルタラン駅に近い。魚の看板が目印。落ち着いた雰囲気のシーフードレストラン。魚介を使った前菜は10TLほど。メインは25～40TLで、季節によってはカニやカキも出す。夏期はガーデンテラスでも食事ができる。

コーズィ・パブ&バルック　Cozy Pub & Balık

- Divanyolu Cad. No.66/68
- TEL (0212) 520 0990
- FAX (0212) 520 0993
- URL www.cozybalik.com
- 営 12:00～24:00
- 休 無休
- US$ € TL　C/C A M V

パブ&魚料理　高級　Map P.32B3

1～3階がパブで4～6階がシーフードレストラン。最上階のテラス席からの眺めがすばらしい。毎日6～7種類の魚が用意され、焼き魚、フライ、蒸し魚から選べる。サーモンクレープ (19TL) やコーズィ・カリデス (19TL) が店のおすすめ。予算はひとり50TL。

アンティーク・ターコイズ　Antique Turquoise

- Cankurtaran Mah. Akbıyık Cad. No.48
- TEL (0212) 517 3750
- FAX (0212) 458 9200
- 営 8:00～翌2:00　休 無休
- US$ € JPY TL
- C/C A M V

カフェ　中級　Map P.53上A2

創作宮廷料理と西洋料理を出す。天井からたくさんのランプがぶら下がり幻想的。バーを併設しているので、本格的なカクテルなどの酒類も豊富。テスティ・ケバブ62TL (2人前)、ハレム (羊肉か鶏肉と野菜の紙包み焼き) 33.50TLなど。奥に暖炉がある。

ダブ・エスニック　Dubb Ethnic

- Amiral Tafdil Sok. No.25
- TEL (0212) 517 6828
- FAX (0212) 517 6827
- URL www.dubbindian.com
- 営 12:00～22:30
- 休 無休
- US$ € TL
- C/C M V

バラエティ　高級　Map P.53上A2

シルクロードがコンセプトの店で日本料理から、中国、モンゴル、東南アジア、インドなどアジア各国の料理を出す。飾られた絵画や壁画はヨーロッパからアジアをイメージしたオーナーのこだわり。ラーメン23TL、タイ料理のガイパットバルホラパ (鶏挽肉と卵載せご飯) 20TLなどが人気。

ダブ　Dubb Indian Restaurant & Cafe

- İncir Çavuş Sok. No.10
- TEL (0212) 513 7308
- FAX (0212) 513 8890
- URL www.dubbindian.com
- 営 12:00～24:00　休 無休
- US$ € JPY TL　C/C A M V

インド料理　中級　Map P.33C3

シェフはインド人で香辛料や米もインド産も使用する本格派。酸味が効いたムルグ・マカン・マサラ (28TL)、バター風味のチキン・コルマ (28TL) などがおすすめ。38TLと42TLのセットメニューあり。

漢陽飯店　Seoul Restaurant

- Akbıyık Cad. No.33
- TEL (0212) 458 0621
- FAX (0212) 458 0624
- 営 12:00～22:00
- 休 日
- US$ € TL　C/C M V

韓国料理　中級　Map P.53上A2

アクブユック通りにある韓国料理店。韓国からの団体ツアー客もよく利用している。ソウルスペシャル・フルコースは4人前で150TL。ピビンパ25TL、プルコギ30TL、豚キムチ豆腐は35TL。キムチはサービス。

ダブ・レストランのオーナーは日本語堪能なトルコ人だが、実は日本滞在中にインドカレーのおいしさに目覚め、イスタンブールでもインド料理店を開こうと決意したとか。(編集室)

スィルケジ駅周辺

Restaurant

スィルケジ駅周辺には、ロカンタや軽食堂、本格的なレストランなど数も種類も揃っている。煮込み料理ならイブニ・ケマル通りİbni Kemal Cad.か、スィルケジ駅の周辺に点在するロカンタへ。

バルカン Balkan Lokantası

✉ Hocapaşa Sok. No.12
TEL(0212) 514 3494
FAX なし
営 6:00～22:00
休 無休
card US$ € TL
C/C M V

煮込み屋 庶民的 Map P.33C1

安い、うまい、清潔がモットーという煮込み料理の人気店。日替わりで25～30種の料理が並ぶ。朝食はスープとパンで1.75TL。肉入りの煮込みは4.50～7.50TL、野菜の煮込みなら2～4.25TL。サラダやピラウ、デザートなども1.75TL。

☺ おいしかったけど、量を半分にしてもらえず、色々な種類を試せなかった。
(埼玉県　はる　'11春)

ホジャパシャ・ピデジスィ Hocapaşa Pidecisi

✉ Hocapaşa Sok. No.19
TEL&FAX(0212) 512 0990
URL www.hocapasa.com.tr
(トルコ語)
営 11:00～20:00　休 無休
card TL　C/C 不可

ピデ屋 庶民的 Map P.33C1

1964年創業の老舗ピデ屋。黒海風ピデの専門店だが、鶏肉のピデ(タウックル・ピデTavuklu Pide)は自慢のオリジナルメニュー。青唐辛子をかじりながらいただくのが店のおすすめ。

フィリベ・キョフテジスィ Meşhur Filibe Köftecisi

✉ Ankara Cad. No.112
TEL(0212) 519 3976
FAX なし
営 11:00頃～17:00頃
休 日
card TL
C/C 不可

キョフテ屋 中級 Map P.33C1

1893年創業という老舗。40年以上も変わらぬ職人で伝統の味を守り続けている。決して安い値段ではないが、長年に渡るファンも多い。フィリベとは現ブルガリアのプロブディフのことで、円形のキョフテはバルカン半島でよく見られるタイプ。

シェフザーデ Şehzade Erzurum Cağ Kebabı

✉ Hocapaşa Sok. No.3/A
TEL(0212) 520 3361
FAX なし
営 12:00～19:30
休 日
card US$ € TL
C/C A M V

ケバブ屋 庶民的 Map P.33C1

ドネル・ケバブを横に回転させながら薪で焼き上げるジャーケバブ専門店。エルズルムの郷土料理。塊肉の焼けた部分に串で肉を刺していく技は職人芸。薄焼きパンのユフカに挟んで食べるが、その前に肉だけのうまみを味わうのがお店のおすすめ。

トラブゾン Trabzon Lokantası

✉ Nöbethane Cad. Dervişler Sok No.11
TEL(0212) 519 9202
FAX なし
営 7:00～22:00
休 日　card US$ € TL
C/C M V

魚料理 庶民的 Map P.33C1

創業40年近くになる黒海料理店。地域の人々に愛されてきた。魚の看板が目印。煮込み料理などもあるが、黒海岸地方の名物ケールのスープKara Lahana Çorbası(3TL)やイワシのピラフHamsi Piravı(7～8TL)などが人気。

ハムディ Hamdi Restaurant

✉ Tahmis Cad. Kalçin Sok. No.15
TEL(0212) 528 0390
FAX(0212) 528 4991
URL www.hamdirestorant.com.tr
(トルコ語)
営 11:00～24:00　休 無休
card US$ € TL　C/C A M V

トルコ料理 中級 Map P.34A4

エジプシャンバザールのすぐ近く。地元では味に定評のあるレストラン。客席は4階席が人気で、海を望む前面は冬はガラス張り、夏はガラスをはずしたオープンエアとなり、景色がすばらしい。料理はケバブが中心。

☺ ラマダン中はスィルケジの大型テントにて日没後の食事の無料配給がありますが、夕方17:00頃より並んでいる人もいますのでかなり待つことになります。(奈良県　KM　'12夏)

170

オリエント・エクスプレス　Orient Express Restaurant

トルコ料理 中級　　Map P.33C1

✉ İstasyon Cad. No.2
TEL (0212) 522 2280
FAX (0212) 513 5109
営 8:00～23:00
休 無休
C/C US $ € JPY TL
A M V

オリエント・エクスプレスに関する資料や写真を展示しているレストラン。スィルケジ駅の一部を改装し、クラシックな雰囲気を再現。メゼは10～20TL。メインは22～35TL。デザートは各種12TL。昼はカフェテリアとしても利用できる。ワインも各種用意。

ナムル・パストゥルマジュ　Namlı Pastırmacı

デリカテッセン　　Map P.34A4

✉ Hasırcılar Cad. No. 14-16
TEL (0212) 511 6393
FAX (0212) 528 3449
URL www.namlipastirma.com.tr（トルコ語）
営 6:00～20:00(2階～18:00)
休 無休　US $ € TL　C/C M V

イスタンブールで1、2を争う人気惣菜店。1階は名物のパストゥルマ（パストラミソーセージ）などを販売。2、3階にはテーブル席があり、カフェのメニューのほかに、1階で買った惣菜やサンドイッチを食べることができる。カラキョイにブランチで有名な支店あり。

ハーフズ・ムスタファ　Hafız Mustafa

パスターネ 庶民的　　Map P.32B1

✉ Hamidiye Cad. No.84-86
URL www.hafizmustafa.com
TEL (0212) 513 3610
FAX (0212) 513 3611
営 7:00～22:00　休 無休
US $ € TL　C/C M V

1864年創業の老舗。スュトラッチなどは6.50TL。バクラワは1kgあたり28～42TL。おみやげにぴったりのロクムは1箱10TL～。店の2階にテーブル席がある。スィルケジ駅前に支店がオープンした。

コンヤル　Konyalı Pastanesi

パスターネ 庶民的　　Map P.33C1

✉ Mimar Kemalettin Cad.
TEL (0212) 513 9610
FAX (0212) 520 7796
URL www.konyalilokantasi.com.tr（トルコ語）
営 7:00～21:00　休 無休
TL　C/C M V

地元でも定評がある菓子屋さん。スュトラッチなどのスイーツをはじめ、ケーキなどを立ったまま食べている人をよく見かける。バクラワの種類が豊富。スュトラッチやカザンディビなどは各種6～8TL。裏道の隣にレストラン部門（日曜定休）がある。

ベヤズット、アクサライ地区

Restaurant

ベヤズットでは大通り沿いのほか、大通りの南側に入った路地にもたくさんの庶民的なロカンタや居酒屋があり、値段もそれほど高くない。アクサライではムスタファ・ケマル通りMustafa Kemal Cad.に多くのロカンタが並び、マクドナルドなどのファストフード店もある。

ハジュ・ボザン　Hacı Bozan Oğulları

パスターネ 庶民的　　Map P.42B3

✉ Ordu Cad. No.279
TEL (0212) 518 6920
FAX (0212) 644 0250
URL www.hacibozanogullari.com.tr（トルコ語）
営 7:00～23:00　休 無休
US $ € TL　C/C M A V

トラムヴァイの線路沿いにある人気の老舗パスターネ。大通りに面しているので、いつもにぎわっている。バクラワなどの種類が豊富で、牛乳を使ったスイーツに定評がある。各種ケーキも豊富。

😊カウンターに並んでいるハチミツとクリームを皿にとってパンに塗って食べました。毎日通いました。　（大阪府　レモマ　'12春）

ダーリュッズィヤーフェ　Darüzziyafe Türk Mutfağı

宮廷料理 高級　　Map P.43C2

✉ Şifahane Cad. No.6
TEL (0212) 511 8414
FAX (0212) 526 1891
URL www.daruzziyafe.com
営 12:00～23:00
休 無休
US $ € TL　C/C M V

オスマン朝宮廷料理を出す店。ロカンタとはひと味違う凝った盛りつけが美しい。建物はスュレイマニエ・ジャーミィの神学校を利用しており、雰囲気も味わえる。ユフカ（クレープのような薄い小麦粉生地）で包んだユフカル・キョフテなど。アルコールはない。

😊ロクムは色々な所で売っていますが、私にはいまいち。スーパーで売っているカップケーキやゴマ付きプリッツのほうが安くておいしいです。おみやげにも喜ばれました。（山口県　詩乃　'12春）

新市街

RESTAURANT

イスティクラール通りを筆頭に、安いロカンタから高級レストラン、おしゃれなカフェまでバリエーションは多い。庶民的な安いロカンタやドネル・ケバブのスタンドはトュネルのあたりやタクスィム広場から南へ続くスラセルヴィレル通りSıraselviler Cad.に多い。オルタキョイ（Map P.53下）やベシクタシュの市場の周辺（Map P.40B3～41C3）、ニシャンタシュ（Map P.38B2～B3）もイスタンブールを代表するグルメスポットだ。

ハジュ・アブドゥッラー Hacı Abdullah Restaurant　　トルコ料理 中級　Map P.36B3

✉Eski Sakızağacı Cad. No.9/A
TEL(0212) 293 8561
FAX(0212) 244 3297
URL www.haciabdullah.com.tr
🕐12:00～22:30　休無休
💰US$ € TL
C/C A M V

イスティクラール通りからアー・ジャーミィを北に入った左側。1888年創業の老舗。店内のあちらこちらにあるカラフルなコンポストは昔ながらの製法でデザートにはぜひ頼みたい。代表的なトルコ料理が揃い、料理の量は多いが、ハーフサイズや盛り合わせで頼むこともできる。

ハジュ・ババ Hacı Baba Restaurant　　トルコ料理 中級♀　Map P.36B3

✉İstiklâl Cad. No.39
TEL(0212) 244 1886
FAX(0212) 245 3382
URL www.hacibabarest.com
🕐12:00～24:00　休無休
💰US$ € TL
C/C A M V

タクスィム広場からほど近い老舗。団体客の利用も多い。料理もデザートも種類が豊富で、ひととおりのトルコ料理が楽しめる。メイン料理は15～25TLほど。ベーエンディ・ケバブやタンドゥル・ケバブなどがおすすめ。

カブルガ・ソフラス Kaburga Sofrası　　郷土料理 中級♀　Map P.37C2

✉Şehit Muhtar Cad. No.9/2
TEL(0212) 225 9595　FAXなし
URL www.kaburgasofrasi.com.tr
🕐12:00～24:00
（6～9月～翌1:00）
休無休
💰US$ € TL
C/C A M V

腸詰めのムンバールMumbarや羊肉のあばら肉にピラフを詰めた使ったカブルガ・ドルマスKaburga Dolmasıなど、トルコ南東部の町、マルディンの郷土料理で有名。サラダや野菜料理の種類も多い。トルコ料理とは一風違うアラブ系の前菜メニューも出す。

ニザーム Nizam Pide Salonu　　ピデ屋 庶民的　Map P.36B3

✉İstiklal Cad.
Büyükparmakkapı Sok. No.11/A
TEL(0212) 249 7918　FAXなし
URL www.nizampide.com（トルコ語）
🕐7:00～翌5:00
休無休
💰US$ € TL
C/C A M V

このあたりでは古くからあるピデ屋で、朝早くから夜遅くまで営業している。看板である石窯焼のピデ類のほか、スープやクルファスリエなどの煮込み、鳥の丸焼きなども人気がある。トルコのピデ屋ランキングで、ベスト4に入ったことがあるのが店の自慢。

ジャヌム・ジエーリム Canım Ciğerim　　レバー専門 中級　Map P.34B1

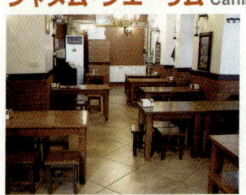

✉Asmalımescit Mah.
Minare Sok. No.1
TEL(0212) 252 6060　FAXなし
🕐12:00～24:00
（金・土～翌5:00）
休無休
💰US$ € TL
C/C A M V

おしゃれなお店が集まるアスマルメズジット通りにある。ジエル（レバー）専門店にしてはかなりの規模。夏には緑豊かなテラス席もオープン。メニューはなく、ジエルか肉かチキンのみ。サラダや焼き野菜はセットで付いてくる。ジエルは串10本のセットで20TL。

ジャヌム・ジエーリムは、同名の店がイスティクラール通りにできたが、本家とは全く関係のない別の店なのだそうだ。（編集室）

デュリュムジェ Dürümce

✉ Çiğdem Sok. No.3
Beşiktaş Sahil
TEL (0212) 259 4924
FAX なし
営 24時間　休 無休
C/C US$ € TL

デュルム屋　庶民的　　Map P.41C4

ベシュクタシュの港の海に向かって一番左にあるレストラン。3階までの建物と庭があり、チャイ1杯からちゃんとした食事までとれるので、人の流れが絶えない。デュルムを頼んだだけでも野菜やピクルスなどの小皿が付いてくるのでお得感あり。

ファスリ Fasuli

✉ Kemankeş Mah. İskele Cad. No.10-12
TEL (0212) 243 6580
FAX (0212) 243 6583
URL www.fasuli.com（トルコ語）
営 7:00～23:00　休 無休
C/C US$ € TL　C/C M V

煮込み屋　中級　　Map P.35D2

2001年の開業当初は小さな店だったが現在4つの支店をもち、本店は200席もある。インゲン豆の煮込みが好評で、材料はすべて黒海地方から直送。秘伝のファスリエ、ムフラマという地方料理やグリルが各種ある。クルファスリエは8TL。

カラキョイ Karaköy Lokantası

✉ Kemankeş Cad. 37A
TEL (0212) 292 4455　FAX なし
営 12:00～16:00　18:00～24:00
日 14:00～24:00
休 無休　US$ € TL
C/C M V

トルコ料理　中級♀　　Map P.35C3

カラキョイの埠頭近くにあるメイハーネ（居酒屋）。1936～40年にエストニア領事館として使われていたという由緒ある建物の1～2階。ランチには日替わりで家庭料理を出し、魚介類も出している。

スアト・ウスタ・オトゥズ・ユチュ Suat Usta 33 Mersin Tantuni

✉ Beyoğlu Tel Sok. No.3
TEL (0212) 292 5977
FAX (0212) 244 9961
営 9:00～翌3:00
休 無休
C/C US$ € TL　C/C M V

ファストフード　庶民的　　Map P.36B3

メルスィン名物タントゥニTantuniの専門店。小さいながらも2階にテーブル席がある。ランキングで10位以内に入った実力どおり、新鮮な肉を細切りにして炒め、オリジナルソースで味付けした納得の味。デュリュムDürüm5.50TL、サンドイッチ6.50TL。

アリババ Alibaba VIP Salon ve Kafeterya

✉ Amerikan Pazarı No. 19
TEL (0212) 244 8220（カフェ）
TEL (0212) 292 9800（ショップ）
FAX なし
営 24時間　休 無休
C/C US$ € TL
C/C A D J M V

水タバコ　庶民的　　Map P.35D2

水タバコで有名な、アメリカン・バザルにあるカフェ。店内は広く、水タバコのショールームも兼ねている。タバコ葉の種類も豊富なので、水タバコに興味がある人はぜひ行ってみよう。ランプと炭のあたたかさがムードいっぱい。テレビもある。

ラーレ・イシュケンベジ Lale İşkembeci

✉ Tarlabaşı Bul. No.3
TEL (0212) 232 6969
FAX (0212) 252 9045
営 24時間　休 無休
C/C US$ € TL
C/C A M V

スープ専門　庶民的　　Map P.36B2

お酒を飲んだあとのイシュケンベ（ミノのスープ）は、日本でいえば飲んだ締めのラーメンのようなもの。店主の熱意もあって、常に人気上位を占める人気店。24時間営業なので、夜中のほうがにぎわう。1杯8.50TL～。

コンヤル・オスマン・アペリティフ Konyalı Osman Aperitif

✉ Lamartin Cad. No.46/B
Talimhane Taksim
TEL (0212) 250 8101　FAX なし
営 8:00～21:00（冬期～20:00）
状況により短縮営業あり
休 無休
C/C US$ € JPY TL　C/C M V

バラエティ　庶民的♀　　Map P.37C1

タリムハーネのホテル街にある。オーナーシェフのオスマンさんはジェザーイル通りで腕をふるっていた名シェフ。ボリュームたっぷりのビーフストロガノフがおすすめ。スープ、ピラウといった家庭料理から、チャイ1杯まで、いつでも歓迎してくれる店。

アリババのオーナーは水タバコというトルコの文化をここから世界に発信するという目標を掲げ、日本でもいくつかのカフェの企画や内装を手がけたという。（編集室）

360（ユチュズ・アルトゥムシュ）イスタンブール
360 İstanbul Restaurant

✉ İstiklâl Cad. Mısır Apt. No.168, 8.Kat
TEL (0212) 251 1042
FAX (0212) 251 1048
URL www.360istanbul.com
🕐 12:00〜翌2:00（金〜翌4:00）
土12:00〜翌4:00
日12:00〜翌1:00　休無休
💳 US$ € TL　C/C D J M V

| バラエティ 高級 | Map P.36A3 |

その名のとおり周囲がガラス張りで、イスタンブールを360°見回せる。建物は歴史的な建物である、ムスル・アパルトマン。料理はフュージョンで、メニューは季節ごとに変わる。寿司バーも併設されている。ちょっとおしゃれして出かけてみたい。金・土の24:00以降はナイトクラブとして営業。カドゥキョイのダブルツリー・ヒルトンに支店あり。

カフェ・イタリアーノ Cafe Italiano

✉ Cumhuriyet Cad. No.25
TEL (0212) 237 9989
FAX なし
URL www.cafeitaliano.com.tr
🕐 9:00〜24:00　休無休
💳 US$ € TL
C/C A M V

| イタリア料理 中級 | Map P.37C2 |

ホテルが並ぶエリアにある。イスタンブール在住のイタリア人も太鼓判を押すというピザのほか、パスタや大きなサラダ、メインまで揃ったカジュアルな雰囲気の店。地中海風ピザ14.25TL、フェットチーネ11TLなど。ワインも手頃な料金。

ペラ・タイ Pera Thai

✉ Meşrutiyet Cad. No.74A
TEL (0212) 245 5725
FAX (0212) 245 5721
URL www.perathai.com
🕐 12:00〜23:00　休日
💳 US$ € TL　C/C M V

| タイ料理 高級 | Map P.34B1 |

タイ政府公認の「タイ・セレクト」を取得している本格派タイ料理店。タイ人シェフも常駐している。人気のタイカレーは種類が豊富で25〜30TL。エビ入りパッタイは28TL。トムヤムクンは20TL。

東京 Tokyo Japanese Restaurant

✉ İstiklâl Cad. Meşelik Sok. No.24
TEL (0212) 293 5858
FAX (0212) 293 4424
🕐 12:00〜22:30
休無休
💳 US$ € JPY TL　C/C A M V

| 日本料理 高級 | Map P.36B3 |

タクスィム広場からイスティクラール通りを南へ歩き、1本目の通りの両替所を左へ入る。平日の15:00〜17:00と日曜は20%の割引。平日のランチはお得なセットメニューがあり、鶏の照り焼き28TL〜、焼き肉30TL〜など。

クレメリア・ミラノ Cremeria Milano

✉ İstiklâl Cad. Asmalımescit Sok. No.164
TEL (0212) 245 2927
FAX (0212) 245 5068
🕐 11:00〜23:00　休無休
💳 US$ € TL　C/C M V

| ジェラート 中級 | Map P.34B1 |

1930年代のイタリアのレシピをそのままに、添加物を一切使わないジェラートの製造販売をしている。各種ケーキやスイーツの種類も充実。イタリアをはじめ、イスラエル、チェコなどでチェーン展開している。

円味（まろみ）Maromi

✉ Askerocağı Cad. No.1
TEL (0212) 315 5500
FAX (0212) 315 5515
🕐 12:00〜15:00
18:30〜23:30
休日　💳 US$ € TL
C/C A M V

| 日本料理 高級 | Map P.37C1 |

ディワーンホテルの中にあるアジアンフュージョンの店。メニューはほぼ日本食で、一品料理は高いが、幕の内（32〜48TL）などのセットメニューはお得感あり。50席ほどの小さなお店なので予約したほうが無難。ラストオーダーは22:30。

マド MADO İstiklal

✉ İstiklâl Cad. No.121
TEL (0212) 245 4631
FAX (0212) 245 4601
URL www.mado.com.tr（トルコ語）
🕐 10:00〜翌2:00（金・土〜翌4:00）
休無休　💳 US$ € TL　C/C A M V

| パスターネ 中級 | Map P.36B3 |

トルコ全土、東欧にまで支店網をもつ、ドンドゥルマのチェーン店のイスティクラール通りの路面店。各種スイーツのほか、本格的食事もとれる。フロアによっては大きなテーブルや低いソファもある。

チチェッキ・パサージュ近くの近くのドンドゥルマの屋台はパフォーマンスが見事。見ているだけでも楽しいですが、女性の方は実際に注文してみるのがおすすめ。（大阪府　レモマ　'12春）

サライ Saray Muhallebicisi

- İstiklâl Cad. No.173/175
- TEL (0212) 292 3434
- FAX (0212) 244 8646
- URL www.saraymuhallebicisi.com
- 6:00〜翌2:00　休無休
- US$ € TL
- C/C A M V

パスターネ 庶民的　Map P.36B3

イスティクラール通りにある、1949年創業の老舗菓子店。おすすめはサライ・ムハッレビスィ（6.50TL）とスー・ムハッレビスィ。トルコ式朝食のほか、ドネル・ケバブやチキンライス、ボレキなどの軽食もある。夏はドンドゥルマも人気。

ギュッリュオウル Karaköy Güllüoğlu

- Karaköy Rıhtım Cad. Katlı Otopark Altı
- TEL (0212) 293 0910　FAX なし
- URL www.karakoygulluoglu.com
- 7:00〜22:30　休無休
- US$ € TL
- C/C M V

パスターネ 庶民的　Map P.35C3

バクラワの超有名店。ガラタ塔がトレードマーク。1949年創業という老舗でイスタンブールでは知らない人はいない。その名前を真似た類似店は数多いが、店はここだけで支店は一切ない。おみやげにもなる真空パックのほか、ボレキなどの軽食も出す。

メイヴェミックス Meyvemix

- Meşrutiyet Cad. No.6
- TEL (0212) 249 4777
- FAX (0212) 249 4449
- URL www.meyvemix.com
- 7:00〜24:00
- 休日
- US$ € TL
- C/C 不可

ジュース 庶民的　Map P.36A3

ガラタサライ高校前の広場から北へ入ってすぐ。フレッシュジュースの専門店。ガラスの円筒に色とりどりのフルーツが入っていて好みに合わせてその場で作ってくれる。リンゴ2.50TL、ニンジン2.50TL。カゼに効くミックスなど体調に合わせたジュースもある。

カドゥキョイ（アジア側）

Restaurant

フェリー乗り場からトラムヴァイの路線沿いを東に向かえば多くのレストランが並ぶ。またバハリエ通りBahriye Cad.周辺には手頃なロカンタやファストフード店が並ぶ。バーダット通りにもカフェやレストランが点在している。

サイラ・マントゥ Sayla Mantı

- Nailbey Sok. No.32
- TEL (0216) 336 2675
- FAX (0216) 345 9318
- URL www.saylamanti.com.tr（トルコ語）
- 11:30〜21:15　休無休
- US$ € TL
- C/C M V

トルコ料理 経済的　Map P.55B1

1968年より続くマントゥ専門店。店内は明るく、清潔感にあふれる。家族連れや女性ひとりの利用も多い。もちろん、一番人気は40年以上も愛され続けているマントゥ12TL。ぜひ試してほしい一品だ。ほかにもチー・ボレキ10TLなどがある。

ニヤーズィベイ Niyazibey

- Halitağa Cad. No.5/B
- TEL (0216) 414 2025
- FAX (0216) 347 4384
- URL www.niyazibey.com.tr（トルコ語）
- 11:30〜22:00　休無休
- US$ € TL
- C/C A M V

ケバブ屋 中級　Map P.55B1

イスケンデル・ケバブのルーツのひとつといわれる、1965年開業の老舗。自慢のニヤーズィ・ベイ・イスケンデルは18TL。大皿にドネル・ケバブ、キョフテ、シシ・ケバブをのせ、ヨーグルトソースをかけボリュームたっぷり。ほかにペルデ・ピラウ8TLもある。

ヤンヤル・フェフミ Yanyalı Fehmi Lokantası

- Söğütlüçeşme Cad. Yağlıkçı İsmail Sok. No.1
- TEL (0216) 336 3333
- FAX (0216) 347 2985
- URL www.fehmilokantasi.com
- 9:00〜22:00
- 休無休
- US$ € TL
- C/C A M V

トルコ料理 中級　Map P.55B1

創業は1920年代にさかのぼるといわれる、アジア側で最も古いロカンタ。入口は狭いが、内部には屋根付きの中庭やパスターネなどもある。メニューは100種類以上あるのでどれを選んでよいか迷ってしまうほどだ。人気はパシャ・ケバブ18TL。

とにかくおいしい。店員さんも気さくで応対も気持ちいい。私は肉とジャガイモの煮込みがお気に入り。（大阪府　レモマ　'12春）

たくさん支店があるMADOというアイスクリーム屋さんですが、フレーバーの表記がトルコ語のみなので、基本的な果物の名前を覚えておくと楽しめるかも。（愛知県　中田知沙　'12春）

イスタンブールで viva! ナイトライフ！

イスタンブールの夜の過ごし方はいろいろ。観光客にはベリーダンスが定番だけれど、地元の人と混じって民謡酒場で踊ったり、メイハーネでまったりお酒を飲みながら過ごすのもいい。ただし、危険もあるので、充分気を付けて。

メイハーネ

トルコ語で居酒屋のこと。イスタンブールの新市街、イスティクラール通り周辺の裏路地、特に魚市場横の**ネヴィザーデ通りNevizade Sok.(→Map P.36A3)** の界隈には由緒あるメイハーネが多い。

ベリーダンスショー

ベリーダンスはトルコではオリエンタルダンスと呼ばれている。観光客向けのショーレストランでは、料理も観劇料金に含まれているところが多く、通常はベリーダンスだけではなく、トルコ各地の民俗舞踊を挟みながら進む。

旧市街や新市街のタクスィム広場周辺のホテルに限り、予約すれば無料送迎を行っている。当日予約では難しいので、無料送迎を希望する場合はできるだけ早く予約しよう。どこのホテルでも手配可能。スタッフに相談するとよい。

ベリーダンスショーは、トルコ観光の定番

民謡酒場

民謡酒場はテュルキュ・エヴィやテュルキュ・カフェなどと呼ばれている。観光客中心のベリーダンスショーとは違い、気軽に普通の人が飲みながら楽しむ場所。音大生やセミプロのミュージシャンが演奏している。イスティクラール通りから1本入った**ハスヌン・ガーリップ通りHasnun Galip Sok.(→Map P.36B3)** に多い。

民謡酒場ではちょっとした場所さえあればすぐに踊りが始まる

アーティストにも聞き手にも若い子が多い民謡酒場

ライブハウス

新市街では、**ジョリー・ジョーカー・バランスJolly Joker Balans(→Map P.36A3)** や**ゲットー Ghetto(→Map P.36A3)** といったところが有名。チケットは各会場のほか、ビレティクス(URLwww.biletix.com)などのサイトでも購入可能。ただし、ライブが始まる時間は比較的遅く、深夜0:00過ぎからスタートすることも珍しくない。

注意したいこと

帰りの足は確保できないことも多いので、近くに宿をとるなどしたほうがいい。なお、新市街、タクスィム広場周辺には宿が多い。また、このような店には**誘われて行ってはダメ**。ボッタくりだったり、過去には睡眠薬強盗にあった例も。

もうひとつ必ず頭に入れておきたいのは、トルコの人は女性だけで行くということはないということ。ましてや**女性ひとりでこのような場所に行くというのはもってのほか**だ。

ゲットーはイスタンブールを代表するライブハウスのひとつ

ナイトスポット

ギュナイ Günay Restaurant

✉ Büyükdere Cad. Beytem Plaza No.20/A Şişli
℡ (0212) 230 3333
FAX (0212) 234 3334
URL www.gunayrestaurant.com
営 21:00〜24:00　休 無休
料 食事＋飲み物＋ショー 75€
　　飲み物＋ショー 40€
💳 US $ € JPY TL
C/C Ⓐ Ⓜ Ⓥ

ショーレストラン 高級 Map P.44A1外

メトロM2シシリ・メジディエキョイ駅下車。日〜木がベリーダンスと民俗舞踊のショー、金・土曜はトルコの有名歌手が出演する。民俗舞踊にはオイルレスリングなど珍しいものが見られる。ベリーダンスは一番最後。メインの料理は赤身肉、鶏肉のほかに魚料理も選べる。スルタンアフメット地区、タクスィム周辺、オルタキョイから無料送迎あり。

メインの料理は各種チョイス可能

エーゲ海地方の踊り、ゼイベック

最後のベリーダンスは客席が盛り上がる

オリエント・ハウス Orient House

✉ Tiyatro Cad. No.27
℡ (0212) 517 3488
FAX (0212) 517 7563
URL www.orienthouseistanbul.com
✉ turkiye2008@yahoo.co.jp
営 20:30〜翌1:00　休 無休
💳 US $ € JPY TL
C/C Ⓐ Ⓓ Ⓜ Ⓥ

ショーレストラン 高級 Map P.43D4

ベヤズット地区にある有名なショーレストラン。コース料理、ドリンク2杯、ショーチャージが込みで90€。左記のEメールアドレス（日本語可）で予約し、現金払い（日本円可）すると65€になる。ドリンクのみは50€。旧市街またはタクスィム広場周辺のホテルから無料巡回送迎（予約先着順）あり。当日予約は電話のみで割引なし。

ケルヴァンサライ Kervansaray

✉ Cumhuriyet Cad. No.28 Harbiye
℡ (0212) 247 1630
FAX (0212) 231 5888
URL www.kervansarayistanbul.com
営 20:00頃〜翌1:00　休 無休
料 食事＋飲み物＋ショー 95€
　　飲み物＋ショー 70€
💳 US $ € JPY TL
C/C Ⓐ Ⓜ Ⓥ

ショーレストラン 高級 Map P.38A4

ヒルトン・ホテルのすぐ横。トップベリーダンサー、アセナが出演することでも有名。トルコ各地の民俗舞踊も鑑賞することができる。前菜からデザートまでメニューはいろいろと選択できる。チャージに含まれる飲み物とは別に、ウエルカムシャンパンのサービスがある。新市街のみ送迎可。開始時間は混み具合によって前後するので当日に確認しよう。

スルタナス Sultana's

✉ Cumhuriyet Cad. No.40/B Elmadağ
℡ (0212) 219 3904
FAX (0212) 230 6305
URL www.sultanas-nights.com
営 20:00〜24:00　休 無休
料 食事＋飲み物＋ショー 85€
　　飲み物＋ショー 50€
💳 US $ € JPY TL　C/C Ⓐ Ⓜ Ⓥ

ショーレストラン 高級 Map P.37C1

ヒルトン・ホテルとタクスィム広場の間にあり、タクスィム広場から徒歩5分ほど。250人と200人収容のホールがあり、開始時間をずらして公演することがある。ハレムでの生活を表したものなどオリジナルのショーもある。送迎は当日の参加人数や契約ホテルなど条件によって変わるので問い合わせを。

空港周辺や新市街のタクスィム広場周辺以外のホテルに泊まっていて送迎を希望する場合は旅行会社を通じて送迎を付けてもらうとよい。（編集室）

ノース・シールド The North Shield

パブ 中級 ♀ Map P.33C3

✉ Ebusuud Cad. No.2
TEL(0212) 527 0931　FAX なし
URL www.thenorthshield.com（トルコ語）
営 11:00〜翌2:00　休 無休
💲 US $ € TL
C/C A M V

アミソス・ホテル1階にある英国風パブ。イギリス滞在経験のあるトルコ人オーナーがかつての日々を懐かしんで造ったパブで、毎晩DJによる外国音楽が流れる。店内に大型モニターがあり、スポーツ観戦が楽しめる。アスマルメスジット通りに支店がある。

ヴェラ Vera

パブ 中級 ♀ Map P.36A3

✉ Nevizade Sok. No.1
TEL(0212) 244 2733　FAX なし
営 10:00〜翌4:00
休 無休
💲 US $ € TL
C/C A M V

居酒屋がズラリと並ぶネヴィザーデ通りNevizade Sok.にある。店は通りの入口にあり、夏には2.50ℓ入りのビールを分け合っている姿も見られる。週末の夜は大変込み合っているので、早めに行こう。

メ・グスタ Me Gusta Cafe-Bar

パブ 中級 ♀ Map P.37C2

✉ Osmanlı Yokuşu No.12
TEL(0212) 252 9046
FAX(0212) 252 9045
営 12:00〜24:00
休 無休
💲 US $ € TL
C/C A M V

タクスィム広場にほぼ面しているような立地なので便利。食事もとれるが、夜はグループでわいわい飲んでいる人たちが多い。サッカーの放映もあるので、試合のある日は特に人気が高い。トルコ料理のほか、ナチョやケサディージャなどメキシコ料理を出す。

パノ Pano

ワインバー 中級 ♀ Map P.36A3

✉ Nevizade Karimiye Sok. No.9
TEL(0212) 292 6664
FAX(0212) 292 6665
URL www.panosarapevi.com（トルコ語）
営 12:00〜翌1:00　休 無休
💲 US $ € TL
C/C A M V

英国総領事館前にある。このあたりのワインバーのなかでも老舗で創業は1898年。店内にはスタンドバーがあり、ワイン1杯から気軽に入ることができる。11:00〜17:00はお得なハッピーアワーで20%割引。

ムンズル Munzur Cafe Bar

民謡酒場 庶民的 ♀ Map P.36B3

✉ Hasnun Galip Sok.
No.21/A, Beyoğlu
TEL(0212) 245 4669
FAX なし
営 17:00頃〜深夜　休 無休
💲 US $ € TL
C/C A M V

民謡酒場が軒を連ねる通りにある。東部アナトリアにあるトゥンジェリTunceliの民謡が中心で、お客さんもトゥンジェリ出身者が多い。いつも大勢の人でにぎわっているので、相席覚悟で。テーブルチャージなし、ビールは小8TL、中10TL、大13TL。

オタンティッキ Otantik Türkü Bar & Restaurant

民謡酒場 庶民的 ♀ Map P.36A3

✉ İstiklâl Cad. Balo Sok.
No.1 Kat.3, Beyoğlu
TEL(0212) 244 6326
FAX なし
営 14:00〜翌2:00
休 無休
💲 US $ € TL
C/C A M V

アパートメントの3階（日本式4階）にある。民謡酒場でありながら、アジュルエズメ7TLなどの前菜やチョバン・カウルマ20TLなど本格的な食事を楽しむことができる。店は広いので、踊りの輪ができあがることもしょっちゅう。

ゲットー Ghetto

ライブハウス 中級 ♀ Map P.36A3

✉ Kemalhatun Cad. No.10
TEL(0212) 251 7501　FAX なし
URL www.ghettoist.com
営 木〜土20:00〜翌3:00
休 日〜水
💲 US $ € TL
C/C A M V

DJ YAKUZAなどトルコで人気のDJも登場する有名ライブハウス。食事は2階フロアで出し、食事を頼むとライブのチャージが割引になる。深夜になるほど1階のダンスフロアが盛り上がり、もみくちゃにされる覚悟で。

冬にイスタンブールに行かれる方はぜひサーレップを飲んでみて。甘くて体があったまっておいしいですよ。（山口県　詩乃　'12春）

おすすめショッピングスポット

オルタキョイ Ortaköy
Map P.45D3　Map P.53下

🚌 タクスィムから40系統やDT1、エミノニュから22、25など、ベベッキ方面のバスで行く。

オルタキョイは、ボスポラス大橋のたもと、瀟洒なオルタキョイ・メジディエ・ジャーミィのある一角。ここは毎週日曜になると多くの露店が出て、まるで原宿のようなにぎわいとなる。海を見ながらカフェで語らう若いカップルや、クンビルという大きなベイクドポテトをほおばる観光客でにぎわう。埠頭からは海峡ミニクルーズ船も出ている。橋の北側のクルチェシメは、ナイトスポットで有名なエリアだ。

クルーズ船も出る

路地裏歩きが楽しい

名物のクンビル

テシヴィキエ、ニシャンタシュ
Teşvikiye／Nişantaşı　**Map P.38〜39**

🚇 メトロM2のオスマンベイ駅下車
🚌 タクスィム広場近くのアタテュルク文化センター前から出ているテシヴィキエ行きドルムシュで終点下車。

19世紀半ばに、スルタンのアブデュルメジドによってテシヴィキエ・ジャーミィが造られてから開発された地区。ブランドショップが並ぶ老舗ストリートで、年に1、2回行われるバーゲンにあたると、35〜70％オフになることも。グルメエリアとしても有名で、外国食材のデリカテッセンやパン屋なども多いハイソなエリア。ナイトスポットも多く、バーやディスコ、クラブなどもある。

ニシャンタシュのブティック

1階がデリ、2階がカフェのカンティン

レアスュランス市場はカフェも多い

高い天井のハウス・カフェ

バーダット通り Bağdat Cad.
折込イスタンブール広域図D4

🚆 ハイダルパシャ駅から近郊列車でスアディエSuadiyeまたはボスタンジュBostanci下車
🚌 カドゥキョイからドルムシュでエレンキョイ下車。

ヨーロッパ側のテシヴィキエはあまり土地がなく、小さな路地に車が入り込んできて少々歩きづらいが、アジア側のバーダット通りは、青山通りのように広いスペースにブランドショップが並んでいるから快適な散歩が楽しめる。店舗も広めなので、最近はメインショップをバーダット通りにするブランドも増えている。

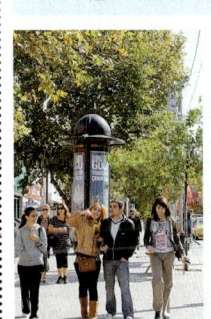

ジーンズのマーヴィ

バーダット通り

カジュアルシックならヤルグジュ

バーゲンは要チェック

通り沿いにはおしゃれなレストランも多い

😊 オルタキョイの日曜市はクリエイターのお店がたくさん並び、バザールと違ってそれほど話しかけられることもなく、じっくり見たい人におすすめです。(愛知県　中田知沙　'12春)

大型ショッピングセンター

フォーラム・イスタンブール
Forum İstanbul
www.forumistanbul.com.tr
折込イスタンブール広域図B2
🚇 メトロM1車カルタルペテ・コジャテペKartartepe Kocatepe駅直結
🕙 10:00～22:00　無休

ヨーロッパ最大級のショッピングモール。郊外型家電量販店やIKEAなどもあり、全てまわるには1日がかり。小さいながらも水族館や氷の博物館Magic Ice、恐竜のテーマパーク、Jurassic Landなどもある。

ジェヴァーヒル Cevahir
www.istanbulcevahir.com　Map P.44A1
🚇 タクシム広場からメトロM2でシシリŞişili直結。
🕙 10:00～22:00（映画館は深夜まで）　無休

ヨーロッパ最大級の広さを誇る巨大ショッピングセンター。約280の店舗のほか、12面のスクリーンと3DIMAXシアターをもつシネマコンプレックス、屋内遊園地、ボウリング場、DIYのホームセンターなどあらゆる施設が入っている。

デミリョレン・イスティクラール
Demirören İstiklal
www.demirorenistiklal.com（トルコ語）　Map P.36B3
🚇 メトロM2、フニキュルレのタクシム下車。
🕙 10:00～22:00（金・土～23:00）　無休

イスティクラール通りにある、ベイオウル地区唯一のショッピングセンター。化粧品のSEPHORAやGAPなどイスティクラール通り初出店の店をはじめ、家電量販店のSaturn、トルコ初出店のVirgin Mega Storeなど。Vakkoも入っており、スカーフやネクタイなどおみやげに人気の品も扱う。

イスティニエ・パルク İstinye Park
www.istinyepark.com　Map P.48B2
🚇 メトロM2ドルデュンジュ・レヴェント4. Levent駅からドルムシュで15分。メトロM2 İTÜ Ayazağa駅から徒歩12分
🕙 10:00～22:00　無休

近年開発が進むイスティニエ地区にある。約300近い店舗のうち、トルコ初出店の店も多く、カジュアルから高級ブランドまでバランスのとれたラインアップ。キッチン雑貨を扱うMUDOやイタリアや北欧デザインの生活雑貨を揃えるEsseなどインテリア系のショップも充実している。

メイダン Meydan
www.m1meydan.com.tr（トルコ語）
折込イスタンブール広域図D3
🚇 メトロM2のシシリ駅を降り、バスターミナルの6番乗り場から122C。テペユステュ Tepeüstü行きに乗ってIKEAで下車。所要20分
🕙 10:00～22:00　無休

アジア側のウムラニエにある複合型ショッピングセンター。ほとんどの店が国内有名ブランド店で、スポーツメーカーの店舗も多い。冬にはスケートリンクが開かれる。隣には北欧家具メーカーのイケアIKEAもある。

カンヨン Kanyon
www.kanyon.com.tr　Map P.46A2
🚇 メトロM2レヴェント駅Levent直結
🕙 10:00～22:00（映画館は深夜まで）　無休

峡谷をイメージした曲線が印象的。イギリスのハーベイ・ニコルズが入っている。レストランではベルギーのパン屋、パン・コティディアンのほかベトナム料理のWANNA、ラーメンなどを出すWAGAMAMAなどアジア系の店も数店ある。

> 友人へ配るみやげはイスティクラール通りの裏路地で買いました。小物を扱う店がたくさんあり、店員もしつこくないので、落ち着いて買えました。(埼玉県　トルコの青い空　'11夏)

SHOP

ショッピングエリアがあちこちにあるイスタンブールでも、いろいろなジャンルのショップがあるのはイスティクラール通り界隈。下記に挙げたショップはおもにイスティクラール通りやガラタ塔周辺エリアを中心に人気&定番の店の数々だ。

パシャバフチェ　Paşabahçe

İstiklâl Cad. No.314
TEL (0212) 244 0544
FAX (0212) 252 7837
URL www.pasabahce magazalari.com（トルコ語）
10:00（日12:00）〜20:00
休無休　TL　CC A M V

ガラス製品　Map P.36A4

トルコを代表するガラスとクリスタルのメーカー。2010年に発表された、ガラタ橋やスィミット売りなどイスタンブールの街の風物詩をデザインしたAKシリーズや2011年のオスマンシリーズのガラス食器が人気。チャイグラスはおみやげにもぴったり。

イペッキ　ipek

İstiklâl Cad. No.120
TEL (0212) 249 8207
FAX (0212) 251 9643
9:00〜20:00
休日・祝
US $ € JPY TL
CC M V

スカーフ、ネクタイ　Map P.36A3

60年近い歴史がある老舗スカーフ店。オスマン朝時代をモチーフにした柄のシルクスカーフやウールのショールなどが人気だが、色柄ともに豊富。男性用にはネクタイやストールも人気。日本円での支払いは硬貨も使用可。

Tボックス　T-Box

İstiklâl Cad. No.67
TEL (0212) 245 7910　FAX なし
URL www.t-box.com.tr（トルコ語）
10:00〜22:00
休無休
US $ € TL　CC A M V

ファッション・雑貨　Map P.36B3

水で戻る圧縮Tシャツなどのカジュアルウエアで一躍有名になった店。傘や靴、かばん、キーホルダーなど、現代トルコ発のデザイン小物を探すならチェックしておきたい。

バイ・レトロ　By Retro

İstiklâl Cad. Suriye Pasajı No.166/C
TEL (0212) 245 6420　FAX なし
10:00〜22:00
日11:30〜22:00
休無休
US $ € TL　CC A M V

古着・雑貨　Map P.34B1

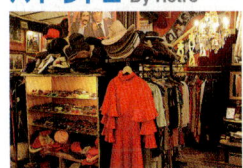

ウエディングドレスや舞台衣装のようなドレスからポップな普段着までが揃う、トルコ最大級の古着屋。オーナーは英語も堪能で、宝の山のなかからの商品選びに適切なアドバイスをしてくれる。アクセサリーや小物も見逃せない。

アラスカ・キュルク・エヴィ　Alaska Kürk Evi

İstiklâl Cad. Suriye Pasajı No.166/14
TEL&FAX (0212) 243 3396
URL www.alaskakurkevi.com
8:30〜19:00
日14:00〜18:00
休無休　US $ € TL　CC 不可

毛皮　Map P.34B1

この道40年の毛皮卸の老舗だが、小売もしてくれる。ラーレリ地区の毛皮店にも卸している。フェイクは扱わずすべて本物だが、ウサギの襟巻き18TLから、黒い毛皮のベストが50TLからと、手頃な商品も豊富。

ラ・マリキータ　La Mariquita

Galata Kulesi Sok. No.3/B Kuledibi
TEL (0212) 249 3273　FAX なし
URL www.la-mariquita.com（トルコ語）
10:30（日11:00）〜19:30
休無休　US $ € TL　CC M V

ファッション　Map P.34B2

独自のスタイルを発信するトルコの若手デザイナーの作品を集めたセレクトショップ。トルコ発の最新モードを知りたいなら必見。30人あまりのデザイナーの多くは若手で、アトリエで少数生産される商品はほとんどが一点物。

アラスカ・キュルク・エヴィではインターネットによるオーダーメイドもやっている。出発前に余裕を見て発注しておいて、旅行時にピックアップということもできる。（編集室）

ハマム　Hammam

- Kule Çıkmaz No.1/C
- TEL (0212) 245 7045
- FAX なし
- URL www.hammam.com.tr
- 10:00〜20:00
- 休 無休
- US$ € TL M V

バス用品　Map P.34B2

店名が示すとおりのバスグッズの専門店。ナチュラルソープ、ナチュラルコットンのタオルやガウンなどを扱う店。素材にこだわり、原料はすべてトルコ産を使用している。

カルンジャ　Karınca

- Galip Dere Cad. No.2/A
- TEL (0212) 252 8843
- FAX なし
- URL www.karincadesign.com
- 10:00〜22:00（木・金〜23:30）
- 休 無休
- € TL
- A M V

生活雑貨　Map P.34B1

カルンジャ（トルコ語で蟻）の店名どおり、入口のガラス戸に張り付くアリのとっ手がかわいい雑貨店。チョコレート型の計算機やスプーンとフォークでできた掛け時計など、店内はポップな色使いでかわいいデザインの生活雑貨で埋め尽くされている。

コケ・アクセスアール　Coquet Accesories

- İstiklâl Cad. No.82A
- TEL (0212) 292 3362
- FAX (0212) 292 3361
- URL www.coquet.com.tr（トルコ語）
- 10:00〜22:00　休 無休
- TL　M V

アクセサリー　Map P.36A3

ピンクの看板が目印のトルコ資本のアクセサリーチェーン。ショッピングセンターなどにも支店がある。ナザールボンジュウのアクセサリーほか、かばんや帽子、財布などの小物がズラリと並ぶ。バーゲン時期の半額セールも要チェック。

ラドレス・ド・パルファン　L'Adresse des Parfums

- İstiklâl Cad. No.46
- TEL (0212) 244 0081
- FAX なし
- URL www.dpperfumum.com.tr
- 9:00〜翌2:00　休 無休
- US$ € TL　M V

香水　Map P.36B3

トルコにとどまらず東欧や中東にも進出している香水店。400近いオリジナル香水を100cc瓶で17TLという安価で提供している。迷ったら店員さんにセレクトを任せてみるのも手。

ロビンソン・クルーソー　Robinson Cruesoe

- İstiklâl Cad. No.195A
- TEL (0212) 293 6968
- FAX (0212) 251 1735
- URL www.rob389.com
- 9:00〜21:30
- 日 10:00〜21:30　休 無休
- US$ € TL　M V

書店　Map P.36A4

トルコ語のほか英語など外国語の本も置いてあり、写真集や建築誌、歴史などに強い。探すものがあれば、検索などの手伝いもしてくれる。ガラタサライ広場からジェザーイル通りに向かう途中の右側に、系列のマンガ専門書店がある。

ホーム・スパ　Home Spa

- Galip Dede Sok. No. 61
- TEL (0212) 293 7244　FAX なし
- URL www.homespaluxe.com
- 10:00〜22:00　休 無休
- US$ € TL

ハマム・バス用品　Map P.34B2

メヴラーナ博物館の近く。小さな店内にはハマムグッズのほかオリジナルのバス用品がずらりと並ぶ。オリーブ石けんも種類豊富で、小さなコロンヤやペシテマル（ハマム用腰巻き）なども人気。

商品もかわいくてセンスがある。同じ石けんがグランドバザールで4倍の値段で売られていた。　（東京都　鈴木葵　'11年12月）
お土産用に石けんを3つ買ったら、ひとつひとつ可愛い袋にいれてくれる心遣いが嬉しかったです。　（東京都　Anne　'12夏）

アカルス　Akarsu

- Çakmakçılar Yokuşu No.99
- TEL (0212) 527 7102
- FAX (0212) 527 7103
- 8:30〜18:00
- 休 TL　不可

手芸・雑貨　Map P.32A1

グランドバザールとエジプシャンバザールを結ぶ通り沿いにあるスカーフ専門店。周囲はアクセサリー関連の問屋が多いが、ここは小売りもやっている。オヤ付きのスカーフも取り扱っており、イーネオヤも置いている。

イスティクラール通りのガラタサライ高校裏側のエリアはチュクルジュマÇukurcumaと呼ばれ古道具や家具などを扱うアンティークショップが点在している。（編集室）

トルコ風エステはハマムにあり

トルコにはハマムと呼ばれる蒸し風呂式の共同浴場がたくさんある。イスラームの教えでは「清潔は信仰の半分」と明記されているように、体を常に清潔に保つことは非常に重要なこと。その点からもハマムは古くから独自の発達をしてきた。ハマムの特徴はアカすりサービスが頼めること。歴史あるハマムの重厚な雰囲気も味わいたい。

Step 1

イスタンブールには観光客向けのハマムが数軒あり、外国人観光客も気軽にアカすりやマッサージを体験できる。

入口を入ると番頭さんが出迎えてくれる。料金表やサービス内容も掲示されていることが多いので確認しておこう。サービス内容を選び料金を払う。係の人に脱衣所まで案内してもらって服を脱いだら、タオルを体に巻いて(女性はセパレーツの水着を着たほうが安心)、外に出よう。施錠は忘れずに。ちなみに脱衣所は4~6人用だが、ひとりで行っても占領できることが多い。

ヒュッレム・スルタン・ハマム(→P.184)

歴史あるチェンベルリタシュ・ハマム(→P.184)

Step 2

さあ、ドアを開けて浴室に入ろう。温泉地以外は浴槽があることはまずなく、中央にへそ石が置かれ、蒸気がムンムンと立ち込めている。しかし、サウナのように熱くはない。自分で体を洗う人には、洗い場は銭湯のように片隅にあったり、個室になっていたりする。お湯を体にかける洗面器は日本のものよりかなり小ぶり。アカすりとマッサージを希望するなら、中央の大理石に腰かけたり寝そべって、体がしっとり汗ばむのを待っていよう。

へそ石の上で寝そべって、汗がじんわり出てくるまで待つ

Step 3

アカすりは男性には男性のケセジ(三助さん)、女性には女性のケセジがつく。ただし、ホテル内のハマムなどでは、女性のケセジという職業は人気がないという事情もあり、女性のケセジはおらず、オジサンがアカすりをすることが多い。

さて、アカすりは専用のタオルでこする。少々固い生地なので、痛かったり赤くなったりするが、びっくりするほどアカが出る。こすり終わると石けんで頭と体を洗い、希望者にはマッサージをしてくれる。すべてのサービスが終わったら出ればよい。

アカすりが終わったら石けんできれいに洗い流す

ヒュッレム・スルタン・ハマム(→P.184)の女性のケセジ

風呂上がりのチャイは格別

Step 4

浴室から出ると、係の人がタオルをくれるので、体に巻いていた濡れたタオルと交換する。頭や肩にもタオルを巻いてもらったら、服を着替えた脱衣所に戻り、着替えるのだが、横になってリラックスするのもよい。有料だが飲み物を持ってきてくれる。日本の銭湯ではコーヒー牛乳が定番だが、ハマムで風呂上がりにチャイやジュースをグビっとやるのもオツなものだ。

ハマムの中で腰に巻く布はペシテマルと呼ばれる。アジア側のカドゥキョイにあるリネン専門店メスート・ギュネシMesut Güneş(Map P.55B1)などで入手できる。(編集室)

ハマム

ヒュッレム・スルタン・ハマム
Hürrem Sultan Hamamı

✉ Bab-ı Hümayun Cad. No.1
Sultanahmet
☎ (0212) 517 3535
FAX (0212) 517 3536
URL www.ayasofyahamami.com
⏰ 8:00〜23:00
休 無休
💰 US$ € AMV

高級ハマム＆エステ　Map P.53上A1

スュレイマン大帝の妻、ヒュッレム・スルタンが16世紀にミマール・スィナンに建てさせた由緒あるハマム。長らく絨毯博物館として公開されていたが2011年5月にハマムに再び生まれ変わった。中東でも放映中のトルコの大河ドラマの影響でアラブ人やロシア人観光客に人気が高く、予約は必須。使用するシャンプーやコンディショナー、ボディクリームは全てヒュッレムのシンボルといわれるエルグワン（セイヨウハナズオウ）の香りのオリジナル。ペシテマル（腰巻き）もオリジナルのシルク製というこだわりぶり。あかすりとボディマッサージの35分コースで€70。あかすりとスルタンルームでのアロマテラピー・マッサージのコースは50分で€90。

ジャーロウル・ハマム
Cağaloğlu Hamamı

✉ Yerebatan Cad. No.34
Sultanahmet
☎ (0212) 522 2424
FAX (0212) 512 8553
URL www.cagaloglu hamami.com.tr
⏰ 8:00〜22:00（男湯）
　 8:00〜20:00（女湯）休 無休
💰 US$ € 不可 不可

観光客向けハマム　Map P.33C2

地下宮殿入口のある通りを、北に歩いていくと右側にある。1741年にメフメット1世によって建設された、最後の大ハマム。ジャーミィだったアヤソフィアの収入源として建設された。入場料＋アカすり35€、入場料＋アカすり＋マッサージ50€。

チェンベルリタシュ・ハマム
Çemberlitaş Hamamı

✉ Vezirhan Cad. No.8
Çemberlitaş
☎ (0212) 522 7974
FAX (0212) 511 2535
URL www.cemberlitashamami.com.tr
⏰ 6:00〜24:00（男湯、女湯とも）
休 無休　入場料45TL
💰 US$ € 不可 AMV

観光客向けハマム　Map P.32B3

トラムヴァイのチェンベルリタシュ駅下車、すぐ駅の横にある。立地上、観光客の利用も多い。入口は小さいが、中は広い。1584年にミマール・スィナンによって建てられた、歴史的建造物としての価値も大きいハマム。入場＋アカすり69TL。入場料＋アカすり＋マッサージ117TL〜。

😊 冬に行くと寒くてお湯がぬるかった。アカスリ等はかなり雑。雰囲気を楽しむつもりで行くべき。　（東京都　鈴木葵　'11年12月）

スュレイマニエ・ハマム
Süleymaniye Hamamı

✉ Mimar Sinan Cad. No.20
Süleymaniye
☎ (0212) 519 5569
FAX (0212) 519 5570
URL www.suleymaniyehamami.com.tr
⏰ 10:00〜24:00　休 無休
💰 US$ € TL 不可

観光客向けハマム　Map P.43D2

スュレイマニエ・ジャーミィ付属のハマムで、ミマール・スィナンの設計で1557年に完成した。イスタンブールで唯一の混浴ハマム。もちろん水着着用だが、ハマムでも水着を貸してもらえる。入場料＋アカすり＋マッサージ35€。

コジャムスタファパシャ・ハマム
Kocamustafapaşa Hamamı

✉ Kocamustafapaşa Cad. No.144
Sümbülefendi Camii Yanı
Kocamustafapaşa
☎ (0212) 529 0948
FAX (0212) 529 0951
⏰ 6:00〜23:30（男湯）
　 8:00〜20:00（女湯）休 無休
休 入場料　男性10TL　女性10TL
💰 TL 不可

地元の人向けハマム　Map P.50A4外

コジャムスタファパシャのバス停から徒歩3分。6世紀に教会として建てられた建物を、15世紀にジャーミィに改装したコジャ・ムスタファパシャ・ジャーミィ付属のハマム。チェンベルリタシュ・ハマムと同じ経営。入場料＋アカすり＋マッサージで男性15TL、女性15TL。

😞 地元の人しかいなくて英語が通じないし、アカすりのおばさんも親切じゃないし、よくなかった。　（埼玉県　はる　'11春）

📝 ヒュッレム・スルタン・ハマムのオーナーは内装にこだわり、開業を遅らせてまでも何度もやり直した。その間大理石を冷ますと割れてしまうのでオープン前でも温めさせ続けたほど。（編集室）

184

エディルネのセリミエ・ジャーミィ

都会を離れてショートトリップ
イスタンブール近郊
İstanbul Çevreleri

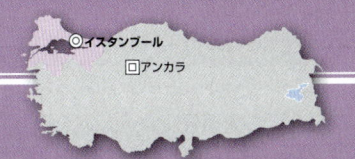

イスタンブール近郊 İstanbul Çevreleri

◆気候と服装

ブルサやイズニックなどマルマラ海周辺はイスタンブールとほぼ同様の気候。12～2月頃は積雪もあるので、防水仕様のジャケットや雨具を用意したい。エディルネは内陸に位置するため冬はさらに寒い。

●交通●

イズニックやブルサへは、イスタンブールのイェニカプから高速フェリーでヤロワ（ブルサへはギュゼルヤル行きも）まで渡ってから、バスに乗り換えて行くのがスムーズ。時間はかかるがハレム発の便も多い。

イェニカプ（イスタンブール）発の高速船

●イェニカプ～ヤロワ　運賃15～24TL　所要：約1時間15分

イド（イスタンブール高速船） İDO (İstanbul Deniz Otobüs)	イェニカプ発　8:30、11:30（火曜運休）、15:30、18:30、19:30 ヤロワ発　7:30（日曜運休）9:30、11:30（火曜運休）、15:30 17:00（日曜のみ）、19:30

●イェニカプ～バンドゥルマ　運賃39～64TL　所要：約2時間

イド（イスタンブール高速船） İDO (İstanbul Deniz Otobüs)	イェニカプ発　7:00、12:30、18:30など季節により変動 バンドゥルマ発　7:30、15:30、18:30など季節により変動

●イェニカプ～ギュゼルヤル （ブルサ）　運賃24～39TL　所要：約1時間30分

イド（イスタンブール高速船） İDO (İstanbul Deniz Otobüs)	イェニカプ発　7:30、17:30など季節により変動、1日2～3便 ギュゼルヤル発　7:30、18:30など季節により変動、1日2～3便

※イドの航路の時刻表は公式サイトURLwww.ido.com.trで確認できる。オンライン予約も可能。料金は座席クラスにより変動。

エディルネ発着路線

●エディルネ～イスタンブール （オトガル発）　運賃27TL　所要：約2時間30分

メトロ Metro	エディルネ発　5:00、8:00、9:00、10:00、10:30、11:30、12:30～20:30の1時間毎、22:00 イスタンブール発　7:30～21:15の1時間に1便程度、22:00、23:00
ウルソイ Ulusoy	エディルネ発　5:15、6:00～22:00の毎正時 イスタンブール発　5:15、7:00～14:00の毎正時、16:00、18:00、19:00、20:00

●エディルネ～チャナッカレ　運賃35～45TL　所要：約4時間

チャナッカレ・トゥルワ Çanakkale Truva	エディルネ発　10:00、19:00 チャナッカレ発　3:00、7:00、17:00	メトロ Metro	エディルネ発　9:45、22:00 チャナッカレ発　3:00
メリチ・セヤハット Meriç Seyahat	エディルネ発　7:15～18:45に30分毎（冬期1時間毎） チャナッカレ発　7:15～18:45に30分毎（冬期1時間毎）		

※メリチのミニバスはエディルネでは市中心部のエスキ・ジャーミィ周辺に発着。多くの場合、途中のケシャンで同じ会社の便に乗り換えとなる。チャナッカレではオトガルではなく対岸のエジェアバトに発着する。

●エディルネ～ゲリボル　運賃30TL　所要：約3時間

ギュネシ・セヤハット Güneş Seyahat	エディルネ発　8:00～16:00の毎正時 ゲリボル発　9:00～18:00の毎正時

※エディルネでは市中心部のエスキ・ジャーミィ周辺発。

イズニック発着路線

●イズニック～ブルサ　運賃9TL　所要：約1時間30分

イズニック・ミニビュス İznik Minibüsçüler Koop.	イズニック発　5:30～21:00に20～30分毎 ブルサ発　7:30～23:00に20分毎

●イズニック～ヤロワ　運賃9TL　所要：約1時間

イズニック・ミニビュス İznik Minibüsçüler Koop.	イズニック発　6:00、7:45、9:00～20:00の毎正時 ヤロワ発　7:35、9:10～18:10に1時間毎、19:30、21:15

※発車時刻および運賃は2012年の調査時のものであり、しばしば変更されます。所要時間については巻頭の折込地図（1枚目裏側）もご参照ください。

ブルサ発着路線

イスタンブール近郊

●ブルサ～イスタンブール　運賃24～26TL　所要:約4時間

ニリュフェル Nilüfer	ブルサ発　6:00～23:30の1時間に1～2便程度 イスタンブール発　5:00～翌3:00の1時間に1～2便程度
キャーミル・コチ Kâmil Koç	ブルサ発　24時間運行、毎時1～2便 イスタンブール発　24時間運行、毎時1～2便
メトロ Metro	ブルサ発　24時間運行、毎時1～2便 イスタンブール発　8:00～24:00の1時間に1便程度
ワラン Varan	ブルサ発　6:30, 16:30, 17:00, 17:30 イスタンブール発　11:00, 23:00

●ブルサ～アンカラ　運賃35～39TL　所要:約5時間

ニリュフェル Nilüfer	ブルサ発　7:00～18:00の毎正時, 24:00, 1:00, 2:00 アンカラ発　7:00～19:30の1時間に1便程度
キャーミル・コチ Kâmil Koç	ブルサ発　6:00～18:00の毎正時, 21:00, 23:00, 24:00, 1:00, 1:30, 2:00 アンカラ発　7:00～翌1:30の30分～1時間に1便程度
メトロ Metro	ブルサ発　11:30, 15:00, 17:00, 19:00, 19:30, 1:30 アンカラ発　16:30, 21:30, 22:30, 23:30, 3:15
ワラン Varan	ブルサ発　15:00, 17:35, 18:00, 18:30, 19:00 アンカラ発　なし
パムッカレ Pamukkale	ブルサ発　7:30, 9:30, 11:30, 13:30, 15:30, 17:00, 24:00, 1:00, 2:00 アンカラ発　9:00, 10:00, 12:00, 14:00, 16:00, 18:00, 22:00, 24:00, 1:00

●ブルサ～イズミル　運賃23～30TL　所要:約5時間

ニリュフェル Nilüfer	ブルサ発　8:00～翌1:30の1時間に1便程度 イズミル発　7:00～翌2:00の1時間に1便程度
パムッカレ Pamukkale	ブルサ発　9:00～翌2:00の1時間に1便程度 イズミル発　8:00～翌4:00の1時間に1～2便
キャーミル・コチ Kâmil Koç	ブルサ発　6:00～翌2:00の1時間に1便程度 イズミル発　6:00～翌4:00の1時間に1便程度
メトロ Metro	ブルサ発　7:00～19:00の1時間に1便程度 イズミル発　7:00～19:00の1時間に1便程度

●ブルサ～チャナッカレ　運賃35～40TL　所要:約4時間

チャナッカレ・トゥルワ Çanakkale Turva	ブルサ発　6:30～23:00の1時間に1便運行 チャナッカレ発　8:00, 9:00, 11:00
キャーミル・コチ Kâmil Koç	ブルサ発　9:00, 10:00, 12:00, 13:00, 14:00, 16:00, 18:00, 20:00, 22:00 チャナッカレ発　7:00, 9:00, 11:00, 12:00, 13:00, 15:00, 16:00, 18:00, 19:00, 19:30, 20:00, 1:00

●ブルサ～エスキシェヒル　運賃15～20TL　所要:約2時間30分

ニリュフェル Nilüfer	ブルサ発　7:00～18:00の毎正時, 24:00, 1:00, 2:00 エスキシェヒル発　10:00～22:30の1時間に1便程度, 2:00, 6:30
キャーミル・コチ Kâmil Koç	ブルサ発　6:00～18:00の毎正時, 21:00, 23:00, 24:00, 1:00, 1:30, 2:00 エスキシェヒル発　10:00～翌0:15の1時間に1～2便, 1:45, 4:15, 4:30
メトロ Metro	ブルサ発　11:30, 15:00, 17:00, 19:00, 19:30, 1:30 エスキシェヒル発　5:00, 7:00, 9:00, 19:30, 0:30, 1:30
ワラン Varan	ブルサ発　15:00, 17:35, 18:00, 18:30, 19:00 エスキシェヒル発　なし

●ブルサ～キュタフヤ　運賃20TL　所要:約3時間

キュタフヤ・アストゥル Kütahya Astur	ブルサ発　10:00, 12:00, 17:00 キュタフヤ発　12:00, 13:15, 16:00, 17:30
キュタフヤルラル Kütahyalılar	ブルサ発　10:00, 12:00, 17:00 キュタフヤ発　12:00, 13:15, 16:00, 17:30
キャーミル・コチ Kâmil Koç	ブルサ発　9:00, 10:00, 12:00, 15:00, 17:00, 20:00, 22:00, 23:00 キュタフヤ発　9:00, 10:30, 14:00, 15:30, 17:00, 18:00, 19:30, 20:00, 2:30, 4:00, 5:00

※掲載している便は主要会社の一部の路線です。ほかにも同一路線で複数の会社が運行している場合があります。
イスタンブールは特に記述のない限りハレム・ガラジュ発の時刻です。

オスマン朝期の建築物がたくさん残る国境の町
エディルネ Edirne
市外局番 **0284** 人口**15万717人** 標高**42m**

■時刻表一覧
🚂P.186〜187
バス時刻表索引→P.76〜77

■エディルネの❶
Map P.189A1
✉ Hürriyet Meydanı No.17
TEL & FAX (0284) 213 9208
URL www.edirnekulturturizm.gov.tr (トルコ語)
🕐 8:30〜12:00 13:00〜17:30 (夏期〜18:00)
土・日9:00〜18:00
休 冬期の土・日

エディルネの❶

セリミエ・ジャーミィとエディルネの町並み

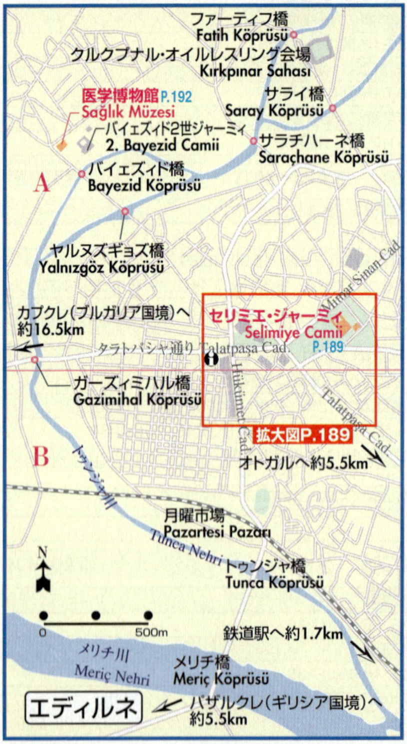

ギリシア、ブルガリアとトルコを結ぶ国境の町エディルネ。古代ローマ皇帝ハドリアヌス帝が町造りをしたのが起源となり、過去にはハドリアノポリスと呼ばれていた。

その後アドリアノープルと称されたこの地は、1361年にムラト1世に征服され、ブルサから遷都される。1453年にオスマン朝の都がイスタンブールに移るまでの90年間、都として栄えた町には、この間に建設された多くのジャーミィが残る。特に大建築家ミマール・スィナン設計のセリミエ・ジャーミィは目を見張るすばらしさ。この町はオイルレスリング、ヤール・ギュレシ Yağlı Güreş の開催地としても有名だ。

ほうきはトルコ人観光客には定番のエディルネみやげ

エディルネはほうき作りでも有名な町で、リュステムパシャ・ケルヴァンサライの近くにほうき作り名人の像がある。おみやげにもほうきをかたどったものが多い。(編集室)

歩き方

オトガルは郊外の高速道路のインターチェンジ近くにある。町の中心部は**カレイチ**Kaleiçiと呼ばれている。町の中心は**ヒュリエット広場**Hürriyet Meydanıで、**タラトパシャ通り**Talatpaşa Cad.と**サラチラル通り**Saraçlar Cad.の2本の大通りが交差する。**銀行**や**両替商**はタラトパシャ通りにある。

◆ターミナルから市の中心部へ

●イェニ・オトガル（テルミナル）　イェニ（＝新）・オトガルからはセルヴィスで市内まで行くことができる。ドルムシュも運行されている。所要約30分、2TL。チャナッカレ方面から来てケシャンやゲリボルなどで乗り継いだミニバスやドルムシュはセリミエ・ジャーミィ周辺やエスキ・ジャーミィ裏に発着するものもある。

●鉄道駅　駅前の大通りを300mほど歩いた所にあるスーパー、ミグロスMigrosの前から市内中心部に行くドルムシュが頻発している。6:30〜20:00に運行。所要10分。

見どころ

トルコ随一の美しさを誇る堂々たる姿
セリミエ・ジャーミィ　Map P.189B1

Selimiye Camii セリミエ・ジャーミィ

1569年から1575年にかけて建設された壮大なジャーミィ。設計は偉大な建築家、ミマール・スィナンだ。当時80歳の彼は、セリム2世の要請で建築家の夢である「イスタンブールのアヤソフィアを超えるドームを造る」ことに専念し、ついに直径31.5m

ヒュリエット広場にはチューリップのモニュメントがある

ミマール・スィナンが設計したソクルル・ハマム

■**ソクルル・ハマム**
Map P.189A1
16世紀にミマール・スィナンが設計した歴史的なハマム。
✉Hükmet Cad. No.33
☎(0284) 225 2193
⏰7:00〜23:00（男性）
　10:00〜17:00（女性）
🚫無休　入浴15TL
アカスリ7.50TL
マッサージ7.50TL
チップ別途。

■**セリミエ・ジャーミィ**
⏰8:00〜18:00
🚫無休

エディルネの名物は、メイヴェ・サブヌMeyve Sabunuと呼ばれるフルーツの形をした石けん。石けんとしてではなく、インテリア小物として使う。香りもよい。（編集室）

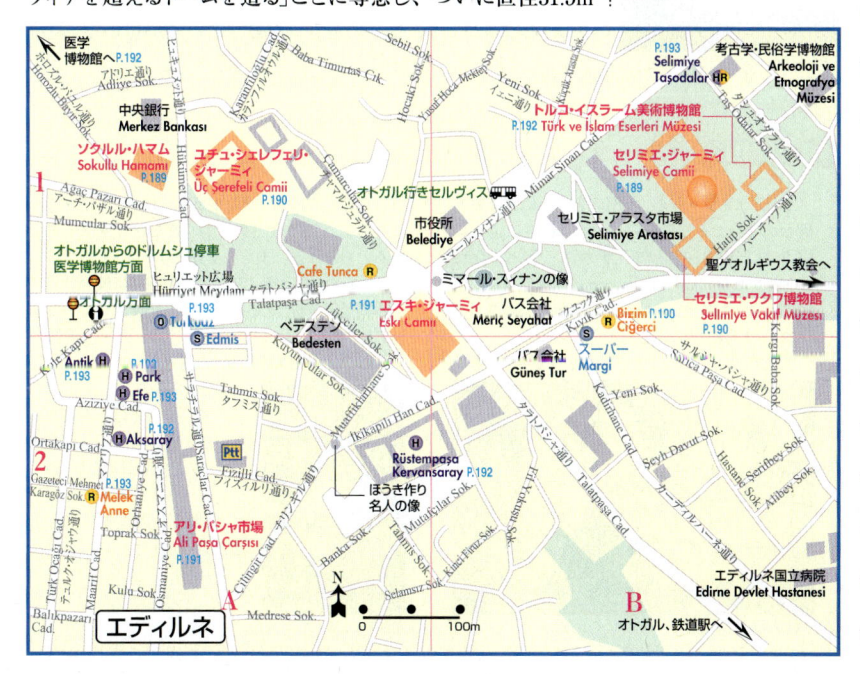

■セリミエ・ワクフ博物館
Map P.189B1
開9:00～17:00 休無休
料無料

セリミエ・ジャーミィとつながる地下道はセリミエ・アラスタスという商店街になっている

美しいドーム装飾

という、アヤソフィアをわずかに超える巨大ドームが完成した。

彼はこの建物を自らの最高傑作と言い続けたという。その大ドームを8本の柱が支え、5つの半ドームと8つの小塔が囲み、周囲に高さ70mのミナーレがそびえる構造。ミナーレ内部にある3つのらせん階段は、それぞれ別のバルコニーに続く。ドームの内部は窓から差し込む光で明るく、ミンベルとミフラープがひとかたまりの大理石でできている。

敷地内には**セリミエ・ワクフ博物館**Selimiye Vakıf Müzesi（入場無料）もある。オスマン朝時代はダーリュル・クッラDarül Kurraというクルアーンの学問所だった。人形を使った当時の授業風景の再現をはじめ、クルアーンや数珠、タイルなどが展示されている。

ねじれたミナーレをもつ独特の形
ユチュ・シェレフェリ・ジャーミィ
Map P.189A1

Üç Şerefeli Camii　ユチュ・シェレフェリ・ジャーミィ

■ユチュ・シェレフェリ・ジャーミィ
開8:00～18:00 休無休

ユチュ・シェレフェリ・ジャーミィ

1447年、ムラト2世の治世に完成した。初期オスマン朝建築の傑作で、4本のミナーレをもつ寺院。うち1本は、ねじったロウソクのような形で、南西角のミナーレが3つのバルコニー（ユチュ・シェレフェÜç Şerefe）をもつため、この名が付いた。直径24mの大ドームを複数の小ドームが支えている。

Information　逆さチューリップ

セリミエ・ジャーミィ内部のアーチに囲まれた舞台のようなミュエッズィン席の石柱に逆さに描かれたチューリップ（テルス・ラーレTers Lale）がある。これはジャーミィが建てられた敷地にはもともとチューリップ畑があり、地主がなかなか用地買収に応じなかったが、ジャーミィの内部にチューリップを描くことを条件に用地買収に応じた。スィナンがチューリップを逆さにしたのは、この地主のひねくれた性根を表しているともされる。また、チューリップ（トルコ語でラーレLale）と神（アッラー Allah）に使われているアラビア語の文字が同じなので、チューリップは神聖な花という俗説や、スィナンの孫娘で建築期間に病気になって亡くなったファトマを偲んだものだとか。また、言い伝えでは、逆さチューリップも含めて、ジャーミィの内部には101ものチューリップが描かれており、それぞれの大きさ、色、形が違うという。

石柱をよく見てみよう

逆さチューリップ

セリミエ・ジャーミィ近くのスーパー、マルギMargiの2階はフードコートになっていて、清潔なトイレも無料で使える。有料のマッサージチェアもあって休憩にも便利。（編集室）

1414年に完成のエディルネで最も古いジャーミィ
エスキ・ジャーミィ
Eski Camii エスキ・ジャーミィ　Map P.189A1

■エスキ・ジャーミィ
開 8:00～18:00
休 無休

　1403年からバイェズィド1世の王子スュレイマン・チェレビーによって建築が進められたジャーミィだが、途中政変のため建設が途絶え、メフメット1世の治世の1414年にやっと完成した。その名（エスキ＝古い）のとおり、この町で最も古いジャーミィのひとつ。このジャーミィのすぐそばにはベデステンBedestenと呼ばれるバザールがあるが、これはエスキ・ジャーミィと同時にジャーミィの一部として造られたもの。今日でも日用品を扱う市場としてにぎわいを見せている。

エスキ・ジャーミィ

アーケードのような市場
アリ・パシャ市場
Ali Paşa Çarşısı アリ・パシャ・チャルシュス　Map P.189A2

■アリ・パシャ市場
開 8:00～18:30
（日9:30～18:00）
休 無休

観光客も多く訪れる

　1561年に宰相セミズ・アリ・パシャの命でミマール・スィナンの設計によって完成した。南北に約300mの長細い市場で、天井には赤と白のストライプのアーチが続く。みやげ物店など約130軒が並んでいるがオスマン朝時代は貴金属の店が多かった。1992年に起きた火災で大きな損害を受けたが5年後に再建された。

Information　トルコ相撲、ギュレシ

　トルコの有名な伝統的スポーツに、ギュレシ Güreşがある。紀元前の匈奴（トルコ系という説もある）の装飾に、相撲の様子を描いたものが数多く残されており、中央アジアで相撲が盛んに行われていたことがわかる。
　トルコ系民族が中央アジアからアナトリアに入ると、この地にギリシア・ローマ時代から根付いていたレスリングと融合して、いまのヤール（＝油を塗った）・ギュレシ（＝相撲）となった。オイルを体に塗ることによって体がつかみにくくなり、さらなる技巧が必要になる。
　レスラーたちは上半身裸で、草地の上で太鼓と笛の音を合図に組み合う。オイルを塗らないトルコ相撲はヤースズ（油なし）と呼ばれ、おもに子供たちが行っている。長くなりがちな試合をスピーディに行うために近年アマチュアレスリングに近い形にルールが改定され、現在は制限時間ありのポイント制となっているが、元来は相手を倒して両肩を押しつけるまで試合が終わらないという単純だが過酷なルールだった。
　このヤール・ギュレシの最大の大会は、毎年6月の最終週から7月初旬にかけて、町の北側のクルクプナルKırkpınarで行われる。なんとこ

野外、芝生の上で男たちが組み合う

の大会の第1回大会は1357年。ちょうどビザンツ帝国とオスマン朝がせめぎあっていた時期だ。そして2011年には記念すべき第650回大会が行われた。大会は2010年に世界無形遺産に登録され、世界的に注目度も高まっている。見学を考えているならホテル予約をできる限り早くはじめよう。
　トルコ中から腕自慢が集まるこの大会でチャンピオンになった人は、1年間「バシュペフリヴァンBaşpehlivan」（横綱）として称えられる。

ケシャンからエディルネに向かう途中に通るウズンキョプリュ Uzunköprüは国境の町で、町の名前は長い橋を意味する。15世紀に造られ、今でも現役の石橋がある。（編集室）

■トルコ・イスラーム
美術博物館
TEL(0284)225 1625
9:00～19:00
(冬期～17:00) 無休
3TL

料理作りに関する展示

■医学博物館
近くの乗り場からドルム
シュで約5分
TEL(0284)224 0922
8:30～17:30 無休
10TL

音楽療法を再現した人形

精緻な彫刻、美しいタイルの文様
トルコ・イスラーム美術博物館　Map P.189B1
Türk ve İslam Eserleri Müzesi テュルク・ヴェ・イスラーム・エセルレリ・ミュゼスィ

　セリミエ・ジャーミィの敷地内、考古学・民俗学博物館側の一角にある。各室にはタイルや陶器、クルアーンの写本、オスマン建築物の碑文、女性の衣装やアクセサリーなどがテーマ別に展示されている。ミマール・スィナンに関する15分ほどの映画も上映しており、彼の設計したセリミエ・ジャーミィ、シェフザーデ・ジャーミィ、スュレイマニエ・ジャーミィを紹介している。解説はトルコ語だが、映像を見ているだけでも興味深い。

オスマン朝時代の医学にスポットをあてた
医学博物館　Map P.188A
Sağlık Müzesi サールック・ミュゼスィ

　町の北側に位置するバイェズィド2世の複合建築(1488年完成)の一画を占める医学校を改装した博物館。中庭に面した部屋では医学史関連や医療器具の展示がある。
　シファーハーネŞifahaneと呼ばれる奥のドームでは、オスマン朝時代の医学を人形を使って説明しており、診察室や音楽療法の様子が興味深い。

HOTEL

　町の中心には中級ホテルやリーズナブルな宿が多い。観光案内所とアリ・パシャ市場の間のマアリフ通りMaarif Cad.にも宿が集中している。便利なエリアなので利用価値が高い。

日本からホテルへの電話　国際電話会社の番号 + 010 + 国番号90 + 284(市外局番の最初の0は不要) + 掲載の電話番号

アクサライ　Hotel Aksaray
経済的　Map P.189A2

Alipaşa Ortakapı Cad. No.8
TEL(0284) 212 6435
FAX(0284) 225 6806
S 35TL
W 85TL
US$ € TL 不可

　アリ・パシャ市場の中央入口のそばにある。古い民家を改装しているので、部屋によって大きさや設備に差がある。シングルの設備は最低限だが、ダブル、ツインはエアコン、シャワー、トイレ付き。

リュステムパシャ・ケルヴァンサライ　Hotel Rüstempaşa Kervansaray
中級　Map P.189A2

İki Kapılı Han Cad. No.39
TEL(0284) 212 6119
FAX(0284) 214 8522
URL www.edirnekervansarayhotel.com
S A/C 47€
W A/C 85€
US$ € TL 不可

　全75室。もとの建物はスュレイマン大帝時代の大宰相、リュステムパシャがミマール・スィナンに造らせたものだ。建物は昔の特徴をよく残している。客室も隊商宿の雰囲気を残しつつも改装済みで全室バスタブ付き。バーではライブ演奏をすることもある。全館無料

パルク　Park Otel
中級　Map P.189A2

Maarif Cad. No.2
TEL(0284) 225 4610
FAX(0284) 225 4635
URL www.edirneparkotel.com
S A/C 100TL
W A/C 140TL
US$ € TL 不可

　マアリフ通りにある全60室のホテル。全室テレビ、ミニバー、セーフティボックスが完備されており、ビュッフェ式の朝食もなかなか充実している。1階にはカフェ、バーがあり、2階のロビーは広くてゆったりしている。全館無料

ジエル(レバー)を出す店はリュステムパシャ・ケルヴァンサライ前の広場やアリ・パシャ市場を横切る通りの西側に多い。注文のあと、すぐに揚げてくれるのでサクサク。(編集室)

アンティキ Antik Hotel

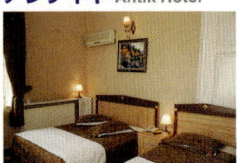

✉ Maarif Cad. No.6
☎ (0284) 225 1555
FAX (0284) 225 1556
URL www.edirneantikhotel.com
S A/C 📶 🚿 95TL
W A/C 📶 🚿 150TL
💳 US$ € TL T/C 不可 CC A M V

中級 Map P.189A2

126年前に建てられたギリシア人の邸宅を改装した全11室のプチホテル。かつてはギリシアやブルガリアの領事館としても使用されたそうだ。朝食スペースを兼ねたカフェがかわいらしい感じ。レストランは魚料理で有名。　📶 全館無料

エフェ Efe Hotel

✉ Maarif Cad. No.13
☎ (0284) 213 6166
FAX (0284) 213 6080
URL www.efehotel.com
S A/C 📶 🚿 85US$
W A/C 📶 🚿 140US$
💳 US$ € TL T/C 不可

中級 Map P.189A2

アンティークの小物などをさりげなく配した2つ星。客室は改装済みでとてもきれい。全22室でエアコン、テレビ、ドライヤーなどひととおり揃っている。朝食はオープンビュッフェ。ロビーには宿泊客なら無料で使用できるマッサージチェアがふたつある。　📶 全館無料

セリミエ・タシュオダラル Selimiye Taşodalar

✉ Saray Hamamı Sok. No.3
☎ (0284) 212 3529
FAX (0284) 212 3530
URL www.tasodalar.com.tr (トルコ語)
S A/C 📶 🚿 65~125€
W A/C 📶 🚿 80~215€
💳 US$ € TL T/C 不可 CC A M V

中級 Map P.189B1

セリミエ・ジャーミィの裏側にある。15世紀に建てられた邸宅を改装した全12室のプチホテルで、木のあたたかみを活かし、部屋ごとに趣向を凝らした内装。メフメト2世は1432年にこの邸宅で生まれたと記録されている。　📶 全館無料

RESTAURANT & SHOP

ロカンタはサラチハル通りなどに多い。エディルネでよく見かけるのはキョフテジ (キョフテ屋)。ヤプラック・ジエリ **Yaprak Ciğeri** というレバーのフライは町の名物料理。アリ・パシャ・チャルシュスの西側に専門店が多い。

ビズィム・ジエルジ Bizim Ciğerci

✉ Yediyolağzı No.2
☎ (0284) 225 0743　FAX なし
URL www.bizimlokanta.net (トルコ語)
🕒 24時間　休 無休
💳 US$ € TL
CC M V

キョフテ屋 庶民的 Map P.189B1

セリミエ・ジャーミィの近く。名物のキョフテとジエル (レバー) を出す店で、3階建て木造の建物は家族連れや地元の人々でいつもにぎわう。チョルバ4TLは量もたっぷり。朝食は12種類とメニューも豊富。

メレク・アンネ Melek Anne

✉ Maarif Cad. No.18 Kaleiçi
☎ (0284) 213 3263　FAX なし
URL www.melekanne.com (トルコ語)
🕒 8:00~21:00　休 無休
💳 US$ € TL
CC M V

家庭料理 中級 Map P.189A2

200年前に建てられたギリシア人の邸宅を利用している。料理は素材にこだわった家庭料理で、メニューは日替わりだがなかでもマントゥが人気。1品それぞれ10~15食限定なので、早めに行こう。

トゥルクアズ Turkuaz

✉ Alipaşa Çarşısı No.125
☎ (0284) 214 1171　FAX なし
URL www.meyvesabunu.com
🕒 9:00~19:00
　(日 10:00~19:00)
休 無休
💳 US$ € TL
CC M V

インテリア雑貨 Map P.189A1

エディルネ名物のメイヴェ・サブヌ (フルーツ石けん) の製造直販店。元来メイヴェ・サブヌは花嫁道具を収める箱に入れる芳香剤兼防虫剤として発達した。香りもよく、おみやげにもぴったり。小さなもので0.50~2TL。近くに支店、エディミス Edmis もオープンした。

> セリミエ・タシュオダラルには、メフメト2世の間という部屋がある。美しく装飾された部屋だが、実際に彼が生活していたという訳ではない。　(編集室)

イズニック İznik

ビザンツ時代の城壁に囲まれた、湖のほとりの町

市外局番 0224　人口4万4514人　標高85m

■時刻表一覧
🚌 →P.186～187
バス時刻表索引→P.76～77

■高速船→ミニバスでイズニックへ
🚢🚌 イスタンブールのイェニカプYenikapıからは高速船がヤロワYalovaまで出ている。

イズニック行きのミニバスはヤロワ港を出て右のミニバスターミナルから7:35～21:15の1時間～1時間40分に1便程度。所要1時間、9TL。

かつてキリスト教の公会議も行われたアヤソフィア・ジャーミィ

湖岸は遊歩道になっている

■イズニックの❶
Map P.195A2
アタテュルク通り沿い、アヤソフィアの南側にある小さな小屋が❶の建物。
✉ Atatürk Cad., Ayasofya Camii Önü
URL www.iznik.gov.tr
(トルコ語)
⏰8:00～17:00　無休

クルチアスラン通りの東端にあるレフケ門

イズニックにはタイル工房が多い

イズニック湖の自然美を背景に、歴史的な建造物の醸し出す重厚さが調和した小さく静かな町。町の歴史は古く、紀元前316年にアレキサンダー大王の将軍ルシマコスにより征服され、彼の妻の名ニカエアを町の名としたことが記録されている。その後、ニコメディア王国、ビティニア王国の首都ともなった。紀元前74年にはローマの属州となり、その州都となってからはヘレニズム時代に築かれた城壁が再建されたり、神殿、劇場、公衆浴場などの建設が進んだ。しかし、その後ゴート人やペルシアの侵略を受けることとなる。

325年にはコンスタンティヌス帝によりキリスト教公会議が行われたり、ラテン帝国がコンスタンティノープルを占領したときには亡命政権ができたりと、ローマ帝国後期、ビザンツ時代には重要な都市のひとつであった。オスマン朝時代は、タイル生産地としてその名を高めた。数々のイスラーム寺院の壁を飾ったイズニックタイルは、現在でも各地の博物館で、その色鮮やかな模様を目にすることができる。タイルの生産がキュタフヤに移り、現在は活気こそないが、イズニックは大変落ち着いた町。西側に大きく広がるイズニック湖では泳いだり魚釣りが楽しめる。

‖‖歩き方

ローマ～ビザンツ時代に造られた城壁の内側が旧市街。約1km四方の旧市街は徒歩で見学可能。ヤロワ方向から来ると**イスタンブール門**İstanbul Kapıがある。そこから真っすぐ南北に延びるアタテュルク通りAtatürk Cad.が東西に延びるクルチアスラン通りKılıçaslan Cad.と交差するあたりがにぎやかな界隈。

イスタンブール発のバスでヤロワに行くと、イズニック行きのミニバスが発着する所とは別の郊外にあるオトガルに到着する。イズニックへは高速船とミニバスの利用がおすすめ。(編集室)

●**見どころは城壁内に集中** アヤソフィアから東にクルチアスラン通りを真っすぐ行くと、イェシル・ジャーミィが左側に建っている。逆にクルチアスラン通りを西に行くとイズニック湖İznik Gölüに出る。オトガルは城壁の中、南東部にある。

アタテュルク通りとクルチアスラン通りが交わる交差点

‖‖‖見どころ‖‖‖

美しいミナーレは緑色
イェシル・ジャーミィ

Map P.195B1

Yeşil Camii イェシル・ジャーミィ

宰相チャンダルル・カラ・ハリル・ハイレッティン・パシャ（1305〜87）のために1378年に建てられたジャーミィ。建物の内部と外装は大理石でできており、ミナーレは緑色のタイルで覆われ、珍しい模様を見せている。当初はイズニック産のタイルが使われていたが、後にキュタフヤ産に変えられたそうだ。

ジャーミィの内部

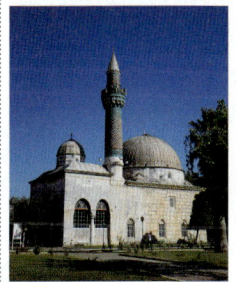

緑のミナーレが独特だ

■イェシル・ジャーミィ
圖8:00〜18:00　困無休

イズニック

イズニックは第4回十字軍がコンスタンティノープルを征服していた1204年から1261年まで、ビザンツ帝国の亡命政権、ニカエア帝国の首都であった。(編集室)

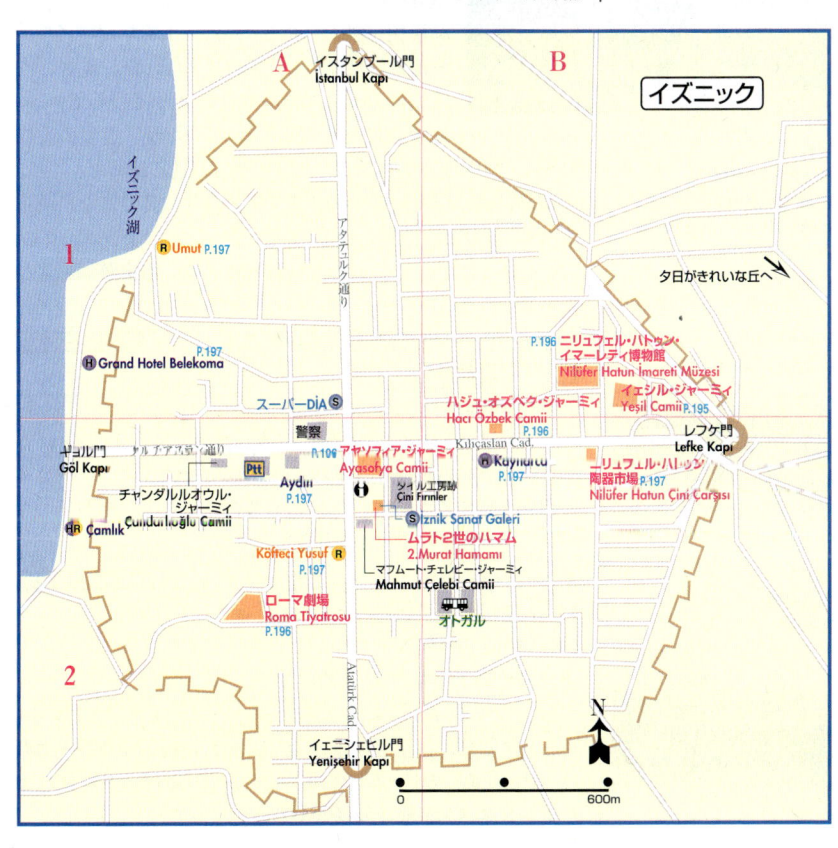

■ニリュフェル・ハトゥン・
　イマーレティ博物館
2012年10月現在閉館中

オスマン朝時代の救貧院を利用している

■アヤソフィア・ジャーミィ
圏8:00〜17:00
休無休　料無料

キリスト教公会議の舞台にもなった由緒正しき教会

■ムラト2世ハマム
圏6:00〜24:00
女性は月・木の13:00〜17:00
料入場料10TL
アカスリ7TL
マッサージ8TL

■ローマ劇場
圏随時　休無休

荒廃しているローマ劇場

■ハジュ・オズベク・ジャーミィ
圏礼拝時
休無休

ジャーミィの周囲は憩いの場になっている

貧しい人々に食事を施す施設だった
ニリュフェル・ハトゥン・イマーレティ博物館
Map P.195B1

Nilüfer Hatun İmareti Müzesi　ニリュフェル・ハトゥン・イマーレティ・ミュゼスィ

　1388年、オスマン朝時代に、ムラト1世が建てさせた、イマーレトと呼ばれる貧しい人々に食べ物を与える施設。彼の母親のニリュフェル・ハトゥンの名が冠せられている。オスマン朝のスルタンが建てさせたイマーレトとしては現存するなかで最も古い。
　1960年以来、博物館として一般に公開されており、古代の発掘品、セルジューク朝やオスマン朝時代の壁画彫刻のほか、有名なイズニックタイルやこの地で作られた陶器などが展示されている。さらに前庭には、ローマ時代の彫刻などが残されている。

ビザンツ時代のモザイク画が残る
アヤソフィア・ジャーミィ
Map P.195A2

Ayasofya Camii　アヤソフヤ・ジャーミィ

　イズニックの中心に建つ。もともとは4世紀に建てられたバジリカ聖堂。787年には第7回キリスト教公会議が行われている。オスマン朝時代の1331年にジャーミィになった。ミマール・スィナンが修復に携わったときには、イズニックタイルで装飾されたミフラーブが加えられた。現在、内部にはモザイク画やフレスコ画が残っている。
　1960年代からは博物館として公開されていたが、近年の改修を終え、2011年から再びジャーミィとして機能し始めた。
　南側には、15世紀前半のオスマン朝時代に造られた、最古のハマムのひとつに数えられるムラト2世のハマムがある。ハマムの東側にはかつてイズニック陶器を焼いていた窯跡が残されている。

かつてのローマの都市もうたかたの夢
ローマ劇場
Map P.195A2

Roma Tiyatrosu　ロマ・ティヤトロス

　ローマ皇帝トラヤヌスの時代に造られた劇場。かつては1万5000人ほどの収容能力をもっていたといわれている。その後別の建物を建てるために石材が持ち運ばれたり、風化が進むなどしたため、現在ではかなり荒廃している。

オスマン朝初期のジャーミィの設計がよくわかる
ハジュ・オズベク・ジャーミィ
Map P.195B2

Hacı Özbek Camii　ハジュ・オズベク・ジャーミィ

　1332年にイズニックで最初に建てられたジャーミィで、チャルシュ・ジャーミィ、またはチュクル・ジャーミィとも呼ばれている。小さい建物だが、現存するもののなかではオスマン朝最古ともいわれ、初めてのドーム付きのジャーミィでもある。すぐ横にはハジュ・オズベクが眠る墓塔がある。

近年行われたアヤソフィアの修復工事では、消失していた屋根や瓦、ミナーレなどを復元しているが、歴史的建築物に対する修復方法として、賛否両論がある。（編集室）

陶器の工房が軒を連ねる
ニリュフェル・ハトゥン陶器市場
Nilüfer Hatun Çini Çarşısı ニリュフェル・ハトゥン・チーニ・チャルシュス

Map P.195B2

■ニリュフェル・ハトゥン陶器市場
⊠Kılıçaslan Cad.
圖9:00～17:00
俄無休
※店によって異なる

陶器の店が20軒以上集まる市場。販売だけでなく、実際に作業を行っている所もあり、見学も可能。市場内にはカフェテリアもあり、ゆっくり見て回ることができる。

HOTEL & RESTAURANT

手頃な宿はクルチアスラン通り沿いや、通りから1本入った所に点在。ブルサから日帰りできるほか、イスタンブールを早朝に出てヤロワ行きの船に乗れば充分に日帰り観光できる。レストランはクルチアスラン通り沿いなどに点在する。湖畔には湖で獲れた魚料理を出す店が何軒かある。

日本からホテルへの電話 国際電話会社の番号 + 010 + 国番号 90 + 224(市外局番の最初の0は不要) + 掲載の電話番号

カイナルジャ　Kaynarca Hotel ve Pensiyon

⊠Kılıçaslan Cad.
M. Gündem Sok. No.1
TEL(0224) 757 1753
FAX(0224) 757 1723
URL www.kaynarca.s5.com
D▧25TL
S▧40TL
W▧70TL
⊞US $ € TL 不可 不可

経済的　Map P.195B2

アヤソフィアからクルチアスラン通りを東へ2〜3分歩いた右側にある。バックパッカーに人気の宿。キッチンの使用も可能。ホテルの1階部分はインターネットカフェになっている。ドミトリーは2室あり、どちらもベッド数は3。朝食は7.50TL。予約は受け付けていないので直接宿へ。
⊞全館無料

😊オーナーがレフケ門を出たところの丘に夕日を見に連れて行ってくれました。共同トイレ・シャワーがひとつしかないのが難点ですが、アットホームでよい宿でした。(京都府　チャチャチャチャーイ　'12春)

アイドゥン　Hotel Aydın

⊠Kılıçaslan Cad. No.64
TEL(0224) 757 7650
FAX(0224) 757 7652
S A/C▧50TL
W A/C▧80TL
⊞US $ € TL
不可

中級　Map P.195A2

町の中心に位置するホテル。部屋はシンプルだが、機能的にまとまっており、居心地がよい。バスルームも清潔。全18室のうち6室がバルコニー付き。バスタブ付きの部屋も1室ある。1階はパスターネで、地元の人でいつもにぎわう。
⊞全館無料

グランド・ホテル・ベレコマ　Grand Hotel Belekoma

⊠Göl Sahil Yolu No.8
TEL(0224) 757 1407
FAX(0224) 757 1417
URL www.iznikbelekomahotel.com(トルコ語)
S A/C▧100TL
W A/C▧150TL
⊞US $ € TL 不可 不可

中級　Map P.195A1

2012年にオープンしたばかり。立地、設備いずれをとっても町一番。イズニック湖沿いの道に面し、屋外プールやレストランも備えている。なお、併設するレストランは下記ウムットの系列店。
⊞全館無料

ウムット　Umut Restaurant

⊠Göl Sahil Yolu
TEL(0224) 757 0738 FAX なし
URL www.umutresteurant.com(トルコ語)
圖10:00～翌2:00　俄無休
⊞US $ € TL

魚料理 庶民的　Map P.195A1

イズニック湖沿いにあるレストラン。肉料理も出すが、人気は魚料理で、特にヤユンバルウYayınbalığı(ヨーロッパナマズ)が名物。調理法は串焼きかフライの2種類。

キョフテジ・ユスフ　Köfteci Yusuf

⊠Atatürk Cad.,
Kasap Nahmut Çelebi Camii Çaprazı
TEL(0224) 757 7297 FAX なし
圖8:30～翌1:30　俄無休
⊞TL

キョフテ屋 庶民的　Map P.195A2

ファストフード店のような店構え。1階奥は精肉店。メニューはイズニック・キョフテスィなど。オーダーは1kg単位(35TL)だが、店内で食べる場合は200gから注文できる。

📝「キョフテのキロ単位売り」で有名なキョフテジ・ユスフは、あまりの人気ぶりに客席を徐々に拡張し、現在のようになった。それでも追いつかずラマザン中の食事時には長い行列ができる。(編集室)

歴史的遺産も豊富な古くからの温泉地
ブルサ Bursa

市外局番 **0224** 人口**194万8744人** 標高**155m**

緑に包まれたブルサの町並み

■**時刻表一覧**
🚌→P.186〜187
バス時刻表索引→P.76〜77

■**高速船→バス→ブルサライでブルサへ**
🚢🚌イスタンブールのイェニカプ港とギュゼルヤル港を結ぶ高速フェリーは1日2〜3便で、7:30、17:30など。ギュゼルヤルまでは所要1時間30分。港に着いたら**GY**の表示がある市内バスに乗り、ブルサライの駅であるエメッキ**Emek**で下車。電車のブルサライに乗り換えて、シェフレッキュステュŞehreküstüもしくは、デミルタシュパシャ Demirtaşpaşaで下車すればブルサの中心部はすぐ。ギュゼルヤルの港からタクシーでブルサ中心部まで行くと55〜60TL。

時計塔のある交差点

　標高2543mのウル山Uludağの麓に広がる自然豊かな町。イェシル（＝緑）ブルサとも呼ばれ親しまれている。1326年、セルジューク朝からブルサを奪い、勢力を拡大したオスマン朝は、この町を最初の首都にした。古くから商業面でも栄えていたブルサは、この時代に絹織物産業が盛んになり、現在でもその産地である。美しい緑色のジャーミィや霊廟があるほか、温泉地としても知られ、冬はウル山スキー場への起点になる。

‖‖‖歩き方‖‖‖
　まず**アタテュルク通り**Atatürk Cad.から歩き始めよう。道の北側には、**ウル・ジャーミィ**がある。バザールは広場の裏、さらにその奥には食料品市場がある。さらに東へ進むと、アタ

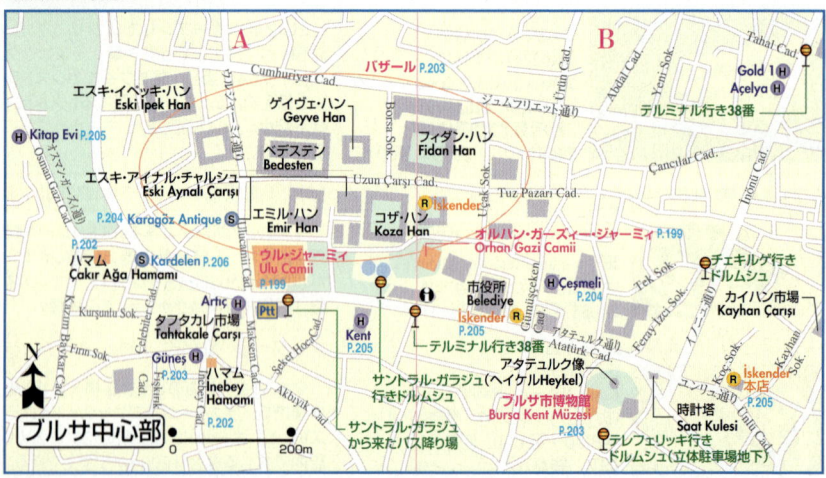

ブルサ中心部

- エスキ・イペッキ・ハン Eski İpek Han
- Kitap Evi P.205
- ゲイヴェ・ハン Geyve Han
- ベデステン Bedesten
- フィダン・ハン Fidan Han
- バザール P.203
- エスキ・アイナル・チャルシュ Eski Aynalı Çarşı
- Karagöz Antique P.204
- エミル・ハン Emir Han
- コザ・ハン Koza Han
- İskender
- オルハン・ガーズィー・ジャーミィ Orhan Gazi Camii P.199
- ハマム Çakır Ağa Hamamı P.202
- Kardelen P.206
- ウル・ジャーミィ Ulu Camii P.199
- Çeşmeli P.204
- チェキルゲ行きドルムシュ
- Artiç
- タフタカレ広場 Tahtakale Çarşı
- 市役所 Belediye
- İskender P.205
- カイハン市場 Kayhan Çarşısı
- Ptt
- Kent P.205
- ターミナル行き38番
- ハマム Inebey Hamamı
- Güneş P.203
- サントラル・ガラジュ (ヘイケル)Heykel 行きドルムシュ
- アタテュルク像
- ブルサ市博物館 Bursa Kent Müzesi P.203
- 時計塔 Saat Kulesi
- İskender 本店 P.205
- サントラル・ガラジュから来たバス降り場
- テレフェリッキ行きドルムシュ（立体駐車場地下）
- Gold 1 H
- Açelya H
- ターミナル行き38番

200m

イェニカプとギュゼルヤルを結ぶフェリーの便は少ない。7:30にイェニカプ発のフェリーに乗れば日中の時間を有効に使える。(編集室)

198

テュルク像と時計塔のある交差点。このあたりは**ヘイケル**Heykelと呼ばれる町の中心になる。川を渡ってしばらく歩くと、左にイェシル・ジャーミィやイェシル・テュルベなどがある。ウル・ジャーミィから西へ5分ほど歩き、左の坂を上るとオスマン廟とオルハン廟のあるトプハーネ公園Tophane Parkıだ。

●**オトガルから町の中心へ** ブルサの大きなオトガルは「テルミナルTerminal」と呼ばれ、町から10km離れている。セルヴィスはなく、バスとタクシーが町とオトガルを結んでいる。38番のバスがサントラル・ガラジュを経由して、ヘイケル、テルミナルを循環。テレフェリッキ（ケーブルカー）乗り場へは94番。チェキルゲへは96番で行ける。タクシーで中心部までは25〜30TL。

●**市内交通** 拠点となるのはサントラル・ガラジュSantral Garajı。タクシーや各方面へのドルムシュがたまっており、市内バスも立ち寄る。中心部へ行くにはヘイケルを通るバスやドルムシュに乗ればよい。温泉のあるチェキルゲやカラギョズ博物館へもここから乗るか、ヘイケルでつかまえてもよい。ブルサライBursarayと呼ばれている新交通システムは、6:30〜24:00に運行。

見どころ

木製の説教壇の細工が美しい
ウル・ジャーミィ
Ulu Camii ウル・ジャーミィ

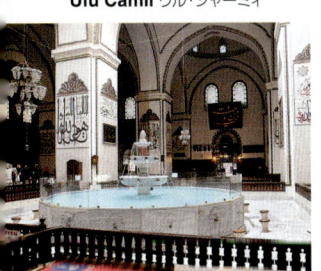

Map P.198A

20個もの円天井をもつセルジューク様式の建築。着工から1421年の完成まで40年もの年月がかかり、その間にムラト1世、バイェズィド1世、メフメット1世と時の権力者も変わった。内部にある清めの泉亭やクルミ製の説教壇は見ておきたい。ジャーミィ内部に飾られたカリグラフィー（イスラーム書道）も見事。なかでもﻭヴァヴ（ワーウ）というアラビアのアルファベットが1文字だけ大書されたものが特に有名。

ブルサで最も由緒ある寺院
オルハン・ガーズィー・ジャーミィ
Orhan Gazi Camii オルハン・ガーズィー・ジャーミィ

Map P.198B

ウル・ジャーミィと市役所の間にある。オスマン朝の2代目、オルハン・ガーズィーによって1329年に建てられたが、1413年にブルサがカラマン君侯国に占領された際に焼失し、1417年にメフメット・チェレビー（メフメット1世）によって再建された。

■**ブルサの❶**
Map P.198B
⊠Orhangazi Altgeçidi No.1, Ulu Camii Yanı
TEL & FAX (0224) 220 1848
URL www.bursakultur.gov.tr
（トルコ語）
圓8:00〜12:00 13:00〜17:00
圀土・日
広場の階段下の商店街にある。夏期は状況により土・日曜も開けることがある。

ブルサの❶

■**ブルサの交通チケット ブカルト Bukart**
バスやブルサライなどはブカルトと呼ばれる共通チケットを使用する。短距離用のクサKısa（2.50TL）と全路線用のテュムTüm（3.50TL）の2種類があるが、一般の旅行者がテュムを利用するのは、ギュゼルヤルとテルミナルとを結ぶバスぐらいで、本書で紹介する市内路線は短距離用のクサで乗れる。チャージ式のAkıllı Bukartもある。

■**ウル・ジャーミィ**
圓夏期早朝〜日没後の礼拝
冬期5:30〜19:00
圀無休 圀寄付歓迎

細かい装飾が施された、ウル・ジャーミィの説教壇

■**オルハン・ガーズィー・ジャーミィ**
圓夏期早朝〜日没後の礼拝
冬期5:30〜19:00
圀無休 圀寄付歓迎

ジャーミィの中にある泉亭（チェシメ）

テルミナルの市内行きバス乗り場

❶のスタッフのクビライ・エキンジオウルKubilay Ekincioğlu氏は時間があればちょっとしたカラギョズを自ら実演してくれるそうだ。(編集室)

ブルサを象徴する緑のタイルの寺院
イェシル・ジャーミィ

Map P.201D2

Yeşil Camii イェシル・ジャーミィ

■イェシル・ジャーミィ
夏期8:30〜日没後の礼拝
無休
無料

　内部がライトグリーンのタイルで装飾された、緑のブルサの象徴ともいえる建物。青みがかったタイルのすばらしさは目を見張るほど。なかでもミフラーブのタイル装飾は必見。1424年にメフメット1世によって建てられ、オスマン朝初期の寺院建築の傑作といわれている。

　イェシル・ジャーミィに付属するメドレセ(神学校)は**トルコ・イスラーム美術博物館**Türk İslam Eserleri Müzesiとなっており、セルジューク時代やイズニック、キュタフヤ産の陶器をはじめ、カラギョズの影絵人形や民族衣装、民具などを展示している。

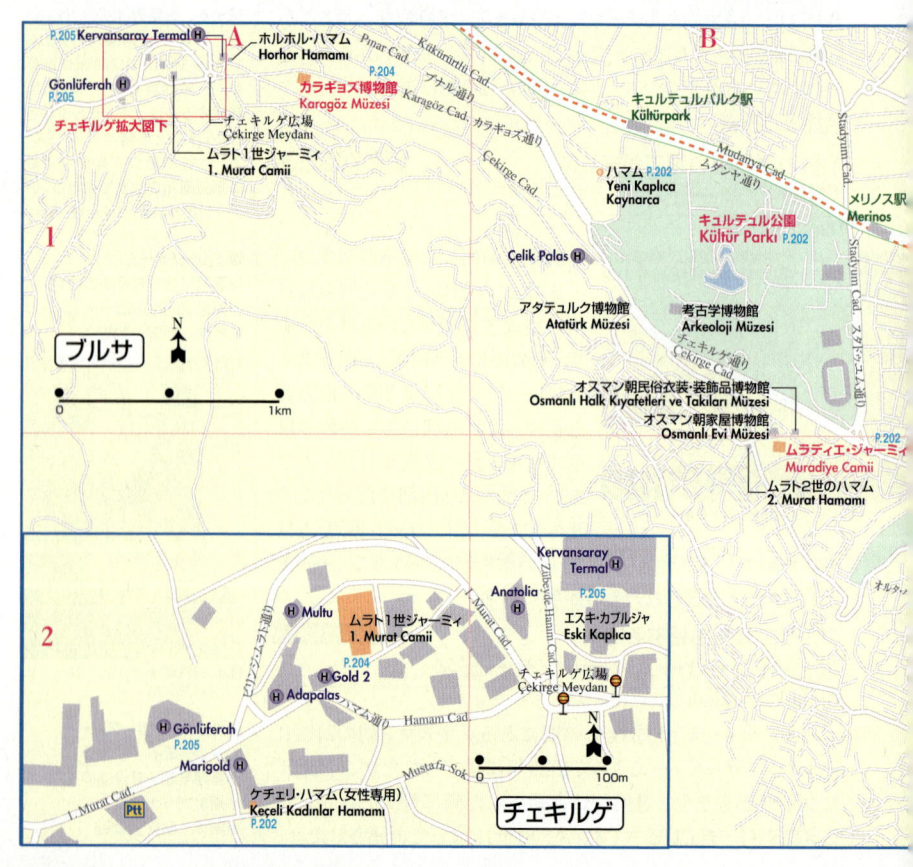

■トルコ・イスラーム美術博物館
Map P.201D2
TEL(0224) 327 7679
8:00〜12:00、13:00〜17:00
月　無料

ウル・ジャーミィと同様に内部に泉亭(チェシメ)がある

かつてはスルタニエ・メドレセィと呼ばれていたトルコ・イスラーム美術博物館

ブルサ

- ホルホル・ハマム Horhor Hamamı
- カラギョズ博物館 Karagöz Müzesi P.204
- Kervansaray Termal P.205
- Gönlüferah P.205
- チェキルゲ拡大図下
- チェキルゲ広場 Çekirge Meydanı
- ムラト1世ジャーミィ 1. Murat Camii
- ハマム Yeni Kaplıca Kaynarca P.202
- キュルテュルパルク駅 Kültürpark
- キュルテュル公園 Kültür Parkı P.202
- Çelik Palas
- アタテュルク博物館 Atatürk Müzesi
- 考古学博物館 Arkeoloji Müzesi
- オスマン朝民俗衣装・装飾品博物館 Osmanlı Halk Kıyafetleri ve Takıları Müzesi
- オスマン朝家屋博物館 Osmanlı Evi Müzesi
- ムラディエ・ジャーミィ Muradiye Camii P.202
- ムラト2世のハマム 2. Murat Hamamı
- メリノス駅 Merinos

チェキルゲ

- Multu
- ムラト1世ジャーミィ 1. Murat Camii P.204
- Gold 2
- Adapalas
- Gönlüferah P.205
- Marigold
- ケチェリ・ハマム(女性専用) Keçeli Kadınlar Hamamı P.202
- Kervansaray Termal
- Anatolia P.205
- エスキ・カプルジャ Eski Kaplıca
- チェキルゲ広場 Çekirge Meydanı

交通の拠点サントラル・ガラジュは、エスキ・ガラジュ Eski Garajıとも、ケント・メイダヌ Kent Meydanıともいわれる。(編集室)

ターコイズブルーの外壁が美しい
イェシル・テュルベ
Yeşil Türbe イェシル・テュルベ

Map P.201D2

■イェシル・テュルベ
圏7:00～24:00
働無休 寄付歓迎

1421年にバイェズィド1世の息子メフメット・チェレビーによって建てられた。ターコイズブルーに輝くタイルの外壁が周囲の木々の緑と相まって、非常に美しい廟。館内にはメフメット1世と家族の棺がある。棺はブルーのタイルに金色のカリグラフィーを施した豪華なものだ。

■オスマン廟とオルハン廟
圏9:00～20:00
(冬期8:00～19:00)
働無休 寄付歓迎

■無料のセマー(旋舞)
カラバシュ・ヴェリ修道場ではボランティアによるメヴラーナのセマーが毎晩行われます。男女別となっており、女性は2階、男性は1階です。外国人観光客も多かったです。チャイは無料でいただけます。
(神奈川県 Damla '11年12月)

■カラバシュ・ヴェリ修道場
Map P.201C2
Çardak Sok. No.2
TEL(0224)222 0385
URL mevlana.org.tr

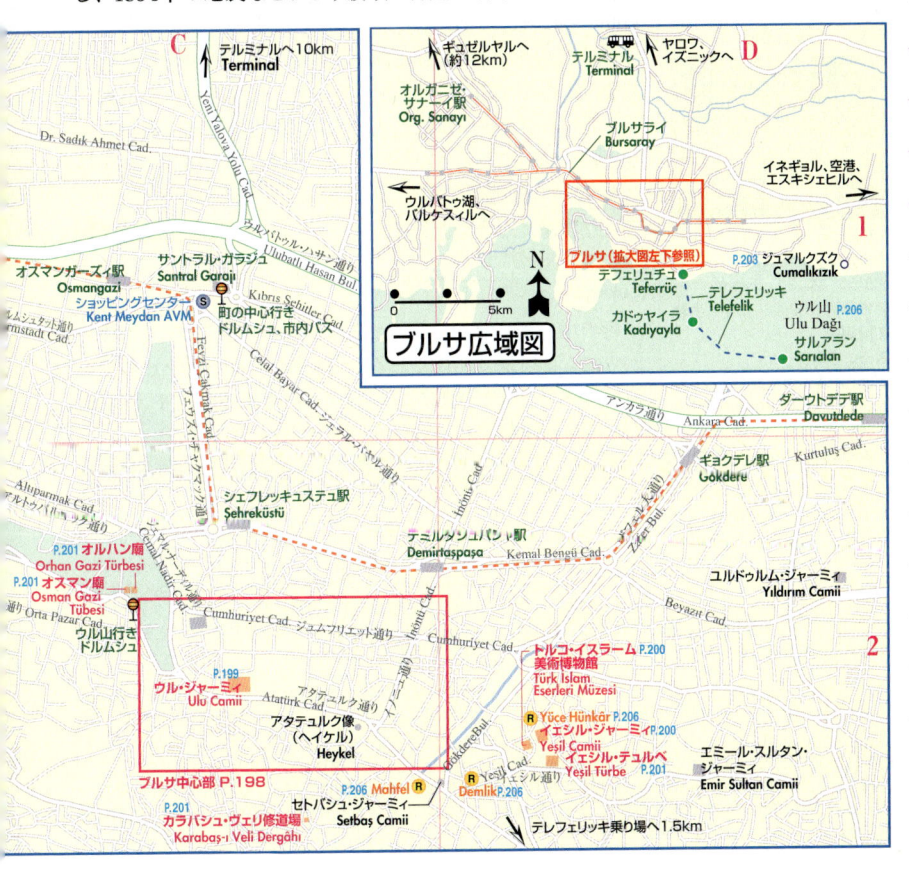

初代と2代目のスルタンが眠る
オスマン廟とオルハン廟
Osman Gazi ve Orhan Gazi Türbeleri オスマン・ガーズィー・ヴェ・オルハン・ガーズィー・テュルベレリ

Map P.201C2

オスマン朝初代と2代目スルタンの墓。これらの霊廟は当初、キリスト教会をもととしたビザンツ様式の建築物だった。しかし、1854年の地震などにより破壊と再建が繰り返され、オリ

ブルサ

2009～10シーズンに優勝したブルサスポルのユニホームは町のシンボルカラーである緑。その色からチームのニックネームはティムサーフTimsah(トルコ語でワニ)と呼ばれている。(編集室)

201

オスマン廟とオルハン廟の入口

ムラディエ・ジャーミィ

ジナルはオルハン廟の床にモザイクを留めるのみとなっている。建物の奥の眺めのいい高台はトプハーネ公園で、のどかな雰囲気が漂っている。

オスマン朝の息吹を伝える建造物
ムラディエ・ジャーミィ
Map P.200B2

Muradiye Camii ムラディエ・ジャーミィ

　ムラト2世により1426年に造られたジャーミィ。タイルの装飾が美しく、見ごたえがある。セルジューク朝様式からオスマン朝独自の様式へと変わりゆく当時の建築の様子がわかる。

　ムラト2世は1451年に死亡し、敷地内の庭園にある13の廟のひとつ、**ムラト2世廟**2. Murat Türbesiに眠っている。道路を隔てた西側には**ムラト2世のハマム**2. Murat Hamamıがあるほか、**オスマン朝家屋博物館**Osmanlı Evi Müzesiや**オスマン朝期民俗衣装・装飾品博物館**Uluumay Osmanlı Halk Kıyafetleri ve Takıları Müzesiも近くにある。

■ムラディエ・ジャーミィ
圏8:00～18:00
廟は随時
困無休　寄付歓迎

休日は多くの人々が訪れる憩いの場所
キュルテュル公園
Map P.200B1

Kültür Parkı キュルテュル・パルク

　中心部からチェキルゲに向かう途中にある大規模な公園で遊園地にもなっている。**考古学博物館**Arkeoloji Müzesi(2012年10月現在休館中)は敷地内にあり、周辺の遺跡の発掘物などが展示されている。トルコサッカーの強豪、ブルサスポルのスタジアムも敷地内にある。

緑が多い憩いの場

■キュルテュル公園
圏8:00～23:30　困無休
考古学博物館は2012年10月現在閉鎖中

古くから栄えてきた温泉街
チェキルゲ
Map P.200A2～B2

Çekirge チェキルゲ

　町の中心から北西に位置するチェキルゲは、ビザンツ時代から続く温泉地で、今でも多くの温泉ホテルが軒を連ねている。1368年にムラト1世によって建てられたジャーミィやメドレセなどの複合建築（Hüdavendigâr Külliyesi）もある。

■チェキルゲ
イノニュ通り近くからドルムシュ（Map P.198B）が頻発している。

ブルサ、チェキルゲのハマム、温泉

イェニ・カプルジャ・カイナルジャ
Yeni Kaplıca Kaynarca　Map P.200B1
●男湯　℡(0224) 236 6968　圏4:00～23:00　困無休
　圉入浴15TL　アカすり15TL　マッサージ20TL
●女湯　℡(0224) 236 6955
　圉入浴13TL　アカすり15TL　マッサージ20TL
●キュルテュル公園の横にある。浴槽がとても大きい。女性専用のハマムはすぐ隣のカイナルジャKaynarca。

チャクル・アー・ハマム
Çakır Ağa Hamamı　Map P.198A
℡(0224) 221 2580
圏男性6:00～24:00　女性10:00～22:00　困無休
浴槽なし　圉入浴、アカすり、マッサージ含めて35TL
●町の中心部にあり、750年の歴史をもつ。男性用と女性用に分かれている。女性用は別料金で脱毛サービスあり。

ケチェリ・カドゥンラル・ハマム
Keçeli Kadınlar Hamamı　Map P.200A2
℡(0224) 236 7866　圏7:00～22:00　困無休
浴槽あり　圉入浴25TL　アカすり20TL　マッサージ20TL
●チェキルゲの5つ星ホテルMarigoldに属する女性専用ハマム。宿泊客以外でも利用可能。小さいがスタッフは女性ばかり。水・木15:00以降は貸し切りになることもあるので電話で確認するほうがよい。

イネベイ İnebey Hamamı
Map P.198A
℡(0224) 224 2772
圏6:00～24:00　困無休
浴槽なし　圉入浴18TL　アカすり7TL　マッサージ7TL
●520年の歴史をもつという古いハマムだが、内部は清潔にしてある。基本的に男性用のみで女性用はない。

ブルサのハマムは3歳以上は厳しく男女に分けられる。例えば母と息子、娘などの家族連れの場合、家族風呂を予約しないと入れないので注意。（編集室）

刺繍やシルクのテキスタイル製品が豊富
バザール
Map P.198A〜B

Çarşı チャルシュ

■バザール
圏9:00〜17:00
囚無休

　ウル・ジャーミィの裏道あたりから、バザールが広がる。中心はベデステンBedestenと呼ばれる小さなドームが連続するアーケードで覆われたあたり。ブルサの名産品、タオル地のバスローブなどが安い。また、噴水広場すぐ北のコザ・ハンKoza Hanは1490年にバイェズィド2世によって建てられた隊商宿で、かつて繭の取引が盛んだった。現在でもシルク製品（特にスカーフやストール）を扱っている。さらにベデステンとウル・ジャーミィの間にもエミル・ハンEmir Hanという隊商宿がある。隊商宿にはチャイハーネもあるので休憩するのにちょうどよい。

お買い得のアウトレット商品が売られていることもある

ブルサのことなら何でもわかる
ブルサ市博物館
Map P.198B

Bursa Kent Müzesi ブルサ・ケント・ミュゼスィ

■ブルサ市博物館
✉Eski Adliye Binası
TEL(0224) 220 2626
FAX(0224) 220 2486
圏9:30〜17:30
囚月
圓1.50TL
オーディオガイド（英語あり）で説明を聞きながら回ることができる。

　建物は以前、裁判所として使用されていた。1階はブルサの地理、歴史や文化、アタテュルクとブルサに関する展示が中心。カラギョズ文化についてのビデオ上映もある。2階はオスマン朝時代の民芸品、工芸品を展示している。地下は工房を再現している。内部のカフェもおしゃれ。

博物館の展示

ブルサ市博物館の建物

オスマン朝時代から残る古い町並み
ジュマルクズク
Map P.201D1

Cumalıkızık ジュマルクズク

■ジュマルクズク
PTT前のバス停から22番の市内バスが1時間に1〜2便。サントラル・ガラジュからはジュマルクズク行きのミニバスが出ているが便数は少ない。所要約45分。

　ジュマルクズクはブルサの東、10kmの所にあり、昔ながらの生活を今も続ける町。古式ゆかしい家並みがトルコ文化・観光省により世界遺産暫定リストにも掲載されている。古民家を改装したレストランもある。

伝統的な町並み

HOTEL

ブルサのホテルは、町の中心部にある経済的〜中級クラス、チェキルゲにある温泉ホテル、スキー客向けのリゾートホテルなどに分けられる。ジュマルクズクにもペンションがある。

日本からホテルへの電話　国際電話会社の番号　+　010　+　国番号 90　+　224（市外局番の最初の0は不要）　+　掲載の電話番号

ギュネシ Hotel Güneş

✉İnebey Cad. No.75 Ulu Camii Karşısı
TEL(0224) 222 1404
FAXなし
⑤40TL
Ⓦ70TL
TL　T/C不可　C/C不可

経済的
Map P.198A

イネベイ・ハマムの向かいにある。町の中心にあるので便利。家族経営のこぢんまりとした安宿だが、部屋は日当たりがよくとても明るい。息子さんは英語が少し話せる。シャワー付きの部屋はないが、共同バスはふたつある。全館無料

チェキルゲ広場にある市内バスのバス停はアルムト・メイダヌArmut Meydanıという名前。バスを乗り降りするときは注意しよう。（編集室）

ゴルド・イキ Otel Gold 2

Map P.200A2 中級

✉ 1. Murat Camii Aralığı, Çekirge
TEL (0224) 235 6030
FAX (0224) 232 0875
S A/C 70TL
W A/C 100TL
US$ € TL
T/C 不可
CC A M V

ムラト1世ジャーミィ Birinci Murat Camiiの裏側にある。19世紀末に建てられた古い建物を利用しているが、客室は改装済みで快適。温泉ホテルで全室に温泉水が引かれている。ブルサライのデミルタシュパシャ駅近くに系列ホテルがある。
全館無料

チェシメリ Hotel Çeşmeli

Map P.198B 中級

✉ Gümüşçeken Cad. No.6
TEL & FAX (0224) 224 1511
S A/C 70TL
W A/C 120TL
US$ € TL
T/C 不可
CC A D M V

開業以来20年、一貫して女性のみのスタッフで運営しているという珍しいホテル。客室数は20とやや少なめ。町の中心で立地条件もよく、全室にテレビ、エアコン、ミニバーを完備している。
全館無料

Information 影絵芝居、カラギョズを観る

　影絵芝居であるカラギョズは、トルコの代表的な民衆の伝統芸能。大衆のヒーロー、機知に富むカラギョズが、インテリだがいなか者を軽く見るハジワトの鼻を明かすタイプの話が多い。この芸能を始めたといわれるシェイフ・メフメット・キュシュテリ（別名カラギョズ、?～1339）の墓がブルサにあるので、カラギョズの故郷といわれている。

おみやげ用のカラギョズ

　カラギョズはトルコだけではなく、海を越えたギリシアにも広まり、カラギョージと呼ばれて今やギリシアの国民的な伝統芸能となっている。ちなみにカラギョズはカラゴイジス、ハジワトはハジワティスと、それぞれギリシア語では呼ばれている。

　トルコでカラギョズを観るなら、やはり本場のブルサで観ておきたい。チェキルゲの近くにはカラギョズ博物館Karagöz Müzesiがあり、カラギョズ人形のほか、世界の操り人形を展示している。カラギョズの上演は、トルコの学期内の土曜（14:00～、ひとり2.50TL、日程は不定期なので要問い合わせ）。

　カラギョズ博物館以外のカラギョズ見学の詳細情報は、ブルサ中心部のエスキ・アイナル・チャルシュ内にあるカラギョズ・アンティークのシナシィ・チェリッコルŞinasi Çelikkol氏まで。時間があればシナシィ氏自らカラギョズを上演（5分程度）してくれることも。また、シナシィ氏はブルサ近郊の村々を巡るローカルツアーも催行している。

■カラギョズ博物館　Map P.200A1
✉ Çekirge Cad. No.159
TEL (0224) 232 3360
9:30～17:30　休月　無料

■カラギョズ・アンティーク Karagöz Antique
Map P.198A
✉ Kapaliçarşı Eski Aynalı Çarşı No.12
TEL & FAX (0224) 221 8727
URL www.karagoztravel.com
9:00～19:00　休日

ブルサにあるカラギョズ博物館

スクリーンに映し出される影絵

カラギョズ・アンティークがあるエスキ・アイナル・チャルシュ

カラギョズを操るシナシィ氏

近郊のミシィ村Misiköyは町の南西約7kmにある、伝統家屋が残る村。博物館として公開されている家やレストランなどもある。アタテュルク通りから2Bのバスで行ける。（編集室）

ケント Hotel Kent

✉ Atatürk Cad. No.69
℡(0224) 223 5420
FAX(0224) 224 4015
URL www.kentotel.com.tr
S A/C 🅟 🅟 75€
W A/C 🅟 🅟 100€
US$ € TL T/C 不可 CC A D M V

中級   Map P.198A

ウル・ジャーミィなどのある広場に面していて、観光には便利な立地の中型ホテル。全57室で全室テレビ、ミニバー、電気ポットなど完備。エアコンは中央制御方式。左は公式料金でウエブサイトから予約すると20％割引になる。📶全館無料

(埼玉県 ころころ '12夏)

☺部屋も広くて清潔。7階の朝食サロンからの眺めがよく、朝食の内容も豊富でおいしかった。

キタップ・エヴィ Kitap Evi

✉ Kavaklı Mah. Burç Üstü No. 21
℡(0224) 225 4160
FAX(0224) 220 8650
URL www.kitapevi.com.tr
S A/C 🅟 🅟 90€
W A/C 🅟 🅟 120€
US$ € TL T/C 不可

高級   Map P.198A

城塞の中程にある赤色が印象的な建物。200年ほど前に建てられた伝統的家屋を復元した、全13室のプチホテル。内装はアンティーク調でまとめられている。小さいながらも中庭もある。テルミナル、ギュゼルヤル港から無料送迎も手配可。📶全館無料

(埼玉県 Kataoka '12秋)

☺ロマンチックなホテル。スタッフが親切でフレンドリーで旅行プランの相談に乗ってくれました。

ケルヴァンサライ Kervansaray Termal Hotel

✉ Çekirge Meydanı
℡(0224) 233 9300
FAX(0224) 233 9324
URL www.kervansarayhotels.com
S A/C 🅟 🅟 220TL
W A/C 🅟 🅟 280TL
CC A D M V

高級   Map P.200B2

町を代表する温泉ホテル。男性用ハマムには直径7mの温泉プールがあるほか、男女共用の温泉プールは屋内と屋外にある。宿泊客以外で温泉を利用する場合は、入浴料30TL(女性25TL)、アカすり15TL、マッサージ15TL。団体宿泊客はハマム別料金。📶全館無料

ギョンリュフェラフ Termal Hotel Gönlüferah

✉ 1. Murat Cad. No.22 Çekirge
℡(0224) 233 9210
FAX(0224) 233 9218
URL www.gonluferahhotel.com
S A/C 🅟 🅟 105€
W A/C 🅟 🅟 150€
US$ € TL T/C 不可 CC A D M V

高級   Map P.200A2

チェキルゲにある4つ星の老舗温泉ホテルで、客室はデザイナーズホテルのよう。センスのよい家具が配されており、液晶テレビやティーポットなども完備している。浴槽付きのハマムは4つあり、予約制で貸し切りにもできる。📶全館無料

Restaurant & Shop

ヨーグルトと溶かしバターがかかったイスケンデル・ケバブはブルサが本場。ピデリ・キョフテ **Pideli Köfte**はイスケンデル・ケバブのキョフテ版の料理でこちらも人気。栗菓子のケスターネ・シェケリ**Kestane Şekeri**はおみやげにもぴったり。

イスケンデル(本店) Kebapçı İskender

✉ Ünlü Cad. No.7
℡(0224) 221 4615
FAX(0224) 225 1126
URL www.kebapciiskender.com
🕐 11:00〜21:30 休無休
US$ € TL CC A M V

ケバブ屋 中級   Map P.198B

元祖イスケンデル・ケバブの本店。店内はいつも大にぎわい。1人前20TL、肉大盛り(エトボルetbol)は30TL。スペシャル、1.5人前(ビル・ブチュックBir Buçuk)はともに30TL。1.5人前かつ肉大盛りは45TL。

イスケンデル Kebapçı İskender

✉ Atatürk Cad. Orhan Sok. No.60
℡(0224) 221 1076 FAXなし
URL www.iskender.com.tr
🕐 11:30〜18:30 (土・日〜20:00)
休ラマザン月の14日間
US$ € TL
CC A D J M V

ケバブ屋 中級   Map P.198B

1867年創業、元祖イスケンデル・ケバブの店。ここではドネル・ケバブと呼んでいる。1930年代の開店以来、外観や内装も当時のままで、現在は3代目と4代目が店を切り盛りしている。狭い店内だがいつも満員。メニューは並19.50TL、1.5人前28.50TLの2種類。

📝 創業者イスケンデル・エフェンディ(1848〜1934)には3人の息子がいて、次男の家系が継いだのが本店。長男と三男の家系が継いだのがアタテュルク通りの店。(編集室)

ユジェ・ヒュンキャール Yüce Hünkâr

トルコ料理 中級　Map P.201D2

✉Yeşil Camii Yanı No.17-19
TEL(0224) 327 8910
FAX(0224) 327 2065
圏9:30～21:30
休無休
C/C US$ € TL
C/C M V

イェシル・ジャーミィの隣にある、カフェや結婚式場も併設している大型レストラン。イスケンデル・ケバブが専門だが、ピデからデザートまで料理の種類は豊富。窓からはすばらしいブルサの景観を楽しむことができる。

デムリッキ Demlik

カフェ 庶民的　Map P.201D2

✉Yeşil Cad.
Kurtoglu Mah. No.25
TEL(0224) 326 4483 FAXなし
圏10:00～23:00
休無休
C/C TL
C/C M V

ヘイケルからイェシル・ジャーミィへ行く途中にある。古民家を改装した小さなカフェ。家庭的なかわいい店でチャイが1杯1.50TLと良心的な値段設定。フロアが小さいので少人数で落ち着くのにぴったり。

マフフェル Mahfel Kafe & Restoran

カフェ 中級　Map P.201C2

✉Namazgah Cad. No.2 Setbaşı
TEL(0224) 326 8888
FAX(0224) 326 8890
圏8:00～翌24:00
休無休
C/C TL
C/C M V

橋の近くにあるカフェ&レストラン。レストラン部分は歴史的建造物に指定されているシックな建物。前庭部分がカフェになっており、いつもたくさんの人で込み合っている。バクラワやスュトラッチなど、スイーツが豊富だが、なかでもドンドゥルマが有名。

カルデレン Kardelen

パスターネ　Map P.198A

✉Atatürk Cad. No.95/B
TEL(0224) 223 2520
FAXなし
URLwww.kardelen.us
圏8:30～23:30
休無休
C/C TL C/C M V

ブルサ名物のお菓子、ケスターネ・シェケリ(マロングラッセ)の店。オーソドックスなもののほか、表面をチョコレートでコーティングしたものなどいくつか種類がある。料金は500gで13～22TL。ほかにもピシュマニエ(綿菓子)などを販売している。

Information　ウル山へピクニックに行こう

　市内南東部にあるテレフェリッキ(ケーブルカー)に乗ればウル山(ウルダーゥ Uludağ)へはすぐ。テレフェリッキの出発地点はテフェリュチュ Teferrüç。通常は30～40分に1便程度の運行だが、乗客が30人に達すれば出発する(定員は40人で立ち乗り)。観光シーズンの週末などはほぼ10分おきに頻発するほど。
　テレフェリッキは15分(下りは約9分)ほどで中腹のカドゥヤイラ Kadıyaylaに到着する。ここはウル山中腹の高原で、牛が牧草を食んでいたりと牧歌的な風景が広がっている。ピクニック客も多い場所だ。秋は紅葉が大変美しい。
　カドゥヤイラからテレフェリッキを乗り換えて一番上のサルアラン Sarıalanへは所要約12分(下りは約9分)。このあたりにはカフェテリアがあるほか、バーベキューを楽しめるレストランがたくさんある。ここからスキー場へはドルムシュで約10分。本来は2人乗りキャビン(テレスィエイジュ Telesiyej)のリフトがあったが、事故があって2012年10月現在運休中。

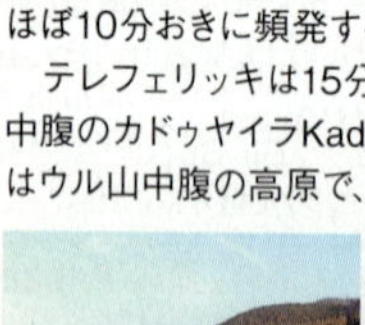

■ウル山行きテレフェリッキ　Map P.201D1
ブルサ博物館のすぐ近くにあるドルムシュ乗り場からテレフェリッキ行きのドルムシュが出ている。所要約5分。1.60TL。テレフェリッキはテフェリュチュからサルアランまで往復20TL(水・金曜は15TL)。テフェリュチュ駅に時刻表が貼り出されているので、帰りの時刻を確認しておこう。

10月中旬は紅葉が美しい

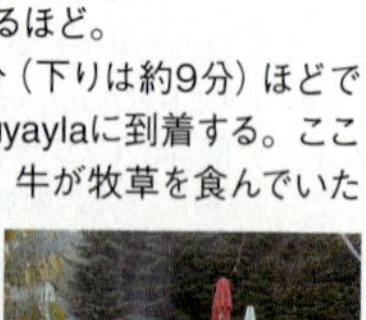

サルアランにはバーベキューを楽しめるレストランがある

ブルサのパスターネでは、タヒンリ・エキメッキ Tahinli Ekmekという、練りゴマのドロっとしたクリームをのせた丸いパンが売られている。(編集部)

パムッカレの石灰棚

遺跡と海と太陽がいっぱい
エーゲ海、地中海沿岸
Ege Denizi ve Akdeniz

○イスタンブール
□アンカラ
エーゲ海地方
地中海地方

エーゲ海、地中海沿岸 Ege ve Akdeniz

◆気候と服装◆

エーゲ海、地中海沿岸は地中海性気候に属しており、7月の平均気温は約27℃で1月の平均気温も約6.4℃と暖かい。夏はカラッとして過ごしやすく、日陰に入ると涼しい。日焼け対策は忘れずに。冬は雨の日が多くなるので雨具の用意をしておこう。

●交通●

トルコでは終点が本拠地になっているバス会社に乗るのが安心だが、この地方では大手バス会社が大都市と沿岸諸都市を結んでいる。逆に地元のバス会社だと、近郊の町にしか行かないことも珍しくない。

沿岸部の小さな町はそれぞれミニバスやドルムシュで結ばれている。なお、町外れの遺跡を巡るツアーやドルムシュ便は夏期以外は少ない。

チャナッカレ発着路線

●チャナッカレ〜ベルガマ 運賃35TL 所要：約5時間

ソマ Soma Seyahat	チャナッカレ発	10:30, 12:30
	ベルガマ発	12:15, 15:15
メトロ Metro	チャナッカレ発	8:30, 9:30, 13:30, 14:30, 15:15, 18:00, 20:30, 0:30
	ベルガマ発	10:00, 11:00, 12:00, 14:00, 21:00

●チャナッカレ〜イズミル 運賃40TL 所要：約7時間

チャナッカレ・トゥルワ Çanakkale Truva Turizm	チャナッカレ発	6:15, 8:00, 9:00, 10:45, 11:15, 12:30, 13:15, 14:15, 15:15, 16:15, 18:15, 0:15, 1:00, 2:15
	イズミル発	6:30, 8:00〜22:00の毎正時, 23:30, 23:45, 0:30
メトロ Metro	チャナッカレ発	8:30, 9:30, 13:30, 14:30, 15:15, 18:00, 20:30, 0:30
	イズミル発	7:30, 8:30, 9:30, 10:30, 11:30, 15:30, 19:00
キャーミル・コチ Kâmil Koç	チャナッカレ発	11:00, 14:30, 19:30, 20:30, 22:30, 23:30, 0:30, 1:00
	イズミル発	5:00, 12:30, 13:00, 15:00, 16:00, 17:30

イズミル発着路線

●イズミル〜ベルガマ 運賃10TL 所要：約2時間

メトロ・ベルガマ・ギュウェン Metro Bergama Güven Seyahat	イズミル発	6:30〜19:45にほぼ30分毎
	ベルガマ発	6:00〜19:30にほぼ30分毎
アナドル・ベルガマ・コープ Anadolu Bergama Koop.	イズミル発	6:15〜21:00にほぼ30分毎
	ベルガマ発	6:00〜20:30にほぼ30分毎

●イズミル〜セルチュク 運賃9TL 所要：約1時間

セルチュク・エフェス Selçuk Efes Kooperatifi	イズミル発	7:00〜22:00に40分毎
	セルチュク発	6:30〜21:15に40分毎

●イズミル〜クシャダス 運賃10TL 所要：約1時間30分

メトロ Metro	イズミル発	8:00〜22:30の1時間に1便程度
	クシャダス発	7:30, 20:45, 21:00, 22:00
キャーミル・コチ Kâmil Koç	イズミル発	6:30〜21:30の1時間に1便程度
	クシャダス発	6:00〜23:45の1時間に1便程度

●イズミル〜ソケ 運賃15TL 所要：約1時間30分

ソケ Söke Seyahat	イズミル発	7:30〜22:00の毎時30分
	ソケ発	6:30〜20:30の毎時30分
ディディム Didim Seyahat	イズミル発	8:00〜21:00の毎正時
	ソケ発	7:00〜22:00の毎正時
パムッカレ Pamukkale Turizm	イズミル発 5:00, 8:00〜22:00の毎正時, 翌1:00	メトロ Metro	イズミル発 7:30〜22:30の毎時30分
	ソケ発 8:50〜20:50の毎時50分		ソケ発 6:10〜21:10の毎時10分, 22:40

※発車時刻および運賃は2012年の調査時のものであり、しばしば変更されます。
所要時間については巻頭の折込地図（1枚目裏側）もご参照ください。

●イズミル～アフロディスィアス　運賃23TL　　所要：約2時間30分

アイドゥン Aydın Turizm	イズミル発　　13:00, 17:00 アフロディスィアス発　6:30, 9:30

●イズミル～デニズリ　運賃20～25TL　　所要：約4時間

バムッカレ Pamukkale Turizm	イズミル発　5:00, 8:00～20:30の30分毎 デニズリ発　5:00, 6:00～24:00の30分～1時間に1便, 3:00
メトロ Metro	イズミル発　7:00, 8:00, 9:00, 10:00 デニズリ発　5:00～19:30の1時間に1便程度
キャーミル・コチ Kâmil Koç	イズミル発　5:00～翌2:00の1時間に1便程度 デニズリ発　5:00～24:00の1時間に1便程度

●イズミル～エイルディル　運賃40～45TL　　所要：約8時間

キャーミル・コチ Kâmil Koç	イズミル発　7:00, 11:00, 15:00 エイルディル発　8:45, 11:00, 12:30, 14:30, 16:30, 23:15
ウスパルタ・ペトロル Isparta Petrol	イズミル発　13:30, 24:00 エイルディル発　9:00, 12:30, 20:45

●イズミル～ボドルム　運賃27～33TL　　所要：約4時間

カラデヴェジ Karadeveci	イズミル発　7:30～22:30の毎時30分 ボドルム発　6:30～20:00の1時間に1～2便	キャーミル・コチ Kâmil Koç	イズミル発　6:00, 7:00, 7:30, 15:30, 16:30 ボドルム発　10:30～翌5:30の1～2時間に1便程度
バムッカレ Pamukkale Turizm	イズミル発　8:00～23:00の1時間に1便, 1:30, 5:00 ボドルム発　3:00～20:30の30分～1時間に1便		

●イズミル～マルマリス　運賃35～39TL　　所要：約4時間30分

キャーミル・コチ Kâmil Koç	イズミル発　24時間、1～2時間に1便程度 マルマリス発　3:00～20:30の1時間に1便程度
バムッカレ Pamukkale Turizm	イズミル発　8:00～22:00の毎正時, 1:00 マルマリス発　2:00～20:00の1時間に1～2便、22:00, 23:30

●イズミル～フェティエ　運賃35～38TL　　所要：約6時間

キャーミル・コチ Kâmil Koç	イズミル発　9:00, 10:00, 12:00, 14:00, 16:00, 18:00, 20:00, 24:00, 2:30 フェティエ発　5:30, 8:30, 9:30, 10:30, 11:30, 12:30, 15:30, 17:30, 23:30, 0:30
バムッカレ Pamukkale Turizm	イズミル発　7:00, 10:30, 12:30, 13:30, 15:30, 16:30, 17:30, 19:30, 22:00, 24:00 フェティエ発　7:00～12:00の1時間毎、13:45, 15:00, 23:30, 24:30, 1:30

●イズミル～アンタルヤ　運賃40～52TL　　所要：約8時間

キャーミル・コチ Kâmil Koç	イズミル発　8:00, 9:30, 10:30, 12:00, 13:00, 15:30, 17:30, 21:00, 22:00, 24:00 アンタルヤ発　8:00, 9:00, 10:00, 12:00, 13:00, 15:00, 17:30, 21:00, 23:00, 24:00, 1:00
バムッカレ Pamukkale Turizm	イズミル発　4:30～翌1:00の1～2時間に1便 アンタルヤ発　6:30, 8:30～17:30の毎時30分, 19:30, 21:00～翌1:00の毎正時
メトロ Metro	イズミル発　12:00, 23:00, 24:00, 0:30 アンタルヤ発　23:00, 24:00

■セルチュク発着路線

●セルチュク～デニズリ　運賃20～22TL　　所要：約3時間

キャーミル・コチ Kâmil Koç	セルチュク発　9:00, 9:45, 10:45, 12:15 デニズリ発　13:30, 17:15, 18:00		
エゲ・コープ Ege Koop.	セルチュク発　9:00 デニズリ発　17:00	バムッカレ Pamukkale Turizm	セルチュク発　9:30, 11:30, 16:30, 18:30, 23:15 デニズリ発　10:00, 15:30, 17:00

●セルチュク～ボドルム　運賃25TL　　所要：約3時間

アイドゥン Aydın Turizm	セルチュク発　7:30, 15:30, 19:45 ボドルム発　10:30, 15:30, 18:30, 19:30, 20:30	バムッカレ Pamukkale Turizm	セルチュク発　11:30 ボドルム発　15:30

●セルチュク～アンタルヤ　運賃40TL　　所要：約7時間

バムッカレ Pamukkale Turizm	セルチュク発　9:45, 23:59 アンタルヤ発　10:00, 23:30

※掲載している便は主要会社の一部の路線です。ほかにも同一路線で複数の会社が運行している場合があります。

デニズリ発着路線

●デニズリ〜エイルディル　運賃25TL　所要:約4時間

キャーミル・コチ Kâmil Koç	デニズリ発	10:30, 12:30, 14:30, 18:30, 0:30	ウスパルタ・ペトロル Isparta Petrol	デニズリ発	19:30
	エイルディル発	7:45, 12:30, 16:30, 23:15		エイルディル発	12:30, 23:00

●デニズリ〜ボドルム　運賃29TL　所要:約6時間

パムッカレ Pamukkale Turizm	デニズリ発	5:00, 8:30, 11:30, 15:00, 15:30, 17:30
	ボドルム発	11:00, 12:00, 21:00, 23:00

●デニズリ〜マルマリス　運賃27TL　所要:約5時間

パムッカレ Pamukkale Turizm	デニズリ発	5:30, 7:30, 14:15, 16:00
	マルマリス発	9:30, 11:00, 12:45, 20:00, 20:30

●デニズリ〜フェティエ　運賃20TL　所要:約3時間

ギョルヒサル・チャヴダル Gölhisar Çavdar	デニズリ発	8:00, 10:00, 12:30, 14:00, 16:00, 16:30, 18:30
	フェティエ発	7:00, 8:30, 10:30, 12:45, 14:30, 16:30, 18:30

●デニズリ〜アンタルヤ　運賃27〜30TL　所要:約4時間

パムッカレ Pamukkale Turizm	デニズリ発	8:00〜翌1:30に30分〜2時間に1便, 4:00
	アンタルヤ発	6:30〜翌1:00 の毎時 30 分
キャーミル・コチ Kâmil Koç	デニズリ発	4:05, 9:30, 11:30, 13:00, 13:30, 14:00, 15:30, 16:30, 19:00, 21:00, 翌1:00
	アンタルヤ発	8:00, 9:00, 10:00, 12:00, 13:00, 15:00, 17:30, 21:00, 23:00, 24:00, 1:00

ボドルム発着路線

●ボドルム〜ソケ　運賃15TL　所要:約2時間

メトロ Metro	ボドルム発	6:30〜20:00の1時間に1〜2便	パムッカレ Pamukkale Turizm	ボドルム発	3:00〜20:30の1〜2時間に1便
	ソケ発	10:15〜23:15の毎時15分		ソケ発	8:50〜20:50の毎時50分

●ボドルム〜マルマリス　運賃20TL　所要:約3時間

マルマリス・コープ S.S.106 Nolu Marmaris Koop.	ボドルム発	9:30, 10:30, 12:30, 14:30, 16:30, 18:30, 19:30, 21:30
	マルマリス発	7:30, 8:30, 10:30, 12:30, 14:30, 16:30, 18:30, 20:30

●ボドルム〜フェティエ　運賃30TL　所要:約4時間

フェティエ Fethiye Seyahat	ボドルム発	7:30, 9:30, 10:30, 12:30, 14:30, 15:30, 17:30, 20:00
	フェティエ発	6:30, 8:00, 9:30, 11:00, 12:30, 14:15, 16:45, 20:00, 1:00

●ボドルム〜アンタルヤ　運賃50〜55TL　所要:約10時間

パムッカレ Pamukkale Turizm	ボドルム発	9:30, 12:30, 22:30, 24:00	キャーミル・コチ Kâmil Koç	ボドルム発	10:30, 22:30
	アンタルヤ発	12:30, 13:30, 24:00		アンタルヤ発	12:30, 24:00

フェティエ発着路線

●フェティエ〜マルマリス　運賃20TL　所要:約3時間

フェティエ Fethiye Seyahat	フェティエ発	6:30〜21:30に30分毎
	マルマリス発	7:30, 8:30, 9:30, 10:30, 11:30, 12:30, 18:30

●フェティエ〜カシュ　運賃15TL　所要:約2時間30分

バトゥ・アンタルヤ（海行き） Batı Antalya	フェティエ発	7:30, 9:00, 10:00, 11:00, 12:00, 13:30, 14:30, 15:30, 16:45, 18:00, 20:30
	カシュ発	7:00, 8:00, 9:15, 10:30, 11:45, 13:00, 14:15, 16:30, 18:15

●フェティエ〜アンタルヤ　運賃25〜28TL　所要:約4時間

フェティエ Fethiye Seyahat	フェティエ発	6:30, 8:30, 9:30, 11:00, 12:30, 14:15, 16:45, 20:00, 1:00
	アンタルヤ発	7:00, 8:30, 10:25, 12:00, 13:45, 15:30, 16:15, 19:15
バトゥ・アンタルヤ（山行き） Batı Antalya	フェティエ発	7:15, 8:45, 10:15, 13:30, 15:30, 18:00
	アンタルヤ発	7:45, 9:15, 9:45, 11:15, 13:00, 14:30, 17:00, 18:00, 21:30

※バトゥ・アンタルヤのフェティエ〜アンタルヤ便はカシュ経由の海行きもあるが、所要時間が倍近くかかる。

※発車時刻および運賃は2012年の調査時のものであり、しばしば変更されます。
所要時間については巻頭の折込地図（1枚目裏側）もご参照ください。

エーゲ海、地中海沿岸

アンタルヤ発着路線

●アンタルヤ～エイルディル　運賃18～20TL　所要：約3時間

キャーミル・コチ Kâmil Koç	アンタルヤ発　7:30, 15:30, 17:30 エイルディル発　7:45, 10:30, 12:30, 19:00	ウスパルタ・ペトロル Isparta Petrol	アンタルヤ発　14:30 エイルディル発　9:00, 11:00, 12:30, 16:45

●アンタルヤ～カシュ　運賃20TL　所要：約4時間

バトゥ・アンタルヤ（海行き） Batı Antalya	アンタルヤ発　5:45～20:00の30分～1時間毎 カシュ発　6:20～19:00の30分～1時間毎

●アンタルヤ～アランヤ　運賃15TL　所要：約2時間

アランヤラル Alanyalılar	アンタルヤ発　6:30～9:00の30分毎、11:00, 13:00, 14:30, 15:00, 15:30, 16:30, 17:30, 19:30 アランヤ発　9:00～20:45の30分～1時間30分に1便

●アンタルヤ～スィリフケ　運賃45TL　所要：約8時間

ギュネイ・アクデニズ Güney Akdeniz Seyahat	アンタルヤ発　6:30, 7:30, 9:00, 10:00, 11:30, 13:00, 14:30, 19:00, 20:00, 21:00, 22:00, 24:00 スィリフケ発　10:00, 11:30, 13:00, 16:00, 20:30, 22:00, 23:00, 24:00, 1:00

メルスィン発着路線

●メルスィン～スィリフケ　運賃15TL　所要：約2時間

スィリフケ・コープ Silifke Koop.	メルスィン発　5:30～21:00に10分毎（毎正時に直行便） スィリフケ発　5:30～20:00に15分毎（毎正時に直行便）

●メルスィン～アダナ　運賃7TL　所要：約1時間

トック（直行） TOK Koop.	メルスィン発　5:45～22:00に7分毎 アダナ発　6:00～22:00に7分毎	コチ Koç Minibüsleri	メルスィン発　5:45～24:00に7分毎 アダナ発　6:00～23:00に7分毎

※TOK社の便はタルススの町に入る経由便も多い。

●メルスィン～アンタクヤ　運賃30TL　所要：約4時間

ハス Has Turizm	メルスィン発　7:30, 11:30～18:30の1～2時間毎 アンタクヤ発　7:30～13:30に1～2時間毎, 18:50	ギュネイ・アクデニズ Güney Akneniz	メルスィン発　7:00, 18:45 アンタクヤ発　9:30, 14:00, 16:30, 18:30

アダナ発着路線

●アダナ～ガズィアンテップ　運賃22TL　所要：約3時間

セチ Seç	アダナ発　4:00～20:00に30分～1時間45分毎 ガズィアンテップ発　6:45, 8:30, 9:15, 10:30, 11:45, 13:00, 16:00	ベン Ben	アダナ発　10:00, 11:00, 12:45, 14:00, 15:15, 16:45, 17:45, 18:45 ガズィアンテップ発　7:15～20:00に15分～2時間に1便
チャユルアース Çayırağası	アダナ発　3:00～10:00の1時間毎, 17:00, 19:00 ガズィアンテップ発　10:00, 16:30, 17:30, 18:00, 19:30		

●アダナ（ユレイル・オトガル発）～アンタクヤ（キョイ・ガラジュ発）　運賃17～25TL　所要：約3時間

ジェット JET Turizm	アダナ発　6:15～18:15の30分毎 アンタクヤ発　8:30～21:00の30分～0時間に1便	ハス Has Turizm	アダナ発　13:00, 14:00, 14:45, 15:45, 17:15, 19:30 アンタクヤ発　5:45～21:00に30分～1時間に1便

アンタクヤ発着路線

●アンタクヤ（キョイ・ガラジュ発）～ガズィアンテップ　運賃20TL　所要：約4時間

ハタイ・ビルリッキ Hatay Birlik	アンタクヤ発　6:00～18:30に20分毎 ガズィアンテップ発　5:00～17:30に15～20分毎	ビルリッキ・ハタイ Birlik Hatay	アンタクヤ発　6:00～18:30に20分毎 ガズィアンテップ発　4:00～17:00に15分毎

●アンタクヤ（キョイ・ガラジュ発）～カフラマンマラシュ　運賃20TL　所要：約4時間

ハタイ・ビルリッキ Hatay Birlik	アンタクヤ発　7:00～14:00の毎時, 15:30 カフラマンマラシュ発　6:30～17:00の1時間に1便程度	パン PAN	アンタクヤ発　7:00～11:00の毎正時 カフラマンマラシュ発　7:00～17:00の毎正時

●アンタクヤ～シャンルウルファ　運賃30～35TL　所要：約5～6時間

ミディヤット・セイエドオウル Midyat Seyyedoğlu	アンタクヤ発　8:00, 20:00 シャンルウルファ発　12:00, 24:00

※掲載している便は主要会社の一部の路線です。ほかにも同一路線で複数の会社が運行している場合があります。

イスタンブール
□アンカラ
チャナッカレ

要衝ダーダネルス海峡のほとりの町
チャナッカレ Çanakkale
市外局番 **0286**　人口11万5775人　標高5m

■時刻表一覧
✈→P.70～73
🚌→P.208～211
バス時刻表索引→P.76～77

■チャナッカレの❶
Map P.214A
✉İskele Meydanı No.65
☎&FAX(0286)217 1187
URL canakkale.kultur.gov.tr
(トルコ語)
🕐8:30～17:30
　土・日10:00～12:30
　13:30～16:30　休無休

ライトアップされた町のシンボル、時計塔

海岸沿いの遊歩道

チャナッカレはヨーロッパとアジアを隔てるダーダネルス海峡の中心的都市である。この海峡は軍事的な要衝であり、沿岸の各都市に築かれたかつての要塞跡を見ることができる。町には、博物館以外さして見どころはないが、トロイ観光の起点として多くの観光客が訪れるためホテルやレストランは多い。

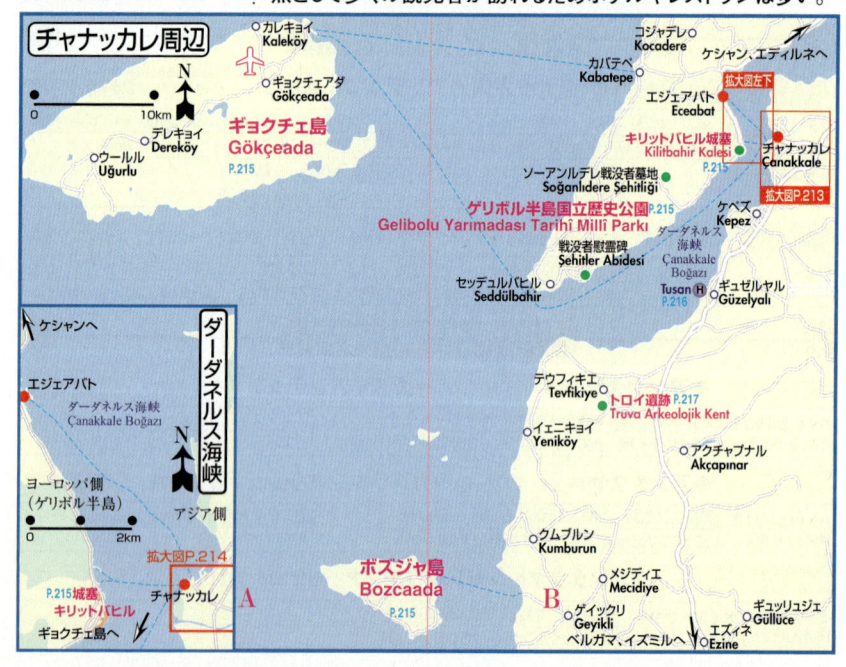

チャナッカレ周辺

カレキョイ Kaleköy
ギョクチェアダ Gökçeada
デレキョイ Derekőy
ウールル Uğurlu
ギョクチェ島 Gökçeada P.215

コジャデレ Kocadere
カバテペ Kabatepe
エジェアバト Eceabat
キリットバヒル城塞 Kilitbahir Kalesi
ソーアンルデレ戦没者墓地 Soğanlıdere Şehitliği
ゲリボル半島国立歴史公園 Gelibolu Yarımadası Tarihî Millî Parkı P.215
戦没者慰霊碑 Şehitler Abidesi
セッデュルバヒル Seddülbahir
ケシャン、エディルネへ
拡大図左下
チャナッカレ Çanakkale
拡大図P.213
ケペズ Kepez
ダーダネルス海峡 Çanakkale Boğazı
ギュゼルヤル Güzelyalı
P.216 Tusan🏨

ダーダネルス海峡
ケシャンへ
エジェアバト
ダーダネルス海峡 Çanakkale Boğazı
ヨーロッパ側 (ゲリボル半島)
アジア側
拡大図P.214
チャナッカレ
P.215城塞 キリットバヒル
ギョクチェ島へ

テウフィキエ Tevfikiye
トロイ遺跡 P.217 Truva Arkeolojik Kent
イェニキョイ Yeniköy
アクチャプナル Akçapınar
クムブルン Kumburun
メジディエ Mecidiye
ゲイクリ Geyikli
ベルガマ、イズミルへ
ギュッリュジェ Güllüce
エズィネ Ezine

ボズジャ島 Bozcaada P.215

212

映画『トロイ』で使用された木馬がチャナッカレに置かれるようになったため、みやげ物屋で売られるミニチュア版トロイの木馬も2種類になった。(編集室)

▮▮▮歩き方▮▮▮

町の中心は港の周辺。❶もここにあり、その南側にはランドマーク的な**時計塔**がある。港の北にはちょっとしたみやげ物屋も並んでいる。フェリー桟橋から大通りを50mほど真っすぐ歩くと、左側に1915年と刻印の打ってある大砲が2本備え付けられてあり、第1次世界大戦の面影を残している。

◆空港&オトガルから市の中心部へ

空港は町の中心である港の東南約3kmにあり、港方面へ出るには市内バスのÇ8番を利用するのが便利。15～20分おきに運行している。2011年にオープンした新しいオトガルからは、セルヴィスを使うかバスÇ9番で町の中心まで行く。ただ、イスタンブールやエディルネ方面発着のバスは港を通過する。港周辺にもバス会社のオフィスがあり、チケットの購入はもちろん、港の中での乗車もOK。

◆市内と周辺の交通

チャナッカレからは、ゲリボル半島側の**エジェアバト**Eceabat、**キリットバヒル**Kilitbahirへの船が出ている。キリットバヒルには、町なかの港と、その北400mほどにあるイェニ・リマンYeni Limanというふたつの港があり、便によって、到着する港が異なる。そのほか、トロイの南の**ゲイクリ**Geyikli桟橋からは**ボズジャ島**Bozcaada、ゲリボル半島の**カバテペ**Kabatepeから**ギョクチェ島**Gökçeadaへ行く路線がある。

市内・近郊を走るドルムシュは、町の中心から少し離れている考古学博物館へ行く時に便利。**トロイへは、サル川**Sarı Çay**の河川敷にあるドルムシュ・ガラジュ**から乗る。**エジェアバトからカバテペへは港の前の広場にあるドルムシュに乗る。ゲイクリへは、オトガルからゲイクリ・セヤハット**Geyikli Seyahatの中型バスで行くことができる。

町の西側、石畳のチャルシュ通り

キリットバヒル行きフェリー

■チャナッカレ・ケントカルト
市内のバスやドルムシュで使用できるプリペイド式のカード。2回券3.80TL、4回券6.80TL。チャナッカレ～エジェアバト間のフェリーでも使用可能。近郊のギュゼルヤルへのバスは1回券3.30TL、2回券5TL。プリペイド式のカードを購入するときは、市内（シェヒル・イチ）かギュゼルヤル行きかを告げなくてはならない。

トロイ行きのドルムシュ

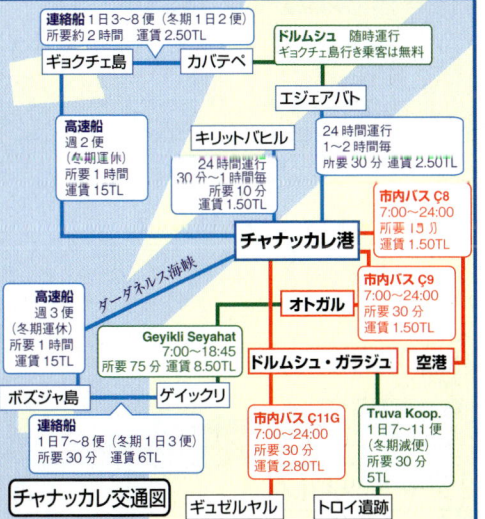

チャナッカレ広域

チャナッカレ交通図

※チャナッカレ・トゥルワ社の車体にはトロイの木馬はもちろん、ゲリボル半島国立歴史公園の碑など、チャナッカレ周辺の見どころが多くペイントされている。(編集室)

■考古学博物館
市内バスÇ1、Ç2、Ç4で5分程度。徒歩なら約30分。
TEL(0286)217 6740
FAX(0286)217 1105
写真撮影は禁止。
■8:00～17:00
休月 ■5TL

■軍事博物館
TEL(0286)213 1730
■8:30～12:00 13:30～17:00
休月・木
■4TL
写真撮影は8TL。

■チメンリッキ城塞公園
■8:30～19:00
■無料

チメンリッキ城塞公園

||| 見どころ

彩色をとどめる大理石の石棺などもある
考古学博物館
Map P.213左

Arkeoloji Müzesi アルケオロジ・ミュゼスィ

周辺の町などからの出土品を集めた博物館。チャナッカレ東のチャンÇanから出土した大理石の石棺は、ほかにも古代の彩色を残しており、大変評価が高い。

考古学博物館

大砲が並ぶ公園は、平和な市民の憩いの場
軍事博物館とチメンリッキ城塞公園
Map P.214左

Askeri Müzesi ve Çimenlik Kalesi アスケリ・ミュゼスィ・ヴェ・チメンリッキ・カレスィ

軍事博物館にはゲリボルの戦いに関する資料が展示されている。イスタンブールの軍事博物館は陸軍管轄だが、こちらは海軍。案内も現役の兵士たちがやっている。晩年のアタテュルクの写真が飾られたアタテュルクの部屋もある。この博物館があるチメンリッキ城塞公園には、第1次世界大戦で使われた大砲などが置いてあり、ここから見る日没風景も美しい。

オンセキズ・マルト大学の教育学部には日本語学科があり、日本語を勉強している学生が多い。そのためか、町を歩いているとたまに日本語で話しかけられることがある。(編集室)

第1次世界大戦の激戦地　Map P.212B
ゲリボル半島国立歴史公園
Gelibolu Yarimadası Tarihî Millî Parki　ゲリボル・ヤルムアダス・ターリヒー・ミッリー・パルク

　ダーダネルス海峡の向こう側にある細長い半島。第1次世界大戦のさなか、アタテュルクの指揮の下、英仏連合軍と激戦が展開された所だ。毎年3月後半になると多くの人々が慰霊に訪れる。ここには31もの戦没者共同墓地や多くの戦争記念碑が立つ。半島西のアンザック湾Anzac KoyuがあるアルブルヌArıburnuで最も重要な決戦が行われたため、このあたりに共同墓地は集中している。また半島先端部のセッデュルバヒルSeddülbahirにも記念碑などがある。半島北部のジョンバユルConbayırıにはアタテュルク像がある。これは1915年にここで行われた戦いで、胸に散弾を受けたが、ポケットにあった時計のおかげで助かった故事にちなむもの。また、キリットバヒルには1462年にメフメット2世が建てた城塞がある。

キリットバヒルの城塞

■ゲリボル半島への行き方
🚢エジェアバトやキリットバヒルまでチャナッカレから船がある(→P.213)。ゲリボル半島内の交通の便は悪いので、キリットバヒル以外の見どころは、ツアーに参加するか(1日ツアーでひとり40€)、タクシーをチャーターするしかない。

■キリットバヒルの城塞
Map P.212A
🕒2012年10月現在、改修のため入場不可

ギリシアに最も近いトルコ最大の島　Map P.212A
ギョクチェ島
Gökçeada　ギョクチェアダ

　面積約280km²、8500人余りが住むトルコ最大の島。さまざまな時代の古い建築物がひっそりと残っている。また、スキューバダイビングや海水浴も楽しむことができる。場所によってはイルカと遭遇することもあるという。
　トルコ領だが、ギリシア名でイムロズ(インブロス)と呼ばれることも多く、ギリシア人も住んでおり、教会などもある。また、この島では8月の第2週には映画祭が催される。島の中心地は島名と同じギョクチェアダ。ほかにもホテルやレストランがあるカレキョイKaleköyには砦が残り、小さいながらもビーチがあるのでリゾート滞在客も多い。

カレキョイの砦から見下ろしたビーチ

■ギョクチェ島
🚢カバテペから1日3～8便(冬期2便)運航(→P.213)。

■ボズジャ島
🚢ゲイクリから1日7～8便(冬期1日3便)運航(→P.213)。

■ボズジャ島の城壁
地図外
🕒8:00～17:00　休無休
料3TL

地元で穫れたブドウ酒を味わおう　Map P.212A
ボズジャ島
Bozcaada　ボズジャアダ

　人口約2000人で面積約40km²の小さな島。ギリシア語の名前をテネドス島という。ワインの名産地としても知られる。どこまでも広がるブドウ畑や、ヴェネツィアによって造られた立派な城壁の下にひっそりとたたずむ漁村を訪ねたりして、時間を気にせず過ごしたい。もちろん島では海水浴も満喫できるし、夜は地元産ワインと一緒に新鮮な魚介類を満喫するのも楽しい。

ボズジャ島の港

> チャナッカレやゲリボル半島は、羊のチーズを使ったお菓子、「ペイニル・ヘルワスPeynir Helvası」でも有名。専門店が港周辺やチャルシュ通りに多い。（編集室）

HOTEL & RESTAURANT

港周辺に中級以下の宿が点在している。ツアーでよく利用される大型ホテルは、チャナッカレとトロイの間にあるギュゼルヤルに数軒ある。レストランや雰囲気のいいカフェは海岸沿いに並んでいるが、ここではチャナッカレ名物の軽食ボンバ**Bomba**を試してみたい。

日本からホテルへの電話　国際電話会社の番号　+　010　+　国番号 90　+　286（市外局番の最初の 0 は不要）　+　掲載の電話番号

アンザックハウス Anzac House　　経済的　　Map P.214A

✉ Cumhuriyet Meydanı No.59
TEL & FAX (0286) 213 2550
URL www.anzachouse.com
D 25TL
S 45TL
W 70TL
US$ € TL
不可　CC MV

ゲリボル半島の戦跡を訪れるバックパッカーが集まるホステル。部屋もきれい。ドミトリーは5つあり、どれも男女相部屋。朝食は5TL。併設の旅行会社ハッスル・フリーHassle Freeが催行するトロイ（ひとり32€）やゲリボル半島（ひとり40€）へのツアーも人気。全館無料

ヘレン Hotel Helen　　中級　　Map P.214A

✉ Cumhuriyet Meydanı No.57
TEL (0286) 212 1818
FAX (0286) 212 8686
URL www.helenhotel.com
S AC 80TL
W AC 120TL
US$ € TL 不可 CC AMV

港のそばにある中級ホテル。すぐ近くに同経営の別館もあり、合わせて60室のキャパシティがある。客室は改装済みで清潔にまとまっている。バスタブ付きの部屋も多いが料金は同じ。全室ミニバー、ドライヤー付き。全館無料

トゥサン Tusan Otel　　高級　　Map P.212B

✉ Güzelyalı
TEL (0286) 232 8746
FAX (0286) 232 8226
URL www.tusanhotel.com
S AC 50€
W AC 75€
US$ € JPY TL
不可　CC AMV

チャナッカレからギュゼルヤル行きのバスÇ11Gに乗り、終点で下車。進行方向にしばらく進み、坂を上がった所にある。海に面した4つ星のリゾートホテルで、スイミングプールやプライベートビーチもある。部屋から眺めるエーゲ海に沈む夕日はロマンティック。全館無料

エトランジェ Hotel des Etrangers　　高級　　Map P.214A

✉ Yalı Cad. No.25-27
TEL (0286) 214 2424
FAX (0286) 214 4242
URL www.yabancilaroteli.com
S AC 80～90€
W AC 100～110€
US$ € TL 不可 CC MV

トルコ語のヤバンジュラル・オテリとしてよく知られる。元々は19世紀に宿として造られた建物だったが、改装を経て2010年に久々にホテルとしての姿を取り戻した。アンティーク調の内装で、天蓋付きベッドのある部屋もある。全館無料

ギュレン Gülen　　トルコ料理 庶民的　　Map P.214A

✉ Cumhuriyet Meydanı No.27A
TEL (0286) 212 8800
FAX なし
⏰ 11:00～22:30　休 なし
US$ € TL CC AMV

ジュムフリエット通りにあり、いつも地元客でいっぱい。店内で焼き上げるラフマジュン3TL～や数種類のピデ6.50TL～が人気。チョルバ4TLやケバブ類11.50～22TLなども。デザートにはキュネフェ 5TLをどうぞ。

ダマック・タドゥ Damak Tadı Restaurant　　トルコ料理 庶民的　　Map P.214A

✉ Yalı Cad. No.20
TEL (0286) 217 4590
FAX なし
⏰ 12:00～24:00　休 無休
US$ € TL CC AMV

ボンバなどのファストフードからケバブ、魚介までさまざまなメニューがある。特にシーフードは、タコやエビの載った魚介のラフマジュン9TLや魚のイスケンデル15TL、マイワシのピラフ10TLなど非常にユニーク。

チーズやサラミ、卵などを挟んだ名物ボンバはバゲットに挟むエキメッキアラスEkmekarasıとラップサンドのようなデュリュムDürümがあり、店ではどちらかを選ぶことができる。（編集室）

幾層にも重なった歴史が現代によみがえる
トロイ（トゥルワ）Truva
市外局番 **0286**　人口**617**人　標高**36**m（テヴフィキエ村）

トロイ遺跡は発掘史上でも記念碑的な遺跡であり、世界遺産にも登録されている

　トロイの地に集落ができ始めたのは紀元前3000年頃という。エーゲ海交易の中心地として繁栄したが、栄えては滅びるという歴史を繰り返し、その結果トロイは全部で9層にわたる都市遺跡を形成している。トロイ戦争（紀元前1200年頃）で町は滅亡したが、その後イオニア人が植民し、アレキサンダー大王やコンスタンティヌス帝がこの地を訪れた。
　「トロイの木馬」の伝説を信じたドイツのシュリーマンが1871～73年にヒサルルックの丘Hisarlıktepeを発掘した。現在もテュービンゲン大学による発掘、調査が続いている。

■**トロイへの行き方**
通常、チャナッカレから入る。
（→P.213）

遺跡の前に置かれた木馬は、中に入れるようになっている

■**トロイ遺跡**
Map P.212B
TEL(0286) 283 0061
圏8:00～19:00（冬期～17:00）
圏無休　圏15TL
2013年1月現在、木馬は修復工事のため見学不可

ホテル&レストラン
トロイ遺跡の入口付近に数軒の宿やレストランがあるが、チャナッカレからの日帰りも充分可能。また、遺跡内には売店がないので、飲料水などは持参しよう。

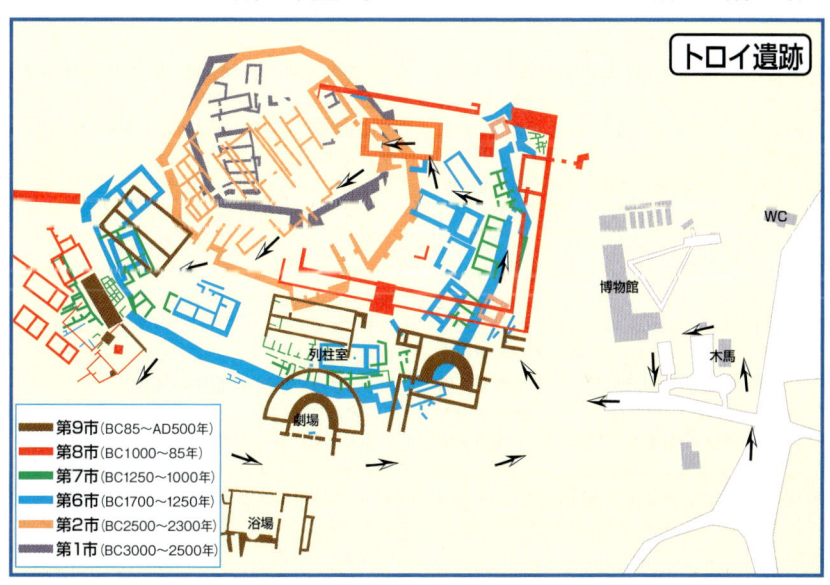

トロイ遺跡

- 第9市（BC85～AD500年）
- 第8市（BC1000～85年）
- 第7市（BC1250～1000年）
- 第6市（BC1700～1250年）
- 第2市（BC2500～2300年）
- 第1市（BC3000～2500年）

シュリーマンは幕末時代の日本や清朝時代の中国も訪れている。1865年に3ヵ月間にわたって江戸を中心に滞在し、激動の時代を迎えた日本をつぶさに観察した。(編集室)

「プリアモスの財宝」が発掘された第2市は天蓋に覆われている

遺跡の回り方

　遺跡入口にはトロイ戦争の「トロイの木馬」にちなんだ巨大な木馬がある。遺跡の中に入ると、高さ1.5mぐらいの大きな壺がいくつかある。50mほど先から紀元前3000年ぐらいから紀元前350年ぐらいの幾重にも積み重なった遺跡が広がっている。遺跡内には英、独語、トルコ語の説明板が設置されている。
　遺跡を囲む城壁は第6市のもの。第8市の長方形の礎のあるアテネ神殿までは、第6市の塔や城門、メガロン（部屋）が続く。アテネ神殿の後ろには第1市、第2市のメガロン、城壁、城門がある。城壁の外へ抜けると、第9市の聖域や劇場跡などがある。

Information　トロイ戦争とシュリーマン

『イーリアス』とトロイ戦争

　紀元前800年頃成立した、ホメロス作とされるギリシア最古最大の英雄叙事詩、全24巻。この中に記されているトロイ戦争は、トロイの王子パリスが女神アフロディーテの助けを借り、スパルタ王メネラオスの妃である絶世の美女ヘレネを奪ったことに始まっている。怒りが収まらないヘレネの夫メネラオスは、兄アガムノンを大将にギリシア軍を組み、トロイへの攻撃を始めた。10年もの長い戦争のさなか、足首以外は不死身のアキレウス（トロイ戦争で死ぬことが運命づけられていた）、冷静沈着な英雄オデュッセウスらが活躍する。
　トロイ軍はパリスの兄ヘクトルの奮闘により優位に立ち、アキレウスの友人パトロクロスを殺してしまう。怒ったアキレウスはヘクトルを討つが、パリスの射た矢がアキレウスの唯一の弱点であるかかと（アキレス腱という名はこれに由来する）にあたり、ついにはアキレウスも倒れてしまう。大きな戦力を失ったギリシア軍であったが、アキレウスの息子を迎え、士気も新たに盛り返し、パリスは毒矢に射られ命を落とす。
　どうにも陥落できないトロイを破るため、何か策略が必要だとギリシア軍のオデュッセウスは考える。そしてギリシア軍は戦いをあきらめたように見せかけ、ただひとりの生贄と巨大な木馬を神に捧げるような形で残し、船で全員が引き上げる。戦いが終わったあとこの木馬を城内に引き入れ大饗宴を始めたトロイ軍。実は空洞と思われたこの木馬には、ギリシア兵が隠れていたのである。そしてついに潜んでいたギリシア兵は城に火を放ち、タイミングを見計らって引き返した仲間とともに再び攻撃を開始、難攻不落を誇ったトロイは、あっけなく陥落してしまったのである。そして、ヘレネは再びメネラオスのもとに戻ることになり、10年に及んだトロイ戦争は終わりを告げた。

シュリーマンの生涯

　1822年ドイツで牧師の子として生まれ、貧しい少年時代を経て商人として成功を収めたが、子供の頃に聞いたホメロスの叙事詩『イーリアス』が忘れられず、伝説といわれていたトロイ戦争の話を史実として信じ続けた人。41歳で実業家を引退した後、自費でトロイの遺跡の発掘を始めた。伝説を信じぬ人々の嘲笑を受けながらも、彼は信念をもって発掘を続け、ついに長年の夢であったヒサルルクの丘を発見する。そして、発掘現場のなかから第2市をトロイと断定。ここから「プリアモスの財宝」をも発見する。さらにその後、ドイツの考古学者も加わり発掘作業が進められ、第7市が見つかった。シュリーマンの死後、この考古学者ヴィルヘルム・デルプフェルトがこの第7市から要塞を発見、ここが新たに本当のトロイと断定された。
　「声を出して読むこと。訳さないこと。毎日勉強すること。毎日作文を書くこと。それを先生に見てもらい誤りを正しくしたら次のレッスンを暗唱すること」。これは18ヵ国語を自在に操ったシュリーマンの6週間語学独習法。毎日コツコツと取り組む姿勢は、何事に対しても一貫して取り組む、シュリーマンの生きる姿勢そのものである。そんなシュリーマンの生涯に興味をもったならば、彼の自叙伝『古代への情熱』もおすすめ。

「プリアモスの財宝」はトルコから違法に持ち出されベルリンに渡った。第2次世界大戦後行方知れずだったが、現在はモスクワのプーシキン記念美術館が収蔵している。（編集室）

ベルガマ Bergama
ペルガモン王国の都の跡、急斜面の劇場はすばらしい

市外局番 0232　人口5万8212人　標高65m

アクロポリスの丘に建つトラヤヌス神殿

ペルガモンと呼ばれたこの都市の歴史は、アレキサンダー大王の死後から始まった。大王亡きあと、広大な領土は分割され、大王の遺産を手にしたリシマコスによって、新王朝が開かれたが、彼はシリアとの戦いで戦死。その部下であったフィレタイロスがその財宝を継ぎ、ペルガモン王国を築いた。

　王国は甥のエウメネス1世の時代に入り（アッタロス王朝）、繁栄の時を迎える。この王朝はローマとともにシリアと戦い、小アジアにおける交易の権益を得て、アクロポリスの建設が行われた。アッタロス3世の時代にローマの属州となった後も繁栄は続いた。しかしその後アラブの攻撃を受けて衰退。19世紀に発見されたが、神殿をドイツに持ち去られてしまい、ベルリンのペルガモン博物館に展示されている。

■歩き方■

　ベルガマは遺跡が広範囲に散らばっている。**アクロポリス**へはロープウエイをうまく利用しよう。

　ベルガマの町は小さい。**アタテュルク大通り**Atatürk Cad.と**バンカラル通り**Bankalar Cad.を中心に、商店やレストランが並ぶ。❶と**博物館**もこの通り沿いにある。博物館では、ベルガマの発掘物のほか、**アリアノイ**Allianoi遺跡の出土物も収蔵しており、なかでも**水の妖精像**は傑作。

　町から下市に行く途中にある**クズル・アウル**Kızıl Avlu（バシリカとも呼ばれる）は、古代エジプトのセラピス神（オシリス神とアピス＝プルーン神の習合）を祀り、後に教会に改修された建物の跡だ。

アリアノイの水の妖精像

■時刻表一覧
🚌→P.208～211
バス時刻表索引→P.76～77

■ベルガマの❶
Map P.221A2～B2
✉Yeni Hükümet Konağı Zemin Kat
TEL(0232)631 2851
FAX(0232)631 4088
URL www.bergama.bel.tr
（トルコ語）
開8:30～17:30　休土・日

■ベルガマ商工会議所の❶
Map P.221B2
✉Ticaret Odası
開8:30～18:45　休冬期

■タクシー料金の相場
❶から出発し、アクロポリスとアスクレピオンを3時間で回って（待ち時間含む）80～110TL。

■オトガルから市内へ
オトガルYeni Otogarは町の南西7kmにある。町の中心まではドルムシュが往復しており、運賃は1.60TL。そのほかベルガマ市が運行している無料の市内バスも30分に1便ある。イズミルから来るメトロ・ベルガマ Metro Bergama（Güven Seyahat）と、アナドルAnadolu（Bergamalılar）はオトガル、市内の旧オトガルEski Otogarを経由し、クズル・アウル近くまで運行する。

■ベルガマ博物館
Map P.221A2
TEL(0232)631 2884
開8:30～19:00（冬期8:00～17:00）　休月　料5TL

■クズル・アウル
Map P.221B2
TEL(0232)631 2885
開8:30～19:30（冬期8:00～17:00）　休無休　料5TL

クズル・アウル

ベルガマ近郊にあるアリアノイは保存状態もよい遺跡だったが、発掘後のダム建設により水没されてしまった。（編集室）

■アクロポリス
TEL(0232) 631 0778
圏8:00～19:00
　（冬期8:00～17:00）
休無休　料20TL
ロープウエイ
夏期8:30～19:00
冬期8:00～17:00
運賃:8TL(往復)
ロープウエイ乗り場まで❶から徒歩約20分、クズル・アウルから徒歩約10分。
🚕タクシーでアクロポリスまでは片道約20TL。

アクロポリスの丘へ続くロープウエイ

扇形に広がる急斜面の劇場

😊帰りは徒歩で
アクロポリスは行きはロープウエイで帰りは徒歩で下りるのがおすすめ。Gymnasiumの標識を追っていくとふもとまで下りられます。（千葉県　大陸遊人　'10秋）

■アスクレピオン
TEL(0232) 631 0778
圏8:30～19:00
　（冬期8:00～17:00）
休無休　料15TL
🚕隣が軍事基地なので写真撮影の際などに注意。タクシーで行くと待ち時間により町から片道約10TL。

ヘビは再生のシンボルだった

見どころ

芸術や学問の中心、ヘレニズム文化の集大成　Map P.221B1
アクロポリス
Akropolis　アクロポリス

トラヤヌス神殿　王宮跡に造営された神殿。ローマ皇帝ハドリアヌスが、先帝トラヤヌスに捧げた。すべて大理石のこの神殿は、正面6柱、側面9柱のコリント様式。

トラヤヌス神殿

アテナ神殿　紀元前4世紀のものといわれる。現在は礎が残るのみだが、ヘレニズム芸術の最高傑作といわれる**瀕死のガリア人**など、見事な彫刻群が飾られていた。

図書館　エジプトのアレキサンドリア図書館に対抗し、20万巻もの蔵書を誇った図書館。伝説によれば、この図書館に脅威を覚えたエジプトがパピルスの輸出を禁止し、困ったエウメネス2世がそれに替わる羊皮紙を発明したという。羊皮紙の独語名ペルガモントはここペルガモンが語源だ。

アレキサンドリアの図書館を灰にしたアントニウスは、この図書館をクレオパトラへの贈り物としたという話も残る。

劇場　傾斜のある劇場で、音響も非常によい。眺望をさえぎらないために、舞台は催し物のときにだけ組まれる木製のものだったという。劇場は扇形だが、アクロポリス全体も劇場を中心とした扇形に広がるプランになっている。また、劇場下段のテラス端には、**ディオニソス神殿跡**がある。

ゼウス大祭壇　19世紀にドイツの発掘隊によって発見された。方形の基壇の上に、イオニア式の円柱の並ぶ凹型の柱廊、中央に大階段を備えていた。**神と巨人たちとの戦い**を描いた浮彫芸術はヘレニズム芸術の代表とも。残念ながらドイツによって運び去られ、現在はベルリンのペルガモン博物館にある。

古代の総合ヘルスセンター　Map P.221A2
アスクレピオン
Asklepion　アスクレピオン

紀元前4世紀から紀元後4世紀まで使われた古代の総合医療センター。病人や代理人が生贄を捧げて参拝し、入浴して体を清め宿泊した。そして、見た夢を神官が判断し、治療法を示唆した。聖なる道を抜けた広場には**ヘビの彫刻**を施した円柱が残っている。脱皮するヘビを、生まれ変わる生き物＝再生のシンボルとしてとらえていた。

アクロポリスの中市、アゴラ横にある「Z」という遺構にあるモザイクは保存状態がよく必見。1995年から行われたドイツ考古学院の発掘により見つかったもの。（編集室）

ヘビのレリーフが施された円柱の隣にあるのが医学書なども集められた**図書館**。その先、広場の中央に体を清めた**聖なる泉**があり、横には**劇場**がある。音楽療法なども試みられていたようだ。治療施設に**トンネル**を通って入るのは、健康の維持・回復の治療と信仰活動が同時に行われたことを意味する。トンネルは「神聖」と「俗」の境界だった。

アスクレピオンのトンネル

アスクレピオンで出土した勝利の女神、ニケの像（ベルガマ博物館）

アスクレピオン拡大図

- 劇場
- 聖なる泉
- 図書館
- 蛇のレリーフの円柱
- 聖なる道
- 古代トイレ
- 地下道
- アスクレピオス神殿
- 籠堂（診療所）

アクロポリス Akropolis P.220

- 武器庫
- 図書館
- トラヤヌス神殿
- 劇場
- アテナ神殿
- 入口
- ゼウス大祭壇
- 上のアゴラ
- 浴場
- 城壁
- 遺構「Z」
- 中のアゴラ
- デメテル神殿
- 東の浴場
- 西の浴場
- ジムナジウム
- アッタロスの家
- 下のアゴラ

ケステル湖 Kestel Barajı

ローマ水道

Akropol Cad. アクロポリス通り

Kozak Cad.

ベルガマ

- クズル・アウル Kızıl Avlu P.219
- Citi Hostel P.222
- Bergama Sofrası P.222
- ハジュ・ヘキム・ハマム Hacı Hekim Hamamı
- Altın Kepçe P.222
- 拡大図上参照
- アスクレピオン Asklepion P.220
- ジュムフリエット広場 Cumhuriyet Meydanı (商工会議所)
- 庁舎 Hükümet Konağı
- Ptt
- ベルガマ博物館 Bergama Müzesi P.219
- Anıl P.222
- 公園
- Tansaş
- エスキ・ガラジ（旧オトガル） Eski Garaj
- Gobi P.222
- ベルガマ・スタジアム Bergama Stadı
- イェニ・オトガルへ約6km（新オトガル）
- アリアノイへ約18km

ベルガマでは安い料金で観光客に声をかけ、請求時になって高い料金を請求されるタクシーのトラブルが多く報告されている。悪質なタクシーは番号を控えておこう。（編集室）

HOTEL & RESTAURANT

ベルガマは小さな町だが、宿の数は多い。メインストリートには小さな安宿やペンションが点在している。ツアー客が利用するような大型ホテルは、幹線道路と町の間に並んでいる。イズミルからの日帰り観光も充分に可能。

レストランや商店は、旧オトガルからアタテュルク像のある広場までの間に集中している。アクロポリスやアスクレピオンなど遺跡周辺に食べるところはないので、軽食を持参しよう。エスキ・ガラジ横にはスーパーマーケットもある。

日本からホテルへの電話　国際電話会社の番号 + 010 + 国番号 90 + 232（市外局番の最初の0は不要） + 掲載の電話番号

シティ・ホステル　Citi Hostel

経済的　Map P.221B2

Bankalar Cad. Buzhane Çık. No.10
TEL (0232) 638 5008
FAX (0232) 633 5004
URL citihostelbergama.com
D 25TL
S 30TL
W 40TL
US$ € TL 不可 不可

オーナーはオーストラリア出身のトルコ人で、流暢な英語を話す。ドミトリーのベッド数は5、6、8。基本男女混合だが、女性専用を希望する場合応相談とのこと。部屋はベッドが置かれただけのシンプルな造りだが清潔に保たれている。キッチンと洗濯機は無料で利用できる。全13室。
全館無料

ゴビ　Gobi Pension

経済的　Map P.221A2

Zafer Mah. Atatürk Bul. No.18
TEL & FAX (0232) 633 2518
URL www.gobipension.com
S 40TL
S A/C 55TL
W 60TL
W A/C 80TL
US$ € TL 不可 不可

アタテュルク大通り沿いにある家族経営のペンション。部屋のインテリアはいろいろあるが全室暖房付き。全12部屋のなかで8部屋はトイレ・シャワーが付いている。英語を話せるスタッフもいるので何かと安心。宿泊者は日本語入力可のPCを無料で利用できる。
全館無料

宿のおじさんがタクシーの手配や交渉をしてくれて効率よく遺跡を回ることができました。　　（大阪府　まーしー　'11年12月）

アヌル　Anıl Butique Hotel

中級　Map P.221B2

Hatuniye Cad. No.4
TEL (0232) 632 6352
FAX (0232) 632 6353
URL www.anilhotelbergama.com
S A/C 50€
W A/C 70€
US$ € TL 不可
A D J M V

i の近くにある。安宿やペンションの多いベルガマでは数少ない中級ホテル。モダンなテイストの内装で、衛星放送対応の大型テレビやマッサージ機能付きシャワーなども完備。2012年7月現在屋上テラスは閉鎖中で、朝食は1階でとる。
全館無料

ベルガマ・ソフラス　Bergama Sofrası

トルコ料理　庶民的　Map P.221B2

Bankalar Cad. No.44
TEL (0232) 631 5131
FAX なし
5:00～20:00（夏期～23:00）
無休
US$ € TL

煮込み料理を中心に、ベルガマの地方料理が味わえるロカンタ（食堂）。素揚げしたナスとピーマンの煮込み、パトゥルジャン・チュウルトマ Patlıcan Çığırtma（6TL）や、ズッキーニのドルマ Kabak Dolması（6TL）などが人気メニュー。

アルトゥン・ケプチェ　Altın Kepçe

トルコ料理　庶民的　Map P.221B2

Turabey Mah. Hacıyamak Sok. No.1
TEL (0232) 631 4422
FAX なし
6:00～19:00
無休
€ TL M V

名物のベルガマ・キョフテ（7TL）を出すレストラン。そのほか月・水・金曜はデューン・カウルマ Düğün Kavurma（6TL）、月・金曜にはクズ・ジエリ・サルマ Kuzu Ciğeri Sarma（8TL）という郷土料理を出す。朝食時にはスープを出している。

ベルガマ・ソフラスの横にあるハジュ・ヘキム・ハマム Hacı Hekim Hamamı は、1513年に建てられた歴史あるハマム。2008年に修復が終了し、再オープンした。（編集室）

5000年の歴史をもつ「エーゲ海の真珠」
イズミル izmir

市外局番 **0232** 人口**360万6326人** 標高**2m**

イズミルのシンボル、コナック広場にある時計塔

エーゲ海地方最大の工業貿易都市イズミルは、トルコ第3の都市だ。エーゲ海観光の拠点ともなっており、海岸通りを歩くと、どこかヨーロッパの街のようにしゃれている。

古くはスミルナSmyrnaという名をもち、イオニア人の植民地であったが、ローマ時代に入りキリスト教が広まると、エーゲ海の中心都市として繁栄した。しかし、それらの遺跡もたび重なる地震や外敵の侵入により、現在はあまり残されていない。さらに、街の持続的な発展は、遺跡の上に新たな建物を建てることを余儀なくさせた。最も大きかったダメージは第1次世界大戦後のギリシアとの戦争で激戦地となったこと。しかし、そこから完全に復興したイズミルは、最も活気ある都市のひとつとして、現代のトルコを知るにはもってこいの街といえる。

‖‖ 旅のモデルルート ‖‖

イズミルの楽しみは、手頃な値段でショッピング&グルメを楽しむこと。見どころ見学やリゾート満喫ライフもよいが、背伸びをしない普通の過ごし方が、イズミルには似合う。

■時刻表一覧
✈→P.70～73
🚢→P.74～75
🚌→P.208～211
バス時刻表索引→P.76～77

チェシメはイズミル近郊のリゾート。城塞からチェシメの町を見下ろす

イズミルをベースに遺跡三昧の1泊2日コース

1日目 イズミル ➡ ベルガマ ➡ クズララース・ハヌ（➡ カディフェカレ）
2日目 イズミル ➡ エフェス

ベルガマ、エフェスともバスで2時間程度の距離なので、早朝出発すれば日帰りは充分可能。1日目はベルガマへ。遺跡の見学は効率よくタクシーを使って、夕方までにイズミルへ戻ってこよう。クズララース・ハヌでショッピングを楽しんでから、時間があればカディフェカレで夕景を楽しみたい。
2日目はエフェスへ。セルチュクでは壮大な古代遺跡や聖母マリアの家を訪れよう。

📝 イズミルを歩いているとおしゃれな美人が多いのに気付く。それもそのはずで、トルコのトップモデルはイズミル出身者が多いというのはよく知られた話。(編集室)

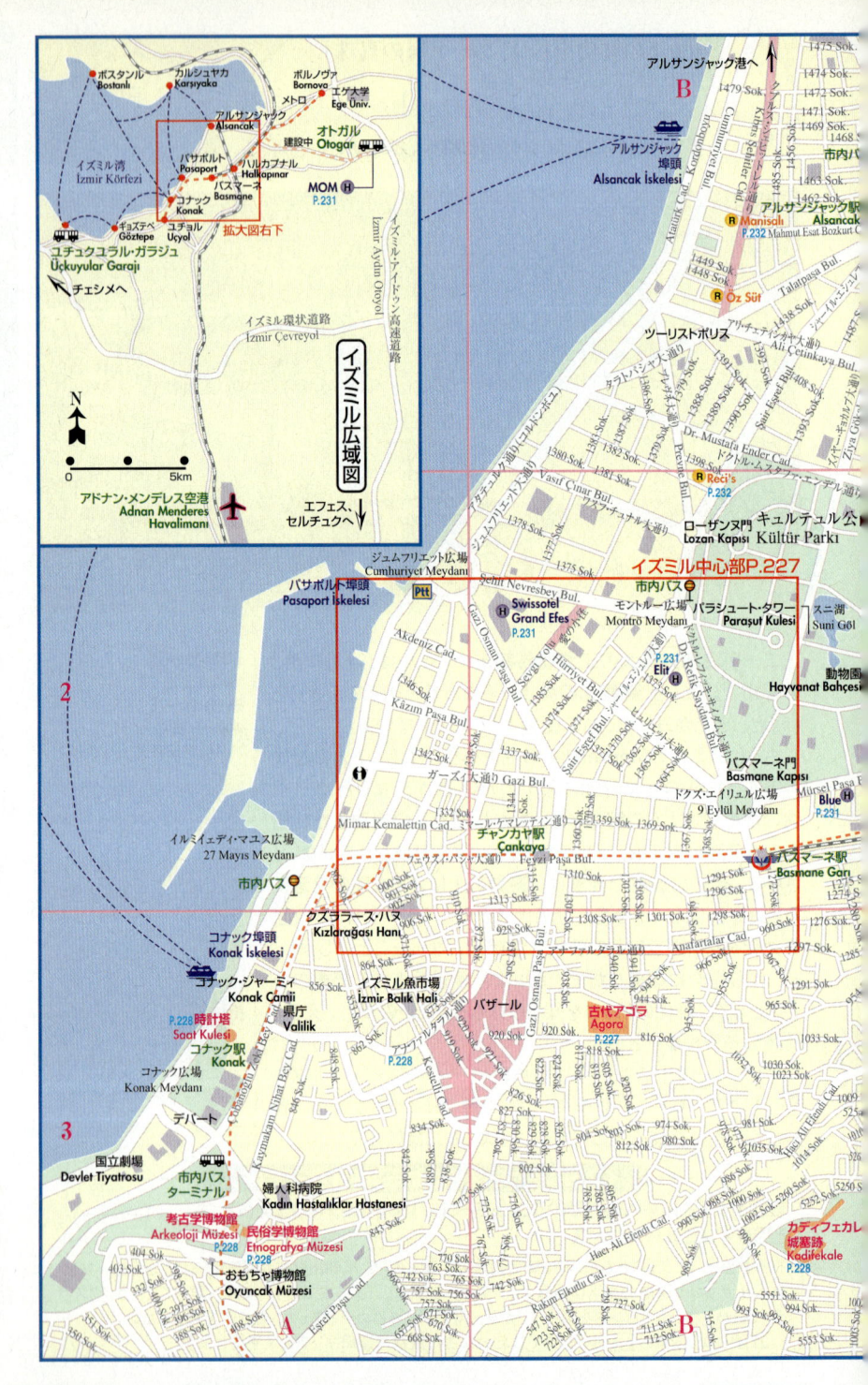

広大な敷地をもつキュルテュル公園は、1922年の独立戦争時に起きた大火災で燃えてしまった市街地の上に造られている。(編集室)

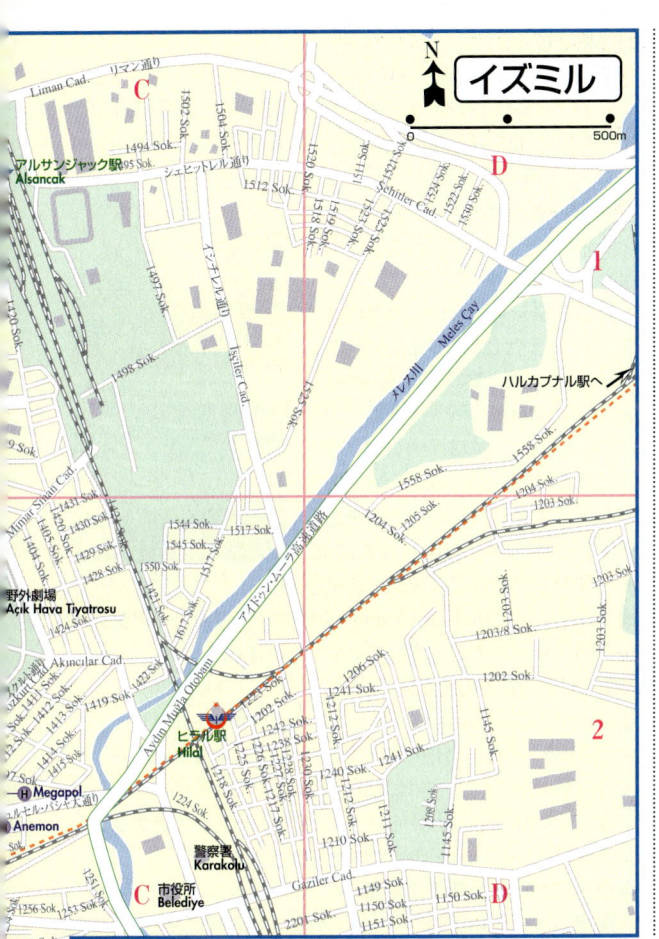

■ホップ・オン・バス

市が運営する乗り降り自由のオープントップバス。ルートはアルサンジャック港→アタテュルク大通り(海岸通り)→ジュムフリエット広場→キュルテュル公園→古代アゴラ→おもちゃ博物館→考古学博物館→コナック広場→時計塔前→バスマーネ駅→キュルテュル公園→クブルス・シェヒットレル通り→アルサンジャック駅→アルサンジャック港。9:30〜15:00に30分おきの運行。運賃は10€または25TL、24時間有効。詳しい地図は❶でもらえる。

■メトロ&イズバンの延伸計画

メトロとイズバン、トルコ国鉄が交差するハルカプナル駅はターミナル駅となっており、この駅からオトガル(イゾタシュ)への支線敷設計画も進められている。

また、イズバンは北はベルガマ、南はセルチュクまでの延伸計画があり、オープンすればさらに便利になりそうだ。

■ユチュクユラル・ガラジュ Üçkuyular Garajı

市南西にあるユチュクユラル・ガラジュからはチェシメ方面へのバスが出ている。ユチュクユラル・ガラジュへはハルカプナル駅、アルサンジャック駅方面からは554番、コナックの市内バスターミナルからは554番のほか、980番のバスで行くことができる。

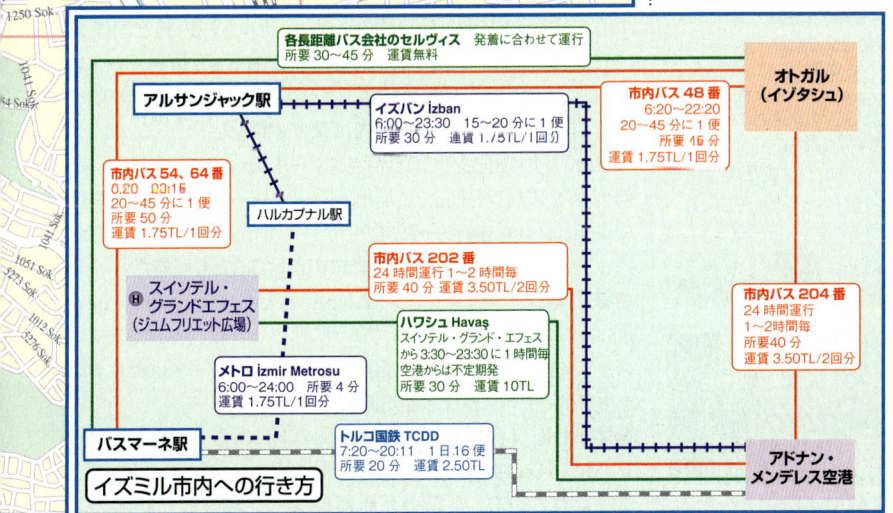

イズミル市内への行き方

- **各長距離バス会社のセルヴィス** 発着に合わせて運行
  所要 30〜45 分　運賃無料

- **アルサンジャック駅**

- **市内バス 54、64 番**
  0:20 〜 23:15
  20〜45 分に 1 便
  所要 50 分
  運賃 1.75TL/1回分

- **ハルカプナル駅**

- **イズバン İzban**
  6:00〜23:30　15〜20 分に 1 便
  所要 30 分　運賃 1.75TL/1回分

- **スイソテル・グランドエフェス**
  (ジュムフリエット広場)

- **市内バス 202 番**
  24 時間運行 1〜2時間毎
  所要 40 分　運賃 3.50TL/2回分

- **ハワシュ Havaş**
  スイソテル・グランド・エフェスから 3:30〜23:30 に 1 時間運行
  空港からは不定期発
  所要 30 分　運賃 10TL

- **メトロ İzmir Metrosu**
  6:00〜24:00　所要 4 分
  運賃 1.75TL/1回分

- **バスマーネ駅**

- **トルコ国鉄 TCDD**
  7:20〜20:11　1日 16 便
  所要 20 分　運賃 2.50TL

- **オトガル (イゾタシュ)**

- **市内バス 48 番**
  6:20〜22:20
  20〜45 分に 1 便
  所要 45 分
  運賃 1.75TL/1回分

- **市内バス 204 番**
  24 時間運行
  1〜2時間毎
  所要 40 分
  運賃 3.50TL/2回分

- **アドナン・メンデレス空港**

💧 海沿いの道をコナック広場を目指して南に歩きました。特に夕日の時間帯は海がオレンジ色に染まってとても美しい。地元の学生もよく歩いていました。(愛知県　中田知沙　'12春)

ヤシの木もライトアップされた夜の愛の小径

キュルテュル公園

■両替
銀行が多いのはガーズィ大通り沿い。ガーズィ・オスマン・パシャ通りとの交差点付近には私設両替商もある。クブルス・シェヒットレル通り沿いにも私設両替商や銀行がある。

■郵便・電話
PTTはジュムフリエット広場に面している。ここでは小包の発送以外のすべての業務を扱っており、24時間営業。公衆電話もこの周りにたくさんある。フェウズィパシャ大通りにもPTTがある。

■イズミルの❶
Map P.227A
✉ Akdeniz Mah.
1344 Sok. No.2 Pasaport
☎(0232) 445 7390
FAX(0232) 489 9218
URL www.izmirkulturturizm.gov.tr(トルコ語)
🕐 8:30～17:30
(冬期8:00～17:00) 休土・日
ジュムフリエット大通りとガーズィ大通りの交差点にある。資料も豊富に揃う。

イズミルの❶

オトガルの長距離路線ターミナル

||| 歩き方

● **新旧市街の境界線** イズミルの街は、新しい顔と古い顔をもつ。その境界線となるのは、バスマーネ駅近くの**ドクズ・エイリュル広場**9 Eylül Meydanıから港へと走る**ガーズィ大通り**Gazi Bul.。この通りより北側はビジネス街で、高級ホテルなどがある。

● **若者の街** ガーズィ・オスマン・パシャ通りの中ほどにある道を北東に向かうと、そこはヤシの木が立ち並ぶ**愛の小径**Sevgi Yolu。若者の多い**クブルス・シェヒットレル通り**Kıbrıs Şehitler Cad.は、愛の小径から続く道をさらにアルサンジャック方面にずっと行くとある。このあたりにはブティックやオープンカフェなどが点在している。バスマーネ駅北にある**キュルテュル公園**Kültür Parkıには遊園地、池、動植物園があり、夜遅くまで市民でにぎわう。**コルドン**Kordonとも呼ばれる海沿いの**アタテュルク通り**Atatürk Cad.も歩いていて楽しい通りだ。

クブルス・シェヒットレル通り

海沿いのアタテュルク通り

● **庶民的な南側の街並み** 観光や生活の中心は、ガーズィ大通りよりさらに南、海沿いにある**コナック広場**Konak Meydanı。付近にはデパート、市内バスターミナル、博物館などがある。広場の西側にあるバザールは地元の買い物客でいつもにぎわっている。バスマーネ駅近くからコナック広場へと延びる**アナファルタラル通り**Anafartalar Cad.には下町的雰囲気が漂う。

◆ ターミナルから市の中心部へ

● **空港** イズミルのアドナン・メンデレス空港は、ヨーロッパを中心に国際線が多く発着する、ターミナルも国内線と国際線に分かれている。シャトルバスの**ハワシュ** Havaşがガーズィ・オスマン・パシャ大通りのスイソテル・グランド・エフェス・ホテル前まで行く。ほぼ同じルートを**市内バス**202番も走っている。

また、**トルコ国鉄**TCDDがバスマーネ駅へ出ているほか、近郊列車**イズバン**İzbanでアルサンジャック駅へも行ける。国鉄はセルチュクへも運行(→P.74)しているので、イズミルに寄らずに、空港から直接エフェス観光に出かけることも可能だ。

● **鉄道駅** アルサンジャックAlsancakとバスマーネBasmaneというふたつの駅が起点。アルサンジャックは、アンカラやエスキシェヒルといった中・長距離の路線、バスマーネはセルチュクやソケ、デニズリなど近郊路線が中心。

● **オトガル** バスターミナルは市街の東にある。正式名称はイゾタシュ(İZOTAŞ)だが、オトガルで通じる。イェニ・ガラジとも呼ばれている。下階の長距離路線と上階の近郊路線のふ

市内フェリーはあまり利用する機会はないかもしれないが、夕方や夜に乗るとちょっとしたクルーズ気分が楽しめる。海から眺めるイズミルも美しいのでおすすめ。(編集室)

たつのターミナルがあり、近郊路線はイルチェ・テルミナリİlçe Terminaliと呼ばれている。

街の中心へは各バス会社のセルヴィスを利用するのが楽。ほとんどのバス会社がバスマーネ駅前までセルヴィスを走らせている。セルヴィス乗り場はターミナルに隣接。市内バスも町の中心へ行く。タクシーで市内へ行く場合、バスマーネまでは約25TL。

◆**市内交通**

市内交通に乗るにはイズミル・ケントカルトか回数券が必要。現金払いはできない。市内バスは乗車時に運転席の横にある読み取り機に、メトロやイズバンでは改札機にカードを押当てる。

●**市内バス**　ESHOTと書かれたバスとİZLAŞと書かれた2種類のバスが走っている。

●**メトロ**　6:00～24:00の運行。

●**イズバン**　アルサンジャック駅を基点に、北線と南線がある。6:30～23:00の運行。

|||見どころ|||
突然現れるローマ遺跡
古代アゴラ
Map P.224B3

Agora アゴラ

コリント様式の支柱が数本並び、石片が転がる3階建て市場の跡。地震で被害を受けた後、紀元178年にローマ帝国の

■**イズミル・ケントカルト**

バス、メトロ、イズバン（近郊列車）、フェリーで使用できるICカード型乗車券。カードを4.75TLで購入し、任意の金額をチャージしてもらう。料金は中心部では1.75TLで90分間有効、空港へは3.50TL。時間内なら何度でも乗り換え可能。

■**回数券**

ケントカルトより若干割高だが、短期の滞在に便利。紙製のカード型乗車券で使い方はケントカルトと同じ（チャージはできない）。3回券（6.50TL）と5回券（10.40TL）があり、キオスクなどで販売されている。市内中心部では1回分、空港へは2回分使用する。
URLwww.eshot.gov.tr

■**古代アゴラ**

ガーズィ・オスマン・パシャ通りを南に行くと、左側に曲がる地点で標識がある。
TEL(0232) 483 4696
圏8:30～18:30
　（冬期8:00～17:30）
休無休　料3TL

イズミル中心部

街の中心にあるキュルテュル公園は家族連れなどでにぎわう市民の憩いの場だ。中には小さな遊園地や野外劇場、池などもあって散策や休憩にぴったり。（編集室）

いきなりの古代空間

■考古学博物館・民俗学博物館
TEL(0232)489 0796
圖8:00～19:00
　(冬期8:30～17:00)
休月
料考古学博物館:8TL
　民俗学博物館:無料

考古学博物館地下1階にあるランナーの銅像

アナファルタラル通りのすぐ東にあるイズミル魚市場

おみやげ屋さんが軒を連ねるクズララース・ハヌ

■カディフェカレ城塞跡
交コナック広場、考古学博物館などからバス33番に乗り、終点のひとつ前のY字路の所で下車し、左に行く。

228

五賢帝のひとりで、哲人皇帝としても有名なマルクス・アウレリウス・アントニヌスにより再建された。グランドフロアには28の店舗があったという。発掘された彫刻群は考古学博物館に展示されている。

ギリシアの神々がたくさん集められた
考古学博物館　　　　　　　Map P.224A3
Arkeoloji Müzesi　アルケオロジ・ミュゼスィ

　主にエフェス、ボドルムなどで発見された石像などを展示している。特に、地下1階のランナーの銅像は写実的で美しい。そのほか、地下の石棺コレクションも見ごたえがある。隣には**民俗学博物館**があり、伝統民族衣装や民具がある。

イズミルのシンボル
時計塔　　　　　　　　　　Map P.224A3
Saat Kulesi　サアト・クレスィ

　コナック広場の中心に建っている時計塔は、1901年にスルタン、アブデュルハミト2世の在位25周年を記念して造られた。時計の部分はドイツ皇帝ヴィルヘルム2世からの贈り物。ギリシア占領下の1919年、トルコ人によるギリシアに対する最初の発砲があったのは、この時計塔のすぐそばだったという。激動の歴史を目撃した時計塔は、現在、街のシンボルとしてイズミル市民に親しまれている。

衣料品と雑貨の店が並ぶ巨大な市場
アナファルタラル通り　　　Map P.224A3～B3
Anafartalar Caddesi　アナファルタラル・ジャッデスィ

　コナック広場から東側の**アナファルタラル通り**Anafartalar Cad.周辺には**市場**が広がっている。上野のアメ横を思い起こすようなにぎわいだが、食料品は少なく衣料品と雑貨が中心。カバン、靴類なども安く、奥のほうには金細工の小さな店を中心とする**貴金属市場**がある。100軒はゆうに超す規模だ。

　また、**クズララース・ハヌ**Kızlarağası Hanıは、イズミルに残る数少ない典型的オスマン朝建築のひとつ。なかはイスタンブールのグランドバザールを思わせるにぎわいぶりだ。

青い海とイズミルの街並みが広がる
カディフェカレ城塞跡　　　Map P.224B3
Kadifekale　カディフェカレ

　アレキサンダー大王の命令により、ペルシアの侵攻を防ぐために造られた城塞だが、現在残っている遺跡はビザンツ時代のものがもとになっている。城塞内は単なる公園だが、眼下に広がるイズミルの街は絶景だ。

カディフェカレから市街を眺める

カディフェカレ城塞跡周辺は、マルディン出身者が多く暮らしており、「小マルディン」の異名がある。マルディンの長距離バス会社のオフィスもある。(編集室)

白い家並みが残る古い町
フォチャ
Foça フォチャ

Map P.24A2

　イズミルを出発したバスは、幹線道路からフォチャへの枝道にそれると、草木もまばらな岩肌が露呈した景観の中を走り、ふたつの深い入江をもつ小さなリゾート地に着く。

　イズミルの北西70kmに位置するフォチャは、人口約1万5000人のこぢんまりした町。沿岸には、乱獲のため数が激減し絶滅の危機に瀕している地中海モンクアザラシが生息している。

　バスが到着するエリアのエスキ・フォチャ Eski Foça（旧フォチャ）と丘を挟んで隣接するイェニ・フォチャ Yeni Foçaからなる。エスキ・フォチャは、かつてフォカエアPhocaeaと呼ばれ、紀元前6世紀以前に築かれた。町の中心はオトガルの近くから南北に延びる石畳のアタテュルク通り。❶やレストラン、カフェなどが並び、テラス席でのんびりくつろいでいる人の姿も。❶を南に下っていくと、ヨットハーバーやその先に遠浅の静かなビーチが広がっている。

　また、オトガルの向かいの広場では、毎週火曜に市が開かれ、野菜、フルーツ、衣類、雑貨などが並び、周辺の町から買い出しに来た人たちでにぎわう。

■フォチャへの行き方
●イズミルから
🚌エスキ・フォチャへはオトガルの近郊行き乗り場から6:30〜21:15に20〜30分に1便。運賃は8TL、所要約1時間30分。イェニ・フォチャ行きのバスもある。

■フォチャの❶
✉Atatürk Mah. No. 1
☎&FAX(0232) 812 1222
🕐夏期8:30〜12:00
　　　13:00〜17:30
　　　(土10:00〜17:00)
　冬期8:00〜12:00
　　　13:00〜17:00
休日

石造りの家々が並ぶ素朴な町並み

入り江の囲まれた美しいリゾートタウン
チェシメ
Çeşme チェシメ

Map P.229

　イズミルはエーゲ海に面しているが、大型船が停泊する港であるため、海水浴には適していない。イズミル近郊で最も美しい海といわれているのはチェシメ。ヨーロッパなどからの観光客でにぎわうリゾートタウンだ。

アルトゥンクム海岸

チェシメの歩き方　観光地とあって、メインストリートにはみやげ物屋などが並び、英語もよく通じる。メインストリートを下り、海にぶつかると左側がすぐ桟橋で、❶や税関、船会社が並ぶ。イタリアの**ブリンディシ**Brindisi、ギリシアの**シオス**（ヒオス）Chios島への船が発着する、小さな入江に囲まれた美しい港だ。港のすぐ背後には博物館を併設した大きな**城塞**がある。1508年にバイェズイド2世の時代に建てられたもので、エーゲ海が見渡せる。すぐ近くのケルヴァンサライ（隊商宿）は16世紀創建で、現在はホテルに改装されている。

■チェシメへの行き方
🚌バスはイズミル発。夏はイスタンブールなどからも臨時便が出ることもある。
●イズミルから
🚌ユチュクユラル・ガラジュ発、7:00〜23:00に45分毎
所要:1時間30分
運賃:12TL
🚌オトガルの近郊バス乗り場発、6:30〜22:00に約1時間15分に1便
所要:1時間30分
運賃:14TL

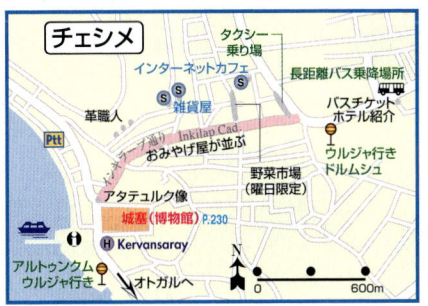

😊白い家並みが残るフォチャに行きました。でもフォチャのオトガルではない場所で降ろされて帰りが大変でした。夏以外に行くのはおすすめできません。(埼玉県　アンタッチャブル　'12春)

■チェシメの❶
Map P.229
✉İskele Meydanı No.4
TEL&FAX(0232) 712 6653
営夏期 8:00～18:00
　冬期 8:00～12:00
　　　　13:00～17:00
休冬期の土・日

■城塞
Map P.229
✉Kale Sok. No.1
TEL&FAX(0232) 712 6209
営夏期 8:00～19:00
　冬期 8:00～12:00
　　　　13:00～17:00
休月　料3TL

近郊の砂浜と温泉

近郊には、**アルトゥンクム**Altınkum、**ダルヤン**Dalyanなどすばらしいビーチがいくつもある。やはり美しいビーチで知られる**ウルジャ** Ilıcaは、北東にある**シフネ**Şifneとともに**温泉**が出ることでも知られ、宿泊やスパ、泥風呂などの設備がある。リューマチ、皮膚病、婦人病、神経痛などの症状に効くという。ビーチ、温泉とも港の近くやチェシメの町入口からドルムシュが出ている。

チェシメの南東にある**アラチャトゥ** Alaçatıは19世紀後半にギリシア人によって作られた町並みがそのまま残る村。パステルカラーと白壁の伝統家屋はカフェやギャラリーなどに改装され、チェシメと並ぶ人気の観光地になっている。

HOTEL

トルコ第3の都市イズミルでは国際会議やビジネス需要が多く、ホテル料金はやや高めだ。高級ホテルはジュムフリエット広場周辺から海沿いに、中級ホテルは海からバスマーネ駅に向かう通り沿いなどに多い。安い宿はバスマーネ駅周辺の1368番通り、1296番通り近辺に多いが、雰囲気はよくない。大通り沿いは交通量が多く、騒音で眠れないこともある。

日本からホテルへの電話　国際電話会社の番号　＋　010　＋　国番号 90　＋　232 (市外局番の最初の 0 は不要)　＋　掲載の電話番号

ガル　Otel Gar　　　経済的　Map P.227B

✉9 Eylül Meydanı Anafartalar Cad. No.787 Basmane
TEL(0232) 425 4645　FAXなし
S A/C 🚿🚽 25TL
W A/C 🚿🚽 40TL
💲US$ € TL
T/C不可　C/C不可

バスマーネ駅前にあり、バスオフィスにも近くて便利。外国人旅行者の利用も多く、フロントも英語を解するが、老朽化した安宿の感は否めない。ただ料金の安さは魅力。全33部屋にはセントラルヒーティング完備。無線LANは導入予定。
(埼玉県　アンタッチャブル　'12春)

😞バスマーネ駅前で便利だけど、窓がひとつもない部屋に通されて息苦しかった。

ヒサル　Hisar Hotel　　　中級　Map P.227B

✉Fevzipaşa Bul. No.153
TEL(0232) 484 5400
FAX(0232) 425 8830
S A/C 🚿🚽 60TL
W A/C 🚿🚽 90TL
💲US$ € TL
T/C不可
C/C 🆗

フェヴズィパシャ大通りに面したホテル。入口は横の通りにある。全63室の部屋は広々としており、テレビやミニバーも付いていて、バスルームはバスタブ付き。しかし、建物は老朽化しており、通りに面した部屋は騒音が気になるかもしれない。朝食はオープンビュッフェ。📶全館無料

カヤ　Otel Kaya　　　中級　Map P.227B

✉Gazi Osmanpaşa Bul. No.45
TEL(0232) 483 9771
FAX(0232) 483 9773
URL www.otelkaya.com
S A/C 🚿🚽 95TL
W A/C 🚿🚽 125TL
💲US$ € TL
T/C不可　C/C 🆗

シャンデリアの下がるエントランスに、アンティーク調のイスや季節の花々が配されたロビーが印象的。各部屋はローズ系のカラーリングで統一されており、バスタブ、ドライヤーなども完備している。朝食はオープンビュッフェ。📶全館無料

😊チェシメからギリシアのヒオス島に行きました。船で1時間ほどでした。日帰りでしたが修道院なども見学できて大満足でした。(東京都　笹川香織　'12春)

エリット Hotel Elit

✉ 1370 Sok. No.24
TEL (0232) 482 2889
FAX (0232) 425 7753
URL www.izmirelitotel.com
S A/C 🛁 📶 70TL
W A/C 🛁 📶 100TL
US$ € TL 不可 不可

中級　Map P.227B

アルサンジャックのショッピングエリアにあり、買い物に便利な場所。このエリアのホテルにしては安いほうだ。全20室と小規模で部屋は少し狭い。セントラルヒーティングはないが、エアコンがあるので冬もOK。　📶全館無料

エムオーエム Hotel MOM

✉ Kemal Paşa Cad. No.1/101, Işıkkent
TEL (0232) 472 1000
FAX (0232) 472 3010
URL www.momhotel.com
S A/C 🛁 📶 120TL〜
W A/C 🛁 📶 180TL〜
US$ € TL 不可 📶

中級　Map P.224A1

2009年にオープンしたオトガルの敷地内にあるホテル。いちいち市内に戻る必要がないので、イズミルをベースににベルガマやエフェス、チェシメなどへの日帰り旅行を繰り返すスタイルにピッタリ。料金も宿代が高めのイズミルにしては悪くない。　📶全館無料

ブルー Hotel Blue

✉ Mürsel Paşa Bul. 1265 Sok. No.13
TEL (0232) 484 2525
FAX (0232) 484 2550
URL www.bluehotelizmir.com
S W A/C 🛁 📶 159〜189TL
US$ € TL 不可 A M V

中級　Map P.224B2

ドクズ・エイリュル広場からほど近いブティックホテル。部屋のタイプは3種類あり、ジャクージ付きの部屋とサウナ付きの部屋などが選べる。客室も広く、ゆったりとくつろぐことができる。朝食は別料金で16TL。　📶全館無料

キリム Otel Kilim

✉ Atatürk Bul.
TEL (0232) 484 5340
FAX (0232) 489 5070
URL www.kilimotel.com.tr
S A/C 🛁 📶 135TL
W A/C 🛁 📶 200TL
US$ € TL 不可 M V

高級　Map P.227A

❶近くのウオーターフロントに建ち、海側の部屋からはエーゲ海が一望のもと。全室にセーフティボックス、ミニバー、テレビなどが備わり、機能性も抜群。朝食は、ビュッフェスタイル。シーフードレストランも併設している。全70室。　📶全館無料

スイソテル・グランド・エフェス Swissotel Grand Efes

✉ Gazi Osman Paşa Bul. No.1
TEL (0232) 414 0000
FAX (0232) 414 1010
URL www.swissotel.com/izmir
S A/C 🛁 📶 240€
W A/C 🛁 📶 260€
US$ € TL
US$ €
A J U J M V

最高級　Map P.227A

長らくビュユック・エフェスの名で知られた街のシンボル的ホテル。全面改装を行い、2008年に新装オープンした。併設するアミルタ・スパ Amirta Spa & Wellnessは、5500m²という大規模なもので、各種トリートメントや屋内外プール、ハマムも備えている。左は取材時の実勢料金。　📶全館無料

ヒルトン・イズミル Hilton İzmir

✉ Gazi Osman Paşa Bul. No.7 Pasaport
TEL (0232) 497 6060
FAX (0232) 497 6000
日本の予約先TEL (03) 6679-7700
URL www.hilton.com
S A/C 🛁 📶 360TL
W A/C 🛁 📶 400TL
付加価値税8%別途
US$ € JPY TL
US$ € A D J M V

最高級　Map P.227A

イズミルのランドマーク的な存在の5つ星ホテル。イズミルで最も高い32階建ての建物だけあり、眺めはすばらしい。ぜひシービューの部屋に泊まりたい。1階にはレストランや海外ブランドのブティックがある。31階にはその眺めを最大限に活かしたレストランも併設されており、評判が高い。レジャー設備も整っており、ジム、サウナ、屋内スイミングプールなども完備。　📶有料

キョフテとジャガイモを煮込んだイズミル・キョフテはイズミルを代表する郷土料理。ただイズミル市内で抜きん出て有名な店はない。名店情報を募集中！（編集室）

Restaurant

アタテュルク通りにはオープンカフェやシーフードを出すレストランが多いが、値段はやや高い。海岸から離れたクブルス・シェヒットレル通りやタラトパシャ大通り**Talatpaşa Bul.**周辺は若者に人気のエリア。クブルス・シェヒットレル通りではマニサ・ケバブという地方料理が食べられる店がある。今や発祥地のマニサでもほとんどお目にかかれない料理だ。また、バスマーネ駅前やアナファルタラル通り周辺には、煮込み料理がメインの安いロカンタが多い。また、イズミル魚市場（Map P.224A3）周辺には、新鮮な魚介を活かしたロカンタがいくつかある。

魚市場で大人気のムール貝

マニサル Manisalı Kebap — ケバブ屋 庶民的 Map P.224B1

- ✉ Kıbrıs Şehitleri Cad. No.93/A
- TEL (0232) 464 4948
- FAX なし
- 営 8:00〜23:00
- US$ € TL C/C A M V

マニサから移転した人々がやっている。ヨーグルトをかけたタイプが人気だが、スタッフによるとそれは「邪道」。本来は純粋に仔牛と仔羊の肉の味を楽しむ料理なのだとか。マニサ・ケバブ8.50TL〜。薪で焼き上げたピデもこの店自慢の逸品だ。

トプチュ Topçu'nun Yeri — ケバブ屋 中級♀ Map P.227A

- ✉ Kâzım Dirik Cad. No.3/B Pasaport
- TEL (0232) 425 9047
- FAX (0232) 484 1470
- URL www.topcununyeri.com.tr（トルコ語）
- 営 24時間 休 無休
- US$ € TL C/C A M V

オープンして50年、イズミルっ子の誰もが知るチョップ・シシの名店で、有名人も数多く来店する。カロリー控えめのライト・チョップ・シシ（16.50TL）もある。ピデやパスタのほか、鶏肉のボンフィレ・ベシャメルソース（22.50TL）などのメニューもある。

レジス Café Reci's — カフェ 庶民的 Map P.224B2

- ✉ 1382 Sok. No.31/A Alsancak
- TEL (0232) 463 8470
- FAX (0232) 464 6353
- URL caferecis.com（トルコ語）
- 営 11:30〜23:00
- 日9:00〜21:00 休 夏期の日
- US$ € TL C/C M V

競争が激しいアルサンジャック界隈のカフェのなかでは老舗の部類に入るが、学生やOLを中心に地元の支持は高く、ランチタイムは常にテーブルが埋まっている。料理はピザやパスタ、サラダなどが中心で、トルコ色の強いものは少ない。アルコール類をまったく置いていないのは残念だ。

レッド・ドラゴン Red Dragon — 中華料理 中級♀ Map P.227A

- ✉ 1379 Sok. No.57/A Efes İşhanı
- TEL (0232) 483 0079
- FAX (0232) 441 6469
- URL www.reddragon.com.tr（トルコ語）
- 営 9:00〜23:30 休 無休
- US$ € TL C/C A M V

愛の小径にある中華料理店。入口はビルの奥にある。20年以上の歴史があり、シェフは中国人。客はイズミル在住の外国人が多い。3品のコース料理は38.50TL。2人前のコース料理は79.90TL〜。麻婆豆腐24.50TL、北京ダックなどは52.50TL。テイク・アウェイ割引あり。

クルチチェイ Kırçiçeği — ピデ屋 庶民的 Map P.227A

- ✉ 1379 Sokak No. 59 D-E Sevgiyolu
- TEL (0232) 483.0706
- FAX なし
- URL www.kircicegi.com.tr
- 営 7:00〜23:00
- 休 無休
- US$ € TL C/C A D J M V

イズミルを中心に全国で15店舗を展開するピデのチェーン店。ピデの種類はなんと25種類（7.50〜15TL）！ 鉄板焼きのキレミットやケバブも出す。ナッツ入りラフマジュンのように、あまり見かけない新しい発想の料理が多い。

イズミルっ子はラフマジュン好きが多く、チェーン店も含めて専門店が多い。トマトとルッコラをたくさん挟んでチーズ入りで食べるのがイズミル流なんだとか。（編集室）

パウロも宣教した古代ギリシアの大都会
エフェス Efes

市外局番 **0232** 人口3万4002人 標高15m（セルチュク）

スコラスティカの浴場から眺めるケルスス図書館

エフェスに来てみると、誰もがその広さと保存状態のよさに驚く。道、図書館、劇場、トイレから売春宿の看板にいたるまで残り、丘の上の住宅では高官の暮らしぶりまでが感じ取れる。ほかにも、このエリアには見ごたえのある遺跡や居心地のいいリゾートがいっぱい。できればゆっくり滞在したい。

旅のモデルルート

最大の見どころは、やはりエフェス遺跡。とりあえず予定を半日空けておこう。あとは自分の興味にしたがって歩こう。時間があればプリエネやミレト、ディディムといった周辺の遺跡や近郊のビーチでのんびりするのもいい。

■時刻表一覧
🚌→P.74～75
🚆→P.208～211
バス時刻表索引→P.76～77

シリンジェ村で出会った女の子

タクシーを使わず見どころを回る1日

セルチュク ➡ エフェス遺跡 ➡ 考古学博物館 ➡ 聖ヨハネ教会（➡ シリンジェ）

朝からドルムシュでエフェスに行こう。見学に昼前までかかるだろう。農道を3kmのんびり歩いてセルチュクに戻る。帰り道では途中、聖ヨハネ教会や城壁を見学する。発掘物に興味がわいたら考古学博物館へ。可能ならシリンジェも見たい。

自分の足で古代遺跡を回る充実した1日

クシャダス ➡ ソケ ➡ プリエネ＆ミレト＆ディディム ➡ ソケ ➡ クシャダス

プリエネ、ミレト、ディディムといった古代遺跡は、それぞれソケが起点となり、ソケからそれぞれの遺跡へはバスやドルムシュがある。ただ、遺跡同士をつなぐ交通機関に乏しいので、ソケに戻った時点で時間を判断し、場合によってはタクシーを使うことも頭に入れよう。また、時間に余裕をもたせるために、朝早くから動き出すのもいいことだ。レンタカーやレンタバイクのような手段があれば、ずっと楽になる。3ヵ所を回るツアー（略してP.M.D.ツアーとも呼ばれる）に参加するのも手。

エフェス遺跡内の丘の上の住宅は別料金。チケット売り場での支払いはトルコリラの現金のみ。遺跡内には両替所はないので、遺跡に出発する前に現地通貨の確認を。（編集室）

■**セルチュクのオトガル**

アイドゥン・トゥリズムAydın Turizm、パムッカレ・トゥリズムPamukkale Turizm、キャーミル・コチKâmil Koçなどを除き、オトガルにオフィスをもつ会社は多くはない。そのほかのバスは、オトガルには入らず、オトガル前のアタテュルク通りで乗客を降ろし、次の目的地へと向かう。

ちなみにセルチュクのオトガルにはエマーネット（荷物預かり所）がない。荷物を預けて観光したい人は、自分が利用するバス会社のオフィスで荷物を預かってもらおう。

カドゥンラル・デニズィ

|||歩き方|||

エフェス観光の起点となる町は、おもにセルチュク、クシャダス、シリンジェ。遺跡や見どころのある観光エリアは広いので、ドルムシュやミニバスをうまく利用しよう。

◆**起点となる町を決めよう**

●**セルチュク**　遺跡に最も近いのはセルチュクだ。遺跡を通るドルムシュもここに発着する。かつては無料で遺跡送迎を行うペンションも多かったが、いまは一律禁止となっている。昔から営業する家族経営の小さなペンションが多い。

●**クシャダス**　クシャダスはエフェス観光のほかに、エーゲ海の海辺でのんびりするならおすすめ。イズミル、セルチュク、ボドルムへのアクセスもいいし、高級なリゾートホテルもある。

●**シリンジェ**　人気上昇中の村。古い家並みがきれいに残り、民家の雰囲気を残したプチホテルやペンションが多い。いなかの雰囲気にひたりたいならおすすめだ。

●**そのほかの町**　このほか、エフェス遺跡の近くの高級リゾート地パムジャックPamucakやプリエネ、ミレト観光に便利なソケSökeやディディムDidimといった町も宿が多く、起点になる。

◆**ターミナルから市の中心部へ**

●**空港**　エフェスへ最も近い空港はイズミルのアドナン・メンデレス空港Adnan Menderes Havalimanı。ここからセルチュクへトルコ国鉄TCDDの列車が1日6便出ている（→P.75）。

●**鉄道駅**　セルチュクの町の中心には鉄道駅があり、イズミル方面やナーズルリ、デニズリ方面からの列車が発着する。ソケの鉄道駅は、旅客列車の発着は1日1便程度と少ない。

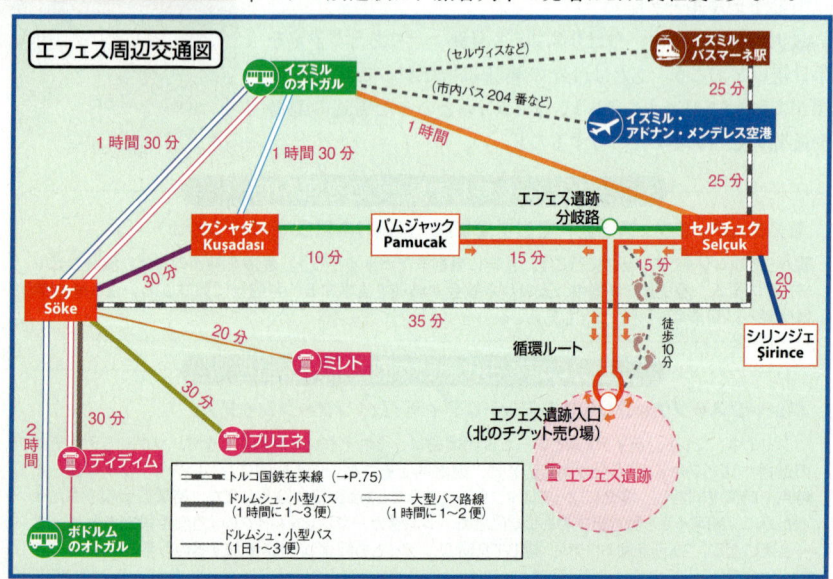

エフェス周辺交通図

- イズミルのオトガル
- （セルヴィスなど）
- イズミル・バスマーネ駅　25分
- （市内バス204番など）
- イズミル・アドナン・メンデレス空港　25分
- 1時間30分
- 1時間30分
- 1時間
- クシャダス Kuşadası
- パムジャック Pamucak　10分
- エフェス遺跡分岐路　15分
- セルチュク Selçuk　20分
- 5分
- ソケ Söke　30分
- 35分
- 循環ルート
- 徒歩10分
- シリンジェ Şirince
- 20分
- ミレト
- 30分
- プリエネ
- 2時間
- 30分
- ディディム
- エフェス遺跡入口（北のチケット売り場）
- エフェス遺跡
- ボドルムのオトガル

凡例：
- トルコ国鉄在来線（→P.75）
- ドルムシュ・小型バス（1時間に1～3便）
- 大型バス路線（1時間に1～2便）
- ドルムシュ・小型バス（1日1～3便）

😊イズミルのアドナン・メンデレス空港からセルチュクまで鉄道で行きました。空港に鉄道駅があって接続もよく、安く行けました。（東京都　大杉佳子　'10夏）

●オトガル　セルチュク、クシャダス、ソケ、ディディムにはオトガルがある。いずれもイズミルやボドルム、デニズリなど周辺の町や、イスタンブールなどからの長距離バスが発着する。

　セルチュクのオトガルは、ほぼ町の中心にあり、博物館やペンションは徒歩圏内。裏は市場になっている。

　クシャダスのオトガルの前からは、シェヒル・イチŞehir içi（市内の意）と書かれたドルムシュが町を循環運転しており、イスメット・イノニュ通りまで出られる。

◆公共交通
●セルチュク〜パムジャック　セルチュクのオトガルからエフェス遺跡北入口を経由し、パムジャックへ行くドルムシュは、エフェス遺跡へ行く唯一の公共交通手段。運賃は2.50TL。

●セルチュク〜シリンジェ　セルチュク〜シリンジェ間のドルムシュは、ほぼ30分おきに運行している。冬期は終バスの時間が早くなるので注意したい。所要は約20分、運賃は3TL。

●セルチュク〜クシャダス　セルチュクのオトガルからクシャ

シリンジェ村内には観光列車も走る

■シリンジェの観光列車
村を1周する列車で、1時間に1便程度の頻度で村入口のドルムシュ乗り場から出ている。シーズン中に運行される。

セルチュク〜シリンジェ間のドルムシュ

🙂セルチュクのオトガル裏側のバザールは土曜日のみ開催。近くに商店街がありますが、みやげ物は高め。（愛知県　まこ　'12年1月）

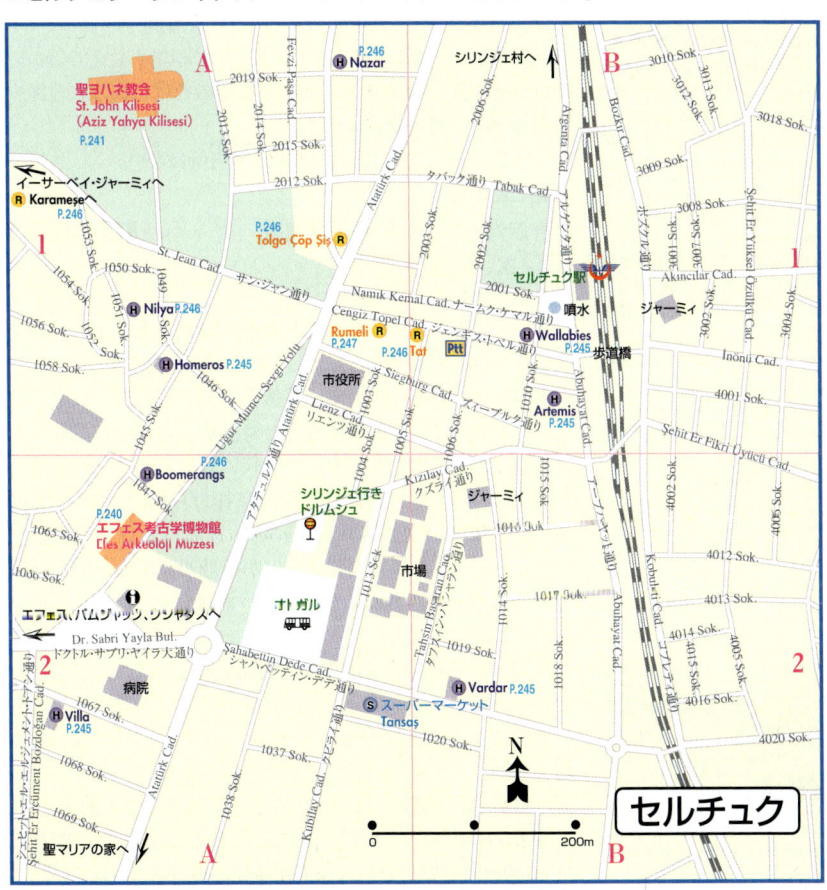

■セルチュクの❶
Map P.235A2
✉Atatürk Mah.
Agora Çarşısı No.3
☎(0232)892 6328
FAX(0232)892 6945
URLwww.aydinkulturturizm.gov.tr (トルコ語)
開5～9月8:00～12:00 13:00～17:30 (土日9:00～12:00 13:00～17:00、10～4月8:00～12:00 13:00～17:00)
休10～4月の土・日

■クシャダスの❶
Map P.242A
✉Mahmut Esat Bozkurt Cad. No.7
☎&FAX(0256)614 1103
開8:00～13:00 13:30～17:30 (冬期8:00～12:00 13:00～17:00)
休9～6月の土・日

■エフェス遺跡への行き方
🚌セルチュクのオトガルからエフェス経由、パムジャック行きのミニバスが7:40～21:00の30分に1便。運賃は2.50TL。エフェスからセルチュクへの戻りの便は8:00～20:00の30分に1便。セルチュクの❶からすべて徒歩で行くと約40分。クシャダスからは、セルチュク行きのミニバスで分岐点で途中下車して南に10分ほど歩く。エフェスからクシャダスに戻るときは、歩いて分岐点まで行き、セルチュク発クシャダス行きのミニバスに乗ってもよいが、満席のことが多いので、一度セルチュクのオトガルまで戻ったほうが確実。

■エフェス遺跡
開8:00～17:00 (夏期～18:30)
休無休
料25TL
丘の上の住宅15TL
音声ガイド15TL

【A】大劇場と港とを結んでいたアルカディアン通り。現在海岸線は西に移動してしまい、海を見ることすらできない

ダスへ行くドルムシュが出ており、これはエフェス遺跡の1kmほど北側を通る。ここからは遺跡へは1本道なので、迷うことはないだろう。クシャダスのドルムシュ乗り場にはソケやアイドゥン行きのドルムシュも発着する。プリエネやディディムなどを目指す場合はここでソケ行きのドルムシュに乗り換える。

●ソケ周辺のドルムシュ事情　ソケのオトガルからは、プリエネ、ディディム、ミレトへのドルムシュや中型バスが出ている。

◆両替・郵便・電話
●セルチュク　市役所周辺に銀行や鉄道駅の近くにあるPTTで両替は可能。また、聖母マリアの家にあるPTTから手紙やハガキを出すと、聖母マリアの消印を押してくれる。
●クシャダス　ギリシア行きのフェリーが発着する町なので、銀行、両替商とも多い。PTTはバルバロス通り沿いにある。
●シリンジェ　基本的に両替施設はない。ATMもないので、現金を持っておきたい。ホテルなどでは両替が可能。

◆旅の情報収集
●セルチュク　オトガルから大通りを挟んで向かい側にレストランがあり、その隣に❶。タクシー料金の相場も教えてくれる。
●クシャダス　❶はサモス島行き桟橋のそばにある。地図や資料が多く、利用価値は大きい。
●シリンジェ　シリンジェには観光案内所はない。

‖‖見どころ‖‖

世界屈指のギリシア・ローマ遺跡　**Map P.243A**
エフェス遺跡
Efes Örenyeri　エフェス・オレンイェリ

エフェス遺跡の入口は北側と南側に2ヵ所ある。北入口から入った場合の順路を追って、おもな遺跡を紹介しよう。

体育場、競技場、聖母マリア教会　セルチュクから北入口にいたるまでに、左側に体育場と競技場、右側奥に聖母マリア教会がある。体育場はローマ時代に資産家により建造され、皇帝アントニウスと女神アルテミスに捧げられたもの。ここにあった彫像は現在セルチュクのエフェス考古学博物館に収められている。体育場の南にあるのが競技場。30m×230mのU字型であるが、観客席の石は聖ヨハネ教会などの建造に用いられてしまった。

聖母マリア教会は、バシリカ建築を教会に転用したもの。431年と449年に宗教会議が行われ、キリストの神性やマリアの聖性について激論が交わされた。ユスティニアヌス帝により増築され、ダブル・チャーチとも呼ばれるようになった。

アルカディアン通り　北入口から入ると最初にこの通り【写真A】に出る。港から大劇場を結んだ大理石の道路で、幅11m、長さ500mの道路沿いには商店が並び、街灯も灯されていた。

236　セルチュクの町の語源は、聖ヨハネ教会の建てられているアヤスルックの丘。アヤスルックが変化して、セルチュクになったという。(編集室)

大劇場 アルカディアン通りの先にあるのが、ピオン山に沿って造られた大劇場【写真B】。演劇の上演や全市民参加の民会の会場にもなり、市民にとって大切な場所だった。ヘレニズム時代に建設されたが、ローマ時代に各部分が拡張され、2万4000人を収容できたという大観客席は直径154m、高さ38mの半円形。4世紀頃には剣士対猛獣の闘いが行われ、客席とオーケストラ席を仕切る手すりが、危険防止のため壁に変えられたという。向かいの劇場体育館は、演劇の稽古などに使われていた。

マーブル通り 大劇場から図書館まで続く大理石の道。アルテミス神殿へ続く聖なる道の一部でもあった。たびたび改修が繰り返されたが、大劇場前のあたりにはローマ時代のわだちを見ることができる。また通りの下は水路になっていた。娼館の広告【写真C】が路面に彫られているのはこの通り。

ケルスス図書館 大劇場からマーブル通り【写真D】を歩き、右側に見える見事な2階建てのファサード【写真E】が目印。ローマ帝国のアジア州執政官だったケルススの死後、彼の息子が父の墓室の上に記念に築き上げたものだ。その後木造部分が焼失したり地震による被害も受け、20世紀初頭に発見されたときには相当破壊されていたが、1970年代に修復された。

正面には知恵、運命、学問、美徳の4つの意味をそれぞれ象徴する女性像がある。内部は平屋だが、ここには1万2000巻の書物が所蔵されていたといわれている。

また図書館に向かって右側に、商業地アゴラへ続くマゼウスとミトリダテスの門がある。これは皇帝アウグストゥスの奴隷だったマゼウスとミトリダテスが、解放に際し、皇帝一家への感謝を込めて建てたものだ。

クレテス通り ケルスス図書館からヘラクレスの門に向かって延びている道。左側にはさまざまな建物が並び、右脇には見事なモザイクも残る。またここでは毎年、エフェスの聖火を守っている神官たちの行列も行われていた。

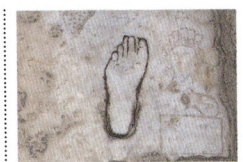

【C】古代の売春宿の広告。この足より小さい足の人は売春宿は利用できなかったという、うがった説もある

■古代広告の意味
マーブル通りを歩いていくと、敷石に刻まれた娼館の広告を見ることができる。右側の女性像が「女の子が待っている」、その下のお金が「お金を持っておいで」、左上のハートが「心を込めてサービス」、その下の足が「左側にある」という意味ともいわれているが、いろいろな説が飛び交っている。これらが何を意味するのか、あなたも推理に参加してみてはどうだろう？

【D】マーブル通り

ケルスス図書館の前で出会った楽団

【B】今でもコンサートなどに使われる大劇場

【E】壮麗なケルスス図書館

カドゥンラル・デニズィ（レディス・ビーチ）は、かつては名前のとおり女性専用のビーチだった。今でもトルコ以外の中東諸国では、男女別の海水浴場を設けている国が多い。(編集室)

丘の上の住宅 図書館からクレテス通りに入り、右側にある上流階級の居住区【写真F】。見学するには別料金を支払わなければならない。建物内にはフレスコ画やモザイクが残されており、劇場や浴場などの公共施設と異なった市民たちの私的生活がかいま見られる

[F] 丘の上の住宅では色鮮やかなモザイクやフレスコ画が見られる

娼館 クレテス通り左側にあり、マーブル通りにも面しているという絶好のロケーション。2階建ての中庭式の建物がトラヤヌス帝の時代に建てられていたというが、現在2階部分は残っていない。床などにモザイク画が残っている。

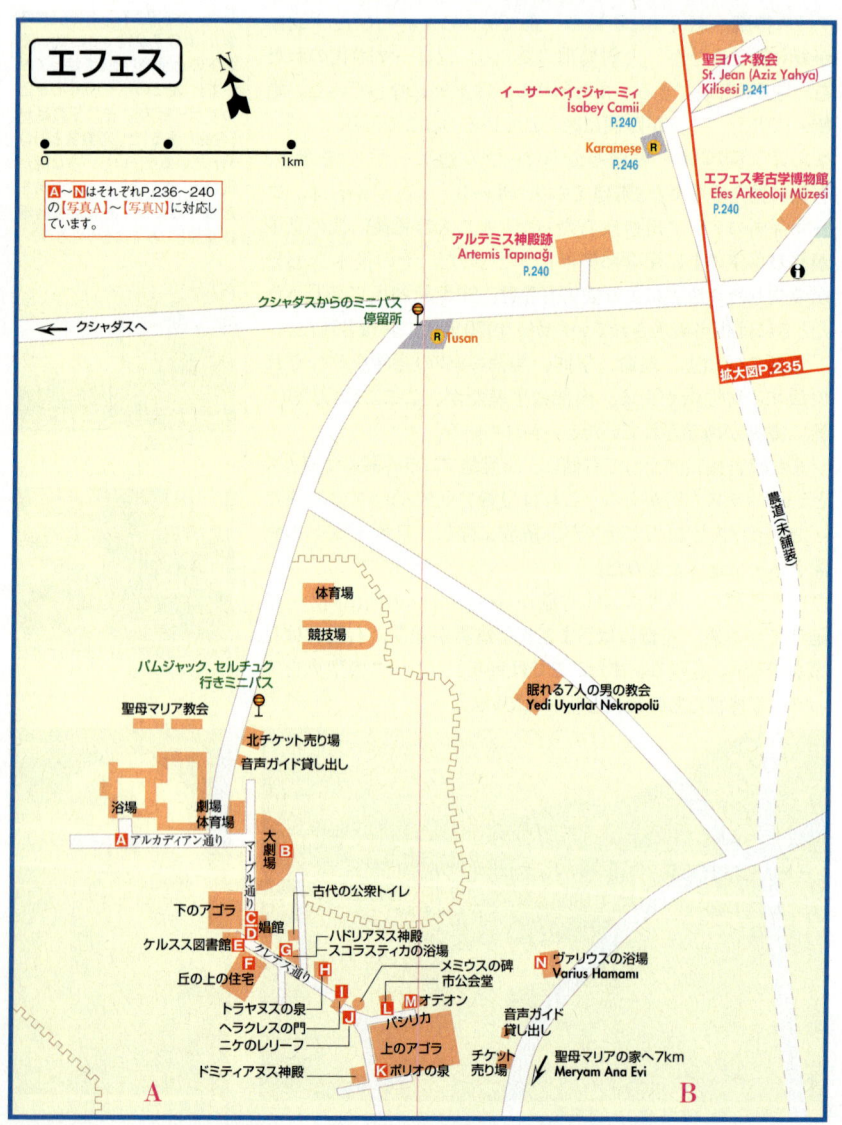

エフェス

A〜NはそれぞれP.236〜240の【写真A】〜【写真N】に対応しています。

- 聖ヨハネ教会 St. Jean (Aziz Yahya) Kilisesi P.241
- イーサーベイ・ジャーミィ İsabey Camii P.240
- Karameşe P.246
- エフェス考古学博物館 Efes Arkeoloji Müzesi P.240
- アルテミス神殿跡 Artemis Tapınağı P.240
- クシャダスからのミニバス停留所
- クシャダスへ
- Tusan
- 拡大図 P.235
- 農道（未舗装）
- 体育場
- 競技場
- バムジャック、セルチュク行きミニバス
- 聖母マリア教会
- 北チケット売り場
- 音声ガイド貸し出し
- 浴場
- 劇場
- 体育場
- A アルカディアン通り
- マーブル通り
- 大劇場
- 下のアゴラ
- 古代の公衆トイレ
- 娼館
- ケルスス図書館
- ハドリアヌス神殿
- スコラスティカの浴場
- ヴァリウスの浴場 Varius Hamamı
- 丘の上の住宅
- クレテス通り
- メミウスの碑
- 市公会堂
- トラヤヌスの泉
- バシリカ
- オデオン
- ヘラクレスの門
- 上のアゴラ
- 音声ガイド貸し出し
- ニケのレリーフ
- チケット売り場
- 聖母マリアの家へ7km Meryam Ana Evi
- ドミティアヌス神殿
- ポリオの泉

☺エフェス遺跡への分岐路には案内板が掲げてあります。ここには、案内人も待機していて、ドルムシュが来たら教えてくれます。（愛知県 MOTTIVS '12夏）

公衆トイレ 　クレテス通り左側の娼館の先の建物の奥に入ると、公衆トイレが壁際に並ぶ。仕切りはないが、今でも立派に使えそうなもの。中央には池があったという。

ハドリアヌス神殿 　公衆トイレからクレテス通りに戻り、少し先の左側。2世紀のローマ皇帝ハドリアヌスに捧げられた建物【写真G】で、内側は簡素だが、正面玄関の装飾は美しく、手前のアーチの中央には女神ティケ、奥の門には両手を広げたメドゥーサが彫られている。その左右の小壁にはエフェソスの起源伝説が描かれ、神々、動物、皇帝テオドシウスなどが浮彫となっているが、これはコピーで、オリジナルはセルチュクのエフェス考古学博物館に展示されている。

スコラスティカの浴場 　ハドリアヌス神殿の先、左側にある。1世紀に建設された公衆浴場で、4世紀の大地震で破壊されたが、スコラスティカという女性が再建に尽力、3階建てのビザンツ浴場になった。手前の脱衣場になっていたホールに、頭部を失ったスコラスティカの座像がある。

トラヤヌスの泉 　スコラスティカの浴場の先にある三角のファサードが目印。102～104年に建立され、皇帝トラヤヌスに捧げられた泉【写真H】。台座にはオリジナル部分が残るが、ほとんど原形を留めておらず、修復された正面部分から、壮大だったであろう過去の姿を想像するしかない。当時は正面にため池があり、そこに据えられたトラヤヌス皇帝像の足元から水が流れていたという。エフェス考古学博物館のディオニソス、サチュロス、アフロディーテの像は、ここで発見された。

ヘラクレスの門 　クレテス通りに建っている、ヘラクレスの彫刻を施した左右対の門【写真I】。メミウスの碑の先に置かれた勝利の女神ニケのレリーフ【写真J】は、本来はこの門のアーチとして飾られていたものだ。

メミウスの碑 　ヘラクレスの門近くにある。メミウスはポントゥスからエフェソスを奪還したローマの独裁官スッラの孫。ここに建つ碑にはスッラを称賛する言葉が記されている。

ドミティアヌス神殿 　メミウスの碑のさらに先の広場のようになっている場所にある。2階建ての石柱が、ドミティアヌス神殿。ここには皇帝ドミティアヌスを祀る50m×100mの神殿が建てられていた。ところが、家臣たちの手によって皇帝が殺された後に神殿は取り壊され、現在は土台部分を残すのみとなっている。また、7mもの高さを誇るドミティアヌスの像があったが、その一部はセルチュクのエフェス考古学博物館で、頭部はイズミルの考古学博物館で見ることができる。

　ドミティアヌス神殿の左側には、アーチをもつポリオの泉【写真K】がある。97年にセクティリウス・ポリオという人物によって建てられた。

【G】美しい装飾が残るハドリアヌス神殿

【H】三角ファサード（ペディメント）が特徴的なトラヤヌスの泉

【I】ヘラクレスの門

【J】ニケのレリーフ

【K】ポリオの泉

2階建ての娼館は、2階が若い女性が中心だったとか。料金も1階より2階のほうが高かったそうだ。（編集室）

[L] 聖火が灯されていた、市公会堂

[M] オデオンにローマ風の衣装を着た人々が集結

[N] ヴァリウスのローマ様式の浴場跡

■**エフェス考古学博物館**
℡(0232) 892 6010
営 5～9月8:00～18:30
　10～4月8:00～16:30
休 無休　料 8TL

豊穣のシンボルとされているアルテミス像

■**アルテミス神殿跡**
料 無料

当時の様子を窺い知るには難しい

イスタンブールのミニアトゥルク(→P.139)にある神殿の復元模型

■**イーサーベイ・ジャーミィ**
料 無料

市公会堂　一度広場の前に戻り、左折した所にある。現在は数本の列柱が残る【写真L】のみだが、かつてはここに聖火が灯され、火は消えることがなかったという。

オデオン　市公会堂からバシリカを歩いた左側にある音楽堂【写真M】。収容人数は1400人で、劇場のような建物に屋根が取り付けられていた。全市民が参加する議会を大劇場で行ったのに対し、こちらでは300人の代表者会議やコンサートの際に利用されていた。

上のアゴラ　オデオンの向かいにあった広場で73m×160mの広さ。集会や宗教行事、商取引などに利用されていた。

ヴァリウスの浴場　オデオンからバシリカを進んだ先にある、連続するアーチのある建物【写真N】。2世紀に造られたもので、床下暖房という典型的なローマ風呂の形を残している。

ていねいな復元図があってわかりやすい　Map P.235A2
エフェス考古学博物館
Efes Arkeoloji Müzesi　エフェス・アルケオロジ・ミュゼスィ

　エフェス遺跡からの出土品約1000点（所蔵品数は2万5000点以上）が住宅、泉、墓地など発掘場所別に展示されている。ていねいな復元図が添えてあるのでわかりやすい。アルテミス像はふたつあり、頭の細いほうが紀元前1世紀のもので、もうひとつが2世紀のもの。エフェスのシンボルである蜜蜂や鹿の彫り物はともに豊穣を表している。また、胸の回りに付けられた独特の卵形のものは、女神の乳房とも、女神に生贄として捧げられた牛の睾丸ともいわれている。

たった1本残った柱が神殿の悲哀を物語る　Map P.238B
アルテミス神殿跡
Artemis Tapnağı　アルテミス・タプナウ

　豊穣の女神キベレとアルテミス女神が同一視され、紀元前7世紀頃から豊穣の女神アルテミスの神殿が建立され始めた。建築期間約120年、高さ19m、直径1.2mの円柱を127本もつこの神殿の壮大さは、**古代世界の七不思議**のひとつだった。ストラボンによれば7回破壊され7回再建されたという。262年にゴート族に破壊されたままだったが、6世紀に石材が運び出された。19世紀に発掘された品は、大英博物館に収蔵されている。現在では1本の円柱が立つのみなのがさびしい。

アルテミス神殿跡と聖ヨハネ教会の間に建つ　Map P.238B
イーサーベイ・ジャーミィ
İsabey Camii　イーサーベイ・ジャーミィ

　1375年にダマスカス出身の建築家ディミシュクリ・アリ Dimişkli Ali によって建設された。天井が高く、窓や扉には美しいレリーフが残り、ミフラープも大理石製。セルジューク朝からオスマン朝への過渡期の建築物として評価が高い。

シリンジェはフルーツワインが名産品。すべて750mlサイズ。試飲もできる。ワインのほかにザクロのサラダソースもあるのでおみやげによい。(愛知県　まこ　'12年1月)

欧米の観光客はまずここを訪れる
聖ヨハネ教会

Map P.235A1

St. Jean（Aziz Yahya）Kilisesi サン・ジャン（アーズィズ・ヤフヤー）・キリセスィ

　エルサレムを追われたキリスト12使徒のひとりヨハネは聖母マリアとともにこの地を訪れ、晩年を過ごした。6世紀に皇帝ユスティニアヌスが教会に変えたが、14世紀初期にはジャーミィとして使われていたという記録が残っている。

　正面入口の追撃門のほか東西にも門があり、中庭を通じて6つのドームをもつ本館が建っていたらしい。現在見ることができるのは壁、円柱、床のモザイク画だけ。白い大理石の一角はヨハネの墓所になっている。

■聖ヨハネ教会
開5～9月8:00～18:30
　10～4月8:00～17:00
休無休
料8TL

使徒ヨハネが晩年を過ごした場所

聖母マリアのついのすみかとして知られる
聖母マリアの家

Map P.243A

Meryam Ana Evi メルヤム・アナ・エヴィ

　聖母マリアの家はエフェス遺跡から7km離れたブルブル山にある。マリアの最期の場所は謎とされていたが、18世紀末にアンナ・カテリーナという尼僧が、訪れたことのないエフェスの石造りの家の様子を語り出した。その後マリアの家探しが始まり、アンナの語ったとおりこの家を探し当てたという。

　1967年にパウロ6世が、1979年にはヨハネ・パウロ2世もここを訪れた。家の外から階段を下った所には、病が治ると伝えられている聖水が湧いている。隣には郵便局があり、そこから手紙を出すと聖母マリアのスタンプを押してくれる。旅の思い出として巡礼者にも観光客にも好評だ。

■聖母マリアの家
開5～9月8:30～12:00
　　　 13:00～19:00
　10～4月8:00～12:00
　　　 13:00～17:00
休無休
料13TL
🚕タクシーで行く。相場は往復60TL。

聖母マリアの家にはマリア像が置かれ、祈りを捧げる人が絶えない

古い町並みが残る第2のサフランボル
シリンジェ

Map P.243A

Şirince Köyü シリンジェ・キョユ

　昔はギリシア人の住む村だったが、ギリシアとの戦争の結果住民交換が行われ、代わりにテッサロニキに住んでいたトルコ人が住んでいる。かつてはよそ者が通ると女性は布で顔を隠したというが、今はみんなフレンドリーな観光地。レース編み、ワインやオリーブ、ギョズレメなどを売っている。

高台から眺めたシリンジェの家並み

✐ シリンジェは、ギリシア人が住んでいた頃はチルキンジェ（汚い）という名前だったが、後に知事の命令で「かわいい」という意味のシリンジェ村へ改称された。（編集室）

穏やかなエーゲ海に広がる白砂のビーチ
クシャダス

Map P.243A

Kuşadası クシャダス

　ヨーロッパの人々も多く訪れる、トルコのエーゲ海岸有数のリゾート地。ヨットハーバーにはボートやエーゲ海クルーズの観光船、水中翼船などが並び、ここからギリシアのサモス島へ渡ることもできる(→P.470)。町に観光名所はあまりないが、周辺にはプリエネ、ミレト、ディディムなどいくつもの遺跡が点在し、エフェス遺跡も近い。これらの遺跡巡りの拠点にもなりえる町だ。近くにビーチもあるので、高級ホテルから手頃なペンションまで宿泊施設も多く、マリンスポーツを楽しむのにはうってつけ。また、湾の片隅に突き出た埠頭の先には中世の城塞がある。サモス島行きの桟橋の近くにある**ギュウェルジン島** Güvercin Adasıは、トルコ語で「鳩の島」を意味する。島ではあるが、町とは陸路でつながっていて、徒歩で渡ることができる。島には14世紀に建てられた要塞やカフェテリアなどもある。

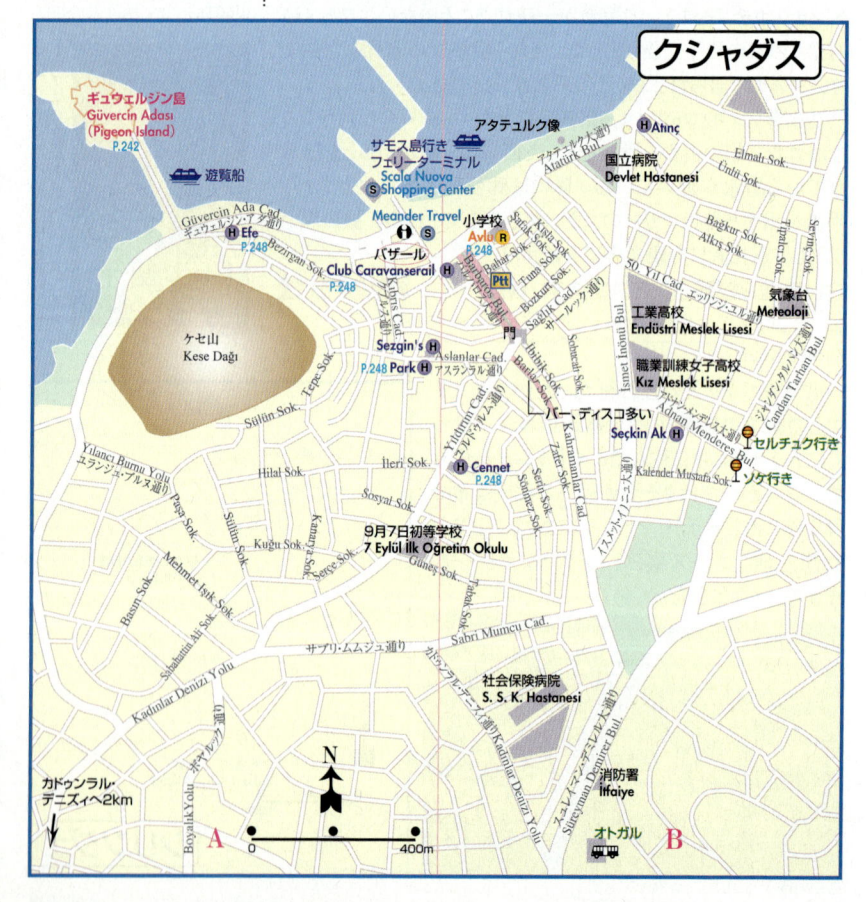

町の中心にある門の周辺にはみやげ物屋が多い

■**ギュウェルジン島**
Map P.242A
圏8:00〜20:00 (冬期〜17:00)

ギュウェルジン島へは歩いていける

クシャダス港にあるショッピング・センター、スカラ・ヌオヴァ Scala Nuovaに入るには、金属探知機のセキュリティを通らなくてはならない。(編集室)

整然とした町並みの遺跡
プリエネ
Priene プリエネ

Map P.243B

イオニア人が築いた古代都市として、歴史的に重要な役割を果たした。都市計画の最古の例とみられる碁盤の目のような整然とした町並みで有名で、東西に6本、南北に15本の道路が交差している。衰退してから背後にそびえる岩山の土砂が崩れ、その土が遺跡を覆ったため、19世紀末に発見されたときには東西南北にきれいに並んだ道路のほかにも、アテナ神殿や野外劇場、民家跡などが、当時のままの姿を現した。

整然と並ぶプリエネの列柱

バスを降りてから坂道をしばらく上ると遺跡入口に着く。ここからさらに坂を上っていくと、上のアゴラにかけられた地図が目に入る。そのまま真っすぐ進むとアテナ神殿へ。また、神殿へ行く途中を左に曲がるとゼウス神殿があり、上のアゴラの看板の所を右に曲がると劇場への道だ。アテナ神殿は小アジアにおいてイオニア建築を代表するものであったが、現在は5本の列柱を残すのみ。ただし、この柱にはイオニア式の特徴がよく表れている。また、劇場はかなり保存状態がよく、身分の高い人が使ったというひじかけイスなどもそのままの形で残っている。周囲2.5kmほどの小さな遺跡だから、1時間もあれば、ひととおりゆっくり見て回れる。

多くの哲学者を輩出した
ミレト
Milet / Miletos ミレト／ミレトス

Map P.243B

ギリシア文明圏で最初に哲学や自然科学が生まれたのが、ここミレト。古くはミレトスと呼ばれ、ヘレニズム時代からローマ時代の初めまではこの地方で最も栄えた町であった。歴史の父ヘロドトスは、イオニアの雄として、このミレトスを高く評価した。ここはいわば、イオニア文化の中心地。「万物の根源は水である」と言ったターレスのような自然哲学者も多く生まれた。かつては海港都市だったが、土砂で埋もれ、現在の海岸線は遺跡の15km西にまで移動してしまった。

■プリエネ、ミレト、ディディムへの行き方

🚌3つの遺跡ともに、クシャダスの南にあるソケが起点。3ヵ所を1日で回るには、早朝から夕方までかかるだろう。ただし、遺跡によってはドルムシュの本数が極端に少なかったりするので、ツアーに参加するのが便利。クシャダスからもツアー（5～10月の週1回程度の催行、昼食と入場料込みで75TLほど）がある。タクシーをチャーターして回ると約€80。

■プリエネへの行き方

🚌ソケのオトガルの近郊バス乗り場から、ギュリュシュバフチェ・ベレディエスィ Güllübahçe Belediyesi と書いてあるバスに乗ってプリエネ下車。3TL。7:00～19:00、30分に1便程度（土・日が7:30～19:00の1時間に1便）。

■プリエネ遺跡

圃8:00～17:00
困無休 囲5TL

エフェス周辺

■ミレトへの行き方
ソケからバラト・ビルリッキBalat Birlikのドルムシュで行く。11:00～15:00の毎正時運行。7TL。
■ミレト遺跡
⊙8:00～17:00
㊡無休 ㊋5TL

ミレトのアゴラ

■ディディムへの行き方
ソケのオトガルからディディム行きやアルトゥンクム行きのバスがある。20分に1便程度で、6:35～21:30（冬期～19:35）の運行。運賃は7.50TL。
■ディディム遺跡
⊙8:00～17:00
㊡無休 ㊋5TL

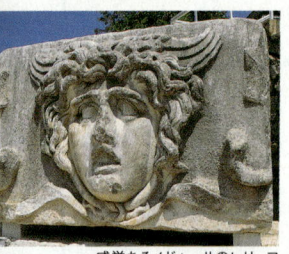

威厳あるメドゥーサのレリーフ

均整のとれた美しいアポロン神殿

レリーフの細かな装飾も必見

ミレトの遺跡入口からは、最大の見どころでもある壮大な円形劇場が正面に広がる。2万5000人収容という野外劇場は、紀元前4世紀に最初の劇場が造られ、2世紀にトラヤヌス帝が手を加えた後、このような大規模な劇場になったという。かつてミレトスの港へ船で来た人々は、眼前に広がる大劇場の偉容に感嘆したといわれ、劇場の真下にあった港にちなみ、劇場の港とも呼ばれていた。

ミレトの円形劇場

劇場以外の遺跡はここから1.5km離れているが歩くしかない。かつて港の入口だった劇場の北東には1対の大きな石のライオンがあったが、ひとつはイギリスの大英博物館に運ばれてしまった。現在このあたりは草木の茂る沼地である。列柱を残すアゴラやマルクス・アウレリウスの妻ファウスティーナによるファウスティーナの浴場、円屋根のイリヤスベイ・ジャーミィなどの跡が点在する。

メドゥーサの首で有名
ディディム
Map P.243B

Didim ディディム

ミレトとボドルムの間にあるエーゲ海沿岸の古代遺跡都市。ギリシア人の入植前からあった地神の託宣所を、紀元前6世紀にミレトスのイオニア人がアポロン神に捧げて以来、デルフォイと並ぶ神託の地として栄えた。

ペルシアのダレイオス1世やアレキサンダー大王、歴代のローマ皇帝などがこの至聖所を継承している。北方20kmのミレトとを結ぶ街道には、かつて両側に神官の座像が延々と並べられていたという。

アポロン神殿 現在残っている神殿は、ローマのハドリアヌス皇帝時代に改修されたもの。全容は長さ108.5m、幅50mのヘレニズム様式で、当時は120本以上の石柱が立っていたという。今では高さ20m、直径2mの石柱3本が当時の偉容を伝えている。神殿の周囲には神託を求める信者のための宿泊施設や浴場の跡が残っている。神殿は前庭、控えの小部屋、主室で構成されている。前庭にある楕円形のテラスは信者が数々の供物を捧げた所で、壁には金箔が施されていたという。

前庭からの階段を下りると小部屋に出る。ここは巫子が神託を信者に告げた場所。そしてさらに下った所が、かつて壁柱に囲まれていた王室で、聖泉の跡が見られる。かつては正面奥の壁にはアポロンの像が彫られていた。有名なメドゥーサの首は入口の基壇に置かれている。

プリエネやミレトスの周辺はのどかな風景が広がっており、遺跡に特に興味がない人でものんびりとしたひと時を過ごせると思います。（愛知県　MOTTIVS　'12夏）

244

セルチュク

HOTEL

オトガルと鉄道駅の間を中心に、聖ヨハネ教会近くや鉄道駅の東側にペンションが多い。オトガルや鉄道駅で、激しい客の奪い合いが行われている。客引きに連れていってもらうのもひとつの方法だが、トラブルも多い。町の中心は徒歩で回れるので自分で探すようにしよう。

日本からホテルへの電話 ▶ 国際電話会社の番号＋010＋国番号90＋232（市外局番の最初の0は不要）＋掲載の電話番号

ヴァルダル Vardar Family Hotel Pension　経済的　Map P.235B2

✉ Şahabettin Dede Cad. No.9
TEL (0232) 892 4967
FAX (0232) 892 0099
URL www.vardar-pension.com
D A/C ➡ 15〜20TL
S A/C ➡ 30TL
W A/C ➡ 40TL
US$ € TL T/C 不可 C/C 不可

通称アヤちゃんの宿として有名。家族経営で居心地もよく日本人旅行客が多い。アヤちゃんの兄弟や従兄弟と称する客引きが出没しているので注意してほしいようだ。全14室。朝食は5TL、夕食は20TL。シリンジェ村近くにプール付き高級ペンションもあり、セルチュクから送迎あり。予約は左記の電話番号で可能。全館無料

😩 ドミトリーを希望したのに、シングルに通されました。アヤちゃんは日本語を話せないし、アヤちゃんに会ったのも最初と最後だけでした。　（埼玉県　アンタッチャブル　'12春）

アルテミス Artemis Hotel　経済的　Map P.235B1

✉ 1012 Sok. No.2
TEL (0232) 892 6191
FAX (0232) 892 1175
URL www.artemisguesthouse.net
D A/C ➡ 25TL
S A/C ➡ 45TL
W A/C ➡ 60〜70TL
US$ € TL T/C 不可 C/C 不可

鉄道駅の近くにある。全18室の宿。2012年に経営が変わり、大幅に改装がされて、新しく清潔になった。新オーナー家族は明るくて親しみやすく、奥さんは韓国人。朝食は自慢の中庭でとるオープンビュッフェ。ランドリーの利用は15TL。全館無料

ワラビーズ Wallabies Hotel Restaurant　経済的　Map P.235B1

✉ Cengiz Topel Cad. No.2
TEL (0232) 892 3204
FAX (0232) 892 9406
URL www.wallabieshostel.com
S A/C ➡ 40TL
W A/C ➡ 70〜80TL
US$ € TL 不可
C/C A M V

セルチュク駅の正面にある。家庭的な雰囲気でリラックスできる。エレベーターもきちんと稼働しているので上階に行くのも楽だ。部屋はシンプルで少し狭いが、清潔で快適。広場に面した1階にはレストランもある。全館無料

ヴィッラ Villa Hotel　経済的　Map P.235A2

✉ Atatürk Mah. 1047 Sok. No.10
TEL & FAX (0232) 892 6331
S A/C ➡ 35TL
W A/C ➡ 60TL
US$ € TL
T/C 不可 C/C A M V

小規模なペンションが多いセルチュクにあって全24室と比較的大きな規模のホテルでエレベーターも付いている。客室はシンプルながら、必要な設備は整っている。朝食は最上階のテラスでとるオープンビュッフェ。全館無料

ホメロス Homeros Pension　経済的　Map P.235A1

✉ 1048 Sok. No.3
TEL (0232) 892 3995
FAX (0232) 892 8393
URL www.homerospension.com
S A/C ➡ 45〜60TL
W A/C ➡ 70〜90TL
US$ € TL
T/C 不可 C/C 不可

聖ヨハネ教会の近く。最上階の居間はオリエンタルな雰囲気が漂う宿泊者の憩いの場になっている。全12室。夕食はひとり17TL。ランドリー1回20TL。自転車の貸し出しは無料。室内はかわいらしい感じで、隣の別館はアンティークの家具でまとめられたプチホテル風。全館無料

📝 ヴァルダル・ペンションのアヤちゃんにはふたり娘がいる。もちろんふたりにもあだ名があり、長女がアヤコちゃんで次女はサクラちゃんと呼ばれている。（編集室）

ブーメランズ Boomerangs Gurst House

経済的　Map P.235A2

✉ 1047 Sok. No.10
TEL(0232) 892 4879　FAXなし
URL www.boomerangguesthouse.com
A/C 🛁 25TL
S 🛁 50〜70TL
W 🛁 70〜100TL
US$ € TL　T/C不可
C/C M V

考古学博物館の角を曲がってすぐの所にある全8室のペンション。ドミトリーはベッド数14。各部屋には壁や床などにさりげなくキリムが取り入れられている。朝食は最上階のテラス席でとるオープンビュッフェ。エフェスやパムッカレへの日帰りツアーも行っている。　全館無料

ナザール Hotel Pension Nazar

経済的　Map P.235A1

✉ 2019 Sok. No.34
TEL(0232) 892 2222
FAX(0232) 892 0016
URL www.nazarhotel.com
S 🛁 26〜33€
W 🛁 29〜36€
US$ € TL
T/C不可　C/C不可

小さなスイミングプールもあり、プチリゾート風の趣がある。通常の部屋以外にデラックスルーム38〜49€もある。オーナーのオスマン氏はドイツ製の機器を導入してシャワーの水圧を強化したりと、設備の充実に熱心。屋上レストランでの夕食はひとり20TL。　全館無料

ニルヤ Nilya Hotel

中級　Map P.235A1

✉ 1051 Sok. No.7
TEL(0232) 892 9081
FAX(0232) 892 9080
URL www.nilya.com
S 🛁 140TL〜
W 🛁 170TL〜
US$ € TL　T/C不可　C/C M V

2010年にオープンしたブティックホテル。全12の客室はアンティーク調でまとめられ、アラベスク風模様が彫られた美しい家具が配されている。夏期の朝食は中庭にあるテラスでとる。　全館無料

Restaurant

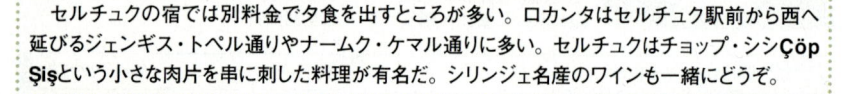

セルチュクの宿では別料金で夕食を出すところが多い。ロカンタはセルチュク駅前から西へ延びるジェンギス・トペル通りやナームク・ケマル通りに多い。セルチュクはチョップ・シシÇöp Şişという小さな肉片を串に刺した料理が有名だ。シリンジェ名産のワインも一緒にどうぞ。

トルガ・チョップ・シシ Tolga Çöp Şiş

ケバブ屋　庶民的　Map P.235A1

✉ Aydın-İzmir Asfaltı Sevinç Pastanesi Karşısı
TEL(0232) 892 0924　FAXなし
🕐 10:00〜24:00
(冬期〜22:00)　休無休
US$ € TL
C/C不可

アタテュルク通り沿いにある。以前はオトガル内にあった小さなチョップ・シシ専門店。名物チョップ・シシ (8TL) はトマト、タマネギ、青トウガラシが付いたセットになっており、ボリュームたっぷり。ほかにもココレッチ (5TL) などの軽食も出す。

タト Tat Cafe & Restaurant

トルコ料理　庶民的　Map P.235B1

✉ Cengiz Topel Cad. No.19
TEL(0232) 892 1916
FAXなし
🕐 10:00〜24:00　休無休
US$ € TL
C/C M V

クルド人家族が20年近く営業している人気レストラン。とにかく料理の種類が豊富でピデ、キレミット、ケバブ類、シーフード、スパゲッティなどが1品5〜25TLで楽しめる。店の一番人気はサチ・カウルマ。

カラメシェ Karameşe

チャイハーネ　庶民的　Map P.238B

✉ Tarihî İsabey Camii Önü
TEL(0232) 892 0466
FAXなし
✉ karamese@ttnet.net.tr
🕐 8:00〜24:00 (冬期〜23:00)
休無休
US$ € TL　T/C不可

イーサーベイ・ジャーミィの目の前にある。庭も広く、床に座ってくつろぐ伝統的なスタイルの店。夏期は週に1〜2日音楽のライブ演奏が行われる。名物メニューの大きなギョズレメ (英語メニューにはPancakeとある) は、具の種類も豊富。

ヴァルダルやホメロスといった人気の高いペンションは、オトガルでニセ者の客引きが出没しているのに迷惑している。泊まる宿をすでに決めている人は、自力で行こう。(編集室)

ルメリ Rumeli Pide & Döner Salonu

✉ Cengiz Topel Cad. No.29
TEL (0232) 892 1693
FAX なし
営 16:00～翌5:00
休 無休
CC US $ € TL
C/C M V

ケバブ屋 庶民的　Map P.235A1

レストランが並ぶジェンギズ・トペル通りにある。ピデ6～10TL、ケバブ類10～12TLなど、良心的な値段設定で人気がある。夜遅くまで営業しており、お酒を飲んだ後の締めにチョルバを飲みに立ち寄る地元客も多い。

シリンジェ

HOTEL & RESTAURANT

シリンジェには民家を改装したプチホテルやペンションが多く、ドミトリー付きの安宿や設備の整った高級ホテルはない。観光客でにぎわう村も夕暮れ以降や早朝には雰囲気が一変し、素朴な村の表情に戻る。のんびりした雰囲気を味わいたい人には、村での滞在はおすすめだ。また、シリンジェの名産はワイン。ワイナリーを試飲しながらのそぞろ歩きも楽しい。

日本からホテルへの電話　国際電話会社の番号　+ 010 + 国番号 90 + 232 (市外局番の最初の0は不要) + 掲載の電話番号

セラニキ Selanik Pansiyon

✉ Şirince Köyü No.12
TEL (0232) 898 3052
FAX なし
URL www.selanikpansiyon.com（トルコ語）
S W A/C 🚿 🍴 100～150TL
CC US $ € TL
T/C 不可
C/C M V

中級　Map P.241

テッサロニキ（トルコ語でセラニキ）出身の家族が経営するペンション。7室しかないので、すぐ満室になる。特に週末は予約必須。シングルはないのでひとりでの滞在は応相談。どの部屋もかわいらしい雰囲気でまとめられており、天蓋付きベッドが置かれた部屋もある。
📶 全館無料

シリンジェ・エヴレリ Şirince Evleri Hotel

✉ Şirince Köyü
TEL 0532 2470413（携帯）
FAX (0232) 898 3063
URL www.sirince-evleri.com
S A/C 🚿 🍴 115TL
W A/C 🚿 🍴 250～375TL
CC US $ € TL
T/C 不可　C/C M V

高級　Map P.241

シリンジェの町の入口近くにある。建物がふたつに分かれており、あらかじめ連絡しておけばドルムシュ乗り場まで迎えにきてくれる。375TLの部屋は民家を1棟まるごと借りきることができ、料金から見ればかなりお得。まるで暮らすように滞在することができる。
📶 全館無料

ユズュム Üzüm Cafe & Restaurant

✉ Şirince Köyü
TEL (0232) 898 3024
FAX なし
URL www.uzumcafe.com
営 10:00～22:00（冬期～20:00）　休 無休
CC US $ € TL
C/C M V

カフェ 中級 🍷　Map P.241

よく手入れされた庭の奥にある民家を改装したカノェレストラン。村では珍しく本格的なエスプレッソなどの各種コーヒーが楽しめるほか、水パイプもある。メゼや軽食を中心に料理も充実。シリンジェ特産の麺料理エリシュテもある。

アルテミス Artemis Restaurant

✉ Şirince Köyü
TEL (0232) 898 4041
FAX (0232) 898 3242
URL www.artemisrestaurant.com
営 8:00～23:00（冬期～21:00）
休 無休
CC US $ € TL　C/C M V

郷土料理 中級 🍷　Map P.241

かつてギリシア人学校だった建物を改装したレストラン。歴史を感じさせる屋内と明るいテラス席ともに雰囲気がよい。シリンジェ・キョフテやエリシュテなどの郷土料理のほか、ギョズレメなどメニューも豊富。ワイン倉もあり、果実酒も出している。

シリンジェ・エヴレリ・ホテルのオーナーはイスタンブール出身。たまたま訪れたシリンジェの美しさに魅了されたのがきっかけで、1993年にホテルをオープンさせた。（編集室）

クシャダス

HOTEL & RESTAURANT

クシャダスにはさまざまなクラスのホテルがあり、リゾート地といっても、中級ホテルならほかのエーゲ海沿いの町に比べれば値段は高くない。高級ホテルは町の中心から離れたビーチ沿いに多く、さらにリーズナブルな宿は、アスランラル通りAslanlar Cad.周辺に点在している。ただし、ペンションは冬の間は休業するので要注意。

庶民的なロカンタは、バルバロス大通り周辺にたくさんある。バルラル通りBarlar Sok.にはディスコやバーが軒を連ねている。埠頭近くには眺めのよい高級レストランが並ぶ。

日本からホテルへの電話 国際電話会社の番号 + 010 + 国番号 90 + 256（市外局番の最初の0は不要） + 掲載の電話番号

パルク Park Pansion

Aslanlar Cad. No.17
TEL(0256) 612 8726
FAX なし
email can5663@hotmail.com
S A/C ⇒ 20TL
W A/C ⇒ 30TL
TL T/C 不可
C/C 不可

経済的 Map P.242A

全13室と小規模で、建物も老朽化しているが、リーズナブルな料金設定が魅力。客室の設備は値段相応だが、清潔にされている。シャワー、トイレ共同の部屋は左の料金より5TL安い。中庭にはバーがあり、ビールやラクなども飲める。ロビーにはナルギレ（水タバコ）8TLもある。 なし

ジェンネット Cennet Pension

Yıldırım Sok. No.69/A
TEL(0256) 614 4893
FAX(0256) 612 1347
URL www.cennetpension.com
S A/C ⇒ 50〜60TL
W A/C ⇒ 80TL
US $ € TL T/C 不可 C/C M V

経済的 Map P.242B

町の中心部から坂をずっと上っていった左側にある。家庭的な雰囲気が自慢のペンション。部屋はシンプルだが広い。掃除も行き届いており清潔。別料金で夕食も出している。高台にあるので、テラスからの眺めも抜群。 全館無料

クラブ・ケルヴァンサライ Club Caravanserail

Atatürk Bul. No.2
TEL(0256) 614 4115
FAX(0256) 614 2423
URL caravanserailhotel.com
S A/C ⇒ 60€
W A/C ⇒ 80€
US $ € JPY TL T/C 不可
C/C A D M V

中級 Map P.242B

17世紀に建てられたケルヴァンサライを利用した4つ星ホテル。港に近く便利な立地。現代的な設備を備えながらも、建設当時の雰囲気をよく保っている。中庭では週2〜3回ディナーショーが行われている。部屋数が26と少ないのでシーズン中は予約したい。 全館無料

エフェ Efe Otel

Güvercinada Cad. No.37
TEL(0256) 614 3660
FAX(0256) 614 3662
URL www.efeboutiquehotel.com
S A/C ⇒ 187.50TL
W A/C ⇒ 250TL
US $ € TL T/C 不可 C/C M V

中級 Map P.242A

2011年7月にリニューアルしたブティックホテル。町の中心からギュウェルジン島へ向かう海沿いにある。全室シービューで、スパ、レストラン、宿泊客専用のバーなどを備えており、冬期はサウナも利用できる。 全館無料

アウル Avlu Restaurant

Cephane Sok. No.15
TEL(0256) 614 7995
FAX なし
8:00〜24:00
無休
US $ € TL
C/C M V

ケバブ屋 経済的 Map P.242B

バルバロス大通りから裏路地を入った左側にある。地元の人たちに支持されている人気店。ショーケースに並ぶ煮込み料理は肉入り7TL、野菜の煮込み5TL。チーズが入ったカシャルル・キョフテKaşarlı Köfteなどのオリジナルメニューもある。

ジェンネット・ペンションの横の空き地には民俗学博物館の建設が予定されているとか。開館時期など詳しいこと詳しいことまだ未定（編集室）

保存状態のよいローマ遺跡
アフロディスィアス Afrodisias

市外局番 **0256** 人口**1093**人 標高**519**m（ゲイレ村）

アフロディスィアスの競技場。整備したらすぐに使えそうだ

競技場の保存状態は世界でもトップクラスの古代遺跡。発掘された彫像の保存状態のよさでも群を抜いている。古代遺跡が好きなら時間を作って立ち寄りたい遺跡だ。

■見どころ
技術の高い数々の彫刻が発見された
アフロディスィアス遺跡
Afrodisias Örenyeri　アフロディスィアス・オレンイェリ

Map P.249左

競技場 1世紀か2世紀に造られたローマ式のスタジアム。長さ262m、幅59mで、3万人の観客を収容可能。階段状の客席がしっかり残っている。古代世界の競技場としては世界で最も保存のよいもののひとつで、その規模は見る者を驚嘆させる。おもに競技用として使われたが、コンテストや動物を闘わせる闘技場としても用いられた。

競技場を南側から上って見下ろすと、右側に円形の石が残っている。これは昔の囲いの跡。当時この中で動物などを闘わせ、左側の広い部屋で競走をしていたという。

■アフロディスィアスへの行き方
イズミルやデニズリ方面から鉄道やバスでナーズィルリ**Nazilli**まで行き、アタエイミル**Ataeymir**行きのドルムシュに乗り換える。アイドゥン・トゥリズムのイズミル発ナーズィルリ経由タワス**Tavas**行きのバスは直通で便利だが、戻りの便に間に合わないので同じ路線での日帰りはできない。
バス時刻表索引→P.76〜77

●ナーズィルリから
アタエイミル行きのドルムシュが6:30〜19:30に運行
所要：1時間　運賃：7TL

●パムッカレから
各社往復便の形をとる。行きの便は9:30発、帰りの便は14:00発。5人以上で運行のため冬期は運休も多い。
所要：2時間　運賃：30TL(往復)

■アフロディスィアス遺跡
圏 8:30〜19:00
　(冬期〜17:30)
囲 無休（博物館は月）　圏 10TL
幹線道路沿いにツアーバスも発着する駐車場がある。ここからチケット売り場まで歩くとやや距離があるが、無料の送迎列車で行くことができる。

アフロディスィアス遺跡の上にはゲイレ村があったが、1961年に村ごと1kmほど西にある現在のゲイレ村に移転し、その後発掘がなされた。村民の協力の賜物だった。(編集室)

テトラピロン

議事堂は1750人収容できたかなり大規模なもの

アフロディーテ神殿　ローマ皇帝アウグストゥスの時代に完成し、ハドリアヌス帝の時代（117〜138年）には、神殿の境内が付け加えられた。イオニア式で、13m×8mの空間に円柱が二重列柱堂に見えるような構造になっている。この神殿は5世紀に教会として使われ、その後陣の部分が神殿の東の端に残っている。1962年に高さ3mもの巨大なアフロディーテ像が神殿跡から発掘されたが、これは内陣に安置されていたもので、アフロディーテが当時信仰の対象となっていたことを示している。アフロディーテ神殿の東にはテトラピロン（境内入口）がある。らせん状の溝の円柱が並んだ門で、儀式用に使われたといわれている。

議事堂　1世紀から2世紀に建造され、もともとは屋根付きであったが、4世紀に地震のため屋根の大部分が壊れてしまった。しかしながら、保存状態はかなりよい。柱廊玄関は、廊下を経てステージへと行けるようになっていた。

議事堂の西側には、青い大理石の円柱をもつ、主教の館がある。これはローマ時代末期に造られ、ビザンツ時代に主教館となったものだ。

劇場　アクロポリスの丘の東斜面にあるこの劇場は、紀元前1世紀に造られ、1万人もの観客を収容したという。2世紀には闘技場としても使われ始めた。保存状態がとてもよく、27列の観客席も、ステージの後ろの高さ5mの壁も、まだしっかりと残っている。上からの眺めもすばらしい。

アフロディスィアス博物館
アフロディスィアスから出土した遺物を多数展示　Map P.249右

Afrodisias Müzesi アフロディスィアス・ミュゼスィ

アフロディスィアスで発掘されたものを展示するために、1979年にオープンした博物館。発掘は半世紀近くにわたって続き、現在もなお毎年数ヵ月の間行われている。この間に発見された品々は膨大な数にのぼり、保存状態のよい彫像やレリーフ、石棺なども見ごたえ充分。最も重要な収蔵物は、オデオンやセバステイオンなどで発掘された彫像。哲学者や詩人の像のほか、女神メルポメーネの彫刻に囲まれたアポロ像、アマゾネスの女王ペンテシレイアの死体を引きずるアキレウスの像、祭儀に使われたとみられるアフロディーテ像、ネクロポリスから出土した、嘆く女性たちのレリーフなど、ギリシア・ローマ美術のクオリティの高さを実感させてくれる。

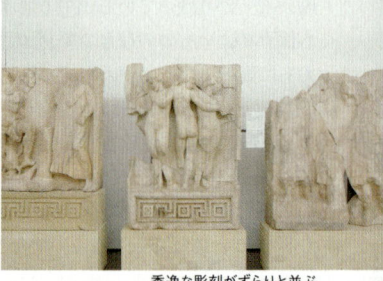

秀逸な彫刻がずらりと並ぶ

ホテル＆レストラン

遺跡の敷地内にはカフェテリアがあり、駐車場には軽食や菓子などの売店があり、駐車場に隣接するアフロディスィアス・レストランでは本格的な食事も楽しめる。遺跡の近辺の宿は、駐車場から1km西のアフロディスィアス・ホテルがある。ホテルにはレストランも併設しており、お酒も置いている。

アフロディスィアス・ホテル
Aphrodisias Hotel
✉ Geyre
TEL(0256) 448 8132
FAX(0256) 448 8422
S ▭▭▭35€
W ▭▭▭50€
[Wi-Fi]無料（一部客室のみ利用可）

アフロディスィアス・ホテル

フランス語が達者なアフロディスィアス・ホテルのオーナーは、近くにシェ・メスタンというペンションももっており、将来的にはこちらに移ることを検討しているとのこと。（編集室）

澄んだ湖は古代から人々を魅了し続ける
湖水地方 Göller Bölgesi

市外局番 **0246** 人口2万340人 標高930m（エイルディル）

イスタンブール
□アンカラ
●湖水地方

■時刻表一覧
→P.208〜211
バス時刻表索引→P.76〜77

■エイルディルの❶
Map P.251外
✉İkinci Sahil Yolu No.13
TEL(0246) 311 4388
FAX(0246) 311 2098
URLwww.ispartakulturturizm.
gov.tr（トルコ語）
🕐8:00〜12:00 13:00〜17:00
休土・日

アクプナルから見下ろしたエイルディル湖

デニズリの東、アンタルヤの北は美しい湖が点々と続き、湖水地方と呼ばれる風光明媚な土地。バラ（ダマスクローズ）が特産なことでも知られ、ローズオイルを原料に作ったコスメグッズがたくさん作られている。

‖‖歩き方‖‖

湖水地方はアンタルヤ、ウスパルタ、ブルドゥル3県にまたがり、九州ほどの広さのある地方だが、湖が多い観光の中心となるのは、エイルディルだ。澄みきった水をたたえるエイルディル湖のほとりにある。かつては「アクロテリオン」と呼ばれた古い町で、紀元前500年には集落があったといわれている。

●**小さな町の中心部** エイルディルの中心部は小さい。オトガルの建物を出て右の方向へ2〜3分も歩けば、左側に城壁が見える。中心部には、イーワーン北面に1本だけミナーレが建つというユニークな建築様式のジャーミィ、フズルベイ・ジャーミィ、いまはおみやげ屋さんが並ぶデュンダルベイ神学校がある。城壁に上ってみれば、町の全容が手に取るようにわかる。

●**オトガル** オトガルには、ウスパルタ〜エイルディル路線が専門のエイルディル・ベレディイエスィ Eğirdir Belediyesiと、アンタルヤ、イズミル、デニズリ、コンヤなどへの便を1日数便運行する大手のキャーミル・コチKâmil Koçの2社がある。

城壁からの眺め

■フズルベイ・ジャーミィ
Map P.251

イーワーンの上にそびえるミナーレ

アスペンドスからエイルディルを通り、ヤルワチYalvaçという町で折り返しペルゲまで歩く壮大なトレッキングコースをセント・ポール・トレイルといい、旅行者に人気。（編集室）

聖ステファノス教会跡

■アクプナル村
エイルディル中心部からタクシーで往復30TL程度。

■展望台のカフェ
Akpınarköyü Yörük Çadırı
圏9:00～23:00 困無休

展望台のカフェはテントスタイル

■コワダ湖国立公園
エイルディル中心部からタクシーで往復60TL程度。

緑に囲まれたコワダ湖

ただし、エイルディルを通るこれ以外の会社も多く、それらのチケットの発券はオトガルが代行している。

●**市内交通と周辺の交通**　市バスやドルムシュはオトガル前が起点。オトガルから鉄道駅を抜けて**アルトゥンクム湖岸**Altınkum Plajıまで行く市バスがある。**イェシル島**Yeşiladaは旧名をニスといい、長い間ギリシア人が住んでいたが、共和国創立後ギリシア人は激減し、現在はペンションが建ち並ぶ。ジャン島Canadaを挟んで現在は埋め立てられ、中心部から徒歩20分ほど。便数は少ないがバスも走っている。道路開通により使われなくなった港は、**イスケレ公園**İskele Parkıとなり、美しい花を咲かせている。隣には教会跡もある。

エイルディル湖を一望できる
アクプナル
Map P.27C1

Akpınar Köy アクプナル・キョイ

エイルディルの南東7kmほど、湖の背後にそびえる山中にある。このあたりの高原は昔から夏の放牧地として利用されてきた場所。展望台はエイルディル湖が広がるすばらしいビューポイント。テントが建てられ、ギョズレメやサチ・カウルマなどいなか料理を楽しみながらのんびりと眺めるのもいい。アクプナル村からさらにスィヴリ山Sivri Dağı山頂まで登ることも可能。所要時間は上り約2時間、下りは約1時間。

湖水地方屈指の美しい湖
コワダ湖国立公園
Map P.27C2

Kovada Gölü Millî Parkı コワダ・ギョリュ・ミッリー・パルク

エイルディルから30kmほど南にあるコワダ湖は、その生態系が大変豊かなことで知られている。その理由は温暖だが高地にあるため暑すぎないこと、もうひとつは水深が平均6～7mと比較的浅く、水鳥などの子育て環境として適していること。153種類の水鳥、リスなどの小動物、植物の種類も多い。おすすめのシーズンは初夏と秋。10月からは紅葉が始まるので特におすすめだ。エイルディル湖からは往復とも平坦な道なので自転車を借りて走るのもいい。

Information　世界的に名を知られた湖水地方のバラ

風光明媚なことで知られる湖水地方では、6月になるとにわかに活気づいてくる。この地方特産のバラが実りの時期を迎えるのだ。エイルディル近郊でも早朝から摘み取り作業が行われ、見学に訪れる人も多い。この地方のバラは「ダマスクローズ」と呼ばれる品種。日本ではブルガリアや北アフリカ産のものが有名だが、こ

こで産出されるものの品質も高い。
バラ生産の中心となる町、ウスパルタでは6月の第1週の週末に収穫を祝う「バラ祭り」が行われ、マケドニアやブルガリア、グルジアなど近隣諸国から舞踊団も招かれて盛大に祝われる。ウスパルタのオトガルではさまざまなバラ製品が売られている。おみやげにいかが？

エイルディル近郊にあるダヴラス山スキー場のシーズンは12～3月頃。ここではダウンヒルスキーのほかにノルディックスキーも楽しめる。用具のレンタルもできる。(編集室)

HOTEL & RESTAURANT

家族経営のこぢんまりしたペンションは、城壁周辺からイェシル島にかけて点在している。予約があれば電話すればオトガルまで迎えに来てくれる。中級以上のホテルは少ない。多くのペンションがレストランを兼業しており、宿泊客でなくても食事はとれる。名物は、もちろん湖で獲れるコイ(サザンSazan)、バス(レヴレッキLevrek)などの魚料理。

日本からホテルへの電話 [国際電話会社の番号]+[010]+[国番号90]+[246(市外局番の最初の0は不要)]+[掲載の電話番号]

湖水地方

ラーレ　Lale Hostel & Pension
経済的　Map P.251

Kale Mah. 5. Sok. No.2
TEL (0246) 311 2406
FAX (0246) 311 4984
URL www.lalehostel.com
D 25TL
S A/C 55TL
W A/C 85TL
US$ € TL
T/C 不可　A D J M V

城壁のすぐそばにある、全5室のペンション。高い所にあるので最上階のテラスからの眺めは抜群。キッチン利用可。昼夕食は各25TL。各種ツアー手配可。日本語情報ファイルあり。オトガルからの送迎も24時間対応してくれる。すぐ近くにあるチャーリーズ・ペンションCharly's Pensionも同系列で食事はそこでとる。　全館無料

😊最上階のドミトリーに泊まりましたが、朝日が差し込み、湖全体が見渡せ最高の眺め。　(埼玉県　アンタッチャブル　'12春)

アリズ　Ali's Pension
経済的　Map P.251

Yeşilada Mah. No.43
TEL & FAX (0246) 311 2547
URL www.alispension.com
S 55TL
W 85TL
S A/C 60TL
W A/C 90TL
US$ € TL　T/C 不可　C/C 不可

イェシル島にある家族経営のペンション。全8室。テラスからの眺めもよい。ペンションの前はちょっとしたビーチになっており、ボート乗り場もある。夕食には湖で獲れた魚やウスタコズ(ザリガニの一種)を出す(1人前約20〜25TL)。　全館無料

クロイソス　Kroisos Lake Resort Kayak Oteli
中級　Map P.251

Yeşilada Mah.
TEL (0246) 311 5006
FAX (0246) 311 5592
URL www.kroisoshotel.com (トルコ語)
S A/C 50〜65TL
W A/C 80〜100TL
US$ € TL
T/C 不可　C/C A M V

イェシル島にある。全室ミニバー、ドライヤー、衛星放送視対応テレビ付き。3階にレストランがあり、夏のシーズン中は生演奏も行われる。冬期はスキー客の利用が多く、スキー場へのシャトル送迎もやっている。　全館無料

アルトゥンギョル　Altıngöl Otel
中級　Map P.251

Cami Mah. 2.
Sahil Yolu No.2
TEL (0246) 311 3961
FAX (0246) 311 4219
URL www.altingolotel.com
S 70〜100TL
W 120・150TL
US$ € TL　T/C 不可
C/C A J M V

オトガルから徒歩5分のところにある。全54室。2011年に改装オープンしたばかりで、エイルディル中心部でいちばん豪華な3つ星ホテル。客室は落ち着いた内装で広々している。料金は眺めによって異なり、レイクビューの部屋は30TL高く設定されている。　全館無料

メロディ　Melodi Restaurant
魚料理　中級　Map P.251

Yeşilada Mah. No.37
TEL (0246) 311 4816
FAX なし
10:00〜24:00
無休
US$ € TL
C/C A M V

イェシル島の入口近く。新鮮な魚介類を好みに応じて料理してくれる店。コイやバス、ハヴィヤル(コイの卵)が15TL。1皿に20個ほど盛られた小さなヤプラック・ドルマス(ピラウをブドウの葉で巻いた料理)6TLもおすすめ。店の向かい側には湖沿いの屋外席もある。

メロディ・レストランはエイルディル・フェネルバフチェ後援会を兼ねており、アーズィズ・ユルドゥルム会長やジーコ元監督など、要人もたびたび顔を見せている。(編集室)

楽しいリゾートがいっぱい

イズミルからアンタルヤにかけてのエーゲ海・地中海沿岸には、居心地よいリゾートがいっぱい。
静かな浜辺や海に面した遺跡、色とりどりの家が建ち並ぶ小さな漁村……。
さ、どこで休暇を過ごそうか？

1 ダッチャ Datça

ギリシア領のコス島を挟んでボドルムの対岸にある細長い半島の一角にある町。夏はボドルムからフェリーや高速船が出ており、日帰りも可能。

3 キョイジェイズ Köyceğiz

キョイジェイズ湖のほとりに広がる町。カウノスやスルタニエ温泉へ行くクルーズ船も発着する。幹線道路上に位置しているので移動もしやすい。

2 クニドス Knidos

紀元前7世紀から芸術と学問の中心地として栄えた、カリア海岸の都市遺跡。世界七不思議のひとつ、ファロス灯台を設計したソストラトスはクニドスの出身。また、プラクシテレスの彫刻、クニドスのアフロディーテ像があったことでも知られている。

4 カルカン Kalkan

カシュの西26kmにある小さなリゾート。かつての漁村としてのたたずまいを残しているところが魅力的。

7 オリンポス Olympos

木の上に造られた小屋(ツリーハウス)の宿で有名なリゾート。オリンポスは紀元前1世紀頃に船の避難基地として造られた。高台にはアクロポリスがあり、眺めがすばらしい。この町の近くの山には、絶えず岩の間から吹き出す炎があり、ヤナルタシュ Yanartaş (燃える石)と呼ばれている。特に夜は神秘的な光景になる。ヤナルタシュへは夏期は毎晩ペンションなどでバスツアーが催行されている。ツリーハウスは冬期に休業するところがほとんど。

10 テルメッソス Termessos

山に囲まれた高台にあるギリシア・ローマ時代の城塞遺跡。強固な守りで知られ、アレキサンダー大王でさえ、攻撃をためらったといわれるほど。

8 ファセリス Phaselis

カシュとアンタルヤを結ぶ湾岸道路沿いにある遺跡。この遺跡は松が生い茂る海岸沿いにあり、古代の港に今も波が寄せている。

11 マナウガット Manavgat

アンタルヤの東約78kmに位置する大きな町で、長く美しいビーチのほか、町の北約3kmにあるマナウガットの滝 Manavgat Şelalesiは、落差こそ3~4mと低いが豊富な水量で、その轟音とともにダイナミックな景観が広がる。マナウガット河口の海岸線も美しい。

5 フィニケ Finike

紀元前5世紀頃にフェニキア人によって造られた町で、古代名をポエニカスという。古代より貿易港として栄えていた。リゾートタウンでありながら漁業や農業もさかんで、特産であるオレンジ畑が周囲に広がっている。フィニケ湾も好漁場で、いろいろな魚が市場に並ぶ。

6 アリカンダ Arykanda

カシュとケメルの間にあるフィニケから、北に入った所にあるリキア遺跡。遺跡の保存状態のよさは抜群。敷地は広く、坂が多いため回るのは大変だ。入った所にローマ神殿があり、体育館から音楽堂、アゴラや墓、美しい劇場などが残り、見ごたえがある。

9 ケメル Komor

アンタルヤの西約20kmに位置するリゾートタウン。もともとは小さな漁村だったが、大型リゾートホテルが建ち並ぶ地中海屈指のリゾートとなった。きれいなビーチも多く、青い海と砂浜、松林のコントラストがすばらしい景観を形作っている。アンタルヤから海上バス(→P.286)もある。

255

「綿の城」と「聖なる都市」の遺跡は世界遺産

パムッカレ Pamukkale

市外局番 **0258** 人口**2665人** 標高**354m**（パムッカレ村）

パムッカレの石灰棚

■時刻表一覧
✈→P.70〜73
デニズリ空港が最寄り
🚆→P.74〜75
🚌→P.208〜211
バス時刻表索引→P.76〜77

デニズリの鉄道駅

デニズリのオトガル

　パムッカレは「綿の城」という意味をもつ国内有数の温泉保養地。珍しい石灰棚は世界遺産に登録されている。この奇観をひとめ見ようと、夏のシーズン中は多くの旅行者でにぎわう。石灰棚のところどころに温泉水がたまった池があり、水着姿で泳いだり、湯に浸かるのが、観光客の楽しみのひとつだった。ところが、あまりの開発ラッシュのため、現在温泉は涸れつつある。また、景観保護の観点から石灰棚への自由な立ち入りも禁止されてしまった。現在は遊歩道を歩いたり、一部の石灰棚に入って、白とブルーのコントラストが美しい石灰棚を堪能できる。また、石灰棚を望む丘の上にはペルガモン王国やローマ時代の遺跡が広がっている。

▍▍▍旅のモデルルート▍▍▍

　交通の拠点になるのはデニズリ。デニズリのオトガルには近郊に行くバスも集結している。ここからたいていの所に行くことができるので、バスだけで回ることが充分に可能だ。

パムッカレ　ベーシック半日コース

デニズリ➡パムッカレ村➡石灰棚➡ヒエラポリス➡温泉➡デニズリ

　宿泊しない場合はパムッカレ行きに乗る前にデニズリのオトガルで次の都市へのバスの時間を確認し、予約するといい。荷物はエマーネット（荷物預かり所）や、頼めばバス会社のカウンターでも預かってくれる。さて、チケットを取ったらバスに乗って、パムッカレへ行き、石灰棚の遊歩道を歩こう。ヒエラポリスに行くのもよい。温泉プールやカラハユットの温泉でくつろぐのも思い出になる。

🔥ネヴシェヒルを19:00発のバスに乗ったところ、デニズリに早朝4:00頃に着いてしまった。22:00頃に出るバスに乗ると7:00ぐらいに着くのでおすすめです。（愛知県　中田知沙　'12春）

歩き方

　ほかの町から世界遺産の石灰棚とヒエラポリスに行くには、**デニズリ**Denizliが中継地となる。それに加えて、石灰棚に最も近く、ペンションが多い**パムッカレ村**Pamukkale Kasabası、リゾートホテルが多い温泉地**カラハユット**Karahayıtの3つが、旅行者にとっての起点となる。

◆ターミナルから市の中心部へ

●**チャルダック空港**　デニズリ市内までは、飛行機の発着に合わせてバスが運行している。事前に連絡しておけば、パムッカレやカラハユットへのセルヴィスに乗り継ぐこともできる。

●**オトガルと駅**　オトガルは町の中心から5kmほど北西にある。市の中心部へはドルムシュで2TL。鉄道駅を経由してパムッカレ村、カラハユット村へも行く。市の中心からオトガルへは鉄道駅前などからドルムシュが頻発している。イズミル、セルチュク方面からの列車が発着する鉄道駅は町の中心にある。

■空港からのバス

空港からのバスは飛行機の到着に合わせて出発。デニズリ市内まで約1時間、運賃15TL。空港行きバスは6:45、17:30発。デニズリ市役所の南東にある旅行会社バイ・トゥル前から出発。パムッカレおよびカラハユットのオフィスはアルカダシュ・ペンションが兼務しており、オーナーのシェリフ・バカン氏に連絡しても予約が可能。パムッカレ/カラハユットは6:15、17:00発、運賃は25TL。

●**バイ・トゥル Bay-tur**
Map P.257左B
İstiklâl Cad. No.27/A
TEL(0258) 261 4143

●**シェリフ・バカン氏連絡先**
TEL(0258) 272 2182

☺石灰棚は日没まで開いていますが、1泊してでも昼の青い石灰棚と、日没前のオレンジ色に染まった石灰棚の両方を楽しむべき！（千葉県　まあみい　'10春）

パムッカレ行きのミニバス

■パムッカレの❶
Map P.259B
✉ Pamukkale Örenyeri
☎(0258) 272 2077
FAX(0258) 272 2882
URL www.pamukkale.gov.tr
圏8:30～12:30 13:30～17:30
(冬期8:00～12:00 13:00～17:00)
休無休

■デニズリの❶
Map P.257左A
✉ Kız Meslek Lisesi Arkası
☎(0258) 264 3971
FAX(0258) 264 7621
圏8:30～12:30 13:30～17:30
(冬期8:00～12:00 13:00～17:00)
休土・日

■パムッカレ・ハイジャッカーズ
Pamukkale Hijackers
Map P.261左
✉ Atatürk Cad. 11/B
☎0541 543 3966(携帯)
圏10:00～23:00　休無休
パムッカレ村にあるパラグライディングのオフィス。パラグライディングはモーターなしで150TL、モーター付き180TL、ハングライディングは250TL。

■石灰棚
圏24時間　休無休
料20TL(チケットはヒエラポリスと共通)

■パムッカレ温泉
☎(0258) 272 2024
圏8:00～19:30 (冬期～17:00)
休無休　料入場料30TL

遺跡の石柱に腰かけて温泉に浸かるという贅沢が堪能できる

◆オトガルからパムッカレ、カラハユットへ
　デニズリでバスを降りるとホテルの客引きが待ちかまえている。特にカッパドキア(ネヴシェヒル発)のバスが到着する早朝は、客引きの稼ぎどきだ。彼らに負けないで確実にパムッカレに行く方法は、カラハユット・パムッカレKarahayıt Pamukkaleと書かれたミニバスを使うこと(P.257右地図内図参照)。ミニバスはデニズリのオトガル→デニズリ市内→パムッカレ村(パムッカレ・カサバスPamukkale Kasabası)→カラハユット→パムッカレ村→デニズリ→デニズリのオトガルと循環している。乗客の要望が多ければカラハユットの次に、ヒエラポリス博物館まで行くこともある。

◆両替・郵便・電話
　銀行、両替商は鉄道駅からイスタスヨン通りの坂を上ったあたりに多い。パムッカレ村に銀行はないがATMはある。南門のチケット売り場近くにPTTのオフィスがあり、両替も可能。

||| 見どころ |||
丘全体が白く覆われた不思議な景観
石灰棚　Map P.259B
Traverten　トラヴェルテン

　石灰棚は、台地上部から流れ出る石灰成分を含む湯が、長い時を経て結晶し台地全体を覆ったもの。麓から見上げると、真っ白い雪山のようでもある。ぽってりと幾重にも重なり合った石灰棚が段々畑のように広がり、ブルーの湯をたたえる姿は幻想的だ。夕暮れどきのピンクに染まった景観もすばらしいので、お見逃しなく。

足場が悪いのでゆっくり歩こう

古代遺跡が沈む温泉
パムッカレ温泉　Map P.259B
Pamukkale Antik Havuz　パムッカレ・アンティク・ハウズ

　プールの底に本物のギリシア・ローマ時代の遺跡がゴロゴロしている珍しい温泉。水温は35℃前後と高くないので、シーズンオフに訪れる人は寒さ対策を！　水が澄んでいて、源泉の所からは泡とともに湯が湧き出しているのがよく見えるが、このあたりの水深は4～5mある。更衣室はあるがタオルは持参しよう。

パムッカレ温泉は遺跡に苔が生えていて、あまり衛生的ではないと感じた。プールの中の遺跡で脚を打ってしまい痛かった。注意しよう。(愛知県　佐野真季子　'10夏)

ペルガモン王国以来の聖なる都市
ヒエラポリス
Hierapolis ヒエラポリス

Map P.259A

紀元前190年に始まった都市の遺跡で、この時代のものとしては最も内陸部にあることで有名だ。ペルガモン王エウメネス2世によって建造された。昔は、パムッカレ温泉の裏にあるプルトニウムという穴の中には有毒ガスが出ており、吸い込むと死にいたるといわれ、ここに入った司祭がガスを少量吸い、トランス状態のまま神からのお告げである神託を与えていたともいわれる。そんなこともあってか、ヒエラポリスには聖なる都市という意味がある。

ローマ、ビザンツ時代までの長きにわたり繁栄は続いたが、結局セルジューク朝により町は滅ぼされた。一番の見どころはパムッカレ温泉裏の**円形劇場**。ほかにもヘレニズムやビザンツの様式を表す数々の遺跡が、広い範囲に点在している。また、出土品を収めた**ヒエラポリス博物館**もある。

円形劇場　ハドリアヌス帝により紀元前2世紀に造られたローマ劇場。非常に保存状態もよく、1万5000人を収容したという観客席上部からの眺めは見事。ファサードの部分にはギリシア神話の神々の彫刻も見られる。また劇場の前にはアポロ

■ヒエラポリス
- 開24時間
- 休無休
- 料20TL
  （チケットは石灰棚と共通）

■ヒエラポリス博物館
Map P.259B
- 開9:00〜18:45
  （冬期9:00〜17:30）
- 休月
- 料5TL

スケールの大きな円形劇場

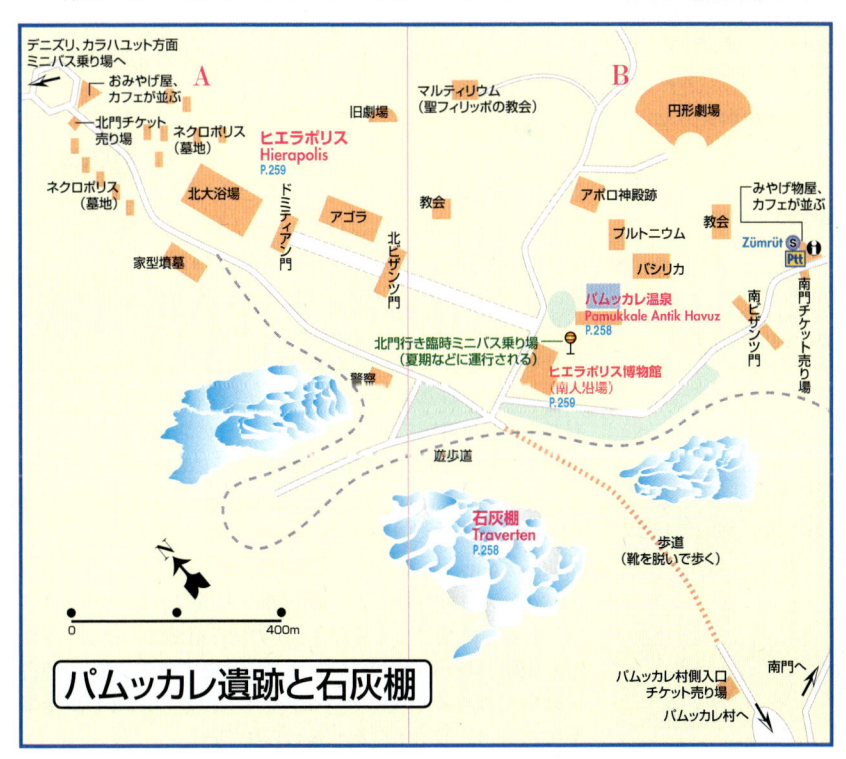

パムッカレ遺跡と石灰棚

石灰棚は歩道付近を歩いている分には問題ないのだが、歩道をはずれると警備員が笛を吹いて注意します。単なる警告ではなく、本当に危ないので要注意。（編集室）

教会としても使われた北大浴場

丘の上に建つマルティリウム

■カラハユット
デニズリのオトガルからミニバスに乗り、約40分。3.50TL。

■市営温泉「クルムズ・ス」
Map P.261右
人工の石灰棚や、レストラン、おみやげ屋なども揃った施設。温泉はプールと個室制の露天風呂があり、泥風呂もできる。
圏8:30〜20:00
困無休
料15TL(個室1時間貸し切り)
スイミングプール10TL

■ラオディキア遺跡
デニズリとパムッカレの間を走るドルムシュで途中下車後、徒歩約1km
✉Goncalı Köyü
TEL(0258)2722044
圏8:30〜18:30
困無休
料10TL

ラオディキア遺跡に残る古代神殿跡

神殿跡もある。

ネクロポリス 北門から近い。1000を超す墓が並び、古代共同墓地の規模としてはこの国最大ともいえる。長い間利用されていたらしく、墓の様式もヘレニズムからビザンツのものまでさまざまだ。

北大浴場 北門から入り、ネクロポリスの先にある。大きな連続アーチをもつ石積みの典型的なローマ建築で、壁の表面は大理石で覆われていたという。教会として利用されたこともあったようだ。紀元2世紀頃の建築だといわれている。

ドミティアン門 北浴場の隣にある3つの連続アーチと円筒形の石積みは、町の南北を貫いていた大通りの北端の門で、84〜85年にドミティアヌス帝を称えて造られた。ローマ様式をよく表しているため、ローマン・ゲートとも呼ばれる。そのまま大通りを真っすぐ進むと4世紀末に建てられた北ビザンツ門がある。

マルティリウム 円形劇場脇の道路をさらに進むとある八角堂は、80年にこの地で殉教した使徒フィリッポとその息子の墓である。聖人を祀るため、5世紀初めに建てられた。

ヒエラポリス博物館 2世紀に建造された南大浴場を利用し、ヒエラポリス出土の彫像や石棺などを展示している。

レッド・スプリングといわれる温泉が湧き出る
カラハユット
Map P.261右

Karahayıt カラハユット

　北門からさらに2.5kmほど北にある温泉郷。鉄分を多く含み赤い色をしているのでレッド・スプリングRed Springと呼ばれている。大型スパ・リゾートホテルからトルコ人向けのペンションまで、多くの宿が建ち並び、観光や療養に来る人がたくさん訪れる。村の中心部にはみやげ物屋が軒を連ね、ひなびた温泉街の雰囲気だ。宿泊客ではなくてもリゾートホテルの温泉には入れるところも多いので(もちろん有料だが)利用してみてはいかが? 村の北端には市営温泉「クルムズ・ス」もあり、こちらで外湯というのもいい。

市営温泉「クルムズ・ス」

デニズリとパムッカレの間に広がる遺跡
ラオディキア遺跡
Map P.257右

Laodikya Antik Kenti ラオディキヤ・アンティク・ケンティ

　パムッカレ村からドルムシュで約5分の所にあるラオディキアは、旧石器時代にまで起源をさかのぼる遺跡で、後にペルガモン王国、ローマ帝国の都市として栄えた。遺跡には3つの古代劇場や神殿跡が残っている。全体の10分の1ほどしか発掘されておらず、現在も発掘が続けられている。

デニズリのシンボルは雄鶏(ホロズHoroz)。大きなトサカと長い鳴き声が特徴。サッカーチームのデニズリスポルのエンブレムにもなっている。(編集室)

第2のパムッカレと呼ばれる鍾乳洞
カクルック洞窟
Kaklık Mağarası カクルック・マアラス

Map P.26B1

■カクルック洞窟
交通手段はタクシーのみ。デニズリのオトガルからだと片道約60TL。
TEL(0258)816 2016
圏24時間　困無休
圏2TL

　デニズリから30kmほど東のカクルックKaklıkで2000年に発見された洞窟。1999年にトルコを襲った2度の大地震のあと、姿を現したともいわれている。洞窟の中には鉱泉が湧き出ており、石灰棚があることから、「第2のパムッカレ」とも呼ばれている。見学できるのは洞窟の一部のみとなっている。

HOTEL

　パムッカレでよく問題になるのは宿の客引きのこと。デニズリのオトガル、駅、パムッカレ村のバス停には客引きが待っている。宿を決めているなら、オトガルや駅から電話を入れると迎えに来てくれるペンションも多いので予約時に聞いてみよう。本書ではパムッカレ村のペンションは冬も営業する家族経営の宿を紹介した。なお、カラハユットのハマム付きのホテルには基本的に女性のアカすり師はいない。水着持参でどうぞ。

日本からホテルへの電話　国際電話会社の番号 + 010 + 国番号 90 + 258 (市外局番の最初の 0 は不要) + 掲載の電話番号

カラハユット

エフェ　Efe Pansiyon Restoran

経済的　Map P.261右

✉ Beyazıt Mah. Grand Marden Otel Karşısı
TEL(0258) 271 4048
FAX なし
S W A/C ▯ 40TL
US$ € TL
T/C 不可　CC A M V

ホテル・グランド・マルデンの向かいにある。建物はそれほど新しくはないが、上階は改装済み。夏は屋外プールもオープン。全室床暖房、ミニキッチン、冷蔵庫付き。浴室には温泉のお湯も引かれている。
全館無料

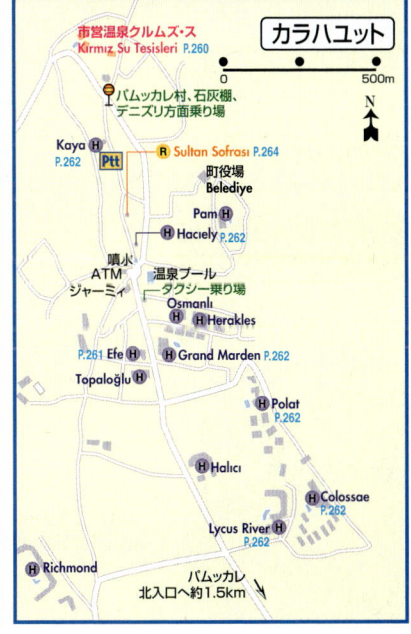

「パムッカレは見所がたくさんあるから2泊していきなさい」と宿の人に言われたけど、半日あれば充分だった。泊まるなら1泊でも充分です。(愛知県　内藤真希　'10夏)

ハジュエリー Hacıely Pansion

経済的　Map P.261右

✉ Karahayıt
TEL (0258) 271 4060
FAX なし
[S][ ][ ][ ][ ]35TL
[W][ ][ ][ ][ ]40TL
💲 US$ € TL
T/C 不可
C/C M V

カラハユットのみやげ物店通りの入口にあるペンション。全25室。客室は広く、ゆったりとしている。各部屋にはテレビ、ドライヤー、ミニキッチン付き。館内にプールも造る予定。オーナーは英語がある程度話せる。📶 全館無料

カヤ Kaya Pansiyon

経済的　Map P.261右

✉ Beyazıt Mah. Karahayıt
TEL (0258) 271 4007　FAX なし
URL www.kayapansion.com
（トルコ語）
[S][W][ ][ ][ ]35TL
💲 US$ € TL
T/C 不可　C/C 不可

ペンションが並ぶ通りの奥にある。全60室とホテル並みの規模。レセプションは1階で、客室へ上がる階段はその裏。客室は広く、テレビ、冷蔵庫、コンロ付きのミニキッチンと設備も充実。朝食は出していないが、近くにロカンタがある。📶 全館無料

グランド・マルデン Hotel Grand Marden

高級　Map P.261右

✉ Karahayıt
TEL (0258) 271 4441
FAX (0258) 271 4363
URL www.mardenhotel.com
（トルコ語）
[S][AC][ ][ ][ ]100TL
[W][AC][ ][ ][ ]150TL
💲 US$ € TL
T/C 不可　C/C A M V

全330室の老舗のスパリゾート、旧ヒエラポリス・ホテルで、こちらの名前がよく知られている。温泉は屋内と露天風呂の2種類。女性専用のプールもある。ジャクージやサウナなど設備も申し分ない。ロビーでライブ演奏もある。左記の料金は3食付き。📶 全館無料

ポラット Polat Thermal Hotel

高級　Map P.261右

✉ Karahayıt
TEL (0258) 271 4111
FAX (0258) 271 4092
URL www.polathotel.com.tr
[S][AC][ ][ ][ ]165TL〜
[W][AC][ ][ ][ ]220TL〜
💲 US$ € JPY TL
T/C 不可　C/C A M V

全285室。ハマム、サウナ、ジャクージ、フィットネスセンターなど、設備は充実している。コテージ型の部屋もある。敷地内にはアクアポラットAquapolatというスライダー付きの大型プールがある(冬期休業)。📶 無料（一部客室のみ）

ルーカスリバー Hotel Lycus River

高級　Map P.261右

✉ Karahayıt
TEL (0258) 271 4341
FAX (0258) 271 4351
URL www.lycusriver.com
[S][AC][ ][ ][ ]130TL
[W][AC][ ][ ][ ]200TL
💲 US$ € JPY TL
T/C 不可　C/C A D J M V

全260室のスパリゾートホテル。広大な敷地内には温泉はもちろん、ハマム、サウナ、フィットネスルーム、ディスコ、ビリヤード場などもあり、設備は充実している。バリ島やタイからマッサージのスタッフも呼んでいる。近くに同経営で少し安めのLycus Villaもある。📶 全館無料

コロッセア Spa Hotel Colossae Thermal

高級　Map P.261右

✉ Karahayıt
TEL (0258) 271 4156
FAX (0258) 271 4250
URL www.colossaehotel.com
[S][AC][ ][ ][ ]150€
[W][AC][ ][ ][ ]200€
💲 US$ € JPY TL
T/C 不可
C/C A D J M V

広大な敷地に、温泉プール、フィットネスルーム、エステサロン、レストラン、テニスコート、ハマムなど設備充実のリゾートホテル。全330室と客室数も多く、日本からのツアー客も利用する。エステサロンには各種マッサージ、泥パックやダイエットプログラムもある。左記の料金は夕食付き。📶 全館無料

デニズリの名産品はテキスタイル。カラハユットでは軒先に布製品が吊るされているのをよく見かけるが、中国製品も多い。購入前に店の人に確認を。(編集室)

パムッカレ村

アルテミス・ヨリュク　Artemis Yörük Hotel

✉ Atatürk Cad. No. 48/A
TEL (0258) 272 2674
FAX (0258) 272 2675
URL www.artemisyorukhotel.com
S 30～35TL
W 50～60TL
US$ € TL　T/C 不可　C/C M V

経済的　Map P.261左

バス停の近くにある設備の整ったバックパッカー向けホテル。ドミトリーは8部屋あり、各部屋のベッド数は5。敷地の中心は大きな屋外プールがしつらえてあり、ハマムやサウナも備える。マッサージも可。ランドリーサービスは1回につき10TL。

全館無料

アルカダシュ　Arkadaş Pansiyon

✉ Kale Mah. Atatürk Cad. No. 20 Pamukkale Kasabası
TEL (0258) 272 2183
FAX (0258) 272 2589
S 7US$
W 14US$
S 20US$
W 25US$
US$ € TL
T/C 不可　C/C 不可

経済的　Map P.261左

バス会社のオフィス横に看板が出ており、少し奥に入った所にある。別料金の朝食は3US$。4人部屋や6人部屋など家族向けの部屋もある。オーナーのシェリフ・バカン氏は長距離バスのチケット販売のほか、空港への送迎業務も行っている。アフロディシアスの日帰り送迎は9:30発、15:30着でひとり30TL。

全館無料

ベヤズ・カレ　Beyaz Kale Pension

✉ Oğuz Kağan Cad. Pamukkale Kasabası
URL www.beyazkalepension.com
TEL (0258) 272 2064
FAX (0258) 272 2568
S 50TL
W 70TL
US$ € TL
T/C 不可　C/C 不可

経済的　Map P.261左

奥さんのヘジャルさんが素材にこだわって作る家庭料理がおいしいと評判の老舗ペンション。オプションの夕食は18～32TL。アットホームな雰囲気も自慢。全室エアコン完備だが、冬は電気ストーブを貸してくれる。夏は中庭のプールが使用できる。食事は屋上のテラスで出す。

全館無料

デニズリ

イェトキン　Yetkin Otel

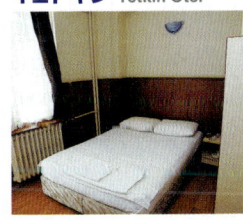

✉ Halk Cad. 452 Sok. No. 13
TEL (0258) 265 1266
FAX (0258) 241 6013
S 40TL
W 60TL
US$ € TL
T/C 不可
C/C M V

経済的　Map P.257左A

ホテルのちょうど目の前をオトガルからの市内バスが停車する便利な立地。全20室。中級クラスのホテルが多いこのあたりでは手頃な料金。部屋は清潔にまとまっている。部屋はテレビ、ドライヤー付き。英語を話すスタッフはいないが、簡単な英語は通じる。

全館無料

エスィン　Esin Otel

✉ İstiklal Cad. No. 9/A
TEL (0258) 263 7628
FAX (0258) 265 0491
URL www.esinotel.com.tr
S 65TL
W 100TL
US$ € TL
T/C 不可　C/C M V

経済的　Map P.257左B

デニズリの空港バスが発着するオフィスの近くにあり、早朝や深夜に空港を利用する人に便利。全40室。客室は近年改装されたばかりで新しく、清潔。液晶テレビやミニバーなども完備している。北に延びるガーズィ・ムスタファ・ケマル通りは、デニズリの目抜き通りで、レストランやショップが多い。

全館無料

カラハユットの近郊には淡水魚の養殖場が多く、村のレストランでもバス（レヴレッキ）やヤマス（アラバルック）を出す。スープ、サラダとセットで5～10TLと料金も手頃。（編集室）

グランド・ケスキン Otel Grand Keskin

✉İstasyon Cad. No. 11
TEL(0258) 263 6361
FAX(0258) 242 0967
URL www.grandkeskin.com
S A/C 🚿 ➡ 70TL
W A/C 🚿 ➡ 120TL
💰 US $ € TL
T/C 不可
CC A M V

中級 Map P.257左A

イスタスヨン通りにある中級ホテル。町なかにある中級ホテルとしては珍しく、小さいながらもプールがあり、サウナ、ハマムなどを擁する健康センターなど設備が充実している。レストランやバーなどもある。ビュッフェ式の夕食はひとり15TL。スイートルームは S 80TL、W 140TL。
📶全館無料

ラオディキヤ Otel Laodikya

✉Eski Otogar Arkası 630 Sok. No.19
TEL(0258) 265 1506
FAX(0258) 241 2005
URL www.laodikya.com (トルコ語)
S A/C 🚿 ➡ 50US$
W A/C 🚿 ➡ 80US$
💰 US $ € TL
CC A D J M V

中級 Map P.257左A

鉄道駅近く、バスターミナル予定地裏にある全76室の3つ星ホテル。デニズリのなかでは高級な部類に入り、フランス人団体客がよく泊まっている。全室エアコン、テレビを備えており、機能性抜群。バスタブ付きの部屋も16室ある。バー、レストランが併設されており、朝食は最上階でオープンビュッフェ。
📶全館無料

グランド・デニズリ Grand Denizli Hotel

✉Cumhuriyet Cad. No.6
TEL(0258) 263 4242
FAX(0258) 263 4252
URL www.granddenizlihotel.com (トルコ語)
S A/C 🚿 ➡ 110TL
W A/C 🚿 ➡ 170TL
💰 US $ € TL T/C 不可
CC A M V

中級 Map P.257左A

2010年5月にオープンしたビジネスホテル。ジャクージやハマム、サウナ、マッサージなどの設備も整っている。内装は黒や茶色を基調としたモダンでシックな雰囲気でまとめられている。部屋にはミニバーやセーフティボックス、薄型テレビ、ドライヤーを完備している。朝食はビュッフェ式。
📶全館無料

Restaurant

パムッカレ村のレストランは、ジュムフリエット広場周辺に数軒あるが、冬はほとんどが休業する。冬期は通年営業のペンションで食事をしよう。デニズリではイスタスヨン通りに点在している。カラハユットはレストラン併設のホテルが多い。村の中心部には通年営業している庶民的なロカンタが多く、パムッカレ村に比べてかなり割安に利用できる。

スルタン・ソフラス Sultan Sofrası

✉Karahayıt Kasabası
TEL(0258) 271 4490
FAX なし
🕗 8:00～24:00
休 なし
💰 US $ € TL
CC M V

トルコ料理 庶民的 Map P.261右

地元でも人気、カラハユット市役所の職員も愛用しているというレストラン。ギョズレメは注文を受けてから粉を練って焼いてくれる。ホウレンソウやチーズ入りが人気だとか。もちろん焼き物もあり、サチ・カウルマやチョップ・シシが人気。

メフメッツ・ヘブン Mehmet's Heaven

✉Atatürk Cad. No. 25 Pamukkale Kasabası
TEL(0258) 272 2643
FAX なし
🕗 9:00～24:00（冬期～22:00）
休 無休
💰 US $ € TL
CC 不可

トルコ料理 中級♀ Map P.261左

村の入口近くにあり、ドルムシュの停留所からも近い。石灰棚を望むテラスと床に座ってくつろげる席がある家族経営の店で外国人旅行客の利用も多い。鶏肉を使ったメニューが充実しており、メインは17.50～22.50TL。セットメニューは24～27.50TL。水タバコもある。荷物の預かり無料。

パムッカレ村には牛丼や親子丼を出す店がいくつかある。日本人経営の「Lamuko's Lokanta」(Map P.261右)以外は、ほとんどが見よう見まねのレベルだが……。(編集室)

エーゲ海と地中海を見渡せる城塞に登ろう
ボドルム Bodrum

市外局番 0252　人口10万5474人　標高7m

観光客でにぎわうマリーナ沿いの目抜き通りと背後のボドルム城

エーゲ海の最南端、地中海の入口ともいうべき港町ボドルム。イスタンブールからはほぼ真っすぐ600km余り南下した位置にあり、冬でも比較的温暖で晴れる日も多い。トルコを代表する高級リゾートであり、毎年世界的著名人がバカンスに訪れる。港には数多くのクルーザーが係留され、真っ白い家並みが丘の斜面にまぶしく光る。

歴史的側面からはエフェスやディディムなどがギリシア・ローマ時代の遺跡を中心としているのに対し、ここボドルムに来て時代は一挙に十字軍の活躍した15世紀にまで下る。そのシンボルは港に突き出た岬の上に建つ重厚な十字軍の要塞、ボドルム城だ。港の突端にそびえる雄姿は、まるで海に浮かんでいるようにも見え、紺碧のエーゲ海の深い色合いに見事にマッチしている。

▓▓▓ 旅のモデルルート ▓▓▓

昼は海で泳ぎ、夜は居酒屋横丁Meyhaneler Sok.で酒を飲むという過ごし方もあるが、ギリシアのコス島、ロドス島などへも足を延ばすこともできる。トルコの音楽に興味があるなら、国民的歌手、ゼキ・ミュレン博物館にも訪れてみたい。

■時刻表一覧
✈→P.70〜73
ボドルム・ミラス空港が最寄り
🚌→P.208〜211
バス時刻表索引→P.76〜77

■ボドルムの❶
Map P.267B2
✉ Barış Meydanı
TEL&FAX(0252)316 1091
URLwww.muglakultur.gov.tr
(トルコ語)
圃夏期8:00〜19:00
(日10:00〜17:30)
冬期8:00〜12:00 13:00〜17:00　困10〜5月の土・日
観光や町歩きに役立つフリーペーパーや資料が充実している。

夏はボートに乗ってクルーズへGo！

■ゼキ・ミュレンの家
Map P.268B1
✉ Zeki Müren Cad. No.19
TEL(0252)313 1939
圃9:00〜12:00 13:00〜17:00
困月　料3TL

ボドルム城内には沈没船博物館が併設されている

海の美しさを船を使って満喫する1日
ボドルム城➡カラ島➡ボドルム

カラ島へはボートに乗って行くのだが、船によってどこを巡るかが違ってくるので、クレオパトラの泥風呂に行くなら事前に船に確認しておこう。ボートクルーズに出発する前、時間がある限りボドルム城へ行こう。フランス塔からの見晴らしがいい。マリーナに戻ってクルーズへ。きれいな海で思いっきり泳ごう。戻ってきたら、夕方は居酒屋横丁でトルコ風の楽しい夜を。

ボドルムは国民的歌手ゼキ・ミュレン(1931〜96)が晩年こよなく愛した地だった。彼の家は博物館として公開されて、目の前の通りはゼキ・ミュレン通りと名付けられている。(編集室)

265

■マウソロス廟
Map P.267A1
TEL(0252) 316 1219
圏8:00～19:00
　(冬期～17:00)
休月　料8TL

石柱が散らばるマウソロス廟

イスタンブールのミニアトゥルク
(→P.139)に展示されているマウソ
ロス廟の復元模型

■ローマ劇場
Map P.267A1
TEL(0252) 316 8061
圏8:00～17:00
休月　料無料

ボドルムのローマ劇場

ボドルムの風車

歩き方

オトガルから港へ延びる**ジェヴァット・シャーキル通り**Cevat Şakir Cad.を南へ行くと、豪華なクルーザーの並ぶ**ヨットハーバー**に出る。**ボドルム城**横の細い**ジュムフリエット通り**Cumhuriyet Cad.の周辺はこの町で最もにぎやかな雰囲気のバザール。レストラン、カフェ、みやげ物屋などが並び、ヨーロッパからの観光客などでにぎわう。城北側の商店街を入った所には、**居酒屋横丁**Meyhaneler Sok.も(正式名エスキ・バンカ通りEski Banka Sok.)ある。

オトガルから西に進めば**マウソロス廟**Mausoleion Müzesiがある。**古代世界の七不思議**のひとつとして名を知られ、世界でも有数の美しさを誇った廟であったが、ロドス島騎士団が石材を持ち去ったため現在は礎石が残るのみ。見つかった遺品の多くは、ロンドンの大英博物館に収蔵されている。

町の北を東西に走る広い舗装道路を西に進むと、通り沿いにぽつんと残されたような**ローマ劇場**が見えてくる。

●**周辺のビーチへ**　ビーチでのんびりしたい人は、**ギュンベット**Gümbet、**オルタケント**Ortakent、**トルバ**Torba、**トゥルグットレイス**Turgutreisなどへ行こう。最も近いのはギュンベット。オトガルからギュンベット行きのドルムシュで7～8分で、夜遅くまで運行している。運転手に「ビーチ(あるいはプラジュ)」と言っておこう。ギュンベットではパラセイリングなどのマリンスポーツが楽しめる。

ギュンベットから南に半島を下ると、**風車**が建っている。羽根が付いた完全形はひとつだけだが、それもまた牧歌的。あたりは高台になっており、ボドルムのヨットハーバーが一望できる。

◆空港から市の中心部へ

ボドルム近郊のミラス空港からオトガルまで、**ハワシュ**Havaşのバスが飛行機の発着に合わせて運行している。所要約45分。運賃は15TL。タクシーなら事前交渉で80TL程度。

◆オトガルから市の中心部へ

オトガルは町の中心部にあり、緩やかな坂道を10分ほど下ると**アタテュルク像**のある広場に出る。さらに真っすぐ行けばハーバーだ。

ギリシアのコス島、ロードス島とを結ぶフェリーは、便によってボドルム城西側の船着き場とマンタル岬に発着する場合がある。どちらに発着するのか事前に確認しておこう。チケットはボドルム城近くのフェリー会社やジェヴァット・シャーキル通り沿いにある旅行会社などで扱っている。

◆両替・郵便・電話

ジェヴァット・シャーキル通り沿いに、両替商や銀行、PTTが並んでいる。

英語で霊廟を意味するモーソーレアムMausoleumは、マウソロスが語源になって生まれた言葉なのだそうだ。(編集室)

見どころ

十字軍が建設し、刑務所としても使われた
ボドルム城

Map P.267B2

Bodrum Kalesi　ボドルム・カレスィ

■ボドルム城
TEL(0252) 316 2516
URL www.bodrum-museum.com
圃8:30～18:30（冬期～16:30）
俄月
圃20TL

15世紀初めにロドス島を拠点としていた騎士団が築いた城。別名**セント・ピーター城**ともいわれている。この城の建築に際しマウソロス廟の石材がふんだんに利用された。さらに何度か増築され、地中海沿岸で最も堅固な城となった。その後1523年に**スュレイマン大帝**の手に渡り、オスマン朝時代になると国土が拡大し国境

海から眺めたボドルム城

ボドルム城の入口

ボドルム近郊にあるハリカルナスは巨大な屋外クラブ。町からは遠いが、夏のシーズン中はボドルムから送迎付きのツアーが組まれるほどの人気。（編集室）

267

■ウルブルン沈没船
世界有数の沈没船博物館。カシュ近郊に眠っていた紀元前14世紀の沈没船を展示している。

■カリア王女ホール
カリアとはボドルム一帯の古代名で、カリア王女は伝説上の人物。このホールではカリア関連の発掘物を展示している。

■カラ島へのクルーズ
ヨットハーバー発。出発時間は4～10月頃の10:00～12:00、ボドルム帰着は17:00～18:30。
🍴昼食込みで約30TL（飲み物代は別途）

が遠くなったため、この城の重要性が忘れ去られていく。1895年からは刑務所に変わり、700人の囚人を収容していた。

また、敷地内には世界有数の**ウルブルン沈没船**と**カリア王女ホール**を併設している。城内にはイギリス、ドイツなど各国の名前の付いた高さの違う塔がいくつかあり、最も高い**フランス塔**Fransız Kulesiからは、ボドルムの町の全貌が見渡せる。

「クレオパトラの泥風呂」がある
カラ島
Map P.268B2

Karaada カラアダ

ボドルムからのクルーズで最も多くの船が訪れる島がカラ島だ。島の周囲には比較的浅くて波も静かで、水も澄んだスイミングスポットが多く、1日泳いで過ごしたい人にはピッタリ。

そして、島をさらに有名にしているのは**カラ島温泉**Karaada Çamur Banyosuだ。温泉といっても源泉でも35℃と、水より少しぬるい程度だが、海底の泥を塗りつけての泥風呂にピッタリ。あのクレオパトラも美容のために入ったんだとか。

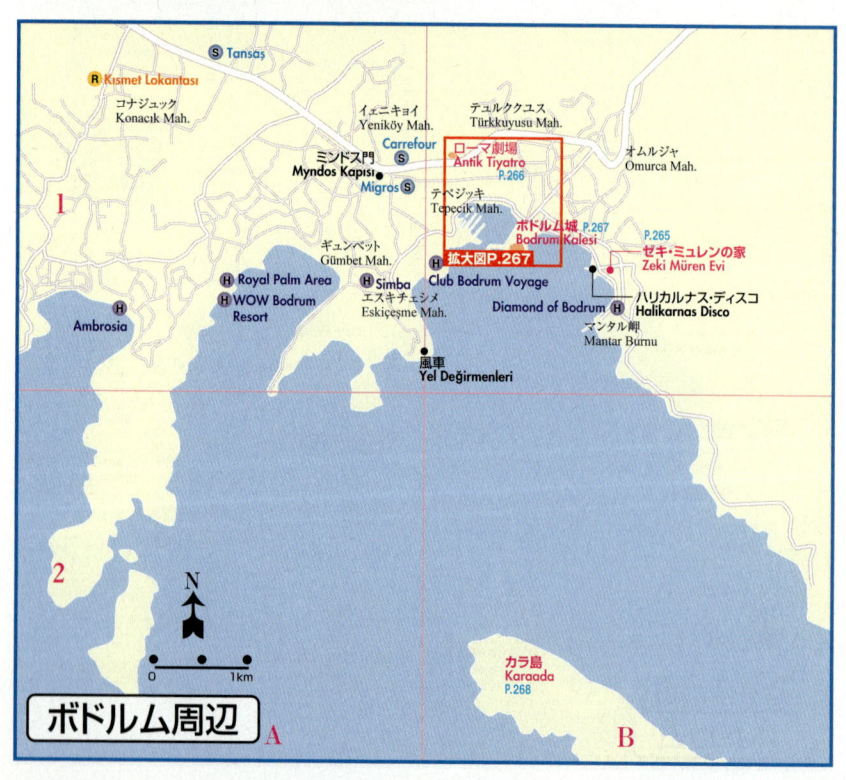

カラ島へのボートクルーズ

ボドルム周辺

マウソロス廟とセルチュクのアルテミス神殿は、イスタンブールのミニアトゥルク（→P.139）でミニチュアながらも往時の姿が復元されている。（編集室）

HOTEL

ボドルムはトルコの人々にとっても憧れのリゾート地。町の中心部には手頃なペンションが点在し、郊外には大型リゾートホテルが多い。バイラムなどの長期休暇が夏になるときは非常に混雑するので、バスやフェリーのチケットとともに、ホテルの予約も必須だ。

日本からホテルへの電話 [国際電話会社の番号] + [010] + [国番90] + [252 (市外局番の最初の0は不要)] + [掲載の電話番号]

バフチェリ・アール Bahçeli Ağar Aile Pansiyonu

経済的 Map P.267A2

✉ Neyzen Tevfik Cad. Yat Limanı 1402 Sok. No.4
TEL (0252) 316 1648　FAX なし
URL www.agar48400.blogcu.com
S A/C 60TL
W A/C 120TL
US $ € TL
T/C 不可　C/C 不可

家族経営のペンション。バルコニーからの景色はよい。宿代が高いボドルムではかなり良心的な料金だといえる。共同トイレ・バスは各階にふたつある。キッチンや冷蔵庫も無料で利用できる。シャワー付きの部屋は1室ある。料金は2012年のもの。全館無料

カヤ Kaya Pansiyon

経済的 Map P.267B2

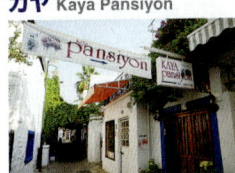

✉ Eski Hükümet Sok. No.10
TEL (0252) 316 5745
FAX (0252) 316 9729
URL www.kayapansiyon.com.tr
S A/C 70～100TL
W A/C 90～120TL
US $ € TL　T/C 不可　C/C M V

全12室の家族経営のペンション。オトガルからジェヴァット・シャーキル通りを南に進み、右折した所にある。青と白を基調にした清潔感あふれる客室で、所々に飾られているオブジェはほとんどがオーナーの手作り。全館無料

マリーナ・ヴィスタ Hotel Marina Vista

高級 Map P.267A2

✉ Neyzen Tevfik Cad. No.168
TEL (0252) 313 0356
FAX (0252) 316 2447
URL www.hotelmarinavista.com
S A/C 120～270TL
W A/C 180～360TL
US $ € TL　T/C 不可　C/C M V

マリーナの前にある、全92室の4つ星ホテル。大きめのプールもあり、大理石のロビー、明るめの客室などしゃれた雰囲気。フィットネスなどの設備もある。また、レストランからマリーナを望む風景はとても絵になる。全館無料

RESTAURANT

ボドルムの料理はシーフード、ピザなど、イタリアやギリシアに近い味。リゾート地だけあってどこも値段は高め。ハーバーからマリーナにかけてはしゃれたレストランやカフェが軒を連ねており、ジュムフリエット通りのバザール内にもレストランやバーが多い。

サカッル Sakallı Restaurant Ali Doksan

トルコ料理 庶民的 Map P.267B2

✉ Nazir Sok. No.10
TEL (0252) 316 6687
FAX なし
夏期 7:00～23:00
冬期 6:30～20:00
休 冬期の日
US $ € TL　C/C M V

1945年創業。ボドルムで最も古い大衆食堂。朝は2種類のスープが各5TL。昼と夜は日替わりの煮込み料理が常時8～15種類あり、肉入りは10TL、野菜の煮込みは8TL。一番人気のメニューはシシ・キョフテ12TL。

香港 Marina China Hong Kong Restaurant

中華料理 中級 Map P.267A2

✉ Neyzen Tevfik Cad. No.204
TEL (0252) 316 8537
FAX なし
URL www.reddragon.com.tr
8:00～24:00
休 無休
US $ € TL　C/C M V

イズミルのレッド・ドラゴン（→P.232）と同系列でボドルムにも数軒支店がある。値段は高めだが、中国人シェフの作る料理は定評がある。店内にはバーカウンターもあり、しゃれた雰囲気。チャーハンは14.90TL～、スープは8.90TL～、肉料理は22.50TL～、シーフードは25.50TL～。

ボドルム城の特設ステージにて行われるボドルム国際バレエフェスティバルは、すっかり夏の風物詩となった。2014年のスケジュールはURL www.bodrumballetfestival.gov.tr まで。（編集室）

ロドス島への起点、リアス式海岸が美しい港町
マルマリス Marmaris

市外局番 0252　人口7万3461人　標高5m

イスタンブール
□アンカラ
●マルマリス

■時刻表一覧
✈→P.70〜73
ダラマン空港が最寄り
🚌→P.208〜211
バス時刻表索引→P.76〜77

■マルマリスの❶
Map P.271A
✉İskele Meydanı No.2
TEL&FAX(0252) 412 7277
URL www.mugla-turizm.gov.tr
（トルコ語）
開夏期8:30〜18:30
　（土・日10:00〜17:00)
　冬期8:00〜17:00
休冬期の土・日

■イェシル・マルマリス
Map P.271A
TEL(0252) 412 2290
開夏期7:00〜23:00
　冬期9:00〜18:00　休無休
ロドス島へのフェリーと高速船
を運航している旅行会社。チ
ケットの販売も行っている。

■城塞
Map P.271A
TEL(0252) 412 1459
開8:00〜19:00
　（冬期〜17:00）休月　料5TL
現在は博物館となっており、ク
ニドスで発掘された彫刻やロー
マ時代のガラス細工などが展
示されている。

城塞から港を眺める

ボートに乗って出かけてみよう

　マルマリスはボドルムの南東80kmの港町。背後を松林が繁る山に囲まれ、入り組んだ湾内の穏やかな海面が独特な静けさを醸し出す風光明媚な保養地だ。ボートセイリングなどマリンスポーツが盛んになり、リゾート地としての人気が高まっている。ギリシアのロドス島へのフェリー発着港でもある。

　入江の最奥部が町の中心。マリーナの北には城跡があり、東にはギュンリュジェク公園Günlücek Parkıが広がっている。入江の東岸をたどって進むとキャンピングモーテルがあり、さらに行けば入江の中央を占めるニマラ半島Nimara Yarımadasıに入る。遺跡や洞穴が点在しており、探索にはもってこいだ。西の対岸はホテルやキャンプ村の点在する娯楽ゾーンで、湾の出口側の外れに鉱泉が、さらに南方には遺跡や独特の造りの墓地が見られる。

▓旅のモデルルート▓

　マルマリスでは周辺の美しいビーチで過ごしたり、ボートツアーで洞穴巡りが楽しめる。沖には多くの島が浮かび、いろいろな断層が顔を出していて興味深い。ギリシアのロドス島にも足を延ばしてみよう。

エーゲ海の美しさを堪能する1日
マルマリス➡タートルビーチ➡ダルヤン泥温泉➡マルマリス
　夏（5〜10月）は毎日ダルヤン行きのクルーズ船が出ている。ほとんどの場合、タートルビーチで泳いだあと小さな船でダルヤン川の湿原を上流へと進み、カウノスを眺めてダルヤンの泥風呂に向かうというもの。また、ギリシア領のロドス島へも船での日帰りが可能だ。

💡 マルマリスの語源はミマール・アスで、「建築家をつるせ」という意味。スュレイマン大帝はロドス島攻略のため増築させた城塞が小さいのに怒り、建築家をつるした（＝処刑）という。（編集室）

270

▌歩き方▐

　町の中心部は**オンドクズ・マユス・ゲンチリッキ広場**19 Mayıs Gençlik Meydanıという噴水がある広場。この広場は以前タンサシュ Tansaşというスーパーがあったので、タンサシュと言っても通じる。海側のアタテュルク像のある広場からマリーナ沿いに15分ほど歩けば、レストラン街までたどり着く。

◆ターミナルから市の中心部へ
●**空港から**　トルコ航空の便の到着に合わせてダラマン空港からマルマリスへのバスが出ている(15TL)。所要約1時間30分。タクシーを使えば150TL程度。空港行きのハワシュは出発の3時間前にマルマリスのオトガルを出発する。
●**オトガルから**　1kmほど中心部から離れている。オトガルからドルムシュも走っている(1TL)。オンドクズ・マユス・ゲンチリッキ広場で下ろしてもらうとよい。

▌見どころ▐

クルーズ船で出かけよう
ダルヤンとカウノス
Dalyan ve Kaunos　ダルヤン・ヴェ・カウノス

Map P.272

　ダルヤンには白い砂浜や美しい静かなビーチがあり、5月頃から海水浴も可能だ。マルマリスからバスやクルーズで訪れることができる。近郊にはカウノスや泥温泉、タートルビーチなど

オトガルと町を結ぶドルムシュ

オンドクズ・マユス・ゲンチリッキ広場

ビーチは町の中心からすぐ

マルマリス名産のひょうたんランプ

マルマリスをはじめとするエーゲ海・地中海沿岸地方では、ひょうたんに細工をして明かりを入れるひょうたんランプが有名。バザールでもよく見かける。(編集室)

■ダルヤンとカウノス

ダルヤンへは、オトガルからオルタジャ Ortacaへ行き、ダルヤン行きのミニバスに乗り換える。オルタジャまでは所要2時間。

4〜10月はマルマリスからボートクルーズが出ている。9:30頃港を出港し、ドルフィンアイランドに向かい、ボートの中またはタートルビーチで昼食休憩。昼食後は小型ボートに乗り換え、ダルヤン川を上り、岩堀りの墓をボートから見学。ダルヤン温泉に入り、19:00頃にマルマリスへ帰着。昼食込みでひとり30〜35TLほど。

■ダルヤンのアオガニ

ダルヤンはマーヴィ・イェンゲチ Mavi Yengeç(＝アオガニ)と呼ばれるカニでも有名。アオガニといってもゆでると赤くなる。小ぶりだが、なかなかの美味。

下ゆでしたあと焼いて香ばしいカニ

■スルタニエ温泉

オルタジャやフェティエ方面のバスでキョイジェイズ下車、あとはタクシーで約45分。シーズン中ならキョイジェイズの港からボートツアー（午前中に出発）も出ている。

があり、1日クルーズも盛りだくさん。

カウノスへはボートに乗り換えてダルヤン川 Daryan Nehriを上っていく。カウノスはヘレニズム、ローマ時代に栄えた港を中心とした交易都市だった所。ここにある**岩掘りの墓**は紀元前4世紀の王の墓と考えられている。山の中腹の崖の岩肌に寺院を模した墓が並ぶ姿は圧巻だ。カウノスにはほかに、コリント式の柱をもつ神殿やローマ劇場などの遺跡が点在している。墓の近くにはダルヤンの泥風呂 Dalyan Çamur Banyosuがある。スルタニエ温泉と並ぶ人気の泥風呂だ。

岩窟墓は死出の航海の安全を祈って造られたという

泥を塗りあうダルヤンの泥風呂

美肌効果もある泥風呂
スルタニエ温泉

Sultaniye Kapılcası スルタニエ・カプルジャス

Map P.272

ダルヤン川をさらに上ったキョイジェイズ湖畔にある。アポロンとアルテミスの母、レトの力により病気が治る温泉として古代から知られていた。泥風呂が有名だが海水温泉もある。リウマチや婦人病、胃腸や腎臓の疾患に効能があり、美容効果も高い。マッサージ施設も完備している。

泥に浸かったあとは温泉やプールに入ってリフレッシュできる

マルマリス近郊

- キョイジェイズ湖 Köyceğiz Gölü
- スルタニエ温泉 Sultaniye Kapılcası P.272
- ビュユックカラアーチ Büyükkaraağaç
- ギュンリュジェク公園 Günlücek Parkı
- アクサズ湾 Aksaz Limanı
- エキンジッキ Ekincik
- ダルヤンの泥風呂 Dalyan Çamur Banyosu
- カウノス Kaunos
- ダルヤン Dalyan P.271
- マルマリス Marmaris
- マルマリス湾
- ニマラ半島 Nimara Yarımadası
- イチメレル İçmeler
- ドルフィンアイランド(ユランジュック島 Yılancık Adası)
- タートルビーチ Turtle Beach
- クルーズ船の航路
- 小型ボート

マルマリスがあるムーラは、結婚時に新婦側が家具を準備する名古屋のような風習があり、「家はレンガ（トゥーラ）で建て、嫁はムーラでもらえ」といわれている。（編集室）

HOTEL & RESTAURANT

中・高級ホテルは西側の海岸沿いに多く、町の中心部にあるペンションは少し安い。各ビーチ沿いにもそれぞれホテルがある。ロドス島への船があることもあって、夏は人であふれる。宿は多いがシーズン中は予約を。

・・・・日本からホテルへの電話 [国際電話会社の番号] + 010 + [国番号 90] + 252 (市外局番の最初の 0 は不要) + [掲載の電話番号]

マルマリス

アイリン Hotel Aylin

経済的　Map P.271A

✉ Kemeraltı Mah. 99 Sok. No.6
TEL (0252) 412 8283
FAX (0252) 413 9985
S W A/C 🅿 ⏷ 40〜90TL
💳 US$ € TL
T/C 不可
🅒 A M

海岸通りから1本入った所にある。建物はやや古く、全20室の室内もテレビがあるぐらいでやや殺風景だが、清潔にされている。エアコン付きなのはありがたい。ボートツアーの申し込みもできる。📶全館無料

ローズィー Rosy Apart Hotel

中級　Map P.271A

✉ Kemeraltı Mah., 111 Sok. No.1
TEL (0252) 413 4447
FAX (0252) 412 2016
URL www.rosyapartment.com
S W A/C 🅿 ⏷ 90TL
💳 US$ € TL T/C 不可 🅒 A M V

全室ミニ・キッチンを備えたアパートメント・タイプのホテル。ふたり部屋もあるが、ほとんどは4人部屋 (120TL) で、家族での宿泊や長期滞在に向いている。広いプールやレストランなども備えている。📶全館無料

ヴィラ・ドリーム Villa Dream

中級　Map P.271A

✉ Çıldır Mah. Hasan Işık Cad. No.43
TEL (0252) 412 3354
FAX (0252) 413 4107
URL www.villadreamapartments.com
S W A/C 🅿 ⏷ 100TL
💳 US$ € TL T/C 不可 🅒 A M V

海沿いから800mほど離れた、ホテルが並ぶエリアにある。全14室と小規模なホテルだが、1階にはレストランやバーがあるほか、敷地内には小さいながらもプールも備えており、設備が充実している。朝食は別料金で5TL。📶無料 (一部通じない部屋がある)

ジャンダン Candan Otel

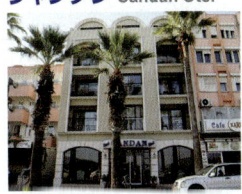

中級　Map P.271A外

✉ Atatürk Cad. No.44
TEL (0252) 412 9302
FAX (0252) 412 5359
S A/C 🅿 ⏷ 70〜120TL
W A/C 🅿 ⏷ 100〜160TL
💳 US$ € TL
T/C 不可
🅒 A D J M V

町の中心からケマル・セイフェッティン大通りを西に進んだ右側にある。ビーチもすぐそば。全38室で部屋はシンプルだが、クラシカルな雰囲気。全室にエアコン、テレビ、ドライヤーも完備。朝食はオープンビュッフェ。1階にはバーも併設。📶全館無料

デデ Dede Restaurant

魚料理　中級　Map P.271A

✉ Barbaros Cad.
TEL (0252) 413 1711
FAX なし
URL www.dederestaurant.com
⏰ 9:00〜翌1:00
休 無休　💳 US$ € TL 🅒 M V

🔵の近くにある1073年創業のレストラン。老舗の部類に入る店だが、カジュアルな服装でOK。近海で獲れた魚介が、グリルやキャセロールで楽しめ、23.90〜42.90TL。ケバブ類は17.90〜69.90TL。

オズレム・ダ・ヴィンチ Özlem Da Vinci

バラエティ　中級　Map P.271A

✉ Atatürk Cad. No.4/A
TEL (0252) 412 1693
FAX なし
⏰ 7:00〜翌3:00
休 無休
💳 US$ € TL 🅒 M V

町の中心近くにあるカフェレストラン。パスタやピザなどからケバブ類、ステーキ、シーフードなどバリエーションが非常に豊富で、予算の目安は1品20〜35TL。店内では無線LANも利用できる。

📝 デデ・レストランのデデは「おじいさん」という意味。先代オーナーだったおじいさんは104歳まで長生きしたとか。そのことに敬意を払ってこの名前にしたという。(編集室)

273

リキヤ以来の歴史をもつリゾート都市
フェティエ Fethiye
市外局番 0252 人口17万3426人 標高4m

■■時刻表一覧
✈→P.70～73
ダラマン空港が最寄り
🚌→P.208～211
バス時刻表索引→P.76～77

■フェティエの❶
Map P.274B
✉İskele Meydanı No.9D
TEL(0252) 614 1527
FAX(0252) 612 1975
@fethiyetourizm@yahoo.com
🕐夏期8:00～19:00
　　(土・日10:00～17:00)
　冬期8:00～12:00
　　13:00～17:00
🚫冬期の土・日

■フェティエ考古学博物館
Map P.275C
✉Okul Sok. No.6
TEL(0252) 614 1150
FAX(0252) 614 9548
🕐夏期8:00～19:00
　冬期8:00～17:00
🚫無休　💰3TL

ハーバーには多くのヨットが集まる

　ムーラMuğlaの南東150kmに位置する近代的なリゾート地。多くの遺跡があったが、1957年の大地震による被害のために、今はその断片を残すばかりとなってしまった。
　入江には、ヨハネ騎士団が修道生活をしたとされるキャヴァリエールCavaliere (騎士の島) をはじめ、たくさんの小島が点在する。また、クサントス、レトゥーンという、世界遺産の遺跡を見に行くにも起点となりえる町だ。

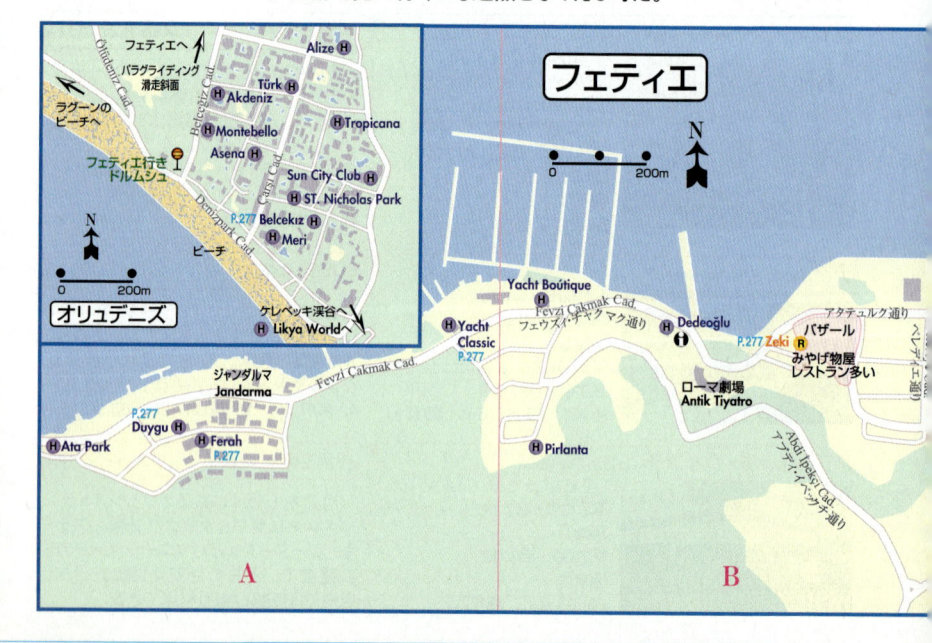

274　フェティエは1913年に起こったトルコ最初の航空機事故での殉職者、フェトヒ・ベイにちなんで町の名前が付けられた。(編集室)

▮▮▮歩き方▮▮▮

町の中心部は東側の**考古学博物館**から西のヨットハーバーにかけて。その東西を**アタテュルク通り**Atatürk Cad.が貫く。考古学博物館の500m南の山腹には、**リキヤ式岩窟墓**のなかでも極めてすばらしいといわれる岩窟墓がある。また、ヨットハーバー近くにはローマ時代の**劇場**がひっそりと残り、町の南側の高台には十字軍の要塞である**城跡**がある。シーズン中は、港から周辺の12の島を巡る1日クルーズが出ている。

◆オトガルから市の中心部へ

町の中心から約3km東にあるオトガルには、大手バス会社のほか、デニズリ、カシュ、アンタルヤなど近郊行き中型バスも発着。町の中心へはオトガルを出て通りを渡った反対車線からオレンジ色のドルムシュに乗る。所要10分、2TL。

◆ドルムシュ & ミニバス

フェティエ近郊への足となるドルムシュとミニバス。オリュデニズÖlüdenizやヒサルオニュ Hisarönü、カヤキョユKayaköyü行きのミニバスは、町の中心から約1km東にあるドルムシュ・ガラジュから出る。サクルケント Saklıkent、レトゥーンLetoonのあるクムルオヴァ Kumluova、クサントスXanthos、クヌクKınık、パタラPataraなど長い路線も、ドルムシュ・ガラジュが起点となる。

ドルムシュ・ガラジュ、クサントス行きミニバス

■フェティエからのクルーズ

どのツアーも同じようなプログラムで、ホテル送迎などのサービス合戦を展開。シーズン中の人気ツアーは込むので、前日の朝までに予約を。オリュデニズ発着のクルーズも多い。

●**12島巡りクルーズ**
5〜10月の9:00頃出発、メルディヴェンリ岬、ショワリエ島、ギョジェック島、クズル島などに寄り遺跡見学、海水浴、スノーケリングなどを楽しむ。18:30頃帰着。ランチ付きで35〜50TL。

●**オリュデニズとケレベッキ峡谷**
5〜10月の8:45〜10:00出発、ケレベッキ渓谷（バタフライバレー）に寄り、オリュデニズの砂浜沖に停泊する。海水浴のあと、18:00頃帰着。ランチ付き25〜35TL。

12島巡りのクルーズ船

レトゥーン以外へ行く近郊バスは、ドルムシュ・ガラジュよりもジャーミィ横のバス停のほうが町の中心に近くて便利。便数は変わらない。(編集室)

岩肌にへばりつくような岩窟墓

■カヤキョユ
ドルムシュ・ガラジュから3.50TL、所要約30分。7:00〜21:00（冬期〜19:00）にヒサルオニュ経由で30分〜1時間に1便、6.50TL。

教会に残るフレスコ画

■オリュデニズ
ドルムシュ・ガラジュから5TL、所要約40分。7:30〜24:00に頻発。冬期は減便。オトガルからも直接行ける。

■サクルケント渓谷
ドルムシュ・ガラジュから8.50TL、所要約1時間。8:00〜19:30に20分毎。冬期は減便。夏期はツアーもある。カシュ10:00発、パタラ11:00発のドルムシュもあり、運賃は10TL、戻りは16:00。エシェン川の川下り、クサントス、レトゥーンへのツアーでも行ける。
開8:00〜20:00
（冬期〜18:00）
休無休 料5TL

見どころ

2000年以上も前に造られた彫刻が美しい
岩窟墓
Map P.275C

Kaya Mezarları カヤ・メザルラル

紀元前4世紀に造られたギリシア神殿風の造りに、イオニア式の柱頭を用いたアミンタスの墓が秀逸。保存状態はよい。

ギリシア人の村がそっくり残された
カヤキョユ（カルミラッソス）
Map P.276

Kayaköyü カヤキョユ

カヤキョユは、ギリシア正教会のキリスト教徒が住んでいた村だが、独立戦争後の住民交換により、ひとつの村がそっくりそのまま残された。イエスの生涯を描いたフレスコ画が残る教会やワインの貯蔵庫、礼拝堂などがある。ここからオリュデニズまで8km、約2時間30分〜3時間のトレッキングコースもあり、林の中を抜けると突然目の前に美しいオリュデニズの海が広がる。小さな教会の上方からも、ソーク・スSoğuk Su海岸へのトレッキングルートがある。

地中海屈指の美しい砂浜リゾート
オリュデニズ
Map P.274A

Ölüdeniz オリュデニズ

フェティエのドルムシュ・ガラジュから約30分。「静かな海」という名の穏やかな湾に、地中海でも屈指の美しい砂浜が広がる。オリュデニズには近年多くのホテルやペンションが建ち、リゾートとして発展してきた。ビーチはドルムシュ・ガラジュ前の広々としたビーチと、その奥のホテル・メリHotel Meriやキャンプ場の近くの小さなラグーンのビーチがある。透明度は前者のほうが高いが、後者には、カヤキョユまでのトレッキングコースがある。

オリュデニズのパラグライディングは、カッパドキアの気球に匹敵する人気を誇るとか。ただし、冬期は飛ぶことができない

「隠された谷」で川底を歩く
サクルケント渓谷
Map P.276 特集記事→P.20

Saklıkent Vadisi サクルケント・ヴァーディスィ

エシェン川Eşen Çayıの東に位置する、18kmにもわたる渓谷。サクルケントは「隠された町」を意味し、英語で「ヒドゥン・バレーHidden Valley」とも呼ばれている。

足の下には冷たい水

流れが速いので手をつないで進む

フェティエの港沿いに停泊している日帰りツアーのボートの料金は、西から東へ行くほど安くなる傾向がある。（編集室）

がごうごうと流れている。歩道が尽きたら奥の渓谷まで川を横断する。ひざ上まで水位があるので、水着で歩こう。入口の河畔はレストランになっており、川魚を食べながら奔流を眺めるのもいい。

ひとり用ラフティングも楽しめる

HOTEL & RESTAURANT

町の中心のショッピングエリアに宿は多い。安い宿は少ない。オリュデニズにも中級ホテルは多い。レストランはみやげ物屋が多いバザール内に点在しているほか、マリーナ近くにもレストランがある。庶民的な店は東の市街地に多い。ユニークなのは魚市場 (Map P.275C) 内のレストラン。どの店でも市場で買った魚を持ち込めば5TL程度の追加料金を払って料理してもらえる。

日本からホテルへの電話　国際電話会社の番号 + 010 + 国番号 90 + 252 (市外局番の最初の 0 は不要) + 掲載の電話番号

フェラフ　Ferah Pension Hostel Monica's Place

経済的　Map P.274A

✉ 2. Karagözler Orta Yolu No.23
TEL (0252) 614 2816
FAX (0252) 612 7398
URL www.ferahpension.com
S A/C 🚿 🛏 50～65TL
W A/C 🚿 🛏 75～90TL
💳 US $ € TL 🏧 US $ € 🃏 不可

ジャンダルマ (憲兵) の建物の手前の坂を上った住宅街にある。元気な女性モニカさんとその家族が営む居心地のよい宿。自慢の夕食は20TL。ランドリー1回25TL。オトガルのキャーミル・コチでここに宿泊する旨を告げると、近くまで送ってくれる。📶 全館無料

ドゥイグ　Duygu Pansion

経済的　Map P.274A

✉ 2. Karagözler Orta Yolu No. 54
TEL (0252) 614 3563　FAX なし
URL www.duygupension.com
S A/C 🚿 🛏 50～60TL
W A/C 🚿 🛏 70～80TL
💳 US $ € TL 🏧 不可 🃏 不可

全11室のペンション。町の西側にあるが、オトガルから送迎があるので、不便ではない。部屋はかわいらしくまとまっており、スタッフもフレンドリー。港を見下ろすテラスや、小さなスイミングプールも備えている。📶 全館無料

ヤット・クラシック　Yacht Classic Hotel

高級　Map P.274A

✉ 1. Karagözler Mah.
TEL (0252) 612 5067
FAX (0252) 613 5068
URL www.yachtclassichotel.com
S A/C 🚿 🛏 150～250TL
W A/C 🚿 🛏 230～350TL
💳 US $ € TL 🏧 US $ € 🃏 M V

白を基調とし、高級感がある。屋外に取り付けられたエレベーターがユニーク。全35室のうち25室から海が見える。部屋は広々としており、全室テレビ、湯沸かしポット、ドライヤー付き。スイミングプールやスパ、レストラン完備。📶 全館無料

ベルジェクズ　Belcekız Beach

高級　Map P.274A

✉ Ölüdeniz
TEL (0252) 617 0077
FAX (0252) 617 0372
URL www.belcekiz.com
S A/C 🚿 🛏 150€
W A/C 🚿 🛏 200€
💳 US $ € TL 🏧 不可 🃏 M V

オリュデニズにある5つ星ホテル。広大な敷地にはプールやハマム、レストランのほか、ミニコンサート会場まである。北側の正面入り口のほか、南側にも出入り口があり、ビーチへのアクセスも抜群。4月中旬から10月初旬の営業。📶 全館無料

ゼキ　Zeki Restaurant

魚料理　中級　Map P.274B

✉ Eski Meğri Sok. No.8
TEL (0252) 614 3585
FAX なし
🕗 8:30～24:00
休 無休
💳 US $ € TL
🃏 M V

店の看板料理はイカやエビなどのシーフードをふんだんに使った壺焼きのテスティ・ケバブ (69TL)。壺も大きく、ゆうに2人前のボリュームがある。ほかにタイ料理やカレー、ストロガノフなどトルコ料理以外のメニューも豊富に揃う。

フェラフ・ペンションのモニカおばさんはトルコ人で、モニカはニックネーム。フェラフは交通事故で亡くなった弟さんの名前なんだとか。(編集室)

クサントス Xanthos

現在も発掘が続けられている古代リキヤの都

市外局番 **0242** 人口**3722**人 標高**9**m（クヌク）

■クサントスへの行き方

アンタルヤ方面からはバトゥ・アンタルヤBatı Antalyaがカシュ、パタラを経由してクヌクへ行く。6:30〜18:00に1時間に1便程度の運行、所要5時間、運賃20TL。カシュからはバトゥ・アンタルヤのほかオズカシュ・パタラ・コープÖzkaş Patara Koop.が9:00〜19:45に20〜45分おきに運行、所要1時間、運賃7.50TL。フェティエからはバトゥ・アンタルヤの便が7:30〜20:30に1時間〜2時間30分おきに運行、所要1時間、運賃10TL。

クサントスの円形劇場

パタラの町

クサントスは古代リキヤの首都。世界で初めての共和制を採った都市として名高い。リキヤ時代には「アリナ」と呼ばれていた。リキヤ遺跡のなかでは比較的保存状態がよい。クサントスについての最も古い記述は、ヘロドトスの手によるもの。その後アレキサンダー大王の支配下に入り、繁栄を続けた。

発掘品の多くは、大英博物館やイスタンブールの国立考古学博物館にある。近くにある同じリキヤ遺跡、レトゥーンとともに1988年に世界遺産に登録された。また、近くにあるパタラ遺跡もリキヤ遺跡のひとつ。遺跡を抜けた所にある、18kmに及ぶ白砂のビーチはヨーロッパ各地からの観光客でにぎわう。

■歩き方

起点となる大きな町はフェティエかカシュ。ツアーに参加するか、タクシーを

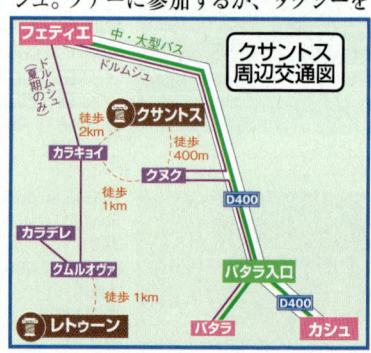

パタラ行きのドルムシュが発着するD400号線沿いのパタラ入口のT字路には、チャイハーネがあるので、ドルムシュの待ち時間に利用できる。（編集室）

チャーターすると効率がよいが、パタラPatara、クヌクKınık、クムルオヴァ Kumluova、カラキョイKaraköyなどの村を、ドルムシュを使って回れる。

●ミニバス、ドルムシュ　フェティエからクヌクを通って、パタラ入口、カルカン、カシュ、さらにはアンタルヤへと続くD400といわれる道路は、この地方の大動脈。ドルムシュやミニバスのほか、大型バスも稀に通る。

レトゥーンLetoonへは夏期のみだがフェティエからクムルオヴァへ行くドルムシュ（所要約1時間15分）がある。クムルオヴァとクヌクとを結ぶ便はないが、クムルオヴァからフェティエへ行くドルムシュは、**クヌクから1km弱しか離れていないカラキョイを通る**ので、そこから徒歩で行ける。

||| 見どころ |||

現在も発掘が続けられている
クサントス遺跡
Xanthos Örenyeri　クサントス・オレンイェリ

Map P.278

　クサントス川（現エシェン川）のほとりにある。大規模なリキヤの都市遺跡。町の成り立ちはまだよくわかっていないが、アケメネス朝軍の攻撃を受け、80家族だけが助かったという紀元前6世紀半ば頃の記録が残っている。その後、紀元前475～450年の間に大規模な火災があり、ほとんどが焼失した。ローマのブルータスによる攻撃の際も、捕虜にできたのは150人の男子と数少ない女子だけだったというほど、多大な戦死者を出した。このように何度も苦難の局面を迎えながら、町は繁栄を続け、ビザンツ時代にいたっても宗教の中心地としての存在を示していた。

　入口と道を挟んだ反対側に円形劇場があり、ここは入場料を払わずに見学可能。円形劇場の上に典型的なリキヤの小さな墓がある。入場料を払って入り口を入った先には列柱が並ぶ通りが続き、その奥にはビザンツ時代のキリスト教会跡が残る。教会の床にはモザイクにより装飾されているが、2012年7月現在保存のため上に砂がかけられ、見ることができない。

レトなど3柱の神殿が並ぶ
レトゥーン遺跡
Letoon Örenyeri　レトゥーン・オレンイェリ

Map P.278

　クサントスとともに世界遺産に登録されている遺跡。アルテミスとアポロンを産んだ女神レトの名前からこの名が付けられた。レトなど3柱の神々の神殿もさることながら、隣に残る円形劇場の保存状態はかなりよい。周りは農村で、遺跡の中を歩いていると山羊に出くわしたりして、楽しい。

レトゥーンの円形劇場

パタラ

Flower P.280
パタラ入口へ約3km
Lighthouse
Delphin
ドルムシュ乗り場 ATM
Golden Lumiere
St. Nicholas P.280
Ptt
Patara Market
パタラビーチへ約2.5km
0　100m

■パタラへは車を乗り換える便もある
フェティエとカシュ、カルカンを結ぶミニバスは、便や時期によっては、直接パタラへは行かず、パタラ入口Patara Yoluという分岐点で降ろされる。そこから町の中心へはセルビスが運行されている。パタラの町からパタラ遺跡前まではさらに2kmほどあり、夏ならドルムシュが出ている。

■クサントス遺跡
✉ Kınık Kasabası
⏰ 9:00～19:00（冬期8:00～17:00）
休 無休　料 5TL

劇場の上部にある家型石棺

巨大な柱が残るレトゥーンの神殿

■レトゥーン遺跡
✉ Kumluova Köyü
⏰ 8:00～19:00（冬期～17:00）
休 無休　料 5TL

普通、墓は地下に掘るものだが、クサントス遺跡では墳墓の上部に石棺が置かれている。これはリキヤ人が空中に死者を祀る習慣があったからだとされる。（編集室）

■ パタラ遺跡
✉ Patara Kasabası
⏰ 8:00～18:00（冬期～17:00）
休 無休
料 5TL
（パタラで宿泊していることを申告すれば10回券が7.50TL）
遺跡へはパタラの入口から町を通り抜けて1本道を2kmほど進んだ所。チケット売り場を抜けると、左右にリキヤの遺跡群が見えてくる。夏期はパタラの入口からパタラ・ビーチ行きのドルムシュで行くことができる。

遺跡の向こうは真っ白な砂浜　Map P.278
パタラ遺跡
Patara Örenyeri　パタラ・オレンイェリ

発掘が続けられているパタラ遺跡

クサントスやレトゥーンと比べると断片的だが、浴場跡や劇場、メインストリートなどが残る。リキヤ特有の岩窟墓も目に付く。この遺跡は現在もトルコ文化・観光省とアクデニズ大学が共同で発掘中。かなり長い遺跡エリアを抜けると、その先は砂浜だ。このあたりはウミガメの産卵地で、砂の流出を防ぐために砂防林や遊歩道が設けられるなど、自然を保護するための努力が続けられている。砂丘から見る日没も絶景だ。

HOTEL & RESTAURANT

パタラには、道路沿いや階段を上った丘の上の集落にペンションや小さなホテルが点在しており、ほとんどはレストランを併設している。冬期はほとんどのところが休業する。パタラは蚊が多く出るので、ペンションでも蚊帳が付いているところが多い。

日本からホテルへの電話　国際電話会社の番号 + 010 + 国番号 90 + 242（市外局番の最初の0は不要）+ 掲載の電話番号

フラワー　Flower Pansyon
✉ Patara
TEL (0242) 843 5164
FAX (0242) 843 5279
URL www.pataraflowerpension.com
S A/C 🛏 🍴 45TL
W A/C 🛏 🍴 60TL
€ TL TC不可 ⊘ M V

中級　Map P.279
家族経営の宿で、通年営業。敷地内では果物を育てており、自家製のジャムなどが朝食に並ぶ。パタラ・ビーチへの無料送迎もあり。同経営の旅行会社では、カヌーツアーも催行。キッチン付きの部屋もある。Wi-Fi無料（一部客室は不通）

セント・ニコラス　St. Nicholas Pension & Restaurant
✉ Patara
TEL (0242) 843 5154
FAX なし
URL www.stnicholaspensionpatara.com
⏰ 8:00～24:00　休 無休
€ TL TC不可 M V

魚料理　中級　Map P.279
パタラの中心にあるペンションで、立地がいいため宿泊客以外の利用も多いレストラン。シーフードやオーブン焼きの料理が人気だが、スパゲティなどメニューは多彩。ペンションはエアコン付きの部屋が S 40TL、W 55TL。

Information　今後の発掘調査が期待されるリキヤ文化遺産

アナトリアに海の民が進出し、ヒッタイトが滅亡した頃、その一派が逃げ込んだといわれる地がリキヤ地方だ。トルコの南海岸、フェティエからアンタルヤにかけた一帯を指し、紀元前5世紀以降の遺跡がある。
　おもな都市は首都クサントス（現クヌク）、ミュラ（現カレキョイ）、アンティフェロス（現カシュ）など。リキヤの地は紀元前5世紀のヘロドトス『歴史』の中に登場し、ホメロスの『イーリアス』にも記述があるが、それ以前の詳細な歴史はわかっていない。
　紀元前545年、ペルシア軍に占領されたリキヤは、後にアレキサンダー大王に解放され、ギリシア・ローマ色が濃くなった。聖パウロがエフェスからの帰りに立ち寄ったこともある。
　歴史の波にもまれながらもリキヤは独特の文化をもち続け、今も岩窟墓室や石棺などに優れた技術が認められる。その多くは木造家屋をかたどり、三角屋根や柱の形状レリーフに独特の手法を用いたもの。出土品は大英博物館やイスタンブールの国立考古学博物館で公開されている。まだ発掘途上でほとんど草原という遺跡も多いが、それだけに未知の部分も多く、今後の調査に期待がもたれている。

パタラのビーチへはドルムシュが出ているが、ペンションなどではビーチへの送迎サービスをやっているところも多い。（編集室）

入江にたたずむ静かなリゾート

カシュ Kaş

市外局番 0242 人口4万9629人 標高8m

数多くのヨットが停泊するカシュの港

■時刻表一覧
🚌→P.208～211
バス時刻表索引→P.76～77

■カシュの❶ Map P.281
TEL(0242)836 1238
開8:00～17:00
休冬期の土・日

■旅行会社レイトブレイクス
　Latebreaks
Map P.281
✉Hükümet Cad. No.16
TEL(0242)836 1725
開8:00～翌1:00
（冬期～17:00）休無休
メイス島行きチケットや、各種ツアーを扱う。

■リキヤの墓　Map P.281

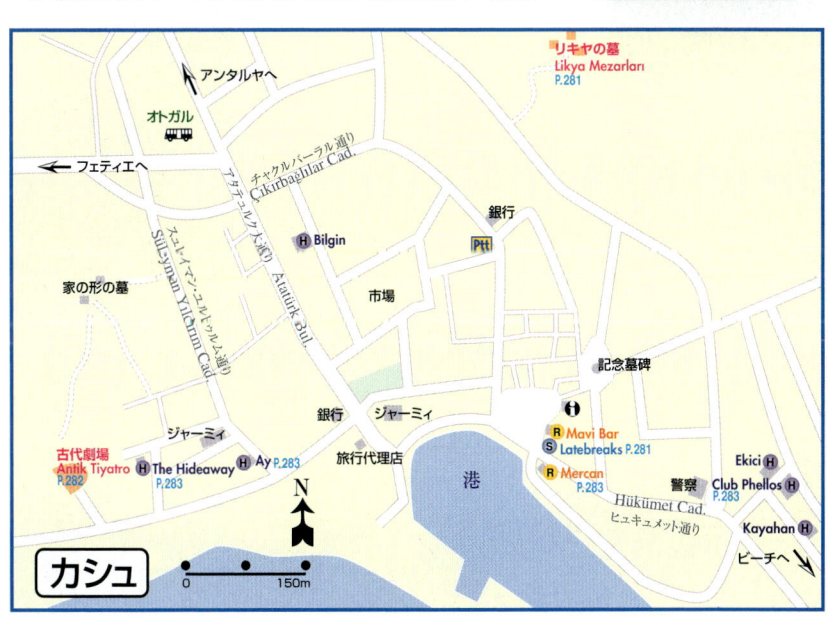

町の中心にある記念墓碑

　古代アンティフェロスAntiphellosの面影を今に伝えるリキヤLikya（英語ではLycia）の遺跡が残る。町の中心にある記念墓碑には、4つのライオンの頭が彫られている。郊外の山の中腹にある岩窟墓Kaya Mezarlarには、リキヤ文字も見られる。町の北西にある家の形の墓も興味深い。24人の踊る娘を描いたレリーフも見事。

　カシュはダイビング、さまざまなクルージングやパラグライダーが楽しめるリゾートでもある。のんびり過ごしたい町だ。

> カシュのパラグライダーのフライトのスタート地点は2ヵ所あり、標高も異なっている。挑戦したいが高い所が少し苦手、という人は標高が低い地点を選ぶとよい。（編集室）

281

■古代劇場
見学自由

遺構が残るケコワ島

■ケコワ島
見学自由
カシュからのボートツアーで訪れる。カレ近郊のウチャウズからも多くのボートが出ている。

■ミュラ
オトガルからバトゥ・アンタルヤ社Batı Antalyaのアンタルヤ行きバスに乗り、デムレDemre下車。所要約50分、7TL。デムレからミュラへは約1.5km。
4～9月 9:00～19:00
10～3月 8:00～17:00
無休 15TL

ミュラの岩窟墓群

■聖ニコラス教会
上記のミュラ同様、デムレにある。デムレのオトガルから徒歩5分。
Noel Baba Müzesi, Demre
4～9月 9:00～19:00
10～3月 8:30～17:00
無休 15TL

|||見どころ|||

最上段に立って地中海を眼下におさめよう
古代劇場
Map P.281

Antik Tiyatro アンティキ・ティヤトロ

　26段の高さをもつヘレニズム時代の劇場で、ほぼ全容が残っている。観客席の最上段からはエーゲ海とメイスの島々が見渡せる。

真っ青な海の中に遺跡が眠る
ケコワ島
Map P.282C

Kekova Adası ケコワ・アダス

　カシュからのボートは洞窟や遺跡に寄りつつケコワ島に向かう。ケコワ島はかつてのリキヤ都市ドリキステで、2世紀頃に地震で一部が海底に沈んだ。城がある本土側がスィメナ。地震前はケコワ島と陸続きだった。沈んだ海底には今もローマ時代の遺跡が眠っている。

一面に残る岩窟墓
ミュラ
Map P.282C

Myra ミュラ

　ミュラ遺跡には、岩を削って家をかたどった墓群があり、精巧なレリーフも残されている。かたわらには円形劇場が発掘されているが、大部分の遺跡はまだ未発掘だ。

サンタクロースの故地
聖ニコラス教会
Map P.282C

Aya Nikola Kilisesi アヤ・ニコラ・キリセスィ

　デムレにはサンタクロースとして有名な聖ニコラスの聖堂、聖ニコラス教会がある。ディオクレティアヌス帝の迫害により、聖ニコラスは殉教しここに埋葬され、その後ビザンツ風の教会が建築された。今でもモザイク画の床や壁画、祭壇が残る。聖ニコラスの歯型や骨といわれるものは、アンタルヤ考古学博物館に収蔵されている。

聖ニコラスゆかりの教会

カシュ周辺

この地方は絨毯の産地として有名で羊の放牧も盛んに行われている。カシュの西25kmにあるカルカンの近辺は夏の間だけ羊飼いが下りてくる村がいくつかある。(編集室)

どちらがすごいか見極めよう!
青の洞窟
Mavi Mağaralar マーヴィ・マーララル

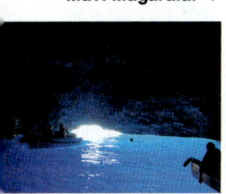

Map P.282A、B

メイス島にある青の洞窟

青の洞窟といえば、南イタリアのカプリ島のものが有名だが、カシュ近郊にも2ヵ所「青の洞窟」と呼ばれている場所がある。ひとつはギリシア領のメイス島にある。もうひとつはカシュの西18kmにあるカプタシュ Kapıtaş。どちらもカシュから日帰りで行ける。幻想的な風景をまぶたに焼き付けよう!

■メイス島の青の洞窟
Map P.282B
カシュからメイス島へ夏期は毎日便がある(→P.470)。冬期は週3便ほどまで減便される。チケットは旅行社、Latebreaksで購入する。島に着いたら、同じ港から青の洞窟へのボートに乗る(別料金)。

■カプタシュの青の洞窟
Map P.282A
🚌カシュからカルカン行きのバスに乗り途中下車

HOTEL & RESTAURANT

リゾートなのでHotelやペンションなど、宿泊施設は多い。大型ホテルが集中するのは、警察からビーチに向かう通りとその1本裏の道。オトガルから港へと延びるアタテュルク大通り**Atatürk Bul.**の西側には、家族経営の小規模な宿が多く、比較的静かなエリアとなっている。

日本からホテルへの電話 国際電話会社の番号 + 010 + 国番号90 + 242 (市外局番の最初の0は不要) + 掲載の電話番号

アイ Ay Pansiyon
経済的　　　Map P.281

✉ Kilise Camii Cad. No.5
TEL (0242) 836 1562
FAX なし
S A/C 🚿 🚽 50~80TL
W A/C 🚿 🚽 50~120TL
💳 US$ € TL
T/C 不可
CC 不可

家族経営で頼もしいおかあさんがいる全9室の小さいペンション。ヨーロッパのガイドブックにも載っているので人気がある。部屋はシンプルで老朽化も目立つが、清潔にされており、部屋に付いているテラスからは海が眺められる。冬期は朝食が付かないが、割引がある。📶全館無料

ハイダウェイ The Hideaway Hotel
中級　　　Map P.281

✉ Eski Kilise Arkası No.7
TEL (0242) 836 1887
FAX (0242) 836 3086
URL www.hotelhideaway.com
S A/C 🚿 🚽 50~90TL
W A/C 🚿 🚽 70~120TL
💳 US$ € TL
T/C 不可 CC M V

小さなプールも併設され、プチリゾートのような趣がある全19室の家族経営ホテル。朝食は海を眺めるテラス席で、ビュッフェスタイル。昼の軽食は6~11TL、夕食は15~25TL。無料でスノーケルの貸し出しもしている。オトガルからの送迎あり。📶全館無料

クラブ・フェロス Hotel Club Phellos
中級　　　Map P.281

✉ Doğruyolu Sok. No.4
TEL (0242) 836 1953
FAX (0242) 836 1890
URL www.hotelclubphellos.com.tr
S A/C 🚿 🚽 60~80€
W A/C 🚿 🚽 80~110€
💳 US$ € TL T/C 不可 CC M V

町の東側にある全89室のリゾートホテル。海には面していないが、屋内、屋外のスイミングプールのほか、有料ながらサウナ、ハマムも備える3つ星ホテル。通年営業で、冬期は割安になる。📶全館無料

メルジャン Mercan
魚料理　中級 🍴　　　Map P.281

✉ Balıkçı Barınanağı
TEL (0242) 836 1209
FAX なし
🕙 10:00~翌1:00
休 無休
💳 US$ € TL
CC M V

港近くにあるレストラン。テラス席が気持ちいい。近海で獲れた新鮮な魚介類が楽しめる。ロブスターなどのメイン料理は18~45TLで、種類も豊富。ケバブやステーキなど肉料理も各種ある。ワインはボトルで35~80TL。

> メイス島はカシュからすぐの場所にあるので勘違いしそうになるが、トルコではなくギリシア領。青の洞窟を訪れる際はパスポートをお忘れなく。(編集室)

トルコにおける地中海随一のリゾート地

アンタルヤ Antalya

市外局番 **0242** 人口91万3568人 標高39m

カレイチから見下ろすアンタルヤの港

■時刻表一覧
✈→P.70〜73
🚌→P.208〜211
バス時刻表索引→P.76〜77

■アンタルヤの❶
Map P.287A
✉ Cumhuriyet Cad. Güzel sanatlar galerisi
TEL(0242)241 1797
URL www.antalyakulturturizm.gov.tr（トルコ語）
開 9:00〜18:00（冬期7:30〜17:30）
困 無休

　アンタルヤは地中海沿岸で最も発展しているリゾート地。ペルガモン王国のアッタロス2世によって開かれたことから、アッタレイアと呼ばれていた。近郊には数々のギリシア、ローマ時代の遺跡があり、その観光基地ともなる町だ。市内にもイヴリ・ミナーレやハドリアヌス門など見どころが多い。

　近郊へ散らばる遺跡をくまなく巡るには、交通の便の悪い所が多いので、夏ならツアーに参加し、冬なら数人でタクシーをチャーターするといい。レンタカーも利用できる。だが、時間さえ許せばここでもドルムシュを乗り換えながら、のんびりと歩いてみたい。

▌旅のモデルルート▐

　ツアーに参加すれば、周辺のおもな遺跡巡りは1日で済む。さらに市内観光に半日、ビーチで過ごすのに半日〜1日は欲しいところだ。

すばらしい保存状態のローマ遺跡を満喫する1日

アンタルヤ ➡（ペルゲ）➡ アスペンドス ➡ スィデ ➡ アンタルヤ

　アンタルヤ考古学博物館には、周辺の遺跡から集められた発掘物が展示されているので、発見された実際の遺跡を回ってみよう。アンタルヤからマナウガットに向かう幹線道路からそれぞれ数kmずつ離れているため、早い時間から出かけたい。ペルゲの遺跡を見たあと、幹線道路まで戻り、アクスで次のドルムシュを待ちながら昼食。アスペンドスは劇場だけは見よう。スィデで遺跡を見れば夕方だろう。奮発してシーフードにするか、アンタルヤに戻り、安いロカンタで済ませるかはお好み次第。

　アンタルヤは白インゲンのサラダ、ピヤズの発祥地。元はピヤズは刻みタマネギの和え物を指したが、アンタルヤ風ピヤズが全国に普及し、元の意味は忘れられている。（編集室）

歩き方

町の中心は**キャーズム・オザルプ通り**Kâzım Özalp Cad.と**ジュムフリエット通り**Cumhuriyet Cad.との交差点だ。**噴水**と**時計塔**Saat Kulesiがあるのですぐにわかる。両通りとも商店やホテル、銀行や両替商が並びとてもにぎやかな地区だ。

●**観光の中心、カレイチ**　時計塔がある広場からは、美しい尖塔の**イヴリ・ミナーレ**Yivli Minareを見ることができるだろう。ジュムフリエット通りの南側、**アタテュルク通り**Atatürk Cad.と**カラアリオウル公園**Karaalioğlu Parkıに囲まれたあたりが**カレイチ**Kaleiçi（城内）と呼ばれる旧市街。ペンションや旅行会社もあり、見どころが集まっている。

●**海岸に沿って**　ジュムフリエット通り沿いにはノスタルジック・トラムヴァイが延びている。アタテュルク公園や考古学博物館へはトラムヴァイでも行けるが、歩いて行くなら海岸沿いに延びる通りのほうが歩きやすい。

●**アンタルヤで泳ぐなら**　高級ホテルが並び海水浴客がよく訪れるのは、**コンヤアルトゥ・ビーチ**Konyaaltı Plajıと南東の**ララ・ビーチ**Lara Plajı。ともに市内バスKL8番が運行している。

時計塔はカレイチの入口にある

コンヤアルトゥ・ビーチ

アンタルヤでは、サンタクロースゆかりのデムレで結婚式を挙げるというイベントを行っており、第3回聖ニコラス記念国際合同結婚式は2012年12月1～7日に行われた。（編集室）

■ アンタルヤ空港

アンタルヤ空港は、国外からの便も数多く発着する。格安航空会社ではサン・エクスプレスがハブ空港として利用しているほか、ヨーロッパの格安航空会社も数多く参入している。日本からヨーロッパを経由してダイレクトにアンタルヤからトルコ入りすることも充分可能。
URL www.aytport.com

■ アンタルヤ～ケメルの海上バス

カレイチのハーバーから9:00、12:00、15:00、18:00、20:30発。復路は10:30、13:30、16:30、19:30、20:30発。10人より運航。
所要：45分
運賃：片道45TL、往復80TL。
URL www.antalyadenizotobusleri.com（トルコ語）

■ アー・ケント・カルト
　A-Kent Kart

チャージ式のICカード乗車券で、市内バス、アントライ、ノスタルジック・トラムヴァイに利用できる。60分以内の乗り換え無料。アントライの駅などで購入可。乗車時に機械の画面の下にある読み取り部分にカードをタッチさせる。カードは5TLで、1.60TLのデポジットが必要。オトガルから市内にアントライで行くときは、10TL支払うと、カード代＋デポジットで6.60TL、カード内の残額が3.40TLあるので、オトガルとカレイチを往復できる。アントライの乗車はカードのみだが、アントライ以外は現金での支払いも可能。

2012年10月現在流通しているタッチ式のアー・ケント・カルト

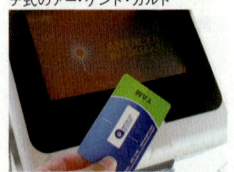

カードの読み取り機にタッチする様

■ アンタルヤの中央郵便局
Map P.285上B
圏 8:30～19:30　休 日

◆ ターミナルから市の中心部へ

● 空港　アンタルヤ空港は、アンタルヤ市内から隣町アクスAksu方面へ5kmほどの大通り沿いにある。国際線2つと国内線の合わせて3つのターミナルがあり、それぞれ連絡バスで結ばれている。

　市内へは空港とオトガルを結ぶ600番のバスが30分に1便程度の運行しており、運賃は3.40TL。所要1時間30分。カレイチへはオトガルでアントライAntRayに乗り換えるのが便利。タクシーだとカレイチまで40TLほど。

　また、アンタルヤ空港はアンカラ、コンヤ方面、またはアダナ、スィリフケ方面からのバスが敷地前の幹線道路を通るので、それに乗ってもいい。空港からアランヤやエイルディル方面へ行く場合、逆方面の車線でバスを待てば、アンタルヤ市内にわざわざ入らずに直接目的の町まで行ける。

● オトガル　オトガルはカレイチの北西6kmほどの所にある。長距離路線も近郊路線の小型バスも含めてオトガルの発着。ターミナルは長距離用と近郊用に分かれている。

　カレイチ方面へはアントライの利用が便利。メイダンMeydan行きに乗り、8つ目のイスメットパシャİsmetpaşa駅で下車。進行方向に少し進むと時計塔が見える。所要約20分、1.50TL。

　各バス会社のセルヴィスも出ているが、カレ・カプスよりやや北西側のイスメットパシャ通りで降ろされることが多い。

◆ 市内交通

● 市内バス　市内バスは行き先ごとに番号が付いている。KL8番のバスは、ララ・ビーチ、カレイチ周辺、コンヤアルトゥ・ビーチを結んでおり、利用価値が高い。ただし、カレイチ周辺のバス停はララ・ビーチ行きとコンヤアルトゥ・ビーチ行きで場所が異なる。往復する場合、乗車時のバス停に戻らないので注意が必要。

● ノスタルジック・トラムヴァイ　考古学博物館前のミュゼ駅Müzeからゼルダリリッキ駅Zerdalilik間を結んでいる。カレイチから考古学博物館に行くときに便利。運賃は1.25TL。運行は7:30～21:00に30分おき。

● アントライ　メイダンからドウ・ガラジュ、カレイチ前のイスメットパシャ、オトガルを経由する新交通システム。運賃は1.50TL。支払いはアー・ケント・カルトのみ。運行は6:00～24:00に5～8分おき。

◆ 両替・郵便・電話

● 両替　時計塔やカレカプス駅周辺に銀行、両替商が多い。また、ほとんどのホテルやレストランでは外貨支払いが可能。

● 郵便・電話　アンタルヤの中央郵便局はアナファルタラル通りを北にしばらく行った左側にある。

アンタルヤ空港はターミナルの建物の簡素さとは裏腹にイスタンブールのアタテュルク空港に次いで年間2200万人もの利用客がいる大空港だ。（編集室）

見どころ

独特の形状をした美しいミナーレ
イヴリ・ミナーレ
Yivli Minare　イヴリ・ミナーレ

Map P.287A

　カレイチのランドマーク的な存在。高さ38mのミナーレは、ルーム・セルジューク朝のスルタン、カイクバード1世によって建てられた。隣にあるイヴリ・ジャーミィは、ウル・ジャーミィの別名をもち、ビザンツ時代に教会だった建物を、1373年にイスラーム寺院に改修したもの。カレイチには、**ケスィッキ・ミナーレ** Kesik Minareなど、ほかにも古い建物跡が残り、何かとわかりづらいカレイチの道案内役を果たしている。

美しい尖塔、イヴリ・ミナーレ

彫像や石棺など近郊からの出土品が並ぶ
アンタルヤ考古学博物館
Antalya Arkeoloji Müzesi　アンタルヤ・アルケオロジ・ミュゼスィ

Map P.285上A

　旧市街から海岸沿いに西へ2kmほど進んだ所にある。ペルゲ遺跡から発掘された**アフロディーテの頭像**など、近郊の遺跡からの出土品が数多く展示されている。

トロイ戦争の発端となった三女神の競演

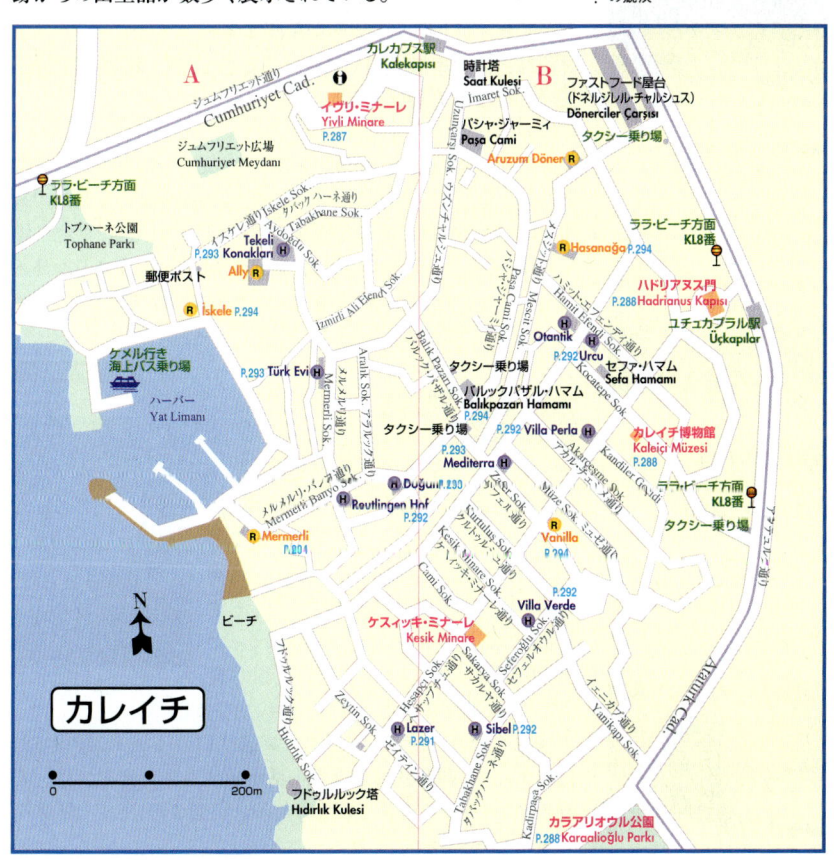

アンタルヤから90kmほど北東にあるキョプリュリュ渓谷Köprülü Kanyonはラフティングが人気。4～10月に毎日行っており、カレイチの旅行会社でも申し込める。（編集室）

■アンタルヤ考古学博物館
ノスタルジック・トラムヴァイに乗りミュゼMüzeで下車。駅の北西側に博物館がある。
✉Konyaaltı Cad. No.1
☎(0242) 238 5688
⊙9:00～19:00
（冬期8:00～17:00）
入場は閉館45分前まで
休冬期の月　料15TL

■ハドリアヌス門
ノスタルジック・トラムヴァイならユチュカプラルÜçkapılarで下車。

旧市街の入口、ハドリアヌス門

■カラアリオウル公園
カレイチの南側にある。

カラアリオウル公園

■カレイチ博物館
✉Barbaros Mah. Kocatepe Sok. No.25 Kaleiçi
☎(0242) 243 4274
FAX(0242) 243 8013
URL www.kaleicimuzesi.org
⊙9:00～12:00 13:00～18:00
休水
料2TL　学生1TL

カレイチ博物館の入口

特にこの博物館のハイライト、アフロディーテやゼウスなどペルゲの12神像が並ぶ部屋は圧倒されるすばらしさ。同じくペルゲ出土の『休息するヘラクレス』は、2011年に上半身がボストン美術館よりトルコに返還されたもので、博物館の新たな顔として注目を集めている。
また、イコンの部屋にはサンタクロースとして有名な聖ニコラスの歯や骨が展示されており、モザイクの部屋ではクサントス出土の鮮明な作品が床に並んでいる。

休息するヘラクレス

ローマ時代の香り漂う門
ハドリアヌス門　　　　　　　　　　　Map P.287B
Hadrianus Kapısı　ハドリアヌス・カプス

　旧市街入口にあり、美しい彫刻が施された3つのアーチをもつことから、「ユチュ・カプラル（3つの門）」とも呼ばれている。130年にローマのハドリアヌス帝がこの町を統治した記念に建造された。アタテュルク通りから向かって右側の塔に上がることができ、旧市街の家並みが見渡せる。

休日などには家族連れでにぎわう総合公園
カラアリオウル公園　　　　　　　　Map P.287B
Karaalioğlu Parkı　カラアリオウル・パルク

　アタテュルク通りをハドリアヌス門から道なりに南下した所にある。地中海とその向こう側にそびえる山脈を眺める絶好のスポット。旧市街側にある公園入口近くには、紀元前2世紀に建てられたという、フドゥルルック塔Hıdırlık Kulesiがある。高さ14m、大砲も備えた立派な城塞だ。公園にはスタジアムなどスポーツ施設がある。

アンタルヤで最も新しい博物館
カレイチ博物館　　　　　　　　　　Map P.287B
Kaleiçi Müzesi　カレイチ・ミュゼス

　古い民家とかつての教会を利用した博物館。教会は元の名をアヤ・ヨルギ（聖ゲオルギオス）という。ギリシア文字で書かれたトルコ語の碑文などが残り、建物自体も興味深いが、キュタフヤやチャナッカレの陶器の展示も充実。特にチャナッカレ陶器は現在では完全に技術が絶えており、非常に貴重なコレクションとなっている。

チャナッカレ陶器

　民家のほうは19世紀のオスマン様式にのっとって修復された。オスマン朝時代の人々の生活が再現された部屋では、当時のアンタルヤで流れていた街角の音が聞こえてきて、興味深い展示となっている。

リュシッポス作の『休息するヘラクレス』は、オリジナルは失われたが、古代に作られた複製品が数多くあり、ナポリ考古学博物館やルーブル美術館にも収蔵されている。（編集室）

落差はないが水量豊富な滝巡り
クルシュンルの滝とデュデンバシュ公園

Map P.285下A

Kurşunlu Şelalesi / Düdenbaşı Piknik Alanı
クルシュンル・シェラーレスィ／デュデンバシュ・ピクニック・アラヌ

アンタルヤ近郊には有名な滝が多い。日本のように落差が大きいものではないが、水量は豊富で迫力がある。滝の周辺はピクニックエリアで、夏には家族連れのトルコ人でにぎわう庶民的なスポットとなっている。特にクルシュンルの滝やデュデン川Düden Çayıの滝が有名だ。

クルシュンルの滝

クルシュンルの滝はいくつもの滝を順路に沿って進む自然たっぷりの滝の公園だ。好きな所で川に入ることもできる。

デュデンのほうは上流と河口に大きな滝があり、上流がデュデンバシュ公園となっている。こちらはエメラルドグリーンの滝の裏側を通り抜けられる。公園内のレストランで、獲れたばかりのマスの料理を楽しもう。

河口の滝は海側から見るのが一般的だ。アンタルヤ旧市街のハーバーからクルーズ船が出ている。こちらは落差がより高く、幾筋もの流れに分かれて海に落ち込んでいく美しい滝だ。

町がまるごと遺跡となってその姿を今に伝える
ペルゲ

Map P.285下A

Perge ペルゲ

アンタルヤ近郊を流れるアクス川Aksu Çayiの河畔にある丘に、ローマ帝国時代に栄えた植民地パンフィリアPamphyliaの大きな都市、ペルゲの遺跡が広がっている。

町の起源ははっきりとはわからないが、紀元前4世紀にアレキサンダー大王の領土として歴史に登場して以来、ローマ時代を通じて栄えた。原始キリスト教布教の重要拠点ともなり、パウロらがこの地で説教したと聖書に記されている。

アクロポリスとすそ野の街区跡 海抜50mほどのアクロポリスの丘の遺跡には、城壁のほか、アルテミス神殿と伝えられる建造物の跡がある。またその隣にはローマ時代のキリスト教会跡も見られる。

アクロポリスの丘の麓には、三方を丘陵で囲まれた街区の遺跡が広がる。街区には、浴場やビザンツ教会、ガイウス・ユリウス・コルナトゥスの居城跡などがある。

闘技場と劇場跡 南門を出て西へ進むと、紀元前2世紀の闘技場に着く。234m×34m、収容人員1万2000人と、圧巻の規模。闘技場への道をさらに先へ進むと、紀元3世紀に丘の斜面を利用して造られた大劇場が見える。

■クルシュンルの滝
ユズンジュ・ユル大通りからAC03番のバスでアクスAksuへ行き、BI05番のクルシュンルKurşunlu行きに乗り換える。
✉Kurşunlu Şelalesi
☎(0242)444 3708
⏰9:00〜18:00
休無休 料3TL

■デュデンバシュ公園
ユズンジュ・ユル大通りからVC30番に乗る
✉Düden Şelalesi Varsak Kasabası
☎(0242)361 0171
⏰8:00〜20:00
休無休 料2TL

デュデン河口の滝

■ペルゲへの行き方
ユズンジュ・ユル大通りからAC03番のバスでアクスAksuへ行きバスに乗る。アクスからは徒歩2kmほど。夏期はスィデ、ペルゲ、アスペンドスなどを合わせて回る日帰りツアーが多数催行されている。料金は約€55。

■ペルゲ遺跡
☎(0242)753 1265
⏰9:00〜18:00
休無休 料15TL

ニンフアエウムと呼ばれる泉

セリキ近郊のベレッキBelekにあるグロリア・アスペンドス・アレナGloria Aspendos Arenaでは、アナドル・アテシとトロイというダンス・パフォーマンスが行われている。(編集室)

■アスペンドスへの行き方
🚌アンタルヤの近郊ターミナルからセリキSerik行きのミニバスに乗る。6:10～22:20に15分毎で、所要1時間10分、運賃は6TL。セリキからアスペンドス行きのミニバスは9:00～19:00の1時間に1便で冬期減便。所要20分で運賃は2TL。夏はベルゲ、スィデなどと一緒に回るツアーも多数催行されている。

■アスペンドス遺跡
TEL(0242) 753 1265
🕐9:00～18:00
休無休 料15TL

■スィデへの行き方
🚌アンタルヤの近郊ターミナルからマナウガットManavgatへ行く。マナウガット・セヤハットManavgat Seyahatが6:00～22:45に20分毎の運行で、所要1時間30分、運賃は7TL。ここからマナウガットでスィデ行きのセルヴィスに乗り換え。セルヴィスがない場合はドルムシュで行く。所要30分。運賃は2TL。

■スィデの❶
Map P.290外
TEL(0242) 753 1265
🕐8:00～17:00 休土・日

■スィデ円形劇場
Map P.290
🕐9:00～18:55（冬期8:00～17:00）休無休 料10TL

■スィデ博物館
Map P.290
🕐9:00～18:45（冬期8:00～17:00）休月 料10TL

■アポロン＆アテナ神殿
Map P.290

ローマ劇場の保存状態は世界のトップクラス Map P.285下B
アスペンドス
Aspendos アスペンドス

アンタルヤから東へ39kmにある遺跡。古代にはパンフィリアで最も重要な都市だったとされ、ほぼ完璧に保存されている古代劇場で名高い。小アジアの古代都市の例にもれず、アスペンドスにもアクロポリスの丘があり、そのすそ野には後のヘレニズム時代に建てられた街区があった。アクロポリスの丘の高さは40mで、遺跡の広さは800m×500mほど。

ほぼ完璧な状態で残されている巨大劇場

小アジア最大の劇場跡 小アジア最大の古代劇場が完璧に近い状態で保存されている。観客席は中央通路を隔てて上と下に分かれ、最上段には柱廊がしつらえられている。舞台の壁はイオニア様式とコリント様式双方を取り入れた柱で飾られている。楽屋や舞台などもきれいに残る。

これはローマのマルクス・アウレリウス帝のために紀元2世紀に建造され、1万5000人から2万人が収容可能だった。セルジューク朝時代には宮殿として利用された時期もある。

時代に取り残された旧跡が黄昏とよく似合う Map P.27D2
スィデ
Side スィデ

紀元前7世紀頃にギリシア人によって造られたイオニアの植民都市。長く栄えた都市国家で、途中アレキサンダー大王に破壊されたが、1～2世紀には最大の繁栄期を迎え、数々の建造物が築き上げられた。

海沿いに立つアポロン神殿

かつては2万5000人を収容したという円形劇場脇から、列柱のあるリマン通りLiman Cad.が海岸に向かって延びており、両側にはおみやげ屋、旅行会社、銀行や両替商などが並ぶ。突きあたりの海岸沿いにボート乗り場がある。左に行くとアポロン＆アテナ神殿の遺跡や、現在は博物館として使われているローマ浴場跡。海岸沿いを歩くと、白い砂浜が緩やかなスロープを描く。周辺にはホテルやペンションも多い。

😊アンタルヤからアスペンドスに行くにはセリキ乗り換えだが、バス停はないので、周りの人に聞いて行くしかない。(埼玉県 アンタッチャブル '12春)

アランヤ
Alanya アランヤ

セルジューク朝時代の城壁に取り囲まれた港町
Map P.27D2　特集記事→P.18

アンタルヤから海岸沿いを東南へ125km行った港町。背後の山を8kmにわたってルーム・セルジューク朝時代の城壁が取り囲み、港には巨大な塔クズル・クレKızıl Kule（通称レッド・タワー）がそびえる。隣にはテルサーネTersaneというセルジューク朝時代に造られた造船所跡がある。

城跡　城塞を囲む城壁は約8kmあり、城塞の入口まで3kmの坂が続く。徒歩なら大変だがバスもあるので行ってみよう。最高の眺望が楽しめる。

ダムラタシュ洞窟　美しいビーチとして名高いクレオパトラ海岸の端にある鍾乳洞。赤い岩質のため茶色い縞模様ができており、内部には洞窟独特のひんやりとした冷気が漂う。

洞窟巡りクルーズ　ダムラタシュ洞窟は地上にある洞窟だが、海側からしか入れない小さな洞窟がアランヤには多く、これらを訪ねるにはショートクルーズがおすすめ。

アランヤのボートクルーズ

■アランヤへの行き方
●アンタルヤから
近郊ターミナルからアランヤルラルAlanyalılarとギュネイ・アクデニズGüney Akdenizが6:30～22:00に30分～2時間毎の運行。所要2時間～2時間30分、運賃は15TL。

●スィリフケから
ギュネイ・アクデニズが9:30～翌1:30、1～2時間毎にアンタルヤ行きバスを運行しており、所要7時間、運賃は35TL。

■アランヤの❶
Map P.291
TEL(0242) 513 1240
圏8:00～17:00　休土・日

■城跡
Map P.291
圏8:00～17:30（冬期8:00～17:00）　休月　料10TL

■クズル・クレ
Map P.291
圏9:00～19:00（冬期8:00～17:00）　休無休　料4TL

■ダムラタシュ洞窟
Map P.291
圏10:00～19:30（冬期～17:00）
休無休　料4.50TL

■アランヤ発のクルーズ
アランヤ発のクルーズは、1時間程度のショートクルーズから昼食付きの1日クルーズ、数日かけるものなどいろいろ。ショートクルーズならテルサーネと洞窟などアランヤ半島を巡り、洞窟付近で泳ぐというプランが一般的だ。

HOTEL

アンタルヤの大型リゾートホテルは、町の中心から離れたビーチ沿いにある。高級プチホテルや手頃なペンションならカレイチへ。カレイチ以外では、キャーズム・オザルプ通り沿い周辺にもホテルは多い。冬期は休業するホテルも多く、夏と冬との料金差もある。冬期は日照時間が短くなるため、給湯にソーラーシステムを使用しているホテルでは、お湯が出るまで1時間以上要する場合もある。小規模な宿は暖房設備は不充分なところも多い。

日本からホテルへの電話｜国際電話会社の番号｜＋｜010｜＋｜国番号 90｜＋｜242（市外局番の最初の0は不要）｜＋｜掲載の電話番号

ラゼル Lazer Pansiyon
✉ Hesapçı Sok. No.61
TEL(0242) 242 7194
FAX(0242) 243 9353
URL www.lazerpension.com
D A/C 10€
S A/C 25€
W A/C 35€
US$ € JPY TL
不可 不可

経済的
Map P.287A
日本人おかみが切り盛りする、バックパッカーが集まるファミリーペンション。入口の庭には花や観葉植物が植えられている。庭やテラスもなかなか居心地がいい。また、日本語で描かれたカレイチのイラスト地図を配布している。左記料金は日本人向けの特別料金。全館無料

トルコ最南端にあるアナムールはアランヤとスィリフケの間にある。ビザンツ時代の遺跡が残るビーチやローマ時代の要塞、マムレ城などが残っている。（編集室）

スィベル Sibel Pansiyon

経済的　Map P.287B

✉Fırın Sok. No.30 Kesik Minare Civarı Kaleiçi
TEL(0242) 241 1316
FAX(0242) 241 3656
email sibelpansion@hotmail.com
⑤A/C🚿🛏25～30€
W A/C🚿🛏35～38€
💳US$ € TL
T/C不可
C/C A M V

ケスィッキ・ミナーレの1本南の路地を入った南側にある。フランス人女性が経営する宿で、木漏れ日が心地よい中庭があり、リラックスして滞在できる。種類豊富な朝食も自慢。メニューは日替わりで、自家製ジャムやボレキ、オレンジジュースなどが食卓に並ぶこともある。
📶全館無料（2階部分は通じづらい）

ウルジュ Urcu Hotel

経済的　Map P.287B

✉Barbaros Mah. Hamit Efendi Sok. No.6 Kaleiçi
TEL(0242) 243 6700
FAX(0242) 243 6702
URL www.urcuhotel.com
⑤A/C🚿🛏50～100TL
W A/C🚿🛏90～125TL
💳US$ € TL
T/C不可
C/C M V

民家を改築しているため、部屋の広さにはかなり差があるが、広い部屋が多い。全12室のうち、1部屋だけバスタブ付きのスイートルームもある（シーズンにもよるが基本的には料金はスタンダードと同じ）。オーナーがあまり商売っ気がないからか、プチホテルとしては魅力的な料金。中庭には小さなプールがある。
📶全館無料

ヴィッラ・ヴェルデ Villa Verde

中級　Map P.287B

✉Kılçarslan Mah. Seferoğlu Sok. No.8 Kaleiçi
TEL(0242) 248 2559
FAX(0242) 248 4231
URL www.pensionvillaverde.com
⑤A/C🚿🛏35～45€
W A/C🚿🛏50～60€
💳US$ € TL
T/C不可
C/C A D J M V

イタリア語で「緑の家」の意味で、その名のとおり、ピスタチオ・グリーンの建物と緑あふれる庭が印象的。オーナー夫人が日本人で日本語が通じるので安心。全6室中4室からケスィッキ・ミナーレを見下ろすことができる。全室に衛星放送が見られるテレビ、ミニバー、ドライヤー付き。バスタブ付きの部屋も3室ある。空港送迎はふたりで20€～。　📶全館無料

ロートリンゲン・ホーフ Hotel Reutlingen Hof

中級　Map P.287A

✉Mermerli Banyo Sok. No.23 Kaleiçi
TEL(0242) 247 6372
FAX(0242) 248 4075
URL www.reutlingenhof.com
⑤A/C🚿🛏20～30€
W A/C🚿🛏30～40€
💳US$ € TL
T/C不可
C/C M V

オーナーがドイツのロートリンゲンで長い間働いていたためこの名前を付けたとか。室内は特にドイツ風ではないが、木目調の家具が配されたアンティークな雰囲気でまとめられている。自慢のベッドはキングサイズ。全16室中、6部屋がバスタブ付きでドライヤーも全室に完備している。エアコンは中央制御式なのでレセプションに頼んで温度調整をしてもらう。　📶全館無料

ヴィッラ・ペルラ Villa Perla

中級　Map P.287B

✉Barbaros Mah. Hesapçi Sok. No.26 Kaleiçi
TEL(0242) 248 9793
FAX(0242) 241 2917
URL www.villaperla.com
⑤A/C🚿🛏70€
W A/C🚿🛏90€
💳US$ € TL
T/C不可
C/C M V

ハドリアヌス門からカレイチに入って直進、右側にある。140年ほど前に建てられたイタリア領事館を改装したアンティークなホテル。9部屋しかないので予約が必要。冬期割引あり。オーナーを含め、英語はあまり通じない。併設のレストランも評判がよく、特にメゼが有名。トルコ国内の新聞などでもたびたび取り上げられているほどの人気。　📶全館無料

アンタルヤ近郊のクンドゥ Kunduにはトプカプ宮殿を模した大型リゾート、トプカプ・パレスもある。URL www.wowhotels.com。ちなみに近くにはクレムリンパレスもある。（編集室）

テュルク・エヴィ　C&H Hotels Türk Evi

Mermerli Sok. No.2 Kaleiçi
TEL(0242) 248 6478
FAX(0242) 241 9419
S A/C 150TL
W A/C 180TL
US$ € TL 不可
CC M V

中級　Map P.287A

港を見下ろす高台にある絶好のロケーション。比較的規模が大きなプチホテルで、リゾート気分も味わえる。統一感のあるアンティークの家具のセンスがよい。眺めのよいレストランもある。
全館無料

ドアン　Hotel Doğan

Mermerli Banyo Sok. No.5 Kaleiçi
TEL(0242) 241 8842
FAX(0242) 247 4006
URL www.doganhotel.com
S A/C 45〜60€
W A/C 60〜70€
US$ € TL 不可 CC M V

中級　Map P.287A

4つの建物から成り立っており、レセプション棟を出た中庭にプールとレストランがあり、その奥に客室がある。古い民家を改装しており、室内はヨーロッパ風とイスラム風を折衷したデザインで、衛星放送が見られるテレビ付き。レストランも併設している。全41室。　全館無料

メディテッラ　Mediterra Art Hotel

Zafer Sok. No.5, Kaleiçi
TEL(0242) 244 8624
FAX(0242) 244 0012
URL www.mediterraarthotel.com
S A/C 60〜130TL
W A/C 100〜200TL
US$ € TL 不可
CC A D M V

中級　Map P.287B

建物としての歴史は古く、オスマン朝時代の建築物を利用しているが、念入りな修復作業が行われたため、室内は伝統的な雰囲気を残しつつも真新しい。館内にはギャラリー（10:00〜18:00）を併設、中庭にはプールがあり、その横にはレストランがある。　全館無料

テケリ・コナックラル　Tekeli Konakları

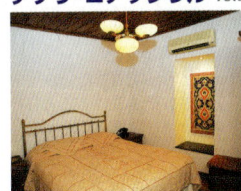

Dizdar Hasan Sok. Kaleiçi
TEL(0242) 244 5465
FAX(0242) 242 6714
URL www.tekeli.com.tr
S A/C 70US$
W A/C 95US$
US$ € TL
不可 CC M V

中級　Map P.287A

中庭を囲む数棟の伝統家屋からなるプチホテル。小さなプールもある。室内はフローリングで、インテリアもオリエンタルテイストなアンティーク調。電話も昔風の黒電話という凝りよう。バスルームにもトルコタイルが使われていてユニーク。中庭はレストランになっている。　全館無料

クハン　Best Western Khan Hotel

Kâzım Özalp Cad. No.55 Elmalı Mah.
TEL(0242) 248 3870
FAX(0242) 248 4297
URL www.khanhotel.com
S A/C 160TL
W A/C 240TL
US$ € TL 不可 CC A M V

高級　Map P.285上B

広場に面しているが入口は広場の反対側にある。サウナ、ジムなどの設備が整った全135室の4つ星大型ホテル。日本からのツアーにも利用されている。大きめのプールや眺めのよいテラスバーなどもある。室内は落ち着いた内装で、アメニティも揃っている。　全館無料

デデマン　Dedeman Antalya

Lara Yolu
TEL(0242) 310 9999
FAX(0242) 316 2030
URL www.dedeman.com
S A/C 170€
W A/C 200€
US$ € TL
不可 CC A D M V

最高級　Map P.285下A

町の南にあるトルコ資本の5つ星ホテル。海岸沿いに建てられており、テニスコート、サウナ、ハマム、ジムなどを備え、アクアパークも併設。レストランは高級トルコ料理店やシーフードなど数軒入っている。道路を渡った向かい側に同系列のホテル（3つ星）がある。　全館無料

クハン・ホテルは、もともとクシュラハン・ホテルKışlahan Hotelという名前だった。現在でも旧名はよく通じる。（編集室）

Restaurant & Shop

港周辺やアタテュルク通りからカレイチに少し入ったあたりのレストランは、かなり高い値段設定をしている。シーフードを出すところも多いが、基本的に肉料理より高めなので奮発するつもりで行こう。カレイチで安くあげるなら時計塔の東にあるファストフード屋台がおすすめ。
　デュデンの滝の付近には新鮮なマス料理を出すレストランがある。ペルゲやアスペンドス近辺には食べられる場所は少ない。自力で行く場合はお弁当を持参しよう。スィデやアランヤにはシーフードのレストランが多いが値段はやや高めだ。

ハサンアー Hasanağa Restaurant

✉ Tuzcular Mah. Mescit Sok. No.15
TEL (0242) 247 1313
FAX なし
営 8:00～24:00
休 無休
card US$ € TL
C/C M V

トルコ料理 中級♀ Map P.287B

ワインの種類が豊富なレストラン。中央のテラス席には緑が多く、開放的。毎晩生演奏が聴けることでも人気がある。人気のメニューはオスマンル・タバウOsmanlı Tabağı (20TL)。ケバブは9～25TL。メゼ(前菜)は単品で6TL～、ビュッフェスタイルなら20種類以上から食べられて14TL。

メルメルリ Mermerli

✉ Selçuk Mah. Banyo Sok. No.25
TEL (0242) 248 5484
FAX なし
営 8:30～翌0:30　休 無休
card US$ € TL
C/C M V

トルコ料理 中級♀ Map P.287A

ハーバーから階段で高台に上った所にある、ガラス張りのテラスレストラン。小さな海水浴場のすぐ上にあるため、見晴らしがよい。サラダ、メイン、ビールを頼んで27～55TL。メインの肉料理は15～30TL。シーフードも出す。

イスケレ İskele Fish & Steak House

✉ Selçuk Mah. Kordon Sok. Yat Limanı Marina
TEL (0242) 244 5271
FAX なし
営 8:00～翌2:00
(冬期～20:00)
休 無休
card US$ € TL　C/C M V

魚料理 中級♀ Map P.287A

ハーバーにあるレストラン。シーフードが充実しており、その日に獲れたものを見せてもらって、指差しで注文することもできる。店名にステーキ・ハウスを掲げるだけあって、肉料理20～35TLも品数が多い。そのほか、スパゲティ12～15TLやオムレツ10～15TLなどもある。

バニラ Vanilla

✉ Barbaros Mah. Zafer Sok. No.13
TEL (0242) 247 6013
FAX なし
URL vanillaantalya.com
営 11:00～23:00　休 無休
card US$ € TL　C/C M V

フュージョン 高級♀ Map P.287B

イギリス人シェフが腕を振るうレストラン。独創的で盛りつけもおしゃれ。ピザやタイ料理、シーフードをベースにした幅広いメニューが自慢。トルコワインの種類も豊富に揃えている。隣にドリンク専門のカフェも併設している。

バルックパザル・ハマム Balıkpazarı Hamamı

✉ Tuzcular Mah. Balık Pazarı Sok. Kaleiçi
TEL & FAX (0242) 243 6175
営 8:00～23:00
休 無休
card US$ € TL
C/C A M V

ハマム 観光客向け Map P.287B

カレイチにある、700年以上前のハマム跡を修復したハマム。モットーは清潔とよいサービス。入浴料は15TL。通常のハマムのメニューではアカすり7TLとマッサージ8TLがあるほか、オイルマッサージ15TLもあり、全サービスを含めると45TL。女性部門の入り口は別になっている。

アンタルヤ近郊のケメルKemerはヨーロッパからのツアー客で人気のリゾートだが、ベレキBelekやクンドゥKunduなどの地域もリゾート開発が進んでいる。(編集室)

スィリフケ Silifke

古代名はセレウキア。民俗舞踊でも有名な町

市外局番 0324　人口11万1698人　標高20m

ギョクス川に囲まれたスィリフケの町

■時刻表一覧
🚌→P.208〜211
バス時刻表索引→P.76〜77
■スィリフケの❶
Map P.295
TEL(0324)714 1151
FAX(0324)714 5328
圏8:00〜12:00 13:00〜17:00
休土・日
スィリフケの❶はアタテュルク通りから少し入った所にある。情報量も豊富で対応も親切だ。

■北キプロス行きフェリーの発着港タシュジュ Taşucu
北キプロスへのフェリーの発着地は、スィリフケの8km西にあるタシュジュ Taşucu。港沿いにはフェリー会社のオフィスがある。オトガルはスィリフケ方面に幹線道路を北にしばらく行った所にあり、港からセルヴィスで行ける。

町ができたのは紀元前3世紀頃のセレウコス朝シリアの時代。その後ローマに引き継がれ、繁栄を極めた。12世紀の第3回十字軍では、神聖ローマ皇帝のフリードリッヒ・バルバロッサ（赤髭王）がスィリフケの上流で溺死したことでも知られる。

歩き方

町の中心はオトガルから**イノニュ通り**İnönü Cad.を西へ1.5kmほど真っすぐ歩いて右折した所にある**タシュ橋**Taşköprü。メルスィンからのバスは**アタテュルク通り**Atatürk Cad.から**フェヤズ・ビルゲン橋**Feyaz Birgen Köprüsüを経由する。

見どころ

悲しい伝説が残るロマンティックな城　Map P.28A2
クズカレスィ（乙女の城）
Kızkalesi クズカレスィ

スィリフケの東30kmにある城。海に浮かんで見えるその姿は、真っ青な海と絶妙のコントラストをなしている。ビーチから城までは150mほどあるので、ボートかレンタルボートで行こう。

アーシュク・マーシュク

ウズンジャブルチュのゼウス神殿

■クズカレスィへの行き方
メルスィン〜スィリフケ間のバスで途中下車。また、このふたつの町からは直通のドルムシュも頻発。スィリフケからは4TL、メルスィンからは7TL。ビーチから城まではボートで行く。

古城を望むビーチ

スィリフケの民俗舞踊といえばお腹に顔の絵を描いて踊るアーシュク・マーシュクが有名。スィリフケ文化週間（6月下旬〜7月上旬の1週間）などイベントでは必ず披露される。（編集室）

■ウズンジャブルチュへ

ウズンジャブルチュ・コープ Uzuncaburç Koop.のミニバスがある。❶の斜め向かいから出ている。1日4便、土・日2便。出発時刻は季節により異なり、❶で確認できる。
所要：40分　運賃：6TL
ウズンジャブルチュや周辺のオルバ遺跡を回って約3時間、100TL前後

■ウズンジャブルチュ
🕐 8:00～17:00（夏期～20:00）
休 無休　3TL

石柱がにょきっと伸びる保存状態のよい遺跡　Map P.28A2
ウズンジャブルチュ
Uzuncaburç ウズンジャブルチュ

　スィリフケの北30kmにある。ヘレニズム時代にはオルバOlba、ローマ時代にはディオカエサレアDiocaesareaと呼ばれた。高さ22mで5階建ての塔や、ゼウス神殿、道路網などが残る。ドイツのフライブルク大学による発掘が続いている。

HOTEL & RESTAURANT

スィリフケのホテルは、ほかの海岸沿いのリゾートに比べてあまり多くない。イノニュ通りとアタテュルク通りに数軒。タシュジュには港の1本内陸寄りのメインストリートに数軒ある。スィリフケのレストランはタシュ橋からイノニュ通りにかけて数軒あり、魚料理を出す店も多い。

・日本からホテルへの電話　国際電話会社の番号 ＋ 010 ＋ 国番号 90 ＋ 324（市外局番の最初の 0 は不要）＋ 掲載の電話番号

アヤテクラ　Hotel Ayatekla
経済的　Map P.295

✉ Otogar Yanı No.6
TEL (0324) 715 1081
FAX (0324) 714 2220
email ayatekla.com@hotmail.com
S A/C 🚿 40TL
W A/C 🚿 70TL
US $ € TL　T/C不可　C/C不可

オトガルの近くにあり、夜でもオトガルからホテルのネオンサインが見える。立地とコストパフォーマンスに優れている半面、やや老朽化が目立ち、客室はちょっと小さめ。1階はレストランになっている。
Wi-Fi無料（一部客室のみ利用可）

ファーティフ　Hotel Fatih
経済的　地図外

✉ Cumhuriet Mah. Atatürk Bul. No.199 Taşucu
TEL (0324) 741 4125
FAX (0324) 741 4248
URL www.hotelfatih.net
S A/C 🚿 40TL
W A/C 🚿 70TL
US $ € TL　T/C不可　C/C M V

タシュジュの港通りから1本内陸寄りの幹線道路沿いにある、家族経営の小さなホテル。夜遅くに港に着いたときに便利。港側にも看板が出ているので見つけやすい。全15室中12室から海が見える。全室に衛星放送が視聴可能なテレビ付き。朝食はひとり10TL。Wi-Fi全館無料

ギョクス　Otel Göksu
中級　Map P.295

✉ Atatürk Cad. No.20
TEL (0324) 712 1021
FAX (0324) 712 1024
email goksuotel@windowslive.com
S A/C 🚿 60TL
W A/C 🚿 100TL
US $ € TL　T/C不可　C/C M V

タシュ橋を北に渡ってすぐ、ギョクス川に面した2つ星ホテル。町の中心に近く、バスやドルムシュも目の前を通る。ホテル内にはレストランが併設されている。全25室で、全室エアコン、テレビ、電話を完備。Wi-Fi全館無料

アリ・ウスタ　Gerçek Ali Usta Döner Kebap Lahmacun Salonu
トルコ料理　庶民的　Map P.295

✉ Celal Bayar Cad. Zeytinli Cami Karşısı
TEL (0324) 715 0151
FAX なし
🕐 8:00～23:00　休 無休
US $ € TL
C/C M V

❶から東に150mほど、ジャーミィの斜め向かいにある1984年創業の老舗ロカンタ。ケバブは各種8～12TL、ピデも5～10TLと手頃な値段で、地元で高い人気を誇る。オーナーのおすすめはアダナ・ケバブ（写真）とラフマジュン。

296

ギョクス川のデルタ地帯は野鳥が多く繁殖し、自然保護区に指定されている。特にセイケイ（英名Purple Swamphen）の繁殖地として知られる。（編集室）

美の女神アフロディーテが生まれた神話の島
北キプロス Kuzey Kıbrıs

地域局番 0392　人口26万5100人　標高152m

ギルネ港とキレニア城

■時刻表一覧
✈→P.70～73
⛴下表参照

■島内の交通
島内はバスで各都市間を結んでいるが、オトガルは町の中心から少し離れている。レフコーシャ、ギルネ、ガズィマウサの3都市は中心部からミニバス、ドルムシュがあり便利。

●レフコーシャ～ギルネ
🚌コンボス社Kombosやギルネリレル社Girnelilerなどが7:00～19:00に運行。
所要:30分　運賃:4.5～5TL

●レフコーシャ～ガズィマウサ
🚌コンボス社Kombosやイティマトitimat社などが運行。
6:45～18:00に30分毎。
所要:1時間10分　運賃:7TL

●ギルネ～ガズィマウサ
🚌コンボス社Kombosやイティマトitimat社などが7:00～18:00に1時間毎。
所要:1時間　運賃:10TL

トルコの南、地中海に浮かぶキプロス島は、1960年にキプロス共和国としてイギリスから独立した。その後、ギリシア系住民とトルコ系住民との間で紛争が起こった。1974年にギリシア系軍人のクーデターが起こりトルコ軍が介入、1983年に北部地区（島の37％）が北キプロス・トルコ共和国Kuzey Kıbrıs Türk Cumhuriyetiとして独立宣言した（トルコ以外の国は認めていない）。今も島は南北に分断され、中央の町レフコーシャ（ギリシア語名レフコスィア、英語名はニコシア）には南

トルコと北キプロスを結ぶ航路

タシュジュ～ギルネ路線（高速船）　所要約2時間30分
タシュジュ発	毎日11:30 Akgünler / Fergün	
ギルネ発	毎日9:30 Akgünler / Fergün	
運賃	片道70TL	学生片道58TL
	往復115TL	学生往復100TL

フェルギュンFergün社の便は冬期減便

タシュジュ～ギルネ路線（フェリー）　所要約6時間
タシュジュ発	月～木24:00 Akgünler	
	月～金24:00 Filo	
ギルネ発	月・金24:00　水・木12:00 Akgünler	
	月～木12:00　金24:00 Filo	
運賃	片道60TL	学生片道53TL
	往復100TL	学生往復90TL

メルスィン～ガズィマウサ路線（フェリー）　所要約12時間
アランヤ発	月・水・金21:00 Kıbrıs Türk	
ギルネ発	火・木・日20:30 Kıbrıs Türk	
運賃	片道106TL	学生片道50TL
	往復185TL	学生往復95TL

アランヤ～ギルネ路線（高速船）　所要約3時間30分
アランヤ発	木・日14:30 Akgünler	
ギルネ発	木・日9:30 Akgünler	
運賃	片道77TL	学生片道65TL
	往復127TL	学生往復110TL

高速船・フェリー 運航各社連絡先

アクギュンレル Akgünler（ギルネ）
TEL(0392)815 3510
FAX(0392)815 3870
URL www.akgunler.com.tr

フェルギュン Fergün（ギルネ）
TEL(0392)815 1770
FAX(0392)815 1989
URL www.fergun.net

フィロ Filo（ギルネ）
TEL(0392)815 3941
FAX(0392)815 3942
URL www.filoshipping.com

クブルス・テュルク Kıbrıs Türk（ガズィマウサ）
TEL(0392)366 5995
FAX(0392)366 7840
URL www.kibrisdeniz.net

> キプロス島東端のディプカルパスDipkarpazには、トルコ系住民のほかに数百人のギリシア系住民が暮らしており、アポストロス・アンドレアス修道院は人気のスポット。（編集室）

■南北の往来

近年キプロスでは、南北融和への動きが進展しており、以前は不可能だった住民の往来などもできるようになった。日本人旅行者も、多くの場合は特に問題にならずに通過できてしまうだろう。かつて南から北に入るときに行われた、当日の17:00までに南に戻るようにという要請も、今は行われておらず、国境も24時間オープンしている。

ただし、情勢の変化には注意する必要がある。いくら平穏になったからとはいえ、根本的な問題は解決していないのだ。

また、北から入って南から第三国へ出国することはできない。逆に南からの入国は北側では法律上問題にならない。第3国への出国も問題はない。

南キプロス側のレフコスィアの町

北の緩衝地帯があり、国連平和維持軍が駐留している。北キプロスへはトルコ側から入るのが一般的。

|||歩き方|||

北キプロスの入口は、レフコーシャ、ギルネ、ガズィマウサの3つの都市となる。

●入国の注意　出入国審査はパスポートチェックのみ。出港手続きは1時間30分前ぐらいから始まる。出入国には港湾税や出国税がかかるが、料金に含まれていない場合がある。チケット購入時に必ず確認しておこう。税額は港により異なるが、およそ片道12～35TLほどで区間によっては学生半額。

北側からの上陸実績があると南側やギリシアで問題となる可能性があるので、出入国とも、用意された別紙にスタンプを押してもらうこともできる。南側のキプロスとの検問所はレフコーシャに3ヵ所、ガズィマウサ近郊の1ヵ所を含む6ヵ所ある。2012年10月現在、北→南への通過は北側検問所で別紙に出国スタンプを押すことになっており、日本人は北側の入国スタンプがあっても国境通過は可能。南側の観光には問題はない。

●エルジャン空港　レフコーシャの東にある。空港からのバスはレフコーシャ、ギルネ、ガズィマウサ行きなどがありいずれもクブハス空港サービス社Kıbhas Havaalanı Servisiの運行、各都市へ1日5便程度運行（URL www.kibhas.net）。料金はレフコーシャへが8TL、ギルネとガズィマウサへは11.50TL。タクシーではギルネへ75～85TL、レフコーシャへ50～55TL程度。

●ギルネ港　ギルネの中心部から2kmほど東にある。タクシ

北キプロスの基本情報

●正式国名	北キプロス・トルコ共和国 Kuzey Kıbrıs Türk Cumhuriyeti		
●面積	3242km²（鳥取県より少し小さい）	●人口	26万5100人（2006年）
●首都	レフコーシャ Lefkoşa	●元首	デルヴィッシュ・エロル大統領 Derviş Erol
●使用言語	トルコ語（英語もトルコ国内よりはよく通じる）		
●通貨	トルコリラがそのまま使える。次によく使えるのがユーロとイギリスポンド。USドルもトルコ同様OK。日本円はほぼ通じないので、入国前に両替しておこう。		
●レンタカー	トルコとは逆で、日本と同じ左側通行。山間部には軍の駐留地があるので注意。		
●電圧	240V（トルコは220V）で、イギリスなどと同じコンセント（BFタイプ）。		
●電話	トルコのテレホンカードは使えない。クレジットカード用の公衆電話は少なく、雑貨屋やネットカフェなどの電話屋を探すほうが早い。トルコの携帯電話はSIMカードを変えれば使用可能。		
●酒・タバコ	税金に差があり、トルコより安い。そのほかの物価は基本的にトルコとほぼ同等かやや高い。		
●郵便	日本から手紙を出す場合は、都市名のあとに「Mersin 10 Turkey」と追加すること。日本への郵便料金はハガキ0.80TL、20g以下の封書1TL。		

エルジャン空港にはアトラスジェットをはじめ、トルコ航空、アナドルジェットなどが就航し、トルコ本国と結ばれている。（編集室）

ーを使うと、中心部まで10TLぐらい。フェリーの到着に合わせて、レフコーシャやガズィマウサ、ギュゼルユルトGüzelyurt行きのドルムシュが待っている。ギルネの中心部まで4TL、レフコーシャまで8TL。港から町の中心まで歩いても30分ぐらい。
● **ガズィマウサ港** 港はガズィマウサの旧市街（カレイチ）にあるので簡単に町の中心まで出られる。

レフコーシャ Lefkoşa

　北キプロスの「首都」で、円形の城壁に囲まれている。南側とは国連の緩衝地帯（グリーンライン）を挟んで分断されている。紹介した見どころのほか、1954年まで活動していた**メヴレヴィー修道場**Mevlevi Tekkesi、ジャーナリストからキプロス共和国の初代副総理になった**ファズル・キュチュックの家**Fazil Küçük Müzesi、古い民家を公開している**デルヴィシュ・パシャ・コナウ**Derviş Paşa Konağı、元の聖カテリーナ聖堂、**ハイダルパシャ・ジャーミィ** Haydarpaşa Camii、南側を見下ろせる**イイットレル塔公園**Yiğitler Kulesi Parkıなどがある。

　オトガルはギルネ門から北に約1km。ギルネ、ガズィマウサへ行くドルムシュ、ミニバスはギルネ門周辺から出るのでオトガルまで行く必要はないが、空港へ行くバスはオトガル発。

聖ソフィア聖堂、ゴシック様式のジャーミィ
セリミエ・ジャーミィ St. Sophia Cathedral   Map P.299B
Selimiye Camii セリミエ・ジャーミィ

　1209年に建造が始まり、1325年に完成した**フレンチゴシック**の建造物。もともとはキリスト教会であったのが、1570年の

■ **レフコーシャの ℹ**
● **ギルネ門**
Map P.299A
✉ İnönü Meydanı Girne Kapısı
TEL (0392) 227 2994
開 8:00～17:00　休 無休

● **ロクマジュ国境検問所**
Map P.299A
TEL (0392) 228 8765
開 8:00～19:00　休 無休

● **エルジャン空港**
地図なし
TEL (0392) 231 4003
開 始発便到着～最終便到着
休 無休

北キプロスの ℹ は資料が豊富

■ **メヴレヴィー修道場**
Map P.299A
TEL (0392) 227 1283
開 8:00～15:30
（木8:00～13:00 14:00～18:00)
休 土・日　料 5TL 学生2TL

■ **デルヴィシュ・パシャ・コナウ**
Map P.299A
TEL (0392) 227 3569
開 8:00～15:30
（木8:00～13:00 14:00～18:00)
休 土・日　料 5TL

レフコーシャ Map

（地図内ラベル）
- アメリカ領事館
- ギルネへ ↑
- オトガルへ1km ↑
- City Royal → 900m P.304
- ガズィマウサ行きミニバス
- トルコ大使館
- ギルネリル社 ギルネ行きミニバス
- 国会議事堂
- 公園
- 戦争博物館
- ギルネ門 Girne Kapısı
- 大統領官邸
- 国会図書館
- メヴレヴィー修道場 Mevlevi Tekkesi P.299
- コンボス社ギルネ行きタクシードルムシュ
- ファズル・キュチュックの家 Fazil Küçük Müzesi
- 警察
- 高校
- ジャーミィ
- レドラ・パレス Ledra Palace
- アタテュルク広場 Atatürk Meydanı
- ハイダルパシャ・ジャーミィ Haydarpaşa Camii
- イギリス領事館
- レドラ・パレス検問所 Ledra Palas Sınır Kapısı
- Ptt
- Seslikaya P.303
- H Saray
- Viella P.304
- クマルジュラル・ハヌ Kumarvular Hanı
- セリミエ・ジャーミィ Selimiye Camii P.299
- デルヴィシュ・パシャ・コナウ Derviş Paşa Konağı P.299
- ビュユック・ハマム Büyük Hamam
- ビュユック・ハン Büyük Han P.300
- ジャーミィ
- 公設市場
- イイットレル・クレシ公園 Yiğitler Kulesi Parkı
- カトリック教会
- ロクマジュ検問所 Lokmacı Sınır Kapısı
- 分断線
- Baf Cad. バフ通り
- エムル通り Ermu Cad.
- 0 300m

南キプロスのユーロ硬貨には、ギリシア語のキプロスの横に、トルコ語でキプロスを意味するクブルスKIBRISと刻印されている。(編集室)

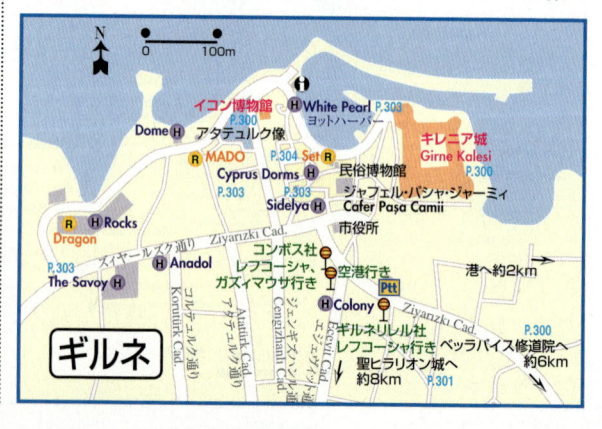

ゴシック様式の教会とミナレット

■ビュユック・ハン
圏7:00～20:00
休日 料無料

ビュユック・ハンはカフェになっている

■ギルネの❶
Map P.300
✉Yat Limanı
TEL(0392) 815 2145
圏9:00～20:00 (冬期～16:00)
休無休

■イコン博物館
Map P.300
※2012年10月現在改装中のため閉館中

イコン博物館

■キレニア城
TEL(0392) 815 2142
圏8:00～18:00
(冬期～14:30、冬期の木～16:00)
休無休　料12TL

キレニア城内

難破船博物館の展示

オスマン朝占領以来ジャーミィとなった。キリスト教会は東端に主祭壇が造られるのに対して、ジャーミィはメッカに向かって礼拝を行うため、ミフラーブは南翼廊にある。

カフェやみやげ物屋が集まるかつての隊商宿　Map P.299A
ビュユック・ハン The Great Inn
Büyük Han　ビュユック・ハン

1572年にキプロス総督ムザッフェル・パシャによって建てられ、ケルヴァンサライとして長い間使われた。近くには17世紀の隊商宿、**クマルジュラル・ハヌ** Kumarcılar Hanıがある。

ギルネ Girne

フェニキア時代にはすでに商業港として栄えていたというギルネ。現在のギルネやキレニアといった名前のもととなったのは、ローマ時代の港の名コリネウムだ。その後、ビザンツ、キプロス王国、ヴェネツィア、オスマン朝時代を経て、イギリス統治下へ。それぞれの時代の名残が町に少しずつだが見られる。現在では北キプロスで最もトルコ人たちの人気を集めるリゾート地。真っ白な鐘楼が青空に光る18世紀の教会、**イコン博物館**Girne Archangelos Mihail İkon Müzesiなどもある。

広い城内には難破船の博物館もある　Map P.300
キレニア城 Kyrenia Castle
Girne Kalesi　ギルネ・カレスィ

ビザンツ期の9世紀に造られた城がオリジナル。塔や内側は15世紀に改修された。内部には2300年前の地中海交易を物語る**難破船博物館**Batık Gemi Müzesiもある。ビザンツ後期の12世紀に建設された聖ジョージ教会もある。

見晴らしがよい13世紀の修道院跡　Map P.298
ベッラパイス修道院 Bellapais Abbey
Bellapais Manastırı　ベッラパイス・マナストゥル

12世紀に、エルサレムから逃れてきたアウグスティヌス派の

ギルネ

ギリシア神話で自分が作った彫刻の女性に恋をしたピグマリオンはキプロスの王。その後像は神の力で生身の人になり、ピグマリオンと結婚した。

修道士によって、最初の修道院が造られたのが始まり。現在残る建物の多くは13世紀のもの。14世紀に造られた回廊のアーチの装飾が美しい。僧侶が白い服を着ていたことから「白の修道院Abbaye Blanche」とも呼ばれていた。オスマン朝時代にはギリシア正教会として使用された。展望台からはギルネの町や地中海を見下ろすことができる。

ベッラパイス修道院

キプロス島の北海岸をここから眺めよう
聖ヒラリオン城 St. Hilarion Castle
St. Hilarion Kalesi セント・ヒラリオン・カレスィ

Map P.298

レフコーシャ方面へのハイウエイが峠にさしかかる右側、切り立った山にひっそり建っている。4世紀にこの山の洞窟で修行した聖人ヒラリオンにちなんで、10世紀に修道院として建てられた。12世紀には島を守るための高所の見張り台として城に改修されたが、ヴェネツィア領となってからは使用されることはなくなった。キプロス島の北海岸がほぼ眼下におさめられる。

聖ヒラリオン城

ガズィマウサ Gazimağusa

マゴサMagosaと綴られることもある。英語名はファマグスタFamagusta。オスマン朝時代、英国の植民地時代を経ても、それ以前のキプロス王国時代、ヴェネツィア領時代の面影を色濃く残している。もともと小さな村であったガズィマウサだが、1291年に十字軍最後の拠点アッコンが陥落したことで、多くのキリスト教徒が移住。キプロスで最も深さのある港をもっていたことから、東西交易によって莫大な富を築いた。豊かになった商人たちは、こぞって教会に寄進をし、一時は旧市街の内側に365もの教会があったという。1489年にできた、旧市街を

北キプロス

■ベッラパイス修道院
🕐9:00～20:00（冬期9:00～12:30 13:30～16:45）
休無休 料9TL
ギルネからのタクシーは往復で30～35TL。

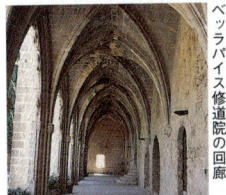

ベッラパイス修道院の回廊

■聖ヒラリオン城
🕐9:00～18:30（冬期9:00～12:30 13:30～16:00）
休無休 料7TL
ギルネからタクシーで往復70TL、ベッラパイス修道院と合わせて90TL。

聖ヒラリオン城内に残るビザンツ教会跡

■ガズィマウサの❶
Map P.301
✉Kemal Zeytinoğlu Sok.
☎(0392)366 2864
🕐8:00～19:00（冬期～17:00）
休無休

ガズィマウサの❶

聖ペテロ＆パウロ大聖堂として使われたスィナン・パシャ・ジャーミィ

イギリスのキプロス統治は19世紀に始まるが、歴史を遡ると第3回十字軍の途上イングランドの獅子心王リチャードが占領している。彼は統治に興味はなく島を売ってしまった。

301

取り囲む城塞は、どこに入口があるのか簡単にはわからないほど強固だ。

王の戴冠式が行われたというガズィマウサの顔
ララ・ムスタファパシャ・ジャーミィ St. Nicolas' Cathedral
Map P.301

Lala Mustafapaşa Camii　ララ・ムスタファパシャ・ジャーミィ

　ガズィマウサの顔ともいえる、14世紀建造されたゴシック建築。もともと聖ニコラス大聖堂という名で、キプロス王の戴冠式が代々行われた由緒ある教会。1571年にオスマン朝の手に落ちた後は、キプロス攻略の最大の功労者、ララ・ムスタファ・パシャの名を取ったジャーミィとなった。

壮麗なゴシック建築

白いアーチが連なるジャーミィ内部

傑作『オセロ』の舞台となった
オセロ塔 Othello Tower
Map P.301

Othello Kalesi　オテロ・カレスィ

■オセロ塔
圖8:00～16:30
（冬期8:00～15:45）困無休
圍7TL

城内の回廊

城壁から見渡す

サン・マルコのライオン

　旧市街の城壁にある、キプロス王国時代の14世紀に建てられた塔と城塞。ヴェネツィア時代にはさらに堅固な城壁が外側に付け加えられた。城門に残るサン・マルコのライオンのレリーフが有名だ。シェイクスピアの戯曲『オセロ』の舞台になった場所としても知られている。

キプロスのローマ遺跡では保存状態は抜群
サラミス遺跡 Salamis Ruins
Map P.298

Salamis Örenyeri　サラミス・オレンイェリ

■サラミス遺跡
圖9:00～18:00（冬期～16:00）
困無休　圍9TL
ガズィマウサの旧市街からタクシーで往復40～50TL。

列柱もきれいに残る

修復されたローマ劇場

　典型的なローマ遺跡として知られるサラミス遺跡だが、その歴史は古そうだ。トロイ戦争から戻ってきた兵士によって造られた町だという伝説もある。
　使徒パウロがキリスト教伝道の旅の途中で訪れたことでも知られるこの町は、何度も地震に悩まされた。なかでも大きかったのは4世紀に起こった大地震だが、このときは再建され、新しく当時の皇帝の名を取ってコンスタンティアと名付けられた。しかし、648年にアラブ軍の攻撃を受けて町が破壊された後は人が住むことはなかった。もっとも、そのおかげで町がまるごと遺跡として残ったともいえる。ローマ劇場をはじめ、体育館、ローマ浴場、アゴラなども残っている。現在は多くの観光客が訪れ、近くの海岸で海水浴を楽しんでいる。

『オセロ』は、16世紀のキプロスという時代背景の上で展開するが、物語自体はフィクションであり、ヴェネツィア共和国に有色人の将軍が存在したことはない。（編集室）

HOTEL

北キプロスで宿泊に最も適した町は、手頃な中級ホテルが多いギルネ。安いペンションも多く、中心地のヨットハーバー近くから海岸に沿うように郊外型のリゾートホテルが並ぶ。レフコーシャ旧市街のなかには比較的安い宿がある。中級クラスのホテルは少ない。ガズィマウサは港の近くに安宿が数軒あるほか、旧市街の南側の大通り周辺に宿があるが、多くのホテルはサラミスへと続く大通りに並んでいる。

日本からホテルへの電話　国際電話会社の番号 ＋ 010 ＋ 国番号 90 ＋ 392(市外局番の最初の 0 は不要) ＋ 掲載の電話番号

ギルネ

サイプルス・ドームズ　Cyprus Dorms
経済的　Map P.300

Bozoklar Sok. No.3
TEL 0533 887 2007(携帯)
FAX なし
URL www.cyprusdorms.com
D A/C 8〜10€
S W A/C 30€
€ TL 不可
C/C 不可

北キプロスで唯一ドミトリーがあるホテル。2011年には増築して規模を広げ、本館のほかふたつの別館から成り立つ。個室は液晶テレビとエアコンも完備。キッチンもあり、宿泊客は無料で利用可。洗濯機の使用料は洗剤込みで1回10TL。朝食は別途7.50TL。無料

スィデルヤ　Sidelya Otel
経済的　Map P.300

Nasır Güneş Sok. No.7
TEL (0392) 815 6051
FAX (0392) 815 6052
S A/C 50TL
W A/C 80TL
US$ € TL
T/C 不可
C/C A D J M V

市役所の向かい、町の中心にあって港にも移動にも便利な場。客室は古びてはいるが清潔にされている。全12室で全室テレビ、冷蔵庫付き。テラスがカフェになっていて海が見える。スタッフは流暢な英語を話す。全館無料

ホワイト・パール　White Pearl Hotel
中級　Map P.300

Eftal Akça Sok. No.26
TEL (0392) 815 0429
FAX (0392) 816 0110
URL www.whitepearlhotel.com
S A/C 50€
W A/C 68€
US$ € TL T/C 不可 C/C J M V

目の前にギルネのマリーナを望む、好立地のホテル。スタッフにインド系の人が多く、英語が堪能。屋上はルーフバーになっており、港の全景を眺めながらインド料理を食べたり、お酒が飲める。全館無料

サヴォイ　The Savoy
最高級　Map P.300

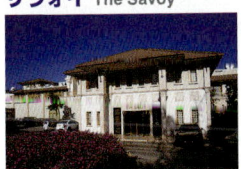

Şehit Fehmi Ercan Sok. No.5
TEL (0392) 444 3000
FAX (0392) 444 6000
URL www.savoyhotel.com.tr
S A/C 130€
W A/C 150€
US$ € TL T/C 不可 C/C A M V

オスマン朝時代の宮殿をイメージして建てられた、ギルネで最も高級なホテル。インテリアは、アンティーク調で宮殿のイメージにぴったり。レストランではオスマン朝宮廷風料理を出している。屋外スイミングプール、豪華なカジノも併設。全館有料

レフコーシャ

セスリカヤ　Seslikaya Hotel
経済的　Map P.299A

Cumhuriyet Sok. No. 10
Saray Hotel Karşısı
TEL (0392) 227 4193　FAX なし
seslikaya-turizm@hotmail.com
S A/C 22€
W A/C 32€
US$ € TL T/C 不可 C/C 不可

26年の歴史をもつ老舗ペンションだが、2009年に改装済みなので部屋はきれい。全室22室はテレビ、冷蔵庫が完備されている。トイレ、シャワーなしの部屋は2室あり、S 18€、W 22€。朝食は別料金だが、周囲にはレストランも多い。全館無料

セスリカヤのオーナーは黒海沿岸の町トラブゾン出身。北キプロスの女性と結婚し、国籍も北キプロスに変えたそうだ。(編集室)

シティ・ロイヤル City Royal

中級　Map P.299B外

✉ Kemal Aşık Cad. Kaymaklı
TEL (0392) 228 7621
FAX (0392) 228 7580
URL www.city-royal.com
S A/C ▭ 100TL
W A/C ▭ 125TL
US$ £ € TL
T/C 不可
CC A D J M V

レフコーシャのオトガルとギルネ門とを結ぶケマル・アーシュク通り沿いにある4つ星ホテル。オトガルを出て南に100mほどの所にあるので、深夜に着いたときや早朝空港行きのバスに乗るのに便利。バスタブ付きの部屋もある。カジノやレストランを併設している。
📶 全館無料

サライ Saray Hotel

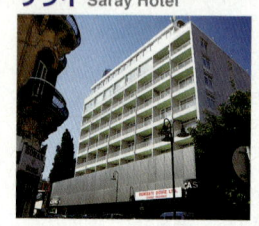

中級　Map P.299A

✉ Girne Kapısı Atatürk Cad.
TEL (0392) 228 5350
FAX (0392) 228 1937
URL www.lefkosasaraycasino.com（トルコ語）
S A/C ▭ 60€
W A/C ▭ 87€
US$ € TL T/C 不可
CC A D J M V

レフコーシャ旧市街のまさに中心にあるランドマーク的な存在。経営が代わり、カジノ中心の施設となり、2011年に再オープンした。8階にあるレストランで、エザーンと教会の鐘の音が張り合うように鳴り響くなか食べる食事はなかなか。サウナも併設している。
📶 全館無料

Restaurant

北キプロスの名物料理といえば、シェフターリ・ケバブや海の幸を使った料理。特にレフコーシャではシェフターリ・ケバブを出す店が多い。また、トルコ本土ではあまり見ることができないヒヨコ豆のペースト、フムスもキプロスの地方料理。伝統料理店で出している。ギルネのヨットハーバーには、シーフードも出すおしゃれなカフェスタイルのレストランがたくさん並んでいる。ピザやファストフードの店も多い。

セット Set Fish Restaurant

魚料理　中級♀　Map P.300

✉ Yat Limanı Girne
TEL (0392) 815 2336
FAX なし
⏰ 9:30〜22:30
休 無休
US$ € TL
CC A M V

ギルネのヨットハーバーに面したシーフードの店。坂を上った高台にあるので、港の眺めも抜群。新鮮な魚介類を使ったメイン料理は、付け合わせとのバランスも抜群で盛りつけも洗練されている。セットメニューは、前菜とメイン、デザートが付いて45TL。

ヴィエッラ The Viella

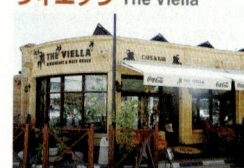

バラエティ　中級♀　Map P.299A

✉ Tarihi Büyük Hamam Yanı, Lefkoşa
TEL 0533 841 8918（携帯）
FAX なし
⏰ 10:00〜24:00
休 無休
US$ € TL CC M V

レフコーシャの町の中心部、ビュユック・ハマムの隣にあるレストラン。スパゲティやステーキ、シーフードなどメニューは多彩。ほかにも麺料理のマガルナ・ブッリ Magarna Bulliなどのキプロスの郷土料理も日替わりで楽しめる。

ヒストリア Historia Restaurant & Cafe Bar

トルコ料理　中級♀　Map P.301

✉ Naim Efendi Sok. No.2 Namık Kemal Meydanı Gazimağusa
TEL (0392) 367 0153　FAX なし
✉ bugratansu@hotmail.com
⏰ 9:00〜21:00　休 日
US$ € TL
CC M V

ガズィマウサのララ・ムスタファ・パシャ・ジャーミィのすぐ横にあるオープンカフェ。各種サンドイッチやパスタなどもあるが、各種キャセロール23〜27TLが人気。ケバブやシーフードもある。旧市街に濃厚に漂うヴェネツィア時代の面影を眺めながらお茶を飲むのもいい。

トルコでは2000年までにカジノが撤廃されたが、北キプロスでは合法で、中・大型ホテルにはだいたいカジノが併設されている。ドレスコードもそれほど厳格ではない。（編集室）

メルスィン Mersin

「エルトゥールル号」で有名な日本と関係の深い町

市外局番 0324　人口82万5299人　標高5m

慰霊碑があるアタテュルク公園

メルスィンの鉄道駅

薄い生地、ユフカで巻いたタントゥニ。このようにひと口サイズに切ってくれることもある

もともと小さな村に過ぎなかったメルスィンは、19世紀中頃に綿を海外に輸出するための港湾として発展してきた。現在でも羊毛、綿などトルコの産物の積み出し港として重要な役割を果たしている、地中海側第1の港町。

歩き方

町の目抜き通りはイスティクラール通りİstiklâl Cad.。❶はアタテュルク公園Atatürk Parkı東端にある。公園西端の北側にはイチェル博物館İçel Müzesiや博物館になっているアタテュルクの家がある。鉄道駅は町の中心にある。オトガルは町の東側にあり、町の中心へはÇarşı、またはPTTの表示を掲げたミニバスで行く。キプロス島行きのフェリー埠頭は❶の裏にある。

見どころ

和歌山県の串本町にも同じものがある　Map P.306A

オスマン帝国海軍遭難慰霊碑
Osmanlı Deniz Kuvveti Şehitler Anıtı　オスマンル・デニズ・クウェーティ・シェヒットレル・アヌトゥ

アタテュルク公園には、オスマン帝国海軍の遭難慰霊碑がある。明治時代にオスマン朝の軍艦エルトゥールル号は、横浜からイスタンブールに向けて出航したが、暴風雨のため和歌山県沖で遭難し、近くの住民が必死の救助をしたという。犠牲者は581名にも上がったが、その話は両国の友好関係のきっかけとして今も語り継がれている。和歌山県串本町にも同様の碑がある。1996年末には両国の友好を記念して**串本通り**Kushimoto Sok.という名を付けた通りができた。

■メルスィンへの行き方
🚆アダナ駅からタルスス駅を経由して、6:00～23:15に30分～1時間おきに列車がある。アダナから45分～1時間、運賃5.50TL。シリアからの国際列車は運休中。
🚌→P.208～211
バス時刻表索引→P.76～77

■メルスィンの❶
Map P.306B
✉İsmet İnönü Bul. Liman Girişi No. 5/1
☎(0324)238 3271
URL www.mersinkulturturizm.gov.tr (トルコ語)
開8:00～17:00
休土・日

■タルススへの行き方
T.O Kトック社のバスが便利。アダナから4TL、メルスィンから3.50TL。他社の便だと幹線道路沿いで下車。イスメット・イノニュ大通りİsmet İnönü Bul.を北東へ、クレオパトラ門を過ぎてさらに進むと分岐の看板がある。

■聖パウロの井戸
地図外
開8:00～17:00（夏期～20:00）
休無休　料3TL

■聖パウロ教会
地図外
開8:00～17:00（夏期～20:00）
休無休　料3TL

T.O.K.トック社のバスすべての便がタルスス中心部を経由するというわけではない。アダナ～メルスィン間は直行便（窓にDirekと表示）も同じように頻発している。（編集室）

聖パウロの故郷
タルスス
Tarsus タルスス

Map P.28B2

アダナ〜メルスィン間にあるタルススは聖パウロの故郷としても知られる。聖パウロはタルススで生まれ、キリスト教徒の迫害に加わるなかで回心し、初期の布教活動の中心となった人。タルススの旧市街の一角にはパウロゆかりとされる井戸が残っている。歩いて10分ほどの所には聖パウロ教会もある。

また、タルススにはローマ時代の道路も残っており、発掘が進められている。町の中心にはクレオパトラ門と呼ばれる大きな門があり、T.O.K.社のバスはここを経由する。

聖パウロの井戸

ローマ時代の町の遺構も残る

HOTEL

中・高級ホテルは魚市場近く、ギョクハン・ホテルの周辺に集中している。オトガル周辺の便利なエリアにも安いホテルや中級ホテルが密集している。メルスィンの名物はメルスィン・タントゥニと呼ばれる肉料理。店頭で細切りの肉を炒めているからすぐわかる。ユフカに捲いて食べる。

日本からホテルへの電話　国際電話会社の番号 ＋ 010 ＋ 国番号 90 ＋ 324(市外局番の最初の0は不要) ＋ 掲載の電話番号

アクデニズ Akdeniz Hotel
中級　Map P.306B

✉115. Cad. Otogar Girişi
TEL(0324) 238 0187
FAX(0324) 238 3454
URL www.akdenizhotel.com
S AC ▭ 🚿 50TL
W AC ▭ 🚿 100TL
US$ € TL TC 不可 CC MV

オトガルの入口正面のホテル街にある。このクラスの宿では珍しく、別料金ながらサウナやハマムも併設している。全室に薄型テレビ、ミニバー、ドライヤーがついており、快適に過ごせる。
全館無料

ラディソン・ブルー Radisson Blu Hotel Mersin
高級　Map P.306A

✉Kuvayı-ı Milliye Cad. No.107
TEL(0324) 336 1010
FAX(0324) 336 0722
URL www.radissonblu.com
S AC ▭ 🚿 185TL
W AC ▭ 🚿 235TL
US$ € TL TC 不可
CC ADJMV

46階建てと町いちばんの高さを誇る。全246室。かつてはトルコで最も高い建物だったこともある。何度か名称が変わっており、2012年からラディソン・ブルー系列となった。ハマム、フィットネス、プールなどの設備も充実している。
全館無料

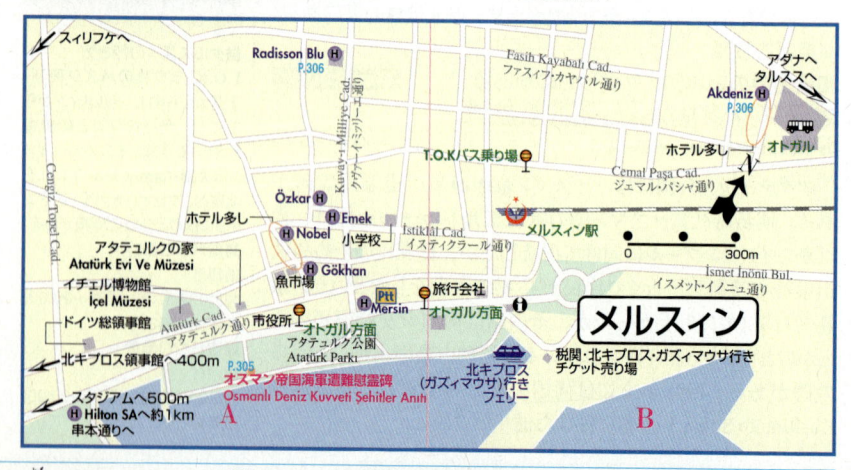

エルトゥールル号犠牲者への義捐金を募り、トルコへと届けた山田寅次郎は、日本とトルコ間の交流に貢献し、士官学校時代のアタテュルクに日本語を教えたこともある。(編集室)

セイハン川のほとりに広がる大都市
アダナ Adana

市外局番 0322　人口186万4591人　標高23m

セイハン河畔に建つメルケズ・ジャーミィの優美な姿

トロス山脈の南に広がるチュクロワ平野にあるアダナは、綿工業を中心にした地中海岸最大の工業都市であり、トルコ第5の大都市だ。町の歴史はヒッタイト時代（紀元前1500年頃）にまでさかのぼる。土壌が豊かなことから、数々の民族の支配を受けてきた。アダナ周辺には満々と水をたたえたセイハン湖や地中海に注ぐセイハン川、トロスの山々など自然が残り、近郊にはさまざまな時代の遺跡が点々とする。

歩き方

町の中心は立体交差のあるアッティラ・アルトゥカットゥ・キョプリュスユ Attila Altıkat Köprüsü周辺から大型デパートのチェティンカヤ Çetinkaya付近。この立体交差をズィヤー・パシャ大通りZiya Paşa Bul.沿いに北に行けばアダナ駅。トゥラン・ジェマル・ベリケル大通りTuran Cemal Beriker Bul.を東に行けばセイハン川に出る。この川にかかるタシュ橋Taşköprüは2世紀に建てられた石造りの橋で、当時のままのアーチが残る。北側にはギルネ橋Girne Köprüsüやトルコの大企業サバンジュ財閥が建築したメルケズ・ジャーミィ Merkez Camiiが鎮座する。

● オトガル　アダナのオトガルはふたつ。ひとつは西にあるメルケズ・オトガルMerkez Otogarと呼ばれる大きなオトガル。ここにトルコ各地への便が発着する。もうひとつはセイハン川を渡って少し行った所にあるユレイル・オトガルYüreğir Otogar。イスケンデルンやアンタクヤ、ジェイハンCeyhan、カーディルリKadirliなど近郊へのバスやドルムシュの発着点だ。

■時刻表一覧
✈ →P.70～73
🚂 →P.74～75
🚌 →P.208～211
バス時刻表索引→P.76～77

■アダナ空港
空港は町の西約3kmの所にある。ターミナルは国内線と国際線に分かれている。国内線ターミナルを出て左に進み、VIP用空港出口を出た所からミニバスが市内まで運行している。タクシーなら10TL。市内から空港へのミニバスはホスタ・オテルHosta Otelの向かいあたりから。6:00～22:00に運行。

■ミニバスの車体表示
アダナのミニバスは車体にロゴで路線名を表示している。
空港行き(Meydan)
メルケズ・オトガル行き(Barkal)
鉄道駅行き(Itimat)
ユレイル・オトガル行き
(Yüreğir Otogar)

■ユレイル・オトガル
ユレイル・オトガルに到着する直前、立体交差点で降りると、向かい側から市の中心部へ行くドルムシュをつかまえやすい。ほとんどの乗客が降りるのですぐわかる。

■アダナ・メトロ
アダナ・メトロでユレイル・オトガルから市内に出る場合、アクンジュラルAkıncılarから乗ればよい。町の中心部に最も近いのはイスティクラールİstiklal。朝夕は15分、それ以外は30分おきの運行で便は多くない。

■アダナの❶
Map P.308A2
✉ Atatürk Cad. No.11
☎(0322)363 1448
⏰8:00～12:00 13:00～17:00
休土・日

■考古学博物館
Map P.308B2
☎(0322)454 3855
⏰8:00～12:00 13:00～16:30
休月　2012年9月現在一部改装中のため無料

町の中心の立体交差周辺は、ここ数年リニューアルに向けて工事が進められており、部分的に閉鎖されていることもある。たびたびバス乗り場などの位置が変更されるので注意を。（編集室）

メルケズ・オトガルから町の中心の立体交差までは、セルヴィスを利用できる。ドルムシュなら、オトガルを出て歩道橋を渡り、反対側の停留所から、バルカルBarkalと書かれた車に乗ろう。運賃は1TL。逆にオトガルへは立体交差周辺のバス会社のオフィスでチケットを買えば、セルヴィスに乗れる。

アダナを代表するジャーミィ
ウル・ジャーミィ
Ulu Camii ウル・ジャーミィ

Map P.308A2

1507年にラマザン君侯のハリール・ベイによって建造が始まり、息子のピーリー・メフメット・パシャ Piri Mehmet Paşaの時

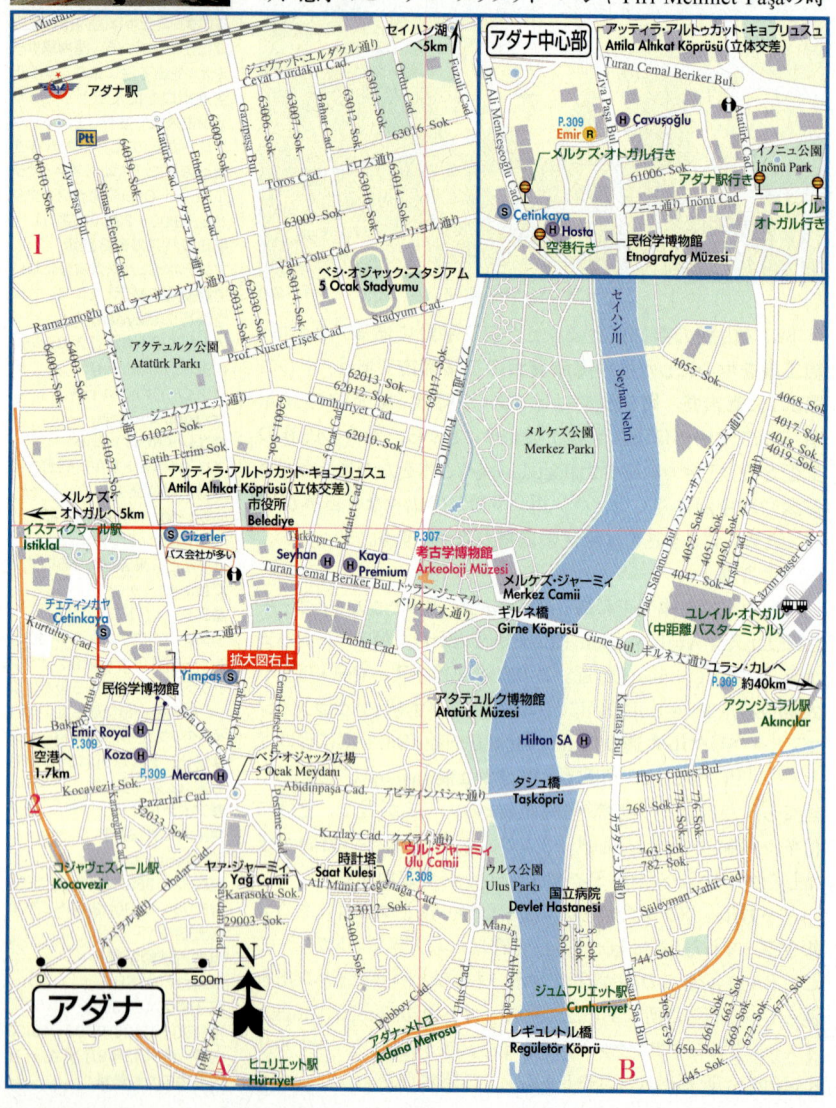

赤カブのジュースのシャルガム・スユもアダナ名物。食欲を増進させる効果があるのでケバブなどの肉料理と合う。(編集室)

代に完成した。1510年に没したハリール・ベイの墓もジャーミィの中にある。ミフラーブの青、緑色のタイルはイズニック産の見事なものだ。

ユラン・カレ（蛇の城） Map P.28B2
高い城壁の上からの見晴らしは抜群

Yılan Kale ユラン・カレ

平原を見渡す岩の上に建つ

アダナから40km東にある、11世紀に十字軍が築いた城塞で、かつては8つの塔と南向きの門が存在していたという。駐車場から門までの道はあるが、門を過ぎたあたりからは岩を登っていくことになる（スカートでは無理）。なぜ、蛇の城というかについては諸説あって、城周辺には蛇が多いとか、その昔シェイフ・メランŞeyh Meranという人物が城に住んでいて、蛇を飼って調教していたなどといわれている。

■ウル・ジャーミィ
圏8:30～日没後の礼拝
困無休

■ユラン・カレ
ユレイル・オトガルからジェイハンCayhan行きのバスで途中下車。7:00～22:00に多発している。所要40分。運賃5TL。幹線道路から城までは徒歩約30分。カーディルリからの帰路に途中下車することも可能。ジェイハンからの最終バスは21:00頃。
圏8:00～17:00 困無休
图無料

HOTEL & RESTAURANT

ホテルが多いのはチェティンカヤからベシ・オジャック広場5 Ocak Meydanıへ行く道沿いと周辺。多くは2～3つ星クラスの中級ホテル。考古学博物館前にも経済的ホテルが集まっている。レストランはチェティンカヤの周辺などに点在している。

日本からホテルへの電話　国際電話会社の番号 + 010 + 国番号 90 + 322 (市外局番の最初の 0 は不要) + 掲載の電話番号

メルジャン Otel Mercan

経済的　Map P.308A2

✉ 5 Ocak Meydanı Melek Girmez Sok. No.16 Küçüksaat
TEL (0322) 351 2603
FAX (0322) 351 7173
URL www.otelmercan.com
S A/C 📶 📺 25€
W A/C 📶 📺 45€
💴 US$ € TL 不可
CC A D J M V

1月5日広場（5 Ocak Meydanı）から路地を西に入ってすぐの角にある。全40室。ガラス張りのロビーは明るくモダン。部屋はやや狭いが、きれいにまとまっていて清潔。全室ドライヤー、衛星放送対応テレビ、冷暖房を完備。設備やサービスを考えると割安感がある。
📶 全館無料

エミル・ロイヤル Emir Royal Hotel

中級　Map P.308A2

✉ Özler Cad. No.49 Seyhan
TEL (0322) 359 6969
FAX (0322) 351 6966
URL www.emirroyal.com（トルコ語）
S A/C 📶 📺 130TL
W A/C 📶 📺 180TL
💴 US$ € TL 不可 CC A M V

町の中心部にある全58室のビジネスホテル。周囲にも似たクラスのホテルが多いが、高級感は頭ひとつ出ている。全室に衛星放送の見られる薄型テレビも完備。ロビーのバーは24時間オープン。
📶 全館無料（有線LANもあり）

エミル Emir Restaurant

トルコ料理　庶民的　Map P.308B1

✉ 61002 Sok. No.14
TEL (0322) 363 7112
FAX なし
圏 10:00～24:00
困無休
💴 US$ € TL
CC M V

ズィヤ・パシャ大通り沿いのチャウシュオウル・ホテルOtel Çavuşoğluの向かいに延びる小径を入った所にある大衆的なレストラン。ケバブやタワなどの肉料理が中心だが、魚料理もあり、メインはいずれも10～15TLと良心的な値段設定。店内は奥行きがあり、座席数も多い。

ジェイハンからの戻りのドルムシュは、夕方頃はいつもいっぱいでユラン・カレの前ではなかなか停車してくれない。時間には余裕をもって見学しよう。（編集室）

キリスト教5本山のひとつアンティオキア
アンタクヤ Antakya

市外局番 0326　人口41万5300人　標高85m

■時刻表一覧
✈→P.70～73
🚌→P.208～211
バス時刻表索引→P.76～77

■シリアへ
アンタクヤからは、アレッポ(トルコ語名ハレプHalep)、ダマスカス(トルコ語名シャムŞam)方面へは各社から直通のバスが出ていたが、2012年10月現在、すべて運行停止中。
※シリアは2011年3月以降、全土に混乱が続いており、2012年10月現在、日本の外務省より「退避を勧告します」が発出されている。情勢が安定するまで、渡航は避けるべきだ。

町の郊外にあるオトガル

町の中心のジュムフリエット広場

■アンタクヤの❶
Map P.312B外
✉Cumhuriyet Mah. Şehit Mustafa Sevgi Cad. No. 8A
☎(0326)214 9217
🌐www.hataykultur.gov.tr
(トルコ語)
🕗8:00～17:30　休土・日
町の中心からジュムフリエット通りを西に進み、教員宿舎(アンタクヤ・オーレットメン・エヴィ Antakya Öğretmen Evi)の先の通りで左折し、しばらく進んだ右側の役所İl Müdürlüğüの3階にある。

旧市街に残るギリシア正教会

セレウコス朝シリアを開いたニカトールが創建した都アンティオキア(現在のアンタクヤ)は、シルクロードの終点。中国から運ばれた物資が、ここから地中海沿岸の各国へ船で運ばれていった。聖書をはじめとして、ローマ時代には帝国第3の都市になるなど、世界史上に何度も登場したが、現在めぼしい遺跡はほとんど残っていない。

アンタクヤはほかのトルコの町と雰囲気が異なり、ヨーロッパ風の重厚な独特の味わいのある建物が並んでいる。これは第1次世界大戦後から1938年までフランス領シリアに編入されていたため。今なおシリアの血を引いた人々が多く、シリア方言のアラビア語もよく通じる。当時の呼び名で県名にもなっているハタイHatayの名で呼ばれることも多く、バスなどの行き先表示にもハタイと併記されている。

|||歩き方|||
町の中心はアスィ川(古代名オロンテス川)にかかる橋周辺のジュムフリエット広場Cumhuriyet Meydanı。橋の東側にはウル・ジャーミィ Ulu Camiiがある。アスィ川の東岸は旧市街で、どちらかといえば庶民的な雰囲気。奥へ入ると革製品や衣類、雑貨屋などの商店が並ぶ。12世紀に十字軍のフランク教会として造られ、後にジャーミィに改修されたというハビービ・ナッジャル・ジャーミィ Habibi Naccar Camiiもある。

アスィ川の西岸は新市街。モザイク博物館やPTT、銀行などが並ぶ。PTT脇のアタテュルク通りAtatürk Cad.には高級ホテルやしゃれたブティックもある。

古代のキリスト教五本山はアンティオキアのほかにはローマ(現イタリア)、アレキサンドリア(現エジプト)、エルサレム(現イスラエル)、コンスタンティノープル(現トルコ)。(編集室)

アンタクヤ

◆オトガルから町の中心部へ

アンタクヤの**オトガル**は町の西にあり、中・長距離路線は基本的にここに発着する。オトガルから町の中心へはセルヴィスが利用できる。

オトガルへ行く場合は、PTT横のバス乗り場から16番、ウル・ジャーミィ前のバス乗り場からなら5番のミニバスを使う。また、市内各所からYeni Otogarと表記されたミニバスでも行ける。

サマンダー、ハルビエ方面など近郊へのバスやドルムシュは**キョイ・ガラジュ**発着。アダナ、ガズィアンテップ、カフラマンマラシュからのバスの便も多くがキョイ・ガラジュに発着する。いったんアスィ川に出てまっすぐ南下すると町の中心に出る。

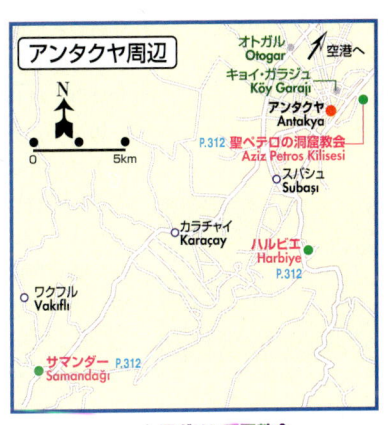

アンタクヤとシリア各都市を結ぶドルムシュは**エスキ・オトガル**（旧ターミナル）が発着場所となるが、2012年10月現在すべて運休中。エスキ・オトガルは各バス会社のオフィスもあり、オトガルへのセルヴィスもここから出る。エスキ・オトガルから真っすぐ南下すれば、5分ほどで町の中心に着く。

見どころ

世界的に評価の高いコレクション
モザイク博物館
Map P.312B

Arkeoloji(Mozaik) Müzesi　アルケオロジ（モザイク）・ミュゼスィ

アンタクヤ近郊やハルビエの遺跡から出土したモザイクの数々が展示されている。ローマ時代のモザイクのコレクションとしては世界でも有数の質と量を誇る。ギリシア神話や聖書の場面がいくつも描かれており、そのリアルさは見る者の心を打つ。ほかにも陶器や金銀貨、彫像などが展示されている。

質、量ともに名高いコレクション

■ギリシア正教会

アンタクヤは、ペテロやパウロが布教の拠点とし、キリスト教が最も早くから広まった町でもあったため、キリスト教徒にとっては特別な町。そのため町には**各派の教会があるが**、「トルコで最も美しい10の教会」にも選ばれたギリシア正教会が有名。旧市街のほぼ中央にある。これはエジプト総督ムハンマド・アリ（メフメット・アリ・パシャ）の息子、イブラヒム・パシャの承認を受けて1833年に建てられたもの。

圓4～10月　月～金10:00～11:00
17:00～18:00、土9:00～10:00
17:00～18:00、日11:00～12:00
11～3月　月～金10:00～11:00
16:00～17:00、土9:00～10:00
16:00～17:00、日11:30～12:00
困無休　圓寄付歓迎

■モザイク博物館
🏠Gündüz Cad. No.1
TEL(0326)214 6168
圓9:00～18:30（冬期8:00～16:30）　困月　8TL

オケアヌスとテティスを描いたモザイク

エロスとプシケーのモザイク

ビザンツ時代、5世紀制作のソテリア像

> バス会社HASのシンボルマークはモザイク博物館に展示されているモザイク。バスの車体にはモザイクの写真がプリントされている。（編集室）

311

■聖ペテロの洞窟教会
青いミニバス15、19番などが近くに行く。下車後徒歩5分。
圓8:30～16:30
囮月　圉8TL

切り立った崖を背に建つ由緒ある教会
聖ペテロの洞窟教会
Aziz Petros（St. Pierre）Kilisesi アーズィズ・ペトロス（サン・ピエール）・キリセスィ

Map P.311

　町の中心から徒歩約30分。崖のそばにひっそりと建つ洞窟教会。迫害を受けた初期キリスト教徒が、聖ペテロの導きで難を逃れるためにこの洞窟にやって来たといわれている。洞窟奥には抜け道もあるが、現在は入ることはできない。

ミニバスを降りたらこの標識に従って行く

聖ペテロの洞窟教会入口

アンタクヤ近郊の見どころ
サマンダーとハルビエ
Samandağı ve Harbiye サマンダーゥ・ヴェ・ハルビエ

Map P.311

　アンタクヤの南西25kmのサマンダーは、ニカトールによってアンタクヤの外港として築かれた町。海岸にはロカンタやホテルもいくつかあり、夏は海水浴客でにぎわう。近くにはトルコに唯一残るアルメニア人集落のワクフルVakıflıもある。
　アンタクヤの南9kmのハルビエ村は、月桂樹などの緑が多く、妖精ダフネDaphneがアポロンの求愛から逃れるために月桂樹に変身したという神話にちなんでかつてはダフネと呼ばれ、アポロンの神託所もあった。近年水道の水源を設置したために水量が減り、売り物だった滝は迫力がなくなってしまった。

■サマンダーとハルビエ
サマンダーへは6:00～21:00にDeniz（海）と書かれたドルムシュが頻発。サマンダーの中心部で休憩するが、そのまま乗っていれば海岸まで行く。所要50分、3.50TL。キョイ・ガラジュ発。
　ハルビエへは6:00～22:00に頻発。所要30分、運賃1.75TL。キョイ・ガラジュ発。
　ワクフルへはサマンダーでフドゥルベイHıdırbey行きのミニバスに乗り換え途中下車。サマンダーからは所要15分、1.25TL。

サマンダーの海岸に沈む夕日

ハルビエの滝近くにあるレストラン

ワクフルにあるアルメニア人教会

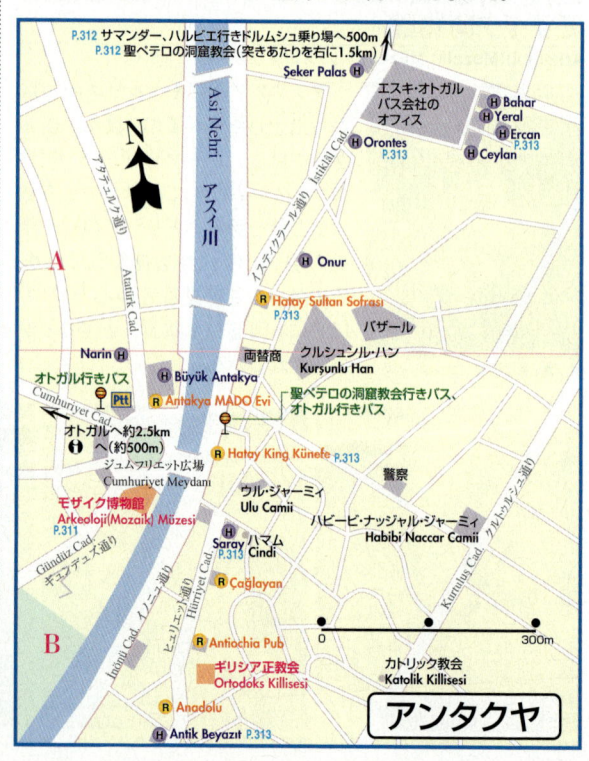

ハタイ県とその県庁所在地のアンタクヤはしばしば混同される。地元の人はアンタクヤ市のまわりを含めたエリアをハタイと呼ぶことがあるからだ。（編集室）

HOTEL & RESTAURANT

エスキ・オトガルの東側あたりには安宿が多く、イスティクラール通りには中級ホテルがいくつかある。レストランはヒュリエット通り、エスキ・オトガル周辺に多い。名物のスイーツはキュネフェとカボチャのお菓子カバック・タトゥルスKabak Tatlısıだ。

日本からホテルへの電話　国際電話会社の番号 + 010 + 国番号 90 + 326 (市外局番の最初の 0 は不要) + 掲載の電話番号

エルジャン　Ercan Oteli　中級　Map P.312A

Otogar Cad. 3. Sok. No.17
TEL(0326) 215 6273
FAXなし
S 15TL
W 20TL
US$ € TL TC不可 CC不可

エスキ・オトガルの東側にある。月桂樹石けん作りで有名なおじさんが経営する宿。部屋は老朽化が目立つが清潔にされている。バス、トイレ付きの部屋もあり。S20TL、W40TL。全館無料

サライ　Hotel Saray　中級　Map P.312B

Hürriyet Cad. No. 3
TEL(0326) 214 9001
FAX(0326) 214 9002
S A/C 45TL
W A/C 70TL
US$ € TL TC不可 CC不可

ロータリーからヒュリエット通りに入ってすぐ左側。全31室。レセプションとロビーは2階にある。エレベーターがないので上階はきつい。冬期は暖房代としてひとり10TL別途。全館無料

オロンテス　Hotel Orontes　中級　Map P.312A

İstiklâl Cad. No.58
TEL(0326) 214 5931
FAX(0326) 214 5933
URL www.oronteshotel.com (トルコ語)
S A/C 100TL
W A/C 150TL
US$ € TL 不可 CC A M V 全館無料

エスキ・オトガルのすぐ南、イスティクラール通りにある全61室の3つ星の中級ホテル。ガラス張りの外観が印象的。広々とした部屋は全室改装されたばかりで、真新しく非常にきれい。朝食はオープンビュッフェで種類もなかなか豊富。全館無料

アンティク・ベヤズット　Antik Beyazıt　中級　Map P.312B

Hükümet Cad. No.4
TEL(0326) 216 2900
FAX(0326) 214 3089
URL www.antikbeyazitoteli.com (トルコ語)
S A/C 100TL
W A/C 140TL
US$ € TL 不可 CC A M V 全館無料

1903年建造の建物を改装したプチホテル。シャンデリアが飾られた吹き抜けのロビーが印象的。インテリアは部屋ごとに趣向が異なり広さも違う。メゾネットタイプの部屋もある。全館無料

ハタイ・スルタン・ソフラス　Hatay Sultan Sofrası　郷土料理 庶民的　Map P.312A

İstiklâl Cad. No.20
TEL(0326) 213 8759
FAX(0326) 213 8469
URL www.sultansofrasi.com (トルコ語)
7:00～21:30 休日
US$ € TL CC M V

小さなピザのようなカイタス、ホウレンソウ・スープのウスパナック・チョルバス、揚げ肉まんのようなオルックなど、さまざまなハタイ地方の料理が日替わりで楽しめる。料理のあとのデザートは、これもアンタクヤ名物のキュネフェをどうぞ。

ハタイ・キング・キュネフェ　Hatay King Künefe　パスターネ　Map P.312B

Köprübaşı Meydanı Sunal Apt. No.2/C
TEL(0326) 216 6169
FAXなし
8:00～翌2:00
無休
€ TL CC M V

アンタクヤはキュネフェで有名な町だけあり、旧市街の中心部には専門店がいくつもあるが、ここもその1軒。いつもたくさんの人でにぎわっている。キュネフェはひとつ4TLだが、アイスクリームなどをトッピングして食べている人も多い。

ウル・ジャーミィ前の広場にはマイドノスMydonoseというどこかで見たことのあるような名前のハンバーガーショップがある。ちなみにアイスの名前はマイドMydo。(編集室)

海外旅行の最新で最大級の情報源はここに！　　地球の歩き方　　検索

地球の歩き方 ホームページの使い方

海外旅行の最新情報満載の「地球の歩き方ホームページ」！ガイドブックの更新情報はもちろん、132カ国の基本情報、エアラインプロフィール、海外旅行の手続きと準備、格安航空券、海外ホテルの予約、「地球の歩き方」が厳選したスーツケースや旅行用品もご紹介。クチコミ情報や旅日記、掲示板、現地特派員ブログもあります。

URL http://www.arukikata.co.jp/

■ 多彩なサービスであなたの海外旅行、海外留学をサポートします！

「地球の歩き方」の電子掲示板（BBS）
教えて！旅のQ&A掲示板

「地球の歩き方」の源流ともいえる旅行者投稿。世界中を歩き回った数万人の旅行者があなたの質問を待っています。目からウロコの新発見も多く、やりとりを読んでいるだけでも楽しい旅行情報の宝庫です。

URL http://bbs.arukikata.co.jp/

ヨーロッパ個人旅行の様々な手配が可能
地球の歩き方 旅プラザ

「旅プラザ」ではヨーロッパ個人旅行のあらゆる手配ができます。ユーレイルパス・寝台車など鉄道旅行の即日発券が可能なほか、航空券、ホテル、現地発ツアー、保険、etc.。様々な複合手配が可能です。

URL http://tabiplaza.arukikata.com/

旅行記、クチコミなどがアップできる「旅スケ」
旅スケ

WEB上で観光スポットやホテル、ショップなどの情報を確認しながら旅スケジュールが作成できるサービス。旅行後は、写真に文章を添えた旅行記、観光スポットやレストランなどのクチコミ情報の投稿もできます。

URL http://tabisuke.arukikata.co.jp/

旅行用品の専門通販ショップ
地球の歩き方ストア STORE

「地球の歩き方ストア」は「地球の歩き方」直営の旅行用品専門店。厳選した旅行用品全般を各種取り揃えています。「地球の歩き方」読者からの意見や感想を取り入れたオリジナル商品は大人気です。

URL http://www.arukikata.co.jp/shop/

航空券の手配がオンラインで可能
地球の歩き方 arukikata.com

航空券のオンライン予約なら「アルキカタ・ドット・コム」。成田・羽田他、全国各地ポート発着の航空券が手配できます。読者割引あり、航空券新規電話受付時に「地球の歩き方ガイドブックを見た」とお伝えいただくと、もれなくお一人様1,000円off。

URL http://www.arukikata.com/

留学・ワーキングホリデーの手続きはおまかせ
地球の歩き方 成功する留学 GIO CLUB Study Abroad

「成功する留学」は「地球の歩き方」の留学部門として、20年以上エージェント活動を続けています。世界9カ国、全15都市に現地相談デスクを設置し、留学生やワーホリ渡航者の生活をバックアップしています。

URL http://www.studyabroad.co.jp/

海外ホテルをオンライン予約
地球の歩き方 Travel

地球の歩き方トラベルが運営する海外ホテル予約サイト。世界3万都市、13万軒のホテルをラインナップ。ガイドブックご覧の方には特別割引で宿泊料金3%off。

URL http://hotel.arukikata.com/

ヨーロッパ鉄道チケットがWebで購入できる「ヨーロッパ鉄道の旅」オンライン
ヨーロッパ鉄道の旅 Travelling by Train

地球の歩き方トラベルのヨーロッパ鉄道チケット販売サイト。オンラインで鉄道パスや乗車券、座席指定券などを24時間いつでも購入いただけます。利用区間や日程がお決まりの方にお勧めです。

URL http://rail.arukikata.com/

カッパドキア、パシャバーの奇岩

高原地帯に歴史と自然を訪ねて
中部アナトリア
İç Anadolu

中部アナトリア İç Anadolu

◆気候と服装◆

内陸部の中部アナトリアは、寒暖の差が激しい大陸性気候に属している。7月の平均気温は約22℃で1月の平均気温はマイナス0.7℃。雨が最も多く降る季節は春先で、冬には積雪もあり、路面が凍結することもある。

日中は暑さが厳しい夏でも朝晩は冷えることがあるので上着が一枚あると重宝する。また、冬～春先は冷え込みが厳しいので、ニット帽や手袋、保温性の高い下着やアウトドアジャケットなどで防寒対策をしたい。靴も水を通さず、滑りにくいものがよい。

●交通●

アンカラのオトガルはトルコ各地からのバスが発着する巨大ターミナル。コンヤやカイセリもこの地方の交通の起点となっている。

中部アナトリアからはイスタンブール、イズミル、ブルサなど西部の主要都市へ行く便は多いのだが、カイセリ、スィワスから東部や南東部へ向かう便は少ない上、夜遅い時間に出発することが多い。

カッパドキア発着路線

●ネヴシェヒル～カイセリ　運賃10TL　所要：約1時間30分

ネヴシェヒル Nevşehir Seyahat	ネヴシェヒル発　7:00, 8:00, 9:00, 11:00, 13:00, 14:00, 16:00, 17:00, 18:00
	カイセリ発　9:00～20:30の1時間～1時間30分に1便
ギョレメ Göreme Turizm	ネヴシェヒル発　15:30, 19:30
	カイセリ発　なし
スュハ Süha	ネヴシェヒル発　8:00, 9:00, 11:00, 13:00, 15:00, 16:30, 19:00, 20:00
	カイセリ発　7:00, 8:30, 10:00, 14:00, 17:00, 18:00, 19:30
メトロ Metro	ネヴシェヒル発　6:00, 10:00, 13:30, 19:15, 20:10, 4:00
	カイセリ発　9:00, 11:00, 17:00～23:00の毎正時, 2:00

●ユルギュップ～カイセリ　運賃10TL　所要：約1時間30分

ユルギュップ・ビルリッキ Ürgüp Birlik	ユルギュップ発　7:00, 8:00, 9:00, 11:00, 13:00, 15:00, 17:30, 19:30
	カイセリ発　8:00, 10:00, 12:00, 14:00, 15:00, 16:00, 17:30, 19:30

●ネヴシェヒル～コンヤ　運賃20～30TL　所要：約3時間

ネヴシェヒル Nevşehir Seyahat	ネヴシェヒル発　20:00, 21:00
	コンヤ発　なし
ギョレメ Göreme Turizm	ネヴシェヒル発　7:30, 19:30
	コンヤ発　なし
スュハ Süha	ネヴシェヒル発　9:00, 10:00, 11:30, 15:30, 18:30, 19:30, 20:00, 21:00
	コンヤ発　10:00, 13:30, 15:30, 17:00
メトロ Metro	ネヴシェヒル発　18:30, 19:30, 20:30, 21:00, 22:00
	コンヤ発　6:30, 17:00, 0:30, 1:30

●ギョレメ～コンヤ　運賃30 TL　所要：約3～4時間

アクサライ・ビルリッキ Aksaray Birlik	ギョレメ発　なし	イェシル・アクサライ Yeşil Aksaray	ギョレメ発　なし
	コンヤ発　7:00, 9:00, 11:00, 13:00, 14:00, 15:00		コンヤ発　7:00, 9:00, 11:00, 13:00, 14:00, 15:00
スュハ Süha	ギョレメ発　8:15, 9:30, 11:00, 15:00, 18:00, 19:00, 20:00	メトロ Metro	ギョレメ発　18:00, 19:00
	コンヤ発　10:00, 13:30, 15:30, 17:00		コンヤ発　6:30, 17:00, 0:30, 1:30

●ネヴシェヒル～デニズリ　運賃45～50TL　所要：約10時間

ネヴシェヒル Nevşehir Seyahat	ネヴシェヒル発　20:00	スュハ Süha	ネヴシェヒル発　20:00, 21:00, 22:30
	デニズリ発　22:45		デニズリ発　22:00, 23:00, 24:00
ギョレメ Göreme Turizm	ネヴシェヒル発　20:00	メトロ Metro	ネヴシェヒル発　19:30
	デニズリ発　なし		デニズリ発　15:00, 21:00, 22:30

※発車時刻および運賃は2012年の調査時のものであり、しばしば変更されます。
所要時間については巻頭の折込地図（1枚目裏側）もご参照ください。

中部アナトリア

●ネヴシェヒル～セルチュク　運賃55～60TL　所要：約10時間

ネヴシェヒル Nevşehir Seyahat	ネヴシェヒル発　20:00 セルチュク発　20:00	スュハ Süha	ネヴシェヒル発　21:00 セルチュク発　18:30	

●ネヴシェヒル～アンタルヤ　運賃45～50TL　所要：約10時間

スュハ Süha	ネヴシェヒル発　11:30, 22:30, 24:00 アンタルヤ発　10:00, 22:00	メトロ Metro	ネヴシェヒル発　10:30, 22:00, 22:30 アンタルヤ発　9:00, 11:00, 21:00
ネヴシェヒル Nevşehir Seyahat	ネヴシェヒル発　21:00 アンタルヤ発　22:00	ギョレメ Göreme Turizm	ネヴシェヒル発　21:30, 22:30 アンタルヤ発　22:00

●ネヴシェヒル～アダナ　運賃35TL　所要：約4時間30分

ネヴシェヒル Nevşehir Seyahat	ネヴシェヒル発　9:00, 13:00, 20:00 アダナ発　11:30, 15:00, 19:00	ギョレメ Göreme Turizm	ネヴシェヒル発　13:00 アダナ発　11:30

カイセリ発着路線

●カイセリ～アクサライ　運賃20TL　所要：約3時間

メトロ Metro	カイセリ発　9:00, 11:00, 17:00～23:00の毎正時, 2:00 アクサライ発　19:00
イェシル・アクサライ Yeşil Aksaray	カイセリ発　9:00, 11:00, 12:00, 13:30, 15:00, 16:30, 18:30, 20:00 アクサライ発　5:00, 6:00, 9:00, 11:00, 13:00, 15:00, 16:00, 17:00

●カイセリ～スィワス　運賃20TL　所要：約3時間

オズ・スィワス Öz Sivas	カイセリ発　7:00, 9:00～18:00の毎正時 スィワス発　7:00～12:00の毎正時, 13:30～17:30の毎時30分, 21:00, 23:00
スィワス・イェニ・ヘデフ Sivas Yeni Hedef	カイセリ発　7:00, 9:00～18:00の毎正時 スィワス発　8:00, 11:00, 13:00, 18:30
メトロ Metro	カイセリ発　10:00, 15:00 スィワス発　14:30, 16:00, 18:00, 23:00
スュハ Süha	カイセリ発　8:00, 13:00 スィワス発　14:45, 16:30

●カイセリ～コンヤ　運賃30TL　所要：約5時間

スュハ Süha	カイセリ発　7:30, 8:30, 10:00, 14:00, 17:00, 18:00, 19:30 コンヤ発　10:00, 13:30, 15:30, 17:00
メトロ Metro	カイセリ発　9:00, 11:00, 17:00～23:00の毎正時, 2:00 コンヤ発　6:30, 17:00, 0:30, 1:30
アクサライ・ビルリッキ Aksaray Birlik	カイセリ発　9:00, 11:00, 12:00, 13:30, 15:00, 16:30, 18:30, 20:00 コンヤ発　7:00, 9:00, 11:00, 13:00, 14:00, 15:00
リュクス・エレウリ Lüks Ereğli	カイセリ発　12:00, 18:00 コンヤ発　14:30

●カイセリ～ヨズガット　運賃20TL　所要：約3時間

メタトゥル Metatur	カイセリ発　8:00～18:00の毎正時, 19:30 ヨズガット発　6:00, 7:00, 8:00, 9:30, 11:00, 12:00, 12:30, 13:30, 14:30, 16:00, 17:00, 18:00, 19:30

●カイセリ～チョルム　運賃35TL　所要：約4時間30分

スュハ Süha	カイセリ発　22:30 チョルム発　2:30

●カイセリ～マラテヤ　運賃30TL　所要：約6時間

ベイダー Beydağı	カイセリ発　7:00, 13:00, 1:30 マラテヤ発　9:30, 12:30, 18:00, 19:00		
VIP マラテヤルラル VIP Malatyalılar	カイセリ発　18:00 マラテヤ発　15:00, 17:00, 20:30	マラテヤ・メディネ Malatya Medine	カイセリ発　7:30, 22:00 マラテヤ発　14:00
ザフェル Zafer	カイセリ発　13:00 マラテヤ発　9:30, 12:30, 18:00, 19:00	カユス・ケント Kayısı Kent	カイセリ発　なし マラテヤ発　13:00, 20:30

※掲載している便は主要会社の一部の路線です。ほかにも同一路線で複数の会社が運行している場合があります。

●カイセリ〜アダナ　運賃25〜30TL　　所要:約5時間

スュハ Süha	カイセリ発　7:30, 10:00, 12:00, 14:00, 16:00, 18:00, 24:00 アダナ発　7:30, 9:00, 11:00, 12:30, 14:30, 17:30, 24:00, 1:00
インジ İnci Turizm	カイセリ発　10:00, 14:00, 18:00, 24:00 アダナ発　7:30, 11:00, 12:30, 16:00, 24:00

●カイセリ〜メルスィン　運賃30TL　　所要:約6時間

スュハ Süha	カイセリ発　9:00, 11:00, 13:00, 15:00, 17:00, 1:30 メルスィン発　8:00, 9:30, 11:30, 15:00, 17:30, 0:30
インジ İnci Turizm	カイセリ発　13:00, 1:00 メルスィン発　11:30, 0:30

コンヤ発着路線

●コンヤ〜アクサライ　運賃20TL　　所要:約2時間

アクサライ・ビルリッキ Aksaray Birlik	コンヤ発　7:00〜19:30の1時間に1便程度 アクサライ発　5:00, 6:00, 9:00, 11:00, 13:00, 15:00, 16:00, 17:00
イェシル・アクサライ Yeşil Aksaray	コンヤ発　7:00〜19:30の1時間に1便程度 アクサライ発　6:00〜22:30の1時間に1便程度

●コンヤ〜エイルディル　運賃35TL　　所要:約3時間30分

キャーミル・コチ Kâmil Koç	コンヤ発　7:30, 9:00, 11:00, 13:00, 15:00, 19:30 エイルディル発　10:45, 14:15, 18:15
コントゥル Kontur	コンヤ発　8:00, 10:00, 13:00, 15:00, 20:00 2:00 エイルディル発　15:00

●コンヤ〜デニズリ　運賃40〜45TL　　所要:約6時間

キャーミル・コチ Kâmil Koç	コンヤ発　7:30, 9:00, 11:00, 13:00, 19:30, 21:00 デニズリ発　10:30, 12:30, 14:30, 18:30, 0:30
コントゥル Kontur	コンヤ発　8:00, 10:00, 13:00, 15:00, 20:00, 2:00 デニズリ発　11:30, 23:30, 0:15, 1:00, 2:00
メトロ Metro	コンヤ発　19:30, 24:00 デニズリ発　10:30, 14:15, 15:00, 21:00, 22:30

●コンヤ〜アンタルヤ　運賃35〜40TL　　所要:約6時間

オズカイマック Özkaymak	コンヤ発　9:00, 11:00, 13:00, 17:00, 19:00, 1:00 アンタルヤ発　10:30, 12:30, 17:00, 24:00
コントゥル Kontur	コンヤ発　7:00, 9:00, 10:00, 12:00, 14:00, 16:00, 19:00, 24:00 アンタルヤ発　7:00, 9:00, 11:00, 13:00, 15:00, 17:00, 19:00, 24:00
リュクス・エレウリ Lüks Ereğli	コンヤ発　15:30, 24:00 アンタルヤ発　9:30, 24:00

●コンヤ〜スィリフケ　運賃35TL　　所要:約4時間

オズカイマック Özkaymak	コンヤ発　6:30, 7:30, 8:00, 11:00, 13:00, 17:00, 18:00, 22:00, 1:00, 1:30, 3:30 スィリフケ発　8:30, 11:00, 14:00, 16:00, 17:45, 19:00, 19:15, 22:30, 1:30
コントゥル Kontur	コンヤ発　4:30, 5:30, 6:30, 7:30, 10:00, 13:00, 17:00, 19:00, 20:30, 24:00 スィリフケ発　7:30, 10:00, 11:15, 13:00, 14:45, 16:45, 17:45, 19:45, 21:00, 24:00, 1:30

●コンヤ〜メルスィン　運賃35〜45TL　　所要:約6時間

オズカイマック Özkaymak	コンヤ発　6:30, 8:00, 8:00, 11:00, 13:00, 17:00, 18:00, 22:00, 1:00, 1:30, 3:30 メルスィン発　7:00, 8:00, 11:30, 16:00, 17:45, 18:00, 21:00, 24:00
コントゥル Kontur	コンヤ発　4:30, 5:30, 6:30, 7:30, 10:00, 13:00, 17:00, 19:00, 20:30, 24:00 メルスィン発　6:00, 9:30, 11:30, 13:00, 15:00, 16:00, 18:00, 19:30, 24:00
リュクス・エレウリ Lüks Ereğli	コンヤ発　10:00, 13:00, 15:00, 17:00 メルスィン発　7:30, 13:30, 18:00, 19:30

※発車時刻および運賃は2012年の調査時のものですが、しばしば変更されます。
所要時間については巻頭の折込地図（1枚目裏側）もご参照ください。

中部アナトリア

●コンヤ〜アダナ　運賃40〜45TL　所要:約8時間

オズカイマック Özkaymak	コンヤ発	6:30, 7:30, 8:00, 11:00, 13:00, 17:00, 18:00, 22:00, 1:00, 1:30, 3:30
	アダナ発	5:00, 7:00, 9:30, 10:30, 12:00, 13:00, 14:30, 16:00, 16:30, 23:00, 0:30
コントゥル Kontur	コンヤ発	4:30, 5:30, 6:30, 7:30, 10:00, 13:00, 17:00, 19:00, 20:30, 24:00
	アダナ発	5:00, 7:00, 8:00, 10:00, 12:00, 13:30, 14:30, 16:00, 16:30, 18:00, 23:00, 1:00
リュクス・エレウリ Lüks Ereğli	コンヤ発	10:00, 13:00, 15:00, 17:00
	アダナ発	9:00, 13:00, 15:00, 17:30, 0:30

●コンヤ〜アンタクヤ　運賃45〜50TL　所要:約10時間

ハス Has Turizm	コンヤ発	11:00, 22:30
	アンタクヤ発	12:00, 14:30, 23:00
メトロ Metro	コンヤ発	23:00
	アンタクヤ発	14:00, 16:00, 18:00

●コンヤ〜ガズィアンテプ　運賃50〜55TL　所要:約8時間

セチ Seç	コンヤ発	23:00, 0:30	ベン Ben Turizm	コンヤ発	11:00, 12:30〜16:30の毎時
	ガズィアンテプ発	14:00, 20:30		ガズィアンテプ発	14:00, 18:00
チャユルアース Çayırağası	コンヤ発	23:00	タトゥルセス Tatlıses Turizm	コンヤ発	なし
	ガズィアンテプ発	16:30, 18:00		ガズィアンテプ発	16:30

●コンヤ〜スィワス　運賃45〜50TL　所要:約8時間

オズ・フズル Öz Huzur	コンヤ発	16:00, 17:30, 19:30, 20:30, 0:30	メトロ Metro	コンヤ発	17:00, 0:30, 1:30
	スィワス発	18:30		スィワス発	14:30, 16:00, 18:00, 23:00
リュクス・エレウリ Lüks Ereğli	コンヤ発	14:30	トカット・ユルドゥズ Tokat Yıldız	コンヤ発	12:00, 0:30
	スィワス発	17:00, 20:30, 23:00, 24:00		スィワス発	15:00, 17:00, 20:30, 0:30

スィワス発着路線

●スィワス〜マラテヤ （エスキオトガル発）　運賃25TL　所要:約4時間

ヘキムハン・ネット Hekimhan Net	スィワス発	8:00, 10:00, 12:00, 14:30, 17:30
	マラテヤ発	6:00, 8:00, 10:00, 13:00, 16:00

●スィワス〜エルズルム　運賃40TL　所要:約7時間

ダダシュ Dadaş Turizm	スィワス発	9:30, 0:30, 1:30, 2:00
	エルズルム発	10:00, 10:30, 14:00, 14:30, 16:30, 17:00, 18:30, 19:00
エサダシュ Esadaş Turizm	スィワス発	10:00, 23:30, 24:00
	エルズルム発	10:00, 10:30, 13:00, 14:00, 14:30, 15:00, 16:30, 18:30

●スィワス〜ディヴリイ　運賃15TL　所要:約3時間

ディヴリイ・ビルリッキ Divriği Birlik	スィワス発	9:00, 12:00, 15:00, 17:00	ディヴリイ・オズレム Divriği Özlem	スィワス発	9:00, 12:00, 15:00, 17:00
	ディヴリイ発	5:00, 8:30, 12:00, 16:30		ディヴリイ発	5:00, 8:30, 12:00, 16:30

●スィワス〜カンガル　運賃8TL　所要:約1時間

カンガル・コープなど4社共同運行 Kangal Koop.	スィワス発	7:00〜18:00の毎正時
	カンガル発	7:00〜18:00の毎正時

チョルム発着路線

●チョルム〜スングルル　運賃5TL　所要:約1時間

チョルム・スングルル Çorum Sungurlu	チョルム発	9:15〜19:00の30分〜45分に1便
	スングルル発	7:00〜16:00の30分〜45分に1便

●チョルム〜サムスン　運賃20TL　所要:約4時間

リデル Lider Turizm	チョルム発	6:30, 9:00, 10:30, 12:00
	サムスン発	なし
メトロ Metro	チョルム発	10:00〜17:00の毎正時, 19:00, 21:30, 22:30
	サムスン発	7:30, 8:30, 9:30, 10:00, 13:00, 15:00〜20:00の毎正時

※掲載している便は主要会社の一部の路線です。ほかにも同一路線で複数の会社が運行している場合があります。

アナトリアの大地が造り上げた大自然の神秘
カッパドキア Kapadokya

市外局番 **0384** 人口 **11万3192人** 標高 **1194m**(ネヴシェヒル)

不思議な形をした大地の向こうにそびえるエルジエス山

■時刻表一覧
✈→P.70～73
カイセリ空港とネヴシェヒル空港への便がある。
🚌→P.316～319
バス時刻表索引→P.76～77

トカル・キリセのフレスコ画

　カッパドキアはアナトリア高原の中央部に広がる大奇岩地帯。キノコ状の岩に代表される奇岩の不思議な景観、奇岩の中に残された膨大なキリスト教壁画、地下何十mにも掘り下げられた地下都市とさまざまな顔をもつ。トルコ観光の最大地だ。

　バスの窓から目に入る景色は、これまで訪れたどの地域の景色とも異なるだろう。なだらかな岩肌のグラデーションが広がるかと思えば、ごつごつとした奇岩群がある。ニョッキリと突き上げるキノコのような岩のユニークさには思わず笑い出してしまうかもしれない。これがすべて自然の力でできたのだから、やはりすごい。

　こうした地層は数億年前に起きたエルジエス山の噴火によって造られたもの。火山灰と溶岩が数百mずつ積み重なった末、凝灰岩や溶岩層になった。その後も岩部は風雨に打たれて浸食が進み、今では固い部分だけが残されて不思議な形の岩となった。

　カッパドキア地方はヒッタイト時代から通商路の要地として栄え、4世紀前後からはキリスト教の修道士が凝灰岩に洞窟を掘って住み始めた。彼らは外敵から身を守りつつ、信仰を守り続け、洞窟内の天井や壁に見事なフレスコ画を残したのである。標高1000mを超す高原のさらに奥深い岩山での、ひたむきな信仰生活をかいま見ることができる貴重な地域といえる。

💧 320

アンカラからカッパドキアへ向かうバスは途中トゥズ湖Tūz Gölüという巨大な塩湖を通る。湖岸には塩の結晶が見え、近くには塩の精製工場もある。(編集室)

カッパドキア モデルプラン

1泊2日 **パーフェクト**

広範囲に点在しているカッパドキアの見どころを効率よく観光するには現地発着のツアーを利用するのが便利。原則予約は不要で当日でも参加可能。予算に余裕があれば2日目朝の気球ツアーもぜひ体験したい。以下のプランはギョレメ発着の場合の一例。

1日目 レッドツアーでギョレメ〜アヴァノス周辺

早朝
夜行バスでイスタンブールから移動する場合20:30〜22:00発のバスに乗るとネヴシェヒルのオトガル（悪質な客引きに注意）へは7:30前後に到着。そこからセルヴィスやドルムシュでほかの町へ移動してホテルにチェックインしてもこの日のツアーには充分間に合う。

午前 
ツアーの開始時間は9:00〜9:30前後。**ギョレメ屋外博物館** ➡P.330 や**ギョレメ・パノラマ** ➡P.330、**ウチヒサル** ➡P.331 などを午前中に見学。

昼食 
アヴァノス ➡P.332 のレストランで昼食をとった後、陶芸のアトリエを見学し、陶芸体験を楽しむ。

午後
ラクダ岩で有名な**デヴレント**などに立ち寄りつつ、**パシャバー** ➡P.332 や**ゼルヴェ屋外博物館** ➡P.332 を見学。ツアーによってはユルギュップのワイナリーやエセンテペにも行く。

夕方〜夜
翌朝の**気球ツアー** オプション① に参加する人は早めに手配を済ませておこう。日が長い夏期は**日没** オプション② を見に行くのもおすすめ。ベリーダンスなどの**ディナーショー** オプション③、メヴラーナの**セマー** ➡P.339 も気軽に参加できる。

2日目 早朝気球ツアーとグリーンツアーで地下都市とウフララ渓谷

早朝 
気球ツアー オプション① は早朝5:00頃にはホテルに迎えの車が来るので早起きを。防寒対策も忘れずに。

午前 
気球ツアーから戻ったら朝食をとってチェックアウトを済ませる。ツアーの開始は9:00〜9:30前後。**地下都市** ➡P.332（デリンクユかカイマクル）を見学する。

昼食 
ウフララ渓谷 ➡P.333 へ移動し昼食をとった後、岩窟教会の見学や渓谷のウォーキングを楽しむ。

午後 
ウフララ渓谷の北にある**セリメ教会** ➡P.333 を見学。その後ツアーによっては、みやげ物屋に寄る。

夕方〜夜
18:30前後にツアーが終わったらホテルに戻って休憩。シャワーを借りてさっぱりするのもよい。夜行バス等で次の目的地へ。パムッカレ（デニズリ）、エフェス（セルチュク）など20:00頃に出発する便が多い。

オプション① 早朝 気球ツアー
- 5:00〜9:00頃
- 1万3000〜2万円

朝日に染まるカッパドキアの奇岩を気球から見下ろす人気のアクティビティ。各ホテルでも予約可能で送迎付き。催行会社が多く、飛行時間や値段、パイロットの技術も色々。値は張るが老舗の会社の方が安心。
詳細記事→P.329

オプション② 夕方 日没（サンセット）
- 18:00〜20:00
- 0円（交通費のみ）

日没を鑑賞できる高台は各地にあるので、ホテルから近いところへ行こう。ギョレメならローズバレーやギョレメ・パノラマ、ユルギュップならアイワズカワスの丘や岩山の上の鑑賞ポイントがある。ウチヒサルからの眺めも抜群だ。

オプション③ 夜 ディナーショー
- 20:00〜23:00頃
- 5000円前後

ターキッシュ・トラディショナル・ナイトなどといってツアー中に勧誘されることが多い。ベリーダンスやトルコ各地の民俗舞踊を鑑賞できる。

早朝に気球ツアーに参加して、その流れでグリーンツアー（ウフララ渓谷、デリンクユの地下都市、ギョレメパノラマなど）で1日満喫することができました。（大阪府　まーしー　'11年12月）

カッパドキアのおもな町と見どころ

A ネヴシェヒル
B ギョレメ 
C ユルギュップ 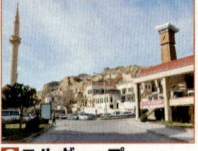
D アヴァノス 

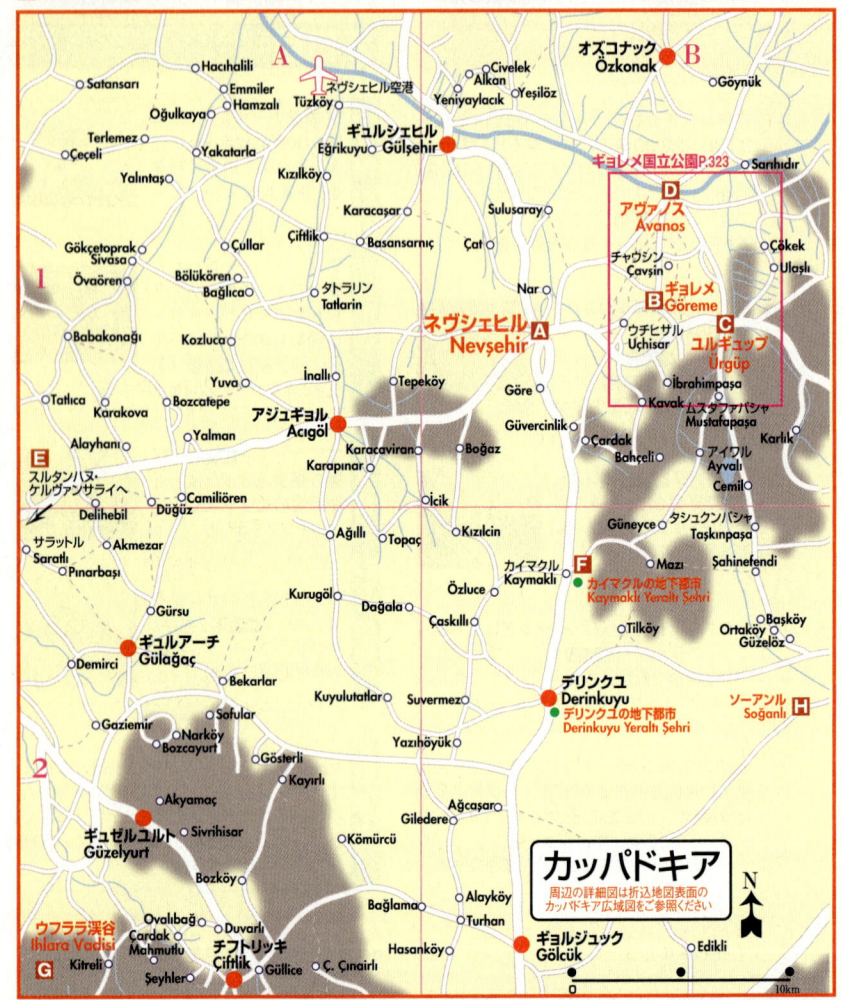

オズコナック Özkonak
ハチハリリ Hacıhalili
サタンサル Satansarı
エムラリ Emmali
ハムザル Hamzalı
ネヴシェヒル空港
テュズキョイ Tüzköy
チヴェレク Civelek
アルカン Alkan
イェニヤイラジュク Yeniyaylacık
イェシルオズ Yeşilöz
ギョイニュック Göynük
オウルカヤ Oğulkaya
テルレメズ Terlemez
チェチェリ Çeçeli
ヤカタルラ Yakatarla
ギュルシェヒル Gülşehir
エーリクユ Eğrikuyu
クズルキョイ Kızılköy
カラジャシャル Karacaşar
スルサライ Sulusaray
ギョレメ国立公園 P.323
サルフドゥル Sarıhıdır
ヤルンタシュ Yalıntaş
D アヴァノス Avanos
チョケック Çökek
ギョクチェトプラク Gökçetoprak
スィヴァサ Sivasa
チュラル Çullar
チフトリッキ Çiftlik
バサンサルヌチ Basansarnıç
チャット Çat
タトラリン Tatlarin
ナル Nar
チャウシン Çavşin
ウラシュル Ulaşlı
オヴァオレン Ovaören
ボリュキョレン Bölükören
バーリジャ Bağlıca
B ギョレメ Göreme
ババコナー Babakonağı
コズルジャ Kozluca
ユヴァ Yuva
イナリ İnallı
テペキョイ Tepeköy
ネヴシェヒル **A** Nevşehir
ウチヒサル Uçhisar
C ユルギュップ Ürgüp
タットリジャ Tatlıca
カラコヴァ Karakova
ボズジャテペ Bozcatepe
ヤルマン Yalman
アジュギョル Acıgöl
カラジャヴィラン Karacaviran
ゴレ Göre
イブラヒムパシャ İbrahimpaşa
アラヤンル Alayhanı
カラプナル Karapınar
ボアズ Boğaz
ギュヴェルジンリク Güvercinlik
カヴァク Kavak
ムスタファパシャ Mustafapaşa
E スルタンハヌ・ケルヴァンサライへ
デリヒベル Delihebil
デュズギュズ Düzgüz
カミリオレン Camiliören
イジック İcik
チャルダック Çardak
バフチェリ Bahçeli
アイヴァル Ayvalı
カルルック Karlık
ジェミル Cemil
サラットル Saratlı
アクメザル Akmezar
プナルバシュ Pınarbaşı
アウルル Ağıllı
トパック Topak
クズルジン Kızılcın
タシュクンパシャ Taşkınpaşa
ギュネイジェ Güneyce
マズ Mazı
シャヒネフェンディ Şahinefendi
ギュルス Gürsu
クルギョル Kurugöl
ダーラ Dağala
オズルジェ Özluce
チャスクル Çaskıllı
カイマクル Kaymaklı
F カイマクルの地下都市
Kaymaklı Yeraltı Şehri
ティルキョイ Tilköy
バシュキョイ Başköy
オルタアヌル Ortaanlı
ギュゼロズ Güzelöz
デミルジ Demirci
ギュルアーチ Gülağaç
ベカルラル Bekarlar
クユルトラル Kuyulutatlar
スヴェルメズ Suvermez
デリンクユ Derinkuyu
デリンクユの地下都市 Derinkuyu Yeraltı Şehri
ソーアンル Soğanlı **H**
ガジエミル Gaziemir
ソフラル Sofular
ナルキョイ Narköy
ボズジャユルト Bozcayurt
ギョステルリ Gösterli
ヤズホユック Yazıhöyük
アクヤマン Akyaman
カユルル Kayırlı
アーチャサル Ağçasar
ギレデレ Giledere
ギュゼルユルト Güzelyurt
スィヴリヒサル Sivrihisar
ケミュルジュ Kömürcü
アライキョイ Alayköy
トゥルハン Turhan
ギョルジュック Gölcük
エディクリ Edikli
ボズキョイ Bozköy
G ウフララ渓谷 Ihlara Vadisi
オヴァルバー Ovalıbağ
チャルダック Çardak
ドゥヴァルル Duvarlı
バーラマ Bağlama
ハサンキョイ Hasanköy
キトレリ Kitreli
マフムトル Mahmutlu
シェイフレル Şeyhler
チフトリッキ Çiftlik
ギュルリジェ Güllice
Ç. ジュナイルル Ç. Çınairli

カッパドキア
周辺の詳細図は折込地図表面の
カッパドキア広域図をご参照ください

N ↑

0 10km

E スルタンハヌ・ケルヴァンサライ
F カイマクルの地下都市 
G ウフララ渓谷 
H ソーアンル 

322

💭 カッパドキアの気球はゆっくりと上昇、下降を繰り返し、風に乗って浮遊するので、高所恐怖症の私でも何の問題もありませんでした。絶対におすすめです。(神奈川県 O.Y. '12夏)

ギョレメ国立公園周辺のおもな見どころ

A チャウシン 　**B** パシャバー 　**C** ローズバレー 　**D** デヴレント

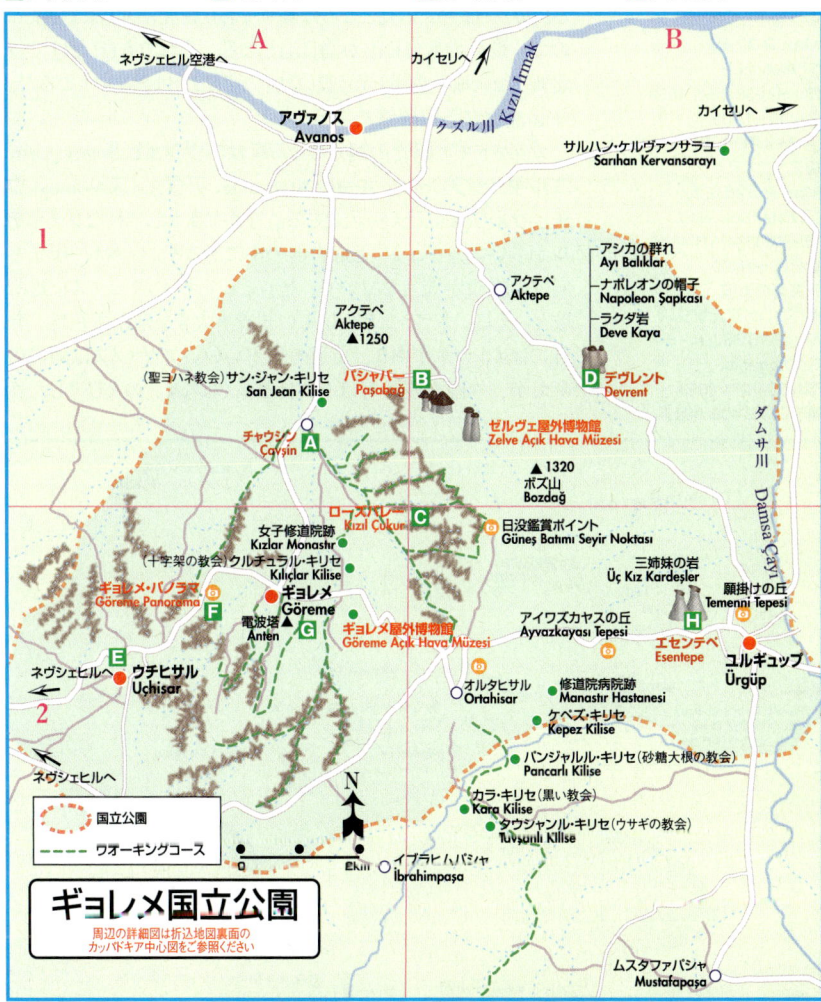

地図

- ネヴシェヒル空港へ
- カイセリへ
- Kızıl Irmak クズル川
- アヴァノス Avanos
- サルハン・ケルヴァンサラユ Sarıhan Kervansarayı
- アシカの群れ Ayı Balıklar
- ナポレオンの帽子 Napoleon Şapkası
- ラクダ岩 Deve Kaya
- アクテペ Aktepe ▲1250
- （聖ヨハネ教会）サン・ジャン・キリセ San Jean Kilise
- パシャバー Paşabağ
- デヴレント Devrent
- チャウシン Çavşin
- ゼルヴェ屋外博物館 Zelve Açık Hava Müzesi
- ▲1320 ボズ山 Bozdağ
- ローズバレー Kızıl Çukur
- 女子修道院跡 Kızlar Monastırı
- （十字架の教会）クルチュラル・キリセ Kılıçlar Kilise
- 日没鑑賞ポイント Güneş Batımı Seyir Noktası
- 三姉妹の岩 Üç Kız Kardeşler
- 願掛けの丘 Temenni Tepesi
- ギョレメ・パノラマ Göreme Panorama
- ギョレメ Göreme
- 電波塔 Anten
- ギョレメ屋外博物館 Göreme Açık Hava Müzesi
- アイワズカヤスの丘 Ayvazkayası Tepesi
- エセンテペ Esentepe
- ユルギュップ Ürgüp
- ネヴシェヒルへ
- ウチヒサル Uçhisar
- オルタヒサル Ortahisar
- 修道院病院跡 Manastır Hastanesi
- ケペズ・キリセ Kepez Kilise
- パンジャルル・キリセ（砂糖大根の教会）Pancarlı Kilise
- カラ・キリセ（黒い教会）Kara Kilise
- タウシャンル・キリセ（ウサギの教会）Tavşanlı Kilise
- イブラヒムパシャ İbrahimpaşa
- ダムサ川 Damsa Çayı
- ムスタファパシャ Mustafapaşa

凡例：
- 国立公園
- ウォーキングコース

ギョレメ国立公園
周辺の詳細図は折込地図裏面の
カッパドキア中心図をご参照ください

E ウチヒサル 　**F** ギョレメ・パノラマ 　**G** ギョレメ屋外博物館 　**H** エセンテペ

カッパドキア

😊宿の車で送ってもらってローズバレーを見渡す尾根を歩きました。尾根上の農道を歩くだけですが、良い雰囲気の散策路です（兵庫県　bon　'12春）

323

■カッパドキアの❶
URL www.nevsehirkulturturizm.
gov.tr（トルコ語）
●ネヴシェヒル
Map P.325上A
✉ Kayseri Cad. No.14
TEL(0384) 213 4260
FAX(0384) 213 7045
営 8:00～17:00（土日9:00～）
休 11～3月の土・日
●ユルギュップ
Map P.324B
✉ Park İçi
TEL&FAX(0384) 341 4059
営 8:00～17:00
休 11～4月の土・日
●アヴァノス
Map P.326左下
✉ Zafer Sok. No 2
TEL&FAX(0384) 511 4360
営 8:00～17:00
休 冬期の土・日
●ギョレメ観光業協会
Map P.326上A～B
✉ Otogar İçi
TEL(0384) 271 2558
営 5:00～21:00 休 無休

▌▌▌歩き方▌▌▌

　カッパドキアは、ネヴシェヒルとユルギュップを結ぶ道路を境に**北と南**に分けられる。北側には**キノコ岩**の奇岩をはじめ、**屋外博物館、ウチヒサル、ピジョン・バレー**、陶芸のアヴァノスなどの見どころが集中している。南側のエリアの目玉は何といっても**地下都市**と**ウフララ渓谷**だ。南東部にはフレスコ画の残る教会跡なども点在し、のんびりしたいなかの風景が楽しめる。カッパドキアの見どころは離れており観光に丸1日は必要なので、最低でも前日泊か当日泊となる。それでも1日だけでは北側プラス地下都市しか回れない。ぜひ2日は欲しいところだ。

◆起点となる町を決めよう

　カッパドキア観光の起点となる町は**ネヴシェヒル**Nevşehir、**ユルギュップ**Ürgüp、**ギョレメ**Göreme、**アヴァノス**Avanos、**ウチヒサル**Uçhisarといったところ。なかでもおしゃれなプチホテルが多いユルギュップと奇岩群の中にあるギョレメは、観光客向けの施設が充実していて、起点としてオーソドックスな選択肢といえる。ネヴシェヒルは町の規模も大きな県庁所在地。郊外にはオトガルがあり、交通の便がいい。アヴァノスは陶器の町だが、外国人観光客はそれほど多くはなく、のんびりした風

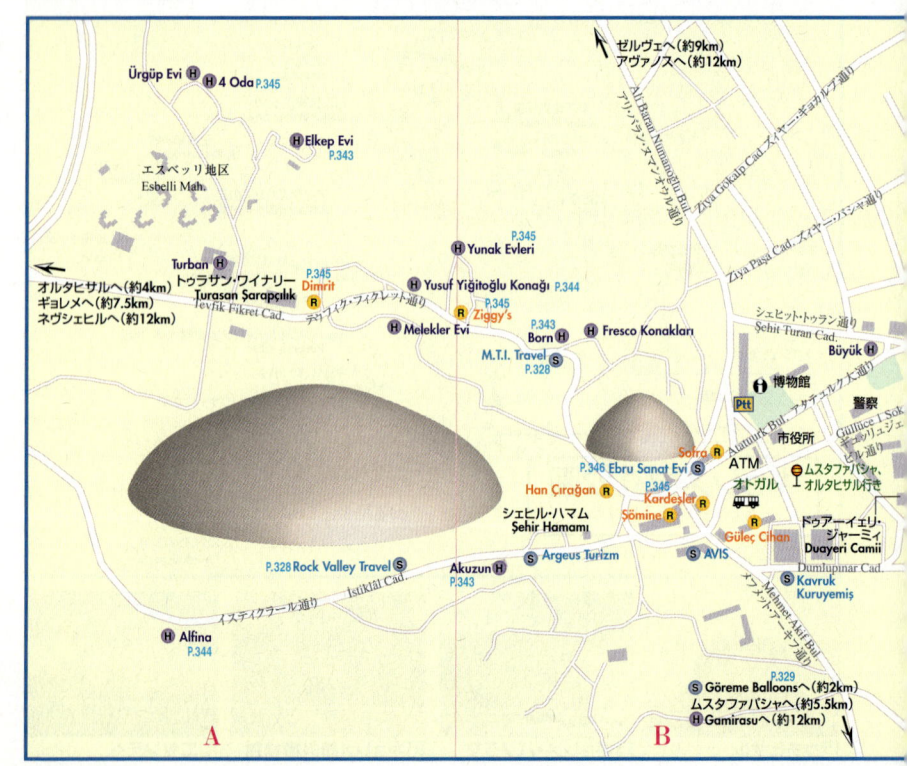

ギョレメの❶は、各ホテルが参加する組合であるギョレメ観光業協会Göreme Turizmciler Derneğiが運営。ホテルのパンフレットが壁一面に貼られており、予約も可能。（編集部）

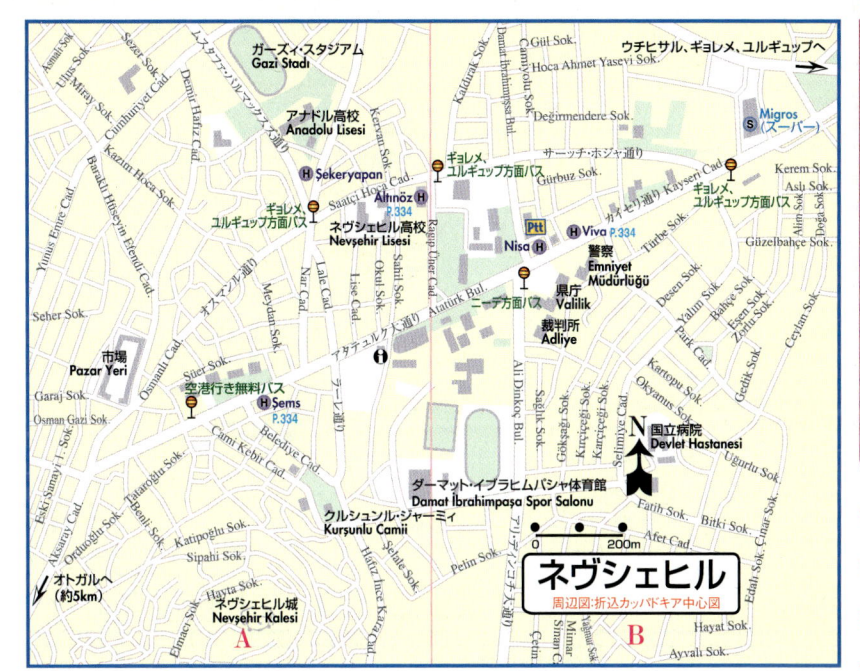

ネヴシェヒル / ユルギュップ

早朝のカイセリ行きの便は満席になりやすい。また、夏期はアンタルヤやデニズリ方面の夜行バスは人気が高いので、前日までに予約しておくのが無難。(編集室)

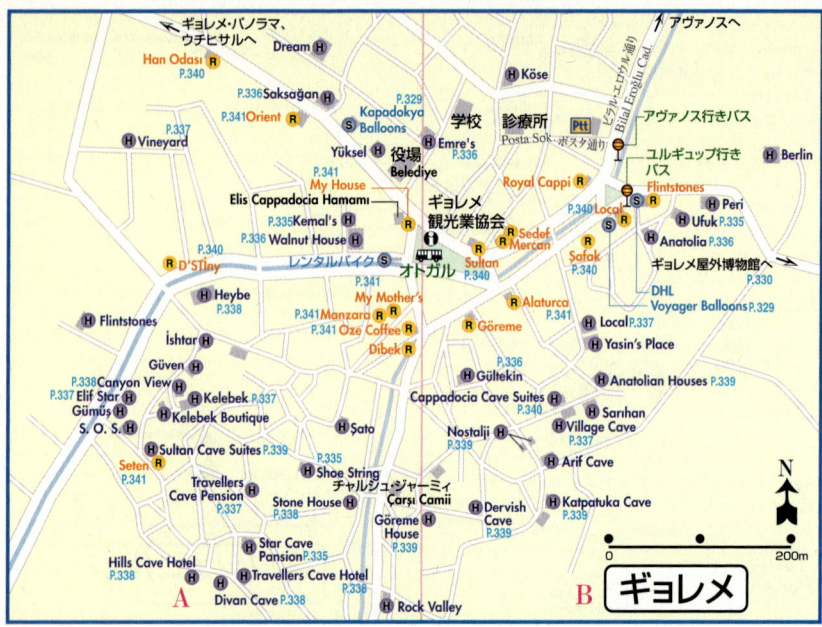

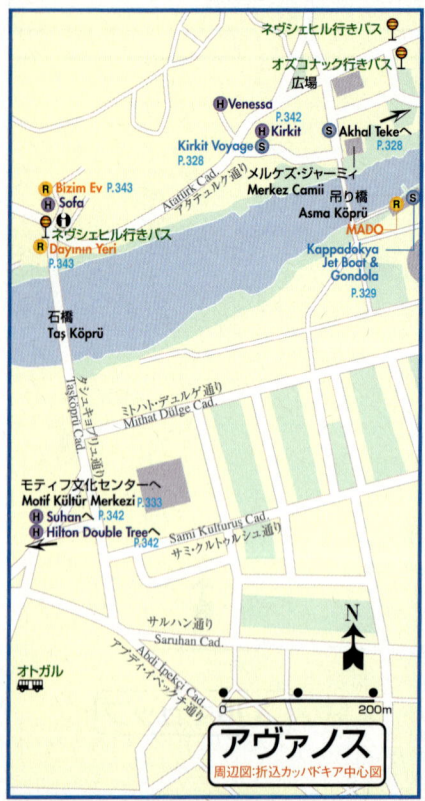

ギョレメ

- Dream H
- Han Odası H P.340
- ギョレメ・パノラマ、ウチヒサルへ
- アヴァノスへ
- Saksağan P.329 H P.336
- Kapadokya Balloons S
- Köse H
- 学校
- 診療所 Ptt
- ビラル・エルグル通り / Bilal Englu Cad.
- Posta Sok.・ポスタ通り
- アヴァノス行きバス
- Orient P.341 H
- Emre's H P.336
- 役場 Belediye
- Yüksel H
- ユルギュップ行きバス
- Berlin H
- Vineyard H P.337
- My House P.341
- Royal Cappi H
- Flintstones H
- Peri H
- Elis Cappadocia Hamamı
- Kemal's P.335 H
- ギョレメ観光業協会
- Local P.340 S
- Ufuk P.335 H
- Walnut House P.336 H
- Sedef Mercan H
- Anatolia P.336 H
- D'STIny H P.340
- レンタルバイク
- オトガル
- Sultan P.340 H
- Safak H
- ギョレメ屋外博物館へ
- Heybe H P.338
- My Mother's H P.341
- Alaturca P.341 H
- Göreme H
- DHL
- Voyager Balloons P.329
- Flintstones H
- Manzara P.341 H
- Oze Coffee H P.341
- Local P.337 H
- İshtar H
- Dibek H P.336
- Gültekin H
- Yasin's Place H
- Güven H
- Kelebek H P.337
- Cappadocia Cave Suites
- Anatolian Houses P.339 H
- Canyon View H P.338
- Kelebek Boutique H
- Local P.340
- Sarıhan H
- Elif Star P.337 H
- Şato H
- Village Cave H P.337
- Gümüş H
- S.O.S. H
- Sultan Cave Suites P.339 H
- Nostalji H P.339
- Arif Cave H
- Seten P.341
- Shoe String
- Travellers Cave Pension P.337 H
- チャルシュ・ジャーミィ Çarşı Camii
- Dervish Cave H
- Katpatuka Cave H
- Stone House H P.338
- Göreme House P.339
- N
- Hills Cave Hotel H P.338
- Star Cave Pansion P.335 H
- Travellers Cave Hotel H P.436
- Divan Cave H P.338
- Rock Valley
- 0 200m

A / **B** ギョレメ

アヴァノス

- ネヴシェヒル行きバス
- オズコナック行きバス
- 広場
- Venessa H
- Kirkit H P.342
- Akhal Teke へ P.328
- Kirkit Voyage P.328
- メルケズ・ジャーミィ Merkez Camii
- Bizim Ev R P.343
- Sofa H
- ネヴシェヒル行きバス
- アタテュルク通り / Atatürk Cad.
- 吊り橋 Asma Köprü
- Dayının Yeri R P.343
- MADO
- Kappadokya Jet Boat & Gondola P.329
- 石橋 Taş Köprü
- タシュキョプリュ通り / Taşköprü Cad.
- ミトハト・デュルゲ通り / Mithat Dülge Cad.
- モティフ文化センターへ Motif Kültür Merkezi P.333
- Suhan H P.342
- Hilton Double Tree へ P.342
- サミ・クルトゥルシュ通り / Sami Kulturuş Cad.
- サルハン通り / Saruhan Cad.
- アブドゥイ・イペクシ通り / Abdi İpekçi Cad.
- オトガル
- N
- 0 200m

アヴァノス 周辺図:折込カッパドキア中心図

ウチヒサル

- ギョレメ・パノラマへ(約1.3km)
- ギョレメへ(約2.6km)
- ネヴシェヒルへ(約9km)
- Museum Hotel H
- Lale Saray H
- Cappadocia Cave Resort H
- ギョレメへ
- テケリ地区 Tekeli Mah.
- La Meson de Reve H
- Elai R
- Taka Ev H P.346
- 城塞 Kale
- ケセッキ広場 Kesek Meydanı
- みやげ物屋多し
- Fatih Cad.
- リュトフィエ・ハトゥン・ジャーミィ Lütfiye Hatun camii
- 市役所 Belediye
- ネヴシェヒル方面
- Taşkonaklar H
- ギョレメ通り / Göreme Cad.
- ゲディッキ通り / Gedik Sok.
- アドナン・メンデレス通り / Adnan Menderes Cad.
- Skyway Balloons P.329
- Uçhisar Kaya P.346
- Balkon R P.346
- N
- 0 300m

ウチヒサル 周辺図:折込カッパドキア中心図

イスタンブール発の最終便でカイセリ空港に着いてもシャトルバスは運行していない。1台1万円程度とかなり高額になるが、旅行会社やホテルにプライベートで送迎してもらおう。(編集室)

情だ。ウチヒサルは最近観光開発が進むエリアで、高級ブティックホテルが多い。このあたりの宿の場合、有料・無料の別こそあれ、どこでも空港やオトガルから送迎サービスを行っている。予約時に積極的に活用しよう。

◆空港からカッパドキアの町々へ

　カッパドキアの空の玄関口はネヴシェヒル北西30kmのトゥズキョイTüzköyにあるネヴシェヒル空港とカイセリ空港。

●シャトルバスをうまく利用しよう　ネヴシェヒル空港からネヴシェヒルの町へは飛行機の到着に合わせて無料のバスが運行されている。また、ネヴシェヒル、カイセリの両空港からユルギュップ、ギョレメ、ウチヒサル、チャウシンへは各航空会社がシャトルバスを運行している。料金は空港、航空会社、旅行会社などにより異なるが、ひとり20〜25TL。基本的にフライトの前日までに予約すること。各ホテルまでの送迎となるので、ホテルを予約する際に一緒に申し込んでしまうのが一般的だ。

◆オトガルからカッパドキアの町々へ

　主要都市からのバスが到着するネヴシェヒルのオトガルは、市街地の南西約5kmの郊外に位置している。カッパドキアと周辺の町村へのセルヴィスやミニバスも発着している。また、**ネヴシェヒルのオトガルでは、バス会社のスタッフを装い、自社ツアーに勧誘する旅行会社や客引きが、ギョレメ行きの乗客を強引に降ろしてしまうという報告が絶えない**ので注意しよう。

●長距離バスのルート　カッパドキアのバス会社は、**ネヴシェヒル・セヤハット**Nevşehir Seyahatと、**ギョレメ**Göreme。これに全国区の**メトロ**Metroを加えた3社はネヴシェヒルのオトガル→ギョレメ→アヴァノスと入り（一部のバスはネヴシェヒルのオトガルが終点）、ほかの町へはセルヴィスに乗り換える。また、カイセリを本拠

■ネヴシェヒル空港
折込カッパドキア広域図C1
TEL(0384)421 4450

■カイセリ空港
Map P.348A2
TEL(0352)337 5240

■ネヴシェヒルのオトガル
折込カッパドキア広域図C2

■カイセリのオトガル
Map P.348A2

■タクシーの料金
以下はユルギュップのオトガルにあるタクシー組合、ギョレメ・タクシー Göreme Taxi(→TEL(0384)341 4193)が2012年の料金として本書に示したもの。
カイセリ空港送迎
130TL
ネヴシェヒル空港送迎
100TL
アヴァノス〜ギョレメ〜ウチヒサル内エリアの周遊
1日140TL
ウフララ〜デリンクユ〜カイマクル内エリアの周遊
1日175TL

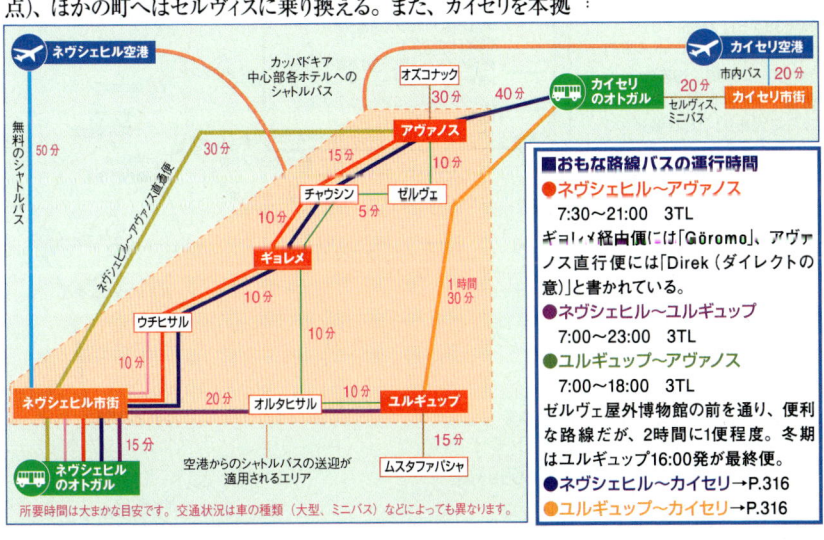

■おもな路線バスの運行時間
●ネヴシェヒル〜アヴァノス
7:30〜21:00　3TL
ギョレメ経由便には「Göromo」、アヴァノス直行便には「Direk（ダイレクトの意）」と書かれている。
●ネヴシェヒル〜ユルギュップ
7:00〜23:00　3TL
●ユルギュップ〜アヴァノス
7:00〜18:00　3TL
ゼルヴェ屋外博物館の前を通り、便利な路線だが、2時間に1便程度。冬期はユルギュップ16:00発が最終便。
●ネヴシェヒル〜カイセリ→P.316
●ユルギュップ〜カイセリ→P.316

21:30頃にカイセリ空港に着きましたが、カイセリ市内までタクシーで20TLでした。夜でも空港にはタクシーがたくさん停まっていました。(愛媛県 mika@ '11秋)

■M.T.I. Travel
Map P.324B
✉Tevfik Fikret Cad. No.9
Ürgüp
TEL(0384) 341 8993
FAX(0384) 341 8953
URLwww.mtitour.com
営9:00～19:00 休日
4WDツアーや陶芸体験ツアーも催行し、ホテルの手配も可能。イスタンブールにも支社があり、トルコ全土のツアーも催行している。月～金曜の10:00～16:00は日本人スタッフもいる。

■ロック・バレー・トラベル
Rock Valley Travel
Map P.324A
✉İstiklal Cad. No.42,
Ürgüp
TEL(0384) 341 8813
FAX(0384) 341 2135
URLwww.rockvalleytravel.com
営8:00～20:00（冬期～18:30）
休無休
各種ツアー、各社航空券の手配が可能。トルコ国鉄の乗車券の予約、発券も可能。空港送迎シャトルバスは12US$（深夜便は15US$）、12時間前までに予約のこと。似た名前の旅行会社が多いが、同社とは関係がないので注意。

■キルキット・ヴォヤージ
Kirkit Voyage
Map P.326左下
✉Atatürk Cad. No. 50
TEL(0384) 511 3259
FAX(0384) 511 2135
URLwww.kirkit.com
営7:30～20:30 休無休
乗馬ツアー（英国式乗馬、キルギス式あり）など自然系のツアーの手配を行っている。

■アカル・テケ乗馬センター
Akhal Teke Horse Center
折込カッパドキア中心図E1
✉Aydınaltı Mah. Gesteriç Sok. No. 21, Avanos
TEL(0384) 511 5171
FAX(0384) 511 3370
URLwww.akhal-tekehorsecenter.com
営9:00～18:00 休無休
アヴァノスにある乗馬センター。1時間ツアー（クズル川沿い、ひとり50TL～）から1日ツアー（ギョレメ、ウチヒサルなど、ひとり300TL～）などを取り扱う。

とするスュハSühaはデニズリ、アンタルヤ、コンヤ方面からギョレメ→アヴァノス→カイセリと行く。

◆カッパドキアの公共交通
　バスやドルムシュの便はネヴシェヒルが中心。カイセリやアクサライ、ニーデといった近隣の県からのバスもネヴシェヒルが起点。旅行者が利用しやすいのは、**ネヴシェヒル→カイセリ**路線と、**ネヴシェヒル→アヴァノス**路線だ。いずれも幹線道路に沿ってウチヒサル、ギョレメ、チャウシンを通る。**アヴァノス→ギョレメ→ユルギュップ**の路線は2時間に1便と便数が少ないのが難点。

◆両替・郵便・電話
●ネヴシェヒル　銀行はアタテュルク大通りAtatürk Bul.に集中している。PTTもアタテュルク大通り近くにある。
●ギョレメ　各銀行のATMがオトガルに並んでいるほか、ツアー会社やホテルなどでも両替は可能。PTTは村の北部にある。
●ユルギュップ　ユルギュップの銀行はオトガルの北側などにあり、ATMも多い。PTTは❶の1本西の通りにある。
●アヴァノス　銀行やPTTはメインストリートのアタテュルク大通りAtatürk Bul.にある。

◆カッパドキア発のツアー
　旅行会社のツアーは、時間がない人、見どころを解説してほしい人には重宝。夜行バスで到着したあとでも、旅行会社に行けばその場で参加可能。コースは似たりよったりだが、料金や質はまちまち。各ツアー会社が2～3パターンぐらいの1日ツアー（P.321のモデルプランおよび下図参照）を設定している。どの

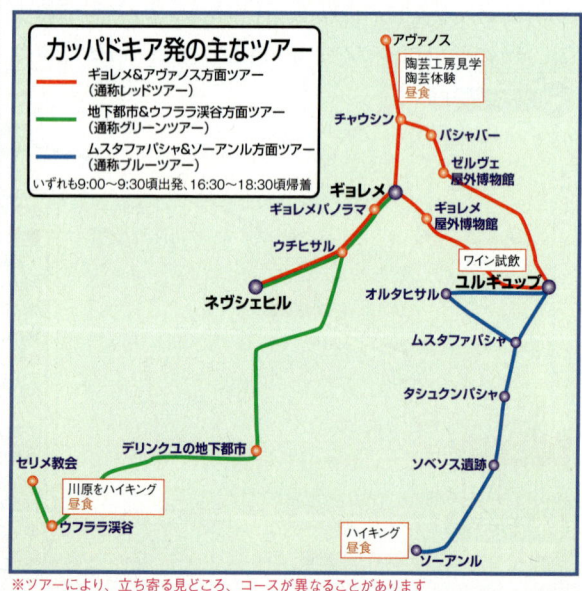

カッパドキア発の主なツアー
ギョレメ＆アヴァノス方面ツアー（通称レッドツアー）
地下都市＆ウフララ渓谷方面ツアー（通称グリーンツアー）
ムスタファパシャ＆ソーアンル方面ツアー（通称ブルーツアー）
いずれも9:00～9:30頃出発、16:30～18:30頃帰着

アヴァノス
陶芸工房見学陶芸体験　昼食
チャウシン
パシャバー
ゼルヴェ屋外博物館
ギョレメ
ギョレメパノラマ
ギョレメ屋外博物館
ウチヒサル
ワイン試飲
ネヴシェヒル
オルタヒサル
ユルギュップ
ムスタファパシャ
タシュクンパシャ
セリメ教会
デリンクユの地下都市
川原をハイキング　昼食
ウフララ渓谷
ハイキング　昼食
ソベソス遺跡
ソーアンル

※ツアーにより、立ち寄る見どころ、コースが異なることがあります

一部の旅行会社ではブルーツアーがギョレメとアヴァノス周辺、レッドツアーがデリンクユとウフララ渓谷というように色とツアーの行程は必ずしも各社共通というわけではない。（編集室）

旅行会社もレッドツアーとグリーンツアーは毎日催行しているが、それ以外のツアーは、数日おきや、一定の人数が集まった場合のみ催行ということが多い。

● **ネヴシェヒル、ユルギュップ、ギョレメ発**　各コースとも60～90TL程度（ガイド、交通費、昼食、入場料込み）。エムティーアイM.T.İ. Travelでは、料理体験などのツアーも行っている。

● **アヴァノス発**　アヴァノスにはツアーを催行する旅行会社は少ない。一般的なツアーは45€だが、アヴァノスでは乗馬ツアー（2時間35€、半日50€）やトレッキングツアー（最少催行人数は2人から、41€～）など自然系のツアーが用意されている。5～10月はクズル川をカヌーで下るツアー（最少催行人数は2人から、ひとり60TL～）も人気。詳細はキルキット・ヴォヤージKirkit Voyageへ。

● **自分で回る**　公共交通機関を使ってカッパドキアを回るのはかなり大変。レンタカーやレンタルバイクなどを使って回るという手もあり、レンタルショップもギョレメやユルギュップにある。マウンテンバイク、ふたり乗り可能なスクーター、250ccバイク、マウンテンバギーなど種類も豊富。

■ **レンタバイク**
修理や救援が必要なときにどうするか、保険の有無など必ず確認すること。店の人の注意事項にも耳を傾けよう。右側通行に慣れず、対向車が来たときにパニックになり、対応を誤って路肩に転落するという事故が多いそうだ。

■ **カッパドキア・ジェット・ボート＆ゴンドラ**
Kapadokya Jet Boat & Gondola　Map P.326左下
✉ Avanos Köprüsü Yanı
☎ 0530 445 6535（携帯）
URL www.kapadokyajet.com
営 13:30～22:30　休 日
ゴンドラツアーとジェットボートのツアーを行っている。ツアーの時間は上流にあるダムの解放時間に左右されるので、参加前日に確認しておこう。

Information　気球に乗ってカッパドキアを見下ろす

雄大なカッパドキアの景色を上空から堪能するツアー。早朝（5:00～6:30）発で飛行時間は50～90分。フライト後にはシャンパン（ソフトドリンクの場合もある）のサービスがある。必ず飛べるわけではなく、天候によりキャンセルされることもある。上空はとても寒いので防寒具を用意していこう。ツアー料金は会社によって大きく異なるが、一般的なもので1時間のフライトが大体€160、1時間30分のフライトが€230だが、会社や予約方法によっても差が大きい。

気球ツアーの予約は各ホテルでも可能。気球ツアーを行う会社は年々増えており、早朝にギョレメやチャウシンから上を眺めると、無数の気球が浮かぶ光景が見える。

ただ、新しい会社には気球の数が少なかったりパイロットの腕がよくなかったりといった問題が起こりやすいのも事実だ。

空からのパノラマを楽しもう

■ **カッパドキア・バルーンズ**　Map P.326上A
Kapadokya Balloons
✉ Göreme Kasabası
☎ (0384) 271 2442　FAX (0384) 271 2586
URL www.kapadokyaballoons.com

☺ **カッパドキア・バルーンズ**
ただ上空に上がるだけではなく、上昇、下降しつつ、ギョレメ周辺を回りました。ギョレメ屋外博物館の真上（高度30mぐらい？）も通りましたよ！　上から見る景色もきれいでした。　　（大阪府　まーしー　'11年12月）

■ **ギョレメ・バルーンズ**　Map P.324B外
Göreme Balloons
✉ Koyunyolu Mevkii No.1 Ürgüp
☎ (0384) 341 5662
FAX (0384) 341 7245
URL www.goremeballoons.com

■ **スカイウエイ・バルーンズ**　Map P.326右下
Skyway Balloons
✉ Adnan Menderes Cad. No.10
Uçhisar Kasabası
☎ 0533 608 0525（携帯）
FAX (0384) 219 2913
URL www.skywayballoons.com

■ **ヴォイジャー・バルーンズ**　Map P.326上B
Voyager Balloons
✉ Müze Yolu Cad. No.36/1 Göreme Kasabası
☎ (0384) 271 3030
FAX (0384) 271 3031
URL www.voyagerballoons.com

☺ 気球ツアーは会社によって飛ぶ高さが違うようです。値段が安いのは飛ぶ時間が短いからという説明を受けましたが、あまり高く飛ばず残念でした。（愛知県　内藤真希　'10夏）

ギョレメ屋外博物館

■ギョレメ屋外博物館
ギョレメ村から徒歩。
TEL(0384)271 2167
開8:00～19:00（冬期～17:30）
休無休
料15TL
日本語オーディオガイド5TL
カランルク・キリセは別途8TL
が必要。

ユランル・キリセのヘビ退治の壁画

岩をくり抜いた長いテーブルはかつて食堂として使われた

■トカル・キリセ
料ギョレメ屋外博物館と共通。
事前にチケットを買っておこう。

岩が連なるギョレメ・パノラマ

330

||| 見どころ

フレスコ画の鮮やかな色が今に残る　折込カッパドキア中心図D4
ギョレメ屋外博物館
Göreme Açık Hava Müzesi ギョレメ・アチュック・ハワ・ミュゼスィ

　ギョレメ谷には30以上の岩窟教会があり、地上の教会と同じ十字平面の教会や丸天井のものが多い。それぞれの教会には壁画や洞窟の特徴を語るようなトルコ語の呼び名が付けられ、保存状態のよいいくつかの教会でフレスコ画を見ることができる。内部の絵は十字架をアレンジした素朴なものから、聖書のエピソードが細かに表されたものまで多彩だ。

　チャルクル・キリセ Çarklı Kiliseは、壁画の人物がサンダルを履いていることからサンダル教会という名が付いた。しかし、現在は修復のため非公開となっている。また、**ユランル・キリセ** Yılanlı Kilise（ヘビの教会）には聖ジョージによるヘビ退治の壁画がある。キリストの生涯を描いた壁画のある**エルマル・キリセ** Elmalı Kiliseは、以前入口にエルマ＝リンゴの木があったということからこの名で呼ばれる。

キリストの生涯を描いたエルマル・キリセの壁画

　有名な教会の壁画は、12～13世紀にかけて作られたもので、荒れた岩肌の外観からは想像もつかないほど、内部の装飾は見事だ。なかでも光が入らなかったため、特に保存状態がよいのが**カランルク・キリセ** Karanlık Kilise（暗闇の教会）。キリスト像や受胎告知、ベツレヘムへの旅、洗礼、最後の晩餐などの鮮やかな色合いのフレスコ画が残る。

カランルク・キリセの鮮やかな壁画

壁画が美しい大きな教会　折込カッパドキア中心図D4
トカル・キリセ
Tokalı Kilise トカル・キリセ

　ギョレメ屋外博物館入口の手前左側にある。カッパドキア随一の広さをもつ教会で、天井や壁のフレスコ画の数も多い。入ってすぐの部屋の壁画は10世紀後半に描かれたもので、ビザンツ美術の逸品。深みのある青の色が美しい。

岩が林立する雄大な奇観が楽しめる　折込カッパドキア中心図C4～D4
ギョレメ・パノラマ
Göreme Panorama ギョレメ・パノラマ

　ウチヒサルからギョレメに向かう途中の右側にある。白いなめらかな岩肌の波が谷一面に広がっており、絶景だ。また、道を渡った反対側から畑越しに見える地層の模様も美しい。

😊ギョレメ周辺のウオーキングコースは途中何本にも道が分かれていて迷子になりやすいです。注意してください。（神奈川県　おーちゃん　'10秋）

鳩の家がいっぱいある高い岩峰
ウチヒサル
Uçhisar ウチヒサル

折込カッパドキア中心図C4

「尖った砦」という意味の巨大な一枚岩の城塞が中心になっている。城塞の内部は上ることができ、ここから眺めるギョレメ・パノラマはまさに絶景。この岩の表面には数多くの穴が開いている。これは鳩の家といわれる鳩の巣で、住民は昔から鳩の糞を集め、ブドウ畑の肥料として役立てていた。火山性で土地がやせているカッパドキアならではの知恵だ。鳩が赤い色を好むため、巣の入口に赤い色でペイントしてある。この巨岩の周囲には小さな村が形成され、ペンションなど宿泊施設も多い。

奇岩の要塞、眺めもすばらしい
オルタヒサル
Ortahisar オルタヒサル

折込カッパドキア中心図E4

ウチヒサル同様、岩峰がそびえ立つ村。オルタとは中央という意味で、奇岩地帯におけるこの巨岩の位置を表す。内部には階段もあり過去には要塞だった。数百m離れた地点に岩峰があり、ふたつは地下でつながっているといわれる。2012年10月現在修復中のため上ることはできない。

村の中心に立つ奇岩の要塞

ギリシア人が多く住んでいた村
ムスタファパシャ
Mustafapaşa ムスタファパシャ

折込カッパドキア広域図D2

以前はスィナソスSinasosという名前で、1924年に行われたギリシアとの住民交換のときまでギリシア系住民が住んでいた。19世紀に建てられた聖ジョージ教会、聖バシリオス教会、聖ステファノス教会などに美しいフレスコ画が残る。

ユルギュップから南に15kmのタシュクンパシャ Taşkınpaşaには14世紀、カラマン君侯国の時代に建てられたジャーミィなどが残っている。タシュクンパシャのさらに南にあるソーアンル村Soğanlıにはピジョン・バレーや小さい教会が点在する。

奇岩がバラ色に染まる夕方は絶景
ローズバレー
Kızıl Çukur クズル・チュクル

折込カッパドキア中心図D3

ゼルヴェから約4km。ピンク色の岩の峡谷が続くローズバレーの周辺には教会がいくつかあり、7世紀の彫刻や11世紀頃のフレスコ画が天井に残っている。また、ここの夕景はカッパドキアでも有数の絶景スポット。夕日を受けて桃色から紫色に変化する峡谷の景色が美しい。

ウチヒサルの砦

■ウチヒサル
ネヴシェヒルとギョレメの中間にあり、どちらからもミニバスで10分。
圏7:30〜20:00（冬期8:00〜16:30）
休無休 圏5TL

■オルタヒサル
ミニバスでユルギュップから10分、ネヴシェヒルから20分。2012年10月現在修復中。下部はカフェになっており、エミル（白）、オキュズギョズ（赤）などのカッパドキア産のブドウを使ったワインを販売している。珍しい自家製のサクランボワインもある。

●オルタヒサルのカフェ
Ali Baba
TEL 0531 372 0939（携帯）
圏8:00〜翌4:00
休無休

■ムスタファパシャ
ユルギュップからミニバスが7:45〜23:30の30分に1便、日曜は1時間に1便。2TL。タシュクンパシャやソーアンルはユルギュップなどからタクシー。

ギリシア系の住民が住んでいた家を改装したホテル

■ローズバレー
圏8:00〜日没
休無休
圏2TL（チャウシン方面から入る場合は無料）

車道と歩道の境目もなく、車がすぐ横を走る道しかないので、自転車で回るのはやめておいたほうがよいと思います。険しい坂道も多いです。（千葉県　まあみい　'10春）

■ゼルヴェ屋外博物館

🚌ユルギュップ、アヴァノスから運行。
⏰8:00～19:00（冬期～17:30）
休無休 料8TL
※パシャバー地区への入場料も含む。

奇岩が連なるゼルヴェ屋外博物館

■パシャバー

⏰見学自由

パシャバーには靴下や人形など民芸品のおみやげの露店がある

😊パシュミナが安い

パシャバーでは質の高いカシミアが安く買えるのでここで買っておくのがおすすめです。
（滋賀県　ハッチー　'12春）

■アヴァノス

🚌ネヴシェヒル、ギョレメ、ユルギュップ、カイセリなどから便がある（→P.327）。

■デリンクユの地下都市

🚌ネヴシェヒルのオトガルからニーデNiğde行きのバスなどで途中下車。
所要:30分
⏰夏期8:00～18:00
　（冬期～17:00）
休無休 料15TL

■カイマクルの地下都市

🚌ネヴシェヒルのオトガルからニーデNiğde行きのバスなどで途中下車。
所要:20分
⏰夏期8:00～18:00
　（冬期～17:00）
休無休 料15TL

探検気分で洞窟住居や教会を回ろう　折込カッパドキア中心図E3
ゼルヴェ屋外博物館
Zelve Açık Hava Müzesi ゼルヴェ・アチュック・ハワ・ミュゼスィ

　ゼルヴェ峡谷には聖堂や住居が無数にあり、多くの人がここで生活していたことがわかる。実際に30年ほど前まで村人が住んでいたが、岩が崩壊の危険にさらされたため今は近くに移住している。いくつもの峡谷の壁面には洞窟や、山と山を結ぶトンネルが細かく巡らされ、中の様子を見学できる。内部はところどころにはしごがかかり、人ひとり通るのがやっとの細い通路なので、運動靴や動きやすい服装がベター（スカートでは難しい）。中は暗いので懐中電灯が必要。ギョレメの壁画のような派手さはないが、初期の壁画が残る。

3本のキノコ岩が生えている　折込カッパドキア中心図D2
パシャバー地区
Paşabağ パシャバー

　3本のキノコが生えているような形をした大きな岩で有名。ユルギュップからゼルヴェ屋外博物館に到着する手前1kmの地点にある。ここは昔、修道士が住んでいたという。

シメジみたいなパシャバーのキノコ岩

古代から受け継がれる窯業の町　折込カッパドキア中心図D1
アヴァノス
Avanos アヴァノス

　カッパドキア地方のみやげといえば、ここアヴァノスの焼き物が有名。ヒッタイト時代から続く伝統産業だ。アヴァノスのすぐそばを流れるトルコ最長の川、クズル川Kızıl Irmak（トルコ語で赤い川）の粘土質の土を使って素焼きの花瓶や食器などを焼く。電動式ではなく、重いろくろを足で回しながら作る独特の手法は、ほとんどの工房で見学可能。

謎の多い巨大な地下建造物　折込カッパドキア広域図D3・D4
デリンクユとカイマクルの地下都市
Derinkuyu ve Kaymaklı Yeraltı Şehri デリンクユ・ヴェ・カイマクル・イェルアルトゥ・シェフリ

　岩窟住居、といってもここは蟻の巣のように地下へと延びる地下都市。洞穴のような路地を下りると、迷路に次ぐ迷路が張り巡らされ、光の入らぬ地下では方向感覚も失う。

地下都市の通路の丸い石

　地下都市自体は紀元前400年頃の記録にも町の状態が記されているほど古い。その発祥や歴史には謎が多く、一時はアラブ人から逃れたキリスト教徒が住んだこともあるといわれる。

😊ゼルヴェの谷で「青い鳥」を見た。周辺の岩に巣を作っているようで何度か見かけたが、本当に真っ青でびっくり。縁起がいい～！とうれしかった。（北海道　かーこ　'12夏）

内部の通気孔は各階に通じ、礼拝堂、教壇のある学校の教室、寝室、厨房、食料庫に井戸などがあり、大規模な共同生活が営まれていたことがわかる。ところどころに敵の侵入に備えた丸い石が、道をふさぐように置いてある。電球もつくが、かがんで通らなければならない場所も多い。デリンクユは4万人、カイマクルは2万人が暮らしていたという。それぞれ地下8階、地下5階まで見学可能だ。

半日かけてのどかな渓谷を歩こう
ウフララ渓谷

折込カッパドキア広域図A1～2

Ihlara Vadisi ウフララ・ヴァーディスィ

深い谷に川が流れ、緑深い景色が広がる。全長14km、南側に切り立つ崖の高さは約100mという渓谷に、5000もの住居と105の教会などの礼拝場が残されている。入り口は4ヵ所あり、グリーンツアーで訪れる場合は、南からふたつ目の入り口から入り、約400段の階段を降り、キリストの昇天などの描かれた**アーチアルトゥ教会**Ağaçaltı Kilisesiを見学。その後川沿いに4kmほどウォーキングをし、北からふたつ目の入り口まで移動してバスに乗り換え、ウフララ渓谷の北にあるセリメ教会に移動するのが一般的。

セリメ教会Selime Kilisesiは、巨大な岩山を削って作られており、カッパドキアに数ある岩窟教会のなかでも、最も規模が大きい。教会はウフララ渓谷の最北の入り口を出た先にあるが、チケットはウフララ渓谷と共通。

渓谷の底へと通じる階段

■その他の地下都市
●オズコナック
Map P.322B1
地下19階まであるが、見学は3～4階まで。アヴァノスからオズコナック行きのバスに乗る。
圓夏期8:00～18:00
（冬期～17:00）
困無休 圏8TL

●サラットル
折込カッパドキア広域図A3
アクサライへ行き、タクシーに乗り換える。往復100TL。
圓7:30～18:30
困無休 圏3TL

●タトラリン
折込カッパドキア広域図B2
タトラリン村の外れの坂の上にある。ネヴシェヒルからタクシーで往復100TL。
圓夏期8:00～19:00
（冬期～17:00）
困無休 圏3TL

■ウフララ渓谷
圓ツアーに参加するのが一般的。公共交通機関だとネヴシェヒルからアクサライに行き、ウフララ渓谷行きのバスに乗り換える。アクサライから1日5便。
圓8:00～19:00（冬期～17:00）
困無休
圏8TL

Information カッパドキアでセマー（旋舞）を見る

アヴァノスから6kmほど東にある13世紀の隊商宿、サルハン・ケルヴァンサラユでは、観光客向けにメヴラーナのセマー（旋舞）が行われている。夜の公演なのでバスなど公共交通機関で行くことはできない。タクシーはギョレメから約35TL、アヴァノスから約25TL。

また、アヴァノス郊外のモティフ文化センターでもセマーを行っており、ギョレメなどの各ホテルからツアーに申し込める。こちらも夜の公演となる。

ケルヴァンサライでのセマー

■サルハン・ケルヴァンサラユ
Sarıhan Kervansarayı Kültür ve Toplantı Merkezi
折込カッパドキア中心図F1
✉Kayseri Yolu 6km Avanos
TEL(0384)511 3795
FAX(0384)511 3100
URLsarihan1249.com
開演:21:00 圏ひとり25€
公演時間は約1時間。公演中は写真撮影は不可。

■モティフ文化センター Motif Kültür Merkezi
折込カッパドキア中心図D1
✉Yeni Mah. Hasan Kalesi Mevkii Avanos
TEL(0384)511 3795 FAX(0384)511 3199
URLwww.kapadokya-motif.com
✉saozankorukcu@gmail.com
開演:18:00 圏ひとり40€

😊カッパドキアに行ったらぜひトゥラサンTurasanのワインを試してみてください。まろやかでおいしいです。(東京都 旅子 '11春)

■ スルタンハヌ・
ケルヴァンサライ
折込カッパドキア広域図A3

ネヴシェヒルからアクサライを経由しコンヤに向かう大型バスで途中下車し、南に3分ほど歩いた所にある。ギョレメから2時間30分、ネヴシェヒルから2時間、20〜30TL。アクサライからはミニバスが30分に1便運行。所要45分、5TL。
☎0546 225 4468（携帯）
🕐7:30〜18:00
（冬期8:00〜17:30）
休無休 料3TL

かつての面影を残す重厚な隊商宿　折込カッパドキア広域図A3外
スルタンハヌ・ケルヴァンサライ
Sultanhanı Kervansaray スルタンハヌ・ケルヴァンサライ

1229年、当時の首都コンヤと主要都市アクサライを結ぶ幹線上に建てられた隊商宿で、セルジューク朝時代に建てられたケルヴァンサライで最大の規模を誇る。中庭には礼拝所があり、周囲を取り囲む回廊式の建物には、食堂やハマム、宿泊場所、ラクダをつなぐ場所などが設けられている。

ケルヴァンサライの正門

ネヴシェヒル

HOTEL & RESTAURANT

ネヴシェヒルのホテルはカイセリ通りやアタテュルク大通りに点在する。カッパドキアの経済や交通の中心地であるため中級ホテルも多く、ツアーでもよく利用される。これらのホテルは冬期の暖房をはじめ、ひととおりの設備は整っている。
庶民的レストランはアタテュルク大通り沿いや、ナル通りNar Cad.の交差点に点在している。町ではシーズンオフでもレストランが閉まるようなことはないので、食堂は見つけやすいだろう。

日本からホテルへの電話 ｜国際電話会社の番号｜＋｜010｜＋｜国番号 90｜＋｜384（市外局番の最初の0は不要）｜＋｜掲載の電話番号｜

ヴィヴァ　Otel Viva
✉ Kayseri Cad. No.45
TEL(0384) 213 1326
FAX(0384) 214 1600
URL www.otelviva.com
S 🚿🚽📺 40TL
W 🚿🚽📺 60TL
💰 US$ € TL
T/C 不可 C/C ▲ V

経済的　Map P.325上B
カイセリ通り沿いにあるホテル。レストランも併設されている。新しいホテルではないが、清潔にされている。全48室、ベッド数96で、全室シャワー、トイレ、テレビ付き。バスタオルも置かれている。冬期は少し安くなる。周囲には同クラスのホテルが数軒ある。　📶全館無料

シェムス　Şems Hotel
✉ Atatürk Bul. No. 27-29
TEL(0384) 213 3597
FAX(0384) 212 4967
URL www.semshotel.com（トルコ語）
S 🚿🚽📺 35TL
W 🚿🚽📺 60TL
💰 US$ € TL
T/C 不可 C/C J ▲ V

経済的　Map P.325上A
アタテュルク大通りに面した全25室のホテル。ネヴシェヒル空港への無料バスが発着するバス停もすぐ近くにある。ホテルの建物は7階建てだが、エレベーターがあるので、重い荷物でも安心。部屋は清潔でテレビもある。
📶全館無料

アルトゥノズ　Otel Altınöz
✉ Ragip Üner Cad. No.23
TEL(0384) 213 9961
FAX(0384) 213 2817
URL www.altinozhotel.com
S A/C 🚿🚽📺 120US$
W A/C 🚿🚽📺 160US$
💰 US$ € JPY TL
T/C 不可 C/C ▲ V

高級　Map P.325上A
アタテュルク大通りから北に入った所にある。モダンな外観の大型ホテルで、ツアー客の利用が多い。室内は広々としている。ハマムやサウナ、ディスコ、レストランなどの設備も充分だ。ハマムは入浴はマッサージで30US$。
📶全館無料

スルタンハヌ・ケルヴァンサライの中庭にある礼拝所は、神聖な祈りの場に動物が入り込まないように2階部分に作られている。（編集室）

ギョレメ

HOTEL

ギョレメは洞窟部屋やキノコ岩をくり抜いた部屋に泊まれることから、旅行者に人気が高い地区。それゆえに、夏のシーズン中の客の奪い合いは熾烈なもの。客引きの言葉を鵜呑みにせず、部屋は自分の目で見て確かめることを忘れずに。洞窟部屋は夏はひんやりとして快適だが、冬は厳しい。冬はもちろん春先も暖房設備の確認が必須。洞窟部屋は構造上、暖房の設置が難しく、セントラルヒーティングのないところもある。安い宿の多いギョレメだが、ここ数年は高級ホテルも目立って増えてきており、以前は質素だったペンションもスイミングプールを造ったり洞窟部屋を拡張するところも多い。

···· 日本からホテルへの電話 国際電話会社の番号 + 010 + 国番号 90 + 384 (市外局番の最初の 0 は不要) + 掲載の電話番号

ドミトリーのあるホテル

シュー・ストリング Shoe String Cave Pension　経済的　Map P.326上A
Orta Mah. Kâzım Eren Sok. No.23
TEL(0384) 271 2450
FAX(0384) 271 2299
URL www.shoestringcave.com
D 20～25TL
S 60～70TL
W 70～80TL
US$ € TL
T/C不可 C/C M V

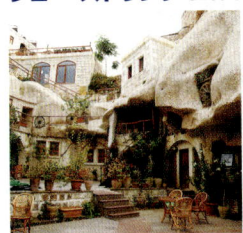

バックパッカーに人気の高い宿。雰囲気のよい庭があり、部屋はフローリング。ドミトリーは1部屋で、基本的に男女混合。冬期は少し安くなる。朝食は20種類以上もあるオープンビュッフェ。レストランも併設しており、夏期は週に1回ほど庭でバーベキューをする。上部階にはスイミングプールも備えている。
無料 (一部の部屋以外で利用可)

ウフク Ufuk Motel Pension　経済的　Map P.326上B
Müze Yolu
TEL(0384) 271 2157
FAX(0384) 271 2578
URL www.cappadociaufukpension.com
D 20TL
S 40TL
W 65～75TL
US$ € TL
T/C不可 C/C M V

町の東にある。全14室のうち13室がシャワー付き。洞窟部屋は4室。暖房も完備。洗濯サービスは1回15TL。宿泊客はインターネット無料。ひとり10TLで日替わりの和食も食べられる。個室は冬期割引あり。気球ツアーの手配は複数の会社から希望にあわせて選ぶことができる。
無料 (洞窟部屋を除く)

ケマル Kemal's Guest House　経済的　Map P.326上A
Karşıbuçak Mah. Zeybek Sok. No.3
TEL(0384) 271 2234
FAX(0384) 271 2264
URL www.kemalsguesthouse.com
D 13€
S 27€
W 40€
US$ € JPY TL
T/C不可 C/C M V

ウォルナット・ハウスのすぐ横の道を真っすぐ行く。元調理師のケマルさんとオランダ人のバーバラさん夫妻が営むペンション。緑が多い庭がある。調理師ならではのボリュームたっぷりの夕食が自慢。ミネラルウオーターの小ボトルを毎日1本サービス。3人部屋57€、4人部屋70€。
全館無料

スター・ケイヴ Star Cave Pansion　経済的　Map P.326上A
İssalli Mah. İssalli Sok. No. 15
TEL(0384) 271 2357
FAX(0384) 271 2577
URL www.starcavecappadocia.com
D 15～25TL
S 85TL
W 120TL
US$ € TL T/C不可 C/C M V

運河沿いの道を西へ行ったところにある家族経営の宿。部屋数は12と少なめなので、一人ひとりに行き届いたサービスがモットー。オトガルからの無料ピックアップもある。ドミトリーはベッド数10で男女混合。ランドリーは15TL。
無料 (ロビー周辺のみ利用可)

ツアーで立ち寄った絨毯工房では伝統的な絨毯の織り方を日本語で丁寧に解説してもらった。買う買わないに関わらず、伝統文化の勉強になった。(滋賀県　ハッチー　'12春)

ギュルテキン Gültekin Motel

経済的　Map P.326上B

✉ Gaferli Mah., Müdür Sok. No.3
TEL (0384) 271 2785
FAX (0384) 271 2784
URL www.travellerscave.com
S 🛏🚿 20TL
S 🛏🚿 60TL
W 🛏🚿 80〜100TL
💳 US$ € JPY TL T/C不可
C/C 🇩 🇯 🇲 🇻

トラベラーズ・ケイヴの系列ホテル。トルコ人のご主人と日本人の奥さんで経営しており、日本語が通じるので何かと安心。インスタントの味噌汁やお茶漬けも置いている。デラックスルームは洞窟風の内装。ランドリーも完備している。ドミトリーは1部屋のみでベッド数5。日本円の現金払いで10％割引になる。 📶 全館無料

エムレ Emre's ave House Hostel & Pension

経済的　Map P.326上B

✉ Göreme Kasabası
TEL (0384) 271 2654　FAX なし
email caveemre@hotmail.com
D 🛏🚿 15TL
S 🛏🚿 35TL
W 🛏🚿 40TL
💳 US$ € JPY TL T/C不可
C/C 不可

オトガルの北、学校の西隣にある。ドミトリーは3部屋あり、すべてが洞窟部屋で、ベッド数は5、7、15。朝食は別途7TL。 📶 全室無料

💬 洞窟部屋やドミトリーがあります。部屋が広く、味のあるペンション。オーナーも親切。ツアーの説明もていねいでした。（東京都　笹川香織　'12春）

シングル50€以下のホテル

アナトリア Anatolia Pension

経済的　Map P.326上B

✉ Müze Yolu Gaferli Mah. No.18
TEL (0384) 271 2230
FAX (0384) 271 2710
URL www.anatoliacave.com
S 🛏🚿 40TL
W 🛏🚿 70〜90TL
W 🛏🚿 120TL
💳 US$ € JPY TL
T/C不可

DHLの横の道を入っていく。オーナーやスタッフはトレッキングルートに詳しく、歩いてカッパドキアを巡りたい人におすすめ。5室中2室がキノコ岩の部屋。盛りだくさんの朝食も自慢で、バナナやチェリーなどフレーバーティーもある。夕食もボリュームたっぷり。開放的な庭には緑が多い。気球ツアーは30％程度の割引もあるそうだ。 📶 無料（一部の部屋以外で利用可）

💬 2時間ほど歩くトレッキングルートを宿で説明聞いて行ってきました。雪が降るなかのキノコ岩や奇岩の間を通るコースのトレッキングは本当に素敵な思い出でした。（大阪府　まーしー　'11年12月）

ウォルナット・ハウス Walnut House

中級　Map P.326上A

✉ Karşıbucak Cad. No.6
TEL (0384) 271 2235
FAX なし
URL www.cevizliev.com
S 🛏🚿 30€
S 🛏🚿 40€
W 🛏🚿 40€
W 🛏🚿 55€
💳 US$ € JPY TL
T/C不可　C/C 🇩 🇯 🇲 🇻

オトガルから徒歩すぐで立地条件がよいペンション。ロビーには床に座ってくつろげるスペースがある。ランドリーサービスは1回20TL。全室床暖房でバスタブ付き。チェックアウト後でも、荷物を預かってもらえるほか、シャワーも利用できる。傘も無料で貸してくれる。インターネットの利用は無料で、PCは日本語の使用が可能。 📶 全室無料

サクサアン Cave Hotel Saksağan

中級　Map P.326上A

✉ Kağnı Yolu Sok. No.1
TEL (0384) 271 2165
FAX (0384) 271 2383
URL www.cavehotelsaksagan.com
S 🛏🚿 30〜45€
W 🛏🚿 45〜55€
💳 US$ € JPY TL
T/C不可
C/C 🇲 🇻

オトガルから坂を上っていくとある、広い庭のきれいなホテル。全12室中8室が洞窟部屋。ドラマのロケでも使用されたとか。全室シャワー、トイレ付きで、家具もアンティーク調で凝っており、昔ながらの暖炉付きの部屋もある。キノコ岩部屋は宿泊者に好評で、眺めもよい。 📶 無料（一部の客室を除く）

💬 洞窟部屋ではなくてもとてもきれいで快適。大通りの横だけど、夜も静かで朝食もおいしい。タオルやスリッパも揃っていてスタッフもみんなフレンドリー。手配したツアーも満足でした。（愛媛県　mika@　'11秋）

336

💬 ギョレメのペンションはオーナーの移り変わりが激しい。持ち家として宿を所有し、長年やっているファミリーペンションはむしろ少数派です。（編集室）

トラベラーズ Travellers Cave Pension

経済的　Map P.326上A

✉ Aydınlı Mah. Güngör Sok. No.11
TEL (0384) 271 2707
FAX (0384) 271 2624
URL www.travellerscave.com
S 30€
W 40€
US $ TL 不可

2011年に経営が変わり、新装オープンしたばかりなので客室もきれい。全室シャワー付きでセントラルヒーティング完備。全21室。洞窟部屋もあるが料金は同じ。近くに似た名前の系列ホテルがあるので、間違えないように注意しよう。
無料

ローカル Local Cave House Hotel

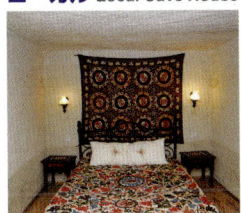

中級　Map P.326上B

✉ Gaferli Mah. Cevizler Sok. No.11
TEL (0384) 271 2171
FAX (0384) 271 2498
URL www.localcavehouse.com
S 35~50€
W 60~70€
US $ JPY TL
不可

坂を上ってしばらく行くと左側に見えてくる。全10室は洞窟部屋かキノコ岩部屋。室内はフローリングで、アンティークな調度品が飾られている。中庭にはプールもあり、プールサイドで朝食を出す。テラスにはリゾートチェアやシャワーもあって、ちょっとしたリゾートホテルのような感じ。
全館無料

ヴィレッジ・ケイヴ・ハウス Village Cave House

経済的　Map P.326上B

✉ Gaferli Mah. Ünlü Sok. No.18
TEL (0384) 271 2182
FAX (0384) 271 2181
URL www.villagecavehouse.com
S 35€
W 60€
95€
US $ € JPY TL 不可

ケイヴ・スイートのほぼ向かいにある。全11室は全て洞窟部屋。客室前のスペースがテラスのようになっており、テーブルが置かれていて、ギョレメの景色を見ながらくつろげる。ジャクージ付きのデラックスルームも2室ある。チャイマシンの利用は自由。　無料（一部客室のみ利用可）

ヴァインヤード Vineyard Cave Hotel

中級　Map P.326上A

✉ Ayvazefendi Sok. No.12
TEL (0384) 271 2077
FAX (0384) 271 2551
URL www.vineyardcavehotel.com
S 40€~
W 55€~
US $ € TL 不可

約300年前から使われてきた住居を改築したホテル。全8室。ジャクージ付きの部屋もある。
全館無料

😊 部屋はきれいで広い。水まわりもきれいですてきだった。朝食は質素だが、手作りのオムレツが最高においしかった。　　（東京都　鈴木葵　'11年12月）

エリフ・スター Elif Star

中級　Map P.326上A

✉ Uzundere Cad. No.37
TEL (0384) 271 2479
FAX なし
URL www.elifstarcavehotel.com
S 60TL
W 90TL
US $ TL
不可

運河沿いの奥にある。8室すべて洞窟部屋でパステル調のかわいらしい内装。バルコニー付きの部屋もある。朝食は8種類のメニューから選ぶことができる。全室セントラルヒーティング完備。写真は7号室で壁には24の鳩の巣穴が空いている。
無料（一部客室のみ利用可）

ケレベッキ Kelebek Special Cave Hotel

中級　Map P.326上A

✉ Yavuz Sok. No.1
TEL (0384) 271 2531
FAX (0384) 271 2763
URL www.kelebekhotel.com
S/W 50€
S/W 55~180€
US $ JPY TL
不可

眺めのよさと部屋のセンスで根強い人気。シーズン中は満室のことも多い。客室は基本的にふたり部屋のみで、シングル利用は20％ほど割引。朝食はビュッフェ形式で、夕食（要予約）も出す。ハマムもあり10€。冬期はバス、トイレ付きの部屋のみ利用できる。
無料（一部の部屋以外で利用可）

😊 ギョレメの南側斜面からさらに登った展望台地からの景色が素晴らしいギョレメパノラマと違いほぼ360°見渡せる。夕方にはかなりの人（数十人）が集まってきていた。（兵庫県　bon　'12春）

キャニオン・ビュー Canyon View Hotel

中級　Map P.326上A

✉ Aydınlı Mah. No.18
TEL (0384) 271 2333
FAX (0384) 271 2291
URL www.canyonviewhotel.com
S 🛏 40€
W 🛏 50€
US$ € JPY TL
T/C US$ € JPY
C/C M V

ケレベッキ・ホテルのすぐ下にある。6室と部屋数は少ないが、もともとの洞窟の雰囲気を残しつつ、アンティーク調にまとめられている。部屋によって内装は異なり、ジャクージ付きの部屋もある。屋上のテラスからギョレメを一望できる。朝食は季節の果物や乾物など、地元の食材を使っている。📶全館無料

ヘイベ Heybe Hotel

中級　Map P.326上A

✉ Uzundere Cad. No.25
TEL (0384) 271 3080
FAX (0384) 271 3079
URL www.heybehotel.com
S 🛏 40€
W 🛏 50〜60€
US$ € TL 不可 C/C M V

かつてのオットマン・ハウスの経営が変わり、2012年夏に新装オープン。屋上にはレストランがある。朝食はビュッフェ形式。地下にはフィットネスセンターやスイミングプール、ハマムもある。📶全館無料

ヒルズ Hills Cave Hotel

中級　Map P.326上A

✉ Çakmaklı Sok. No.28
TEL & FAX (0384) 271 2277
URL www.hillscavehotel.com
S 🛏 40€
W 🛏 60€
US$ € JPY TL
T/C 不可
C/C M V

2012年8月にオープンしたばかり。オーナーはオゼ・コーヒー(→P.341)と同経営で、奥さんは日本人。日本食を提供する予定もあるとのこと。テラスにあるキッチンは宿泊客も利用可能。メールか電話で事前に連絡しておけば、オトガルからのピックアップあり。📶全館無料

ディワーン Divan Cave House

中級　Map P.326上A

✉ Görçeli Sok. No. 8
TEL (0384) 271 2189
FAX (0384) 271 2179
URL www.divancavehouse.com
S W 🛏 45€〜
US$ € JPY TL
T/C 不可 C/C M V

ケレベッキなどのホテルが並ぶ丘の上にある。テレビ、冷蔵庫、ドライヤー、ティーセット完備。全12室のうち6室がバスタブ付き。朝食はオープンビュッフェ。現金で前払いすると10%割引。📶全館無料

シングル50€以上のホテル

ストーン・ハウス Stone House Cave Hotel

中級　Map P.326上A

✉ İçeri Dere Cad.
TEL (0384) 271 3020
FAX (0384) 271 3021
URL www.stonehousecave.com
S 🛏 50€
W 🛏 75€
S W 🛏 85〜95€
US$ € JPY TL
T/C 不可 C/C M V

2009年にオープンしたホテル。全12室のうち8室はジャクージ付きのスイートルーム。300年前からギリシア人が住んだというオリジナルの風情を残したカヤ・スイートも3室ある。ティー&コーヒーセットあり、水は無料で利用できる。朝食はオープンビュッフェ。2013年春よりレストランもオープンする予定。📶全館無料

トラベラーズ Travellers Cave Hotel

中級　Map P.326上A

✉ Görçeli Sok. No.7
TEL (0384) 271 2780
FAX (0384) 271 2781
URL www.travellerscave.com
S 🛏 50€
W 🛏 65€
US$ € JPY TL
C/C A D J M V

トラベラーズ・ペンションと同経営でこちらのほうが高級。全20室のうち12室がジャクージ完備。ツアーを3種類予約すれば空港送迎が片道無料とのこと。スイミングプールも設置予定。ウェブサイトで予約し、現金で支払うと10%割引になる。📶全館無料

ケレベッキ・ブティック・ホテルの敷地内には結婚式場があり、結婚式の前の夜に行われる「クナ・ゲジェスィ」など、伝統的なスタイルの結婚式を日本人も挙げることができる。(編集室)

デルヴィシュ Dervish Cave House

中級　Map P.326上B

Gaferli Mah. Cevizler Sok. No.10
TEL(0384) 271 2185
FAX(0384) 271 2254
URL www.dervishcavehouse.com
S 50€
W 65€
US$ € JPY TL
T/C不可　CC D M V

2008年オープンのホテル。全21室ともジャグージ付き。部屋によって間取りがかなり異なる。家具、調度品はこだわりを感じさせ、セーフティボックスなど、設備も整っている。マネージャーは気球パイロットもやっている。
全館無料

カッパトゥカ Katpatuka Cave Hotel

中級　Map P.326上B

Gaferli Mah. Aydın Kragı Mevkii No.34
TEL(0384) 271 2787
FAX(0384) 271 2786
URL www.katpatukacave.com
S 50〜55€
W 55〜60€
US$ € TL
T/C不可　CC A D J M V

坂の上にあるホテル。元になった建物は6世紀頃から使用されてきたという。全8室シャワー、トイレ付きで、一部ジャグージ付きの部屋もある。室内はシンプルだが、洞窟の雰囲気を残しつつ、インテリアにも凝った造り。入口の2階部分はレストランになっている。ランドリーは1回20TL。
全室無料

スルタン・ケイヴ・スイーツ Sultan Cave Suites

中級　Map P.326上A

Aydınlı Mah., Aydınlı Sok. No.40
TEL(0384) 271 3023
FAX(0384) 271 3024
URL www.sultancavesuites.com
W 80〜180€
US$ € TL　T/C不可
CC M V

ケレベッキホテルの系列ホテルで、両ホテルの敷地はつながっている。全30室すべてがバルコニー付きで、高台にあるため眺めがいい。20室は洞窟部屋。シングルで利用する場合は2割引。現金支払いは10%割引。
無料（一部客室のみ利用可）

ギョレメ・ハウス Göreme House

中級　Map P.326上B

Eselli Mah. No.8
TEL(0384) 271 2060
FAX(0384) 271 2669
URL www.goremehouse.com
S 60€
W 65€
US$ € JPY TL　T/C不可　CC M V

チャルシュ・ジャーミィのすぐ近くにある中級ホテル。全13室のうち、デラックスルームが3室、スイートルームが2室。木調家具が洞窟の雰囲気と調和したセンスのよい造り。
全館無料

ノスタルジー Nostalji Cave Suite House

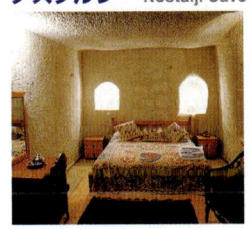

中級　Map P.326上B

Gaferli Mah. Kale Sok No.4
TEL(0384) 271 2301
FAX(0384) 271 2302
URL www.nostaljicavesuit.com
S 64〜96€
W 80〜120€
US$ € TL
T/C不可
CC A M V

2011年にオープンしたばかりで、石を削って作られた部屋はとてもきれい。全8室だが、2012年現在4室を増築中。眺めのよいレストランも併設している。カボチャの花を使ったドルマやキョフテの煮込みなど伝統的な郷土料理を出しており、宿泊客以外にも人気。
全館無料

アナトリアン・ハウス Anatolian Houses

最高級　Map P.326上B

Gaferli Mah. Göreme Kasabası
TEL(0384) 271 2463
FAX(0384) 271 2229
URL www.anatolianhouses.com.tr
S W A/C 240€〜
US$ € JPY TL
T/C不可　CC A D J M V

アラトゥルカ・レストランの横の道を真っすぐ歩くと見えてくる。ギョレメのなかでは一番の規模。ハマム、スパ、サウナ、ワインセラー、屋外＆屋内プールなど設備も充実。デラックスルームはジャグージやマッサージ機能付きバスタブを備えている。
無料（ロビー周辺のみ利用可）

カッパドキアの語源は、古代ペルシア語でこの地域を指すカッパトゥカ。『美しい馬の土地』という意味で、このカッパトゥカが訛ってカッパドキアとなった。（編集室）

カッパドキア・ケイヴ・スイート Cappadocia Cave Suites

最高級　　　　Map P.326上B

✉Gaferli Mah. Ünlü Sok. No.19
TEL(0384) 271 2800
FAX(0384) 271 2799
URL www.cappadociacavesuites.com
⑤⃝W⃝€⃝145US$〜
⑤US$ € JPY TL
C/C US$ € D J M V

看板がないのは隠れ家的な雰囲気を守るため。各国の旅行雑誌でも紹介され、2004年にはトルコのベスト・ブティックホテルに輝いた。洞窟の雰囲気を壊さずにアンティークな調度品で彩られている。手入れが行き届いた庭も美しい。
無料（一部客室のみ利用可）

RESTAURANT

ギョレメのレストランはオトガル周辺に多い。しゃれたバーなどもできている（冬期は休業してしまうところが多い）。ほとんどのレストランが観光客向けで、値段はほかの町に比べかなり高め。

ディスティニー D'STiny

トルコ料理　経済的♀　Map P.326上A

✉Uzundere Cad. No.10
TEL(0384) 271 3056
TEL05443432011（携帯）FAXなし
営9:30〜21:00
休無休
⑤US$ € TL
C/C M V

オーナーシェフは長い間ギョレメでピデ職人として名の知られた存在だっただけに、ピデ6TL〜はさすがの味。マントゥやキレミットなども出す。ディスティニーとはいわゆるテスティ・ケバブのこと。ワインはローカルワインのほか、自家製ワインもあり。

シャファック Şafak Cafe & Restaurant

トルコ料理　中級♀　Map P.326上B

✉Müze Cad. No.28
TEL0538 462 5664（携帯）
FAXなし
営9:00〜22:00　休無休
⑤US$ € TL
C/C M V

オトガルの東側、レストランが並ぶ一画にある。アダナ・ケバブや自家製キョフテ、ケバブプレート12〜14TL。日替わりの郷土料理もあり、14TL。各種コーヒーのほか、コーヒーアートも人気がある。

ローカル Local Restaurant

バラエティ　中級♀　Map P.326上B

✉Müze Yolu No.38
TEL(0384) 271 2629　FAXなし
営10:00〜24:00
休無休
⑤US$ € TL
C/C M V

トルコ料理はもちろん、スパゲッティやステーキなど欧風料理も豊富。オスマンル・スペシャル（16〜18TL）という鶏肉を使った料理が人気。羊のスネを煮込んだ郷土料理クズ・インジク（45TL）もおすすめ。デザートは各種6〜10TL。

スルタン Sultan Restaurant

トルコ料理　中級♀　Map P.326上B

✉Göreme Kasabası
TEL(0384) 271 2226
FAX(0384) 271 2202
営7:00〜24:00
休無休
⑤US$ € TL
C/C M V

店のおすすめは、炒めた牛肉や野菜の上にチーズをのせて焼き上げたスルタン・ボスタン・ケバブ20TL。メゼ、サラダ各種7〜12TL。ピデ各種7〜12TL。カッパドキア産ワインも各種あり。朝食は7〜12TL。本誌提示で15％（学生20％）割引。

ハン・オダス Han Odası Mantı Sofrası

トルコ料理　中級♀　Map P.326上A

✉Göreme Girişi Adnan Menderes Cad. No.15
TEL(0384) 271 2392
FAX(0384) 271 2939
営8:30〜23:30（冬期9:00〜20:00）休無休
⑤US$ € TL
C/C M V

ギョレメの村の入口付近の坂にある。1200年前の修道院だった建物をレストランとしている。自慢のマントゥは野菜入りやヒヨコ豆入りの2種類から選べる。ほかにもアダナ・ケバブなどのケバブ類も出す。テスティ・ケバブ（20TL）も人気。

名物のテスティ・ケバブTesti KebabıはもともとはヨズガットYozgatの郷土料理だが、1990年代初頭にカッパドキアで流行しはじめ、名物として定着した。（編集室）

マイ・ハウス My House Cafe Restaurant

トルコ料理 中級 Map P.326上A

✉ Orta Mah. Harım Sok. No.14
TEL (0384) 271 2041
FAX なし
開 24時間
休 無休
US$ € TL
C/C M V

オトガルの脇にあり24時間開いているので、早朝に到着してもゆっくり朝食をとりながら朝を待てる。自家製のヤプラック・サルマ8TL、パストゥルマ入りクルファスリエ15TL。テスティ・ケバブのセットメニューは18TL。自慢のデザートは各種6TL〜。

マンザラ Manzara Restaurant

トルコ料理 中級 Map P.326上A

✉ Orta Mah. Harun Sok. No.14
TEL (0384) 271 2712
FAX (0384) 271 2713
開 9:00〜24:00 休 無休
US$ € TL
C/C M V

オトガルから徒歩5分、丘の途中にある眺めのいいレストラン。メニューはトルコ料理を中心に、タリアテッレなどのパスタ14TL〜や、各種ステーキ32TL〜、シーフード23TL〜などのメニューもある。毎晩20:00から生演奏も楽しめる。

オリエント Orient Cafe & Restaurant

トルコ料理 中級 Map P.326上A

✉ Adnan Menderes Cad. No.3
TEL (0384) 271 2346
FAX なし
開 8:00〜24:00
休 無休
US$ € TL C/C M V

オトガルの北の道沿いにある、おしゃれな雰囲気のレストラン。郷土料理のほか、地中海料理や欧風料理も出す。セットメニューは27〜60TL。ワインはハーフボトル25TL〜、フルボトルは35TL〜。

マイ・マザーズ My Mother's Restaurant

トルコ料理 中級 Map P.326上A

✉ Orta Mah. Milli Sok No.6
TEL (0384) 271 2335
FAX なし
email mymothers@hotmail.com
開 8:00〜24:00 休 無休
US$ € TL C/C M V

2010年にオープンした家庭料理の店。マントゥ16TL、壺焼きファスリエ14TL、ムサカ16TLなど、煮込み料理が多いが、ケバブ類をはじめ、スパゲティや魚まで幅広い料理を提供する。バクラワは9TL。

アラトゥルカ Alaturca Restaurant

トルコ料理 中級 Map P.326上B

✉ Gaferli Mah. Cumhuriyet Meydanı No.5
TEL (0384) 271 2882
FAX (0384) 271 2176
URL www.alaturca.com.tr
開 8:30〜23:00 休 無休
US$ € TL
C/C D J M V

洗練された雰囲気のレストランでは先駆け的な存在。メニューの豊富さや美しい盛りつけもかなりのレベル。ディナーはメインの料理が1品17.50〜39TL。サラダはボリュームたっぷりの山盛り。コーヒーの種類も豊富。店先にはくつろげるテラス席もある。

セテン Seten

郷土料理 中級 Map P.326上A

✉ Aydınlı Mah. Aydınlı Sok. No. 42
TEL (0384) 271 3025
FAX (0384) 271 3024
URL www.setenrestaurant.com
開 12:00〜23:00 休 無休
US$ € TL C/C M V

スルタン・ケイヴの横にある。カボチャの花のドルマなど、ギョレメの家庭料理を洗練したスタイルで出してくれる。厨房博物館も併設しており、シーズン中は伝統料理教室も開かれている。予算は約40TL。

オゼ・コーヒー Oze Coffee

カフェ Map P.326上A

✉ Eski Belediye Girişi No.1
TEL (0384) 271 2219
FAX なし
開 8:30〜24:00 休 無休
US$ € JPY TL
C/C 不可

コーヒー各種4.50〜6TL、アイスコーヒー6〜8TL、バクラワ6TL、ケーキ各種6.50〜7TL。サーレップはチョコレート入り4.50TLなど。無線LAN利用可能。店内ではトルコの伝統刺繍、オヤも販売している。

ギョレメ観光開発組合のハマムElis Cappadocia Hamamıがオトガル近くにある。男女別で女性のケセジもいる。入浴料は50TL（アカすり、マッサージ込み）。（編集室）

チャウシン

HOTEL

ギョレメのように奇岩に囲まれつつ、しかしギョレメよりは観光客が少ない静かな環境で滞在したいならチャウシンはおすすめだ。ギョレメ～アヴァノスの幹線道路間にあるので交通の便も悪くない。ただし、宿はペンションも含めてまだまだ少ない。

日本からホテルへの電話　国際電話会社の番号＋010＋国番号90＋384（市外局番の最初の0は不要）＋掲載の電話番号

ヴィレッジ・ケイヴ　The Village Cave Hotel

✉ Çavuşin Kasabası
TEL (0384) 532 7197
FAX (0384) 532 7144
URL www.thevillagecave.com
S/W 70〜130€
US$ € JPY TL
T/C 不可
C/C M V

中級　折込カッパドキア中心図D3

オーナー家族が200年以上にわたって暮らしていた家を改装した全6室のプチホテル。洞窟部屋をそのまま活かしており、内装もセンスがいい。シングルは15%割引。3泊以上で30%割引になり、4泊以上で空港送迎が片道無料になる。
無料（ロビー周辺のみ利用可）

アヴァノス

HOTEL & RESTAURANT

アヴァノスにホテルはそれほど多くないが、雰囲気のよいペンションが広場周辺にいくつかある。ツアーで使われるような豪華ホテルや大型レストランは、川沿いや石の橋の北側に多い。レストランの数は多いのだが、郊外にあるのが難点。町の中心なら広場周辺やアタテュルク通り沿いに庶民的なロカンタやピデ屋がいくつかある。

日本からホテルへの電話　国際電話会社の番号＋010＋国番号90＋384（市外局番の最初の0は不要）＋掲載の電話番号

キルキット　Kirkit Pension

✉ Atatürk Cad. No.50 Avanos
TEL (0384) 511 3148
FAX (0384) 511 2135
URL www.kirkitpension.com
S 40€
W 50€
US$ € JPY TL
T/C 不可　C/C M V

経済的　Map P.326左下

旅行会社キルキット・ヴォヤージのすぐ裏にある同経営のペンション。中庭が開放的で、部屋からはクズル川が見渡せる。朝食はスィガラ・ボレイやスジュック、自家製のジャムなど種類豊富。地下都市洞窟風のレストランもあり、シーズン中は毎晩生演奏がある。　全館無料

スハン・アヴァノス　Suhan Hotel Avanos

✉ Yeni Mah.
Kızılırmak Cad. No. 12
TEL (0384) 511 6721
FAX (0384) 511 6762
URL www.suhanhotel.com
S 100€〜
W 120€〜
US$ € TL　T/C 不可　C/C M V

高級　折込カッパドキア中心図D1

アヴァノスの町の西にある。ヒルトンと並び、アヴァノスにふたつしかない5つ星で、全458室の大型ホテル。団体ツアーなどで利用されることが多い。プールは屋内と屋外の2種類があり、サウナやハマム、フィットネスセンターも併設している。　全館無料

ダブル・ツリー・バイ・ヒルトン　Double Tree by Hilton Avanos

✉ Jak Zakarin No. 1 Yeni Mah.
TEL (0384) 511 4317
FAX (0384) 511 5157
日本の予約先：TEL (03) 6679-7700
URL www.hilton.com
S 120€〜
W 140€〜
US$ € JPY TL　T/C 不可
C/C A D J M V

高級　折込カッパドキア中心図D1

アヴァノスの町から西へ2kmほどのところに2011年にオープンしたヒルトン系列のホテル。オープンして間もないこともあり、設備はとてもきれい。敷地が広くプールやスパセンターも大きく、開放的な雰囲気。客室はそれほど広くないが、コンパクトにまとまっている。　全館無料

342

カッパドキア北西端のハジュベクタシュは、トルコ人の2割を占めるともいわれるアレヴィー派の聖地。8月中旬には盛大な祭りが行われ、参詣に訪れる人々であふれる。（編集室）

ビズィム・エヴ　Bizim Ev

| 郷土料理 中級 | Map P.326左下 |

✉Orta Mah. Baklacı Sok. No.1
TEL(0384) 511 5525
FAX(0384) 511 3336
URL www.bizim-ev.com
🕙10:00～22:00
休無休　📇US$ € TL
C/C A D J M V

郷土料理が自慢の有名店。入口を入った2階の店内は洞窟風で内装も凝っている。店のおすすめはボスタン・ケバブ(20TL)やアヴァノス・マントゥス(15TL)。挽肉の串焼きチョプ・キョフテ(17TL)やテスティ・ケバブ(22TL)も人気。カッパドキアの各種ワインあり。予算は30～50TL。

ダーユヌン・イェリ　Dayının Yeri Adana Ocakbaşı

| 炉端焼き 中級 | Map P.326左下 |

✉Köprübaş Kız Yurdu Altı
TEL(0384) 511 6840
FAX(0384) 511 6846
URL www.dayininyeri.com.tr
🕙8:00～24:00
休無休
📇US$ € TL　C/C M V

店の中央に大きな炭火グリルがあり、ここでじっくり焼き上げる。看板メニューのアダナケバブ(14TL)のほか、鶏の手羽先Kanat (14TL)やリブKaburga(20TL)、ラムチョップPirzola (25TL)、レバー Ciğer (14TL)など、部位別の肉も豊富。

ユルギュップ

HOTEL

ユルギュップには、1泊15US$以下の安宿はほとんどない。洞窟風ホテルやインテリアに凝った快適な中級クラスのプチホテルが数軒あり、雰囲気や質を重視する旅行者にはおすすめの町。団体客用の大型ホテルは川の東側に点在している。

日本からホテルへの電話　国際電話会社の番号 + 010 + 国番号 90 + 384 (市外局番の最初の 0 は不要) + 掲載の電話番号

ボーン　Born Hotel

| 経済的 | Map P.324B |

✉Suat Haryi Efendi Sok. No.2
TEL&FAX(0384) 341 4756
email born-hotel@hotmail.com
S 🛏 70TL
W 🛏 120TL
📇US$ € TL　T/C不可
C/C不可

1890年にカーディー(裁判官)の家として建てられた家屋を利用したホテル。モダニズムが入ったオスマン朝末期の建築様式が表れている。現在、建築当時の意匠を残しながら客室の改装を進めており、部屋数は全10室になる予定。
🛜全館無料

アクズン　Hotel Akuzun

| 中級 | Map P.324B |

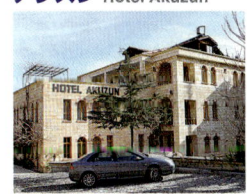

✉Yeni Cami Mah. İstiklâl Cad. No.49
TEL(0384) 341 3866
FAX(0384) 341 3785
URL www.hotelakuzun.com
S 🛏 40€
W 🛏 68€
📇US$ € TL T/C不可 C/C A M V

全25室の石造りのホテル。客室はかわいらしい感じでバスタブ付きの部屋もある。サロンのテレビでは日本語の放送も視聴可能。自慢は手入れの行き届いた広い中庭。噴水もあって開放的な雰囲気。夏期は朝食も中庭で出している。
🛜無料

エルケップ・エヴィ　Elkep Evi

| 中級 | Map P.324A |

✉Eski Turban Oteli Arkası No.26
TEL(0384) 341 6000
FAX(0384) 341 8089
URL www.elkepevi.com.tr
S 🛏 80€
W 🛏 115€
📇US$ € TL
T/C不可　C/C M V

高台の上のほうに位置しており、レストラン前の広い庭からの眺めは絶景。夏期はバーベキューもできる。部屋はどれも趣向を凝らした内装で、ティーセットもある。現金払いで15％割引。通常は12～2月に休業する。
🛜無料

トゥラサン・ワイナリーではカッパドキア産のワインを販売するだけでなく、有料で試飲もできる。最近はホットワインが人気だそうだ。(編集室)

ムスタファ Otel Mustafa

中級　Map P.325下D

✉Kayseri Cad. Kara Yazı Mevkii
TEL(0384) 341 3970
FAX(0384) 341 2288
URL www.otelmustafa.com.tr (トルコ語)
S A/C 🚿🚽📶 90TL
W A/C 🚿🚽📶 140TL
💲US$ € JPY TL
T/C 不可　CC A M V

橋を渡って3軒目にある。日本人ツアー客がよく利用するホテルで日本語を話すベルボーイもいる。全230室とかなり大型。室内はとてもきれい。ハマムは15:00～24:00、10US$。朝食のビュッフェは35種類ほどある。スイミングプールも併設。
📶無料（ロビー周辺のみ利用可）

ディンレル Dinler Hotel

高級　Map P.325下D

✉Mehmet Dinler Bul. No.7
TEL(0384) 341 3030
FAX(0384) 341 4896
URL urgup.dinler.com
S A/C 🚿🚽📶 120€
W A/C 🚿🚽📶 160€
💲US$ € JPY TL
T/C 不可　CC A D J M V

橋を渡って2軒目にある大型ホテル。建物自体は新しくないが、部屋はきれい。バスルームはタイル張りで、アメニティグッズも揃っている。屋外プールやサウナのほか、ハマムもあり、5€で旅で疲れた体を癒せる。
📶全館無料

ペリスィア Perissia Hotel

高級　Map P.325下D

✉Mehmet Dinler Bul.
TEL(0384) 341 2930
FAX(0384) 341 4524
URL www.perissia.com.tr
S A/C 🚿🚽📶 150€
W A/C 🚿🚽📶 200€
💲US$ € JPY TL
T/C 不可　CC A D J M V

橋を渡って5軒目。日本人や団体客もよく利用する5つ星ホテル。各部屋に電話、衛星放送視聴可能なテレビ、ドレッサーなどがある。レストランはふたつある。カッパドキア最大の講演会場があり、ビジネス客にも人気。中庭にはプールもある。
📶全館無料

ユスフ・イートオウル・コナウ Yusuf Yiğitoğlu Konağı

高級　Map P.324A

✉Tevfik Fikret Cad. No.34
TEL(0384) 341 7400
FAX(0384) 341 8999
URL www.yusufyk.com
S A/C 🚿🚽📶 150TL
W A/C 🚿🚽📶 225TL
💲US$ € TL
T/C 不可　CC M V

高台にホテルが並ぶ通りにある。19世紀のオスマン朝時代の家を改装してホテルにした。全24室のうち、21室が洞窟部屋。朝食はオープンビュッフェ。テラスからはユルギュップの町を一望することができる。ゴージャスなスイートルームはW350TL。
📶無料（一部客室のみ利用可）

アルフィナ Alfina Cave Hotel

高級　Map P.324A

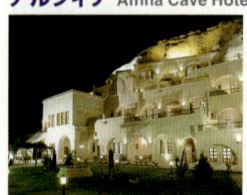

✉İstiklâl Cad. No.89
TEL(0384) 341 4822
FAX(0384) 341 2424
URL www.hotelalfina.com
S A/C 🚿🚽📶 110US$
W A/C 🚿🚽📶 160US$
💲US$ € JPY TL
T/C 不可　CC A D J M V

オトガルから西に真っすぐ15分ほど進むとある。長い期間の改装を経てリニューアルオープンした。岩山の斜面に沿って並ぶ客室が全33室と洞窟ホテルのなかでは比較的大型。部屋、レストランとも洞窟の雰囲気は抜群。
📶無料（一部客室のみ利用可）

ガミラス Gamirasu Cave Hotel

高級　折込カッパドキア広域図D2

✉Ayvalı Köyü
TEL(0384) 354 5815
FAX(0384) 354 5864
URL www.gamirasu.com
S W 🚿🚽📶 135～175€
💲US$ € JPY TL
💲US$ € JPY
CC A M V

ユルギュップの南約13kmのアイワル村にある隠れ家的雰囲気の洞窟ホテル。ホテルの下を小川が流れる抜群の自然環境で、のんびりと過ごせる。敷地内にはビザンツ時代の教会跡も残る。部屋のタイプはいろいろ。町からは遠いが電話すればユルギュップのオトガルまで迎えに来てくれる。　📶無料（一部客室のみ利用可）

344

💬カッパドキアで乗馬トレッキングに参加しました。少しヒヤリとしましたが楽しかったです。
（岡山県　樋詰昌子　'11夏）

ドルト・オダ 4 Oda

- Esbelli Sok. No.46
- TEL (0384) 341 6080
- FAX (0384) 341 6090
- URL www.4oda.com
- S/W 155〜185US$
- US$ € JPY TL
- TC不可 CC AMV

高級 Map P.324A

エスベッリ地区にある人気の洞窟ホテル。ドルト・オダは「4室」の意味だが、なぜか全5室。3室がスタンダードで、2室がスイートになっている。部屋についているバルコニーからの展望がすばらしい。朝食は部屋でとる。全館無料

ユナク・エヴレリ Yunak Evleri

- Yunak Mah.
- TEL (0384) 341 6920
- FAX (0384) 341 6924
- URL www.yunak.com
- S 200US$
- W 250US$
- US$ € JPY TL
- TC US$ € JPY CC ADMV

高級 Map P.324A〜B

ユナク地区にある設備の整ったプチホテル。全30室中26室が洞窟部屋で、配された調度品もすばらしい。バスルームもピカピカ。朝食を取るテラスからは、眼下に古い教会からユルギュップの町までが一望できる。空港からの送迎は無料とのこと。無料

RESTAURANT & SHOP

ユルギュップのレストランはオトガル周辺に多い。町の西入口にある洞窟風のレストランは雰囲気が楽しめる。ユルギュップはワインの産地としても有名。ワイナリーでは試飲販売もしている。

カルデッシレル Kardeşler Pizza Restaurant

- Suat Hayri Cad. No.3
- TEL (0384) 341 2376
- FAX なし
- 9:00〜23:00
- 無休
- US$ € JPY TL
- CC AMV

トルコ料理 庶民的 Map P.324B

パイ包み焼きスープのタンドゥル・チョルバス (5TL) が名物のお店で、ピデは各種7〜10TL。写真入りメニューでわかりやすい。店を切り盛りするお母さんは、肉など素材選びにも厳しい。鉄板焼きのサチ・ケバブ (9TL)、自家製マントゥ (8TL) もおすすめ。

ズィギーズ Ziggy's Cafe

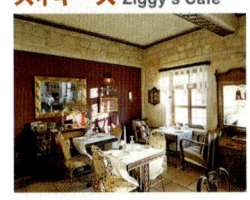

- Yunak Mah. Tevfik Fikret Cad. No.24
- TEL (0384) 341 7107
- FAX なし
- URL www.ziggycafe.com
- 11:00〜翌1:00 無休
- US$ € TL
- CC MV

トルコ料理 中級 Map P.324B

ユルギュップ女子の人気No.1のカフェ。初めはスパゲティなどパスタで評判を上げたが、最近のダントツ人気はいろいろな料理を少しずつ食べられるコース、メゼメニュー (45TL)。1階はオーナー手づくりの雑貨を集めたお店になっており、かわいいもの好きは必見！

ディムリット Dimrit Restaurant

- Tevfik Fikret Cad. No.40
- TEL (0384) 341 8585
- FAX (0384) 341 3016
- URL www.dimrit.com
- 10:00〜23:00 無休
- US$ € TL
- CC MV

トルコ料理 中級 Map P.324A

ブティックホテルが多いエリアにある。歴史的な建物をレストランとして利用している。カッパドキアの大地に抱かれたユルギュップを見晴らしながらの食事は爽快のひと言。マスの塩焼き (19TL) やパストゥルマ入りフムスの温泉 (10TL) など、料理も本格的。

アイヴァンサライ Ayvansaray Kafe Pansiyon

- Atatürk Bul. No.62
- TEL (0384) 341 4044
- FAX (0384) 341 4406
- URL ayvansarayboutiquehotel.com
- 8:00〜24:00
- 無休
- US$ € TL CC ADJMV

ウズベキスタン料理 中級 Map P.325下C

2009年オープンの明るいカフェ。テラスで風に吹かれながらの食事は気持ちいい。オズベク・ピラウ (8TL)、マンティ (6TL) などウズベキスタン料理とユルギュップ・マントゥ (5TL) などの郷土料理が中心。ペンションも併設しており、W100€。

ユルギュップの町の中心にあるシェヒル・ハマムは1724年創業、300年近い歴史をもつ家族経営の浴場。通常は男女混浴だが、土曜12:00〜16:00は女性専用となる。(編集室)

エブル・サナート・エヴィ Ebru Sanat Evi

エブル、伝統工芸　　Map P.324B

オトガルの近くにある伝統工芸のギャラリー。写真左のエブル（マーブルアート）、写真右のバスマ（トルコ更紗）やミニアチュールを扱う。ご主人がバスマで奥さんがエブルとミニアチュールの作家。店内ではエブルの実演をしており、ひとり20€で体験もさせてくれる。ユルギュップの店舗はやや小さいが、2012年秋にはオルタヒサルの郊外、イェニ・ユクセルレル・オテルYeni Yükseller Otel横に新たに2階建ての大きなギャラリーがオープンした。オルタヒサルの店舗では、エブルだけでなく、ミニアチュールの実演も見ることができる。ほかにもバスマをあしらった服や伝統刺繍のオヤなど、トルコの伝統工芸品の品揃えも豊富。

●ユルギュップ
✉Cumhuriyet Cad. No.9　TEL(0384) 341 3940　FAXなし
URL www.kapadokyaebru.com（トルコ語）
営8:00～23:00　休無休　料US$ € TL　CC M V

●オルタヒサル
折込カッパドキア中心図D4
✉Nevşehir Cad. No. 23, Yükseller Otel Yanı, Ortahisar
TEL(0384) 343 3422　FAXなし
営9:00～18:00　休無休
料US$ € TL　CC M V

ウチヒサル

HOTEL & RESTAURANT

ウチヒサルは最近観光開発が進むエリア。特にギョレメに続く旧道に沿って雰囲気のよいリゾートホテルがたくさんできている。これらのホテルはいずれも丘の斜面にあるため、見晴らしがよく奇岩地帯が一望のもと。人気が上昇中だ。

日本からホテルへの電話　国際電話会社の番号＋010＋国番号90＋384(市外局番の最初の0は不要)＋掲載の電話番号

タカ・エヴ Taka Ev

✉Eski Göreme Cad. No.57
TEL(0384) 219 2527
FAX(0384) 219 2523
URL www.takaev.net
S 60～75€
W 70～85€
料US$ € TL　TC不可
CC A D M V

中級　　Map P.326右下

スローツーリズムに関心の高いスタッフが運営している。スタッフは地元出身者を雇用し、食材も地元産のものを使うなどのこだわりもある。ご飯をいっしょに作ったり、1日ゆっくりカッパドキアを歩いたり、そんな旅行をしたいならぜひ来てほしいとのこと。　全館無料

ウチヒサル・カヤ Uçhisar Kaya

✉Yukarı Mah. Mevkii
Adnan Menderes Cad. No.15
TEL(0384) 219 2007
FAX(0384) 219 2363
URL www.uchisarkayahotel.com
S 200US$
W 300US$
料US$ € TL
TC不可　CC A M V

高級　　Map P.326右下

町の中心から少し南に下った所にある。カヤとは「岩」を意味するが、新しい建物ながらその名のとおり岩の風合いを活かした内装。全73室と、団体でも使えるクラスだ。部屋によってはバルコニー付きで、ピジョン・バレーがきれいに望める。屋外プールもある。
全館無料

バルコン Balkon Restaurant

✉Adnan Menderes Cad. No.25
TEL(0384) 219 2222
FAX(0384) 219 2729
URL www.balkonrestaurant.com（トルコ語）
営10:00～23:00　休無休
料US$ € JPY TL
CC A D M V

トルコ料理　中級　Map P.326右下

エルジエス山とカッパドキアのパノラマを満喫できる、展望が自慢のレストラン。エルジエス・ケバブの別名があるチェンティッキ・ケバブ（28TL）やテスティ・ケバブ（28TL、4時間前までに要予約）が人気。カッパドキアワインの種類が豊富に揃う。

アヴァノスの北にはコザックル温泉Kozaklı Kaplıcalarıがあり、リウマチ、婦人病などに効果があるとされる。さらに美肌効果もあるとか。(編集室)

カイセリ Kayseri

雄峰エルジエスを望む古都

市外局番 **0352** 人口**69万6833人** 標高**1054m**

重厚なカイセリ城の城壁

富士山にも似た、万年雪を頂くエルジエス山のすそ野に広がった美しい町。古くから交通の要所であり、今なお中部アナトリアの商業都市として知られている。また、絨毯の産地としても有名だ。

古代はマザキヤMazakyaと呼ばれ、現在のカイセリという名は、ローマ時代にティベリウス皇帝が、この町の美しさに歓喜し、Caeserea（カエセレア、皇帝カエサルの町）と言ったことに由来している。ビザンツ帝国時代にはキリスト教の影響を強く受け、町はさらに美しくなったという。町が最も栄えたのは11～13世紀のセルジューク朝時代。12世紀中頃にはダニシュメンド朝の都となり、カラマン君侯国やマムルーク朝の支配を受け、1515年にオスマン朝領となった。時代に翻弄されたカイセリには、町の中心に立ちはだかる城塞など、当時を思い起こさせる多くの史跡が散在している。

‖‖‖ 歩き方 ‖‖‖

町の中心は時計塔Saat Kulesiのある**メイダン公園**Meydan Parkı、通称メイダン。南側が旧市街で、安宿や中級ホテルが集まっている。城壁から南に延びる大通りが**セイイド・ブルハネッティン大通り**Seyyid Burhanettin Bul.で、PTTや❶もある。時計塔から東に走るのが**スィワス通り**Sivas Cad.。アタテュルク大通りの西端からオトガルに向かって延びる通りが**オスマン・カウンジュ通り**Osman Kavuncu Cad.だ。逆に南に下った**イノニュ通り**İnönü Cad.には中級のビジネスホテルが並んでいる。

■時刻表一覧
- ✈→P.70～73
- 🚌→P.74～75
- 🚂→P.316～319
- バス時刻表索引→P.76～77

■カイセリの❶
Map P.348A1
✉Cumhuriyet Meydanı Zeynelabidin Türbesi Yanı
☎(0352)222 3903
URLwww.kayserikulturturizm.gov.tr（トルコ語）
🕘8:00～17:00
休日、冬期の土

カイセリの❶

■在カイセリ日本国名誉総領事館
Map P.348A2外
✉Organize Sanayi Bölgesi 6. Cad. No.35 Boydak Center
☎(0352)207 1800
🕘8:00～18:00
町の西側の工業地区のボイダク本社ビル内にある。

■カイセライ
2009年に開業した路面電車型の新交通システム（いわゆるLRT）。専用軌道を利用しているため、渋滞に巻き込まれることがないが、旅行者が利用できる区間は少ない。乗車券は市内バスと共通で、1回券1.60TL、2回券3.20TL。

市内を走るカイセライ

エルジエス山の標高3200m付近にはトルコ有数のスキー場がある。4基のリフトがあり、ナイター設備も完備している。（編集室）

観光客の利用も多いカイセリ空港

カイセリのオトガル

カイセリの駅舎

◆ターミナルから町の中心へ

●**空港**　カイセリ空港は町の中心からムスタファ・ケマル・パシャ大通りMustafa Kemal Paşa Bul.を北に5kmほど行った地点にある。空港とメイダンを結ぶのは市内バス（1.60TL）。空港を出た幹線道路沿いにバス停がある。市内から空港へは「メヴラーナMevlana」と書かれたバスに乗る。

●**空港からカッパドキアへ**　空港からカッパドキアへ直接行くなら、シャトルバス（→P.327）が便利。市内バスでメイダンに出てからオトガル行きのドルムシュに乗ってもよいが、時間がかかる。カイセリのオトガルからカッパドキアのアヴァノス、ギョレメ、ネヴシェヒル行きのバスは21:00まで運行。

●**オトガル**　オトガルは町の北西7kmの所にある。隣にはユルギュップ行きミニバスが発着するターミナルもある。市の中心へはセルヴィスか、オトガル前の通りの反対車線から市内バスで運賃1.60TL。市内バスのチケットは事前購入制。すべての車がメイダンに行くわけではないので「メイダンダン・ゲチェルミ（メイダ

カイセリ

カイセリ広域図

カイセリ南東35kmのインジェスİncesuには、17世紀の美しい隊商宿、カラ・ムスタファ・パシャ・ケルヴァンサライが残る。インジェスへはインジェス市バスで30分、1.60TL。（編集部）

348

ンを通りますか）?」と聞いてみよう。アタテュルク大通りのHotel Almer前で降りてもよい。タクシーなら30TLほど。市内からオトガルへはTerminalと表示された市バスで行く。

●**鉄道駅** カイセリ駅は市街地北部にある黄色のかわいい駅舎だ。駅前の幹線道路から市内へ行く車もあるが、郊外に行く場合が多いので、市内へはハスターネ通りHastane Cad.沿いから乗る。「ファキュルテFakülte」と書かれた市内バスに乗れば、メイダンに行くことができる。運賃は1.60TL。逆に市内から駅に行くときは「ハスターネHastane」と書かれた市内バスに乗ればOK。

‖‖見どころ‖‖

町の中心にどっしり構え、生活に密着した
カイセリ城
Map P.348A1

Kayseri Kalesi　カイセリ・カレスィ

　町の中心部に建つ火山岩の城壁。一説では3世紀の建造といわれ、その後何度も補強、増改築がなされた。城内は食料品や日用品の市場で、ちょっとしたロカンタもある。以前は城壁の上に上ることができたが、現在は禁止されている。

美しいモチーフで装飾された廟は必見
フナトゥ・ハトゥン・キュルリイェスィ
Map P.348A1

Hunat Hatun Külliyesi　フナトゥ・ハトゥン・キュルリイェスィ

　ジャーミィ、テュルベ（廟）や神学校が集まった複合建築（コンプレックス）をキュルリエと呼ぶ。ジャーミィは1237～46年にカイクバート1世の妻フナトゥ・ハトゥンにより建立された。廟の正面は大理石で覆われ、上部や側面にすばらしいモチーフの装飾がある。3つの棺のうち、白い大理石で覆われたのがフナトゥ・ハトゥンのもの。

霊廟の町、カイセリのシンボル
ドネル・キュンベット
Map P.348B2

Döner Kümbet　ドネル・キュンベット

　ルーム・セルジューク朝の霊廟のうち、最も有名なのがドネル・キュンベット。1218年にカイクバート1世が娘のシャー・ジハン・ハトゥンŞah Cihan Hatunのために造らせた。側面が12面もあり、円錐状の屋根をもつことからドネル（＝回転した）と呼ばれている。壁面は美しく精巧な浮き彫りで装飾されている。

アッシリア植民市の文化財を展示した
カイセリ考古学博物館
Map P.348B2

Arkeoloji Müzesi　アルケオロジ・ミュゼスィ

　カイセリから20km東にあるキュルテペKültepe遺跡の出土品を中心に展示する博物館。キュルテペは紀元前20～18世紀にアナトリアに点在したアッシリア植民市の中心的存在で、楔形文字が刻まれた粘土版文書や、ライオンをかたどった酒を注

夜の時計塔周辺

■**カイセリ城**
圏随時　困無休

■**ヨウンブルチュ文化の家**
　Yoğunburç Kültür Evi

ヨウンブルチュは、2011年から文化センターとして一般にも開放されている。カイセリの文学にまつわる資料が集められ、詩の朗読会などが行われている。チャイハーネも併設している。
圏8:00～21:00　困無休

ヨウンブルチュ

フナトゥ・ハトゥン・キュルリイェスィのジャーミィ

■**フナトゥ・ハトゥン・キュルリイェスィ**
⊠Seyyid Burhanettin Bul. No.5
TEL(0352) 222 0788
ハマムも営業中。入口は隣。
圏男性6:00～22:00
　女性8:30～17:30
困シェケル・バイラムの2日間、クルバン・バイラムの2日間
图入浴15TL（女性13TL）
アカすり7TL　マッサージ7TL

大通りの真ん中に鎮座しているドネル・キュンベット

■**カイセリ考古学博物館**
TEL(0352) 222 2148
圏8:00～17:00　困月
图3TL

メイダンから東へ進むと魚屋が並ぶ。どの店も奥はイートインになっており、店の魚をその場で食べることができる。サバやイワシ、マスなどをサンドイッチにしてくれる。（編集室）

約3800年前に作られたウシの頭をかたどった壺。キュルテペ出土

ヘラクレス12の功業が彫られた石棺

ぐリュトンと呼ばれる器など、貴重な文化財が展示されている。そのほか、ギリシア時代、ローマ時代の発掘品も多数収蔵しており、特にヘラクレス12の功業の場面を彫られた大理石の石棺はこの博物館を代表する展示品のひとつ。

オスマン朝時代の邸宅を使った博物館
民俗学博物館　Map P.348A2
Güpgüpoğlu Konağı ギュブギュブオウル・コナウ

　城壁の南東にある博物館。15世紀に造られた伝統的なオスマン朝様式の石造りの家がまるごと展示物だ。部屋や家具は当時のまま保存され、雰囲気を再現している。すぐ近くにはアタテュルクの家Atatürk Konağıがある。

幾何学文様はセルジューク朝の建築美の集大成
サハビエ神学校　Map P.348A1
Sahabiye Medresesi サハビエ・メドレセスィ

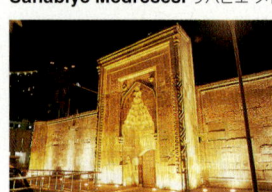

夜のサハビエ神学校

　ルーム・セルジューク朝時代の宰相、サーヒップ・アタSahip Ataによって1267年に築かれた。サーヒップ・アタはコンヤのインジェ・ミナーレ神学校やスィワスのギョク神学校も建設した。門を囲む細かい幾何学文様はセルジュークタイルのすばらしいお手本。今は本屋さんになっている。

■民俗学博物館
圏8:00～17:00
休月　料無料

■サハビエ神学校
圏随時　休無休

HOTEL

　カイセリは中部アナトリアを代表する商業都市なのでビジネスマンが多く、ホテルの数も多い。特にイノニュ通りからカイセリ城にかけては2つ星や3つ星ホテルが密集しているので宿探しは簡単。安いホテルはあまりない。

▶日本からホテルへの電話　国際電話会社の番号 + 010 + 国番号 90 + 352（市外局番の最初の0は不要）+ 掲載の電話番号

フナトゥ Hotel Hunat
経済的　Map P.348B1

✉Zengin Sok. No.5
TEL(0352) 232 4319
FAXなし
S🚿🚽20TL
W🚿🚽35TL
W🚿🚽40TL
℃TL
T/C不可　CC不可

　フナトゥ・ハトゥン・ジャーミィの裏。部屋はシンプルで老朽化は否めないが、清潔で値段相応。親切なオーナーのムスタファさんは、アーシュク（吟遊詩人）の歌う民衆詩を書く詩人でもあり、詩集も出している。共同シャワーは各階にある。日本人バックパッカーの利用が多く、情報ノートもある。

カドゥオウル Hotel Kadıoğlu
中級　Map P.348A2

✉İnönü Bul. No.55
TEL(0352) 231 6320
FAX(0352) 222 8296
URLwww.hotelkadioglu.com
S A/C🚿🚽55TL
W A/C🚿🚽85TL
💲US$ € TL
T/C不可　CC M V

　全43室の中級ホテル。2011年に改装したばかりで、値段のわりに部屋は新しく、バスルームもきれい。最上階にあるレストランは眺めもよく、エルジエス山が正面に見える。朝食は最上階のレストランでオープンビュッフェ。夕食も手頃な料金で出している。　全館無料

カイセリ城の西にあるカパル・チャルシュ Kapalı Çarşıは貴金属製品で有名。近くのベデステンBedestenでは絨毯とキリムが売られている。（編集室）

アルメル Hotel Almer

中級　Map P.348A1

✉ Osman Kavuncu Bul. No.1
TEL(0352) 320 7970
FAX(0352) 320 7974
URL almer.com.tr
[S][AC]🚿🚽70TL
[W][AC]🚿🚽110TL
💳US$ € TL 🚭不可
💳MV

アタテュルク大通り西端の交差点に面した全70室の大型ホテル。便利な立地の3つ星ホテルだが、値段や設備は4つ星並み。バスルームはバスタブ付きで広くて使いやすい造り。朝食はビュッフェ方式。アンカラのウルス地区にも系列ホテルがある。
📶全館無料

ラ・カーサ La Casa Boutique Hotel

中級　Map P.348A1

✉ Hastane Cad. No.5
TEL(0352) 320 0184
FAX(0352) 320 0187
URL www.lacasahotel.com.tr
（トルコ語）
[S][AC]🚿🚽80TL
[W][AC]🚿🚽120TL
💳US$ € TL 🚭不可 💳MV

カイセリ初のブティックホテル。全45室で、最上階はレストラン、バーになっている。客室はナチュラル系の内装でまとめられ、薄型テレビのほかバスルームのシャワーはマッサージ機能付き。ルームサービスは24時間対応。
📶全館無料

ヒルトン Hilton Kayseri

最高級　Map P.348A1

✉ Cumhuriyet Meydanı
TEL(0352) 207 5000
FAX(0352) 207 5050
URL www.hilton.com
日本の予約先 TEL(03) 6679-7700
[S][AC]🚿🚽240TL
[W][AC]🚿🚽270TL
💳US$ € JPY TL
💳US$ € 💳ADJMV

メイダン公園北側にあり便利な立地。全212室。サウナ、フィットネスジムや室内プールなど、レジャー施設も充実。カッパドキアのパッケージツアーやエルジエス山のスキーパッケージプランなどもある。最上階に眺めのよいテラスレストランがある。左は調査時の実勢料金。
📶有料（24時間29TL）

RESTAURANT

レストランは城壁とイノニュ通りの間のブロックに点在している。カイセリの郷土料理は何といってもマントゥ。カイセリでは36種類ものマントゥ料理が調理されるらしいが、最もポピュラーなのが肉入りマントゥだ。ヨーグルトとニンニク、粉末ミントが絶妙の味を醸し出す。もうひとつの名物はスパイスの効いたサラミのパストゥルマ。このパストゥルマが入ったピデもおいしい。

パストゥルマ屋

トゥアナ Tuana Restaurant

トルコ料理 中級　Map P.348A1

✉ Sivas Cad. M.Alemdar İş Merkezi Kat.2
TEL(0352) 222 0565
FAX(0352) 222 5329
URL www.tuanarest.com.tr（トルコ語）
🕘9:00～20:00 🚫無休
💳US$ € TL 💳AMV

ビルの3階にあり、入口は東側。広いホールに丸テーブルが並び、結婚式場のような雰囲気。定番のカイセリ・マントゥスは12TLで自分の好みに味付けできる。各種パストゥルマも人気が高い。トルコ民謡の演奏が行われることもある。

ハイレット Hayret Et Lokantası

トルコ料理 中級　Map P.348A1

✉ Hunat Mah. Hunat Cad. No. 4
TEL(0352) 231 1661
FAX なし
🕘5:00～21:00
🚫無休
💳TL 💳MV

フナトゥ・ハトゥン・キュルリイェスィと道路を挟んだ南側にある。郷土料理を中心にメニューが豊富で、ケバブ類や煮込み料理、スジュク入りピデやパストゥルマ入りピデなどいろいろ楽しめる。もちろんカイセリ名物のマントゥ（5TL）もある。

📝 カイセリ名物パストゥルマ（パストラミの元祖）は仔牛の肉にニンニクやトウガラシの粉末を混ぜ、腸詰めにして日干しにしたもの。1ヵ月くらい熟成させると完成する。（編集室）

ルーム・セルジューク朝以来の建築物が古都を彩る

コンヤ Konya

市外局番 0332　人口101万9755人　標高1016m

神秘的な音楽にのせて踊るメヴレヴィー教団のセマー（旋舞）

■時刻表一覧
✈→P.70〜73
🚌→P.74〜75
🚆→P.316〜319
バス時刻表索引→P.76〜77

■コンヤの❶
Map P.353
✉Aziziye Mah. Aslanlı Kışla Cad. No.5
TEL(0332)353 4021
FAX(0332)353 4023
URL www.konyakultur.gov.tr
（トルコ語）
email konyatourism@kultur.gov.tr
🕐8:00〜17:00
（土10:00〜17:00）
休日、冬期の土
コンヤの❶はメヴラーナ博物館の東にある。情報も豊富で、日本語の話せるスタッフもいる。毎年12月のメヴラーナ週間のチケットもここで購入できる。

■トルコ航空
Map P.353
✉Ferit Paşa Cad. No. 10/B
TEL(0332)321 2100
🕐8:30〜17:30（土〜13:00）
休日

■コンヤのレンタルサイクルシステム、ネクストバイク
パリのヴェリブを皮切りに、ヨーロッパの各都市で次々と導入されている新しいレンタルサイクルシステムがコンヤにも登場。40ヵ所以上のステーションで自転車をレンタルできる。15分以内の利用は無料。詳しい使い方は以下のサイトで確認できる。
URL www.nextbike.com.tr

　アンカラから約250km南に位置するコンヤは、イスラーム神秘主義の一派メヴレヴィー教団の発祥地としても広く知られ、見学に訪れるトルコ国内のムスリムも多い。

　近郊には世界遺産のチャタル・ホユックの遺跡もあり、町の歴史は先史時代にまでさかのぼるほど古い。しかし、コンヤが最も繁栄したのは13世紀頃のこと。1077年にルーム・セルジューク朝が首都をイズニックからコンヤに移した後、カイクバード1世時代に著しく発展した。この頃、芸術家や建築家、イスラーム関係の科学者などを東方から集めて学校が開かれ、コンヤに文化が花開いた。現在も市内に残っている神学校や遺跡のほとんどはその頃に建てられたもの。当時の文化をこれからもかいま見ることができる。もちろん、メヴレヴィー教団の創始者ルーミーもそうした学者のひとりであった。

▌▌▌旅のモデルルート

　コンヤの観光の中心はメヴラーナ博物館。ほかの見どころもやはりイスラーム建築のジャーミィやメドレセが多い。もし12月中旬に訪れるならメヴレヴィー教団の旋舞は見逃せない。

──── イスラームな雰囲気にどっぷり浸かる1日 ────

メヴラーナ博物館 ➡ セリミエ・ジャーミィ ➡ カラタイ博物館 ➡ アラアッディン・ジャーミィ ➡ インジェ・ミナーレ博物館

　上記の見どころは歩いて充分回ることができる。まず、メヴラーナ博物館をじっくり見学し、セリミエ・ジャーミィのあたりを散策。ランチにはコンヤ名物のピデを頬張るのもいい。午後はカラタイ博物館など、アラアッディンの丘周辺の中世イスラーム建築の美を堪能しよう。これらをゆっくり回ればもう夕方。夕食はコンヤの郷土料理をどうぞ。

🏠 コンヤの❶に電話すると日本語ができるスタッフが対応してくれ、メールでやりとりしました。当日のチケットのやりとりもスムーズでした。（大阪府　まーしー　'11年12月）

歩き方

コンヤの見どころの中心は、アラアッディンの丘からメヴラーナ博物館にいたる**メヴラーナ通り**Mevlana Cad.周辺。ホテルやレストランも多く、観光の中心となるエリアだ。見どころはメヴラーナ通り周辺に集中しているので、歩いて回れる。まずは町の中心、**ヒュキュメット広場**Hükümet Meydanıへ行こう。最大の見どころは広場から500mほど東にある**メヴラーナ博物館**。隣には**セリミエ・ジャーミィ**がある。❶があるのもこの近くだ。メヴラーナ通りを西に進むと左側に衣類を中心としたバザールがあり、さらに真っすぐ進むと**アラアッディン・ジャーミィ**や広い公園のある小高い丘の麓に着く。**インジェ・ミナーレ博物館**や**カラタイ博物館**はこの円形の丘沿いにある。

◆空港から市の中心へ

空港と市の中心部は15kmほど離れている。空港から市内へは飛行機の到着25分後にハワシュのシャトルバスが出発する。所要30分、10TL。到着地はアタテュルク・スタジアム近くにあるトルコ航空オフィスで、空港行きのシャトルバスもここから出発する。出発時間は日によって異なるので、事前に確認しておこう。タクシーで空港からメヴラーナ通りまでは35TLほど。

◆ターミナルから市の中心へ

●**オトガル** オトガルは、町から北に10km行った所にある。セルヴィスはないので、ドルムシュかトラムヴァイ、タクシーを利用する。オトガルの正面入口近くからメヴラーナ通りへはドルムシュが走っており、道路状況により所要30分〜1時間、1.50TL。トラムヴァイなら幹線道路沿いの駅からアラアッディンの丘まで30〜40分。チケットは事前にキオスクなどで購入しなければならない。タクシーなら市内まで約25TL。

チャタル・ホユック方面など近郊へのバスは、市街地南部の**エスキ・ガラジ**Eski Garajに発着している。

●**鉄道駅** 鉄道駅からメヴラーナ通りまでは歩くと30分以上かかる。ドルムシュなら所要10分、1.50TL。

トラムヴァイ、バス共通の5回券。

■**トラムヴァイ、バスの乗車券**
チケットはトラムヴァイ駅近くのキオスクで販売している。
🎫2回券3TL　5回券6.50TL

■**京都庭園**
Map P.353外
コンヤ空港の東隣に、京都市の協力も得て2010年に作られた日本庭園。広さは周縁部を含めて3万㎡、ヨーロッパ最大の日本庭園であるベルギーのハッセルト日本庭園をしのぐ規模だとか。園内のレストランでは寿司やラーメンなどがトルコ料理とともに提供されている。
🕐6:30〜23:30　🚫無休

■**コンヤ日本文化センター**
Map P.353外
日本人のホームステイも受け付けているそうだ。
✉Havzan Mah. Ebusuud Cad. Lalezar Apt. No:64/A Meram
☎(0332)321 2500
📠(0332)321 2502
🌐www.jkm.org.tr

アラアッディンの丘から見たメヴラーナ通り

オトガルの敷地内にもトラムヴァイの停留所があるが、こちらは滅多に車両が来ない。オトガルを出た東側を走る幹線道路沿いの停留所から乗車しよう。(編集室)

■メヴラーナ博物館
TEL(0332)351 1215
圏夏期9:00～19:00
　冬期9:00～17:00
　(月10:00～17:00)
困無休
圏3TL
オーディオガイド（日本語あり）の利用は5TL。

人形を用いた展示

ムハンマドのあごひげが入った箱

■サーヒブ・アタ・
　ワクフ博物館
Map P.353
セルジューク朝時代のスーフィー修練所を改装した博物館。現在はセルジューク朝やオスマン朝時代のタイルやキリム、クルアーン（コーラン）などが展示されている。
圏9:00～17:00
困月　圏無料

■アラアッディン・ジャーミィ
圏8:30～17:30　困無休
女性は入口に置いてあるスカーフを着用しよう。

アラアッディン・ジャーミィの中にあるミフラーブ（写真中央）とミンベル（写真右）

||| 見どころ

コンヤに来たらとりあえずここへ来よう
メヴラーナ博物館

Map P.355B

Mevlana Müzesi メヴラーナ・ミュゼスィ

　旋舞教団として知られる**イスラーム神秘主義**の一派、メヴレヴィー教団の創始者**メヴラーナ・ジェラールッディン・ルーミー**の霊廟。6500㎡の敷地内には、ジャーミィ、僧院、修行場もある。緑色のタイルで覆われた円錐形の屋根をもつ霊廟は、13世紀末に造られたもので、外の部分はオスマン朝時代にスュレイマン大帝らの寄進により建設された。その後1925年にアタテュルクの命令によって修行場は閉鎖、教団も解散させられたが、1927年3月3日以降、霊廟が**博物館**として一般公開されている。

　入口正面の部屋には棺がずらりと並び、金刺繍の施されたカバーがかけられている。最も大きく重厚で豪奢なのが、最奥に安置された**メヴラーナの棺**。霊廟の入口周辺にはメヴラーナの語った韻文を能書家が書いた碑文とプレートが掲げられている。そこには「あなたが外から見えるのと同じようになるか、または内面と同じように見えるようになるか、どちらかになりなさい」「私のもとへ来なさい。あなたがどのような人でも来るのです。あなたが無神論者でも偶像崇拝者でも、拝火教信者でも構わないから来るのです」と書かれている。

緑の塔が印象的なメヴラーナ博物館

　隣の部屋には彼の愛用品や衣服、セルジューク朝時代、オスマン朝時代の工芸作品などが展示されている。なかでも手書きの詩の本や、クルアーンの写本、ルーミー直筆の本は非常に美しい。中央のガラスケースには**ムハンマドのあごひげ**を入れた箱も置かれている。また、この霊廟へは**銀の扉、銀のステップ**から入るようになっている。銀の扉はクルミ材を用いた重厚なもので、1599年にハサン・パシャから献上された。別棟には修行僧の生活を表した人形が展示されている。

セルジューク様式の特徴である彫刻が美しい
アラアッディン・ジャーミィ

Map P.355A

Alaaddin Camii アラアッディン・ジャーミィ

　アラアッディンの丘にあるため、この名が付いた。1221年、ルーム・セルジューク朝の最盛期を作り上げたカイクバート1世の時代に完成。アナトリア地方におけるセルジューク期ジャーミィで最大級のものだ。内部は質素だが、石柱にはローマ時代やビザンツ時代の柱頭が付いており、古代の建物をこの建

354

聖パウロゆかりのキリストラでは、カッパドキアのような独特な形をした岩山も見ることができる。コンヤからは直通バスはないので、タクシーかツアーでしか行けない。(編集室)

築に利用していることがわかる。ミンベル（説教壇）は黒檀のように堅い木からできており、その彫刻はすばらしく、陶器のタイルで飾られた堂内も美しい。ダマスカスの建築家が設計した、白、青、黄の大理石を用いたシリア的なジャーミィだ。

コンヤを代表する建築美
インジェ・ミナーレ博物館

Map P.355A

İnce Minare Müzesi　インジェ・ミナーレ・ミュゼスィ

■インジェ・ミナーレ博物館
✉Alaaddin Cad.
TEL(0332)351 3204
開夏期8:30～18:30
　冬期8:30～17:00
※入場は閉館の20分前まで
休月　料3TL

1265～67年に建造されたメドレセ。細い（＝インジェ）ミナーレにちなみ、この名が付いた。ミナーレは現在の3倍の高さがあったが、1901年の落雷で上部が崩壊してしまった。現在はイスラーム関係の彫刻（木彫・石彫）の博物館となっている。正面を埋め尽くすように施されたアラビア文字、幾何学文様の浮き彫りが大変美しく見事。また門の脇に建つミナーレの壁面装飾も美しく、これらはセルジューク様式の建築物の代表作。トルコで最も優れた芸術作品のひとつだ。

ドームの装飾が美しい

インジェ・ミナーレ博物館

ターキッシュ・トライアングルを見てみよう
カラタイ博物館

Map P.355A

Karatay Müzesi　カラタイ・ミュゼスィ

■カラタイ博物館
TEL(0332)351 1914
開夏期　8:00～19:00
　冬期　8:30～12:00
　　　　13:00～17:00
休月　料3TL

1251年にセルジューク朝のジェラレッディン・カラタイ宰相によって造られた神学校。特徴的な正面の門は、セルジューク様式の美しい浮き彫りスタラクタイト（鍾乳石飾り）で飾られ芸術的価値も高い。現在は陶器博物館として、町の城塞から

ルーム・セルジューク朝の代表的建築

😊お酒が飲めない
コンヤは宗教色が強い町で、町の中心でアルコール類を販売する店を見つけるのが難しいです。
　　　（千葉県　大陸游人　'10秋）

コンヤ中心部

Map area with locations including:
- カラタイ博物館 Karatay Müzesi P.355
- アラアッディン・ジャーミィ Alaaddin Camii P.354
- インジェ・ミナーレ博物館 İnce Minare Müzesi P.355
- アラアッディンの丘 Alaaddin Tepesi
- ザフェル駅
- シェムスィ・テブリズィ・ジャーミィ Şems-i Tebrizi Camii
- Ottoman H
- シェラフェッティン・ジャーミィ Şerafettin Camii
- イプリクチ・ジャーミィ İplikçi Camii
- ヒュキュメット広場 Hükümet Meydanı
- カヤル公園 Kayalı Parkı
- コンヤ県庁 Konya Valiliği
- Anı H
- マフケメ・ハマム Mahkeme Hamamı
- Bera H
- バス会社
- Mevlana H P.357
- Bolu R P.358
- Mithat R P.358
- アズィズィエ・ジャーミィ Aziziye Camii
- エスキ・ガラジへ（約600m）
- オトガル、鉄道駅方面ドルムシュ
- Derya H P.357
- Rumi H P.357
- Deluxe H P.356
- メヴラーナ博物館 Mevlana Müzesi P.354
- セリミエ・ジャーミィ Selimiye Camii
- Damla R P.358
- Balıkçılar H

トラムヴァイ（左回りに運行）

スルチャル博物館 Sırçalı Medrese Müzesi
サーヒブ・アタ・ワクフ博物館へ

A　B

サーヒブ・アタ・ワクフ博物館は、建設業者に改装の依頼をした際に残存していたタイルを剥がされてしまった。その後、再度修復をし、タイルは元の位置に戻された。（編集室）

■考古学博物館
TEL(0332)351 3207
圏9:00～12:00
　　13:00～17:00
困月　圏3TL

ヘラクレス12の功績が彫られた石棺

■チャタル・ホユック
エスキ・ガラジからカルクンKarkın行きバスでキュチュッキョイKüçükköyで下車し、そこから南に徒歩1km。バスは月～金曜に1日3便あるが、時間の関係上、12:00発で行き、15:00戻りの便を使うしかない。それ以外では、エスキ・ガラジからチュムラÇumra行きのバス（30分毎の運行、5TL）でチュムラに行き、タクシーをチャーターするとよい。タクシーは待ち時間も含め60TL。
TEL(0332)452 5621
URL www.catalhoyuk.com
圏8:00～17:00
困無休　圏無料

何層にも積み重なっている

の出土品などを展示。内部はセルジューク期の美しい黒と青の陶器モザイクで飾られ、一つひとつの模様に生命のはかなさなどの意味が込められている。ここのドームは四隅から5個ずつ出ている細い三角形と、その間を含めた正二十四角形の天井により支えられた、**ターキッシュ・トライアングル**と呼ばれるトルコ独特の建築様式で造られている。ドームの下の泉には、かつて水があふれ、天国を表していた。

ローマ時代の遺物がここにもある！
考古学博物館
Map P.353
Arkeoloji Müzesi アルケオロジ・ミュゼスィ

　周辺の遺跡などからの出土品をおもに展示。古いものではチャタル・ホユックやカラホユックなどから発掘された、先史時代やヒッタイト時代の遺品もあるが、中心となっているのは、ローマ時代やビザンツ時代のもの。なかでもローマ時代の海神ポセイドンと勝利の女神ニケの大理石像、ティベリアポリスで発見されたヘラクレスの12の功業を施した石棺は有名だ。

アナトリア最古の集落跡
チャタル・ホユック
Map P.27D2
特集記事→P.23
Çatal Höyük チャタル・ホユック

　チャタル・ホユックは新石器時代の集落跡。紀元前7000年にまでさかのぼる人類学上でも最重要級の遺跡で2012年に世界遺産に登録された。農耕、牧畜など高度な文化を有していたようだ。人口は3000～8000人と推定されており、支配階層など身分を示すものがまだ見つかっていないことから、独自の共同体を作っていたと考えられている。家屋は隣合うように密集して造られ、古い家の上に新しい家が造られていったので、16もの層から成り立つ部分もある。

　遺跡は1958年に発見された。発掘作業は現在も続き、全容の解明にはまだ相当な年月がかかるだろう。入口横には小さな博物館があり、出土品のレプリカや壁画などを展示している。

HOTEL

　コンヤのホテルは、メヴラーナ通り沿いを中心に、アラアッディン・ジャーミィとメヴラーナ博物館の間にある。メヴラーナ週間の12月7～17日頃は非常に込むので、できれば予約を入れておきたい。安い宿は裏通りに点在している。いくつかのホテルでは、メヴラーナ週間以外でもセマーゼン（旋舞をする人）を招いて宿泊客に見せている。

日本からホテルへの電話 ＋ 国際電話会社の番号 ＋ 010 ＋ 国番号 90 ＋ 332（市外局番の最初の 0 は不要） ＋ 掲載の電話番号

デラックス Deluxe Otel

⌂ Aziziye Mah. Ayanbey Sok. No.22
TEL(0332) 351 1546
FAX(0332) 351 1548
S A/C ▬ ▮ 60TL
W A/C ▬ ▮ 90TL
US$ € TL 不可
C/C M V

中級
Map P.355B

メヴラーナ通りから1本北に入った所にある、2009年3月にオープンした全27室のホテル。客室はホテル名と外観に反してむしろシンプル。全室にテレビ、ミニバーを完備している。
全館無料

メヴラーナの誕生日である9月30日に合わせ、コンヤでは毎年9月22日～30日に、国際神秘音楽祭Uluslararası Mistik Müzik Festivalıが開催されている。(編集室)

356

メヴラーナ　Otel Mevlana

Mevlana Cad. Finans Bank Arkası Cengaver Sok. No.2
TEL (0332) 352 0029
FAX (0332) 354 0334
URL www.mevlanaotel.com (トルコ語)
S A/C 🚿 ✈ 45TL
W A/C 🚿 ✈ 75TL
TL 不可 A/C M V

中級　Map P.355B

表通りから少し入った所にある。オーナーは英語も少しOK。日本人客も多い。ロビーは広々としており、全室エアコン、テレビ、冷蔵庫付きでバスルームもきれい。ビュッフェ形式の朝食は1階のラウンジで出す。
📶全館無料

デルヤ　Hotel Derya

Ayanbey Sok. No.18
TEL (0332) 350 0154
FAX (0332) 352 0156
S A/C 🚿 ✈ 70TL
W A/C 🚿 ✈ 120TL
US $ € TL
T/C 不可
A/C M V

中級　Map P.355B

2012年夏に改装を行ったばかり。アヤンベイ通りには中級クラスのホテルが数軒あるが、そのなかでも、設備、快適さにおいて、周囲のホテルよりひとつ抜けている。全46室で、各部屋には衛星放送対応テレビ、電話、冷蔵庫、エアコン、ドライヤーを完備している。
📶全館無料

ルーミー　Hotel Rumi

Durakfakih Sok. No.3
TEL (0332) 353 1121
FAX (0332) 353 5366
URL www.rumihotel.com
S A/C 🚿 ✈ 90TL
W A/C 🚿 ✈ 120TL
US $ € TL
T/C 不可
A/C M V

中級　Map P.355B

メヴラーナ通り沿いにある、全33室の3つ星ホテル。鮮やかな青い外観が特徴。フィットネス、サウナ、ハマムもある。全室テレビ、ミニバー付き。バスタブ付きの部屋は6室ある。屋上はレストランになっており、メヴラーナ博物館を眺めながら食事が楽しめる。夕食付きのプランはひとり約10US＄プラス。　📶全館無料

ヒルトン・ガーデン・イン　Hilton Garden Inn

Mevlana Kültür Merkezi Yanı
TEL (0332) 221 6000
FAX (0332) 300 0000
URL konya.hgi.com
S A/C 🚿 ✈ 65US$
W A/C 🚿 ✈ 85US$
US $ € TL T/C 不可
A/C A D J M V

高級　Map P.353

メヴラーナ文化センターの横に2010年末にオープンしたヒルトン系列のホテル。全228室と大型だが、町の中心から近い便利な立地。バスタブ付きの部屋が多いがシャワーのみの客室は71室。レストランやバーも併設している。
📶有料

Information　メヴラーナの旋舞「セマー」

　12月17日を最終日とする10日間は、メヴラーナ週間。旋舞「セマー」が盛大に行われる。
　セマーの踊り手（セマーゼン）が身に着ける帽子は墓石、ジャケットは墓、スカートは葬式用の覆いの象徴。ジャケットを脱ぐ行為は地上の束縛からの解放、墓からの脱出を示す。右腕を上（天）に、左腕を下（地）に向けるのは、神からの恵みを人々に振りまくことを意味する。
　メヴラーナ文化センターでは毎週土曜に無料でセマーが行われている。サマータイム実施時は21:00開始、それ以外の時期は20:00。

■メヴラーナ週間のチケット入手先
チケットの予約は🌐でいつでもできる。FAXまたはEメールでも申し込める。当日券の入手は困難。
■メヴラーナ文化センター　Map P.353
Çimenlik Mah. Aslanlı Kışla Cad.
TEL (0332) 352 8111　URL www.mkm.gov.tr (トルコ語)
開演:12/7〜17の20:00
💰10〜15TL　最終日は50TL（'12年）
😊軽い気持ちでメヴラーナ週間のセマーに行ったのですが、厳かな雰囲気で、大変感慨深いものでした。20:00頃に始まって22:00頃に終了しました。　（大阪府　まーしー　'11年12月）

コンヤの名物といえばピデだが、お菓子にも名物がいくつかある。有名なのはサチ・アラスSaç Arasıで、シロップのかかったパイのようなもの。すごく甘い。（編集室）

Restaurant

メヴラーナ通り沿いやアラアッディンの丘の線路沿いなどにロカンタが点在している。メヴラーナ通り沿いの店はどこも少し高め。コンヤは郷土料理が多く、食の楽しみも増す。特にコンヤ名物エトリ・エキメッキやメヴラーナ・ピデはぜひ試してみたい。仔羊の油に漬け込んだ仔羊の肉に少しずつ熱を加えたタンドゥル・ケバブもおいしい。巡礼地という場所柄、市内中心部にはアルコール類を出す店はほとんどなく酒屋も少ない。

ボル Bolu Lokantası

✉ Aziziye Mah. Aziziye Cad. No.27/B
TEL (0332) 352 4533
FAX なし
営 10:30〜日没頃
休 日
カード TL
CC 不可

ピデ屋 庶民的　Map P.355B

コンヤっ子も太鼓判を押すエトリ・エキメッキ専門店。メニューにはペイニルリ（チーズ入り）・ボレキ7TLやクイマル（挽肉入り）ボレキ7TLのメニューがあるが、いわゆるパイ系のものではなくピデ。飲み物も、アイラン（大と小）のみというシンプルさだが、いつもにぎわっている。

ダムラ Damla Kebap

✉ Aziziye Mah. Türbe Cad, No.59
TEL (0332) 352 0881
FAX (0332) 353 8699
営 8:00〜22:00
休 無休
カード US $ € TL
CC A D J M V

郷土料理 庶民的　Map P.355B

手軽な料金で、エトリ・エキメッキ、タンドゥル・ケバブ、ティリトなどコンヤの郷土料理をひと通り食べられるロカンタ。各種ケバブ類は7.30〜17TL。ピデは、生地作りや竃入れまでそれぞれの職人が分担していねいに作っている。ピデは7〜8.50TL。サチ・アラス4.50TLもある。

ミトハト Mithat

✉ İstanbul Cad. Yusufağa Sok. No.21
TEL (0332) 350 7298
FAX なし
営 11:30〜19:00
休 無休
カード TL
CC M V

郷土料理 中級　Map P.355B

コンヤの伝統料理、ティリトTirit15TLの専門店。焼き上げた羊肉の下には、ヨーグルトに染み込ませたパンが隠れており、からめて食べるとかなりのボリューム。食後のデザートのゼルデZerdeはとろりとしたシロップにお米を混ぜたシンプルな味。

ソマッチ・フィーヒ・マ・フィ Somatçi Fihi Ma Fih

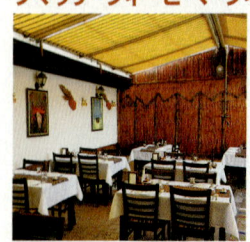

✉ Mengüç Cad. No.36
TEL (0332) 351 6696
FAX なし
URL www.somatci.com（トルコ語）
営 9:00〜22:30
休 無休
カード US $ € TL
CC M V

伝統料理 中級　Map P.353

13世紀の料理を忠実に再現し、現代風にアレンジした店。ナッツ類や果物を多く使っている。メインディッシュは15TL〜とやや高めだが、ほかにはない味が楽しめる。店名にもなっているFihi Ma Fihはアラビア語で「中に全部入っている」という意味。土・日曜は朝食も出している。アーモンドのスイーツ、バーデム・ヘルワス7.50TLはぜひ食後に頼みたい逸品。

クレ・スィニ Kule Sini Restaurant&Café

✉ Kule Plaza 41. ve 42. Kat
TEL (0332) 237 5853
FAX なし
URL www.kulesini.com（トルコ語）
営 レストラン12:00〜23:00
　 カフェ10:00〜23:00
休 無休
カード US $ € TL
CC M V

トルコ料理 中級　Map P.353

トラムヴァイのクレ駅Kuleを下車してすぐ西側に建つクレ・スィテKule Siteにある回転展望レストラン。41階がカフェ、42階がレストランになっている。レストランではコンヤの郷土料理や宮廷風創作料理などを出し、予算はひとり30TL〜とやや高め。カフェではハンバーガーやピザなどを出す。

ソマッチ・フィーヒ・マ・フィのオーナーシェフであるウラシュ・テケルカヤ氏Ulaş Tekerkayaはトルコ空軍の専属シェフとしてVIP向け料理を11年間作りつづけた凄腕料理人。（編集室）

アンカラ Ankara

新石器時代以来の町が現代的なトルコの首都に

市外局番 0312　人口 489万893人　標高 850m

多くの人が参詣に訪れるアタテュルク廟

　アナトリア高原の西寄りにある、トルコ共和国の首都。初代大統領ケマル・アタテュルクは1923年の共和国誕生と同時に、人口わずか6万人のこの地方都市を首都に定めた。以来アンカラは都市計画のもとに急速に開発が進められ、トルコ近代都市のモデルとして造り上げられてきた。

　とはいうものの、アンカラの歴史は古い。新石器時代から人が住んでいたし、ローマ時代にはアンキラと呼ばれて繁栄していた。当時の建造物を市内のあちこちで見ることができる。もともとアンカラという名はアンキュラ（谷底）という言葉に由来しており、昔から地下水が豊富だったことがよくわかる。オスマン朝の時代にはアンゴラと呼ばれ、1402年にはこの近くでティムール軍とオスマン朝軍が戦っている。

■歩き方■

　アンカラは首都だけあって町の規模も大きいが、旅行者が歩くことになるのは、**クズライ**Kızılayを中心にした4つの地域だ。まず、見どころが集まる**ウルス**Ulusが北に、西には**タンドアン**Tandoğan、南には大使館が集中する**チャンカヤ**Çankayaから**ガーズィ・オスマン・パシャ** Gazi Osman Paşaにかけての一帯がある。これらの地区を結ぶのが、南北に走る**アタテュルク大通り**Atatürk Bul.、クズライとタンドアンを結ぶ**ガーズィ・ムスタファ・ケマル大通り**Gazi Mustafa Kemal Bul.などだ。

■時刻表一覧
✈→P.70～73
🚂→P.74～75
🚌→P.80～82
バス時刻表索引→P.76～77

近代的なエセンボア空港

町の中心にあるクズライ交差点

アルトゥンダー再開発地区。カフェに改装された伝統家屋もある

アルトゥンダー再開発景観保全地区（Map P.361B1）は、古い建物を活かしつつ、昔の街並みを再現したエリアでノスタルジックな雰囲気。（編集室）

■エセンボア空港と市内を結ぶ市営バスの442番ルート

市営バスは空港〜アシュティ(オトガル)〜クズライ〜大蔵省前〜空港の循環ルート。空港発が6:40〜23:20のに25分おき。運賃5.25TL。空港からアシュティまで所要35分。大蔵省前から空港まで所要35分。アシュティ〜クズライ間は交通渋滞がひどいときには非常に時間がかかるので余裕をみておきたい。

■市内から空港へ

エセンボア空港と市内を結ぶハワシュはオンドクズ・マウス・スタジアム前から3:00、4:00〜21:30に30分おき、21:30〜翌3:00は飛行機が出発する時刻の2時間前に出発する。442番のバスは6:00〜23:20に20分おき。

■ウルスからアシュティへ

セルヴィスの運行はアシュティ→市内への片道で、アシュティへ行くセルヴィスはないが、ウルスのセルヴィス降り場の向かいからドルムシュが頻発している。

■アンカライ、メトロ、市営バスの共通回数券

2回券3.50TL 5回券8.75TL 10回券17.50TL 20回券35TL アンカライとメトロを乗り継いでも1回分。アンカラ市営バスと共通で、1時間以内ならバスへ無料で乗り継げる。

EGOのロゴが入っている共通回数券。民営バスでは使えない

◆空港から市の中心へ

アンカラの**エセンボア空港**から市内へは**ハワシュ** Havaşか市営バス442番で行くことができる。ハワシュはオンドクズ・マウス・スタジアム前まで、飛行機の到着に合わせて運行している。所要約40分。料金は10TL。

◆鉄道駅から市の中心へ

アンカラ駅は、市のほぼ中心部にある。ウルスへは徒歩でも約20分。ミニ地下鉄**アンカライ**に乗るなら、最寄り駅はマルテペ。ホームを結ぶ地下通路を駅舎と反対側に行き、そのまま地下街を通り抜けるとタンドアン駅とマルテペ駅の間に出るので、そこからマルテペ駅を目指そう。また、TCDDの近郊電車に乗り、隣の駅イェニシェヒルYenişehirからメトロの**スヒエ**Sıhhiyeへの乗り換えもスムーズ。TCDD、アンカライ、メトロとも、5:30〜23:30頃に運行している。

◆オトガルから市の中心へ

アンカラのオトガルの略称は、**アシュティ**A.Ş.T.İ.という。このセルヴィスは会社ごとではなく、行き先ごとに乗り場が分かれている。町の中心へはKızılay-Sıhhiye-Ulusと書かれた立て札を探そう。アシュティからクズライへは、アンカライの利用も便利。街の中心、クズライ駅までは10分ほど。ウルスへはここからメトロに乗り換えてふたつ目の駅。

◆アンカライとメトロ

アンカライとメトロという2路線のミニ地下鉄が走っている。アンカライはアシュティからタンドアン、クズライ、クルトゥルシュを通って**ディキメヴィ** Dikimeviまで行く。メトロはクズライからウルスを通って北西に延び、**バトゥケント**Batıkentを結んでいる。

◆市内バス

市内バスは高級ホテルや大使館のあるオランやチャンカヤ方面を訪れるときなど、おもにクズライから南に行くときに便利。

アンカラ市が運営するEGOのロゴが入った市営バスと、**民営バス**Özel Halk Otobüsüがある。市営バスは回数券のみ。民営バスは車内で現金で支払う。

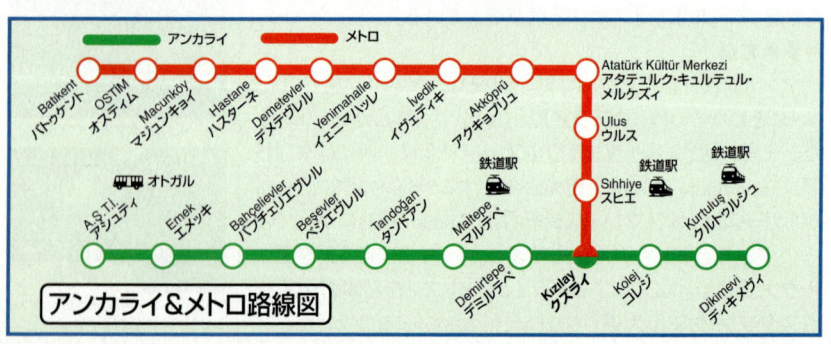

アンカライ&メトロ路線図

アンカラ大学の言語・歴史・地理学部の建物が、『日本美の再発見』でも知られる近代建築家ブルーノ・タウトがデザインしたもの。彼は日本滞在後、トルコへと移住した。(編集室)

アンカラ

■おもな市内バス路線

走っている時間帯は、普通は7:00〜20:00ぐらい、遅くまで走る路線なら23:00までの間、縦横無尽にバスは走る。旅行者にもよく使えそうな路線は、クズライとガージ・オスマン・パシャの間を循環する112番(6:30〜22:00、5〜10分間隔)や、アンカラ鉄道駅〜クズライ〜マルテペMaltepe〜タンドアン〜アンカラ鉄道駅と循環する204番(6:30〜23:00、10〜20分間隔)、ウルス〜クズライ〜チャンカヤを結ぶ450、185番(6:00〜21:30、10分間隔)、ウルス〜クズライ〜イラン通りを結ぶ115番(6:30〜22:00、20分間隔)など。

■アンカラの❶(ゲンチリッキ公園)
Map P.362A
✉ Gençlik Parkı İçi. No.10 Ulus
TEL(0312) 324 0101
⌚9:00〜17:00
休土・日

■アンカラの❶(アンカラ駅)
Map P.361A1
TEL(0312) 309 0404
⌚9:00〜17:00
休土・日

■エセンボア空港の❶
Map P.361B1外
TEL(0312) 398 0348
⌚9:00〜20:00
休無休

◆両替・郵便・電話&旅の情報収集

●両替　ウルスやクズライの交差点付近に銀行が多い。両替所もクズライやウルスにいくつかある。

●郵便・電話　アンカラの中央郵便局はウルスにある。ほかにもクズライ交差点など各地にPTT(郵便局)がある。

●観光案内所　アンカラの❶はゲンチリッキ公園内とアンカラ駅構内の2ヵ所にある。エセンボア空港の❶は国際線到着ロビーのみ。

|||見どころ|||

今でも人々に愛されるトルコ建国の父が眠る　Map P.361A2
アタテュルク廟
Anıtkabir　アヌトゥカビル

衛兵の交代式

トルコ共和国の父、ムスタファ・ケマル・アタテュルクを葬るために、1944〜53年に造られた霊廟。この丘は全アンカラを見渡せる位置にあり、国営放送TRTがかつて1日のテレビ放送開始と終止時に、国歌とともに映していたほど眺めがいい。

入口は2ヵ所。クズライから近いのはアクデニズ通りAkdeniz Cad.の入口だが、一般的なのはタンドアン交差点の方面から延びる入口。参道の入口には内部の構造の説明やアタテュルクの葬送の様子を示した**独立の塔**İstiklâl Kuleleriと**自由の塔**Hürriyet Kuleleriがあり、それぞれの前に3人ずつの男女の像がある。男性はトルコを担う学業、農業、軍事に携わる青年像、女性像のひとりはアタテュルクの死を悼んで泣いている。

ウルス地区〜アンカラ城

362

アンカラのスーパーでサフランを探しましたが香辛料売り場にはなく、薬局に行ったら売っていました。プラスチックのケース入りで10TLで買えました。(埼玉県　トルコの青い空　'11秋)

その先にはライオン像が並ぶ**ライオン・ロード**という参道が続く。参道を進むと広い霊廟の前に出る。左側の大きな柱に支えられた建物に**アタテュルクの墓**が納められている。

この建物を取り囲むようにある回廊は**博物館**になっていて、アタテュルクの蝋人形や肖像画、各国要人からの贈り物、愛用した品々などが展示されている。また、アタテュルクの墓と広場を隔てて相対する位置にあるのが、共和国2代目大統領**イスメット・イノニュ** İsmet İnönü の墓だ。

アナトリア出土のヒッタイトの遺物が眠る
アナトリア文明博物館
Map P.362B
Anadolu Medeniyetleri Müzesi アナドル・メデニエットレリ・ミュゼスィ

15世紀に建てられた隊商宿と貴金属市場を改築した博物館。展示物はすべてアナトリアの文化財。

入口を入ると、すぐ土産物のショップがあり、展示はその奥。マラテヤで発掘された2体のライオン像の間を通った先には、ヒッタイトをはじめ、アッシリア、ウラルトゥ王国、フリュギアなど、アナトリアの歴史を彩った文明の発掘品が所狭しと展示されている。

2012年9月現在、館内に5つある展示室のうち、公開されているのは2室のみで、紀元前1200年から現代にかけての展示をはじめとして、公開されていない収蔵品も多数ある。すべての展示が再開される詳しい時期は未定だが、2013年秋から2014年春頃を予定しているとのこと。とはいえ、紀元前8000年から紀元前1200年にかけての展示だけでも膨大な量があり、見応え充分だ。

チャタル・ホユック 人類最古の集落ともいわれる、コンヤ近郊にある新石器時代の遺跡で、世界遺産にも登録されている。多産豊穣のシンボルとして有名な**地母神の座像**をはじめ、猟りの様子を描いた壁画などを展示している。

土器の発明 紀元前9000年頃になると土器が作られ始めた。**ハジュラル** Hacılar から出土したものは、表面はクリーム色の化粧粘土が使われて幾何学模様が描かれ、美術的にも高く評価されている。

青銅器時代 紀元前3000～2000年になると、高度な**冶金技術**が生まれた。銅、金、銀、錫などを材料に、高い芸術性も合わせもった作品が展示されている。**アラジャホユック** Alacahöyük（→P.371）出土のものも多く、神格を象徴する牡牛や鹿などをかたどった精巧な作品や、太陽をかたどった**スタンダード**と呼ばれるものは、何らかの儀礼道具として使われたとみられている。アンカラのスヒエ交差点（Map P.361B2）に模型が飾られている、3頭の鹿をかたどったスタンダードも必見。金製の双子像も見逃せない。

■**アタテュルク廟**
アンカライのタンドアン駅から徒歩約5分。夏の夕方には音と光のショーが行われる。
開 9:00～17:00（11～1月～16:00、2月～5月中旬～16:30）
博物館 夏期9:00～17:30（冬期～16:00）
休 無休 **料** 無料
※入場時にはセキュリティチェックがある。

アタテュルク廟のタンドアン側入口。荷物はここで預ける

■**アナトリア文明博物館**
✉ Gözcü Sok. No.2 Ulus
TEL (0312) 324 3160
FAX (0312) 311 2839
URL www.anadolumedeniyetleri muzesi.gov.tr（トルコ語）
開 8:30～18:30
（冬期～16:30）
休 無休 **料** 15TL
オーディオ・ガイド5TL（日本語あり）
館内はフラッシュ撮影禁止。

チャタル・ホユックのプリミティブ・アート

聖獣を従えた玉座に座る母神は出産する女性を象徴している

太陽をかたどったスタンダード

アタテュルク廟からアクデニズ通りを南西に行った所から延びるアシュカアバト通り Aşkaabat Cad（Map P.361A2）には、ブティックやおしゃれなお店が点在している。（編集室）

ヒッタイト時代に作られたスフィンクス像

新ヒッタイト時代のカルカムシュからの出土品も多い

アクカレは「白い城」意味する

■アンカラ城
 随時
 無休　無料

■カマン・カレホユック考古学博物館
 アシュティからメトロ社のバスでカマンKamanへ行き(8:00～18:30に7便程度)、チャウルカンÇağırkan行きのドルムシュに乗り換える。カマンへは所要1時間45分、20TL。ドルムシュに乗るときに「ミュゼ」とはっきり言って博物館へ寄るよう頼もう。ドルムシュは2時間に1便程度と便は少ない。カマンでタクシーをチャーターすると往復で約30TL。
 Çağırkan kasabası, Kaman
 (0386) 717 6252
 www.jiaa-kaman.org
 8:30～19:00
 無休　無料

アッシリア時代の土器　この時代の土器は繊細で優美。しかも実用的にも優れているという見事なものだ。粘土板に**くさび形の象形文字**が見られるのがこの時代の特徴。ここには**キュルテペ**Kültepe出土のものが多い。

ヒッタイト時代　鉄器を独占して強大な帝国を築いたヒッタイト。帝国全盛期のアラジャホユックのオルトスタット(壁面下部レリーフ)や、新ヒッタイト時代のカルカムシュのレリーフなど、各地の遺跡から発掘されたオリジナルを見ることができる。

マラテヤ郊外のアスランテペの発掘品

フリュギア王国時代　ヒッタイトを滅ぼした海洋民族の一派。妖精や人間の頭部をかたどった大鍋など青銅の**細工術**はすばらしい。精巧な形、細かな彩色技術で仕上げられた陶製品も見事だ。

ウラルトゥの遺物　紀元前9世紀頃から勢力をもっていた、ヒッタイト古王国の構成民族**フルリ人**の子孫。ライオンやヒツジなど動物をかたどった金属加工を得意とした。

アンカラ市街が眼下に広がる
アンカラ城
Map P.362B

Ankara Kalesi　アンカラ・カレスィ

城壁は2重になっている。基礎になったのはローマ時代のもの。内側の城壁は7世紀にアラブの侵攻に備えてビザンツ帝国が築いた。外側は9世紀のビザンツ皇帝ミハイル2世が増強したものだ。北側の丘の頂上には独立した城、アクカレAkkaleがある。内城内にある12世紀建造のアラアッディン・ジャーミィの向かいの道を上っていくと、ズィンダン・クレZindan Kuleにたどり着く。この上から見る町の風景は絶景だ。内城の中は住宅街で、人々の普段の生活をかいま見ることができる。

三笠宮殿下記念公園に隣接する
カマン・カレホユック考古学博物館
Map P.29A2

Kaman Kalehöyük Arkeoloji Müzesi　カマン・カレホユック・アルケオロジ・ミュゼスィ

カマン・カレホユックは、日本の中近東文化センターによって1986年以来発掘調査が続けられている遺跡。考古学博物館は、日本の無償資金協力によって遺跡近くに2010年7月にオープンした。出土品や遺跡の模型などを展示しており、解説文には日本語もあってわかりやすい。博物館の横には三笠宮殿下記念公園という日本風庭園もあり、市民の憩いの場になっている。

古墳の形をした考古学博物館

一般的にヒッタイトを滅ぼしたとされる海洋民族は「海の民」と呼ばれ、エジプト王ラメセス(ラムセス)3世とも戦ったという記録もある。だが現在もその正体は謎とされている。(編集室)

HOTEL

安い宿はウルスに集中している。高級ホテルは南のガーズィ・オスマン・パシャに多い。また、絵画館の北側のデニズジレル通りDenizciler Cad.やコソヴァ通りKosova Sok.にも宿は多い。ただ、ウルスの安宿のなかには、盗難が横行していたり、売春宿のようなところがあったりすることも。

● 日本からホテルへの電話 国際電話会社の番号 + 010 + 国番号 90 + 312 (市外局番の最初の 0 は不要) + 掲載の電話番号

イェニ・バハル Yeni Bahar Oteli　経済的　Map P.362A

✉Çankırı Cad. No.25 Ulus
TEL(0312) 310 4895
FAX(0312) 310 4899
S 35TL
W 70TL
US$ € TL
不可 ADMV

チャンクル通りに面した大型の安宿。この料金のホテルでは珍しくエレベーターもある。全63室の客室は非常にシンプルだが、全室シャワー、トイレ、テレビ付き。朝食はオープンビュッフェ形式。
無料 (ロビー周辺のみ利用可)

カレ Kale Otel　経済的　Map P.362B

✉Anafartalar Cad. Şam Sok. No.13 Ulus
TEL(0312) 311 3393
FAX(0312) 311 3356
S A/C 50TL
W A/C 80TL
US$ € TL 不可 MV

アナファルタラル通りからアンカラ城のほうへ入った角にある老舗のホテル。建物は古いが、中は改装されており、客室はフローリングになっており清潔。上階への階段があるロビーの造りも趣がある。全28室。全館無料

Information　伝説のミダス王とゴルディオン

ゴルディオンの遺跡

ゴルディオン (Map P.27D1) はアンカラの南西約100kmの地点にある遺跡。現在の村の名はヤッスホユックYassıhöyük。フリュギア人は、ヒッタイト帝国の崩壊後、紀元前750年頃にゴルディオンを首都として王国を築いた。

ゴルディオンは堅固な城塞に囲まれた要塞都市だった。近辺の丘にはたくさんの古墳があり、トルコ第2位の大きさを誇る古墳はフリュギアのミダス王のものだといわれている。直径300m、高さ50mに盛られた古墳の内部には、丸太を組んだ玄室がある。古墳の向かいには博物館があり、モザイクや出土品などが展示されており、なかなか見ごたえがある。

ミダス王は、ギリシア神話の中に出てくる黄金欲の強い王で、ディオニュソス神に頼んで、触れた物すべてを黄金に変えるという力を身につけた。しかし、食べ物まで黄金になってしまい、反省した王はパクトロス川で水浴し、元どおりになったという。その後ミダス王は金を憎み、素朴を愛するようになったが、今度は音楽の神アポロンと牧神パンとの演奏勝負のときに、審査員でひとりだけ素朴なパンの演奏を支持してしまう。これがアポロンの怒りを買い、「そんな耳が人間の耳の形をしているのは間違っている。」と、耳をロバの耳に変えられてしまう。そう、ミダス王はイソップ童話に出てくる『王様の耳はロバの耳』の王様なのだ。

そのほかにも有名な逸話として『ゴルディオンの結び目』というのがある。ミダス王の前王であるゴルディオンは特殊な方法で牛車をつなぎ、普通ではほどけない結び目を解いた者がアジアを統治するという神託が下された。以来誰ひとりとして縄をほどける者はいなかったが、紀元前333年の冬にこの町にやって来たアレキサンダー大王が、いとも簡単にそれを剣で断ち切ってしまったという。

■ポラットルへの行き方
ゴルディオンへの起点となる町はポラットルPolatlı。アンカラからバイサルBaysal社が7:00～21:00に30分毎。　所要:1時間30分　運賃:4TL

■ゴルディオンへの行き方
ドルムシュは19:30発のため、日帰り不可。タクシーで交渉して往復約80TL、メーターだと倍以上。

■ゴルディオン博物館
8:30～17:00　休月　3TL (ミダス王墓内部と共通チケット) 2km離れた遺跡は随時見学でき、無料。

ゴルディオン博物館の展示 　ミダス王古墳

フリュギア人の遺物は、アンカラのアナトリア文明博物館のほか、チョルムにあるチョルム博物館 (→P.371) も秀逸なコレクションを収蔵している。(編集室)

アンド・コヌック・エヴィ And Konuk Evi

中級　Map P.362B

✉ İçkale Mah. İstek Sok. No.2 Altındağ
TEL (0312) 310 2303
FAX (0312) 311 2307
S A/C 🚿 🛏 52TL
W A/C 🚿 🛏 82TL
US$ € TL 不可 C/C 不可

アンカラ城の内城、アラエッディン・ジャーミィの向かいにある、伝統家屋を改装して2008年にオープンしたホテル。シングル、ツイン、スイート各2室ずつしかないが、全室キッチン付き。朝食は別途16TL。中庭からの眺めもよい。　📶全館無料

ヒティット Hitit Otel

中級　Map P.362B

✉ Hisarparkı Cad. No.20 Ulus
TEL (0312) 310 8617
FAX (0312) 309 6939
S A/C 🚿 🛏 60TL
W A/C 🚿 🛏 100TL
US$ € TL 不可 C/C M V

アンカラ城の西斜面にある全44室の2つ星ホテル。ロビーには金属工芸品が飾られ、室内もかなり広め。衛星テレビも完備した客室は、木目調でまとめられている。朝食ビュッフェも充実。　📶全館無料

アンゴラ・ハウス Angora House

中級　Map P.362B

✉ Kale Kapısı Sok. No.16
TEL (0312) 309 8380
FAX (0312) 309 8381
URL www.angorahouse.com.tr
S A/C 🚿 🛏 60€
W A/C 🚿 🛏 79€
US$ € TL 不可 C/C A M V

アンカラ城内にある。150年前に建てられたオスマン朝時代の邸宅を改装したブティックプチホテル。大使館関係者などの利用も多いとか。全6室で部屋により広さは大きく異なる。　📶全館無料

2000（イキビン）マルテペ Hotel 2000 Maltepe

中級　Map P.361A2

✉ Gülseren Sok. No.4 Maltepe
TEL (0312) 231 8170
FAX (0312) 229 0352
URL maltepe2000.com（トルコ語）
S A/C 🚿 🛏 70€
W A/C 🚿 🛏 90€
US$ € TL 不可 C/C A M V

アンカライのマルテペ駅Maltepeを出てすぐ。立地もよく、デザイン性もすぐれた人気ホテル。満室のときが多いが、300mほど南西には同系の2000アヌトゥテペAnıttepeがある。こちらは若干安く、空室があることが多い。　📶全館無料

ベルリッツ Berlitz Hotel

中級　Map P.362A

✉ Hükümet Cad. No. 4/B
TEL (0312) 324 5316
FAX (0312) 324 5314
URL www.berlitzhotel.com
S A/C 🚿 🛏 90TL〜
W A/C 🚿 🛏 140TL〜
US$ € TL 不可 C/C M V

2010年8月にオープンした新しいホテル。階段を上ったところにレセプションがある。衛星放送視聴可能な薄型テレビ、ドライヤーなどを完備している。目の前は各方面からのドルムシュが到着し、交通の便がいい立地。　📶全館無料

ベスト・ウェスタン2000 Best Western Hotel 2000
Map P.361B3
✉ Bestekar Sok. No.29 Kavaklıdere
TEL (0312) 419 9001
FAX (0312) 419 9016
URL www.otel2000.com
S 130€　W 160€
●全61室の4つ星ホテルで、宿泊者は無料でサウナの利用が可能。
📶全館無料

ラディソン・ブルー Radisson Blu
Map P.362A
✉ İstiklâl Cad. No.20 Ulus
TEL (0312) 310 4848
FAX (0312) 309 3690
URL www.radissonblu.com
S 120€　W 130€
●ウルス駅近くにある全202室のホテル。上は調査時の実勢料金。
全館無料

ヒルトン・サ Ankara Hilton SA
Map P.361B3
✉ Tahran Cad. No.12 Kavaklıdere
TEL (0312) 455 0000
FAX (0312) 455 0055
URL www.hilton.com
S 499TL　W 539TL
●室内温水プールや最新機器が揃ったフィットネス、サウナ、ハマムといった設備も完備。
有料

シェラトン Sheraton Ankara
Map P.361B3
✉ Noktalı Sok. Kavaklıdere
TEL (0312) 457 6000
FAX (0312) 467 7847
URL www.sheraton.com
S 225€　W 245€
●本館には温水プール、ジャクージ、エステサロンなども完備している。
有料

アンカラ城入口の階段には地元のおばあちゃんたちが露店を出している。小物がほとんどだがハンドメイドなのでかわいらしく、おみやげにもぴったり。（編集室）

366

Restaurant

ウルス地区には通りを1本入ると庶民的なレストランやビラハーネが多い。クズライなら交差点のやや東のセラニキ通りSelanik Cad.に、カフェやレストラン、居酒屋風のレストランが軒を連ねており、店選びも楽しいエリアだ。ガーズィ・オスマン・パシャ地区には日本食のレストランこそないが、大使館が集まるだけあって中華、イタリア料理など各国料理の店がある。

ウーラク Uğrak Lokantası

Çankırı Cad. No.13 Ulus
TEL(0312) 311 7473
FAX なし
9:00〜23:30
無休
US$ € TL
M V

トルコ料理 庶民的 Map P.362A

チャンクル通りにあるレストラン。創業は1926年という、このあたりでも老舗。店頭で回っている鶏の丸焼きは半分で7TL(ブルグルピラウ付き)と手頃。各種ケバブも4〜18TLと安い。ビール5.50TLやラクゥもあり、気がねなく飲める。

ルメリ Rumeli İşkembecisi ve Lokantası

Bayındır Sok. No.25/A Kızılay
TEL(0312) 431 3448
FAX(0312) 431 0717
24時間
無休
US$ € TL
M V

トルコ料理 中級 Map P.361B2

クズライのレストランが集まる地域にある。イシュケンベ・チョルバスやココレチといったホルモン系の料理の品揃えが多い。郷土料理ではセブゼリ・タウックル・ピルゾラSebzeli Tavıklı Pirzoraやクズ・フルン・タンドゥルKuzu Fırın Tandırなどが人気。

ボアズィチ Boğaziçi Lokantası

Denizciler Cad. No.1 Ulus
TEL(0312) 311 8832
URL www.bogazicilokantasi.com.tr (トルコ語)
7:00〜22:00 無休
US$ € TL
M V

トルコ料理 中級 Map P.362B

ウルスの南にある、50年以上の歴史を誇る老舗。トルコの新聞にオリーブオイルを使った料理のレストランのベスト10に選ばれたこともある。郷土料理のアンカラ・タワAnkara Tava(19TL)の人気が高い。

ゼンゲル・パシャ・コナウ Zenger Paşa Konağı

Ankara Kalesi Üstü Doyran Sok. No.13 Ulus
TEL(0312) 311 7070
FAX(0312) 311 4060
URL www.zengerpasa.com (トルコ語)
10:00〜24:00 無休
US$ € TL
M V

トルコ料理 中級 Map P.362B

アンカラ城の城門近くにある。古民家を改装して古道具や民族衣装が展示され、ちょっとした博物館のようだ。メインは12〜22TLほど。ピデは10〜16TL。テラスから眺める夕暮れと夜景がすばらしい。日曜の午前は特別な朝食メニューがある。

メルジャン・バルック Mercan Balık

Selanik Cad. No. 10/2
TEL(0312) 430 1247
9:30〜21:30
無休
US$ € TL
M V

シーフード 庶民的 Map P.361B2

セラニキ通りにある、セルフサービス式の店。指差しで注文できるので、魚のトルコ語名がわからなくても安心。メインは7〜13TLで、サラダが無料で付いてくる。

😊もうケバブはいい、という気分の時、ここで魚スープをよく飲みました。ほかにも、魚料理が楽しめます。
(北海道 阿部優子 '11春)

トリルイエ Trilye

Reşit Galip Cad., Hafta Sok. No.11B GOP
TEL(0312) 447 1200
FAX(0312) 446 5553
URL www.trilye.com.tr (トルコ語)
12:00〜深夜 無休
US$ € TL
A D M V

シーフード 高級 Map P.361A3

アンカラはもちろん、トルコでも屈指のシーフードレストラン。黒海、地中海、エーゲ海と国内の契約漁船から直送された新鮮な魚介類が自慢。ワインも100種類以上揃える充実ぶり。人気も高いので、ディナーは予約が必要。

クズライの交差点から少し北に行った左側にあるビュユック・チャルシュでは、貴金属などアクセサリー類が販売されており、種類も豊富。手頃な品も多い。(編集室)

ヒッタイト王国の都ハットゥシャシュ
ボアズカレ Boğazkale
市外局番 0364　人口5696人　標高1014m

■ボアズカレへの行き方
ボアズカレへはスングルルからしかバスがない。ボアズカレに泊まり、ホテルにスングルルやヨズガットへの送迎を頼むのもいい。アンカラやアマスヤ方面からならスングルルが、カッパドキアやスィワス方面からならヨズガットの利用が便利。
バス時刻表索引→P.76〜77

●スングルルから
村の中心部にあるPTT前の公園からドルムシュ。始発7:30、終発17:30。
運賃:4TL
交渉で40〜50TL

●ヨズガットから
ドルムシュはない。オトガルなどでタクシーと交渉する。相場は片道70〜80TL。

■スングルルへの行き方
幹線道路を通過するバスを途中下車する。キャーミル・コチ社のバスはスングルルのオトガルまで行き、そこからボアズカレ行きのドルムシュ乗り場近くにあるチケットオフィスまでセルヴィスで行くことができる。

●アンカラから
→P.81

●チョルムから
→P.319

■ヨズガットへの行き方

●カイセリから
メタトゥル社Meturの便が6:00〜18:00に1時間毎、19:30
所要:3時間30分　運賃:20TL

ヤズルカヤに残る12人の黄泉の国神の行進のレリーフ

今から4500年以上前の紀元前25世紀頃、この土地にはハッティ人といわれた人々が暮らしていた。その後インド・ヨーロッパ語族の一派が移動し、ハッティ人を支配して、このあたりに住み着いた。彼らこそが史上初めて鉄器を使用し、大帝国を築き上げたヒッタイト人である。

紀元前18世紀頃、ヒッタイトの王はここの地形に目を付け、王城を築いた。まず神殿と住居を造り、現在ビュユックカレと呼ばれている大城塞を築き、都市の防衛の要とした。現在も広大なエリアにヒッタイト王国の栄華を物語る遺跡の数々が広がっている。

▌▌▌旅のモデルルート▌▌▌
ボアズカレの見どころはハットゥシャシュとヤズルカヤ、アラジャホユックの3つ。ヨズガットやスングルルを起点にこれらを1日で回るなら、タクシーをチャーターしなければならない。

スングルルやヨズガットからタクシーで日帰り
ボアズカレ➡博物館➡ハットゥシャシュ➡ヤズルカヤ➡アラジャホユック

タクシーはヨズガットのオトガルやスングルルのバス停で見つける。ボアズカレ村でもタクシーをチャーターできる。まずはボアズカレ村の博物館へ。ハットゥシャシュのスフィンクス門に置かれていた2体のスフィンクス像は必見。遺跡を訪れる前にぜひ見学しておきたい。遺跡を見学したあとは、スングルル〜チョルム間の幹線道路や、ヨズガットのオトガルまでタクシーで行ってもらえば、アンカラやチョルム、スィワスへ行く長距離バスをつかまえるのに便利だ。

アラジャホユックから7km離れたスングルル〜チョルム間の幹線道路沿いにはウルソイの休憩所がある。レストランなども入っているので、バスを待つのにちょうどいい。(編集室)

歩き方

　ボアズカレ村の中心はスングルル行きのドルムシュの発着点でもある広場。この広場に面してPTTや銀行などがある。広場の北に**博物館**がある。PTTから東に道を入ってしばらく行くと、ヒッタイト古王国の首都**ハットゥシャシュ**遺跡の入口に出る。

　ハットゥシャシュの聖域ヤズルカヤは、ボアズカレ村の入口のT字路から東へ2kmにある。また、ボアズカレから北東35kmにはアラジャホユック遺跡がある。

見どころ

ヒッタイト古王国の首都
ハットゥシャシュ
Hattuşaş ハットゥシャシュ

Map P.369A2

大神殿　Büyük Tapınağı（ビュユック タプナウ）　入口を入ると、まず右側に大神殿が現れる。いまだに発掘中なので土台しか見られないが、建材には日干しレンガが使われ、長辺165m、短辺130mもの大きさがあったという。紀元前13世紀に造られたもので、ハットゥシャシュの最高神である嵐神テシュブとともに、太陽神アリンナが祀られていた。順路はその後、丘を取り囲んでいる。大

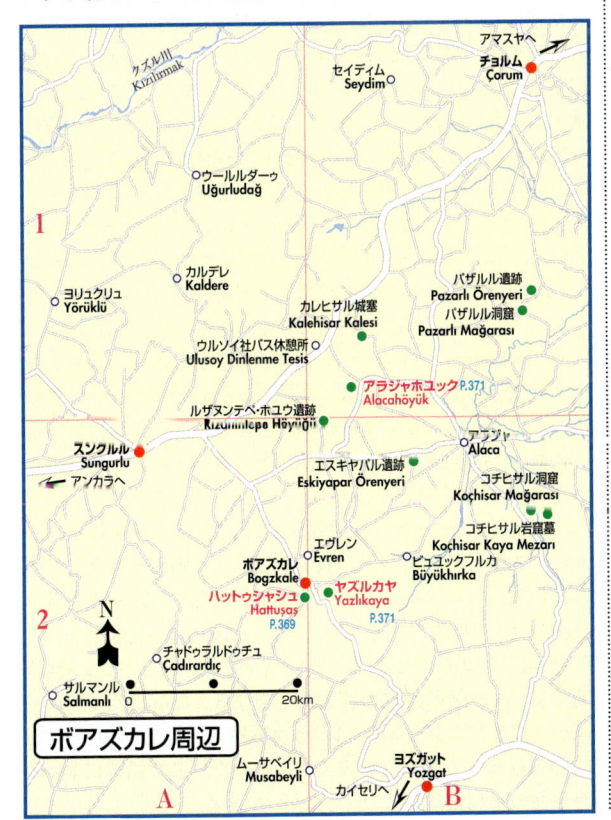

ボアズカレの博物館に展示されている2体のスフィンクス。左はベルリン、右はイスタンブールの博物館から運ばれてきた

■博物館
Map P.370左
TEL(0364)452 2006
開8:00～19:00（冬期～17:00）
休月　料無料

■タクシー料金の目安
公定料金がなく、ほかの地域に比べて言い値はかなり高い。粘り強く交渉すれば値引きは可能。メーターで行くとこの倍以上にはなる。

●ハットゥシャシュとヤズルカヤの2ヵ所を回る
スングルル、ヨズガットから120～150TL

●上記2ヵ所+アラジャホユックの3ヵ所を回る
スングルル、ヨズガットから200～220TL

■ハットゥシャシュ・タクシー
ボアズカレとスングルルを結ぶドルムシュ会社だが、観光客向けタクシーも運営している。ボアズカレからハットゥシャシュ、ヤズルカヤ、アラジャホユックを回るツアーも手配可能。1日ツアーは車1台80TL（入場料込み、要予約）。遺跡間の移動のみなら50TL（入場料別）。電話で呼び出せる。
TEL 0535 389 1089（携帯）

■ハットゥシャシュ遺跡
Map P.370左
開8:00～19:00（冬期～17:00）
休無休　料5TL

ライオン門

長年ベルリンのペルガモン博物館で保管されてきた、ハットゥシャシュのスフィンクス像は、2011年に返還され、ボアズカレの博物館で展示されるようになった。（編集室）

ハットゥシャシュ遺跡

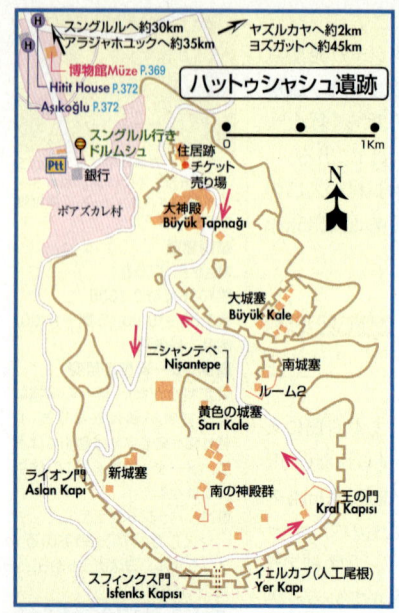

スングル

神殿から右側の道を進んでいこう。

ライオン門　Aslan Kapı〈アスランカプ〉　丘の上に建っている1対の門。玄武岩で造られたこの門は、町の入口となる6ヵ所の門のひとつ。ライオンの彫刻には魔除けの意味も込められているといわれる。

スフィンクス門　İsfenks Kapısı〈イスフェンクス カプス〉　最も標高の高い南側にはスフィンクス門と、その直下に地下道がある。実はこの部分は人工的に築かれた城壁なのだ。石灰岩ブロックをピラミッド断面状に高さ20mも積み上げ、全長は250mもある。ハットゥシャシュは南西の傾斜が緩く、敵の侵入を防ぐためにこのような城壁が考案された。地下道の長さは約71m。ここから城外に出てみると、何十段にも組み上げられた城壁のすごさを目のあたりにする。スフィンクスの威容は、ライオン門同様、魔除けの意味も含められている。

王の門　Kral Kapısı〈クラル カプス〉　もうひとつ先にあるのが王の門。この門にはトンガリ帽子をかぶった人物が彫刻されており、当初はこの人物がヒッタイト王とみなされたことからこの名前が付いた。しかし、後にこれは王ではなく、戦士であることが判明した。

ニシャンテペ　Nişantepe〈ニシャンテペ〉　ゴロゴロと置かれた岩の表面に古代文字が描かれており、ここにはハットゥシャシュ最後の王、シュピルリウマ2世の偉業が記されている。道路の東向かいにあるRoom2と呼ばれる建物には、シュピルリウマ2世の見事なレリーフが残されている。

大城塞　Büyük Kale〈ビュユック カレ〉　順路の右側に城壁に囲まれた丘がある。これが**大城塞**だ。20世紀初頭、この遺跡を発掘していたドイツの考古学者、H.ヴィンクラーは1万枚にも及ぶ粘土板を発掘した。この解読を進めるにつれ、このなかに2000kmも離れたエジプトのラムセス2世とヒッタイト王ハットゥシリシュ3世の間で交された**平和条約の書簡**を発見する。なんとヴィンクラーはそれ以前にエジプトのカルナック神殿において、これと同じ内容を意味する条約文を読んでいたのだ。この偶然により世界最初の平和条約が日の目を見たのである。

重要な意味をもつと考えられている緑石。ここでは産出しないという

王の門のレリーフはレプリカ。本物はアンカラのアナトリア文明博物館に展示されている

大城塞の城壁跡

ヤズルカヤのレリーフは、レプリカがベルリンのベルガモン博物館に収蔵されているが、室内にあり風化しないため、オリジナルよりよい状態で保存されている。(編集室)

素朴で力強いレリーフが数多く発見された
ヤズルカヤ
Yazlıkaya ヤズルカヤ

Map P.369B2

　ヤズルカヤ（碑文のある岩場）はハットゥシャシュの聖地であり、トゥタルヤ4世の息子にしてヒッタイト最後の王、シュピルリウマ2世が父を祀るために造ったとされている。紀元前13世紀に岩場をそのままに利用して造られた**露天神殿**で、岩に刻まれたレリーフに祭儀の様子が描かれている。

　入口を入り、岩の左側に進むとそこは**ギャラリー1**と呼ばれる場所。左の岩壁には男の神々が、右の岩壁には女の神々が描かれ、その奥に嵐の神テシュプTeşupが、妻の太陽神ヘパプHepapと子供たちに迎えられる姿が刻まれている。その向かいにある大きなレリーフはトゥタルヤ4世だ。

　ギャラリー2には、トンガリ帽子をかぶった12人の黄泉の国の神々が行進するレリーフや、剣の神ネルガル、守護神シャルマŞarummaに抱きかかえられたトゥタルヤ4世のレリーフがある。

アンカラの交差点の鹿の像で有名な
アラジャホユック
Alacahöyük アラジャホユック

Map P.369B1

　遺跡は青銅器時代のものやフリュギア時代のものなど何層にも重なり合っているが、ここから発掘された青銅の**スタンダード**がアンカラのアナトリア文明博物館に多数展示されている。

　アンカラのスヒエ交差点にある**3頭の鹿の像**のオリジナルもここからの出土品である。双頭の鷲が刻まれた有名なスフィンクス門をはじめ、門の左右のレリーフもオリジナルはすべてアンカラのアナトリア文明博物館に移されて、ここに残るのはレプリカばかりだが、オリジナルと見まがうほどに精巧なため、遺跡の雰囲気は抜群だ。

ヒッタイトの傑作がずらり
チョルム博物館
Çorum Müzesi チョルム ミュゼスィ

Map P.371

　宮殿のように大きな建物が印象的な近代的博物館。アラジャホユックやハットゥシャシュからの出土品がメインで、嵐神賛美の聖婚のシーンを浮き彫りに

チョルム博物館

再現された発掘時の状態

■**ヤズルカヤ遺跡**
入場券はハットゥシャシュ遺跡と共通。
圓8:00〜19:00（冬期〜日没）

切り立った岩場にレリーフが残る

トゥタルヤ4世とシャルマ神のレリーフ

■**アラジャホユック遺跡**
ボアズカレからバスはない。アラジャの町へはチョルムなどからミニバスの便があるが、アラジャホユックはアラジャの町から約9kmほど離れている。ハットゥシャシュとセットでタクシーで回るのが一般的。
圓8:30〜19:00（冬期〜17:00）
囲無休　囲5TL

アラジャホユックのスフィンクス門

■**チョルム博物館**
[TEL](0364) 213 1568
圓夏期0:00〜10:00
（冬期8:00〜12:00 13:00〜17:00）
囲月　囲5TL

[チョルム周辺図]
チョルム
オトガル
Anitta P.373
Şirinへ P.373
100m
イノニュ通り İnönü Cad.
ジェンギス・トペット・ベイ通り Cengiz Topel Cad.
学校
チョルム博物館 P.371 Çorum Müzesi
スングルルへ
200m

😊ヤズルカヤの写真をきれいに撮るなら太陽の高さの問題があるので、お昼前後に行くのがベスト。(千葉県　大陸遊人　'10秋)

した古ヒッタイト時代の壺や、トゥタルヤ2世の剣は必見順路に沿って見ていけば石器時代からビザンツ時代までひととおり見学できる。また、チョルム近郊の**オルタキョイ**Ortaköyからの発掘物には特別なコーナーが設けられ、展示も始まっているが、調査が終わっていないとの理由で写真撮影はここに限って認められていない。

きれいな装飾品も展示されている

HOTEL & RESTAURANT

タクシーをチャーターすれば、アンカラやアマスヤ、カイセリから日帰りも不可能ではないが、じっくり遺跡を見学しようとするなら、1泊したほうがよい。ボアズカレ村には、4～5軒のホテルがある。スングルルやヨズガット、チョルムには2つ星～3つ星のホテルもある。

ボアズカレ村にはレストランはない。しかしほとんどのホテルにはレストランも併設されており、食事も取れる。アラジャホユックの遺跡の入口にも軽食を出す小さなロカンタがある。チョルムは県庁所在地の比較的大きな町なので、レストランの数も多い。

日本からホテルへの電話 + 国際電話会社の番号 + 010 + 国番号90 + 364, 354 市外局番（最初の0は不要）+ 掲載の電話番号

ボアズカレ

アーシュクオウル Aşıkoğlu Hotel
中級　Map P.370左

Müze Yanı No.25 Boğazkale
TEL (0364) 452 2004
FAX (0364) 452 2171
URL www.hattusas.com
S 25€
W 40€
US$ € TL
T/C不可 CC M V

ボアズカレ村の入口近くにある。レストランも併設されており、三笠宮家も数度立ち寄ったことがあるそうだ。予約すればスングルル、ヨズガットからひとり20TLで送迎可。ペンションも併設されており、こちらはS 8US$、W 15US$。
ロビー周辺のみ利用可

ヒティット・ハウス Hitit House
中級　Map P.370左

Hitit Cad. No.1 Boğazkale
TEL (0364) 452 2004
FAX (0364) 452 2171
URL www.hattusas.com
S 25€
W 40€
US$ € TL T/C不可 CC M V

2010年にオープンした、村で唯一全室暖房完備、全10室のブティックホテル。ヒッタイトの城塞を模した外観。アーシュクオウルと同経営。部屋はやや狭いが快適に過ごせる。予約すれば有料で送迎可。
ロビー周辺のみ利用可

スングルル

フェルハット・イキ Ferhat 2
経済的　Map P.370右

Cengiz Topel Cad. No. 20 Sungurlu
TEL (0364) 311 8089　FAXなし
S A/C 50TL
W A/C 90TL
US$ € TL
T/C不可 CC A M V

スングルルのボアズカレ行きドルムシュ乗り場のすぐ横にある。入口から階段を上がるとレセプションがある。部屋はベッドと机が置かれただけの部屋はシンプルだが、オープンして間もないこともあってきれい。
全館無料

アカイラル Akaylar Et Lokantası
トルコ料理　庶民的　Map P.370右

Cengiz Topel Cad. Uzar Sok. No.2 Sungurlulu
TEL (0364) 311 6970　FAXなし
3:30～23:00　無休
US$ € TL
CC M V

朝早くから営業しているが、夕方には人気メニューはなくなってしまうことも多い。クズ・タンドゥル11TL、タンドゥル・チョルバス3.50TL、チェルケス・チョルバス3TL、サチカワ9TL。煮込み料理も数種ある。

オルタキョイの古代名はシャピヌワ。紀元前14世紀頃の最盛期には人口7万人を越える大都市だったといわれており、アンカラ大学により発掘調査が進められている。（編集室）

ヨズガット

ヒティット　Hitit Otel

📧 Sakarya Cad. Cumhuriyet Meydanı Karşısı Yozgat
TEL (0354) 212 1269
FAX (0354) 212 2523
S 45TL
W 70TL
US$ € TL T/C不可 C/C M V

経済的　　　Map P.368

広場に面したホテル。町の中心にあり便利な場所にある。客室はそれほど新しくはなく、設備も最低限といったところだが、料金を考えると妥当だろう。目の前にタクシーブースもある。全40室。
全館無料

アルトゥムシュ・アルトゥ・ケバプ　66 Kebap

📧 Meydan Yeri Akbank Yanı No.5 Yozgat
TEL (0354) 212 4404
FAX (0354) 212 7966
5:30～24:00　無休
US$ € TL C/C M V

トルコ料理　庶民的　Map P.368

広場近くにある1981年創業の老舗。名物のテスティ・ケバブは牛肉(Dana)と子羊(Kuzu)の2種類があり13.50TL。テスティ・ケバブ・ピラウは18TL。タンドゥル・ケバブ13.50TLのほか煮込み料理もあり。

チョルム

シーリン　Şirin Otel

📧 İnönü Cad. No.71/1 Çorum
TEL (0364) 225 5655
FAX (0364) 224 9156
S 50TL
W 70TL
US$ € TL T/C不可
C/C M V

中級　　　Map P.371外

全20室。アニッタ・ホテルの前の道を直進すると右側にある。値段のわりに部屋がこぎれいにまとまっている。このあたりにはホテルが割にあるので満室でもほかのホテルをあたれる。
全館無料

アニッタ　Anitta

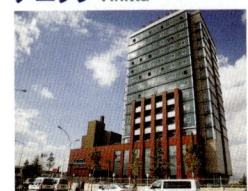

📧 İnönü Cad. No.80 Çorum
TEL (0364) 213 8515
FAX (0364) 212 0613
URL www.anittahotel.com (トルコ語)
S A/C 135TL
W A/C 185TL
US$ € TL T/C不可
C/C A D J M V

高級　　　Map P.371

チョルムのオトガル隣にあり、高い建物なのでよく目立つ。チョルム博物館へも徒歩5分。プールやスパ、サウナやハマムも完備した5つ星ホテル。旧館と新館があり、左記は新館の料金、旧館はバスタブなしで S 90TL、W 135TL。最上階には展望レストランもある。　全館無料

Information　**古代オリエントに大帝国を築いたヒッタイト**

紀元前2000年頃にアナトリアに移住したインド・ヨーロッパ語系の民族は、紀元前18世紀頃に最初の統一国家であるヒッタイト古王国を樹立した。首都はボアズカレ村にあるハットゥシャシュで、一度はミタンニ王国の侵攻や内紛のため衰退するが、紀元前15世紀には再興し、紀元前1275年にはラメセス(ラムセス)2世率いるエジプト軍とシリアのカデシュで交戦するなど強大な帝国を築いた。かの少年王トゥトアンクアムン(ツタンカーメン)の死後、夫を亡くした若い后が、ヒッタイト王に王子のひとりを婿入りしてくれるように要請した手紙も残っている。ヒッタイト人がファラオになったという記録はないが、エジプトとは常に深い関係にあったのだ。

ヒッタイトは優れた騎馬技術と鉄器の使用で大帝国を築くが、紀元前12世紀頃に、侵入した海の民に滅ぼされてしまう。
一部のヒッタイトはその後もユーフラテス川上流で小国を築いたが(新ヒッタイト)、紀元前717年、新アッシリアのサルゴン2世にカルカムシュを奪われ、滅亡した。

土地所有を示すヒッタイト語粘土板文書(チョルム博物館蔵)

ハットゥシャシュ遺跡は高低差がある丘の上に遺跡が点在しているので、歩いて回るとは4～5時間はかかる。売店やトイレもないので、水、食料は持参しよう。(千葉県　大陸游人　'10秋)

イスタンブール
アンカラ
スィワス

古きよきトルコの風景が現代に生きる
スィワス Sivas
市外局番 **0346** 人口**33万5002人** 標高**1285**m

■時刻表一覧
✈→P.70〜73
🚌→P.74〜75
🚂→P.316〜319
バス時刻表索引→P.76〜77

■バルクル・カプルジャ
Balıklı Kaplıca
Map P.30A1

バルクル・カプルジャはトルコ語で魚温泉という意味。その名のとおり、浴槽の中に入ると、魚が寄ってたかって人の皮膚をついばみ、別種の魚がなめていく。もとは乾癬という皮膚病を治すための施設で、各国から多くの人が訪れている。水温は35℃前後と高くないので、夏以外は寒い。

●バルクル・カプルジャへの行き方
🚌スィワスのオトガルの近郊行き乗り場からカンガルKangal行きバス（7:00〜18:00に運行）に乗る。運賃は8TL、所要1時間10分。カンガルからタクシーで片道約20TL。

修復が一部終わったチフテ・ミナーレ

標高1300mの高地にある、アジアハイウエイの西の入口にあたる町。ローマ時代にはセバスティアと呼ばれていたが、これがスィワスに変容した。ヨーロッパ化されていない、純粋なトルコの伝統が今も息づく町だ。セルジューク朝に統治された後、イランのモンゴル系王朝のイル・ハーン朝の支配を受けたため、町には両時代の建造物が数多く残っている。

バルクル・カプルジャの拠点カンガルKangalは、牧羊犬で名高いカンガル犬Kangal Köpeğiの産地。町のあちこちで、穏やかな顔をしたカンガル犬に出会うことができる。(編集室)

歩き方

町はいたってシンプルな造りだ。スィヴァスの中心は**コナック広場** Konak Meydanıだ。この広場から南東に延びる**アタテュルク大通り** Atatürk Bul.と南西に延びる**イスタスヨン通り** İstasyon Cad.がスィヴァスのメインストリートだ。アタテュルク大通り周辺にはホテルやロカンタ、バス会社のオフィスが多い。公園になっているシファーイエ神学校やチフテ・ミナーレを左に見ながら坂を下ると、左側にある病院の隣に❶がある。さらに南へ下ると左側にスィヴァス駅がある。南の高台にあるカレ公園 Kale Parkıは町を一望できる市民の憩いの場。

●**空港から町の中心へ**　空港からは発着に合わせてシャトルバスが出る。市内への運賃は5TL。

●**オトガルから町の中心へ**　オトガルは町の1.5km南にある。隣には近郊へのドルムシュやミニバスターミナルがあり、さらにその隣には市内バスターミナルもある。市内へはセルヴィスもある。タクシーならコナック広場まで15TLほど。

見どころ

残る正面の入口が当時の様子を偲ばせる　Map P.374A1〜B1
チフテ・ミナーレとシファーイエ神学校
Çifte Minare ve Şifaye Medresesi　チフテ・ミナーレ・ヴェ・シファーイエ・メドレセスィ

　コナック広場の向かいは公園となっており、1580年建設のカレ・ジャーミィ Kale Camiiや、1271年に建てられた**ブルジエ神学校** Buruciye Medresesiが目に入る。その奥にある2本のミナーレは、1271年にイル・ハーン朝の財務官僚にして歴史家、シャムス・アッディーン・ムハンマド・ジュワイニーによって建てられた。その向かい側には、もと病院であり医学学校でもあった**シファーイエ神学校** Şifaiye Medresesiがある。

高くそびえるミナーレが美しい　Map P.374B1
ウル・ジャーミィ
Ulu Camii　ウル・ジャーミィ

　ルーム・セルジューク朝のスルタン、クルチ・アルスラン2世もしくはその息子のクトゥッディーン・マリクシャーによって1196年に建てられた。その後は何度か改築されたが、高さ35mのミナーレには今もトルコ石の装飾などが残っている。

低い建物に高いミナーレが目を引くウル・ジャーミィ

細かなレリーフと均整のとれた姿は芸術品　Map P.374B2
ギョク神学校
Gök Medresesi　ギョク・メドレセスィ

　ギョク Gökとは蒼天の青色の意味で、青緑色のタイルで装飾されているため、その名が付けられた。もともとの名はサヒビエ・メドレセスィといい、ルーム・セルジューク朝の宰相、サー

スィヴァスの❶

●**メインオフィス**
Map P.374A2
✉Mumbaba Cad.
Atatürk Kültür Merkezi
TEL (0346) 223 5908
URL www.sivaskulturturizm.gov.tr (トルコ語)
⏰8:00〜17:00　休土・日

●**ブルジエ神学校内**
Map P.374B1
⏰10:00〜19:00　休12〜2月

■**クルシュンル・ハマム**
Map P.374B2
1576年に建てられた大きなハマム。オスマン朝最盛期の建物としての価値も高い。
✉Kurşunlu Cad.
TEL (0346) 222 1378
⏰男性5:00〜23:00
女性9:00〜17:00
休無休
💰12.50TL　アカスリ5TL
マッサージ5TL

■**シファーイエ神学校**
2012年10月現在、改装中。チフテ・ミナーレは自由に見学が可能。

■**ブルジエ神学校**
Map P.374B1
ブルジエ神学校には❶があるほか中庭はチャイハーネになっている。周囲の部屋は手工芸センターとなっており、ガラス細工、アクセサリー、木工品などスィヴァスの名産品が買える。

■**ウル・ジャーミィ**
⏰7:00〜日没
休無休　💰無料

■**ギョク神学校**
2012年10月現在、修復中のため入場不可。

長い間行われていたギョク神学校の修復は完了間近

国立スィヴァス病院の周辺では古い邸宅が次々と復元されている。○○Konağıと書かれているのがそれで、昔の暮らしぶりを知るのにちょうどよい。（編集室）

ヒップ・アタが、1271年に建てたものだ。2本のミナーレは高さ25m。正面入口の装飾は息を飲むほど美しい。長期に及ぶ修復中だが外観は見学可能。

HOTEL & RESTAURANT

ホテルはアタテュルク大通り沿いやその周辺に集中している。ほかの都市に比べて料金が手頃なので、少し上等のホテルを利用するのもおすすめ。レストランはアタテュルク大通り沿いやPTTの裏あたりに点在している。ケバブ屋が多く、どこも庶民的な雰囲気だ。

日本からホテルへの電話 ■国際電話会社の番号 + 010 + 国番号 90 + 346(市外局番の最初の0は不要) + 掲載の電話番号

ファーティフ Fatih Otel

経済的　Map P.374B1

✉ Kurşunlu Cad. No.22
TEL(0346) 223 4313
FAX(0346) 225 0438
S A/C 🚿 60TL
W A/C 🚿 90TL
💰 US$ € TL
T/C 不可　CC M V

中心部の東、ホテルが並ぶ通り沿いの一角にある。全38室。建物もきれいだが部屋も調度もベッドも新しく清潔にまとまっている。バスルームもきれい。2012年に改装が行われ、レストランも新たに併設された。　全館無料

スルタン Sultan Otel

中級　Map P.374B1

✉ Belediye Sok. No.18
TEL(0346) 221 2986
FAX(0346) 225 2100
S A/C 🚿 95TL
W A/C 🚿 150TL
💰 US$ € TL 不可　CC A M V

アタテュルク大通りから少し北へ入った右側にある3つ星ホテル。室内はやや手狭だが品よくまとまっている。最上階はレストラン。全室テレビ、ミニバー付き。朝食はビュッフェ。全27室。　全館無料

ビュユック Büyük Oteli

中級　Map P.374A2

✉ İstasyon Cad.
TEL(0346) 225 4763
FAX(0346) 225 4769
S 🚿 150TL
W 🚿 260TL
💰 US$ € TL　T/C 不可　CC A M V

イスタスヨン通りを南へ行った右側にある。スィワスで一番の設備を誇る4つ星ホテル。全110室。部屋やバスルームも広い。サウナ、ハマムやレストランなど設備も揃う。　全館無料

レゼッチ Lezzetçi Sivas Mutfağı

炉端焼き 庶民的　Map P.374B1

✉ PTT Arkası No.12
TEL(0346) 224 2747
FAX(0346) 224 0382
URL www.lezzetci.com.tr (トルコ語)
🕐 6:00〜24:00　無休
💰 US$ € TL　CC A M V

スィワスを代表する店。吹き抜けの店内は明るく、いつもにぎわっている。牛肉を巻いたナスやトマトを串焼きにしたスィワス・ケバブの盛り合わせ30TL(ハーフ20TL)が有名。マネジャーは英語ができる。

セバーティベイ Sebatibey

ケバブ屋 庶民的　Map P.374B1

✉ Eski Belediye Sok. No.4
TEL(0346) 221 8004　FAX なし
🕐 11:00〜23:30
休 無休
💰 US$ € TL
CC A M V

スルタン・ホテルの近くにある。もともとはイスケンデル・ケバブの専門店だった。看板メニューのイスケンデル・ケバブは12TL。郷土料理のスィワス・キョフテ(写真)も人気が高い。

ハーカン・ビストロ Hakan Bistro

バラエティ 庶民的　Map P.374A1

✉ İstasyon Cad. No.16/A
TEL(0346) 225 0666　FAX なし
URL www.hakanbaklava.com (トルコ語)
🕐 6:00〜24:00　無休
💰 US$ € TL
CC D J M V

元々はスィワスでよく知られたバクラワの専門店だったが、この店舗は食事のメニューも豊富。トルコ料理をはじめ、イタリアンパスタ、ピザから焼きそば、チキンカレーなどバラエティ豊か。

料理人はボル出身の人が多いといわれるように、ハマムのアカすりはスィワス出身の人が多いとくいうが、実際に聞いてみると必ずしもそういうわけでもなさそうだ。(編集室)

精緻な装飾が美しいジャーミィは世界遺産
ディヴリイ Divriği
市外局番 **0346** 人口**1万7176人** 標高**1040m**

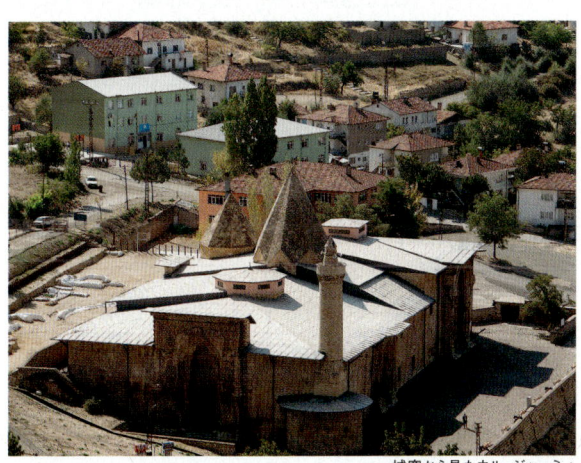

城塞から見たウル・ジャーミィ

スィワスの南東約200kmの山あいにある小さな町、ディヴリイ。ここは世界遺産に登録されたウル・ジャーミィで有名な町。周辺は鉄鉱石の鉱山が多く、近くに製鉄所もある。

ディヴリイの歴史は古く、ヒッタイト時代にまでさかのぼる。ビザンツ時代にはテフリケと呼ばれ、これがディヴリイという名の起源になったといわれている。12世紀にメンギュジュク朝の都となったため、ウル・ジャーミィをはじめ、当時の面影を残す建築物が点在している。

▮▮▮歩き方▮▮▮

ディヴリイの町は山の斜面に家が並び、山すそを幹線道路が走るというシンプルな造り。石畳の路地裏にはトルコ独特の古い民家が軒を連ねるひっそりとしたいなか町だ。

ミニバスターミナルは町の中心から少し南に位置し、スィワスからのミニバスが着くのもここ。オトガルはさらに500mほど南西にあるが、イスタンブールなどからの長距離専門。**ウル・ジャーミィ**へはミニバスターミナル前の坂をしばらく上ってPTTを過ぎると、標識があるので左折し、次の円形墳墓のある交差点を右折して坂を上る。

鉄道駅はディヴリイの町の下にある。鉄道駅からは左側に**城塞跡**、ディヴリイ・カレスィ Divriği Kalesiを見つつ15分ほど坂を上っていくと町に出る。

ウル・ジャーミィの下の広場にはPTTや町役場がある。役場の下が町の中心で、ロカンタや銀行もある。

■時刻表一覧
🚆→P.316〜319
バス時刻表索引→P.76〜77
スィワスからミニバスで日帰りする場合は行きは9:00発か12:00発かのどちらかが考えられるが、いずれの便で行っても、戻りは16:30発の1便しかない。戻りの便はたまに(10日に1度ぐらい)満席になることがあるので、チケットはあらかじめ買っておいた方がよい。

■ホテル&レストラン

小さないなか町ディヴリイのホテルは町の北にある公営のベレディエ・オテリ Belediye Oteliと、駅よりさらに北に1軒、町なかに安宿が数軒あるだけだ。世界遺産のウル・ジャーミィだけを見学するなら、スィワスから日帰りするのでも充分だろう。

観光客向けのレストランはディヴリイ・コナック Divriği Konakがあり、隣のオジャックバシュ Ocakbaşıなど、周辺に庶民的なロカンタがある。

▶ベレディエ
Belediye Oteli
Map P.377外
✉ Hakmamoğlu Mah.
Taşbaşı Otel
☎(0346)418 1825
FAX(0346)418 1002
[S]🛁▶40TL
[W]🛁▶50TL
🅟不可 🅒不可
町が経営している公営の宿。町と鉄道駅を結ぶ大通りから東に少し入ったあたりにある。
📶無料（一部客室のみ利用可）

午後の礼拝（5回のうちの3回目）の時間になると、チャルシュ門の西側にクルアーンを持ってお祈りをする人の影ができるという。どんな形の影なのかは見てのお楽しみ！（編集室）

▌▌▌見どころ▌▌▌

人々の生活に根づく世界遺産
ウル・ジャーミィ

Map P.377

Ulu Camii ウル・ジャーミィ

人通りも少なくのどかな空気が流れるディヴリイの町

　ウル・ジャーミィは、1229年にメンギュジュク朝のスルタン、アフメット・シャーが建築家のアフラットル・フッレム・シャーに建てさせた。スルタンの名前を取ってアフメット・シャー・ジャーミィとも呼ばれている。町の東、城塞跡の南。ジャーミィの横にはイマーム・ハーティプ İmam Hatip（聖職者養成学校）がある。

■ウル・ジャーミィ
圏8:00～17:00
※礼拝時間は入場不可
困無休
料無料

　3つの入口　何といっても見どころはジャーミィの3つの門の細かい装飾だ。ゴシック様式の大聖堂を連想させる北側のクブレ門は深くくぼんだ尖塔アーチ状で植物文様の細かい装飾が見られる。西壁南側のダーリュッシファー門は星形のレリーフが見られ、ひもの結び目のようなデザインが見られる。西壁北側のチャルシュ門はほかのふたつに比べると装飾は簡素だが、クローバーの葉のレリーフが美しい。

　ジャーミィの内部　メッカの方向を示す壁面のミフラーブは植物文様で装飾されており、重なるアーチ状の形がとても美しい。ミンベルは黒檀でできている。

町には古い廟も点在している

　病院　ダーリュッシファー Darüşşifaと呼ばれる、病院として使用されていた部分がジャーミィ南側にある。アフメット・シャーの妻トゥラン・メリクによって建てられた。幾何学文様のレリーフが秀逸。

装飾がいちばんゴージャスなクブレ門

クブレ門のレリーフ

ダーリュッシファーは南側3分の1を占める

装飾が美しい黒檀製のミンベル

ドームからの採光が荘厳な感じを出す

ダーリュッシファー門

ウル・ジャーミィの北東にある城塞は高台にあり、眺めがいい。12世紀に建てられたカレ・ジャーミィ Kale Camiiも残っており、入口の装飾が美しい。（編集室）

ネムルトダーゥ山頂の頭像

秘境に、人々の笑顔を求めて
南東部、東部アナトリア
Güneydoğu ve Doğu Anadolu

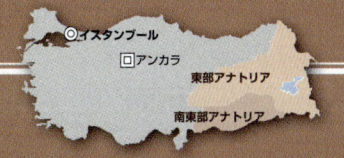

イスタンブール
アンカラ
東部アナトリア
南東部アナトリア

南東部、東部アナトリア
Güneydoğu ve Doğu Anadolu

◆**気候と服装**

　南東部、東部アナトリアともに内陸部に位置しているため大陸性の気候だが、大きく異なる。

　シリアやイラクと国境を接する南東部は夏の暑さが厳しく、7月の平均気温は約30℃で、ときには40℃を超す猛暑もしばしば。日焼け対策はもちろん、日中の観光は水分補給をこまめにするなどして熱中症対策をとりたい。

　東部アナトリアは高原地帯にあるため、冬の寒さが厳しく、1月の平均気温はマイナス4.2℃。冬から春にかけて積雪があるので充分な防寒対策を講じていこう。

●**交通**●

　東西に3本の主要幹線が走っており、それ以外の南北の移動はドルムシュやミニバスが主になってくる。ネムルトダーウ観光の拠点となるアドゥヤマンやキャフタはこの主要幹線からはずれているので、マラテヤかシャンルウルファからドルムシュかミニバスで行くことになる。

　トルコ西部に比べると東に行けば行くほどバスの便は少なくなる。特にドウバヤズットやワンなど東端の町は、日暮れが早いこともあって午後になると便が極端に少なくなる。次の町への移動は前日のうちに計画しておこう。

マラテヤ発着路線

●マラテヤ～ワン　運賃50～60TL　所要:約9～11時間

イェニ・ワン・セヤハット Yeni Van Seyahat	マラテヤ発　22:30 ワン発　　　16:30	
ベスト・ワン・トゥル Best Van Tur	マラテヤ発　20:00 ワン発　　8:30, 11:00, 12:00, 13:00, 14:00, 15:00, 22:00	
メトロ Metro	マラテヤ発　6:30, 9:30, 20:00, 23:30 ワン発　　9:00, 11:00, 13:00, 13:30, 16:30, 21:00	
ワン・ギョリュ Van Gölü	マラテヤ発　7:00, 20:00, 22:00, 23:00 ワン発　　22:00	

●マラテヤ～タトワン　運賃40～50TL　所要:約6時間

イェニ・ワン・セヤハット Yeni Van Seyahat	マラテヤ発　23:30 タトワン発　13:00, 15:00	
メトロ Metro	マラテヤ発　6:30, 9:30, 20:00, 23:30 タトワン発　11:30, 13:00, 15:00, 18:30	
ベスト・ワン・トゥル Best Van Tur	マラテヤ発　20:00 タトワン発　24:00	

●マラテヤ（エスキオトガル発）～カンガル　運賃17TL　所要:約3時間

ヘキムハン・ネット Hekimhan Net	マラテヤ発　6:00, 8:00, 10:00, 13:00, 16:00 カンガル発　9:15, 11:15, 13:15, 15:45, 18:45

●マラテヤ（エスキオトガル発）～ディヤルバクル（イルチェ・オトガル発）　運賃25TL　所要:約4時間30分

フラート・トゥーリズム Firat Turizm	マラテヤ発　7:00～19:00の毎時 ディヤルバクル発　6:30, 7:15, 8:00～15:00の毎正時, 16:30

●マラテヤ（エスキオトガル発）～アドゥヤマン　運賃17TL　所要:約3時間

ファーティフ・ガーズィ・トゥル Fatih Gazi Tur	マラテヤ発　6:00～19:30に30分毎 アドゥヤマン発　6:00～19:30に20分毎

※発車時刻および運賃は2012年の調査時のものであり、しばしば変更されます。所要時間については巻頭の折込地図（1枚目裏側）もご参照ください。

アドゥヤマン発着路線

●アドゥヤマン～キャフタ　運賃3.50TL　所要:約30分

キャフタ・アドゥヤマン Kâhta Adıyaman	アドゥヤマン発　6:30～22:00に10～15分毎 キャフタ発　6:00～21:00に10～15分毎

●アドゥヤマン～シャンルウルファ（イルチェ・オトガル発）　運賃14TL　所要:2時間

アドゥヤマン・ビルリッキ・キャフタ Adıyaman Birlik Kâhta	アドゥヤマン発　6:00～19:30に20分毎 シャンルウルファ発　6:00～19:30に20分毎

●アドゥヤマン～ガズィアンテップ　運賃17TL　所要:2時間30分

ヤマントゥル Yamantur	アドゥヤマン発　5:20～19:00に20分毎 ガズィアンテップ発　6:00～20:00に20分毎

●アドゥヤマン～アダナ　運賃35TL　所要:6時間

アドゥヤマン・ユナル Adıyaman Ünal	アドゥヤマン発　7:30, 9:30, 11:00, 12:30, 14:00, 16:00, 24:00 アダナ発　9:00, 11:30, 14:30, 17:30, 24:00
ギュララス Güları Turizm	アドゥヤマン発　9:00, 10:30, 14:00, 16:00, 23:30, 24:00 アダナ発　8:30, 9:00, 11:30, 14:30, 17:30, 24:00
キャフタ・ペトロル Kâhta Petrol	アドゥヤマン発　10:30, 24:00 アダナ発　17:00, 24:00

キャフタ発着路線

●キャフタ～シャンルウルファ　運賃15TL　所要:2時間30分

アドゥヤマン・ビルリッキ・キャフタ Adıyaman Birlik Kâhta	キャフタ発　6:00～15:00に毎時 シャンルウルファ発　6:00～20:00に20分毎

●キャフタ～アダナ　運賃30TL　所要:6時間30分

アドゥヤマン・ユナル Adıyaman Ünal	キャフタ発　8:30, 10:00, 11:30, 13:00, 15:00, 22:30 アダナ発　9:00, 11:30, 14:30, 17:30, 24:00

シャンルウルファ発着路線

●シャンルウルファ～ガズィアンテップ　運賃20～30TL　所要:2時間

イェニ・ディヤルバクル Yeni Diyarbakır	シャンルウルファ発　14:00 ガズィアンテップ発　15:00	タトゥルセス Tatlıses Turizm	シャンルウルファ発　9:00～20:30の1～2時間に1便 ガズィアンテップ発　5:00～17:00の毎正時, 17:30
スタル・ディヤルバクル Star Diyarbakır	シャンルウルファ発　9:00～21:30の1～3時間に1便 ガズィアンテップ発　6:00, 9:30, 10:15, 13:00, 18:30, 1:30	ウルファ・ジェスール Urfa Cesur	シャンルウルファ発　7:00～18:30の1～2時間に1便 ガズィアンテップ発　9:00, 10:30, 12:00, 14:30, 16:00, 18:00, 19:00

●シャンルウルファ～ディヤルバクル　運賃20TL　所要:約2～3時間

オズ・ディヤルバクル Öz Diyarbakır	シャンルウルファ発　12:00, 12:15, 14:30, 15:30, 16:00, 17:45, 19:00, 20:00 ディヤルバクル発　5:00, 8:00～24:00の1時間に1便程度		
スタル・ディヤルバクル Star Diyarbakır	シャンルウルファ発　9:00, 12:00, 13:00, 16:00, 19:00, 21:30 ディヤルバクル発　7:30, 9:30, 14:00, 15:30, 16:30, 17:00, 20:00, 24:00, 0:30		
ハス・ディヤルバクル Has Diyarbakır	シャンルウルファ発　12:00, 16:00, 18:00 ディヤルバクル発　10:45, 14:00, 17:00, 19:30, 20:30, 23:00, 24:00	スタル・バトマン Star Batman	シャンルウルファ発　9:00, 10:00 ディヤルバクル発　11:00, 12:00, 12:30, 13:00, 15:00, 19:00, 20:00

●シャンルウルファ～マルディン　運賃25～30TL　所要:4時間

マルディン・セヤハット Mardin Seyahat	シャンルウルファ発　9:30, 10:30, 12:00, 16:00 マルディン発　なし		
ディルメンレル・マルディン Dilmenler Mardin	シャンルウルファ発　9:00, 11:30 マルディン発　10:30, 19:00, 22:00	オズレム・ジズレ・ヌフ Özlem Cizre Nuh	シャンルウルファ発　なし ディヤルバクル発　12:30, 17:30

※掲載している便は主要会社の一部の路線です。ほかにも同一路線で複数の会社が運行している場合があります。

●シャンルウルファ〜ハラン　運賃5TL
所要：約1時間15分

ハラン・スル Harran Sur	シャンルウルファ発　6:00〜18:30に15分毎 ハラン発　6:45〜17:15に15〜30分毎

●シャンルウルファ〜ワン　運賃60TL
所要：約9時間

ベスト・ワン Best Van	シャンルウルファ発　14:30, 20:30, 23:00 ワン発　9:00, 15:00, 17:00, 18:00, 23:00
ワン・ギョリュ Van Gölü	シャンルウルファ発　14:30, 20:00, 23:00, 24:00 ワン発　22:00

ディヤルバクル発着路線

●ディヤルバクル〜アダナ　運賃45〜50TL
所要：約8時間

イェニ・ディヤルバクル Yeni Diyarbakır	ディヤルバクル発　22:00, 24:00 アダナ発　12:00, 24:00
ハス・ディヤルバクル Has Diyarbakır	ディヤルバクル発　14:00, 23:00, 24:00 アダナ発　12:00, 24:00
オズ・ディヤルバクル Öz Diyarbakır	ディヤルバクル発　8:00, 10:00, 12:00, 13:00, 22:00, 23:00, 24:00 アダナ発　9:00, 10:00, 12:00, 14:30, 23:00, 24:00
オズレム・ディヤルバクル Özlem Diyarbakır	ディヤルバクル発　8:00, 10:00, 12:00, 13:00, 14:00, 22:00, 23:00 アダナ発　9:00, 12:00, 23:00, 24:00
スタル・ディヤルバクル Star Diyarbakır	ディヤルバクル発　7:30, 9:30, 22:00, 0:30 アダナ発　10:00, 15:30, 19:00, 20:00, 22:00, 23:00, 24:00

●ディヤルバクル〜ワン　運賃35〜40TL
所要：約7時間

スター・ディヤルバクル Star Diyarbakır	ディヤルバクル発　12:30, 23:00, 24:00 ワン発　11:30, 17:00, 23:00	ワン・ギョリュ Van Gölü	ディヤルバクル発　12:30, 18:00, 23:00 ワン発　22:30
ベスト・ワン Best Van	ディヤルバクル発　12:00, 18:00, 23:00 ワン発　9:00, 15:00, 17:00, 18:00, 23:00	メトロ Metro	ディヤルバクル発　9:00 ワン発　12:00, 18:00

●ディヤルバクル (イルチェ・オトガル発)〜マルディン　運賃10TL
所要：約1時間30分

マルディン・エクスプレス Mardin Ekspres	ディヤルバクル発　6:00〜20:00に10〜20分に1便 マルディン発　6:00〜19:30に15分毎

●ディヤルバクル (イルチェ・オトガル発)〜バトマン　運賃9TL
所要：約1時間30分

ディヤルバクル・バトマン・ビルリッキ Diyarbakır Batman Birlik	ディヤルバクル発　6:30〜21:00に15分毎 バトマン発　6:30〜20:30に10〜15分毎

マルディン発着路線

●マルディン〜ミディヤット　運賃9TL
所要：約2時間

オンイェディ・ヌマラル・コープ 17 nolu Koop	マルディン発　6:30〜19:00に20分毎 ミディヤット発　6:00〜19:00に20分毎

ワン発着路線

●ワン〜タトワン　運賃15TL
所要：約2時間

ベスト・ワン Best Van	ワン発　8:00〜23:00の毎時 タトワン発　6:00〜17:00の毎時、23:00	ワン・ギョリュ Van Gölü	ワン発　9:00〜19:00の1〜2時間に1便 タトワン発　3:00〜17:00の毎時
イェニ・ワン・セヤハット Yeni Van Seyahat	ワン発　10:30, 13:00, 16:30, 17:30, 19:00, 22:30 タトワン発　5:00〜17:00の毎時	ビトリス・タチ Bitlis Taç	ワン発　10:00, 11:00, 13:00, 16:00 タトワン発　11:00, 14:00

※発車時刻および運賃は2012年の調査時のものであり、しばしば変更されます。
所要時間については巻頭の折込地図（1枚目裏側）もご参照ください。

●ワン～エルズルム　運賃40TL　所要：約7時間

オズ・エルジス Öz Erciş	ワン発　9:00, 10:00, 15:30, 22:00
	エルズルム発　なし
エルジシュ・セヤハット Erciş Seyahat	ワン発　9:30, 10:30, 15:30
	エルズルム発　7:30, 8:00, 23:00
ワン・ギョリュ Van Gölü	ワン発　22:00
	エルズルム発　8:00, 12:30, 23:00, 0:30
メトロ Metro	ワン発　12:30, 18:00
	エルズルム発　7:00, 2:00

●ワン（町の北のドルムシュ・ガラジュ発）～ドウバヤズット　運賃20TL　所要：約3時間

ドウバヤズット・イサク・パシャ・トゥル Doğubayazıt İshak Paşa Tur	ワン発　6:00, 8:00, 9:00, 12:00, 14:00
	ドウバヤズット発　6:30, 8:00, 9:00, 12:00, 14:00

ドウバヤズット発着路線

●ドウバヤズット～ウードゥル　運賃10TL　所要：約1時間

ウードゥル・ドウバヤズット・ドルムシュラル Iğdır Doğubayazıt Dolmuşları	ドウバヤズット発　6:00～19:00にほぼ15分毎（満員になれば出発）
	ウードゥル発　6:00～17:00にほぼ15分毎（満員になれば出発）

●ドウバヤズット～アール　運賃10 TL　所要：約2時間

ハニ・ババ Hani Baba Tur	ドウバヤズット発　5:30～11:00の30分毎、12:00～16:00の1～2時間に1便
	アール発　7:00～17:00に30分毎

●ドウバヤズット～エルズルム　運賃20TL　所要：約5時間

メッキ・アール・ダーウ Mek Ağrı Dağı	ドウバヤズット発　8:30, 9:00, 9:30, 10:30, 11:00, 12:00, 14:00
	エルズルム発　11:30, 15:00, 17:00

カルス発着路線

●カルス～エルズルム　運賃20TL　所要：約3時間

セルハット・カルス Serhat Kars	カルス発　6:00, 7:00, 8:00, 9:00, 12:00, 14:00, 16:00
	エルズルム発　9:15, 11:30, 14:30, 16:30
カルス・ジェンギズ Kars Cengiz	カルス発　12:30, 14:00, 16:00
	エルズルム発　8:30, 10:00～16:00の毎正時, 18:00

●カルス～ウードゥル　運賃15TL　所要：約2時間30分

セルハット・ウードゥル Serhat Iğdır	カルス発　7:00, 8:00, 10:00, 11:00, 13:00, 15:00, 17:00
	ウードゥル発　7:00, 8:30, 10:00, 12:00, 14:00, 15:30, 17:00

●カルス～アルトヴィン　運賃35TL　所要：約3時間

イェシル・アルトヴィン Yeşil Artvin Express	カルス発　9:30
	アルトヴィン発　12:00

エルズルム発着路線

●エルズルム～アルトヴィン　運賃30TL　所要：約4時間

イェシル・アルトヴィン Yeşil Artvin Express	エルズルム発　7:00, 11:30, 14:30, 15:30
	アルトヴィン発　6:00, 9:00, 11:00, 17:30

●エルズルム～アール　運賃20TL　所要：約3時間

アール・ドウ Ağrı Doğu Turizm	エルズルム発　11:30, 15:00, 17:00
	アール発　12:00, 12:30, 16:00

※掲載している便は主要会社の一部の路線です。ほかにも同一路線で複数の会社が運行している場合があります。

ネムルトダーウ Nemrutdağı

山頂に石像が鎮座する「世界8番目」の不思議

市外局番 **0416** 人口 **25万4505人** 標高 **669m**（アドゥヤマン）

ネムルトダーウの山頂に並ぶ石像

　アンカラの東600kmにあるネムルトダーウ（ネムルト山）には、標高2150mの山頂に世界遺産に登録された巨大な神像がある。これは紀元前1世紀に、この地方を支配したコンマゲネ王国のアンティオコス1世の墳墓。岩のかけらが積もって円錐状の丘となっている山頂自体が陵墓だ。その東と西にそれぞれ5体の神像とワシとライオンの像が並んでいる。地震のため首が神像から転げ落ち、神々の首はまるで地面から生えたかのように前を見据えている。これは世界7不思議に続く世界8番目の不思議ともトルコでは呼ばれる。アンティオコス自身の像はゼウスやアポロン、ヘラクレスなどの神々と並んでおり、強大な権力をもっていたことがうかがえる。

旅のモデルルート

　公共交通機関で行くことが不可能なネムルトダーウには近隣の町からのツアーに参加するのが一般的。キャフタやアドゥヤマンの各ホテルからは正午〜16:00に出発して最後にネムルトダーウで日没を迎えるものと、未明に出発してネムルトダーウで日の出を迎え、9:00頃戻るものがある。

ツアーを利用してネムルトダーウ見学

キャフタ ➡ ネムルトダーウ山頂 ➡ 周辺の見どころ

アルサメイアやジェンデレ橋を含めたロングツアーが一般的で、ネムルトダーウだけ往復するショートツアーでも値段はほとんど変わらない。日没と日の出のツアーでは逆コースとなる。

■時刻表一覧
✈ →P.70〜73
マラテヤ空港、シャンルウルファ GAP空港が利用できる。
🚗 →P.74〜75
🚌 →P.380〜383
バス時刻表索引→P.76〜77

■アドゥヤマンの❶
Map P.385B
✉ Atatürk Bul. No. 184
☎ (0416) 216 1259
URL www.adiyamankultur.gov.tr（トルコ語）
🕐 8:00〜12:00 13:00〜17:00
休 土・日

■キャフタの❶　Map P.386右
✉ Celal Bayal Cad.
☎ (0416) 725 5007
🕐 8:00〜17:00　休 土・日

■マラテヤの❶
Map P.387下B
✉ Kongre Kültür Merkezi
☎ (0422) 323 2912
FAX (0422) 323 2912
URL www.malatyakulturturizm.gov.tr（トルコ語）
🕐 8:00〜17:00　休 土・日

■マラテヤの❶支局
Map P.387下A
✉ Beşkonaklar, Sinema Cad.
☎ (0422) 322 4490
🕐 8:00〜17:00　休 土・日

マラテヤからアドゥヤマンへの道は断崖絶壁で、山道を上るように進む。ドルムシュの車窓からは、南東部の雄大な山岳風景を楽しむことができる。（編集室）

歩き方

ネムルトダーゥの山頂へはアドゥヤマンやキャフタなどの町からツアーで行く。マラテヤやシャンルウルファ発もある。

●**アドゥヤマン** 空港は町の東約20kmの所にあり、セルヴィスが運行されている。マラテヤやシャンルウルファからのミニバスはドルムシュターミナルに到着する。ここから町の中心へは道沿いを南に徒歩約15分。アダナやアンカラなどからの大型バスはオトガルに到着。ネムルトダーゥへのツアーやタクシーのチャーターの手配はオトガルが便利。

●**キャフタ** アドゥヤマンの空港まで約7km、タクシーで約25

イスタンブールのミニアトゥルク（→P.139）には頭部が転げ落ちる前のミニチュアがある

アドゥヤマン・ユナルのツアー担当のアリ氏

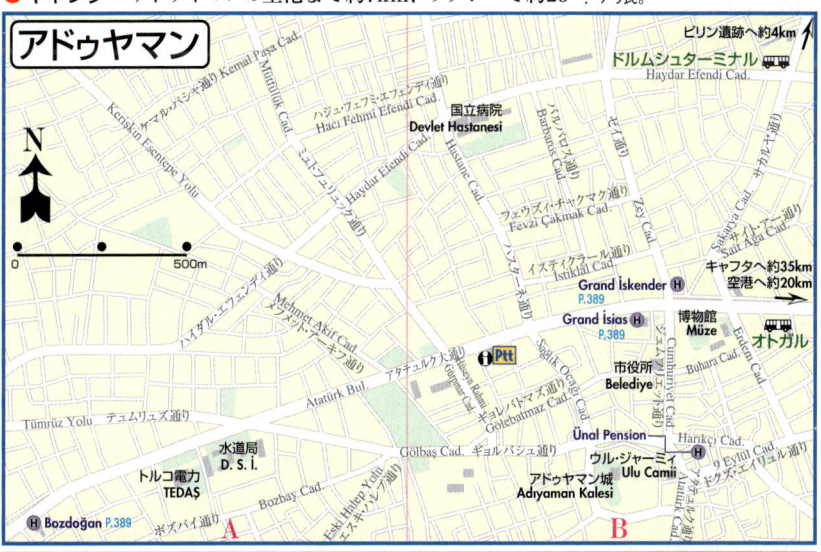

アドゥヤマン [地図]

ネムルトダーゥとその周辺を巡るツアー

アドゥヤマン発
行程 オトガルからバス会社のアドゥヤマン・ユナル**Adıyaman Ünal** が催行。日没ツアー13:00発。日の出ツアー深夜24:00発。コンマゲネ王国の都市遺跡、ピリンPirinにもリクエストすれば追加料金なしで寄る。

料金 ミニバス1台200TL、タクシー1台100US$

連絡先 アドゥヤマン・ユナル**Adıyaman Ünal**
TEL(0416)216 1112（担当アリAli氏）

キャフタ発
行程 各ホテルが催行している。ネムルトダーゥのみのショートツアーは16:00発、21:00頃着。周辺の見どころも回るロングツアーは、13:00発、21:00頃帰着。1人から催行。前日までの予約が望ましい。

料金 ショートツアーはミニバス1台130〜180TL。ロングツアーは150〜170TL。ひとり分の料金と称して1台分の値段を請求するぼったくり業者がいるので要注意。

連絡先 キャフタの各ホテルのほか、コンマゲネ・ペンション（→P.388）が経営するメゾポタミヤ・トラベルMezomotamya Travelでも手配可能。

マラテヤ発
行程 1泊2日で日の入りと日の出の両方が楽しめる。6月〜10月中旬頃12:00発、翌朝10:00着。ホテルはネムルトダーゥから2km離れたギュネシ・ホテル。日の出と日の入りの時間に山へミニバスが出る。

料金 ひとり100TL。ホテルの宿泊料と朝食、夕食込みだが、入場料と昼食代は別途。

連絡先 ラマザン・カラタシュ氏Ramazan Karataş
TEL0536 873 0534（携帯） ramo4483@hotmail.com
※ビュユック・ホテル（→P.390）でも申し込み可

シャンルウルファ発
行程 日没ツアーは9:30発で23:00帰着。6:00発、20:00帰着のツアーはアタテュルクダムにも立ち寄る。深夜発の日の出ツアーは24:00発、15:00帰着。

連絡先・料金
カリル・トゥーリズム（→P.392）
80TL〜（9人より催行）
アスラン・コヌク・エヴィ（→P.394） 50€
オテル・ウール（→P.394）
130TL（入場料、食事込み）

マラテヤ発のツアーではホテルの設備、食事はあまり期待しないほうがいい。日没と日の出の写真を撮りたい人にはおすすめです。（千葉県　大陸游人　'10秋）

■**山頂の気温に注意**
ネムルトダーゥは標高2000mを超える。また、内陸部にあるため、日中と日没後の温度差も大きい。日の出や日没を見に行くのだから、夏でも重ね着をするなどして冬並みの防寒対策をとろう。特に、深夜に出発して日の出を見る場合、1日で最も気温の低い時間となるため、注意が必要だ。

ネムルトダーゥへの道

■**アスランテペ屋外博物館**
Map P.387下B外
マラテヤの郊外、オルドゥズOrduzuにあるアスランテペ遺跡Aslantepe Höyüğüは、約5300年前の世界最古の金属製の刀剣が発掘された、考古学上重要な遺跡。2011年6月に屋外博物館として開館した。オルドゥズ行きバスに乗って約15分。なお、発見された刀剣はマラテヤの考古学博物館に収蔵されている。
圏8:00～17:00 困無 圏無料

■**マラテヤ考古学博物館**
Map P.387下B外
⊠Kernek Meydanı No.5
圏8:00～16:45 困無
圏3TL

TL。アドゥヤマンからのドルムシュは、ホテルが点在するメインストリートを抜けて町の中心にあるオトガル前（2012年9月現在閉鎖中）に到着する。泊まりたいホテルの前で降ろしてもらうとよいだろう。オトガルが閉鎖中のため、長距離バスは❶から南へ行ったキョイ・ガラジュ Köy Garajıに発着している。

●**マラテヤ**　このあたりの中心都市で、大きなショッピングセンターなどもあるちょっとした都会。町の中心は、**県庁**Vilayetがある広場。❶はその裏にある公園の中にある。広場の周辺には商店も多く、この地方の特産である**アンズ**Kayısıを売る店も見かける。

　マラテヤ空港は、町の中心から約35kmほどの所にある。到着に合わせてシャトルバスが待っているので、それに乗って行こう。市内から空港へのシャトルバスは利用する航空会社によって出発場所が異なるので注意。

●**マラテヤのオトガル**　マラテヤにはふたつのオトガルがある。ひとつは市の西端にある新しい**テルミナル**Terminalで、**マシュティ** Maştiの愛称ももつ。もうひとつはおもに近郊の町へのドルムシュが発着する**エスキ（旧）オトガル**Eski Otogar。キョイ・ガラジュ Köy Garajıとも呼ばれる。テルミナルから町の中心へは幹線道路を東へ行くミニバスかバスで。運賃は1.25TL。アンズ色の市営バスなら、デデ・コルクト公園からイノニュ通りに入って県庁前に着く。ベージュのミニバスはエスキ・オトガルの前を通って幹線道路の脇が終点。

●**観光シーズンは初夏から秋**　ネムルトダーゥに行くからには山頂の頭像を見たいという人は5月～10月頃に行こう。開山と閉山の時期はその年の天候によって異なる。冬はジェンデレ橋までしか行けない。

ネムルトダーゥ
ネムルトダーゥ Nemrutdağı ▲2150m P.387
Güneş
イェニ・カレ Yeni Kale
アルサメイア Arsameia P.388
Ephat
Kervansaray
ジェンデレ橋 Cendere Köprüsü P.388
エスキカレ Eski Kale
カラクシュ Karakuş P.387
ダムラジュック Damlacık
ナーリンジェ Narince
シャンルウルファへ ディヤルバクルへ
イェルコワン Yelkovan
キャフタ Kahta
アクンジュラル Akıncılar
アドゥヤマンへ
アタテュルクダム Atatürk Barajı

キャフタ
ネムルトダーゥへ 53km
Nemrut P.388
Kommagene P.388
Zeus P.389
Mezopotamya Travel P.385
Mustafa Kemal Cad.
オトガル（閉鎖中）
銀行
Kahta Sofrası P.390
Anatolia
ドルムシュ乗り場
Elit Cafe
Kent 2
病院
ジャーミィ
交番
病院
キョイ・ガラジュ
ジャーミィ
ジャーミィ
アドゥヤマンへ 35km

アドゥヤマンの北4～5Kmの所にはコンマゲネ王国の主要5都市のひとつピリンPirinの遺跡があり数多くの岩窟墳墓も見ることができる。（編集室）

見どころ

にょっきりと突き出たユニークな表情の像
ネムルトダーゥ Map P.386左
Nemrutdağı ネムルトダーゥ

　陵墓の東西に頭部の落ちた神像やアンティオコスの像が並んでいる。東側には捧げものをした祭壇もある。西側にあった神々と握手するアンティオコスや、獅子のレリーフは収蔵庫にしまわれてしまった。日没や日の出のツアーではどちらかにしか日光があたらないが、石像の色が刻々と変わるさまは圧巻だ。眼下にはユーフラテス川をせき止めたダム湖がよく見える。カフェのある駐車場から遺跡までは徒歩10分。

4本の墓碑が荒涼とした風景によく似合う
カラクシュ Map P.386左
Karakuş カラクシュ

　キャフタから約12kmの所にある。コンマゲネ王ミトリダテスの母、姉などの陵墓。周囲に残る石柱の頭にはワシ（カラクシュ）の彫像がある。

■ネムルトダーゥ
囲冬期は積雪のため道が閉ざされている。
圏8TL（ツアーに料金が含まれている場合がある）

カラクシュの石柱

東の神殿

マラテヤ中心部

マラテヤ

ネムルトダーゥ山頂は寒いが、アルサメイアなどの見どころは日差しが強い。防寒対策と紫外線対策を両方しておいたほうがいい。水分補給も忘れずに！（編集室）

ローマの建築技術の一端をかいま見せる
ジェンデレ橋
Cendere Köprüsü ジェンデレ・キョプリュスュ　　Map P.386左

■アルサメイア
夏のシーズン中に行ったほうが無難。ホテル発のツアーでは行き先に含まれない場合もあるので確認しよう。
图8TL
（ネムルトダーゥと共通）

ユーフラテス川の支流であるジェンデレ川Cendere Çayıにかかる橋。200年頃、ローマのセプティミウス皇帝（在位193〜211）のために建設された。巨大な石材は10km近くもの距離を運ばれてきたらしい。

ジェンデレ橋

山の中にひっそりとたたずむ大きなレリーフ
アルサメイア（エスキ・キャフタ）
Arsameia/Eski Kâhta アルサメイア（エスキ・キャフタ）　　Map P.386左

キャフタから北に約25kmのエスキ・キャフタには、コンマゲネ王朝の夏の離宮跡があり、アルサメイアとも呼ばれている。ミトリダテス王がヘラクレス神と握手している大きなレリーフがある。レリーフの下にあるトンネルの長さは約158m。出口は閉鎖されている。

ヘラクレス神から王位を授かり、握手するミトリダテス王

アルサメイアからキャフタ川下流を望む

HOTEL

ネムルトダーゥに近く、設備の整ったホテルが多いのはキャフタ。しかし、強引な客引きやツアーの内容・料金をめぐってのトラブルも報告されている。ホテルの価格差だけではなく、ツアー代も含めたトータルの金額で選択しよう。
　マラテヤは高級なホテルはあまりないが、県庁前広場周辺や、新旧オトガル行きドルムシュ乗り場の西側に手頃な中級ホテルが並んでいる。

日本からホテルへの電話　国際電話会社の番号＋010＋国番号90＋416（市外局番の最初の0は不要）＋掲載の電話番号

キャフタ

コンマゲネ Kommagene Hotel
✉Mustafa Kemal Cad.
TEL 0532-200 3856（携帯）
FAX (0416) 725 5385
URL www.nemrutguide.com
S A/C 30TL
W A/C 60TL
US$ € TL
T/C 不可
C/C M V

経済的　　MapP.386右
町のメインストリートとネムルトダーゥへの道の交差点の角にある。庭の共同キッチンが自由に使え、節約型の旅行者に人気。部屋の設備は値段相応。ランドリーの利用、空港送迎可。メゾポタミヤ・トラベルと同経営で、ネムルトダーゥをはじめ、シャンルウルファやマルディンへのツアーも手配可能。　全館無料

ネムルト Hotel Nemrut
✉Mustafa Kemal Cad. No.61
TEL (0416) 725 6881
FAX (0416) 725 6880
URL www.nemrutturizm.com（トルコ語）
S A/C 25€
W A/C 40€
US$ € TL　T/C 不可　C/C M V

中級　　MapP.386右
キャフタの町の入口あたりにある5階建てのホテル。全76室。1階はレストラン。客室はゆとりのある造りになっており、とても清潔。ここからのツアーは10人乗りのミニバス1台150TL。英語を話せるスタッフも何人かいる。　全館無料

アルサメイアのレリーフ下にあるトンネルは、異臭がして暗いだけ。足元も滑る可能性があるので、トンネルを下るメリットはあまり感じられない。（編集室）

ゼウス Zeus Hotel

中級　　　　　　　　　Map P.386右

✉ Mustafa Kemal Cad. No.20
TEL (0416) 725 5694
FAX (0416) 725 5696
URL www.zeushotel.com.tr
S A/C 🛁🚿🚽 60€
W A/C 🛁🚿🚽 80€
💳 US$ € TL
T/C 不可　CC A D J M V

ネムルトダーゥ周辺では最も豪華な全66室の3つ星ホテル。スイミングプールや、レストラン、バーがあり、冷暖房完備。全室ドライヤー、ミニバーもある。ほかに6つのスイートルームとふたつのキング・スイートルームがある。ツアーは12人乗りの車1台177TL。
📶 全館無料

アドゥヤマン

日本からホテルへの電話　国際電話会社の番号 ＋ 010 ＋ 国番号 90 ＋ 416（市外局番の最初の0は不要）＋ 掲載の電話番号

グランド・イスケンデル Hotel Grand İskender

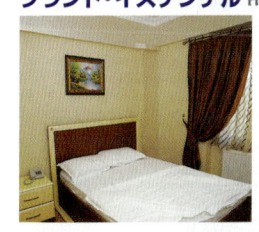

中級　　　　　　　　　Map P.385B

✉ Atatürk Bul. Hükümet Konağı yanı No. 2
TEL (0416) 214 9001
FAX (0416) 214 9002
URL www.hotelgrandiskender.com（トルコ語）
S A/C 🛁🚿🚽 60TL
W A/C 🛁🚿🚽 100TL
💳 US$ € TL　T/C 不可　CC M V

町の中心にある中級ホテル。全61室の客室は広めで、ミニバーや衛星放送が視聴できるテレビを完備している。立地と設備を考えるとコストパフォーマンスに優れている。1階には庶民的なレストランを併設している。レセプションではツアーの手配も可能。
📶 全館無料

ボズドアン Otel Bozdoğan

中級　　　　　　　　　Map P.385A

✉ Atatürk Bul. No.108
TEL (0416) 216 3999
FAX (0416) 216 3630
URL www.otelbozdogan.com（トルコ語）
S A/C 🛁🚿🚽 80TL
W A/C 🛁🚿🚽 120TL
💳 US$ € TL
T/C 不可　CC A D J M V

アドゥヤマンの町の中心から1.5kmほど西に離れた所にある4つ星ホテル。屋外スイミングプール、フィットネスルーム、ハマム、サウナなどがひととおり揃っており、リゾート気分で滞在できる。部屋にはミニバー、衛星放送が視聴可能なテレビも備わっており、半数以上の部屋はバスタブ付き。　📶 全館無料

グランド・イスィアス Hotel Grand İsias

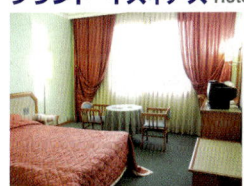

高級　　　　　　　　　Map P.385B

✉ Atatürk Bul. No.220
TEL (0416) 214 8800
FAX (0416) 214 9733
URL www.grandisias.com
S A/C 🛁🚿🚽 95US$
W A/C 🛁🚿🚽 120US$
💳 US$ € TL
T/C 不可　CC A M V

アドゥヤマンの町の中心に建つ大型ホテル。全67室に衛星放送対応テレビ、バスタブを完備している。最上階のレストランでは郷土料理がひととおり楽しめる。ネムルトダーゥへのツアーは車1台180TL。シーズンによっては大幅に料金が下がる時期もある。　📶 全館無料

マラテヤ

日本からホテルへの電話　国際電話会社の番号 ＋ 010 ＋ 国番号 90 ＋ 422（市外局番の最初の0は不要）＋ 掲載の電話番号

パルク Park Otel

経済的　　　　　　　　Map P.387上

✉ Atatürk Cad. No.7
TEL (0422) 326 3230
FAX (0422) 326 1346
✉ parkotelmalatya@mynet.com
S A/C 🛁🚿🚽 45TL
W A/C 🛁🚿🚽 70TL
💳 TL　T/C 不可　CC M V

アタテュルク通りにある白地に青い建物。町歩きに便利な立地。全20室はテレビ付きで清潔。トイレ・シャワー共同の部屋は S 40TL、W 65TL。共同トイレは洋式ではなくトルコ式。ロビーにはテレビとソファが置かれている。　📶 全館無料

✏ マラテヤのオトガルのおみやげ屋では、さまざまなアンズ関連の商品が並んでいる。アンズを使ったコロンヤはマラテヤ限定品。(編集室)

ビユユック　Malatya Büyük Otel

中級　Map P.387上

✉ Yeni Cami Karşısı No.1
TEL (0422) 325 2828
FAX (0422) 323 2828
URL malatyabuyukotel.com (トルコ語)
S A/C 🛁 ➡ 🍴 80TL
W A/C 🛁 ➡ 🍴 120TL
💳 US$ € TL　T/C不可　C/C M V

イェニ・ジャーミィの向かいに建つ2つ星の大型ホテル。2012年に改装を行った。町の中心にあり周囲には市場やレストランが多い。一部にバスタブ付きやミニバーを完備した部屋もある。全52室。
📶全館無料

アナトリア・ブティック　Anatolia Boutique

中級　Map P.387下A

✉ Eski Otogari Karşısı No.90
TEL (0422) 325 0222
FAX (0422) 325 2323
URL www.otelanatolia.com (トルコ語)
S A/C 🛁 ➡ 🍴 60€
W A/C 🛁 ➡ 🍴 90€
💳 US$ € TL　T/C不可　C/C M V

エスキ・オトガルからイノニュ通りを渡った斜め向かいにある。ブティック・ホテルという名前の割に内装は凝った感じはしないが、レストランはもちろん、サウナやハマムなど設備は充実している。
📶全館無料

Restaurant

アドゥヤマンの名物と言えばチー・キョフテ。市役所周辺に専門店が多い。キャフタにはムスタファ・ケマル通り沿いなどに庶民的なロカンタが数軒ある。マラテヤはイノニュ通り沿いと、県庁の広場周辺に庶民的な店がたくさんある。カナル・ボユ Kanal Boyuにはおしゃれなお店もある。

キャフタ

キャフタ・ソフラス　Kahta Sofrası

トルコ料理　庶民的　Map P.386右

✉ Mustafa Kemal Cad.
TEL (0416) 726 2055
FAX なし
🕐 24時間
休 無休
💳 TL　C/C M V

ムスタファ・ケマル通りにあるロカンタ。朝早くから開いているので便利。煮込み料理は6TL～、ケバブ類は各種8TL～、ピデは9TL～、ラフマジュンは3枚6TLなど良心的な値段設定がうれしい。

マラテヤ

スルタン　Sultan Sofrası

ケバブ屋　庶民的　Map P.387上

✉ Vilayet Arkası İntaş İş Merkezi No.86
TEL (0422) 323 2393　FAX なし
🕐 7:00～22:00
休 無休
💳 US$ € TL　C/C M V

県庁の裏にあるレストラン。奥行きがあり、座席数は150。スープ（3TL）がとてもおいしいと評判。ラフマジュンは2.50TL。添え物のサラダ、チー・キョフテは無料、ケバブ類は8.50～16TLほど。

スィナン・ハジュババ　Sinan Hacıbaba Et Lokantası

郷土料理　庶民的　Map P.387上

✉ Akpınar Halfettin Mah. No. 19
TEL (0422) 321 3941　FAX なし
🕐 7:00～21:00
休 無休
💳 C/C M V

1949年創業、マラテヤの郷土料理レストランの草分け的存在。時の首相や有名人も訪れるほど。近年改装を行い店の雰囲気を一新した。名物のキャウト・ケバブはサラダとピラウを加えて12TL。

ノスタルジー　Nostalji Tarihî Malatya Evi

郷土料理　中級　Map P.387上

✉ Mücelli Cad. No.8 Vilayet Yanı Yeşil Sinema Karşısı
TEL (0422) 323 4209　FAX なし
🕐 7:00～24:00
休 無休
💳 TL　C/C M V

1840年代に建てられた古い民家を改装した店。メニューの多くは地方料理で、アナル・クズル・キョフテ（9TL）などのメニューが並ぶ。マラテヤ文化の紹介のためにやっているそうで、値段はかなり手頃。

マラテヤの❶支局があるベシコナックラルには、郷土料理を出すレストランや民俗博物館も併設されている。時間があればぜひ訪れてみよう。(編集部)

名物ラフマジュンやチー・キョフテ、食のふるさとここにあり

シャンルウルファ Şanlı Urfa

市外局番 0414　人口63万8131人　標高518m

■時刻表一覧
✈→P.70〜73
🚌→P.380〜383
バス時刻表索引→P.76〜77

シャンルウルファ城から市街を望む

■市文化社会局運営の❶
**シャンルウルファ市
文化社会局運営の❶**
Map P.392
市役所横の小さなブース。地図やパンフレットの配布のほか、ガイドの紹介なども行っている。
✉Köprübaşı Ahmet Kara Koyun İş Merkezi Önü Belediye Yanı
TEL(0414)313 1634
　　内線1536
URL www.urfakultur.gov.tr
⏰8:00〜12:00　13:00〜17:00
休土・日

　シリア国境にも近い、人口63万人余りの都市。紀元前2000〜3000年頃から栄えたこの町は、セレウコス朝のニカトールが命名したエデッサEdessaという名で歴史上にたびたび登場する。2世紀頃からキリスト教が盛んとなり、11世紀末には十字軍国家のエデッサ伯国の中心地となった。
　なお、「シャンル」は、独立戦争の際に勇敢に戦った住民に対して贈られた称号。単に「ウルファ」と呼ばれることも多く、バスの行き先表示などは「Ş. Urfa」と書かれている。

歩き方

　見どころはすべてメインストリートのサライオニュ通りSarayönü Cad.を南へ進んだ先にある。サライオニュ通りの南端から15分ほど歩いていくと、やがてバザールが見えてくる。ここを通り抜けて道なりに進むと、預言者アブラハム生誕の地がある。聖なる魚の池公園もこの近く。また、この先の丘の上に建つシャンルウルファ城から見下ろす町並みは見事だ。

◆ターミナルから町の中心へ

　空港　シャンルウルファGAP空港は、町の北東約35kmにある。町の中心部とはハワシュHavaşで結ばれており、着陸した25分後に出発する。所要約45分、10TL。

　オトガル　上の階が長距離バス、下の階が近距離バスやドルムシュが発着するターミナルとなっている。オトガルと町の中心を結ぶ市バスの停留所は市役所（Belediyeベレディエ）近く、ズィラート銀行Ziraat Bankasıのある通りを入ってすぐのところにある。運賃は1TL。

町と空港を結ぶハワシュ

シャンルウルファのオトガル

トルコを代表する歌手イブラヒム・タトルセスはシャンルウルファ出身。タトルセス・トゥリズムというバス会社を経営し、地元の雇用創出に一役買っている。（編集室）

■シャンルウルファ城
開9:00～18:00（冬期～16:00）
休月
料3TL
入口は2ヵ所あり、洞窟のきつい階段コースと距離は長いが、城の周りを登っていく緩やかな階段コースがある。

■アブラハム生誕の地
開早朝礼拝～日没礼拝
休無休　料寄付歓迎
バルクルギョルBalıklıgölと書かれたミニバスでも行ける。女性は入口でスカーフを借りる。

ライトアップされたアブラハム生誕の地

アブラハムが生まれたとされる洞窟

●カリル・トゥリズム
Kaliru Turizm
Map P.392
⊠Sarayönü Cad. No.74/A
TEL(0414) 215 3344
FAX(0414) 216 3245
URLwww.kaliruturizm.com.tr
開9:00～19:00
休無休
ハラン、ソウマタール、シュアイブ遺跡、ギョベックリ・テペを回る1日ツアーはひとり75TL（参加者が10人以上の場合）。ハランへの半日のツアーやネムルトダーウやミディヤット、シリア方面へのツアー、数日かけてアブラハムゆかりの地を回るツアーも催行する。
※オテル・ウール（→P.394）やアスラン・コヌク・エヴィ（→P.394）でも同様のルートで独自のツアーを出している。

||| 見どころ ||||

崖の上に伸びる2本の石柱が印象的
シャンルウルファ城
Şanlıurfa Kalesi シャンルウルファ・カレスィ

Map P.392

ヒッタイト時代に建てられたもので、高さ10～15mにも及ぶ石塔が25本残されており、南側は壕になっている。上からは眼下に広がる石造りの旧市街の町並みが眺められる。よく目立つ2本の石柱は高さ17.25mで、紀元前2～3世紀に造られた。

2本の石柱からの眺めは最高だ

アブラハムはここで生まれたという
アブラハム生誕の地
Hz. İbrahim (A.S.) Peygamberin Doğum Yeri
ハズレッティ・イブラヒム・ペイガンベリン・ドウム・イェリ

Map P.392

トルコ人の多くは、この町こそ預言者アブラム（イブラヒム）がカナンに向けて出発した「ウル」であるとする。伝説によれば、国を失う夢を見た当時の支配者ニムロットは、その年に生まれる子供が国を滅ぼすという祈祷師の言葉を信じ、嬰児の皆殺しを命じた。そのためアブラハムの母が隠れて彼を出産したのがこの洞窟だ。預言者ヨブの生誕地ともされ、これがウルファがペイガンベル（預言者）の町と呼ばれるゆえんだ。

シャンルウルファ

旧約聖書によるとハランはヤコブが兄のエサウから逃亡したときに滞在していた地でもある。ヨセフやユダなど、イスラエル12部族の祖は全員ハランで生まれている。（編集室）

預言者アブラハムゆかりの魚がすむ
聖なる魚の池
Halil-ür Rahman Gölü ハリリュル・ラフマン・ギョリュ

Map P.392

ここはアッシリア領主ニムロットが、アブラハムを火あぶりの刑にしようとした場所。また、南側にあるもうひとつのアインゼリハ池Ayn-ı Zelihâ Gölüは、アブラハムの教義を信じたニムロットの娘ゼリハが、アブラハムを追い、火の中に身を投げたところ、神が火刑の火を水に、燃えさかる薪を魚に変えたという。今でもこの池にはたくさんの魚がすみ、聖なる魚とあがめられている。池の北側には1736年建造のルドヴァニエ・ジャーミィ Rıdvaniye Camiiが、アインゼリハには聖マリア教会跡にハリル・ラフマーン・ジャーミィ Halil Rahman Camiiが建つ。これは1211年にアイユーブ朝のマリク・アシュラフによって建造されたものだ。

とんがり帽子の屋根が並ぶ
ハラン
Harran ハラン

Map P.30B2

シャンルウルファから44km南にある集落。旧約聖書には、アブラハムが神の啓示によってユーフラテス川下流のウルから約束の地カナン(イスラエル)へ向かう途中、ハランに住んでいたと書いてある。周辺にはアイユーブ朝時代には大学として機能したウル・ジャーミィやビザンツ時代の教会、城内部には厨房跡も見られる。

ビーハイブ・ハウスとも呼ばれる

ビーハイブ・ハウスと呼ばれる日干しレンガ造りの家は、遺跡のさらに奥にある。観光用に内部を公開しているところがあり、おみやげを並べたり、庭先でチャイを出したりしている。

世界最古の宗教遺跡
ギョベックリ・テペ
Göbekli Tepe ギョベックリ テペ

Map P.30B2
特集記事→P.23

ギョベックリ・テペは、シャンルウルファの東約20kmにある約9000〜1万年前の遺跡。円環状に並ぶ巨石は神殿と考えられており、巨石は大きいもので3mほど、ウシやトリなど動物をモチーフにした彫刻が施されている。

円環状に並ぶ巨石群

当時のメソポタミアは狩猟採集の時代。農耕や牧畜の段階を経ない人類がこれほど高度な宗教的建築物を作り出したことは、考古学上の革命的な発見といえる。遺跡についてはまだ不明な点も多く、現在も発掘調査が続けられている。

■聖なる魚の池
開 常時開放　料 無料

魚にエサをやることもできる

■ハランへの行き方
●シャンルウルファから

ハランへのミニバスはオトガルの近距離バス、ドルムシュ・ターミナルから発着する。ハラン・スル社Harran Surのハラン行きのミニバス(6:00〜18:30毎に15〜30分毎、所要1時間15分、運賃5TL)で終点下車。すぐにアレッポ門が見える。ウル・ジャーミィやビーハイブ・ハウスは門を入って丘を越えた方向こう。ハランだけなら徒歩で充分回れる。

ウル・ジャーミィ

ハランの少女

■ギョベックリ・テペ
開 日の出〜日没　休 無休　料 無料

シャンルウルファからタクシーをチャーターすると往復で約70TL。カリル・トゥリズムやオテル・ウール、アスラン・コヌク・エヴィなどが催行するツアーで訪れることもできる。

キツネが彫り込まれた巨石

ギョベックリ・テペ遺跡で現在までに発掘されているのはそのごく一部に過ぎない。周辺には未発掘の神殿が全部で40ほどもあるといわれている。

HOTEL & RESTAURANT

町のメインストリートであるサライオニュ通りの県庁付近に集中しており、邸宅を改装したコヌク・エヴィと呼ばれる宿も多い。ラマザン明けのシェケル・バイラムのときなどは予約が必要だ。
シャンルウルファは、とにかく食べ物がうまいので有名な町だ。ラフマジュンやチー・キョフテはここが本場。煮込み料理のパチャやスイーツのカダイフなどもぜひとも試してみたい。

◆日本からホテルへの電話｜国際電話会社の番号｜+｜010｜+｜国番号 90｜+｜414（市外局番の最初の 0 は不要）｜+｜掲載の電話番号

ウール　Otel Uğur

✉ Köprübaşı Cad. No.3 Belediye Karşısı
TEL (0414) 313 1340　FAX なし
email musma63@yahoo.com
[S][A/C]🚿🚽25TL
[S][A/C]🚿🚽35TL
[W][A/C]🚿🚽40TL
[W][A/C]🚿🚽50TL
💰 US$ € TL　T/C 不可　C/C 不可

経済的　Map P.392

古い安宿で部屋はシンプルだが、シーツや共同シャワーはとても清潔に保たれている。インターネット用のPCもあり、宿泊者は無料で使える。ギョベックリ・テペ往復、ハラン半日ツアー、ハラン＆ソウマタール、ギョベックリ・テペ、シュアイブ遺跡1日ツアーなども各種手配可能。
📶 全館無料

アスラン・コヌク・エヴィ　Aslan Konuk Evi

✉ Demokrasi Cad.
TEL 0542 761 3065（携帯）　FAX なし
URL www.aslankonukevi.com
[D]🚿🚽20～25TL
[S][W][A/C]🚿🚽60TL
[S][A/C]🚿🚽70TL
[W][A/C]🚿🚽90TL
💰 US$ € TL
T/C 不可　C/C 不可

中級　Map P.392

100年以上前の邸宅を改装している。全9室のほか、男女混合のドミトリーが2室ある。オーナーのオズジャン・アスラン氏は英語教師をしながらハランやネムルトダーウのツアーに長年携わっており、レンタカーやバスのチケットの手配なども行っている。奥さんの作る夕食も人気だ。
📶 全館無料

ラビス　Hotel Rabis

✉ Sarayönü Cad. PTT Karşısı
TEL (0414) 216 9595
FAX (0414) 216 3737
URL www.hotelrabis.com
[S][A/C]🚿🚽80TL
[W][A/C]🚿🚽140TL
💰 TL
T/C 不可　C/C A D J M V

中級　Map P.392

2008年にオープンした、町のほぼ中心にある中級ホテル。部屋は新しく機能的で、設備の整ったビジネスホテルといった感じ。部屋のテレビも大画面の薄型テレビでミニバーもあり、快適に過ごすことができる。
📶 全館無料

エッルハー　El-Ruha Hotel

✉ Balıklıgöl Cıvarı No.240
TEL (0414) 215 4411
FAX (0414) 215 9988
URL www.hotelelruha.com
[S][A/C]🚿🚽100US$
[W][A/C]🚿🚽135US$
💰 US$ € TL
T/C 不可　C/C A D J M V

高級　Map P.392

聖なる魚の池のそばにある。建物は2005年にオープンと比較的新しいが、内部には自然の洞窟が残されており、オリジナルの雰囲気を極力残しながらカフェとして利用されている。プール、ハマム、サウナなどを完備し、レストランもふたつある。
📶 全館無料

ハリル・イブラヒム　Halil İbrahim Sofrası

✉ Balıklıgöl Cıvarı Dergah Karşısı Şurkav İş Merkezi B Blok No.5
TEL (0414) 216 8444
FAX (0414) 215 5777
🕐 6:30～23:30
休 無休
💰 US$ € TL　C/C M V

トルコ料理　中級　Map P.392

聖なる魚の池の公園近くにあるレストラン。料理はケバブ、タワ（鉄板焼き）など。雰囲気のわりに値段はそれほど高くない。ウルファ・ケバブ（11.50TL）が人気。サラダは2～4TL。おすすめはシュルルクŞıllık（4TL）というスイーツ。聖地という場所柄アルコール類はない。

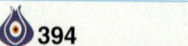

市役所近くのギュルハン・レストランには日本人女性がラフマジュン作りの修行に来ていたそうで、メディアにも紹介された。レストラン内にも当時の写真が飾られている。（編集室）

ガズィアンテプ Gazi Antep

ピスタチオで有名な南東部最大の都市

市外局番 0342　人口123万7874人　標高843m

ゼウグマ・モザイク博物館

■時刻表一覧
- ✈ →P.70〜73
- 🚌 →P.380〜383
- バス時刻表索引→P.76〜77

■ガズィアンテプの❶
Map P.396B外
✉100. Yıl Parkı içi
TEL(0342) 230 5969
FAX(0342) 232 8481
URLwww.gaziantepkulturturizm.gov.tr(トルコ語)
⏰8:00〜12:00 13:00〜17:00
休土・日

ユズンジュ・ユル公園内にある❶

■バクルジュラル・チャルシュス
Bakırcılar Çarşısı
Map P.396B

城周辺には銅細工の職人が集う

■キリス・ガラジュ
キリス・ガラジュにはカフラマンマラシュやシリア国境のキリスなどからのドルムシュが発着する。イノニュ通り交差点を西へ約800m行ったところにある。

■ガズィライ Gaziray
2011年にオープンしたLRT(路面電車)。鉄道駅前が始発で、スタジアムの横を通って西へと延びている。トルコ国鉄とガズィアンテプ市が協力して路線網を拡充中だ。

シリアとの国境に近い商工業都市。古くはアインタップAyintapと呼ばれ、交通の要所として栄えてきた。第1次世界大戦後、この町を占領したフランス軍に対して勇猛果敢に抵抗した住民にガズィ(戦士)の称号が贈られた。

通常アンテップと呼ばれ、郊外で栽培されるピスタチオやスイーツのバクラワで有名だ。

▌▌▌歩き方▌▌▌

町のメインストリートは駅から南に延びる**イスタスヨン通り**İstasyon Cad.。通り沿いにはスタジアムや整備されたユズンジュ・ユル公園、大型スーパーの**ミグロス**Migrosなどがある。❶はこの公園内にある。イスタスヨン通りと交差する**アタテュルク大通り**Atatürk Bul.と**スブルジュ通り**Subrucu Cad.はホテルやロカンタが軒を連ねる繁華街で、このあたりをチャルシュ Çarşıという。

オトガルは市の北部にあり、中心部まで約8km。オトガル前の幹線道路からチャルシュ行きのミニバスに乗る。運賃は1.75TLで、所要約20分。鉄道駅からもチャルシュ行きのミニバスがある。イスタスヨン通りを南下してバルクルBalıklıのバス乗り場まで行く。

▌▌▌見どころ▌▌▌

色鮮やかなモザイクは世界一級品
ゼウグマ・モザイク博物館
Zeugma Mozaik Müzesi　ゼウグマ・モザイク・ミュゼスィ

Map P.396A　特集記事→P.22

除幕式にはエルドアン首相も列席し、2011年に開館した。ネムルトダーゥと並ぶコンマゲネ王国の遺産が、ゼウグマのモザイク。その質、量ともに一線級だ。

■ゼウグマ・モザイク博物館
✉Şehit Kâmil Cad. No.2
TEL(0342) 325 2727
⏰9:00〜19:00(冬期〜17:00)
休月　料8TL　フラッシュ禁止

ガズィアンテプ城周辺の銅細工市場は、インターネットの直販サイトURLwww.bakirstore.com(トルコ語)も持っている。トルコ国内は送料無料なんだとか。(編集室)

■郷土防衛英雄博物館
- 8:30～17:30
- 無休 1TL

■メドゥーサ・ガラス工芸博物館
- Şakir Sok. No.9-11
- (0342)230 3049
- www.arkantik.com.tr (トルコ語)
- 9:00～19:00
- 無休 4TL 学生2TL

1500年間アンテップを守ってきた
ガズィアンテップ城

Map P.396B

Gazi Antep Kalesi ガズィアンテップ・カレスィ

　旧市街にあって町を見渡す小高い丘にある。この城塞は565年にビザンツ皇帝ユスティニアヌスによって建てられた。城壁の周囲は1200mで36本もの塔が建っている。

　内部は2009年に郷土防衛英雄博物館Gaziantep Savunması Kahramanlık Panoraması Müzesiとしてオープン。第1次世界大戦後に町を占領したフランスと、祖国解放戦争で果敢に戦った人々を顕彰している。

町を見下ろす堅牢な城

ガラス工芸を集めた
メドゥーサ・ガラス工芸博物館

Map P.396B

Medusa Cam Eserleri Müzesi
メドゥーサ・ジャム・エセルレリ・ミュゼスィ

　2008年にオープンしたトルコ初のガラス専門博物館。ローマ帝国、ビザンツ帝国、オスマン朝時代のガラス工芸を中心に、1500点以上の個人コレクションを整理、展示する施設として造られた。このほか、青銅器や古銭なども展示している。ガラス職人の実演は毎週土曜の20:30から、銀細工職人の実演は毎日夕方に見学可能。このほか、ガラス工芸体験教室などもある。申し込むなら事前の連絡を。

メドゥーサ博物館の展示

396

ピスタチオが特産の町とあって、乾物店が多い。名物のピスタチオ（アンテップ・フスゥトゥ）は一級品なら1kg20TLほど。意外に日本人に評判がいいのがコーン（ムスル）の乾物。（編集室）

ガズィアンテップの豊かな料理文化を学ぶ
エミネ・ギョユシュ厨房博物館

Map P.396B

Emine Göğüş Mutfak Müzesi エミネ・ギョユシュ・ムトファック・ミュゼスィ

1905年に建てられたギョユシュ家の伝統家屋を改装し、2008年にオープンした博物館。古い調理道具のほか、人形や映像、パネルなどを用いて古き良き食卓風景や伝統的料理文化を紹介している。ここで郷土料理の名前をチェックして、レストランでオーダーしてみるのもいいかも。

食器や調理道具のほか、料理文化を紹介する展示も

■エミネ・ギョユシュ
　厨房博物館
⊠Sadık Dayı Sok.
Seferpaşa Mah. No. 16
℡(0342) 232 6616
URL www.muzelerkenti.com
(トルコ語)
⏰8:30～17:30
休 無休
料 1TL

HOTEL & RESTAURANT

中級ホテルはスブルジュ通り沿いに多く、安宿はスブルジュ通りとアタテュルク大通りの交差点の南のPTT周辺にいくつかある。スブルジュ通りには24時間営業のロカンタもいくつかあるので便利。スタジアムの周辺には屋台風のケバブ屋が店を連ねている。

日本からホテルへの電話　国際電話会社の番号 + 010 + 国番号 90 + 342 (市外局番の最初の 0 は不要) + 掲載の電話番号

ブラク Burak Otel

⊠Hürriyet Cad. No. 27
℡(0342) 220 4990
FAX(0342) 220 5514
URL www.gaziantepburakhotel.com (トルコ語)
S A/C ▯ 🛏 60TL
W A/C ▯ 🛏 85TL
💳 US$ € TL T/C不可 C/C不可

経済的　Map P.396C

バルックルから大通り沿いにさらに200mほど南に進むとある。部屋は白を基調としておりやや素っ気ない感じもするが、テレビ、ミニバー、ドライクリーニングサービスなど必要なものはひととおり揃っている。ルームサービスも24時間可能。全館無料

カレ・エヴィ・ブティク Kale Evi Butik Otel

⊠Köprübaşı Sok. No.2
℡(0342) 231 4142
FAX(0342) 231 4140
URL www.kaleevi.com (トルコ語)
S A/C ▯ 🛏 80TL
W A/C ▯ 🛏 160TL
💳 US$ € TL T/C不可
C/C A M J V

中級　Map P.396B

ガズィアンテップ城の外堀沿いにあるホテル。「城の家」という意味で、壁の一部は城壁を利用している。全8室の小さなホテルだが、内装はシックにまとめられており、おしゃれな感じ。スタッフは英語も問題なく話す。屋上と内庭にカフェレストランがある。全館無料

メト・ゴールド Met Gold Hotel

⊠Şamurcu Sok. No.1
℡(0342) 231 4242
FAX(0342) 231 4243
URL www.gaziantepmetgold.com
S A/C ▯ 🛏 150TL
W ▯ 🛏 200TL
💳 US$ € TL T/C不可
C/C A D J M V

高級　Map P.396B

町の中心部にある全86室の4つ星ホテル。サウナ、フィットネス、ハマムなどを備えており、快適に過ごすことができる。全体的に少し老朽化が感じられるが、その分料金は低めに設定されている。左は公式料金で、調査時の実勢料金はS70TL、W120TL。全館無料

ギュッリュオウル Güllüoğlu

⊠Duğmeci Mah. Suburcu Cad. Ömeriye Camii Sok. No.1
℡(0342) 232 2282
FAX(0342) 222 4365
⏰7:00～23:00
💳 US$ € TL T/C不可 C/C A M V

パスターネ　Map P.396B

1752年にギュッリュ・チェレビーによって創業されたという、由緒あるバクラワ専門店。さまざまなバクラワが並んでいるが、ここは定番のピスタチオ入りを頼みたいところ。上階は同系列のホテル。

ピスタチオはトルコ語でアンテップ・フストゥウAntep Fıstığıというが、南東部のスィイルトSiirtも同じくピスタチオの産地でガズィアンテップとブランド競争を繰り広げている。(編集室)

歴史と伝統が今なお残る古都
ディヤルバクル Diyarbakır

市外局番 **0412** 人口**82万6414人** 標高**660m**

■時刻表一覧
- ✈→P.70〜73
- 🚌→P.74〜75
- 🚂→P.380〜383
- バス時刻表索引→P.76〜77

■ディヤルバクルの❶
（ディヤルバクル市文化観光課）
Map P.400B
✉Dağkapı Meydanı Selahhatin-i Eyyubi Yeraltı Çarşısı Üstü
TEL(0412)229 2032
URL turizm.diyarbakir.bel.tr
⏰9:00〜12:00 13:00〜18:00
休日

4つの門と82の見張り塔があるディヤルバクルの城壁

ダーカプ門とマルディン門を結ぶガーズィ通り

旧市街内のドルムシュ乗り場

4本足のミナーレと、シェイフ・ムッタル・ジャーミィはガーズィ通りとメリク・アフメッド・パシャ通りとの交差点を一本入ったところにある

ディヤルバクルは全長5.5kmもの城壁で囲まれた町。規模では最も長大な万里の長城に遠く及ばないものの、城壁の長さは世界第2位を誇る。メソポタミア文明を生んだティグリス川Dicle Nehri上流にあり、古くはアミダAmidaあるいはアーミドAmidと呼ばれた。

ローマ・ビザンツ時代の後、639年にハーリド・ブン・ワリード将軍率いるアラブ軍がやってきた。以来、数々のキリスト教会がジャーミィに改築されてきた。旧市街の城壁内には星の数ほどのジャーミィが現在でも残り、時代によって相違する建築美を楽しむことができる、トルコでも興味深い町だ。

この町を中心に勃興したアクコユンル朝が、勢力を増して一躍歴史の主役に躍り出たのは15世紀のことである。首都にふさわしい美しい建物が次々と建てられた。しかし、1473年にオスマン朝との決戦に敗れ、1515年にはオスマン朝に組み込まれた。現在は南東部の重要な地方都市である。

歩き方

ディヤルバクルの旧市街には南北1本、東西に2本の大通りが走っている。ダーカプ（ダー門Dağkapı）からマルディン門まで南北に続く道がメインストリートの**ガーズィ通り**Gazi Cad.。ダーカプの南の交差点付近や、ネビ・ジャーミィNebi Camiiから西に延びる**イノニュ通り**İnönü Cad.の周辺はホテルやロカンタ、バス会社のオフィスが並ぶ町の中枢。旧市街のほぼ中央、バルックチュラルバシュ Balıkçılarbaşıから鉄道駅まで続くのが**メリク・アフメッド・パシャ通り**Melik Ahmed Paşa Cad.だ。

世界第2位の長さを誇るディヤルバクルの城壁だが、何ヵ所か城壁の上へ登ることができる階段がある。しかし、手すりもなければ足場も悪いので危険。（編集室）

◆ターミナルから町の中心へ

●**空港** 空港と市内を結ぶバスはないが、空港を出た通りを走るドルムシュがダーカプへ行くので、それをつかまえるとよい。市内から空港へは、クルチェシュメKuruçeşme行きのドルムシュで途中下車。タクシーだと10TLくらい。

●**オトガルはふたつ** メインとなるのは、大都市への長距離バスが発着する**オトガル**。もうひとつはマルディン、バトマン、ミディヤット行きなどのミニバスが発着する**イルチェ・オトガル** İlçe Otogarıだ。

オトガルから町の中心へは、ダーカプ（D. Kapıと表示）行き市内バスでダーカプ下車。所要30分。運賃1.50TL。バスはさらにチフテ門Çifte Kapıから旧市街に入り、ドルムシュ乗り場が終点。オトガルへ向かうときはこの乗り場を利用しよう。

イルチェ・オトガルから町の中心へは、オトガル外側の道路からダーカプ行きドルムシュで10分。B.Başıと表示されたバルックチュラルバシュ行きは、ウルファ門→城壁→マルディン門と行き、ガーズィ通りを北上する。

●**鉄道駅** ディヤルバクル駅はウルファ門を抜けてイスタスヨン大通りİstasyon Bul.を約700m西に行った所にある。駅前のジャーミィのある交差点から北へ向かうドルムシュはダーカプへ、東へ向かうドルムシュはバルックチュラルバシュへ、南へ向かうドルムシュはイルチェ・オトガルへ向かう。駅裏の道路にはオトガル行きも通る。

‖‖見どころ‖‖

アナトリア最古の寺院
ウル・ジャーミィ
Map P.400B

Ulu Camii ウル・ジャーミィ

かつてはキリスト教会であり、マル・トーマ教会と呼ばれていた。後にジャーミィとして使われるようになったが、町のシン

オトガルは中心から約4km西にある

イルチェ・オトガルが近郊への起点

■**ウル・ジャーミィ**
開4:00〜20:00 休無休
料無料
2012年10月現在改修中。内部の見学は可能

列柱の装飾が美しい

ウル・ジャーミィの中庭

ディヤルバクル駅

☺ヤギの塔にはティグリス川を見下ろす展望台とカフェがあります。物売りも多く、治安もよくないので夜の一人歩きはおすすめできません。（千葉県　大陸遊人　'10秋）

ボルとしての機能は変わらない。1115年の地震による崩壊後に再建された現在の建物は、シリアのダマスカスにあるウマイヤド・モスクと似た様式で、トルコのほかの地域ではこういう建築を見ることができない。壁や柱に刻まれたレリーフが非常に美しい。内部の中央には日時計がある。

ジャヒット・タランジュの屋敷跡にある
文化博物館
Map P.400B

Cahit Sıtkı Tarancı Müzesi ジャヒット・ストゥク・タランジュ・ミュゼスィ

ウル・ジャーミィ横にあるチャイハーネの脇を入っていく。看板も出ている。1733年に建てられた家屋を修復し、当時の暮らしぶりがわかるよう、人形などを用いて部屋を公開している。また、ここの主人であった詩人、ジャヒット・タランジュの資料を展示した部屋もある。

巨塔を支える4本足、宙に浮いたように不思議な
4本足のミナーレ
Map P.400B

Dört Ayaklı Minare ドルト・アヤックル・ミナーレ

メリク・アフメット・パシャ通りを東に行き、PTTを過ぎた所にある塔。これはすぐ横のシェイフ・マタール・ジャーミィ Şeyh

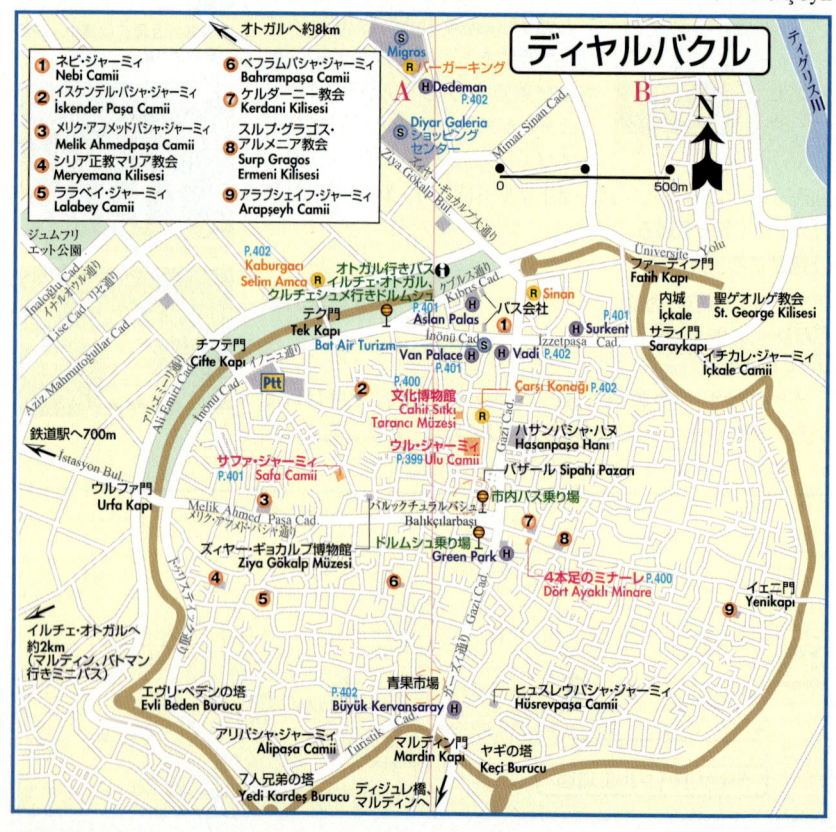

下を通り抜けられる4本足のミナーレ

■文化博物館
TEL(0412)223 8958
8:00〜12:00
13:00〜17:00
困月 無料

ディヤルバクル

スルブ・グラゴス・アルメニア教会は数々の旅行記にも登場する由緒ある教会。2011年に修復が完了し、アメリカアルメニア教会の聖職者も招いて盛大な式典が催された。(編集室)

Matar Camiiに付属する4本足のミナーレだ。ミナーレを支える土台である4本の石柱は高さ2m。ジャーミィとミナーレは16世紀初頭にアクコユンル朝末期のスルタン、カースィムによって建てられた。

細微なレリーフが施されたミナーレが美しい　Map P.400A
サファ・ジャーミィ
Safa Camii サファ・ジャーミィ

　メリク・アフメッド・パシャ通りを西に行き、わかりにくい小さなパロ通りPalo Sok.を入った所にある。地元の人にはパロ・ジャーミィ Palo Camiiの名前でも知られている。ジャーミィは15世紀、アクコユンル朝最盛期のスルタン、ウズン・ハサンの時代に建てられ、その後何度もの増改築を経て現在にいたる。ミナーレはイラン式の建築の流れを組んでいて、びっしりと施された緻密なレリーフは息をのむ美しさ。下部には青い装飾タイルがところどころ残っている。

サファ・ジャーミィの美しいミナーレ

■サファ・ジャーミィ
メリク・アフメド・パシャ通りからハフィズ・アクデミル通りHafiz Akdemir Sokağıを入る。
園6:00〜日没
困無休
圏無料

ディヤルバクル

HOTEL

安宿や中級ホテルはダーカプからイノニュ通り、内城へと行くイッゼット・パシャ通りにたくさん並んでいる。ただ、ホテルの設備にはそれほど期待しないほうがいい。ダーカプ周辺は庶民的なロカンタも多く、バス会社のオフィスも揃っているので町歩きの拠点に便利だ。

・・・日本からホテルへの電話・・・ 国際電話会社の番号 ＋ 010 ＋ 国番号 90 ＋ 412 (市外局番の最初の0は不要) ＋ 掲載の電話番号 ・・・

ワン・パレス Hotel Van Palace
経済的　Map P.400B

✉İnönü Cad. Sur İçi
TEL 0535 683 8337(携帯)
FAX なし
S 15TL
W 30TL
TL
T/C不可 C/C不可

イノニュ通りから小道を入った左側。古くてくたびれた宿だが、気さくなラマザン爺さんが40年間切り盛りしてきた家庭的な雰囲気の安宿。開放的な中庭と安さが自慢。学生割引あり。部屋の設備はほぼベッドだけだが、バックパッカーには好評で情報ノートもある。なし

スルケント Hotel Surkent
経済的　Map P.400B

✉Hz. Süleyman Cad. No.19
TEL (0412) 228 1014
FAX なし
S A/C 40TL
W A/C 60TL
US$ € TL
T/C不可
C/C M J

ホテルの多いイノニュ通りから少し離れた場所にある6階建てのホテル。エレベーターがないので上階だとちょっとつらい。フロントは入口の階段を上った所にある。全47室で、全室エアコン、シャワー、テレビ付き。朝食は別途5TL。全館無料

アスラン・パラス Aslan Palas Oteli
経済的　Map P.400B

✉Kıbrıs Cad. No.21
TEL (0412) 228 9224
FAX (0412) 223 9880
S A/C 25TL
S A/C 45TL
W A/C 50TL
W A/C 60〜70TL
US$ € TL
T/C不可 C/C M J

ダーカプの近く、ホテルが並ぶクブルス通りにある。近年改装したばかりで設備が新しく、全室にテレビと冷蔵庫を完備している。全36室中、11室がトイレ、シャワーなし、25室がトイレ、シャワー付き。エレベーターがないのが残念だが、荷物はポーターが運んでくれる。全館無料

ディヤルバクルやその周辺地域ではペルシア語やクルド語との関連が深いザザ語（ザザーキー）がよく話されている。(編集室)

ヴァディ　Vadi Hotel

中級　Map P.400B

✉İnönü Cad. 1
TEL(0412) 229 0111
FAX(0412) 229 0113
URLwww.parkvadihotel.com
（トルコ語）
S A/C 🛁 🚽 📺 80TL
W A/C 🛁 🚽 📺 140TL
💳 US$ € TL　朝不可　🚭 🚬

ダーカプのすぐ横に2012年にオープンしたばかりのデザイナーズ系3つ星ホテル。館内、客室ともにモノトーン調の配色でスタイリッシュにまとまっており、薄型テレビやミニバーを完備している。ルームサービスは24時間対応。📶全館無料

ビュユック・ケルヴァンサライ　Hotel Büyük Kervansaray

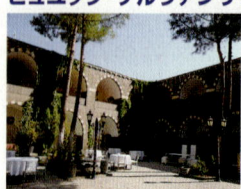

中級　Map P.400B

✉Gazi Cad. Mardin Kapı No.177
TEL & FAX (0412) 228 9606
S A/C 🛁 🚽 📺 70US$
W A/C 🛁 🚽 📺 100US$
💳 US$ € TL
T/C 不可
C/C 🚭 🚬

マルディン門の近く。デリルレルハヌDelillerhanı（ガイドのケルヴァンサライ）として使われていた建物を、雰囲気を壊さずにホテルにした。建物を囲む中庭も開放的でとても気分がよい。朝食は中庭でオープンビュッフェ。オフシーズンは割引が期待できる。　📶全館無料

デデマン　Hotel Dedeman Diyarbakır

高級　Map P.400A

✉Elazığ Cad. Yeni Belediye Sarayı Yanı
TEL(0412) 229 0000
FAX(0412) 224 7353
URLwww.dedeman.com
S A/C 🛁 🚽 📺 160€
W A/C 🛁 🚽 📺 190€
💳 US$ € TL
T/C 不可　C/C A D M V

市役所の後ろにそびえる高層ホテル。南東部では最大級のホテルで、全98室。スーパーマーケットも近くにあって便利。旧市街へも徒歩圏内。プールやサウナ、ビューティサロンなど設備も充実。最上階にあるレストランは旧市街を一望できる人気スポット。
📶全館無料

Restaurant

シャンルウルファと並ぶ南東部の食い倒れの町ディヤルバクル。手頃なロカンタはダーカプ周辺に多い。名物料理はピラウの腸詰めのムンバールやメンチカツのようなイチリ・キョフテ、煮込み料理のパチャなど多彩。夕方から営業を始めるダーカプやネビ・ジャーミィ周辺のケバブ屋台も地元っ子に大人気のディヤルバクル名物。甘味ではディヤルバクルのカダイフが全国的に有名だ。

チャルシュ・コナウ　Çarşı Konağı

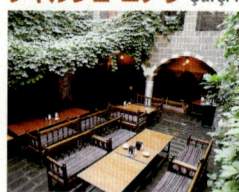

トルコ料理　庶民的🚭　Map P.400B

✉Gazi Cad. Telgrafhane Sok. Girşi No.6
TEL(0412) 228 4673
FAXなし
⏰9:00～22:00
休無休
💳US$ € TL
C/C 🚭 🚬

ガーズィ通りのアク・バンク向かいの小路を入った右側にある。450年前の建物を利用したレストランで、表通りの喧噪から離れて、中庭を見ながら食事ができる。ケバブ類（9～20TL）が中心。おすすめはサチ・タワ（17TL）。メネメン（7TL）といった軽食や自家製アイラン（1.50TL）もある。

カブルガジュ・セリム・アムジャ　Kaburgacı Selim Amca

郷土料理　中級　Map P.400A

✉Ali Emiri Cad. No.22
TEL(0412) 224 4447　FAXなし
URLwww.kaburgaciselimamca.com（トルコ語）
⏰10:00～22:00
休無休
💳US$ € TL
C/C 🚭 🚬

1982年の創業からカブルガ・ドルマス（アバラ肉のケバブが乗ったピラフ）一筋でやってきた郷土料理専門店。料理はイチリキョフテ、ムンバールなどが入ったセットメニューのみで、35TL。マルディンのほか、イスタンブール（アルトゥニザーデとバフチェリエヴレル）に支店がある。

✏️ ムンバールやパチャは食肉の衛生上の問題からどのロカンタでも冬期にしか出さない。ちなみにイチリ・キョフテは通年ロカンタなどで出している。（編集室）

荒野に突き出た中世の町並み
マルディン Mardin

市外局番 **0482** 人口**13万916人** 標高**1050m**

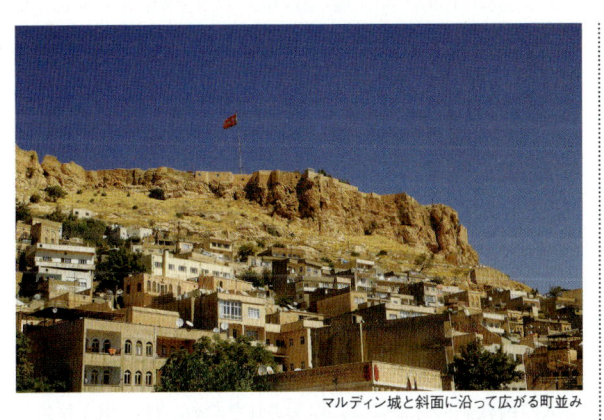

■時刻表一覧
- ✈ →P.70〜73
- 🚌 →P.380〜383
- バス時刻表索引→P.76〜77

■マルディンの❶
Map P.403
新市街の県庁内にある。正面向かって右側の建物の3階。
✉ Hükümet Konağı
☎ (0482) 212 3776
URL www.mardinkultur.gov.tr
(トルコ語)
⏰ 8:00〜12:00 13:00〜17:00
休 土・日

マルディン城と斜面に沿って広がる町並み

ディヤルバクルから96km。ディヤルバクル市街を抜けたバスは、しばらく畑地や荒れた平原を疾走する。やがて道の両脇に山が連なり始め、正面にマルディンの町がある岩山が見えてくる。スリヤーニー（シリア）語のメルディン（城壁）という言葉がこの町の名の由来。その名のとおり、城山の斜面にへばりつくように白っぽい家が並ぶ。城塞の頂上にあるスイカの形をした施設は軍関係のものだ。古くからアラブ人やクルド人、また、スリヤーニーと呼ばれるキリスト教徒などが混ざって暮らしており、アラビア語を話す人も多い。

PTTも雰囲気がある

歩き方

マルディンの町は大きく新市街と旧市街に分かれている。観光の見どころは旧市街にまとまっており、新市街は❶がある以外、特に観光客が訪れるような場所はない。ディヤルバクルか

ナチュラル石けんはみやげ物に最適

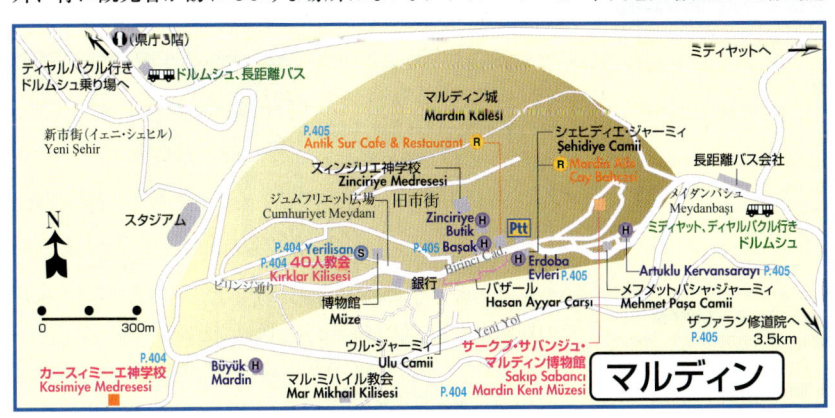

ディヤルバクルとマルディンを結ぶ幹線道路では検問が行われることがある。日帰りでマルディンを訪れる場合でも、パスポートなどのIDを携帯しよう。(編集室)

■**40人教会**
通り沿いに看板が出ている。
⌚夏期9:00～18:00
　冬期9:00～16:00
休無休
※日祝の集団礼拝中の見学はできない

40人教会はマルディンのシリア正教会の中心的存在

■**マルディンの銀細工**
マルディンは、銀細工でトルコ中に知られる町。ビリンジ通り沿いにはいくつもの貴金属店が軒を連ねている。40人教会と博物館の間に工房を構えるイェルリサン銀細工店では、マルディン伝統的技法を用いた銀製品を製造、販売している。日本のテレビ番組で取り上げられたこともある。

●**イェルリサン銀細工店**
Yerlisan Gümüşçülük
Map P.403
✉Cumhuriyet Meydanı Renk Sineması Yanı No.5/A
☎(0482) 213 2213
⌚9:00～18:00　休日

テルカリと呼ばれるマルディン伝統の線条細工が用いられている

■**サークプ・サバンジュ・マルディン博物館**
✉Birinci Cad. Eski Hükümet Konağı Yanı
☎(0482) 212 9396
⌚8:00～17:00
休月　2TL

■**カースィミーエ神学校**
⌚9:00～17:00
　(夏期～18:00)
休無休　料無料

らのドルムシュは新市街を経由し、旧市街の東端メイダンバシュまで行く。新市街と旧市街は**イェニ・シェヒル**Yeni Şehirと書かれたミニバスが結んでおり、運賃は1.40TL。

旧市街のメインストリートはメイダンバシュから西へ延びる**ビリンジ通り**Birinci Cad.。通り沿いに、ロカンタや貴金属店などが軒を連ねる。町の中心である**ジュムフリエット広場**Cumhuriyet Meydanıもこの通り沿いにある。

旧市街は**シェヒル・イチ**Şehir İçiの表示のあるミニバスが巡回し、ビリンジ通りも通っていたが、2012年9月現在大規模な道路工事のため、ビリンジ通りは通らず迂回している。

現在でも使用されている数少ない教会のひとつ　Map P.403
40人教会
Kırklar Kilisesi クルクラル・キリセスィ

ジュムフリエット広場の少し西の路地を入った左側にあるシリア正教会。地元ではアラビア語でケニーサ・アルバイーンとも呼ばれている。569年にマル・ベフナム教会として建造され、40人の殉教者の骨がここに埋葬されたため、後に40人教会と呼ばれるようになった。

マルディンに来たらまずはここで文化を知ろう　Map P.403
サークプ・サバンジュ・マルディン博物館
Sakıp Sabancı Mardin Kent Müzesi サークプ・サバンジュ・マルディン・ケント・ミュゼスィ

大財閥サバンジュ・グループが建設した博物館で、2009年10月にオープンした。上階はマルディンの長い歴史や民俗文化などが展示を通してていねいに説明されており、マルディン見学の初めに訪れるのにピッタリ。地下階はギャラリーになっている。

蝋人形を使った伝統工芸の展示

500年間も残る血痕の伝説は本当？　Map P.403
カースィミーエ神学校
Kasimiye Medresesi カースィミーエ・メドレセスィ

マルディンにある建造物のなかでは最大級のもの。メドレセの名前カースィミーエは、アクコユンル朝末期の君主カースィムに由来する。そのためカスム・パーディシャー・メドレセスィとも呼ばれる。建物の中央部の壁には赤いシミがついている。これはカースィムとその姉妹がここで殺されたときの血痕だという。

カースィミーエ神学校の正面

階段を上って2階からの景色はまさに絶景だ。その平野は遠くシリアまで続いている。

手づくりの石鹸はマルディン名物。特に有名なブットゥム石鹸は漢方薬の材料でもある篤耨香(トクノウコウ)を使った石鹸。肌には刺激が強いが髪にはとてもいいそうだ。(編集室)

404

シリア正教会の総司教座がおかれていた
ザファラン修道院
Deyrül Zafaran　デイリュル・ザファラン

Map P.406A

■ザファラン修道院
TEL(0482) 219 3082
FAX(0482) 219 3085
圏8:00～16:00
　（夏期～17:00)
休無休
料5TL

直接修道院まで行く公共交通手段はない。タクシーかドルムシュをチャーターする。往復で30TL～。自分のペースで行きたい人はケナン・エヴレンKenan Evren行きのドルムシュに乗り終点で下車、そこから1本道を30分ほどひたすら歩いた突きあたり。門は自動で開く。

シリア正教会の拠点ザファラン修道院

マルディン市内から5kmほど東にあるシリア正教会の修道院。創建は紀元前にさかのぼると考えられているが、紀元4世紀末にキリスト教徒が使うようになった。1293年から1932年まで、シリア正教会の総本山であるアンティオキア総主教座がおかれていた由緒ある修道院。活動は現在も続いており、スリヤーニー（シリア）語による礼拝や、少年信徒たちへの教育も行われている。

HOTEL & RESTAURANT

マルディンは、人気テレビドラマの舞台となったこともあって国内観光客が一気に増加。旧市街の伝統家屋を利用したホテルが人気を呼び、新しいホテルが日々増えている。休日は空室がないことも。レストランも観光ブームで古い建物を改装した雰囲気ある店がオープンし始めた。

日本からホテルへの電話　国際電話会社の番号 + 010 + 国番号 90 + 482（市外局番の最初の0は不要） + 掲載の電話番号

バシャック　Otel Başak
経済的　Map P.403

✉Birinci Cad. Kuyumcular Çarşısı No.360
TEL&FAX(0482) 212 6246
email basakotel47@mynet.com
S 25TL
W 50TL
US$ € TL　不可　不可

マルディンで唯一の経済的な宿。建物も古びていて普通の安宿といった感じ。ベッドとテレビのみという簡素な設備だが、扇風機があるので、暑い夏には助かる。共同トイレはトルコ式。状況により割引には応じてくれるとのこと。　全館無料

アルトゥクル・ケルヴァンサラユ　Artuklu Kervansarayı
中級　Map P.403

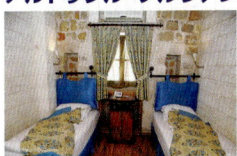

✉Birinci Cad. No.70
TEL(0482) 213 7353
FAX(0482) 213 7354
URL www.artuklu.com
S A/C 80～150TL
W A/C 140～200TL
US$ € TL　不可　AMV

メフメットパシャ・ジャーミィの向かいにある全43室のホテル。アルトゥク朝時代の1275年に建設された隊商宿を改修しており、広場のPTTの建物にそっくり。レストランやサロン、客室から廊下にいたるまで、趣のある内装。　全館無料

エルドバ・エヴレリ　Erdoba Evleri
高級　Map P.403

✉Birinci Cad. No.135
TEL(0482) 213 7787
FAX(0482) 212 8821
URL www.erdoba.com.tr
S A/C 100TL
W A/C 150TL
US$ € TL　不可　AMV

マルディン独特の古い建物を改装したプチホテル。ハマムルームも新しい。全室エアコン、テレビ、ミニバー、ドライヤー付き。レストランでは郷土料理も出す。より高級感のある別館、セルチュクル・コナウ Selçuklu Konağıもある。　全館無料

アンティク・スル・カフェ　Antik Sur Cafe & Restaurant
トルコ料理　中級　Map P.403

✉Birinci Cad. Kuyumcular Çarşısı Surur Hanı
TEL(0482) 212 2425　FAXなし
URL www.antiksur.com(トルコ語)
圏8:00～翌1:00　休無休
US$ € TL　AMV

16～17世紀創建の隊商宿を利用したレストラン。カブルガ・ドルマス（18TL）や釜焼き肉乗せピラフPilav Üstü Tandır（18TL）といった郷土料理が人気。キュネフェ（6TL）などのデザートもおすすめ。

マルディンは町全体に興味深いイスラーム建築が多く、点在しているカフェも個性があってチャイの飲み歩きもおすすめです。(東京都　KIWI　'11春)

石造りの重厚な教会が多い
ミディヤット Midyat

市外局番 **0482** 人口**11万4040人** 標高**933m**

■ミディヤットへの行き方
🚌1日1〜2便しかないが、イスタンブールやアンカラからもバスの便がある。
●マルディンから
🚌メイダンバシュから6:30〜19:00の30分に1本程度。
所要:1時間　運賃:9TL。
●ハサンケイフから
🚌始発はバトマン。便によってはミディヤットの手前のゲルジュシュ Gercüşで乗り換えの場合もある。
所要:1時間　運賃:7TL

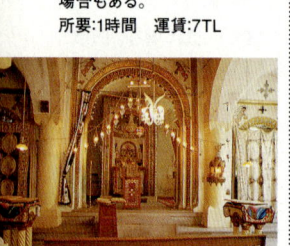

エスキ・ミディヤットにあるコヌク・エヴィ

現在も教会は地元住民に利用されている

■エステル・ハン博物館
地図なし
✉Estel Midyat
🕗8:00〜18:30（冬期〜17:00）
休無休　料1TL

コヌク・エヴィから眺めるミディヤット旧市街

■コヌク・エヴィ博物館
地図なし
✉Eski Midyat
☎(0482)464 0719
🕗8:00〜日没　休無休
料1TL

　ミディヤットは紀元前180年代に造られたともいわれる古い町だ。ビザンツ時代から残る古い様式のモチーフや、独特の色合いのレンガをもつ教会や修道院がある。

歩き方

　町はエステルと呼ばれる新市街と旧市街（エスキ・ミディヤット。単にミディヤットと呼ぶことも）のふたつの町から成り立ち、両者をドルムシュが結ぶ。エステルにはエステル・ハン Estel Hanı、エスキ・ミディヤットにはコヌク・エヴィ Konuk Eviという伝統建築を利用した博物館がある。旧市街の中心はアタテュルク像がある広場でヘイケルと呼ばれている。ここはドルムシ

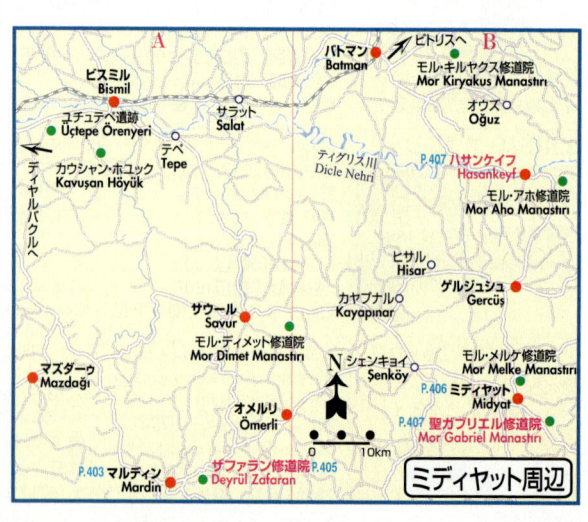

ミディヤット周辺

406

聖ガブリエル修道院では、現在も少年たちが集団生活を営みながら勉強しており、なかには海外からの留学生もいる。（編集室）

ュの発着点にもなっている。広場から一歩入ると、シリア正教会の鐘楼が建ち並ぶ光景が目に入る。

|||見どころ|||

世界で最も古い修道院のひとつ
聖ガブリエル修道院

Map P.406B

Mor Gabriel Manastırı モル・ガブリエル・モナストゥル

　397年に創建された、世界で最も古い修道院のひとつ。7世紀にこの地を征服した2代目カリフの名を取って、ウマル修道院Deyrül Umarとも呼ばれている。かつてはこの修道院の神学部に数千人の学生が学んでいたといわれる。門を入り階段を上ると、右に礼拝堂、正面左側に修道院事務所と接待室の建物がある。高台にあるので周囲の眺めはすばらしい。

ティグリス川に残る要衝
ハサンケイフ

Map P.406B

Hasankeyf ハサンケイフ

　ハサンケイフはティグリス河畔に残る遺跡。あまり有名ではないが、建築的価値からいっても早急な保存と修復が必要なのだが、ウルス・ダムIlısu Barajıが建設され、村ごと水没することが決定したため、今の姿が見られるのはあとわずかだ。

ハサンケイフの橋は重要な通商路だった

　ハサンケイフは紀元前からの歴史を有し、シリア語で「鉄の城」を意味するように、堅固な城塞があった。現在残る建物の多くは、11～12世紀のアルトゥク朝時代に造られたもの。なかでも圧巻なのはティグリス川に12世紀にかけられたといわれる橋の橋脚だ。当時の姿を想像するのは難しいが、5つの橋脚に支えられた美しいアーチ状の橋がかかっていたといわれる。

　ティグリス川の左岸にあるのは、アクコユンル朝時代に造られたゼイネル・ベイ・テュルベスィZeynel Bey Türbesiだ。ゼイネル・ベイはアクコユンル朝最盛期のスルタン、ウズン・ハサンの息子。青いタイルを多用したドーム型の墓で、イランや中央アジアでよく見られる型だ。

ハサンケイフ城跡

ミナーレはアルトゥク朝時代の様式

エステルにあるエステル・ハン。地下で展示を行っている

■**聖ガブリエル修道院への行き方**
ミディヤットの南東20kmにある。公共交通機関はないので、タクシーを利用する。ミディヤットから片道40TLほど。

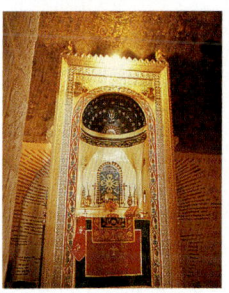

聖ガブリエル修道院内の礼拝堂

■**ハサンケイフへの行き方**
●**ミディヤットから**
🚌6:30～18:30にドルムシュが運行
所要:1時間
運賃:7TL
●**バトマンから**
🚌ドルムシュターミナルから7:30～19:00に頻発する。橋のたもとで下車後、川下へと分岐する道を進むと、5分ほどでウル・ジャーミィや遺跡が見えてくる。
所要:40分
運賃:3TL

■**ハサンケイフ城**
地図なし
2012年9月現在入場不可

ウルス・ダムの工事は2006年8月に開始され、2014年にも運用が開始される予定。ダム側の説明ではハサンケイフの史跡の8割以上は水没を免れるのだそうだ。(編集室)

怪獣と猫で有名な美しい湖のほとりの町
ワン Van

市外局番 **0432** 人口41万3907人 標高1726m

■時刻表一覧
✈→P.70～73
🚌→P.380～383
バス時刻表索引→P.76～77

■ワンの❓
Map P.409B
✉Cumhuriyet Cad. No.105
TEL(0432) 216 2530
⏰8:00～17:00
休無休

■ワン空港　Map P.411B
TEL(0432) 217 1660

■ワン・アフラット間水上バス
2012年8月10日より、ワンとアフラットを結ぶ水上バスの運航がスタートした。土・日のみの運行で、9:00にワン埠頭を出発し、戻りはアフラット埠頭を17:00発。所要1時間40分で料金は往復で20TL。2012年の運航は10月1日で終了。2013年以降も継続するかは、2012年の実績などを見て判断するとのこと。

■ワン猫の家
左右の目の色が違うことで有名なかわいい猫、ワン猫はワンのマスコット的存在。そのワン猫の保護、繁殖を行う施設がユズンジュユル大学キャンパス内にあるワン・ケディ・エヴィ Van Kedi Eviだ。旅行者の見学も可能。カンピュス Kanpüs行きドルムシュで終点下車。運賃は1.25TL。開館時間等は❓で確認しよう。

こちらから見て左の目の色が銀色で右が金色だ

ワン城跡から湖を望む

　アナトリア東部のイランとの国境近く、満々と塩水をたたえたトルコ最大の湖がワン湖。ワンはその東側にある町だ。紀元前9～6世紀に西アジアで栄えたウラルトゥ王国の首都トゥシパとして歴史に名を連ねている。ウラルトゥ王国は、最盛期にはアルメニア高原の全域に広がり、アララトArarat王国の名で、旧約聖書に登場した国。その後、アルメニア王国の中心地となったが、王国衰退後、10世紀からはトルコ人の侵入とともに、トルコ化、クルド化が進み、3者間の抗争地となった。第1次世界大戦中、一時的にロシア領となったこともある。

旅のモデルルート
　ワンの見どころは、ワン湖や周辺の遺跡だ。ドルムシュを乗り継いで行けないこともないが、最終便が早いことが多いので、効率よく回るならタクシーをチャーターしたほうがいい。

ワン湖とアクダマル島の1日
ワン➡ゲワシュ村➡アクダマル島➡ワン➡ワン湖
　タクシーを使わずに自分の足で回るなら、1日で行ける所は2～3ヵ所。朝7:00～8:00にドルムシュやバスなどでアクダマル島への埠頭に行き、船をチャーターしてアクダマル島を見学したら、幹線道路でバスを待つ。本数は多くはないので、千載一遇と思い、体を張ってバスを停めよう。ワンに戻ったら昼食をとってワン湖へ。またはお弁当を持っていって、ワン城跡（→P.410）で食べるのもよいかもしれない。夕暮れに合わせてワン城跡に行くと、夕日に染まる赤いワン湖を眺めることができる。

ワン猫の目の色が、左右違う理由は諸説ある。古代からさまざまな民族が連れてきた猫が交配された結果として誕生したとか、ワン湖の影響などによるなどさまざまだ。（編集室）

■歩き方■

ワンのメインロードは南北に走る**ジュムフリエット通り**Cumhuriyet Cad.。これに直交する1本の道、ワン湖に向かって西に走る**キャーズム・カラベキル通り**Kâzım Karabekir Cad.との交差点を中心に町は広がっている。交差点から南にジュムフリエット通りを1分ほど歩くと、左側に❶がある。北に行くと30〜40mほどの右側に銀行が並んでいる。**アクダマル島**Akdamar Adasıなど近郊の見どころへはドルムシュを利用するが、夕方には便がなくなるので早めに帰ってこよう。

また、ワンの中心部にあったワン博物館は、ウラルトゥ王国の遺跡の展示では世界でも有数有数として知られていたが、2011年の地震により建物が破損したため、閉館している。2012年9月現在展示品を見ることはできないが、博物館はワン城の横に新たな博物館を建設し、そこで展示する予定になっている。開館時期などは未定。

◆ターミナルから市の中心部へ

●**ワン空港** 市内へは市バスが利用できる。運賃は1.25TL。タクシーなら20〜25TLぐらい。空港へはキャーズム・カラベキル通り沿いから空港行きの市バスが出ている。

●**オトガル** オトガルは町の北西約3.3kmにある。町の中心であるジュムフリエット通りとキャーズム・カラベキル通りとの交差点までセルヴィスが運行している。市内からオトガルも、市内のオフィスでチケットを買えばセルヴィスが利用できる。

●**ドルムシュ・ガラジュは方面別** ドゥバヤズットやムラディエ、アクダマルなど北・西方面へのドルムシュは、町の北のドルムシュ・ガラジュから、チャウシュテペ、ホシャップなど東・南方面へのドルムシュは町の南のドルムシュ・ガラジュから出る。

■見どころ■

七色に変化するといわれている美しい湖面　Map P.411A〜B
ワン湖
Van Gölü　ワン・ギョリュ

湖面の標高は1646m、面積3713km²、湖岸線約500km、琵琶湖の約6倍弱もあるこの湖は、流入河川はあるが、流出河

ワン湖、ワン城方面行きドルムシュ乗り場

ワン湖のほとり

ワン城の下は断崖絶壁になっている。防護策のようなものはないので、記念撮影をするときは足元に気をつけよう。(編集室)

川が少ないため、**塩湖**。しかし、場所によって濃度が違い、川の付近では魚が豊富に獲れ、岸辺付近では泳げる。塩水でも死海のように体が浮くようなことはない。

また、ここは昔から巨大生物、ワン・ジャナーヴァルVan Canavarıが生息しているという噂があり、沿岸には目撃者も多い。1997年6月、この生物がビデオに撮られたとして国中で話題になり、日本でもテレビで放映された。

力強く素朴なレリーフが残る教会が建つ
アクダマル島
Map P.411B

Akdamar Adası　アクダマル・アダス

アクダマルはワン湖に浮かぶ島で、915～921年に建てられたというアルメニア教会がある。内部のフレスコ画の保存状態は悪いが、外壁は、アダムとイヴの物語など聖書に出てくる説話のレリーフが美しく残る。高台に上れば、ワン湖と教会の眺めが楽しめる。島にはレストランなどはない。船の戻りの時間を確認しておこう。

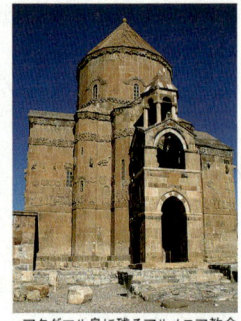

アクダマル島に残るアルメニア教会

広大な見晴らしと夕日に感激！
ワン城跡
Map P.411B

Van Kalesi　ワン・カレスィ

町の外れにある岩山の城跡。紀元前825年に、この地で高度な文明を築き上げたウラルトゥ王国のサルドゥール1世によって建てられたもの。石灰岩のブロックでできており、幅70～80m、長さ1.5km、高さ80mにも及ぶ。

ワン城の麓に広がる草原にはあちこちに大きな穴が開いて凸凹になっている。これは古代の財宝を求めて掘りまくった跡だとか。また、岩山へ行く途中、道の左側に教会がある。参拝すれば子宝に恵まれるという言い伝えがある。

ワン城は昼間は問題ないが、夕方は村の子供が寄ってきて金をねだったりする。城壁から眺める湖に沈む夕日はすばらしいが、ほかにあまり人がいないので注意しよう。

ライオン模様のレリーフがある
ホシャップ城
Map P.411B

Hoşap Kalesi　ホシャップ・カレスィ

ワンの町から東へ60kmほどの、ホシャップ川を挟んだ向かいの丘にある。ペルシア語でホシュとは美しい、アブとは水という意味。ふたつ合わせてホシャップという。トルコ語では同じ意味をもつギュゼルスGüzelsuと呼ばれている。

城はオスマン朝時代の1643年にクルド人領主サル・スュレイ

■アクダマル島
島への上陸は8:00～18:00
無休　3TL

タトワンTatvan方面に行くバスで桟橋近くで途中下車。または7km手前のゲワシュGevaş村まで行く。ゲワシュ村行きドルムシュは7:00～20:00に運行。運賃は5TL。ゲワシュ村からアクダマルの桟橋まで行くドルムシュに乗り換える。

桟橋からアクダマル島までは12人集まり次第出発。ひとり7.50TL。

■ワン城跡
8:00～12:00 13:00～17:00
無休　3TL

Kaleの表示のあるドルムシュに乗る。運賃は1.25TL。ドルムシュは6:00から21:00頃まで運行している。

現在は廃墟となっている

■ホシャップ城
ドルムシュは7:00～19:00の30分～1時間に1便。運賃は7.50TL。

タクシーだとチャウシュテペ城を一緒に回って170TL。
8:00～12:00
　13:00～17:00（夏期～18:00）
※早く閉まることも多い。
無休
3TL

ワン猫の家は大学キャンパスの外れにある。ワン猫の家では数十匹の猫が飼育されているが、目の色が同じ猫のほうが多い。（編集室）

マン・マフムディーによって建てられた。城内には365の部屋、ふたつのジャーミィ、3つのハマムなどがある。興味深いのは門に刻まれたレリーフで、紋章の両側に鎖につながれたライオンが配置されている。城も美しいが、城からの眺めが特に美しい。下にクルド人の村があり、オスマン朝時代に架けられた橋が残っている。

ホシャップ城

数々の遺物から文明の高さが偲ばれる
チャウシュテペ城
Map P.411B

Çavuştepe Kalesi　チャウシュテペ・カレスィ

ホシャップ城に行く途中、ワンから20kmの所にある城。紀元前760～730年にウラルトゥ王、サルドゥール2世によって建てられた。城はふたつの部分からなる。手前の部分は寺院、宝庫などがあり、「神、イルムシーニ」などの楔形文字の記述が見られる。回廊で続く奥の城には礼拝所、宮殿などがある。

■チャウシュテペ城
圏8:00～12:00
　13:00～17:00
　(夏期～18:00)
困無休　圏3TL
ドルムシュは7:00～19:00の30分～1時間に1便。運賃5TL。

落差はないが迫力がある滝
ムラディエの滝
Map P.411B

Muradiye Şelalesi　ムラディエ・シェラーレスィ

ワンの北東65km、ムラディエ村の郊外にある滝。滝は落差15～20m、落差以上に幅があり、なかなかの迫力。滝のまわりでは水遊びを楽しむ地元の子供たちを見かける。吊り橋を渡った先にはレストランがあり、食事やお茶を楽しみながら滝を眺めることができる。

迫力あるムラディエの滝

■ムラディエの滝
ムラディエ行きのドルムシュが7:00～16:00に運行。運賃8TL。ムラディエでチャルドゥランÇaldıran行きのドルムシュに乗り換える。

吊り橋の上からも滝が見られる

ワン湖周辺

○アクダマルからワン行きのバスを待ったがほとんど来なかった。2時間待ったが来ず、ヒッチハイクでワンまで行った。(東京都　KIWI　'11春)

HOTEL & RESTAURANT

2011年10月23日に発生したトルコ東部地震により、ワン市内の多くの建物が被害を受けたが、多くのホテルは営業を再開している。安宿はバザールからハズレト・オメル・ジャーミィとの間の裏通りに集中しており、中級ホテルは、市役所周辺や❶の周辺に点在している。ワン湖の湖畔には高級ホテルもオープンし始めている。

レストランはジュムフリエット通り沿いに何軒かある。新鮮な食材をふんだんに使ったワンの朝食はとても有名で、朝食専門店も多い。

日本からホテルへの電話 [国際電話会社の番号] + [010] + [国番90] + [432 (市外局番の最初の0は不要)] + [掲載の電話番号]

タフラン Hotel Tahran　　　中級　Map P.409A

✉ PTT Cad. Türkoğlu Sok. No.44
TEL&FAX (0432) 216 2541
hoteltahran65@gmail.com
S 70TL
W 100TL
US$ € TL T/C不可 C/C M V

安宿が集まる地域にある。地震後は営業を停止していたが、大規模な改装工事を行い2012年7月に再開した。改装を機に設備を拡充し、安宿から雰囲気のよい中級ホテルとなった。ツアーの手配も行っている。　全館無料

ビュユック・アスル Büyük Asur Oteli　　　中級　Map P.409B

✉ Cumhuriyet Cad. 13 Sok. No. 5
TEL (0432) 216 8792
FAX (0432) 216 9461
asur_asur2008@hotmail.com
S 80TL
W 130TL
US$ € TL T/C不可 C/C A D J M V

❶の横にある。ワンやドウバヤズットなど東部、南東部のツアーも行う。オーナーのレムズィ Remzi氏が堪能な英語でガイドしてくれる。宿泊者以外も歓迎。また観光情報の相談もOK。地震では被害を受けなかったものの、建物の改装、補強工事を行い安全にも万全の配慮をしている。　全館無料

タマラ Tamara Otel　　　高級　Map P.409A

✉ K. Karabekir Cad. Yüzbaşıoğlu Sok. No.1
TEL (0432) 214 3295
FAX (0432) 214 7885
URL www.tamaraotel.com
S AC 145TL
W AC 195TL
US$ € TL T/C不可 C/C A M V

キャーズム・カラベキル通りから1本入った所にある4つ星ホテル。全70の客室はゆったりしていて、設備も申し分なし。トルコ風炉端焼き、オジャックバシュのレストランと純英国風の雰囲気を漂わせるバーが併設されている。　全館無料

エリート・ワールド Elite World Van　　　最高級　Map P.409B外

✉ K. Karabekir Cad. No. 67
TEL (0432) 484 1111
FAX (0432) 214 9898
URL www.eliteworldvan.com.tr
S AC 200€
W AC 250€
US$ € TL T/C不可
C/C A D J M V

地震後にオープンしたワン中心部で最も豪華なホテル。ヨーロッパ風のクラシカルな内装で、フィットネスセンター、サウナ、ハマム、プールなどを併設。お風呂好きの日本人客を想定し、1フロアはすべてバスタブ付きの部屋にしている。　全館無料

スュッチュ・フェウズィ Sütçü Fevzi　　　朝食専門 中級　Map P.409A

✉ Kahvaltıcı Sok. No. 9
TEL (0432) 216 6418
FAX なし
🕐 7:00〜15:00
休 無休
TL T/C不可 C/C M V

1952年創業の朝食サロンで、ワンに数ある朝食サロンのなかで知名度、人気ともに最も高い。オトゥル・ペイニル Otlu Peynir、オリーブ、はちみつ、メネメン、チャイなどがセットになった朝食は品数により1人前15〜20TL、2人前25TL。

> スュッチュ・フェウズィがあるカフヴァルトゥジュ通りは直訳すると朝食屋通り。その名の通り数多くの朝食サロンが軒を連ねており、呼び込みも激しい。(編集室)

ワン湖の西岸にあるのどかな町
タトワン Tatvan
市外局番 **0434** 人口**7万2873**人 標高**1673**m

イスタンブール
アンカラ
タトワン

タトワンから眺めるワン湖

　タトワンは、ワンからワン湖に沿ってぐるっと約150km半周した反対側にある町。町の語源はタフトゥ・ワンTaht-ı Vanという城塞にあるとされる。ネムルト湖やアフラト、ビトリスの観光の拠点になる町だ。

▓歩き方▓
　タトワンの町は1本のメインストリート、**ジュムフリエット通り** Cumhuriyet Cad.を覚えればいいシンプルな造り。この通り沿いのPTTがあるあたりが町の中心。

●**観光案内所**　❶はメインストリートのPTTがある交差点からビトリス方向（オトガル方面）へ約2km行った右側にある。

●**ネムルト湖とアフラトへ**　ネムルト湖へはドルムシュやバスなどの便はない。ホテルのレセプションに頼んでタクシーのチャーターや1日ツアーをアレンジしてもらうとよい。

▓見どころ▓

エメラルドグリーンのカルデラ湖
ネムルト湖
Map P.411A

Nemrut Gölü ネムルト・ギョリュ

　タトワンから車で約1時間の距離にある。観光地として有名なのはアドゥヤマン近郊のネムルトダーゥだが、こちらにもネムルト山があり、標高3050m。東アナトリア火山帯の最南端に位置し、世界有数のカルデラ湖であるネムルト湖を有する。湖は5つのカルデラ湖からなっており、エメラルドグリーンの湖面は一見に値する。春から秋にかけての週末はトレッキングやピクニックを楽しむ家族連れも多い。

■時刻表一覧
🚂→P.380～383
バス時刻表索引→P.76～77

■タトワンのオトガル
　タトワンのオトガルは町の中心からビトリス方向に約3kmの所にあるが、ワン行きの長距離バスならPTT周辺にあるバスオフィスでも乗降が可能。ドウバヤズット行きのバスは、市内へは入らずワン湖西岸の道路で乗客を降ろすので注意が必要。

ジュムフリエット通り

■タトワンの❶
✉Kültür Merkezi Binası
TEL&FAX(0434)827 6527
URLwww.bitliskultur.gov.tr
（トルコ語）
圏8:00～12:00　13:00～17:00
（土～16:00）　困日

タトワンの❶

ネムルト湖は世界有数のカルデラ湖だ

タトワンはワン湖畔にあるが、2011年の地震では被害を受けなかったため被災地への物資供給拠点となった。被害が大きかったのはワン湖の北岸以東に集中している。（編集室）

■ **アフラットへの行き方**
PTTの横からドルムシュが7:00～19:00に1時間毎。所要40分。運賃5TL。アフラット市街地の手前にある博物館前で下車。

2012年8・9月は土・日のみワン埠頭からアフラット埠頭への水上バスが運行された。ワン9:00発で、アフラット発は17:00。所要1時間40分、往復20TL。2013年以降の予定は未定。

墓標が林立する不思議な光景
アフラット
Ahlat Mezarlar アフラット・メザルラル

Map P.411A

アフラットの近郊、ワン湖岸には高さ2mを超す墓が林立する興味深い光景が広がっている。これらの墓の多くは17～18世紀に造られたもので、なかでも古いものは12世紀のモンゴル統治時代に造られたものだ。墓の表面に施された幾何学文様もよく見てみよう。墓地は博物館の裏側に広がる。

ミステリアスな光景のアフラット

清流が流れる谷間の町
ビトリス
Bitlis ビトリス

Map P.411A

タトワンから25km。町の中央を清流ビトリス川が流れ、切り立った谷間の斜面に沿って町が広がっている。この町のシンボルでもある、町を見下ろす難攻不落のビトリス城Bitlis Kalesiはアレキサンダー大王の部下ベドリスが造ったとされ、この町の名前であるビトリスの由来ともなっている。ほかにも13世紀のイフラスィエ・メドレセスィ İhlasiye Medresesiや、16世紀にシェレフハン4世によって建てられたジャーミィやメドレセなども一見の価値がある。

■ **ビトリスへの行き方**
PTTから300mほど北に行き、左折した所にあるドルムシュ乗り場から7:00～17:00に頻発。所要30分。運賃4TL。

坂の多いビトリスの町

HOTEL & RESTAURANT

タトワンはビトリス県で最も大きな町だが、ホテルの数はそれほど多くはない。ジュムフリエット通り沿いやその周辺に数軒の中級ホテルがある。

レストランはジュムフリエット通りに点在している。この地方の名物ビュルヤン・ケバブ(床下に掘った大きな釜の中で仔羊を燻した料理)を出す店もあるのでぜひ味わいたい。

▶ 日本からホテルへの電話　国際電話会社の番号 ＋ 010 ＋ 国番号90 ＋ 434 (市外局番の最初の0は不要) ＋ 掲載の電話番号

ディンチ Otel Dinç
中級　地図なし

✉ İşletme Cad. No.9
TEL (0434) 827 5960
FAX (0434) 827 8222
URL www.oteldinc.com (トルコ語)
S 🛁 ➡ 90TL
W 🛁 ➡ 140TL
US$ € TL 不可 M V

町の中心からジュムフリエット通りを南へ進み、ジャーミィの向かいの道を入った所にある。2009年オープンと比較的新しい。部屋は若干狭く感じられるが、ミニバー、薄型テレビなど設備は整っている。全館無料

モスタル Mostar Hotel
中級　地図なし

✉ Cumhuriyet Cad. No. 244
TEL (0434) 827 9192
FAX (0434) 827 9056
URL www.mostarhoteltatvan.com (トルコ語)
S 🛁 ➡ 110TL
W 🛁 ➡ 180TL
US$ € TL 不可 M V

町の中心から南に進んだ右側、ガソリンスタンドの奥にある。3つ星ながら、レストラン、ハマム、サウナなどを完備しており、高級感が漂う。サウナとハマムの利用料は10TL。全館無料

ビュルヤン・ケバブを販売するロカンタは一見するだけではわからないが、店内に入ると仔羊をまるごとつるしてあるのですぐわかる。(編集室)

414

ドウバヤズット Doğubayazıt

アララット山の麓、国境の静かな町

市外局番 **0472** 人口**11万1299人** 標高**1590m**

雄大なアララット山を望む

■ドウバヤズットへの行き方
カルスからのバスの直通便はない。ウードゥルIğdırまでミニバス行き、ドウバヤズットへのドルムシュに乗り継ぐのが便利。ウードゥルに着いた場所でドウバヤズット行きのドルムシュが待機しているので、乗り換えはスムーズ。

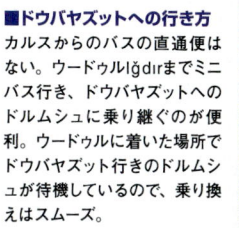

🚌→P.380〜383
バス時刻表索引→P.76〜77

トルコの東の果ての町ドウバヤズットは、ノアの方舟で有名なアール（アララット）山（5137m）の麓にある人口11万を超す活気ある町だ。北へ50kmでアルメニア共和国へ、東へ35km行くとイランへ抜ける国境の町でもある。

町の中から遠目に見るアール山の威容も見事だが、市街の外れにあるクルド人の王宮イサク・パシャ宮殿の美しさも広く知られている。また、周辺の山あいにはクルド人の人々が昔ながらの生活を営んでいる。

ドウバヤズット近郊で出会った羊飼い

|||旅のモデルルート|||
見どころへの公共交通機関はないので、タクシーをチャーターするか、オトガル横のツアー会社やホテルで1日ツアーに参加すると、効率よく見どころを回ることができる。

ドウバヤズット周辺の見どころを回る
ドウバヤズット➡イサク・パシャ宮殿➡メテオ・ホール➡ノアの方舟➡クルド村➡アール山パノラマ

以上のコースが代表的な半日ツアーのコース。ひとり20US\$ぐらいから。冬は観光客が減るので車1台チャーターするのに150US\$ほどかかる場合がある。1日ツアーはディヤディンの温泉にも行く。

|||歩き方|||
メインストリートは**アブドゥッラー・バイダル通り**Abdullah Baydal Cad.だ。この通り沿いにPTTやホテル、ロカンタなどが軒を連ねている。通りの西端のジャーミィのあたりが町で最もにぎやかな所。衣類や食料品のほか、屋台がずらりと並んでいる。❶はないが、ツアー会社などで情報収集できる。

ドウバヤズット発のバスの便は午後早めに終わってしまうので、移動は午前中にしたほうが無難

ドウバヤズットの南西7kmに城塞がある。紀元前にも遡る古い城だが、14世紀にオスマン朝の君主の名からバイェズィド城と改名した。これが町名の由来ともなっている。（編集室）

ドウバヤズット周辺

大アララット山 Büyük Ağrı Dağı 5137m
スルチェム Suluçem P.415
小アララット山 Küçük Ağrı Dağı 3896m
ドウバヤズット Doğubayazıt
P.417 ディヤディン温泉 Diyadin Kaplıcaları
メテオ・ホール Meteor Çukuru
P.416 イサク・パシャ宮殿 Ishak Paşa Sarayı
ギュルブラック国境 Gürbulak Sınır Kapısı バーザルガーン Bazargan
ウルジャ Ilca
ノアの方舟 Nuh'un Gemisi P.267

■イサク・パシャ宮殿
夏期はドルムシュが30分～1時間ごとに運行しているが、6～7人集まらないと出発しないので冬期は早朝に1往復のみということも。運賃は2TL。帰りは下りなので徒歩でも充分戻れる。片道30分～1時間ぐらい。
圃8:00～17:00（冬期～16:00）
困月　圍5TL

保存状態がとてもよい宮殿

アールの雄峰を望む

●オトガルとドルムシュ　オトガルは町の東側にある。ドウバヤズット行きのバスはアールで乗り換える場合があるが、たいてい追加料金は不要で乗り換えもスムーズ。ワンやウードゥルIğdır、アール、イラン国境の町ギュルブラックGürbulakからのドルムシュはアブドゥッラー・バイダル通りの西端の幹線道路沿いに発着。タクシーもこのあたりでひろいやすく、料金は交渉制だ。

‖‖見どころ‖‖

突如として現れる王宮生活の夢の跡
イサク・パシャ宮殿
Map P.416上

İshak Paşa Sarayı　イスハク・パシャ・サラユ

　町の南東5kmの山腹に建つ宮殿。知事イサク・パシャによって1685年に建造が始まった。宮殿の工事は99年という年月を費やし、完成したのは1784年、イサク・パシャの孫であるメフメット・パシャの時代。全面積7600㎡の敷地には、ジャーミィ、ハレム、浴場、イサク・パシャの墓、牢獄などがあり、部屋数は366もある。宮殿から望む雄大な景色もすばらしい。

雪をたたえた雄々しい姿に感激
アール（アララット）山
Map P.416上

Ağrı Dağı　アール・ダーウ

　標高5137mのトルコ最高峰。聖書ではノアの方舟がこのアール山に漂着したと伝えられているが、近年次々と「方舟の遺骸!?」が発見されて話題にされることがある。頂上から見て南東部に標高3896mの小アール山がある。

ドウバヤズット

ウードゥル、ディヤディン行きドルムシュ乗り場へ100m
Asmalı Konak P.418
ワン行きドルムシュ(Ishak Paşa Tur)
ギュルブラック(イラン国境)行きドルムシュ(Surbahan Tur)
イラン国境へ約34km
アール行きドルムシュ(Lider Hanibaba Tur)
ガソリンスタンド
Günpaş
Ortadoğu
ディヤディンへ約50km
病院
Rıfkı Başkaya Cad.
アブドゥッラー・バイダル通り
アフメディ・ハニ・ジャーミィ Ahmed-i Hani Camii
Ptt
警察
Grand Derya P.418
Tamazra Trek P.417
Urartu
Özkan
İshak Paşa
Nisantaş (両替商)
Kenan
Yıldız Park AVM
Evin
İsfahan P.418
Tehran
Erzurum
Büyük Ağrı Cad.
Öz Urfa Sofrası
Nuh P.418
Ararat P.418
オトガル
イサク・パシャ宮殿行きドルムシュ
イサク・パシャ宮殿へ約6km

A　B

※イサクパシャ宮殿からさらに坂道を登ったところに小さなレストランがあって宮殿とその背後のすばらしい景色を見ることができます。（神奈川県　おーちゃん　'10秋）

みやげ話に「ノアの方舟の遺物!?」見学
ノアの方舟
Nuh'un Gemisi　ヌフン・ゲミスィ

Map P.416上

盛り上がった部分が舟の形に見えるかな？

方舟伝説の遺物がアール山の麓にある。ドウバヤズットの町から26kmの地点に、ノアの方舟が埋まっているというのだ。確かに方舟のような形に隆起しているが、ここがアメリカ人研究者によって発見されたのが1985年。その後の調査で科学的根拠は認められなかった。研究者を案内した人が建てた小さな博物館が隣にある。

隕石が落ちてできた大穴
メテオ・ホール
Meteor Çukuru　メテオル・チュクル

Map P.416上

以前はゴミ捨て場だった

ドウバヤズットから35km、イランとの国境検問所近くにある。1920年に巨大な隕石が落ちた際にできた大きなクレーターで、直径35m、深さ60m。世界第2位という大きさだが、現在は深さ30mの深さまで埋まっている。

世界で7番目に効能ある水
ディヤディン温泉
Diyadin Kaplıcaları　ディヤディン・カプルジャラル

Map P.416上

勢いよく噴き上がる源泉

ディヤディンはドウバヤズットの西50kmほどに位置する町。郊外には75℃という高い温度の温泉があり、1ℓあたり1000mgという大量のミネラルを含んでいる。このため、現地では「世界で7番目に効能あらたかな温泉」といわれている。

ドウバヤズット

■ノアの方舟
イランとの国境のギュルブラックへの途中にあるテルチェケルTelçeker村からかなり急な山道を5km以上歩く。タクシーだと往復40TLほど。見学後、ギュルブラックまで行けば70TL。

すぐ近くにある博物館

■メテオ・ホール
イラン国境のギュルブラックの入口ゲート近くから北へ分岐する道を2km入る。メテオ・ホールの近くに軍事施設があるので、途中に検問所があり、パスポートを預けるが、外国人だけでも訪問は可能。タクシーなら往復60TL、ノアの方舟と一緒に回って70TL。

■ディヤディン温泉
ディヤディンへは8:00～13:00の毎正時に、ウードゥル行きドルムシュ乗り場発。運賃5TL。

Information　アール（アララット）山に登る

アール山は1990年に一般登山者の入山も可能になったが、許可証取得とツアーへの参加が義務づけられている。登頂可能な時期は6月中旬～9月下旬。山頂往復には3～5日かかる。許可証取得は、各旅行会社にパスポートの写真のページのコピー1枚を提出すればOK。取得までの所要日数は以前に比べて簡素化されてきており、国へ申請する必要もなく、アール県へ申請すればよくなったため、1～2日程度で取得できるようになった（トレッキングのみは無料）。ツアー料金には通常、交通費、ガイド料、食糧、許可証が含まれるが、詳細は必ず確認を。また山頂を目指さない場合でもアール山域に入るには許可証が必要。

■Tamazra Trek
Map P.416下A
✉Hotel Urartu Yanı
TEL(0472)312 5232
URLwww.araratexpedition.com
8:00～18:30　無休
日帰りハイキングや4～12日のアララットトレッキングのほか、カチカルトレッキングも行っている。

ワン行きのドルムシュの始発便（7:30発）はいつも込んでいて、出発30分前には満席になってしまうことも多い。前日に予約しておくのが無難。（編集室）

HOTEL & RESTAURANT

ホテルはアブドゥッラー・バイダル通りと並行するビュユック・アール通りに集中している。電力供給量が少ないため、エレベーターが動かないことがあったり、シャワーがぬるいことがある。
　レストランはアブドゥッラー・バイダル通り沿いに数軒ある。ドウバヤズットの名物はアブディギョル・キョフテ。

●日本からホテルへの電話　[国際電話会社の番号] + [010] + [国番号 90] + [472（市外局番の最初の0は不要）] + [掲載の電話番号]

イスファハン　Hotel İsfahan
経済的　Map P.416下A

✉ İsa Geçit Cad. No.26
TEL (0472) 312 4363
FAX (0472) 312 4081
S 🛏 35TL
W 🛏 50TL
💳 US $ € TL
T/C 不可
CC 不可

2011年に経営が代わり、かつての日本語情報ノートなどはなくなった。衛星放送が見られるテレビを全35室に完備。部屋の大きさは1部屋ごとに異なり、かなり差がある。レストランもある。ツアーも催行している。ランドリーあり。
📶 全館無料

アララット　Hotel Ararat
経済的　Map P.416下B

✉ Belediye Cad. No.16
TEL (0472) 312 4988
FAX (0442) 312 2523
URL www.hotelararatturkey.com
S 🛏 35TL
W 🛏 60TL
💳 US $ € TL　T/C 不可　CC M V

2011年10月に経営が代わり、再出発した。トレッキングツアーなども行っている。全48室。日本人と韓国人には特別割引きあり。日本語情報ノートがあるが、あまり更新はされていない。
📶 全館無料

グランド・デルヤ　Hotel Grand Derya
中級　Map P.416下A

✉ Abdullah Baydal Cad. No.203
TEL (0472) 312 7531
FAX (0472) 312 7833
email salman72303@hotmail.com
S A/C 🛏 100TL
W A/C 🛏 170TL
💳 US $ € TL
T/C 不可　CC A D J M V

PTTの斜め向かいあたりにある中級ホテル。全60室。部屋はシンプルな造りだが、バスルームも清潔。アララット山が見える部屋もある。ツアーも催行しており、ひとりでも催行。半日ツアーでひとり150TLぐらい。1日ツアーだとひとり200US $ぐらい。朝食は2階の広いラウンジでビュッフェ形式。
📶 全館無料

ヌフ　Hotel Nuh
中級　Map P.416下A～B

✉ Büyük Ağrı Cad. No.65
TEL (0472) 312 7232
FAX (0472) 312 6910
URL www.hotelnuh.com
S 🛏 30€
W 🛏 50€
💳 US $ € TL
T/C 不可
CC M V

外見やロビーは古そうだが、客室は全面改装が終了しており、とてもきれいになった。部屋の質と設備はドウバヤズットで最高だ。全65室でシャワー室やベッドもピカピカ。冬期は2階しか利用できないので部屋数は少なくなる。最上階のレストランからはアララット山が見える。
📶 全館無料

アスマル・コナック　Asmalı Konak
トルコ料理　庶民的　Map P.416下A

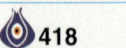

✉ Yol Altı Sok. Van Durağı Karşısı
TEL (0472) 312 1040
FAX なし
🕕 6:00～23:00
休 無休
💳 US $ € TL
T/C 不可　CC M V

ツアー客の利用も多い大型レストラン。店内にはカッパドキアやハサンケイフをモチーフにしたオブジェが飾られている。ケバブは1本6TL～で、おすすめは店のケバブがひととおり楽しめるアスマル・コナック・ケバブ25TL。ビール7.50TLもあり、ワインは1本50TL。床に座ってくつろげる席がある。

アララットホテルのマネジャー、エルカン氏は2011年夏までイスファハンホテルを、その前はサルハンホテルを経営していた人物。小さな観光地ではこのようなことは珍しくない。（編集室）

カルス　Kars

「蜂の巣付きハチミツ」で有名なアニ遺跡への拠点

市外局番 **0474**　人口**11万443**人　標高**1750**m

キュンベット・ジャーミィとカルス城

■**時刻表一覧**
✈→P.70〜73
🚌→P.74〜75
🚆→P.380〜383
バス時刻表索引→P.76〜77

■**カルスの❶**
Map P.420A2
✉Hakim Ali Rıza Arslan Sok. No.15
🔗www.karskultur.gov.tr
（トルコ語）
☎(0474) 212 2179
🕐8:00〜12:00 13:00〜17:00
休土・日

■**カルス城**
Map P.420A1
🕐夏期9:00〜23:00
　冬期9:00〜17:30
休無休　料無料

■**カルス博物館**
Map P.420B1
✉Cumhuriyet Cad. No.365
🕐8:00〜12:00 13:00〜17:00
休無休　料無料

カルス博物館

■**キュンベット・ジャーミィ**
🕐礼拝時間のみオープン
休無休
料無料

アーチの上に彫られているのは12使徒。キリスト教会だった名残だ

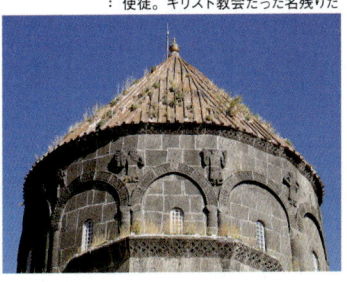

　ドウバヤズットの北西、アルメニアとの国境近くにある町。このあたりは19世紀にはオスマン朝と帝政ロシアの間で激しい争奪戦が行われ、ロシア領だった時期もある。ロシア時代の建築が町のあちこちに残っている。

歩き方

　町のメインストリートはファーイク・ベイ通りFaik Bey Cad.。バス会社のオフィスやホテルがたくさん並んでいる。北西にはセルジューク朝の時代に建てられたというカルス城Kars Kalesiがある。モンゴルの襲来やロシアとの戦いなどで何度も持ちこたえた強固な城塞だが、いまではピクニックするのにピッタリな、のどかな場所となっている。

●**オトガルとセルヴィス**　町と空港の間に新しいオトガルができたが、ファーイク・ベイ通りにバス会社のオフィスがあり、そこからセルヴィスを利用するのが一般的。空港からはタクシーで20TL。

見どころ

歴史の流れにつれて役割を変えた Map P.420A1
キュンベット・ジャーミィ
Kümbet Camii　キュンベット・ジャーミィ

　10世紀の前半にグルジア王国のアッバース王によって建てられた教会。11世紀に入りカルスがセルジューク朝の支配下に入ると、ジャーミィへとその役割が変わった。ロシア支配時代には教会となり、第1次大戦後にトルコ領となったあとは長年博物

カルスでよく見られるボズバシュは、イランのアーブ・グーシュトやアゼルバイジャンのピティと同系のこの地方独特の料理。肉を潰してパンとスープをかき混ぜて食べる。(編集室)

■アニへの行き方
公共の交通手段はないので、タクシーをチャーターして行くことになる。観光客を対象にしたミニバスの便もある。
圖8:00〜19:00（冬期〜日没）
休無休 料5TL
4〜11月 各ホテル9:00発、13:30帰着。3人まで1台140TL、4人以上ひとり40TL。午後の便も可能。前日の夜までにホテルで申し込んでおくこと。ドライバーのジェリル・エルソゾウル氏に連絡をいれてもよい。
TEL 0532 226 3966（携帯）
celilani@hotmail.com

として使われてきたが、1994年からは再びジャーミィとなった。典型的なグルジア様式の建築だ。

1001の教会があるアルメニア教会の古都
アニ
Map P.31D1

Ani アニ

アニの町は、971年にアルメニアのバグラト朝の王アショット3世がカルスからアニに遷都してから急速に発展した。以降、シルクロードの中継都市として、また、992年にはアルメニア教会の主教座がアニに移され、宗教的中心地として栄えた。最盛期のアニは10万を超える人口を抱え、1001の教会をもつ町といわれていた。11世紀以降は徐々に衰退し、現在は廃墟となっているが、いくつかの教会遺構が残されている。

痛みが激しい壁画も多く修復が待たれる

●アルメニア教会の遺跡　アニの町の中心には、1001年に建てられた大聖堂（カテドラル）が残っている。1064年にアニがセルジューク朝に占領された際にはジャーミィとして使われ

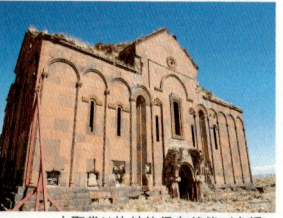

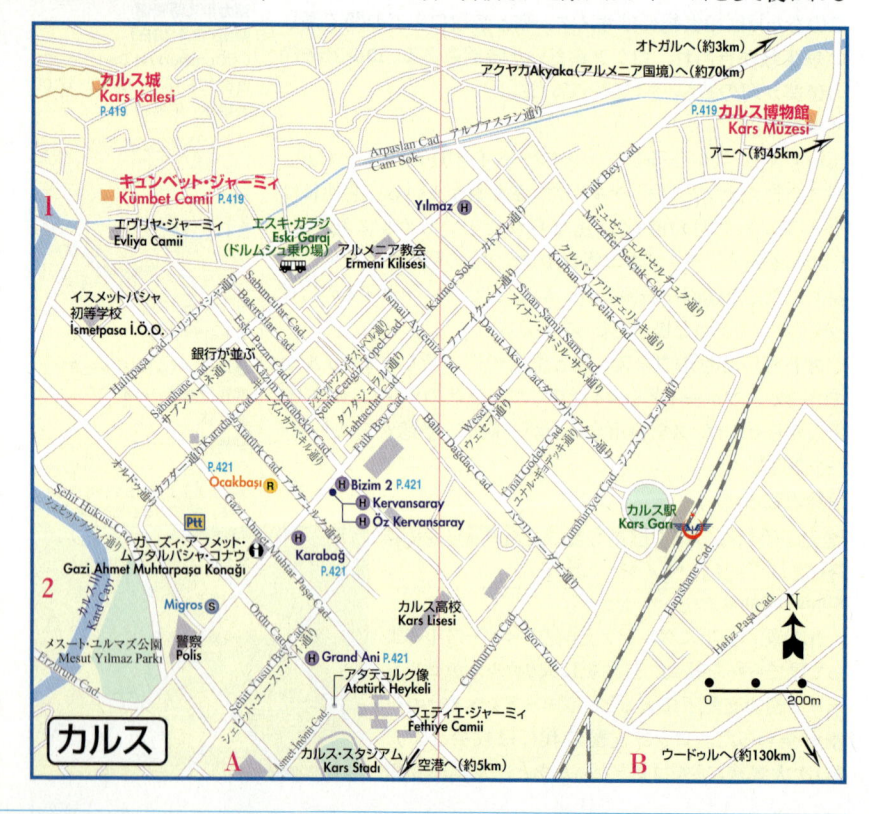

大聖堂は比較的保存状態が良好

カルス

420

カルスはチーズの名産地としても有名。チェチル・ペイニルÇeçil Peynirというプロセスチーズが代表的。油分は少なく、さっぱりとした味。（編集室）

ようになったが、13世紀になり、再び教会として使われるようになった。現在見られるような形となったのは、そのときの修復によるもの。天井にあるドームは14世紀に起きた地震によって失われてしまった。

　町の東の端にある小さな教会は、聖グレゴリオ教会。とんがり帽子の屋根の典型的なアルメニア教会で、1215年、アニがグルジアの影響下にあった頃に造られた。教会内部にはキリストの生涯と、聖グレゴリオの生涯を描いたフレスコ画がある。

　一方、町の西にある教会は名前も同じ聖グレゴリオ教会だが、1040年にアニがまだ独立を保っていた頃に造られたものだ。

アニ遺跡

城壁／ライオンゲート(入口) Aslanlı Kapı／セルジュク宮殿 Selçuklu Sarayı／グルジア教会 Garcü Kilisesi／聖グレゴリオ教会 (Gagik I Kilisesi)／キャラバンサライ Selçuku Kervan Sarai／オリーブ油圧搾所／ハマム／聖グレゴリオ教会 (Abughamrent Kilisesi)／カテドラル／メヌチェフル・ジャーミィ Menüçehr Camii／石橋 アルパ川／マリア修道院／城跡 Kale／救世主教会 Genç Kızlar Kilisesi／聖グレゴリオ教会 Aziz Prkich Kilisesi／破壊より南は緩衝地帯のため立ち入り禁止／乙女の教会 Kız Kilisesi／聖グレゴリオ教会 (Tigran Honents Kilisesi)

HOTEL & RESTAURANT

多くのホテルはファーイク・ベイ通りに集中しているので探しやすい。レストランはキャーズム・カラベキル通りKâzım Karabekir Cad.やファーイク・ベイ通りなどに点々と存在している。この地方の名物のハチミツは純天然で蜂の巣付き。

●日本からホテルへの電話　国際電話会社の番号 + 010 + 国番号 90 + 474 (市外局番の最初の0は不要) + 掲載の電話番号

ビズィム・オテル・イキ Bizim Otel 2
経済的　Map P.420A2 
✉ Faik Bey Cad. No.19B
TEL (0474) 212 2800
FAX なし
[S] 🛏 30TL
[W] 🛏 50TL
US $ € TL 不可

ホテルが並ぶ通りにある。2010年にオープンした。全室テレビ付き。全35室中、シャワー無しの部屋も17室あり、料金はシングル20TL、ダブル40TL。朝食はチョルバを出す。
全館無料

カラバー Karabağ Hotel
中級　Map P.420A2 
✉ Faikbey Cad. No.142
TEL (0474) 312 9304-6
FAX (0474) 223 3089
URL www.hotel-karabag.com
[S] A/C 🛏 80 TL
[W] A/C 🛏 130 TL
US $ € TL 不可

町の中心にある3つ星ホテル。2010年に改装し、とてもきれいになった。フロントのスタッフは英語を話す。アニ遺跡の送迎や冬期はスキー場への往復を盛り込んださまざまな宿泊プランがある。全50室。
全館無料

グランド・アニ Grand Ani Hotel
高級　Map P.420A2 
✉ Ordu Cad. No.14
TEL (0474) 223 7500
FAX (0474) 223 8888
URL www.grandani.com.tr (トルコ語)
[S] A/C 🛏 80€
[W] A/C 🛏 100€
US $ € TL US $ 不可

2009年12月にオープンした、町いちばんの高級ホテル。プール、フィットネス、ハマム、サウナなどを備えている。全68室で、テレビ、ミニバー、セーフティボックスなどを完備。
全館無料

オジャックバシュ Ocakbaşı
トルコ料理 庶民的　Map P.420A2 
✉ Atatürk Cad. No.276
TEL & FAX (0474) 223 7597
URL www.kaygisizocakbasi.com (トルコ語)
🕐 7:30〜23:00　休 無休
US $ € TL 不可

ゴマ付きパンの中に具材が入ったエジデル・ケバブ(15TL)やチョップ・シシ(13TL)やラムチョップ(写真、15TL)などが人気の店。ピデ各種9〜15TLも好評で、特にカルス名産のチーズを使ったピデは試してみたい。

カルスの南西約60kmにあるサルカムシュSarıkamışにはトルコ最大級のスキー場がある。3ヵ所あるゲレンデのうちジュブルテペCibiltepeが最も大きい。(編集室)

標高1853mの高地に位置する東部最大の都市

エルズルム Erzurum

市外局番 **0442** 人口**34万8156**人 標高**1950**m

■時刻表一覧
- ✈→P.70～73
- 🚌→P.74～75
- 🚐→P.380～383
- バス時刻表索引→P.76～77

■エルズルムの❶
Map P.423A

PTTから噴水がある広場、ハウズバシュ Havuzbaşıを越えて西に行った次の角。
✉ Cemal Gürsel Cad. No.9/A
☎(0442) 235 0925
FAX(0442) 233 0771
URL www.erzurumkulturturizm.gov.tr（トルコ語）
🕐 8:00～12:00 13:00～17:00
休 無休

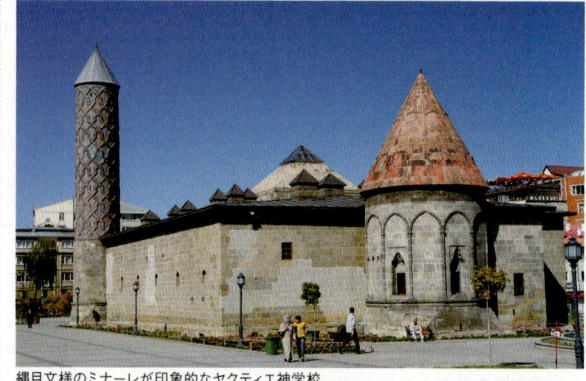

縄目文様のミナーレが印象的なヤクティエ神学校

リュステムパシャ・チャルシュスでは近郊で産出する黒石を使ったジュエリーショップが多い

空港と市内を結ぶバス

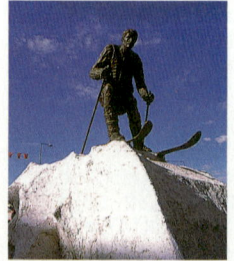

冬はウインタースポーツが楽しめる

東部アナトリア最大の都市エルズルムは、トルコ東北部や黒海地方へ抜けるバスの乗り換え地点としても重要な位置にあるが、市内にはセルジューク朝の建築物などの見どころも多い。また、標高1853mという高地にあるため、冬は雪が多く、零下40℃にもなることがある厳寒の地だ。

┃┃┃歩き方┃┃┃

エルズルムは市内バスも走る大きな町だが、見どころを回るだけなら徒歩でも充分。歴史的な建築物は町のメインストリート、**ジュムフリエット通り**Cumhuriyet Cad.沿いにある。**メンデレス通り**Menderes Cad.との交差点には、典型的なオスマン朝様式のララ・ムスタファ・パシャ・ジャーミィがある。このジャーミィを北に曲がって坂を下った右側の地下には銀製品や数珠のバザール、**リュステムパシャ・チャルシュス**Rüstempaşa Çarşısıがある。ジュムフリエット通りを東にさらに進むとチフテ・ミナーレに着く。大通りの向かい側の道は小高い丘へと延び、頂上には城塞跡がある。チフテ・ミナーレの交差点を南に行くと、セルジューク朝時代の地方政権サルトゥック朝のアミールの墓であるユチュ・キュンベットレル（3つの塔墓）が建つ。

●**空港** エルズルム空港は町の中心から11kmほど北西にある。市内へは発着に合わせて市バスが鉄道駅まで運行している。空港へは離陸1時間30分前に駅から出発。3TL。

●**オトガル** オトガルは町の北西1.5kmの所にある。市内のオフィスは、ジュムフリエット通りに点在しており、チケットを買えばセルヴィスの利用が可能。オトガルと市内を結ぶのはG2のバスだ。オトガルを出て左側にあるバス停の前から乗車する。運

リュステムパシャ・チャルシュスでは数珠などを作る工房が並んでいる。近郊で産出するオトゥル・タシュ Otlu Taşという黒い石を材料に用いている。(編集室)

賃は1.25TL。町の中心、ジュムフリエット通りまで運行している。イスタスヨン通りİstasyon Cad.周辺へはタクシーで7TLほど。
●**鉄道駅**　駅前のイスタスヨン通りİstasyon Cad.の坂を上っていくと、ギュルジュ・カプGürcü Kapıという大きな交差点があり、周辺にホテルが集まっている。

見どころ

青い模様のミナーレが美しい
ヤクティエ神学校
Yakutiye Medresesi ヤクティエ・メドレセスィ

Map P.423B

　イル・ハーン朝時代の1310年に、将軍ホジャ・ジェマレッティン・ヤクートによって建てられた、エルズルムで最も有名な歴史的建造物。青とレンガ色の細かい縄目文様が彫り込まれたミナーレが、日の光を受けてきらきら輝くさまはとても美しい。もともとミナーレは四隅に計4本あったものだが、今では1本だけ残っている。館内はイスラーム民俗博物館になっている。

そびえ立つ2本の塔に圧倒される
チフテ・ミナーレ
Çifte Minare チフテ・ミナーレ

Map P.423B

　正面の入口に堂々とそびえる2本のミナーレが見事なルーム・セルジューク朝時代の建物。カイクバート2世の娘ホダーバンド・ハンデ・ハトゥン、もしくはイル・ハーン朝の君主ガイハートゥーの妻ハンド・パーディシャーによって建てられた神学校で、ハトゥニエ・メドレセスィと呼ばた。しかし、1829年にロシアに占領されたとき、内部を飾っていた美しいレリーフや碑文などは、サンクトペテルブルグに持っていかれてしまった。

■**ヤクティエ神学校**
✉ Cumhuriyet Cad.
TEL(0442)235 1964
圏8:00〜17:00（夏期〜19:00）
休月　3TL

ヤクティエ神学校のレリーフ

神学校内の展示

チフテ・ミナーレは修復中
■**チフテ・ミナーレ**
2012年9月現在修復中

エルズルム

ジャー・ケバブの名店、ゲルギョルはエルズルム市内にいくつか支店があるが、よく似た名前の類似店もあるので注意しよう。（編集室）

423

■パランドケン・スキー場
圏9:00～16:00
休無休
🚗エルズルム市内から片道30～40TL。パランドケンへのドルムシュでカルフール前で下車してタクシーに乗れば安い。
🚌バスは積雪のある冬期の土・日曜め便がある。終点は下の入口近く。スキー用具は周辺のホテルや貸しスキー店でレンタルできる。セットで1日20US$。リフトの1日パスは24TL～（使用リフトによって異なる）。

白銀の世界と連なる白い尾根
パランドケン・スキー場
Palandöken Kayak Merkezi パランドケン・カヤック・メルケズィ

Map P.423B外

市街の南6km、標高3000m級のパランドケン山地の斜面に広がるスキー場。23コース、リフトを11本備えたトルコ屈指の設備を誇る。12月の初旬から4～5月頃までスキーを楽しむことができる。

パランドケン・スキー場

HOTEL & Restaurant

ホテルは駅に近いキャーズム・カラベキル通りやコングレ通り**Kongre Cad.**に多い。高級ホテルはスキー場周辺に4つある。
エルズルム名物のジャー・ケバブ**Cağ Kebabı**は、ドネル・ケバブを水平方向にして薪の直火で焼き上げたもの。ジャー・ケバブの串刺し肉と野菜をユフカに挟んで食べるのは格別だ。

🏠日本からホテルへの電話 ｜ 国際電話会社の番号 ｜ + ｜ 010 ｜ + ｜ 国番号 90 ｜ + ｜ 442（市外局番の最初の0は不要） ｜ + ｜ 先方の電話番号

ポラト Otel Polat

✉ Kazım Karabekir Cad. No.2
☎ (0442) 235 0363
📠 (0442) 234 4598
S 60TL
W 110TL
US$ € TL
T/C 不可 C/C MV

中級　Map P.423B

イスタスヨン通りから南西へ少し入った所にある2つ星ホテル。新しいホテルではないが、外観も館内も改装済み。室内は白や青で統一されており、バスタブ付き。最上階は朝食用のサロンになっている。全58室。全館無料

😊部屋は狭いけど清潔でお得感がある。近くにロカンタやスーパーも多くて便利です。　（神奈川県　おーちゃん　'10秋）

グランド・ヒティット Grand Hitit Hotel

✉ Kâzım Karabekir Cad. No.26
☎ (0442) 233 5001
📠 (0442) 233 2350
S 120TL
W 180TL
US$ € TL T/C 不可
C/C MV

中級　Map P.423A

ギュルジュ・カプのホテルエリアにある。同クラスのホテルの中では設備が新しく、快適に過ごせる。会議室なども備え、ビジネス利用にも対応。近々木材をふんだんに配した、落ち着きのある部屋も作るとのこと。全40室。全館無料

ゲルギョル Gelgör Cağ Kebabı Salonu

✉ İstasyon Cad. No.4
☎ (0442) 213 3253　📠 なし
🌐 www.gelgorcagkebabi.com（トルコ語）
圏 6:00～24:00
休無休　US$ € TL
C/C MV

ケバブ屋 庶民的　Map P.423B

1975年創業のジャー・ケバブの名店。入口の壁には、来店した有名人の写真が自慢気に飾られている。広い店内には家族連れの姿も見られる。ケバブは1本6TL。無料で付いてくるサラダと一緒にユフカに巻いていただこう。コングレ通りに支店あり。

コチ Koç Cağ Kebabının Mucidi

✉ Kongre Cad. Kongre Bina Karışı No.8
☎ (0442) 213 4547
📠 (0442) 213 4335
🌐 www.cagkebap.com（トルコ語）
圏 9:30～23:00　休無休
US$ € TL C/C MV

ケバブ屋 庶民的　Map P.423B

ゲルギョルと人気を二分するジャー・ケバブの名店。イスタンブールやブルサにも支店がある。こちらにも来店した有名人の写真がたくさん貼られている。ジャー・ケバブは1本6TL。周囲にもジャー・ケバブ専門店がいくつかある。

💡 エルズルムからドウバヤズット方面に50kmほど進んだところにあるハサンカレには温泉がある。周辺のキョプリュキョイには泥風呂もあり、夏は観光客で賑わう。（編集室）

サフランボル旧市街

緑濃いチャイのふるさと
黒海沿岸
Karadeniz

◎イスタンブール
□アンカラ

黒海沿岸 Karadeniz

◆気候と服装◆

緑多い黒海沿岸地方は、年間を通して、ほかの地域より降水量が多く、気温差が小さい。7月の平均気温は約22℃で1月の平均気温は約4℃。温暖な沿岸部に比べ、内陸はヤイラ（夏の放牧地）や高原地帯のなっていて夏は涼しく、冬は積雪もあるので装備を整えたい。また沿岸部の夏は湿度が高く、日本並みに蒸し暑く感じることもある。

●交通●

黒海沿岸のバスは、サムスンSamsunをはさんで東と西に分かれる。

サムスン以西は、海岸沿いを走るバスは、スィノップ～サムスン間を除いて少ない。カラビュックやカスタモヌなど内陸の町で乗り継ぎながら進むことになる。

サムスンから東へは海岸沿いにグルジア国境近くのホパHopaまで多くのバスが走っている。ホパからそのまま国境を越えてグルジアのバトゥーミまで行く便も少なくない。サムスンとトラブゾンではほとんどのバスはオトガルに入るが、それ以外の町では、オトガルはあっても幹線道路にあるバス会社のオフィス前で乗り降りすることが多い。アナトリア各地からやって来るバスは1～2時間ほど出発時間が遅れることがある。

サフランボル発着路線

●サフランボル～カスタモヌ　運賃15TL　所要：約3時間

メトロ・ドウシュ Metro Doğuş	サフランボル発　7:00, 8:30, 10:30, 12:30, 13:45, 15:45, 17:45, 19:00
	カスタモヌ発　7:15, 12:30, 14:30, 16:30, 18:00

●サフランボル～トラブゾン　運賃60TL　所要：約15時間30分

ウルソイ Ulusoy	サフランボル発　9:00, 17:45	メトロ Metro Turizm	サフランボル発　9:15, 18:30
	トラブゾン発　15:30, 18:00		トラブゾン発　15:00

●サフランボル～アマスラ　運賃18TL　所要：約2時間30分

サワシュ Savaş Turizm	サフランボル発　8:15, 10:30, 18:30
	アマスラ発　9:30, 14:00, 19:15

●サフランボル～イズミル　運賃60TL　所要：約11時間30分

メトロ Metro	サフランボル発　9:15, 20:30
	イズミル発　18:30

スィノップ発着路線

●スィノップ～カスタモヌ　運賃25TL　所要：約3時間

メトロ Metro	スィノップ発　10:00, 10:30, 17:00, 22:00
	カスタモヌ発　14:00, 16:00, 2:00

●スィノップ～サムスン　運賃25TL　所要：約4時間

メトロ Metro	スィノップ発　6:00, 9:00, 10:15, 13:00, 14:00, 15:00, 16:00, 17:15, 18:30
	サムスン発　6:30, 9:30, 10:30, 11:30, 12:30, 13:45, 14:45, 15:45, 16:45, 17:45, 19:00
スィノップ・ビルリッキ Sinop Birlik	スィノップ発　7:30, 10:15, 12:00, 16:30, 21:00
	サムスン発　7:00, 10:30, 13:00, 15:00, 17:30

※発車時刻および運賃は2012年の調査時のものであり、しばしば変更されます。所要時間については巻頭の折込地図（1枚目裏側）もご参照ください。

黒海沿岸

アマスヤ発着路線

●アマスヤ～サムスン　運賃15TL　　所要：約2時間

メトロ Metro	アマスヤ発	6:30、8:00、9:00、10:00、11:00、12:00、13:00、14:30、15:30、16:30、18:00
	サムスン発	8:30～18:30の毎時30分
トカット・ユルドゥズ Tokat Yıldız	アマスヤ発	11:30、14:00、16:00、17:00、19:00、21:00、22:00、1:00
	サムスン発	8:00、9:00、11:00、12:30、14:30、18:30
トプチャム Topçam	アマスヤ発	11:30、14:00、16:00、17:00、19:00、21:00、22:00、1:00
	サムスン発	13:30、15:30、16:15

●アマスヤ～トラブゾン　運賃45TL　　所要：約9時間

トカット・ユルドゥズ Tokat Yıldız	アマスヤ発	11:30、17:00、22:00	メトロ Metro	アマスヤ発	22:00
	トラブゾン発	8:00、17:30、22:00		トラブゾン発	9:30、17:30

●アマスヤ～チョルム　運賃8～12TL　　所要：約1時間

リュクス・ヒティット Lüks Hitit	アマスヤ発	7:45、9:45、11:45、13:45、15:45、17:45
	チョルム発	8:00、10:00、12:00、14:00、15:00、16:00、18:00
ミス・アマスヤ Mis Amasya Tur	アマスヤ発	7:00、10:00、13:00、17:00、18:00、24:00
	チョルム発	7:45、9:00、9:45、11:45、14:30、15:45、17:45、18:30、22:00

●アマスヤ～スィワス　運賃25～30TL　　所要：約4時間

トカット・ユルドゥズ Tokat Yıldız	アマスヤ発	5:00、10:00、10:45、13:15、14:45、20:45、1:30
	スィワス発	7:30、10:00、12:00、13:00、15:00、17:15、18:00、21:30
メトロ Metro	アマスヤ発	16:30、17:30、18:00、20:00
	スィワス発	18:15

アイデル発着路線

●アイデル～リゼ　運賃15TL（夏期のみ運行）　　所要：約2時間

チャムルヘムスィン・ミニビュス Çamlıhemsin Minibüs Koop.	アイデル発	12:00、16:00
	リゼ発	9:30、11:00、14:00、18:00

ホパ発着路線

●ホパ～リゼ　運賃8～12TL　　所要：約2時間

プレンスカレ Prenskale	ホパ発	5:30～18:30の毎時30分
	リゼ発	8:00～20:90の毎正時
メトロ Metro	ホパ発	7:00～18:00の毎正時
	リゼ発	10:30、11:00～18:00の毎正時

●ホパ～アルトヴィン　運賃14TL　　所要：約1時間

アルトヴィン・ミニビュス Artvin Minibüs Koop.	ホパ発	7:00・10:00の毎正時
	アルトヴィン発	7:30～18:30の30分～1時間に1便

ユスフェリ発着路線

●ユスフェリ～アルトヴィン　運賃15TL　　所要：約1時間30分

アルトヴィン・ミニビュス Artvin Minibüs Koop.	ユスフェリ発	6:00、7:00、8:30、9:00、9:20、10:00、11:00、12:00、14:00、15:00、16:30
	アルトヴィン発	8:30、9:15、10:00、11:00、12:00、13:00、14:00、15:00、16:00、17:30

●ユスフェリ～エルズルム　運賃15TL　　所要：約4時間

イェシル・アルトヴィン Yeşil Artvin	ユスフェリ発	7:30、9:00、11:00
	エルズルム発	8:30、10:30、15:30

※掲載している便は主要会社の一部の路線です。ほかにも同一路線で複数の会社が運行している場合があります。

トラブゾン発着路線

●トラブゾン〜カラビュック　運賃55〜65TL　　所要:約15時間

ウルソイ Ulusoy	トラブゾン発　15:30, 18:00	メトロ Metro	トラブゾン発　15:00, 18:00
	カラビュック発　10:00, 18:30, 20:00		カラビュック発　10:00, 18:30

●トラブゾン〜サムスン　運賃25〜30TL　　所要:約6時間

ウルソイ Ulusoy	トラブゾン発　7:30, 23:30, 24:00
	サムスン発　8:30, 11:00, 14:30, 17:30, 24:00
メトロ Metro	トラブゾン発　7:30〜18:00の1時間に1便, 23:00
	サムスン発　8:00, 11:00, 14:30, 16:00, 17:30, 23:00, 0:30, 1:15, 3:15
カンベルオウル Kanberoğlu	トラブゾン発　7:00, 10:00, 12:00, 12:30, 15:00, 15:30, 23:30
	サムスン発　11:30, 13:00, 16:30
アイドアン Aydoğan Turizm	トラブゾン発　11:30, 16:30, 23:00
	サムスン発　9:15, 23:00

●トラブゾン〜ウズンギョル　運賃12〜30TL　　所要:約2時間30分

ウルソイ Ulusoy	トラブゾン発　10:00
	ウズンギョル発　16:00
チャイカラ・トゥル Çaykara Tur	トラブゾン発　6:30, 7:45, 9:00, 10:15, 11:30, 12:00, 12:30, 13:30, 15:30, 17:30, 19:30
	ウズンギョル発　6:45, 9:15, 11:00, 12:15, 14:15, 15:30, 16:45, 18:00, 21:00

※チャイカラ・トゥルの便は、トラブゾンでは市中心部の南東にあるドルムシュ、ミニバスが集まる通り沿いに発着

●トラブゾン〜リゼ　運賃7〜8TL　　所要:約1時間30分

プレンスカレ Prenskale	トラブゾン発　6:30〜20:30の毎時30分, 21:45
	リゼ発　8:00〜19:00の毎正時
メトロ Metro	トラブゾン発　8:00〜20:00の毎正時
	リゼ発　10:30, 11:00〜18:00の毎正時

●トラブゾン〜アルトヴィン　運賃25〜30TL　　所要:約4時間30分

プレンスカレ Prenskale	トラブゾン発　11:00, 13:00, 15:00, 16:00, 17:00
	アルトヴィン発　7:30

●トラブゾン〜カイセリ　運賃55〜60TL　　所要:約15時間

メトロ Metro	トラブゾン発　12:15, 15:30, 17:30		
	カイセリ発　15:00, 19:00, 24:00, 1:00		
スュハ Süha Turizm	トラブゾン発　17:30	リュクス・カラデニズ Lüks Karadeniz	トラブゾン発　17:30
	カイセリ発　22:00		カイセリ発　なし

●トラブゾン〜ネヴシェヒル　運賃60〜70TL　　所要:約17時間

リュクス・カラデニズ Lüks Karadeniz	トラブゾン発　16:00	スュハ Süha Turizm	トラブゾン発　17:30
	ネヴシェヒル発　なし		ネヴシェヒル発　20:00
ハス Has Turizm	トラブゾン発　15:00	メトロ Metro	トラブゾン発　17:30
	ネヴシェヒル発　なし		ネヴシェヒル発　13:00

●トラブゾン〜ホパ　運賃20TL　　所要:約3時間30分

プレンスカレ Prenskale	トラブゾン発　6:30〜20:30の毎時30分
	ホパ発　5:30〜17:30の毎時30分, 19:30
メトロ Metro	トラブゾン発　8:00〜20:00の毎正時
	ホパ発　7:00, 8:00〜17:00の毎正時

●トラブゾン〜エルズルム　運賃30TL　　所要:約5時間

ウルソイ Ulusoy	トラブゾン発　7:00, 12:00, 16:00	カンベルオウル Kanberoğlu	トラブゾン発　10:00, 18:00
	エルズルム発　8:00, 13:00, 16:00, 18:00		エルズルム発　12:30, 18:00, 20:00
メトロ Metro	トラブゾン発　10:00, 18:00, 21:00, 24:00		
	エルズルム発　9:30, 13:00, 16:00		

※発車時刻および運賃は2012年の調査時のものであり、しばしば変更されます。
所要時間については巻頭の折込地図（1枚目裏側）もご参照ください。

サフランボル Safranbolu

オスマン朝時代の古い町並みは世界遺産

市外局番 0370　人口4万9821人　標高503m

フドゥルルックの丘からサフランボルの旧市街を望む

　その昔、この地域にサフランの花が群生していたことから名付けられた小都市。黒海から約50km内陸に入った険しい山々の間にある、切り立った谷に町が広がる。サフランボルには、国内でも特に昔ながらの民家が数多く残されており、土壁に木の窓枠が並んだ独特の木造家屋には、今も人々が暮らしている。1994年にはこの町並みが世界文化遺産に登録された。

　石畳の坂道をたどりながら、昔の家々をじっくり見て回る。そんなのんびりした過ごし方がぴったりの町だ。サフランボルが最も栄えたのは、14〜17世紀頃のこと。シルクロードへの通過点でもあったため、当時は馬の鞍や革靴作りを中心とした商業都市だった。今なお中世の雰囲気を残す町のそこここで、昔ながらの作業を続けている人を見かける。

■旅のモデルルート

　博物館になっている伝統家屋を見学したり、周辺の見どころを回ったりで最低でも2日は必要。

サフランボルと周辺を回るスタンダードコース

1日目 サフランボル旧市街
2日目 サフランボル ➡ インジェカヤ水道橋 ➡ ブラク・メンジリス洞窟 ➡ ヨリュク

　1日目はサフランボルの町並みをゆっくり見て回ろう。2日目はツアーに参加するか、タクシーをチャーターして周辺の見どころを回る。昼下がりにはヨリュク村に到着するので、村で昼食をとってから伝統家屋を見学し、サフランボルへと戻ってこよう。

■時刻表一覧
🚌 →P.426〜428
バス時刻表索引→P.76〜77

■バトゥータ・トゥリズム
Map P.431
URL www.batuta.com.tr(トルコ語)
営 夏期9:00〜19:30
　 冬期9:00〜日没　困無休

● クラブカーのツアー
25ヵ所を回るコースは所要40分、10TL。52ヵ所は所要1時間20分で20TL。60ヵ所は所要2時間で25TL。いずれもひとりから催行。

● 周辺の見どころツアー
ヨリュク村、ブラク・メンジリス洞窟、インジェカヤ水道橋、バーラルを回る。5人より催行。13:30出発で、所要4時間30分。料金はひとり40TL(入場料込)。

サフランボルではさまざまなイベントが行われる。毎年5月の第3週に「トルコ日本友好の日」が催されるほか、10月最終週には「サフラン収穫祭」が盛大に祝われる。(編集室)

旧市街の中心、チャルシュ広場

▌▌歩き方

サフランボルの町は3つに分かれている。高台の住宅街バーラルBağlar、その南東にありドルムシュが到着するクランキョイKıranköy、もうひとつが伝統家屋や❶など観光に関するものの多くが集まるチャルシュÇarşıと呼ばれる旧市街だ。旧市街のちょうど真ん中がジンジ・ハマムのあるチャルシュ広場Çarşı Meydanıとなっている。

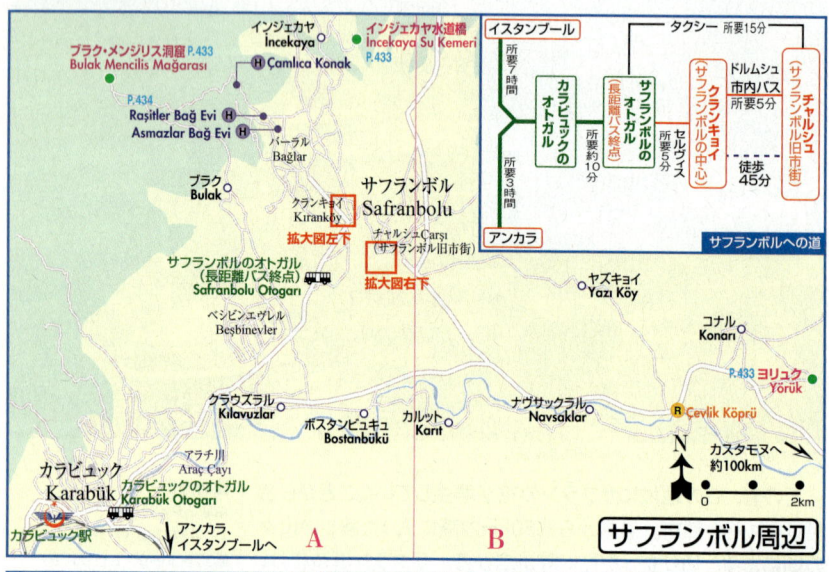

サフランボルへの道

イスタンブール —(所要7時間)— カラビュックのオトガル —(長距離バス終点)(所要約10分)— サフランボルのオトガル —(所要5分)(セルヴィス)— クランキョイ(サフランボルの中心) —(ドルムシュ市内バス 所要5分)— チャルシュ(サフランボル旧市街)

タクシー 所要15分(イスタンブール↔チャルシュ)
徒歩45分(クランキョイ↔チャルシュ)
アンカラ —(所要3時間)— カラビュックのオトガル

サフランボル周辺

- ブラク・メンジリス洞窟 P.433 Bulak Mencilis Mağarası
- インジェカヤ İncekaya
- チャムルジャ・コナウ Çamlıca Konak
- インジェカヤ水道橋 İncekaya Su Kemeri P.433
- ラシトレル・バーウ・エヴィ Raşitler Bağ Evi
- アスマズラル・バーウ・エヴィ Asmazlar Bağ Evi P.434
- バーラル Bağlar
- ブラク Bulak
- クランキョイ Kıranköy
- サフランボル Safranbolu
- 拡大図左下
- チャルシュ Çarşı (サフランボル旧市街)
- 拡大図右下
- サフランボルのオトガル(長距離バス終点)Safranbolu Otogarı
- ベシビネヴレル Beşbinevler
- ヤズキョイ Yazı Köy
- コナル Konar
- クラヴズラル Kılavuzlar
- ボスタンビュキュ Bostanbükü
- カルト Karıt
- ナヴサックラル Navsaklar
- ヨリュック Yörük P.433
- チェヴリッキ橋 Çevlik Köprü
- カスタモヌへ 約100km
- カラビュック Karabük
- カラビュックのオトガル Karabük Otogarı
- アラチ川 Araç Çayı
- カラビュック駅
- アンカラ、イスタンブールへ

0 2km

クランキョイ

0 100m

- ヨリュック行きミニバス
- バス会社 Metro, Ulusoy, Kâmil Koç, Safran
- バーラル、インジェカヤ方面ドルムシュ
- タクシー乗り場
- チャルシュ広場へ約1.5km
- 役場 Belediye
- チャルシュ行きドルムシュ
- カラビュック行きドルムシュ
- サフランの花モニュメント
- チェリッキ・パラス Çelik Palas
- バス会社 Metro Doğuş, Savaş
- サフランボルのオトガルへ約1.2km
- カラビュックのオトガルへ約7.5km

サフランボル旧市街

0 100m

- 城跡 Kale
- 旧刑務所跡 Eski Cezaevi
- ハヴズル・アスマズラル・コナウ Havuzlu Asmazlar Konağı P.435
- カドゥオウル・シェフザーデ・コナクラル Kadıoğlu Şehzade Konakları P.435
- セルヴィリ・キョシュク Selvili Köşk
- カラウズムレル・エヴィ Karaüzümler Evi
- サフランボル歴史博物館 Safranbolu Kent Tarihi Müzesi P.431
- ギュル・エヴィ Gül Evi P.435
- ヒュキュメット・ソク Hükümet Sok
- ミュムタズラル・コナウ Mümtazlar Konağı
- アラスタ・バザール Arasta Pazarı
- キョプリュリュ・メフメット・パシャ・ジャーミィ Köprülü Mehmet Paşa Camii P.436
- ギュネシ時計・休憩庭園 Güneş Saatli Dinlenme Bahçesi
- エスキ・ハマム Eski Hamam
- 靴作りの店や銅製品の店が多い
- チャルシュ広場 Çarşı Meydanı
- ジンジ・ハマム Cinci Hamamı
- 拡大図 P.431
- ジンジ・ハン Cinci Han P.434
- カイマカムラル・エヴィ Kaymakamlar Evi P.432
- ジャーミィ
- 動物市場(トゥッシュ・ハス)Tuzcu Hanı
- キレジレル・コナウ Kileciler Konağı
- ドクトル・ミヤザキ公園 Dr. Miyazaki Parkı
- フドゥルルックの丘 Hıdırlık Tepesi P.432
- カドゥオウル・シェフザーデ・コナクラル本館 Kadıoğlu Şehzade Konakları本館
- アジア・コナカヘ Asya Konaka
- エフェ・ゲストハウス Efe Guest House P.434
- チェシュメリ・コナウ2号館 Çeşmeli Konağı 2号館
- ハティジェ・ハヌム・コナウ3号館 Hatice Hanım Konağı 3号館
- ハティジェ・ハヌム・コナウ Hatice Hanım Konağı
- ゼンジェフィル Zencefil
- バストンジュ Bastoncu P.434
- エブルル Ebrulu

2011年12月、ワンの地震の救助活動中に命を落とした宮崎淳さんを悼み、旧市街の南に彼の名前を冠した「ドクトル・ミヤザキ公園」がオープンした。(編集室)

広場から路地を南へ下っていくと、**ジンジ・ハン**Cinci Hanと呼ばれるケルヴァンサライの白壁が現れる。**カイマカムラル・エヴィ**Kaymakamlar Eviなどの公開されている民家の多くは、このすぐ近くだ。チャルシュはふたつの谷が合流する谷底に広がる傾斜がちの町並み。南東の**フドゥルルックの丘**Hıdırlık Tepesiや、西の歴史博物館がある高台からは町が一望できる。

◆オトガルから市の中心部へ

サフランボル行きのバスの終点は**クランキョイ**の南西約1kmにあるオトガル。オトガルからチャルシュへのタクシー料金は約12TLが相場だが、ボッたくられることもある。セルヴィスでクランキョイの広場周辺にあるバスオフィスまで行き、ドルムシュかタクシーで旧市街のチャルシュへ行くとよい。メトロ・ドゥシュ社が運行するカスタモヌからのバスは、クランキョイにある同社バスオフィス前に到着する。

チャルシュ行きのドルムシュの停留所は、クランキョイのバス会社の集まる広場から大通りを南西へ行き、すぐに突きあたる大きなT字路を左（東）に曲がってしばらく行くとある。徒歩で旧市街まで行くならドルムシュの停留所から下り坂を標識に従って約45分。タクシーで行くなら6～7TLほど。

◆両替・郵便・電話

●**両替** 銀行はクランキョイに何軒かある。チャルシュにあるのは、ズィラート銀行Ziraat Bankasıとイシュ銀行İş Bankasıの2軒。ATMもあるので両替に困ることはないだろう。

●**郵便・電話** チャルシュのPTTは、ジンジ・ハマムから東へ延びる大通り沿いにある。周りの景観に配慮して目立たずに建っているが、すぐに見つかるだろう。

●**観光案内所** チャルシュ広場のジャーミィのすぐ横。バスの発着時間から周辺の町へのアクセス、内部を公開している民家など情報も豊富。スタッフの数が少なく、冬期は営業時間内でも閉まっていることがある。日本語OKのスタッフがいる。

||| 見どころ |||

観光のスタートにぜひ寄りたい

サフランボル歴史博物館

Map P.430右下A

Safranbolu Kent Tarihi Müzesi サフランボル・ケント・ターリヒ・ミュゼスィ

城跡Kaleがある、眺めのよい旧市街西側の丘に建つ。旧役場（エスキ・ヒュキュメット・コナウEski Hükümet Konağı）を改装した博物館で、建物は1907年にカスタモヌ県知事エニス・パシャ Enis Paşaによって建てられた。1976年に起きた火災で長らく廃墟となっていたが、2007年に博物館としてオープンした。

1階（入口のフロア）はサフランボルの歴史に関するパネルや

サフランボル

チャルシュ広場

P.434 Çeşmeli Konak
İmren P.435
Arpacıoğlu P.436
İmren 市内バス乗り場
Safran Çiçeği P.436 銀行 チャルシュ広場 Çarşı Meydanı
ドルムシュ乗り場
カズダール・ジャーミィ Kazdağlı Camii タクシー乗り場
警察
バトゥータ・トゥリズム Batuta Turizm P.429
Kadıoğlu Şehzade Sofrası P.435 ジンジ・ハマム P.436 Cinci Hamamı
アラスタ・バザール Arasta Pazarı
Asmalı Cafe P.436 Çevrikköprü 3 Ptt

■**クランキョイ～チャルシュ**
市営バス:1.25TL
ドルムシュ:1.25TL
所要:約5分
7:30～22:45（冬期～20:00）

チャイハーネではサフラン・チャイが楽しめる。ハチミツを入れて飲む

■**サフランボルの**❶
Map P.431
✉ **Kazdağlı Meydanı**
℡ & FAX (0370) 712 3863
URL www.safranbolu.gov.tr
🕘 夏期9:00～17:30
冬期9:00～17:00
休 無休

広場にある❶

■**サフランボル歴史博物館**
℡ (0370) 712 1314
🕘 9:00～17:30
休 月 料 3TL

石造りの重厚な建物

サフランボルの観光案内所には日本語が上手なヤークブさんがいる。コンヤとともに「日本人が好きな町に日本語ができるスタッフを置きたい」という配慮なんだとか。（編集室）

431

■フドゥルルックの丘
営24時間
休無休
料8:00～24:00の入場は1TL

■カイマカムラル・エヴィ
TEL(0370) 712 7885
営9:00～18:00（冬期～17:30）
休無休　料3TL

カイマカムラル・エヴィ

■イェニジェ Yenice
サフランボルの西50kmほどのところにあるイェニジェは、緑豊かな自然が残っており、シェケル渓谷に沿ってトレッキングやラフティング、カヌーなどが楽しめる。サフランボルで1日余裕があればぜひ訪れてみたい。詳しい情報はサフランボルの❶で教えてくれる。
交通ドウシュ・トゥリズムとイェニジェ・ビルリッキがそれぞれ1日5便程度運行。所要1時間。

写真の展示がメイン。2階にはオスマン朝時代の家財道具も展示されている。地下は通商史や伝統工芸をテーマとしており、鍛冶屋や靴屋など職人の作業風景を人形で再現している。博物館の横では、トルコ各地にある時計塔の模型を展示している。

すり鉢状の町を眼下におさめよう
フドゥルルックの丘
Hıdırlık Tepesi フドゥルルック・テペスィ
Map P.430右下B

麓から歩いていくと、頂上が平らな公園になっている丘にたどり着く。ここからはサフランボルの町全体が手に取るように見え、すばらしい眺めが楽しめる。丘に建つ墓廟は1843年に造られたハサン・パシャ Hasan Paşaのものだ。さらに上方へ登っていくと墓地があり、ここの南奥からの眺めもよい。

丘の上にはチャイハーネもある

内部を公開している民家を見比べてみよう
カイマカムラル・エヴィ
Kaymakamlar Evi カイマカムラル・エヴィ
Map P.430右下B

サフランボルには内部を公開している民家があり、ゲズィ・エヴィ Gezi Eviと呼ばれている。最初に公開されたのがこの家。サフランボル兵舎長のハジュ・メフメット・エフェンディ Hacı Mehmet Efendiが19世紀初頭に建てたといわれている。土間に展示された昔の生活用具、上階のオジャック（暖炉）や飾り棚、ソファで囲まれたサロンなどから昔の暮らしがよくわかる。

Information　サフランボルの民家

サフランボルに今残っている家は、およそ100～200年前に建てられたもの。そのほとんどが木と土壁を基本に造られている。壁は馬のえさになるわら、土、そして卵をこねて造られているそうだ。寒い冬の日、数日前に燃やした火のぬくもりが感じられるというほど保温力があり、夏は涼しいとのこと。また昔のトルコでは夏と冬の住み分けが行われており、ソファのある居間がバルコニー形式ならば夏の家、屋内にあるなら冬の家となっていた。よく見るとサフランボルの家は冬の家、ヨリュクの家は夏の家が多い。こんな違いも心に留めて眺めてみよう。

昔のトルコは、日本と同様大家族。一族がひとつ屋根の下に住んでいたため、家は大きく、家長、その子供たちの家族が住む部屋がいくつかある。そして、1～2階建ての家が多く、1階は玄関と馬車の駐車場、および客用のサロン（セラムルク Selamlık）があった。女性専用のサロン（ハラムルク Haramlık）は外部からは見えないように目隠しがされていた。

民家を改築したホテルに行くと、シャワールームがどこにあるのか一見してわからないことがある。タンスの扉のようなところを開くと、いきなりシャワールームがある仕掛けになっているのだ。昔のバンヨ（洗い場）はこんな形だっただろうと思わせる、興味深い造りになっている。

サフランボルは町ぐるみでサフラン栽培に力を注いでおり、年々生産量は増加しつつある。本格的に流通する日も近いかもしれない。（編集室）

のんびりとした時間が流れる小さな村　　Map P.430上B
ヨリュク
Yörük Köyü　ヨリュク・キョユ

サフランボルから11kmの小さな村。ヨリュクはトルコ語で遊牧民を意味し、テュルクメン系のカラケチリKarakeçili族が中心となって定住したといわれている。伝統家屋が保存されており、いくつかは公開されている。

スィパーヒオウル・エヴィ

シーズン中は伝統料理を出すチャイハーネもオープンする。

●**スィパーヒオウル・エヴィ Sipahioğlu Evi**　見学できる部屋も多く、ベクターシュ教団の思想に影響された、12の数に合わせた装飾など、独特の装飾文様や昔の風呂が興味深い。天井や壁に描かれた装飾も注意して見たい。入口のある地階は馬小屋として使用されていた。

●**チャマシュルハーネ Çamaşırhane**
村にある共同洗濯小屋。かつてはどの村にもあり、中央にある大きな石を洗濯板のように使っていた。

チャマシュルハーネ

橋の下は緑豊かな渓谷。向こう岸まで渡れるかな？　Map P.430上A
インジェカヤ水道橋
İncekaya Su Kemeri　インジェカヤ・ス・ケメリ

幅が狭いので注意して歩こう

クランキョイから5kmの渓谷にある水道橋。ローマ時代に造られ、折れ曲がった部分から先はオスマン朝時代の18世紀にセリム3世の宰相、イッゼット・メフメット・パシャにより改築された。長さ200mで、幅は1.6m〜3m。手すりはないが、向こう岸まで渡ることができる。橋の下の緑豊かな渓谷はトカットル渓谷Tokatlı Deresiと呼ばれ、2011年夏には遊歩道もオープンした。

トルコ有数の鍾乳洞　　Map P.430上A
ブラク・メンジリス洞窟
Bulak Mencilis Mağarası　ブラク・メンジリス・マーラス

ブラク村を流れるメンジリス川の岩山にある洞窟。昔は盗賊の隠れ家として使われていたとか。長さは約6kmだが見学できるのは400m。中の温度は常に12〜14℃に保たれている。手すりや階段もあるが、滑りやすく注意。洞窟入口への坂道はやや険しい。

サフランボル

■**ヨリュクへの行き方**
隣村のコナルKonarıへ行くドルムシュで終点のコナルから2km徒歩。往路なら1台10TL払えばヨリュクに寄ってもらえるほか、希望人数が多い場合ヨリュクまで行く。サフランボルからの運賃は2.50TL。ヨリュクからコナルへは幹線道路へ出ずに尾根づたいに延びる未舗装の農道を徒歩約30分。

🚐コナル行きドルムシュはクランキョイ始発。チャルシュ広場は下記出発時刻の5分後に通過する。運賃は2TL。
クランキョイ発:8:00（土・日運休、冬期8:20）10:30 12:45（土・日運休）14:00 17:00 19:00（冬期18:30）。
コナル発:7:00（土・日運休、冬期は7:20）8:30（日8:00）10:00（土・日運休）12:00 15:00 18:00（冬期は17:30）。
🚕往復35TL。インジェカヤ水道橋、ヨリュク村と一緒に回って90TL。ツアーで行くこともできる。

■**スィパーヒオウル・エヴィ**
☎0536 479 1050（携帯）
圃8:00〜20:00
（冬期〜17:00）
困無休　料2TL

■**インジェカヤ水道橋**
🚐クランキョイの交差点からバーラル行きのドルムシュに乗り、インジェカヤと言えば最寄りで降ろしてもらえる。トカトル渓谷を見下ろしながら村まで1km。水道橋まではさらに1km。
🚕チャルシュから往復30TL、バーラルから往復20TL。ブラク・メンジリス洞窟、ヨリュク村と一緒に回って90TL。ツアーで行くこともできる。

■**ブラク・メンジリス洞窟**
🚕タクシーならチャルシュから往復35TL。バーラルから往復25TL。インジェカヤ水道橋と一緒に回って、バーラルから40TL。
☎0543 694 7877（携帯）
圃6〜9月9:00〜19:30
　10〜5月9:00〜16:00
困無休
料2.75TL

スィパーヒオウル・エヴィの入口では民芸品などのみやげ品が販売されている。素朴な風合いでかわいいものもある。（編集室）

HOTEL

世界遺産の町並みを保護するため、ホテルも古い家の雰囲気をできるだけ崩さないよう改装している。そのためバスルームやトイレがとても狭いことも多い。週末（金・土曜）と祝日は値上がりすることも多い。電話すればサフランボルのオトガルまで迎えに来てくれるホテルもある。旧市街に安い宿はあまりなく、ドミトリーは安くても個室は高め。

日本からホテルへの電話　国際電話会社の番号 + 010 + 国番号 90 + 370（市外局番の最初の 0 は不要）+ 掲載の電話番号

バストンジュ　Bastoncu Pansiyonu

経済的　Map P.430右下B

Kaymakamlar Müzesi Altı
TEL (0370) 712 3411
FAX (0370) 712 6910
URL www.bastoncupension.com
D 25TL
S 60TL
W 90TL
US$ € TL T/C不可 C/C不可

宿泊客のほとんどが日本人や韓国人というペンション。家庭的なもてなしが自慢。部屋は簡素な雰囲気だが、杖職人でもあるお父さんが、自ら天井装飾などの室内装飾も手がけているので注目してほしい。トイレはトルコ式。入口ではおみやげ用の杖を販売している。　全館無料

エフェ　Efe Guest House

経済的　Map P.430右下A

Kayadibi Sok. No.8
TEL (0370) 725 2688
FAX (0370) 725 2137
URL www.backpackerspension.com
D 20TL
S 35〜45TL
W 60〜70TL
US$ € JPY TL T/C不可
C/C

チャルシュ広場の横の丘の上にある。オトガルから連絡すれば迎えにきてくれる。レセプションは靴を脱いで最上階まで上がったところにある。若女将のヤーセミンさんは流暢な日本語を話す。日帰りツアーのアレンジも可能で5人集まれば催行。同経営のアスヤ・コナックAsya Konakもオープンし、こちらも送迎あり。　全館無料

ジンジ・ハン　Cinci Han Hotel

中級　Map P.430右下B

Eski Çarşı Çeşme Mah.
TEL (0370) 712 0680
FAX (0370) 712 0654
URL www.cincihan.com（トルコ語）
S 55TL
W 85TL
US$ € TL T/C不可
C/C A M V

1645年建造の隊商宿を改装したホテルで、全25室。シンプルなインテリアで、歴史的建造物の情緒はないが、階段を下りるメゾネット式のスイートがあったりと間取りは当時のまま。暖房完備。宿泊客以外でも入場料1TLで隊商宿を見学できる。　全館無料

チェシメリ・コナック　Çeşmeli Konak

中級　Map P.431

Çeşme Mah. Mescid Sok. No.1
TEL (0370) 725 4455
FAX (0370) 725 2505
URL www.cesmelikonak.com.tr
S 80TL
W 120TL
US$ € TL T/C不可 C/C M V

チャルシュ広場から坂を上ってすぐ左側にある。200年前に建てられた家屋を改装した家族経営の宿。全8室で、3階には暖炉付きの部屋もある。朝食をとる部屋は石造りで雰囲気がある。セントラルヒーティングも完備している。　全館無料

ラシットレル・バー・エヴィ　Raşitler Bağ Evi

中級　Map P.430上A

Bağlarbaşı Mah. Değirmenbaşı Sokak No.65
TEL (0370) 725 1345
FAX (0370) 725 1344
URL www.rasitlerbagevi.com
S 45〜70€
W 60〜90€
US$ € TL T/C不可
C/C A M V

バーラルにある古民家ホテル。約360年前に建てられた家屋を修復してホテルとしている。釘を1本も使わない工法なのだとか。中心部から離れているが、オトガルからの無料送迎があり、事前予約で夕食も可能。周囲の自然を楽しむ拠点としても便利。電話かメールで予約すれば10％割引になる。　全館無料

サフランボルでは石畳の急な坂道を登ることも多いので、暑い夏でもサンダルだときつく、履き慣れた靴は必需品。（埼玉県　ころころ　'12夏）

セルヴィリ・キョシュク　Hotel Selvili Köşk

Map P.430右下A　中級

✉ Çeşme Mah. Mescid Sok. No.23
TEL (0370) 712 8646
FAX (0370) 725 2294
URL www.selvilikosk.com（トルコ語）
[S] 80TL
[W] 140TL
US $ € 不可 C/C M V

サフランの花のような薄い紫色にペイントされた外観が印象的。1883年に建てられた伝統的家屋を利用している。全7室の客室は、若干狭い印象を受けるが、その分ソファのある居間などの公共スペースはゆったりとしており、居心地がよい。 全館無料

ギュル・エヴィ　Gül Evi

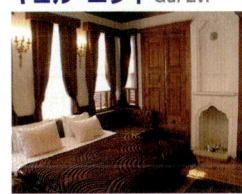

Map P.430右下A　中級

✉ Hükmet Sok. No.46
TEL (0370) 725 4645
FAX (0370) 712 5051
URL www.canbulat.com.tr
[S] 75€〜
[W] 100€〜
US $ € JPY TL
T/C US $ € JPY C/C A M V

チャルシュ広場から歴史博物館へと上る坂道の途中にある。築200年の民家を改装した趣のある建物。中庭を挟んで3つの建物があり、奥の建物にはバスタブ付きの部屋もある。調度品のセンスもよい。洞窟の雰囲気を出したバーもあり、なかなか凝った造りだ。 全館無料

イムレン・ロクム・コナウ　İmren Lokum Konağı

Map P.431　中級

✉ Koyyum Ali Sok. No.4
TEL (0370) 725 2324
FAX (0370) 712 2194
URL www.imrenkonak.com
[S] A/C 165TL
[W] A/C 220TL
US $ € TL
T/C 不可 C/C A M V

イムレン・ロクムが2010年にオープンしたブティックホテル。部屋にはテレビ、ドライヤー、ミニバーなどが置かれ、もちろん自慢のロクムのサービスもある。レストランも評判がいい。サフランボルの地方料理がひと通り楽しめる。左の写真はスイートルームのもの。 全館無料

ハウズル・アスマズラル・コナウ　Havuzlu Asmazlar Konağı

Map P.430右下A　中級

✉ Hacı Halil Mah. Beybağı Sok. No.18
TEL (0370) 725 2883
FAX (0370) 712 3824
URL www.safranbolukonak.com
[S] 120〜160TL
[W] 160〜210TL
US $ € TL T/C 不可 C/C M V

チャルシュのバス停からクランキョイ方面に徒歩10分戻った十字路の角。180年前に建てられた邸宅を改装した宿。玄関横には大きなプールを備えたサロンがあり、朝食もそこでとる。本館11室のほかに、6室の別館がふたつ。部屋はアンティーク調で、角部屋はスイート。 全館無料

RESTAURANT & SHOP

ロカンタはアラスタ・バザール周辺や、チャルシュ広場の周辺にいくつかある。クランキョイではバス会社のオフィスのあたりにある。ビュクメという細いピデや、井戸のような穴で焼き上げたクユ・ケバブがサフランボルの名物料理。名産のサフランを使ったスイーツもある。

クユ・ケバブ

カドゥオウル　Kadıoğlu Şehzade Sofrası

トルコ料理　中級　Map P.431

✉ Çeşme Mah. Arasta Sok. No.8
TEL (0370) 712 5091
FAX (0370) 712 5657
URL www.kadioglusehzade.com
⏰ 9:00〜22:30
休 無休
US $ € TL
C/C M V

サフランボルの郷土料理を出すレストラン。皮がカリッとおいしいクユ・ケバブKuyu Kebabı（23TL）やビュクメBükme（10TL）が自慢。ドリアのようなシェフザーデ・ピラウŞehzade Pilav（10TL）もおすすめ。週末やシーズンなどのランチ時は席がいっぱい。カドゥオウル・グループは9つのホテルと2つのレストランをもつ。

アラスタ・バザールに代表されるようにサフランボルは職人の町としても知られている。特に革靴が有名で、長期滞在するのならオーダーメイドも可能。（編集室）

チェヴリックキョプリュ・ユチ Çevrikköprü 3

✉ Cinci Hamamı Yanı
TEL (0370) 725 4233
FAX (0370) 725 2587
営 夏期8:30～23:30
　冬期9:00～22:30
休 無休
CC US$ € TL
C/C M V

トルコ料理 中級　Map P.431

チャルシュ広場から南東に延びる道を入ってすぐの所にあり、3階のテラスからの眺めがよい。ピデは8～10TL。自家製のアイランもなかなかの味。クユ・ケバブは20TL。本店（Map P.430上B）はヨリュク方面の幹線道路沿いにある大型店で、川を見下ろすテラス席が気持ちよい。

ゼンジェフィル Zencefil Ev Yemekleri

✉ Eski Çarşı Cinci Hanı Arkası Sok. No.24
TEL (0370) 712 5120
FAX なし
営 9:00～23:00
休 無休
CC TL
C/C M V

トルコ料理 庶民的　Map P.430右下B

ジンジ・ハンからカイマカムラル・エヴィに向かう途中にある。サフランボルの郷土料理や家庭料理を出すレストラン。マントゥ（写真、7TL）や麺料理のヤユム（4.50TL）、デザートではバクラヴァ（5TL）などが人気メニュー。ほかにキョフテやギョズレメなども出す。英語メニューあり。

ギュネシ・サートル・ディンレンメ・バフチェスィ Güneş Saatlı Dinlenme Bahçesi

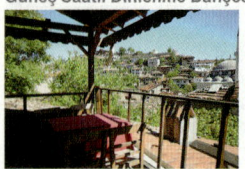

✉ Köprülü Camii Yanı
TEL (0370) 712 6726　FAX なし
営 8:00～24:00
休 12～2月
CC TL
C/C 不可

カフェ　Map P.430右下B

チャルシュのジャーミィを通り抜けた先の庭にある。水タバコを楽しむ地元の人が多く、観光客にも人気。夏はオープンテラスで楽しめる。水タバコはフレーバーが各種あり、10TL。ギョズレメなどの軽食も出す。バックギャモンなどのゲームを置いてあり、無料で利用できる。

イムレン İmren Lokumları

✉ Kazdağlıoğlu Meydanı No.2
TEL (0370) 712 8281　FAX なし
URL www.imrenlokumlari.com
（トルコ語）
営 夏期6:00～24:00
　冬期6:00～23:00
休 無休
CC US$ € JPY TL
C/C M V

ロクム　Map P.431

チャルシュ広場のすぐ北側にある老舗のロクム専門店。広々とした2階には泉があり、代々続いている店ならではのインテリア。レースや鏡などにもセンスが光り、ちょっとした博物館のようだ。2009年夏に店の裏側にある古民家を改装してブティックホテルをオープンした。

サフラン・チチェイ Safran Çiçeği

✉ Çeşme Mah. Mehmet Kurtulan Meydanı No.6
TEL (0370) 712 2016　FAX なし
URL www.safrancicegi.com.tr
（トルコ語）
営 夏期8:00～24:00
　冬期8:00～22:00
休 無休
CC US$ € TL
C/C A J M V

石けん&コロンヤ　Map P.431

ロクム屋イムレンのオーナーの弟が経営するサフランの店。サフランボルでブランドになりつつあるサフランの花を使って石けんやコロンヤに加工している。まだまだ品数は少ないが、サフランボル産のサフランの生産量も増えてきているので今後に期待したいところ。

ジンジ・ハマム Tarihî Cinci Hamamı

✉ Çarşı Meydanı
TEL (0370) 712 2103
FAX (0370) 712 2105
営 6:00～23:00（男性用）
　9:00～22:00（女性用）
休 無休
CC TL

ハマム　Map P.431

チャルシュ広場にあるジャーミィの横にあるハマムで、サフランボル旧市街のランドマーク的存在。煙突から湯気を出している建物がハマム。地元の人も観光客もよく利用するハマムだが、英語はあまり通じない。入浴料25TL、アカすりとマッサージはプラス10TL。

😊イスタンブールの観光客向けハマムと比べると安価で人が少ないのでおすすめ。ただし英語が通じません。

（兵庫県　小川奈津美　'12夏）

436　クランキョイにあるロクム屋サフラントタSafrantatは工場直売店。新聞でも紹介されるほどの人気店で、頼めばロクムの製造工程も見学させてくれる。（編集室）

カスタモヌ Kastamonu

川沿いに落ち着いた風情の町並が広がる

市外局番 0366　人口11万5332人　標高775m

■時刻表一覧
🚌→P.426〜428
バス時刻表索引→P.76〜77

■カスタモヌの❶
Map P.437
✉Sakarya Cad. No. 3
☎(0366) 212 5809
URL www.kastamonukultur
turizm.gov.tr（トルコ語）
🕘9:00〜18:00
休月・木

カスタモヌ城から見下ろすカスタモヌの町並み

ミュニーレ神学校の手工芸品市場

　カスタモヌの町の歴史は古く、ヒッタイトの時代までさかのぼるというが、町が発展したのはオスマン朝の時代に入ってからのこと。町は当時の面影を色濃く残しており、県庁所在地として発展を続ける今も、サフランボルと似たような雰囲気の民家が数多く残されている。

▓歩き方▓

◆町の中心はナスルッラー橋

　町は南北を貫くカラチョマック川周辺の谷に沿って広がっている。町の中心はこの川をまたぐ**ナスルッラー橋**Nasrullah Köprüsüの周辺。ナスルッラー橋は1501年に当時のカーディー（裁判官）、ナスルッラーによって建てられた典型的なオスマン朝様式の橋。この西側には同じく彼が建てたという**ナスルッラー・ジャーミィ** Nasrullah Camiiがあり、その周辺には隊商宿として使われたケルヴァンサライがいくつかある。

いまも現役のナスルッラー橋

◆県庁周辺

　橋の東南側の広場には市内バスのターミナルがある。**県庁**Valilik Binasıもオスマン朝時代に建てられた古い建物で、アラビア文字の看板が残る。さらにその奥に控えているのは**時計塔**Saat Kulesi。

　カスタモヌの北西にあるプナルバシュは、世界屈指の大きさのウルガニ洞窟、高さ1100m、長さ11kmにわたるヴァッラ渓谷、ウルジャの滝など豊かな自然で知られる。（編集室）

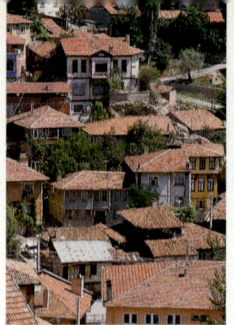

伝統家屋が多い旧市街の家並み

町を見おろすようにそびえるカスタモヌの城壁

◆古い家並み

カスタモヌでサフランボルのような家並みが残るのはビザンツ時代に建てられたカスタモヌの城壁の麓周辺のエリア。特にサイラヴ通りSaylav Sok.とそれに続くサムルオウル通りSamlıoğlu Sok.あたりの風情は古きカスタモヌを想像させてくれる。観光地化されすぎていない素朴な町の日常が垣間見える。

HOTEL & RESTAURANT

ホテルはカラチョマック川沿いに多く、ほとんどが中級クラスのビジネスホテル。ナスルッラー・ジャーミィの周辺にはもう少し安めの宿もある。カスタモヌは地方料理の宝庫で、全国的に有名なクル・ピデスィ Kır Pidesiをはじめ、エトリ・エキメッキ Etliekmekもコンヤと並ぶ本場。サフランボルでメジャーになったクユ・ケバブ Kuyu Kebabıも元はここが発祥の町なのだ。

日本からホテルへの電話　国際電話会社の番号 + 010 + 国番号 90 + 366（市外局番の最初の0は不要）+ 掲載の電話番号

カユ Kayı Otel　　中級　Map P.437

✉ Cumhuriyet Cad. No.1
TEL (0366) 212 9400
FAX (0366) 212 0660
URL www.kayiotel.com（トルコ語）
S A/C 🚿 60TL
W A/C 🚿 100TL
US$ € TL TC不可 CC M V

町の北側にあるが、オトガルからのバスは目の前を通り、中心部からも近く便利な立地。ビジネス客の利用が多い。客室には衛星放送が映るテレビやミニバーなどが備えられている。　全館無料

クルシュンル・ハン Kurşunlu Han Hotel　　中級　Map P.437

✉ Aktarlar Çarşısı
TEL (0366) 214 2737
FAX (0366) 214 3761
URL www.kursunluhan.com
S A/C 🚿 100TL
W A/C 🚿 155TL
US$ € TL TC不可 CC M V

この地方を中心に繁栄したジャンダル君侯国の最後の君主、ケマレッティン・イスマイルが15世紀の半ばに建てたという隊商宿をホテルとして再生し、2008年にオープンした。部屋にはミニバー、セーフティボックス付き。　全館無料

ウールル・コナックラル Uğurlu Konakları　　中級　Map P.437

✉ Hisarardı Mah., Şeyh Şaban-ı Veli Cad. No. 47-51
TEL (0366) 212 8202
FAX (0366) 212 1833
URL www.kastamonukonaklari.com
S 🚿 100TL
W 🚿 150TL
US$ € TL TC不可 CC A M V

1860年代に建てられた伝統的家屋を改装したホテルで、2009年にオープンした。全25室の客室は、当時の雰囲気を色濃く残しながらも、現代的なアレンジも加えられており、居住性も高い。カスタモヌ城のすぐ下にあり、庭などから真上にそびえる城を眺められる。　全館無料

ミュニーレ・スルタン・ソフラス Münire Sultan Sofrası　　郷土料理 庶民的　Map P.437

✉ Nasrullah Camii Yanı
TEL (0366) 214 9666　FAXなし
URL www.muniresultansofrasi.com（トルコ語）
🕐 8:00～22:00　休 無休
US$ € TL
CC A M V

現在は手工芸市場となっているミュニーレ神学校の一角にある。エトリ・エキメッキ（6TL）など定番のカスタモヌ料理のほかに、麦のスープ、エジェヴィット・チョルバ（4TL）、鶏肉料理バンドゥマ（10TL）などのカスタモヌ伝統料理も得意。

カスタモヌ南のウルガズ山国立公園では冬はスキーが可能。ホテルもある。カスタモヌ・オズレム社の便が出ており、ウルガズのバス停までホテルからの無料送迎がある。（編集室）

城壁に囲まれた天然の良港
スィノップ　Sinop

市外局番 **0368**　人口**5万2667人**　標高**18m**

川のように細長い海岸線、ハムスィロスのフィヨルド

■時刻表一覧
✈→P.70〜73
🚌→P.426〜428
バス時刻表索引→P.76〜77

■スィノップの❶
Map P.440B
✉İskele Cad.
URL www.sinopkulturturizm.gov.tr（トルコ語）
🕘9:00〜18:00
休冬期
冬期は旧刑務所博物館のチケットオフィスが案内業務を行う。

■旧刑務所民俗博物館
Map P.440A
TEL (0368)260 4820
🕘夏期9:00〜19:00
　冬期8:00〜17:00
休無休　料5TL

城壁の一部はかつて刑務所として使われた

　黒海に突き出たボズテペ半島の真ん中あたりに開けているのが、アナトリアの最北端スィノップの町だ。町の歴史はヒッタイト時代にまでさかのぼる。さまざまな支配者の下で港は発展を遂げ、スィノップは黒海最大の貿易都市となった。しかし、オスマン朝時代になるとその地位をサムスンに奪われ、今では歴史を刻んだ城壁が取り巻く静かな町となっている。

歩き方

　東西に延びる**ジュムフリエット通り**Cumhuriyet Cad.と**サカルヤ通り**Sakarya Cad.、そしてその東端を右に曲がった**アタテュルク通り**Atatürk Cad.がこの町のメインストリート。

●**オトガル**　港までは6kmあり、県庁前の広場までセルヴィスを利用できる。オトガルへ戻るときは市街地を西へ向かうミニバス（1.25TL）が便利だ。

旧オトガルの裏に残る城壁

Information　東ローマ帝国の末裔、トレビゾンド帝国

　トレビゾンド帝国は、ラテン帝国にコンスタンティノープルを奪われたコムネノス家の末裔がトレビゾンド（現トラブゾン）に建てた帝国である。1204年の13世紀、アナトリアは群雄割拠のような状態だったが、このなかでトレビゾンド帝国は巧みに生き抜く。黒海東岸のグルジア王国とはともに正教会国家として、婚姻関係を結んで協力した。
　コンスタンティノープルが陥落した後も、軍事力が強大な南のアクコユンル朝と婚姻関係を結び、カラマン君侯国とも同盟するなどして対抗した。しかし、オスマン朝の圧力は日増しに強くなり、1461年に滅亡。ほどなくカラマン君侯国もアクコユンル朝もオスマン朝の軍門に下り、アナトリアは統一されることとなる。

考古学博物館に展示されたモザイク

✏ ミニバス乗り場裏側にある城壁からは黒海が美しく見える。写真撮影の絶好のスポット。足場が悪い所もあるので足元に注意して。（編集室）

■スィノップ県農村支援連合
郷土手工芸販売所
Sinop İli Merkez İlçe Köylere Hizmet Götürme Birliği Yöresel El Sanatları Satış Mağazası
Map P.440B
圏9:00～20:30
佛土・日
観光案内業務も行っている。

ジャーミィの向かいにある郷土手工芸販売所兼ギャラリー

■スィノップ考古学博物館
TEL(0368)261 1975
圏8:00～12:00
　13:00～19:00(冬期～17:00)
佛月　料3TL
イコンコレクションの写真撮影は基本的に禁止。

スィノップ考古学博物館

|||見どころ|||

スィノップに来たらまず目に付く
城壁
Sinop Kalesi　スィノップ・カレスィ　Map P.440A・B

　海岸線に沿って旧市街を囲むように建つ城壁。全長2053m、高さ25～53m、幅3mの砦。最初に築かれたのは紀元前2000年にもさかのぼり、紀元前100年頃には現在のような形を成していたという。その後ローマ時代やビザンツ時代に拡張され、セルジューク朝時代には、内部の砦が築かれた。港の埠頭近くの東側に階段があるので、城壁に上ってスィノップの町と黒海を一望することができる。

海岸は城壁で覆われている

町随一の歴史を誇る重厚なジャーミィ
アラアッディン・ジャーミィ
Alaaddin Camii　アラアッディン・ジャーミィ　Map P.440B

　セルジューク朝時代、アラアッディン・ケイクバードによって建設が始まり、1267年にセルジューク朝の宰相ムーイヌッディン・スュレイマン・ペルヴァーネによって完成された。中心に大きなドーム、その両側に小さなドームを配している。

スィノップ周辺で出土したイコンを展示
スィノップ考古学博物館
Sinop Arkeoloji Müzesi　スィノップ・アルケオロジ・ミュゼスィ　Map P.440B

　ギリシア・ローマ時代の石棺や墓石、大理石の彫像などを中心に展示している。26枚ものイコンのコレクションは出色。中庭にもローマ時代の石像がある。

スィノップ

ミニバス乗り場の近くにある旧刑務所民族博物館は、13世紀に城壁と内城の一部として建てられ、牢獄として使用されてきた。現在の建物は1887年に造られたもの。(編集室)

440

トルコ唯一のフィヨルド
ハムスィロス

Hamsilos ハムスィロス

Map P.29B1

ハムスィロスの近くにあるアクリマンのビーチも家族連れでにぎわう

スィノップの北にはビーチとして人気のあるアクリマンAklimanがあり、さらにその北にはイワシのような形をした細長い入り江がある。これがハムスィロス。トルコ唯一のフィヨルドであり、ヨーロッパ最南端のフィヨルド（モンテネグロのコトル湾）よりもさらに南にある。周囲は自然保護区になっている。

■ハムスィロス
ハムスィロス手前のアクリマンまではドルムシュが頻発している。ここからハムスィロスへ1kmあまりは徒歩のみ。

HOTEL & RESTAURANT

ホテルの数はそれほど多くはなく、ほとんどが中級から安いホテル。港近くに集まっているので探しやすい。町から離れたビーチ周辺にはもう少し高級なホテルもある。シーズン外の冬は閉鎖しているところもある。

ロカンタが多いのは港の近く。新鮮な魚を自分の目で選んで調理してもらおう。オトガルと中心部を結ぶサカルヤ通りには煮込み料理が中心の店が点在している。クレープのような生地に干しブドウや挽肉が入ったノクルNokulという郷土料理が有名。

日本からホテルへの電話　国際電話会社の番号 + 010 + 国番号 90 + 368（市外局番の最初の0は不要）+ 掲載の電話番号

エッリ・イェディ　Otel 57

中級　Map P.440B

✉ Meydankapı Mah. Kurtuluş Cad. No.29
TEL (0368) 261 5462
FAX (0368) 261 6068
URL www.otel57.com（トルコ語）
S A/C ⌂ 🚿 60TL
W A/C ⌂ 🚿 100TL
US$ € TL T/C 不可 CC M V

ホテル名の57は車のナンバープレートなどに使われるスィノップの県番号。料金の割に部屋はこぎれいにまとまっていて広々している。改装済みの部屋は雰囲気もよい。上の階なら海も見える。朝食は1階のサロンでとる。
全館無料

ボッスィーノップ　Otel Bossinop

中級　Map P.440B

✉ Uğur Mumcu Meydanı No.37
TEL (0368) 260 5700
FAX (0368) 260 4246
URL www.otelbossinop.com.tr（トルコ語）
S A/C ⌂ 🚿 120TL
W A/C ⌂ 🚿 180TL
US$ € TL 不可 CC M V

町の中心部では最も高級なホテル。フィットネスやジム、プールなどはないが、2kmほど離れたところにプライベートビーチがある。全20室にミニバー、薄型テレビ、ドライヤーなどが完備されている。
全館無料

オルネッキ　Örnek Mantı ve Kahvaltı Salonu

トルコ料理　庶民的　Map P.440B

✉ Meydankapı Mah. İskele Cad. No.3
TEL (0368) 261 7341　FAX なし
email ornekmanti@hotmail.com
⌚ 8:00～24:00
休 無休
US$ € TL CC M V

ノクルというパンのようなものは町のあちこちで食べられるが、地元っ子がイチオシするのはこの店。港近くの城壁の裏側にある。ノクルは3.50TLで、中の具材は肉、チーズ、ジャガイモなどから選ぶことができる。マントゥも各種あり。

スィノップ・ソフラス　Sinop Sofrası

トルコ料理　庶民的　Map P.440B

✉ Meydankapı Mah. Pervane Medresesi No.16
TEL (0368) 260 5461　FAX なし
⌚ 8:30～21:00
休 無休
TL CC 不可

スィノップ県農村支援連合郷土手工芸販売所の内部にある。マントゥ（10TL）やノクル（5TL）のほか、スル・キョフテ・チョルバ（写真、5TL）など、スィノップの家庭料理が楽しめる。

スィノップ周辺は滝が多く、30ヵ所近くあることで知られている。それぞれの滝へのアクセスはよくないが、市内の旅行会社では人数が集まり次第、滝ツアーを催行している。（編集室）

アマスヤ Amasya

市外局番 **0358** 人口**13万2646人** 標高**392m**

■時刻表一覧
✈→P.70～73
🚌→P.426～428
バス時刻表索引→P.76～77

■アマスヤの❓
Map P.442
TEL(0358)212 4059
URL www.amasya.gov.tr
(トルコ語)
開8:00～17:00 (夏期～19:00)
休月

■岩窟墳墓　Map P.442
開8:00～17:00
　(夏期～19:00)
休無休　料3TL

山肌を削って造られた岩窟墳墓

■シェフザーデ博物館
Map P.442
開夏期9:00～12:00 13:00
～19:00、冬期8:00～12:00
13:00～17:00
休月　料2TL

シェフザーデ博物館

■ハゼランラル・コナウ
Map P.442
開夏期8:00～12:00 13:00
～19:00、冬期8:00～12:00
13:00～17:00　休月　料3TL

ハゼランラル・コナウ

川沿いに伝統的家屋が並ぶ

5000年以上の歴史をもち、古代名アマセイヤで知られるアマスヤは、中央を流れるイェシル川、切り立った岩山に切り開かれた岩窟墳墓、山の傾斜地に民家が並んだ様子など、美しい景観でも有名だ。歴史的建築物も多い。

∭歩き方∭

空港は近郊のメルズィフォンMerzifonにあり、発着に合わせてトルコ航空のシャトルバスが往復している。オトガルは町の東の外れにあり、ドルムシュや市内バスで約5分。市内バスは事前にチケット売り場で切符（1.60TL）を購入する。

アタテュルク像Atatürk Anıtıあたりの広場が町の中心。メインストリートは**アタテュルク通り**Atatürk Cad.だ。イェシル川Yeşil Irmak沿いの道を行くと橋が見える。イェシル川を渡って対岸の左には古い民家の博物館**ハゼランラル・コナウ**Hazeranlar Konağıがあり、上を見上げると**岩山と岩窟墳墓**が見える。

博物館ではローマ、ヒッタイト、オスマン朝時代の硬貨などの文化財や美しい彫刻が施された木製扉などを展示している。ドアンテペ出土のテシャップ神のブロンズ像（ヒッタイト時代）

アマスヤは皇太子の町（シェフザーデ・シェフリŞehzade Şehri）の異名をもつ。14～16世紀に多くの皇太子がアマスヤに知事として赴任したことによる。(編集室)

は必見。フェティエ・ジャーミィ Fethiye Camiiから運ばれた13〜14世紀のイル・ハーン朝時代のミイラは中庭の別館で展示されている。

岩窟墳墓はハゼランラル・コナウの手前の鉄道のガードをくぐって路地に入った所に入口がある。階段を上った展望台からはアマスヤの町を一望できる。東西に延びる城壁の内側には紀元前3世紀に栄えたポントス王国の王らの岩窟墓がある。

■博物館
Map P.442
圏8:30〜12:00 13:00〜16:45
（夏期〜19:00）
困月
圏3TL
フラッシュ撮影禁止。

HOTEL & RESTAURANT

アマスヤにはホテルはそれほど多くない。ハゼランラル・コナウの通り沿いには、伝統家屋を改築した雰囲気のよいホテルが点在する。バザールと川に挟まれた地区には中級ホテルもある。
レストランではアマスヤ・ムトファウ**Amasya Mutfağı**やミフリ・ハトゥン**Mihri Hatun**といった店が郷土料理を出していて、地元の人にも人気。ケシュケッキ**Keşkek**というギュヴェチ（壺焼き）を試してみよう。アタテュルク像のある広場から川沿いの路地裏にかけてロカンタが多い。

← 日本からホテルへの電話 国際電話会社の番号 + 010 + 国番号 90 + 358（市外局番の最初の0は不要）+ 掲載の電話番号 →

夕ハ Taha Hotel   経済的   Map P.442

✉ Hatuniye Mah. Hazelanlar Sok. No.28
TEL(0358) 218 2675
FAXなし
[S]🛏→55TL
[W]🛏→90TL
US$ € TL T/C不可 C/C不可

ハゼランラル・コナウから道沿いに西に行った右側にある。ズュムリュト**Zümrüt**から名前が変わり、部屋も改装された。全室テレビ付き。バスルームはやや狭い。朝食は5TL。キッチンの使用も可能で、チャイは無料。全12室。 全館無料

ハルシェナ Harşena Otel   中級   Map P.442

✉ Yalıboyu Evleri No.49
TEL(0358) 218 2487
FAX(0358) 218 3980
URL www.harsenaotel.com
（トルコ語）
[S]A/C🛏→85TL
[W]A/C🛏→140TL
US$ € TL
US$ € C/C A M V

景観保存地区の一角、橋を渡ってすぐ右側にある全26室のホテル。本館と別館があり、川を見下ろす別館もある。本館の部屋はエアコン付きでバスルームも新しい。別館の庭には郷土料理を出すカフェテリアがあり、生演奏が毎晩ある。朝食（10TL）はオープンビュッフェ。 全館無料

アイドゥンル Aydınlı Hotel   中級   Map P.442

✉ Mustafa Kemal Paşa Cad. Atatürk Bul. No.8
TEL(0358) 212 4322
FAX(0358) 212 4323
[S]🛏→75TL
[W]🛏→100TL
US$ € TL T/C不可
C/C A M V

アマスヤには古民家を改装した民芸調のホテルやペンションが多いが、ここは近代的なビジネスホテル然としている。バスもホテルの目の前に停車する。エレベーターもあるので重い荷物を持つ人も楽だ。部屋は清潔にまとめられておりスッキリとした印象。 全館無料

アマスヤ・シェヒル・クリュビュ Amasya Şehir Kulübü   郷土料理 中級♥   Map P.442

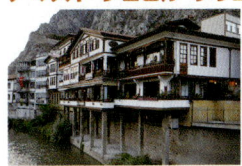

✉ Yavuz Selim Meydanı
TEL(0358) 218 1013
FAXなし
圏8:00〜24:00
困無休
US$ € TL
C/C A M V

時計塔のすぐ横にあるアマスヤ料理のレストラン。川沿いに建っており、せり出したテラス席からの眺めが良い。魚料理10〜15TL、ケバブ各種9〜15TL。アマスヤ名産のバムヤ（オクラ）などの郷土料理は要予約。

アマスヤの名産品はリンゴで、年間2万6000トンの収穫量がある。日本のものと比べると小ぶりなサイズだがなかなかおいしい。(編集室)

歴史的建造物に彩られた黒海のエメラルド
トラブゾン Trabzon
市外局番 **0462** 人口29万2513人 標高33m

人里離れた山の中腹にあるスュメラ僧院

■時刻表一覧
✈→P.70〜73
🚌→P.426〜428
バス時刻表索引→P.76〜77

周辺はチャイの名産地でもある

トラブゾンの大きなパンは全国的に有名。焼きたてをどうぞ

　トラブゾンの町は、黒海の海岸線近くまで迫りくる山々の斜面に貼り付くように築かれている。海沿いにはビルが林立しているが、坂道を上って中心街に足を踏み入れると、そこは石畳が続く深い町。1年を通して湿潤温暖、緑に育まれた町だ。
　この町の歴史は紀元前8世紀のギリシアの植民地時代までさかのぼる。その後ペルシア、ローマ、ビザンツ、オスマン朝などさまざまな帝国の支配を受けた。その歴史が建築物に今もかいま見られる。また13世紀にはトレビゾンド帝国の中心地であったため、数多くのビザンツ美術が残っている。
　近郊の町マチカMaçkaにあるスュメラ僧院は、イスラーム勢力に追われたキリスト教徒が隠れ住んだ断崖絶壁にある修道院として広く知られている。

▌旅のモデルルート▐
　午前中にスュメラ僧院、午後からはトラブゾン市内を散策というのが一般的。日帰りで足を延ばすなら交通の便の比較的よいウズンギョルがおすすめ。

スュメラ僧院とトラブゾン市内1日コース
トラブゾン➡スュメラ僧院➡トラブゾン➡アヤソフィア➡ボズテペ

冬に訪れる場合、積雪のためスュメラ僧院への道が閉ざされることもあるので、旅程を立てる際は頭に入れておこう。また、夕食は黒海で獲れたハムスィ（イワシ）のフライがおすすめ。

🏠トラブゾンは坂道が多いのと石畳が傷んでいる個所が多いので車輪付きスーツケースでの移動はかなりきつい。(奈良県　KM　'12夏)

歩き方

ウズン通り

町の中心は**メイダン公園**Meydan Parkı。園内はチャイバフチェになっており、地元の人や旅行者の憩いの場だ。ホテルはこの公園から東側に多い。ロカンタは公園周辺をはじめ、町のあちこちにある。公園の南側の道を西へ進むと、ブティックやロカンタなどが並ぶ**ウズン通り**Uzun Sok.だ。1本北側のマラシュ通りMaraş Cad.には銀行が多く、そこを過ぎると**パザル**Pazarと呼ばれる商業地区になる。

町の中心、メイダン公園

トラブゾン空港

◆空港から市の中心部へ

空港は幹線道路を海沿いに東約6kmにある。中心のメイダン公園までは**ハワアラヌ・メイダン**Havaalanı Meydanの表示があるドルムシュを利用しよう。運賃は1.50TL。空港行きはメイダンから北に1本入った文化センター前から頻発。

オトガル行きドルムシュ

◆オトガルから市の中心部へ

空港とメイダン公園を結ぶドルムシュの表示

セルヴィスはないので、市の中心メイダン公園へは幹線道路に出て反対側車線のドルムシュに乗る。運賃は1.50TL。サムスン方面から来るバスは、パザル北側のドルムシュ乗り場の周りにあるバスオフィスでも乗降が可能だ。

市内からオトガルへのドルムシュは、メイダン公園の南から頻発している。車の上にあるMeydan Garajlar (メイダン・ガラジラル) の表示が目印。空港行きやフォルムForum行きでも途中下車可能。タクシーなら10TL。

◆ドルムシュ

メイダン公園南のドルムシュ乗り場

車両の上部分に行き先が表示されている。おもな行き先はオトガルや空港、アヤソフィア、ボズテペなど。乗り場はメイダン公園の南側に集まっている。運賃はたいてい1.50TL。ウズンギョルやマチカ、リゼなどへ向かう中距離のドルムシュやミニバスは、チョムレックチ通りÇömlekçi Cad.沿いに並んでいる。

◆両替・郵便・電話

銀行や両替はメイダン広場周辺やマラシュ通りに集中している。中央郵便局はホテル・デミル・グランドHotel Demir Grandの向かい。メイダン公園内にもPTTのブースがある。

◆旅の情報収集

❶はメイダン公園内にあり、情報量は多い。メイダン公園南東にあるエイジェ・ツアーズEyce Toursではスュメラ僧院やウズンギョルなど周辺へのツアーを催行している。

■**トラブゾンの**❶
Map P.447D1
✉Meydan Parkı içi
☎(0462)326 4760
🌐www.trabzonkultur turizm.gov.tr (トルコ語)
🕐夏期8:30〜12:00
　　　　13:30〜17:30
🚫冬期の土・日

■**エイジェ・ツアーズ**
Eyce Tours
Map P.447D1

近郊の日帰りツアーを催行。スュメラ僧院へは通年毎日10:00発 (15:00着)、25TL。ウズンギョルへは10:00発、30TL。料金はひとり分の往復バス料金のみで、入場料や昼食は各自負担。バス会社ウルソイUlusoyや各ホテル、❶でも予約が可能だが、スュメラ僧院は夏期のみ手数料5TLがかかる。❶やアヌル・ホテルなど各所でピックアップ可能。6〜10月の火・木・土曜はアイデルへのツアー (ひとり40TL) もある。ガイド付きハイキングツアーも応相談。
✉Taksim İşhanı Sok. 11-1
☎(0462)326 7174
📠(0462)326 7423
🌐www.eycetours.com
(トルコ語)
🕐8:00〜19:30
🚫無休

💬トラブゾンは観光客の多い町ではないので、英語があまり通じない。みんな親切だけど、向こうから観光客に話しかけてくるようなことはなかった。(愛知県　内藤真希　'10度)

■スュメラ僧院

🚌 バス会社ウルソイ前の乗り場からエイジェ・ツアーズのミニバス。各所でピックアップ可。
トラブゾン発10:00
スュメラ発14:00
運賃:20TL(往復)

🚌 マチカ行きのドルムシュやバス (6:45～20:00に15分毎、所要30分、3TL)でマチカまで行き、タクシーをチャーターして往復50TL(スュメラ僧院での見学待ち時間は約2時間)。

📅 夏期9:00～19:00
冬期9:00～16:00
冬期は雪が降ると山道が閉鎖されることもある。
無休 8TL

■アヤソフィア

🚌 メイダン公園などからドルムシュ (Ayasofya Müzeの表示)。

📅 夏期9:00～18:45
冬期8:00～17:00
無休 5TL

‖‖見どころ‖‖

岩壁に残る美しいフレスコ画
スュメラ僧院
Sümera Manastırı　スュメラ・マナストゥル

Map P.30B1

トラブゾンの南約54kmにある、岩壁に貼り付いているようなキリスト教の修道院。トルコ人にさえ、「夢の地」といわれるほど人里離れた所にある。創設はビザンツ時代の6世紀にさかのぼり、現在ある建物は14世紀の建造で、6階建て全72室。奥にある洞窟の内部、外壁にはフレスコ画が数多く残っている。落書きが多いのが残念

壁画や天井画も見応えがある

だが、よく見ると200年以上前の落書きもある。標高1200m、川から300mも切り立った垂直の岩壁の途中にある。ここからの風景は壮観だ。

黒海を見下ろす赤い屋根のビザンツ教会
アヤソフィア
Ayasofya　アヤソフヤ

Map P.446A2

市の中心部から西へ3km、黒海を背に建つ教会跡。5世紀に建立され、1238～63年にマヌエル1世の命で改修されたもの。オスマン朝時代以降はジャーミィとして使われた。中央に高い

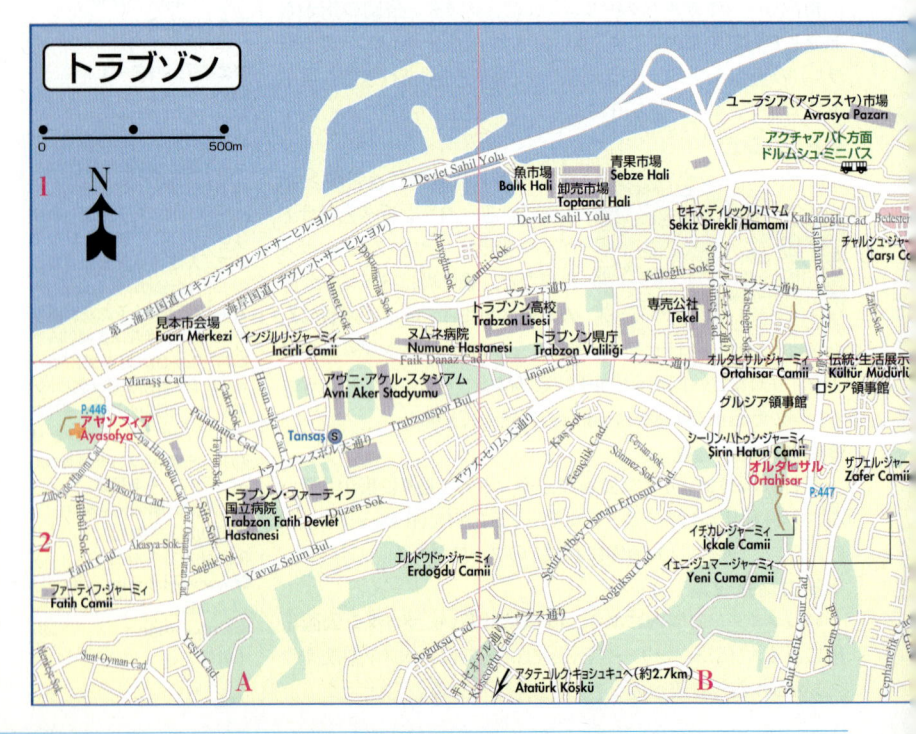

トラブゾン

0　　500m

ユーラシア(アヴラスヤ)市場　Avrasya Pazarı
アクチャーバト方面 ドルムシュ・ミニバス
魚市場 Balık Hali
青果市場 Sebze Hali
卸売市場 Toptancı Hali
セキズ・ディレッリ・ハマム Sekiz Direkli Hamamı
チャルシュ・ジャーミィ Çarşı Camii
見本市会場 Fuarı Merkezi
インジルリ・ジャーミィ Incirli Camii
ヌムネ病院 Numune Hastanesi
トラブゾン高校 Trabzon Lisesi
トラブゾン県庁 Trabzon Valiliği
専売公社 Tekel
オルタヒサル・ジャーミィ Ortahisar Camii
伝統・生活展示 Kültür Müdürli
ロシア領事館
アヴニ・アケル・スタジアム Avni Aker Stadyumu
グルジア領事館
アヤソフィア Ayasofya
シーリン・ハトゥン・ジャーミィ Şirin Hatun Camii
オルタヒサル Ortahisar
ザフェル・ジャーミィ Zafer Camii
トラブゾン・ファーティフ国立病院 Trabzon Fatih Devlet Hastanesi
エルドウドゥ・ジャーミィ Erdoğdu Camii
イチカレ・ジャーミィ İçkale Camii
イエニ・ジュマー・ジャーミィ Yeni Cuma amii
ファーティフ・ジャーミィ Fatih Camii
アタテュルク・キョシュキュへ(約2.7km) Atatürk Köşkü

446　　オルタヒサルから南へ行くとウチヒサルという小高い住宅街に行くことができる。見どころは城壁の跡地くらいしかないが、トルコ人の生活に触れることができる。(編集室)

ドームがあり、その前後左右に屋根が延びる内接十字形という形をした典型的なビザンツ様式の建築。内壁にはビザンツ美術の傑作とされるフレスコ画があり、最後の晩餐、聖母マリアなど聖書の場面が並ぶ。西側の高い鐘楼は1427年に完成。

アヤソフィアの優雅なたたずまい

色鮮やかな壁画が残る

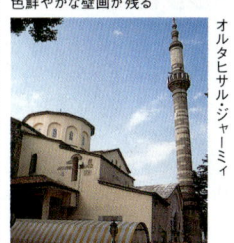

坂の多いトラブゾンの町を取り囲む
オルタヒサル
Ortahisar　オルタヒサル

Map P.446B2

14世紀、トレビゾンド皇帝アレクシオス2世の時代に建てられた城壁。少し崩れているが見ごたえ充分。色鮮やかな外壁の伝統家屋も多く残る。周囲は公園として整備されている。

丘の上からトラブゾンの赤い屋根の眺めを楽しもう
ボズテペ
Boztepe　ボズテペ

Map P.447C2

トラブゾンの山側にある丘で、黒海をバックにレンガ色の屋根が連なる町並みが一望にできる。眺めのよいカフェテリアもあるので、のんびりと景色を眺めよう。

オルタヒサル・ジャーミィ

■オルタヒサル
🚐アヤソフィア行きのドルムシュで途中下車。

■ボズテペ
🚐メイダン公園の南にある坂道からドルムシュ。車体にBoztepeと表示されている。
運賃：1.50TL

😊ボズテペまで歩いて行く
メイダンから歩くと30分ほどです。いい運動にもなると思います。
（神奈川県　おーちゃん　'10秋）

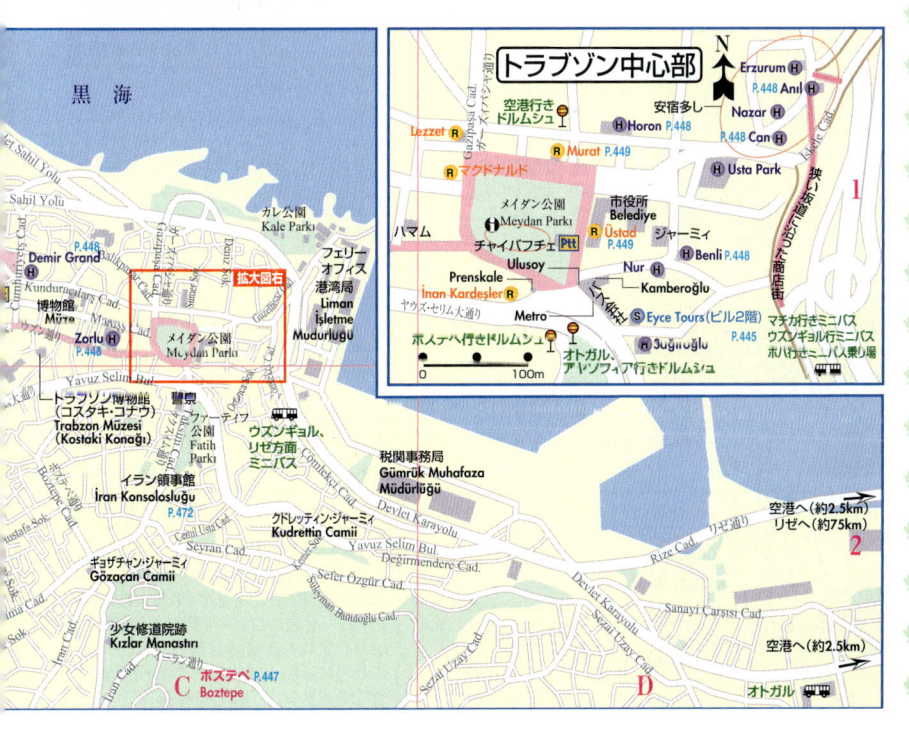

トラブゾン中心部

トラブゾンの南にあるギュミュシュハーネの近郊にはカラジャ洞窟Karaca Mağarasıという巨大な鍾乳洞がある。観光シーズンは4～10月。（編集室）

HOTEL

安い宿はメイダン公園や市役所の北側に多いが、市役所北側のエリアの一部や、オトガルへ向かう幹線道路沿いのホテルはほとんどが売春宿。夜でもバーを営業している安宿は要注意。

日本からホテルへの電話 国際電話会社の番号＋010＋国番号90＋462(市外局番の最初の0は不要)＋掲載の電話番号

ベンリ Hotel Benli

Cami Çıkmaz Sok.
Cilemar Sok. No.5
TEL(0462) 321 1750　FAXなし
S 20TL
S 35TL
35TL
W 45TL
US$ € TL　T/C不可　C/C M V

経済的　Map P.447D1

メイダン公園の東100mほどの所にある全38室の老舗ホテル。建物、内装ともに古いが、何よりトラブゾンでこの料金は魅力的。共同シャワーや共同トイレはタイル貼りで清潔に保たれている。最上階の客室には広々としたベランダがあり、メイダン公園や港が望める。　全館無料

ジャン Otel Can

Güzel Hisar Cad. No.2
TEL(0462) 326 8281
FAXなし
S A/C 35TL
W A/C 60TL
US$ € TL　T/C不可　C/C不可

経済的　Map P.447D1

古びたビルの1階に小さなレセプションがあるホテルだが、上階はキッチン、サロン、客室とも改装済みできれい。シングルルームのベッドも広く、バスルームも機能的。韓国人旅行者に人気。　全館無料

アヌル Anıl Otel

Güzel Hisar Cad. No.12
TEL & FAX(0462) 326 7282
S A/C 40TL
W A/C 70TL
US$ € TL　T/C不可　C/C M V

中級　Map P.447D1

ガラス張りでロビーが明るいのでひときわ目立つ。建物、客室ともに新しくて清潔。全36室で裏側の部屋からは港が見える。朝食ビュッフェも充実。　全館無料

😊部屋から港が見え、夜景がきれいだった。通りに面しているので少しうるさかった。　（神奈川県　おーちゃん　'10秋）

ホロン Hotel Horon

Sıramağazalar No.155
TEL(0462) 326 6455
FAX(0462) 321 6628
URL www.hotelhoron.com
S A/C 100TL
W A/C 150TL
US$ € TL　T/C不可
C/C M V

中級　Map P.447D1

メイダン公園に面し、どこに行くにも便利な立地にある。建物はやや古いがエレベーターもついており、重い荷物を持っていても安心。部屋は改装済み。全47室にミニバー、テレビを完備している。シーズンオフは割引料金となるとのこと。
全館無料

デミル・グランド Demir Grand

Cumhuriyet Cad.No.22
TEL(0462) 326 2561
FAX(0462) 326 1961
email demirgrandhotel@hotmail.com
S A/C 100TL
W A/C 150TL
US$ € TL
T/C不可　C/C M V

中級　Map P.447C1

町の中心からやや西、バザル地区近くにある3つ星ホテル。レセプションは2階にある。全56の客室には小さいながらもバスタブが備え付けられているが、栓はない。部屋によって黒海を見下ろすことができる。レストランはないが、レセプション横にバーがある。　全館無料

ゾルル・グランド Zorlu Grand Hotel

Maraş Cad. No.9
TEL(0462) 326 8400
FAX(0462) 326 8458
URL www.zorlugrand.com
S A/C 200€
W A/C 250€
US$ € TL
T/C不可　C/C A M V

最高級　Map P.447C1

この地域では唯一の5つ星ホテルで、最も豪華。噴水のある吹き抜けのロビーは外の喧噪を忘れさせてくれる。客室はこのパティオ風のロビーを囲むように配されおり、室内も高級感が漂う。サウナやジムなどもある。時期によっては半額以上の値引きがある。　全館無料

隣町の名物、アクチャアバト・キョフテスィ Akçaabat Köftesiは牛肉を使ったキョフテ。アクチャアバトの幹線道路沿いに専門店が数軒ある。（編集室）

RESTAURANT

黒海東部最大の都市であるトラブゾンにはロカンタが多い。メイダン公園周辺にはナスや豆などを使った煮込み屋が並び、いずれの店も評判はよい。しかし、トラブゾンといえば何といってもハムスィ（イワシ）。ほかにも、魚のグリルやフライを試してみよう。

ムラト　Murat Balık Salonu

✉Parkı Karşısı
TEL(0462) 322 3100
FAXなし
営6:00～22:00
休ラマザン中
CardUS $ € TL
CC M V

魚料理　庶民的　Map P.447D1

メイダン公園の北側にある、グリルやフライのおいしい魚料理専門店。店先で魚を焼いたり揚げているので、すぐわかる。ハムスィのフライ（6TL）が人気だが、近くの山で養殖しているマス（1人前7TL）もおすすめ。パラムート（ハガツオ）のグリルは7.50～10TL。

ユスタド　Üstad Yemek ve Kebap Salonu

✉Atatürk Alanı No.18/B
TEL(0462) 321 5406
FAXなし
URLwww.ustadyemekkebap.com
（トルコ語）
営24時間
休断食時間中
CardUS $ € TL
CC A M V

トルコ料理　庶民的　Map P.447D1

メイダン公園に面したレストラン。煮込み料理が中心だが、ハムスィ入りのオムレツ、カイガナ（7TL）やロールキャベツの一種、ラハナ・サルマス（8TL）など地方料理もある。町からオトガルへ行く途中の幹線道路沿いに系列のパスターネもある。

Information　チャイの産地、リゼ Rize

紅茶の産地として有名なリゼはトラブゾンから約80km、人口約12万8000人の町。リゼで茶葉の生産が始まったのは1930年代。政府の手厚い保護の下、茶葉を生産する農家が増え始めた。その後私営の紅茶会社の続出によって以前の繁栄は見られなくなった。しかし現在でもリゼやオフOf周辺には多くのチャイ工場が稼働している。

町の中心はジャーミィ（シェイフ・ジャーミィ）のある広場。広場に面してPTT、チャイクル・チャイ博物館Çaykur Çay Müzesi、古い民家を改造した民俗博物館Etnografya Müzesiなどがある。

リゼの町を見下ろす高台にあるチャイ・エンスティテュスュ Çay Enstitüsü（紅茶研究所）に隣接するズィラアト・チャイバフチェスィ Ziraat Çaybahçesiに行ってみよう。眼下に広がる茶畑や黒海を眺めながらお茶ができる。広場のジャーミィの横の坂道を20分ほど上っていった所。広場からタクシーで行っても片道8TLくらいだ。

ズィラアト・チャイバフチェスィから眺めたリゼの町

■リゼへの行き方　🚌→P.426～428
バス時刻表索引→P.76～77

■リゼの❶　Map P.449
✉Meydan PTT Yanı　TEL(0464) 213 0408
営8:00～20:00（冬期～17:00）　休無休

■民俗学博物館　Map P.449
営9:00～17:00　休月　料無料

■チャイクル・チャイ博物館　Map P.449
営9:00～17:00　休月　料無料

■ズィラアト・チャイバフチェスィ　Map P.449
営5～9月8:00～23:00　10～4月8:00～20:00

■メミシュ・アー・コナウ
　Memiş Ağa Konağı　Map P.449外
✉Balıklı Mah., Sürmene
営8:30～19:00（冬期～17:00）　休無休　料2TL
トラブゾンからウズンギョルやアイデルに行くツアーバスがよく立ち寄る古民家。見学者にはチャイをサービスしてくれる。

トルコの公営バスの側面には、通常市町村名が表示されているが、リゼのバスには、Çay Evi Belediyesi(紅茶のふるさとの町)と表示されている。（編集室）

山あいに現れるエメラルドグリーンの美しい湖
ウズンギョル Uzungöl
市外局番 **0462** 人口**1490**人 標高**1090m**

ウズンギョルの名産はハチミツ！

■時刻表一覧
🚌→P.426〜428
バス時刻表索引→P.76〜77

■トラブゾンからのツアー
●Eyce Tours
10:00発
ひとり往復30TL。復路は16:00発。昼食は各自負担。

豪快に流れ落ちる滝もある

緑に囲まれたウズンギョル湖

　黒海沿岸のチャイの産地オフOfからソラクル川Solaklı Çayıに沿って車は南に進む。チャイカラの村からさらに20km。しばらく車窓からは、緑あふれる渓流と、山の斜面にへばりつくようにして建つ家々の風景が続く。ぐっと急になった坂道を上りきると突然視界が開け、目の前には水を満々とたたえた美しい湖が現れる。のどかな牧歌的風景が広がるトルコ屈指の避暑地、それがウズンギョルだ。

┃┃┃歩き方┃┃┃

　ウズンギョルは**ハルディゼン渓谷**Haldizen Deresiの谷底に広がる湖で、標高は1090m。この湖はハルディゼン渓谷の斜面にあった岩々が転げ落ち、川の水を堰き止めてできたといわれる。湖畔の白いジャーミィも美しく、ボート遊びもできる。

ウズンギョル

西の伝統家屋が並ぶ斜面をしばらく登っていくと、湖を見下ろせるビューポイントにたどり着く。ちょっとしたハイキング気分が味わえる。(編集室)

450

6〜9月のシーズン中は多くの観光客でにぎわう。トレッキングやバードウオッチングなども楽しめるので、自然が好きな人にはおすすめの場所だ。また、山々が真っ赤に染まる10月下旬〜11月の紅葉シーズンもおすすめ。

●**東西が川、中心に湖**　ウズンギョル・メルケズ・ジャーミィUzungöl Merkez Camiiのあたりがウズンギョルの入口。湖は徒歩で1周約30分。湖沿いの道を東側に歩いていくと、湖の幅が狭まり、川になっていく。この川の北側沿いのエリアにレストランやホテルが点在している。湖の西側でミニバスを降りてもよいが、ミニバスは湖の東側のペンションが並ぶエリアまで行く。ジャーミィの西側の斜面には伝統的な家屋が建ち並んでいる。民家を通り抜け30分ほど歩くと、湖を眺望できる場所に出る。

ジャーミィの西側は伝統的家屋が多く残っていてのどかな雰囲気

●**周辺のヤイラ（夏の放牧地）へ**　周辺へのトレッキングならデミルカプDemirkapı、シェケルスŞekersu、ヤイラオニュ Yaylaönüといったヤイラがある。夏期はツアーを催行するホテルもある。

HOTEL & RESTAURANT

トラブゾンからの日帰りも充分可能だが、トレッキングをしたりして自然を満喫するには1〜2泊はしたい。ペンションはミニバスの終点あたりに多い。冬期の平日は閉まるところもある。
ウズンギョルの名物といえばマス（アラバルックAlabalık）。ウズンギョルではマスの養殖が盛んで、トルコ各地へ出荷している。値段はどの店でもそれほど変わらず1人前9TLほど。

日本からホテルへの電話　国際電話会社の番号 + 010 + 国番号 90 + 462（市外局番の最初の 0 は不要）+ 掲載の電話番号

エンサル　Ensar Otel Restaurant
Fatih Cad. No.18
TEL(0462) 656 6321
FAX(0462) 656 6346
URL www.ensarotel.com
S/W 80〜250TL
US$ € TL
不可
A D J M V

中級　Map P.450
ミニバスの終点近くにあるホテル兼レストラン。客室は全18室。湖側の部屋からの眺めは格別。寝室がふたつあるバンガロータイプの大きな部屋も12室あり、1室80〜400TL。レストランや遊具施設なども完備している。全館無料

イナン・カルデシレル　İnan Kardeşler
Uzungöl, Çaykara
TEL(0462) 656 6260
FAX(0462) 656 6066
URL www.inankardeslerotel.com
（トルコ語）
S 90〜160TL
W 120〜200TL
US$ € TL 不可 M V

中級　Map P.450
1974年にレストランとしてオープンした、ウズンギョル最大規模の施設を誇る老舗。国内外の山岳愛好家も多く利用している全20室のホテル。レストランの裏側がマスの養殖場になっていて生け簀を見ることもできる。夏期はツアーを催行している。通年営業。全館無料

セズギン　Sezgin Motel
Uzungöl, Çaykara
TEL(0462) 656 6175
FAX(0462) 656 6192
URL www.uzungolsezginotel.com
（トルコ語）
S 85〜95TL
W 100〜150TL
US$ € TL 不可 M V

中級　Map P.450
レセプションの建物はこぢんまりしているが、客室はその背後にあり、レストランも併設。バンガロータイプの部屋も同料金。レイクビューの部屋は左記の料金にプラス20TL。夏期は毎週ホロン（黒海地方の民俗舞踊）のショーがある。周辺を巡るツアーも催行している。全館無料

湖の東側では、マスの養殖が行われており、見学可能。ちなみにイナン・カルデシレルはトラブゾンの中心部にも支店（Map P.447D1）のレストランある。(編集室)

アイデル Ayder

市外局番 **0464** 人口**200**人 標高**1265**m

カウベルを首に付けた牛が斜面をのんびりと歩くアイデルの牧草地

■アイデルへの行き方

直通バスは少ないのでパザルPazarでドルムシュに乗り換える。パザルへはホパHopa行きなどで途中下車。トラブゾンから約2時間。カルスやエルズルムからはアルトヴィンArtvin経由リゼ行きで途中下車。

● トラブゾンから
🚌エイジェ・ツアー社が1日ツアーを催行。火・木・土9:00発 所要:3時間 運賃:40TL
🚐片道275TL

● リゼから
🚌5～9月のみドルムシュが9:30、11:00、14:00、18:00発。所要:2時間 運賃:15TL

● パザルから
🚌大通りのBizim Hemşin Ekmek Fab.というパン屋の前にドルムシュが停車している。5～9月の8:00～18:00に毎時発。アイデルからも7:00～18:00に運行、満員になり次第出発。所要:1時間 運賃:10TL
10～4月の冬期はアイデルから17km手前にあるチャムルヘムシン止まりになる。チャムルヘムシンからアイデルまではタクシーで30TL。
🚐大通りの数ヵ所にタクシー乗り場がある。運賃:75TL

■アイデル温泉
TEL(0464)657 2102～3
7:30～24:00(冬期～16:00)
無休 10TL
レセプションにセーフティボックスあり。パンツか内湯用腰布、バスタオルの無料貸し出しがある。貸し切り用の家族風呂は1時間35TL。アロマテラピーも受けられ、1回30TL。

歓迎のバグパイプに合わせて思わず踊りだすトルコ人観光客

黒海の町パザルPazarから山道を川沿いに約1時間。アイデルは標高1265mの小さな村だ。村ではカフカス系のラズ族やヘムシン族と呼ばれる人々が遊牧を営んできた。見上げれば高い峰々が続き、牧場からカウベルの音が響く。ここはスイス?と思ってしまうような牧歌的な風景が続いている。アイデルは温泉地としても知られ、周りにある高原や山々へのトレッキング基地となっており、6～9月のシーズン中は多くの観光客でにぎわう。60種以上の野生動物や130種以上の植物が確認されている自然の宝庫でもある。

■歩き方

パザルからのドルムシュの終点にあるのが村の中心の広場。このあたりにしか商店はない。さらに上に行くと、道路の下には温泉の湯煙が見える。さらに上に行けば右側にビネクタシュの滝Binektaş Şelalesiが見える。

● 周辺のヤイラ(夏の放牧地)へ アイデルの村は谷底にあるので眺めはあまりよくない。トレッキングに出かけて大自然を満喫しよう。ただし天候は変わりやすいので、雨具や防寒具を用意しておこう。村では山岳ガイドも手配できる。村から比較的近いヤイラでは、フセル・ヤイラスHuser Yaylasıやアヴソル・ヤイラスAvusor Yaylasıなどがある。3000m級の山々が連なるフルトゥナ渓谷Fırtına Vadsiでは、カヤックやパラセイリングなども楽しめる。

村の中心にあるこの温泉は、古くから湯治客が訪れていた。温泉の温度は44℃ぐらい。この温泉の効能は痛風、リウマチ、関節痛、心臓疾患など。大きなプール型の浴槽のほか、貸し切りできる家族風呂もあるほか、病院も併設している。

アイデルの起点となるパザルにはオトガルはあるが、トラブゾン行きのバスは停車しない。トラブゾンへ戻るときは海岸沿いの大通りを通るバスをつかまえよう。(編集室)

HOTEL & RESTAURANT

ペンション、ホテルとも数は多いが、繁忙期の7・8月は満室になってしまうこともしばしばある。逆に冬期は多くのホテル、ペンションが休業してしまう。夏期は人数さえ集まればヤイラへの日帰りハイキングツアーを行うホテルも多い。

広場やアイデル温泉の周辺にレストランが数軒あり、レストランを併設しているホテルも多い。アイデルの名物料理は川で獲れる魚(マスなど)や、バターとチーズで作るムフラマ Mıhlama というチーズフォンデュのような料理。魚は特産のバターを使ったフライにしてもらうとおいしい。

日本からホテルへの電話　国際電話会社の番号 + 010 + 国番号 90 + 464 (市外局番の最初の0は不要) + 掲載の電話番号

スィス Sis Otel　　中級　地図なし

✉ Ayder Çamlıhemşin
TEL (0464) 657 2030
FAX (0464) 657 2186
URL www.sisotel.com (トルコ語)
S 50～70TL
W 100～140TL
US$ € TL
T/C 不可　C/C A M V

村の中心から10分ほど坂を下りた所にある老舗ホテル。建物はログハウス風で、全室テレビ付き。オーナーは周辺の地理に精通しており、山岳ガイドの手配も可能。レストランにはテラス席もあって眺めがよい。夕食は別料金で15TL。
全館無料

コル Koru Hotel　　中級　地図なし

✉ Ayder Çamlıhemşin
TEL (0464) 657 2083
FAX (0464) 657 2010
URL www.ayderkoruotel.com (トルコ語)
S 40～85TL
W 80～140TL
US$ € TL　T/C 不可　C/C A M V

村の中心から山側に坂を上って10分ほど行った所にある。ロビーには暖炉も置かれている。客室はフローリング。すぐ横は牧場になっているので、部屋からの眺めがいい。1月～4月中旬は休業。
全館無料

ハシムオウル Otel Haşimoğlu　　中級　地図なし

✉ Ayder Çamlıhemşin
TEL (0464) 657 2037
FAX (0464) 657 2038
URL www.hasimogluotel.com
S 50～110TL
W 100～200TL
US$ € TL
T/C 不可　C/C A M V

広場の橋の横から延びる坂道を下った所にある全63室の大型ホテル。すぐ近くから滝へと通じ通じる1時間ほどのウオーキングコースがある。全室テレビ、ミニバー付き。温泉(イェニ・カプルジャ)のすぐ上に系列のレストラン、アイデル・ソフラス Ayder Sofrasıもある。　全館無料

イェシルヴァーディ Yeşilvadi Otel　　中級　地図なし

✉ Ömer Aktuğ Cad. No.34
TEL (0464) 657 2050
FAX (0464) 657 2051
URL www.ayderyesilvadi.com (トルコ語)
S 65～80TL
W 100～160TL
US$ € TL　T/C 不可　C/C A M V

広場から坂を少し下るとある、家庭的な雰囲気の宿。通りに面したレストランではマス料理を出している。客室はレストランの裏側にあり、チェックインの手続きはこちらで行う。女性スタッフが多いからか掃除も念入りにされている。シャワールームも新しい。通年営業。　全館無料

アイデル・チセ Ayder Çise Cafe Restaurant　　郷土料理 中級　地図なし

✉ Ayder Merkez
TEL & FAX (0464) 657 2171
営 7:00～翌2:00
休 無休
US$ € TL
C/C A D J M V

ドルムシュ乗り場前にあり、待ち時間にも便利。ムフラマ、マスのグリルなどの郷土料理以外にも、さまざまな料理がある。店の奥には座敷席や暖炉もある。6～8月は毎日ホロンのショーがある。山岳ガイドの手配も可能でヤイラツアーを催行。

ハシムオウルホテルの横には、エスキ・カプルジャという風呂がある。男性は5:00～9:00と16:00～22:00、女性は9:00～16:00に入浴可。入浴料は4TL。冬期休業。(編集室)

ユスフェリ Yusufeli

市外局番 0466　人口2万2945人　標高600m

■時刻表一覧
🚌→P.426〜428
バス時刻表索引→P.76〜77

■ユスフェリの❶
Map P.454左
✉ İsmetpaşa Cad.
開 8:00〜22:00　休 日
みやげ物屋を兼ねた私営の観光案内所。上階は民俗博物館になっている。

■ユスフェリの旅行会社
Çoruh Outdoor Travel
Map P.454左
TEL & FAX (0466) 811 3151
開 8:00〜22:00　休 無休
ラフティングは5〜10月に行われ、シーズン中は原則的に毎日体験が可能。参加費は保険料込みでひとり75TL。教会巡りや放牧地を訪れるツアー、カチカル山脈を4日かけて行くツアーなども行っている。

■ユスフェリからエルズルム、カルスへ
ユスフェリはアルトヴィン以外の町とはアクセスが悪く、エルズルム行きバスは午前中しかなく、カルスへは直通がない。ただ、ユスフェリからイシュハン方面に9kmほど行ったス・カヴシュムSu Kavşumuはアルトヴィン方面からエルズルムへ行くバスや、カルス行きのバスが経由するので、ドルムシュでそこまで行き、バスに乗り換えることができる。バスの時刻は事前に確認しておくこと。

町を流れるバルハル川でラフティング！

カチカル山脈を間にアイデルの反対側にあるのがユスフェリの町だ。町の中心をバルハル川Barhal Nehriの急流が走り抜ける。グルジアとの国境も近く、山あいには古い教会や修道院が点在しており、国境を越えて巡礼者がやってくる。また、ラフティングやトレッキングを中心とする、さまざまな山岳スポーツが楽しめる場所でもある。自然いっぱいの美しい景観と、時を忘れたかのようにたたずむ教会を堪能したい。

ユスフェリ周辺

ユスフェリの名前は、第1次世界大戦前夜にロシアと領土を巡って争っていたオスマン朝が、当時のスルタン、メフメット5世の息子ユースフのイル (=県) の意味で名付けたもの。(編集室)

454

歩き方

ユスフェリ周辺には**テッカレ** Tekkale、**アルトパルマック** Altıparmak、**イシュハン** İşhanといった村に見ごたえのある教会や修道院が点在しており、巡礼者のために簡素ながらも宿泊施設がある。なかでも9世紀前半のグルジア王国時代に建てられ、1983年までジャーミィとして使われたという**イシュハン修道院** İşhan Manastırıは、ドームを彩る十字架のフレスコや、外壁の美しいレリーフなど、グルジア中世建築の美を今に伝えている。

標高1100mの山中にあるイシュハン修道院

■各村への交通
ほとんどの場合ユスフェリを夕方出て、翌朝村を出る1便のみなので、タクシー利用が無難。

HOTEL & RESTAURANT

ユスフェリの町の中心にはシングル15〜35TL、ダブル30〜50TLほどで泊まれる安宿が多く、町の北にもキャンプができる施設が点在している。また、夕方にドルムシュで着いてもいいように、**各教会のある村や観光客が多いヤイラには簡易宿泊施設がある。**

日本からホテルへの電話 [国際電話会社の番号] + 010 + [国番号 90] + 466 (市外局番の最初の0は不要) + [掲載の電話番号]

グリーンピース Greenpiece Pansiyon Camping
経済的　Map P.454左

✉ Arıklı Mah.
TEL&FAX (0466) 811 3620
URL www.birolrafting.com
(トルコ語)
S🚿🚽35TL
W🚿🚽50TL
US$ € TL 不可 不可

バルハル川沿いにあるペンション。本館のほか、バンガローやツリーハウスでの宿泊も可能。テントを持ち込めばキャンプもできる。ラフティングツアーも行っており、6人以上集まれば催行。参加料はひとり75TL。 無料（一部客室のみ利用可）

アルマトゥル Otel Almatur
中級　Map P.454左

✉ Ercis Cad. No.53
TEL (0466) 811 4056
FAX (0466) 811 4057
URL www.almatur.com.tr (トルコ語)
S A/C🚿🚽75TL
W A/C🚿🚽125TL
US$ € TL 不可

2012年にオープンしたばかりの3つ星ホテル。川沿いにあり、町の中心からすぐと立地がよい。このクラスのホテルには珍しくサウナ（別料金で25TL）やレストランなど設備も整っている。
全館無料

バルセロナ Hotel Barcelona
中級　Map P.454左

✉ Arıklı Mah. No.77
TEL (0466) 811 2627
FAX (0466) 811 3705
S A/C🚿🚽65€
W A/C🚿🚽75€
US$ € TL 不可

町で最も豪華なホテル。敷地の中心に大きなスイミングプールがあり、まわりを取り囲むように客室棟が建つ。全35室のうち14室がバスタブ付き。ロビーには2台のPCが置かれており、宿泊客は無料で使用可能。 全館無料

キョシュク Köşk Cafe & Restaurant
トルコ料理 庶民的　Map P.454左

✉ İnönü Cad. Belediye Karşısı
TEL (0466) 811 2505
FAX なし
⏰ 8:00〜24:00
休 無休
US$ € TL 不可

❶と同じ建物の2階にあり、町並みを見おろしながらの食事は気分がいい。ただし、酒類は置いていない。人気があるのは周辺で獲れた新鮮な川魚を使った料理。大きさにもよるが2匹で10TL程度と料金も安い。

ユスフェリでは7月中旬から8月中旬にかけて、周辺のヤイラ（夏の放牧地）でヤイラ・フェスティバルが持ち回りで毎週末に開かれる。民俗舞踊などが見られるチャンス！　（編集室）

みなさまの**声**が
次の「地球の歩き方」を創ります。

アンケートに
ご協力ください。

ホームページから
www.arukikata.co.jp/eqt

ケータイから
http://www.arukikata.co.jp/eqt-mobile

上記URLよりアンケートに
ご協力いただいた方に、
抽選で素敵な賞品が当たります。

※当選者の発表は賞品の発送をもって代えさせていただきます。
※ご応募はご購入いただいたタイトル1冊につき、1名様1回限りとさせていただきます。

A スーツケース　毎月 **1** 名様
B 図書券 3000円分　毎月30名様

毎月末に抽選

※写真はイメージです。

1979》　1981》　1994》　2008》　20XX》

2 タイトル　**3** タイトル　**81** タイトル　**115** タイトル

自分で歩く旅を提案する「地球の歩き方」誕生

インド編の登場により、バックパッカーのバイブルとしての地位を確立

旅人からの期待に応えて、秘境といわれる国々も歩き回ってついに発行

旅のスタイルやトレンドの変化を的確に捉え、100タイトルを突破

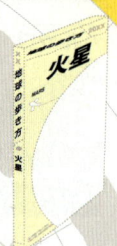

もしかしたら「地球の歩き方」は地球を飛び出しているかも知れません。

地球を歩き続けています

トルコ国鉄の新型在来線車両

安全快適、楽しい旅のヒント
旅の準備とテクニック
Yolculuğa Hazırlık

トルコの歴史早わかり	458
トルコの世界遺産	462

出国と入国の手続き	466	国内交通	478
通貨と両替	473	賢いホテル利用術	486
旅の予算	474	旅のトラブル	488
通信事情	475	情報を集める	491
暦と祝祭日	476	旅のトルコ語	493
生活習慣	477	トルコの病気と受診情報	504

トルコの歴史早わかり

先史時代から古代文明の時代へ、ギリシア、ローマ時代からイスラーム諸王朝……
さまざまな文明の記憶を有するトルコの大地の歴史をざっと見てみよう。

新石器時代〜青銅器時代
（紀元前8000〜2000年）

アナトリア（トルコのアジア側）に人が住み始めたのは、石を加工し、道具として使い始めた旧石器時代からといわれている。彼らは狩猟をし、新石器時代には農耕が彼らの生活の中心となり、原始芸術の発展も見られた。宝石が装飾品に使われたり、粘土の小像が作られ、崇拝される。寺院の壁には牛の姿が描かれた。特に牛の角は神聖視されていたようだ。コンヤ近郊にある村落**チャタル・ホユック**（→P.356）は、アナトリア最古の原始共同体であり、この時代の代表的な遺跡だ。

紀元前3000年頃になると銅とスズを混ぜた青銅器で、武器や道具を作るようになった。金・銀をはめ込んだ像、**アラジャホユック**（→P.371）の王家の墓で見つかった金の道具類は、この時期に大変な進歩があったことを示している。シュリーマンが1873年に発掘した**トロイ**（→P.217）はこの頃が最盛期。金の腕輪、ネックレスなどにその卓越した文化や芸術が見られる。

紀元前2000年頃になると、アッシリアの商人が植民を始める。アナトリアの金・銀が狙いだった。彼らは装身具や着物をメソポタミアから持ってきて、金・銀と交換した。中心地はキュルテペである。ここで出土した粘土板文書により、当時の交易をうかがい知ることができる。

数々の伝説に彩られたトロイ

ヒッタイト
（紀元前2000〜700年）

紀元前2000年頃、アナトリア最初の統一国家が現れる。ヒッタイト古王国だ。ヒッタイトは黒海を渡ってきた北方系民族で、鉄器を初めて使用したことで知られている。**ボアズカレ**（→P.368）に首都をおいたこの王国は、次第に勢力を増し紀元前1400年頃に帝国となる。紀元前1285年のカデシュの戦いにおいて、ラメセス（ラムセス）2世時代のエジプトを撃退するほど強大になったが、謎の海の民によって崩壊した。この時代の代表的な遺跡はボアズカレにあるハットゥシャシュ遺跡や、ヤズルカヤの神殿をはじめ、スフィンクス門が出土したアラジャホユックなど。

ヒッタイト帝国崩壊の後、末裔は各地で国家を造る。これが新ヒッタイトだ。中心地はマラテヤ、カルカムシュ、ズィンジルリ、カラテペである。しかし根強かったヒッタイトの影響も弱くなり、アッシリアの文化に取って代わられていった。

なお、ヒッタイト時代の遺物の多くは、アンカラにある**アナトリア文明博物館**（→P.363）で見ることができる。

ペルシア帝国による征服
（紀元前700〜334年）

紀元前900年頃、当時トゥシバと呼ばれた**ワン**（→P.408）を首都にウラルトゥ王国が成立する。アッシリアの内乱に乗じて領土を広げ、メディアに征服されるまで約3世紀続いた。ワンにはウラルトゥ王国時代の要塞が残っており、アッシリア楔形文字による文書が見られる。

アナトリアではフリュギア人が**ゴルディ**

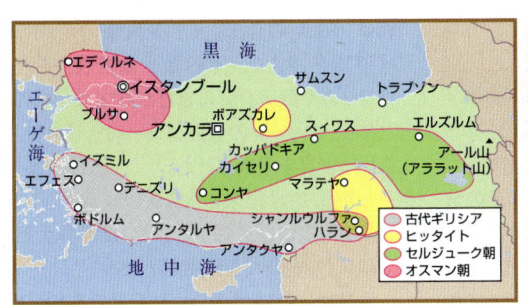

ゴルディオン博物館にあるモザイク

オン（→P.365）を首都とし国家を造った。ゴルディオンはアンカラからおよそ100km南西にある。ギリシア伝説の耳をロバにされてしまったミダス王はフリュギアの王。**ゴルディオン遺跡**にはミダス王の墓と見なされている古墳があり、エスキシェヒル近くのヤズルカヤには、ミダス王のモニュメントなどの石碑がある。フリュギアは紀元前690年にキンメル人によって破壊された。

同じ頃エーゲ海地方はギリシアの植民地化が始まり、**ミレトス**（現ミレト→P.243）や**エフェソス**（現エフェス→P.233）などの都市が繁栄した。西アナトリアにはサルデスを都にリディア王国が造られた。この国は世界最古の鋳造貨幣を使用したとされている。紀元前546年にペルシアはリディア王国を征服し、アナトリアを含む強大な帝国に発展した。

ヘレニズム・ローマ時代
（紀元前334～紀元後395年）

絶大な権力をもったペルシアであったがその支配は200年しか続かず、アナトリアは若き英雄アレキサンダーの支配下に入る。彼はギリシア、エジプト、アジアにまたがる大帝国を建設し、その死後帝国は彼の将軍たちによって分割された。そのひとつペルガモン王国は、アナトリアの文化・経済の中心となり栄えた。当時じわじわと力をつけていたローマは、ここを足がかりとしてアナトリア全域を支配していった。エフェス、**ペルガモン**（現ベルガマ→P.219）、**ディディム**（→P.244）、**スィデ**（→P.290）などにローマ帝国時代の遺跡があり、繁栄ぶりが偲ばれる。

ビザンツ帝国時代
（395～1071年）

330年にローマ帝国のコンスタンティヌス帝はビザンティウムに遷都を行い、名前を**コンスタンティノープル**（現イスタンブール→P.95）と改めた。以後ここは、ローマ（ヨーロッパ）と東方とを結ぶポイントとしてますます発展する。395年にはローマ帝国は東西に分裂、アナトリアは東ローマ帝国の一部となった。時とともに帝国からローマ的色彩は去り、代わりに帝国は東方的な色彩をまとうようになる。後世の歴史家からビザンツ帝国と呼ばれるこの国は、ユスティニアヌス帝のときに最盛期を迎えたが、8世紀にイスラーム軍の侵入を受け、次第に衰退していく。周辺を脅かしていたセルジューク朝に1071年のマラズギルトの戦いで敗れ、以後アナトリアにトルコ族が入っていった。この時代のビザンツ様式の代表建築といえばイスタンブールのアヤソフィアだろう。537年に完成したこのギリシア正教会の聖堂は、ジャーミィ、博物館へと変えられ、変遷の歴史を物語っている。

ディディム遺跡　スィデのアポロン神殿

セルジューク朝時代
（1071〜1243年）

　中央アジアに興ったイスラームのトルコ系王朝であるセルジューク朝は、当時メソポタミア地方に力を伸ばしていた。その分家であるルーム・セルジューク朝はセルジューク朝の創始者トゥグリル・ベクのいとこ、スライマン・ビン・クタルムシュによって創設され、クルチュ・アルスラン1世の時代に首都をコンヤ（→P.352）におき、13世紀前半におおいに繁栄した。ここにはメヴレヴィー教団の祖ジェラールッディン・ルーミーの墓がある。ジャーミィや学校、病院などが集まった複合建築物のあるカイセリ（→P.347）や、数多くのジャーミィや神学校の残るエルズルム（→P.422）、スィワス（→P.374）などにもセルジューク様式の見どころは多い。

オスマン朝時代
（1299〜1922年）

　ルーム・セルジューク朝の末期はモンゴル軍の侵入を受け、1243年のキョセダーの戦いで敗れたあとはモンゴル（イル・ハーン朝）の宗主権下におかれた。そのため、アナトリア各地で将軍や有力者がいくつもの独立政権を建て、群雄割拠の時代となった。

　オスマン朝の成立は1299年。オスマン・ベイはビザンツとの境目の辺境で勢力を増し、1326年にブルサ（→P.198）を攻め、首都とした。1402年、オスマン朝は中央アジアから怒濤の進軍をしてきたティムールにアンカラの戦いで敗れ、一時滅亡するがまもなく復興し、1453年にはコンスタンティノープルを占領、ビザンツ帝国を滅亡させる。その後、カラマン君侯国や、アクコユンル朝との抗争に打ち勝ち、アナトリアやバルカン半島のほとんどを領土に収める。さらに1517年にはエジプト、次いで北アフリカに領土を広げる。そしてオスマン朝は16世紀のスュレイマン大帝の時代に最盛期を迎えた。その領土は東欧から北アフリカや西アジアにまたがる広大なものとなり、ウィーンの包囲はヨーロッパ・キリスト教世界を震撼させた。

　しかし、19世紀末からエジプト、ギリシア、ブルガリアなどが独立し、第1次世界大戦ではドイツ側につき敗戦国となる。

　オスマン朝時代のおもな見どころはイスタンブールに多い。スルタンアフメット・ジャーミィ、トプカプ宮殿、ドルマバフチェ宮殿などがあり、興味は尽きない。

共和国時代
（1922年〜）

　「瀕死の病人」といわれたオスマン朝末期の国内の混乱のなか、ムスタファ・ケマルは革命の火の手を上げる。彼は列強による分割・植民地化の危機からトルコを救い、1923年10月29日にトルコ共和国を成立させ、初代大統領となった。アンカラ（→P.359）に首都を移し、政教分離、ラテン文字の採用などの大改革を行い、近代化を進めた。ケマルは「アタテュルク（トルコの父）」と呼ばれ、現在も国民に敬愛されている。アタテュルクがトルコ各地を歴訪したときに滞在した家は、現在まで保存されており、アタテュルクの家、博物館として全国のおもな都市に存在している。

バルカン半島にも多くのオスマン朝建築が残る。写真は名宰相ソコルル・メフメットパシャが建設した橋（現ボスニア・ヘルツェゴヴィナのヴィシェグラード）

年表

B.C.
	20C	イオニア文明始まる
	15C	ヒッタイト王国全盛（～1180？）(首都ハットゥシャシュ)
	859	ウラルトゥ王国成立（～612）(首都ワン)
	8C～	古代ギリシア文明の発展
		リキヤ文明興隆
	550頃	ペルシア帝国が小アジアを征服
	492	ペルシア戦争（～479）
	333	マケドニアのアレキサンダー大王、小アジア征服
	312	セレウコス朝成立（首都アンティオキア）
	263	ペルガモン王国成立（～133）(首都ペルガモン)
	69	コンマゲネ王国成立（～A.D.72）(首都サムサット)
	64	ローマがセレウコス朝を滅ぼす

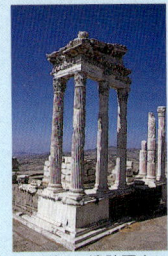

ペルガモン遺跡頂上にある神殿跡

A.D
	3C	軍人皇帝時代
	330	コンスタンティヌス帝、コンスタンティノープル遷都
	395	ローマ帝国、東西に分裂
	451	キリスト教カルケドン公会議で単性派が異端に
	527	ユスティニアヌス大帝即位、最大領土となる（～565）
	610	ヘラクレイオス1世が即位、ササン朝を攻撃
	636～639	アラブ軍、ビザンツ領へ進出、シリア、エジプト陥落
	717	ウマイヤ朝軍、コンスタンティノープル攻撃失敗
	726	レオ3世、聖像禁止令発布、以降聖像破壊の波広がる
	843	コンスタンティノープル公会議で聖像論争決着
	976～1025	バシレイオス2世の治世、ビザンツ帝国全盛
	1054	東（コンスタンティノープル）西（ローマ）教会の分裂
	1071	マラズギルトの戦いでセルジューク朝にビザンツ軍大敗
	1077	ルーム・セルジューク朝成立（～1302）(首都コンヤ)
		セルジューク朝配下の将軍がアナトリア各地で独立
	1096	第1回十字軍、進軍開始
	1204	第4回十字軍、コンスタンティノープル占領、ラテン王国建国
		ニケーア帝国、トレビゾンド帝国成立
	1261	ニケーア帝国、コンスタンティノープル奪回
	1299	オスマン朝成立（首都ブルサ→エディルネ→イスタンブール）
	1453	コンスタンティノープル陥落、ビザンツ帝国滅亡
	1473	オトゥックベリの戦いでアクコユンル朝に勝利
	1514	チャルドゥランの戦いでサファヴィー朝に勝利
	1517	エジプト征服、マムルーク朝滅亡
	1526	モハーチの戦いでハンガリーを領土とする
	17C前半	スルタンの暗殺や反乱が続き、オスマン朝混乱
	1656	キョプリュリュ時代始まる。オスマン朝は領土最大に
	1699	カルロヴィッツ条約でハンガリーを失う
	1703	アフメット3世即位、チューリップ時代始まる（～30）
	1768	露土戦争（～74）、キュチュック・カイナルジャ条約を締結
	1839	ギュルハネ勅令発布、タンズィマート改革始まる
	1876	ミドハト憲法発布、ミドハト・パシャ大宰相に（～77）
	1908	青年トルコ人革命、ミドハト憲法復活
	1914	第1次世界大戦にオスマン朝は同盟国側に立って参戦
	1918～22	大戦で敗北、独立宣言して祖国解放戦争で勝利
	1923	ムスタファ・ケマル、初代大統領に就任
	1938	ムスタファ・ケマル・アタチュルク死去
	1995	EUと関税同盟を結ぶ
	2005	旧100万リラを1リラ（1TL）にデノミが実施される

セルチュクにある聖ヨハネ教会

ルーム・セルジューク朝の建築物が多く残るカイセリのサハビエ神学校

オーストリアとの抗争の最前線だったドナウ川。写真はドナウのジブラルタルといわれるペトロヴァラディン要塞（現セルビア）

ギリシアのテッサロニキにある、建国の父ケマル・アタテュルクの生家

トルコの歴史早わかり

トルコの世界遺産

いくつもの民族がこの土地を通り過ぎ、いくつもの文化が層をなして重なる歴史的遺産。変化に富んだ地形と気候が生み出した自然遺産。ユネスコ登録の「世界遺産」を11ヵ所すべて紹介！

世界遺産 ❶ P.95 Map P.24B1
イスタンブール歴史地区
İstanbul'un Tarihî Alanları

1600年の都

　ビザンツ帝国、オスマン帝国合わせて1600年もの間、都として繁栄してきたイスタンブールの栄華を象徴する旧市街の建歴史地区。その中核となるのはビザンツ建築を代表するアヤソフィアやオスマン朝歴代スルタンの居城だったトプカプ宮殿などがあるスルタンアフメット地区。

　ほかにミマール・スィナンの代表作である、スュレイマニエ・ジャーミィ周辺や、ビザンツ時代の修道院を改築したゼイレック・ジャーミィも世界遺産。3世紀に建造され、旧市街をぐるりと取り囲むテオドシウスの城壁とその城門近くにあり、美しいフレスコ画やモザイクで知られるカーリエ博物館も世界遺産だ。

スルタンアフメット・ジャーミィ

世界遺産 ❷ P.189 Map P.24A1
エディルネのセリミエ・ジャーミィと関連施設
Edirne Selimiye Camii ve Külliyesi

巨匠スィナン渾身の力作

　オスマン朝を代表する建築の巨匠ミマール・スィナンがこだわったもののひとつがドームの大きさだ。80歳の高齢だったスィナンは、イスタンブールのアヤソフィアのドームを超える大きさの直径31.5mもの大ドームを頂くジャーミィを1575年に完成させた。大ドームは、8本の柱と5つの半ドームによって支えられる構造。内部は陽光にあふれイズニック産タイルが壁面を覆っている。

大ドームの美しい装飾

トルコの世界遺産

- ❷ エディルネのセリミエ・ジャーミィと関連施設 (2011年登録)
- ❶ イスタンブール歴史地区 (1985年登録)
- ❹ サフランボルの宿場町 (1994年登録)
- ❼ トロイ遺跡 (1998年登録)
- アンカラ
- ❺ ハットゥシャシュ (1986年登録)
- ❿ ディヴリイのウル・ジャーミィと病院 (1985年登録)
- ❻ ヒエラポリス・パムッカレ (1988年登録)
- ⓫ チャタル・ホユック (2012年登録)
- ❸ ギョレメ国立公園とカッパドキア奇岩風景 (1985年登録)
- ワン湖
- ❾ ネムルトダーウ (1987年登録)
- ❽ クサントス・レトゥーン (1985年登録)

世界遺産 ③ ギョレメ国立公園とカッパドキア奇岩風景

P.330 Map P.28B1

Göreme Millî Parkı ve Kapadokya

奇岩風景と巨大な地下都市

ツクシのような岩峰が連なる奇岩地帯は、火山の噴火によりできた火山灰の地層が川の流れで浸食されて形作られた。

カッパドキアは自然遺産としてだけでなく、文化的にも価値があることから、複合遺産とされている。その文化的要素というのが、9世紀頃にキリスト教の修道士によって描かれた洞窟教会堂のフレスコ画や地下都市の存在である。地下都市は、数万人が生活できたという、地下何層にもわたる空間。通気孔や排煙口、下水道や家畜小屋、ワイン貯蔵庫などがあったとみられ、長期間生活していたことがうかがわれる。

奇岩が林立するカッパドキア

世界遺産 ④ サフランボルの宿場町

P.429 Map P.29A1

Safranbolu Şehri

昔の雰囲気を残す町並み

アナトリア中部から黒海へ続く道の途中にあるサフランボルは、宿場町としておおいに栄えた所。町の西にある城跡や南にある隊商宿の跡にその面影が残る。

サフランボルでは景観保全のための並々ならぬ努力が現在も続けられている。新しい建物を建てることは基本的にすべて禁止され、古い建物を修復するときにも、できるだけ建物にダメージを与えないようにするために、細心の注意が払われている。世界から高く評価された官民一体の景観保存運動が、世界遺産を支えているといっていいだろう。

古い家がたくさん残るサフランボルの町並み

世界遺産 ⑤ ハットゥシャシュ

P.369 Map P.29B2

Hattuşaş

最強の騎馬軍団、ヒッタイトの都

統率のとれた軍隊でアナトリアを支配し、エジプトのファラオと古代世界の覇権をかけて戦ったヒッタイト帝国。古代エジプト最盛期のファラオ、ラメセス（ラムセス）2世でさえヒッタイトに打ち勝つことができず、世界最古ともいわれる平和条約を結んだことでも知られている。そのヒッタイト帝国の都であるハットゥシャシュは、アンカラから東へ約200kmの谷に広がっている。王の門、ライオン門、スフィンクス門の3つの門をはじめ、大城塞や非常時の通路などといった戦略防衛的な機能を備えもった遺跡だ。大城塞の丘の上からは遺跡の全景が一望にできる。

ハットゥシャシュの近くにあるヤズルカヤの遺跡は岩山を利用した神殿。素朴で力強い神々や王のレリーフが残っている。

ヤズルカヤのレリーフ

世界遺産 ❻ ヒエラポリス・パムッカレ
Hierapolis-Pamukkale

P.258 Map P.26B1

巨大な石灰棚と聖なる都市ヒエラポリス

　デニズリの郊外を過ぎると、車窓から一部分だけ雪が積もったような台地が見える。近づくにつれ、それが奇妙な段々の丘であることがわかるようになる。これが、世界的にも珍しい大規模な石灰棚だ。
　石灰を含み台地の上を白くにごった湯が流れている。このお湯が流れ落ちるうちに、崖全体が結晶したのが石灰棚だ。
　台地の上にはヒエラポリスと呼ばれる遺跡が残っている。紀元前2世紀頃の都市遺跡で、円形劇場や大浴場の跡がある。

ヒエラポリスに残る円形劇場

世界遺産 ❼ トロイ遺跡
Truva Arkeolojik Kenti

P.217 Map P.24A2

シュリーマンによって発掘されたトロイ遺跡

神話と歴史をつなぐ遺跡

　ホメロス『イーリアス』の舞台となったトロイ。10年に及んだ戦争のなかで、いろいろな勇者が出てきて活躍する。最後は木馬に潜んだギリシア軍が町に火をつけて勝利したという有名な話だ。そして、その話を信じたシュリーマンがこの遺跡を発見して周囲をあっと言わせたこともよく知られており、彼の著作『古代への情熱』は古典的名著となった。現在、出土品の多くは持ち出され、あまり残っていないが、長い間栄えた遺跡は何層にもわたっており、時代を確認しながら歩くのは楽しい。

世界遺産 ❽ クサントス・レトゥーン
Xanthos-Letoon

P.279 Map P.26B2

リキヤ時代の大きな都

　クサントスはリキヤ時代の首都、レトゥーンはその保養地として栄えた町。ビザンツ時代までは町としての機能が失われていなかったことがわかっている。
　しかし、リキヤの歴史はホメロスなどの断片的な記述を除けば、まだよくわかっていない。だが、アンタルヤからフェティエにかけての海岸沿いには、木造家屋を模した石棺など、共通の特徴をもつ遺跡が多数発見されている。なかでもクサントスとレトゥーンは、リキヤ文化の中心都市であり、遺跡の規模も大きい。遺跡の発掘は続いており、未知の歴史が解き明かされる日は近いかもしれない。

家型墳墓はリキヤ遺跡の特徴

トルコの世界遺産

世界遺産 ⑨　P.384　Map P.30B2
ネムルトダーゥ
Nemrutdağı

山頂に残るユニークな石像

　首から上だけの巨像が山頂にゴロゴロと転がっている奇妙な光景で知られるネムルトダーゥ。ギリシア神話とペルシアの信仰のふたつの影響を受け、ヘレニズムの折衷様式の特徴をよく残している。

　山頂に転がる神像は、シリアのセレウコス朝の流れをくむ紀元前1世紀のコンマゲネ王国時代のものだ。古墳を造ったアンティオコス1世は、山頂に並ぶゼウスやアポロンといった神像とともに自らをも神格化した像を東西に配置した。地震で頭部が崩れ落ちてしまったが、現在もなお日の出と日没には、太陽の光を受けて輝く。

首が転がり落ちている遺跡

世界遺産 ⑩　P.378　Map P.30B1
ディヴリイのウル・ジャーミィと病院
Divriği Ulu Camii ve Darüşşifası

過剰なまでに装飾された門

　山間の小さな町、ディヴリイにあるウル・ジャーミィは、世界遺産だが人々の生活とともにあり、毎日5度の礼拝には人々が集まってくる。

　ウル・ジャーミィは13世紀前半のイスラーム建築の傑作。特に繊細にして壮麗な3つの門の装飾には思わず息をのむ。連続するアーチのくぼみの下にちりばめられた植物紋様と星のこまやかなレリーフは、アナトリアの建築物としてはほかに例を見ない。ジャーミィ内部の3分の1は慈善行為を目的とした、病院施設（ダーリュッシファー）として造られた。メッカの方向を表すミフラーブや説教檀の装飾も美しい。

レリーフが美しいジャーミィの門

世界遺産 ⑪　P.356　Map P.27D2
チャタル・ホユック
Çatal Höyük

9000年前の集落

　中部アナトリアのコンヤ近郊にあるチャタル・ホユックは、紀元前7000年にさかのぼる新石器時代の集落跡。数千人規模の独自の共同体を形作っていたとされ、1958年の発見以来発掘が続いている。社会階層や身分制度の痕跡を示すものが見つかっていないため、平等な共同体を形作っていたのではないかとされる。住居は隣り合った密集形態で、何層にもなって作られている。住居の壁からはウシやイノシシを描いた壁画も発見されている。

　地母神像をはじめとする出土品の一部はアンカラのアナトリア文明博物館でも収蔵されている。

何層にも重なっている新石器時代の集落跡

465

海外旅行保険は空港でも加入することができる

■外務省
パスポートAtoZ
URL www.mofa.go.jp/mofaj/toko/passport/index.html

■日本で予約できる
専門旅行会社
●スペースワールド
海外こだわりツアー専門店。
〒160-0004　東京都新宿区四谷4丁目34番2号YSビル5階
TEL(03)3353-8782
FAX(03)3353-5728
URL www.spaceworld.jp

●ファイブスタークラブ
1名からツアー催行可能。あらゆるアレンジ手配も。
〒101-0051
東京都千代田区神田神保町1-6 神保町サンビルディング3F
TEL(03)3259-1511
FAX(03)3259-1520
〒530-0012
大阪府大阪市北区芝田1-1-26
松本ビル9F
TEL(06)6292-1511
FAX(06)6292-1515
URL www.fivestar-club.jp

■海外旅行保険を比較検討！
加入する海外旅行保険は「地球の歩き方TRAVEL 海外旅行保険」で選ぼう。損保ジャパン【off!】、AIU海外旅行保険を比較して申し込める。支払い事例や用語解説など実用情報も充実。
URL hoken.arukikata.com

●損保ジャパン
無料 0120-394956
URL www.sompo-japan.co.jp

●AIU保険
無料 0120-747747
URL www.aiu.co.jp

■国際学生証
URL www.isic.jp

出国と入国の手続き

トルコへは日本から直行便が就航しており、旅行者を煩わせるビザの問題もほとんどない。比較的旅のしやすい国だが、トルコの旅をより楽しく充実したものにするためにも、日本で準備できることは最低限しておいたほうがよいだろう。

● パスポートとビザ

パスポートの取得　海外に出かけるときに、必ず必要なのがパスポート（旅券）。パスポートは、本人が発行国の国民であることを証明する公文書。つまり、政府から発給される国際的な身分証明書の役割を果たすので、旅行中は常に携行しなければならない。盗難や紛失に気を付け、大切に保管しよう。

日本国籍のパスポートの発給は、各都道府県庁の旅券課で行っている。申請から発給まで7～10日間ぐらいかかるので、できるだけ早めに手配しておこう。5年有効のものは1万1000円、10年有効のものは1万6000円が必要。取得方法などの詳しい問い合わせは各都道府県庁旅券課まで。

ビザ　2012年11月現在、90日までの観光目的で滞在する場合、必要なのはパスポートだけでビザはいらない。ただしパスポートの有効残存期間は3ヵ月＋滞在日数以上で、見開き2ページ以上の未使用査証欄が必要。なお、ビザに関する情報は、事前に日本のトルコ大使館(→P.468欄外)で確認することをおすすめする。

● 保険と国際学生証

普段どんなに健康な人でも、旅行中は暑さや昼夜の温度差、疲労などが原因で、体の調子を崩してしまうことがよくある。しかし、海外では日本の健康保険が使えないので、もし、事故でケガをしたり、病気になったら大変！ また、スリや置き引き、盗難に遭ってしまうこともある。そんなとき、医療費などをカバーしてくれる海外旅行保険に加入しておけば何かと安心だ。空港で申し込むこともできるので、もしものために必ず加入しておこう。

保険の種類　海外旅行保険には、基本契約と特約がある。基本契約とは、傷害による死亡・後遺障害と治療費用の保険で、海外旅行保険に加入するならば、必ず入らなければならないものだ。特約は基本契約では補えない事項に掛ける"追加契約"の保険で、疾病死亡保険、疾病治療費用保険、賠償責任保険、携行品保険、救援者費用保険などがある。

国際学生証　若干の見どころを除き、ほとんどの見どころでは学生料金は適用されない（トルコ国内の学生にのみ適用）。鉄道や一部のバス会社には学生割引のシステムがある。割引率は10～20%。

直行便と経由便

トルコ航空と全日空が運航する直行便はイスタンブールまで所用約12時間。ヨーロッパ経由便は日本を昼間に出て、ヨーロッパで乗り継ぎ、深夜に到着する便が多い。ドバイなど中東経由の便は日本を夜に出て、翌日の昼頃に到着する便が多い。

■eチケット
予約時にEメール等で送られるeチケットの控えはプリントアウトして携帯すること。

■リコンファーム
トルコ航空では出発72時間前までにリコンファーム（予約の再確認）を推奨している。

日本からのおもなイスタンブール便 （ ）内は2レターコード

トルコ航空（TK） TEL(03)3435-0421　URL www.turkishairlines.com
全日空（NH） トルコ航空とのコードシェア便　TEL 0570-029333　URL www.ana.co.jp

日本→イスタンブール	イスタンブール→日本
成田：毎日12:55→18:10	成田：毎日17:10→翌11:30
関空：月・火・木・金・土23:20→翌5:45	関空：月・火・木・金・土0:50→翌18:45

関空〜イスタンブール線は2013年4月より毎日運航する予定。
24時間以内の乗り継ぎの場合、乗り継ぎのボーディングパスをホテルデスク（写真右上、Map P.99）に提示するとトルコ航空指定のトランジットホテルを無料で手配してくれる。

ルフトハンザ航空（LH） 無料 0120-051-844　URL www.lufthansa.co.jp

日本→フランクフルト	フランクフルト→イスタンブール	イスタンブール→フランクフルト	フランクフルト→日本
成田：毎日10:25→14:15	毎日15:05→19:00	毎日8:15→10:35	成田：毎日13:25→翌8:35
関空：毎日10:55→15:00	毎日18:30→22:35		関空：毎日13:40→翌8:40
中部：毎日10:55→15:15			中部：毎日14:00→翌9:20
日本→ミュンヘン	ミュンヘン→イスタンブール	イスタンブール→ミュンヘン	ミュンヘン→日本
成田：毎日13:00→17:20	毎日20:00→23:40	毎日13:05→14:50	成田：毎日15:45→翌11:30

オーストリア航空（OS） TEL(03)4455-6407　URL www.austrian.com
※ウィーン〜イスタンブール間はトルコ航空との共同運航便

日本→ウィーン	ウィーン→イスタンブール	イスタンブール→ウィーン	ウィーン→日本
成田：木曜以外12:15→16:10	木曜以外19:35→22:50	水曜以外8:10→9:40	成田：水曜以外13:15→翌8:25

KLMオランダ航空（KL） TEL(03)5767-4149　URL www.klm.co.jp

日本→アムステルダム	アムステルダム→イスタンブール	イスタンブール→アムステルダム	アムステルダム→日本
成田：毎日11:55→15:30	毎日20:30→翌0:45	毎日5:55→8:30	成田：毎日14:50→翌9:55
関空：毎日11:20→15:25			関空：毎日14:30→翌9:40

ブリティッシュエアウェイズ（BA） TEL(03)3298-5238　URL www.britishairways.com

日本→ロンドン	ロンドン→イスタンブール	イスタンブール→ロンドン	ロンドン→日本
成田：毎日11:20→15:00	毎日16:20→22:10	毎日9:00→11:15	成田：毎日12:25→翌9:15

エールフランス（AF） TEL(03)5767-4143　URL www.airfrance.co.jp　成田、関空からも便あり

日本→パリ	パリ→イスタンブール	イスタンブール→パリ	パリ→日本
羽田：毎日1:30→6:20	毎日10:10→14:30	毎日6:25→9:10	羽田：毎日11:00→翌6:55

大韓航空（KL） TEL 0088-21-2001　URL www.koreanair.com

日本→ソウル	ソウル→イスタンブール	イスタンブール→ソウル	ソウル→日本
日本主要都市より就航	月・水・金13:10→18:15	月・水・金19:45→翌13:00	日本主要都市へ就航

エミレーツ航空（EK） TEL 0570-001-008　URL www.emirates.com/japan　関空からも便あり

日本→ドバイ	ドバイ→イスタンブール	イスタンブール→ドバイ	ドバイ→日本
成田：木〜月22:00→翌5:00	火・金・土10:55→13:50	火・金・土15:35→21:45	成田：毎日2:55→17:20
成田：火・水21:20→翌4:15	毎日14:35→17:35	毎日19:05→翌1:15	

カタール航空（QR） TEL(03)5501-3771　URL www.qatarairways.com

日本→ドーハ	ドーハ→イスタンブール	イスタンブール→ドーハ	ドーハ→日本
成田：毎日22:30→翌4:30	月・水・金・日7:40→11:30	月・水・金・日12:30→17:30	成田：毎日1:25→16:55
関空：毎日23:30→翌5:55	火・木・土13:50→17:35	火・木・土18:35→23:35	関空：毎日1:15→16:40

エティハド航空（EY） TEL(03)3298-4719　URL www.etihadairways.com

日本→アブダビ	アブダビ→イスタンブール	イスタンブール→アブダビ	アブダビ→日本
成田：月・火・木・土21:20→翌5:15	毎日9:40→12:50	毎日14:05→20:25	成田：月・水・木・土・日21:50→翌12:50

2013年1月現在発表の冬期運航スケジュールの一部です。
出発時期によってスケジュールは頻繁に変更されるので、事前に確認してください。

出国と入国の手続き

■航空機の機内へは、液体物の持ち込み禁止

日本を出発するすべての国際線では100㎖以上の液体物は持ち込み禁止（出国手続き後の免税店などの店舗で購入されたものを除く）。液体物は事前にスーツケースやバックパックなど、託送荷物の中に入れてカウンターで預けてしまおう。化粧水やベビーフードなどの必需品は指定された透明な容器に入れるならば機内持ち込み可能。

トルコ国内に無税で持ち込めるもの	
ノートPC	1台
タバコ	200本、葉巻50本
酒	アルコール度数22%未満の酒2ℓ、22%以上の酒1ℓ
香水	200㎖
茶葉	1kg
コーヒー	1kg

※上記以外にも詳細な規定がある。詳しくはトルコ税関・商務省のウェブサイトを確認のこと。

■トルコ税関・商務省
URL www.gumrukticaret.gov.tr

■在日本トルコ大使館
〒150-0001　東京都渋谷区神宮前2丁目33-6
TEL(03)6439-5700
FAX(03)3470-5136
URL tokyo.be.mfa.gov.tr
（トルコ語）

😊ドーハで乗り継ぎ
カタールのドーハで乗り継ぎましたが、待ち時間にドーハの観光をしました。まだまだ見るものは少ないですが、ドバイのような超高層ビル群には感動しました。まさに砂漠のオアシスだった。
（滋賀県　ハッチー　'12春）

■周辺諸国のトルコ語名
イスタンブールのオトガルに入っているトルコ各社の看板に地名が書いてあり、国際路線を運行している会社はだいたいわかる。ただ、地名がトルコ語で書かれていることも多いのです。例えばギリシアのテッサロニキは**Selanik**セラニキ、マケドニアのスコピエは**Üsküp**ユスキュップなど。シリアのアレッポは**Halep**ハレプ、ダマスカスは**Şam**シャム、グルジアのトビリシは**Tiflis**ティフリスという。

◯ 日本を出国する

チェックイン　空港へは出発時刻の2時間前には到着しておきたい。空港に着いたら航空会社の窓口へ行き、パスポートとeチケットを提示し、搭乗券を受け取る。スーツケースやバックパックなどの大きな荷物はこのときに預ける。

出国審査　チェックインが終わったら出国審査の列に並ぶ。順番が来たらパスポートと搭乗券を提示すればOK。出国手続きが済めば「制限エリア」と呼ばれる「日本の外」。免税店で免税品を買うこともできる。

◯ トルコ入国

トルコの入国は関税検査を含めて、とても簡単。入国カードも荷物検査もなく、口頭申告で通過できるはずだ。予防接種の証明書（イエローカード）はコレラなどの汚染地を経由して入国する場合のみ必要。トルコそのものはもちろん汚染地域指定外。また骨董品を持ち込む場合は、混乱を避けるという理由でパスポートに記入することになっている。

◯ バスでのんびり国境を越える

ギリシアのアテネ、ブルガリアのソフィアはもちろん、イラン、シリアなど中東諸国、グルジアなどからもバスが出ている。ずっと座席に座ることになるので楽ではないが料金は安い。イスタンブールのオトガルからも国際バスは出発するが、イランや東欧諸国へのバスはアクサライ駅の南にあるエムニエット・ガラジュに発着することが多い。また、イラン行きのバスはアクサライにあるバス会社のオフィス前で乗車可能。

◯ 周辺諸国から鉄道でトルコ入り

ヨーロッパから来る列車は、どれもイスタンブールのスィルケジ駅に到着する。現在トルコに乗り入れている国際列車はイスタンブール↔ブカレスト（ルーマニア）とイスタンブール↔ソフィア（ブルガリア）、イスタンブール↔テッサロニキ（ギリシア）など。アンカラ（高速新線工事のためイスタンブールのハイダルパシャ駅発は運休中）↔テヘラン（イラン）、ワン↔タブリーズ（イラン）などを結ぶ列車がある。

◯ 地中海を渡る船の旅

ギリシア各島と、トルコを結ぶ路線はアイワルク↔レスヴォス島、チェシメ↔シオス島、クシャダス↔サモス島、ボドルム↔コス島、ロドス島、マルマリス↔ロドス島といったルートで船が出ている。いずれも冬期は減便もしくは運休する。

トルコを出国する

おみやげに注意 トルコは文化財保護のため、古美術品や高価な美術品、古い絨毯などの国外持ち出しは禁止している。おみやげを買った店で古美術品ではないという証明書をくれるから、疑いをかけられたら提示しよう。また、ソーセージやビーフジャーキーなどの肉製品（トルコではスジュックやパストゥルマなどの加工肉も該当）も日本へ持ち込むことはできない。

■ワシントン条約の輸入規制
ワシントン条約とは絶滅のおそれがある動植物を保護するため捕獲を禁止・制限する条約。指定の動植物の輸入は、関係機関が発行した輸出許可証がないと許可されない。例えば稀少動物を原料とした漢方薬、ワニやトカゲを材料とした皮革製品などがこれにあたる。

出国と入国の手続き

（地図：トルコと周辺国の国境の町
赤字〈トルコ〉と青字（周辺国）は国境の町を示しています
❶デレキョイ Dereköy
❷カプクレ Kapıkule
❸パザルクレ Pazarkule
❹ウズンキョプリュ Uzunköprü
❺イプサラ İpsala）

トルコ周辺国との陸路国境

■ブルガリア
エディルネ～スヴィレングラッドСвиленград間のカプクレKapıkuleはアジアハイウエイと欧州自動車道が出会う交通の要衝。クルクラーレリKırklareli～マルコ・タルノヴォМалко Търново間のデレキョイDereköyは、イスタンブールとブルガスを結ぶバスが通る。

■ギリシア
陸路国境はエディルネ近郊のパザルクレPazarkule、列車が通るウズンキョプリュ Uzunköprü、イスタンブール～アテネ間のバスが通るイプサラİpsalaの3ヵ所。

■グルジア
2012年12月現在、ロシアとの国境付近などに「退避を勧告します。渡航は延期してください。」が出ている。トルコとの国境はサルプSarpとテュルクギョズュTürkgözüの2ヵ所。

●サルプ～バトゥーミ
サルプで国境を越えるバスも多いが、検問に時間がかかる。ホパからサルプ行きのドルムシュ（ミニバス4TL、タクシー型は6TL）で国境に行き、徒歩で国境を越えばスムーズ。グルジア側ではバトゥーミ行きドルムシュが待っている。バトゥーミまで1ラリ（グルジア通貨）。

■アルメニア
トルコとアルメニアの国境は、長い間緊張状態が続いてきたが、2009年から和解へ向けた話し合いが始まっている。ただ、トルコとの国境はまだ開かれておらず、アルメニアはイランとグルジアのみにボーダーを開いている。イラン経由の場合、テヘランまで出て、ビザを取ってからエレヴァンを目指す必要があるので、グルジア経由が便利。ビザはグルジアとの国境で取得可。

■アゼルバイジャン
トルコが国境を接しているナヒチェバンは飛び地になっているので、陸路で首都のバクーに入ることはできない。ナヒチェヴァンからは空路を利用できる。

■イラン
ドウバヤズット近郊のギュルブラックGürbulakと、ワン発オルーミーイェ（トルコ語でウルミエ）行きのバスが通過する、エセンデレEsendereの2ヵ所。

●ギュルブラック～バーザルガーン
トルコ側国境のギュルブラックGürbulakへのドルムシュはドウバヤズットから満席になり次第発車。夕方は乗客数が減る。所要20分、運賃5TL。
検問を抜けるとバスやタクシーが待っているのでそれに乗り、国境近くのバーザルガーンへ。徒歩でも30分ぐらい。バーザルガーンからタクシーでマークーまで行けばテヘランやタブリーズなどへの便がある。

■シリア
キリス、ヌサイビンなど数ヵ所の国境があるが、シリア行きのバスの便運休中。2013年1月現在、日本の外務省からシリア全土に「退避を勧告します。渡航は延期してください。」が出ている。情勢は内戦状態といえる。シリアへの興味本位での入国は絶対に避けるべき。

※情報は2012年の調査時のものです。しばしば変更されるので現地で必ずご確認ください。

トルコから周辺諸国へのアクセス

トルコ〜ギリシアのアクセス

イスタンブール（オトガル）発の国際バス路線

行き先	料金	所要	出発時・本数	会社名・備考
テッサロニキ Selanik	100TL	12時間	10:00 18:00 22:00など	Metro Europe、Alparなど。
アテネ Atina	10TL	18時間	10:00 18:00 22:00	Metro Europe。

ギリシア〜トルコ間のフェリー、高速船

航路	料金	所要	出発時・本数	会社名・備考
アイワルク〜レスヴォス島 Ayvalık	片道30€ 往復30€	2時間	毎日18:00（冬期運休）	Jale Tur URLwww.jaletur.com
アイワルク〜レスヴォス島 Ayvalık	片道30€ 往復30€	2時間	水9:00、木〜土の17:00	Turyol URLwww.turyolonline.com
チェシメ〜シオス（ヒオス）島 Çeşme	片道20€ 往復20€	45分	9:30、17:00	Ertürk Turizm URLwww.erturk.com.tr
クシャダス〜サモス島 Kuşadası	片道35€ 往復55€	1時間30分	4〜10月の9:00	Meander Travel URLwww.meandertravel.com
ボドルム〜コス島 Bodrum	片道12€ 往復20€	1時間	毎日9:00（帰路17:00）	Bodrum Ferryboat URLwww.bodrumferryboat.com
ボドルム〜ロドス島 Bodrum	片道35€ 往復60€	2時間	土・日8:30 冬期運休	Bodrum Express URLwww.bodrumexpresslines.com
マルマリス〜ロドス島 Marmaris	片道42€ 往復58€	50分（高速船） 2時間（フェリー）	高速船9:00（冬期運休） フェリー：冬期週2便、夏期臨時便のみ	Yeşil Marmaris URLwww.yesilmarmaris.com
フェティエ〜ロドス島 Fethiye	片道50€ 同日往復60€	1時間30分	夏期週6便（冬期減便）	Yeşil Dalyan URLwww.yesildalyantravel.com
カシュ〜メイス島 Kaş	片道50TL 往復70TL	20分	夏期10:00（冬期減便） ロドス島行きの便に乗り継げる。	Meis Express URLwww.meisexpress.com

トルコ〜バルカン諸国のアクセス

ボスポラス・エキスプレス Bosfor Express

時刻	料金（クシェット9.40〜14€、寝台車22〜77€）
イスタンブール22:00発→プロヴディフ翌8:08着	イスタンブール〜プロヴディフ　2等15.54€　1等23.38€
→ソフィア翌10:52着	イスタンブール〜ソフィア　2等19.60€　1等29.40€
→ブカレスト翌18:30着	イスタンブール〜ブカレスト　2等38.80€　1等58.20€

プロヴディフ21:13発→　イスタンブール翌7:50着
　ソフィア18:55発→
　ブカレスト12:13発→

※2012年11月現在イスタンブール〜カプクレ（ブルガリアとの国境駅）間は線路工事のため代替バスによる運行

イスタンブール（オトガル）発のバス路線

行き先・国名	料金	所要	出発時・本数	会社名・備考
ブルガリア・ソフィア	60TL	9時間	1日6便	Metro Europeなど
ブルガリア・プロヴディフ	50TL	7時間	1日5便	Metro Europeなど
ブルガリア・ブルガス	65TL	4時間	8:30、19:30	Union Ivkoni
ブルガリア・ハスコヴォ	40TL	4時間	1日5便	Metro Europeなど
マケドニア・スコピエ	40€	11時間	17:00など	Alpar Turなど
マケドニア・オフリド	50€	14時間	19:00、20:00など	Alpar Turなど
コソヴォ・プリシュティナ	40€	14時間	17:00など	Alpar Turなど
コソヴォ・プリズレン	40€	16時間	17:00など	Vardarなど
アルバニア・ティラナ	50€	15時間	火・木・金・土16:00	Metro Europe、Alpar Tur

イスタンブール（エムニエット・ガラジュ）発のバス路線

行き先・国名	料金	所要	出発時・本数	会社名・備考
ルーマニア・ブカレスト	55US$	12時間	14:00（日曜運休）	Ortadoğuなど

※情報は2012年の調査時のものです。しばしば変更されるので現地で必ずご確認ください。

トルコ～イランのアクセス

トランス・アジア・エキスプレスTrans Asia Expressの列車発着時間・料金

時刻
- アンカラ水曜10:25発 → タブリーズ金曜6:35着
- カイセリ水曜17:33発　　テヘラン金曜20:20着
- スィワス水曜21:42発
- マラテヤ木曜03:15発
- ワン木曜21:54発

- テヘラン水曜21:25発 → ワン木曜19:33着
- タブリーズ木曜10:56発　マラテヤ金曜16:37着
- 　　　　　　　　　　　スィワス金曜21:41着
- 　　　　　　　　　　　カイセリ土曜01:26着
- 　　　　　　　　　　　アンカラ土曜08:30着

料金
- アンカラ～タブリーズ　24.80€(寝台車9.90€)
- アンカラ～テヘラン　　33.30€(寝台車9.90€)
- カイセリ～タブリーズ　20.70€(寝台車9.90€)
- カイセリ～テヘラン　　29.20€(寝台車9.90€)
- スィワス～タブリーズ　18.20€(寝台車9.90€)
- スィワス～テヘラン　　26.70€(寝台車9.90€)
- マラテヤ～タブリーズ　15.60€(寝台車9.90€)
- マラテヤ～テヘラン　　24.10€(寝台車9.90€)
- ワン～タブリーズ　　　8.60€(寝台車3.60€)
- ワン～テヘラン　　　　17.10€(寝台車3.60€)

ワン～タブリーズの国際列車の列車発着時間・料金

時刻
- ワン水曜20:00発→タブリーズ木曜6:25着
- タブリーズ火曜22:30発→ワン木曜6:06着

料金
- ワン～タブリーズ　10.80€(寝台料金3.50€)

トルコ～イランのバス路線

路線	料金	所要	出発時・本数	会社名・備考
ワン～オルーミーイェ	80TL	8時間	12:30	Best Vanなど
イスタンブール～テヘラン	50US$	40時間	12:00	Gitiy Peymaなど

※イスタンブール発テヘラン行きのバスチケットは、アクサライ周辺にある旅行会社で購入する。特定のオトガルはなく、旅行会社のオフィス前からの出発、もしくはセルビスが出る。

トルコ～シリアのアクセス

国内が内戦状態にあるシリアでは、トルコとの間の国際バス、国際列車ともに2013年1月現在全面運休中。日本の外務省からも「退避を勧告します。渡航は延期してください。」が発出されており、特にシリア北部、トルコとの国境付近は反体制派と政府軍の戦闘が激しいため、トルコ国内であっても、シリアとの国境付近の町へは情勢が安定するまで近寄らないほうが安全だ。

トルコ～カフカス諸国のアクセス

トルコ～グルジアのバス路線

路線	料金	所要	出発時・本数	会社名・備考
イスタンブール～トビリシ	50US$	30時間	月・土12:00 18:00 日15:00	Mahmudoğlu、Golden Turizmなど。
トラブゾン～トビリシ	30TL	12時間	8:00 22:00	Golden Turizmなど
トラブゾン～バトゥーミ	25TL	5時間	7:00～23:00、1時間に1便	Prenskale、Metroなど
リゼ～バトゥーミ	12TL	3時間	7:00～22:00、毎時発	Golden Turizm

トルコ～アルメニアのバス路線

路線	料金	所要	出発時・本数	会社名・備考
トラブゾン～エレヴァン	50US$	17時間	4:00 9:00 20:00	Göktaşなど

トルコ～アゼルバイジャンのバス路線

路線	料金	所要	出発時・本数	会社名・備考
トラブゾン～バクー	50US$	25時間	8:00	Nuhoğluなど

※情報は2012年の調査時のものです。しばしば変更されるので現地で必ずご確認ください。

■コピー商品の購入は厳禁！

旅行先では、有名ブランドのロゴやデザイン、キャラクターなどを模倣した偽ブランド品や、ゲームソフト、音楽ソフトを違法に複製した「コピー商品」を、絶対に購入しないように。これらの品物を持って帰国すると、空港の税関で没収されるだけでなく、場合によっては損害賠償請求を受けることも。「知らなかった」では済まされないのだ。

日本へ帰国の際の免税範囲

タバコ	①	日本製200本 外国製200本
	②	葉巻50本
	③	その他250g
	①②③のいずれか	
酒	3本（1本760mℓ程度のもの）	
香水	2オンス	
その他	海外市価の合計が20万円以内のもの	

※日本への持込禁止、規制品目など、詳しくは税関のウエブサイトを確認のこと。
URL www.customs.go.jp

出国手続き　イスタンブールのアタテュルク空港から帰国する場合、まず、空港ターミナルの入口で荷物検査を行った後、航空会社の窓口へ向かいチェックインの手続きをする。スーツケースやバックパックなどの大きな荷物はここで預ける。その後出国手続きへと向かえばよい。搭乗口の手前でもう一度セキュリティチェックがある。

◉ 日本へ帰国する

入国手続き　入国審査の前に検疫があるので、体調に不安がある場合は健康相談室へ。その後入国審査の列に並び、帰国スタンプを押してもらう。

通関　ターンテーブルから荷物を受け取ったら税関検査台へ。免税範囲内なら緑色、超過あるいはわからない場合は赤色の検査台へ並ぶ。なお、全ての乗客に「携帯品・別送品申告書」の提出が義務づけられている（家族は全員で1枚でよい）。申告書は帰国便で配られるが、検査台付近のカウンターなどに置かれている。

トルコで取得できる近隣諸国のビザ

各国のビザの受付は大変混雑することがあるので、できるだけ早く行くこと。なおビザの取得に関しては、申請費用などの条件が変更される可能性もあり、また、大使館や領事館の住所や電話番号も変更されることが多いので、現地で必ず確認しよう。トラブルを避けたい人は、日本ですべてのビザを取ることをおすすめする。

在イスタンブール・イラン総領事館
İran Başkonsolosluğu　**Map P.32B2**
✉ Ankara Cad. Cağaloğlu Yokuşu　TEL(0212) 513 8230
⏰ 8:00〜16:00（申請は8:30〜11:30）　休 土・日
窓口での直接申請は受け付けない。ウエブサイト（URL www.itto.org）にあるリストから旅行会社を選び、そこを通して申請する。

在アンカラ・イラン大使館
İran Büyük Elçiliği　**Map P.361B3**
✉ Tahran Cad. No.10　TEL(0312) 468 2821
⏰ 8:30〜12:00（金8:30〜11:00、15:00〜17:00）　休 土・日
窓口での直接申請は受け付けない。ウエブサイト（URL www.itto.org）にあるリストから旅行会社を選び、そこを通して申請する。

在エルズルム・イラン領事館
İran Konsolosluğu Erzurum　**Map P.423B外**
✉ Yenişehir Girişi Üçler Apt. No. 28
TEL(0442) 315 6598
⏰ 8:30〜11:30 14:30〜16:00　休 土・日
写真2枚（女性はスカーフを着用したもの）が必要。1ヵ月のツーリストビザの申請費用は75€。本国照会に時間がかかる可能性がある。

在トラブゾン・イラン領事館
İran Konsolosluğu Trabzon　**Map P.447C2**
✉ Taksim Cad. Kızıl Toprak Sok. No. 3
TEL(0462) 322 2190　⏰ 8:30〜13:00　休 土・日
写真2枚（女性はスカーフを着用）が必要。マラシュ通りMaraş Cad.のイシュ銀行Türkiye İş Bankasıで口座番号7500-1610178に料金を振り込み、申請書1枚に記入し提出すれば、翌日〜2日後の午後に受領できる。

在イスタンブール・シリア総領事館
Suriye Başkonsolosluğu　**Map P.39C3**
✉ Maçka Cad. No.37　TEL(0212) 232 7110
⏰ 9:00〜11:00　休 土・日
ビザ申請はトルコ在住者のみ可能。ただし、現状ではシリアへ行くことは避けるべき。

在アンカラ・アゼルバイジャン大使館
Azerbaycan Büyük Elçiliği　**Map P.361A3外**
✉ Diplomatik Site, Bakü Sok. No.1 Oran
TEL(0312) 491 1681　⏰ 9:00〜12:00　休 土・日
ウルスから市営バス188番で1時間のオランにある。3日後の発給。ツーリストビザは30日有効。日本大使館からのレター、写真2枚、申請用紙、申請料、パスポートのコピー、滞在予定のホテルの予約票が必要。バクーの空港でも各種ビザが取得可能。

2012年10月現在

通貨と両替

トルコリラ（TL） トルコの通貨はトルコルラ（Türk Lirası テュルク・リラス）。TL、TRL、記号では₺とも表記されるが、本書ではTL（通称テー・レー）で表記した。補助単位はクルシュKr（クルシュ Kuruş）と呼ばれる。1TL＝100Kr。紙幣は5TL、10TL、20TL、50TL、100TL、200TL札が、コインは1Kr（ほとんど流通していない）、5Kr（ほとんど流通していない）、10Kr、25Kr、50Kr、1TLがある。

トルコリラの入手は日本では成田空港や関西空港のほか、Travelexなど一部の両替商で可能だが一般的ではない。

お金は何で持っていくか

トルコで便利な外貨 外貨両替は私設両替商döviz bürosü、ホテル、一部のPTTなどで両替可能だ。日本円の現金はイスタンブールやカッパドキア、パムッカレなどの観光地や大都市なら問題なく両替可能。米ドルかユーロの現金なら全国どこでも両替できる。

観光地ならそのまま使える外貨の現金 レートは悪いが、米ドルかユーロのキャッシュなら観光地のホテルやレストラン、みやげ物屋などで直接支払いが可能というメリットもある。だが、落としたり盗まれたときのことを考えるとキャッシュは最小限にしたい。

トラベラーズチェック（T/C） T/Cは使いづらい。都市部の銀行でも手続きに時間がかかることが多く、いなかのほうに行くと銀行だと両替してくれなかったり、15％以上の手数料を取られることもある。最後の保険として持っておく程度に考えよう。

国際キャッシュカード トルコの各銀行のATMでは、CirrusやPlusに対応したキャッシュカードがあれば預金を引き出すことができる。ATM機は24時間利用可能で、小さな町までトルコ全土に普及している。画面上では英語の説明も選択できるので安心だ。暗証番号を周囲に見られないように注意しよう。クレジットカードを利用したキャッシングも可能（ただし利息がつく）。

クレジットカードの通用度は高い 中級以上のホテルや、町のレストラン、大手バス会社、スーパーマーケット、商店など、クレジットカードで支払える店は日本よりも多い。ただし、端末によって受け付けないこともあるので2〜3枚持参すると心強い。

ICチップ付きのカードでショッピングをする際、暗証番号（英語でPIN、トルコ語でシフレŞifre）の入力が必ずといっていいほど必要になる。暗証番号を覚えていない場合は日本出発前にクレジットカード会社に確認をしておこう。

400gr
1,90₺

ひらがなの「も」に似た新表記は2012年に登場した

■**トルコ共和国中央銀行**
URL www.tcmb.gov.tr

■**銀行の両替時間**
銀行は原則として平日の8:30〜12:00、13:30〜17:00にオープン。両替は原則として15:00まで。最近は昼休みにも営業しているところが出てきた。普通は土・日曜日が休みだが、夏の観光地では休日も営業しているところもある。窓口は受付と払い出し場所が分かれていることが多い。

■**カード払いは通貨とレートに注意**
カード払いをしたとき、現地通貨でなく日本円で決済されていることがある。これ自体は合法だが、店側に有利な為替レートになっていることがあるので注意したい。サインする前には通貨と為替レートを確認すること。店側が説明なしで勝手に決済したときは、帰国後でもカード会社に相談しよう。

■**海外専用プリペイドカード**
海外専用プリペイドカードは、外貨両替の手間や不安を解消してくれる便利なカードのひとつだ。多くの通貨で国内の外貨両替よりレートがよく、出発前にコンビニATMなどで円をチャージし（預け入れ）、その範囲内で渡航先のATMで現地通貨の引き出しができるので、使い過ぎや多額の現金を持ち歩く不安もない。NEO MONEY（クレディセゾン）やCASH PASSPORT（トラベレックス）、Money Global（JTB）など数社から発行されている。

ATMの普及率は高い

旅の予算

　日本より物価の安い印象の強かったトルコだが、近年は物価が上昇気味。ただ、数年前と比べて対円レートが下落しているので、日本人には割安感がある。地元の人々の生活に密着している雑貨や公共交通機関はまだ安いが、観光客やお金持ちにしか用のないもの、例えば観光施設の入場料、高級ホテル、観光客用レストラン、ブランドの服などは日本並みだったりする。

　イスタンブールのホテル事情を見てみよう。1泊の宿泊費の最低はドミトリーで1000円ぐらい。逆に超一流ホテルに泊まると2万円ぐらいする。こぎれいなペンションで、シャワー付きのツインだと1部屋3000〜5000円ぐらいが相場だ。つまり、予算に合わせてピンからキリまである。食事は庶民的なロカンタで、1皿500〜600円といったところ。肉料理などのメインとサラダを注文し、飲み物をプラスすれば800円ぐらいかかる。ただしホテルもレストランも**西高東低型**。イスタンブールや、ヨーロッパからの観光客が多いエーゲ海側は何かとお金がかかるが、東部や南東部に行けばイスタンブールの半額以下で過ごすことができる。交通費としては、長距離バスの料金はひと晩乗って3500円。まる1日乗って5000円ぐらい。これにツアー参加費、おみやげ代などをプラスすればおおまかな予算が立てられるだろう。

ロカンタのレジ。地元の常連さんはツケで払っていくこともある

どのホテルでも公式料金が設定されているが、それより安く泊まれることもある

😊 **千円札が使えた**
観光地のみやげ物店では千円札がそのまま使え、値段交渉にも便利でした。
（岩手県　ようさん　'12夏）

全力で観光した20代女性の旅の支出例

●1日目　イスタンブール	
アタテュルク空港〜市内（地下鉄）	3TL
トラムヴァイ	3TL
トプカプ宮殿	25TL
ハレム	15TL
昼食（ドネル・サンドイッチ）	5TL
アヤソフィア	25TL
地下宮殿	10TL
夕食（キョフテ）	16TL
ホテル代（シャワー付きシングル）	120TL
●2日目　イスタンブール〜サフランボル	
バス代（イスタンブール〜サフランボル）	40TL
昼食代（ドライブインで煮込み料理）	15TL
夕食（ロカンタでケバブ）	25TL
ジュース	1.50TL
ハマム代（入浴＋アカすり＋マッサージ）	35TL
ホテル代（シャワー付きシングル）	80TL
●3日目　サフランボル〜カッパドキア	
バス代（サフランボル〜アンカラ）	28TL
バス代（アンカラ〜ギョレメ）	40TL
トイレ代（ドライブインで）	1TL
昼食代（サチタワ）	17TL
ホテル代（洞窟部屋）	120TL
夕食（テスティ・ケバブ）	30TL
●4日目　カッパドキア	
ツアー代（ギョレメ屋外博物館など）	70TL
ホテル代（洞窟部屋）	120TL
●5日目　カッパドキア〜デニズリ	
ツアー代（地下都市とウフララ渓谷）	70TL
夕食（ギョレメのレストラン）	20TL
夜行バス（ネヴシェヒル〜デニズリ）	50TL
●6日目　デニズリ〜セルチュク	
市内バス（デニズリ〜パムッカレ×2）	6TL
パムッカレ入場料	20TL
バス（デニズリ〜セルチュク）	22TL
夕食代	15TL
ホテル代	60TL
●7日目　セルチュク〜エフェス	
朝食代	5TL
エフェス考古学博物館入場料	8TL
エフェス遺跡入場料	25TL
昼食代	10TL
夕食代（チョプ・シシ＋ビール）	30TL
夜行バス（セルチュク〜イスタンブール）	63TL
●8日目　イスタンブール〜帰国	
グランドバザールでおみやげ（お皿など）	55TL
タクシー（市内〜空港）	45TL
合計約7万122円	(1TL＝約52円で計算)

通信事情

郵便局は黄色い看板　郵便局はトルコ語で**ポスターネ** Postane、または**PTTペー・テー・テー**という。これはPosta Telegraf Telefon İdaresiの略で、郵便局兼電信電話局の意。日本へのエアメールは2012年12月現在2TL。By Air、Airmailと書いてもよいが、トルコ語でUçak İleと書くと気分が出る。

小包は一部のPTTでは扱わない　外国への小包（トルコ語でコリKoli）は郵便局によっては、扱っていない所もあるので事前の確認が必要。小包用の箱はPTTでも入手可能。日本への小包料金は1kgまで36.75TL、2kgまで57.75TL。

電話はテレホンカードで　電話は専用の**テレホンカード**でかける。カードは2種類あり、カードの電子チップのある**度数の面を上にして電話機に差し込むタイプのほか、TT Kart（テーテー・カルトゥ）という背面のスクラッチ部分を削って暗証番号を出し、カード記載の番号にかけて暗証番号、電話番号を入力してかけるタイプも新たに登場した。

インターネット事情　近年は多くのホテルで無線LANが導入されており、無料で利用できることも多い（部屋によって電波の強弱はある）。町にはインターネットカフェもあるが、日本語環境がない場合がほとんど。

トルコで郵便・電話といえばペー・テー・テー

■ **TT Kart**
5TL、10TL、15TLの3種。アクセス番号は全国共通
☎Free 0811 212 36 36

■ **コレクトコール**
● KDDI
ジャパンダイレクト
081-1288-0077

■ **国際クレジットカード通話**
● KDDI
スーパージャパンダイレクト
081-1288-0081
● NTTコミュニケーションズ
国際クレジットカード通話
081-1288-0076

■ **プリペイドカード通話**
● KDDI
スーパーワールドカード
● NTTコミュニケーションズ
ワールドプリペイドカード

現地から日本への電話のかけ方

| 00
国際電話識別番号 | + | 81
日本の国番号 | + | 市外局番と携帯電話の最初の「0」を除いた相手先の電話番号 |

日本から現地への電話のかけ方

固定電話

KDDI　日本での問い合わせ先 ☎0057　www.kddi.com
001* 国際電話会社の番号 + 010 国際電話識別番号 + トルコの国番号 90 + 市外局番と携帯電話の最初の「0」を除いた相手先の電話番号
※マイラインの国際区分に登録している場合は001不要。詳細は www.myline.org

NTTコミュニケーションズ　日本での問い合わせ先 ☎0120-506506　www.ntt.com
0033* 国際電話会社の番号 + 010 国際電話識別番号 + トルコの国番号 90 + 市外局番と携帯電話の最初の「0」を除いた相手先の電話番号
※マイラインの国際区分に登録している場合は001不要。詳細は www.myline.org

ソフトバンクテレコム　日本での問い合わせ先 ☎0120-03-0061　www.softbanktelecom.co.jp
0061* 国際電話会社の番号 + 010 国際電話識別番号 + トルコの国番号 90 + 市外局番と携帯電話の最初の「0」を除いた相手先の電話番号
※マイラインの国際区分に登録している場合は001不要。詳細は www.myline.org

携帯電話

au　日本での問い合わせ先 ☎0077-7-111　www.au.kddi.com
005345 国際電話会社の番号 + トルコの国番号 44 + 市外局番と携帯電話の最初の「0」を除いた相手先の電話番号

NTTドコモ　日本での問い合わせ先 ☎0120-800-000　www.nttdocomo.co.jp
009130* 国際電話会社の番号 + 010 国際電話識別番号 + トルコの国番号 90 + 市外局番と携帯電話の最初の「0」を除いた相手先の電話番号
※事前登録が必要

ソフトバンク　日本での問い合わせ先 ☎157（ソフトバンクの携帯から無料）　mb.softbank.jp/mb
0046* 国際電話会社の番号 + 010 国際電話識別番号 + トルコの国番号 90 + 市外局番と携帯電話の最初の「0」を除いた相手先の電話番号
※事前登録が必要。0046をダイヤルしなくてもかけられる。

携帯電話を紛失した際のトルコからの連絡先（利用停止の手続き。全社24時間対応）
au　　　　　　（国際電話識別番号00）+81+3+6670-6944（auの携帯から無料、一般電話からは有料）
NTTドコモ　　（国際電話識別番号00）+81+3+6832-6600（ドコモの携帯から無料、一般電話からは有料）
ソフトバンク　（国際電話識別番号00）+81+3+5351-3491（有料）

民族衣装を着て踊る子供たち

■国の祝日
1月1日 新年
4月23日 独立記念日、子供の日
5月19日 青少年とスポーツの日、アタテュルク記念日
8月30日 勝利の日（1922年侵入軍敗走の日）
10月29日 トルコ共和国宣言記念日（共和国の日）

■イスラームの行事
多少のズレ、変更はあるので注意。
●シェケル・バイラム
2013年：8月8日〜10日
2014年：7月28日〜30日
●クルバン・バイラム
2013年：10月15日〜18日
2014年：10月4日〜7日

それぞれ前日は休み。実際には、これらの祭りの日を含む約1週間が休みになり、官公庁、商店もほとんどクローズする。またその週はトルコ人はいっせいに休暇を取り、交通機関は非常に混雑する。飛行機、バス、ホテルなどは早めに予約したほうが無難。特に地中海岸の観光地巡りは困難を極める。

■ラマザン Ramazan
2013年：7月9日〜8月7日
2014年：6月28日〜7月27日

ラマザン中は日没近くなるとパン屋さんが大忙しになる

暦と祝祭日

日常の暦とイスラームの行事

トルコでは日常生活に日本やヨーロッパと同じ西暦を採用している。一般の行事や祭りは西暦で行われるが、イスラームの祭りだけはイスラーム暦のため、毎年11〜12日ぐらいずつ早くなる。

シェケル・バイラム（砂糖祭） イスラーム暦第9月の断食月（トルコ語でラマザン）の終わりを祝って甘いものを食べる3日間の祭り。

クルバン・バイラム 各家庭が神に生贄を捧げる。イスラーム暦第12月の10日目から4日間。

ラマザン（断食） ラマザンは信仰告白、礼拝、巡礼、喜捨、断食からなるイスラーム五行のひとつ。日の出から日没まで飲料、食物、タバコなどを一切口にしない。

クルバン・バイラムが近づくと、街中に生贄にされるヒツジやウシであふれる

また1日のラマザンをやり遂げて家族揃ってとる日没後の食事は、イフタールといい、ムスリムにとって最も楽しいひとときだ。

旅行者はラマザンを義務づけられてはいないし、庶民的な食堂は日中閉店するものの、トルコでは旅行者がその期間中食事に困るようなことはあまりない。しかし、地方では外国人でも人前で物を口にしているとたしなめられることがある。また食堂が開いていても、酒は出ないことが多い。

時差とサマータイム

トルコの時間は日本より7時間遅れ。日本が正午のとき、トルコは午前5:00。トルコではサマータイムを実施しており、3月最終週の日曜午前1:00（土曜と日曜の境目）に時計の針を1時間進め、10月の最終週の日曜午前1:00にもとへ戻す（1時間遅らせる）。夏は日本との時差がマイナス6時間。ただし、いつ夏時間にするか、いつ夏時間から戻すかは毎年変わる。❶や観光ホテルに掲示が出ることもあるが、聞かないと誰も教えてくれないので注意しよう。

休日とビジネスアワー

官公庁は原則として土・日曜が休み。営業時間は8:30〜17:30、昼食時は休憩。銀行は原則として午前は8:30〜12:00、午後は13:30〜17:00。土・日曜は休み。博物館はトプカプ宮殿などいくつかの例外を除き月曜休み。商店は日曜休み。

生活習慣

イスラームと政教分離

トルコは人口の99％がイスラームを信仰している。イスラームというと、厳しい戒律という印象を受けるがトルコは政教分離の国であり、近代化が進んだ地域では、生活からイスラーム色が抜けつつあるのが現状だ。特にイスタンブールや南部海岸地方では西欧の雰囲気に近い。

トルコではスカーフの着用は義務ではなく、個人の自由

ジャーミィの入口には女性専用のスカーフが置かれていることもある

トルコ式トイレの使い方

トルコ式トイレは日本の和式のようにしゃがんで使う。オトガルなどの公共トイレは有料だが、ちゃんと管理する人がいて、清潔だ。観光客が多いホテルは洋式トイレが多いが、安宿（特に地方の）、ロカンタ、公衆トイレなどはまだトルコ式トイレも多い。丸くくり抜かれた和式に似た形の便器の両側にぎざぎざになった足置きがある。便器のそばには水道の蛇口があって、小さなバケツやじょうろが置いてある。これはコトを成し遂げたあとの始末をするためのもの。

まず、穴の上におしりを持ってくるようにすること。ちゃんと命中させないと、水は勢いよく流れないので大変だ。日本と反対に扉のほうを向くことになるが、それで正解。コトを成し遂げたら、オケの水を上手に使って、左手でおしりを洗う。なお、トルコ式でも洋式でも水洗トイレがほとんど。タンクのヒモ、ボタン、配水管のレバーなど、押したり引いたり倒したりしてみよう。ただし、下水管が細かったり、水流が弱いことが多いので、**紙はトイレ内にあるゴミ箱に捨てる**ようにしよう。

トルコ式トイレではトイレットペーパーはなく、水道と手おけが置いてあるだけのところもある

典型的なトルコ式トイレ

洋式は手動ウォシュレット付き。蛇口は近くの壁にあることが多い

電圧と電気製品

トルコの電圧は220Ｖなので、旅行中にドライヤーなど日本の電気製品を使うためには変圧器（トランサー）を持参しなくてはならない。プラグはヨーロッパ型のＣタイプがほとんどで、Ｂ、Ｂ3、ＳＥも使われることがある。

■エレベーターの乗り方
古い建物のエレベーターは扉を自分で開閉するタイプが多い。乗るときはボタンを押して待ち、エレベーターが来てカチッと音がしてから扉を引こう。ボタンを押しても反応がない場合はすでに到着していることもあるので扉を引いてみよう。降りたら内扉、外扉ともにカチッと音がするまで閉めること。ロックがかからないとエレベーターは動かず、他の階で呼んでも使えなくなる。

■電池を買うなら
バザールで売っている電池には粗悪品もある。アルカリやリチウムの電池はミグロスMigrosなどスーパーに行けば買える。

■階数のトルコ語
グランドフロアは**Zemin kat**ゼミンカトゥ（エレベーターでは**Z**と表示）、1階（日本の2階）が**Birinci kat**ビリンジカトゥ、2階が**İkinci kat**イキンジカトゥ、3階が**Üçüncü kat**ユチュンジュカトゥという。

写真を撮るときの注意とフィルム

いなかの女性は被写体になることを嫌うことがある。撮影は必ず相手の意向を確かめてからにしよう。礼拝中のジャーミィ内部の撮影も控えたい。写真の現像は大きな写真屋さんで。デジカメのプリントもおおむね可能。

国内交通

トルコ国内を移動するにはおもに3つの手段が考えられる。スピーディな移動が魅力の**飛行機**、最もポピュラーな移動方法である**バス**、独特な旅情を感じさせる**鉄道**の3つだ。さらに近隣の島や、マルマラ海を渡る**船**も行き先によっては重要な移動手段のひとつになる。どれもそれぞれに味があり、時間さえ許せば全部試してみたい。移動上手は旅を楽しむ基本だ。

バイラム（祝祭日）の時はトルコでも帰省ラッシュが激しい

トルコ国内の最短距離ならペガススエアも便利

◎ 効率よい旅をしたいなら飛行機

　トルコの面積は日本の約2倍、81万km²。この広大な土地を隅々まで網羅するのは、もちろん**トルコ航空**Türk Hava Yollalrı（略称THY、2レターコードTK）だ。そのほかにもトルコにはいくつかの航空会社がある（下欄コラム参照）。ネット予約も普及しているので予約も簡単。（時刻表P.70～73）

　また、トルコ東部にイスタンブールから直接入りたいときは、バスで行くとまる1日かかることとなる。バスで12時間かかるカッパドキアも飛行機なら1時間。効率的に旅するなら、やはり飛行機を上手に旅程に取り入れよう。

◎ 世界有数のバス大国・トルコ

　町をひとつずつ訪ねながら旅をするというスタイルならバスが適している。広い国土を縦横無尽に走り、しかも安い。道路は整備されており、サービスも満点。言葉がわからなくても親切な人が必ず助けてくれるだろう。

　トルコには多くのバス会社がある　トルコのバスはすべて民間会社が運行。イスタンブールのオトガル（長距離バスターミナル）に入っている会社だけでも数百社はある。地方専門の

☺ 電池の持ち込みに注意
デジタルカメラ用の電池や、添乗員さんの音声ガイド用の電池が国内線のX線検査でチェックされて没収されそうになりました。予備の電池は機内持ち込みにせず、チェックイン時に大きなカバンに入れて預けてしまうのが安心です。
（宮城県　Tarkus　'10夏）

☺ 降車地を確認
目的地がバスの最終目的地ではない場合、幹線道路の路端に降ろされることがあります。オトガルに停車するかどうか確認することをおすすめします。
（千葉県　大陸游人　'10秋）

Information　国内航空路線の価格競争

　トルコの国内線は多くの航空会社が参入しており、各社とも安いキャンペーン運賃などを掲げて熾烈な価格競争を繰り広げている。

　トルコ航空系列のアナドルジェットやボラジェットは、トルコ航空のウエブサイトで時刻表検索すると、一緒に表示される。

　オヌル航空は、格安系のなかでは古株で、かつてはドイツ〜トルコ間のチャーター便でならした。現在は国内便がほとんどで、イスタンブールと主要都市を結ぶ。ペガススエアはアダナや黒海地方などの長距離路線が強いほか、ヨーロッパや中東路線にも進出している。南東部や東部に強いのはサン・エクスプレス。イスタンブールだけでなく、イズミル、アンタルヤも拠点としており、これらの町から多数のフライトがある。

■**トルコ航空**　URLwww.turkishairlines.com
■**アナドルジェット**　URLwww.anadolujet.com
■**ボラジェット**　URLwww.borajet.com.tr
■**オヌル航空**　URLwww.onurair.com.tr
■**アトラスジェット**　URLwww.atlasjet.com
■**ペガススエア**
　URLwww.pegasusairlines.com
■**サン・エクスプレス**
　URLwww.sunexpress.com

国内交通

■ビレットの読み方

チケット（ビレット）のサンプル画像：
- 会社名: KAMİL KOÇ
- 大蔵省印
- SERİ / SIRA NO.: 117556
- 乗客の名前・性別
- チケットの購入日
- 便名
- 乗り場番号
- 乗降地
- 行き先
- 出発日・出発時間
- 座席番号
- 料金（合計）

長距離バスの車内

東部の町にあるバス会社のオフィスは多くの会社を扱っている

夜間の移動の場合は座席の横に枕を挟んでおいてくれることもある

路線も入れると星の数ほどの会社があるといっていい。運賃は政府から認可された基本料金があるが、競合路線ではよく値引き合戦が行われる。もちろん安ければいいというわけではない。主要路線を走るバスにそうそうハズレはないが、事前に車体をチェックしておくのも大切だ。

チケットはどこで買うの？　バスのチケットはオトガルのブース（トルコ語でヤズハーネYazıhaneという）はもちろん、市内にあるバス会社のオフィスでも買うことができる。オフィスのガラス窓にはその会社が行く地名が書かれている。オトガルでも旅行者がうろちょろしていれば、バス会社のおじさんがやって来て、目的地を言えば、該当する会社のブースに連れていってくれる。長距離バスはすべて指定席。夏の観光地へは前日までに手配するのがおすすめ。シーズンやルートによっては当日買いに行くと満席で乗れないことがある。

チケットを買ったらよく読もう　チケットはトルコ語でビレットと呼ばれる。ビレットを買ったらまず乗り場番号Peron No.を確認しておこう。座席は乗ってから、あるいはバスが発車してからでも車掌が調整し、よく変更される。家族やカップル以外は女性は女性同士、男性は男性同士が隣になる。さらに女性は運転手近くの前方に移されたりする。

バスターミナル・オトガルを使いこなす　オトガルOtogar、ガラジュGaraj、テルミナルTerminalなど町によって呼称は違うが、オトガルと言えばだいたい通じる。町にもよるが、オトガルは市の中心から離れていて、ドルムシュやミニバスで10〜30分ぐらい。場合によっては1時間近くかかることもある。

オトガルには荷物の一時預かり所**エマーネット**Emanet（有料）のほか食堂、雑貨屋、インターネットカフェもある。イスタンブールやアンカラなどの巨大オトガルになると設備は空港並みだ。

車内のサービスは相当なもの　トルコのバスはベンツか三菱サフィルが多い。だから乗り心地満点。普通、運転手と世話係のお兄さん（お姉さんのこともある）のふたりが乗務員として乗り込む。何かわからないことや要望があれば世話係の人に言えばよい。バスが発車するとコロンヤ（おしぼりの代わり

■無線LAN対応車両も普及

東部で見かけることは少ないが、無線LAN（トルコ語でカブロスズ・インテルネット）が車内で使える車両が急速に増中。セキュリティキー（トルコ語でシフレ）を入力しないと使えないようなこともあるので、車掌さんに「シフレニズ・ヴァルサ・ヤザル・ムスヌス？（セキュリティキーがあったら書いてください）」などと言って書いてもらおう。たいてい運転手の携帯番号などがキーになっている。

☺**バスで無線LAN**
夜行バスには無線LANが使えるバスもあるので、チケットを取る際に確認してみるとよいです。（愛知県　中田知沙　'12春）

ドライブインのレストランは通常セルフサービス方式

オトガルでもドライブインでも必ず有料トイレがある

■地方都市の町の中心の呼称
一般的にはチャルシュ Çarşı と呼ばれることが多いが、下記のよう都市のように特殊な名称の場合もある。
イズミル：チャンカヤ Çankaya
　　バスマーネ Basmane
エディルネ：カレイチ Kaleiçi
ブルサ：ヘイケル Heykel
アンタルヤ：カレカプス
　　K.Kapısı（Kale Kapısı）
コンヤ：チャルシュ Çarşı
トラブゾン：メイダン Meydan
サムスン：メイダン Meydan
カイセリ：メイダン Meydan
アダナ：チェティンカヤ
　　Çetinkaya
シャンルウルファ：キョプリュバシュ
　　Köprübaşı
※道路標識などにはセントルム Centrum と書かれていることもある。

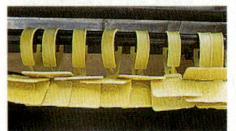

バスのトランクに大きな荷物を預けたときにもらう札は降車時までなくさないように保管しよう

に使われるアルコール度数の高い香水）がふるまわれ、チャイやインスタント・コーヒー、コーラなど飲み物やお菓子なども配られる。また、一部の路線の夜行バスの場合、チケットに朝食券が付いていることもある。この券で食べられるのは簡単な朝食セット。それ以外の好きなものを取ったらその分は自分で支払う。

バス内は**全面禁煙**で、路線によっては携帯電話の使用が禁止されていることもある。また、車内で靴を脱ぐことはマナー違反。席で靴を脱がないよう呼びかけることもある。

ドライブインでひと休み　長距離バスは途中3～5時間に1回の割合でドライブイン Dinlenme Tesis に寄り、トイレ休憩や食事、お祈りをする。トイレなら15分、食事なら30分（15分ぐらいのことも）が目安。発車時間が近くなるとアナウンス（トルコ語のみ）があるのでバス会社名とバスの最終目的地は覚えておこう。間違えて別の車に乗らないように。

目的地に着いたら　オトガルに着いたら、バス会社の**セルヴィス（無料送迎バス）**に乗って町の中心へ行こう。イスタンブールはもちろんイズミル、アダナなどの巨大オトガルに到着したなら、ほとんどの会社にセルヴィスがある。アンカラのようにオトガルの運営会社がセルヴィスを出しているところもある。しかし、小さなバス会社や東部、南東部の地方都市では、その都市を本拠地にしたバス会社以外ではセルヴィスを利用できないことがある。その場合でも、オトガルと市の中心の間にはミニバスやドルムシュなど**必ず公共の交通機関の足がある**ので心配することはない。ただし深夜や早朝はドルムシュがないので、朝まで待つか、タクシーでホテルまで行くことになる。

オトガルでない所に降ろされた　町にもよるが、バスの終点ではない町で途中下車する場合、オトガル以外の場所（おもに幹線道路沿い）で客を降ろすことがある。深夜や早朝だとドルムシュもバスの便もないので途方にくれてしまう。このような事態を未然に防ぐためには、やはり終点と自分の行く場所が同じバスや、その町を本拠地にしている会社を選ぼう。

町の中心へ　オトガルそばの幹線道路にはミニバスやドルムシュの停留所があることが多い。町の中心は**シェヒル・メルケズィ Şehir Merkezi** というが、町ごとに町の中心の呼び名は違う。小さな町なら**チャルシュ Çarşı**といえば町の中心を指すことが多い。深夜は交通手段が少ないのでタクシーで行くのが無難だ。

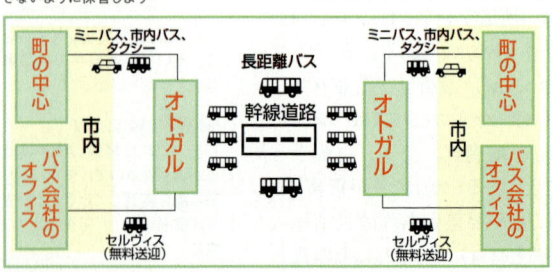

480

トルコの主要バス会社

	大手バス会社		
メトロ・トゥリズム Metro Turizm	イスタンブール	エセンレル:24, 32～33, 49～56, 111～112, 115～118, 121～122, 166 ハレム:5, 9	
ワラン Varan	イスタンブール	エセンレル:127～129	ハレム:6
キャーミル・コチ Kâmil Koç	イスタンブール	エセンレル:143～146	ハレム:6
ウルソイ Ulusoy	イスタンブール	エセンレル:38, 110, 127～129 ハレム:6	
	イスタンブール近郊、西部アナトリア		
ウルダー Uludağ	バルケスィル、ブルサ	エセンレル:109	ハレム:2
ニリュフェル Nilüfer	ブルサ	エセンレル:103～106, 120	ハレム:1
エフェ・トゥル Efe Tur	イズミット	エセンレル:57～58	ハレム:8
キュタフヤルラル Kütahyalılar	キュタフヤ	エセンレル:156	ハレム:1
イスマイル・アヤズ İsmail Ayaz	エスキシェヒル	エセンレル:155	ハレム:1
ブズル Buzlu	エスキシェヒル	エセンレル:158	ハレム:2
	エーゲ海、地中海地方		
チャナッカレ・トゥルワ Çanakkale Truva	チャナッカレ	エセンレル:114, 137～138 ハレム:9	
アナドル Anadolu	イズミル、ウシャク	エセンレル:44, 119	ハレム:3
イズミル・トゥリズム İzmir Turizm	イズミル	エセンレル:124	ハレム:1
アイドゥン・トゥリズム Aydın Turizm	アイドゥン、クシャダス	エセンレル:137～138	ハレム:9
ウスパルタ・ペトロル Isparta Petrol	ウスパルタ	エセンレル:67	ハレム:15
パムッカレ・トゥリズム Pamukkale Turizm	デニズリ	エセンレル:41～44, 107	ハレム:3
アクデニズ・セヤハット Akdeniz Seyahat	アンタルヤ	エセンレル:61	ハレム:30,31
アランヤルラル Antalya Alanyalılar	アランヤ	エセンレル:26	ハレム:2
リュクス・メルスィン Lüks Mersin	メルスィン	エセンレル:9	ハレム:2
メルスィン・セヤハット Mersin Seyahat	メルスィン	エセンレル:8	ハレム:1
キョクサルラル Köksallar	メルスィン	エセンレル:28	ハレム:4
イェニ・アダナ Yeni Adana	アダナ	エセンレル:5	ハレム:2
リデル・アダナ Lider Adana	アダナ	エセンレル:8	ハレム:1
ハス HAS	アンタクヤ	エセンレル:100～102	ハレム:43
ハタイ・ジェット Hatay Jet	アンタクヤ	エセンレル:60	ハレム:7
ハタイ・ヌル Hatay Nur	アンタクヤ	エセンレル:47～48	ハレム:1
ハタイ・ギュネイ Hatay Güney	アンタクヤ	エセンレル:23	ハレム:4
ハタイ・セン Hatay Sen	アンタクヤ	エセンレル:63	ハレム:2
	中部アナトリア		
ネヴシェヒル・セヤハット Nevşehir Seyahat	ネヴシェヒル	エセンレル:41	ハレム:3
ギョレメ Göreme	ネヴシェヒル	エセンレル:20	ハレム:9
インジ İnci	カイセリ	エセンレル:37	ハレム:6
ケント Kent	カイセリ	エセンレル:73	ハレム:9
スュハ Süha	カイセリ	エセンレル:59	ハレム:33
コントゥル Kontur	コンヤ	エセンレル:21	ハレム:10
オズカイマック Özkaymak	コンヤ	エセンレル:78	ハレム:13
コンヤ・リュクス・エレウリ Konya Lüks Ereğli	エレウリ、コンヤ	エセンレル:137～138	ハレム:9
リュクス・アクセル Lüks Aksel	アクシェヒル、コンヤ	エセンレル:19	ハレム:17
リデル・トゥリズム Lider Turizm	チョルム	エセンレル:39	ハレム:1
セス SES	ヨズガット	エセンレル:9	ハレム:8
トカット・セヤハット Tokat Seyahat	トカット	エセンレル:77	ハレム:30・31
スィワス・トゥル Sivas Tur	スィワス	エセンレル:16	ハレム:29
オズ・フズル Öz Huzur	スィワス	エセンレル:30	ハレム:1

※バス会社の番号はカウンターの番号に対応しています。エセンレルのオトガルについてはP.101の地図の番号も参照してください。

オズ・スィワス Öz Sivas	スィワス	エセンレル:34	ハレム:15
セルチュク・ジャンラル Selçuk Canlar	スィワス、カンガル	エセンレル:25	ハレム:11
ディヴリィ・ナザール Divriği Nazar	ディヴリィ	エセンレル:34	ハレム:4
	南東部、東部アナトリア		
アドゥヤマン・ユナル Adıyaman Ünal	アドゥヤマン	エセンレル:29	ハレム:18
ギュララス Güları	アドゥヤマン	エセンレル:62	ハレム:1
キャフタ・ペトロル Kâhta Petrol	キャフタ	エセンレル:19	ハレム:12
ザフェル Zafer	マラテヤ	エセンレル:133	ハレム:19~20
ベイダー Beydağı	マラテヤ	エセンレル:70	ハレム:21
カウスケント Kayısıkent	マラテヤ	エセンレル:135	ハレム:11
VIPマラテヤルラル VIP Malatyalılar	マラテヤ	エセンレル:66	ハレム:12
マラテヤ・メディネ Malatya Medine	マラテヤ	エセンレル:93	ハレム:10
タトゥルセス・トゥリズム Tatlıses Turizm	シャンルウルファ	エセンレル:98	ハレム:12
シャンルウルファ・ジェスール Şanlıurfa Cesur	シャンルウルファ	エセンレル:2	ハレム:15
アストル Astor	シャンルウルファ	エセンレル:75	ハレム:6
ベン・トゥリズム Ben Turizm	ガズィアンテップ	エセンレル:71~72	ハレム:4
チャイルアース Çayrıağası	ガズィアンテップ	エセンレル:83~84	ハレム:3
アク・トゥリズム Ak Turizm	カフラマンマラシュ	エセンレル:13	ハレム:1
ハス・ディヤルバクル Has Diyarbakır	ディヤルバクル	エセンレル:157	ハレム:23
オズ・ディヤルバクル Öz Diyarbakır	ディヤルバクル	エセンレル:152	ハレム:21
スタル・ディヤルバクル Star Diyarbakır	ディヤルバクル	エセンレル:131	ハレム:17
イェニ・ディヤルバクル Yeni Diyarbakır	ディヤルバクル	エセンレル:4	ハレム:11
オズレム・ディヤルバクル Özlem Diyarbakır	ディヤルバクル	エセンレル:1	ハレム:27
マルトゥル Martur	マルディン	エセンレル:163	ハレム:4
マルディン・セヤハット Mardin Seyahat	マルディン	エセンレル:167	ハレム:23
イェニ・ミディヤット・セヤハット Yeni Midyat Seyahat	ミディヤット	エセンレル:29	ハレム:12
ベスト・ワン Best Van	ワン	エセンレル:147	ハレム:21
ワンギョリュ Vangölü	ワン	エセンレル:47~48	ハレム:17
イェニ・ワン・セヤハット Yeni Van Seyahat	ワン	エセンレル:163	ハレム:12
ビトリス・タチ Bitlis Taç	ビトリス、ワン	エセンレル:152	ハレム:1
アール・ヤウズ Ağrı Yavuz	アール、ドウバヤズット	エセンレル:136	ハレム:12
アール・ドウ・トゥリズム Ağrı Doğu Turizm	アール、ドウバヤズット	エセンレル:108	ハレム:24~25
メッキ・アール・ダーウ Mek Ağrı Dağı	アール、ドウバヤズット	エセンレル:94	ハレム:30~31
ダダシュ Dadaş	エルズルム	エセンレル:83~84	ハレム:19
エサダシュ Esadaş	エルズルム	エセンレル:86	ハレム:13
ドウ・カルス Doğu Kars	カルス	エセンレル:31	ハレム:21
セルハット・カルス Serhat Kars	カルス	エセンレル:25	ハレム:11
カルス・トゥグルトレイス Kars Tugrutreis	カルス	エセンレル:18	ハレム:17
	黒海地方		
カスタモヌ・ギュウェン Kastamonu Güven	カスタモヌ、カラビュック	エセンレル:37	ハレム:12
サフラン Safran	サフランボル、カラビュック	エセンレル:134	ハレム:23
ミス・アマスヤ Mis Amasya Tur	アマスヤ	エセンレル:47~48	ハレム:11
リュクス・アマスヤ・イティマット Lüks Amasya İtimat	アマスヤ	エセンレル:45	ハレム:10
スィナイ・エッリ・イェディ Sinay 57	スィノップ	エセンレル:168	ハレム:24~25
スィノップ・ビルリッキ Sinop Birlik	スィノップ	エセンレル:149	ハレムなし
カンベルオウル Kanberoğlu	トラブゾン	エセンレル:63	ハレム:7
スゼル Süzer	トラブゾン	エセンレル:71~72, 132	ハレム:4
リゼ・セス Rize Ses	リゼ	エセンレル:113	ハレム:41
	国際路線（バルカン半島方面）		
メトロ・エウロ Metro Euro	ブルガリア、ギリシア、アルバニア	エセンレル:121~122	ハレムなし
アルパル Alpar	マケドニア、ギリシア、コソヴォ	エセンレル:95~96	ハレムなし
エクスプレス Ekspres	マケドニア	エセンレル:85	ハレムなし
フントゥル Huntur	ブルガリア	エセンレル:126	ハレムなし

※バス会社の番号はカウンターの番号に対応しています。エセンレルのオトガルについてはP.101の地図の番号も参照してください。

TCDDでトルコの大地を行く

■トルコ国鉄
URL www.tcdd.gov.tr

　広いアナトリアの大地を駆けるトルコ国鉄の基礎は、オスマン朝時代、19世紀にフランス、ドイツ、イギリスなど西欧列強によって造られた。現在のトルコ国鉄TCDD（テー・ジェー・デー・デー）は、バスと比較すると、路線網、便数、所要時間などで遅れをとっており、決して移動手段としては主流とはいえないが、横になって眠れたり、料金がバスよりも安いという利点がある。2013年10月29日の開通を目標に、イスタンブール～アンカラ～コンヤ間に高速列車YHT（Yüksek Hızlı Treniユクセッキ・フズル・トレニ）を走らせるプロジェクトが進行中。これに伴い、イスタンブール～エスキシェヒル間の在来線は、高速新線の工事のため長期間の運休が予定されている。詳細は主要駅で確認しよう。2012年10月現在、開通しているYHTの区間は、エスキシェヒル～アンカラ、アンカラ～コンヤ間。

アダナの鉄道駅

全線開通が待たれる高速列車YHT

ゆったりとした配置の高速列車YHTの座席

おもな国内路線　高速列車YHTは便数も多く（時刻表→P.75）、便利だが、在来線は急行、普通とも1日1～2便しかないのが一般的だ。駅内に掲示されている時刻表や運賃は古いままのこともあるので、発着時刻は駅員に確認しよう。P.74～75の主要列車の時刻表も参考に。学生には運賃2割引の学割（国際学生証の提示が必要、→P.466）がある。また、ギリシア、ブルガリア、ルーマニアなどで使えるバルカンフレキシーパスも

Information　トルコ語の交通系サイトを読みこなすキーワード

航空会社は英語など外国語ページもあるが、バス会社の多くはトルコ語しかないところが多い。とはいえ、いくつかの単語を知っていれば時刻の検索ぐらいは何とかできるものだ。下記には交通系のウェブサイトで頻出する単語を挙げた。

日付、曜日関連		交通・バス会社関連用語		画面操作関連	
Tarih	日付	Tarife (ler)	料金表、時刻表	Ana Sayfa	ホーム（最初のページ）
Gün	日	Sefer (ler)	便、便数	İleri	次へ（次画面へ）
Bugün	今日	Ücret	料金、運賃	Devam	続き（次画面へ進む）
Hafta	週	Fiyat	値段	Geri (Dön)	戻る（前画面へ）
Bayram	祝祭日	Yolcu (Sayısı)	乗客（人数）	Ara	検索（検索ボタン）
Ay	月	Kalkış (Yeri)	出発（地）	Sorgula	検索（検索ボタン）
İtibaren	～より（開始時期）	Varış (Yeri)	到着（地）	Listele	表示（表示ボタン）
Pazar, Pz	日曜	Hareket (Saati)	出発（時刻）	Göster	表示（表示ボタン）
Pazartesi, Pts, Pzt	月曜	Nereden	どこから（出発地）	Giriş	入る（Enterボタン）
Salı, Sa	火曜	Nereye	どこへ（目的地）	Seçiniz	選んでください
Çarşamba, Ça, Çrş	水曜	Güzelgah (lar)	目的地、運行都市	Online Bilet	オンラインチケット予約
Perşembe, Pe, Per	木曜	Şehir (Şehri)	都市	Online İşlem	オンラインサービス
Cuma, Cu	金曜	gidiş	行き（往路）	Rezervasyon	予約
Cumartesi, Cts, Cmt	土曜	dönüş	帰り（復路）	Satın Al	購入
Her Gün	毎日	tek yön	片道	İptal	キャンセル
önceki	前の	İletişim	連絡先	Koltuk	座席
sonraki	次の（後の）	Şube	支店	tıklayın (ız)	クリックしてください

ドゥ・エクスプレスの寝台個室。テーブルの下には冷蔵庫もある。

食堂車付きの列車では食事のルームサービスもできる

■イスタンブール市内フェリー
（シェヒル・ハットラル）
URL www.sehirhatlari.com.tr
■イスタンブール高速船
（イスタンブール・デニズ・オトビュスュ）
URL www.ido.com.tr

イスタンブール、イェニカプから発着する高速船

北キプロスとトルコを結ぶ高速船

トルコ国鉄で利用可能。また、ユーレイルグローバルパス、ユーレイルセレクトパスも利用可能（カプクレ～スィルケジ間の代替バスにも利用可能）。

列車の造りはこうなっている　急行列車はオープンサロンで日本のグリーン車に似た1等車ビリンジ・メウキBirinci Mevkiと食堂車からなり、ほとんどの場合2等車イキンジ・メウキİkinci Mevkiはない。夜行列車の編成は寝台車があるものとクシェットのみ、座席のみと列車によって異なる。寝台車は高いが、日本のものよりも広い2人用個室で、冷蔵庫や洗面台が付く。昼間はベッドとは別の座り心地よい座席に変わる。寝台車はたまに満席になるので朝のうちに予約しておこう。端末のある駅ならどこでも国内全列車の予約が可能だ。

普通列車はたいてい2等のみで、列車によって6人掛けコンパートメントと、オープンサロンのタイプがある。

◆ 味わいのある船の移動

トルコを囲む海岸線は全長7000kmにも及ぶ。特に南側のエーゲ海、地中海の入江は昔から天然の良港となっており、観光スポットとしても重要だ。これらの沿岸都市を結ぶ観光航路はごく短時間で目的地に着くものから、何日もかけて航海を楽しむものまでたくさんある。

マルマラ海の船　イスタンブールの港（イェニカプやボスタンジュなど）と近郊を結ぶ。ルートによっては陸上交通より所要時間が短く、とても便利。詳しくはイスタンブール近郊の時刻表を参考にしてほしい（→P.186）。チャナッカレと近郊を結ぶ路線もある（→P.213）。

ボスポラス海峡の船　イスタンブール市内からボスポラス海峡を結ぶ路線はクルーズ船として観光客に大人気だ（→P.146）。1日1便往復している（夏期には増便される）。

エーゲ海・地中海の船　ギリシア領の島とを結ぶ船は乗る時間も短く、エクスカーションにぴったり。ほかにも、ボドルムやダッチャからの定期航路をはじめ、クルーズもたくさんある。ただし、多くは冬期運休。

◆ 自由が利くレンタカー

レンタカーはおもな都市にAvis、Hertz、Budget、Europcarなどの大手の事務所がある。料金は小型車で1日50€〜ぐらい。多くの場合乗り捨てはできないので、またもとの都市に戻すことになる。運転免許証は日本で国際免許証を取得し、日本の免許証と両方持っていく。日本とは逆の右側通行だし、いなかでは道路標識も少ないので気を付けよう。特に冬期や山越えは注意。

イスタンブール市内は渋滞や一方通行が多く、不慣れな旅行者が運転するのには不向きだが、郊外の遺跡などに足を延ばすときにはとても重宝するだろう。

賢く使いたいタクシー

タクシーはメーター制で距離と時間の併用型。イスタンブールの場合は、2012年10月現在、2.70TLからスタート。また、メーターは必ず発車前にボタンを押してもとに戻してもらおう。前の人の料金に上乗せされたりするからだ。いなかのタクシーでもたいていメーターが付いているが、何ヵ所も回るときや3時間以上乗る場合には運転手と交渉しよう。待っている間にもメーターが回るのでチャーターするほうがメーターより安くつく。観光地で半日借り切ると、距離にもよるが150TLぐらいかかるが、3〜4人で割ればかなりお得。

アンタルヤ空港のタクシー料金表。運賃の目安になって便利

トルコのタクシーは黄色い車体が目印。英語は通じないことがほとんどだ

近郊のバス、ドルムシュ

街を網羅する市内バス 市内バスの行き先はフロント上部と乗車口近くに書いてある。バス停にバスが近づいたら手を挙げて停め、前から乗って料金を支払う。町にもよるが、チャージ式のICカードやチケットをあらかじめ買う方式が多い。降りるときは降車口の上にあるボタンを押す。

庶民の足ドルムシュ ドルムシュはバンやミニバスを改造し決まった路線を走る交通機関。10〜15人乗りで、満席にならないと発車しないが、必ず座れる。好きなところで途中下車もOKで、あいていれば途中からでも乗れる。ミニバス型のドルムシュには車掌がいることもあり、運賃を集めたり、途中の町を教えてくれる。ドルムシュは市内を走るほか郊外も結ぶ。しかし狭いので3時間以上乗るのはキツい。

イスタンブールのメトロブスは専用軌道を走るバス。旧市街と新市街の行き来が便利になった

ドルムシュは座席がいっぱいになり次第出発する

近年拡張中のトラムヴァイとメトロ

イスタンブールやアンカラ、ブルサ、ガズィアンテップなど、トルコの大都市では近年、トラムヴァイ（路面電車）やメトロ（地下鉄）の新規開通が続いており、新たな市民の足として定着してきている。イスタンブールのヨーロッパ側とアジア側を海底トンネルを通じて結ぶマルマライMarmarayも2013年10月29日の開業を予定している。

各駅で停車し、駅名の表示もしっかりしているトラムヴァイとメトロは、旅行者にとっても利用しやすい。乗車の仕方は、各都市によって異なるが、ジェトンと呼ばれる専用のコインやカードをあらかじめ購入しておき、改札で機械に通して乗るものが多い。近年は日本と同じようにチャージ式のICカード型乗車券も普及しつつある。

アクサライとアタテュルク空港を結ぶハフィフ・メトロ。家具メーカー、イケアIKEAの広告が貼られた車両もある

アンタルヤの町を走るアントライ

国内交通

賢いホテル利用術

トルコ語でホテルのことをオテルという。看板では「Otel ～」や「～ Oteli（名詞が前に来るとiが付いてオテリとなる）」などと書かれている。しかし、外国人観光客の多い国なのでHotelと表記されていることも多い。エーゲ海、地中海やカッパドキアやパムッカレにはペンションも数多く存在する。トルコ語ではPansiyonパンスィヨンというがPensionの英語表記、そのふたつを混同したPansyon、Pansionなどといった綴りも見かける。本書ではホテルの看板や、名刺の表記に従って記述してある。

世界中のみんなとワイワイ！ ドミトリー ホテル代を安くするならドミトリー方式のホテルがおすすめ。ドミトリーは4～8人ぐらいで1部屋をシェアするシステム。男女を分けるかはホテルによって違う。目安は1泊1000～2000円。

個室の安宿で旅の疲れを取る イスタンブールではシングル1泊が2000～5000円。地方では1500～3000円が最低ラインだ。シャワーうあトイレが部屋の外だともう少し安くなる。なお、東部では共同シャワーすらない宿もある。シャワーがあるのにトイレが部屋の外にあったりとこのクラスの設備はまちまちなので、いろいろ比べてみよう。

家庭的な雰囲気のペンション 地方に多い比較的小さな宿。料金も安めでアットホームな雰囲気。ホテル経営に対するオーナーの姿勢もさまざまなので設備をはじめ、あたり外れが大きい。家族で経営しているファミリーペンションなら、持ち家を兼ねているため、何かあっても比較的安心。目安は1500～3000円。

ある程度の設備が期待できる中級 イスタンブールでは1泊5000円以上の宿になると規模も大きく、それなりの設備があり、室内にテレビ、シャワー、トイレが付く。特に地方では3000円ほどで快適な部屋に泊まれることが多い。このクラスのホテルではエアコンを使用する場合、別料金を取るホテルもたまにある。

豪華ホテルでスルタン暮らし 高級ホテルやリゾートホテルになると設備は日本と変わらない。公定料金だと200€以上のホテルがあるが、シーズンオフや、旅行会社を通したりインターネットで予約することによってかなり安くなることがある。

カッパドキアではぜひ洞窟部屋に泊まりたい

世界の仲間と情報交換できるドミトリー。貴重品や荷物の管理には注意を払おう

■**ファミリーペンション**
外見だけでは判断がつかないが、看板などにトルコ語で**Aile Pansiyonu**アイレ・パンスィヨヌと表記されている場合がある。

セルチュクにあるファミリーペンションのオーナーとその家族

フレンドリーな応対をしてくれるホテルのスタッフ

安くても清潔に保たれているホテルが多い

中級クラスでもバスタブ付きのホテルもある

おしゃれなインテリアや液晶テレビなど、最新の設備を揃える高級ホテルも増えてきた

賢いホテル利用術

ホテルの予約　トルコの観光シーズンは一般的に夏。この時期とイースターなどの欧米の休暇、トルコの長期休暇であるシェケル・バイラムとクルバン・バイラムのときは予約が必須。特にイスタンブールと南部海岸地域で大変な混雑となる。そのため安宿は予約しても結局早い者勝ちとなってしまうことが多い。

夏期以外ならホテルはすいている。中級ホテル以上は事前に予約する方が安いことが多いのでインターネットで調べてみよう。朝10:00～11:00のチェックアウトの頃を見はからって行くとよい。地中海やエーゲ海のリゾート地ではクローズしてしまうペンションやホテルも多いが、泊まるところがまったくないということはない。

ホテル探しは明るいうちに　予約なしで目的地に着いたら、まずは宿を探そう。よい宿に出合うためには、必ず明るいうちに何軒か回ること。じっくり選ぶつもりなら、オトガルや駅の荷物預かり所（エマーネット）に荷物を預けて身軽になってから探すという手もある。

お湯は出るかな?　水道の水は飲まないほうがいい。ホテルの水道の蛇口は、青が湯で赤が水のところもある。また、安宿などでは構造上の問題から湯が出るまでけっこう時間がかかることが多い。出ないのかな?　と思っても5～10分は蛇口をひねったまま待ってみよう。待てばお湯が出てくることもある。中級以上のホテルにはシャンプーや石けんなども一応ある。バスタブは大型チェーンホテルにはあるが、その他はまちまち。高級ホテルでもスパシャワーだけでバスタブなしというところもある。

宿代には何が含まれ、何が別なのか?　ホテルによってはホットシャワーが別料金のところもあり、さらに時間によっては熱い湯が出なかったり、続けて使うと水になることがある。朝食も込みのところと別に料金を取るところがある。また、寒い時期は暖房代を別に請求することがある。以上の点はあらかじめチェックしておこう。

チェックインとチェックアウト　トルコのホテルはチェックインは正午から、チェックアウトは正午までのことが多い。しかし、たいていのホテルでは時間にアバウトでインもアウトも多少の前後が許されている。ただし、混雑するドミトリーの安宿は10:00～11:00をチェックアウトの最終時間としていることもあり、状況によってはこれを過ぎると、もう1泊分の料金を取られることも多い。チェックインの前でもチェックアウトしたあとでも荷物は預かってもらえる。

パムッカレではカラハユットにある高級ホテルに泊まれば温泉が利用できる

■**安宿やペンションの給湯**
①オートマチック着火方式
（少し時間がかかることもある）
②ガスタンク着火方式
（給湯器の下のガスボンベをひねって着火してもらう）
③ソーラー方式
（天気が悪いと湯が出ない）
④ソーラーとガスの併用
（南部海岸地域などに多い）

シャワーやガスコンロのボンベの交換には、哀愁漂う音楽とともに軽トラックが路地裏を回る

朝食も泊まる宿によって内容が異なる。これはフルーツ付きの朝食

大型チェーンホテルは日本からの団体ツアー客もよく利用する

■**ラマザン中の朝食**
ラマザン中の朝食は日の出前に取る。観光地ならほとんど関係のないことだが、地方の2つ星ホテルなどでは朝食は2:00～5:00ということも。

高級ホテルなら簡単なアメニティセットも揃う

中庭でみんなと食べる朝食は気持ちがいい

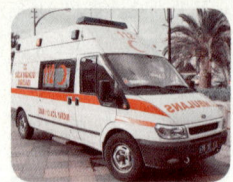

救急車は112番で呼べる

旅のトラブル

トルコは比較的治安のいい国で凶悪な殺人事件などは少ない。しかしここ数年、旅行者に関わるトラブルが急増している。特に金銭トラブルが増えているのが特徴だ。日本人が狙われるのは、文句を言わないとか、商習慣が違うとか、語学コンプレックスとか理由は色々。決定的な要因は「金離れがいい」と思われていることだ。

絨毯屋でのトラブル

被害件数もさることながら被害額も大きい。ここ数年で地方の観光地でも被害が報告されている。日本とは違って支払い後の返品、返金はまず不可能。充分注意すること。

品物に支払った額ほどの価値がない 絨毯の正しい相場を知り、価値を見分けることは難しい。多くの店で、たくさんの絨毯を見ることぐらいしか方法はない。できれば日本やヨーロッパの各都市でよいものを見ておく。値段は参考にならないが、輸出用のものにはよいものが多いので質を見極めるには有効。旅行の最初のうちは高額な商品を買わないこと。

また、女性が絨毯屋に閉じこめられ、暴行された被害も出ており、インスタンブールの日本国総領事館では注意を促している。

カードの支払い クレジットカードでの支払いは充分注意する。最近は学生でもカードを持っていることを絨毯屋は知っており、高額なものをカードで支払わせようとする。ゼロの数や単位（トルコリラかドルか）などしつこくチェックすること。カードは目の前で処理してもらい、預けないこと。伝票にサインがしてあれば、品物が届かなかったとしても、あとから支払いを止めることは非常に難しい。

カードでの支払いは現金と同じこと。サインすれば現金と同じと心得よう。また、クレジットカードに関しては偽造事件が発生している。帰国後のチェックも念入りに。

「送る」といって送らず、あとはナシのつぶて 自分で送付してもよいが、絨毯やキリムを送る手続きは旅行者には大変難しい。持ち帰るのが確実。

ホテルやレストランでのトラブル

絨毯屋と同じように、観光客を狙っているのが観光地のホテルやレストランだ。近年客の奪い合いが急速に激化している。ホテルの場合、行こうとするホテルが満室だとウソをついたり、シャワーなどの設備をごまかしたりすることもある。観光地へのツアーや契約している絨毯屋へ強引に誘われたというトラブルも多い。ホテルの部屋の中での盗難も増えているので、

😞 自称職員

スルタンアフメット駅付近で、トルコ航空職員と名乗り声をかけてくる人は要注意です。宿の場所等を教えてもらいました。親切な人！と思っていたら、カッパドキアは行くか？バルーンは予約したか？と問われ、まだだと答えると「雪が降ってて夜行バスもすぐに埋まり、バルーンもキャンセルされかねない」などともっともらしきことをいい旅行会社に連れて行かれました。（大阪府 ritty '12春）

😞 日本に留学していた？

スルタンアフメット駅で日本人を狙っている絨毯屋の青年は日本の有名大学に留学していたとのことで、流暢な日本語を操り、色々親切にしてくれ、自分の店に連れて行き、チャイを振る舞います。強引なことはしませんが、目ざとく日本人を見つけて近寄ってきます。巧みな日本語で近づいてくる人には要注意です。
（千葉県 よしき '11年12月）

😊 親切な人も多い

悪質な客引きも確かにいますが、トルコには本当に親切な人、フレンドリーな人が多い国です。全てを信用します嫌な思いをすることもありますが、全てを拒否するとトルコの本当の楽しさやコミュニケーションの機会を失うのも事実です。
（大阪府 レモマ '12春）

😊 はっきりとNO

お茶をごちそうになったら商品を買わなくちゃという気持ちになってしまうが、きちんと「NO」と買わない意思表示ができれば無理やり買わされることもない。客引きの人は話しの進め方が上手で旅行初日など、断り方に慣れていないうちはついていくのは避けたほうが懸命。
（兵庫県 MAKI '11春）

488

荷物の管理には細心の注意を払おう。
　また、バーやナイトクラブなどの酒場でも被害が報告されている。多くは不当に高いお金を請求されたというものだが、ホテルの場合も、レストランの場合も**客引きについていったら**というケースが多い。ホテル探しやレストラン探しは**自分の足と目**が基本だ。

頻発する強盗の手口

　トルコで最も流行している犯罪は**睡眠薬強盗**。イスタンブール以外でも多発しており、列車のコンパートメントなどではトルコの人も被害に遭っている。手口は睡眠薬入りの飲食物を口にさせ、金品を奪うというもの。状況はさまざまで、数日間かけてガイドを買って出て親切にして安心させたりするもの、同じ旅行者（外国人）を装って親しくなろうとする、ウエーターとグルになって睡眠薬を混入する、バスの乗客全員に菓子を配り、ひとつだけに睡眠薬が入っている……など。被害を防ぐには、人からもらったものは口にしない、栓の開いているジュースは飲まないといった基本的なことしかない。とはいえ、観光地ではない場所や、普通の人に対してまで警戒することはもてなしてくれた人に対して失礼にもなる。このあたりの判断は自己責任においてあなた自身におまかせするしかない。

　もうひとつ、**偽警官強盗**というものも発生している。これは警官と名乗る男が所持品検査を装って鞄を開けさせ、調べるふりをして金品を抜き取るというもの。身分証明書をチラッと見せて安心させることもある。もし、私服警官の尋問を受けたら、氏名や車のナンバーを確認し、「日本領事館内で応じる」などと毅然とした態度をとるようにしよう。

■客引きは
ガイドブックを口実に使う！
　観光客向けの商売をしている人、特に日本人に声をかけるような人は『歩き方』などのガイドブックを知っていて、「自分のホテルが載っている」と言って強引に勧誘することがある。また、ガイドブックに載っていたホテルに日本人がたくさん押し寄せせいか、日本人と見るとフッかけてくるような悪質なところもときどきある。

　日本のガイドブックに掲載されると、金払いのよい日本人が増えるため、せっかくの「よいホテル」が「悪いホテル」になるケースもある。逆に「悪い」と書かれて客が減り、慌てて「よいホテル」になるケースもある。編集室でも追跡調査をしているが、常に情勢は動いている。このように刻々と変わる状況のなかで正しい情報を掲載するためにはできるだけ多くの読者投稿が必要。よかった体験談、がっかりした体験談、要望、訂正などを送ってほしい。

Information　パスポート紛失時の手続き

パスポートをなくしたら、まず現地の警察署へ行き、紛失・盗難届出証明書を発行してもらう。次に**イスタンブールの日本総領事館**（Map P.46A2）または**アンカラの日本大使館**（Map P.361A3）で旅券の失効手続きをし、新規旅券の発給（※1）または、帰国のための渡航書の発給を申請する。旅券の顔写真があるページと航空券や日程表のコピーがあると手続きが早い。コピーは原本とは別の場所に保管しよう。

必要書類および費用
●現地警察署の発行した紛失・盗難届出証明書　●写真（35×45mm）2枚　（※2）
●戸籍謄本または抄本　1通　●旅行日程が確認できる書類（旅行会社にもらった日程表または帰りの航空券）
●手数料　10年用旅券271TL、5年用旅券186TL、帰国のための渡航書はトルコの場合42TL。いずれも支払いは現地通貨の現金で。
※1:改正旅券法の施行により、紛失した旅券の「再発給」制度は廃止された。
※2:IC旅券作成機が設置されていない在外公館での申請では、写真が3枚必要。
「旅券申請手続きに必要な書類」の詳細や「IC旅券作成機が設置されていない在外公館」は外務省のウエブサイトで確認を。URL www.mofa.go.jp/mofaj/toko/passport/pass_5.html

😣 生野菜に注意を

水道水などの生水は飲まなかったし、食事の前はアルコール除菌ティッシュで手を拭くなどしていましたが、5日目夜からひどい下痢になりました。疲れもあると思いますが、トマトの食べ過ぎも原因があると思います。ホテルの朝食ビュッフェで出たトマトが肉厚で完熟でおいしくてついつい毎食食べ過ぎてしまいました。水道水は飲まなくても水道水で洗ったトマトを食べれば同じこと。果物や野菜のおいしいトルコですが食べ過ぎにご注意を。固形物を食べるのをやめ、経口補水液とそのゼリー(薬局で購入)、ミネラルウオーターを飲んでいたら7日目に治りました。ツアー26名中半分は下痢になりました。帰宅して4kgも体重が減っていました。
(埼玉県　トルコの青い空　'11秋)

😠 悪徳旅行代理店

スルタンアフメット駅近くの旅行代理店でフライトとホテルを予約しました。トルコ航空が予約できたとのことでしたが、実際は別の会社でしかも通常の2倍の値段でカードを切られていました。何度も何度も交渉し、やっと半額返してもらいましたが、悪意をつかれ非常に不快な思いをしました。旅行会社を利用するときは、数社で見積もりをとることをおすすめします。
(東京都　WorldTraveler　'12夏)

😠 暴力バー

夜、イスタンブールの新市街を歩いていると、スペインから来た観光客を名乗る若い男性から声をかけられました。まず、どこかでチャイやケバブを一緒に食べ(ときによってはご馳走してくれる)、その後ディスコやぼったくりバーに連れていくという手口で。
(大阪府　レモマ　'12春)

● 日本人同士のトラブル

このところ「日本人にだまされた」とか「日本人の客引きについていったら」という投稿が目立つ。居心地のよいトルコでは昔から長期滞在する人が多く、なかには、違法だが絨毯屋の客引きや旅行会社を手伝ったりする人がいる(もちろん合法的に商売している人もいる)。「まさか同胞にだまされるなんて……!」と思いがちな状況はわかるが、日本語だから、日本人だからと気を許しすぎる旅人も多い。声を掛けられたら日本の繁華街や観光地に置き換えて考えてみよう。日本なら**路上で話しかけてきた人に気軽についていきますか?** 簡単に大金を払ったり、お金を貸したりできますか? 日本人ということに甘えず、自己の判断で行動してほしい。

蛇足だが、商売をしている日本人でも良心的な人は多く、また観光商売とはまったく関係のないところで生活している日本人も多いことも付け加えておきたい。

● 旅行中の病気

衛生状態も悪くないトルコでは、これといって気を付ける病気はないが、生野菜を食べて食あたりを起こすといった症状が報告されている。また夏期は屋外でハチに刺される人も多い。

● 注意したい地域

トルコ南東部について出されている日本の外務省の注意喚起で、特に注意したいのは内戦状態のシリア国境付近と、情勢不安定のイラク国境付近。この2ヵ所は2012年10月現在「渡航の延期をお勧めします」が出されている。イラク国境付近を除くシュルナク県とハッキャリ県には2012年10月現在「渡航の是非を検討してください」が継続している。これはクルドの独立を要求するクルド労働者党(PKKペーカーカー)がゲリラ戦を展開、トルコ軍との間に多数の死傷者が出たことに起因する。2012年10月現在「十分注意してください」が発出されている地域は、イスタンブール県とディヤルバクル、マルディン、バトマン、ビトリス、ワン、ビンギョル、エラズーなどの南東部10県。

イスタンブールにある外国系病院

アメリカン病院 Amerikan Hastanesi (アメリカン・ハスターネスィ) **Map P.39C2**
✉Güzelbahçe Sok. No.20 Nişantası TEL(0212) 311 2000 FAX(0212) 311 2190
URL www.americanhospitalistanbul.org

ドイツ病院 Alman Hastanesi (アルマン・ハスターネスィ) **Map P.37C3**
✉Sıraselviler Cad.No.119 TEL(0212) 293 2150 FAX(0212) 293 4752
URL www.uhg.com.tr

国際病院 International Hospital **折込イスタンブール広域図A4**
✉Çınar Oteli Yanı İstanbul Cad. No.82 Yeşilköy
TEL(0212) 468 4444 FAX(0212) 663 2862 URL www.internationalhospital.com.tr

情報を集める

　トルコの人は旅人に優しく、何か困ったことがあっても、助けてくれることが多い。だから、行き当たりばったりでもなんとかなってしまうところがトルコのいいところ。そんな旅もおもしろいが、日本で情報収集やちょっとだけ勉強をしていけば、トルコ旅行がさらに意義深く楽しいものになること間違いなし。

日本で得られる情報

■トルコ共和国大使館・文化広報参事官室（政府観光局）
〒150-0001　東京都渋谷区神宮前2-33-6
TEL(03)3470-6380　URL www.tourismturkey.jp
トルコ共和国政府観光局が発行している日本語の小冊子を配布している。ウェブサイトからもダウンロードできる。

■日本トルコ協会
〒107-0061　東京都港区北青山2-5-1　伊藤忠商事ビル内
TEL(03)3497-8039　URL www.tkjts.jp
大正5年創立の友好団体。トルコ語講座やトルコ料理教室など、さまざまな交流イベントを行っている。

■日本トルコ交流協会
〒192-0373　東京都八王子市上柚木3-12-9-401
URL japon-turk-dostluk.jpn.org
日本とトルコの文化交流を目的とするNPO法人。学術活動のほか一般向けの講演活動も行っている。

■日本トルコ文化協会
〒604-0882　京都市中京区高倉通夷川上ル福屋町735-1　M&M'sビル 2階
TEL(075)255-7530　URL www.kyoto-nitto.com
トルコ語講座やトルコに関するさまざまな講演会活動を行う民間団体。

■トルコ文化協会
〒530-0043　大阪府大阪市北区天満1-3-3　天馬ビル1F
TEL(06)6358-1201　URL www.kansai-toruko.com
トルコ語や料理、ダンス、楽器教室、音楽会開催など幅広くトルコ文化を紹介。トルコ家庭料理を出すカフェも併設。

トルコで手に入れられる英語の情報誌

■タイムアウト・イスタンブール　Timeout Istanbul
　イスタンブールのトレンドを満載した隔月刊誌。レストランやコンサートの情報にも強い。

■ヒュリエット・デイリー・ニュース　Hürriyet Daily News
　英字の日刊新聞。キオスクで売っている。

英語ページもある情報誌

■在アンカラ日本国大使館
Japonya Büyükelçiliği
Map P.361A3
Reşit Galip Cad. No.81, Gazi Osmanpaşa
TEL(0312)446 0500
FAX(0312)437 1812
URL www.tr.emb-japan.go.jp
9:00～13:00 14:30～17:30（業務内容により時間が異なる）
土・日、日本・トルコの祝日

■在イスタンブール日本国総領事館
Japonya Başkonsolosluğu
Map P.46A2
地下鉄M2線 レヴェントLevent駅下車、ショッピングセンターのカンヨンkanyon側の出口から徒歩8分。テクフェン・タワーTekfen Tower内。入館にはパスポートなど身分証明書が必要。
Tekfentower 10th floor, Büyükdere Cad. No.209, 4. Levent
TEL(0212)317 4600
FAX(0212)317 4604
URL www.istanbul.tr.emb-japan.go.jp
9:00～12:00 14:00～17:00
土・日、日本・トルコの祝日

日本総領事館が入っているテクフェン・タワー

役立つ厳選リンク集

観光一般情報

トルコ共和国政府観光局
www.tourismturkey.jp

go Turkey.com(公式観光ポータルサイト)
www.goturkey.com

文化観光省
www.turizm.gov.tr

文化観光省博物館局
www.muze.gov.tr

イスタンブール市役所
www.ibb.gov.tr

鉄道・フェリー関連

TCDDトルコ国鉄
www.tcdd.gov.tr

イスタンブール市交通局
www.iett.gov.tr/en

イスタンブール海上バス
www.ido.com.tr

トゥルヨル(海上ドルムシュ)
www.turyol.com

シェヒル・ハットラル(イスタンブールのフェリー)
www.sehirhatlari.com.tr

航空会社、空港関連

トルコ航空
www.turkishairlines.com

オヌル航空
www.onurair.com.tr

アトラスジェット
www.atlasjet.com

アナドルジェット
www.anadolujet.com

サン・エクスプレス
www.sunexpress.com

ペガスス航空
www.flypgs.com

イスタンブール・アタテュルク国際空港
www.ataturkairport.com

イスタンブール・サビハ・ギョクチェン国際空港
www.sgairport.com

アンカラ・エセンボア国際空港
www.esenbogaairport.com

イズミル・アドナン・メンデレス国際空港
www.adnanmenderesairport.com

バス会社

ワラン
www.varan.com.tr

ウルソイ
www.ulusoy.com.tr

キャーミル・コチ
www.kamilkoc.com.tr (トルコ語)

ハス
www.hasturizm.com.tr

メトロ
www.metroturizm.com.tr

パムッカレ・トゥリズム
www.pamukkaleturizm.com.tr (トルコ語)

旅行会社、ホテル予約

アルキカタ・ドット・コム
www.arukikata.com

イスタンブール・ホテルズ
www.istanbulhotels.com

ホステルワールド
www.hostelworld.com

エンターテインメント、タウン情報

イスタンブール.com (タウン情報)
english.istanbul.com

タイムアウトイスタンブール (タウン情報)
www.timeoutistanbul.com

ビレティクス (サッカー、コンサートのチケット)
www.biletix.com

チケットトゥルク (コンサート、演劇のチケット)
www.ticketturk.com

スポーツ関連

トルコサッカー協会
www.tff.org

トルコバスケットボール協会
www.tbf.org.tr (トルコ語)

トルコバレーボール協会
www.tvf.org.tr

トルキッシュ・パワー・レスリング
www.turkishpower.com (トルコ語)

その他の機関

PTT(郵便局)
www.ptt.gov.tr

テュルク・テレコム (電話局)
www.turktelekom.com.tr

気象庁
www.meteor.gov.tr

ヒュリエット・デイリー・ニュース (英字新聞)
www.hurriyetdailynews.com

トゥデイズ・ザマン (英字新聞)
www.hurriyetdailynews.com

旅のトルコ語

トルコ語は日本語とよく似ている。まず文章の作り方（語順）が同じだし、発音もしやすい。一部の例外を除いて、すべてローマ字読みをすれば、簡単に読めてしまう。だから、短い旅行の間でもトルコ語をどんどん使ってみよう。おもな観光地では英語が通じる国だけど、つたないトルコ語も一生懸命聞いてくれる。旅の楽しさが、コミュニケーションによって増すこと請け合いだ。

トルコ語のアルファベットと発音

トルコでは、昔はアラビア文字を使っていたが、第1次世界大戦後にケマル・アタテュルクの改革でアラビア文字が廃止され、ローマ字で書き表すようになった。その際、一部特殊な形の文字が使われており、読み方が異なるものがあるので覚えておこう。また、トルコ語ではW、Q、Xの表記はない。

Cc →ジュ　cadde ジャッデ（大通り）　cam ジャム（ガラス）

Çç →チュ　çarşı チャルシュ（バザール）　çay チャイ（紅茶）

ğ→発音しない、あるいは前の母音を伸ばす（語頭に来ない）
　 oğul オウル（息子）　dağ ダー（山）

Iı→「イ」の口をして「ウ」と発音。日本語の「ウ」に近い
　 kız クズ（娘）　ırmak ウルマク（川）

Öö→「オ」の口で「エ」と発音　köprü キョプリュ（橋）
　 köpek キョペッキ（犬）

Üü→「ウ」の口で「イ」と発音　üzüm ユズュム（ぶどう）
　 Türkiye テュルキイェ（トルコ）

Şş→シュ　şeker シェケル（砂糖）　şemsiye シェムスィエ（傘）

kâ→キャ　kâğıt キャーウト（紙）　kâse キャーセ（どんぶり）

トルコ語は日本語と同じ語順

Ben　　Izmir'den　　Tokyo'ya　　çiçekleri　　gönderdim.
ベン　イズミルデン　トークヨヤ　チチェックレリ　ギョンデルディム
私は　イズミルから　東京へ　　　花（複数形）を　送った

単語と単語がそのまま対応し、日本語の文の並び方と順番が同じであることがわかったかな。トルコ語には「てにをは」のような助詞や接尾辞もある。上の例文を単語に分解していこう。

「私」は Ben、「～から」は den、「へ」は a、花は çiçek、その複数形が ler、「を」は i 、送るという動詞は gönder、その過去形が di、である。だから文法事項に少し慣れてあとは単語を覚えてしまえば、日本人にとって意思疎通もそれほど難しくはない。ただ、「～から」の den、「へ」の a、「を」の i 、動詞の過去形の di、はそれぞれ少し変化する。これは母音調和と呼ばれるトルコ語特有のものだ。

情報を集める／旅のトルコ語

TÜRKİYE İÇİN HAYIR'LI OLSUN

憲法改正にNO（＝HAYIR）のスローガンを掲げたCHP（共和人民党）のポスター

TÜRKÇE YAZALIM, TÜRKÇE KONUŞALIM.
KARAMAN BELEDİYESİ

カラマンのオトガルにあった「トルコ語を書きましょう、話しましょう」というスローガン。コンヤの南にあるカラマンは13世紀にトルコで初めてトルコ語を公用語とした地域

ÇİKOLATALI BAKLAVAYI DENEDİNİZ Mİ?
Baklavacı güllüoğlu

「チョコレート・バクラワをもう食べてみましたか?」という広告。
1行目が「チョコレート入り」、
2行目が「バクラワを」、
3行目が「試しました・か?」の意

■トメルTömer
イスタンブール、アンカラなど主要都市にある、外国人向けトルコ語学校。アンカラ大学の管轄。
URL www.tomer.ankara.edu.tr

■ECC音声旅会話
『地球の歩き方』掲載の英会話（ほか6言語）の文例が"ネイティブの発音"で聞ける！「ゆっくり」「ふつう」の再生スピードがあるので初心者でも安心。
URL eccweblesson.com/travel

■注意しなくてはいけない発音
❶ v はヴと発音するが、ヴとウの間の音で母音に挟まれるとウと聞こえることが多い。
例 ev エヴ（家）、kavun カウンまたはカヴン（メロン）
❷ ı と u の区別をしっかりとつける。ı は口を横に広げてウと発音。u は口をまるめてウと発音。
❸ r が語尾に来ると舌音がはっきり聞こえ、「シュ」に近い音が出る。

■母音調和

母音調和は語尾（日本語の助詞や助動詞のようなもの）を付けるときや動詞を活用させるときに知っていなければならないトルコ語の法則だ。トルコ語には(e i ü ö a ı u o)の8つの母音がある。この8つが4つずつの2グループに分かれる場合と2つずつの4グループに分かれる場合がある。

●パターン1
eを代表とするe i ü ö
aを代表とするa ı u o

●パターン2
aとe、iとı、oとö、uとüという4つのグループ。

■人称を表す語尾

名詞にもその所属を表す人称語尾が付く。
私の「m」
君の「n」
私たちの「miz」
あなたたちの「niz」

●例1　anne アンネ（母）
annem（アンネム）私の母
annen（アンネン）君の母
annemiz（アンネミズ）私たちの母
anneniz（アンネニズ）君たちの母（あなたの母）
annesi（アンネスィ）彼、彼女の母

●例2　活用すると
annemden（アンネムデン）私の母から
annenize（アンネニゼ）君たちの母へ（あなたの母へ）

■人称代名詞と一緒に

名詞+人称語尾が難しければ、人称代名詞の「〜の」+名詞でも通じる。例えばannemの代わりにbenim anneでもわかってもらえる。benim annemだとさらに正確。

トルコ語の「てにをは」

トルコ語は日本語と同じように単語の後ろに、「てにをは」の助詞が来るが、単語の最後に来る母音によって変化する。

1.「〜へ、〜に」=〜e、〜a

例　Vanワン→Van'aワナ（ワンヘ）「a ı o u」のときは「〜a」
　　ön→öne オネ（前へ）「e i ö ü」のときは「〜e」

「〜e」「〜a」のどちらを使うかは「母音調和」で決まる。例えば「ワンへ」という場合、Van+語尾「eかa」だが、語尾のすぐ前の母音はaでパターン1でaの代表グループに属す。したがって、Van'aとなる。ön の ö は e 代表のグループなので、öneとなる。つまり、すぐ前の母音に左右されるのだ。母音で終わる単語の場合は「〜ye、〜ya」と母音が重ならないように「y」を入れる。

2.「〜に、〜で」=〜de、〜da

例　Ankaraアンカラ→Ankara'daアンカラダ（アンカラで）
　　İzmirイズミル→İzmir'deイズミルデ（イズミルで）

3.「〜から、〜より」=〜den、〜dan

例　Japonyaジャポンヤ（日本）→Japonya'danジャポンヤダン
　　Türkiyeテュルキエ（トルコ）→Türkiye'denテュルキエデン

4.「〜を、」=〜i、〜ı、〜ü、〜u

「〜を」にあたる語尾は「〜i、〜ı、〜ü、〜u」と4つもある。欄外の母音調和のパターン2の対応を見てほしい。すぐ前の母音がeかiなら「〜i」、üかöなら「〜ü」というように4つのうちのひとつが語尾として付くことになる。

例　baş バシュ（頭）→ başı バシュ 頭を
　　kutu クトゥ（箱）→ kutuyu クトゥユ 箱を

これも「〜e、〜a」と同じく、母音で終わる単語のときは「y」を入れて「〜yi、〜yı、〜yü、〜yu」となる。

5.「〜の」=〜in、〜ın、〜ün、〜un

「〜の」にあたる語尾も「〜in、〜ın、〜ün、〜un」と4つある。母音で終わる単語のときは「〜nin、〜nın、〜nün、〜nun」と間にnを入れる。

例　ev エヴ（家）→ evin エヴィン（家の）
　　elma エルマ（リンゴ）→ elmanın エルマヌン（リンゴの）
　　köprü キョプリュ（橋）→ küprün キュプリュン（橋の）

人称代名詞・指示代名詞

			〜の	〜へ	〜を	〜で	〜から
私	1人称単数	ben ベン	benim ベニム	bana バナ	beni ベニ	bende ベンデ	benden ベンデン
君	2人称単数	sen セン	senin セニン	sana サナ	seni セニ	sende センデ	senden センデン
彼・彼女・それ	3人称単数	o オ	onun オヌン	ona オナ	onu オヌ	onda オンダ	ondan オンダン
私たち	1人称複数	biz ビズ	bizim ビズィム	bize ビゼ	bizi ビズィ	bizde ビズデ	bizden ビズデン
あなた、君たち	2人称複数	siz スィズ	sizin スィズィン	size スィゼ	sizi スィズィ	sizde スィズデ	sizden スィズデン
彼ら・彼女ら・それら	3人称複数	onlar オンラル	onların オンラルン	onlara オンララ	onları オンラル	onlarda オンラルダ	onlardan オンラルダン

動詞と時制の種類

　辞書にはトルコ語の動詞はすべて○○mek、○○makというようにmek、makの付いた形で表される。これは英語の不定詞と同じで名詞形になっているもの。つまり、gelmek ゲルメッキ（来る**こと**）、yemek イエメッキ（食べる**こと**）となる。mek、makを取り去った形を**語幹**という。この語幹にいろいろな語尾が付いて、現在、過去、未来形を作っていく。さらにその後ろに人称を表す語尾が来る。

現在形（超越形）　変化語尾は、動詞の語幹によって3つほどのパターンがある。
1. r…語幹が母音で終わるとき
2. ir、ır、ür、ur…2音節以上の語幹のとき、または l、r で終わる1音節語幹のとき
3. er、ar…その他の1音節語幹のとき
この形は人に何かをお願いするときによく使う。
例 どうか 私を 助けてください。
　　　Lütfen bana yardım eder misin?リュトフェン バナ ヤルドゥム エデルミスィン

現在進行形　語尾のあとにyorを付ける。子音で終わる語にはı i ü uを付ける。
例 gelmek ゲルメッキ（来る）、geliyorum ゲリヨルム（私は来る）、
　　geliyorsun ゲリヨルスン（あなたは来る）
yorの前にはı i ü uしか来ないので、e、a で終わる語幹の動詞は母音調和により次のようになる。
例 anlamakアンラマック（理解する）→ anlıyorumアンルヨルム
　　istemek イステメッキ（欲しい）→ istiyorum イスティヨルム

過去形　di、dı、dü、duを語幹に付ける。語幹が無声子音（ç f h k p t s ş）で終わる動詞はti、tı、tü、tuを語幹に付ける。
例 vermek ヴェルメッキ（与える）→ verdim ヴェルディム（私は与えた）
　　yapmak ヤプマック（する）→ yaptım ヤプトゥム（私はした）

未来形　ecek、acakを語幹に付ける。母音で終わる語幹には間に「y」を入れる。1人称の語尾が付くときにはecek、acakのkがğに変わる。
例 yüzmek ユズメッキ（泳ぐ）
　　yüzeceğim ユゼジェイム（泳ぐつもりです）

語幹		時制		人称語尾		肯定文
iste (欲しい)		r (超越形)		sin (あなた)		istersin　イステルスィン 　　(あなたは欲しい)
inan (信じる)	+	ıyor (現在進行形)	+	um (私)	=	inanıyorum　イナヌヨルム 　　(私は信じています)
yak (燃やす)		tı (過去形)		n (あなた)		yaktın　ヤクトゥン 　　(あなたは燃やした)
sev (愛する)		ecek (未来形)		sin (あなた)		seveceksin　セヴェジェキスィン 　　(あなたは愛するでしょう)

■動詞に付く語尾
動詞に付く語尾は2種類。
※過去形（di、duなど）の場合
私：im、ım、üm、um
あなた：in、ın、ün、un
私たち：ik、ık、ük、uk
君たち：niz、nız、nüz、nuz
例：geldi（来た）
geldim ゲルディム（私は来た）
geldik ゲルディッキ
　　　　（私たちは来た）

※それ以外の場合
私：im、ım、üm、um
あなた：sin、sın、sün、sun
私たち：iz、ız、üz、uz
君たち：siniz、sınız、sünüz、sunuz
例：gider（行く）
giderim ギデリム（私は行く）
gidersiniz ギデルスィニズ
　　　　（あなたたちは行く）

■現在形（超越形）の否定文
okumak→okurオクル（読む）
okumaz オクマズ（読まない）
okumazsın オクマズスン
　　　　（あなたは読まない）

■現在形（超越形）の疑問文
gelmek→gelirゲリル（来る）
gelir mi? ゲリルミ
　　　　（彼は来ますか?）
gelir misin? ゲリルミスィン
　　　　（あなたは来ますか?）

■現在進行形の否定文
yorの前にmi、mı、mü、muを入れる。
istiyorum イスティヨルム
　　　　（私は欲しい）
istemiyorum イステミヨルム
　　　　（私は欲しくない）

■現在進行形の疑問文
人称を表す語尾の前にmuを入れる。
istiyor musun?
イスティヨルムスン
　　　　（あなたは欲しいですか?）

■過去形の否定文
語尾の前にme、maを入れる。
gittim ギッティム
　　　　（私は行った）
gitmedim ギトメディム
　　　　（私は行かなかった）

Yarın yağmur yağacak ヤールン ヤームル ヤアジャック
（あす雨が降るでしょう）

疑問詞を覚えると行動範囲が広がる

文法が煩わしかったら、疑問詞と名詞だけでも何とか通じることが多いので、疑問詞は覚えておくと便利。

① 何　ne　ネ
Bu ne? ブネ（これは何？）　Ne kadar? ネ カダル（いくら？）

② 誰　kim　キム
Siz kimsiniz? スィズ キムスィニズ（あなたは誰ですか？）
Bu kimin sözlüğü? ブ キミン ソズリュウ（これは誰の辞書？）

③ いつ　ne zaman　ネ ザマン
Ne zaman buraya geldin? ネ ザマン ブラヤ ゲルディン？
（いつここに来たの？）
Bu bina ne zaman yapıldı? ブ ビナー ネ ザマン ヤプルドゥ？
（この建物はいつ建てられましたか？）

④ どこ　nere　ネレ
İstasyon nerede? イスタスヨン ネレデ（駅はどこ？）
Burası neresi? ブラス ネレスィ（ここはどこ？）

⑤ なぜ（niye ニエ　niçin ニチン　neden ネデン　どれでもよい）
Niye böyle? ニエ ボイレ（どうしてこうなるの？）
Neden olmuyor? ネデン オルムヨル（なぜダメなの？）
Niçin cevap vermiyorsun? ニチン ジェヴァップ ヴェルミヨルスン
（どうして返事してくれないの？）

⑥ どのように　nasıl　ナスル
Müzeye nasıl gider? ミュゼイェ ナスル ギデル？
（博物館へはどうやって行くの？）

⑦ いくつ、いくら　kaç　カチ
Saat kaç? サアトカチ（何時？）　Kaç saat? カチサアト（何時間？）
Kaç kişi? カチ キシ（何人？）

⑧ どちら　hangi　ハンギ
Hangisi? ハンギスィ（どっち？）※手などに持ちながら

その他の疑問文

動詞を活用しないそれ以外の疑問文は聞きたいことのあとに「か？」を意味するmi、mı、mü、muを付ければよい。
1. あなたは 日本人ですか？
Siz Japon musunuz? スィズ ジャポン ムスヌス
2. ここに 本が ありますか？
Burada kitap var mı? ブラダ キタプ ヴァル ム
3. 割引は ないのですか？
İndirim yok mu? インディリム ヨック ム

Damsız Girilmez ダムスズ・ギリルメズとは「同伴カップル以外は入場できない」という意味（男性客によるナンパ被害を防ぐ目的でもある）。ただし外国人旅行客には適用されないことも多い

■過去形の疑問文
人称を表す語尾のあとにmi、mı、mü、muを付ける。
düşündüm デュシュンデュム
（私は思った）
düşündün mü?
デュシュンデュンミュ
（あなたは思いましたか？）

■未来形の否定文
ecek、acakの前に me、ma を付ける。
geleceğim ゲレジェイム
　　　　（私は来るでしょう）
gelmeyeceğim
　ゲルメイェジェイム
　　　　（私は来ないでしょう）

■未来形の疑問文
疑問形ecek、acakのあとにmi、mıを付ける。
例 uyuyacaksın
　ウユヤジャックスン
　　　（君は眠るでしょう）
uyuyacak mısın?
　ウユヤジャックムスン
　　　（君は眠りますか？）

ちょっとしつこい気もするが、読むという意味のokumak（オクマック）の動詞の人称変化が書かれた栞

あいさつはコミュニケーションの基本

はい	Evet.	エヴェット
いいえ	Hayır.	ハユル
いいえ	Yok.(くだけた言い方)	ヨック
こんにちは	Merhaba.	メルハバ
こんにちは(さようならにも使える)	İyi günler.	イイ ギュンレル
おはよう	Günaydın.	ギュナイドゥン
こんばんは(夜のさようならにも使う)	İyi akşamlar.	イイ アクシャムラル
お元気ですか	Nasılsın?	ナスルスン
お元気ですか	Nasılsınız?(ていねい)	ナスルスヌズ
元気です	İyiyim.	イイイム
ありがとう	Teşekkür ederim.	テシェッキュル エデリム
ありがとう	Sağ ol.(くだけた言い方)	サーオル
どういたしまして	Bir Şey Değil.	ビ シェイ ディール
さようなら(去って行く側)	Allahısmarladık!	アッラスマッラドゥック
さようなら(見送る側)	Güle güle!	ギュレ ギュレ
またあした	Yarın görüşürüz.	ヤールン ギョリュシュルズ
おやすみなさい	İyi geceler.	イイ ゲジェレル
ごめんなさい	Affedersiniz.	アフェデルスィニス
いいんですよ	Rica ederim.	リジャ エデリム
ごきげんよう(じゃあね)	Hoşça kalın.	ホシュチャ カルン
がんばってね	Kolay gelsin!	コライゲルスィン
どうぞ	Buyurun.	ブユルン
ごちそうさま(料理を作った人に)	Flinize sağlık.	エリニゼ サールック
めしあがれ(食事する人に向かって)	Afiyet olsun.	アーフィエト オルスン

日常会話でよく使う言葉

OKです	Tamam.	タマーム
OKですか？ 大丈夫？	Tamam mı?	タマーン ム
わかりません	Anlamadım.	アンラマドゥム
わかりました	Anladım.	アンラドゥム
もちろんです	Tabii.	タビー

トルコ語の数字を覚えよう

1	bir	ビル
2	iki	イキ
3	üç	ユチ
4	dört	ドルト
5	beş	ベシ
6	altı	アルトゥ
7	yedi	イェディ
8	sekiz	セキズ
9	dokuz	ドクズ
10	on	オン
11	onbir	オンビル
20	yirmi	イルミ
30	otuz	オトゥズ
40	kırk	クルク
50	elli	エッリ
60	altmış	アルトゥムシュ
70	yetmiş	イェトゥミシ
80	seksen	セクセン
90	doksan	ドクサン
100	yüz	ユズ
千	bin	ビン
万	on bin	オンビン
100万	bir milyon	ビル ミルヨン
1000万	on milyon	オン ミルヨン
億	yüz milyon	ユズ ミルヨン
10億	bir milyar	ビル ミルヤル
1兆	bir trilyon	ビル トリルヨン

基本単語　そのほかの数詞

- 1.5 bir buçuk ビル ブチュク
- 半分 yarım ヤルム
- 4分の1 çeyrek チェイレッキ
- 1時 saat bir サアト ビル
- 2時30分 saat iki buçuk サアト イキ ブチュク
- 1時間 bir saat ビル サアト
- 1番目 birinci ビリンジ
- 2番目 ikinci イキンジ
- 1番 bir numara ビル スマラ
- 2番 iki numara イキ スマラ

基本単語　月名

- 1月 Ocak オジャック
- 2月 Şubat シュバット
- 3月 Mart マルトゥ
- 4月 Nisan ニサン
- 5月 Mayıs マユス
- 6月 Haziran ハズィラン
- 7月 Temmuz テムズ
- 8月 Ağustos アウストス
- 9月 Eylül エイリュル
- 10月 Ekim エキム
- 11月 Kasım カスム
- 12月 Aralık アラルク

基本単語 曜日名
- 月曜日 pazartesi パザルテスィ
- 火曜日 salı サル
- 水曜日 çarşamba チャルシャンバ
- 木曜日 perşembe ペルシェンベ
- 金曜日 cuma ジュマー
- 土曜日 cumartesi ジュマルテスィ
- 日曜日 pazar パザル

基本単語 季節
- 春 ilk bahar イルク バハル
- 夏 yaz ヤズ
- 秋 son bahar ソン バハル
- 冬 kış クシュ

基本単語 日時
- 昨日 dün デュン
- 今日 bugün ブギュン
- 明日 yarın ヤールン
- 先週 geçen hafta ゲチェン ハフタ
- 今週 bu hafta ブ ハフタ
- 来週 gelecek hafta ゲレジェッキ ハフタ
- 先月 geçen ay ゲチェン アイ
- 今月 bu ay ブ アイ
- 来月 gelecek ay ゲレジェッキ アイ

基本単語 時間帯
- 朝 sabah サバフ
- 正午 öğle オゥーレ
- 昼間 gündüz ギュンデュズ
- 晩 akşam アクシャム
- 夜 gece ゲジェ

基本単語 身の回り
- トイレ tuvalet トゥワレット
- 男性 bay/erkek バイ/エルケッキ
- 女性 bayan/hanım バヤン/ハヌム
- トイレットペーパー tuvalet kâğıdı トゥワレットゥ キャードゥ

基本単語 国籍・言語
- 日本 Japonya ジャポンヤ
- 日本人 Japon ジャポン
- 日本語 Japonca ジャポンジャ
- 韓国 Kore コレ
- 韓国人 Koreli コレリ
- 韓国語 Korece コレジェ
- 中国 Çin チン
- 中国人 Çinli チンリ
- 中国語 Çince チンジェ
- トルコ Türkiye テュルキイェ
- トルコ人 Türk テュルク
- トルコ語 Türkçe テュルクチェ
- クルド人 Kürt キュルトゥ
- クルド語 Kürtçe キュルッチェ
- アラブ人 Arap アラプ
- アラビア語 Arapça アラプチャ

ちょっと待って	Bir dakika./ Bir saniye. ビダッカ ビサニイェ
英語を話せますか？	İngilizce biliyor musunuz? インギリズジェ ビリヨル ムスヌズ
～さん（シャーバンさん、男性）	Bey (Şaban bey) ベイ シャーバン ベイ
～さん（ハティジェさん、女性）	Hanım (Hatice hanım) ハヌム ハティジェ ハヌム
これでいいですか？	Bu doğru mu? / Bu tamam mı? ブ ドールム ブ タマンム

🔴 自己紹介のときに使う言葉

どちらの方ですか？	Nerelisiniz? ネレリスィニス
私は日本人です	Ben Japonum. ベン ジャポヌム
あなたの名前は？	Adınız ne? アドゥヌズ ネ
私の名前は伴宙太です	Adım Ban Çuta. アドゥム バン チュウタ
何歳ですか？	Kaç yaşındasınız? カチ ヤシュンダスヌス
私は22歳です	Ben yirmi iki yaşındayım. ベン イルミ イキ ヤシュンダユム
トルコへは初めて来ました	Türkiye'ye ilk geldim. テュルキエイェ イルク ゲルディム
トルコへは2回目です	Türkiye'ye gelişim ikinci defa oldu. テュルキエイェ ゲリシム イキンジ デファ オルドゥ
ひとりで／友達と一緒に	Tek başına / Arkadaşımla beraber テク バシュナ アルカダシュムラ ベラーベル
トルコが（トルコ人が）好きです	Türkiye'yi (Türklerini) seviyorum. テュルキエイ テュルクレリニ セヴィヨルム
お目にかかれてうれしく思います	Tanıştığımıza memnun oldum. タヌシュトゥームザ メムヌン オルドゥム
おかげでとても楽しかったです	Sayenizde iyi zaman geçirdim. サイェニズデイイ ザマン ゲチルディム
何かあったんですか？	Ne oldu? ノルドゥ
ゆっくり話してください	Lütfen yavaş söyler misiniz? リュトフェン ヤワシュ ソイレルミスィニス
もう一度話してください	Lütfen tekrar söyler misiniz? リュトフェン テクラル ソイレルミスィニス
住所を教えてください	Adresinizi alabilir miyim? アドレスィニズィ アラビリルミイィム
お手紙待ってます	Mektubunuzu bekliyorum. メクトゥブヌズ ベクリヨルム
手紙を出します	Sana mektup yazacağım? サナ メクトゥプ ヤザジャウム
ここに書いてください	Lütfen buraya yazar mısınız? リュトフェン ブラヤ ヤザルムスヌス
私は結婚しています	Ben evliyim. ベン エブリイム
私は独身です	Ben bekârım. ベン ベキャールム

🔵 買い物のとき

日本語	トルコ語 (読み)
これはいくらですか？	Bu ne kadar?/ Bu kaç para? (ブ ネ カダル / ブ カチ パラ)
それを見せてください	Onu bana gösterir misin? (オヌ バナ ギョステリルミスィン)
試着してみていいですか？	Bunu deneyebilir miyim? (ブヌ デニイェビリルミィイム)
どれがおすすめですか？	Hangisini tavsiye edersiniz? (ハンギスィニ タウスィイェ エデルスィニス)
いくらで買ったの？	Kaça aldın? (カチャ アルドゥン)
1kgいくらですか？	Kilosu ne kadar? (キロス ネ カダル)
それは気に入らない	Beğenmedim. (ベーンメディム)
大きすぎます/小さすぎます	Çok büyük./ Çok küçük. (チョク ブユック チョク キュチュク)
もっと安いのが欲しい	Daha ucuzu istiyorum. (ダハ ウジュズ イスティヨルム)
まけてくれない？	Daha ucuz olmaz mı? (ダハ ウジュズ オルマズ)
ドルではいくらですか？	Dolarda ne kadar? (ドラルダ ネ カダル)
計算が間違っています	Hesabınız yanlış. (ヘサブヌズ ヤンルシ)
おつりをください	Paraüstü verir misiniz? (パラウストゥ ヴェリルミスィニズ)
10TL支払いました	On lira ödedim. (オン リラ オデディム)

🔵 人に何か尋ねるとき

日本語	トルコ語 (読み)
〜はどこですか？	〜nerede? (ネレデ)
両替所はどこですか？	Döviz bürosü nerede? (ドヴィズ ビュロス ネレデ)
1ドルいくらですか？	Bir dolar kaç lira? (ビル ドラル カチ リラ)
手数料は何％？	Komisyon yüzde kaç? (コミスョン ユズデ カチ)
20ドルをトルコリラにしてください	Yirmi dolar bozdurabilir miyim? (イルミ ドラル ボズドゥラビリル ミイム)
ここから遠い（近い）ですか？	Buradan uzak(yakın) mı? (ブラダン ウザク ヤクン ム)
今何時ですか？	Saat kaç? (サート カナ)

🔵 願望を言ってみよう

日本語	トルコ語 (読み)
〜が欲しい	〜 istiyorum. (イスティヨルム)
いらない	〜 istemiyorum. (イステミヨルム)
〜したい	〜mek（〜mak) istiyorum. (イスティヨルム)
〜に行きたい	〜e（〜a) gitmek istiyorum. (ギトメッキ イスティヨルム)
〜をください	〜verir misiniz？ (ヴェリル ミスィニズ)

旅のトルコ語

基本単語 職業
- 仕事 meslek メスレッキ
- 学生 öğrenci オウレンジ
- 先生 öğretmen オウレトメン
- 警察官 polis ポリス
- 公務員 memur メームル
- 兵士 asker アスケル
- 失業中 işsiz イシスィズ

基本単語 宗教
- 宗教 din ディン
- 信仰 ibadet イバーデット
- 預言者 peygamber ペイガンベル
- イスラーム İslam
- ムスリム Müslüman ミュスリュマーン
- 仏教徒 Budist ブディスト
- キリスト教徒 Hıristiyan フリスティヤン
- 無宗教 dinsiz ディンスィズ

基本単語 買い物
- 店 dükkân デュッキャン
- 雑貨屋 bakkal バッカル
- 絨毯屋 halıcı ハルジュ
- 値段 fiyat フィヤット
- 値引き indirim インディリム
- 50% % (yüzde) 50 ユズデエッリ
- ボる人 kazıkçı カズックチュ
- 偽の sahte サフテ
- 本物 orijinal オリジナル
- 品質 kalite カリテ
- 粗悪品 kalitesiz カリテスィズ

基本単語 場所
- ここで burada ブラダ
- そこで şurada シュラダ
- あそこで orada オラダ
- 右にある sağda サーダ
- 左にある solda ソルダ
- 外にある dışarda ドゥシャルダ
- 中にある içeride イチェリデ
- 向かいにある karşıta カルシュタ

基本単語 指示代名詞など
- これ bu ブ
- それ şu シュ
- あれ o オ
- どれ hangisi ハンギスィ

基本単語 動詞の不定形
- 食べる yemek イェメッキ
- 寝る yatmak ヤトマック
- 遊ぶ oynamak オイナマック
- 行く gitmek ギトメッキ
- 歩く yürümek ユリュメッキ
- 走る koşmak コシュマック
- 休む dinlenmek ディンレンメッキ
- 旅行する gezmek ゲズメッキ
- 働く çalışmak チャルシュマック
- 払う ödemek オデメッキ

基本単語 国名

- ギリシア Yunanistan ユナニスタン
- ブルガリア Bulgaristan ブルガリスタン
- ルーマニア Romanya ロマンヤ
- マケドニア Makedonya マケドンヤ
- イラン İran イーラン
- エジプト Mısır ムスル
- シリア Suriye スーリイェ
- ヨルダン Ürdün ユルデュン
- グルジア Gürcistan ギュルジスタン

基本単語 交通関係

- オトガル otogar
- チケット bilet ビレット
- チケット売り場 yazıhane ヤズハーネ
- 乗り場 peron ペロン
- 座席 koltuk コルトゥク
- 出発時間 hareket saati ハレケット サアティ
- 目的地 istikamet イスティカーメット
- 休憩 mola モラ
- ドライブイン dinlenme tesis ディンレンメ・テスィス
- 駅 istasyon イスタスヨン
- 桟橋 iskele イスケレ
- 空港 havaalanı ハワアラヌ
- 国際線 dış hattı ドゥシュ ハットゥ
- 国内線 iç hattı イチ ハットゥ
- 飛行機 uçak ウチャク
- 路面電車 tramvay トラムヴァイ
- 高速道路 otoban オトバン

基本単語 PTT

- 切手 pul プル
- 記念切手 hatıra pulu ハトゥラ プル
- 手紙 mektup メクトゥプ
- 封筒 zarf ザルフ
- 小包 koli コリ
- 速達 APS アーペーセー
- テレホンカード telefon kartı テレフォン カルトゥ
- 50度数 ellilik エッリリック
- 100度数 yüzlük ユズリュク
- ユニット kontör コントゥル
- 公衆電話 Sokak Telefonu ソカク・テレフォヌ
- 携帯電話 Cep Telefonu ジェプ・テレフォヌ
- 航空便 uçak ile ウチャク イレ
- 船便 gemi ile ゲミ イレ

🔴 乗り物に乗る

市内へ行くバスはどこから出ますか？
シェヒル メルケズィネ ギデン オトビュス ネレデン カルカル
Şehir merkezine giden otobüs nereden kalkar?

（バス・ドルムシュが）〜に行きますか？　〜ダン ゲチェル ミ
〜dan geçer mi?

このバスはオトガルに行きますか？ ブ オトビュス オトガルダン ゲチェル ミ
Bu otobüs otogardan geçer mi?

バスは何時の便がありますか？ ハンギ サアトレルデ オトビュス ヴァル
Hangi saatlerde otobüs var?

次のバスは何時ですか？ ソンラキ オトビュス サアト カチタ
Sonraki otobüs saat kaçta?

1枚ください ビキシ ヴェリル ミスィニス
Bir kişi verir misiniz?

ギョレメに何時に着きますか？ サート カチタ ギョレメデイズ
Saat kaçta Göreme'deyiz?

何番線ですか？ ペロン ヌマラス ネディル
Peron numarası nedir?

いつ出るんですか？ ネ ザマン チュカジャウズ
Ne zaman çıkacağız?

私の荷物が見つかりません バガジラルム イェリンデ ヨック
Bagajlarım yerinde yok.

（ドルムシュで）ここで降ります ミュサーイットゥ ビル イェルデ
Müsait bir yerde .

（ドルムシュで）停留所で降ります ドゥラックタ イネジェック ヴァル
Durakta inecek var.

🔴 郵便・電話（PTT）

日本へ電話したい ジャポンヤヤ テレフォン エトメッキ イスティヨルム
Japonya'ya telefon etmek istiyorum.

ここで切手を買えますか？ ブラダ プル アラビリル ミイム
Burada pul alabilir miyim?

手紙を日本へ送りたい ジャポンヤヤ メクトゥプ ギョンデルメッキ イスティヨルム
Japonya'ya mektup göndermek istiyorum.

日本に小包を送りたい ジャポンヤヤ パケティ ギョンデルメッキ イスティヨルム
Japonya'ya paketi göndermek istiyorum.

日本へファクスを送りたい ジャポンヤヤ ファクス チェクメッキ イスティヨルム
Japonya'ya faks çekmek istiyorum.

🔴 写真を撮るとき

ここで写真を撮ってもいいですか？ ブラダ レスィム チェケビリル ミイム
Burada resim çekebilir miyim?

フラッシュをたいてもいいですか？ フラッシュ クラナビリル ミイム
Flaş kullanabilir miyim?

私の写真を撮ってくれませんか？ レスミミ チェケル ミスィニス
Resmimi çeker misiniz?

一緒に写りましょう ベラーベル チェケリム
Beraber çekelim.

ダメだ！　ここでは写真撮影は禁止なんだ。
オルマズ ブラダ レスィム チェクメッキ ヤサックトゥル
Olmaz. Burada resim çekmek yasaktır .

500

あなたの写真を撮ってもいいですか？
Resminizi çekebilir miyim?
（レスミニズィ チェケビリル ミイム）

観光地で

入場料はいくらですか？ Giriş ücreti ne kadar?
（ギリシ ユジュレティ ネカダル）
何時まで開いていますか？ Saat kaça kadar açık?
（サアト カチャ カダル アチュック）
中に入っていいですか？ İçere girebilir miyim?
（イチェレ ギレビリル ミイム）

ホテルで

空室はありませんか？ Boş odanız var mı acaba?
（ボシュ オダヌズ ヴァルム アジャバ）
シングルをお願いします Tek kişilik oda istiyorum.
（テク キシリッキ オダ イスティヨルム）
2日間泊まります İki gün kalacağım.
（イキ ギュン カラジャウム）
シャワー付き(なし)の部屋をお願いします
Duşlu(Duşsuz) bir oda istiyorum.
（ドゥシュル ドゥシュスズ ビル オダ イスティヨルム）
静かな部屋をお願いします Sakin bir oda istiyorum.
（サーキン ビル オダ イスティヨルム）
眺めのいい部屋をお願いします
Güzel manzaralı odayı istiyorum.
（ギュゼル マンザラル オダユ イスティヨルム）
1泊いくらですか？ Geceliği ne kadar?
（ゲジェリィ ネ カダル）
それはシャワー付きの部屋ですか？ Odası duşlu mu?
（オダス ドゥシュルム）
部屋を見せてください Odaya bakabilir miyim?
（オダヤ バカビリル ミイム）
もっと安い部屋はありませんか？ Daha ucuz odanız yok mu?
（ダハ ウジュズ オダヌズ ヨックム）
この部屋にします Bu oda olsun.
（ブ オダ オルスン）
今チェックインできますか？ Şimdi odaya girebilir miyim?
（シムディ オダヤ ギレビリル ミイム）
何時までにチェックインしなければならないですか？
Saat kaça kadar içeri girmeliyim?
（サート カチャ カダル イチェリ ギルメリイム）
領収書をください Faturasını alabilir miyim?
（ファトゥラスヌ アラビリル ミイム）
チェックアウトは何時？ Otelden saat kaçta çıkmalıyım?
（オテルデン サート カチタ チュクマルユム）
シーツを替えてください Çarşafını değiştirir misiniz?
（チャルシャフヌ デイシティリル ミスィニズ）
明朝6時に起こしてください
Beni yarın saat 6'da uyandırır mısınız?
（ベニ ヤールン サート アルトゥダ ウヤンドゥルル ムスヌズ）
お湯が出ません Sıcak su çıkmaz.
（スジャクス チュクマズ）
部屋を替えたい Odayı değiştirmek istiyorum.
（オダユ デイシティルメッキ イスティヨルム）

旅のトルコ語

基本単語 銀行
銀行 banka バンカ
両替所 döviz ドヴィズ
日本円 Japon Yeni ジャポン・イェニ
US ドル Amerikan Doları アメリカン・ドラル
ユーロ Euro ユロ（エヴロ）
売り値 satış サトゥシュ
　（例えばユーロ→トルコリラ）
買い値 alış アルシュ
　（例えばトルコリラ→ユーロ）
トラベラーズチェック seyahat çeki
　セヤハット チェキ
クレジットカード kredi kartı
　クレディ カルトゥ

基本単語 観光
観光案内所 turizm danışma
　トゥーリズム ダヌシュマ
チケット売り場 gişe ギシェ
オープン açık アチュク
旅行会社 seyahat acantası
　セヤハット アジャンタス

基本単語 ホテル
ホテル otel オテル
ペンション pansiyon パンスィヨン
フロント resepsiyon レセプスィヨン
部屋 oda オダ
鍵 anahtar アナフタル
満室 dolu ドル

基本単語 ホテルの料金
1 人部屋 tek kişilik oda
　テク キシリック オダ
2 人部屋 çift kişilik oda
　チフキシリック オダ
領収証 fatura ファトゥラ
朝食 kahvaltı カフヴァルトゥ
〜込み dahil ダーヒル
〜なし hariç ハーリチ
キャンセル iptal イプタル

基本単語 部屋の中
ベッド yatak ヤタック
ダブルベッド duble yatak
　ドゥブレ ヤタック
ツイン çift yatak ナフト ヤタック
風呂 banyo バンヨ
お湯 sıcak su スジャクス
シャワー duş ドゥシュ
バスタブ küvet キュウェット
バスタブの栓 tuba トゥーバ
テレビ televizyon
　テレヴィズヨン
暖房 kalorifer カロリフェル
ストーブ soba ソバ
エアコン klima クリマ
電球 lamba ランバ
毛布 battaniye バッターニエ
シーツ çarşaf チャルシャフ

501

基本単語 野菜
- トマト domates ドマテス
- ピーマン biber ビベル
- ナス patlıcan パトゥルジャン
- ジャガイモ patates パタテス
- タマネギ soğan ソーアン
- トウモロコシ mısır ムスル
- キャベツ lahana ラハナ
- キュウリ salatalık サラタルック

基本単語 くだもの
- リンゴ elma エルマ
- オレンジ portakal ポルタカル
- モモ şeftali シェフターリ
- バナナ muz ムズ
- レモン limon リモン
- イチゴ çilek チレッキ
- サクランボ vişne ヴィシュネ

基本単語 肉
- 羊肉 koyun eti コユン エティ
- 鶏肉 tavuk タウク
- レバー ciğer ジエル
- 卵 yumurta ユムルタ

基本単語 魚介類
- 魚 balık バルック
- マス alabalık アラバルック
- イカ kalamar カラマル
- エビ karides カリデス
- ムール貝 midye ミディエ
- イワシ hamsi ハムスィ

基本単語 飲み物
- 水 su ス
- 牛乳 süt スュト
- ビール bira ビラ

基本単語 オーダーのとき
- 1人前 bir kişilik ビル キシリック
- 2人前 iki kişilik イキ キシリック
- 1盛り bir porsiyon ビル ポルスィヨン
- 半分 yarım ヤルム
- ミックス karışık カルシュック
- 勘定 hesap ヘサップ

基本単語 形容詞
- よい iyi イイ
- とてもいい çok iyi チョクイイ
- 最もよい en iyi エン イイ
- すばらしい güzel ギュゼル
- 悪い kötü キョテュ
- 熱い sıcak スジャック
- 寒い、冷たい soğuk ソーウク
- 大きい büyük ビュユック
- 小さい küçük キュチュック
- 軽い hafif ハフィフ
- 重い ağır アール
- 安い ucuz ウジュズ
- 高い pahalı パハル
- 長い uzun ウズン
- 短い kısa クサ

この荷物を5時まで預かってくれますか?
バガジラルム サート ベシェ カダル サクラル ムスヌズ
Bagajılarımı saat beşe kadar saklar mısınız?

🍴 レストランで

おなかがすいた　Acıktım.
アジュクトゥム

トルコ料理が食べたい　Türk yemeği yemek istiyorum.
テュルク イェメイ イェメッキ イスティヨルム

いいレストランを知っていますか?
İyi lokanta biliyor musunuz?
イイ ロカンタ ビリヨルムスヌズ

ここに座ってもいいですか?　Buraya oturabilir miyim?
ブラヤ オトゥラビリル ミイム

(ボーイさん)ちょっと!　Bakar mısınız!
バカル ムスヌズ

メニューを見せてください　Menüye bakmak istiyorum.
メニュイェ バクマック イスティヨルム

この地方の独特の料理があれば教えてください
Bu bölgedeki yöresel yemekleri varsa söyleyebilir misiniz?
ブ ボルゲデキ ヨレセル イェメッキレリ ヴァルサ ソイレイェビリル ミスィニズ

あれと同じ料理が欲しい
Onunla aynı yemekten istiyorum.
オヌンラ アイヌ イェメッキテン イスティヨルム

名物料理はありますか?　Spesiyal yemeğiniz var mı?
スペスィヤル イェメイニズ ヴァル ム

朝食を取りたい　Kahvaltı etmek istiyorum.
カフヴァルトゥ エトメッキ イスティヨルム

これは注文していません　Bunu söylemedim.
ブヌ ソイレメディム

料理がまだ来ていません　Yemeğimiz daha gelmedi.
イェメイミズ ダハ ゲルメディ

お茶をお願いします　Çay istiyorum.
チャイ イスティヨルム

持ち帰りにできますか?　Paket yapar mısınız?
パケット ヤパル ムスヌズ

お勘定をお願いします　Hesap rica ederim.
ヘサップ リジャー エデリム

計算が違います　Hesapta yanlışlık var.
ヘサプタ ヤンルシュルク ヴァル

とてもおいしかったです　Yemek çok güzel.
イェメッキ チョク ギュゼル

おいしかったです(料理を作った人に)　Ellernize Sağlık.
エルレルニゼ サールック

🍴 困ったとき

助けて!　İmdat!
イムダートゥ

出て行け!　Defol!
デフォル

うるさい!　Sus be!
スス ベ

触るな! この変態!　Dokunma! Bu sapık!
ドクンマ ブ サプック

警察に言いますよ　Polise haber vereceğim.
ポリセ ハベル ヴェレジェイム

この嘘つき!　Sahtekâr!
サフテキャール

危ない！	Dikkat et!	ディッカーテット
警察に電話して！	Polise telefon et!	ポリセ テレフォネット
どろぼう！ つかまえて！	Hırsız var, yakalayın!!	フルスズ ヴァル ヤカラユン
パスポートをなくしました	Pasaportumu kaybettim.	パサポルトゥム カイベッティム
日本語を話す人はいますか？	Japonca konuşan var mı?	ジャポンジャ コヌシャン ヴァルム

病気・ケガをしたとき

医者を呼んでください	Doktora ihtiyacım var.	ドクトラ イフティヤジュム ヴァル
下痢をしています	İshal Oldum.	イスハル オルドゥム
熱があります	Ateşim var.	アテシィム ヴァル
頭が痛い	Başım ağrıyor.	バシュム アールヨル
ここが痛い	Burası ağrıyor.	ブラスアールヨル
めまいがします	Başım dönüyor.	バシュム ドヌヨル
気分が悪いです	Rahatsızlık hissediyorum.	ラハットスズルック ヒッセディヨルム
カゼをひきました	Soğuk aldım.	ソーウク アルドゥム
私の血液型はB型です	Kan grubum B dir.	カン グルブム ベー ディル
一番近い薬局はどこですか？	En yakın eczane nerede?	エン ヤクン エジュザーネ ネレデ
薬が欲しい	İlaç istiyorum.	イラチ イスティヨルム

基本単語 病気・ケガ

病院	hastane	ハスターネ
医者	doktor	ドクトル
保険	sigorta	スィゴルタ
痛み	acı	アジュ
歯痛	dış ağrısı	ドゥシュ・アールス
頭痛	baş ağrısı	バシュ・アールス
熱	ateş	アテシ
出血	kanama	カナマ
下痢	ishal	イスハル
せき	öksürük	オキスュリュク
ぜんそく	astım	アストゥム
薬	ilaç	イラチ
薬局	eczane	エジュザーネ
目薬	göz damlası	ギョズ・ダムラス
包帯	sargı	サルグ
絆創膏	sıva	スヴァ
診断書	Doktor Raporu	ドクトル・ラポル

基本単語 体の部位

頭	baş	バシュ
目	göz	ギョズ
鼻	burun	ブルン
口	ağız	アウズ
耳	kulak	クラク
のど	boğaz	ボアズ
手	el	エル
足	ayak	アヤック
脚	bacak	バジャック
胃	mide	ミデ
肺	akciğer	アクジエル

Information 簡単なクルド語Kurmancîを覚えよう

トルコ南東部や東部で広く話されているクルド語は、トルコ語とは文法体系が異なり、ペルシア語に近い。また、クルマンジー方言など各地によって方言差が大きく、いわゆる標準語はない。以前は公共の場でクルド語を話したり、クルド語による出版は禁止されていたが、国営テレビ局TRTがクルド語チャンネルのTRT6を開局させるほど緩和されてきている。

元気ですか？ Çawa nê? チャワ ネー
元気です Başî. バシー
元気ではありません Ne haş e. ネーバシェ
はい Bele. ベレ　　いいえ Na. ナー
私は元気です Ez başim. エズ・バシム
こんにちは Rojbaş. ロージバシ
こんばんは Şevbaş. シェバシ
さようなら（去る側） Xatir-ê te. ハティレーテ
さようなら（送る側） Oxir be. オグルベ
気を付けてね Xu rind bî nîre. フ・リンビニーレ
ありがとう Sipas dikim. スィパース・ディキム
チャイ飲む？ Çay we dı xu. チャイ・ヴェ・ドゥ・フ

あなたの名前は？ Navê-te Çiye? ナヴェテチエ
私の名前は○○です
　Nave-min ○○. ナヴェミン・○○
クルド語を話せますか？
　Kurmancî Zanî ? クルマンジー・ザーニー
クルド語はわかりません
　Kurmancî nî-zânî. クルマンジー・ニーザーニー
何をしてるの？ Tu çi dikî. トゥ・チディキー
どこに行くの？
　Tu di çî kudere. トゥ・ディチ・クーデレ
どこの出身？ Tuj kudere. トゥジュ・クーデレ
日本人です Ez Japonım. エズ・ジャポヌム

トルコの病気と受診情報

海外旅行では、環境の変化、疲労、ストレスなどからさまざまな病気にかかる可能性がある。また、旅先ならではの風土病や感染症にも気を付けなければならない。ここでは、トルコを旅するときによく問題となる病気を簡単に解説し、受診に役立つ情報も記載した。帰国後発病することもあるので、旅の前後に一読してほしい。

✚ 食中毒／旅行者下痢

下痢は、比較的衛生的な地域を旅行するときでもよく経験する症状。水を飲んで様子を見るだけでよいものから、救急治療を要する場合まである。

●病気が疑われたときの対策

海外旅行中の下痢に関して多い誤りは、水分を摂るとさらに下痢するからといって、飲水を控えること。下痢で失った水分を補給しないと、特に幼児や高齢者は容易に脱水に陥るのだ。下痢は腸内の有害物質を体外へ押し出そうとする生体防御反応なので、**下痢止めを乱用するのも考えもの**。無理に下痢を止めて観光を続けるよりも、スープやヨーグルトなどで栄養と水分を摂りながら、宿で安静にしていたほうが、体にもプラスになることが多い。

脱水がひどく、朦朧とした受け答えしかできない場合は、至急病院で受診すべき病態と心得よう。女性なら生理用ナプキンをして病院に行くとよい。点滴治療を受ける間にも脱水が悪化するので、飲水できるならスポーツ飲料などを飲むべきだ。

下痢症状が軽くても、**血性の下痢（血液が変性して、黒褐色のこともある）** の場合も、ただちに医師の診察を受けるのがよい。キャンピロバクター腸炎、腸管出血性大腸菌O-157、細菌性・アメーバ性赤痢のことばかりでなく、中高年では大腸癌の初発症状のこともある。腸が破れると腹膜炎を合併し、命に関わる。

薬局で抗生剤を入手するためには医師の処方箋が必要。しかし全般的には、旅行中の下痢で抗生剤治療が必要な場合は少ない。抗生剤を服用すると、必要な腸内細菌まで死滅することに注意しよう。

下痢の原因は、微生物だけでなく、ストレスによる過敏性大腸炎のこともある。キノコなどの毒による下痢もあり、その際は食べたものを吐き出させて、病院に行く。

下痢が消失するまでは、おなかを冷やさない温飲料のほうがよい。コーヒーは胃を刺激するので避ける。例えばお湯に梅干しを入れて飲めば、**塩分補給**も同時にできる。旅行中はけっこう汗をかいているので、塩分が足りなくなって体調不良に陥ることも多い。

●予防策

下痢を予防するためには、不衛生な食べ物や水を摂らないことだ。また旅行中は、疲労や暴飲暴食などで、病原性の微生物を殺菌する胃酸分泌が低下していることが多い。特に高齢者や胃腸の手術を受けた人は要注意。食事のときは、消化の悪いもの、香辛料などの刺激物、脂肪の多いもの、アルコール類を避ける。

水道水のなかには、鉱質分が高いため、下痢をすることもある。成分表示に注意してミネラルウオーターを飲んだほうがよいこともある。食べ物ではハンバーグなど生焼けの肉類や、不衛生な屋台での生ものには注意が必要だ。

✚ 性行為感染症とHIV感染症

性行為感染症とHIV感染症は、21世紀に入っても感染拡大に確実な歯止めがかかっていない。性行為感染症については、本人の自覚で防げる病気である。セーフセックスの意味を普段から考えよう。海外でハメをはずすという感覚はもってのほかだ。

ウイルス性肝炎

肝炎は現在A～E型の5つが知られているが、旅行者が用心しなければならないのは、**経口感染するA型とE型**。感染後4～6週間ほどで急激な発熱、下痢、嘔吐などがあり、数日後には黄疸が出る。1～2ヵ月で肝機能は正常となり、慢性化しない。ただし、劇症化すると死にいたる場合もある。

A、E型ウイルスは、汚染された食品や水を通して感染することが多い。A型肝炎は、**カキなど生鮮魚介類**に、E型は**シカやイノシシの生肉**に注意する。A、E型肝炎の治療は、輸液と解熱など対症療法と安静が主となる。

A、B型肝炎にはワクチンがあり予防接種ができる。どちらも接種歴がない場合は**2～3回接種**が必要であり、出発2～3ヵ月前から渡航者外来を受診したい。

狂犬病／破傷風

狂犬病と破傷風は、ともに中近東、アフリカ全体に蔓延しており、特に狂犬病の場合発病したら全例死亡するので注意が必要だ。狂犬病は犬だけではなく、スカンク、コウモリなどいろいろな動物に見られる。動物には不用意に接近しないようにしよう。

破傷風は、土との接触が多いトレッキングなどをするときに感染リスクが高い。

予防としては、どちらも予防接種を受けておくのが最善だ。破傷風トキソイドは過去5～6年接種歴がない場合、**追加接種**を1回受けておこう。狂犬病ワクチンは充分な予防効果を上げるまでに3回以上接種することが必要なので、発病頻度からすれば旅行前に必ず受けるべき予防接種とはいえない。動物に安易に手を出さないことが現実的予防法だ。

病院で見せるチェックシート

※該当する症状があれば、チェックをしてお医者さんに見せよう

☐ 吐き気 bulantı	☐ 悪寒 soğuk	☐ 食欲不振 iştahsızlık
☐ めまい baş dönmesi	☐ 動悸 çarpıntı	
☐ 熱 ateş	☐ 脇の下で計った koltuk altı	＿＿＿°C
	☐ 口中で計った ağız	＿＿＿°C
☐ 下痢 ishal	☐ 便秘 kabızlık	
☐ 水様便 sulu dışkı	☐ 軟便 gevşek dışkı	1日に＿回 bir günde＿kez
☐ 時々 bazen	☐ 頻繁に sıkça	絶え間なく sürekli
☐ カゼ nezle		
☐ 鼻詰まり tıkalı burun	☐ 鼻水 burun akması	☐ くしゃみ hapşırma
☐ 咳 öksürük	☐ 痰 balgam	☐ 血痰 kanlı balgam
☐ 耳鳴り kulak çınlaması	☐ 難聴 sağırlık	☐ 耳だれ kulak akıntısı
☐ 目やに göz deşarj	☐ 目の充血 göz enjeksiyonu	☐ 見えにくい görme bozukluğu

※下記の単語を指さしてお医者さんに必要なことを伝えましょう

●どんな状態のものを	落ちた düştü	毒蛇 engerek
生の çiğ	やけどした yandı	リス sincap
野生の yaban	●痛み	野犬 sokak köpeği
油っこい yağlı	ヒリヒリする yanıyor	●何をしているときに
よく火が通っていない iyi pişilmemiş	刺すように keskin	ジャングルに行った ormana gitti
調理後時間が経った Pişildikten sonra uzun bir süre geçmiş	鋭く sivri	ダイビングをした dalış yaptı
	ひどく şiddetli	
●ケガをした	●原因	キャンプをした kampa gitti
刺された・噛まれた ısırıldı	蚊 sivrisinek	登山をした dağ yürüyüşüne gitti (dağcılık)
切った kesildi	ハチ arı	
転んだ yuvarladı	アブ atsineği	
打った vuruldu	毒虫 zehirli böcek	川で水浴びをした nehirde yüzdü
ひねった büktü	サソリ akrep	
	くらげ denizanası	

索引

●都市・町・村・集落
- アイデル 452
- アヴァノス 332
- アクブナル 252
- アダナ 307
- アフロディスィアス 249
- アマスヤ 442
- アランヤ 18、291
- アンカラ 359
- アンタクヤ 310
- アンタルヤ 284
- イスタンブール 95、462
- イズニック 194
- イズミル 223
- ウズンギョル 450
- エディルネ 188
- エフェス 233
- エルズルム 422
- オリンポス 255
- カイゼリ 347
- カシュ 281
- ガズィアンテップ 395
- ガズィマウサ 301
- カスタモヌ 437
- カッパドキア 320、463
- カドゥキョイ 142
- カヤキョユ 276
- カラ島 268
- カラハユット 260
- カルカン 254
- カルス 419
- 北キブロス 297
- キョイジェイズ 254
- ギョクチェ島 215
- ギルネ 300
- クサントス 278、464
- クシャダス 242
- クズグンジュック 142
- クニドス 254
- ケコワ島 282
- ケメル 255
- 湖水地方 251
- コンヤ 352
- サフランボル 429、463
- シャンルウルファ 391
- ジュマルクズク 203
- シリンジェ 241
- スィデ 290
- スィノップ 439
- スィリフケ 295
- スィワス 374
- ダッチャ 254
- タトワン 413
- タルスス 306
- ダルヤン 271
- チェキルゲ 202
- チェシメ 229
- チャナッカレ 212
- ディヴリイ 377、465
- ディヤルバクル 398
- ドウバヤズット 415
- トラブゾン 444
- トロイ 217、464
- ネムルトダーウ 384、465
- ハサンケイフ 407
- パムッカレ 16、256、464
- ハラン 393
- ビトリス 414
- フィニケ 255
- フェティエ 274
- フォチャ 229
- プリンスィズ諸島 145
- ブルサ 198
- ベルガマ 219
- ボアズカレ 368
- ボズジャ島 215
- ボドルム 265
- マナウガット 255
- マルディン 403
- マルマリス 270
- ミディヤット 406
- ムスタファパシャ 331
- メルスィン 305
- ユスキュダル 142
- ユスフェリ 454
- ヨリュク 433
- リゼ 449
- レフコーシャ 299
- ワン 408

●ジャーミィなどイスラーム建築
- アブラハム生誕の地　シャンルウルファ 392
- アヤソフィア・ジャーミィ　イズニック 196
- アラアッディン・ジャーミィ　コンヤ 354
- アラアッディン・ジャーミィ　スィノップ 440
- イーサーベイ・ジャーミィ　エフェス 240
- イヴリ・ミナーレ　アンタルヤ 287
- イェシル・ジャーミィ　イズニック 195
- イェシル・ジャーミィ　ブルサ 200
- イェシル・テュルベ　ブルサ 201
- イェニ・ジャーミィ　イスタンブール 132
- イサク・パシャ宮殿　ドウバヤズット 416
- ウル・ジャーミィ　アダナ 308
- ウル・ジャーミィ　スィワス 375
- ウル・ジャーミィ　ディヴリイ 378、465
- ウル・ジャーミィ　ディヤルバクル 399
- ウル・ジャーミィ　ブルサ 199
- エスキ・ジャーミィ　エディルネ 191
- エユップ・スルタン・ジャーミィ　イスタンブール 138
- オスマン廟　ブルサ 201
- オルタキョイ・メジディエ・ジャーミィ　イスタンブール 136
- オルハン・ガーズィー・ジャーミィ　ブルサ 199
- オルハン廟　ブルサ 201
- カースィミー工神学校　マルディン 404
- キュチュック・アヤソフィア・ジャーミィ　イスタンブール 123

506

キュンベット・ジャーミィ　カルス ……………… 419
ギョク神学校　スィワス ……………… 375
サハビエ神学校　カイセリ ……………… 350
サファ・ジャーミィ　ディヤルバクル ……………… 401
シファーイエ神学校　スィワス ……………… 375
ジャフェルアー神学校　イスタンブール ……………… 126
スュレイマニエ・ジャーミィ　イスタンブール ……………… 131
スルタンアフメト1世廟　イスタンブール ……………… 119
スルタンアフメット・ジャーミィ　イスタンブール ……………… 118
聖なる魚の池　シャンルウルファ ……………… 393
ゼイレック・ジャーミィ　イスタンブール ……………… 130
セリミエ・ジャーミィ　エディルネ ……… 189、462
セリミエ・ジャーミィ　北キプロス ……………… 299
ソクルル・メフメットパシャ・ジャーミィ　イスタンブール ……………… 126
チフテ・ミナーレ　エルズルム ……………… 423
チフテ・ミナーレ　スィワス ……………… 375
ドネル・キュンベット　カイセリ ……………… 349
トプカプ宮殿　イスタンブール ……………… 114
ドルマバフチェ宮殿 ……………… 137
ハジュ・オズベク・ジャーミィ　イズニック ……………… 196
ビュユック・ハン　北キプロス ……………… 300
フナトゥ・ハトゥン・キュルリイエスィ　カイセリ ……………… 349
ベイレルベイ宮殿　イスタンブール ……………… 143
ミフリマー・スルタン・ジャーミィ　イスタンブール ……………… 141
ムラディエ・ジャーミィ　ブルサ ……………… 202
ヤクティエ神学校　エルズルム ……………… 423
ユチュ・シェレフェリ・ジャーミィ　エディルネ ……………… 190
ユルドゥズ宮殿　イスタンブール ……………… 136
4本足のミナーレ　ディヤルバクル ……………… 400
ララ・ムスタファパシャ・ジャーミィ　北キプロス ……………… 302
リュステム・パシャ・ジャーミィ　イスタンブール ……………… 133

●遺跡
アクロポリス　ベルガマ ……………… 220
アスクレピオン　ベルガマ ……………… 220
アスペンドス　アンタルヤ ……………… 290
アニ　カルス ……………… 420
アフラット　タトワン ……………… 414
アフロディスィアス遺跡　アフロディスィアス ……………… 249
アラジャホユック　ボアズカレ ……………… 371
アリカンダ ……………… 255
アルサメイア　ネムルトダーウ ……………… 388
アルテミス神殿跡　エフェス ……………… 240
インジェカヤ水道橋　サフランボル ……………… 433
ヴァレンス水道橋　イスタンブール ……………… 130
ウズンジャルブル　スィリフケ ……………… 296
エフェス遺跡　エフェス ……………… 236
カイマクルの地下都市　カッパドキア ……………… 332
カウノス　マルマリス ……………… 271
カラクシュ　ネムルトダーウ ……………… 387
岩窟墓　フェティエ ……………… 276
ギョベックリ・テペ　シャンルウルファ …… 23、393
クサントス遺跡　クサントス ……… 279、464
古代アゴラ　イズミル ……………… 227
古代劇場　カシュ ……………… 282
ゴルディオン　アンカラ ……………… 365
サラミス遺跡　北キプロス ……………… 302
ジェンデレ橋　ネムルトダーウ ……………… 388
地下宮殿　イスタンブール ……………… 122
チャタル・ホユック　コンヤ …… 23、356、465
ディディム　エフェス ……………… 244
デリンクユの地下都市　カッパドキア ……… 332
テルメッソス ……………… 255
トロイ遺跡　トロイ ……… 217、464
ネムルトダーウ　ネムルトダーウ ……… 387、465
ノアの方舟　ドウバヤズット ……………… 417
パタラ遺跡　クサントス ……………… 280
ハットゥシャシュ　ボアズカレ ……… 369、463
ハドリアヌス門　アンタルヤ ……………… 288
ヒエラポリス　パムッカレ ……… 259、464
ヒッポドローム　イスタンブール ……………… 122
ファセリス ……………… 255
プリエネ　エフェス ……………… 243
ペルゲ　アンタルヤ ……………… 289
ミュラ　カシュ ……………… 282
ミレト　エフェス ……………… 243
ヤズルカヤ　ボアズカレ ……………… 371
ラオディキア遺跡　パムッカレ ……………… 260
レトゥーン遺跡　クサントス ……… 279、464
ローマ劇場　イズニック ……………… 196

●キリスト教会
アクダマル島　ワン ……………… 410
アヤソフィア　トラブゾン ……………… 446
アヤソフィア博物館　イスタンブール ……………… 120
コンスタンティノープル世界総主教座　イスタンブール ……………… 139
ザファラン修道院　マルディン ……………… 405
スュメラ僧院　トラブゾン ……………… 446
聖ガブリエル修道院　ミディヤット ……………… 407
聖ニコラス教会　カシュ ……………… 282
聖ペテロの洞窟教会　アンタクヤ ……………… 312
聖母マリアの家　エフェス ……………… 241
聖ヨハネ教会　エフェス ……………… 241
トカル・キリセ　カッパドキア ……………… 330
ベッラパイス修道院　北キプロス ……………… 300
40人教会　マルディン ……………… 404

●城・城塞・塔・橋・モニュメント
アタテュルク廟　アンカラ ……………… 362
アナドル・ヒサル　イスタンブール ……………… 145
アンカラ城　アンカラ ……………… 364
イェディクレ　イスタンブール ……………… 141
オスマン帝国海軍遭難慰霊碑　メルスィン ……… 305
オセロ塔　北キプロス ……………… 302
乙女の塔　イスタンブール ……………… 144
オルタヒサル　トラブゾン ……………… 447
カイセリ城　カイセリ ……………… 349
カメィアンテップ城　ガズィアンテップ ……… 396
カディフェカレ城塞跡　イズミル ……………… 228
ガラタ塔　イスタンブール ……………… 135
ガラタ橋　イスタンブール ……………… 132
キレニア城　北キプロス ……………… 300
クズカレスィ　スィリフケ ……………… 295
ゲリボル半島国立歴史公園　チャナッカレ ……… 215
シャンルウルファ城　シャンルウルファ ……………… 392
城壁　スィノップ ……………… 440
スルタンハヌ・ケルヴァンサライ　カッパドキア ……… 334
聖ヒラリオン城　北キプロス ……………… 301
チェンベルリタシュ　イスタンブール ……………… 130
チャウシュテペ城　ワン ……………… 411
テオドシウスの城壁　イスタンブール ……………… 140
時計塔　イズミル ……………… 228
ホシャップ城　ワン ……………… 410

名称	場所	ページ
ボスポラス大橋	イスタンブール	144
ボドルム城	ボドルム	267
ユラン・カレ	アダナ	309
ルメリ・ヒサル	イスタンブール	144
ワン城跡	ワン	410

●自然を楽しむ見どころ・公園

名称	場所	ページ
アール（アララット）山	ドウバヤズット	416
青の洞窟	カシュ	283
ウチヒサル	カッパドキア	331
ウフララ渓谷	カッパドキア	333
ウル山	ブルサ	206
オリュデニス	フェティエ	276
オルタヒサル	カッパドキア	331
カクルック洞窟	パムッカレ	261
カラアリオウル公園	アンタルヤ	288
カラハユット	パムッカレ	260
キュルテュル公園	ブルサ	202
ギョレメ・パノラマ	カッパドキア	330
キルヨス	イスタンブール	145
クルシュンルの滝	アンタルヤ	289
コワダ湖国立公園	湖水地方	252
サクルケント渓谷	フェティエ	276
サマンダー	アンタクヤ	312
スルタニエ温泉	マルマリス	272
石灰棚	パムッカレ	258
チェキルゲ	ブルサ	202
チメンリッキ城塞公園	チャナッカレ	214
チャムルジャ	イスタンブール	143
ディヤディン温泉	ドウバヤズット	417
デュデンバシュ公園	アンタルヤ	289
トゥルクバロン（気球）	イスタンブール	143
ネムルト湖	タトワン	413
パシャバー地区	カッパドキア	332
ハムシロス	シノップ	441
パムッカレ温泉	パムッカレ	258
パランドケン・スキー場	エルズルム	424
ハルビエ	アンタクヤ	312
フドゥルルックの丘	サフランボル	432
ブラク・メンジリス洞窟	サフランボル	433
ボズテペ	トラブゾン	447
ボスポラスクルーズ	イスタンブール	146
ムラディエの滝	ワン	411
メテオ・ホール	ドウバヤズット	417
ユルドゥズ公園	イスタンブール	136
ローズバレー	カッパドキア	331
ワン湖	ワン	409

●博物館

名称	場所	ページ
アナトリア文明博物館	アンカラ	363
アフロディスィアス博物館	アフロディスィアス	250
アヤソフィア博物館	イスタンブール	120
アンタルヤ考古学博物館	アンタルヤ	287
医学博物館	エディルネ	192
イスタンブール現代美術館	イスタンブール	136
イスタンブール水族館	イスタンブール	141
インジェ・ミナーレ博物館	コンヤ	355
エフェス考古学博物館	エフェス	240
エミネ・ギョユシュ厨房博物館	ガズィアンテップ	397
カーリエ博物館	イスタンブール	140
カイセリ考古学博物館	カイセリ	349
カイマカムラル・エヴィ	サフランボル	432
カマン・カレホユック考古学博物館	アンカラ	364
カラタイ博物館	コンヤ	355
ガラタ・メヴラーナ博物館	イスタンブール	135
カレイチ博物館	アンタルヤ	288
ギョレメ屋外博物館	カッパドキア	330
軍事博物館	イスタンブール	136
軍事博物館	チャナッカレ	214
考古学博物館	イズミル	228
考古学博物館	コンヤ	356
考古学博物館	チャナッカレ	214
国立考古学博物館	イスタンブール	124
古代東方博物館	イスタンブール	125
コチ博物館	イスタンブール	139
サークブ・サバンジュ・マルディン博物館	マルディン	404
サフランボル歴史博物館	サフランボル	431
スィノップ考古学博物館	スィノップ	440
ゼウグマ・モザイク博物館	ガズィアンテップ	22、395
ゼルヴェ屋外博物館	カッパドキア	332
装飾タイル博物館	イスタンブール	125
チョルム博物館	ボアズカレ	371
トルコ・イスラーム美術博物館	イスタンブール	123
トルコ・イスラーム美術博物館	エディルネ	192
ニリュフェル・ハトゥン・イマーレティ博物館	イズニック	196
ブルサ市博物館	ブルサ	203
文化博物館	ディヤルバクル	400
ペラ博物館	イスタンブール	135
ミニアトゥルク	イスタンブール	139
民俗学博物館	カイセリ	350
メヴラーナ博物館	コンヤ	354
メドゥーサ・ガラス工芸博物館	ガズィアンテップ	396
モザイク博物館	アンタクヤ	311
モザイク博物館	イスタンブール	123

●市場・買い物スポット

名称	場所	ページ
アナファルタラル通り	イズミル	228
アリ・パシャ市場	エディルネ	191
イスティクラール通り	イスタンブール	134
イスティニエ・パルク	イスタンブール	180
魚市場	イスタンブール	134
エジプシャンバザール	イスタンブール	133
オルタキョイ	イスタンブール	179
カンヨン	イスタンブール	180
グランドバザール	イスタンブール	127
ジェヴァーヒル	イスタンブール	180
ジェザーイル通り	イスタンブール	134
テシヴィキエ	イスタンブール	179
デミリョレン・イスティクラール	イスタンブール	180
ニシャンタシュ	イスタンブール	179
ニリュフェル・ハトゥン陶器市場	イズニック	197
バーダット通り	イスタンブール	179
バザール	ブルサ	203
ピエール・ロティのチャイハーネ	イスタンブール	138
フォーラム・イスタンブール	イスタンブール	180
古本街	イスタンブール	127
メイダン	イスタンブール	180

地球の歩き方 　書籍のご案内

『地球の歩き方』を持って行こう！
古代文明の遺跡を訪ね
エキゾチックな
雰囲気漂う国々へ

トルコを旅したら、
古代文明のロマンや中近東の多様な文化を知りたくなった……。
そんなときは、やっぱり『地球の歩き方』。さあ旅に出よう！

地球の歩き方●ガイドブック

E01 ドバイとアラビア半島の国々
進化し続ける大都市ドバイを中心とした、アラブ首長国連邦（UAE）、オマーン、カタール、バーレーン、クウェート、イエメン、サウジアラビアを取り上げた情報満載のガイド。

E02 エジプト
考古学博物館で燦然と輝くツタンカーメンの黄金のマスクやギザのピラミッドなど、古代エジプトの歴史とロマンに触れてみよう。5000年以上のときをさかのぼるナイルの旅。サハラ砂漠のオアシスや紅海リゾートも詳しく紹介しています。

E03 イスタンブールとトルコの大地
古代から多くの民族が通り過ぎ、いくつもの文化をもたらした文明の十字路・トルコは、壮大なる歴史的遺産、自然遺産の宝庫。トルコの大地を満喫できる1冊です。

E04 ヨルダン／シリア／レバノン
ヨルダン、シリア、レバノンは地中海の東端に位置する国々。地中海を背景にそびえる十字軍の砦や、エキゾチックなアラブのスーク（市場）など、異文化の世界へ誘います。

E05 イスラエル
イスラエルはユダヤ教、キリスト教、イスラーム、それぞれにとって聖地。死海のリゾート情報もおまかせ。ヨルダンやエジプトなど近隣諸国の情報も充実。

E06 イラン
壮大なペルセポリスの遺跡をはじめ、「世界の半分」と讃えられたエスファハーンなど、エキゾチックなペルシアの完全ガイド。

E07 モロッコ
ジブラルタル海峡を渡ればそこはエキゾチックなイスラーム世界。迷路のように入り組んだ旧市街を歩いてみませんか。

E08 チュニジア
ローマと覇権を争ったカルタゴの遺跡、広大な砂漠や緑あふれるオアシス、地中海のリゾートなど、すべての旅人を惹き付ける魅力溢れる国です。

E11 リビア
砂に埋もれた巨大なローマ遺跡と、紺碧の地中海のコントラストが美しいリビアを案内する1冊。リハラの魅力も満載です。

女子旅応援ガイド● aruco
元気な旅好き女子を応援する、旅のテーマがいっぱい詰まっています。

- **4** トルコ
- **8** エジプト
- **14** モロッコ

地球の歩き方● GEM STONE

- **026** 美食と雑貨と美肌の王国 魅惑のモロッコ
- **042** イスタンブール 路地裏さんぽ
- **050** 美しきアルジェリア ７つの世界遺産を巡る旅

2013年2月現在●最新情報はホームページでもご覧いただけます　URL www.diamond.co.jp/arukikata
地球の歩き方トラベルライター（旅の文章）通信講座開講中！ 詳しくはホームページで　URL www.arukikata.co.jp/kouza/tabibun

2013年2月現在

地球の歩き方 シリーズ年度一覧

地球の歩き方ガイドブックは1〜2年で改訂されます。改訂時には価格が変わることがあります。表示価格は定価(税込)です。
●最新情報は、ホームページでもご覧いただけます。URL http://www.diamond.co.jp/arukikata/

地球の歩き方 ガイドブック

A ヨーロッパ
番号	地域	年度・価格
A01	ヨーロッパ	2012〜2013 ¥1890
A02	イギリス	2012〜2013 ¥1785
A03	ロンドン	2013〜2014 ¥1680
A04	湖水地方&スコットランド	2012〜2013 ¥1785
A05	アイルランド	2012〜2013 ¥1785
A06	フランス	2013〜2014 ¥1785
A07	パリ&近郊の町	2012〜2013 ¥1680
A08	南仏プロヴァンス コート・ダジュール&モナコ	2012〜2013 ¥1680
A09	イタリア	2013〜2014 ¥1785
A10	ローマ	2012〜2013 ¥1680
A11	ミラノ、ヴェネツィアと湖水地方	2011〜2012 ¥1680
A12	フィレンツェとトスカーナ	2012〜2013 ¥1680
A13	南イタリアとマルタ	2013〜2014 ¥1785
A14	ドイツ	2012〜2013 ¥1785
A15	南ドイツ	2011〜2012 ¥1680
A17	ウィーンとオーストリア	2013〜2014 ¥1785
A18	スイス	2012〜2013 ¥1785
A19	オランダ/ベルギー/ルクセンブルク	2012〜2013 ¥1680
A20	スペイン	2013〜2014 ¥1785
A21	マドリッド&日帰りで行く世界遺産の町	2012〜2013 ¥1680
A22	バルセロナ&近郊の町 イビサ島・マヨルカ島	2012〜2013 ¥1680
A23	ポルトガル	2012〜2013 ¥1680
A24	ギリシアとエーゲ海の島々&キプロス	2013〜2014 ¥1785
A25	中欧	2012〜2013 ¥1890
A26	チェコ/ポーランド/スロヴァキア	2012〜2013 ¥1785
A27	ハンガリー	2012〜2013 ¥1680
A28	ブルガリア/ルーマニア	2013〜2014 ¥1785
A29	北欧	2013〜2014 ¥1785
A30	バルトの国々	2011〜2012 ¥1785
A31	ロシア	2012〜2013 ¥1995
A32	シベリア&シベリア鉄道とサハリン	2013〜2014 ¥1890
A34	クロアチア/スロヴェニア	2013〜2014 ¥1680

B 南北アメリカ
番号	地域	年度・価格
B01	アメリカ	2012〜2013 ¥1890
B02	アメリカ西海岸	2013〜2014 ¥1785
B03	ロスアンゼルス	2012〜2013 ¥1785
B04	サンフランシスコ	2012〜2013 ¥1785
B05	シアトル&ポートランド	2013〜2014 ¥1785
B06	ニューヨーク	2012〜2013 ¥1838
B07	ボストン	2012〜2013 ¥1890
B08	ワシントンD.C.	2013〜2014 ¥1785
B09	ラスベガス セドナ&グランドキャニオンと大西部	2013〜2014 ¥1785
B10	フロリダ	2013〜2014 ¥1785
B11	シカゴ	2012〜2013 ¥1785
B12	アメリカ南部	2013〜2014 ¥1890
B13	アメリカの国立公園	2011〜2012 ¥1890
B14	テーマで旅するアメリカ	2010〜2011 ¥1785
B15	アラスカ	2012〜2013 ¥1785
B16	カナダ	2013〜2014 ¥1785
B17	カナダ西部	2011〜2012 ¥1680
B18	カナダ東部	2012〜2013 ¥1680
B19	メキシコ	2013〜2014 ¥1890
B20	中米	2012〜2013 ¥1995
B21	ブラジル ベネズエラ	2012〜2013 ¥2100
B22	アルゼンチン チリ	2012〜2013 ¥2100
B23	ペルー ボリビア エクアドル コロンビア	2012〜2013 ¥2100
B24	キューバ&カリブの島々	2012〜2013 ¥1890
B25	アメリカ・ドライブ	2011〜2012 ¥1785

C 太平洋
番号	地域	年度・価格
C01	ハワイ I オアフ島&ネイバーアイランド	2012〜2013 ¥1785
C02	ハワイ II マウイ ハワイ カウアイ モロカイ ラナイ	2012〜2013 ¥1680
C03	サイパン	2012〜2013 ¥1470
C04	グアム	2013〜2014 ¥1470
C05	タヒチ/イースター島	2013〜2014 ¥1785
C06	フィジー/サモア/トンガ	2013〜2014 ¥1785
C07	ニューカレドニア/バヌアツ	2012〜2013 ¥1785
C08	モルディブ	2012〜2013 ¥1785
C09	マダガスカル モーリシャス セイシェル	2013〜2014 ¥1995
C10	ニュージーランド	2013〜2014 ¥1785
C11	オーストラリア	2013〜2014 ¥1890
C12	ゴールドコースト&ケアンズ	2013〜2014 ¥1785
C13	シドニー&メルボルン	2012〜2013 ¥1680

D アジア
番号	地域	年度・価格
D01	中国	2012〜2013 ¥1890
D02	上海 杭州・蘇州・水郷古鎮	2012〜2013 ¥1785
D03	北京	2012〜2013 ¥1680
D04	大連 瀋陽 ハルビン 中国東北地方の自然と文化	2013〜2014 ¥1785
D05	広州 アモイ 桂林 珠江デルタと華南地方	2013〜2014 ¥1785
D06	成都 九寨溝 麗江 四川 雲南 貴州の自然と民族	2012〜2013 ¥1785
D07	西安・敦煌・ウルムチ シルクロードと中国北西部	2011〜2012 ¥1785
D08	チベット	2012〜2013 ¥1995
D09	香港	2012〜2013 ¥1785
D10	台湾	2012〜2013 ¥1785
D11	台北	2013〜2014 ¥1575
D12	韓国	2013〜2014 ¥1785
D13	ソウル	2013〜2014 ¥1575
D14	モンゴル	2013〜2014 ¥1890
D15	中央アジア サマルカンドとシルクロードの国々	2011〜2012 ¥1995
D16	東南アジア	2012〜2013 ¥1785
D17	タイ	2012〜2013 ¥1785
D18	バンコク	2012〜2013 ¥1680
D19	マレーシア ブルネイ	2013〜2014 ¥1785
D20	シンガポール	2013〜2014 ¥1575
D21	ベトナム	2013〜2014 ¥1785
D22	アンコールワットとカンボジア	2013〜2014 ¥1785
D23	ラオス	2013〜2014 ¥1890
D24	ミャンマー	2013〜2014 ¥1995
D25	インドネシア	2013〜2014 ¥1785
D26	バリ島	2012〜2013 ¥1785
D27	フィリピン	2013〜2014 ¥1785
D28	インド	2012〜2013 ¥1890
D29	ネパールとヒマラヤトレッキング	2011〜2012 ¥1995
D30	スリランカ	2013〜2014 ¥1785
D31	ブータン	2013〜2014 ¥1890
D32	パキスタン	2007〜2008 ¥1869
D33	マカオ	2012〜2013 ¥1680
D34	釜山・慶州	2013〜2014 ¥1470
D35	バングラデシュ	2013〜2014 ¥1890

E 中近東 アフリカ
番号	地域	年度・価格
E01	ドバイとアラビア半島の国々	2012〜2013 ¥1995
E02	エジプト	2013〜2014 ¥1785
E03	イスタンブールとトルコの大地	2013〜2014 ¥1890
E04	ヨルダン/シリア/レバノン	2012〜2013 ¥1995
E05	イスラエル	2013〜2014 ¥1785
E06	イラン	2012〜2013 ¥2100
E07	モロッコ	2012〜2013 ¥1890
E08	チュニジア	2012〜2013 ¥1995
E09	東アフリカ ウガンダ・エチオピア・ケニア・タンザニア	2012〜2013 ¥1995
E10	南アフリカ	2012〜2013 ¥1995
E11	リビア	2010〜2011 ¥2100

女子旅応援ガイド aruco

1	パリ	¥1260
2	ソウル	¥1260
3	台北	¥1260
4	トルコ	¥1260
5	インド	¥1260
6	ロンドン	¥1260
7	香港	¥1260
8	エジプト	¥1260
9	ニューヨーク	¥1260
10	ホーチミン	¥1260
11	ホノルル	¥1260
12	バリ島	¥1260
13	上海	¥1260
14	モロッコ	¥1260
15	チェコ	¥1260
16	ベルギー	¥1260
17	ウィーン	¥1260
18	イタリア	¥1260
19	スリランカ	¥1260
20	クロアチア	¥1260
21	スペイン	¥1260
22	シンガポール	¥1260

地球の歩き方 リゾート

R01	ワイキキ＆オアフ島	¥1785
R02	ハワイ島＆オアフ島	¥1785
R03	マウイ島＆オアフ島	¥1785
R04	カウアイ島＆オアフ島	¥1785
R05	こどもと行くハワイ	¥1575
R06	ハワイ ドライブ・マップ	¥1890
R07	ハワイ バスの旅＆レンタルサイクル	¥1155
R08	グアム	¥1575
R09	こどもと行くグアム	¥1575
R10	パラオ	¥1680
R11	世界のダイビング完全ガイド 地球の潜り方	¥1995
R12	プーケット サムイ島 ピピ島／クラビ	¥1785
R13	ペナン・ランカウイ・クアラルンプール	¥1785
R14	バリ島	¥1785
R15	セブ＆ボラカイ	¥1785
R16	テーマパークinオーランド	¥1890
R17	カンクン リビエラ・マヤ／コスメル	¥1785
R18	ケアンズとグレートバリアリーフ	¥1785
315	テーマパークinロスアンゼルス	¥1722
322	ゴールドコーストとシドニー	¥1785
324	バリアフリー・ハワイ	¥1838
325	フラで旅するハワイ	¥1995

地球の歩き方 BY TRAIN

1	ヨーロッパ鉄道の旅	¥1785
2	スイス鉄道の旅	¥1890
3	ドイツ＆オーストリア鉄道の旅	¥1890
4	フランス鉄道の旅	¥1890
5	イギリス鉄道の旅	¥1890
6	イタリア鉄道の旅	¥1890
7	スペイン＆ポルトガル鉄道の旅	¥1890
8	北米大陸鉄道の旅	¥1890
	ヨーロッパ鉄道ハンドブック	¥1260

トーマスクック・ヨーロッパ鉄道時刻表
年2回 6、12月 各月の中旬発行 ¥2310

地球の歩き方 トラベル会話

1	米語＋英語	¥1000
2	フランス語＋英語	¥1200
3	ドイツ語＋英語	¥1200
4	イタリア語＋英語	¥1200
5	スペイン語＋英語	¥1200
6	韓国語＋英語	¥1200
7	タイ語＋英語	¥1200
8	ヨーロッパ5ヵ国語	¥1260
9	インドネシア語＋英語	¥1200
10	中国語＋英語	¥1200
11	広東語＋英語	¥1200
12	ポルトガル語(ブラジル)＋英語	¥1200

地球の歩き方 成功する留学

A	アメリカ留学	¥1995
B	イギリス・アイルランド留学	¥1995
C	カナダ留学	¥1575
F	フランス留学	¥2100
H	ワーキングホリデー完ペキガイド	¥1680
O	オーストラリア・ニュージーランド留学	¥1575
	成功するアメリカ大学留学術	¥1500
	世界に飛びだそう！目指せ！グローバル人材	¥1575
	中・高校生のための留学	¥1575

地球の歩き方 BOOKS

●中学受験・教育関連の本

中学受験 お父さんが教える算数	¥1890
中学受験 お母さんが教える国語	¥1890
中学受験 お母さんが教える国語 ～印付けとメモ書きワークブック～	¥1470
親子で成績を上げる魔法のアイデア	¥1365
こんなハズじゃなかった中学受験	¥1575
小学生のための世界の国々にものしり図鑑ブック	¥1575
中学受験 なぜ、あの子は逆転合格できたのか？	¥1575
中学受験 叫ばせて！	¥1000
中学受験 わが子を算数嫌いにさせない家庭学習の進め方	¥1575
中学受験 小6になってから伸びる子、ガクンと落ちる子	¥1575
中学受験 偏差値が届かなくても受かる子、充分でも落ちる子 志望校に必ず合格できる子ども7つのルール	¥1575
小学生中学年の子どもたちは学校で何を学んでいるのか？ 英国の難関12校の教育力	¥1733

●日本を旅する本
新・大江戸東京の歩き方 ¥1995

大江戸 歴史事件現場の歩き方	¥1575
田舎の探し方 全国153自治体の「田舎暮らし体験プログラム」226	¥2100
湘南アトリエ散歩 ものづくりに会いに行く	¥1260
沖縄 南の島の私の隠れ家	¥1575
京都開運さんぽ道	¥1575
ガイド・ニッポンの世界遺産 熊野古道 中辺路ルート＆田辺	¥840
御朱印でめぐる鎌倉の古寺 三十三観音完全掲載版	¥1575
御朱印でめぐる京都の古寺	¥1575
御朱印でめぐる奈良の古寺	¥1575
機関車よ、神を越えて走れ！思い出の昭和鉄道風景1	¥1890
栄光の国鉄 消えた線区をたどって 思い出の昭和鉄道風景2	¥1890
くらのくに jewels in the sea	¥900
「Angel Ringエンジェルリング」 シロイルカからの贈りもの	¥900
東京23区ランキング・青版 仕事術に役立つデータ編	¥1260
東京23区ランキング・赤版 各区の意外な素顔編	¥1260
フットパス・ベストコース 北海道I	¥1050
フットパス・ベストコース 首都圏I	¥1050
ガイド・ニッポンの世界遺産 小笠原	¥1680
東京23区おみやげさんぽ	¥1155
武country志穂のかわいい京都+しあわせさんぽ	¥1500
おいしいご当地スーパーマーケット	¥1680
出雲の民窯 出西窯の歩み	¥1500

●視点を変えて個性ある海外旅行を案内する本

世界のラッキーアイテム77 ヨーロッパ編	¥1575
世界の夜景	¥2625
トロピカル・デザイン・ホテルinモルディブ	¥2625
世界の高速列車II	¥2940
地球の歩き方 マイ・トラベル・ダイアリー	¥945
着こなせ！アジアン・ファッション (WE LOVE ASIAN FASHION)	¥1575
WE LOVE Eシスックファッション ストリートブック	¥1575
へなちょこ日記 ハワイ鳴園編	¥1575
キレイを呼ぶセルフ・ケアのすすめ ハワイ発 成田美和の「アロハ・ビューティーの法則」	¥1575
1週間からできる海外ボランティアと はじめてでもできる本当の自分が見つかる感動体験	¥1260
J-WAVE発!「COLORS OF HAWAII」 ～虹色ハワイのロコ遊び	¥1575
海外旅行が変わるホテルの常識	¥1260
もっと賢く・お得に・快適に 空の旅を楽しむ100の方法	¥1260
「ハワイ、花とキルトの散歩道」	¥1575
ブルガリアブック バラの国のすてきに出会う旅	¥1575
假屋崎省吾的、地球の歩き方 花の都、パリを旅する	¥1785
ニューヨーク おしゃれノート	¥1575
ハワイアンリボンレイのあるALOHA☆LIFE	¥1575
アロハ検定 オフィシャルブック	¥2310
ゴー☆ジャスの地球の学び方	¥1260
TAKAHIRO DANCE in the World	¥1890
絶対トクする！海外旅行術	¥1050
パリの街をメトロでお散歩	¥1575
アパルトマンでパリジェンヌ体験 5日間から楽しめる憧れのパリ暮らし	¥1785

●話題の本
グーグル・アドセンスの歩き方 増補改訂版 ¥2100

●地球選書

南米ブリをサケ輸出大国に変えた日本人たち	¥1575
車いすがアジアの街を行く	¥1575
南アフリカの教育を変えた日本発の技術協力	¥1575
シルク大国ムトに継承された「昔蚕の養蚕の法」	¥1575
ブラジルの不毛の大地「セラード」開発の奇跡	¥1680
中米の知られざる風土記「シャーガス病」克服への道	¥1575

地球の歩き方 GEM STONE

001	パリの手帖 とっておきの散歩道	¥1575
003	キューバ 革命と情熱の詩	¥1575
004	極上スキルからの招待状 フランスを生きる10の物語	¥1470
006	風信道 シルクロードをゆく	¥1575
007	クロアチア 世界遺産と島めぐり	¥1575
010	チェンマイに溺れる	¥1575
014	世界のトリートメント大集合！スパへようこそ	¥1575
015	モナコ グレース・ケリーと地中海の休日	¥1575
017	パリの手帖 とっておきのお菓子屋さんとパン屋さん	¥1575
018	PURE OAHU! ピュア・オアフ 写真家高砂淳二が案内するオアフの大自然	¥1575
	アイルランド 緑にむかれて、ハッピー＆ラブリーを探す旅	¥1470
020	田崎真也のシャンパン・ブック	¥1575
021	ウィーン旧市街 とっておきの散歩道	¥1575
022	京都 古い建てものの見て歩き	¥1575

023	ヴェネツィア カフェとバーカロでめぐる、12の迷宮路地歩き	¥1680
025	世界遺産 マチュピチュ完全ガイド	¥1575
026	魅惑のモロッコ 美食と雑貨と美肌の王国	¥1575
027	メキシコ デザインホテルの旅	¥1680
029	イギリス人は甘いのがお好き プディングと焼き菓子でめぐるイギリスの生活	¥1575
030	バリ島ウブド 楽園の散歩道	¥1575
031	コッツウォルズ＆ロンドンのアンティークめぐり	¥1575
032	フィレンツェ美食散歩 おいしいものの探しの四季のさんぽ	¥1575
033	改訂新版 フィンランド かわいいデザインと出会う街歩き	¥1680
034	ハワイ・ミュージックの歩き方 アロハな音楽にであう旅	¥1680
035	8つのテーマで行く バリ島、見晴らし小旅行	¥1680
036	グランドサークル＆セドナ アメリカ大陸の大自然を五感で強わう体験ガイド	¥1680
037	素顔のベルリン ～游ぎ手が交錯する12のエリアガイド～	¥1575
038	世界遺産 イースター島完全ガイド	¥1680
039	アイスランド はじまりの物語…… ヒーリングアイランドへ	¥1680
040	マラッカ ペナン 世界遺産の街を歩く	¥1680
041	パプアニューギニア	¥1680
042	イスタンブール路地裏さんぽ	¥1575
043	ロンドンから南へ。 日帰りで訪ねる小さな田舎町	¥1575
044	南アフリカ自然紀行 野生動物とサファリの魅力	¥1890
045	世界遺産 ナスカの地上絵完全ガイド	¥1680
046	世界遺産 ガラパゴス諸島完全ガイド	¥1785
047	プラハ迷宮の散歩道	¥1680
048	デザインとおとぎの国 デンマーク	¥1680
049	スリランカ やすらぎの島で優雅に過ごす	¥1680
050	美しきチロル ドイツ・オーストリア・イタリア	¥1995
051	アマルフィ＆カプリ島 とっておきの散歩道	¥1680
052	とっておきのポーランド 世界遺産と小さな村、古城ホテルを訪ねて	¥1680
053	台北近郊 魅力的な町めぐり	¥1575
054	グリム童話で旅するドイツ・メルヘン街道	¥1680
056	ラダック ザンスカール トラベルガイド インドの小さなチベット	¥1785
057	スイス 歩いて楽しむアルプス絶景ルート	¥1575
059	天空列車 青海チベット鉄道の旅	¥1680

地球の歩き方 MOOK（大型本）

●海外最新情報が満載されたMOOK本

海外1	パリの歩き方	¥1100
海外2	ソウルの歩き方	¥1050
海外3	香港・マカオの歩き方	¥1100
海外5	上海 杭州・蘇州の歩き方	¥1100
海外6	台湾の歩き方	¥1050
海外8	ホノルルの歩き方	¥1050
海外9	ハワイの歩き方 ホノルルショッピング＆グルメ	¥1050
海外10	グアムの歩き方	¥1050
海外11	バリ島の歩き方	¥1100
海外12	楽園トラベラー vol.1	¥1200
海外13	楽園トラベラー vol.2	¥1200
海外14	楽園トラベラー vol.3	¥1200
海外15	ソウルの歩き方 韓流★トラベラー vol.1	¥1200
海外16	ソウルの歩き方 韓流★トラベラー vol.2	¥1200
海外17	ソウルの歩き方 韓流★トラベラー vol.3	¥1200

●国内最新情報が掲載されたムック本

国内1	北海道の歩き方	¥980
国内2	北海道山水歩き 札幌・小樽・富良野・美瑛・旭川	¥960
国内3	沖縄の歩き方 本島＆慶良間	¥960
国内4	沖縄の歩き方 沖縄あそび完全ガイド	¥960
国内6	京都の歩き方	¥960
国内7	九州の歩き方	¥980
国内9	夜行バスでGO！福岡＆九州の旅	¥980
国内10	東京の歩き方	¥980
国内11	東京の歩き方 都バスで楽しむ東京	¥980
国内14	東京の歩き方 全国アンテナショップめぐり	¥980
国内15	とちぎの歩き方	¥980

●旅心を刺激するテーマを絞ったムック本
地球の走り方 Travel & Run! ¥980

●パワーチャージ系国内ガイドCheers[チアーズ]

1	東京	¥960
2	京都	¥960
3	伊勢・志摩	¥960
4	週末パワーチャージさんぽ 関東エリア版	¥960
5	沖縄	¥960

東西文明の十字路トルコは、さまざまな魅力にあふれています。皆様もぜひトルコに足を運んで、実際のトルコの大地と文化、人々のあたたかさに触れてください。現地調査はイスタンブールを高谷一美さん、そのほかはどんぐり・はうすが担当しました。発行にあたり、ご協力いただいたすべての皆様に御礼申し上げます。

協力：岩間幸司　平岡ひとみ　高谷一美　松本みつこ
　　　Late Breaks Adventure Travel & Yachting　Çoruh Outdoor Travel　Gökmen Önay

制　作：山本茂幸	Producer:Shigeyuki Yamamoto
編　集：どんぐり・はうす	Editors:Donguri House
大和田聡子	Akiko Ohwada
平田功	Isao Hirata
岩崎歩	Ayumu Iwasaki
黄木克哲	Yoshinori Ogi
デザイン：アートワーク	Design:Artwork
イラスト：一志敦子	Illustrations:Atsuko Isshi
地　図：どんぐり・はうす	Maps:Donguri House
校　正：檜楯社	Proofreading:Sojunsha
表　紙：日出嶋昭男	Cover Design:Akio Hidejima

読者投稿
〒160-0022　東京都新宿区新宿3-1-13　京王新宿追分ビル5階
地球の歩き方T&E　地球の歩き方サービスデスク「トルコ編」投稿係
FAX.(03) 5362-7891
URL www.arukikata.co.jp/guidebook/toukou.html
地球の歩き方ホームページ（海外旅行の総合情報）
URL www.arukikata.co.jp
ガイドブック『地球の歩き方』(検索と購入）
URL www.arukikata.co.jp/guidebook

地球の歩き方E 03　　トルコ　2013〜2014年版
1986年7月20日　初版発行
2013年3月 1日　改訂第24版第1刷発行

Published by Diamond Big Co., Ltd.
2-9-1 Hatchobori, Chuo-ku, Tokyo, 104-0032, Japan
TEL.(81-3)3553-6667 (Editorial Section)
TEL.(81-3)3553-6660　FAX.(81-3)3553-6693 (Advertising Section)

著作編集　「地球の歩き方」編集室
発行所　　株式会社ダイヤモンド・ビッグ社
　　　　　〒104-0032　東京都中央区八丁堀2-9-1　東八重洲ビル6階
　　　　　編集部　TEL.(03)3553-6667
　　　　　広告部　TEL.(03)3553-6660　FAX.(03)3553-6693
発売元　　株式会社ダイヤモンド社
　　　　　〒150-8409　東京都渋谷区神宮前6-12-17
　　　　　販売　TEL.(03)5778-7240

■ご注意ください
本書の内容（写真・図版を含む）の一部または全部を、事前に許可なく無断で複写・複製した、または著作権法に基づかない方法により引用し、印刷物や電子メディアに転載・転用することは、著作者及び出版社の権利の侵害となります。
All rights reserved. No part of this publication may be reproduced or used in any form or by any means, graphic, electronic, or mechanical, including photocopying, without written permission of the publisher.

DTP制作　有限会社どんぐり・はうす
印刷製本　開成堂印刷株式会社　Printed in Japan
禁無断転載Ⓒダイヤモンド・ビッグ社／どんぐり・はうす　2013
ISBN978-4-478-04392-9